KB182260

IT
EXPERT

IT 전문가의
현장
실무서

아껴둔 마지막 마지막 1% 의

노하우까지 풀어놓습니다.

IT 전문가를 꿈꾸는 사람은 많지만

기업은 진정한 EXPERT에 늘 목마릅니다.

IT EXPERT 시리즈는

국내 유수 프로젝트 개발의 주역들이

현장에서 체득한 특별한 경험과 노하우를 체계화하여

독자와 나누고, 독자가 전문가로 성장할 수 있게

아껴둔 마지막 1% 의 노하우까지 풀어놓습니다.

IT EXPERT 리버스 엔지니어링 1권 (파일 구조 편) :

윈도우 실행 파일 구조와 원리로 배우는

초판 1쇄 발행 2016년 10월 01일
초판 2쇄 발행 2020년 06월 01일

지은이 이호동 / **펴낸이** 김태헌
펴낸곳 한빛미디어(주) / **주소** 서울시 서대문구 연희로2길 62 한빛미디어(주) IT출판부
전화 02-325-5544 / **팩스** 02-336-7124
등록 1999년 6월 24일 제10-1779호 / **ISBN** 978-89-6848-487-2   94000
　　　　　　　　　　　　　　　　　　　 ISBN 978-89-6848-480-3   94000 (세트)

총괄 전정아 / **책임편집** 홍성신 / **기획·편집** 최현우
디자인 표지·내지 여동일, 조판 이경숙
영업 김형진, 김진불, 조유미 / **마케팅** 박상용, 송경석, 변지영 / **제작** 박성우, 김정우

이 책에 대한 의견이나 오탈자 및 잘못된 내용에 대한 수정 정보는 한빛미디어(주)의 홈페이지나 아래 이메일로
알려주십시오. 잘못된 책은 구입하신 서점에서 교환해드립니다. 책값은 뒤표지에 표시되어 있습니다.

한빛미디어 홈페이지 www.hanbit.co.kr / **이메일** ask@hanbit.co.kr

지금 하지 않으면 할 수 없는 일이 있습니다.
책으로 펴내고 싶은 아이디어나 원고를 메일 (writer@hanbit.co.kr)로 보내주세요.
한빛미디어(주)는 여러분의 소중한 경험과 지식을 기다리고 있습니다.

IT
EXPERT

IT 전문가의
현장
실무서

윈도우 실행 파일 구조와
원리로 배우는

리버스
엔지니어링

1권 _ 파일 구조 편

PE 파일 포맷 완벽 분석

『Windows 시스템 실행 파일의 구조와 원리』 전격 개정판!

이호동 지음

HB 한빛미디어
Hanbit Media, Inc.

이 책의 초판 격인 『Windows 시스템 실행 파일의 구조와 원리』가 출간된 지도 11년이 지났다. 그동안 책으로 쓸 만한 아이템이 적지 않았지만 업무에 쫓겨 글쓰기는 뒷전이었다. 그러던 사이에 영원할 것만 같았던 윈도우 시대가 저물어가고 있어서 더 늦기 전에 '윈도우 접근 보안'과 '윈도우 비동기 입출력'에 대한 주제만은 꼭 책으로 남기고 싶었다. 다행히도 비동기 입출력을 주제로 한 『IT EXPERT 윈도우 시스템 프로그램을 구현하는 기술』은 2015년에 세상의 빛을 보았다. 그러자 『Windows 시스템 실행 파일의 구조와 원리』 개정판을 출간해야 한다는 책임감이 강하게 나를 압박했다.

이미 64비트 시대가 성큼 다가왔다. 개정판을 준비하면서 더 이상 32비트 기반은 의미가 없기에 64비트를 기반으로 전면 개정할 계획을 세웠다. 그렇게 64비트 PE에 파고들자 단순히 PE 파일로만 국한해서는 안 되겠다는 생각이 들었다. 64비트 PE를 제대로 알려면 근본 원리와 64비트 기반 윈도우 시스템 내용이 함께 다뤄져야 하기 때문이다. 그래서 PE 자체가 아니라 PE를 기반으로 더 확장된 '리버스 엔지니어링'까지 포함시켜야겠다고 생각했다. 알다시피 리버스 엔지니어링 원리와 툴 사용법을 다루는 책은 이미 시중에 많으므로 전혀 다른 형식의 리버스 엔지니어링, PE 기반에서 출발하는 리버스 엔지니어링이 필요했다.

항상 느끼는 것이지만 글쓰기는 어렵다. 이 두 권을 집필하는 동안 조금씩 욕심이 생기면서 원래 계획보다 더 많은 내용을 추가했다. 바쁜 업무와 더불어 유난히 무더운 올여름을 이 원고를 붙잡고 고민하고 씨름하면서 보냈다. 이 책은 그러한 노력의 자그마한 산물이다.

앞서도 언급했다시피 윈도우 시대가 저물고 있다. 그럼에도 불구하고 적지 않은 분량의 이 원고를 책으로 출간해준 한빛미디어와 최현우 차장님께 감사드리고 싶다. 이 책은 쉬운 내용은 아니지만 긴 호흡으로 꾸준히 읽어간다면 윈도우라는 운영체제와는 별개로 분명 도움이 될 것이라 믿어 의심치 않는다.

이호동

지은이 소개

이호동 chaoshon@daum.net

연세대 전자공학과를 졸업했지만 학창시절 C와 어셈블리어에 빠진 이후 계속 소프트웨어 개발자의 길을 걷고 있다. 학창시절 IT 환경이 무르익기 전부터 IT 월간지에 기사를 연재하면서 정보 공유와 집필 욕구를 키웠다. 16년간의 직장 생활에서 경험한 대용량 서버 사이드 개발, 클라이언트 보안 및 디바이스 드라이버 개발 등을 바탕으로 오랫동안 연구하고 학습하여 고급 개발 영역에서 꼭 필요한 분야를 집필하게 되었다.

주로 어셈블리, C/C++, COM, C#, JAVA를 다루며, 현재는 ㈜허니냅스에서 S/W 개발 팀장으로 생체 신호 관련 임베디드 리눅스 S/W 및 서버 개발을 담당하고 있다.

저서 _『Windows 시스템 실행 파일의 구조와 원리』
『IT EXPERT 윈도우 시스템 프로그램을 구현하는 기술』

이 책의 독자

이 책은 중·고급자를 대상으로 하며, EXE나 DLL 또는 SYS 파일 등의 PE 파일 포맷에 관심이 있거나 고급 디버깅, 리버스 엔지니어링에 관심이 있는 독자를 대상으로 한다. 다소 깊이 있는 주제임을 감안하여 가능한 한 쉽게 설명하고자 많은 예제 덤프와 그림을 제시하였다. 따라서 위에서 언급한 내용에 관심이 있고 C/C++ 언어에 익숙하고 윈도우 시스템에 대한 어느 정도 배경지식을 갖춘 독자라면, 이 책을 통해서 PE 파일의 구조뿐만 아니라 코드의 구성과 디버거 구현 원리, 리버스 엔지니어링을 이해하게 될 것이다.

이 책의 개발 환경

이 책은 다음과 같은 환경을 기반으로 설명했으며, 모든 소스의 구동을 확인했다.

도구	버전
운영체제	윈도우 10(64비트)
개발 툴	비주얼 스튜디오 2013, 2015
SDK	Windows SDK 10

예제 소스

이 책에서 사용된 예제에는 크게 두 개의 솔루션이 있다. 'PE 파일이나 PDB 파일 분석 툴 그리고 간단한 디버거를 구현한 실용적인 프로젝트로 구성된 솔루션'과 'PE 파일 분석의 대상이 되는 간단한 여러 샘플 코드를 모은 솔루션'이다. 예제 샘플의 상세한 구성은 이 책의 1장에서 자세히 소개하고 있다. 모든 예제 소스는 한빛미디어 홈페이지에서 내려받을 수 있다.

· 한빛미디어 _ http://www.hanbit.co.kr/exam/2487

이 책은 총 2권으로 구성되어 있다.

1권은 필자의 이전 저서인 『Windows 시스템 실행 파일의 구조와 원리』의 개정판이라고 할 수 있으며, 거기에서 다루지 않았던 PE 파일의 섹션까지 포함하여 64비트 윈도우 실행 파일을 중심으로 설명하고 있다. 총 3부로 구성되어 있으며, 윈도우 실행 파일의 헤더 및 텍스트, 데이터 섹션, 내보내기, 가져오기, 지연 로드 섹션 그리고 TLS 섹션, 리소스 섹션 등을 자세히 다루고 있다.

2권은 PE의 관점에서 본 리버스 엔지니어링에 초점을 맞추어 간단한 디버깅 툴의 구현을 목적으로 하고 있다. 총 3부로 구성되어 있으며, 32비트와 64비트 함수의 구조와 코드 디스어셈블, 디버그 섹션 및 PDB 파일 활용법, 윈도우의 32비트 및 64비트 구조적 예외 처리와 64비트 함수 분석에 매우 중요한 역할을 하는 .pdata 섹션 등을 다루고 있다. 또한 악성 코드의 메모리 침투에 대응하는 메모리 보호 방법과 윈도우 기반의 간단한 디버깅 툴의 구현을 소개한다.

1권 IT EXPERT 리버스 엔지니어링 (파일 구조 편)

64비트 윈도우 실행 파일 위주로 PE를 분석한다.

1부 PE 입문

PE 구조의 전반적인 이해를 위한 개괄적인 내용을 다룬다.

01장 윈도우 실행 파일 – PE의 구조

- PE 개념과 EXE 및 DLL 파일의 전체적인 구조
- PE 분석 시 알아야 할 RVA(상대적 가상 주소), 섹션, MMF(메모리 매핑 파일)의 개념과 실행 중인 PE와의 관계
- 예제 소스의 전체 구조

02장 PE 파일 헤더

- PE 파일의 시작인 PE 헤더 구조
- PE 헤더부 구조체와 실제 덤프의 분석 및 비교
- 헤더의 분석을 통해 윈도우 시스템과 관련된 많은 개념적 용어와 관련 프로젝트의 설정 방법

03장 코드와 데이터 섹션

- 실제 프로그램이 실행되는 코드 섹션과 전역 데이터를 담고 있는 데이터 섹션
- 코드 섹션 – 프로그램이 시작되는 과정과 특히 C++ 전역 클래스의 생성자 및 소멸자 호출 과정
- 데이터 섹션 – 사용자가 정의한 전역 데이터를 PE 파일 내에서 직접 확인할 수 있도록 덤프를 통한 분석

04장 기준 재배치 섹션

- 프로그램 로드 시 함께 로드되는 EXE나 DLL이 지정된 주소에 로드되지 못했을 경우 수행되는 기준 재배치 과정
- 기준 재배치 정보를 담고 있는 PE 내의 섹션인 기준 재배치 섹션의 구조
- 기준 재배치 과정의 시뮬레이션 예제 제시

2부 DLL과 PE

DLL 작성 및 로딩과 관련된 PE 파일에 대한 분석 내용을 다룬다.

05장 DLL 생성과 내보내기 섹션

- DLL을 작성하는 두 가지 방법과 장단점
- 내보내기 함수 및 변수의 정보를 담고 있는 DLL 파일의 내보내기 섹션 구조

06장 DLL 로딩과 가져오기 섹션

- 제작된 DLL을 EXE에 링킹시키는 두 가지 방법과 장단점
- DLL이 내보낸 함수를 사용하는 EXE 파일 내에, 가져온 해당 함수들의 정보를 담고 있는 가져오기 섹션 및 IAT의 구조

- DLL 로드 시에 발생하는 기준 재배치 과정을 피할 수 있도록 하는 DLL 바인딩 과정과 이와 관련된 PE 섹션의 구조
- 가져오기 섹션 분석 결과와 API 후킹을 통한 프로세스 침투 방식

07장 DLL 지연 로드 섹션(.didat)

- 윈도우 2000부터 새롭게 지원되는 DLL 지연 로딩
- 지연 로딩을 지원하는 PE 파일 내에 저장된 DLL 지연 로딩 정보를 담고 있는 지연 로드 섹션
- 지연 로딩 과정에 대한 상세한 분석 및 지연 로딩 예외 처리

3부 나머지 PE 섹션

리소스 섹션을 포함하여 검토할 만한 기타 PE 섹션을 설명한다.

08장 TLS, 로드 환경 설정, 보안 및 사용자 정의 섹션

• PE 상에 존재하는 섹션 중 언급할 만한 섹션

• TLS(스레드 로컬 스토리지) 섹션, 사용자 정의 섹션, 로드 환경 설정 섹션, 인증서 관련 보안 섹션 및 .NET 기반 런타임 헤더 섹션

09장 리소스 섹션(.rsrc)

• UI의 기본 요소인 리소스

• PE 파일 내의 리소스 섹션 자체의 구조에 대한 분석과 EXE나 DLL 내에 포함된 리소스를 파악할 수 있는 예제 작성

10장 리소스 섹션의 개별 리소스

• 윈도우가 제공하는 대화상자, 메뉴, 아이콘, 커서, 비트맵, 문자열 테이블, 버전 정보, 매니페스트 등의 개별 리소스 포맷

• 여러 종류의 리소스의 구조뿐만 아니라, 그것들을 기존의 EXE나 DLL 파일로부터 역으로 추출하는 방법

2권 IT EXPERT 리버스 엔지니어링 (디버거 편)

PE를 기반으로 한 리버스 엔지니어링과 디버거 구현에 대해 설명한다.

4부 코드 분석

디스어셈블러 구현을 위해 PE의 코드 섹션의 구조를 상세히 다룬다.

11장 어셈블리 언어 개요

• AMD64와 IA-32 아키텍처 기반 CPU 개요

• 코드 섹션 관련 분석 및 디스어셈블링을 위한 어셈블리 언어에 대한 개요

12장 코드 섹션과 함수

• 코드 섹션을 구성하는 함수 전반에 대한 설명(32비트, 64비트의 경우)

• 함수의 호출 관례 및 스택 프레임 구성

13장 코드 섹션 디스어셈블링

- 코드 섹션에 존재하는 기계어 코드를 디스어셈블하여 식별 가능한 어셈블러 코드로 변환하는 방법
- AMD64 및 IA-32 명령어 집합의 구성 및 기계어 포맷 분석
- AMD64 및 IA-32 기반의 디스어셈블러 라이브러리 구현

14장 디버깅 섹션(.debug)과 PDB

- PE 파일의 디버깅 섹션의 구조에 대한 분석
- 윈도우 PE의 주요 디버깅 수단이며 디버깅 정보를 담고 있는 PDB 파일 사용 방법
- 13장에서 디스어셈블한 코드와 PDB 파일을 결합하여 상세한 디스어셈블 결과 도출

5부 예외 처리

디스어셈블러 구현에 중요한 요소가 되는 구조체 예외 처리 및 관련 보안 기능에 대해서 설명한다.

15장 구조적 예외 처리(SEH)

- 윈도우의 예외 처리의 근간이 되는 SEH에 대한 전체 구조
- 실제 코드 상에서 SEH를 사용하는 방법

16장 32비트 SEH

- 32비트 PE에서 SEH가 구현되는 방법
- 함수의 스택 상에서 구현되는 SEH 프레임의 구현 원리와 예외 처리 과정 추적

17장 함수, 예외와 .pdata 섹션

- 정의된 함수와 함수의 예외 정보를 담고 있는 64비트 PE의 예외 섹션(.pdata) 구조의 분석
- 예외 섹션을 이용한 함수 분석

18장 64비트 SEH

- 예외 섹션과 64비트 SEH의 관계
- 64비트 PE에서 SEH가 구현되는 방법
- 64비트에서의 해제 처리 심화

19장 메모리 보호

- 악성 코드의 메모리 침투를 방어하는 윈도우가 제공하는 다양한 보안 기술
- GS 보안, Safe SEH와 SEH-OP, 힙 보호, DEP(실행 방지 기능), VSLR(주소 공간 레이아웃 랜덤화) 등의 보안 기술
- VS 2015부터 제공되는 CFG(흐름 제어 보호)

6부 디버거 구현

지금까지의 설명을 바탕으로 디버거 구현 원리를 설명하고 실제 간단한 디버거를 구현한다.

20장 디버거 기본

- 윈도우가 제공하는 디버깅 API의 사용 원리 설명 및 코드 디버거의 기본 틀 구현
- 13장에서 구현한 디스어셈블러 라이브러리를 이용하여 디버거와 디스어셈블 기능 통합

21장 디버거 심화

- 디버깅 중단점 설정, 스텝 인, 아웃 등의 디버거 기능 구현
- 모듈, 스레드 보기, 레지스터 보기, 호출 스택, 메모리 보기 등의 디버깅 동적 정보 출력 구현

CONTENTS

1^부 PE 입문

01^장 윈도우 실행 파일 – PE의 구조

02^장 PE 파일 헤더

03장 코드와 데이터 섹션

04장 기준 재배치 섹션

CONTENTS

2부 DLL과 PE

05장 DLL 생성과 내보내기 섹션

06장 DLL 로딩과 가져오기 섹션

07장 DLL 지연 로드 섹션

3부 나머지 PE 섹션

08장 TLS, 로드 환경 설정, 보안 및 사용자 정의 섹션

CONTENTS

2권 IT EXPERT 리버스 엔지니어링 (디버거 편)

1부

PE 입문

01장

윈도우 실행 파일
– PE의 구조

컴퓨터에서 무언가 작업을 하려면 프로그램을 구동해야 한다. 문서작업을 하려면 MS워드나 아래아한글을 띄우고, 소프트웨어를 개발하려면 개발 툴을 실행하고, 데이터 파일을 찾으려면 탐색기를, 웹 서핑을 하려면 IE나 크롬 같은 웹 브라우저를 띄운다. 우리가 하나의 작업을 하는 동안 멀티 태스킹 운영체제 덕분에 여러 프로그램이 동시에 메모리에 로드되어 작동한다. 사실 여러분이 알고 있는 것 이상으로 많은 프로그램이 동시에 구동된다. 윈도우가 기동되면 자동으로 작업 표시줄에 표시되는 메신저 같은 프로그램과 눈에 보이지 않는(윈도우에서는 서비스라고 부르는) 많은 백그라운드 데몬 프로세스가 숨어서 실행된다. 이렇게 실행되는 여러 프로그램들은 흔히 하드디스크에 EXE 파일로 존재한다. 또한 이러한 프로그램 또는 애플리케이션이라는 EXE 파일 말고도 프로그램이 사용하는 동적 링크 라이브러리인 DLL 파일도 프로그램 실행 시에 같이 맞물려 메모리에 로드된다. 이런 EXE 파일과 관련 DLL 파일이 메모리에 로드되면서 비로소 프로그램을 사용할 수 있게 되고, 이렇게 로드된 하나의 EXE와 여러 DLL이 소위 운영체제론에서 말하는 하나의 프로세스(Process)를 구성하게 된다.

이 책은 EXE나 DLL을 확장자로 갖는 프로그램 파일을 먼저 다룬다. 이 파일들의 구조를 분석하고 이 파일들이 어떻게 메모리에 로드되어 프로세스를 구성하는지, 로드된 실행 파일은 어떻게 CPU에 의해서 실행되는지에 대해 살펴볼 것이다. 따라서 1부에서는 PE라는 실행 파일의 구조를 전체적으로 조망한다.

1.1 PE 파일 소개

우리는 이미 EXE 확장자를 가진 다양한 프로그램을 사용한다. 아마도 소위 프로그램이라는 것이 어떻게 실행되는지 한 번쯤은 의문을 품은 적이 있을 것이다. 동시에 이런 실행 파일의 구조는 어떻게 생겼을까 하는 의문과 함께 말이다. 어쩌면 EXE나 DLL 파일을 헥사 에디터로 열어본 경험이 있을지도 모르겠다. 그런 적이 없다면 지금 한번 열어보기 바란다. 그렇게 열린 EXE 파일은 알아보지 못할 암호 같은 상당히 어지러운 문자들이 눈 앞에 펼쳐질 것이다. 그래도 다행히 파일의 시작엔 항상 "MZ"라는 식별 가능한 문자가 나올 것이다. 그리고 그 뒤를 따르는 알 수 없는 문자들의 연속... 흔히 우리가 애플리케이션이라 부르는 EXE 파일 역시 나름대로의 포맷을 갖는다. EXE 파일을 로드하는 역할을 하는 것이 윈도우 운영체제의 서브 시스템으로 존재하는 '프로그램 로더(Loader)'고, EXE의 파일 구조는 이 로더가 식별할 수 있는 방식으로 구성된다. 여러분이 특정 EXE를 실행하면, 이 로더가 해당 EXE 파일을 열어 그 파일의 구조를 분석해서 적절하게 메모리에 로드하여 프로그램의 진입점으로 들어가게 한다. 또한 프로그램을 로드하는 동안 EXE 파일 내부의 가져오기 (Import) 정보를 통해 필요한 DLL들도 찾아서 함께 메모리에 로드된다. 아무 DLL이나 하나 선택해서 헥사 에디터로 열어보라. 재미있는 것은 DLL 역시 "MZ"로 시작한다는 것이다. 그렇다면 'EXE와 DLL의 파일 구조가 같은 것은 아닐까?'라는 생각을 충분히 떠올릴 수 있다. 그 예상에 대한 답을 미리 하자면 EXE와 DLL은 동일한 파일 구조를 갖는다. MS는 EXE와 DLL이 갖는 파일 구조를 PE 파일 포맷이라고 명명했다. 이때 PE는 'Portable Executable'의 약자로, 이 포맷으로 구성된 PE 파일들은 플랫폼에 관계 없이 윈도우 운영체제가 돌아가는 시스템이면 어디서든(Portable) 실행 가능(Executable)하다는 의미에서 PE라는 이름을 붙였다.

1980년대 중반에 유행했던 소니 카세트 플레이어, 즉 워크맨을 **포터블(Portable)** 카세트라고 불렀는데, 당시로서는 몸에 지니고 걸어다니면서 음악을 들을 수 있는 획기적인 제품이었고 선풍적인 인기를 끌었다. 이 의미와 비슷하게 윈도우에서의 Portable의 의미는 플랫폼과 상관없이 실행 가능하다는 의미에서, 즉 인텔 프로세서(CPU) 기반의 윈도우가 탑재된 시스템에서 돌아가는 PE 프로그램은 DEC-ALPHA 프로세서를 탑재한 시스템에 인스톨된 윈도우 운영체제에서도 실행 가능하다는 의미다.

1.1.1 왜 PE 파일인가?

이제부터 심도 있게 PE 파일의 구조를 분석해보자. 그런데 PE 파일 구조를 분석한다는 것이 단순히 파일 구조 자체에 국한된 것만은 아니다. PE 파일 구조를 분석하다 보면 윈도우 운영체제의 깊은 곳까지 파고들어 가게 된다. 만약 윈도우 시스템의 여러 중요한 요소들을 이해하지 못한 채 PE 파일의 구조를 보면 제대로 이해하기 힘들지도 모르지만, 그럼에도 필자는 이 방식을 선호한다. PE 파일 구조를 분석하다 보면 윈도우의 심오한 부분까지 살펴보게 됨에 따라 자연스럽게 윈도우 운영체제를 이해할 수 있기 때문이다.

한 예로 PE 파일과 메모리 매핑 파일 간의 관계를 간단히 살펴보자. 필자는 지금까지 실행 파일, DLL 파일 또는 PE 파일이라고 말해왔지만 이런 명칭에 공통으로 존재하는 것은 파일이다. 하지만 엄밀히 말하면 그냥 단순히 파일이 아니다. 이 글을 통해서 우리는 윈도우 플랫폼 SDK의 WinNT.h 헤더 파일을 자주 참조할 예정인데, 이 WinNT.h 헤더 파일 내의 PE 관련 구조체들은 '파일'이라는 명칭 대신 '이미지(Image)'라는 명칭으로 표현된다. 파일이 아니고 왜 이미지일까? 이때 말하는 이미지는 JPEG나 BMP, GIF 등으로 알려진, 그림이나 사진과 같은 이미지를 의미하는 것이 아니라 Image라는 단어의 어원적 의미로 사용된다. 즉 어떤 실체에 대한 그림자, 허상, 그것의 반영이라는 의미에서의 이미지다. 그럼 무엇에 대한 그림자이고 무엇을 반영한 것이란 말인가? 사실 PE 파일은 하드디스크에 파일로 존재하지만, 그것이 실행되기 위해 메모리로 로드될 때에는 일반 데이터 파일이 메모리에 로드되는 방식과는 전혀 다른 방식으로 로드된다. 한 프로세스에 할당되는 4기가(32비트) 또는 16엑사(64비트)바이트의 가상 주소 공간을 유지하기 위해 가상 메모리 관리자(Virtual Memory Manager, 이하 VMM)는 페이지 파일이라는 덩치 큰 스와핑(Swapping) 영역을 하드디스크에 유지하며, 이 페이지 파일과의 적절한 스와핑, 매핑을 통해 프로세스에게 마치 4기가 또는 16엑사의 가상 공간을 실제로 제공해주는 것처럼 그렇게 프로세스를 속이고 있는 것이다.

프로세스는 사실 VMM이 만들어준 매트릭스 세계에 살고 있다고 봐도 무방하다. 하지만 PE 파일이 로드될 때 VMM은 페이지 파일을 사용하지 않고 PE 파일 자체를 마치 페이지 파일처럼 가상 주소 공간에 그대로 매핑한다. 윈도우 프로그래머들이 프로세스 간 통신을 위해 애용하는 공유 메모리(Shared Memory) 메커니즘을 통해 PE 파일 자체를 직접 가상 주소 공간에 매핑해버리는 것이다. '공유 메모리'라고 알려진 IPC 방식은 실제 메모리에 매핑된 파일(Memory Mapped File)이며, 어찌 보면 원래 PE 파일을 효율적으로 메모리에 로드하기 위해 MS가 고안해낸 방식을 그 범위를 넓혀 IPC에도 이용할 수 있도록 다른 사용 용도를 제안한 것일 수도 있다. 이미지라는 것은 바로 메모리에 매핑된 하드디스크의 PE 파일의 **상(像), 이미지**인 것이다. 실제는 디스크 상이 PE 파일이고, 그것의 반영이 가상 주소 공간에 로드된 PE다. 이미지를 좀 더 명확하게 이해하기 위해 미리 말하자면 메모리에 로드된 PE 포맷이나 디스크 상에서 파일로 존재하는 PE 포맷이나 거의 같다고 보면 된다. 이제 PE 파일 포맷 분석을 통해 우리는 '공유 메모리' 메커니즘을 알 수 있고, 더 나아가서 VMM이 윈도우 가상 주소 공간을 관리하는 방식을 제대로 공부해야만 PE와 메모리의 관계를 제대로 이해할 수 있는 것이다.

1.1.2 PE+란 무엇인가?

이 책의 초판 격에 해당하는 『Windows 시스템 실행 파일의 구조와 원리』에서는 32비트 PE에 대해서만 다루었다. 하지만 이 책에서는 32비트보다는 64비트 PE에 대해서 심도 있게 파고들 계획이다. MS는 64비트 PE에 'PE+'라고 이름을 붙였지만, 이 이름 역시 32비트 PE와의 호환성을 최대한 염두에 두었다는 것을 의미한다. PE+는 32비트 PE와 크게 차이가 없고, 32비트 PE를 그대로 수용하면서 기존 PE 포맷에 새로운 요소를 추가한 것이라고 생각하면 된다. 새로운 요소로 대표적인 것이 32비트 PE에는 없었던 '예외 섹션'일 것이다. 이 책은 64비트인 PE+ 포맷이 주가 되지만 32비트 PE 포맷도 함께 설명할 예정이므로, 명칭을 32비트든 64비트든 상관없이 PE로 통일하여 부르기로 한다. 그리고 그 출발로서 PE 파일 분석을 위한 간단한 EXE 프로그램 하나를 제시한다. 분석용 샘플을 간결하게 하기 위해서 MFC 대신 C/C++ 코드로 된 네이티브 윈도우 프로그램을 다음과 같이 만들었다.

다음은 BasicApp.cpp라는 아주 간단한 윈도우 애플리케이션 코드다.

소스 1-1 BasicApp.cpp   **프로젝트 BasicApp**

```
#include <windows.h>
#include <tchar.h>

TCHAR G_APP_CLS[16] = _T("YHD_HELLO_WND");
HINSTANCE g_hInstance;

LRESULT CALLBACK WndProc(HWND, UINT, WPARAM, LPARAM);
```

윈도우 메인 함수 정의

```
int WINAPI _tWinMain(HINSTANCE hInstance, HINSTANCE hPrevInst,
                     PTSTR pszCmdLine, int nCmdShow)
{
    g_hInstance = hInst;
```

윈도우 클래스 등록

```
    WNDCLASSEX wc;
    wc.cbSize          = sizeof(wc);
    wc.style           = CS_HREDRAW | CS_VREDRAW;
    wc.lpfnWndProc     = WndProc;
    wc.cbClsExtra      = 0;
    wc.cbWndExtra      = 0;
    wc.hInstance       = hInstance;
    wc.hIcon           = LoadIcon(NULL, IDI_APPLICATION);
    wc.hCursor         = LoadCursor(NULL, IDC_ARROW);
    wc.hbrBackground   = (HBRUSH)GetStockObject(WHITE_BRUSH);
    wc.lpszMenuName    = NULL;
    wc.hIconSm         = NULL;
```

```
wc.lpszClassName    = G_APP_CLS;
if(!RegisterClassEx(&wc))
{
    MessageBox(NULL, _T("RegisterClassEx FAILED!!!"),
        G_APP_CLS, MB_ICONERROR);
    return 0 ;
}
//////////////////////////////////////////////////////////////////
```

윈도우 생성

```
HWND hWnd = CreateWindowEx
(
    0,
    G_APP_CLS,               // window class name
    _T("YHD Hello Program"), // window caption
    WS_OVERLAPPEDWINDOW,     // window style
    CW_USEDEFAULT,           // initial x position
    CW_USEDEFAULT,           // initial y position
    400,                     // initial x size
    150,                     // initial y size
    NULL,                    // parent window handle
    NULL,                    // window menu handle
    hInstance,               // program instance handle
    NULL                     // creation parameters
);
if (hWnd == NULL)
{
    MessageBox(NULL, _T("CreateWindowEx FAILED!!!"),
        G_APP_CLS, MB_ICONERROR);
    return 0;
}
ShowWindow(hWnd, iCmdShow);
UpdateWindow(hWnd);
//////////////////////////////////////////////////////////////////
```

메시지 루프

```
MSG msg;
```

```
while (GetMessage(&msg, NULL, 0, 0))
{
   TranslateMessage(&msg);
   DispatchMessage(&msg);
}
///////////////////////////////////////////////////////////////

   return (int)msg.wParam;
}
```

```
LRESULT CALLBACK WndProc(HWND hWnd, UINT uMsg, WPARAM wParam, LPARAM lParam)
{
   static TCHAR s_szMsg[64] = _T("YHD's WinApp : ");
   switch(uMsg)
   {
     case WM_PAINT:
     {
        PAINTSTRUCT  ps;
        RECT         rc;
        HDC          hDC = BeginPaint(hWnd, &ps);

        int nStrLen = (int)_tcslen(s_szMsg);
#if _WIN64
        nStrLen += wsprintf(s_szMsg + nStrLen,
             _T("HINSTANCE=0x%016I64X"), g_hInstance);
#else
        nStrLen += wsprintf(s_szMsg + nStrLen,
             _T("HINSTANCE=0x%08X"), g_hInstance);
#endif
        GetClientRect(hWnd, &rc);
        DrawText(hDC, s_szMsg, nStrLen,
           &rc, DT_SINGLELINE | DT_CENTER | DT_VCENTER);
        EndPaint(hWnd, &ps);
     }
     return 0;
```

```
        case WM_DESTROY:
            PostQuitMessage(0);
        return 0;
    }


    return DefWindowProc(hWnd, uMsg, wParam, lParam);
}
```

위의 소스는 윈도우 애플리케이션 프로그래밍의 전형적인 패턴으로, 프로젝트를 빌드 후 실행하면 다음 그림과 같은 아주 단순한 형태의 윈도우가 나타날 것이다.

그림 1-1 BasicApp.exe의 실행

위 실행 결과에서 0x00007FF6`92380000이라는 값은 해당 PE가 메모리에 로드된 시작 번지를 의미한다. 제공되는 샘플 프로그램은 Win32용 디버그 및 릴리스와 x64용 디버그 및 릴리스 버전을 모두 제공한다. 32비트와 64비트뿐만 아니라 디버그 모드와 릴리스 모드일 때의 PE의 내용도 다소 달라지기 때문에, 둘을 비교해보는 것이 PE 포맷을 이해하는 데 도움이 될 것이다. 본서에서는 주로 64비트 디버그 PE를 이용하여 예시할 것이므로, 우선 이 소스를 64비트 디버그 모드로 컴파일하여 그 결과물을 분석해보도록 하자.

다음 그림은 64비트 디버그 버전의 BasicApp.exe를 헥사 에디터로 덤프했을 때의 시작 부분이다. 파일 제일 앞 반전된 부분을 보면 헥사 값 0x4D, 0x5A로 시작하며, 그것의 아스키 값은 "MZ"이다. 참고로 PE 파일은 이렇게 MZ로 시작한다.

그림 1-2 PE 파일 덤프

	+0	+1	+2	+3	+4	+5	+6	+7	+8	+9	+A	+B	+C	+D	+E	+F	
00000000	4D	5A	90	00	03	00	00	00	04	00	00	00	FF	FF	00	00	MZ............
00000010	B8	00	00	00	00	00	00	00	40	00	00	00	00	00	00	00	........@.....
00000020	00	00	00	00	00	00	00	00	00	00	00	00	00	00	00	00	....
00000030	00	00	00	00	00	00	00	00	00	00	00	00	F0	00	00	00	....
00000040	0E	1F	BA	0E	00	B4	09	CD	21	B8	01	4C	CD	21	54	68	.........!..L.!Th
00000050	69	73	20	70	72	6F	67	72	61	6D	20	63	61	6E	6E	6F	is program canno

보기에는 복잡하고 의미 없는 일련의 암호 같은 바이트 흐름처럼 보이지만 사실 정해진 포맷을 가지고 있다. 이것을 PE 포맷이라고 하고, 이 책에서 다루는 내용은 결국 [그림 1-2]의 바이너리 덤프 구조를 자세히 살펴보는 것으로 진행된다. 다음 장부터 차근차근 이 덤프의 구조를 상세히 파헤쳐 보자.

1.2 PE 파일의 전체 구조

우선, PE 파일을 구성하는 포맷의 전체 구조를 먼저 살펴보도록 하자.

그림 1-3 PE 파일 포맷 전체 구조

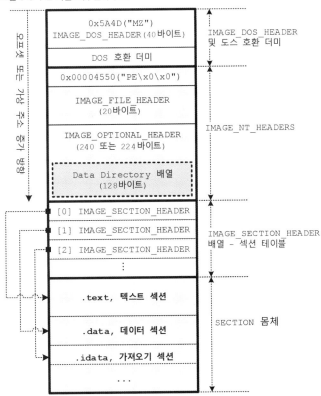

PE 파일 포맷은 COFF(Common Object File Format)라는 포맷을 계승한 파일 포맷으로서, COFF의 확장판이라고 보면 된다. COFF 포맷은 MS에서 사용하던 이전 버전의 여러 실행 파일뿐만 아니라 라이브러리 파일, OBJ 파일에 대한 공통 포맷을 제공한다. 이 PE 파일 포맷은 64비트 경우 PE+라 고도 하지만, 기본적으로 PE 파일 포맷을 바탕으로 한다. 따라서 본서에서는 주된 관심사를 PE/PE+ 파일 포맷에 국한한다. PE 파일 포맷은 [그림 1-3]과 같은 구조로 구성되며, 이때 IMAGE_XXX_ XXXX 형태의 명칭들은 모두 WinNT.h 헤더 파일에 정의된 구조체다. PE 파일은 처음에 MZ로 시 작하는 IMAGE_DOS_HEADER 구조체로 시작해서 도스와의 호환을 위한 코드인 도스 스텁을 담고 있다. 이 스텁 다음부터 실제 PE 포맷이 시작된다.

실질적인 PE 포맷의 시작은 IMGAE_NT_HEADERS라는 구조체로 정의된 헤더로 표현된다. IMGAE_NT_HEADERS는 'PE' 시그니처를 시작으로 차례대로 IMAGE_FILE_HEADER와 IMAGE_OPTIONAL_HEADER 구조체로 구성된다. IMAGE_FILE_HEADER는 PE 파일 의 파일 정보를 나타내고, IMAGE_OPTIONAL_HEADER는 이름과 달리 전혀 선택적이지 않 은 PE 파일이 메모리에 로드될 때 필요한 중요한 정보를 담고 있다. 이 IMAGE_OPTIONAL_ HEADER 내에는 기본 필드들과 함께 주요 섹션과 정보의 위치 및 크기를 나타내는 IMAGE_ DATA_DIRECTORY 구조체의 배열이 존재한다. 그리고 IMAGE_OPTIONAL_HEADER 구 조체에 이어 섹션 헤더라 불리는 IMAGE_SECTION_HEADER 구조체의 배열이 펼쳐진다.

여기까지가 PE 파일의 헤더에 해당되며, 이 헤더 다음부터 실제 내용들, 즉 코드나 데이터들이 섹션 (Section)이라는 블록 단위로 각각 저장된다. 이 섹션의 시작 위치와 크기, 그리고 속성을 담고 있 는 헤더가 IMAGE_SECTION_HEADER 구조체며, 이 구조체의 배열이 '섹션 헤더 테이블'이 된 다. 섹션 헤더가 가리키는 각각의 섹션은 그 종류에 따라 자체 포맷을 갖는다. 대표적으로 실행 코드 를 담고 있는 .text 섹션, 전역 데이터들을 담고 있는 .data 섹션, 그리고 가져오기 함수/변수와 내 보내기 함수 또는 변수에 대한 정보를 담고 있는 .idata, .edata 섹션, 대화상자나 아이콘, 메뉴 등 의 리소스 데이터의 내용을 담고 있는 .rsrc 섹션 등이 있다. 2장에서는 PE 헤더에 대하여, 3장부터 는 주요 섹션에 대하여 각 장별로 하나씩 다룰 예정이다.

1.3 PE 분석을 위한 개념

이제 PE 파일 구조를 분석하기 전에 몇 가지 주지하고 넘어가자. 먼저 PE 파일 포맷을 분석하는 데 필요한 RVA, 섹션, 그리고 메모리 매핑 파일과 가상 주소 공간의 관계에 대하여 간단히 설명하고자 한다.

1.3.1 RVA와 섹션

먼저 RVA와 섹션과 이 둘의 관계에 대해서 살펴보기로 하자. RVA는 디스크 상에 파일로 존재하는 PE의 파일 오프셋과 함께 로드되어 메모리의 이미지로 존재하는 PE의 메모리 번지 사이의 간극을 절충시켜주는 중요한 개념이고, 섹션은 PE 파일 전체를 구성하는 파일/메모리 블록의 단위다. 먼저 RVA부터 보자.

1) RVA(상대적 가상 주소)

RVA(Relative Virtual Address – 상대적 가상 주소)는 매우 중요한 개념으로, 이에 대한 개념을 확실히 잡고 있어야 PE 포맷을 제대로 이해할 수 있다. 먼저 말해둘 것은 PE 파일 내의 파일 오프셋과 RVA는 관점이 다르다는 점이다. PE 구조에서 번지에 관계된 값, 즉 가상 주소 공간 상의 번지들은 전부 RVA 개념으로 표현된다. RVA는 이미지가 메모리에 로드되었을 때, 더 정확히 표현하면 해당 프로세스의 가상 주소 공간 내에 로드되었을 때 그 시작 주소에 대한 상대적 번지를 가리키는 개념으로, 메모리에서 PE의 시작 주소에 대한 상대적인 오프셋 값으로 생각할 수 있다. 파일 상태로 2차 메모리인 하드디스크에 존재하는 PE는 가상 메모리의 어떤 위치에 로드될지는 미리 알 수 없다. 32비트 시절에는 일반적으로 그 위치를 고정시켜서 EXE의 경우에는 디폴트로 0x00400000 번지에, DLL의 경우에는 디폴트로 0x10000000 번지에 PE 이미지가 로드되도록 했지만, 64비트에 들어서면서 보안상의 이유로 기본 설정에서 고정 주소 로드를 제거했기 때문에 전적으로 프로그램 로더가 판단해서 시작 번지를 결정한다. 따라서 PE에서의 가상 주소 공간에 대한 번지 참조는 아직 결정되지 않았지만, 로드될 이미지의 가상 시작 번지를 하나의 기준으로 하고, 그 번지에 대한 상대적 오프셋 값을 PE 파일에 기록하는 방식을 채택했다. 따라서 RVA를 가상 주소 공간 내의 실제 번지*로 변환하기 위해서는 다음과 같은 계산이 필요하다.

---

* 여기서 실제 번지는 가상 주소 공간 내의 위치를 식별하는 번지를 의미한다. RVA와 대비하여 VA(Virtual Address), 즉 가상 주소로 쓴다. 이 가상 주소는 가상 주소 공간(VAS) 내에서의 절대 번지를 의미한다. RVA는 가상 주소 공간 내에서 이 절대 번지에 대한 상대적 번지가 된다. 따라서 혼동을 피하기 위하여 앞으로 RVA는 상대적 가상 주소, VA는 가상 주소로 용어를 통일한다.

- **가상 주소(VA) = 이미지 로드 시작 번지(ImageBase) + RVA**

이미지 로드 시작 번지는 2장에서 설명할 IMAGE_OPTIONAL_HEADER 구조체의 ImageBase 필드에 임의로 지정할 수 있다. 예를 들어 이미지 로드 시작 번지가 0x00400000 이고 RVA 값이 0x00001234라고 하면, 해당 PE 이미지가 가상 주소 공간에 로드되었을 때 의 이 RVA에 해당하는 실제 번지는 0x00400000(ImageBase) + 0x00001234(RVA) = 0x00401234(VA)가 된다. 한 번 더 언급하자면, RVA는 절대 PE 파일 상의 오프셋이 아니라는 점이다. 2장의 PE 헤더에서 논의하겠지만, [그림 1-3]에서처럼 각 섹션은 섹션 헤더에서 지정하는 RVA를 참조하여 PE 이미지가 매핑된 시작 번지부터 지정된 RVA에 정확하게 해당 섹션을 로드하 게 된다. 따라서 해당 섹션의 PE 상의 파일 오프셋과 RVA는 달라지게 된다.

다음 그림은 RVA와 가상 주소 번지의 관계를 나타낸 것이다.

그림 1-4 RVA와 가상 주소의 관계

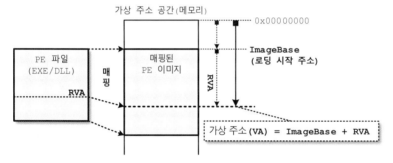

2) 섹션(Section)

PE 파일에서 섹션은 프로그램의 실제 내용을 담고 있는 블록으로, PE가 가상 주소 공간에 로드된 후 이 섹션 내용이 참조되고 실행된다. 이때 여기서 말하는 내용에 해당하는 것이, 가장 쉽게 생각할 수 있는 코드와 데이터일 것이다. 이 코드와 데이터를 비롯해 프로그램 실행에 관련된 여러 정보가 개개의 섹션에 배치된다.

다음은 주로 사용되는 섹션에 대한 설명으로, 앞으로 이 책을 통해서 상세하게 논의될 내용이다.

코드 섹션 .text

프로그램을 실행하기 위한 코드를 담고 있는 섹션이다. CPU의 명령 포인터가 되는 IP 레지 스터는 이 섹션 내에 존재하는 번지를 담는다. 3장과 12장에서 상세하게 설명한다. 32비트의 경우 VC++ 7.0부터 실행 가능 속성을 가진 동시에 초기화되지 않은 데이터와 이를 담고 있는 .textbss 섹션이 존재하기도 하는데, 이 섹션은 '증분 링크(Incremental Link)' 옵션이 설정된 경우 컴파일러에 의해 생성된다. 증분 링크는 3장에서 설명한다.

데이터 섹션 .data

초기화된 전역 변수들을 담고 있는, 읽고 쓰기가 가능한 섹션이다. 이전에는 초기화되지 않은 데이터를 위한 데이터 섹션의 일환으로 .bss 섹션을 제공했다. 여기서 초기화의 의미는 코드 상에서 명시적으로 초깃값을 지정하지 않은 전역 변수를 의미한다. 이 섹션은 PE 파일 내에 존재할 수도 있지만, 가상 주소 공간에 매핑될 때는 보통 .data 섹션에 병합되기 때문에 메모리에서는 볼 수 없다. 64비트에서는 PE 파일 자체에서 .bss 섹션을 .data 섹션에 병합해버리기 때문에 PE 파일에서도 존재하지 않는다. .data 섹션은 3장에서 설명한다.

읽기 전용 데이터 섹션 .rdata

읽기 전용 데이터 섹션이다. .rdata에 배치되는 항목으로는 문자열 상수나 C++ 가상 함수 테이블 등이 있다. 물론 코드 상에서 참조하는 읽기 전용 데이터뿐만 아니라 다른 섹션, 예를 들어 내보내기 섹션(.edata)이나 디버그 섹션(.debug) 등은 .rdata 섹션에 병합된다. 또한 가져오기 섹션(.idata)이나 지연 로드 섹션(.didata)의 경우도 증분 링크 옵션을 해제하면 역시 이 섹션으로 병합되어 버린다. 그리고 데이터 디렉터리의 여러 엔트리 또한 이 섹션 내에 위치한다. OBJ 파일의 경우 C/C++ 런타임 정보를 위한 .CRT 섹션도 존재하는데, 이 섹션도 C++ 클래스의 전역 객체 생성자와 소멸자 함수 호출을 위한 함수 포인터 등을 담는 섹션이지만 링커에 의해서 .rdata 섹션으로 병합된다. VC++ 2015부터는 '흐름 제어 보호, CFG'라는 보안 기능을 명시적으로 지원하며, 이 기능을 위해 .gfids나 .00cfg라는 섹션도 제공하지만 역시 '증분 링크' 옵션을 해제할 경우 .rdata 섹션에 병합된다. .rdata 섹션은 3장에서 설명한다.

기준 재배치 섹션 .reloc

실행 파일에 대한 기준 재배치 정보를 담고 있는 섹션이다. 기준 재배치란 PE 이미지를 원하는 기본 주소에 로드하지 못하고 다른 주소에 로드했을 경우, 코드 상에서 가상 주소를 참조(예를 들어 포인터 연산 등)하는 경우 이 주소를 갱신해줘야 하는 것을 의미한다. 이런 가상 주소 갱신을 위해 기준 재배치 섹션이 필요하며, 이는 4장에서 설명한다.

내보내기(Export)* 섹션 .edata

내보낼 함수에 대한 정보를 담고 있는 섹션이다. 일반적으로 함수/변수를 내보내는 경우는 DLL이 대부분이기 때문에 DLL의 PE에서 이 섹션을 발견할 수 있다. 하지만 이 섹션 역시 .rdata 섹션에 병합되기 때문에 DLL에서 별도의 섹션으로 존재하지 않는다. 대신 VC++가 만들어내는 내보내기 라이브러리 파일인 EXP 파일에서 이 섹션을 볼 수 있다. 내보내기 섹션은 5장에서 설명한다.

가져오기(Import) 섹션 .idata

가져올 DLL과 그 함수/변수에 대한 정보를 담고 있는 섹션이다. 대표적으로 이 섹션 내에 IAT(Import Address Table)가 존재한다. 하지만 이 섹션은 '증분 링크' 옵션을 해제하면 .rdata 섹션에 병합된다. 가져오기 섹션은 6장에서 설명한다.

지연 로드 섹션 .didat

DLL 지연 로딩(Delay-Loading)을 위한 섹션이다. 지연 로딩은 윈도우 2000부터 지원되는 DLL 로딩의 한 방식으로 암시적인 방식과 명시적인 방식의 혼합이다. 이 섹션 역시 '증분 링크' 옵션을 해제하면 .rdata 섹션에 병합된다. 지연 로드 섹션은 7장에서 설명한다.

TLS 섹션 .tls

__declspec(thread) 지시어와 함께 선언되는 스레드 지역 저장소(Thread Local Storage)를 위한 섹션이다. 이 섹션은 __declspec(thread) 지시어를 사용한 정적 TLS의 데이터의 초기화를 위해 존재한다. TLS 섹션은 8장에서 설명한다.

리소스 섹션 .rsrc

대화상자, 아이콘, 커서, 버전 정보 등의 윈도우 PE 파일이 담고 있는 리소스 관련 데이터들이 이 섹션에 배치된다. 리소스 섹션은 9장과 10장에서 설명한다.

---

* DLL과 관련된 Export와 Import는 처음에는 원어 그대로 '익스포트'와 '임포트'로 기술했으나 MSDN 한국어판에서는 이 두 용어를 각각 '내보내기'와 '가져오기'로 번역하여 사용하고 있다. 따라서 이 책에서도 동일하게 Export를 '내보내기', Import를 '가져오기'로 기술하기로 한다.

디버깅 섹션 .debug

이 섹션은 디버깅 정보를 담고 있다. 오래전부터 MS는 이 섹션에 디버깅 관련 기초 정보만을 담고, 실제 정보는 PDB 파일에 별도로 보관한다. 디버깅 섹션을 위해서 OBJ 파일에는 가변 길이 코드 뷰의 포맷 심볼이나 타입 레코드를 담고 있는 .debug$S, .debug$T 섹션과 미리 컴파일된 헤더를 위한 .debug$P 섹션 등이 존재하는데, 링커는 이 섹션을 하나로 합쳐서 .debug 섹션을 구성해 PE 파일 내의 .rdata 섹션에 병합한다. 디버깅 섹션은 14장에서 자세히 설명한다.

예외 섹션 .pdata

예외 정보를 담고 있는 섹션이다. IMAGE_RUNTIME_FUNCTION_ENTRY 구조체의 배열로 구성된다. 이 구조체는 CPU 플랫폼에 의존적이며, 테이블베이스 예외 처리(Table-Base Exception Handling)를 사용하는 플랫폼에서만 제공되기 때문에 x86 계열의 CPU에서는 이 섹션을 볼 수 없다. 따라서 32비트용 윈도우 PE에는 존재하지 않지만 AMD64나 IA-64 CPU를 기반으로 하는 64비트 PE에는 항상 존재하며, 64비트 예외 처리뿐만 아니라 코드 섹션을 구성하는 함수들의 분석에 있어서도 매우 중요한 역할을 한다. OBJ 파일에서는 예외 처리 테이블 정보를 담는 .xdata 섹션도 존재하지만, 이 섹션은 링크 과정을 거치면서 .pdata 섹션에 병합되어 PE 파일에는 존재하지 않는다. 예외 섹션은 17장에서 자세히 설명한다.

이외에 OBJ 파일에만 존재하며 링크 옵션을 지정하는 문자열로 구성되는 .drectve 섹션이나 IA-64에서 전역 포인터에 대한 상대적 주소 지정을 위해 사용되는 .sdata .srdata 섹션도 존재하지만, 이 책은 OBJ 파일이 아니라 x86이나 AMD64를 기반으로 하는 PE 파일에 존재하는 섹션만을 대상으로 다룰 예정이므로, .text, .data, .rdata, .reloc, .edata, .idata, .didat, .tls, .rsrc, .debug, .pdata 섹션에 대해서만 설명한다.

마지막으로 섹션과 관련해서 이 점도 명심하기 바란다. [그림 1-3]에 나온 여러 PE 헤더들이 위치한 영역 역시 하나의 섹션이며, 시스템은 PE 파일의 여러 헤더들을 위해 별도의 섹션을 파일 선두에 할당한다. 따라서 PE 파일은 다양한 헤더들이 모여 있는 PE 헤더 섹션으로 시작해서 이 절에서 설명한 여러 섹션이 본체를 이루는, 처음부터 끝까지 철저하게 섹션 단위로 구성되는 파일이다.

1.3.2 가상 주소 공간과의 관계

섹션과 관련해서 함께 고려해야 할 것은 파일로 존재하는 PE의 구조와 이것이 가상 주소 공간 (Virtual Address Space, VAS)에 로드되었을 때의 PE 이미지에 대한 관계다. 이 관계를 이해하려면 프로세스와 스레드, 그리고 윈도우의 가상 주소 공간에 대한 이해가 있어야 하며, 또한 메모리 매핑 파일(Memory Mapping File, MMF)에 대한 이해도 필수적이다. 이 모든 내용을 여기서 자세히 다룰 수는 없지만, 대신 가상 기억 공간과의 관계에 초점을 맞추어 MMF를 간단하게 다루고자 한다.*

1) 가상 주소 공간과 페이지 파일

프로세스는 자신의 구성원으로 32비트의 경우 4기가 바이트, 64비트의 경우 16엑사 바이트의 가상 주소 공간을 갖는다. 이 공간은 말 그대로 가상이며, 이 공간을 RAM(Random Access Memory)으로 대표되는 실제의 물리적 기억장치와 연결해주는 것이 가상 메모리 관리자(Virtual Memory Manager, 이하 VMM**)다. VMM은 커널 모드에 위치하는 윈도우 컴포넌트로, 동시에 실행될 수십 개의 프로세스 각각에 할당될 가상 주소 공간과 제한된 용량을 갖는 RAM 사이의 중재 역할을 담당한다. 이때 여기서의 물리적 기억장치는 단지 RAM만을 의미하는 것은 아니다. 즉 RAM과 하드 디스크 상의 특정 파일, 정확히 말해서 윈도우 시스템이 설치된 논리적 디스크의 루트에 존재하는 'PageFile.sys'라는 파일을 포함한다. 페이지 파일과 RAM, 그리고 가상 기억 공간은 VMM에 의해 관리되면서 프로세스에게는 마치 자신 혼자 4G 또는 16E의 선형 주소 공간을 독점하고 있다고 착각하게 만드는 매트릭스를 제공한다. 가상 주소 공간은 말 그대로 가상이며, 실제로 존재하지 않는다. 하지만 프로세스에 속한 특정 스레드가 가상 주소 공간 내의 특정 번지를 액세스할 때, VMM은 해당 번지가 소속된, 메모리 관리 단위인 페이지를 페이지 파일과 매핑시켜준다. 따라서 해당 가상 주소 공간에 무엇을 읽거나 쓰는 행위는 결국 해당 페이지 파일의 특정 페이지에 동일한 행위를 하는 것이 된다. 물론 VMM은 이 페이지 파일 내에서 RAM과의 적절한 스와핑을 통해 실제로 물리적인 RAM에 액세스가 가능하도록 보장해준다. 아래 그림처럼 가상 주소 공간의 페이지들은 페이지 파일에 매핑되어 있어야 사용이 가능하다. 결국 매핑이라 함은 가상 주소 공간과 페이지 파일 사이의 페이지 단위의 대응을 의미한다.

---

* 프로세스나 스레드, 가상 주소 공간 등에 대해서 자세히 알고자 한다면 윈도우 시스템 프로그래밍의 바이블이라 할 수 있는 제프리 리처 (Jeffrey Richter)의 『Windows via C/C++』(한빛미디어)를 참조하기를 권장한다.

** VMM의 구조에 대하여 자세히 알고싶으면 마크 러시노비치, 데이비드 솔로몬의 『Windows Internals』(에이콘)을 참고하기를 권장한다.

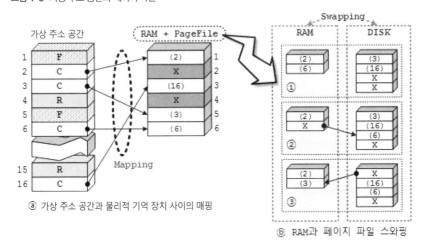

그림 1-5 가상 주소 공간과 페이지 파일

③ 가상 주소 공간과 물리적 기억 장치 사이의 매핑

ⓑ RAM과 페이지 파일 스와핑

페이지는 가상 주소 공간을 관리하기 위해 시스템이 사용하는 메모리의 기본 단위로, 윈도우는 4KB를 사용한다. 페이지는 해제(Free), 예약(Reserve), 확정(Commit) 세 가지 상태를 갖는다. **해제 상태**는 영역이 할당되지 않은 상태를 의미하며, 가상 주소 공간에 VirtualAlloc 등의 함수로 영역을 할당하면 그 영역은 우선 **예약 상태**가 된다. 예약 영역의 시작 번지는 윈도우의 가상 메모리 할당 단위인 64K의 배수 값이 되어야 하고***, 영역 관리는 페이지 단위로 수행되기 때문에 영역의 크기는 페이지 크기의 배수가 되어야 한다. PE 파일의 섹션 역시 페이지 단위의 배수가 되는 영역이다. 그러나 이렇게 단순히 예약만 한다고 해서 해당 메모리를 바로 사용할 수는 없다. 영역을 예약하고 나서 실제로 사용하기 위해서는 그 영역을 페이지 단위로 **확정(Commit)**해야만 한다. 예약 상태는 가상의 영역에 메모리가 할당된 것에 불과하다. 따라서 그 영역을 실제로 사용하려면 RAM 등과 같은 물리적 기억 장소와 매핑되어야만 한다. 이렇게 가상적 예약 공간이 실제 물리적 저장 공간과 페이지 단위로 대응된 상태를 **확정**되었다고 한다. **확정 상태**는 예약된 영역의 페이지를 물리적 기억 장치에 매핑하는 행위를 의미한다. 예약 영역의 시작 번지는 64K의 배수가 되어야 하지만, 확정은 페이지 단위로 이루어지기 때문에 확정 영역의 번지나 그 크기는 페이지 단위인 4K의 배수가 된다.

[그림 1-5]에서 ⓐ는 페이지를 통한 가상 주소 공간과 물리적 기억 장치 사이의 매핑 상태를 보여준다. F는 해제 상태, R은 예약 상태, C는 확정 상태를 의미한다. C로 표시된 확정 상태의 페이지 2, 3, 6, 16은 물리적 기억 장치의 페이지 1, 5, 6, 3에 매핑되어 자신의 공간을 확보한 상태가 된다. 그림

*** 해당 플랫폼이 제공하는 페이지 크기와 가상 메모리 할당 단위를 얻고자 한다면 GetSystemInfo API를 사용하면 된다. 이 함수는 매개변수로 SYSTEM_INFO 구조체의 포인터를 요구하는데, 이 구조체의 dwPageSize 필드는 해당 플랫폼의 페이지 크기를 담고 있으며, dwAllocationGranularity 필드는 가상 메모리 할당 단위를 담고 있다.

의 ⓑ는 물리적 기억 장치를 구성하는 RAM과 디스크 상의 페이지 파일과의 스와핑(Swapping) 과정을 보여준다. ⓑ에 나온 스와핑 처리는 다음과 같이 수행된다.

- ㉠ 페이지 파일의 현재 상태를 ① 단계라고 하고, 이때 스레드로부터 VAS(Virtual Address Space, 가상 주소 공간) (3) 페이지에 대한 접근 시도가 존재한다고 하자.
- ㉡ 하지만 ① 단계의 경우, 페이지 (3)이 RAM에 존재하지 않고 디스크 상의 페이지 파일에 존재한다.
- ㉢ 페이지에 대한 접근은 해당 페이지가 RAM에 존재해야 가능하기 때문에 RAM에서 (3)을 로드할 수 있도록 빈 페이지를 찾는다.
- ㉣ RAM에 빈 페이지가 없기 때문에 ② 단계에서 RAM의 페이지 (6)을 페이지 파일의 빈 페이지에 복사한다.
- ㉤ 이제 ③ 단계에서 페이지 파일에 존재하던 페이지 (3)을 RAM의 기존의 페이지 (6) 자리에 로드하게 된다.
- ㉥ 최종적으로 스레드는 RAM에 존재하는 페이지 (3)에 대해서 액세스가 가능하게 된다.

물론 ㉡ 단계에서 '페이지 폴트'라는 예외가 발생하고, 이에 대한 예외 처리로 ㉡ 이후의 과정이 수행된다. 결국 가상 기억 공간과 물리적 기억 장치 사이의 매핑을 통해 메모리 페이지에 대한 확정이 이루어지며, 확정된 메모리 페이지에 대한 접근 이면에서는 RAM에 해당 페이지가 존재하지 않을 경우 디스크 상의 페이지 파일과의 스와핑을 통해 해당 페이지를 RAM에 로드하여 접근이 가능하게 되는데, 이 모든 과정을 VMM이 관장하게 된다. 따라서 매핑의 관점에서 보면 물리적 기억 장치는 하나의 페이지 파일로 볼 수 있으며, 이 페이지 파일은 RAM과 디스크 상의 특정 시스템 파일을 포함한 개념으로 간주할 수 있다.

2) 메모리 매핑 파일(Memory Mapping File, MMF)

매핑된 페이지를 확정된 페이지라고 할 때, 가상 주소 공간의 특정 페이지에 접근한다는 것은 페이지 파일의 일부에 그 페이지가 매핑되어야 함을 의미한다. 그렇다면 가상 기억 공간과의 매핑 대상을 오로지 PageFile.sys라는 시스템 페이지 파일로만 국한시킬 것이 아니라, 여러분이 직접 열거나 생성한 일반 파일도 그 대상으로 삼을 수 있지 않을까? 물론 가능하다. 여러분은 일반 파일을 열어서 그 파일 자체를 마치 PageFile.sys처럼 매핑되도록 할 수 있다. 이렇게 파일 자체가 PageFile.sys의 역할을 대신하는 경우를 메모리에 매핑된 파일이라고 한다. MMF는 다음과 같이 세 가지 용도로 사용된다.

- ① EXE와 DLL 파일의 로드와 실행
- ② 사용자가 직접 디스크 내의 데이터 파일에 액세스
- ③ IPC의 수단으로 메모리 공유

MMF로 사용되는 파일은 시스템의 페이지 파일을 사용하지 않고 해당 파일 자체가 페이지 파

일의 역할을 하는 특별한 파일이다. 페이지 파일이 가상 주소 공간에 매핑되어 사용되는 것처럼 MMF는 직접 가상 주소 공간과 매핑된다. 여러분은 윈도우가 제공하는 CreateFileMapping, MapViewOfFile(Ex), UnmapViewOfFile 함수를 통해서 일반 파일을 직접 MMF로 만들 수 있다. 이 함수들을 이용하면 사용자는 ②와 ③의 목적을 위해 MMF를 사용할 수 있다.* 하지만 시스템은 ①의 목적으로 PE 파일을 MMF로 사용한다.

예를 들어 여러분이 마우스 더블클릭 등을 통해서 EXE를 실행한다고 해보자. 그러면 시스템은 다음의 과정을 거쳐 EXE에 해당하는 프로세스를 생성한다.

① 시스템은 사용 개수가 1인 새로운 프로세스 커널 객체를 생성한다.
② 시스템은 새로운 프로세스를 위해 4G 또는 16E 크기의 가상 주소 공간을 생성한다.
③ 시스템은 가상 기억 공간에 EXE 파일을 포함할 만큼 충분히 큰 주소 공간 영역을 예약한다. 이 영역의 시작 주소는 EXE 파일의 IMAGE_OPTIONAL_HEADER의 ImageBase 필드에 설정되어 있다.
④ 시스템은 예약된 영역이 실제 구현되는 물리적 기억 장소는 시스템의 페이지 파일이 아니라, 디스크에 있는 EXE 파일 내라는 것을 기억해둔다.

이렇게 EXE의 로드 완료로 프로세스 생성이 끝나는 것이 아니다. EXE가 가져와야(Import) 하는 여러 DLL 파일 역시 로드해야 한다. 시스템이 DLL을 로드할 때는 다음의 과정을 거친다.

① 시스템은 DLL 파일을 포함할 만큼 충분한 공간을 해당 프로세스의 가상 기억 공간에 예약한다. 이 영역에 대한 시작 주소 역시 DLL 파일 내의 ImageBase 필드에 설정되어 있다.
② DLL을 로드하고자 하는 영역의 시작 번지를 다른 DLL이나 EXE가 이미 점유하고 있거나 또는 그 영역이 충분히 크지 않아서 시스템이 자신이 선호한 시작 주소에 DLL을 위한 영역을 예약할 수 없다면, 시스템은 다른 주소 공간 영역을 찾아서 해당 DLL을 로드한다.
③ 시스템은 예약된 영역이 실제 구현되는 물리적 기억 장소는 시스템의 페이지 파일이 아니라, 디스크에 있는 DLL 파일 내라는 것을 기억해둔다.

이와 같이 EXE와 이 EXE가 가져와야 할 모든 DLL을 EXE를 위한 프로세스 주소 공간에 매핑한 후, 시스템은 EXE의 런타임 시작 루틴을 호출하여 프로그램을 개시한다. 또한 시스템은 이와 관련된 페이징 처리나 버퍼링 또는 캐시 처리를 모두 수행한다. 이 과정이 완료되면 디스크 상의 해당 EXE와 DLL PE 파일 자체가 페이지 파일 역할을 하는 MMF가 된다.

이제 다시 PE로 돌아가보자. 지금까지 MMF에 대해 설명한 이유가 바로 여기에 있다. 윈도우는 EXE나 DLL 등의 실행 파일을 로드할 때 MMF를 이용한다. 즉 PE의 경우 해당 PE 파일 자체가

---

* MMF 사용에 대해서는 제프리의 책을 참조하기 바라며, MMF의 구체적인 사용 예를 자세히 알고 싶으면 필자의 저서 『윈도우 시스템 프로그램을 구현하는 기술』(한빛미디어) 7장을 참조하기 바란다.

MMF가 되는 것이다. 따라서 PE를 실행할 때 시스템은 PE를 열어서 페이지 파일로 복사하는 것이 아니라, PE 파일 자체를 페이지 파일로 사용하게 된다. 눈으로 직접 확인해보자.

그림 1-6 프로세스 가상 주소 공간

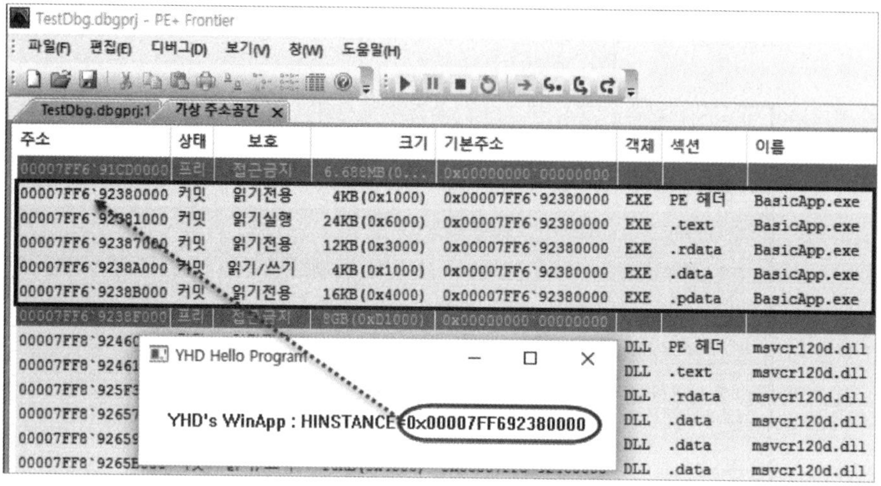

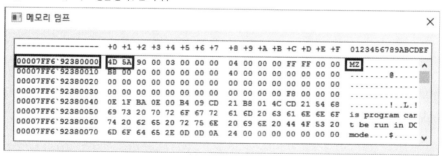

위 프로그램은 우리가 직접 구현할 'PE Frontier'라는 디버깅 툴이다. 이 툴을 이용하여 64비트 BasicApp.exe를 디버그 모드로 실행하면, 이 프로세스의 가상 주소 공간을 보여준다. 여기서 가상 주소 공간인 0x00007FF6`92380000부터 BasicApp.exe가 매핑되어 있다는 것을 알 수 있다. 다음 그림은 위 그림의 번지 0x00007FF6`92380000 항목을 더블클릭하여 이 번지부터 4K 크기의 가상 주소 공간 상의 실제 내용을 덤프한 것이다.

그림 1-7 프로세스 주소 공간 상의 PE 시작부

[그림 1-1]에서 보았던 BasicApp.exe의 파일 덤프의 내용과 동일하다는 것을 알 수 있다. 즉 이 것은 BasicApp.exe의 파일 자체가 그대로 가상 주소 공간에 매핑된다는 것을 의미한다. 윈도우가 BasicApp.exe라는 실행 파일을 로딩할 때에는 다음 그림과 같이 어떠한 변경 없이 그대로 가상

주소 공간에 PE를 매핑시킨다. 매핑을 위한 가상 주소 공간 상의 로딩 위치나 크기에 관련된 모든 정보가 이미 PE 파일 내에 전부 정의되어 있다. 시스템은 이 PE 파일에 전적으로 의존해서 실행 파일을 가상 주소 공간에 매핑한다.

그림 1-8 PE의 가상 주소 공간으로의 매핑

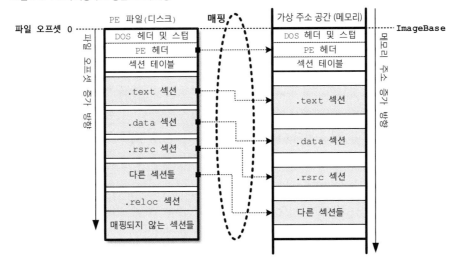

그러면 PE 파일 자체를 MMF로 사용해서 실행 파일을 로드했을 때 다음과 같은 의문을 가질 수 있다. 즉 '동일한 프로그램을 두 번 실행해서 두 개의 프로세스가 작동하도록 했다면 이 두 프로세스는 하나의 PE 파일을 공동의 페이지 파일로 사용할 것이다. 그렇다면 하나의 프로세스에서 메모리에 데이터를 쓸 경우 동일한 PE 파일을 페이지 파일로 삼기 때문에 다른 프로세스의 가상 주소 공간의 내용도 바뀌지 않을까?'하는 의문 말이다. 하지만 가상 주소 공간 상의 PE에 무엇을 쓴다는 것이 바로 PE 파일 자체에 대한 변경을 의미하는 것은 아니다. 메모리의 페이지 속성에 따라 즉각 반영되는 경우가 있고 그렇지 않은 경우가 있다. 만약 해당 페이지가 '실행 가능' 속성을 갖게 되면 이 페이지에 대한 '쓰기' 동작을 했을 경우 PE 파일로의 반영은 'Copy-On-Write'라는 메커니즘을 통해 이루어진다. '실행 가능' 속성을 가진 페이지에 데이터를 갱신하면 시스템은 해당 데이터를 그 페이지에 갱신하기 직전에 페이지 파일(PageFile.sys)로 복사본을 백업한 후에 해당 페이지를 갱신하게 되는데, 이런 메커니즘을 'Copy-On-Write'라고 한다. 이 메커니즘을 통해서 동일한 프로그램이 둘 이상 실행되더라도 서로 독립적인 프로세스 가상 주소 공간을 유지할 수 있게 되는 것이다. 더 자세한 내용은 제프리의 책을 참고하기를 권하면서 MMF에 대한 설명은 여기서 줄이고자 한다.

1.4 PE 분석 툴과 프로젝트 소개

지금까지 PE 파일의 전체 구조와 분석에 필요한 중요한 요소들에 대해서 간단하게 설명했다. 이번에는 PE 이미지 분석을 위해 사용 가능한 툴들과 이 책을 통해 구현할 PE 분석과 관련된 프로젝트를 소개할 것이다.

1.4.1 PE 분석 툴 소개

우선 PE 분석 툴에 대해서 간단히 언급하고자 한다. PE를 분석하거나 리버스 엔지니어링을 위해서는 디버깅 툴을 사용해야 한다. 이 책에서 다룰 디버깅 내용은 사용자 모드 디버깅에 국한하기로 한다. 왜냐하면 커널 모드 디버깅까지 지원하는 Numega 사의 SoftICE 같은 경우는 덩치가 워낙 크기 때문에 일반 사용자가 접하기에는 쉽지 않기 때문이다. 사용자 모드 디버깅을 위해서 자주 사용되는 유명하고 강력한 툴로는 OllyDbg나 IDA Pro가 있다. MS에서 제공하는 WinDbg 또한 커널 모드 디버깅까지 지원하는 유용한 디버깅 툴이다. 하지만 이 책의 목적이 PE 분석과 함께 디버깅 툴의 제작 원리를 소개하는 것이기 때문에 이러한 툴은 사용하지 않을 것이다. 여타 많은 리버스 엔지니어링 관련 서적들은 리버스 엔지니어링의 원리나 방법을 이러한 기존의 전문 툴을 통해서 설명하고 있다. 하지만 그러기 위해서는 위의 툴을 설치해야 하고 또한 툴의 사용법까지 알아야 하는 불편함이 있다. 따라서 우리는 이 책을 통해서 PE 파일의 구조 분석과 디버깅 툴의 제작 원리까지 함께 설명할 예정이며, 이런 설명을 거쳐 최종적으로 기존의 여러 툴이 제공하는 최소한의 기능을 탑재한 간단한 디버깅 툴을 직접 제작해볼 것이다. 그렇기 때문에 여기서는 간편하게 사용할 수 있는 툴만 소개하고자 한다.

제일 먼저 비주얼 스튜디오에서 제공되는 DumpBin.exe라는 툴을 살펴보자. 'Visual Studio.NET 2013 명령 프롬프트'를 띄워 DumpBin을 입력한 후 실행하면 다음과 같은 리스트가 출력된다.

```
Microsoft (R) COFF/PE Dumper Version 7.10.3077
Copyright (C) Microsoft Corporation.  All rights reserved.

usage: DUMPBIN [options] [files]
    options:
        /ALL
        /ARCHIVEMEMBERS
```

```
/CLRHEADER
/DEPENDENTS
/DIRECTIVES
/DISASM[:{BYTES|NOBYTES}]
/EXPORTS
    ⋮
/RELOCATIONS
/SECTION:name
/SUMMARY
/SYMBOLS
/UNWINDINFO
```

DumpBin은 PE 파일을 덤프하는 데 매우 유용한 툴로, 이 책에서는 주로 DumpBin을 이용해서 많은 예를 제시할 것이다. DumpBin은 COFF 형태의, 이전 PE 포맷을 비롯한 모든 실행 파일을 비롯하여 가져오기 라이브러리 파일(LIB), 내보내기 라이브러리 파일(EXP), 그리고 OBJ 등의 가능한 모든 형태의 PE 포맷을 지원한다. DumpBin의 주요 옵션은 다음과 같다.

표 1-1 DumpBin.exe의 옵션

옵션	설명
/ALL	리스트에 기술된 모든 옵션을 통해서 PE 이미지 정보를 보여준다.
/CLRHEADER	해당 PE가 관리 PE(.NET 기반 PE)인 경우에 CLR 헤더 내용을 출력한다.
/DISASM[:{BYTES|NOBYTES}]	텍스트 섹션의 코드 덤프를 디스어셈블해서 어셈블리어로 보여준다.
/EXPORTS	DLL일 경우, 이 DLL이 내보낸 함수/변수의 정보를 출력한다.
/HEADERS	PE 파일의 헤더 정보를 출력한다.
/IMPORTS[:filename]	가져온 함수들이나 변수에 대한 정보를 출력한다.
/RELOCATIONS	기준 재배치 섹션을 통해 재배치 정보를 출력한다.
/SECTION:name	name 속성에 지정된 이름을 가진 섹션의 정보를 출력한다.

다음으로 Smidgeonsoft에서 제공하는 PE Browse Professional Interactive라는 64비트용 프리웨어 툴을 알아보자. 이 툴은 http://www.smidgeonsoft.com에서 다운로드할 수 있다. 이 툴의 실행 파일은 PEBrowse64.exe며, GUI를 통해서 PE 분석 결과를 비주얼하게 볼 수 있는 것이 장점이다.

그림 **1-9** PEBrowse64.exe 실행 예

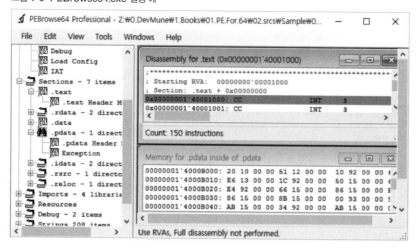

또한 해당 PE에 대한 디버깅 툴도 별도로 제공하는데, [그림 1-10]은 PE Browser가 제공하는 디버거 'PEBrowseDbg64.exe'의 실행 예다. PEBrowseDbg64.exe는 손쉽게 설치가 가능하고 사용하기도 간편하기 때문에 간단한 디버깅에 상당히 유용한 툴이다.

그림 **1-10** PEBrowseDbg64.exe 실행 예

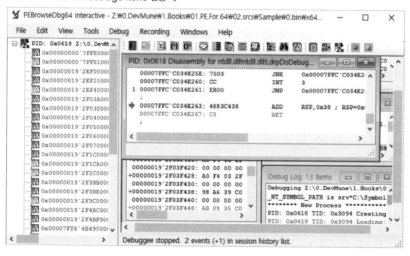

디버깅이 목적이라면 당연히 비주얼 스튜디오 자체도 매우 훌륭한 디버깅 툴이다. 이 책에서는 디버깅을 통한 PE 분석을 자주 할 것인데, 비주얼 스튜디오에서 제공하는 디버깅 기능을 이용한다.

그리고 PE 이미지를 대상으로 하는 ImageHelp라는 라이브러리를 간단하게 언급하고 넘어간다. 디폴트로 제공되는 이 라이브러리는 PE 파일을 대상으로 작업 가능한 많은 기능을 제공한다. 제공되는 함수 중 일부를 다음에 간단히 나열하였다. 자세한 설명은 MSDN을 참조하기 바란다.

표 1-2 ImageHelp 라이브러리의 함수

함수	설명
GetImageConfigInformation	해당 PE의 로드 설정 데이터(load configuration data)를 할당, 로딩 후 반환한다.
GetImageUnusedHeaderBytes	현재 사용되지 않는 PE 헤더 부분의 오프셋과 크기를 반환한다.
ImageLoad	로딩된 DLL들의 리스트를 유지한다.
ImageUnload	ImageLoad 함수에 의해 할당된 리소스를 해제한다.
MapAndLoad	해당 PE를 매핑하고 매핑된 파일로부터 데이터를 미리 로딩한다.
SetImageConfigInformation	해당 PE의 로드 설정 데이터를 할당, 로드한 후 변경한다.
UnMapAndLoad	MapAndLoad 함수에 의해 할당된 리소스를 해제한다.
BindImage(Ex)	가져온 함수 각각의 가상 주소를 계산한다. 이 함수는 6장 'DLL 로딩과 가져오기 섹션'에서 언급한다.
CheckSumMappedFile	지정된 PE 이미지 파일에 대한 체크섬 값을 계산한다.
MapFileAndCheckSum	지정된 파일에 대한 체크섬 값을 계산한다.
ReBaseImage	지정된 PE 이미지를 로딩시킬 주소를 변경하는 데 사용된다. 이 과정은 DLL의 로딩 타임을 줄일 수 있다. 이 함수는 4장 '기준 재배치 섹션'에서 언급한다.
SplitSymbols	지정된 PE 이미지로부터 심볼을 분리한다.
TouchFileTimes	지정된 파일이 최종적으로 갱신된 날짜와 시간을 갱신한다.
UpdateDebugInfoFile(Ex)	심볼 파일 내에 대응되는 필드를 갱신하기 위해 지정된 정보를 사용한다.

1.4.2 구현할 프로젝트 소개

이번에는 이 책에서 제공하는 프로젝트를 간단하게 소개하고자 한다. 제공되는 샘플 소스는 크게 두 개의 솔루션으로 구성된다. 하나는 PE 분석 과정에서 사용할 예제 샘플인 PE.Sample.sln 솔루션이고, 다른 하나는 디버깅 및 PE 분석 툴로 사용할 수 있도록 구현할 PE 분석 및 디버깅 관련 프로그램과 관련 프로젝트들이다. 이 프로젝트들은 PE.Solution.sln 솔루션에 존재하며, 주요 프로젝트는 PE 파일 분석 툴인 'PE Explorer' 프로젝트와 코드 디스어셈블 및 프로세스 디버깅이 가능한 'PE Frontier'다.

다음은 솔루션 〈PE.Solution〉의 프로젝트 구성에 대한 그림이다.

그림 1-11 솔루션 〈PE.Solution〉의 프로젝트 구성

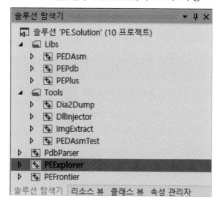

위 프로젝트 중 DllInjector 프로젝트는 API 훅을 위한 DLL 삽입 툴로 6장에서 설명하고, ImgExtract 프로젝트는 PE 파일로부터 아이콘, 커서 또는 BMP 이미지를 추출하는 툴로 10장에서 설명한다. 이 두 프로젝트를 제외한 나머지 프로젝트에 대한 설명은 다음과 같다.

표 1-3 솔루션 〈PE.Solution〉의 프로젝트

프로젝트	타입	설명
PEPlus	정적 LIB	PE 이미지 분석을 위한 헬퍼 라이브러리
PEDAsm	정적 LIB	x86/AMD64 디스어셈블 라이브러리
PdbParser	MFC 기반 애플리케이션	PDB 파일 분석 툴
PEPdb	정적 LIB	PDB로부터 정보를 획득하는 헬퍼 라이브러리
PEExplorer	MFC 기반 애플리케이션	PE 파일 분석 전용 툴
PEFrontier	MFC 기반 애플리케이션	윈도우 애플리케이션 사용자 모드 디버거

1) PEPlus 정적 클래스 라이브러리

PEPlus 라이브러리는 PE 이미지의 주요 헤더나 특정 섹션 탐색을 위한 정적 라이브러리로, PE Explorer나 PE Frontier 모두에 사용된다. 이 라이브러리는 PE와 관련된 기능뿐만 아니라 에러 메시지 출력, 정수의 문자열 변환 등의 일반적인 기능도 제공하는 PEPlus라는 정적 클래스로 정의된다. 이 라이브러리의 구성은 이 책 전반에 걸쳐 설명할 것이다. 다음은 2장에서부터 PE 파일 분석과 함께 구현할 PEPlus 정적 라이브러리의 클래스 정의 코드다.

```
class PEPlus
{
public:
    static String GetErrMsg(HRESULT hr);
    static String GetAddrForm(bool bIs32, PBYTE pAddr);
    static PBYTE AddrStr2Value(bool bIs32, PCWSTR szAddr);
    static String Size2Units(UINT64 llize);
    static String Int2TimeStr(DWORD dwVal);
    static String Bin2GuidStr(PBYTE pBin);


    static bool IsDosSigniture(PBYTE pImgBase);
    static bool IsNTSigniture(PBYTE pImgBase);
    static bool Is32bitPE(PBYTE pImgBase);
    static int GetNumOfSections(PBYTE pImgBase);
    static DWORD64 GetImageBase(PBYTE pImgBase);
    static DWORD GetAddressOfEntryPoint(PBYTE pImgBase);
    static bool HasDirEntry(PBYTE pImgBase, int nEntryIdx);


    static PIMAGE_FILE_HEADER GetFileHdr(PBYTE pImgBase);
    static PIMAGE_OPTIONAL_HEADER32 GetOptHdr32(PBYTE pImgBase);
    static PIMAGE_OPTIONAL_HEADER64 GetOptHdr64(PBYTE pImgBase);
    static PBYTE GetOptHdr(PBYTE pImgBase);
    static PIMAGE_DATA_DIRECTORY GetDataDirs(PBYTE pImgBase);
    static PIMAGE_DATA_DIRECTORY GetDataDir(PBYTE pImgBase, int nDirId);
    static PIMAGE_SECTION_HEADER GetSectionHdrs(PBYTE pImgBase);
    static PIMAGE_SECTION_HEADER FindSectHdr(PBYTE pImgBase, PSTR pszName);
    static PIMAGE_SECTION_HEADER FindSectHdr(PBYTE pImgBase, DWORD dwRVA);
    static PIMAGE_SECTION_HEADER FindSectHdrOffset(PBYTE pImgBase, DWORD dwOffset);
    static short GetSectionIdx(PBYTE pImgBase, DWORD dwRVA);
    static String GetSectionName(PIMAGE_SECTION_HEADER psh);

        ⋮

};
```

2) PE 파일 분석기 PE Explorer

PE Explorer는 PE 파일을 분석하는 툴로, PE의 파일 구조를 트리 리스트 뷰로 보여준다. 다음 그림은 PEExplorer.exe를 통해서 앞에서 소개한 예제 애플리케이션 BasicApp.exe의 PE 파일 구조를 분석한 예다.

그림 1-12 PE 분석기 PEExplorer.exe의 실행 예

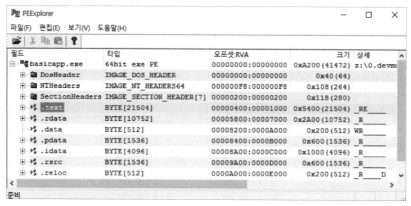

PE Explorer 프로젝트 구성은 2장에서 설명할 예정이며, 이 책 전반에 걸쳐 PE의 각 섹션 설명과 해당 섹션에 대한 PE Explorer 분석 소스를 함께 설명할 예정이다. 여러분은 PE Explorer를 사용하여 PE 파일을 직접 보면서 이 책을 읽는다면 PE 파일의 구조 분석에 큰 도움이 될 것이다.

3) PEDAsm 디스어셈블 라이브러리

PEDAsm 프로젝트는 코드 섹션에 존재하는 기계어 코드를 사람이 식별 가능한 코드인 어셈블러 코드로 디스어셈블하는 정적 라이브러리다. 이 책의 최종 목적은 PE Frontier라는 디버깅 툴을 제작하는 것이며, 이런 디버깅 툴을 제작하기 위해서는 디스어셈블러가 필수다. PEDAsm 라이브러리는 코드 섹션 분석을 위하여 PE Explorer에도 사용되며, PE Frontier는 PEDAsm 라이브러리가 디스어셈블한 어셈블러 코드를 기반으로 사용자 모드 애플리케이션에 대한 디버깅을 수행한다. PEDAsm 라이브러리에 대해서는 13장에서 그 구현 원리 및 소스 분석을 통해 자세히 설명한다. 이와 관련해서 PEDAsmTest라는 프로젝트는 PEDAsm 라이브러리 테스트를 위한 콘솔 애플리케이션이다.

4) PDB 파일 분석기 PDB Parser와 PEPdb 라이브러리

PDB 파일은 PE 파일 분석뿐만 아니라 디버깅 기능 구현에 있어서도 디버깅 관련 상세 정보를 담고 있는 중요한 요소다. 〈PdbParser〉 프로젝트는 이 PDB 파일에 대한 설명과 분석을 위해서 제작할 샘플 코드다. 이 분석기를 통해 디버깅 시에 PDB 파일을 사용하는 예를 확인할 수 있을 것이다. 그리고 〈PEPdb〉 프로젝트는 PDB 파일 분석 결과를 다른 프로젝트에서 사용할 수 있도록 제공되는 정적 라이브러리 프로젝트다. 또한 〈Dia2Dump〉 프로젝트는 MSDN에서 제공하는 PDB 분석 툴을 이 책의 내용에 맞게 일부 수정한 것이다. 이 프로젝트들은 14장에서 상세하게 다룰 예정이다.

5) 디버거 PE Frontier

이 책은 PE 파일의 구조뿐만 아니라 디버거 구현의 원리를 설명하고 실전에 응용할 수 있는 간단한 디버거를 구현하는 것이 목적이다. 그리고 그 목적에 해당하는 프로젝트가 〈PEFrontier〉다. 디버거는 PE 파일의 구조에 대한 지식뿐만 아니라 기계어 코드에 대한 디스어셈블도 요구한다. 또한 디버깅 기능 구현을 위하여 윈도우에서 제공하는 관련 API와 함께 디버깅 예외 처리를 포함한 디버깅 전반의 원리에 대한 지식도 요구한다. 디버깅 툴 PE Frontier는 이런 디버깅과 관련된 원리에 대한 설명과 구현 예를 보여준다. 따라서 이 책 전체에 걸쳐 PE 이미지의 구조, 코드 섹션의 구조, 구조적 예외 처리에 대한 설명을 하고, 이 내용들을 바탕으로 20장과 21장에서 PE Frontier를 구현한다. PE Frontier의 실행 예는 다음 그림과 같다.

그림 1-13 디버거 PEFrontier.exe의 실행 예

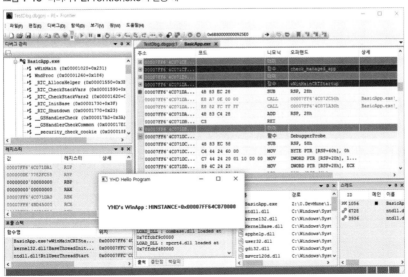

[그림 1-13]은 PE Frontier를 이용해서 BasicApp.exe를 디버깅하는 예를 보여주고 있다. 물론 [그림 1-6]과 [그림 1-7]에서 보여준 프로세스 가상 주소 공간의 구조 역시 PE Frontier를 이용한 것이다.

지금까지 PE의 전반적인 구조와 RVA, 섹션 그리고 PE와 MMF의 관계에 대하여 간단히 살펴보았다. 이제부터 본격적으로 PE 파일 자체에 대한 분석을 시작할 것이다. 2장에서부터 PE 파일의 헤더에 대한 분석이 시작되므로 PE의 세계로 들어가보자.

02장

PE 파일 헤더

이제부터 1장에서 봤던 [그림 1-1]의 암호문들을 본격적으로 디코드해보기로 하자. 우선, BasicApp.exe 파일을 헥사 덤프 프로그램으로 열어두기 바란다. 비주얼 스튜디오 자체도 상당히 훌륭한 헥사 에디터고, NotePad++나 울트라에디트도 괜찮다. 가능하면 파일 오프셋을 찾아갈 수 있는 'Go To' 기능을 지원하는 툴을 사용하기 바란다. 그리고 윈도우 플랫폼 SDK의 include 디렉터리에서 WinNT.h 헤더 파일도 자주 참조할 것이기 때문에 열어두기 바란다. 필자는 SDK 10의 WinNT.h 헤더를 이용하여 설명할 것이다. 그럼 이제 열어둔 BasicApp.exe의 헥사 덤프의 첫 부분부터 차근차근 분석하기로 한다. 그리고 설명과 함께 PE 파일을 분석하는 프로그램인 PEExplorer.exe의 소스를 나열할 것이다. 다음은 PEExplorer.exe를 통해서 1장에서 소개한 예제 애플리케이션 BasicApp.exe의 PE 파일 헤더를 분석한 예다.

그림 2-1 PEExplorer.exe 실행 예

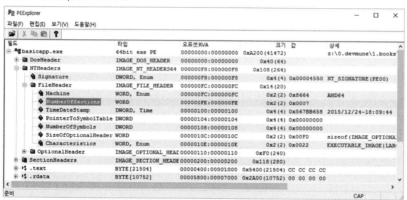

위의 프로그램은 우리가 이 책에서 함께 구현해나갈 'PE Explorer'라는 PE 파일 분석 툴이다. 프로젝트의 구성에 관한 설명은 이 장 후반부에서 할 예정이며, PE 파일의 각 섹션에 대한 설명과 이 툴의 소스에 대한 설명도 같이 할 것이다. 첨부된 프로젝트 솔루션의 BIN 폴더에서 PEExplorer.exe 프로그램을 실행한 후, 위 그림의 파일 메뉴에서 'PE 파일 열기'를 선택하거나 브라우저 툴 버튼을 클릭하면 [파일 열기] 대화상자가 나타난다. 원하는 PE 파일을 선택하면 분석 과정을 거쳐 최종적으로 위와 같은 결과를 보여준다. PE 포맷의 각 구조체의 내용들을 트리 형태로 보여주고 트리의 각 항목에 대한 헥사 덤프도 확인할 수 있기 때문에, 이 툴을 통해서 PE 파일의 여러 구조체의 내용을 직접 확인하면서 다양한 PE 포맷에 대한 설명을 읽는다면 훨씬 이해가 빠를 것이다. 제일 먼저 WinNT.h 헤더에서 IMAGE_DOS_HEADER라는 구조체를 찾기 바란다. 이제부터 시작이다.

2.1 IMAGE_DOS_HEADER 구조와 DOS 스텁

PE 파일은 몇십 바이트의 MS-DOS 스텁(Stub)으로 시작한다. MS-DOS 스텁은 예전의 MS-DOS MZ 포맷으로 PE에서는 크게 의미가 없다. 단지 [그림 1-1]의 덤프에서 "This program cannot be run in DOS mode."라는 식별 가능한 문자열을 볼 수 있을 뿐이다. PE 프로그램을 예전 MS-DOS나 윈도우 3.1에서 실행하면 바로 이 문자열이 출력된다. 사실 MS-DOS 스텁은 위의 문자열을 출력하기 위한 조그마한 16비트 도스용 애플리케이션에 지나지 않는다. DOS 스텁은 64바이트의 IMAGE_DOS_HEADER 구조체와 해당 스텁 코드로 이루어진다. WinNT.h에는 IMAGE_DOS_HEADER 구조체가 다음과 같이 정의되어 있다.

```
typedef struct _IMAGE_DOS_HEADER    // DOS .EXE header
{
    WORD e_magic;           // Magic number
    WORD e_cblp;            // Bytes on last page of file
    WORD e_cp;              // Pages in file
    WORD e_crlc;            // Relocations
    WORD e_cparhdr;         // Size of header in paragraphs
    WORD e_minalloc;        // Minimum extra paragraphs needed
    WORD e_maxalloc;        // Maximum extra paragraphs needed
    WORD e_ss;              // Initial (relative) SS value
    WORD e_sp;              // Initial SP value
    WORD e_csum;            // Checksum
    WORD e_ip;              // Initial IP value
    WORD e_cs;              // Initial (relative) CS value
    WORD e_lfarlc;          // File address of relocation table
    WORD e_ovno;            // Overlay number
    WORD e_res[4];          // Reserved words
    WORD e_oemid;           // OEM identifier (for e_oeminfo)
    WORD e_oeminfo;         // OEM information; e_oemid specific
    WORD e_res2[10];        // Reserved words
    LONG e_lfanew;          // File address of new exe header
} IMAGE_DOS_HEADER, *PIMAGE_DOS_HEADER;
```

BasicApp.exe의 덤프에서 IMAGE_DOS_HEADER 구조체와 그 나머지 스텁을 살펴보면 [덤프 2-1]과 같다.

덤프 2-1 IMAGE_DOS_HEADER와 DOS 스텁

	+0	+1	+2	+3	+4	+5	+6	+7	+8	+9	+A	+B	+C	+D	+E	+F
00000000	4D	5A	90	② e_magic : MZ				00	04	00	00	00	FF	FF	00	00
00000010	B8	00	00	00	00	00	00	③ e_lfanew : PE 포맷 시작 오프셋								00
00000020	00	① IMAGE_DOS_HEADER		00	00	00	00	00	00	00	00	00	00	00	00	00
00000030	00	00	00	00	00	00	00	00	00	00	00	00	F8	00	00	00
00000040	0E	1F	BA	0E	00	B4	09	CD	21	B8	01	4C	CD	21	54	68
00000050	69	73	20	70	72	6F	67	72	61	6D	20	63	61	6E	6E	6F
00000060	74	⑤ This program cannot be run in DOS mode.										20	44	4F	53	20
00000070	6D	6F	64	65	2E	0D	0D	0A	24	00	00	00	00	00	00	00
00000080	B7	AC	80	5C	F3	CD	EE	0F	F3	CD	EE	0F	F3	CD	EE	0F
~	~	④ 도스용 코드		~	~	~	~	~	~	~	~	~	~	~	~	~
000000E0	00	00	00	00	00	00	00	00	00	00	00	00	00	00	00	00
000000F0	00	00	00	00	00	00	00	00	50	45	00	00	64	86	07	00

위 덤프에서 블록 ①은 IMAGE_DOS_HEADER 구조체 64바이트를 나타낸 것이다. 파일 선두부터 오프셋 0x0000003F까지가 IMAGE_DOS_HEADER 구조체다. 이 구조체 중 실제로 쓸모가 있는 것은 첫 번째 필드인 ② e_magic과 마지막 필드인 ③ e_lfanew다. 이외 나머지 필드는 무시해도 좋다.

1) e_magic

모든 윈도우 PE 파일(EXE와 DLL, 그리고 사실은 DLL이지만 확장자만 바꾼 OCX나 CPL과 커널 모드에서 구동되는 디바이스 드라이버 파일인 SYS, 닷넷(.NET) 애플리케이션까지 포함)은 IMAGE_DOS_HEADER로 시작한다. 이때 e_magic은 아스키 코드인 "MZ"로 고정되어 있다. 앞의 구조체에서는 e_magic이 WORD 타입으로 되어 있는데, "MZ"를 워드 단위로 읽으면 0x5A4D(0x5A='Z', 0x4D='M')가 된다. 물론 리틀 엔디언(Little Endian) 방식이기 때문에 워드의 상/하위 바이트가 바뀐다는 사실을 알고 있으리라. 이 "MZ"는 도스를 설계한 사람 중의 한 명인 Mark Zbikowski의 이니셜이다. [덤프 2-1]의 블록 ②가 "MZ"며, 이 값은 다음과 같이 WinNT.h에 매크로로 정의되어 있다.

```
#define IMAGE_DOS_SIGNATURE 0x5A4D    // MZ
```

PE 파일을 열었을 때 처음으로 체크할 항목이 이 매직 넘버다. 다음과 같이 체크하면 된다.

```
    PIMAGE_DOS_HEADER pdh = (PIMAGE_DOS_HEADER)m_pImgView;
    if (pdh->e_magic != IMAGE_DOS_SIGNATURE)
        throw _T("윈도우 실행 파일 포맷이 아닙니다");
```

PEPlus 클래스는 인라인 함수 정의를 통해 다음과 같이 도스 시그니처 체크 함수를 제공한다.

```
inline bool PEPlus::IsDosSigniture(PBYTE pImgBase)
{
    return (*PWORD(pImgBase) == IMAGE_DOS_SIGNATURE);
}
```

2) e_lfanew

이제 일련의 워드 필드들은 모두 무시하고, 마지막 LONG 타입의 e_lfanew 필드에 주목하기 바란다. 이 필드는 실제 PE 파일의 시작이라고 할 수 있는 IMAGE_NT_HEADERS 구조체의 시작 오프셋 값을 가진다. 블록 ③의 헥사 값이 "F8 00 00 00"이며, DWORD 값으로는 0x000000F8이 된다. [덤프 2-1]에서 오프셋 0x000000F8 위치의 값을 확인해보면 헥사 "50 45"로 시작함을 알 수 있다. 이 값은 아스키 코드로 "PE"며, 이것은 실제 PE 포맷의 시작을 의미하는 시그니처다. 따라서 PE 포맷의 e_lfanew 필드를 통해서 **실제 시작 오프셋**을 획득할 수 있다. PE 파일을 열어서 파일의 선두에서 IMAGE_DOS_HEADER를 읽어들인 다음 e_magic이 "MZ"인지 확인한 후, e_lfanew 필드 값을 읽어들여 이 값만큼 파일 포인터를 이동시키면 본격적인 PE 파일 포맷을 분석할 수 있게 된다. 따라서 실제적인 PE의 시작이 되는 오프셋이나 포인터를 구하기 위해 PEPlus.h 헤더에 다음과 같이 매크로를 정의했다.

```
#define GET_NT_OFFSET(ib)  (PIMAGE_DOS_HEADER(ib)->e_lfanew)
#define GET_NT_HDRPTR(ib)  ((PBYTE)(ib) + PIMAGE_DOS_HEADER(ib)->e_lfanew)
```

[덤프 2-1]에서 IMAGE_DOS_HEADER 구조체를 제외한 나머지 부분을 살펴보자. 블록 ④는 16비트 프로그램에 해당되는 도스 스텁 부분으로 정확히 오프셋 0x000000F7에서 끝남을 알 수 있다. 블록 ⑤는 "This program cannot be run in DOS mode."라는 아스키 문자열이다. 블록 ④의 이 도스 스텁은 블록 ⑤의 문자열을 출력하는 코드를 의미한다. 도스나 윈도우 3.1에서 윈도우 PE를 실행하면 16비트 운영체제에서 32비트나 64비트 애플리케이션을 실행할 수

없음을 의미하는 이 문자열이 출력되고 프로그램은 종료된다. PE의 세계에서는 의미가 없기 때문에 이 문자열만 눈으로 확인하고 나머지는 무시하기 바란다.

2.2 IMAGE_NT_HEADERS 구조

이제부터 본격적인 PE의 세계다. WinNT.h에서 IMAGE_NT_HEADERS라는 구조체를 찾으면 다음과 같이 정의된 것을 볼 수 있다. 이 구조체가 PE의 본격적인 시작을 알림과 동시에 PE 포맷 전체의 길잡이 역할을 하는 PE 헤더다.

```
typedef struct _IMAGE_NT_HEADERS64
{
    DWORD                 Signature;
    IMAGE_FILE_HEADER     FileHeader;
    IMAGE_OPTIONAL_HEADER64 OptionalHeader;
} IMAGE_NT_HEADERS64, *PIMAGE_NT_HEADERS64;

typedef struct _IMAGE_NT_HEADERS32
{
    DWORD                 Signature;
    IMAGE_FILE_HEADER     FileHeader;
    IMAGE_OPTIONAL_HEADER32 OptionalHeader;
} IMAGE_NT_HEADERS32, *PIMAGE_NT_HEADERS32;
```

위의 정의와 같이 IMAGE_NT_HEADERS 구조체는 32비트용과 64비트용으로 나뉘며, 실질적인 차이는 OptionalHeader 필드가 가지고 있다.

2.2.1 DWOD Signature

Signature 필드는 PE 파일임을 의미하는 시그니처로, 4바이트로 구성되고 항상 "PE\x0\x0" 값을 가진다. 또한 IMAGE_DOS_HEADER 구조체의 e_lfanew 필드가 가리키는 오프셋에서부터의 4바이트 값이며, 역시 WinNT.h 헤더에 다음과 같이 정의되어 있다.*

```
#define IMAGE_NT_SIGNATURE        0x00004550    // PE00
```

PE임을 확인하기 위해서는 다음의 코드처럼 IMAGE_DOS_HEADER 구조체의 e_lfanew 필드가 가리키는 오프셋만큼 파일 포인터를 이동하여 그 오프셋부터 4바이트를 DWORD 형으로 읽어들인 후 그 값을 IMAGE_NT_SIGNATURE 매크로 상수와 비교하면 된다.

```
    PBYTE pIter = GET_NT_HDRPTR(m_pImgView);
    DWORD dwSig = *((PDWORD)pIter);
    if (dwSig != IMAGE_NT_SIGNATURE)
        throw _T("PE 포맷을 가진 파일이 아닙니다");
```

PEPlus 클래스는 인라인 함수 정의를 통해 다음과 같이 NT 시그니처 체크 함수를 제공한다.

```
inline bool PEPlus::IsNTSigniture(PBYTE pImgBase)
{
    PIMAGE_NT_HEADERS pnh = (PIMAGE_NT_HEADERS)GET_NT_HDRPTR(pImgBase);
    return (pnh->Signature == IMAGE_NT_SIGNATURE);
}
```

2.2.2 IMAGE_FILE_HEADER 구조

PE 시그니처 필드 다음으로 이어지는 것이 IMAGE_FILE_HEADER 구조체다. 이 구조체의 크기는 20바이트로, IMAGE_SIZEOF_FILE_HEADER라는 매크로로 정의되어 있다. IMAGE_FILE_HEADER 구조체는 WinNT.h 헤더에 다음과 같이 정의되어 있으며, 32비트나 64비트 모두 동일하다.

```
typedef struct _IMAGE_FILE_HEADER
{
    WORD        Machine;
```

---

* IMAGE_NT_SIGNATURE 매크로로 말고도 몇 가지가 더 정의되어 있지만, 더 이상은 지원되지 않는 OS/2나 VXD 관련 포맷 시그니처이므로 설명하지 않겠다.

```
    WORD      NumberOfSections;
    DWORD     TimeDateStamp;
    DWORD     PointerToSymbolTable;
    DWORD     NumberOfSymbols;
    WORD      SizeOfOptionalHeader;
    WORD      Characteristics;
} IMAGE_FILE_HEADER, *PIMAGE_FILE_HEADER;


#define IMAGE_SIZEOF_FILE_HEADER 20
```

WORD Machine

해당 PE 파일의 CPU ID를 나타내는 시그니처다. 이 필드는 다음 그림처럼 프로젝트 속성의 **[링크→고급: 대상 컴퓨터]**에서 별도로 설정할 수 있다.

그림 2-2 [링크 → 고급: 대상 컴퓨터] 옵션 설정

위 그림처럼 다양한 CPU를 지원한다. 그리고 그 설정에 맞게 CPU ID 역시 WinNT.h 헤더 파일 내에 #define을 통해서 다양하게 정의되어 있지만, 실제로 의미 있는 것은 몇 개 되지 않는다. 애플이 관여한 ARM의 경우 임베디드 기반 CPU며, 모바일 기기에 많이 사용된다. 윈도우역시 태블릿 쪽으로 ARM을 지원하긴 하지만 인텔 기반이 주종이다. 또한 MS는 윈도우 2000부터 인텔 계열 이외의 플랫폼은 더 이상 지원하지 않기 때문에 비록 WinNT.h 헤더 파일에 정의되어 있더라도 지금은 의미 없는, 예를 들어 DEC Alpha AXP나 Power PC 시리즈 등을 위한시그니처들은 무시해도 상관없다. 따라서 실제로 본서에서 의미 있는 시그니처만 정리하면 다음과 같다.

- **IMAGE_FILE_MACHINE_I386 (0x014c)** : 32비트 기반 인텔 x86 아키텍처
- **IMAGE_FILE_MACHINE_AMD64 (0x8664)** : 64비트 기반 AMD64 아키텍처
- **IMAGE_FILE_MACHINE_IA64 (0x0200)** : 64비트 기반 IA-64 아키텍처

이 책 초판을 쓸 시점에는 윈도우 개발자가 일반적으로 작업하는 환경이 인텔 386 계열(486과 펜티엄 시리즈 포함)이었지만 지금은 64비트가 일반적이며, 64비트 중에서도 **IMAGE_FILE_MACHINE_AMD64** 시그니처에 해당하는 AMD64 플랫폼이 윈도우 기반에서 우리가 제작하는 64비트 애플리케이션의 바탕이 된다. 인텔은 AMD로부터 AMD64 아키텍처의 라이선스를 구입하여 기존 32비트와 크게 다르지 않게 64비트 애플리케이션을 제작할 수 있도록 했다. IMAGE_FILE_MACHINE_IA64 시그니처는 IA-64라고 하는 인텔에서 독자적으로 개발한 64비트 아키텍처(인텔 Itanium)로, AMD64나 I386 아키텍처와는 호환되지 않고 IA-64 플랫폼 위에 설치된 윈도우에서만 작동하기 때문에 일반 사용자는 접할 기회가 별로 없다.* 따라서 여기서 다루는 PE의 경우는 32비트 애플리케이션을 위한 IMAGE_FILE_MACHINE_I386 0x014C와 64비트 애플리케이션을 위한 IMAGE_FILE_MACHINE_AMD64에 해당하는 0x8664를 Machine 필드 값으로 갖는다. 단순히 x86과 AMD64 머신만을 전제로 한다면 이 필드를 이용해서 다음과 같이 해당 PE가 32비트용인지 64비트용인지를 판별할 수 있다.

```
inline bool Is32bitPE(PBYTE pImgBase)
{
    PIMAGE_NT_HEADERS pnh = (PIMAGE_NT_HEADERS)GET_NT_HDRPTR(pImgBase);
    return (pnh->FileHeader.Machine == IMAGE_FILE_MACHINE_I386);
}
```

WORD NumberOfSections

본 PE 파일 내의 섹션 수를 나타낸다. [그림 1-3]에서 예시된 IMAGE_SECTION_HEADER 구조체 배열의 엔트리 수와 해당 섹션의 실제 수를 의미한다. PE의 실제 내용은 섹션을 기반으로 구성되므로 섹션의 수를 파악하는 것이 중요하다. 따라서 이 필드는 자주 사용되며, 섹션과 이 필드와의 관계는 뒤에서 자세히 설명한다.

DWORD TimeDateStamp

OBJ 파일이면 컴파일러가, EXE나 DLL 같은 PE 파일이면 링커가 해당 파일을 만들어낸 시간을 의미한다. 이 필드 값은 1970년 1월 1일 09시(GMT 시간 기준)부터 해당 파일을 만들어낸 시점까지의 시간을 초 단위로 표현한다. PEPlus 클래스에서는 4바이트의 이 값을 식별 가능한

---

* AMD64와 인텔 64비트 시리즈와의 관계는 11장 '어셈블리 언어 개요'에서 상세하게 다룬다.

날짜 및 시간으로 변경하는 코드를 다음과 같이 정의했다.

```
String PEPlus::Int2TimeStr(DWORD dwVal)
{
    SYSTEMTIME st; FILETIME ft; ULARGE_INTEGER li;
    memset(&st, 0x00, sizeof(st));
    st.wYear = 1970, st.wMonth = 1, st.wDay = 1, st.wHour = 9;
    SystemTimeToFileTime(&st, &ft);


    li.HighPart   = ft.dwHighDateTime;
    li.LowPart    = ft.dwLowDateTime;
    li.QuadPart += ((LONGLONG)dwVal * 10000000LL);
    ft.dwHighDateTime  = li.HighPart;
    ft.dwLowDateTime   = li.LowPart;
    FileTimeToSystemTime(&ft, &st);

    CString sz;
    sz.Format(_T("%04d/%02d/%02d-%02d:%02d:%02d"),
        st.wYear, st.wMonth, st.wDay, st.wHour, st.wMinute, st.wSecond);
    return sz;
}
```

DWORD PointerToSymbolTable

DWORD NumberOfSymbols

PointerToSymbolTable 필드는 COFF(Common Object File Format, 공통 개체 파일 형식) 심볼 테이블의 파일 오프셋을, NumberOfSymbols 필드는 PointerToSymbolTable 필드가 가리키는 COFF 심볼 테이블 내의 심볼 수를 나타낸다. 이 두 필드는 컴파일러에 의해 생성되는 OBJ 파일이나 디버그 모드로 만들어져 COFF 디버그 정보를 가진 PE 파일에서만 사용된다. PE 파일은 복수의 디버그 포맷을 지원하기 때문에 데이터 디렉터리에 있는 IMAGE_DIRECTORY_ENTRY_DEBUG 엔트리를 참조해야 한다. 사실 COFF 심볼 테이블은 새로운 디버그 포맷에 의해 대체되었기 때문에 PE 파일 내에서 더 이상 찾아보기 힘들며, 크게 의미 없으므로 무시해도 좋다. 하지만 링크 시 '/DEBUGTYPE:COFF' 스위치 지정으로 COFF 심볼을 생성할 수는 있다.

WORD SizeOfOptionalHeader

IMAGE_FILE_HEADER 구조체 바로 다음의 IMAGE_OPTIONAL_HEADER 구조체의 바이트 수를 나타낸다. 이 필드는 OBJ 파일의 경우는 0을, PE 파일의 경우는 sizeof(IMAGE_OPTIONAL_HEADER) 값을 가진다. 이 값은 64비트 PE인 경우에는 240(0xF0)바이트며, 32비트인 경우에는 224(0xE0)바이트다. 이 필드를 이용해서 32비트나 64비트에 상관없이 IMAGE_DATA_DIRECTORY 구조체의 배열이나 IMAGE_SECTION_HEADER 테이블의 위치를 구할 수 있다. 이와 관련해서는 다시 다룰 예정이다.

WORD Characteristics

해당 PE 파일에 대한 특정 정보를 나타내는 플래그로, WinNT.h에 다음과 같이 매크로가 정의되어 있다.

```
#define IMAGE_FILE_RELOCS_STRIPPED              0x0001
#define IMAGE_FILE_EXECUTABLE_IMAGE             0x0002
#define IMAGE_FILE_LINE_NUMS_STRIPPED           0x0004
#define IMAGE_FILE_LOCAL_SYMS_STRIPPED          0x0008
#define IMAGE_FILE_AGGRESIVE_WS_TRIM            0x0010
#define IMAGE_FILE_LARGE_ADDRESS_AWARE          0x0020
#define IMAGE_FILE_BYTES_REVERSED_LO            0x0080
#define IMAGE_FILE_32BIT_MACHINE                0x0100
#define IMAGE_FILE_DEBUG_STRIPPED               0x0200
#define IMAGE_FILE_REMOVABLE_RUN_FROM_SWAP      0x0400
#define IMAGE_FILE_NET_RUN_FROM_SWAP            0x0800
#define IMAGE_FILE_SYSTEM                       0x1000
#define IMAGE_FILE_DLL                          0x2000
#define IMAGE_FILE_UP_SYSTEM_ONLY               0x4000
#define IMAGE_FILE_BYTES_REVERSED_HI            0x8000
```

위의 플래그 중에는 더 이상 사용되지 않는 것들도 많으므로, 여기에서는 실제로 사용되는 플래그에 대해서만 설명할 것이다.

- **IMAGE_FILE_RELOCS_STRIPPED (0x0001)**

  현재 파일에 '기준 재배치' 섹션이 존재하지 않음을 의미한다. 이 플래그를 설정하려면 **[링크→고급]** 탭의 '임의 기준 주소'나 '고정 기준 주소' 옵션을 설정하면 된다. 이와 관련된 더 상세한 설명은 IMAGE_OPTIONAL_HEADER 구조체의 ImageBase 필드에서 다룰 것이다.

- **IMAGE_FILE_EXECUTABLE_IMAGE (0x0002)**

  본 파일은 OBJ나 LIB 파일이 아니라 PE 이미지 파일임을 의미한다. 단순히 EXE만을 의미하는 것이 아니라 DLL, SYS 등 PE 포맷으로 구성된 파일임을 의미한다.

- **IMAGE_FILE_LARGE_ADDRESS_AWARE (0x0020)**

  애플리케이션이 2G 이상의 가상 주소 번지를 제어할 수 있도록 한다. 링크 시 '/LARGEADDRESSAWARE' 스위치나 프로젝트 속성의 **[링크→시스템: 큰 주소 처리]** 옵션을 설정하면 된다.

- **IMAGE_FILE_32BIT_MACHINE (0x0100)**

  본 PE는 32비트 워드 머신을 필요로 한다는 것을 의미한다.

- **IMAGE_FILE_DEBUG_STRIPPED (0x0200)**

  디버그 정보가 본 파일에 존재하지 않고 별도의 외부 파일에 존재한다. 일반적으로 이 외부 파일은 PDB 파일이 아니라 DBG 파일을 의미한다.

- **IMAGE_FILE_REMOVABLE_RUN_FROM_SWAP (0x0400)**

  PE 이미지가 CD 등의 이동 가능한 장치 위에 존재할 때, 고정 디스크 상의 스왑 파일로 복사해서 실행한다. 링크 시 '/SWAPRUN:CD' 스위치나 프로젝트 속성의 **[링크→시스템: CD에서 스왑 실행]** 옵션을 설정하면 된다.

- **IMAGE_FILE_NET_RUN_FROM_SWAP (0x0800)**

  PE 이미지가 네트워크 상에 존재할 때, 고정 디스크 상의 스왑 파일로 복사해서 실행한다. 링크 시 '/SWAPRUN:NET' 스위치나 프로젝트 속성의 **[링크→시스템: 네트워크에서 스왑 실행]** 옵션을 설정하면 된다.

- **IMAGE_FILE_DLL (0x2000)**

  본 파일은 동적 링크 라이브러리(DLL) 파일이며, 따라서 비록 실행 가능한 PE이지만 독자적으로 직접 실행될 수 없음을 의미한다.

- **IMAGE_FILE_UP_SYSTEM_ONLY (0x4000)**

  본 파일은 단일 프로세서가 장착된 머신에서만 실행 가능하다. 이 플래그는 보통 디바이스 드라이버에서 설정되며, 프로젝트 속성의 **[링크→시스템: 드라이버]** 옵션을 'UP만(/DRIVER:UPONLY)'로 설정하면 된다.

다음은 프로젝트 링크 설정을 통해서 위에서 설명한 플래그를 Characteristics 필드에 설정하는 방법이다. 플래그 이름에서 공통된 IMAGE_FILE 부분은 생략했다.

표 2-1 Characteristics 필드 관련 옵션

플래그	설정 탭	설정 옵션	값
RELOCS_STRIPPED	고급	임의 기준 주소	아니요(/DYNAMICBASE:NO)
LARGE_ADDRESS_AWARE	시스템	큰 주소 처리	예(/LARGEADDRESSAWARE)
REMOVABLE_RUN_FROM_SWAP	시스템	CD에서 스왑 실행	예(/SWAPRUN:CD)
NET_RUN_FROM_SWAP	시스템	네트워크에서 스왑 실행	예(/SWAPRUN:NET)
UP_SYSTEM_ONLY	시스템	드라이버	UP만(/DRIVER:UPONLY)

그림 2-3 Characteristics 필드 관련 옵션 설정

⇨ RELOCS_STRIPPED

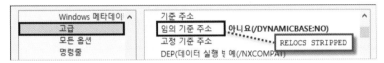

⇨ LARGE_ADDRESS_AWARE, REMOVABLE_RUN_FROM_SWAP,
NET_RUN_FROM_SWAP, UP_SYSTEM_ONLY

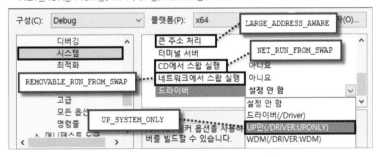

이외 다음의 나머지 매크로들은 PE 자체에서는 사용되지 않기 때문에 0으로 설정되어야 하며, 단순히 그 의미만 알아두는 것만으로도 충분할 것이다.

- **IMAGE_FILE_LINE_NUMS_STRIPPED (0x0004)** : COFF 줄번호 정보 없음
- **IMAGE_FILE_LOCAL_SYMS_STRIPPED (0x0008)** : COFF 로컬 기호 없음
- **IMAGE_FILE_AGGRESIVE_WS_TRIM (0x0010)** : 공격적 워킹 세트(Working Set) 정리
- **IMAGE_FILE_BYTES_REVERSED_LO (0x0080)** : 메모리가 리틀 엔디언으로 구성
- **IMAGE_FILE_BYTES_REVERSED_HI (0x8000)** : 메모리가 빅 엔디언으로 구성

이상으로 IMAGE_FILE_HEADER 구조체의 구성에 대해 알아보았다. 그럼 앞서 본 [덤프 2-1]의 내용 중 IMAGE_FILE_HEADER 구조체에 해당하는 부분을 찾아서 실제로 그 값들을 살펴보

기로 하자. IMAGE_FILE_HEADER 구조체에 해당하는 부분은 PE 시그니처 다음 바이트, 즉 오 프셋 0x000000F4부터 20바이트인 0x00000107까지다. 다음 그림이 그 부분에 해당하는 헥사 덤 프다.

덤프 2-2 PE 시그니처와 IMAGE_FILE_HEADER

	+0	+1	+2	+3	+4	+5	+6	+7	+8	+9	+A	+B	+C	+D	+E	+F
000000F0	00	00	00	00	00	00	00	00	50	45	00	00	64	86	07	00
00000100	28	81	61	56	00	00	00	00	00	00	00	00	F0	00	22	00

[덤프 2-2]에서 오프셋 0x000000F8부터 4바이트인 IMAGE_NT_HEADERS 시그니처에 해 당하는 "\x50\x45\x00\x00"을 볼 수 있다. 이 시그니처 다음 바이트인 오프셋 0x000000FC부 터 박싱된 블록들이 차례대로 IMAGE_FILE_HEADER 구조체의 각 필드에 해당한다. 다음 표는 BasicApp.exe PE의 IMAGE_FILE_HEADER 구조체의 각 필드 값들을 해석한 것이다.

표 2-2 IMAGE_FILE_HEADER 구조체 필드

필드	타입	오프셋	값	상세
Machine	WORD	0x00FC	0x8664	AMD64
NumberOfSections	WORD	0x00FE	7	섹션 수 7개
TimeDateStamp	DWORD	0x0100	0x567BB658	2015/12/24-18:09:44
PointerToSymbolTable	DWORD	0x0104	0	**COFF 심볼 테이블 없음**
NumberOfSymbols	DWORD	0x0108	0	
SizeOfOptionalHeader	WORD	0x010C	0x00F0	sizeof(IMAGE_OPTIONAL_HEADER)
Characteristics	WORD	0x010E	0x0022	– LARGE_ADDRESS_AWARE – EXECUTABLE_IMAGE

- Machine 필드 값은 0x8664이다. 따라서 IMAGE_FILE_MACHINE_AMD64에 해당하며, 64비트용 인 텔–AMD 기반 PE 파일임을 알 수 있다.

- NumberOfSections 필드 값은 0x0007이다. 따라서 IMAGE_NT_HEADERS 이후에 나올 섹션 헤더의 수와 실 제 섹션이 7개임을 의미한다. 섹션에 대해서는 뒤에서 자세히 다룰 예정이므로, 여기서는 이 BasicApp.exe 내에서 실 제로 섹션이 7개 존재하는지 눈으로만 확인하자. 섹션 헤더의 각 엔트리의 시작은 언제나 8바이트 이하의 인식 가능한 아스키 코드로 구성된 섹션 이름으로 시작한다. 그래서 바이너리 덤프로 보더라도 헥사 에디터의 텍스트 출력 부분을 통 해 각 섹션의 이름을 확인할 수 있다. 다음 그림이 섹션 헤더를 덤프한 것이며, 섹션 이름이 7개가 존재함을 확인할 수 있다.

그림 2-4 섹션 헤더 테이블

	+0	+1	+2	+3	+4	+5	+6	+7	+8	+9	+A	+B	+C	+D	+E	+F	
00000200	2E	74	65	78	74	00	00	00	5D	53	00	00	00	10	00	00	.text...]S......
00000210	00	54	00	00	00	04	00	00	00	00	00	00	00	00	00	00	.T............
00000220	00	00	00	00	20	00	00	60	2E	72	64	61	74	61	00	00	.....`.rdata..
00000230	9D	28	00	00	00	70	00	00	00	2A	00	00	00	58	00	00	.(...p...*...X..
00000240	00	00	00	00	00	00	00	00	00	00	00	00	40	00	00	40	............@..@
00000250	2E	64	61	74	61	00	00	00	42	08	00	00	00	A0	00	00	.data...B....
00000260	00	02	00	00	00	82	00	00	00	00	00	00	00	00	00	00	....
00000270	00	00	00	00	40	00	00	C0	2E	70	64	61	74	61	00	00	....@....pdata..
00000280	98	04	00	00	00	B0	00	00	00	06	00	00	00	84	00	00	....
00000290	00	00	00	00	00	00	00	00	00	00	00	00	40	00	00	40	............@..@
000002A0	2E	69	64	61	74	61	00	00	5F	0F	00	00	00	C0	00	00	.idata.._......
000002B0	00	10	00	00	00	8A	00	00	00	00	00	00	00	00	00	00	....
000002C0	00	00	00	00	40	00	00	40	2E	72	73	72	63	00	00	00	....@..@.rsrc...
000002D0	3C	04	00	00	00	D0	00	00	00	06	00	00	00	9A	00	00	<...............
000002E0	00	00	00	00	00	00	00	00	00	00	00	00	40	00	00	40	............@..@
000002F0	2E	72	65	6C	6F	63	00	00	2C	01	00	00	00	E0	00	00	.reloc..,......
00000300	00	02	00	00	00	A0	00	00	00	00	00	00	00	00	00	00	....
00000310	00	00	00	00	40	00	00	42	00	00	00	00	00	00	00	00	....@..B.....

- 덤프의 오른쪽에 텍스트 영역을 보면 7개의 섹션 이름을 볼 수 있다. 각각 .text, .rdata, .data, .pdata, .idata, .rsrc, .reloc 이렇게 7개의 섹션이 존재한다는 것을 알 수 있다. 이 각각의 섹션의 의미에 대해서는 뒤에서 자세하게 다룰 예정이다.

- TimeDateStamp 필드 값은 0x567BB658이며, 이 값은 앞서 설명한 것처럼 1970년 1월 1일 오전 9시 GMT에서 이 파일이 링크된 시점까지의 초 단위의 타임 스탬프다. 즉 기준 시간대부터 0x567BB658, 10진수로 1,450,948,184초가 흐른 후에 이 파일이 링크되었음을 의미한다. 변환 결과는 이 값을 우리가 인식 가능한 시간 포맷으로 변경하면 '2015년 12월 24일 오후 6시 9분 44초'가 된다.

- PointerToSymbolTable과 NumberOfSymbols 필드 값은 0이며, 본 PE 파일에는 존재하지 않는다.

- Characteristics 필드 값은 0x0022이며, 각각의 비트는 다음 플래그들의 논리합(OR)으로 구성된다.
  - IMAGE_FILE_LARGE_ADDRESS_AWARE : 2G 이상의 가상 주소 번지 제어 가능
  - IMAGE_FILE_EXECUTABLE_IMAGE : 실행 가능한 PE

2.2.3 IMAGE_OPTIONAL_HEADER 구조

이제 IMAGE_FILE_HEADER에 이어서 전체 240(64비트) 또는 224(32비트)바이트로 구성된 IMAGE_OPTIONAL_HEADER 구조체에 대해서 살펴보자. 이 구조체는 선택적이기보다는 앞에서 나온 IMAGE_FILE_HEADER보다 더 중요한 많은 정보를 담고 있는 구조체로, 그 구성은

WinNT.h 헤더 파일에 다음과 같이 정의되어 있다.

```
typedef struct _IMAGE_OPTIONAL_HEADER64
{
    // Standard fields.
    WORD        Magic;
    BYTE        MajorLinkerVersion;
    BYTE        MinorLinkerVersion;
    DWORD       SizeOfCode;
    DWORD       SizeOfInitializedData;
    DWORD       SizeOfUninitializedData;
    DWORD       AddressOfEntryPoint;
    DWORD       BaseOfCode;

    // NT additional fields.
    ULONGLONG   ImageBase;
    DWORD       SectionAlignment;
    DWORD       FileAlignment;
    WORD        MajorOperatingSystemVersion;
    WORD        MinorOperatingSystemVersion;
    WORD        MajorImageVersion;
    WORD        MinorImageVersion;
    WORD        MajorSubsystemVersion;
    WORD        MinorSubsystemVersion;
    DWORD       Win32VersionValue;
    DWORD       SizeOfImage;
    DWORD       SizeOfHeaders;
    DWORD       CheckSum;
    WORD        Subsystem;
    WORD        DllCharacteristics;
    ULONGLONG   SizeOfStackReserve;
    ULONGLONG   SizeOfStackCommit;
    ULONGLONG   SizeOfHeapReserve;
    ULONGLONG   SizeOfHeapCommit;
    DWORD       LoaderFlags;
    DWORD       NumberOfRvaAndSizes;

    // DataDirectory Array.
```

```
        IMAGE_DATA_DIRECTORY  DataDirectory[IMAGE_NUMBEROF_DIRECTORY_ENTRIES];
    } IMAGE_OPTIONAL_HEADER64, *PIMAGE_OPTIONAL_HEADER64;
```

64비트 IMAGE_OPTIONAL_HEADER 구조체는 112바이트를 차지하는 35개의 기본 필드와 8바이트 크기의 IMAGE_DATA_DIRECTORY 구조체에 대한 엔트리 개수가 16개인 배열 $128(= 8 \times 16)$로 구성되어 있다. 32비트의 경우는 IMAGE_OPTIONAL_HEADER32라는 이름으로 정의되며, 64비트와의 차이는 다음과 같다.

```
typedef struct _IMAGE_OPTIONAL_HEADER32
{
    // Standard fields.
        ⋮
    DWORD    BaseOfCode;
    DWORD    BaseOfData;           // 64비트에서는 존재하지 않는 필드

    // NT additional fields.
    DWORD    ImageBase;            // 64비트 → ULONGLONG
    DWORD    SectionAlignment;
        ⋮
    WORD     DllCharacteristics;
    DWORD    SizeOfStackReserve;   // 64비트 → ULONGLONG
    DWORD    SizeOfStackCommit;    // 64비트 → ULONGLONG
    DWORD    SizeOfHeapReserve;    // 64비트 → ULONGLONG
    DWORD    SizeOfHeapCommit;     // 64비트 → ULONGLONG
    DWORD    LoaderFlags;
    DWORD    NumberOfRvaAndSizes;

    // DataDirectory Array.
    IMAGE_DATA_DIRECTORY  DataDirectory[IMAGE_NUMBEROF_DIRECTORY_ENTRIES];
} IMAGE_OPTIONAL_HEADER32, *PIMAGE_OPTIONAL_HEADER32;
```

먼저 IMAGE_OPTIONAL_HEADER64 구조체에는 없는 BaseOfData 필드가 추가되어 있다. 다음으로 PE의 메모리 상의 실제 시작 번지를 의미하는 ImageBase 필드가 32비트인 경우에는 DWORD이지만, 64비트의 경우에는 ULONGLONG이다. 이 필드는 가상 주소 공간 상의 실제 번지를 갖게 되는데, 주소 공간의 번지를 지정하기 위해서 32비트의 경우에는 4바이트면 충분하지만, 64비트의 경우에는 8바이트를 요구하기 때문에 이런 차이가 발생한다. 마지막

으로 프로세스와 스레드의 힙과 스택의 예약 및 확정 크기를 지정하는 SizeOfStackReserve와 SizeOfStackCommit, 그리고 SizeOfHeapReserve와 SizeOfHeapCommit 필드 역시 가상 주소 공간 상의 영역 크기를 의미하기 때문에 32비트의 경우에는 4바이트의 DWORD, 64비트의 경우에는 8바이트인 ULONGLONG으로 정의되어 있다. 이외 나머지 필드들의 정의는 동일하다.

비록 32비트와 64비트에 따라 다른 구조체를 갖지만 두 구조체 모두 BaseOfCode 필드까지는 동일한 바이트 구성을 갖기 때문에, 이 필드까지는 어떤 구조체를 사용해도 상관없다. 그리고 32비트의 BaseOfCode와 ImageBase 두 필드는 DWORD 타입이어서 연속된 8바이트를 구성하기 때문에 64비트의 ImageBase 필드와 겹친다. 두 구조체 모두 SectionAlignment 필드부터 DllCharacteristics 필드까지 역시 동일한 바이트로 구성된다. 그렇기 때문에 두 필드를 포함하여 이 둘 사이의 모든 필드들 역시 32비트, 64비트 구분 없이 어떤 IMAGE_OPTIONAL_HEADER 구조체를 사용해도 상관없다. 이런 성질을 이용하여 BaseOfCode와 ImageBase 필드, 그리고 DllCharacteristics 이후의 필드들을 제외한 나머지 필드들에 접근할 때 32비트와 64비트 구분이 없는 처리를 할 수 있도록 일종의 트릭을 구사할 수 있다.

64비트나 32비트의 구조체 정의를 보더라도 IMAGE_OPTIONAL_HEADER 구조체의 필드 수가 상당히 많기 때문에, WinNT.h 헤더에 정의된 대로 필드들을 '표준 필드(Standard fields)'와 'NT 부가 필드(NT additional fields)' 카테고리로 나누어 설명하겠다. 다소 지루할 수 있으니, 뒤에 예시된 덤프 예제도 함께 확인하도록 한다.

1) 표준 필드

이 구조체의 첫 여덟 개(32비트의 경우는 아홉 개)의 필드는 모든 COFF 포맷에서 정의되는 표준 필드다. 표준 필드는 실행 파일의 로드와 실행에 사용되는 일반적인 정보들을 포함하고 있다.

WORD Magic

IMAGE_OPTIONAL_HEADER를 나타내는 시그니처다. 이 값은 32비트 PE의 경우는 0x010B, 64비트 PE의 경우는 0x020B, ROM 이미지 파일의 경우는 0x0107이다.

```
#define IMAGE_NT_OPTIONAL_HDR32_MAGIC    0x10b    // 32비트 PE
#define IMAGE_NT_OPTIONAL_HDR64_MAGIC    0x20b    // 64비트 PE
#define IMAGE_ROM_OPTIONAL_HDR_MAGIC     0x107    // ROM 이미지
```

사실 해당 PE가 32비트인지 64비트인지만을 판별하려면 IMAGE_NT_HEADER 구조체의 Machine 필드보다 이 필드를 이용하는 것이 더 적절하다. 하지만 이 필드는 IMAGE_OPTIONAL_HEADER 구조체에 속하고, 이 구조체 자체가 32비트와 64비트에 따라 내용이 달라지기 때문에 사용에 까다로울 수 있다. 이 필드가 IMAGE_OPTIONAL_HEADER 구조체의 첫 번째 필드란 사실을 이용해 ROM 이미지를 무시했을 때, 다음과 같이 32비트 또는 64비트에 대한 판별 코드를 작성할 수 있다.

```
inline bool PEPlus::Is32bitPE(PBYTE pImgBase)
{
    return (*((PWORD)(GET_NT_HDRPTR(pImgBase) + sizeof(DWORD) +
            sizeof(IMAGE_FILE_HEADER))) == IMAGE_NT_OPTIONAL_HDR32_MAGIC);
}
```

BYTE MajorLinkerVersion

BYTE MinorLinkerVersion

본 파일을 만들어낸 링커의 버전을 나타낸다. 이 값은 다음과 같은 포맷으로 16진수보다는 10진수로 나타내는 것이 이해가 더 빠를 것이다.

```
printf("%d.%d", MajorLinkerVersion, MinorLinkerVersion);
```

본 예의 덤프 값은 메이저 0x0C, 마이너 0x00으로 링커 버전 12.0을 나타낸다. 책에 실린 BasicApp.Exe 예제 덤프는 Visual Studio 2013을 통해서 생성되었으며, 여기에 포함된 링커 버전은 12.0이다. 'Visual Studio.NET Command Prompt' 명령 창을 띄운 후 Link.exe를 실행하면 다음과 같이 링커의 버전을 확인할 수 있다.

```
C:\Program Files (x86)\Microsoft Visual Studio 12.0>link
Microsoft (R) Incremental Linker Version 12.00.31101.0
Copyright (C) Microsoft Corporation.  All rights reserved.
    ⋮
```

DWORD SizeOfCode

이 필드는 모든 코드 섹션의 크기를 합한 값을 담는다. 일반적으로 사용자 영역의 실행 파일은 .text라는 하나의 코드 섹션을 가지지만 둘 이상의 코드 섹션을 가질 수도 있다. 예를 들어 NTDll.dll의 경우에는 .text와 RT라는 2개의 코드 섹션이 존재하며, 커널 영역의 디바이스 드라이버는 일반적으로 .text와 PAGE, 그리고 INIT이라는 3개의 코드 섹션을 가진다. 따라서 이 필드들은 존재하는 모든 코드 섹션(더 엄밀하게 말해서 여러 섹션 중 IMAGE_SCN_CNT_CODE 속성을 가진 섹션)의 크기를 모두 합한 값이 된다. 이때 섹션의 크기는 각 섹션의 헤더에 해당하는 IMAGE_SECTION_HEADER 구조체의 VirtualSize 필드 값을 FileAlignment 필드 값으로 라운드 업 처리한 값을 의미한다. SizeOfRawData 필드와 IMAGE_SCN_CNT_CODE 속성은 IMAGE_SECTION_HEADER 구조체 설명에서 다룰 것이다.

DWORD SizeOfInitializedData

이 필드는 초기화된 데이터 섹션의 크기를 합한 값을 담는다. 흔히 접하게 될 .data, .rdata, .idata, .rsrc 등은 모두 데이터 섹션의 일부며, IMAGE_SCN_CNT_INITIALIZED_DATA 속성을 가진다. 역시 각각의 섹션 크기는 IMAGE_SECTION_HEADER 구조체의 VirtualSize 필드 값에 대한 FileAlignment 라운드 업 처리한 값이 된다.

DWORD SizeOfUninitializedData

초기화되지 않은 데이터 섹션(예를 들어 .bss 또는 .textbss 섹션)의 전체 크기를 나타낸다. 이러한 섹션은 IMAGE_SCN_CNT_UNINITIALIZED_DATA 속성을 가진다. 일반적으로 링커는 초기화되지 않은 데이터를 일반 데이터 섹션에 병합시키기 때문에, 보통 이 필드는 0으로 설정된다. SizeOfCode와 SizeOfInitializedData, 그리고 SizeOfUninitializedData 필드 설명에서 언급했던 IMAGE_SCN_CNT_CODE와 IMAGE_SCN_CNT_INITIALIZED_DATA, 그리고 IMAGE_SCN_CNT_UNINITIALIZED_DATA 속성은 IMAGE_SECTION_HEADER의 Characteristics 필드 설명에서 다룰 것이다.

DWORD AddressOfEntryPoint

소위 진입점(Entry Point)이라는, PE가 로드된 후 실행을 개시할 주소에 대한 RVA를 담고 있는 매우 중요한 필드다. 이 RVA는 코드 섹션(사용자 모드 PE의 경우 일반적으로 .text 섹션) 내의 특정 번지가 되며, EXE PE의 경우 해당 PE가 로드된 후 이 프로세스의 메인 스레드가 실행하는 최초의 코드라고 보면 된다. 일반적으로 이 번지가 가리키는 주소의 내용은 다음의 런타임 시작 루틴의 RVA가 설정된다.

- **윈도우 EXE** : wWinMainCRTStartup(유니코드) / WinMainCRTStartup(MBC)
- **콘솔 EXE** : wminaCRTStartup(유니코드) / minaCRTStartup(MBC)
- **DLL** : _DllMainCRTStartup

이 필드와 위의 런타임 시작 루틴은 3장 프로그램 로딩과 개시에서 더 자세하게 언급될 것이다. 만약 시작 주소를 직접 지정하려면 링크 시 '/ENTRY' 스위치나 프로젝트 설정의 **[링커 → 고급: 진입점]**에 주소를 설정하면 된다. 그러면 이 필드는 여러분이 지정한 주소의 RVA 값으로 설정된다.

그림 2-5 [링커 → 고급: 진입점] 설정

링커는 링크 시에 설정에 맞게 위의 진입점 함수의 시작 RVA를 이 필드에 설정하기 때문에 여러분이 직접 이 필드를 건드릴 일은 없다. 고전적인 악성 코드의 경우, 자신의 코드를 PE의 여분 섹션에 이식한 후 이 필드를 그 코드의 시작 주소로 설정하는 방법을 사용했다.

위의 설정에서 **진입점 설정** 옵션은 리소스 전용 DLL 작성 시에 사용된다. DLL의 경우 DLL이 로드되면 먼저 진입점 함수인 _DllMainCRTStartup이 호출되는데, 리소스 전용 DLL의 경우 코드 없이 오로지 리소스만 존재하기 때문에 _DllMainCRTStartup 함수도 존재할 수 없다. 따라서 리소스 전용 DLL을 작성하려면 '진입점 없음' 옵션을 설정해야 한다.

이 필드는 프로그램이나 DLL의 시작을 위한 진입점을 담는 필드로 중요한 의미를 갖기 때문에, PEPlus 클래스에 이 필드 값을 획득하는 함수를 다음과 같이 정의했다.

```
inline DWORD PEPlus::GetAddressOfEntryPoint(PBYTE pImgBase)
{
    PIMAGE_NT_HEADERS pnh = (PIMAGE_NT_HEADERS)GET_NT_HDRPTR(pImgBase);
    if (Is32bitPE(pImgBase))
        return ((PIMAGE_OPTIONAL_HEADER32)&pnh->
                OptionalHeader)->AddressOfEntryPoint;
    else
```

```
        return ((PIMAGE_OPTIONAL_HEADER64)&pnh->
                OptionalHeader)->AddressOfEntryPoint;
}
```

DWORD BaseOfCode

첫 번째 코드 섹션이 시작되는 RVA를 의미한다. 코드 섹션은 전형적으로 PE 헤더 다음에, 그리고 데이터 섹션 바로 직전에 온다. 마이크로소프트 링커가 만들어내는 코드 섹션의 시작 RVA는 EXE의 경우 보통 0x1000이다.

DWORD BaseOfData

32비트 PE에만 존재하고 64비트 PE에는 존재하지 않는 필드다. 이론적으로는 메모리에 로드될 때 데이터 섹션의 첫 번째 바이트의 RVA다. 하지만 이 필드 값은 마이크로소프트 링커 버전에 따라 서로 다르며, 크게 의미는 없다.

2) NT 부가 필드

나머지 21개의 필드는 COFF 선택적 헤더 포맷의 확장이며, 윈도우의 링커나 로더가 요구하는 부가적인 정보를 담고 있다.

ULONGLONG/DWORD ImageBase

이 필드는 모든 RVA 값에 대한 기준 주소가 되는 중요한 필드다. 로더가 PE 파일을 로드할 때, 해당 PE를 가상 주소 공간에 매핑시키고자 하는 메모리 상의 시작 주소를 의미한다. 메모리 상의 실제 번지를 값으로 갖기 때문에 32비트의 경우 DWORD 4바이트, 64비트의 경우 ULONGLONG 8바이트 값을 가져야 한다. 로더는 가능하면 PE 파일을 이 필드가 지시하는 메모리 주소의 공간이 비어 있으면 이 주소로 매핑시키고자 한다. 따라서 이 필드는 메모리에 로드된 PE 이미지 자체의 시작 포인터를 의미한다. 만약 이 필드가 가리키는 주소에 PE가 로드될 수 없다면 로더는 4장에서 설명할 '기준 재배치' 과정을 수행해야만 한다. 이 필드 값은 특별한 설정이 없다면 '디폴트 고정 주소'로 설정된다. VC++ 링커가 PE의 이 필드에 기록하는 디폴트 고정 주소는 다음과 같다.

표 2-3 디폴트 고정 주소

플랫폼	EXE	DLL
64비트	0x00000001`40000000	0x00000001`80000000
32비트	0x00400000	0x10000000

이 필드의 설정을 바꾸려면 링크 시 '/BASE' 스위치나 프로젝트 설정의 **[링커 → 고급: 기준 주소]** 옵션을 통해서 가상 주소를 입력하면 된다.

그림 2-6 [링커 → 고급: 기준 주소] 옵션 설정

이 필드는 매핑된 PE의 시작 번지를 갖는 필드로 매우 중요하다. 따라서 다음과 같이 PEPlus 클래스에 이 필드 값을 획득하는 함수를 정의했다.

```
inline DWORD64 PEPlus::GetImageBase(PBYTE pImgBase)
{
    PIMAGE_NT_HEADERS pnh = (PIMAGE_NT_HEADERS)GET_NT_HDRPTR(pImgBase);
    if (Is32bitPE(pImgBase))
        return ((PIMAGE_OPTIONAL_HEADER32)&pnh->OptionalHeader)->ImageBase;
    else
        return ((PIMAGE_OPTIONAL_HEADER64)&pnh->OptionalHeader)->ImageBase;
}
```

DWORD SectionAlignment

PE 파일이 메모리에 매핑될 때, 각 섹션의 시작 주소는 언제나 SectionAlignment 필드에 지정된 값의 배수가 되도록 보장된다. 또한 이 필드 값은 FileAlignment 필드 값보다 크거나 같아야한다. 디폴트 값은 인텔 기반 윈도우의 경우 메모리 페이지 크기 단위인 4,096(4K, 0x1000)이다. 이 필드 값을 페이지 하나의 크기로 설정하면 섹션 로드 시에 페이지 단위의 매핑 처리가 가능하기 때문에 효율성이 증대된다. 이 필드는 링크 시 '/ALIGN' 스위치나 프로젝트 설정의 **[링커 → 고급: 섹션 맞춤]** 옵션에서 변경할 수 있다.

DWORD FileAlignment

PE 파일 내에서 섹션의 정렬 단위를 나타낸다. 하드디스크에 저장된 PE 파일 내의, 각각의 섹션을 구성하는 바이너리 데이터들은 FileAlignment 필드에 지정된 값의 배수로 시작하도록 보장된다. 이 필드 값은 512부터 65,536(64K) 사이의, 2의 멱승이 되는 값으로 설정되어야 한다. 디폴트 값은 NTFS 파일 시스템의 디스크 섹터 단위인 512(0x200)다. 만약 SectionAlignment 필드 값이 해당 플랫폼의 메모리 페이지 크기보다 작을 경우 FileAlignment 필드는 SectionAlignment 필드 값으로 설정된다.

WORD MajorOperatingSystemVersion

WORD MinorOperatingSystemVersion

본 PE를 실행하는 데 필요한 운영체제의 최소 버전을 의미한다. 샘플로 제공되는 BasicApp. exe는 비록 윈도우 10에서 컴파일과 링크를 걸었지만 윈도우 7이나 8 또는 10 전용 API를 사용하지 않았기 때문에 이 OperatingSystemVersion 필드 값은 6.0이 되며, 이는 비스타 이상의 운영체제에서 실행 가능하다는 것을 의미한다.

WORD MajorImageVersion

WORD MinorImageVersion

사용자가 정의 가능한 필드로, 여러분이 만드는 EXE나 DLL에 사용자 나름대로의 버전을 주입할 수 있도록 해준다. 링크 시에 '/VERSION' 스위치나 프로젝트 설정의 **[링커 → 일반: 버전]** 옵션에 버전을 지정하면 된다.

WORD MajorSubsystemVersion

WORD MinorSubsystemVersion

본 PE를 실행하는 데 필요한 서브 시스템의 최소 버전을 의미한다. OperatingSystemVersion 필드에서 본 것처럼 이 필드 값 역시 6.0이다. 프로젝트 설정의 **[링커 → 시스템: 필요한 최소 버전]** 옵션을 통해서 지원 가능한 서브 시스템의 최소 버전을 지정할 수 있다.

DWORD Win32VersionValue

이 필드는 VC++ 6.0 SDK까지는 예약 필드였다. 버전 7.0에 와서 Win32VersionValue라는 필드로 바뀌었지만, 거의 사용되지 않는 것으로 보인다. 보통 0으로 설정된다.

DWORD SizeOfImage

이 필드는 로더가 메모리 상에 해당 PE를 로드할 때 예약(Reserve)해야 할 충분한 크기를 가리킨다. 또한 이 필드 값은 반드시 SectionAlignment 필드 값의 배수가 되어야 한다. 이 값은 PE 헤더가 위치한 섹션을 포함해서 메모리에 로드될 수 있는 섹션의 전체 크기를 합한 값으로, 디스크 상의 PE 파일의 실제 크기보다 크다. 이 필드 값이 어떻게 설정되는지에 대한 구체적인 내용은 IMAGE_SECTION_HEADER 구조체 설명 시 살펴보기로 하자.

DWORD SizeOfHeaders

이 필드는 PE 파일의 전체 헤더 크기를 의미하며, 다음 항목들을 모두 합친 바이트 수가 된다.

- IMAGE_DOS_HEADER의 e_lfanew 필드 값

  이 필드는 파일 선두에서 PE 헤더의 시작 오프셋을 가리키므로, 다른 측면에서 보면 e_lfanew 필드 값은 IMAGE_DOS_HEADER 및 도스 스텁의 크기를 모두 포함하는 값이 된다.
- IMAGE_NT_HEADERS의 Signature 필드를 위한 4바이트
- size of IMAGE_FILE_HEADER
- size of MAGE_OPTIONAL_HEADER
- size of IMAGE_SECTION_HEADER 배열

헤더 관련 정보는 PE 파일 상에서 반드시 코드 또는 데이터 섹션의 앞쪽에 위치해 있어야 한다. 이 필드 값은 FileAlignment 필드 값으로 라운드 업 되어야 하며, 따라서 PE 관련 헤더들을 모두 합한 실제 바이트 수보다 크거나 같다.

DWORD CheckSum

이미지의 체크섬 값이다. 본 PE 파일의 체크섬 값은 IMAGEHELP.DLL의 CheckSum-MappedFile 함수를 통해서 얻을 수 있다. 이 값은 예전에는 별로 중요하지 않았으나 요즘처럼 보안이 강조되는 시대에서는 중요한 값이다. 일반 개발자 입장에서는 별로 신경 쓸 필요도 없고 별도의 설정이 없는 한 0으로 지정되지만, 보통 SignTool.exe로 코드 사이닝을 하면 이 필드도 함께 설정된다. 바이러스나 크랙 같은 악의적 목적을 가지고 PE의 특정 내용을 변경했을 경우 이

필드 값을 체크함으로써 해당 PE의 내용이 변경되었는지를 판별할 수 있는 CRC 코드와 비슷한 역할을 한다. 이 필드는 링크 시에 '/RELEASE' 스위치나 프로젝트 설정의 [링커 → 고급: 체크섬 설정] 옵션을 통해서 설정할 수 있다.

그림 2-7 [링커 → 고급: 체크섬 설정] 옵션

WORD Subsystem

윈도우의 아키텍처는 크게 사용자 모드와 커널 모드로 나뉘며, 사용자 모드에는 서브 시스템이라는 컴포넌트가 존재한다. 현재 윈도우에서 지원하는 기본적인 서브 시스템은 우리가 가장 많이 사용하는 Windows 서브 시스템(GUI와 콘솔 포함), 그리고 이전 OS/2와의 호환을 위한 OS/2 서브 시스템, 마지막으로 이전 UNIX와의 호환을 위해 최소 표준으로 지원되는 POSIX/CUI 서브 시스템, 이렇게 세 가지다. 디바이스 드라이버의 경우는 커널 모드에서 작동하기 때문에 서브 시스템이 필요 없다. WinNT.h에는 실행 파일이 사용자 인터페이스로 사용하는 서브 시스템의 종류가 다음과 같이 정의되어 있다.

```
// Subsystem Values
#define IMAGE_SUBSYSTEM_UNKNOWN          0
#define IMAGE_SUBSYSTEM_NATIVE           1  // 서브 시스템 필요 없음
#define IMAGE_SUBSYSTEM_WINDOWS_GUI      2  // 윈도우 GUI 서브 시스템
#define IMAGE_SUBSYSTEM_WINDOWS_CUI      3  // 윈도우 콘솔 서브 시스템
#define IMAGE_SUBSYSTEM_OS2_CUI          5  // OS/2 콘솔 서브 시스템
#define IMAGE_SUBSYSTEM_POSIX_CUI        7  // 유닉스 POSIX 서브 시스템
#define IMAGE_SUBSYSTEM_NATIVE_WINDOWS   8  // Win9x 네이티브 드라이버
#define IMAGE_SUBSYSTEM_WINDOWS_CE_GUI   9  // 윈도우 CE 서브 시스템
```

윈도우의 경우에는 IMAGE_SUBSYSTEM_WINDOWS_GUI(0x0002) 값이 설정되고, 콘솔 기반의 애플리케이션의 경우에는 IMAGE_SUBSYSTEM_WINDOWS_CUI(0x0003) 값이 설정된다. 일반적으로 윈도우 기반의 애플리케이션은 대부분 이 두 개의 값을 가진다. 그리고 디바이스 드라이버처럼 별도로 서브 시스템을 사용하지 않는 경우에는 IMAGE_SUBSYSTEM_NATIVE인 0x0001 값을 가진다. 이외 나머지는 위 매크로의 주석을 참고하기 바란다. 이 필드는 링크 시 '/SUBSYSTEM' 스위치나 프로젝트 설정의 **[링커 → 시스템: 하위 시스템]** 옵션을 통해서 변경할 수 있다.

그림 2-8 [링커 → 시스템: 하위 시스템] 옵션

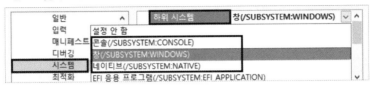

하지만 이 필드의 설정 값에 따라 메인 함수의 선언이 달라지기 때문에, 목표로 하는 모듈의 종류에 맞게 설정하지 않으면 링크 에러가 발생한다.

- **IMAGE_SUBSYSTEM_WINDOWS_GUI** : wWinMain(유니코드)/WinMain(MBC)
- **IMAGE_SUBSYSTEM_WINDOWS_CUI** : wmain(유니코드)/main(MBC)
- **IMAGE_SUBSYSTEM_NATIVE** : DriverEntry

WORD DllCharacteristics

이 필드는 윈도우 2000까지는 사용되지 않았던 예약된 필드로 추측되며, 윈도우 2000 기반의 PE에서는 0으로 설정된다. 또한 이 필드의 원래 용도는 본 PE가 DLL이라는 전제하에 어떤 상황에서 DLL 초기화 함수(예를 들어 DllMain)가 호출되어야 하는지를 지시하는 플래그였던 것으로 보인다. WinNT.h에 정의되어 있는 이 필드에 대한 플래그 매크로를 보면 값 1 ~ 4까지의 정의가 주석으로 처리되어 있는 것을 볼 수 있다.

```
// DllCharacteristics Entries
//         IMAGE_LIBRARY_PROCESS_INIT        0x0001    // Reserved.
//         IMAGE_LIBRARY_PROCESS_TERM        0x0002    // Reserved.
//         IMAGE_LIBRARY_THREAD_INIT         0x0004    // Reserved.
//         IMAGE_LIBRARY_THREAD_TERM         0x0008    // Reserved.
#define  IMAGE_DLLCHARACTERISTICS_HIGH_ENTROPY_VA      0x0020
#define  IMAGE_DLLCHARACTERISTICS_DYNAMIC_BASE         0x0040
#define  IMAGE_DLLCHARACTERISTICS_FORCE_INTEGRITY      0x0080
#define  IMAGE_DLLCHARACTERISTICS_NX_COMPAT            0x0100
#define  IMAGE_DLLCHARACTERISTICS_NO_ISOLATION         0x0200
#define  IMAGE_DLLCHARACTERISTICS_NO_SEH               0x0400
#define  IMAGE_DLLCHARACTERISTICS_NO_BIND              0x0800
```

```
#define    IMAGE_DLLCHARACTERISTICS_APPCONTAINER           0x1000
#define    IMAGE_DLLCHARACTERISTICS_WDM_DRIVER             0x2000
#define    IMAGE_DLLCHARACTERISTICS_GUARD_CF               0x4000
#define    IMAGE_DLLCHARACTERISTICS_TERMINAL_SERVER_AWARE  0x8000
```

하지만 MS는 위의 이 4가지 플래그를 더 이상 사용하지 않고 위의 WinNT.h 헤더에 정의된 것처럼 의미 있는 다른 플래그들을 추가했다. 실제로 이 필드의 값이 구체적으로 설정되는 경우는 윈도우 XP부터며, 이 플래그들의 의미는 다음과 같다.

- **IMAGE_DLLCHARACTERISTICS_HIGH_ENTROPY_VA (0x0020)**

  이 플래그는 윈도우 비스타부터 완벽하게 지원되는 **주소 공간 레이아웃 랜덤화(Address Space Layout Randomization, 이하 ASLR)**'라는 보안 기술과 관련이 있다. 이 플래그가 설정되면 높은 엔트로피의 64비트 ASRL을 사용한다는 것을 의미한다. 32비트에서는 높은 엔트로피 ASRL이 지원되지 않기 때문에 이 플래그는 의미 없다. 또한 이 플래그는 '임의 기준 주소 재배치'와 관련이 있으며, IMAGE_DLLCHARACTERISTICS_DYNAMIC_BASE 플래그가 설정되어 있어야 사용이 가능하다. HIGH_ENTROPY_VA 플래그를 설정하려면 링크 시 '/HIGHENTROPYVA' 스위치를 지정해야 한다. ASLR에 대한 내용은 4장 '기준 재배치'에서 언급되며, 18.4절 '주소 공간 레이아웃 랜덤화'에서 상세하게 설명한다.

- **IMAGE_DLLCHARACTERISTICS_DYNAMIC_BASE (0x0040)**

  이 플래그는 기준 주소 재배치와 관련이 있으며, 해당 DLL이 로드 타임에 IMAGE_OPTIONAL_HEADER 구조체의 ImageBase 필드에 지정된 기준 주소와 다르게 재배치될 수 있음을 의미한다. 이 플래그가 설정되어 있지 않은 상태에서 로더가 해당 PE를 기준 주소에 로드시키지 못할 경우 로드에 실패하게 된다. 재배치 관련 내용은 4장에서 상세하게 다룬다. 이 플래그의 설정을 해제하려면 링크 시 '/DYNAMICBASE:NO' 스위치나 프로젝트 설정의 **[링커 → 고급: 임의 기준 주소]** 옵션을 "아니요"로 설정하면 된다.

- **IMAGE_DLLCHARACTERISTICS_FORCE_INTEGRITY (0x0080)**

  이 플래그는 코드 사이닝(Code Signing)과 관련 있는 플래그로, 해당 PE가 로드될 때 무조건 무결성 체크를 수행할 것을 지시한다. 비스타에서 도입되어 주로 64비트 커널 디바이스 드라이버에 사용된다. 코드 사이닝 처리 자체와 이 플래그가 직접 연관된 것은 아니며, 따라서 이 플래그가 설정되어 있으면 코드 사이닝 처리 여부와 상관없이 로드 시에 로더는 무조건 해당 PE에 대하여 무결성 체크를 수행하게 된다. 코드 사이닝과 관련된 PE의 내용은 8장에서 별도로 설명할 것이며, 이 플래그의 내용도 다시 다룰 것이다. DllCharacteristics 필드에 이 플래그를 설정하려면 링크 시 '/INTEGRITYCHECK' 스위치를 지정해야 한다.

- **IMAGE_DLLCHARACTERISTICS_NX_COMPAT (0x0100)**

  이 플래그는 윈도우 XP 서비스 팩 2부터 지원되는 '데이터 실행 방지(Data Execution Prevention, 이하 DEP)'와 관련 있는 플래그다. DEP는 실행 방지 메모리 영역을 실행하는 코드를 가진 애플리케이션이나 서비스가 실행되지 못하게 막기 위한 것으로, 예를 들어 버퍼 오버런 공격 등을 방지하기 위한 기술이다. 이 플래그는 DEP와 호환됨을 의미하는데, 이 호환성을 제거하기 위해서는 링크 시 '/NXCOMPAT:NO' 스위치나 프로젝트 설정의 **[링커 → 고급: DEP(데이터 실행 방지)]** 옵션을 "아니요"로 설정하면 된다. DEP의 내용은 19장에서 다룬다.

- **IMAGE_DLLCHARACTERISTICS_NO_ISOLATION (0x0200)**

  이 플래그는 매니페스트와 관련이 있다. 비스타 이후부터 프로그램 보안 강화를 위하여 프로그램 격리 수준을 지원하는데, 격리 관련 정보는 매니페스트 파일에 지정된다. 이 격리 옵션을 매니페스트에 지정하지 않도록 하기 위해 이 플래그를 설정한다. 이 플래그가 설정되면 비록 격리를 인지하더라도 격리가 되지 않도록 한다. 매니페스트 관련 설명은 10장에서 다룬다. 링크 시 '/ALLOWISOLATION:NO' 스위치나 프로젝트 설정의 **[링커 → 매니페스트 파일: 격리 허용]** 옵션을 "아니요"로 설정하면 된다.

- **IMAGE_DLLCHARACTERISTICS_NO_SEH (0x0400)**

  이 플래그는 해당 PE가 구조적 예외 처리(Structured Exception Handling, 이하 SEH)를 사용하지 않는다는 것을 의미한다. 구조적 예외 처리란 윈도우 시스템에서 제공하는, C++에서의 try~catch 예외 제어 구문과 비슷한 기능이다. Visual C++ 컴파일러의 경우 이 SEH를 지원하기 위해 __try~__except라는 자체의 지시어를 제공한다. 구조적 예외 처리 및 이와 관련된 PE 섹션에 대한 상세한 설명은 4부에서 자세하게 다룬다.

- **IMAGE_DLLCHARACTERISTICS_NO_BIND (0x0800)**

  이 플래그는 Bind.exe라는 툴을 통한 이미지 바인딩 처리를 본 PE에 대해서는 수행할 수 없도록 설정하는 플래그다. 바인딩의 의미는 5장에서 다룰 예정이며, 이 플래그를 설정하려면 링크 시 '/ALLOWBIND:NO' 스위치나 프로젝트 설정의 **[링커 → 일반: Dll 바인딩 방지]** 옵션을 "아니요"로 설정하면 된다.

- **IMAGE_DLLCHARACTERISTICS_APPCONTAINER (0x1000)**

  해당 PE가 윈도우 8부터 제공되는 매트로 애플리케이션임을 의미한다. 만약 기존의 일반 PE 애플리케이션에 이 플래그가 설정되면 애플리케이션은 실행되지 않는다.

- **IMAGE_DLLCHARACTERISTICS_WDM_DRIVER (0x2000)**

  드라이버가 WDM 모델을 사용함을 의미한다. WDM은 Windows Driver Model의 약자로써 모든 MS 운영체제에 걸쳐서 호환 가능한 소스 코드로 구성되는 디바이스 드라이버를 작성할 수 있도록 소개된 모델이다. WDM 룰을 따르는 커널 모드 드라이버를 'WDM 드라이버'라고 한다. DDK의 확장판으로, 자세한 사항은 MSDN을 참조하기 바란다. WDM 개발 환경에서 디바이스 드라이버를 개발하려면 이 필드를 위해 프로젝트 설정의 **[링커 → 시스템: 드라이버]** 옵션을 'WDM(/DRIVER:WDM)'으로 설정한다.

- **IMAGE_DLLCHARACTERISTICS_GUARD_CF (0x4000)**

  이 플래그는 '제어 흐름 보호(Control Flow Guard, 이하 CFG)' 개념으로 윈도우 8.1에서 도입되었고, 실제 윈도우 10에서 제대로 작동하는 보안 기술을 사용하는지를 나타낸다. CFG가 사용되면 '로드 환경 설정' 구조체(이 장의 IMAGE_DATA_DIRECTORY와 10장에서 설명한다) 내의 관련 필드가 설정된다. 이 플래그를 설정하려면 링크 시 '/guard:cf' 스위치를 지정해야 하며, 이 옵션은 비주얼 스튜디오 2015부터 지원하고 있다. CFG 관련 자세한 사항은 8.3절 '로드 환경 설정'과 19장 '흐름 제어 보호'에서 다룬다.

- **IMAGE_DLLCHARACTERISTICS_TERMINAL_SERVER_AWARE (0x8000)**

  이 플래그는 터미널 서버가 터미널 서비스가 인식하지 못하는 애플리케이션을 로드시켰을 경우 실행 가능하도록 하기 위해, 호환 가능한 코드를 담고 있는 DLL도 함께 로드시킬 수 있음을 의미한다. 이 플래그를 설정하려면 링크 시 '/TSAWARE' 스위치나 프로젝트 설정의 **[링커 → 시스템: 터미널 서버]** 옵션을 "예"로 설정하면 된다.

프로젝트의 링크 설정을 통해서 DllCharacteristics 필드의 플래그를 설정하는 방법은 다음과 같다. 플래그 명칭에서 공통되는 부분인 IMAGE_DLLCHARACTERISTICS는 제거했다.

표 2-4 DllCharacteristics 필드 관련 설정

플래그	설정 탭	설정 옵션	값
HIGH_ENTROPY_VA	명령줄	추가 옵션	/HIGHENTROPYVA : NO
DYNAMIC_BASE	고급	임의 기준 주소	예(/DYNAMICBASE)
NX_COMPAT	고급	DEP (데이터 실행 방지)	예(/NXCOMPAT)
FORCE_INTEGRITY	명령줄	추가 옵션	/INTEGRITYCHECK
NO_ISOLATION	매니페스트 파일	격리 허용	아니요(/ALLOWISOLATION : NO)
NO_BIND	일반	DLL 바인딩 방지	아니요(/ALLOWBIND : NO)
WDM_DRIVER	시스템	드라이버	WDM(/DRIVER : WDM)
GUARD_CF	명령줄	추가 옵션	/guard:cf
TERMINAL_SERVER_AWARE	시스템	터미널 서버	예(/TSAWARE)

그림 2-9 DllCharacteristics 필드 관련 설정

⇨ DYNAMIC_BASE, NX_COMPAT

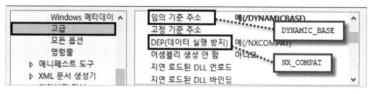

⇨ NO_ISOLATION

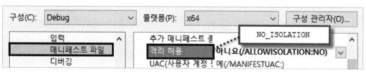

⇨ NO_BIND

⇨ TERMINAL_SERVER_AWARE, WDM_DRIVER

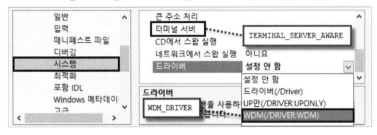

⇨ FORCE_INTEGRITY, HIGH_ENTROPY_VA*

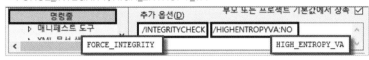

⇨ GUARD_CF**

ULONGLONG/DWORD SizeOfStackReserve

ULONGLONG/DWORD SizeOfStackCommit

ULONGLONG/DWORD SizeOfHeapReserve

ULONGLONG/DWORD SizeOfHeapCommit

프로세스는 가상 주소 공간에 자신만의 힙과 각 스레드를 위한 스택을 별도로 갖는다. 따라서 프로세스 생성 시 시스템은 언제나 메인 스레드를 위한 디폴트 스택과 프로세스를 위한 디폴트 힙을 해당 프로세스에 할당해주는데, 이 필드에서 스택과 힙의 크기와 관련된 설정을 한다. PE는 로드되면서 하나의 프로세스가 되든지, DLL이라면 특정 프로세스의 주소 공간 내부로 잠입해 들어가게 되는데, 이때 스택과 힙의 예약 크기와 확정 크기를 지정해줄 수 있다. PE가 메모리에 로드될 때, 시스템은 이 필드들의 값을 참조하여 해당 프로세스에 디폴트 스택과 힙을 만든다. 링커가 만들어내는 디폴트 값은 스택과 힙 모두 예약 크기인 1M, 즉 0x100000이며, 확정 크기는 하

---

* 설정 탭이 '명령줄'인 경우는 옵션 설정 UI가 제공되지 않고 '추가 옵션' 박스에 사용자가 직접 옵션 스위치를 입력해야 한다.

** CFG 옵션은 VS 2015부터 지원되며, [C/C++ → 코드 생성: 제어 흐름 보호] 옵션을 통해서 설정이 가능하다.

나의 페이지에 해당하는 4K, 즉 0x1000이다. 이 값들을 별도로 지정하려면 **[링커 → 시스템]** 탭의 항목들을 통해 설정할 수 있다.

그림 2-10 스택/힙 관련 설정

표 2-5 스택/힙 관련 설정

필드	링크 옵션	프로젝트 설정 : [링커 → 시스템]
SizeOfStackReserve	/HEAP:reserve	힙 예약 크기
SizeOfStackCommit	/HEAP:reserve,commit	힙 커밋 크기
SizeOfHeapReserve	/STACK:reserve	스택 예약 크기
SizeOfHeapCommit	/STACK:reserve,commit	스택 커밋 크기

DWORD LoaderFlags

이 필드는 0으로 설정된다. 원래 목적은 디버깅 지원에 관련이 있는 것으로 보인다.

DWORD NumberOfRvaAndSizes

이 필드는 IMAGE_DATA_DIRETORY 구조체 배열의 엔트리 개수를 의미한다. 하지만 이 배열의 엔트리 수는 IMAGE_OPTIONAL_HEADER의 DataDirectory 필드의 정의에서도 알 수 있듯이 16으로 고정되어 있다. 따라서 이 필드 값은 언제나 0x00000010이 되어야 하며, 16이라는 값 역시 다음과 같이 매크로로 정의되어 있다.

```
#define IMAGE_NUMBEROF_DIRECTORY_ENTRIES    16
```

다음 덤프는 IMAGE_OPTIONAL_HEADER를 실제 BasicApp.exe의 PE 덤프에 적용시킨 예다.

덤프 2-3 BasicApp.exe의 IMAGE_OPTIONAL_HEADER 덤프

	+0	+1	+2	+3	+4	+5	+6	+7	+8	+9	+A	+B	+C	+D	+E	+F
00000110	0B	02	0C	00	00	54	00	00	00	52	00	00	00	00	00	00
00000120	A0	1D	00	00	00	10	00	00	00	00	00	40	01	00	00	00
00000130	00	10	00	00	00	02	00	00	06	00	00	00	00	00	00	00
00000140	06	00	00	00	00	00	00	00	00	F0	15	00	00	04	00	00
00000150	00	00	00	00	02	00	60	81	00	00	10	00	00	00	00	00
00000160	00	10	00	00	00	00	00	00	00	00	10	00	00	00	00	00
00000170	00	10	00	00	00	00	00	00	00	00	00	00	10	00	00	00

다음은 위 덤프에 대한 구체적인 필드와 그 값을 나타낸 것이다.

⇨ 표준 필드

필드	타입	값	의미
Magic	WORD	0x020B	IMAGE_NT_OPTIONAL_HDR64_MAGIC
Major/Minor LinkerVersion	BYTE, BYTE	0x0C, 0x00	링커 버전 12.0
SizeOfCode	DWORD	0x00005400	코드 섹션의 크기
SizeOfInitializedData	DWORD	0x00005200	초기화된 데이터 섹션의 크기
SizeOfUninitializedData	DWORD	0x00000000	초기화되지 않은 데이터 섹션의 크기
AddressOfEntry Point	DWORD	0x00001DA0	프로그램 진입점. 즉 메인 스레드가 최초로 실행시킬 코드의 시작 번지에 대한 RVA다. 메모리 상에서는 ImageBase 필드 값을 더한 0x40001CF0이 된다.
BaseOfCode	DWORD	0x00001000	코드 섹션의 시작 RVA, 0x00001000

⇨ NT 부가 필드

필드	타입	값	의미
ImageBase	ULONGLONG	0x00000001 40000000	가상 주소 공간 내에서의 PE 이미지 시작 주소. WinMain을 통해서 넘어오는 HINSTANCE의 값이다.
SectionAlignment	DWORD	0x1000	섹션 정렬 기준. 4K의 배수
FileAlignment	DWORD	0x200	파일 정렬 기준. 512바이트의 배수
Major/MinorOperating SystemVersion	WORD, WORD	0x0006, 0x0000	운영체제 시스템 버전. 6.0(비스타 이상)

Major/Minor ImageVersion	WORD, WORD	0x0000, 0x0000	이미지 버전, 0.0
Major/Minor SubsystemVersion	WORD, WORD	0x0006, 0x0000	서브 시스템 버전, 6.0
Win32VersionValue	DWORD	0	0
SizeOfImage	DWORD	0x0000F000	PE 이미지의 크기
SizeOfHeaders	DWORD	0x00000400	헤더의 크기, 4KB
CheckSum	DWORD	0	체크섬, 설정하지 않음
Subsystem	WORD	2	서브 시스템 종류 : IMAGE_SUBSYSTEM_GUI → GUI 애플리케이션
DllCharacteristics	WORD	0x8160	HIGH_ENTROPY_VA | DYNAMIC_BASE | NX_COMPAT | TERMINAL_SERVER_AWARE
SizeOfStackReserve	ULONGLONG	0x100000	디폴트 스택 예약 크기, 1M
SizeOfStackCommit	ULONGLONG	0x1000	디폴트 스택 확정 크기, 4K
SizeOfHeapReserve	ULONGLONG	0x100000	디폴트 힙 예약 크기, 1M
SizeOfHeapCommit	ULONGLONG	0x1000	디폴트 힙 확정 크기, 4K
LoaderFlags	DWORD	0	0
NumberOfRvaAndSizes	DWORD	16	DATA_DIRECTORY 배열의 원소 개수, 현재는 16으로 고정

지금까지 IMAGE_OPTIONAL_HEADER의 기본 타입을 지닌 필드들에 대해 알아보았다. IMAGE_OPTIONAL_HEADER의 마지막 필드인 DataDirectory는 IMAGE_SECTION_HEADER와 밀접한 관련이 있기 때문에 다음 절에서 함께 설명하기로 하고, 이 구조체의 필드 설정 방법에 대해서 하나만 더 언급하기로 한다. IMAGE_OPTIONAL_HEADER 구조체의 각 필드를 설명하면서, 필요할 경우 링크 시 해당 필드를 사용자가 직접 설정하는 방법도 함께 설명했다. 하지만 지금까지 언급했던 설정은 프로그램 빌드 시 프로젝트 설정 또는 링크 시 스위치 지정을 통해서 PE 파일을 생성할 때 각 필드 값이 결정되었지만, 이미 생성된 PE 파일에 대하여 원하는 필드의 설정을 변경할 수 있는 툴도 제공된다. 그 툴이 바로 **'EditBin'**이며, 다음과 같은 명령 창을 통해서 기존의 PE 파일의 설정 내용을 변경할 수 있다.

```
EditBin.exe /Option PE_파일
```

이때 Option 스위치는 앞서 설명했던 링크 스위치와 동일하게 적용된다. 만약 무결성 체크를 강제
하는 IMAGE_DLLCHARACTERISTICS_FORCE_INTEGRITY 플래그를 설정하고 싶으면 비
주얼 스튜디오의 명령 창에서 다음과 같이 실행하면 된다.

```
C:\temp>editbin /integritycheck BasicApp.exe
Microsoft (R) COFF/PE Editor Version 12.00.40629.0
Copyright (C) Microsoft Corporation.  All rights reserved.
```

마지막으로, PE 파일에서 IMAGE_OPTIONAL_HEADER 구조체의 시작 위치를 획득하는 인라
인 함수의 정의를 살펴보자.

32비트용 IMAGE_OPTIONAL_HEADER 구조체 획득

```cpp
inline PIMAGE_OPTIONAL_HEADER32 PEPlus::GetOptHdr32(PBYTE pImgBase)
{
    PIMAGE_NT_HEADERS32 pnh = (PIMAGE_NT_HEADERS32)GET_NT_HDRPTR(pImgBase);
    return &pnh->OptionalHeader;
}
```

64비트용 IMAGE_OPTIONAL_HEADER 구조체 획득

```cpp
inline PIMAGE_OPTIONAL_HEADER64 PEPlus::GetOptHdr64(PBYTE pImgBase)
{
    PIMAGE_NT_HEADERS64 pnh = (PIMAGE_NT_HEADERS64)GET_NT_HDRPTR(pImgBase);
    return &pnh->OptionalHeader;
}
```

32비트/64비트 구분 없이 PBYTE 타입의 IMAGE_OPTIONAL_HEADER 구조체 시작 번지 획득

```cpp
inline PBYTE PEPlus::GetOptHdr(PBYTE pImgBase)
{
    return (GET_NT_HDRPTR(pImgBase) + sizeof(DWORD) + sizeof(IMAGE_FILE_HEADER));
}
```

2.3 섹션 헤더와 데이터 디렉터리

IMAGE_DATA_DIRECTORY 배열은 비록 IMAGE_OPTIONAL_HEADER의 마지막 필드에 해당하지만 IMAGE_SECTION_HEADER와 밀접한 관련이 있다. 섹션 개념은 앞서 1장에서 이미 설명했던 것처럼, 코드나 데이터를 구분 짓는 덩어리로 그 아래에 다양한 종류의 데이터가 올 수 있다. 이러한 데이터들은 필요에 따라 동일한 섹션 하에 위치할 수도 있고 개별적인 자신만의 섹션 하에 존재할 수도 있다. 따라서 단순히 섹션 이름을 통해 섹션의 종류를 판단하는 것은 매우 위험한 방법이다. 윈도우 PE는 코드 섹션을 제외하고 이미 정의된 '데이터 디렉터리'라는 15개의 서브 섹션을 제공하는데, 이 데이터 디렉터리를 통해서 내보내기, 가져오기, 리소스 등의 데이터 종류를 판별할 수 있다. 또한 이 데이터 디렉터리들이 특정한 섹션 하에 위치하기 때문에 하나의 섹션에는 다양한 종류의 데이터 디렉터리가 위치할 수 있다. 실제로 코드를 담고 있는 코드 섹션을 제외한다면 구체적인 데이터는 바로 이 데이터 디렉터리를 통해서 획득해야 하고, **섹션은 이 데이터 디렉터리의 실제 위치를 획득하는 RVA 기준점의 역할**을 한다.

2.3.1 IMAGE_DATA_DIRECTORY 구조체 배열

IMAGE_OPTIONAL_HEADER의 마지막 필드는 128바이트로 이루어진 IMAGE_DATA_DIRECTORY 구조체의 배열인 DataDirectory다.

```
IMAGE_DATA_DIRECTORY DataDirectory[IMAGE_NUMBEROF_DIRECTORY_ENTRIES]
```

WinNT.h 파일에는 IMAGE_DATA_DIRECTORY 구조체와 배열의 엔트리 개수를 나타내는 16이란 값을 대신하는 매크로 IMAGE_NUMBEROF_DIRECTORY_ENTRIES가 다음과 같이 정의되어 있다.

```
typedef struct _IMAGE_DATA_DIRECTORY
{
    DWORD   VirtualAddress;
    DWORD   Size;
} IMAGE_DATA_DIRECTORY, *PIMAGE_DATA_DIRECTORY;

#define IMAGE_NUMBEROF_DIRECTORY_ENTRIES    16
```

이 배열의 실제 엔트리 개수는 NumberOfRvaAndSizes 필드에서 지정되며, 16개의 엔트리 모두 존재한다. 따라서 NumberOfRvaAndSizes 필드 설명에서도 언급한 것처럼 NumberOfRvaAndSizes 필드 값은 항상 16이며, 이 배열의 마지막 엔트리, 즉 인덱스 15에 해당하는 엔트리는 배열의 끝을 의미하기 위해 언제나 0으로 설정된다. 따라서 IMAGE_DATA_DIRECTORY 배열은 실제로 15개의 각 엔트리마다 나름대로의 의미를 가지고 있으며, 언제나 특정한 섹션 아래에 위치하기 때문에 반드시 참조해야 하는 필드다. 만약 해당 디렉터리 엔트리와 관련된 섹션이 PE에 존재하지 않을 경우 VirtualAddress와 Size 필드는 모두 0으로 설정된다.

IMAGE_DATA_DIRECTORY 구조체의 필드가 되는 VirtualAddress와 Size는 해당 IMAGE_DATA_DIRECTORY_ENTRY의 인덱스에 해당하는, 미리 지정된 데이터 블록의 정보에 대한 시작 주소를 지시하는 RVA와 그 크기를 의미한다. 예를 들어 인덱스 0은 DLL에서 내보낸 함수들의 정보를 담고 있는 테이블에 대한 RVA와 크기를, 인덱스 1은 가져온 함수들의 정보 테이블에 대한 RVA와 크기를 나타낸다. 만약 이 두 필드가 모두 0이면 해당 엔트리의 데이터 디렉터리는 존재하지 않음을 의미한다. 각 엔트리는 WinNT.h에 정의되어 있으며, 이 값들의 의미는 다음과 같다.

```c
// Directory Entries
#define IMAGE_DIRECTORY_ENTRY_EXPORT         0   // Export Directory
#define IMAGE_DIRECTORY_ENTRY_IMPORT         1   // Import Directory
#define IMAGE_DIRECTORY_ENTRY_RESOURCE       2   // Resource Directory
#define IMAGE_DIRECTORY_ENTRY_EXCEPTION      3   // Exception Directory
#define IMAGE_DIRECTORY_ENTRY_SECURITY       4   // Security Directory
#define IMAGE_DIRECTORY_ENTRY_BASERELOC      5   // Base Relocation Table
#define IMAGE_DIRECTORY_ENTRY_DEBUG          6   // Debug Directory
#define IMAGE_DIRECTORY_ENTRY_ARCHITECTURE   7   // Architecture Specific
#define IMAGE_DIRECTORY_ENTRY_GLOBALPTR      8   // RVA of GP
#define IMAGE_DIRECTORY_ENTRY_TLS            9   // TLS Directory
#define IMAGE_DIRECTORY_ENTRY_LOAD_CONFIG    10  // Load Config
#define IMAGE_DIRECTORY_ENTRY_BOUND_IMPORT   11  // Bound Import Directory
#define IMAGE_DIRECTORY_ENTRY_IAT            12  // Import Address Table
#define IMAGE_DIRECTORY_ENTRY_DELAY_IMPORT   13  // Delay Load Import
#define IMAGE_DIRECTORY_ENTRY_COM_DESCRIPTOR 14  // COM Runtime descriptor
```

- **(0) IMAGE_DIRECTORY_ENTRY_EXPORT**

  내보내기(Export) 섹션을 의미하는 IMAGE_EXPORT_DIRECTORY 구조체의 시작 RVA와 크기를 담고 있다. 내보내기 섹션은 DLL이 내보내는 함수/변수에 대한 정보를 담고 있는 섹션으로, 5장 'DLL 생성과 내보내기 섹션'에서 상세히 다룬다.

- **(1) IMAGE_DIRECTORY_ENTRY_IMPORT**

  가져오기(Import) 테이블을 구성하는 IMAGE_IMPORT_DESCRIPTOR 구조체 배열의 시작 RVA와 크기를 담고 있다. 별도의 섹션으로 존재하면 보통 .idata라는 섹션 이름을 갖는다. 가져오기 섹션은 EXE나 DLL이 사용하게 될 다른 DLL들 및 함수에 대한 정보를 담고 있는 섹션으로, 6장 'DLL 로딩과 가져오기 섹션'에서 상세히 다룬다.

- **(2) IMAGE_DIRECTORY_ENTRY_RESOURCE**

  리소스(Resource) 섹션을 설명하는 IMAGE_RESOURCE_DIRECTORY 구조체의 시작 RVA와 크기를 담고 있다. 보통 .rsrc라는 이름을 갖는 별도의 섹션으로 존재한다. 리소스 섹션은 9장과 10장에서 상세히 다룬다.

- **(3) IMAGE_DIRECTORY_ENTRY_EXCEPTION**

  런타임 함수 테이블 IMAGE_RUNTIME_FUNCTION_ENTRY 구조체 배열의 시작을 가리키는 RVA와 크기를 담고 있으며, 일반적으로 .pdata라는 섹션의 시작을 의미한다. CPU에 의존적인 테이블 기반 예외 처리를 위한 정보로, x86 계열을 제외한 모든 CPU에서 사용된다. 따라서 x86 기반의 32비트 윈도우 PE에서는 의미가 없지만 AMD64나 IA-64 아키텍처에서는 이 디렉터리 내에 해당 PE에서 정의된 모든 함수의 정보를 담고 있기 때문에, 원래의 목적인 예외 처리뿐만 아니라 리버스 엔지니어링 관점에서 매우 중요한 의미를 지닌다. 본서는 64비트가 추가 되기 때문에 17장 '함수, 예외와 .pdata 섹션'에서 상세히 다룬다.

- **(4) IMAGE_DIRECTORY_ENTRY_SECURITY**

  PE가 코드 사이닝된 경우 공인인증서의 정보를 담고 있는 디렉터리며, WinTrust.h에 정의되어 있는 WIN_CERTIFICATE 구조체의 리스트에 대한 시작 오프셋과 크기를 담고 있다. 이 디렉터리는 해당 PE에 대한 무결성 체크가 목적이므로 존재한다면 PE 파일의 맨 끝에 위치하며, 메모리 공간에 매핑되지 않고 PE 파일 내에서만 존재한다. 그리고 예외적으로 VirtualAddress 필드 값은 RVA가 아닌 파일 오프셋에 해당한다. 8장에서 상세히 다룬다.

- **(5) IMAGE_DIRECTORY_ENTRY_BASERELOC**

  기준 재배치(Base Relocation) 정보에 대한 RVA와 크기를 담고 있으며, .reloc라는 섹션 이름으로 별도로 존재한다. 재배치란 로더가 실행 모듈을 원하는 위치, 즉 IMAGE_OPTIONAL_HEADER의 ImageBase 필드에 지정된 가상 주소 공간 상의 번지에 위치시키지 못했을 때, 코드 상의 전역 변수에 대한 포인터 연산 관련 주소를 다시 갱신해야 하는 경우를 말한다. 기준 재배치는 4장 '기준 재배치 섹션'에서 상세히 다룬다.

- **(6) IMAGE_DIRECTORY_ENTRY_DEBUG**

  IMAGE_DEBUG_DIRECTORY 구조체의 배열에 대한 시작 RVA와 크기를 담고 있다. 배열의 엔트리 각각은 해당 이미지의 디버그 정보를 기술하고 있다. 이 엔트리가 가리키는 섹션은 .debug 섹션이지만, 보통 .rdata 섹션 아래에 병합되어 위치한다. 이 엔트리가 가리키는 IMAGE_DEBUG_DIRECTORY 구조체는 14장 '디버그 섹션'에서 상세히 다룬다.

- **(7) IMAGE_DIRECTORY_ENTRY_ARCHITECTURE**

  아키텍처에 구체적인 데이터, 즉 IMAGE_ARCHITECTURE_HEADER 구조체의 배열에 대한 시작 RVA와 크기를 담고 있다. 하지만 x86 또는 IA-64, AMD64에서는 사용되지 않기 때문에 무시해도 상관없다.

- **(8) IMAGE_DIRECTORY_ENTRY_GLOBALPTR**

  IMAGE_DATA_DIRECTORY 엔트리의 VirtualAddress 필드는 글로벌 포인터(GP)를 가리키는 RVA다. x86 계열은 사용되지 않지만 IA-64에서는 사용된다. Size 필드는 사용되지 않는다. 본서는 x86과 AMD64를 대상으로 하기 때문에 이 엔트리는 언급하지 않는다.

- **(9) IMAGE_DIRECTORY_ENTRY_TLS**

  스레드 지역 저장소(Thread Local Storage, 이하 TLS)의 제어에 필요한 정보 블록의 시작 RVA와 크기를 담고 있다. 별도의 TLS 함수를 사용하지 않고 __declspec(thread)는 지시어를 통해 TLS 변수가 선언되면 이 변수는 TLS 슬롯에 위치하게 되고, 이 변수의 초기화 데이터를 위해 링커는 .tls라는 별도의 섹션을 만들게 된다. 하지만 이 엔트리의 VirtualAddress가 가리키는 정보 블록은 보통 .rdata 섹션 아래에 위치한다. 8장의 'TLS 섹션'에서 상세히 다룬다.

- **(10) IMAGE_DIRECTORY_ENTRY_LOAD_CONFIG**

  IMAGE_LOAD_CONFIG_DIRECTORY 구조체에 대한 시작 RVA와 크기를 담고 있다. 이 구조체 내의 정보는 윈도우의 각 버전별로 조금씩 다르며, 이미지가 로드된 후 사용할 여러 정보들, 예를 들어 전역 플래그나 구조적 예외 처리(SEH) 테이블 또는 스택 오버플로 공격 방어를 위한 보안 쿠키, CFG 보안 등에 대한 사전 설정을 위해 사용된다. 구체적인 내용은 8장에서 상세히 다룬다.

- **(11) IMAGE_DIRECTORY_ENTRY_BOUND_IMPORT**

  IMAGE_BOUND_IMPORT_DESCRIPTOR 구조체의 배열을 가리키는 RVA로, 이 구조체는 DLL 바인딩과 관련된 정보를 담고 있다. 이 구조체는 PE 헤더가 위치한 섹션에 존재하며, 이 경우 이 엔트리의 RVA는 파일 오프셋이 된다. 바인딩의 의미와 이 구조체에 대한 상세한 설명은 6장 'DLL 로딩과 가져오기 섹션'에서 상세히 다룬다.

- **(12) IMAGE_DIRECTORY_ENTRY_IAT**

  가져오기 주소 테이블(Import Address Table, 이하 IAT)의 시작 번지를 가리킨다. IAT는 가져온 DLL의 함수들에 대한 함수 포인터를 담고 있는 배열로, DLL이 내보낸 함수 호출을 위한 중요한 역할을 한다. 가져온 각각의 DLL에 대한 IAT는 메모리 상에서 연속적으로 존재하며, Size 필드는 IAT의 전체 크기를 가리킨다. IAT는 6장에서 상세히 다룬다.

- **(13) IMAGE_DIRECTORY_ENTRY_DELAY_IMPORT**

  VC++가 제공하는 DelayImp.h 헤더에 정의되어 있는 ImgDelayDescr 구조체의 배열을 가리키는, 지연 로드 정보에 대한 RVA 값이다. 'DLL 지연 로드'란 해당 DLL에서 내보낸 함수가 코드 상에서 최초로 호출되기 전까지는 그 DLL을 로드하지 않는 기술을 말한다. 윈도우는 지연 로드 DLL에 대한 어떠한 내재적인 정보도 갖고 있지 않으며, 지연 로드의 내용은 전적으로 링커나 런타임 라이브러리에 의해 구현된다. 자세한 내용은 7장 'DLL 지연 로드 섹션'에서 상세히 다룬다.

- **(14) IMAGE_DIRECTORY_ENTRY_COM_DESCRIPTOR**

  .NET 기반에서 작동하는 EXE와 DLL의 PE를 위한 것으로 PE 내의 .NET 정보에 대한 최상위 정보의 시작 번지를 가리킨다. 이 정보는 IMAGE_COR20_HEADER 구조체의 형태로 구성된다. IMAGE_COR20_HEADER 구조체는 8장에서 간단히 언급할 것이다.

이제 PE 파일 BasicApp.exe의 IMAGE_DATA_DIRECTORY 구조체 배열 부분을 직접 확인해보자. 아래의 [덤프 2-4]가 IMAGE_DATA_DIRECTORY 구조체 배열의 덤프에 해당하며, 이 구조체 배열의 시작은 파일 오프셋 0x00000180부터다. 그 바로 앞 4바이트, 즉 0x0000017C부터 4바이트가 바로 NumberOfRvaAndSizes 필드며, 그 값은 앞서 언급한 대로 0x00000010, 10진수로 16임을 알 수 있다. 따라서 IMAGE_DATA_DIRECTORY 구조체 배열은 0x00000180부터 0x000001FF까지의 128바이트 영역이다.

덤프 2-4 BasicApp.exe의 IMAGE_DATA_DIRECTORY 구조체 배열 덤프

	+0	+1	+2	+3	+4	+5	+6	+7	+8	+9	+A	+B	+C	+D	+E	+F
00000180	00	00	00	00	00	00	00	00	20	C4	00	00	64	00	00	00
00000190	00	D0	00	00	3C	04	00	00	00	B0	00	00	24	03	00	00
000001A0	00	00	00	00	00	00	00	00	00	E0	00	00	50	00	00	00
000001B0	80	78	00	00	38	00	00	00	00	00	00	00	00	00	00	00
000001C0	00	00	00	00	00	00	00	00	00	00	00	00	00	00	00	00
000001D0	60	86	00	00	70	00	00	00	00	00	00	00	00	00	00	00
000001E0	00	C0	00	00	20	04	00	00	00	00	00	00	00	00	00	00
000001F0	00	00	00	00	00	00	00	00	00	00	00	00	00	00	00	00

이 16개의 IMAGE_DATA_DIRECTORY 구조체 중 의미 있는 엔트리(즉 값이 0이 아닌 엔트리)를 살펴보면 다음과 같다.

표 2-6 BasicApp.exe의 IMAGE_DATA_DIRECTORY 구조체 배열

오프셋	인덱스	내용	VirtualAddress	Size
0x00000188	1	IMAGE_DIRECTORY_ENTRY_IMPORT	0x0000C420	100
0x00000190	2	IMAGE_DIRECTORY_ENTRY_RESOURCE	0x0000D000	1,084
0x00000198	3	IMAGE_DIRECTORY_ENTRY_EXCEPTION	0x0000B000	804
0x000001A8	5	IMAGE_DIRECTORY_ENTRY_BASERELOC	0x0000E000	80
0x000001B0	6	IMAGE_DIRECTORY_ENTRY_DEBUG	0x00007880	56
0x000001D0	10	IMAGE_DIRECTORY_ENTRY_LOAD_CONFIG	0x00008650	112
0x000001E0	12	IMAGE_DIRECTORY_ENTRY_IAT	0x0000C000	1,056

다음 코드는 PEPlus 클래스가 정의한, PE 파일로부터 데이터 디렉터리 배열의 시작 포인터를 획득하는 함수다.

```
inline PIMAGE_DATA_DIRECTORY PEPlus::GetDataDirs(PBYTE pImgBase)
{
    PIMAGE_FILE_HEADER pfh = PIMAGE_FILE_HEADER
                            (GET_NT_HDRPTR(pImgBase) + sizeof(DWORD));
    return PIMAGE_DATA_DIRECTORY(PBYTE(pfh) +
        sizeof(IMAGE_FILE_HEADER) + pfh->SizeOfOptionalHeader -
        IMAGE_NUMBEROF_DIRECTORY_ENTRIES * sizeof(IMAGE_DATA_DIRECTORY));
}
```

데이터 디렉터리 배열 역시 IMAGE_OPTIONAL_HEADER의 필드기 때문에 32비트 또는 64 비트에 대한 체크가 필요하다. 하지만 이런 체크 과정 없이 바로 데이터 디렉터리 배열의 포인터를 획득하려면 IMAGE_FILE_HEADER의 SizeOfOptionalHeader 필드를 사용하면 된다. SizeOfOptionalHeader 필드는 32비트나 64비트 구분 없이 실제 PE 상에서 IMAGE_OPTIONAL_HEADER 구조체가 점유하고 있는 크기에 대한 바이트 값을 담고 있기 때문에, 위의 코드처럼 이 필드를 사용해서 바로 데이터 디렉터리 배열의 시작 위치를 획득할 수 있다. 이렇게 GetDataDirs 함수를 정의했다면 추가적으로 데이터 디렉터리 배열의 엔트리를 바로 획득하거나 해당 엔트리의 존재 여부를 체크할 수 있는 함수를 다음과 같이 정의할 수 있다.

데이터 디렉터리 엔트리 획득, IMAGE_DIRECTORY_ENTRY_XXXX 사용

```
inline PIMAGE_DATA_DIRECTORY PEPlus::GetDataDir(PBYTE pImgBase, int nDirId)
{
    PIMAGE_DATA_DIRECTORY pdds = GetDataDirs(pImgBase);
    return &pdds[nDirId];
}
```

데이터 디렉터리 엔트리 존재 여부 체크

```
inline bool PEPlus::HasDirEntry(PBYTE pImgBase, int nDirId)
{
    PIMAGE_DATA_DIRECTORY pdds = GetDataDirs(pImgBase);
    return (pdds[nDirId].VirtualAddress != 0);
}
```

2.3.2 IMAGE_SECTION_HEADER

PE 헤더인 IMAGE_NT_HEADER 구조체에 이어서 IMAGE_SECTION_HEADER 구조체의 배열이 온다. 이 구조체 배열의 실제 엔트리 수는 IMAGE_FILE_HEADER의 **NumberOfSections** 필드에 지정된다. IMAGE_SECTION_HEADER 구조체는 40바이트로 구성되며, WinNT.h에 다음과 같이 정의되어 있다.

```
#define IMAGE_SIZEOF_SHORT_NAME     8

typedef struct _IMAGE_SECTION_HEADER
{
    BYTE         Name[IMAGE_SIZEOF_SHORT_NAME];
    union
    {
        DWORD    PhysicalAddress;
        DWORD    VirtualSize;
    } Misc;
    DWORD        VirtualAddress;
    DWORD        SizeOfRawData;
    DWORD        PointerToRawData;
    DWORD        PointerToRelocations;
    DWORD        PointerToLinenumbers;
    WORD         NumberOfRelocations;
    WORD         NumberOfLinenumbers;
    DWORD        Characteristics;
} IMAGE_SECTION_HEADER, *PIMAGE_SECTION_HEADER;

#define IMAGE_SIZEOF_SECTION_HEADER 40
```

BYTE Name[IMAGE_SIZEOF_SHORT_NAME]

섹션의 아스키 이름을 나타낸다. IMAGE_SIZEOF_SHORT_NAME은 8바이트까지며, NULL은 제외된다. 만약 여러분이 섹션 이름을 8바이트 이상으로 지정했을 경우 링커는 8바이트 이후의 문자열은 잘라버린 후 이 필드에 값을 채운다. 앞선 설명 중에 자주 보았던 .text나 .rdata, .idata 등의 문자열이 바로 이 필드에 저장된다.

DWORD VirtualSize (PhysicalAddress)

VirtualSize 필드는 메모리에 로드되었을 때 해당 섹션에 포함된 코드, 또는 데이터의 바이트 단위의 크기를 의미한다. 이 크기는 라운드 업 처리가 없는 실제 바이트 수가 된다. 하지만 IMAGE_OPTIONAL_HEADER의 SectionAlignment 필드에서 설명한 것처럼, 섹션의 시작 주소는 SectionAlignment의 배수가 되어야 하기 때문에 섹션이 로딩될 때 이 섹션을 위해 메모리에 할당되는 크기는 VirtualSize 필드 값에 대한 SectionAlignment 라운드 업 크기가 된다. PhysicalAddress 필드는 OBJ 파일에서만 사용되고 섹션의 물리적인 번지를 담고 있지만, 요즘 OBJ 파일에서는 0으로 설정되기 때문에 이 필드는 더 이상 의미가 없다. 따라서 PE 파일에서는 Misc 공용체의 **VirtualSize** 필드만 의미가 있다.

DWORD VirtualAddress

PE가 로드될 때 해당 섹션이 매핑될 시작 번지에 대한 RVA를 담고 있는 필드다. 다시 말해 메모리 상에서의 섹션의 시작 주소를 위한 RVA 값이므로, 매핑될 가상 주소는 IMAGE_OPTIONAL_HEADER의 ImageBase 값에 이 필드 값을 더한 값이 된다. 또한 IMAGE_OPTIONAL_HEADER의 SectionAlignment 필드에 지정된 값의 배수가 되어야 한다.

DWORD SizeOfRawData

디스크 상의 PE 파일에서 해당 섹션이 차지하는 바이트 수를 의미하며, IMAGE_OPTIONAL_HEADER의 FileAlignment 필드에 지정된 값의 라운드 업 크기가 되어야 한다. 더 정확하게 말하면 섹션 내의 초기화된 데이터의 바이트 수를 말한다. 따라서 Characteristics 필드에 IMAGE_SCN_CNT_UNINITIALIZED_DATA 속성이 설정되어 있으면 해당 섹션은 초기화되지 않은 데이터로 구성된 섹션(예를 들어 .bss 또는 .textbss 섹션)이기 때문에, 이 필드 값은 0이 되어야 한다. 또한 이 필드 값이 VirtualSize 필드보다 작을 수도 있는데, 이 경우 메모리에 로드될 때 해당 섹션의 나머지 부분, 즉 VirtualSize - SizeOfRawData 만큼의 섹션 뒷부분은 0으로 채워진다. SizeOfRawData 필드는 FileAlignment 필드 단위로 라운드 업 처리된 값을 갖기 때문에, 라운드 업 되지 않은 값을 갖는 VirtualSize 필드보다 큰 값을 갖는 것이 일반적이다.

DWORD PointerToRawData

디스크 상의 PE 파일에서 해당 섹션이 시작되는 실제 파일 오프셋을 의미하며, 이 값 역시 IMAGE_OPTIONAL_HEADER의 FileAlignment 필드 값의 배수가 되어야 한다. 또한 SizeOfRawData 필드와 마찬가지로, 해당 섹션이 초기화되지 않은 데이터를 갖게 되면 PointerToRawData 필드는 0으로 설정되어야 한다.

RVA와 파일 오프셋 사이의 변환에 있어서 RVA 값을 갖는 VirtualAddress 필드와 파일 오프셋 값을 갖는 PointerToRawData 필드는 핵심적인 역할을 한다. PointerToRawData 필드 값은 VirtualAddress 필드 값과 같을 수도 있지만 일반적으로 다른 값을 갖는다. 두 필드 값이 동일한 경우는 SectionAlignment와 FileAlignment 필드 값이 같은 경우인데, 즉 앞서 설명한 대로 SectionAlignment 필드 값이 메모리 페이지의 값보다 작을 경우는 파일 오프셋과 RVA가 동일한 값을 갖게 된다. 하지만 특별한 목적이 아니면 SectionAlignment 설정을 변경할 이유가 없으므로, 이 두 필드 값은 대개 서로 다른 값을 갖게 되며, RVA와 파일 오프셋 사이의 변환이 요구된다. RVA와 파일 오프셋 사이의 변환은 2.3.3절에서 자세히 다룬다.

VirtualAddress와 PointerToRawData 필드, 그리고 VirtualSize와 SizeOfRawData 필드와 해당 섹션이 파일에 존재할 경우에는 메모리에 로드되었을 때의 관계를 파악하는 것이 중요하다. 이 관계를 간단하게 표현하면 다음 그림과 같다.

그림 2-11 PE 섹션 헤더와 가상 주소 공간

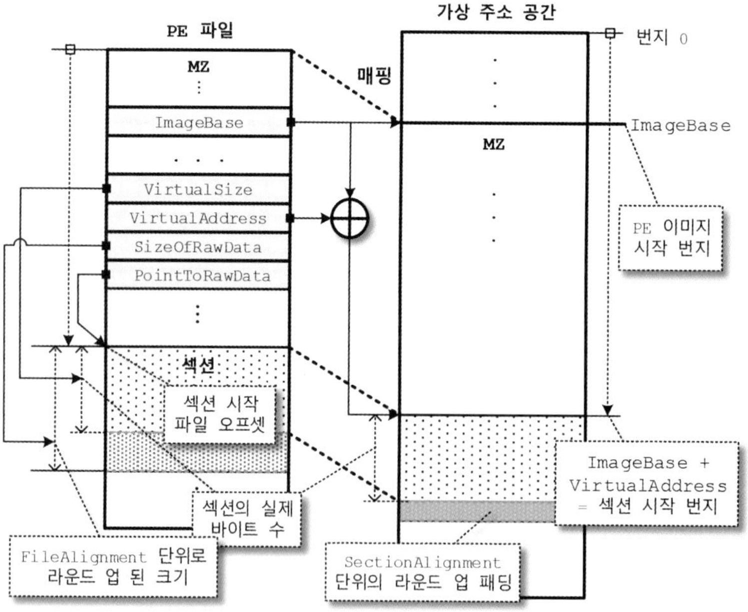

DWORD PointerToRelocations

WORD NumberOfRelocations

이 두 필드들은 PE와 직접 관련이 없으며, 보통 0으로 설정된다. PointerToRelocations 필드는 본 섹션을 위한 재배치 파일 정보인 IMAGE_RELOCATION 구조체 배열에 대한 파일 오프셋을 의미하고, NumberOfRelocations 필드는 이 배열의 원소의 개수를 나타낸다. 이 두 필드는 단지 OBJ에서만 사용되고 PE 상에서는 항상 0이 된다.

DWORD PointerToLinenumbers

WORD NumberOfLinenumbers

이 두 필드들은 COFF 줄번호와 관련되어 있으며, 보통 0으로 설정되고 PE 관점에서는 크게 의미가 없다. PointerToLinenumbers 필드와 본 섹션을 위한 COFF 스타일의 줄번호를 위한 IMAGE_LINENUMBER 구조체 배열의 시작을 의미하는 파일 오프셋이며, NumberOfLinenumbers 필드는 그 원소의 개수를 의미한다. COFF 줄번호는 PE에 첨부되었을 경우에만 사용되고 일반적으로는 사용하지 않기 때문에 더 이상 이 필드는 의미가 없으며 항상 0이 된다.

DWORD Characteristics

이 필드는 해당 섹션의 속성을 나타내는 플래그의 집합이다. 이 플래그 값들은 WinNT.h에 IMAGE_SCN_XXX_XXX의 형태로 #define 문에 의해 정의되어 있다. SCN은 'Section Contains'의 약자다. 크게 세 부분으로 나눌 수 있으나 OBJ 파일에만 나타나는 플래그들은 무시하고 실제 PE 상에서 존재하는 플래그들만 두 부분으로 나누어 설명한다.

먼저, 해당 섹션의 데이터 특성을 식별하는 플래그들을 살펴보면, 링커는 링크 시에 필요에 의해 혹은 사용자의 지시에 의해 여러 섹션을 하나로 병합할 수 있다. 병합을 위해서는 링크 시 '/MERGE:from=to' 스위치나 프로젝트 설정의 **[링크 → 고급: 섹션 병합]** 옵션을 통해 병합이 가능하다.

그림 2-12 [링크 → 고급: 섹션 병합] 옵션

앞의 설정은 링커에게 .data 섹션을 .text 섹션에 병합하라는 내용이다. 이때 병합된 섹션 내에 특정 섹션이 포함되어 있는지 확인할 수 있는 플래그 집합을 제공하는데, 다음의 플래그 집합이 그 목적으로 사용된다.

```
#define  IMAGE_SCN_CNT_CODE                    0x00000020
#define  IMAGE_SCN_CNT_INITIALIZED_DATA        0x00000040
#define  IMAGE_SCN_CNT_UNINITIALIZED_DATA      0x00000080
```

- **IMAGE_SCN_CNT_CODE (0x00000020)**

  섹션이 코드를 포함하고 있다. 보통 이 플래그는 실행 가능 플래그를 의미하는 IMAGE_SCN_MEM_EXECUTE 플래그와 함께 지정된다. 대표적으로 코드를 담고 있는 .text 섹션에 이 플래그가 설정된다.

- **IMAGE_SCN_CNT_INITIALIZED_DATA (0x00000040)**

  섹션이 초기화된 데이터를 포함하고 있다. 실행 가능 섹션과 .bss 섹션을 제외한 거의 대부분의 섹션에 이 플래그가 설정된다.

- **IMAGE_SCN_CNT_UNINITIALIZED_DATA (0x00000080)**

  섹션이 초기화되지 않은 데이터(예를 들어 .bss 섹션)를 가지고 있음을 의미한다. 초기화되지 않은 섹션은 로드되었을 때 단순히 그 영역만 가상 주소 공간에 확보되면 되기 때문에 굳이 디스크 상의 PE 파일 내에 존재할 필요가 없다. 따라서 VirtualSize 필드는 로드 시에 필요한 메모리 영역의 실제 크기가 설정되지만, SizeOfRawData 필드는 PE 파일 자체의 불필요한 공간을 낭비하지 않도록 일반적으로 0으로 설정된다.

다음으로 해당 섹션의 메모리 페이지 속성을 나타내는 플래그 집합이다.

```
#define  IMAGE_SCN_MEM_DISCARDABLE     0x02000000
#define  IMAGE_SCN_MEM_NOT_CACHED      0x04000000
#define  IMAGE_SCN_MEM_NOT_PAGED       0x08000000
#define  IMAGE_SCN_MEM_SHARED          0x10000000
#define  IMAGE_SCN_MEM_EXECUTE         0x20000000
#define  IMAGE_SCN_MEM_READ            0x40000000
#define  IMAGE_SCN_MEM_WRITE           0x80000000
```

- **IMAGE_SCN_MEM_DISCARDABLE (0x02000000)**

  해당 섹션은 메모리에 로드되고 난 후에 필요에 따라 제거될 수도 있음을 의미한다. 이 속성을 갖는 가장 대표적인 섹션은 기준 주소 재배치 정보를 담고 있는 .reloc 섹션이다.

- **IMAGE_SCN_MEM_NOT_CACHED (0x04000000)**

- **IMAGE_SCN_MEM_NOT_PAGED (0x08000000)**

  해당 섹션은 페이지될 수 없거나(NOT_PAGED) 캐시될 수 없는(NOT_CACHED) 것을 의미한다. 페이지될 수 없다는 것은 결코 페이지 파일로 스왑되지 않는다는 것을 말하며, 이는 항상 RAM 상에 존재하는 섹션임을 의미한다. 캐시될 수 없다는 것은 CPU의 캐시에 기록되지 않으며, 따라서 캐시의 히트(Hit) 실패에 따른 처리에 영향을 받지 않겠다는 것을 의미한다. 이런 종류의 섹션을 필요로 하는 경우는 커널 모드에서 작동하는 디바이스 드라이버 같은 실행 모듈이다. 일반적으로 커널 드라이버인 SYS 파일의 코드 섹션인 .text 섹션의 경우 IMAGE_SCN_MEM_NOT_PAGED 속성을 갖는다.

- **IMAGE_SCN_MEM_SHARED (0x10000000)**

  해당 섹션은 공유 가능한 섹션임을 의미한다. DLL의 데이터 섹션은 기본적으로 공유가 불가능하다. 이 말은 해당 DLL을 사용하는 각각의 프로세스는 이 섹션의 데이터에 대한 자신만의 사본을 가진다는 의미다. 하지만 이 속성이 지정된 DLL의 섹션에 존재하는 데이터는 이 DLL을 사용하는 모든 프로세스 사이에서는 공유가 가능하다. 공유 가능 섹션을 만들려면, 링크 시 '/SHARED' 스위치를 사용하면 된다. 공유 섹션을 만드는 방법은 8장의 '사용자 정의 섹션'에서 다룬다.

- **IMAGE_SCN_MEM_EXECUTE (0x20000000)**

  이 섹션은 실행 가능한 섹션임을 의미한다. 이 플래그는 보통 '코드 포함' 플래그인 IMAGE_SCN_CNT_CODE 플래그와 함께 설정된다. 일반적으로 코드를 담고 있는 .text 섹션을 비롯한 코드 섹션에 이 플래그가 설정된다.

- **IMAGE_SCN_MEM_READ (0x40000000)**

  이 섹션은 읽기 가능한 섹션임을 의미한다. 이 플래그는 해당 섹션에 별도의 작업을 하지 않는 한 PE 파일 내의 모든 섹션에 설정된다.

- **IMAGE_SCN_MEM_WRITE (0x80000000)**

  이 섹션은 쓰기 가능한 섹션임을 의미한다. 이 플래그가 섹션에 설정되어 있지 않으면, 로더는 매핑된 페이지를 읽기 전용 또는 실행 전용으로 마크한다. 쓰기 가능 섹션의 전형적인 예가 .data와 .bss 섹션이다.

이외에도 링크 시에 링커로 하여금 최종 실행 모듈을 생성하는 데 필요한 정보를 참조할 수 있도록 해주는 IMAGE_SCN_LNK_INFO, IMAGE_SCN_LNK_REMOVE, IMAGE_SCN_LINK_COMDAT 플래그와 해당 섹션의 바이트 정렬 단위를 의미하는 IMAGE_SCN_ALIGN_#BYTES 플래그 군들이 존재하지만, 모두 OBJ 파일에서만 볼 수 있는 플래그이므로 별도의 설명 없이 건너뛰기로 한다.

이 섹션 헤더 배열의 엔트리 수만큼 실제 코드나 데이터를 담고 있는 섹션이 PE 파일을 구성하고 있다. 그리고 각 섹션 헤더는 해당 섹션의 시작 위치와 크기, 그리고 속성을 담고 있다. 비록 이 섹션 헤더 배열의 엔트리로 존재하지는 않지만, 사실 IMAGE_DOS_HEADER와 도스 스텝을 비롯하여 IMAGE_NT_HEADERS 및 IMAGE_SECTION_HEADER 배열을 포함한, 지금까지 설명했던 모든 PE 헤더들이 위치할 메모리 공간 역시 하나의 섹션을 요구한다. 이 섹션을 '헤더 섹션'이라고 할 때, 헤더 섹션의 크기 역시 SectionAlignment 필드 값에 대한 라운드 업 값이어야 한다. 따라서 도스 스텁을 포함한 모든 헤더의 합, 더 정확히 말하면 IMAGE_OPTIONAL_HEADER의 SizeOfHeaders 필드 값을 SectionAlignment로 라운드 업 처리를 한 값이 헤더 섹션의 할당 크기가 될 것이다. 일반적으로 SizeOfHeaders의 값은 4K 미만이고 SectionAlignment의 값은 디폴트로 4K 바이트이므로, 로드된 PE 이미지의 첫 번째 섹션으로 4,096(0x1000)바이트 크기의 헤더 섹션이 존재하게 된다. 1장의 [그림 1-6]을 보면 PE 시작의 첫 번째 섹션으로 4K 바이트의 '헤더 섹션'이 자리잡고 있음을 확인할 수 있다.

이제 IMAGE_OPTIONAL_HEADER의 SizeOfImage 필드 값을 어떻게 설정하는지 알아보자. SizeOfImage 필드는 메모리에 로드될 PE 이미지의 전체 크기가 된다. 이 크기는 가상 주소 공간에 할당할 영역의 예약 크기를 의미하며, 앞서 설명한 대로 SectionAlignment 필드 배수의 크기를 요구한다. 이 크기는 디스크 상의 PE 파일 자체의 크기와는 크게 상관이 없으며, 실제 메모리에 할당될 섹션의 전체 크기의 합이다. 실제 가상 주소 공간에 할당될 각 섹션의 크기 역시 VirtualSize에 대한 SectionAlignment의 라운드 업 크기가 되기 때문에, SizeOfImage 필드 값은 섹션 헤더 배열의 각 엔트리의 VirtualSize 라운드 업 값을 모두 더한 값이 되어야 한다. 여기에 한 섹션이 더 추가되는데, 바로 PE 헤더들을 위한 섹션이다. 이 섹션 역시 IMAGE_OPTIONAL_HEADER의 SizeOfHeaders 필드에 설정된 값에 대한 SectionAlignment의 라운드 업 크기를 갖는다. 따라서 섹션 헤더 배열의 모든 엔트리의 VirtualSize 필드 라운드 업 값과 SizeOfHeaders 필드 라운드 업 값을 합친 결과가 최종적인 SizeOfImage 필드의 설정 값이 된다. SizeOfImage 필드의 설정치, 즉 해당 PE 로드에 필요한 예약 메모리 크기를 획득하는 함수를 PEPlus 클래스에 다음과 같이 정의했다.

```
DWORD PEPlus::CalcSizeOfPEImage(PBYTE pImgBase)
{
    DWORD dwImgSize = 0;
    PIMAGE_NT_HEADERS pnh = (PIMAGE_NT_HEADERS)GET_NT_HDRPTR(pImgBase);
    PIMAGE_SECTION_HEADER pshs = IMAGE_FIRST_SECTION(pnh);
    for (WORD i = 0; i < pnh->FileHeader.NumberOfSections; i++)
    {
```

```
        dwImgSize += ROUND_UP(pshs[i].Misc.VirtualSize,
            pnh->OptionalHeader.SectionAlignment);
```

섹션 헤더 배열 각 엔트리의 VirtualSize 필드에 대한 라운드 업 값의 합계를 구한다.

```
    }
    dwImgSize += ROUND_UP(pnh->OptionalHeader.SizeOfHeaders,
        pnh->OptionalHeader.SectionAlignment);
```

PE 헤더 부분의 크기에 대한 라운드 업 값을 구하여 더한다.

```
    return dwImgSize;
}
```

위의 코드에서 ROUND_UP은 다음과 같이 PEPlus.h 헤더 파일에 정의된 매크로로, 주어진 값 v에 대하여 u 값 단위로 라운드 업 처리를 해준다.

```
#define ROUND_UP(v, u) (((v) + (u-1)) & ~(u-1))
```

이제 BasicApp.exe의 섹션 헤더 테이블을 직접 확인하자. IMAGE_SECTION_HEADER 구조체의 각 필드 중 PointerToRelocations, PointerToLinenumbers, NumberOfRelocations, NumberOfLinenumbers 필드는 PE 파일 분석에 크게 의미가 없으며 대부분 0이 된다. 실제 중요한 필드는 PE 파일 상에서 섹션의 오프셋과 크기 획득을 위한 PointerToRawData와 SizeOfRawData 필드, PE가 로드되었을 때 각 섹션의 메모리 상의 주소와 크기를 지시하는 VirtualAddress와 VirtualSize 필드, 각 섹션의 속성을 담고 있는 Characteristics 필드다. 다음의 [덤프 2-5]는 BasicApp.exe의 섹션 헤더 테이블을 나타낸 것이다.

덤프 2-5 BasicApp.exe의 IMAGE_SECTION_HEADER 배열 덤프

	+0	+1	+2	+3	+4	+5	+6	+7	+8	+9	+A	+B	+C	+D	+E	+F
00000200	2E	74	65	78	74	00	00	00	5D	53	00	00	00	10	00	00
00000210	00	54	00	00	00	04	00	00	00	00	00	00	00	00	00	00
00000220	00	00	00	00	20	00	00	60	2E	72	64	61	74	61	00	00
00000230	9D	28	00	00	00	70	00	00	00	2A	00	00	00	58	00	00
00000240	00	00	00	00	00	00	00	00	00	00	00	00	40	00	00	40
00000250	2E	64	61	74	61	00	00	00	42	08	00	00	00	A0	00	00
00000260	00	02	00	00	00	82	00	00	00	00	00	00	00	00	00	00
00000270	00	00	00	00	40	00	00	C0	2E	70	64	61	74	61	00	00
00000280	98	04	00	00	00	B0	00	00	00	06	00	00	00	84	00	00
00000290	00	00	00	00	00	00	00	00	00	00	00	00	40	00	00	40
000002A0	2E	69	64	61	74	61	00	00	5F	0F	00	00	00	C0	00	00
000002B0	00	10	00	00	00	8A	00	00	00	00	00	00	00	00	00	00
000002C0	00	00	00	00	40	00	00	40	2E	72	73	72	63	00	00	00
000002D0	3C	04	00	00	00	D0	00	00	00	06	00	00	00	9A	00	00
000002E0	00	00	00	00	00	00	00	00	00	00	00	00	40	00	00	40
000002F0	2E	72	65	6C	6F	63	00	00	2C	01	00	00	00	E0	00	00
00000300	00	02	00	00	00	A0	00	00	00	00	00	00	00	00	00	00
00000310	00	00	00	00	40	00	00	42	00	00	00	00	00	00	00	00

다음은 위의 덤프를 섹션별로 분석한 것이다. PointerToRelocations, PointerToLinenumbers, NumberOfRelocations, NumberOfLinenumbers 필드는 모두 0이므로 생략한다.

표 2-7 BasicApp.exe의 IMAGE_SECTION_HEADER 배열

필드	섹션 테이블						
오프셋	0x0200	0x0228	0x0250	0x0278	0x02A0	0x02C8	0x02F0
Name	.text	.rdata	.data	.pdata	.idata	.rsrc	.reloc
Virtual Size	21,165	10,245	2,050	1,176	3,903	1,084	300
Virtual Address	0x1000	0x7000	0xA000	0x0B000	0xC000	0xD000	0xE000
SizeOf RawData	21,504	10,752	512	1,536	4,096	1,536	512
PointerTo RawData	0x0400	0x5800	0x8200	0x8400	0x8A00	0x9A00	0xA000
Characteristics	0x6000 0020	0x4000 0040	0xC000 0040	0x4000 0040	0x4000 0040	0x4000 0040	0x4200 0040

앞에서 설명한 대로 PE 파일에서 각 섹션은 PointerToRawData 필드가 가리키는 위치의 파일 오프셋부터 SizeOfRawData 필드에 지정된 바이트 수만큼의 데이터를 실제 내용으로 갖는다. 이 섹션이 실제로 가상 주소 공간에 매핑될 때 RVA는 VirtualAddress가 되고, 따라서 매핑된 후 섹션의 실제 시작 포인터를 얻고자 한다면 이 VirtualAddress 값에 IMAGE_OPTIONAL_HEADER의 ImageBase 필드 값을 더하면 된다. 그리고 매핑된 후의 이 섹션이 차지하고 있는 메모리 상의 데이터 크기는 VirtualSize에 명시되어 있다.

특이한 것은 유일하게 .data 섹션의 VirtualSize 필드 값이 SizeOfRawData 필드 값보다 크다는 점이다. 코드 상에서 사용되는 0으로 초기화된 전역 데이터의 경우라면 메모리에 로드될 때 그 공간을 확보해주는 것만으로도 충분하다. 이런 성격의 데이터를 위해 실제 디스크 상의 PE 파일 내에서까지 그 공간을 확보해준다면 디스크 낭비를 가져오기 때문에 디스크 상의 PE에는 그런 공간을 제거할 수 있다. 그리고 메모리에 로드될 때 VirtualSize 필드 값만큼의 섹션을 메모리에 확보한 후, SizeOfRawData 필드에 지정된 크기 이상의 공간은 모두 0으로 초기화된다. .data 섹션의 이 점을 유의하면서 각 섹션의 필드 값들은 [표 2-7]에서 확인(이 값들은 실제 각 섹션에 대해 설명할 때 유효하게 사용된다)하고, 각 섹션의 Characteristics 필드에 설정된 값만 별도로 좀 더 자세히 살펴보자. 앞의 덤프에서 정의된 각 섹션의 Characteristics 필드 값은 다음과 같다.

- **코드 섹션(.text)**
  - IMAGE_SCN_MEM_READ
  - IMAGE_SCN_MEM_EXECUTE
  - IMAGE_SCN_CNT_CODE

  이 섹션은 전형적인 코드 영역의 속성을 갖는데, 메모리 속성은 읽기 속성과 해당 데이터가 실행 가능함을 의미하는 실행 속성이 함께 지정되고, 컨테이너 속성은 해당 데이터가 코드임을 의미하는 코드 속성이 지정된다.

- **읽기 전용 데이터(.rdata), 예외(.pdata), 가져오기(.idata), 리소스(.rsrc)**
  - IMAGE_SCN_MEM_READ
  - IMAGE_SCN_CNT_INITIALIZED_DATA

  .rdata, .pdata, .idata, .rsrc 섹션은 읽기 전용 데이터 섹션이다. 따라서 메모리 속성은 읽기 속성만 지정되며, 컨테이너 속성은 초기화된 데이터 속성이 지정된다.

- **데이터 섹션(.data)**
  - IMAGE_SCN_MEM_WRITE
  - IMAGE_SCN_MEM_READ
  - IMAGE_SCN_CNT_INITIALIZED_DATA

  .data 섹션은 전형적인 데이터 섹션이며, 읽기/쓰기가 모두 가능하다. const 지시어가 지정되지 않은 전역 변수들은 모

두 이 섹션에 자리를 잡는다. 따라서 메모리 속성은 읽기, 쓰기 속성이 모두 지정되며, 컨테이너 속성은 초기화된 데이터 속성이 지정된다.

- **재배치 섹션(.reloc)**
  - IMAGE_SCN_MEM_READ
  - IMAGE_SCN_MEM_DISCARDABLE
  - IMAGE_SCN_CNT_INITIALIZED_DATA

.reloc 섹션은 재배치 관련 정보를 담고 있는 섹션이다. PE 로드 시 로더가 IMAGE_OPTIONAL_HEADER의 ImageBase 필드에 설정된 주소가 아닌 다른 주소로 PE 파일을 매핑할 경우에는 번지를 참조하는 여러 데이터의 주소에 대한 조정이 필요하며, 이 경우에 재배치 섹션에 저장된 재배치 정보를 통해 이 주소 조정을 수행하게 된다. 재배치 작업은 해당 PE가 메모리에 로드될 시점에서 수행되기 때문에 재배치 섹션은 이 시점에서만 의미가 있고, 로드 작업이 완료되고 난 후에는 크게 의미가 없다. 따라서 예를 들어 메모리 부족과 같은 악조건 상황에서는 필요에 따라 이 섹션은 폐기해도 상관없는 섹션임을 의미하는 IMAGE_SCN_MEM_DISCARDABLE 속성이 지정된다.

마지막으로 섹션 헤더 테이블의 시작 포인터를 획득하는 함수를 PEPlus 클래스에 다음과 같이 정의했다. GetDataDirs 함수와 마찬가지로, IMAGE_OPTIONAL_HEADER의 SizeOfOptional-Header 필드를 사용했다.

```
inline PIMAGE_SECTION_HEADER PEPlus:: GetSectHdrs(PBYTE pImgBase)
{
    PIMAGE_FILE_HEADER pfh = PIMAGE_FILE_HEADER
                            (GET_NT_HDRPTR(pImgBase) + sizeof(DWORD));
    return PIMAGE_SECTION_HEADER(PBYTE(pfh) +
        sizeof(IMAGE_FILE_HEADER) + pfh->SizeOfOptionalHeader);
}
```

지금까지 IMAGE_SECTION_HEADER 구조체에 대해 살펴보았다. 여기서 추가적으로 반드시 알아야 할 내용이 **IMAGE_DATA_DIRECTORY 구조체와 섹션 헤더의 관계**다. 이 관계는 매우 중요하므로 반드시 숙지하고 넘어가기 바란다.

2.3.3 RVA, 데이터 디렉터리와 섹션 헤더

이제 데이터 디렉터리와 섹션의 관계를 살펴보자. IMAGE_DATA_DIRECTORY 구조체 배열은 매우 중요하며, PE 관련 정보를 찾기 위해서는 반드시 참조해야 한다. 이 구조체의 VirtualAddress는 각 디렉터리의 엔트리가 대표하는 정보가 위치한 영역의 시작 RVA를 담고 있다. 그리고 이 RVA는 앞서 설명한 것처럼 IMAGE_OPTIONAL_HEADER의 ImageBase 필드가 가진 값에 대한 상대치다. 그렇다면 이 RVA를 이용해 PE 파일 상에서 해당 디렉터리 엔트리의 정보가 실제로 어디에 존재하는지를 찾기 위해서는 우선 VirtualAddress 필드 값을 파일 오프셋으로 변경해야 한다. 이 VirtualAddress 필드 값을 오프셋으로 변경하면 각 데이터 디렉터리가 대표하는 정보의 실제 위치는 특정 섹션 아래에 존재하게 된다. 다음은 [표 2-6]에서 보았던 데이터 디렉터리의 VirtualAddress 필드의 RVA가 실제 어떤 섹션에 소속되어 있는지를 나타낸 것이다.

표 2-8 BasicApp.exe의 섹션과 소속 데이터 디렉터리

인덱스	VirtualAddress	소속 섹션:파일 오프셋
[1] IMPORT	0x0000C420	.idata : 0x00008E20
[2] RESOURCE	0x0000D000	.rsrc : 0x00009A00
[3] EXCEPTION	0x0000B000	.pdata : 0x00008400
[5] BASE_RELOC	0x0000E000	.reloc : 0x0000A000
[6] DEBUG	0x00007880	.rdata : 0x00006080
[10] LOAD_CONFIG	0x00008650	.rdata : 0x00006E50
[12] IAT	0x0000C000	.idata : 0x00008A00

또한 다음 그림은 [표 2-8]을 근거로 BasicApp.exe의 각 섹션과 그 섹션에 소속된 데이터 디렉터리를 표시한 것이다.

그림 2-13 BasicApp.exe의 PE Explorer 분석 결과

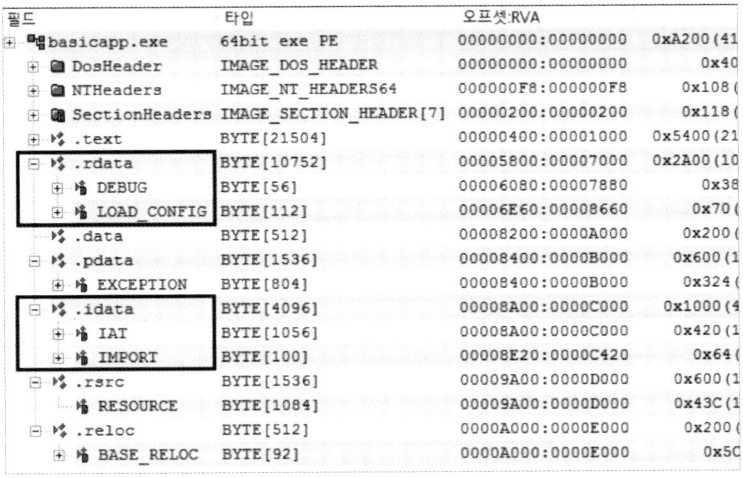

[표 2-8]과 [그림 2-13]을 통해 알 수 있듯이, 별도의 섹션으로 존재하는 데이터 디렉터리도 있지만, .rdata 섹션에 위치하는 DEBUG와 LOAD_CONFIG 데이터 디렉터리나 .idata 섹션에 위치하는 IMPORT와 IAT 데이터 디렉터리 같이 하나의 섹션에 여러 데이터 디렉터리가 위치하는 경우도 있다. 따라서 데이터 디렉터리는 IMAGE_SECTION_HEADER와 밀접한 관련이 있으며, 특히 이 구조체의 PE 파일 상의 실제 오프셋을 구하고자 할 때는 반드시 IMAGE_SECTION_HEADER 구조체와 함께 참조되어야 한다는 것을 알 수 있다.

RVA 값을 가진 필드는 실제 PE 상에서 데이터의 특정 위치를 가리키게 되는데, 가상 주소 공간이 아닌 PE 파일 내의 이 위치를 획득하기 위해서는 RVA를 적절한 파일 오프셋으로 변경해야만 한다. RVA를 파일 오프셋으로 변경하고자 할 때 어떤 기준점이 필요한데, [그림 2-11]에서 본 것처럼 이 기준점 역할을 하는 것이 바로 IMAGE_SECTION_HEADER의 VirtualAddress 필드와 PointerToRawData 필드다. 따라서 RVA를 파일 오프셋으로 변경하기 위해서 제일 먼저 해야 할 일은 기준점을 찾기 위해 이 RVA가 속한 섹션 헤더를 찾아야 한다. 이렇게 섹션 헤더를 찾았다면 이 섹션 헤더의 포인터를 PSH라고 할 때 PSH의 VirtualAddress 필드 및 PointerToRawData 필드를 이용해서 다음과 같이 RVA와 파일 오프셋 사이의 변환 공식을 알아낼 수 있다.

- **파일 오프셋** : RVA − PSH−〉VirtualAddress + PSH−〉PointerToRawData
- **RVA** : 파일 오프셋 − PSH−〉PointerToRawData + PSH−〉VirtualAddress

따라서 이와 같은 관계를 PEPlus.h 헤더 파일의 선두에 다음과 같이 매크로로 정의해두었다.

```
#define  RVA_TO_OFFSET(psh, rva) \
         (rva - (psh)->VirtualAddress + (psh)->PointerToRawData)
#define  OFFSET_TO_RVA(psh, off) \
         (off - (psh)->PointerToRawData + (psh)->VirtualAddress)
```

그러면 이번에는 해당 RVA가 소속된 IMAGE_SECTION_HEADER 구조체를 찾는 함수를 정의해보자.

```
PIMAGE_SECTION_HEADER PEPlus::FindSectHdr(PBYTE pImgBase, DWORD dwRVA)
{
    PIMAGE_NT_HEADERS pnh = (PIMAGE_NT_HEADERS)GET_NT_HDRPTR(pImgBase);
    PIMAGE_SECTION_HEADER pshs = IMAGE_FIRST_SECTION(pnh);
```
IMAGE_FIRST_SECTION 매크로를 통해서 IMAGE_SECTION_HEADER 배열의 포인터를 획득한다.

```
    for (WORD i = 0; i < pnh->FileHeader.NumberOfSections; i++)
```

IMAGE_FILE_HEADER의 NumberOfSections 필드 값만큼 루프를 돌면서 섹션 헤더를 탐색한다.

```
    {
        if (dwRVA >= pshs[i].VirtualAddress &&
            dwRVA <  pshs[i].VirtualAddress + pshs[i].Misc.VirtualSize)
```

RVA가 실제 소속된 섹션의 조건이 된다. 이 조건을 만족해야 실제 속한 섹션의 VirtualAddress 필드를 기준으로 RVA 값에서 해당 엔트리가 위치한 정확한 파일 오프셋을 구할 수 있다.

```
            return &pshs[i];
    }
    return NULL;
}
```

위 함수 정의에서 IMAGE_FIRST_SECTION 매크로는 WinNT.h 헤더에 다음과 같이 정의된 매크로다. 이 매크로는 IMAGE_NT_HEADERS의 번지를 매개변수로 해서 IMAGE_NT_HEADERS 구조체의 OptionalHeader 필드 전까지 필드들은 32비트나 64비트나 차이가 없다는 것을 이용해 OptionalHeader 필드의 시작 번지를 획득한다.

```
#define IMAGE_FIRST_SECTION( ntheader ) ((PIMAGE_SECTION_HEADER)   \
    ((ULONG_PTR)(ntheader) +                                        \
     FIELD_OFFSET( IMAGE_NT_HEADERS, OptionalHeader ) +             \
    ((ntheader))->FileHeader.SizeOfOptionalHeader                   \
    ))
```

또한 이 매크로에서 사용된 FIELD_OFFSET 매크로는 특정 구조체 내의 필드의 상대적 오프셋, 즉 그 구조체의 시작을 기준으로 한 오프셋을 획득하는 매크로며, 역시 WinNT.h에 다음과 같이 정의되어 있다.

```
#define FIELD_OFFSET(type, field)((LONG)(LONG_PTR)&(((type *)0)->field))
```

이렇게 RVA가 소속된 섹션 헤더를 찾는 함수를 정의했다면 다음 코드처럼 RVA를 값으로 갖는 IMAGE_DATA_DIRECTORY의 VirtualAddress 필드에서 해당 데이터의 시작 파일 오프셋을 획득할 수 있게 된다.

```
PIMAGE_DATA_DIRECTORY pdd = PEPlus::GetDataDir(m_pImgBase, 엔트리_ID);
PIMAGE_SECTION_HEADER psh = PEPlus::FindSectHdr(m_pImgBase, pdd->VirtualAddress);
if (psh != NULL)
{
    DWORD dwOffset = RVA_TO_OFFSET(psh, pdd->VirtualAddress);
        ⋮
}
```

사실 모든 RVA는 위의 과정을 거쳐서 파일 오프셋을 구해야 한다. 그리고 앞서 살펴본 .data 섹션의 경우처럼, VirtualSize 필드가 SizeOfRawData 필드 값보다 크거나 SizeOfRawData 필드가 0인 경우도 존재하기 때문에, 더 신중하게 파일 오프셋을 사용하려면 다음 사항도 함께 체크해야 한다.

```
if (dwOffset < psh->PointerToRawData + psh->SizeOfRawData)
{
     RVA에서 변환된 오프셋 dwOffset은 실제로 디스크 상의 PE 파일에서 의미가 있다.

}
```

또한 섹션 헤더와 함께 해당 섹션 헤더가 배열에서 위치하는 인덱스도 같이 획득하는 FindSect-HdrAndIdx 함수도 다음과 같이 정의할 수 있다.

```
PIMAGE_SECTION_HEADER PEPlus::FindSectHdrAndIdx
                          (PBYTE pImgBase, DWORD dwRVA, short& nSectIdx)
{
    nSectIdx = -1;
    PIMAGE_NT_HEADERS pnh = (PIMAGE_NT_HEADERS)GET_NT_HDRPTR(pImgBase);
    PIMAGE_SECTION_HEADER pshs = IMAGE_FIRST_SECTION(pnh);
    for (WORD i = 0; i < pnh->FileHeader.NumberOfSections; i++)
    {
        if (dwRVA >= pshs[i].VirtualAddress &&
            dwRVA < pshs[i].VirtualAddress + pshs[i].Misc.VirtualSize)
        {
            nSectIdx = (short)i;
            return &pshs[i];
        }
```

```
    }
    return NULL;
}
```

반대로 파일 오프셋을 RVA로 변환하는 경우도 마찬가지로 파일 오프셋이 소속된 섹션 헤더를 먼저 찾아야 한다. 오프셋을 통해서 소속 섹션 헤더를 탐색하는 함수는 다음과 같이 정의한다.

```
PIMAGE_SECTION_HEADER PEPlus::FindSectHdrOffset(PBYTE pImgBase, DWORD dwOffset)
{
    PIMAGE_NT_HEADERS pnh = (PIMAGE_NT_HEADERS)GET_NT_HDRPTR(pImgBase);
    PIMAGE_SECTION_HEADER pshs = IMAGE_FIRST_SECTION(pnh);
```

IMAGE_SECTION_HEADER 배열의 포인터를 획득한다.

```
    for (WORD i = 0; i < pnh->FileHeader.NumberOfSections; i++)
```

IMAGE_FILE_HEADER의 NumberOfSections 필드 값만큼 루프를 돌면서 섹션 헤더를 탐색한다.

```
    {
        if (dwOffset >= pshs[i].PointerToRawData &&
            dwOffset < pshs[i]. PointerToRawData + pshs[i].SizeOfRawData)
```

파일 오프셋 dwOffset이 실제 속한 섹션의 조건이 된다. 이 조건을 만족해야 실제 속한 섹션의 PointerToRawData 필드를 기준으로 해당 엔트리가 위치한 정확한 RVA를 파일 오프셋에서 구할 수 있다.

```
            return &pshs[i];
    }
    return NULL;
}
```

따라서 파일 오프셋을 RVA로 변환하기 위해서는 FindSectHdrOffset 함수를 통해 해당 오프셋이 소속된 섹션의 헤더를 찾은 후, 그 섹션과 오프셋을 OFFSET_TO_RVA 매크로로 전달하면 된다.

데이터 디렉터리의 시작 위치는 이렇게 RVA를 통해 접근해야 하므로 섹션 헤더와 밀접한 관련이 있다. 따라서 지금까지 설명한 과정을 통해서 파일 오프셋을 획득해야 하며, 섹션 이름에 의존해서 해당 섹션을 찾아서는 안 된다. 예를 들어 IMPORT 디렉터리 엔트리라고 해서 .idata라는 이름을 가진 섹션을 찾는다든지, EXPORT 엔트리라고 해서 .export라는 이름으로 섹션을 검색하면 문제가 발생된다. 앞서 여러 번 언급했던 것처럼 컴파일러 최적화에 따라 .idata, .edata, .debug 등의 섹션이 .rdata 섹션에 포함되는 경우가 대부분이며, 심지어는 .text 섹션에 포함되는 경우도 있다. 또한 섹션 병합 옵션 지정을 통해서 어떤 섹션이라도 다른 섹션에 병합될 수 있다는 것을 염두에 두어야 한다.

다음 그림은 Kernel32.dll과 마이크로소프트 엑셀 PE 파일의 섹션, 그리고 소속 데이터 디렉터리를 함께 표시한 것이다.

그림 2-14 Kernel32.dll과 Excel.exe PE 파일의 PE Explorer 분석 결과

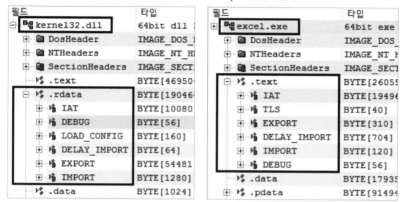

위의 그림을 보면 Kernel32.dll의 경우 IAT, DEBUG, LOAD_CONFIG, DELAY_IMPORT, EXPORT, IMPORT, 그리고 디렉터리 엔트리들이 모두 .rdata 섹션에 병합되어 있고, Excel.exe의 경우 IAT, TLS, EXPORT, DELAY_IMPORT, IMPORT, DEBUG, 그리고 디렉디리 엔트리들이 모두 코드 섹션인 .text 섹션에 병합되어 있다. 특정 데이터의 획득은 절대적으로 데이터 디렉터리의 VirtualAddress를 통한 소속 섹션을 기준으로 해야 하며, 이 디렉터리의 실제 위치를 획득하기 위해서는 먼저 자신이 소속된 섹션을 찾아야만 한다. 이름을 통한 섹션 찾기는 실패할 가능성이 매우 높으므로 절대로 섹션 이름을 이용해서 섹션의 종류를 판단하면 안 된다.

데이터 디렉터리는 VirtualAddress 필드를 통해 자신이 속한 섹션을 먼저 찾아야 하지만 예외적인 경우가 두 가지 있다. 바로 IMAGE_DIRECTORY_ENTRY_BOUND_IMPORT와 IMAGE_DIRECTORY_ENTRY_SECURITY 데이터 디렉터리다. 다음 그림을 보면 BOUND_IMPORT와 SECURITY 디렉터리는 특정 섹션 아래에 존재하지 않고 다른 섹션과 동일한 레벨 상에 있는 것을 알 수 있다.

그림 2-15 BOUND_IMPORT와 SECURITY 데이터 디렉터리의 예

필드	타입
⊞ 🗃 usedllappmd2.bind.64bit exe	64bit exe
⊞ 🗀 DosHeader	IMAGE_DOS_
⊞ 🗀 NTHeaders	IMAGE_NT_F
⊞ 🗀 SectionHeaders	IMAGE_SECT
⊞ ▶️ BOUND_IMPORT	BYTE[140]
⊞ ▶️ .text	BYTE[1126
⊞ ▶️ .rdata	BYTE[8192]
▶️ .data	BYTE[512]
⊞ ▶️ .pdata	BYTE[1024]
⊞ ▶️ .rsrc	BYTE[512]
⊞ ▶️ .reloc	BYTE[512]

필드	타입
⊞ 🗃 kernel32.dll	64bit dll
⊞ 🗀 DosHeader	IMAGE_DOS_
⊞ 🗀 NTHeaders	IMAGE_NT_
⊞ 🗀 SectionHeaders	IMAGE_SEC
⊞ ▶️ .text	BYTE[4695
⊞ ▶️ .rdata	BYTE[1904
▶️ .data	BYTE[1024
⊞ ▶️ .pdata	BYTE[2252
▶️ .didat	BYTE[512]
⊞ ▶️ .rsrc	BYTE[1536
⊞ ▶️ .reloc	BYTE[1024
⊞ ▶️ SECURITY	BYTE[1489

먼저, IMAGE_DIRECTORY_ENTRY_BOUND_IMPORT 데이터 디렉터리에 해당하는 DLL 바인딩 관련 섹션의 경우다. DLL 바인딩 처리는 바인딩 처리 자체가 최적화 처리와 어느 정도 관련이 있으며, PE 파일 크기의 최적화를 고려해서 가능하면 바인딩 관련 정보를 다른 섹션 내에 위치시키지 않고 PE 파일 헤더들이 존재하는 섹션의 여분의 공간에 위치시킨다. 따라서 BOUND_IMPORT 디렉터리의 VirtualSize 필드는 RVA가 아닌 파일 오프셋이 될 수 있으며, BOUND_IMPORT 관련 데이터 블록은 PE 파일의 헤더 섹션과 일반 섹션의 시작이 되는 .text 섹션 사이에 있다는 것을 알 수 있다.

다음으로, 코드 사이닝 관련 정보를 담고 있는 영역에 대한 시작 RVA를 담고 있는 IMAGE_DIRECTORY_ENTRY_SECURITY 데이터 디렉터리의 경우다. 위 그림에서 Kernel32.dll의 경우 'SECURITY'라는 박싱된 노드가 섹션과는 별도의 위치에 있는 것을 볼 수 있다. 마이크로소프트에서 제공되는 PE 파일들은 대부분 코드 사이닝 처리가 있으며, Kernel32.dll 역시 예외가 아니다. 무결성 체크의 대상에는 코드 사이닝 데이터 자체는 제외되어야 한다. 따라서 원활한 무결성 체크를 위해 코드 사이닝 데이터는 일반적으로 파일 끝에 위치시켜야 하기 때문에 특정 섹션 아래에 존재할 수 없다. 따라서 이 디렉터리의 VirtualAddress 필드는 RVA 값이 아닌 파일 오프셋을 담게 된다. [그림 2-15]를 보면 Kernel32.dll의 코드 사이닝 관련 데이터 블록이 다른 섹션과 상관없이 PE 파일의 제일 뒤쪽에 위치하고 있음을 확인할 수 있다.

2.4 PE Explorer 프로젝트 구조

이제 마지막으로 PE 헤더를 분석하는 코드를 살펴보자. 1장에서 언급했던 대로 PE 파일에 대한 분석을 담당하는 프로젝트는 PE Explorer다. 이 절에서는 이 PE Explorer 프로젝트의 구조와 구현을 위한 주요 클래스들에 대해 설명한다. 그리고 이 절의 마지막에 실제로 BasicApp.exe의 PE 헤더를 분석하는 코드를 살펴볼 것이다. 여기서는 PE Explorer 프로젝트의 이해를 위한 기본적인 사항이나 클래스와 함수들에 대해서만 알아보고, 나머지 소스들은 여러분이 직접 첨부된 프로젝트 소스를 참조하기 바란다.

2.4.1 PE 구조체 XML 스키마

앞으로 우리는 이 장에서 설명했던 PE 헤더뿐만 아니라 PE와 관련된 수많은 구조체들을 보게 될 것이다. 이런 적지 않은 다양한 구조체들의 내용을 보여주기 위해서 각 구조체의 필드명과 값을 각 필드의 타입에 맞춰 출력해주는 코드를 개별적으로 작성한다는 것은 매우 어려운 작업이 될 것이다. 따라서 PE Explorer에서는 이런 여러 구조체들의 내용들을 XML 스키마로 정의하고, 이 스키마를 기반으로 하는 단일 함수를 통해 각 구조체의 내용을 출력하도록 코드를 작성했다. 이에 XML 문서 처리를 위한 우선 작업으로 다음과 같이 MS가 제공하는 COM 기반 XML 라이브러리를 가져와야 한다.

```
#import <msxml3.dll>
typedef MSXML2::IXMLDOMDocument2Ptr                   XmlDocument;
typedef MSXML2::IXMLDOMElementPtr                     XmlElement;
typedef MSXML2::IXMLDOMAttributePtr                   XmlAttribute;
typedef MSXML2::IXMLDOMNodePtr                        XmlNode;
typedef MSXML2::IXMLDOMNodeListPtr                    XmlNodeList;
typedef MSXML2::IXMLDOMNamedNodeMapPtr                XmlNodeMap;
typedef MSXML2::IXMLDOMProcessingInstructionPtr       XmlProcInstruct;
typedef MSXML2::IXMLDOMParseErrorPtr                  XmlParseError;
typedef MSXML2::IXMLDOMCDATASectionPtr                XmlCDataSection;
```

위 코드는 StdAfx.h 헤더의 일부분이다. XML COM 라이브러리는 MSXML3.dll에 정의되어 있으며 #import 지시어로 로드해야 한다. 그리고 XML 라이브러리는 MSXML2라는 네임 스페이스를 갖기 때문에 사용상의 편의를 위해 위 코드에서처럼 타입 재정의를 통해 MSXML2라는 네임 스페이스를 숨기도록 했다.

이제 각 PE 헤더에 대한 XML 스키마 정의를 살펴보자. 다음 XML 코드는 PEFormat.xml의 일부로, 이 파일은 사용자 정의 리소스로 등록되어 PE Explorer에서 출력할 수많은 구조체들의 정보뿐만 아니라 다양한 매크로의 정의를 담고 있다.

```xml
<?xml version="1.0" encoding="UTF-8"?>
<FileFormat name="PE">
```

열거자 리스트 ➜ PE의 각 매크로 정의

```xml
    <EnumList>
        <Enum name="OS_SIGNATURE" type="DWORD">
            <Item name="OS2_SIGNATURE" value="0x454E" desc="NE"/>
            <Item name="VXD_SIGNATURE" value="0x454C" desc="LE"/>
            <Item name="NT_SIGNATURE(PE00)" value="0x00004550" desc="PE00"/>
        </Enum>
        <Enum name="OS_MACHINE" type="WORD">
            <Item name="I386" value="0x014c" desc="x86"/>
            <Item name="IA64" value="0x0200" desc="Intel Itanium"/>
            <Item name="AMD64" value="0x8664" desc="x64"/>
        </Enum>
                ⋮
    </EnumList>
```

구조체 리스트 ➜ PE 헤더 파일 정의

```xml
    <StructList>
        <Struct name="IMAGE_DOS_HEADER">
            <Member name="e_magic" type="WORD" info="MZ"/>
            <Member name="e_cblp" type="WORD"/>
            <Member name="e_cp" type="WORD"/>
            <Member name="e_crlc" type="WORD"/>
            <Member name="e_cparhdr" type="WORD"/>
            <Member name="e_minalloc" type="WORD"/>
            <Member name="e_maxalloc" type="WORD"/>
            <Member name="e_ss" type="WORD"/>
            <Member name="e_sp" type="WORD"/>
            <Member name="e_csum" type="WORD"/>
```

```
                <Member name="e_ip" type="WORD"/>
                <Member name="e_cs" type="WORD"/>
                <Member name="e_lfarlc" type="WORD"/>
                <Member name="e_ovno" type="WORD"/>
                <Member name="e_res" type="WORD[4]"/>
                <Member name="e_oemid" type="WORD"/>
                <Member name="e_oeminfo" type="WORD"/>
                <Member name="e_res2" type="WORD[10]"/>
                <Member name="e_lfanew"
                        type="DWORD" info="Pointer to IMAGE_NT_HEADERS"/>
        </Struct>
        <Struct name="IMAGE_FILE_HEADER">
            <Member name="Machine" type="WORD" enum="OS_MACHINE"/>
            <Member name="NumberOfSections" type="WORD"/>
            <Member name="TimeDateStamp" type="DWORD" time="true"/>
            <Member name="PointerToSymbolTable" type="DWORD"/>
            <Member name="NumberOfSymbols" type="DWORD"/>
            <Member name="SizeOfOptionalHeader"
                    type="WORD" info="sizeof(IMAGE_OPTIONAL_HEADER)"/>
            <Member name="Characteristics" type="WORD" enum="OS_CHARACTERISTICS"/>
        </Struct>
            ⋮
    </StructList>
</FileFormat>
```

PEFormat.xml XML 스키마는 크게 두 개의 요소를 갖는다. 하나는 PE 파일 포맷에서 정의되는 수많은 매크로를 열거자 형식으로 정의하고, 다른 하나는 PE 파일 포맷이 요구하는 구조체들에 대해 정의한다.

1) EnumList/Enum

열거형 리스트는 PE 파일에서 사용하는 여러 매크로들을 열거형으로 간주하여 Enum 태그에 대한 정의를 담고 있다. 각 Enum 태그는 개개의 매크로들에 대한 값과 이름을 담고 있다. 예를 들어 IMAGE_FILE_HEADER의 Machine 필드는 앞서 설명한 대로 3개의 매크로 정의 값을 갖는다.

```
#define IMAGE_FILE_MACHINE_I386     0x014c  // Intel 386.
#define IMAGE_FILE_MACHINE_IA64     0x0200  // Intel 64
#define IMAGE_FILE_MACHINE_AMD64    0x8664  // AMD64 (K8)
```

그러면 Machine 필드가 가질 수 있는 매크로에 대하여 다음과 같이 XML 스키마가 정의된다.

```
<Enum name="OS_MACHINE" type="WORD">
    <Item name="I386" value="0x014c" desc="x86"/>
    <Item name="IA64" value="0x0200" desc="Intel Itanium"/>
    <Item name="AMD64" value="0x8664" desc="x64"/>
</Enum>
```

Enum XML 태그는 name과 type 속성을 가지며, name 속성은 이 열거형의 이름을, type 속성은 이 열거형의 타입을 지정한다. 그리고 이 열거형이 가질 수 있는 값들은 Item 태그를 통해서 정의되고, Item 태그는 각 매크로 정의에 대한 값과 매크로 이름을 각각 value 및 name 속성에 지정한다.

Enum 태그는 flags라는 속성을 선택적으로 가질 수 있는데, 이 속성이 지정되면 해당 열거형의 항목은 OR 연산을 통해 조합 가능한 플래그임을 의미한다. 예를 들어 IMAGE_OPTIONAL_HEADER 구조체의 DllCharacteristics 필드는 플래그들의 조합으로 구성되는 값을 가지므로, 다음과 같이 XML 스키마를 정의할 수 있다. 또한 플래그 조합임을 의미하는 flags 속성을 설정했다.

```
<Enum name="IMAGE_DLLCHARACTERISTICS" type="WORD" flags="true">
    <Item name="HIGH_ENTROPY_VA" value="0x0020"/>
    <Item name="DYNAMIC_BASE" value="0x0040"/>
    <Item name="FORCE_INTEGRITY" value="0x0080"/>
    <Item name="NX_COMPAT" value="0x0100"/>
    <Item name="NO_ISOLATION" value="0x0200"/>
    <Item name="NO_SEH" value="0x0400"/>
    <Item name="NO_BIND" value="0x0800"/>
    <Item name="APPCONTAINER" value="0x1000"/>
    <Item name="WDM_DRIVER" value="0x2000"/>
    <Item name="GUARD_CF" value="0x4000"/>
    <Item name="TERMINAL_SERVER_AWARE" value="0x8000"/>
</Enum>
```

EnumList에 정의된 각 Enum 항목들은 스키마 로딩 과정을 거치면서 다음과 같이 PESchema.h에 정의된 PE_ENUM 구조체로 변환된다.

```
struct PE_ENUM
{
```

Enum 태그의 자식 항목인 Item 태그를 위한 Item 구조체 정의

```
    struct Item
    {
        CString  Name;     ← Item 태그의 name 속성
        UINT64   Value;    ← Item 태그의 value 속성

        Item() { Value = 0LL; }
        Item(PCTSTR name, UINT64 val)
        {
            Name = name, Value = val;
        }
    };
```

Item 구조체의 항목을 담을 STL 맵 정의, 검색 키는 value

```
    typedef std::map<UINT64, Item*> ITEM_MAP;

    CString    Name;     ← Enum 태그의 name 속성
    PE_TYPE    Type;     ← Enum 태그의 type 속성
    bool       Flags;    ← 해당 열거형이 조합 가능한 플래그 집합인지의 여부 설정
    ITEM_MAP   Map;      ← Item 태그들을 담는 맵
```

생성자와 소멸자 함수 정의

```
    PE_ENUM()
    {
        Flags = false;
    }
    PE_ENUM(PCTSTR name, PE_TYPE dt, bool isFlags)
    {
        Name = name, Type = dt, Flags = isFlags;
    }
```

```
    ~PE_ENUM()
    {
        for (ITEM_MAP::iterator it = Map.begin(); it != Map.end(); it++)
            delete it->second;
    }
```

Enum 열거형의 특정 값에 해당하는 매크로 검색

```
    CString Find(__int64 val)
    {
        ITEM_MAP::iterator it = Map.find(val);
        if (it != Map.end())
            return it->second->Name;
        return _T("");
    }
};
typedef PE_ENUM* PPE_ENUM;
```

XML의 Enum 태그 항목의 정보들은 스키마 로드 과정에서 위와 같이 정의된 PE_ENUM 구조체로 변환된다. 이렇게 변환된 EnumList 내의 각 Enum 항목들은 다음의 ENUM_MAP으로 정의된 STL 맵에 등록되어 보관된다.

```
    typedef std::map<CString, PPE_ENUM> ENUM_MAP;
```

ENUM_MAP은 XML의 EnumList와 대응되며, Enum 항목의 name 속성 값을 키로 하여 EnumList의 자식 항목들이 등록되는 맵이다.

이렇게 정의된 XML의 열거형 리스트는 다음의 ParseEnums 함수를 통해 ENUM_MAP에 등록된다.

```
    PPE_ENUM PE_SCHEMA::ParseEnums(XmlElement pINode)
    {
        variant_t vt = pINode->getAttribute(L"name");
        if (vt.vt != VT_BSTR)
            throw _T("Tag \"name\" not found.");
        CString szName = vt.bstrVal;
```

```
vt = pINode->getAttribute("type");
if (vt.vt != VT_BSTR)
    throw _T("Tag \"type\" not found.");
PE_TYPE dt = PE_MEMBER::GetDefType(vt.bstrVal);
if (dt >= PE_TYPE::Struct)
    throw _T("Enum tag \"type\" is struct.");
```

Enum 태그의 type 속성 획득

```
bool bBitMask = false;
vt = pINode->getAttribute(L"flags");
if (vt.vt == VT_BSTR)
    bBitMask = (_wcsicmp(vt.bstrVal, L"true") == 0);
```

flags 속성을 통해 해당 열거형이 조합 가능한 플래그 집합인지를 설정한다.

```
PPE_ENUM pe = new PE_ENUM(szName, dt, bBitMask);
```

해당 Enum 태그 노드의 정보를 담을 PE_ENUM 구조체를 생성한다.

```
XmlNodeList pIMemList = pINode->selectNodes(L"Item");
```

XPATH를 이용하여 Item 자식 태그 리스트를 획득한다.

```
while (XmlElement pIMem = pIMemList->nextNode())
{
    vt = pIMem->getAttribute(L"name");
    CString name = vt.bstrVal;
```

Item 태그의 name 속성 획득

```
    UINT64 value = 0;
    vt = pIMem->getAttribute("value");
    if (wcsncmp(vt.bstrVal, L"0x", 2) == 0)
    {
        PTSTR pszEndPos = NULL;
        value = _tcstoul(vt.bstrVal, &pszEndPos, 16);
    }
```

```
        else
            value = _ttoi64(vt.bstrVal);
```

Item 태그의 value 속성을 획득하고, value 속성은 10진수나 0x로 시작하는 16진수로 지정할 수 있다.

```
        pe->Map.insert(std::make_pair(value, new PE_ENUM::Item(name, value)));
```

Item 태그에 대응하는 Item 구조체를 생성하고 ITEM_MAP에 등록한다.

```
    }

    return pe;
```

해석한 Enum 태그 노드에 대응하는 PE_ENUM 구조체를 반환한다.

```
}
```

2) StructList/Struct

구조체 리스트는 PE 파일에서 사용하는 여러 구조체에 대한 정의를 담고 있는 Struct 태그를 담고 있다. Struct 태그는 필수 속성으로 해당 구조체의 이름을 지정하는 name 속성과 해당 구조체의 각 필드들을 설명하는 Member 서브 태그를 가져야 한다. 앞서 설명했던 IMAGE_OPTIONAL_HEADER64 구조체에 대한 Struct XML 태그의 정의를 예로 들어보자.

```
<Struct name="IMAGE_OPTIONAL_HEADER64">
    <Member name="Magic" type="WORD" enum="OS_MAGIC"/>
    <Member name="MajorLinkerVersion" type="BYTE"/>
    <Member name="MinorLinkerVersion" type="BYTE"/>
    <Member name="SizeOfCode" type="DWORD" size="true"/>
    <Member name="SizeOfInitializedData" type="DWORD" size="true"/>
    <Member name="SizeOfUninitializedData" type="DWORD" size="true"/>
    <Member name="AddressOfEntryPoint" type="DWORD" rva="true"/>
    <Member name="BaseOfCode" type="DWORD" rva="true"/>
    <Member name="ImageBase" type="ULONGLONG" va="true"/>
    <Member name="SectionAlignment" type="DWORD" size="true"/>
        ⋮
    <Member name="DataDirectory" type="IMAGE_DATA_DIRECTORY[16]"
                            enum="IMAGE_DIRECTORY_ENTRY"/>
</Struct>
```

Member 태그는 필수로 name과 type 속성을 가져야 하며, 이 두 속성이 없으면 스키마 로드에 실패한다. name 속성은 구조체의 필드 이름을 담고, type 속성은 해당 필드의 타입을 지정한다. type 속성에 담길 타입 값은 다음과 같이 PE_TYPE으로 정의될 열거형 중의 하나여야 한다.

```
enum PE_TYPE : WORD
{
    UInt8 = 0, UInt16, UInt32, UInt64,
    Int8, Int16, Int32, Int64,
    Struct, PEFormat, PEVar = 0xFF
};
```

- **UInt8 ~ Int64** : 열거형의 필드 타입은 1, 2, 4, 8바이트의 프리미티브(Primitive) 정수형 타입
- **Struct** : 해당 필드의 타입이 StructList에 정의된 Struct 태그 중의 하나임을 의미. Member 태그의 name 속성을 통해서 StructList에 등록된 Struct 태그 획득
- **PEFormat** : PE 스키마 전체를 의미하는 루트 타입
- **PEVar** : 미정의 타입

Enum 태그의 type 속성 역시 PE_TYPE을 기반으로 하며, 열거형의 경우 무조건 UInt8 ~ Int64의 프리미티브 타입만을 대상으로 한다. 하지만 구조체의 경우 자신의 멤버로 또 다른 구조체를 가질 수 있기 때문에 Struct라는 열거형이 타입으로 설정될 수 있다. UInt8 ~ Int64 사이의 프리미티브 타입에 대한 해석은 다음과 같다.

```
PCTSTR PE_MEMBER::C_Names[PE_TYPE::Struct] =
{
    _T("BYTE"), _T("WORD"), _T("DWORD"), _T("ULONGLONG"),
    _T("SBYTE"), _T("SHORT"), _T("INT"), _T("LONG64")
};
short PE_MEMBER::C_Sizes[PE_TYPE::Struct] =
{
    1, 2, 4, 8, 1, 2, 4, 8
};
```

프리미티브 타입은 그 크기가 이미 정해져 있으므로, C_Names과 C_Sizes라는 두 개의 정적 배열을 통해 이름과 크기를 미리 정의해둔다. 그리고 다음의 GetDefType 함수를 통해 type 속성에 지정된 프리미티브 타입을 획득한다.

```
PE_TYPE PE_MEMBER::GetDefType(PCTSTR pszType)
{
    short i = 0;
    for (; i < PE_TYPE::Struct; i++)
    {
        if (_tcsicmp(pszType, C_Names[i]) == 0)
            break;
    }
    return (PE_TYPE)i;
}
```

또한 프리미티브 타입에 해당하는 필드 값을 획득하고 문자열로 변환하는 함수들을 다음과 같이 정의한다.

PE 버퍼로부터 지정된 프리미티브 타입의 정수를 획득한다.

```
UINT64 PE_SCHEMA::GetValue(PBYTE pBin, PE_TYPE dt)
{
    UINT64 uv = 0;
    switch (dt)
    {
        case PE_TYPE::UInt32:   uv = *(PUINT32(pBin)); break;
        case PE_TYPE::UInt16:   uv = *(PUINT16(pBin)); break;
        case PE_TYPE::UInt64:   uv = *(PUINT64(pBin)); break;
        case PE_TYPE::UInt8: uv = *(PUINT8(pBin)); break;
        case PE_TYPE::Int32: uv = *(PINT32(pBin)); break;
        case PE_TYPE::Int16: uv = *(PINT16(pBin)); break;
        case PE_TYPE::Int64: uv = *(PINT64(pBin)); break;
        case PE_TYPE::Int8:  uv = *(PINT8(pBin)); break;
    }
    return uv;
}
```

PE 버퍼로부터 지정된 프리미티브 타입의 정수를 문자열로 변환한다.

```
CString PE_SCHEMA::Val2Str(PBYTE pBin, PE_TYPE dt)
{
    CString szVal;
```

```
        switch (dt)
        {
            case PE_TYPE::UInt32:
                szVal.Format(_T("0x%08X" ), *(PUINT32(pBin))); break;
            case PE_TYPE::UInt16:
                szVal.Format(_T("0x%04X" ), *(PUINT16(pBin))); break;
            case PE_TYPE::UInt64:
                szVal.Format(_T("0x%016I64X"), *(PUINT64(pBin))); break;
            case PE_TYPE::UInt8:
                szVal.Format(_T("0x%02X" ), *(PUINT8(pBin))); break;
            case PE_TYPE::Int32:
                szVal.Format(_T("0x%08X" ), *(PINT32(pBin))); break;
            case PE_TYPE::Int16:
                szVal.Format(_T("0x%04X" ), *(PINT16(pBin))); break;
            case PE_TYPE::Int64:
                szVal.Format(_T("0x%016I64X"), *(PINT64(pBin))); break;
            case PE_TYPE::Int8:
                szVal.Format(_T("0x%02X" ), *(PINT8(pBin))); break;
        }
        return szVal;
}
```

프리미티브 타입의 정수를 문자열로 변환한다.

```
CString PE_SCHEMA::Val2Str(ULONGLONG val, PE_TYPE dt)
{
    CString szVal;
    switch (dt)
    {
        case PE_TYPE::UInt32:
            szVal.Format(_T("0x%08X" ), UINT32(val)); break;
        case PE_TYPE::UInt16:
            szVal.Format(_T("0x%04X" ), UINT16(val)); break;
        case PE_TYPE::UInt64:
            szVal.Format(_T("0x%016I64X"), UINT64(val)); break;
        case PE_TYPE::UInt8:
            szVal.Format(_T("0x%02X" ), UINT8(val)); break;
        case PE_TYPE::Int32:
            szVal.Format(_T("0x%08X" ), INT32(val)); break;
```

```
        case PE_TYPE::Int16:
            szVal.Format(_T("0x%04X" ), INT16(val)); break;
        case PE_TYPE::Int64:
            szVal.Format(_T("0x%016I64X"), INT64(val)); break;
        case PE_TYPE::Int8:
            szVal.Format(_T("0x%02X" ), INT8(val)); break;
    }
    return szVal;
}
```

type 속성은 이러한 프리미티브 타입 외에 구조체나 배열 타입도 가질 수 있다. 필드의 타입으로 구조체를 갖는 대표적인 예가 IMAGE_NT_HEADERS64 구조체다.

```
<Struct name="IMAGE_NT_HEADERS64">
    <Member name="Signature" type="DWORD" enum="OS_SIGNATURE"/>
    <Member name="FileHeader" type="IMAGE_FILE_HEADER"/>
    <Member name="OptionalHeader" type="IMAGE_OPTIONAL_HEADER64"/>
</Struct>
```

위와 같이 FileHeader나 OptionalHeader 멤버는 type의 속성으로 각각 IMAGE_FILE_HEADER와 IMAGE_OPTIONAL_HEADER64 구조체를 지정하고 있다. type 속성에 지정된 타입이 프리미티브 타입이 아닐 경우 PE_SCHEMA 클래스는 구조체 맵에 등록된 Struct 태그 항목 중 type 속성에 지정된 이름으로 해당 구조체의 타입을 획득하게 된다.

배열의 지정은 type 속성 지정 시에 배열 표시인 "타입 이름[크기]"의 형식을 통해서 가능하다. 예를 들어 IMAGE_DOS_HEADER의 e_res2 필드에 해당하는 멤버 정의 시에 다음과 같이 WORD 타입의 엔트리 10개를 갖는 배열을 정의한 것을 볼 수 있다.

```
<Member name="e_res2" type="WORD[10]"/>
```

위와 같이 지정된 프리미티브 타입 배열을 문자열로 변환하는 함수를 다음과 같이 정의하고 있다.

```
CString PE_SCHEMA::Bin2Str(PBYTE pBin, PE_TYPE dt, int nLen)
{
    CString szBin;
```

```
    for (int i = 0; i < nLen; i++)
    {
        if (dt == PE_TYPE::UInt8 || dt == PE_TYPE::Int8)
            szBin.AppendFormat(_T("%02X "), pBin[i]);
        else if (dt == PE_TYPE::UInt16 || dt == PE_TYPE::Int16)
            szBin.AppendFormat(_T("%04X "), ((PWORD)pBin)[i]);
        else if (dt == PE_TYPE::UInt32 || dt == PE_TYPE::Int32)
            szBin.AppendFormat(_T("%08X "), ((PINT)pBin)[i]);
        else
            szBin.AppendFormat(_T("%016I64X "), ((PLONGLONG)pBin)[i]);
    }
    return szBin.Mid(0, szBin.GetLength() - 1);
}
```

배열 타입의 경우에는 프리미티브 타입뿐만 아니라 구조체에 대한 배열도 정의할 수 있다. IMAGE_OPTIONAL_HEADER64의 경우 IMAGE_DATA_DIRECTORY 구조체를 배열로 갖는 DataDirectory를 자신의 필드로 정의하고 있다. 이런 구조체에 대한 배열 역시 다음과 같이 Member 항목으로 정의할 수 있다.

```
<Member name="DataDirectory" type="IMAGE_DATA_DIRECTORY[16]"
                             enum="IMAGE_DIRECTORY_ENTRY"/>
```

또한 타입 속성을 통해 구조체의 비트 필드 역시 설정이 가능하다. 다음은 UNWIND_INFO 구조체에 대한 XML 스키마 정의며, 이 스키마에서 비트 필드에 대한 정의를 확인할 수 있다.

```
<Struct name="UNWIND_INFO">
    <Member name="Version" type="BYTE:3"/>
    <Member name="Flags" type="BYTE:5" enum="UNW_FLAG_TYPE"/>
    <Member name="SizeOfProlog" type="BYTE"/>
    <Member name="CountOfCodes" type="BYTE"/>
    <Member name="FrameRegister" type="BYTE:4"/>
    <Member name="FrameOffset" type="BYTE:4"/>
</Struct>
```

앞의 스키마에 대한 UNWIND_INFO 구조체의 정의는 다음과 같다. Version, Flags 필드, 그리고 FrameRegister와 FrameOffset 필드가 각각 비트 필드로 정의된 것을 볼 수 있다.

```
typedef struct _UNWIND_INFO
{
    BYTE      Version: 3, Flags: 5;
    BYTE      SizeOfProlog;
    BYTE      CountOfCodes;
    BYTE      FrameRegister: 4, FrameOffset: 4;
} UNWIND_INFO, *PUNWIND_INFO;
```

IMAGE_OPTIONAL_HEADER64 구조체에 대한 XML 스키마 정의를 보면 각 멤버 정의 시 name과 type 속성 외에 enum, rva, size 등의 부가적인 속성이 지정된 것도 볼 수 있다. Member 태그는 필수 속성인 name과 type 외에 다음과 같은 선택적인 속성을 가질 수 있다.

- **va** : 해당 필드가 가상 주소를 갖는다는 것을 의미하며, 4바이트 또는 8바이트의 정수형 타입이어야 한다.
- **rva** : 해당 필드가 RVA를 값으로 갖는다는 것을 의미하며, 4바이트의 정수 타입이어야 한다.
- **string** : 해당 필드가 문자열을 갖는 필드임을 의미하며, 해당 타입은 배열 형식을 가져야 한다. 배열의 엔트리 타입은 ANSI 문자열의 경우 1바이트, 유니코드일 경우 2바이트의 정수형 타입이어야 한다.
- **enum** : 해당 필드가 매크로로 정의된 열거형임을 의미하며, 이 속성 값은 EnumList 태그에서 정의된 Enum 태그의 name 속성에 지정된 이름이어야 한다.
- **size** : 해당 필드가 특정 블록의 바이트 크기를 담고 있음을 의미하며, 정수형 타입이어야 한다. PEPlus 클래스의 Val2CommaStr 함수와 Size2Units 함수를 통해 알아보기 쉬운 문자열로 변환이 가능하다.
- **count** : 해당 필드가 특정 배열의 엔트리 수를 담고 있음을 의미하며, 정수형 타입이어야 한다.
- **info** : 해당 필드에 대한 문자열 정보를 지시한다.
- **time** : 해당 필드가 앞서 설명했던 IMAGE_FILE_HEADER 구조체의 TimeDateStamp 필드처럼 PEPlus::Int2TimeStr 함수를 통해 날짜/시간 정보로 변환될 수 있는 정수를 담고 있음을 의미한다. 따라서 4바이트의 정수형 타입이어야 한다.
- **guid** : 해당 필드가 GUID를 의미하는 16바이트 배열임을 의미하며, 타입은 UInt8[16]의 형식이어야 한다. PEPlus 클래스의 Bin2GuidStr 함수를 통해 GUID 문자열로 변환할 수 있다.

위의 선택적 속성들은 PE Explorer의 '값' 칼럼이나 '상세' 칼럼의 정보를 출력하기 위한 속성들이다. 다음 그림은 IMAGE_FILE_HEADER 구조체의 필드에 대하여 "time", "enum", "size" 속성이 지정된 경우에 출력되는 상세 정보 칼럼의 내용을 보여준다.

그림 2-16 enum, time, size 속성 지정

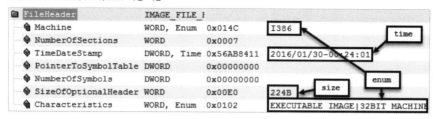

"size" 속성이 지정된 경우에는 천 단위 콤마 삽입과 크기에 대한 K(illo), M(ega), T(era) 등의 바이트 단위 변환을 위해 PEPlus 클래스에서 정의한 Val2CommaStr와 Size2Units 함수를 사용한다. 두 함수의 정의는 PEPlus.Utils.cpp 파일에서 직접 확인하기 바란다.

다음은 "enum" 속성이 지정되고, 이 열거형이 플래그 속성을 가질 경우 해당 필드의 값에 해당하는 열거형 항목의 문자열로 변환하는 GetEnumFlags 함수다. 해당 필드 값은 플래그들의 조합으로 구성되기 때문에, 설정된 플래그의 모든 문자열을 출력하기 위해 이 함수를 사용한다. 위 그림에서 Characteristics 필드는 플래그 열거형에 해당하며, 이 필드의 상세 정보는 다음의 함수를 통해 획득된다.

```cpp
CString PE_SCHEMA::GetEnumFlags(UINT64 uv, PPE_ENUM pe)
{
    if (uv == 0)
        return pe->Find(0);

    CString sz;
    int nLoopCnt = PE_MEMBER::C_Sizes[pe->Type] * 8;
    for (int i = 0; i < nLoopCnt; i++)
    {
        UINT64 e = (UINT64)1 << i;
        if ((e & uv) == 0)
            continue;
        CString esz = pe->Find(e);
        if (esz.IsEmpty())
            continue;
        if (!sz.IsEmpty())
            sz.Append(L"|");
        sz.Append(esz);
```

```
        }
    return sz;
    }
```

다음 그림은 IMAGE_OPTIONAL_HEADER64 구조체의 필드 중 "rav"와 "va" 속성이 설정된 경우의 상세 정보를 보여준다.

그림 2-17 rva, va 속성 지정

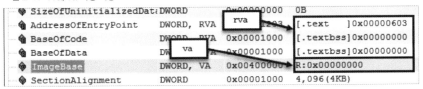

"rva" 속성이 지정되면 '값' 칼럼에 출력된 RVA에 대하여 소속된 섹션 이름과 파일 오프셋을 "[섹션 명]파일 오프셋" 형식으로 '상세' 칼럼에 출력한다. "va" 속성이 지정된 경우는 '값' 칼럼에 출력된 절대 번지의 값에 대하여 RVA, 소속 섹션, 그리고 파일 오프셋을 "R:RVA 값:[섹션명]파일 오프셋"의 형식으로 '상세' 칼럼에 출력한다. 위의 예에서 ImageBase 필드는 로드된 PE의 시작 번지를 담고 있기 때문에 소속된 칼럼이 없으며, RVA도 0이 되어야 하기 때문에 "R:0x00000000"으로 출력되었다.

다음 그림은 PDB_INFO 구조체를 보여주고 있으며, "info", "guid", "string" 속성이 지정되었을 경우의 예를 포함하고 있다.

그림 2-18 info, guid, string 속성 지정

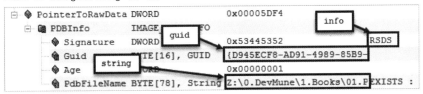

다음 코드는 "string" 속성이 지정되었을 경우 해당 필드의 값이 지정하는 PE 오프셋에서 문자열을 획득하는 함수에 대한 정의다.

```
CString PE_SCHEMA::GetString(PBYTE pBin, PE_TYPE dt, int nLen)
{
    CString sz;
```

```
    if (dt == PE_TYPE::UInt8 || dt == PE_TYPE::Int8)
```

PE_TYPE이 1바이트 정수일 경우 ANSI 문자열로 간주한다.

```
    {
        USES_CONVERSION;
        if (nLen == 0)
            sz = A2T((PSTR)pBin);
```

문자열 길이를 의미하는 nLen이 0일 경우 NULL로 끝나는 문자열로 간주한다.

```
        else if (nLen > 0)
        {
            PSTR psz = new char[nLen + 1];
            memcpy(psz, pBin, nLen);
            psz[nLen] = 0;
            sz = A2T(psz);
            delete psz;
```

nLen이 0보다 클 경우 이 길이만큼 문자열로 변환한다.

```
        }
    }
    else
```

PE_TYPE이 2바이트 정수일 경우 유니코드 문자열로 간주한다.

```
    {
        if (nLen == 0)
            sz = PWSTR(pBin);
        else if (nLen > 0)
        {
            PWSTR psz = new WCHAR[nLen + 1];
            memcpy(psz, pBin, nLen * sizeof(WCHAR));
            psz[nLen] = 0;
            sz = psz;
            delete psz;
        }
    }
    return sz;
}
```

다음 코드는 "guid" 속성이 지정되었을 경우에 해당 필드 값이 지정하는 16바이트 배열을 GUID 문자열로 변환하는 함수에 대한 정의다. 변환을 위해서 윈도우가 제공하는 StringFromGUID2 API를 사용한다.

```
String PEPlus::Bin2GuidStr(PBYTE pBin)
{
    GUID guid = *LPGUID(pBin);
```
버퍼를 GUID 구조체로 형변환한다.
```

    WCHAR wszGuid[65];
    StringFromGUID2(guid, wszGuid, 64);
```
StringFromGUID2 함수를 호출하여 GUID 문자열 포맷에 맞게 문자열로 변환한다.
```

    return CString(wszGuid);
}
```

이렇게 정의된 구조체 관련 스키마는 다음과 같이 PE_STRUCT 구조체로 정의된다.

```
struct PE_STRUCT
{
    CString  Name;        ← name 속성
    MBR_LIST Members;     ← Member 태그를 담는 리스트

    PE_STRUCT()
    {
    }
    PE_STRUCT(PCTSTR name)
    {
        Name = name;
    }
    ~PE_STRUCT()
    {
        for (MBR_LIST::iterator it = Members.begin(); it != Members.end(); it++)
            delete (*it);
```

```
    }

    DWORD GetSize(); ← 구조체의 전체 필드 크기 획득
};
```

구조체 태그의 자식 태그인 Member는 PE_MEMBER로 정의된다.

```
struct PE_STRUCT;
typedef PE_STRUCT* PPE_STRUCT;
struct PE_MEMBER
{
```
■ 프리미티브 관련 타입을 위한 정적 변수 및 함수 정의
```
    static PCTSTR C_Names[PE_TYPE::Struct];
    static short  C_Sizes[PE_TYPE::Struct];
    static PE_TYPE GetDefType(PCTSTR pszType);

    CString     Name;    ← Member 태그의 name 속성
    PE_TYPE     Type;    ← Member 태그의 type 속성

    union
    {
```
■ Member 태그의 선택석 속성불 위한 비트 필드 정의
```
        struct
        {
            WORD ResBits    : 4;
            WORD IsCode     : 1;
            WORD IsSize     : 1; ← size 속성
            WORD IsCount    : 1; ← count 속성
            WORD HasInfo    : 1; ← info 속성
            WORD IsTime     : 1; ← time 속성
            WORD IsGuid     : 1; ← guid 속성
            WORD IsEnum     : 1; ← enum 속성
            WORD IsBits     : 1; ← 비트 필드가 설정된 경우
            WORD IsVa       : 1; ← va 속성
            WORD IsRva      : 1; ← rva 속성
            WORD IsArr      : 1; ← 배열 타입이 정의된 경우
```

```
            WORD IsStr      : 1; ← string 속성
        };
        WORD Attr;
    };
```

```
    union
    {
        struct
        {
            BYTE Mask, Shift;
        } BitFld;
```

```
        int     ArrLen;
```

```
        LONG    None;
    } More;
```

```
    union
    {
        PPE_ENUM    Enum;
```

```
        PWSTR       Info;
```

```
        PPE_STRUCT  Struct;
```

```
        DWORD_PTR   Dummy;
    } Ref;
```

PE_MEMBER 구조체의 생성자 및 소멸자 함수 정의

```
    PE_MEMBER()
```

```
    {
        Type = PE_TYPE::UInt32;
        Attr = 0;
        Ref.Dummy = 0;
        More.None = 0;
    }
         ⋮
    PE_MEMBER(PE_MEMBER& pm)
    {
        Name = pm.Name;
        Type = pm.Type;
        Attr = pm.Attr;

        if (pm.HasInfo)
        {
            Ref.Info = new TCHAR[wcslen(pm.Ref.Info) + 1];
            wcscpy_s(Ref.Info, wcslen(pm.Ref.Info) + 1, pm.Ref.Info);
        }
        else
            Ref = pm.Ref;
        More.None = pm.More.None;
    }
    ~PE_MEMBER()
    {
        if (HasInfo)
            delete[] Ref.Info;
    }

    DWORD GetSize();
};
typedef PE_MEMBER* PPE_MEMBER;
typedef std::vector<PPE_MEMBER> MBR_LIST;
```

XML의 Struct 태그 항목의 정보들 역시 스키마 로드 과정에서 PE_STRUCT 구조체로 변환되며, 해당 구조체의 필드인 Member 태그들은 PE_MEMBER 구조체로 변환되어 PE_STRUCT의 Members 필드에 등록된다. 이렇게 변환된 StructList 내의 각 Struct 항목들은 다음과 같이 정의된 TYPE_MAP이라는 STL 맵에 등록되어 보관된다.

```
typedef std::map<CString, PPE_STRUCT> TYPE_MAP;
```

열거형 XML 스키마 리스트를 파싱하는 ParseEnums 함수와 마찬가지로, 구조체 XML 스키마 리스트를 파싱하는 ParseStructs 함수 또한 PE_SCHEMA 클래스를 통해 다음과 같이 정의할 수 있다.

```
PPE_STRUCT PE_SCHEMA::ParseStructs(XmlElement pINode)
{
    variant_t vt = pINode->getAttribute(L"name");
    if (vt.vt != VT_BSTR)
        throw _T("Tag \"name\" not found.");
    CString szName = vt.bstrVal;
```

Struct 태그의 name 속성 획득

```
    short       nBFldPos = 0;
    PE_TYPE     dtBitFld = PE_TYPE::Struct;
    PPE_STRUCT  ps = new PE_STRUCT(szName);
```

name 속성을 통해 획득한 이름을 설정하여 PE_STRUCT 구조체의 인스턴스를 생성한다.

```
    XmlNodeList pIMemList = pINode->selectNodes(L"Member");
    while (XmlElement pIMem = pIMemList->nextNode())
```

Member 태그 수만큼 리스트를 순회하면서 구조체의 멤버를 설정한다.

```
    {
        vt = pIMem->getAttribute(L"name");
        if (vt.vt != VT_BSTR)
            throw _T("Struct.Member Tag \"name\" not found.");
        PPE_MEMBER pmbr = new PE_MEMBER(vt.bstrVal);
```

Member 태그의 name 속성 획득

```
        vt = pIMem->getAttribute(L"type");
        if (vt.vt != VT_BSTR)
            throw _T("Struct.Member Tag \"type\" not found.");
```

Member 태그의 type 속성 획득

```
        CString szType = vt.bstrVal;
        int nPos = szType.Find(_T('['));
        if (nPos == 0)
            throw _T("Invalid Array Length format.");
```

Member의 타입이 배열에 대한 정의의 개시를 알리는 '[' 문자를 찾는다.

```
        vt = pIMem->getAttribute(L"enum");
        if (vt.vt == VT_BSTR)
        {
            ENUM_MAP::iterator ie = m_enumMap.find(vt.bstrVal);
            if (ie == m_enumMap.end())
                throw _T("Enum tag \"type\" format invalid.");
            pmbr->IsEnum = 1;
            pmbr->Ref.Enum = ie->second;
        }
```

Member 태그의 enum 속성 획득

```
        if (nPos < 0)
        {
```

→ Member의 타입이 배열이 아닌 경우

```
            TYPE_MAP::iterator it = m_typeMap.find(szType);
            if (it == m_typeMap.end())
            {
```

→ Member의 타입이 구조체가 아닌 경우

```
                int nPos2 = szType.Find(_T(':'));
                if (nPos2 == 0)
                    throw _T("Invalid Bitfield Length format.");
                if (nPos2 > 0)
                {
```

→ Member의 타입이 비트 필드인 경우

```
                    PTSTR pszEndPos = NULL;
                    int val = _tcstol(szType.Mid(nPos2 + 1), &pszEndPos, 10);
                    if (val == LONG_MAX || val == LONG_MIN)
```

```
                    throw L"length value overflow or minus.";
            if (val == 0)
                    throw L"Bitfield length is zero.";

            pmbr->IsBits = 1;
            pmbr->More.BitFld.Mask = (BYTE)val;
            szType = szType.Left(nPos2);
```

비트 필드의 비트 수와 마스크 값을 설정한다.

```
        }

        PE_TYPE dt = PE_MEMBER::GetDefType(szType);
        if (dt == PE_TYPE::Struct)
            throw _T("Enum tag \"type\" is struct.");
        pmbr->Type = dt;
```

프리미티브 타입을 획득한다.

```
        if (nPos2 > 0)
        {
```

→ Member의 타입이 비트 필드인 경우

```
            if (dtBitFld == PE_TYPE::Struct)
            {
                dtBitFld = dt;
                pmbr->More.BitFld.Shift = (BYTE)nBFldPos;
                nBFldPos += pmbr->More.BitFld.Mask;
```

최초의 비트 필드 멤버를 설정한다.

```
            }
            else
            {
                if(dtBitFld != dt)
                    throw _T("Enum tag \"type\" is struct.");
                pmbr->More.BitFld.Shift = (BYTE)nBFldPos;
                nBFldPos += pmbr->More.BitFld.Mask;
                if (nBFldPos > PE_MEMBER::C_Sizes[dtBitFld] * 8)
                    throw _T("Enum tag \"type\" is struct.");
                if (nBFldPos == PE_MEMBER::C_Sizes[dtBitFld] * 8)
```

```
                    {
                        dtBitFld = PE_TYPE::Struct;
                        nBFldPos = 0;
                    }
```

```
                }
            }
            else
            {
```

→ **Member의 타입이 비트 필드가 아닌 경우**

```
                if (dtBitFld < PE_TYPE::Struct)
                {
                    dtBitFld = PE_TYPE::Struct;
                    nBFldPos = 0;
```

```
                }
            }


        vt = pIMem->getAttribute(L"time");
        if (vt.vt == VT_BSTR && _tcsicmp(vt.bstrVal, L"true") == 0)
            pmbr->IsTime = 1;
```

```
        vt = pIMem->getAttribute(L"info");
        if (vt.vt == VT_BSTR)
        {
            pmbr->HasInfo = 1;
            pmbr->Ref.Info = new TCHAR[wcslen(vt.bstrVal) + 1];
            wcscpy_s(pmbr->Ref.Info, wcslen(vt.bstrVal) + 1, vt.bstrVal);
        }
```

```
        vt = pIMem->getAttribute(L"rva");
        if (vt.vt == VT_BSTR && _tcsicmp(vt.bstrVal, L"true") == 0)
            pmbr->IsRva = 1;
```

"rva" 속성이 지정된 경우 IsRva 필드를 설정한다.

```
            vt = pIMem->getAttribute(L"va");
            if (vt.vt == VT_BSTR && _tcsicmp(vt.bstrVal, L"true") == 0)
                pmbr->IsVa = 1;
```

"va" 속성이 지정된 경우 IsVa 필드를 설정한다.

```
            vt = pIMem->getAttribute(L"size");
            if (vt.vt == VT_BSTR && _tcsicmp(vt.bstrVal, L"true") == 0)
                pmbr->IsSize = 1;
```

"size" 속성이 지정된 경우 IsSize 필드를 설정한다.

```
        }
        else
```

→ Member의 타입이 구조체인 경우

```
        {
            pmbr->Type = PE_TYPE::Struct;
            pmbr->Ref.Struct = it->second;
```

PE_TYPE::Struct를 설정하고, Ref.Struct 필드에 PE_STRUCT의 포인터를 설정한다.

```
        }
    }
    else
    {
```

→ Member의 타입이 배열인 경우

```
        if (dtBitFld < PE_TYPE::Struct)
        {
            dtBitFld = PE_TYPE::Struct;
            nBFldPos = 0;
```

비트 필드 멤버 구성의 완료를 설정한다.

```
        }

        int nPos2 = szType.Find(_T(']'), nPos + 1);
        if (nPos2 <= 0)
            throw _T("Invalid Array Length format.");
```

```
        pmbr->IsArr = 1;
        CString szLen = szType.Mid(nPos + 1, nPos2 - nPos - 1).Trim();
        szType = szType.Left(nPos).Trim();
```

배열에 대한 정의의 완료를 알리는 ']' 문자를 찾고 엔트리 수를 획득한다.

```
        PTSTR pszEndPos = NULL;
        int val = _tcstol(szLen, &pszEndPos, 10);
        if (val == LONG_MAX || val == LONG_MIN)
            throw L"length value overflow or minus.";
        pmbr->More.ArrLen = val;
```

Member 타입이 배열인 경우 배열의 엔트리 수와 타입을 설정한다.

```
        TYPE_MAP::iterator it = m_typeMap.find(szType);
        if (it == m_typeMap.end())
```

→ Member의 타입이 구조체가 아닌 경우

```
        {
            PE_TYPE dt = PE_MEMBER::GetDefType(szType);
            if (dt == PE_TYPE::Struct)
                throw _T("Default Type tag \"type\" format invalid.");
            pmbr->Type = dt;
```

배열의 엔트리 타입이 프리미티브 타입이다.

```
            vt = pIMem->getAttribute(L"string");
            if (vt.vt == VT_BSTR)
            {
                if (PE_MEMBER::C_Sizes[dt] > 2)
                    throw _T("string type format invalid.");
                pmbr->IsStr = 1;
            }
```

"string" 속성이 지정된 경우 IsStr 필드를 설정한다. 배열의 엔트리는 1바이트(아스키) 또는 2바이트(유니코드)여야 한다.

```
            vt = pIMem->getAttribute(L"rva");
            if (vt.vt == VT_BSTR)
                pmbr->IsRva = true;
```

"rva" 속성이 지정된 경우 IsRva 필드를 설정한다.

```
            vt = pIMem->getAttribute(L"va");
            if (vt.vt == VT_BSTR && _tcsicmp(vt.bstrVal, L"true") == 0)
                pmbr->IsVa = 1;
```

"va" 속성이 지정된 경우 IsVa 필드를 설정한다.

```
            vt = pIMem->getAttribute(L"guid");
            if (vt.vt == VT_BSTR && _tcsicmp(vt.bstrVal, L"true") == 0)
            {
                if (dt != PE_TYPE::UInt8 && pmbr->More.ArrLen != 16)
                    throw _T("GUID type format invalid.");
                pmbr->IsGuid = 1;
            }
```

"guid" 속성이 지정된 경우 IsGuid 필드를 설정한다. 해당 필드의 타입은 16바이트 크기의 배열이어야 한다.

```
        }
        else
```

→ **Member의 타입이 구조체인 경우**

```
        {
            pmbr->Type = PE_TYPE::Struct;
            pmbr->Ref.Struct = it->second;
```

PE_TYPE::Struct을 설정하고 Ref.Struct 필드에 PE_STRUCT의 포인터를 설정한다.

```
        }
    }

    ps->Members.push_back(pmbr);
```

관련 필드의 정보를 담은 PE_MEMBER 구조체의 인스턴스를 MBR_LIST에 등록한다.

```
    }
    return ps;
}
```

3) PE_SCHEMA 클래스

지금까지 설명한 내용을 토대로 XML 스키마를 처리하는 PE_SCHEMA 클래스를 정의할 수 있다.

```
class PE_SCHEMA
{
    TYPE_MAP    m_typeMap;
    ENUM_MAP    m_enumMap;
    CString     m_szName;

    PPE_ENUM ParseEnums(XmlElement pINode);
    PPE_STRUCT ParseStructs(XmlElement pINode);
    PPE_MEMBER GetRVAType(PCTSTR pszType);

public:
    static CString Bin2Str(PBYTE pBin, PE_TYPE dt, int nLen);
    static CString Val2Str(PBYTE pBin, PE_TYPE dt);
    static CString Val2Str(ULONGLONG val, PE_TYPE dt);
    static UINT64 GetValue(PBYTE pBin, PE_TYPE dt);
    static CString GetString(PBYTE pBin, PE_TYPE dt, int nLen);
    static CString GetEnumFlags(UINT64 uv, PPE_ENUM pe);

public:
    PE_SCHEMA();
    ~PE_SCHEMA();


    TYPE_MAP*   TypeMap()            { return &m_typeMap; }
    ENUM_MAP*   EnumMap()            { return &m_enumMap; }
    PCTSTR      Name()              { return m_szName;   }
    void        Name(PCTSTR value)  { m_szName = value; }

public:
    void Load(PCTSTR pszSchemPath);

    PPE_STRUCT FindType(PCTSTR name);

};
```

클래스의 멤버 함수 대부분은 앞에서 설명했다. 그리고 Load 멤버 함수는 지금까지 설명했던 XML 스키마를 로드해서 XML 스키마의 열거자 리스트와 구조체 리스트의 정보를 각각 m_enumMap 과 m_typeMap STL 맵에 채우는 함수며, 이 함수의 정의는 다음과 같다. 이 함수는 사용자 정의 리소스로 등록된 "PEFormat.xml"의 XML 문자열을 매개변수 pszXmlRes로 받아들여 XML 파싱을 통해 m_enumMap과 m_typeMap에 해당 정보를 등록한다.

```
void PE_SCHEMA::Load(PCTSTR pszXmlRes)
{
    XmlDocument pIDoc(__uuidof(MSXML2::DOMDocument));
    VARIANT_BOOL bIsOK = pIDoc->loadXML(pszXmlRes);
    if (bIsOK == VARIANT_FALSE)
    {
        XmlParseError pIErr = pIDoc->GetparseError();
        throw (HRESULT)pIErr->errorCode;
    }
```
매개변수 pszXmlRes에서 XML 도큐먼트를 생성한다.

```
    XmlElement pIRoot = pIDoc->documentElement;

    variant_t vt = pIRoot->getAttribute(L"name");
    if (vt.vt != VT_BSTR)
        throw _T("Tag \"name\" not found.");
    m_szName = vt.bstrVal;
```
"name" 속성에서 PE 스키마 이름을 획득한다.

```
    XmlNodeList pINodeList = pIDoc->documentElement->selectNodes("EnumList/Enum");
    while (XmlElement pINode = pINodeList->nextNode())
    {
        PPE_ENUM pe = ParseEnums(pINode);
        m_enumMap.insert(std::make_pair(pe->Name, pe));
    }
```
"EnumList/Enum" XPATH를 통해 Enum 태그 리스트를 획득하고, ParseEnums 함수를 호출하여 열거형 리스트에 대한 맵을 구성한다.

```
        pINodeList = pIDoc->documentElement->selectNodes("StructList/Struct");
        while (XmlElement pINode = pINodeList->nextNode())
        {
            PPE_STRUCT ps = ParseStructs(pINode);
            m_typeMap.insert(std::make_pair(ps->Name, ps));
        }
```

"StructList/Struct" XPATH를 통해 Struct 태그 리스트를 획득하고, ParseStructs 함수를 호출하여 구조체 리스트에 대한 맵을 구성한다.

```
}
```

PE_SCHEMA 클래스의 인스턴스는 PEAnals 클래스 내부에 정적 멤버 필드로 선언되어 있다.

```
class PEAnals
{
    HANDLE          m_hImgFile;
        ⋮
public:
    static PE_SCHEMA    SCHEMA;
```

PE_SCHEMA 클래스의 정적 인스턴스

```
        ⋮
};
```

그리고 이 스키마의 인스턴스는 PE Explorer의 CWinAppEx 클래스를 상속한 CPEExplorerApp 클래스의 InitInstance 함수 내에서 LoadSchema 함수를 통해 로드된다.

```
BOOL CPEExplorerApp::InitInstance()
{
        ⋮
    CWinApp::InitInstance();
    if (!AfxOleInit())
    {
        AfxMessageBox(L"OLE 초기화 실패");
        return FALSE;
    }
```

```
    if (!LoadSchema())
        return FALSE;
```

```
            ⋮

    return TRUE;
}
```

LoadSchema 함수 또한 다음과 같이 CPEExplorerApp 클래스에 정의되어 있으며, 사용자 정의 리소스로 등록된 "PEFormat.xml"을 PE 리소스에서 뽑아내 PE_SCHEMA 클래스의 Load 함수를 호출함으로써 PE 스키마를 로드한다.

```
bool CPEExplorerApp::LoadSchema()
{
    HGLOBAL hXdfXml = NULL;
    try
    {
        HRSRC hXdfRes = ::FindResource
        (
            AfxGetInstanceHandle(), MAKEINTRESOURCE(IDR_PE_FORMAT), _T("XML")
        );
        if (hXdfRes == NULL)
            throw HRESULT_FROM_WIN32(GetLastError());
```

```
        hXdfXml = ::LoadResource(AfxGetInstanceHandle(), hXdfRes);
        if (hXdfXml == NULL)
            throw HRESULT_FROM_WIN32(GetLastError());
        DWORD dwSize = ::SizeofResource(AfxGetApp()->m_hInstance, hXdfRes);
        PSTR pData = (PSTR)::LockResource(hXdfXml);
```

```
        USES_CONVERSION;
        CString szXmlRes;
        PTSTR pszBuff = szXmlRes.GetBufferSetLength(dwSize * 2);
        memcpy(pszBuff, A2T(pData), dwSize * 2);
```

```
        szXmlRes.ReleaseBufferSetLength(dwSize * 2);
        ::UnlockResource(hXdfXml);
```

로드한 리소스에서 XML 문자열을 획득한다.

```
        PEAnals::SCHEMA.Load(szXmlRes);
```

획득한 XML 문자열을 매개변수로 전달하여 PE 관련 구조체에 대한 스키마를 로드한다.

```
        return true;
    }
    catch (HRESULT e)
    {
        CString szMsg;
        szMsg.Format(_T("Error occurred, code=0x%08X"), e);
        AfxMessageBox(szMsg);
    }
    catch (PCTSTR e)
    {
        AfxMessageBox(e);
    }
    if (hXdfXml != NULL)
        ::FreeResource(hXdfXml);
    return false;
}
```

2.4.2 PEAnals 클래스

이제 지정된 PE 파일의 분석을 담당하는 PEAnals 클래스의 정의를 살펴보자. PEAnals 클래스는
PE Explorer에서 PE 파일을 선택하면 이 PE 파일을 MMF로 열어 이 파일에 대한 PE 전체를 분
석해서 이 분석 결과를 트리 리스트 뷰에 출력하는 역할을 한다. 실제로 이 클래스에서 트리 리스트
뷰의 노드를 직접 관리하기 때문에, 이 노드를 위한 정보 참조 구조체가 필요하다. 트리 리스트 뷰
의 SetItemData 함수를 통해 각 노드의 lParam 필드에 저장되는 정보 참조 구조체는 다음과 같이
PE_MEMBER 구조체를 상속하는 PE_NODE 구조체로 정의한다.

```
struct PE_NODE : PE_MEMBER
{
    DWORD        Offset;         ← 해당 멤버가 위치한 파일 오프셋
    DWORD        Size;           ← 해당 멤버의 크기
    SHORT        Index;          ← 해당 멤버가 소속된 섹션 인덱스, RVA 변환

    BYTE         Kind;           ← 노드의 종류 구분을 위한 필드
    BYTE         SubT;           ← 노드의 종류에 대한 서브 타입 필드
    LPARAM       Tag;
    HTREEITEM    Node;           ← 트리 리스트 뷰 노드에 대한 포인터

    PE_NODE(PEAnals* ppe);
    PE_NODE(short nSectIdx, DWORD dwOffset,
            PCTSTR pszName, PCTSTR pszType, int nArrLen = 0);
    PE_NODE(short nSectIdx, DWORD dwOffset,
            PCTSTR pszName, PE_TYPE dt, int nArrLen = 0);
    PE_NODE(short nSectIdx, DWORD dwOffset, PPE_MEMBER pm);

};
typedef PE_NODE* PPE_NODE;
```

PE_NODE 구조체의 인스턴스는 트리 리스트의 각 노드의 참조 데이터로 설정되며, PEAnals 클래스는 단지 루트 노드에 대한 PE_NODE 인스턴스의 포인터를 가질 뿐이다.

다음 코드는 PEAnals.h 헤더 파일에 정의된 PEAnals 클래스의 일부다.

```
class PEAnals
{
    HANDLE                  m_hImgFile;     ← PE 파일 핸들
    HANDLE                  m_hImgMap;      ← PE 파일 MMF 핸들
    PBYTE                   m_pImgView;     ← PE 파일 MMF 뷰 포인터
    CString                 m_szPEPath;     ← PE 파일의 전체 경로

    bool                    m_bIs32Bit;     ← 32비트 또는 64비트 PE 설정
    PIMAGE_DATA_DIRECTORY   m_pdds;         ← IMAGE_DATA_DIRECTORY 배열 포인터

    SECT_LIST               m_pnSects;
```

```
    PIMAGE_SECTION_HEADER    m_pshs;        ← IMAGE_SECTION_HEADER 배열 포인터


    PPE_NODE                 m_pnRoot;      ← 루트 노드에 대한 PE_NODE 인스턴스의 포인터
    CTreeListCtrl*           m_pView;       ← 트리 리스트 뷰 컨트롤의 포인터


    typedef bool (PEAnals::*PFN_PARSE_DATADIR)(PPE_NODE, PIMAGE_DATA_DIRECTORY);
    typedef bool (PEAnals::*PFN_PARSE_DATADIR)(PPE_NODE, PIMAGE_DATA_DIRECTORY);
```

각 디렉터리 엔트리에 대한 파싱을 담당하는 콜백 함수 포인터 타입 정의

```
    PFN_PARSE_DATADIR m_pfnddrs[IMAGE_NUMBEROF_DIRECTORY_ENTRIES - 1];
    bool ParseDirEntryExport(PPE_NODE, PIMAGE_DATA_DIRECTORY);
    bool ParseDirEntryImport(PPE_NODE, PIMAGE_DATA_DIRECTORY);
    bool ParseDirEntryResource(PPE_NODE, PIMAGE_DATA_DIRECTORY);
    bool ParseDirEntryException(PPE_NODE, PIMAGE_DATA_DIRECTORY);
    bool ParseDirEntrySecurity(PPE_NODE, PIMAGE_DATA_DIRECTORY);
    bool ParseDirEntryBaseReloc(PPE_NODE, PIMAGE_DATA_DIRECTORY);
    bool ParseDirEntryDebug(PPE_NODE, PIMAGE_DATA_DIRECTORY);
    bool ParseDirEntryGlobalPtr(PPE_NODE, PIMAGE_DATA_DIRECTORY);
    bool ParseDirEntryTLS(PPE_NODE, PIMAGE_DATA_DIRECTORY);
    bool ParseDirEntryLoadConfig(PPE_NODE, PIMAGE_DATA_DIRECTORY);
    bool ParseDirEntryBoundImport(PPE_NODE, PIMAGE_DATA_DIRECTORY);
    bool ParseDirEntryIAT(PPE_NODE, PIMAGE_DATA_DIRECTORY);
    bool ParseDirEntryDelayImport(PPE_NODE, PIMAGE_DATA_DIRECTORY);
    bool ParseDirEntryComDescript(PPE_NODE, PIMAGE_DATA_DIRECTORY);
```

각 데이터 디렉터리 엔트리에 대한 분석을 담당하는 PFN_PARSE_DATADIR 콜백 함수 선언

```
    int ParsePEHeaders();
```

PE 헤더 섹션의 파싱을 담당하는 멤버 함수

```
    ⋮
```

PEAnals 클래스는 PE 파일에 대한 파싱 및 분석을 담당하지만, 각 데이터 디렉터리에 해당하는 섹션의 파싱은 PFN_PARSE_DATADIR로 선언된 콜백 함수를 통해 수행될 것이다. PEAnals 클래스의 모든 멤버는 앞으로 각 섹션과 함께 데이터 디렉터리 파싱을 담당하는 콜백 함수에 대해 설명할 것이다. 따라서 이 장에서는 PE 파일의 헤더들을 담고 있는 헤더 섹션에 대한 분석 처리를 담당하는

ParsePEHeaders 함수에 대한 정의를 보여준다. 하지만 그 전에 PE 파일의 경로가 전달되면 해당 PE 파일을 MMF로 여는 작업은 PEAnals 클래스의 생성자에서 담당하기 때문에, 생성자 함수의 정의를 먼저 살펴보기로 하자. 물론 이 생성자는 각 데이터 디렉터리 엔트리의 처리를 담당할 콜백 함수 관련 초기화도 담당한다.

```
PEAnals::PEAnals(PCTSTR pszPEFile, CTreeListCtrl* pView) : PEAnals()
{
    memset(m_pfnddrs, 0, sizeof(PFN_PARSE_DATADIR) *
                        (IMAGE_NUMBEROF_DIRECTORY_ENTRIES - 1));
    m_pfnddrs[ 0] = &PEAnals::ParseDirEntryExport;
    m_pfnddrs[ 1] = &PEAnals::ParseDirEntryImport;
    m_pfnddrs[ 2] = &PEAnals::ParseDirEntryResource;
    m_pfnddrs[ 3] = &PEAnals::ParseDirEntryException;
    m_pfnddrs[ 4] = &PEAnals::ParseDirEntrySecurity;
    m_pfnddrs[ 5] = &PEAnals::ParseDirEntryBaseReloc;
    m_pfnddrs[ 6] = &PEAnals::ParseDirEntryDebug;
    m_pfnddrs[ 8] = &PEAnals::ParseDirEntryGlobalPtr;
    m_pfnddrs[ 9] = &PEAnals::ParseDirEntryTLS;
    m_pfnddrs[10] = &PEAnals::ParseDirEntryLoadConfig;
    m_pfnddrs[11] = &PEAnals::ParseDirEntryBoundImport;
    m_pfnddrs[12] = &PEAnals::ParseDirEntryIAT;
    m_pfnddrs[13] = &PEAnals::ParseDirEntryDelayImport;
    m_pfnddrs[14] = &PEAnals::ParseDirEntryComDescript;
```

각 엔트리에 대한 데이터 디렉터리 엔트리를 파싱하는 콜백 함수를 등록한다.

```
    m_pshs     = NULL;
    m_pdds     = NULL;
    m_pView    = pView;
    m_pnRoot   = NULL;
    m_bIs32Bit = false;

    m_szPEPath = pszPEFile;
    m_hImgFile = CreateFile(pszPEFile, GENERIC_READ, FILE_SHARE_READ,
        NULL, OPEN_EXISTING, 0, NULL);
    if (m_hImgFile == INVALID_HANDLE_VALUE)
        throw HRESULT_FROM_WIN32(GetLastError());
```

> PE 파일을 읽기 전용으로 연다.

```
    m_hImgMap = CreateFileMapping(m_hImgFile, NULL,
        PAGE_READONLY, 0, 0, NULL);
    if (m_hImgMap == NULL)

        throw HRESULT_FROM_WIN32(GetLastError());
```

> 열린 PE 파일 핸들에 대하여 MMF를 생성한다.

```
    m_pImgView = (PBYTE)MapViewOfFile(m_hImgMap, FILE_MAP_READ, 0, 0, 0);
    if (m_pImgView == NULL)

        throw HRESULT_FROM_WIN32(GetLastError());
```

> MMF 핸들에 대하여 매핑을 통해서 PE 이미지의 전체 뷰에 대한 포인터를 획득한다.

```
    if (SYM_PATH[0] == 0)
    {
        PWSTR pszAppData = NULL;
        SHGetKnownFolderPath(FOLDERID_LocalAppData, 0, NULL, &pszAppData);
        wsprintf(SYM_PATH, GSZ_APP_TMP_CACHE, pszAppData);
```

> PDB 파일 캐시 디렉터리를 설정한다. PDB 파일 캐시 디렉터리는 14장 '디버그 섹션'에서 설명한다.

```
    }
}
```

각 섹션의 분석 과정에서 스키마에 정의된 구조체들의 정보 출력을 위한 노드 삽입 처리는 InsertNode 함수가 담당한다. 이 함수에서 필드명이나 타입, 오프셋, 값 등의 기본적인 정보뿐만 아니라 선택적 속성 지정에 따른 '상세' 정보도 함께 출력하게 된다. 따라서 이 함수는 다양한 타입으로 정의된 수많은 구조체들에 대한 통일된 정보를 출력하는 함수 역할을 한다.

```
void PEAnals::InsertNode(PPE_NODE pn, HTREEITEM hParent, int nImgIdx)
{
    if (nImgIdx < 0) nImgIdx = GetImageIndex(pn);
    pn->Node = m_pView->InsertItem(pn->Name, nImgIdx, nImgIdx, hParent);
```

> 트리 리스트 뷰에 노드를 추가하면서 필드명도 함께 지정한다.

```
    m_pView->SetItemData(pn->Node, (DWORD_PTR)pn);
```

해당 노드에 참조 정보로 PE_NODE의 인스턴스 포인터를 설정한다.

```
DWORD dwRVA = (pn->Index == INVALID_SECT_IDX) ? pn->Offset :
    OFFSET_TO_RVA(&m_pshs[pn->Index], pn->Offset);
CString sz; sz.Format(_T("%08X:%08X"), pn->Offset, dwRVA);
m_pView->SetItemText(pn->Node, sz, COL_IDX_OFFSET);
```

오프셋 정보를 출력한다. 좀 더 쉬운 참조를 위해 "오프셋 : RVA" 형식으로 RVA 값도 함께 출력한다.

```
sz.Empty();
if (pn->IsArr)
```

PE_NODE가 배열인 경우의 처리

```
{
    if (pn->Type < PE_TYPE::Struct)
```

PE_NODE가 프리미티브 타입인 경우의 처리

```
    {
        if (pn->IsStr)
```

PE_NODE가 문자열인 경우의 처리

```
        {
            sz = PE_SCHEMA::GetString(m_pImgView + pn->Offset,
                                pn->Type, pn->More.ArrLen);
```

PE 이미지에서 문자열을 획득한다.

```
            if (pn->More.ArrLen == 0)
            {
                pn->More.ArrLen = sz.GetLength() + 1;
                pn->Size = pn->GetSize();
            }
        }
        else if (pn->IsGuid)
```

PE_NODE가 GUID인 경우의 처리

```
        {
            sz = PEPlus::Bin2GuidStr(m_pImgView + pn->Offset);
        }
        else
```

PE_NODE가 일반 배열인 경우의 처리

```
                {
                        int nLen = pn->More.ArrLen;
                        if (pn->Type == PE_TYPE::UInt8 || pn->Type == PE_TYPE::Int8)
                        {
                                if (pn->IsCode)
                                {
                                        if (nLen > 15) nLen = 15;
                                }
                                else
                                {
                                        if (nLen > 5) nLen = 5;
                                }
                        }
                        else
                        {
                                if (nLen > 3) nLen = 3;
                        }
```

상세 정보로 출력할 배열의 엔트리 수를 결정한다.

```
                        sz = PE_SCHEMA::Bin2Str(m_pImgView + pn->Offset, pn->Type, nLen);
```

PE 이미지에서 바이너리 스트림을 획득하고 문자열로 변환한다.

```
                        if (nLen != pn->More.ArrLen)
                                sz.Append(L"...");
                }
                m_pView->SetItemText(pn->Node, sz, COL_IDX_VALUE);
```

'값' 칼럼에 PE 이미지에 설정된 실제 값을 각 타입에 맞게 채운다.

```
        }
    }
    else
```

PE_NODE가 단일 타입인 경우의 처리

```
    {
        if (pn->Type < PE_TYPE::Struct)
```

PE_NODE가 프리미티브 타입인 경우의 처리

```
        {
            UINT64 uv = PE_SCHEMA::GetValue(m_pImgView + pn->Offset, pn->Type);
```

PE 이미지에서 타입에 따른 정수 값을 획득한다.

```
        if (pn->IsBits)
```

PE_NODE가 비트 필드인 경우의 처리

```
        {
            UINT64 mask = 0;
            for (int i = 0; i < pn->More.BitFld.Mask; i++)
                mask |= (UINT64)(1 << i);
            uv = (uv >> pn->More.BitFld.Shift) & mask;
        }
        m_pView->SetItemText(pn->Node, PE_SCHEMA::
                            Val2Str(uv, pn->Type), COL_IDX_VALUE);
        if (pn->IsEnum)
```

PE_NODE가 열거형인 경우의 처리

```
        {
            if (pn->Ref.Enum->Flags)
                sz = PE_SCHEMA::GetEnumFlags(uv, pn->Ref.Enum);
            else
                sz = pn->Ref.Enum->Find(uv);
```

열거형 맵으로부터 열거형 정보를 획득한다.

```
        }
        else if (pn->IsTime)
```

PE_NODE가 타임인 경우의 처리

```
        {
            if (uv != 0)
                sz = PEPlus::Int2TimeStr((DWORD)uv);
```

"YYYY/MM/DD-HH:mm:ss" 형식의 날짜-시간 문자열로 변환한다.

```
        }
        else if (pn->HasInfo)
```

PE_NODE가 부가 정보를 가질 경우의 처리

```
        {
            sz = pn->Ref.Info;
        }
        else if (pn->IsRva)
```

```
        {
            if (uv == 0)
                m_pView->SetItemImage(pn->Node, IMG_IDX_LFNO, IMG_IDX_LFNO);
            else
            {
                PIMAGE_SECTION_HEADER psh = PEPlus::
                                FindSectHdr(m_pImgView, (DWORD)uv);
                if (psh != NULL)
                {
                    sz.Format(L"[%-8s]0x%08X", PEPlus::GetSectionName(psh),
                        RVA_TO_OFFSET(psh, (DWORD)uv));
                }
```

"[섹션명]오프셋" 형식으로 RVA의 소속 섹션과 파일 오프셋을 획득한다.

```
            }
        }
        else if (pn->IsVa)
```

PE_NODE가 RVA인 경우의 처리

```
        {
            if (uv == 0)
                m_pView->SetItemImage(pn->Node, IMG_IDX_LFNO, IMG_IDX_LFNO);
            else
            {
                DWORD dwRVA2 = (DWORD)(uv - PEPlus::GetImageBase(m_pImgView));
                if (dwRVA2 > 0)
                {
                    PIMAGE_SECTION_HEADER psh = PEPlus::
                                FindSectHdr(m_pImgView, dwRVA2);
                    if (psh != NULL)
                        sz.Format(L"R:0x%08X:[%-8s]0x%08X", dwRVA,
                        PEPlus::GetSectionName(psh), RVA_TO_OFFSET(psh, dwRVA2));
                    else
                        sz.Format(L"R:0x%08X", dwRVA2);
                }
                else
                    sz.Format(L"R:0x%08X", dwRVA2);
```

"R:RVA:[섹션명]오프셋" 형식으로 VA의 RVA와 소속 섹션과 파일 오프셋을 획득한다.

```
                }
            }
            else if (pn->IsSize)
```

PE_NODE가 Size를 의미할 경우의 처리

```
            {
                if (uv > 1023)
                    sz.Format(L"%s(%s)", PEPlus::
                        Val2CommaStr(uv), PEPlus::Size2Units(uv));
                else
                    sz.Format(L"%sB", PEPlus::Val2CommaStr(uv));
```

크기 값에 대하여 콤마 문자열과 바이트 단위 문자열로 변환한다.

```
            }
            if (!sz.IsEmpty())
                m_pView->SetItemText(pn->Node, sz, COL_IDX_INFO);
```

'상세' 칼럼의 정보를 출력한다.

```
        }
        else if (pn->Type == PE_TYPE::PEFormat)
```

PE_NODE가 루트 노드인 경우의 처리

```
        {
            m_pView->SetItemText(pn->Node, pn->Ref.Info, COL_IDX_INFO);
        }
    }


    if (pn->Type == PE_TYPE::PEFormat)
    {
        PCWSTR pszType = PathFindExtension(m_szPEPath);
        CString sz; sz.Format(L"%dbit %s PE", (m_bIs32Bit ? 32 : 64), pszType + 1);
        m_pView->SetItemText(pn->Node, sz, COL_IDX_TYPE);
```

PE_NODE가 루트 노드인 경우 PE 파일의 크기와 전체 경로를 출력한다.

```
    }
    else
    {
        m_pView->SetItemText(pn->Node, GetTypeName(pn), COL_IDX_TYPE);
```

```
    }


    sz.Format(_T("0x%X(%d)"), pn->Size, pn->Size);
    m_pView->SetItemText(pn->Node, sz, COL_IDX_SIZE);
```

```
}
```

InsertNode 함수는 해당 노드의 타입이 구조체일 경우 '값'이나 '상세' 정보 칼럼에 대한 처리는 없다. 구조체 노드는 해당 구조체의 필드 정보를 위한 자식 노드가 추가되어야 한다. 처음에는 InsertNode 함수를 재귀 함수로 정의하여 구조체 내의 필드가 구조체 타입일 경우 한 번의 InsertNode 함수 호출로 자식 구조체의 노드 추가 처리까지 모두 완료되도록 코드를 작성했으나, 코드가 직관적이지 못하고 설명하기가 쉽지 않아서 재귀 구조를 버리고 구조체 노드의 경우 별도로 자식 노드를 추가하도록 다음의 함수를 정의했다.

```
DWORD PEAnals::AppendStructMembers(PPE_NODE pn, DWORD dwVarSize)
{
    DWORD dwOffset = pn->Offset, dwSize = 0;
    PE_TYPE dtBitFld = PE_TYPE::Struct;
    short nBFldPos = 0;

    PPE_STRUCT pst = pn->Ref.Struct;
    for (MBR_LIST::iterator it = pst->Members.begin();
         it != pst->Members.end(); it++)
```

```
    {
        PPE_NODE ppn = new PE_NODE(pn->Index, dwOffset, *it);
        InsertNode(ppn, pn->Node);
```

```
        if (ppn->IsBits)
        {
```

```
                nBFldPos += ppn->More.BitFld.Mask;
                if (dtBitFld == PE_TYPE::Struct)
                {
                    dtBitFld = ppn->Type;
                }
                else
                {
                    if (nBFldPos == PE_MEMBER::C_Sizes[dtBitFld] * 8)
                    {
                        dtBitFld = PE_TYPE::Struct;
                        nBFldPos = 0;

                        dwOffset += ppn->Size;
                        dwSize += ppn->Size;
                    }
                }
            }
            else
            {
```

필드 오프셋과 크기를 갱신한다.

```
                dwOffset += ppn->Size;
                dwSize += ppn->Size;
            }
            if (dwVarSize > 0 && dwSize >= dwVarSize)
                break;
        }

        if (pn->Size != dwSize)
        {
```

멤버 리스트의 순회를 통해 계산한 필드의 전체 크기와 부모 구조체 노드에 설정된 필드 크기가 다를 경우, 순회를 통해 계산된 크기로 '크기' 칼럼을 갱신한다.

```
            pn->Size = dwSize;
            CString sz; sz.Format(L"0x%X(%d)", dwSize, dwSize);
            UpdateNodeText(pn->Node, sz, COL_IDX_SIZE);
        }
        return dwSize;
}
```

지금까지 PEAnals 클래스의 기본 구조와 트리 리스트 뷰 출력을 담당하는 함수들에 대해 알아보았다. 이제 실제로 PE 파일을 파싱하는 함수의 정의를 살펴보자. 앞서 설명했던 대로 PE 파일을 MMF로 여는 작업은 PEAnals 생성자가 처리한다. 다음으로 정의할 ParsePEImage 함수는 PE 파일에 대해 열린 MMF의 포인터를 순회하면서 전체 PE 이미지를 파싱한다.

```
PPE_NODE PEAnals::ParsePEImage(SORT_SET& sorts)
{
    m_bIs32Bit = PEPlus::Is32bitPE(m_pImgView);
    LoadPdbRef();
    if (DIA_SESSION)
    {
        CComPtr<IDiaSymbol> pIGlobal;
        HRESULT hr = DIA_SESSION->get_globalScope(&pIGlobal);
        if (hr == S_OK)
        {
            BuildDataList(VAR_LIST, pIGlobal, VAR_CAT_GLOBAL);
            BuildDataList(VAR_LIST, pIGlobal, VAR_CAT_CONST);
            pIGlobal = 0;
        }
```

PDB 파일 정보가 있으면 PDB 파일을 로드 및 해석하고 필요한 정보를 미리 PDB를 통해서 획득해둔다.

```
    }

    m_pnRoot = InsertPERootNode();
```

루트 노드를 생성하고 추가한다.

```
    int nNumOfSec = ParsePEHeaders();
```

PE 파일의 IMAGE_NT_HEADERS 구조체와 IMAGE_SECTION_HEADER 배열을 파싱하고 관련 노드를 추가한다. ParsePEHeaders 함수는 섹션 수를 반환한다.

```
    for (int i = 0; i < nNumOfSec; i++)
```

섹션 수만큼 루프를 돌면서 섹션에 해당하는 노드를 추가한다.

```
    {
        PIMAGE_SECTION_HEADER psh = &m_pshs[i];
        if (psh->SizeOfRawData == 0)
        {
```

```
            m_pnSects.push_back(NULL);
            continue;
```

섹션 크기가 0이면 섹션 해석을 건너뛴다.

```
        }


        DWORD dwOffset = psh->PointerToRawData;
        PPE_NODE pn = InsertFieldNode(m_pnRoot->Node, (short)i,
            dwOffset, PEPlus::GetSectionName(psh), PE_TYPE::UInt8,
            psh->SizeOfRawData, IMG_IDX_SECT);
```

각 섹션의 노드를 추가하고 해당 노드의 PE_NODE 인스턴스의 포인터를 획득한다.

```
        pn->Kind = NK_SECT;
        if (psh->Characteristics & IMAGE_SCN_CNT_CODE)
            pn->SubT |= PE_KIND_CODE;
        if (psh->Characteristics & IMAGE_SCN_CNT_INITIALIZED_DATA)
            pn->SubT |= PE_KIND_DATA;
```

PE_NODE 구조체의 부가 속성을 설정한다.

```
        CString szAttrs = L"_____";
        CONST WCHAR SECT_ATTRS[7] = { L'W', L'R', L'E', L'S', L'P', L'K', L'D' };
        DWORD dwMasks = IMAGE_SCN_MEM_WRITE;
        for (int j = 0; j < 7; j++)
        {
            if (psh->Characteristics & dwMasks)
                szAttrs.SetAt(j, SECT_ATTRS[j]);
            dwMasks >>= 1;
        }
        UpdateNodeText(pn->Node, szAttrs, COL_IDX_INFO);
```

섹션에 설정된 메모리 페이지의 속성을 '상세' 칼럼에 출력한다.

```
        m_pnSects.push_back(pn);
```

섹션의 PE_NODE 인스턴스의 포인터를 리스트에 추가한다.

```
    }


    PPE_ENUM pDirEnt = SCHEMA.EnumMap()->find(L"IMAGE_DIRECTORY_ENTRY")->second;
```

```
    for (int i = 0; i < IMAGE_NUMBEROF_DIRECTORY_ENTRIES - 1; i++)
```

```
    {
        PIMAGE_DATA_DIRECTORY pdd = &m_pdds[i];
        if (pdd->VirtualAddress == 0)
            continue;

        DWORD dwOffset = 0;
        HTREEITEM hParent = NULL;
        short nSectIdx = INVALID_SECT_IDX;
        if (i == IMAGE_DIRECTORY_ENTRY_SECURITY)
        {
            dwOffset = pdd->VirtualAddress;
            hParent = m_pnRoot->Node;
```

```
        }
        else
        {
            nSectIdx = PEPlus::GetSectionIdx(m_pImgView, pdd->VirtualAddress);
            if (nSectIdx == INVALID_SECT_IDX)
            {
                if (i != IMAGE_DIRECTORY_ENTRY_BOUND_IMPORT)
                    continue;
                dwOffset = pdd->VirtualAddress;
                hParent = m_pnRoot->Node;
```

```
            }
            else
            {
                dwOffset = RVA_TO_OFFSET(&m_pshs[nSectIdx], pdd->VirtualAddress);
                hParent = m_pnSects.at(nSectIdx)->Node;
```

```
            }
        }
```

```
        PPE_NODE pn = InsertFieldNode(hParent, nSectIdx, dwOffset,
            pDirEnt->Find(i), PE_TYPE::UInt8, pdd->Size, IMG_IDX_DIRS);
        pn->Kind = NK_DDIR;
        pn->SubT = (BYTE)i;
```

데이터 디렉터리 엔트리의 노드를 추가한다.

```
        PFN_PARSE_DATADIR pfnParse = m_pfnddrs[i];
        (this->*pfnParse)(pn, pdd);
```

해당 데이터 디렉터리 엔트리의 내용을 분석하는 콜백 함수를 호출한다.

```
    }

    if (DIA_SESSION != NULL)
    {
        BuildThunkFromPDB(L"* Linker *");
        if (m_bIs32Bit)
            ParseFuncPDB();
```

PDB 파일 정보를 로드했다면 ILT 성크(Thunk) 코드를 획득하고, 32비트일 경우 PDB를 통해서 함수 구조를 획득한다.

```
    }
    else
    {
        if (m_bIs32Bit)
        {
            for (int i = 0; i < nNumOfSec; i++)
            {
                PIMAGE_SECTION_HEADER psh = &m_pshs[i];
                if ((psh->Characteristics & IMAGE_SCN_CNT_CODE) != 0 &&
                    psh->SizeOfRawData > 0)
                    ParseTextSection(psh, m_pnSects.at(i), psh->PointerToRawData);
            }
```

32비트면서 PDB 파일 정보가 없을 경우. 코드 섹션에 대하여 직접 함수 구조를 분석한다.

```
        }
    }
    return m_pnRoot;
}
```

2.4.3 프로젝트 PE Explorer의 구조

PE Explorer 프로젝트는 MFC 기반의 '단일 문서' 프로젝트 위저드를 통해 생성되었으며, '문서/뷰 구조'는 지원하지 않는다. 따라서 애플리케이션의 중심이 되는 CPEExplorerApp 클래스, 프레임을 담당하는 CMainFrame 클래스, PE 파일에 대한 분석 결과를 출력하는 CPEView 클래스로 구성되어 있다. 분석 결과에 대한 CPEView 클래스는 PEView.h 파일에 다음과 같이 정의되어 있다.

```
#pragma once
#include "PEAnals.h"

class CPEView : public CWnd
{
    static PCWSTR GSZ_COL_NAMES[COL_IDX_MAX];
    CFont          m_tvFont;
    CImageList     m_imgPE;
    CTreeListCtrl  m_ctlPE;
    ANAL_MAP       m_anals;


// 생성입니다.
public:
    CPEView();
    virtual ~CPEView();
        ⋮
```

위의 클래스에서 m_anals 멤버 변수의 타입이 되는 ANAL_MAP은 앞서 설명한 대로 CPEAnals 클래스의 인스턴스를 담는 맵이다. 그리고 m_ctlPE 멤버 변수는 트리 뷰와 리스트 뷰를 결합한 CTreeListCtrl 클래스를 타입으로 갖는다. 이 클래스는 'Anton Zechner' 사이트(http://members.inode.at/anton.zechner/az/TreeList.htm)에서 다운로드한 CTreeListCtrl 클래스를 사용했다. 뷰는 다섯 개의 칼럼으로 구성된 트리 리스트 뷰로 이루어졌으며, 이 칼럼을 위해 정적 칼럼 이름 배열을 다음과 같이 정의한다.

```
PCWSTR CPEView::GSZ_COL_NAMES[COL_IDX_MAX] =
{
    L"필드", L"타입", L"오프셋:RVA", L"크기", L"값", L"상세"
};
```

그리고 CPEView 클래스의 OnCreate 함수를 통해서 뷰의 기본 구조를 설정한다.

```cpp
int CPEView::OnCreate(LPCREATESTRUCT lpCreateStruct)
{
    if (CWnd::OnCreate(lpCreateStruct) == -1)
        return -1;

    CRect rc;
    GetClientRect(rc);
    UINT uStyle = TVS_HASBUTTONS | TVS_HASBUTTONS | TVS_HASLINES |
                    TVS_LINESATROOT | TVS_FULLROWSELECT;
    m_ctlPE.Create(uStyle | WS_CHILD | WS_VISIBLE , rc, this, IDC_TV_PEVIEW);
```
CTreeListCtrl 컨트롤을 생성한다.

```cpp
    UINT uExStyle = TVS_EX_ITEMLINES | TVS_EX_ITEMLINES | TVS_EX_SEND_HOVER |
                    TVS_EX_ALTERNATECOLOR | TVS_EX_FULLROWMARK | TVS_EX_SUBSELECT;
    m_ctlPE.SetExtendedStyle(uExStyle);
```
CTreeListCtrl 컨트롤에 확장 스타일을 지정한다.

```cpp
    m_imgPE.Create(IDB_TREE_NODE, 16, 18, RGB(255, 255, 255));
    m_ctlPE.SetImageList(&m_imgPE, TVSIL_NORMAL);
```
CTreeListCtrl 컨트롤의 노드를 위한 이미지 리스트를 생성하고 컨트롤에 설정한다.

```cpp
    m_tvFont.CreatePointFont(100, _T("Courier New"));
    m_ctlPE.SetFont(&m_tvFont);
```
"Courier New" 폰트를 생성하고 CTreeListCtrl 컨트롤의 폰트로 설정한다.

```cpp
    int nColWs[COL_IDX_MAX] = { 220, 180, 150, 120, 150, 500 };
    for (int i = 0; i < COL_IDX_MAX; i++)
        m_ctlPE.InsertColumn(i, GSZ_COL_NAMES[i],
        (i == 3) ? TVCFMT_RIGHT : TVCFMT_LEFT, nColWs[i]);
```
CTreeListCtrl 컨트롤에 다섯 개의 칼럼을 삽입한다.

```cpp
    return 0;
}
```

앞의 코드를 통해 생성되는 PE Explorer는 다음 그림과 같은 실행 상태를 갖는다.

그림 2-19 PE Explorer 실행 상태

필드	타입	오프셋:RVA	크기	값	상세
⊞ 🖷🗎basicapp.exe	64bit exe PE	00000000:00000000	0xA200 (41472)		z:\0.de
⊞ 📁 DosHeader	IMAGE_DOS_HEADER	00000000:00000000	0x40(64)		
⊞ 📁 NTHeaders	IMAGE_NT_HEADERS	000000F8:000000F8	0x108(264)		
⊞ 📁 SectionHeaders	IMAGE_SECTION_HE	00000200:00000200	0x118(280)		
⊞ ⼻ .text	BYTE[21504]	00000400:00001000	0x5400(21504)	CC CC CC CC CC...	_RE__
⊞ ⼻ .rdata	BYTE[10752]	00005800:00007000	0x2A00(10752)	00 00 00 00 00...	_R___
⼻ .data	BYTE[512]	00008200:0000A000	0x200(512)	59 00 48 00 44...	WR___
⊞ ⼻ .pdata	BYTE[1536]	00008400:0000B000	0x600(1536)	20 10 00 00 51...	_R___
⊞ ⼻ .idata	BYTE[4096]	00008A00:0000C000	0x1000(4096)	BC C9 00 00 00...	_R___
⊞ ⼻ .rsrc	BYTE[1536]	00009A00:0000D000	0x600(1536)	00 00 00 00 00...	_R___
⊞ ⼻ .reloc	BYTE[512]	0000A000:0000E000	0x200(512)	00 70 00 00 28...	_R__D

위 그림에서 [파일] 메뉴의 'PE 파일 열기' 항목을 선택하면 PE 파일 리스트를 담은 [파일] 대화상자가 나타나며, PE 파일을 선택하면 해당 파일의 분석을 통해 위와 같이 뷰에 PE의 정보를 출력한다. 다음은 'PE 파일 열기' 항목을 처리하는 OnFileOpen 함수다.

```
void CPEView::OnFileOpen()
{
    TCHAR szDefExt[] = _T("exe");
    TCHAR szFilter[] =
        _T("PE 파일(*.exe, *.dll, *.ocx, *.sys)|*.exe;*.dll;*.ocx;*.sys|")
        _T("실행 애플리케이션(*.exe)|*.exe|")
        _T("동적 라이브러리(*.dll)|*.dll|ActiveX 컨트롤(*.ocx)|*.ocx|")
        _T("디바이스 드라이버(*.sys)|*.sys|모든 파일(*.*)|*.*||");

    CFileDialog dlg(TRUE, szDefExt, _T(""),
        OFN_HIDEREADONLY | OFN_OVERWRITEPROMPT, szFilter);
    if (dlg.DoModal() != IDOK)
        return;
```
[파일] 대화상자를 출력한다. 확장자 필터링은 EXE, DLL, OCX, SYS 확장자들로 지정한다.
```

    CString szErr;
    CString szPEPath = dlg.GetPathName().MakeLower();
    ANAL_MAP::iterator it = m_anals.find(szPEPath);
```

```
if (it != m_anals.end())
{
    szErr.Format(_T("%s\xd\xa해당 PE 파일이 이미 열려 있습니다."),
                    dlg.GetPathName());
    AfxMessageBox(szErr);
    return;
}
```

이미 열린 파일인지 m_anals 맵을 통해서 체크한다.

```
SORT_SET sorts;
PPE_NODE pnRoot = NULL;
PEAnals* ppe = NULL;
try
{
    CString szItem;
    ppe = new PEAnals(szPEPath, &m_ctlPE);
    pnRoot = ppe->ParsePEImage(sorts);
```

선택된 PE 파일을 매개변수로 PEAnals 클래스의 인스턴스를 생성한 후 해당 파일에 대해 파싱을 수행한다.

```
}
catch (HRESULT hr)
{
    szErr.Format(_T("Error occurred : 0x%08X"), hr);
}
catch (PCTSTR pszErr)
{
    szErr = pszErr;
}

if (!szErr.IsEmpty())
{
    AfxMessageBox(szErr);
    if (pnRoot != NULL)
    {
        m_ctlPE.DeleteItem(pnRoot->Node);
        m_ctlPE.Invalidate();
        delete pnRoot;
```

```
        }
    }
    else
    {
        m_anals.insert(std::make_pair(szPEPath, ppe));
        m_ctlPE.SelectItem(pnRoot->Node);
```

PE 파일에 대한 파싱이 성공하면 m_anals 맵에 PEAnals 클래스의 인스턴스를 등록한다.

```
        SortChildNode(pnRoot->Node);
        m_ctlPE.Expand(pnRoot->Node, TVE_EXPAND);
        m_ctlPE.EnsureVisible(pnRoot->Node);
        for (SORT_SET::iterator it = sorts.begin(); it != sorts.end(); it++)
        {
            SortChildNode(*it);
        }
```

정렬이 필요한 노드에 대하여 정렬 작업을 수행한다.

```
    }
}
```

그렇다면 PEAnals 클래스에서 설명했던 PE 헤더들을 파싱하는 역할을 하는 ParsePEHeaders 함수의 정의를 살펴보자.

```
int PEAnals::ParsePEHeaders()
{
```

① IMAGE_DOS_HEADER 파싱

```
    DWORD dwOffset = 0;
    PIMAGE_DOS_HEADER pdh = PIMAGE_DOS_HEADER(m_pImgView);
    if (pdh->e_magic != IMAGE_DOS_SIGNATURE)
        throw _T("윈도우 실행 파일 포맷이 아닙니다");
```

IMAGE_DOS_SIGNATURE를 체크한다.

```
    PPE_NODE pn = InsertStructNode(m_pnRoot->Node,
        INVALID_SECT_IDX, dwOffset, L"DosHeader", L"IMAGE_DOS_HEADER");
    AppendStructMembers(pn);
```

IMAGE_DOS_HEADER 구조체의 노드를 삽입하고 서브 필드를 추가한다.

```
dwOffset = pdh->e_lfanew;
```

e_lfanew 필드에서 IMAGE_NT_HEADERS 구조체의 시작 오프셋을 획득한다.

② IMAGE_NT_HEADERS 파싱

```
PBYTE pIter = m_pImgView + dwOffset;
DWORD dwSig = *PDWORD(pIter); pIter += sizeof(DWORD);
if (dwSig != IMAGE_NT_SIGNATURE)
    throw _T("PE 포맷을 가진 파일이 아닙니다");
```

IMAGE_NT_SIGNATURE를 체크한다.

```
PCWSTR pszType = (m_bIs32Bit) ? L"IMAGE_NT_HEADERS32" : L"IMAGE_NT_HEADERS64";
pn = InsertStructNode(m_pnRoot->Node,
            INVALID_SECT_IDX, dwOffset, L"NTHeaders", pszType);
dwOffset += AppendStructMembers(pn);
```

IMAGE_NT_HEADERS 구조체의 노드를 삽입하고 서브 필드를 추가한다.

③ IMAGE_FILE_HEADER 파싱

```
PPE_NODE pn2 = FindNode(pn->Node, L"FileHeader");
dwOffset += AppendStructMembers(pn2);
```

④ IMAGE_OPTIONAL_HEADER 파싱

```
pn2 = FindNode(pn->Node, L"OptionalHeader");
dwOffset += AppendStructMembers(pn2);
```

⑤ IMAGE_DATA_DIRECTORY 파싱

```
m_pdds = PEPlus::GetDataDirs(m_pImgView);
PPE_ENUM pDirEnt = SCHEMA.EnumMap()->find(L"IMAGE_DIRECTORY_ENTRY")->second;
PPE_NODE pn3 = FindNode(pn2->Node, L"DataDirectory");
dwOffset = pn3->Offset;

for (int i = 0; i < IMAGE_NUMBEROF_DIRECTORY_ENTRIES; i++)
```

```
    {
        PIMAGE_DATA_DIRECTORY pdd = &m_pdds[i];
        int nImgIdx = (pdd->VirtualAddress == 0) ? IMG_IDX_XBOX : -1;
        CString sz; sz.Format(L"[%2d]%s", i, pDirEnt->Find(i));
        PPE_NODE pn4 = InsertStructNode(pn3->Node,
            pn3->SectIdx, dwOffset, sz, L"IMAGE_DATA_DIRECTORY", 0, nImgIdx);
        if (pdd->VirtualAddress > 0)
        {
            AppendStructMembers(pn4);
            PIMAGE_SECTION_HEADER psh = PEPlus::FindSectionHdr
                                (m_pImgView, pdd->VirtualAddress);
            CString szOffset;
            DWORD dwDataOff = pdd->VirtualAddress;
            if (psh != NULL)
                szOffset.Format(L"%s:%X", PEPlus::GetSectionName(psh),
                RVA_TO_OFFSET(psh, pdd->VirtualAddress));
            else
                szOffset.Format(L"HDR:%X", pdd->VirtualAddress);
            sz.Format(L"0x%08X(%s)+%d", pdd->VirtualAddress, szOffset, pdd->Size);
            UpdateNodeText(pn4->Node, sz, COL_IDX_INFO);
        }
        dwOffset += sizeof(IMAGE_DATA_DIRECTORY);
    }
```

⑥ IMAGE_SECTION_HEADER 파싱

```
m_pshs = PEPlus::GetSectionHdrs(m_pImgView);
PIMAGE_FILE_HEADER pfh = PIMAGE_FILE_HEADER(pIter);
pn = InsertStructNode(m_pnRoot->Node, INVALID_SECT_IDX, dwOffset,
    L"SectionHeaders", L"IMAGE_SECTION_HEADER", pfh->NumberOfSections);

for (int i = 0; i < pfh->NumberOfSections; i++)
```

```
    {
        PIMAGE_SECTION_HEADER psh = &m_pshs[i];
        CString sz; sz.Format(L"[%d]%s", i, PEPlus::GetSectionName(psh));
```

```
        PPE_NODE pn4 = InsertStructNode(pn->Node,
            pn->SectIdx, dwOffset, sz, L"IMAGE_SECTION_HEADER");
        sz.Format(L"(R)0x%04X:(O)0x%04X +%d",
            psh->VirtualAddress, psh->PointerToRawData, psh->Misc.VirtualSize);
        UpdateNodeText(pn4->Node, sz, COL_IDX_INFO);
        dwOffset += AppendStructMembers(pn4);
    }


    return (int)pfh->NumberOfSections;
```
섹션의 수를 반환한다.
```
}
```

다음은 위의 코드를 통해서 BasicApp.exe에 대한 PE의 IMAGE_NT_HEADERS 구조체를 분석한 PE Explorer 실행 결과를 나타낸 것으로, ParsePEHeaders 함수의 ②, ③, ④에 해당하는 코드의 실행 결과다.

그림 2-20 BasicApp.exe의 IMAGE_NT_HEADERS 구조체 분석 결과

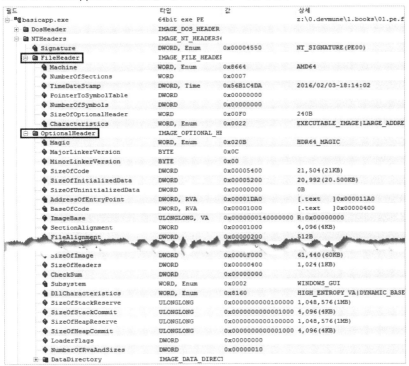

다음은 BasicApp.exe의 IMAGE_DATA_DIRECTORY 배열과 IMAGE_SECTION_HEADER 배열에 대한 분석 결과를 나타냈다. ParsePEHeaders 함수의 ⑤와 ⑥에 해당하는 코드의 실행 결과다.

그림 2-21 BasicApp.exe의 IMAGE_DATA_DIRECTORY 및 IMAGE_SECTION_HEADER 배열 분석 결과

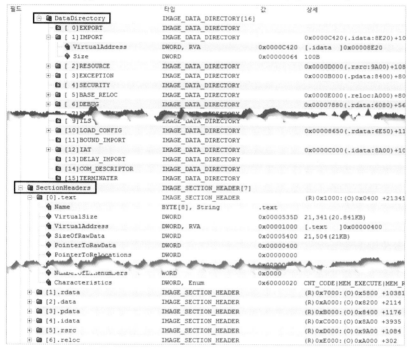

이상으로 PE 헤더와 관련된 모든 내용을 살펴보았다. 이제부터 IMAGE_DATA_DIRECTORY 엔트리나 IMAGE_SECTION_HEADER 배열의 엔트리가 가리키는 각 섹션에 대한 내용을 자세히 살펴보기로 한다. 따라서 다음 장부터는 .text 섹션, .data 섹션, .idata 섹션, .edata 섹션, .rsrc 섹션 등 각 섹션에 대한 구체적인 설명, 즉 PE 파일에서 흔히 접하게 되는 섹션에 대해 설명하고자 한다. 각 섹션은 저마다의 고유의 포맷을 가지고 있기 때문에 개별적으로 접근해서 분석해야 한다. 이제 3장부터 10장까지 PE 파일의 중요한 섹션에 대한 자세한 분석이 이어질 것이다.

03장

코드와 데이터 섹션

앞서 2장에서는 PE의 전체적인 구조와 이 구조에 대한 이정표 역할을 하는 여러 PE 헤더들에 대해 살펴보았다. 이제부터 앞서 IMAGE_SECTION_HEADER 테이블에서 확인했던 다양한 섹션과 IMAGE_DATA_DIRECTORY 배열의 엔트리에서 언급된 여러 데이터 섹션에 대하여 자세히 살펴보기로 한다.

이 장에서 다룰 내용은 여러 섹션 중 일반적으로 제일 앞에 오는 코드, 데이터와 관련된 섹션이다. IMAGE_SECTION_HEADER 테이블에서 볼 수 있는 섹션 중 .text로 시작하는 섹션이 코드 섹션에 해당하며 .data, .rdata 등의 섹션이 데이터 섹션에 해당한다고 볼 수 있다. 좀 더 넓은 관점에서 보면 다음 장부터 소개될 .idata나 .edata, .rsrc 등의 섹션 역시 데이터 섹션의 범주에 포함될 수 있다. 따라서 PE 파일은 'PE 헤더'와 '코드 섹션' 그리고 여러 다양한 '데이터 섹션'으로 구성된 포맷을 갖는 파일이라고 할 수 있다. 이러한 여러 데이터 섹션은 공개된 포맷이 존재하며, 그 포맷과 구조에 대해서 상세하게 살펴보는 것이 이 책의 목적이기도 하다. 하지만 3장에서 언급할 섹션은 공개된 특정 포맷이나 구조 없이 CPU와 컴파일러의 구현에 따라 그 구조가 결정되는 섹션이다. 특히 .text 섹션은 순수하게 CPU에 의존적인 기계어 코드로 구성되기 때문에 그 구조를 상세하게 설명하기가 힘들다. 기계어 코드로 구성되어 있다는 것은 결국 어셈블리 언어까지 언급해야 한다는 것을 의미하기 때문이다.

1부에서는 코드 섹션의 개념과 구조에 대해 설명하고, 4부에서는 어셈블리 언어에 대한 개략적인 설명과 더불어 코드 섹션의 기계어 코드를 디스어셈블하는 방법을 상세히 다룰 예정이다. 따라서 이 장에서는 BasicApp.exe의 코드 섹션인 .text 섹션을 간단히 분석해보고, 이와 함께 프로그램 실행 시 PE와 연관되는 부분을 구체적인 덤프를 통해서 알아보고자 한다. 덤프를 통해 데이터 섹션에서 사용자가 지정한 전역 변수 또는 상수가 실제 PE 상에 어디에 위치하는지도 확인할 수 있을 것이다. 따라서 BasicApp.exe라는 샘플 PE를 크게 '코드'와 '데이터'라는 두 개의 큰 범주로 나누어 설명하고자 한다.

3.1 프로그램 메모리 구조

우선 코드 섹션과 데이터 섹션의 의미를 PE와 메모리의 관점에서 살펴보도록 하자. 다음 그림은 일반적으로 프로그램이 메모리 상에 로드되어 실행될 때, C/C++이라는 언어의 관점에서 보는 프로그램의 개념적 메모리 구조다.

그림 3-1 C/C++의 관점에서의 프로그램 메모리 구조

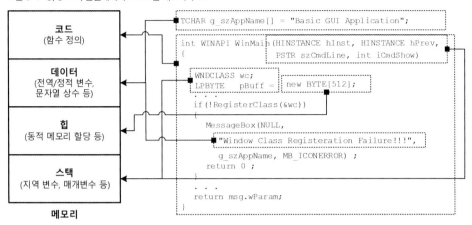

위 그림에서처럼 프로그램 인스턴스에 할당된 메모리는 크게 네 영역으로 나뉠 수 있다. 프로그램의 코드가 모여 있는 코드 영역, 전역/정적 변수나 문자열 등이 보관되어 있는 데이터 영역, 그리고 지역 변수나 함수의 매개변수 전달을 위한 스택(Stack) 영역, new나 malloc 또는 HeapAlloc 등의 동적 메모리 할당 함수에 의해 할당된 메모리 영역이 위치하는 힙(Heap) 영역이 있다. 각 영역의 성격에 따라 해당 영역에 위치하는 변수의 생존 기간(Life Time)이 결정된다는 것을 여러분은 잘 알고 있으리라.

[그림 3-1]은 BasicApp.cpp의 일부가 실행 파일로 만들어진 후 메모리 상에 인스턴스화될 때 소스의 각 부분이 위치하는 메모리 상의 영역을 나타낸 것이다. WinMain으로 정의된 함수는 CPU가 실행할 바이트 코드, 즉 구체적인 명령(Instruction)들로 번역되어 코드 영역에 위치하게 된다. 이때 이 코드 영역 내의 명령을 실행해야 할 번지를 담고 있는 레지스터가 IP(Instruction Pointer) 레지스터*다. 또한 WinMain 내에서 지역 변수로 선언된 변수들 혹은 WinMain 함수의 매개변수들은 모두 스택 영역에 위치하며, 이 스택에 대한 입출력을 관리하는 레지스터가 SP(Stack Pointer) 레지스터다. 그리고 위 소스 상에서 "new BYTE[256];" 구문에 의해 동적으로 할당된 256바이트의 버퍼는 힙에 보관되며, 소스 제일 상단에 정의된 g_szAppName 전역 변수와 RegisterClass 함수 호출 실패 시에 에러 정보를 표시하기 위한 "Window Class Registration Failure!!!"라는 문자열 상수는 데이터 영역에 위치하게 된다.

---

* 프로그램 카운터(Program Counter, PC)라고도 하며, 인텔 32비트의 경우는 EIP, IA-64나 AMD64의 경우는 RIP가 된다.

[그림 3-1]의 구조는 C/C++의 관점에서 추상화하여 구분한 영역이다. 이 구조를 윈도우 프로세스의 가상 주소 공간의 관점에서 PE의 관점으로 바꿔보면 다음과 같은 구조로 나타낼 수 있다.

그림 3-2 프로세스의 가상 주소 공간 내에서의 프로그램 구조

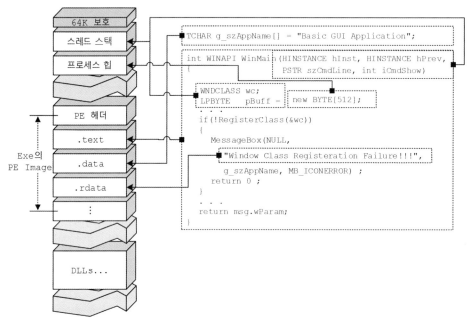

[그림 3-2]와 비교해볼 때, [그림 3-1]에서의 코드 영역은 PE가 가상 주소 공간에 매핑되었을 때의 코드(.text) 섹션에 해당되고, 데이터 영역은 가상 주소 공간에 매핑된 데이터(.data) 섹션과 읽기 전용 데이터(.rdata) 섹션에 해당된다. 결국 PE의 코드 섹션과 (읽기 전용) 데이터 섹션이 메모리 상에 매핑되면서 각 섹션 자체가 코드와 데이터 영역의 역할을 하게 된다. 위의 그림을 통해서 알 수 있듯이, 시스템은 PE를 로드하기 전에 프로세스를 위한 가상 주소 공간을 생성한 후, PE 전체를 매핑하기에 충분한 주소 공간을 **예약(Reserve)**한다. 예약 크기는 IMAGE_OPTIONAL_ HEADER의 SizeOfImage 필드에 정의되어 있다. 그리고 PE를 매핑하면서 코드 섹션이나 데이터 섹션, 읽기 전용 데이터 섹션을 IMAGE_SECTION_HEADER 구조체의 VirtualAddress 필드가 가리키는 가상 주소 번지(기준 주소 ImageBase + RVA)에 VirtualSize 필드 크기만큼 공간을 **확정(Commit)**한 후, 그곳에 PE 파일 내의 해당 섹션을 매핑하면 그 공간 자체가 [그림 3-1]에서의 코드 영역과 데이터 영역이 된다. 물론 프로세스가 생성되면서 가상 주소 공간 내의 프로세스 디폴트 힙과 메인 스레드 스택은 별도로 생성된다. 이 영역의 예약과 확정 크기 역시

IMAGE_OPTIONAL_HEADER 구조체의 SizeOfStackReserve, SizeOfStackCommit, SizeOfHeapReserve, SizeOfHeapCommit 필드에 지정되어 있다는 것은 앞서 2장에서 설명했다. 하지만 이 스택과 힙은 PE 자체와는 관련이 없는 영역이다. 이렇게 PE가 가상 주소 공간에 매핑되고 나면 IP 레지스터는 코드 섹션 내의 특정 번지, 정확하게는 IMAGE_OPTIONAL_HEADER 구조체의 AddressOfEntryPoint 필드에 지정된 값으로 설정되어 메인 스레드로 하여금 코드를 실행할 수 있도록 한다. 물론 전역/정적 데이터는 이미 데이터 섹션에 저장되어 있으며, 이 데이터 섹션 자체가 메모리 참조의 대상이 되는 것이다.

[그림 3-2]는 데이터 영역의 대상으로 .data, .rdata 섹션만 보여주었지만, 사실 크게 보면 .text 섹션을 제외한 나머지 섹션, 즉 .idata, .edata, .rsrc 섹션 모두 광의의 데이터 섹션이 된다. 이 섹션 모두가 .text 내에 위치한 프로그램 코드가 실행할 작업의 대상이 되기 때문이다. 따라서 코드와 데이터를 구분하는 기준은 IMAGE_SECTION_HEADER의 Name 필드에 저장된 이름에 의존해서는 안 된다. VC++ 컴파일러는 코드 섹션을 .text라고 명명했지만, 다른 컴파일러의 경우 다른 이름으로 섹션 이름을 지정할 수도 있고, 링크 시 옵션을 통해 이름을 바꿀 수도 있기 때문이다. 따라서 코드와 데이터 섹션을 구분하는 정확한 기준은 2장에서 언급했던 것처럼 IMAGE_SECTION_HEADER의 Characteristics 속성을 체크해야 한다. Characteristics 필드에 **IMAGE_SCN_CNT_CODE** 플래그가 설정되어 있으면 코드 섹션이 되고, **IMAGE_SCN_CNT_INITIALIZED_DATA** 또는 **IMAGE_SCN_CNT_UNINITIALIZED_DATA** 플래그가 설정되어 있으면 데이터 섹션이 되는 것이다.

2장에서 BasicApp.exe 덤프를 통해 직접 살펴본 대로 .text 섹션 외의 나머지 섹션은 모두 IMAGE_SCN_CNT_INITIALIZED_DATA 속성을 갖는다는 것을 확인했다. 물론 컴파일러의 최적화 처리나 링크 시의 '섹션 병합' 옵션에 따라 .idata나 .edata, .rsrc 등도 코드 섹션에 포함될 수 있기 때문에, 코드 섹션의 경우 IMAGE_SCN_CNT_CODE와 IMAGE_SCN_CNT_INITIALIZED_DATA 속성을 동시에 가질 수도 있다는 점에 유의해야 한다.

먼저 .text로 대표되는 코드 섹션에 대하여 살펴보기로 하자.

3.2 코드 섹션

일반적으로 디버깅 툴이 수행해야 할 중요한 기능은 코드를 역어셈블링하는 것이다. 그러기 위해서는 우선 PE 파일 내에서 기계어 코드들이 담긴 코드 섹션을 먼저 찾아야 한다. 이 코드 섹션을 찾기 위해서 주의해야 할 3가지 사항을 확인해보자.

- 코드 섹션의 명칭이 항상 .text일 것이라는 가정은 버려라.
- 코드 섹션은 그 내부에 다른 데이터 디렉터리 정보를 포함할 수 있다.
- 코드 섹션은 하나 이상 존재할 수 있다.

첫 번째 사항은 코드 섹션을 찾기 위하여 Name 필드에 의존하지 말라는 의미며, 두 번째 사항은 다른 데이터 디렉터리들이 코드 섹션 내에 존재할 수 있음을 [그림 2-14]의 엑셀 PE 분석 결과를 통해 실제로 확인했다. 세 번째 사항 역시 주의해야 하는데, 일반적으로 코드 섹션은 .text라는 이름을 가진 하나의 섹션으로 존재하지만 두 개 이상의 코드 섹션이 존재하는 경우도 있다.

다음 그림은 NTDll.dll을 PE Explorer로 분석한 결과다.

그림 3-3 NTDll.dll의 코드 섹션

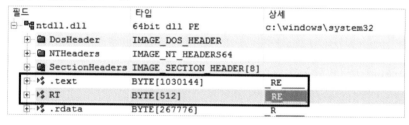

위의 그림에서 확인할 수 있듯이 실제로 System32 폴더에 존재하며, Kernel32.dll의 토대가 되는 NTDll.dll의 경우는 .text뿐만 아니라 'RT'라는 두 개의 코드 섹션이 존재한다. '상세' 칼럼에서 RT 섹션의 메모리 속성이 "_RE____"이며, 여기서 'E'는 MEM_EXECUTE 속성을 의미하는 심볼이다. RT 섹션의 IMAGE_SECTION_HEADER 구조체의 내용을 다음과 같이 직접 확인해보면 더 정확히 알 수 있다.

표 3-1 RT 섹션의 IMAGE_SECTION_HEADER

필드	타입	오프셋	값	상세
Name	BYTE[8]	0x00000208	RT	섹션명 : RT
VirtualSize	DWORD	0x00000210	0x000001E5	485B
VirtualAddress	DWORD	0x00000214	0x000FC000	RT:0x000FB400
SizeOfRawData	DWORD	0x00000218	0x00000200	1,029,120,(1005KB)
PointerToRawData	DWORD	0x0000021C	0x000FB400	
Characteristics	DWORD	0x0000022C	0x60000020	CNT_CODE | MEM_EXECUTE | MEM_READ

Characteristics 필드는 **IMAGE_SCN_CNT_CODE**와 **IMAGE_SCN_MEM_EXECUTE** 속성임을 알 수 있다. NTDll.dll뿐만 아니라 커널 디바이스 드라이버의 경우는 일반적으로 .text 섹션을 포함하여 PAGE와 INIT이라는 3개의 섹션을 코드 섹션으로 갖는다.

다음 그림은 키보드를 관리하는 디바이스 드라이버인 KdbClass.sys의 PE 분석 결과다.

그림 3-4 KdbClass.sys의 코드 섹션

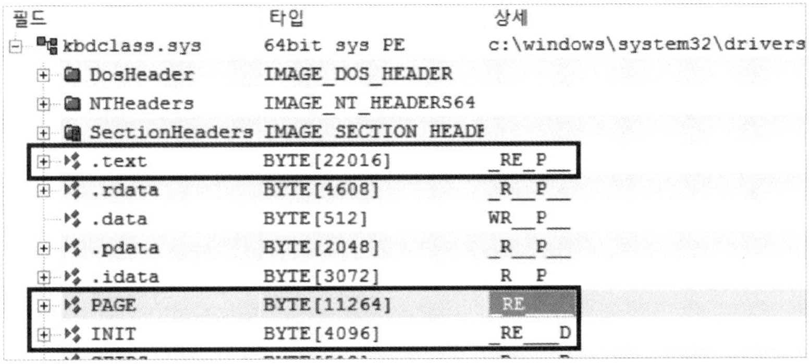

```
필드                     타입                    상세
□ ■kbdclass.sys          64bit sys PE            c:\windows\system32\drivers
  ⊞ ▨ DosHeader          IMAGE_DOS_HEADER
  ⊞ ▨ NTHeaders          IMAGE_NT_HEADERS64
  ⊞ ▧ SectionHeaders     IMAGE_SECTION_HEADE
  ⊞ ▸% .text             BYTE[22016]            _RE_P__
  ⊞ ▸% .rdata            BYTE[4608]             _R__P__
    ▸% .data             BYTE[512]              WR__P__
  ⊞ ▸% .pdata            BYTE[2048]             _R__P__
  ⊞ ▸% .idata            BYTE[3072]             _R__P__
  ⊞ ▸% PAGE              BYTE[11264]            _RE____
  ⊞ ▸% INIT              BYTE[4096]             _RE__D_
```

위의 그림을 통해서 KdbClass.sys의 PAGE와 INIT 섹션 역시 MEM_EXECUTE 속성을 의미하는 'E' 심볼이 설정되어 있음을 알 수 있다. 이와 같이 실제로 코드 섹션이 두 개 이상 존재하는 경우가 있다는 점을 염두에 두고 코드 섹션에 대해 알아보기로 하자.

코드 섹션은 말 그대로 스레드가 실행해야 하는 명령들을 담고 있는, 컴파일러나 어셈블러가 최종적으로 생성하는 일반 목적 코드가 존재하는 섹션이다. 이전 16비트 시절에는 이 코드 섹션(16비트 시절의 정확한 표현은 코드 세그먼트다)이 여러 개로 분산되어 있는 경우가 있었다. '메모리 모델'이라는, 그 악명 높은 Tiny, Small, Large, Huge 등의 모델들이 16비트 시절에 존재했던 이유가 이 코드 섹션의 크기가 64K를 넘느냐 마느냐에 따른 선택에서, 코드가 64K를 넘어가면 결국 한 개 이상의 세그먼트로 나누어 코드 섹션을 관리해야 되기 때문이다. 이는 16비트 기반의 운영체제와 20비트 주소 줄에 따른 [세그먼트:오프셋] 주소 지정 방식이라는 8086 특유의 메모리 관리 방식에 기인한 것이다. 하지만 32비트로 넘어오면서 메모리 주소 지정 방식이 더 이상의 그런 기형적인 [세그먼트:오프셋] 방식이 아니라, 32비트의 일관된 선형 주소 지정 방식(엄밀히 말하면 가상 주소 영역에 대한)으로 바뀌었다. 그러면서 더 이상 세그먼트 개념이 필요가 없어졌으며, 코드 섹션의 크기에 상관없이 하나의 섹션으로 관리가 가능해졌다. 일반적으로 PE에서의 코드 섹션은 우리가 2장에서 확인한 IMAGE_SECTION_HEADER의 .text라는 엔트리가 가리키는 곳에 위치한 블록으로, 작성된 해당 PE 내의 모든 코드가 여기에 위치한다. DLL도 [그림 3-2]와 마찬가지로 프로세스의 가상 주소 공간에 로드되었을 때 EXE의 PE와 동일한 상황에 처하게 된다. DLL 역시 PE이기 때문에 자체의 코드와 데이터 섹션을 가지며, 이 섹션 자체가 그대로 주소 공간에 매핑되어 코드 실행의 대상, 메모리 참조의 대상이 된다.

3.2.1 코드 섹션에 대하여

이제 PE 파일에 존재하는 대표적인 코드 섹션인 '텍스트 섹션' 또는 .text 섹션에 대하여 알아보도록 하자. 이 섹션에 존재하는, 알아볼 수 없는 헥사 덩어리는 구체적으로 어떤 의미를 가질까? 우리가 C 또는 C++로 작성한 코드는 컴파일러에 의해 해당 플랫폼의 기계어 코드로 1차 번역되어 OBJ 파일로 만들어진다. 물론 어셈블리 언어로 만든 코드도 어셈블러에 의해 OBJ가 생성된다. 그리고 리소스 파일의 경우 RES 파일로 번역되어 최종 링크를 기다리게 된다. 이러한 여러 중간 파일들이 보통 LIB 확장자를 갖는 기존의 라이브러리 파일들이 링커를 통해 최종적으로 PE에 해당하는 EXE나 DLL 파일로 만들어지게 된다는 것을 여러분은 잘 알고 있으리라.

다음 그림은 앞서 BasicApp.cpp 코드를 32비트로 컴파일했을 때 기계어로 번역되어 최종 PE에 저장되는 과정을 간단히 도식화한 것이다.

그림 3-5 코드 섹션의 구조

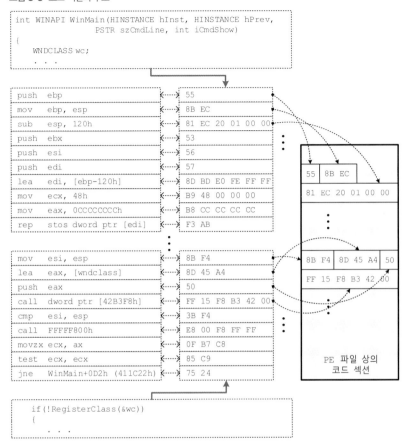

위 그림처럼 함수로 정의된 소스 코드는 기계어 코드로 번역된다. 그림 중간의 **"55"** 또는 **"8B EC"**나 **"81 EC 20 01 00 00"** 같은 일련의 헥사 스트림이 컴파일러에 의해 번역된 기계어에 해당하며, 이는 스레드가 실행할 하나의 '명령 단위'를 이룬다. 이러한 명령들이 수행될 때의 그 위치, 즉 실행될 명령의 번지를 담는 레지스터가 명령 포인터(Instruction Pointer, IP)다. 이렇게 생성된 기계어들은 PE 파일의 코드 섹션에 위 그림의 오른쪽처럼 연속적으로 기록되어 최종적인 PE 파일의 코드 섹션을 구성하게 된다. 또한 이 기계어를 사람이 인식할 수 있는 언어로 표현한 것이 어셈블리 언어이다. 그림 왼쪽에 있는 어셈블리 코드가 이러한 기계어를 디스어셈블한 것이며, 기계어로 구성된 하나의 명령 단위와 일 대 일로 대응된다는 것을 확인할 수 있다. 이때 기계어 코드 0x55에 대응하는 어셈블리 언어 "push"와 같은 명령어를 '니모닉'이라고 한다. push에 해당하는 기계어 코드(0x55)는 해당 CPU 플랫폼마다 그 값이 다를 수 있지만, 그러한 기능의 코드에 해당하는 "push"라는 니모닉은 동일하다.

다시 한번 생각해보자. 코드 섹션이 코드를 담고 있다는 것은 무슨 의미일까? 이것은 [그림 3-5]에서처럼 우리가 정의한 함수들을 컴파일한 기계어들을 담고 있다는 의미다. 이 의미를 좀 더 자세히 알아보기 위하여 직접 덤프를 통해서 확인해보도록 하자. 2장에서부터 분석해왔던 64비트 BasicApp.exe PE를 계속 사용하자. 우선 코드 섹션의 PE 파일 상의 오프셋을 구하기 위하여 IMAGE_SECTION_HEADER 구조체의 테이블을 참조해야 한다. [그림 2-3]의 오른쪽 텍스트 뷰 영역에서 .text라고 되어 있는 곳의 덤프를 확인해보자. 그 위치는 0x00000200부터다.

덤프 3-1 .text 섹션 헤더 (IMAGE_SECTION_HEADER)

	+0	+1	+2	+3	+4	+5	+6	+7	+8	+9	+A	+B	+C	+D	+E	+F
00000200	2E	74	65	78	74	00	00	00	5D	53	00	00	00	10	00	00
00000210	00	54	00	00	00	04	00	00	00	00	00	00	00	00	00	00
00000220	00	00	00	00	20	00	00	60	2E	72	64	61	74	61	00	00

위 덤프가 .text 섹션에 대한 섹션 헤더며, IMAGE_SECTION_HEADER 구조체에 맞춰 분석하면 다음과 같다.

표 3-2 .text 섹션의 IMAGE_SECTION_HEADER 구조체

필드	타입	오프셋	값
Name	BYTE[8]	0x00000200	.text
VirtualSize	DWORD	0x00000208	0x0000535D
VirtualAddress	DWORD	0x0000020C	0x00001000
SizeOfRawData	DWORD	0x00000210	0x00005400
PointerToRawData	DWORD	0x00000214	**0x00000400**
Characteristics	DWORD	0x00000224	0x60000020 CNT_CODE | MEM_EXECUTE | MEM_READ

우선 Characteristics 필드에 IMAGE_SCN_CNT_CODE 플래그와 실행 가능한 섹션임을 의미하는 IMAGE_SCN_MEM_EXECUTE 플래그가 설정되어 있다는 것을 확인할 수 있다. 또한 PointerToRawData 필드가 가리키는 오프셋 값은 **0x00000400**이며, 이 필드는 코드 섹션의 PE 파일에서 .text라는 코드 섹션이 실제로 시작되는 오프셋임을 2장에서 언급했다. 이 오프셋으로 PE의 파일 포인터를 이동시켜보자.

다음의 덤프는 BasicApp.exe의 .text 섹션의 시작 부분이다.

덤프 3-2 .text 섹션의 시작 부분

❶	+0	+1	+2	+3	+4	+5 ❷ +6	+7	+8	+9	+A ❸ +B	+C	+D	+E	+F
00000400	CC	CC	CC	CC	CC	E9	56	02	00	00	E9	11	00	00	00	CC
00000410 ❹	CC	CC	CC	CC	CC	CC	CC	CC	CC	CC	CC	CC	CC	CC	CC	CC
00000420	44	89	4C	24	20	4C	89	44	24	18	48	89	54	24	10	48
00000430	89	4C	24	08	57	48	81	EC	20	01	00	00	48	8B	FC	B9
00000440	48	00	00	00	B8	CC	CC	CC	CC	F3	AB	48	8B	8C	24	30
~	~	~	~	~	~	~	~	~	~	~	~	~	~	~	~

알 수 없는 헥사 덩어리들의 나열로만 보일 것이다. 하지만 코드 섹션은 실행 코드들이 모여 있는 영역, 즉 여러분이 정의한 함수나 클래스의 멤버 함수들이 여기에 다 모여 있다. 우리가 앞으로 다룰 여러 섹션, 예를 들어 가져오기 섹션이나 내보내기 섹션, 리소스 섹션 등은 모두 나름대로 자체의 포맷을 가지고 있는 반면, 코드 섹션은 이런 여러 다른 섹션과는 달리 코드로 이루어진 집합이며, 이 코드는 해당 CPU에서 제공하는 명령 세트로 구성된다. 따라서 코드 섹션의 포맷은 철저하게 CPU에 의존적이다. 위 덤프의 ❷ 블록에 해당하는 "E9 46 02 00 00"의 다섯 바이트는 기계어 코드로, 해당 CPU(여기서는 AMD64)에서 인식하는 명령 코드(OP 코드)와 각 코드에 따라 규정된 오퍼랜드로 구성된다. 이러한 명령 코드들을 인간이 인식할 수 있는 언어로 바꾼 것이 어셈블리어라는 것은 이미 언급했다. 그렇다면 이해를 위해 위 덤프의 기계어 코드를 디스어셈블해보자. 디스어셈블링은 11장에서 상세하게 다룰 예정이므로, 여기서는 매우 강력한 디버깅 툴인 비주얼 스튜디오를 이용해서 BasicApp.exe의 .text 섹션을 디스어셈블해보자. 프로젝트 〈BasicApp〉의 BasicApp.cpp 파일을 열어 WinMain 함수 내의 적절한 위치에 중단점(Break Point)을 걸고 이 프로젝트를 디버깅하라. 그리고 중단점에서 실행이 멈추면 아래 그림 a)처럼 팝업 메뉴에서 [디스어셈블리로 이동(D)] 항목을 선택한다.

그림 3-6 디버깅 팝업 메뉴

a) 디스어셈블리 창 출력　　　　　　　　b) 코드 바이트 표시

또한 디스어셈블리 창이 표시되면 그 창의 팝업 메뉴에서 위 그림 b)처럼 [코드 바이트 표시(Y)] 항목을 선택한다. 그러면 디스어셈블리 창에 기계어 코드도 함께 표시될 것이다. 이제 [덤프 3-2]

의 위치로 이동해 디버깅 상태에서 WinMain 함수의 첫 번째 매개변수 hInstance의 값을 획득하기 바란다. 현재 필자가 디버깅 중에 획득한 **hInstance**의 값은 0x00007FF6'17B30000이다. 이 값에 [표 3-1]의 섹션 헤더의 VirtualAddress 값인 0x00001000을 더하고, 더한 결과값 0x00007FF6'17B31000을 다음 그림의 ❶처럼 디스어셈블리 창의 주소 입력 창에 입력하자.

그림 3-7 BasicApp 디스어셈블리 창

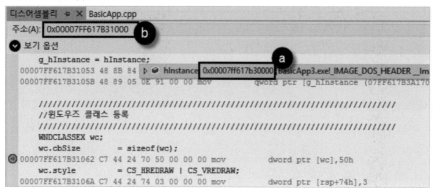

위 그림에서 필자의 경우 WinMain의 wc.cbSize 설정 부분에 중단점을 걸었고, 인텔리전스 기능을 이용해서 ❷처럼 매개변수 hInstance의 값을 획득했으며, ❶와 같이 번지 0x00007FF6'17B31000을 주소 입력 창에 입력한 상태다. 이 상태에서 엔터키를 누르면 다음과 같이 어셈블리 코드가 기계어 코드와 함께 표시될 것이다.*

```
00007FF617B31000   ① CC              int  3
00007FF617B31001      CC              int  3
00007FF617B31002      CC              int  3
00007FF617B31003      CC              int  3
00007FF617B31004      CC              int  3
WndProc:
00007FF617B31005   ② E9 56 02 00 00   jmp   WndProc (07FF617B31260h)
wWinMain:
00007FF617B3100A   ③ E9 11 00 00 00   jmp   wWinMain (07FF617B31020h)
00007FF617B3100F      CC              int  3
```

---

* 비주얼 스튜디오 디버거는 해당 실행 파일의 디버깅 정보를 담고 있는 PDB 파일이 존재하면 그 파일도 함께 열어 디버깅 중의 상세 정보를 보여준다. 위의 디스어셈블리 창에 표시된 'WndProc'이나 'wWinMain', 그리고 어셈블리 코드와 함께 표시되는 C++ 소스 코드는 모두 이 PDB 파일 덕분이다. PDB 파일에 대한 분석은 4부에서 다룰 예정이며, 만약 순수하게 어셈블리 코드 자체만을 보고 싶으면 [그림 3-6]의 b)에서 [기호 이름 표시(S)] 항목을 체크 해제하면 된다.

```
00007FF617B31010          CC                    int   3
00007FF617B31011          CC                    int   3
           ⋮               ⋮                           ⋮
```

위의 코드에서 기계어 코드 바이트들과 [덤프 3-2]의 바이트 코드들을 비교해보면 서로 동일하다
는 것을 확인할 수 있다. 이와 더불어 [덤프 3-2]의 코드 섹션 시작 오프셋 ❶ 0x00000400이 로
딩되어 위 코드의 메모리 번지 ① 0x00007FF6`17B31000에 매핑되었음을 짐작할 수 있다. 그
렇다면 WinMain 함수의 첫 번째 매개변수인 hInstance가 실제 어떤 값을 담고 있는지 알 수 있
을 것이다. hInstance에 대해서는 다음 절에서 상세하게 설명할 예정이므로, 여기서는 위의 바
이트 코드들을 좀 더 들여다보자. 위 코드의 첫 번째 코드인 번지 ① 0x00007FF6`17B31000은
0xCC고, 이 기계어 코드는 "INT 3"이라는 어셈블리 니모닉에 해당한다는 것을 알 수 있다. "INT
3" 명령은 앞으로 코드를 분석해가면서 자주 보게 되겠지만, 우리가 직접 구현할 디버거에서 핵
심적인 역할을 하는 명령이기에 다음에 자세히 살펴보기로 하고, 위 코드에서 강조된 부분, 즉 번
지 ② 0x00007FF6`17B31005와 ③ 0x00007FF6`17B3100A에 해당하는 두 코드를 보자. 각
각 "E9 56 02 00 00"과 "E9 11 00 00 00"이라는 기계어 코드들로 구성되어 있으며, VS 디버거가
BasicApp.exe의 PDB 파일을 참조했기 때문에 친절하게도 심볼 "WndProc:"와 "wWinMain:"
으로 표시되어 있으므로, 이 심볼을 통해 우리는 해당 코드가 어떤 함수와 관련이 있는지 쉽게 알 수
있다. 심볼 보기를 제거한 이 두 기계어 코드의 디스어셈블 결과는 다음과 같다.

표 3-3 ②와 ③의 코드 내용

심볼	코드 번지	RVA:오프셋	바이트 코드	디스어셈블
WndProc:	② 00007FF6`17B31005	0x1005:0x0415	**E9** 56 02 00 00	jmp 07FF617B31260h
wWinMain:	③ 00007FF6`17B3100A	0x100A:0x041A	**E9** 11 00 00 00	jmp 07FF617B31020h

먼저 우리가 자주 접하게 될 JMP 명령에 대해서 간단히 알아보자.[**] JMP 명령은 하나의 오퍼랜드를
취하며, 이 오퍼랜드를 코드의 번지로 취급해서 그 번지로 점프할 것을 지시하는, C/C++ 언어의
goto 기능에 해당하는 명령이다.

```
JMP target  ⟷  goto target;
```

[**] 어셈블리 언어에 관해서는 11장에서 별도로 설명할 예정이며, 여기서 주요 어셈블리 명령은 간단한 설명으로 대신한다.

[표 3-3]에서 오퍼랜드 target에 해당하는 값이 ②행의 07FF617B31260h와 ③행의 07FF617B31020h이므로, 각각 이 번지로 점프한다. 그러면 target에 해당하는 이 값이 도출되는 과정을 간단히 확인해보자. 우리가 다룰 JMP 명령은 OP 코드 "E9"와 "FF 25"가 있는데, 표의 JMP 명령이 "E9"로 시작하므로 "E9"에 해당하는 경우를 살펴보자. OP 코드 0xE9를 가진 JMP 명령은 해당 명령이 실행된 직후의 명령 번지(IP 레지스터가 명령 번지를 담고 있다)에 오퍼랜드 target의 값을 더한 결괏값을 점프할 대상 번지로 해서 그곳으로 코드의 실행을 옮길 것을 지시한다. 따라서 코드 번지 ③ 0x00007FF6'17B3100A에 해당하는 심볼 "wWinMain"의 코드에 대하여 JMP 명령을 해석해보자.

바이트 코드 "E9 11 00 00 00"에서 0xE9는 JMP 명령을 의미하는 OP 코드에 해당하고, 나머지 4바이트 "11 00 00 00"은 점프할 번지를 위한 IP 상대적 오프셋 값 0x00000011이 된다. ③의 명령 번지는 0x00007FF6'17B3100A며, 이 명령은 5바이트이기 때문에 이 명령을 수행한 직후의 번지는 5바이트가 증가된 0x00007FF6'17B3100F가 된다. 따라서 점프할 대상 번지는 다음과 같다.

0x00007FF6'17B3100F(IP) + 0x00000011(Operand) = **0x00007FF6'17B31020(Target)**

결국 위 명령은 "JMP 0x00007FF6'17B31020"으로 해석되어 이제 코드의 실행은 0x00007FF6'17B31020 번지로 이동될 것이다. 이 번지는 [표 3-3]에서 디스어셈블된 JMP 명령의 오퍼랜드 07FF6'17B31020h와 동일한 값임을 확인할 수 있다. 그렇다면 JMP 명령을 흉내내서 점프할 번지 0x00007FF6'17B31020으로 직접 이동해보자. 디스어셈블 창 위의 주소 창에 이 주솟값을 직접 입력하고 엔터키를 눌러보자. 그러면 다음과 같이 BasicApp.cpp에서 정의했던 WinMain 함수의 실제 코드를 볼 수 있다.

```
      ⋮              ⋮                  ⋮
00007FF617B3101F    CC                    int   3
int WINAPI _tWinMain(HINSTANCE hInstance, HINSTANCE hPrevInst,
                PTSTR szCmdLine, int iCmdShow)
{
00007FF617B31020  ④  44 89 4C 24 20    mov   dword ptr [rsp+20h], r9d
00007FF617B31025      4C 89 44 24 18    mov   qword ptr [rsp+18h], r8
00007FF617B3102A      48 89 54 24 10    mov   qword ptr [rsp+10h], rdx
00007FF617B3102F      48 89 4C 24 08    mov   qword ptr [rsp+8], rcx
00007FF617B31034      57               push  rdi
      ⋮              ⋮                  ⋮
```

코드에서 번지 ④가 앞서 계산했던 점프 대상 번지 0x00007FF6`17B31020이 된다. 그리고 주소 0x00007FF6`17B31020은 WinMain 함수의 실제 시작 번지를 의미한다. 이번에는 PE 파일에서 WinMain 함수의 정의부를 찾아가보자. 0x00007FF6`17B31020은 가상 주소이므로, 이 값을 파일 오프셋으로 변경해야 한다. 이 번지의 RVA는 hInstance의 값을 뺀 결과이므로 0x00001020이 되고, 해당 번지는 .text 섹션에 속해 있기 때문에 이 섹션의 섹션 헤더를 참조해야 한다. 다음과 같이 2장에서 정의했던 RVA_TO_OFFSET 매크로 공식을 적용하면 번지 0x00007FF6`17B31020은 파일 오프셋 0x00000420이 된다.

```
0x00001200(WinMain RVA) - 0x00001000(VirtaulAddress) +
0x00000400(PointToRawData) = 0x00000420 (WinMain 시작 오프셋)
```

이제 PE 덤프의 위치를 오프셋 0x0000420으로 옮겨보자. 그 위치는 [덤프 3-2]의 ❹가 되며, PE 파일 상에서 우리가 정의했던 WinMain 함수의 실제 내용을 직접 확인할 수 있게 된다.

[표 3-3]의 코드 번지 ② 0x00007FF6`17B31005에 해당하는 심볼 "WndProc:" 코드도 지금까지 설명했던 방식으로 적용해보자. 심볼 WndProc 역시 5개의 바이트 코드로 이루어져 있고, 이 명령을 실행했을 경우 명령 포인터는 0x00007FF6`17B31005 + 5 = 0x00007FF6`17B3100A가 되며, 이 값이 현재 명령 포인터의 값이 된다. 오퍼랜드 값이 0x00000256이고 현재 명령 포인터 값이 0x00007FF6`17B3100A이므로, 해당 JMP 명령은 0x00007FF6`17B3100A + 0x256의 결과인 0x00007FF6`17B31260 번지로 점프할 것을 지시한다. 이 번지로 직접 이동해보면 다음과 같이 BasicApp.cpp에서 정의했던 WndPorc 함수의 실제 코드를 볼 수 있다. 따라서 주소 ② 0x00007FF6`17B31260은 WndProc 함수의 시작 번지를 의미하게 된다.

```
LRESULT CALLBACK WndProc(HWND hWnd, UINT uMsg, WPARAM wParam, LPARAM lParam)
{
00007FF617B31260    4C 89 4C 24 20      mov     qword ptr [rsp+20h], r9
00007FF617B31265    4C 89 44 24 18      mov     qword ptr [rsp+18h], r8
00007FF617B3126A    89 54 24 10         mov     dword ptr [rsp+10h], edx
00007FF617B3126E    48 89 4C 24 08      mov     qword ptr [rsp+8], rcx
00007FF617B31273    57                  push    rdi
            ⋮               ⋮                       ⋮
```

역시 동일하게 PE 상의 오프셋을 구하면 WndProc 함수가 정의된 위치는 파일 오프셋 0x00000660에서 시작하며, 다음의 PE 덤프를 통해 이 함수의 정의 부분을 확인할 수 있다.

덤프 3-3 .text 섹션 내의 WndProc 함수 덤프

	+0	+1	+2	+3	+4	+5	+6	+7	+8	+9	+A	+B	+C	+D	+E	+F
00000660	4C	89	4C	24	20	4C	89	44	24	18	89	54	24	10	48	89
00000670	4C	24	08	57	48	81	EC	F0	00	00	00	48	8B	FC	B9	3C
00000680	00	00	00	B8	CC	CC	CC	CC	F3	AB	48	8B	8C	24	00	01
~	~	~	~	~	~	~	~	~	~	~	~	~	~	~	~	~

이런 과정을 통해서 우리가 정의했던 두 함수 WinMain과 WndProc을 PE 파일의 .text 섹션 내에서 찾을 수 있다. 물론 우리가 .text 섹션을 직접 디스어셈블할 수 있으면 이렇게 디버거를 거치지 않고 PE 파일 자체만으로도 C/C++ 코드가 변환된 함수의 바이트 코드를 찾을 수 있다. 이런 목적으로 13장에서 직접 디스어셈블러를 작성해볼 것이다. 기계어 코드를 디스어셈블할 수 있으면 눈으로는 해독 불가능해보였던 기계어 코드의 의미를 어셈블리 언어를 통해 파악이 가능하다.

3.2.2 ImageBase, AddressOfEntryPoint, 그리고 프로그램의 시작

이 절에서는 PE가 로드된 후 우리가 정의한 WinMain 함수가 어떻게 호출되는지, 그리고 그 과정에서 IMAGE_OPTIONAL_HEADER의 ImageBase 필드와 AddressOfEntryPoint 필드가 어떤 역할을 하는지 살펴보기로 하자. 현재 우리가 분석 중인 BasicApp.exe의 ImageBase 필드와 AddressOfEntryPoint 필드의 덤프와 그 값은 다음과 같다.

덤프 3-4 BasicApp.exe의 IMAGE_OPTIONAL_HEADER 구조체 덤프

	+0	+1	+2	+3	+4	+5	+6	+7	+8	+9	+A	+B	+C	+D	+E	+F
00000110	0B	02	0C	00	00	54	00	00	00	52	00	00	00	00	00	00
00000120	A0	1D	00	00	00	10	00	00	00	00	00	40	01	00	00	00
00000130	00	10	00	00	00	02	00	00	06	00	00	00	00	00	00	00
00000140	~	~			AddressOfEntryPoint				~	~			ImageBase		~	~

표 3-4 BasicApp.exe의 AddressOfEntryPoint 필드와 ImageBase 필드

필드	타입	오프셋	값
AddressOfEntryPoint	DWORD	0x0000120	0x00001DA0
ImageBase	ULONGLONG	0x0000128	0x00000001`40000000

BasicApp.cpp 소스로 다시 돌아가자. WinMain 함수는 여러분이 작성한 윈도우 GUI 프로그램의 진입점(Entry Point) 함수라는 것을 잘 알고 있을 것이다. MFC는 이 WinMain 함수를 내부로 숨겨버리지만, GUI 기반의 윈도우 애플리케이션을 작성하려면 무조건 이 WinMain 함수를 정의해야만 한다. 마찬가지로 여러분이 C나 C++ 언어를 처음 접했을 때 습관적으로 정의했던 main 함수 역시 반드시 정의해야 하는 콘솔 기반 애플리케이션의 진입점 함수가 된다. 2장에서 설명했던 IMAGE_OPTIONAL_HEADER의 SubSystem 필드 값에 따라 다음과 같이 진입점 함수가 결정된다.

SubSystem 필드	프로젝트 설정	진입점 함수	
IMAGE_SUBSYSTEM_WINDOWS_GUI	창(/SUBSYSTEM:WINDOWS)	유니코드	wWinMain
		MBC	WinMain
IMAGE_SUBSYSTEM_WINDOWS_CUI	콘솔(/SUBSYSTEM:CONSOLE)	유니코드	wmain
		MBC	main

하지만 WinMain이든 main 함수든 간에 이 진입점 함수는 도대체 무엇을 의미할까? 더 정확히 표현해서 진입점(Entry Point)이란 어떤 의미일까? 당장 진입점과 관련해서 떠올릴 수 있는 것은 IMAGE_OPTIONAL_HEADER의 AddressOfEntryPoint 필드일 것이다. 그렇다면 진입점 함수와 이 필드는 어떤 연관이 있지 않을까 하는 의문과 함께 진입점 함수, 즉 WinMain이나 main 함수를 누가 호출하는가 하는 질문도 가능해진다. 현재 우리가 2장부터 계속 분석해온 PE가 BasicApp.exe이므로, 이 PE의 진입점이 되는 WinMain에 중점을 두고 이야기해보자.

다음은 우리가 GUI용 윈도우 프로그램을 제작할 때 정의해야 할 WinMain의 형식이다.*

---

* BasicApp.cpp 소스 상의 _tWinMain 함수는 유니코드 프로그램인 경우에는 wWinMain이 되고, MBC(멀티 바이트 코드)인 경우에는 WinMain이 된다. 이는 콘솔 프로그램도 마찬가지인데, 콘솔의 경우 _tmain은 유니코드에서는 wmain이, MBC에서는 main이 된다. 그리고 VS 2013에서는 더 이상 멀티 바이트 코드를 지원하지 않기도 하고 또한 이 책에서 다루는 모든 예제는 유니코드로 작성되기 때문에, 앞으로 WinMain이나 main이라고 명명하는 경우는 각각 유니코드를 지원하는 wWinMain과 wmain이라고 간주하기 바란다. 또한 이 책에서는 윈도우 GUI 애플리케이션의 작성법에 대해 별도로 설명하지 않는다. MFC로 GUI를 많이 작성해본 독자들 중에서 WinMain 함수의 정의를 처음 보는 독자가 있으면 MFC 역시 위의 WinMain을 래핑한 것에 지나지 않기 때문에, CWinApp 또는 CWinAppEx 클래스의 소스에서 숨겨진 WinMain 함수의 정의를 찾아보기 바란다.

```
int CALLBACK WinMain
(
    _In_  HINSTANCE  hInstance,
    _In_  HINSTANCE  hPrevInst,
    _In_  LPSTR      pszCmdLine,
    _In_  int        nCmdShow
);
```

HINSTANCE hInstace

해당 애플리케이션의 현재 인스턴스에 대한 핸들이다.

HINSTANCE hPrevInst

애플리케이션의 이전 인스턴스 핸들이다. 16비트 윈도우에서는 동일한 프로그램을 두 개 이상 실행했을 때 메모리 절약을 목적으로 인스턴스를 공유하기 위해 이 매개변수를 사용했지만, 32비트에서는 의미가 없기 때문에 항상 이 매개변수는 NULL이 된다.

LPSTR pszCmdLine

실행 파일의 이름을 포함하는 애플리케이션을 위한 명령줄이다. 전체 명령줄을 획득하려면 GetCommandLine 함수를 사용하면 된다.

int nCmdShow

해당 애플리케이션의 윈도우를 어떻게 띄울 것인지를 지정한다.

1) hInstance 매개변수와 ImageBase 필드

우리가 반드시 주목해야 할 매개변수는 첫 번째 매개변수인 hInstance다. MSDN 매뉴얼을 보면 그 타입이 HINSTNACE인 hInstance 매개변수를 '**해당 애플리케이션의 현재 인스턴스에 대한 핸들(A handle to the current instance of the application)**'이라고 정의하고 있다. 인스턴스(Instance)라는 단어 그대로의 의미는 '사례', '경우' 등의 뜻을 갖고 있으며, 어떤 구체적인 사실을 의미한다. 프로그래밍의 관점에서 볼 때 인스턴스는 어떤 하나의 '실체'를 뜻한다고 볼 수 있으며, 이 경우 무엇에 대한 실체인가가 중요하다. 그리고 그 무엇을 규정하는 것이 프로그래밍 언어에서 제공하는 다양한 데이터 타입이 될 것이다. 이 타입에는 C나 C++ 등에서 기본적으로 제공하는 int, double 등의 프리 미티브 타입뿐만 아니라 여러분이 정의하는 구조체나 클래스 등도 포함된다. 하지만 이러한 타입은 칸트의 표현을 빌리자면 내용 없는 공허한 '형식'만 제공할 뿐 그 자체로는 아무것도 아니다. 이 공허한 형식이 맹목적이지 않도록 내용을 갖추려면 메모리 상에서 자신의 공간을 확보해야만 하는데, 특정 타입으로 선언된 변수가 프로세스의 가상 주소 공간에 자신의 영역을 확보한 상태가 인스턴스로서의 '실체'가 되는 것이다. 그리고 이 인스턴스의 포인터를 핸들*이라고 보면 WinMain을 통해서 전달되는 HINSTANCE 타입의 hInstance 매개변수는 가상 주소 공간 상에 자신의 공간을 확보한 그 무엇에 대한 번지를 의미하는 포인터가 된다. 이제부터 이 hInstance 매개변수가 담고 있는 값이 무엇에 대한 포인터를 의미하는지 살펴볼 것이다.

우선 BasicApp.cpp 소스에서 hInstance를 어떻게 처리하는지 살펴보자. WinMain 함수 맨 앞에서 다음과 같이 매개변수로 전달된 hInstance의 값을 전역 변수 g_hInstance에 저장한다.

```
int WINAPI _tWinMain(HINSTANCE hInstance, HINSTANCE hPrevInst,
                     PTSTR pszCmdLine, int nCmdShow)
{
   g_hInstance = hInstance;
   WinMain 함수의 매개변수 hInstance를 전역 변수 g_hInstance에 저장한다.
      ⋮
```

그리고 콜백 함수 WndProc의 WM_CREATE 메시지 처리에서 g_hInstance의 값을 정적 변수 s_szMsg에 문자열로 변환해서 저장한 후, WM_PAINT 메시지 발생 시에 DrawText 함수의 매개변수로 전달한다.

```
LRESULT CALLBACK WndProc(HWND hWnd, UINT uMsg, WPARAM wParam, LPARAM lParam)
{
   static TCHAR s_szMsg[64];
   switch(uMsg)
   {
     case WM_CREATE:
        wsprintf(s_szMsg, C_YHD_MSG, g_hInstance);
```

---

* '핸들'의 정확한 의미는 '커널 객체(Kernel Object)를 식별하는 값'이지만, 사실 hInstnace 매개변수는 가상 주소 공간의 사용자 영역에 존재하는 인스턴스의 번지 값을 실제로 담고 있기 때문에 hInstance의 값을 포인터로 규정해도 전혀 문제되지 않는다.

> s_szMsg 버퍼에 주어진 포맷에 맞춰 g_hInstance 값을 문자열로 변환한다.

```
    return TRUE;

    case WM_PAINT:
    {
        ⋮
      DrawText(hDC, s_szMsg, nStrLen, &rc,
          DT_SINGLELINE | DT_CENTER | DT_VCENTER | DT_END_ELLIPSIS);
```

> s_szMsg 버퍼에 담긴 문자열을 출력한다.

```
      EndPaint(hWnd, &ps);
    }
    return 0;
      ⋮
```

위의 코드는 hInstance의 실제 값을 확인하기 위해 창에 이 값이 출력되도록 만든 것이다.

그림 3-8 매개변수 hInstance의 실제 값

위의 그림은 64비트와 32비트의 BasicApp.exe 실행 결과로, 프로젝트 설정의 **[링커 → 고급: 임의 기준 주소]** 옵션에 따른 결과를 나타낸 것이다. 2장에서 설명했던 IMAGE_OPTIONAL_HEADER 구조체의 ImageBase 필드를 한 번 더 확인해보기 바란다.

표 3-5 '임의 기준 주소' 설정에 따른 hInstance 매개변수의 값

임의 기준 주소	프로젝트	64비트	32비트
"예"	BasicApp	ⓐ 0x00007FF6`17B30000	ⓒ 0x01210000
"아니요"	BasicApp2	ⓑ 0x00000001`40000000	ⓓ 0x04000000

| 임의 기준 주소 → "아니요" |

'임의 기준 주소'를 "아니요"로 설정한 프로젝트 〈BasicApp2〉의 경우 hInstance의 값을 나타내는 ⓑ와 ⓓ는 각각 0x00000001`40000000과 0x04000000으로, 2장에서 설명했던 IMAGE_OPTIONAL_HEADER의 ImageBase 필드 값과 동일하다. 이는 [표 3-4]에서도 확인할 수 있다. ImageBase 필드는 해당 PE가 로드될 메모리 상의 실제 주소를 의미하고, 위 결과를 보면 '임의 기준 주소'를 "아니요"로 설정했을 경우 매개변수 hInstance는 바로 이 ImageBase 필드의 값을 가진다는 것을 알 수 있다.

| 임의 기준 주소 → "예" |

'임의 기준 주소'를 "예"로 설정한 프로젝트 〈BasicApp〉의 경우 hInstance의 값은 PE 파일 자체에 저장된 [표 3-4]의 ImageBase 필드 값과 달라진다. '임의 기준 주소'를 허용한다는 의미는 로더 스스로가 판단해서 PE 이미지를 로드할 적절한 주소를 임의로 선택하도록 지시하는 것이기 때문에, '임의 기준 주소'가 "예"로 설정된 경우 실행할 때마다 hInstance 값이 변경될 수 있다. 따라서 ⓐ와 ⓒ 경우의 값은 필자가 BasicApp.exe를 실행했을 그 시점에 로더가 선택한 임의의 값이다. 좀 더 명확하게 하기 위하여 디버깅 중에 WinMain으로 전달된 매개변수 hInstance를 메모리 창에 드래그 앤 드롭을 해보면 다음 그림처럼 매개변수 hInstance가 가진 번지의 데이터가 정확히 'MZ'로 시작한다는 것을 확인할 수 있다.

그림 3-9 hInstance의 메모리 내용

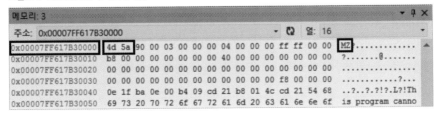

이제 주소 창에 "0x00007FF6`17B30110"을 입력하고 엔터키를 눌러보자. 2장에서 분석했던 BasicApp.exe의 경우 파일 선두에서 오프셋 0x110만큼 떨어진 위치는 IMAGE_OPTIONAL_ HEADER 구조체의 시작이다. 따라서 주소 0x00007FF6`17B30110은 바로 가상 주소 공간에 매핑된 IMAGE_OPTIONAL_HEADER 구조체의 시작을 의미한다.

그림 3-10 BasicApp의 IMAGE_OPTIONAL_HEADER 메모리 내용

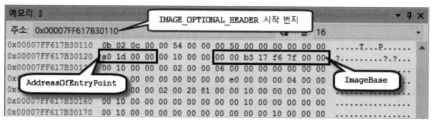

[덤프 3-4]의 IMAGE_OPTIONAL_HEADER 구조체의 덤프 내용과 ImageBase 필드 값을 확인해보면, 설명했던 대로 0x00000001`40000000이다. 하지만 실제로 위 그림에서 확인할 수 있듯이 BasicApp.exe가 실행되어 메모리에 로드되었을 때의 ImageBase 필드 값이 정확하게 **0x00007FF6`17B30000**으로 바뀌어 있다. 이 값은 바로 hInstance의 값인 동시에 PE가 메모리에 매핑된 시작 주소다. 따라서 비록 디스크 상에 존재하는 PE 파일 내의 ImageBase 필드는 디폴트 시작 주소인 0x00000001`40000000이지만 PE가 로드된 후 로더는 실제로 PE가 로드된 메모리 상의 시작 주소 0x00007FF6`17B30000을 ImageBase 필드에 갱신한다는 것을 알 수 있다.

지금까지의 분석을 통해서 '임의 기준 주소'를 어떻게 설정하든 WinMain의 hInstance 매개변수는 바로 ImageBase 필드와 관련이 있다는 점을 알 수 있다. hInstance의 값은 PE가 로드된 메모리의 시작 번지를 가지며, 이 값은 디스크 상의 PE가 아니라 메모리에 로드된 PE의 ImageBase 필드 값이 된다는 점이다. 따라서 hInstance를 통해서 우리는 프로세스가 로드된 상태에서 해당 프로세스의 PE의 시작 번지를 얻을 수 있게 된다. ImageBase 필드는 프로세스의 기준 주소를 의미하기 때문에 매우 중요하다. 하지만 BasicApp.cpp 소스에서 보듯이 hInstance 매개변수는 특별한 목적이 아니면 직접 사용하는 경우는 드물다. 그렇지만 RegisterClassEx 함수의 매개변수로 전달되는 WNDCLASSEX 구조체의 hInstance 필드에 설정되거나, CreateWindowEx 함수 호출 시 11번째 매개변수로 전달됨으로써 윈도우 메시지 처리나 리소스 관리에 핵심적인 역할을 한다. 특히 WNDCLASSEX 구조체 설정 시 hIcon 필드와 hCursor 필드를 위해 다음처럼 LoadIcon이나 LoadCursor 함수를 호출한다.

```
      ⋮
   wc.hInstance  = hInstance;
   wc.hIcon      = LoadIcon(NULL, IDI_APPLICATION);
   wc.hCursor    = LoadCursor(NULL, IDC_ARROW);
      ⋮
   if (!RegisterClassEx(&wc))
      ⋮
```

위 코드에서는 LoadIcon이나 LoadCursor 모두 첫 번째 매개변수로 NULL을 전달하고 있지만, 이 두 함수의 첫 번째 매개변수의 타입은 HINSTANCE로 WinMain 함수의 매개변수인 hInstance를 전달할 수 있다. 이 두 함수의 첫 번째 매개변수를 NULL로 지정할 경우 GUI 프로그램의 아이콘이나 커서는 시스템이 제공하는 것을 사용하게 되지만, 여러분이 직접 자신의 아이콘이나 커서를 리소스로 제작해서 해당 윈도우에 적용하고 싶으면 LoadIcon이나 LoadCursor의 첫 번째 매개변수로 hInstance를 전달해주면 된다. 여러분이 지정한 리소스는 PE의 리소스 섹션에 저장되고, 시스템은 이 리소스를 획득할 때 hInstance에서 지정된 해당 PE의 인스턴스 값을 기준으로 삼아 해당 리소스를 탐색한다.

WinMain을 요구하는 GUI 애플리케이션의 경우 hInstance 매개변수가 전달되기 때문에 우리는 프로그램 인스턴스의 값을 쉽게 획득할 수 있다. 하지만 main을 요구하는 콘솔 기반 애플리케이션이라면 hInstance 매개변수가 별도로 존재하지 않는다. 이런 경우 프로그램 인스턴스를 얻고 싶으면 GetModuleHandle 함수를 통해 hInstance와 동일한 값을 획득할 수 있으며, 이 함수는 다음과 같다.

```
HMODULE GetModuleHandle(LPCTSTR lpModuleName);
```

GetModuleHandle 함수는 현재 프로세스의 가상 주소 공간에 매핑되어 있는 모듈의 시작 주소를 돌려준다. 이때 모듈은 보통 DLL이나 EXE의 PE 이미지를 의미하는데, EXE는 로드되면서 자신이 가져올 모든 DLL을 로드하여 가상 주소 공간에 매핑한다. 매개변수 lpModuleName은 이 EXE의 주소 공간에 로드된 DLL이나 EXE의 이름을 담게 된다. EXE의 경우, 특정 프로세스에 로드된 EXE PE 이미지는 그 프로세스를 구성하는 EXE 이미지 자체기 때문에 단 하나만 존재한다. 따라서 lpModuleName 매개변수에 굳이 EXE의 이름을 지정할 필요 없이 NULL을 설정하여 GetModuleHandle 함수를 호출하면, 시스템은 이 함수를 호출한 프로세스 자체의 EXE PE 이미지에 대한 매핑 핸들을 돌려준다. 또한 리턴 타입인 HMODULE은 16비트 기반인 윈도우 3.1 시절에는 HINSTANCE의 값과 구분이 되었지만, 32비트 윈도우에 와서는 둘 사이의 차이가 사라졌다. 헤더 파일을 통해서 HINSTANCE와 HMODULE을 찾아보면 HMODULE이 HINSTANCE로 타입 재정의(typedef)되었음을 확인할 수 있으며, 둘 다 HANDLE을 재정의한 것이다. HANDLE 역시 LPVOID 타입에 대한 재정의며, 따라서 HINSTANCE나 HMODULE은 동일한 타입이 된다. 결국 GetModuleHandle 함수는 해당 모듈에 대한 인스턴스 핸들을 리턴하는 역할을 한다.

다음은 GetModuleHandle 함수를 사용해서 메모리 상에 로드된 해당 EXE PE의 IMAGE_FILE_HEADER 구조체의 내용을 출력하는 프로젝트 〈ModBase〉의 소스 코드다.

```
#include "stdafx.h"
#include "Windows.h"


void main()
{

    HMODULE hModBase = GetModuleHandle(NULL);
```

본 프로세스의 PE 이미지에 대한 인스턴스 값을 획득한다. 매개변수를 NULL로 지정했다.

```

    PBYTE pImgBase = (PBYTE)hModBase;
    PIMAGE_DOS_HEADER pdh = (PIMAGE_DOS_HEADER)pImgBase;
    if (pdh->e_magic != IMAGE_DOS_SIGNATURE)
    {
      printf("Invalid dos signature: 0x%04X\n", pdh->e_magic);
      return;
    }


    PIMAGE_NT_HEADERS pnh = (PIMAGE_NT_HEADERS)(pImgBase + pdh->e_lfanew);
    if (pnh->Signature != IMAGE_NT_SIGNATURE)
    {
      printf("Invalid NT signature: 0x%08X\n", pnh->Signature);
      return;
    }
    printf("NT Signature : 0x%08X\n", pnh->Signature);

    printf("File Header :\n");
    PIMAGE_FILE_HEADER pfh = (PIMAGE_FILE_HEADER)&pnh->FileHeader;
```

```
        printf("\tMachine                    : 0x%04X\n", pfh->Machine);
        printf("\tNumberOfSections            : 0x%04X\n", pfh->NumberOfSections);
                ⋮
    }
```

2) WinMain 함수 호출과 AddressOfEntryPoint 필드

현재 우리의 관심사는 우리가 정의한, 그리고 GUI 프로그램의 진입점 함수가 되는 WinMain을 누가 호출하는가다. 계속 중단점에 멈춰진 상태에서 이번에는 [호출 스택] 창에서 그 내용을 확인해보라. '호출 스택'은 현재 중단점에서 멈춘 코드에 대한, 지금까지 호출된 함수들의 백트레이스가 된다. 다음 그림은 현재 WinMain 함수 내부에서 중단점이 걸린 상태의 호출 스택의 모습이다.

그림 3-11 BasicApp 호출 스택

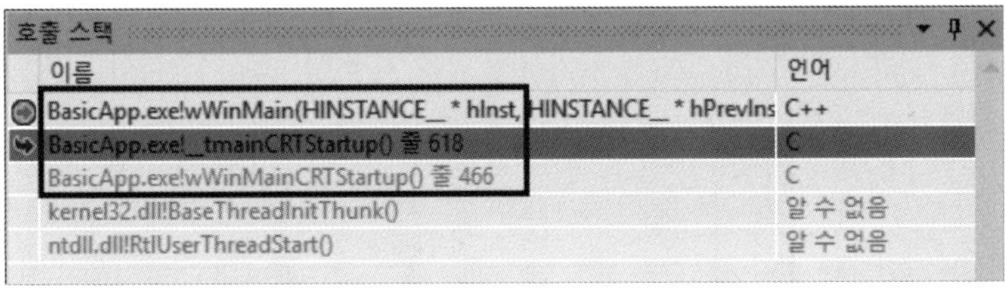

호출 스택은 프로그램이 개시된 후 해당 스레드가 현재 중단점까지 코드를 실행하는 과정에서 호출한 함수들의 계층을 보여주는 디버깅 창이다. 앞의 그림을 통해서 현재 중단된 코드까지 다다를 동안, 'ntdll.dll!RtlUserThreadStart' 함수가 최초 호출되어 중단점이 설정된 최상위 스택의 WinMain 함수까지 총 다섯 단계의 호출 스택이 이어졌음을 알 수 있다.

함수	시작 번지	모듈
RtlUserThreadStart	0x00007FFA'9F139F30	NTDLL.dll
∟ BaseThreadInitThunk	0x00007FFA'9D512D70	Kernel32.dll
∟ wWinMainCRTStartup	0x00007FF6'17B31DA0	BasicApp.exe
∟ _tmainCRTStartup	0x00007FF6'17B31A30	BasicApp.exe
∟ wWinMain	0x00007FF6'17B31020	BasicApp.exe

이를 통해 우리는 WinMain 함수를 호출한 상위 함수는 _tmainCRTStartup 함수임을 알 수 있다. 그렇다면 [호출 스택] 창에서 '_tmainCRTStartup' 함수의 항목을 더블클릭해보자. 그러면

디버깅 커서는 다음 그림과 같이 WinMain을 벗어나 "crtexe.c"라는 VC++에서 제공하는 소스에서 WinMain 함수를 호출하는 위치로 이동되었음을 확인할 수 있다.

그림 3-12 BasicApp.exe 디버깅 중 WinMain 호출 상황

소스 파일 crtexe.c는 비주얼 C++ 폴더 아래의 crt\src 폴더에 있다. 필자의 경우는 비주얼 스튜디오를 디폴트로 인스톨했기 때문에 'C:\Program Files (x86)\Microsoft Visual Studio 12.0\VC\crt\src' 경로에 crtexe.c 파일이 있다. 위 그림에서 커서가 멈춘 지점은 바로 여러분이 정의한 WinMain 함수의 호출 부분이며, 이 호출 코드를 포함하는 소스 상의 함수는 '__tmainCRTStartup' 함수다.

다음 소스는 전처리기 조건을 GUI와 유니코드일 경우로 한정했을 때 '__tmainCRTStartup' 함수에서 WinMain 함수를 호출하는 코드다.

소스 3-1 crtexe.c의 __tmainCRTStartup 함수

```
__declspec(noinline) int __tmainCRTStartup(void)
{
  _TUCHAR *lpszCommandLine = NULL;
  WORD showWindowMode = 0;


  showWindowMode = __crtGetShowWindowMode();
```
① WinMain 함수의 마지막 매개변수인 nCmdShow를 위한 값을 획득한다.
```

  __try
  {
    void *lock_free=0;
    void *fiberid=((PNT_TIB)NtCurrentTeb())->StackBase;
    int nested=FALSE;
```

```
        while((lock_free = _InterlockedCompareExchangePointer
          ((volatile PVOID *)&__native_startup_lock, fiberid, 0))!=0)
              ⋮
```

```
    if (__native_startup_state == __initializing)
        _amsg_exit( _RT_CRT_INIT_CONFLICT);
    else if (__native_startup_state == __uninitialized)
    {
        __native_startup_state = __initializing;
        if (_initterm_e( __xi_a, __xi_z ) != 0)
            return 255;
    }
    if (__native_startup_state == __initializing)
    {
        _initterm( __xc_a, __xc_z );
        __native_startup_state = __initialized;
    }
```

C/C++ 관련 초기화 처리

```
            ⋮
    lpszCommandLine = (wchar_t *)_wcmdln;
            ⋮
```

② WinMain의 pszCmdLine 매개변수로 전달할 명령줄 인자를 파싱한다.

```
    mainret = │wWinMain│
    (
        (HINSTANCE)&__ImageBase, NULL, lpszCommandLine, showWindowMode
    );
```

③ WinMain 함수를 호출한다.

```
    exit(mainret);
```

프로세스 종료 처리 : exit

```
}
__except ( _XcptFilter(GetExceptionCode(), GetExceptionInformation()) )
```

```
    {
        mainret = GetExceptionCode();
        _exit(mainret);
    }
    return mainret;
}
```

_tmainCRTStartup 함수의 역할은 크게 세 부분으로 나뉜다. C/C++ 런타임 초기화,
WinMain 함수 호출, 프로세스 종료 처리다. 이 함수에 대해서는 3.3절에서 좀 더 상세
하게 다룰 예정이므로, 우리는 진입점 함수인 WinMain 함수의 호출에만 초점을 맞추자.
_tmainCRTStartup 함수 정의에서 ③ WinMain 함수를 호출하고 있다는 것을 확인할 수 있
다. __ImageBase의 포인터를 hInstance 매개변수로, ② 코드에서 획득한 프로그램 명령
행의 포인터를 담고 있는 lpszCommandLine을 pszCmdLin 매개변수로, 그리고 ①에서
__crtGetShowWindowMode 함수를 통해 획득한 showWindowMode를 nCmdShow
매개변수로 전달하여 WinMain 함수를 호출한다. lpszCommandLine은 프로그램의 파일 전
체 경로 및 명령 인자를 담고 있는 문자열 버퍼 _wcmdln 전역 변수의 포인터를 가지고 있다.
또한 __crtGetShowWindowMode 함수는 내부에서 GetStartupInfo 함수의 호출을 통해
STARTUPINFO 구조체의 wShowWindow 필드 값을 showWindowMode에 설정한다.

이때 첫 번째 매개변수로 전달되는 __ImageBase는 해당 PE의 시작 번지의 내용을 담고 있는
IMAGE_DOS_HEADER 구조체다. 이 변수는 코드 상에서는 정의되지 않지만, 사용자가 코드
상에서도 PE가 로드된 번지로의 접근을 용이하게 해주기 위해 링커가 부여해준 가상의 변수다. 굳
이 코드로 표현하면, 링크 과정에서 링커는 다음과 같은 형식으로 PE가 로드된 후 그 시작 번지에
가상의 변수인 __ImageBase를 지정한다.

IMAGE_DOS_HEADER& __ImageBase = *((PIMAGE_DOS_HEADER) PE 시작 주소);

따라서 __ImageBase의 번지 &__ImageBase는 바로 PE의 시작 번지가 되며, 이 번지를
WinMain 함수 호출 시에 첫 번째 매개변수, 즉 hInstance의 값으로 전달한다. 코드 상에서
__ImageBase 전역 변수를 직접 사용하려면 __ImageBase를 extern으로 선언하면 된다.

다음 코드는 앞서 예로 들었던 프로젝트 〈ModBase〉에 __ImageBase 전역 변수를 직접 사용하
도록 코드를 추가한 것이다.

```
EXTERN_C IMAGE_DOS_HEADER __ImageBase;


void main()
{
    HMODULE hModBase = GetModuleHandle(NULL);
    printf("GetModuleHandle = %p, __ImageBase=%p\n", hModBase, &__ImageBase);
        :
```

위와 같이 코드를 추가해서 실행하면 GetModuleHandle 함수를 통해 획득한 주소와 전역 변수 __ImageBase의 주소가 동일하다는 것을 확인할 수 있다. 계속해서 [그림 3-11]의 [호출 스택] 창에서 __tmainCRTStartup 함수를 호출한 'wWinMainCRTStartup' 항목을 더블클릭해보라. 그러면 디버깅 커서는 __tmainCRTStartup 함수 호출을 포함하는, 또한 동일한 소스 crtexe.c 내의 __tmainCRTStartup 함수 바로 위에 정의된 wWinMainCRTStartup 함수 내에서 __tmainCRTStartup 함수를 호출하는 부분에서 멈출 것이다.

다음은 crtexe.c에 정의되어 있는 wWinMainCRTStartup 함수다.

```
static int __tmainCRTStartup(void);


int wWinMainCRTStartup(void)
{
    __security_init_cookie();
    return __tmainCRTStartup();
}
```

wWinMainCRTStartup 함수는 __security_init_cookie 함수를 호출한 후 WinMain 호출을 담당하는 __tmainCRTStartup 함수를 실제로 호출하고 있는 것을 알 수 있다. 우리는 3.3절에서 wWinMainCRTStartup 및 __tmainCRTStartup 함수에 대해서 좀 더 심도 있게 살펴보기로 하고, 이번에는 [디스어셈블] 창에서 다시 호출 스택의 wWinMainCRTStartup 항목을 더블클릭하자. 그러면 다음과 같이 wWinMainCRTStartup의 디스어셈블된 코드를 볼 수 있다.

```
#ifdef WPRFLAG
int wWinMainCRTStartup(void)
{
```

```
00007FF617B31DA0        48 83 EC 28        sub  rsp, 28h

  WWinMainCRTStartup 함수의 시작 주소 → 0x00007FF6'17B31DA0


    __security_init_cookie();
00007FF617B31DA4      E8 A7 0E 00 00  call __security_init_cookie (07FF617B32C50h)


    return __tmainCRTStartup();
00007FF617B31DA9      E8 82 FC FF FF  call __tmainCRTStartup (07FF617B31A30h)

  __tmainCRTStartup 함수 호출

}
00007FF617B31DAE      48 83 C4 28        add  rsp, 28h
00007FF617B31DB2      C3                 ret
```

위 코드를 통해서 우리는 wWinMainCRTStartup 함수의 시작 주소가 **0x00007FF6'17B31DA0**임을 알 수 있다. 이 값은 어떤 의미를 가질까? 이 의미를 알기 위해 먼저 이 주소를 RVA로 바꿔보자. 매 개변수 hInstance는 로드된 PE의 시작 번지를 담고 있기 때문에 wWinMainCRTStartup 함수의 시작 주소에서 이 hInstance의 값을 빼면 wWinMainCRTStartup 함수의 시작 RVA가 된다.

```
0x00007FF6'17B31DA0(wWinMainCRTStartup) - 0x00007FF6'17B30000(hInstance)

= 0x00001DA0 ← wWinMainCRTStartup 시작 RVA (AddressOfEntryPoint)
```

---

wWinMainCRTStartup의 시작 RVA는 **0x00001DA0**이며, 이 값은 우리가 이미 앞서 본 적이 있는 값이다. [덤프 3-4]와 [표 3-4]를 다시 확인해보라. BasicApp.exe PE의 IMAGE_OPTIONAL_HEADER 구조체의 AddressOfEntryPoint 필드 값이 **0x00001DA0**이었다. 이 필드는 2장에서 설명한 대로 프로그램의 진입점, 즉 메인 스레드가 실행해야 할 코드의 최초 시작 번지를 의미하는 RVA다. 즉 로더에 의해 해당 PE가 메모리에 로드된 후, 이 PE의 코드 섹션에서 실행되어야 하는 최초의 코드는 바로 AddressOfEntryPoint 필드 값 0x00001DA0이 가리키는 RVA 번지인 0x00007FF6'17B31DA0의 코드며, 동시에 wWinMainCRTStartup 함수에 대한 함수 포인터가 된다. 결국 wWinMainCRTStartup 함수가 VC++ 컴파일러가 생성하는 EXE 실행 파일의 개시 함수가 되는 것이다. 이 함수를 흔히 **'C/C++ 런타임 시작 함수(Runtime Startup Function)'**라고 하는데, 컴파일 시에 VC++은 WinMain의 호출을 포함하는 WinMainCRTStartup 함수 스

팁을 함께 컴파일하여 코드에 삽입하게 된다. 따라서 바로 WinMain을 호출하는 것이 아니라, 메인 스레드로 하여금 WinMainCRTStartup을 호출하여 그 내부에서 WinMain이 호출되도록 한다.

AddressOfEntryPoint 필드 값을 이용해서 PE 파일 내에 정의된 wWinMainCRTStartup 함수의 위치도 파악할 수 있다. BasicApp.exe의 AddressOfEntryPoint 필드 값은 0x00001DA0이고 이 RVA는 .text 섹션 내에 위치하므로, RVA_TO_OFFSET 매크로를 이용하면 wWinMainCRTStartup 함수가 정의된 파일 오프셋은 0x000011A0이 된다. 이 오프셋에 대한 덤프는 다음과 같으며, 디버깅에서 표시된 바이트 코드와 비교해보면 동일하다는 것을 확인할 수 있다.

덤프 3-5 wWinMainCRTStartup 함수 정의 코드

	+0	+1	+2	+3	+4	+5	+6	+7	+8	+9	+A	+B	+C	+D	+E	+F
000011A0	48	83	EC	28	E8	A7	0E	00	00	E8	82	FC	FF	FF	48	83
000011B0	C4	28	C3	CC	CC	CC	CC	CC	CC	CC	CC	CC	CC	CC	CC	CC

wWinMainCRTStartup 함수 내에서 __tmainCRTStartup 함수를 호출하는 어셈블리 코드를 보자.

```
        return __tmainCRTStartup();
 00007FF617B31DA9    E8 82 FC FF FF call __tmainCRTStartup (07FF617B31A30h)
```

CALL 명령은 함수 호출을 의미한다. JMP 명령의 형식과 비슷하며, 하나의 오퍼랜드를 요구하는데 이 오퍼랜드가 호출할 함수의 번지가 된다. JMP 명령은 오퍼랜드가 지정한 번지로 바로 분기하는 단순 분기지만, CALL 명령은 복귀 번지를 스택에 푸시하는 작업이 선행된 후 지정된 번지로의 분기라는 점에 결정적인 차이가 있다.

```
    CALL target ⟵ target 번지의 함수 호출;
```

__tmainCRTStartup 함수를 호출하는 CALL 명령은 우리가 자주 보게 되는 OP 코드 중 0xE8로 시작하는 CALL이며, "FF 15" OP 코드로 시작하는 CALL 명령은 다음 절에서 살펴볼 것이다. 0xE8 CALL 명령의 분기 번지 target 계산은 앞서 설명했던 JMP의 경우와 동일하다. 0xE8 뒤의 네 바이트는 현재 명령을 실행한 후의 IP 레지스터에 대한 상대 오프셋을 의미하며, 따라서 위의 CALL의 target 번지 0x07FF6`17B31A30은 다음과 같이 계산된다.

```
0x00007FF6'17B31DA9 + 5(명령 5바이트) + 0xFFFFFC82(-894, 오퍼랜드) =
```
0x00007FF6'17B31A30 ← target

이제 target 값 0x00007FF6'17B31A30을 주소 창에 직접 입력해서 이동해보자.

```
__declspec(noinline) int __tmainCRTStartup(void)
{
 00007FF617B31A30      48 83 EC 78            sub   rsp, 78h
```
　__tmainCRTStartup 함수의 시작 주소 → 0x00007FF6'17B31A30
```
#ifdef _WINMAIN_
        _TUCHAR *lpszCommandLine = NULL;
 00007FF617B31A34     48 C7 44 24 38 00 00 00 00 mov qword ptr [lpszCommandLine], 0
          ⋮

    mainret = wWinMain(
                  (HINSTANCE)&__ImageBase,
                  NULL,
                  lpszCommandLine,
                  showWindowMode);
 00007FF617B31C5C   0F B7 44 24 30        movzx  eax,  word ptr [showWindowMode]
 00007FF617B31C61   44 8B C8              mov    r9d,  eax
 00007FF617B31C64   4C 8B 44 24 38        mov    r8,   qword ptr [lpszCommandLine]
 00007FF617B31C69   33 D2                 xor    edx,  edx
 00007FF617B31C6B   48 8D 0D 8E E3 FF FF  lea    rcx,  [__ImageBase (07FF617B30000h)]
 00007FF617B31C72   E8 93 F3 FF FF        call   wWinMain (07FF617B3100Ah)
```
　wWinMain 함수 호출
```
 00007FF617B31C77   89 05 A7 85 00 00     mov    dword ptr [mainret (07FF617B3A224h)],
eax
          ⋮
```

이제 위의 코드에서처럼 __tmainCRTStartup 함수에 대한 디스어셈블 코드를 볼 수 있다. 코드
번지 0x00007FF6'17B31C72의 명령을 보라. 궁극적으로 __tmainCRTStartup 함수 내부에서
여러분이 정의한 wWinMain 함수를 CALL 명령을 통해 호출한다는 것을 알 수 있다.

```
 00007FF617B31C72      E8 93 F3 FF FF           call  wWinMain (07FF617B3100Ah)
```

마찬가지로 이 위치에서의 CALL 명령의 오퍼랜드 값인 07FF617B3100Ah를 주소 창에 입력해서 코드를 이동시켜보자. 그러면 이 오퍼랜드의 번지는 다음과 같이 우리가 앞서 3.1절에서 확인했던 WinMain 정의 부분으로 점프하는 코드가 담긴 번지라는 것을 알 수 있다.

```
wWinMain:
00007FF617B3100A  E9 11 00 00 00  jmp  wWinMain (07FF617B31020h)
```

따라서 PE가 로드된 후 우리가 정의한 WinMain 함수가 호출되는 과정은 다음과 같이 정리할 수 있다. 먼저, 시스템은 해당 PE에 대한 프로세스와 메인 스레드를 생성한 후 메인 스레드의 개시를 위해 NTDll.dll에 정의된 RtlUserThreadStart 함수를 호출한다. RtlUserThreadStart 함수는 메인 스레드나 사용자가 정의한 스레드와 상관없이 스레드 개시에 사용되는 문서화되지 않은 함수로서 다음과 같은 의사 코드로 정의될 수 있다.

```
VOID RtlUserThreadStart(PHTREAD_START_ROUTINE pfnStartAddr, PVOID pvParam)
{
    __try
    {
        DWORD dwExitCode = pfnStartAddr (pvParam);
        ExitThread(dwExitCode);
    }
    __except( UnhandledExceptionFilter( GetExceptionInformation() ) )
    {
        ExitProcess(GetExceptionCode());
    }
}
```

물론 위의 코드는 RtlUserThreadStart 함수의 실제 코드를 단순화시킨 의사 코드며, 이 함수의 내부 구조 및 실제 호출 상황에 대해서는 5부에서 상세하게 다룰 예정이다. 위의 의사 코드에서 RtlUserThreadStart의 매개변수는 CreateThread 함수의 매개변수와 동일하다. 로더는 메인 스레드를 생성한 후 pfnStartAddr 매개변수에 다음과 같은 형식으로 C/C++ 런타임 시작 함수의 포인터를 설정한 후 RtlUserThreadStart를 호출한다.

```
FAR_PROC pfnStartAddr = &_ImageBase + OptionalHeader.AddressOfEntryPoint;
RtlUserThreadStart( pfnStartAddr, NULL);
```

이 pfnStartAddr 매개변수가 바로 wWinMainCRTStartup 함수가 되고, 이 함수는 내부에서 __tmainCRTStartup 함수를 호출함으로써 궁극적으로 우리가 정의한 wWinMain 함수의 호출로 이어진다.

3.2.3 증분 링크

[덤프 3-2]이나 [표 3-3]을 한 번 더 확인해보자. 이 덤프에 해당하는 두 코드 ②와 ③은 여러분이 정의한 WndProc 함수와 WinMain 함수의 본체로 점프하기 위한 코드다.

```
WndProc:
00007FF617B31005   ② E9 56 02 00 00   jmp   WndProc (07FF617B31260h)
wWinMain:
00007FF617B3100A   ③ E9 11 00 00 00   jmp   wWinMain (07FF617B31020h)
```

그리고 ③ 코드는 _tmainCRTStartup 함수 내에서 다음의 CALL 명령을 통해서 호출된다는 것을 앞서 확인했다.

```
00007FF617B31C72      E8 93 F3 FF FF       call   wWinMain (07FF617B3100Ah)
```

이 과정을 다시 보면 위의 CALL 명령을 통해 wWinMain 함수를 바로 호출하는 것이 아니라, ③의 과정을 경유해서 실제 wWinMain 함수로 이동한다는 것을 알 수 있다. 즉 CALL에 의한 직접적인 함수 진입이 아니라 'CALL → JMP → 실제 함수'라는 우회 과정을 거치게 된다. 우선 왜 이런 경유 과정을 거치는지는 조금 뒤에 설명하기로 하고, 함수 호출을 대행해주는 점프 코드를 PE Explorer 를 통해서 확인해보자. 64비트 BAsicApp.exe의 디버그 버전을 PE Explorer로 열어서 .text 섹션을 보면 다음 그림처럼 .text 섹션 맨 앞에 "ILT:###"으로 시작하는 두 개의 노드를 확인할 수 있다.*

---

* 64비트의 ILT 엔트리 수는 VC++ 2013에서는 조금 달라진다. 보통 JMP 성크 코드의 대상은 VC++ 2013 이전 버전에서는 여러분이 정의한 모든 함수뿐만 아니라 C/C++ 런타임 라이브러리가 제공하는 함수들도 포함되었다. 하지만 VC++ 2013에서 생성된 64비트 PE의 경우 링크된 런타임 라이브러리 함수는 제외되고 오직 여러분이 정의한 함수들만이 ILT 엔트리의 대상이 되었다. 그러다가 VC++ 2015에서는 64비트의 경우 C/C++ 런타임 라이브러리의 함수도 다시 ILT 엔트리의 대상이 되었다. 유독 VC++ 2013에서만 64비트 PE에서의 성크 코드가 여러분이 정의한 함수들만을 대상으로 생성되었다.

그림 3-13 디버그 BasicApp.exe의 .text 섹션

필드	오프셋:RVA	크기 값	상세
.text	00000400:00001000	400 (21504) CC	RE
ILT:0x00001260:WndProc(00000405:00001005	0x5(5) E9	JMP 660h
ILT:0x00001020:wWinMain(0000040A:0000100A	0x5(5) E9	JMP 420h
[0]wWinMain	00000420:00001020 0x231(561)	44
[1]WndProc	00000660:00001260 0x186(390)	4C
IMP:0x0000C3A8:USER32.d 000008D8:000014D8	0x6(6) FF	JMP QWORD

위 그림에서 "ILT:###"으로 시작하는 두 개의 노드는 모두 다섯 바이트의 JMP 명령으로 구성되는데, 이와 같은 코드를 '성크(Thunk)' 코드라고 하고 각 성크 코드는 함수의 가상 주소로 점프하는 JMP 스텁을 구성하는 하나의 명령 단위가 된다. 이번에는 64비트 BAsicApp.exe의 릴리스 버전을 PE Explorer를 통해서 동일하게 확인해보라. 다음 그림이 릴리스 모드의 .text 섹션의 시작에 대한 내용이며 .text 섹션 맨 앞에 "ILT:###" 코드 없이 바로 wWinMain 함수와 WndProc 함수가 정의되어 있는 것을 볼 수 있다.

그림 3-14 릴리스 BasicApp.exe의 .text 섹션

필드	오프셋:RVA	크기 값
.text	00000400:00001000	)xC00(3072) 4C 8B DC 49 89.
[0]wWinMain	00000400:00001000	0x1BA(442) 4C 8B DC 49 89.
[1]WndProc	000005C0:000011C0	0x45(69) 40 53 48 81 EC.
[4]__security_check_cookie	000006D0:000012D0	0x1F(31) 48 3B 0D 29 1D.
[5]pre_c_init	000006F0:000012F0	0xCE(206) 48 83 EC 28 B8.
[6]pre_cpp_init	000007C0:000013C0	0x63(99) 48 83 EC 38 48.

그렇다면 릴리스 버전의 경우에는 'CALL → JMP → 실제 함수'로 이어지는 경유 없이 CALL에 의해 바로 함수로 진입할 수 있지 않을까 하는 추측이 가능하다. 어찌됐든 이 차이는 어떻게 발생했으며, 무엇을 의미하는 것일까? 이 차이는 바로 프로젝트 설정의 **[링크→일반: 증분 링크 사용]** 옵션과 관련이 있다.

그림 3-15 [링크 → 일반: 증분 링크 사용] 옵션

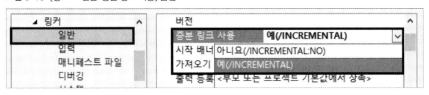

'증분 링크 사용' 옵션은 기본적으로 디버그 모드인 경우에는 "예"로 설정되고, 릴리스 모드에서는 "아니요"로 설정된다. 만약 증분 링크를 사용했다면 빌드 결과 실행 파일과 함께 '증분 상태 파일'이라는 ILK 파일이 생성된다. 이제 증분 링크에 대하여 간단히 설명한다.

증분 링크는 링크 시간 단축과 효율적인 디버깅 수행을 위한 목적으로 사용되는 옵션이다. 여러 개의 C/C++ 소스 파일로 구성된 프로젝트가 있을 때 컴파일을 하면 각 파일에 대한 obj 파일이 생성된다. 링크는 이 obj 파일들을 합치는 작업인데, 이 과정은 메모리 배치나 함수 순서, 코드와 데이터 영역 등을 계산하는 시간을 필요로 한다. 따라서 매번 빌드할 때마다 이 과정들을 매번 새롭게 수행하는 대신 변경된 사항에 대해서만 작업을 한다면 그만큼 링크 시간을 줄일 수 있다. 이를 위해서 제공되는 옵션이 '증분 링크 사용'이다. 증분 링크를 사용하면 링크 시간을 줄일 수 있을 뿐만 아니라, 디버깅 시에 'Edit And Continue' 기능, 즉 디버깅 중에 소스를 수정하고 계속 디버깅을 이어갈 수 있기 때문에 편리하다. 기본적으로 증분 링크를 사용한 프로그램과 그렇지 않은 프로그램은 기능적으로는 동일하지만, 증분 링크는 후속 증분 링크를 대비해야 하기 때문에 다음과 같은 특징을 갖는다.*

① 코드와 데이터를 패딩하기 때문에 비증분 링크 프로그램보다 크기가 커진다. 패딩으로 인해 EXE나 DLL을 다시 만들지 않고도 함수나 데이터 크기를 늘릴 수 있다.

② 함수를 새 주소로 재배치하는 처리를 위해 점프 성크(Jump Thunk)를 위한 코드를 포함한다.

링크는 코드나 데이터의 변경 등에 대비해서 지정된 섹션을 미리 큰 영역으로 잡아두고 그 공간을 패딩 바이트로 채운다. 데이터 섹션의 경우 패딩은 0으로 채워지지만, 코드 섹션의 경우 패딩은 우리가 앞에서도 자주 봤던 0xCC 코드 바이트가 된다. 이 코드는 "INT 3" 명령에 해당하는 OP 코드로, 디버깅을 가능하게 해주는 명령이다. 여러분이 디버깅을 위해 사용하는 DebugBreak 함수는 이 OP 코드 하나로 이루어진 함수다. 여러분이 함수나 전역 변수를 정의하면 링커는 각 섹션에 이 코드나 데이터 블록을 위치시킨다. 나중에 여러분이 이 함수나 전역 변수를 변경하면 수정된 부분의 코드에 대해서 변경된 부분만 바이트를 이동시켜 삽입하는 형태가 아니라, 속도 개선을 위하여 수정된 해당 함수나 데이터 전체를 덮어쓴다. 함수의 경우만 따져보자. 프로그램 개발 과정은 코드 갱신의 반복이다. 여러분이 정의한 함수를 계속 수정한다고 할 때, 만약 변경된 함수가 이전의 함수 코드보다 커진다면 링커는 해당 함수의 바이너리를 다른 영역으로 옮겨버린다. 그렇게 되면 함수의 시작 주소가 달라진다. 함수의 호출은 "CALL XXXX"라는 코드로 구성되는데, 오퍼랜드 XXXX가 변경되기 전의 함수 번지라고 하면 갱신된 함수의 번지 변경에 따라 이 함수를 호출하는 코드의 오퍼랜드 XXXX라는 값 역시 변경시켜야 한다. 만약 이 함수를 호출하는 코드가 여기저기 수많은 곳에 널려 있으면 이 함수를 호출하는 "CALL XXXX" 코드를 모두 찾아서 새로 갱신된 함수

---

* 32비트 PE의 경우, 증분 링크를 사용하면 IMAGE_SCN_CNT_UNINITIALIZED_DATA 속성이 설정된 .textbss 섹션을 별도로 만든다는 점도 참고로 알아두기 바란다. 64비트에서는 .textbss 섹션이 생성되지 않는다.

의 주소로 바꿔줘야 한다. 따라서 링크 시마다 이런 수고로움을 덜기 위해 증분 링크는 '**증분 링크 테이블(Increamental Link Table, 이하 ILT)**'이라는, 여러분이 정의한 함수의 가상 주소로 점프하는 코드를 담고 있는 테이블을 미리 만들어둔다. 그리고 이 ILT의 엔트리가 되는 요소가 바로 '**증분 링크 성크(Increamental Link Thunk)**' 코드다. [그림 3-13]에서 확인했던 두 개의 ITL 엔트리 노드에 해당하는 성크 코드는 이 절 앞부분에서 봤던 ②와 ③의 두 JMP 명령으로 시작되는 증분 링크 성크다. 이 두 성크는 각각 WndProc 함수와 wWinMain 함수로 점프하는 코드다.

'증분 링크 성크'를 통해 우리가 주목하고자 하는 효과는 두 번째 측면, 즉 함수를 새 주소로 재배치하는 처리를 위해 포함되는 JMP 성크다. ILT는 이 JMP 성크 코드의 번지를 관리하는 테이블이라고 보면 된다. 예를 들어 여러분이 MyFunction이라는 함수를 정의했다고 하자. 링크 결과 이 함수의 시작 번지가 XXXX라고 하자. 그러면 이 함수의 변경에 대비해서 컴파일러는 ILT의 엔트리로 이 함수를 위한 성크 코드 번지를 등록한다. 이 함수를 위한 성크 코드는 "JMP XXXX"가 되고 이 코드의 번지를 MMMM이라고 하자. 그러면 MyFunction을 호출하는 여러 다른 위치의 코드는 CALL XXXX 대신 이 성크 코드의 번지 MMMM을 CALL 명령의 오퍼랜드로 기록한다.

```
MMMM: JMP XXXX
    ⋮
XXXX: MyFunction 코드 시작
    ⋮
####: CALL MMMM
```

그러면 실제로 MyFunction을 호출하면 "CALL MMMM"에 의해 이 함수의 성크 코드가 되는 MMMM으로 분기하게 된다. 그리고 이 번지의 코드가 "JMP XXXX"이므로 그제서야 실제로 MyFunction이 정의된 XXXX 번지로 분기하게 될 것이다. 이런 우회를 하는 이유는 간단하다. 만약 여러분이 MyFunction 함수에 버그를 발견해서 수정했다고 하자. 수정 후 링크한 결과 링커가 이 함수를 시작 번지 YYYY로 옮겼다고 하자. 그러면 수정 전의 번지 XXXX로 이 함수를 호출하는 코드는 "CALL XXXX" 대신 "CALL MMMM"으로 되어 있기 때문에, 이 CALL 명령이 존재할 PE의 전체 코드 섹션을 찾아다닐 필요 없이 MyFunction에 대한 성크 코드, 즉 "JMP XXXX"의 오퍼랜드 값 XXXX를 YYYY로 대체하면 변경된 함수의 호출에 대한 모든 처리가 한 번에 끝난다. 이런 목적으로 링커는 ILT라는 성크 테이블을 구성해서 [그림 3-13]에서처럼 실제 함수들이 정의된 영역 앞에, 즉 코드 섹션의 맨 앞 부분에 위치시킨다. 따라서 ILT는 우리가 정의한 함수에 대한 증분 링크 성크를 연속된 엔트리로 갖는 테이블이 된다. 우리의 분석 대상이 되는 BasicApp.exe의 경우도 우리가 정의한 WndProc와 WinMain 함수에 대한, 두 개의 성크로 구성된 ILT가 코드 섹션 맨 앞에 있다.

지금까지 설명한 증분 링크를 사용하면 우선 패딩으로 인한 코드 섹션의 크기가 상당히 커진다. 디버그 버전으로 된 BasicApp.exe와 릴리스 버전으로 된 BasicApp.exe의 코드 섹션을 헥사 에디터로 확인해보라. 릴리스 모드의 경우는 0xCC라는 코드 바이트가 거의 없는 것에 비해, 디버그 모드의 경우는 적지 않은 0xCC 패딩을 확인할 수 있을 것이다. 이뿐만 아니라 증분 링크 성크를 위한 다섯 바이트의 추가적 코드가 여러분이 정의한 함수 모두에 대해서 ILT의 엔트리로 관리되기 때문에 이것 역시 코드 섹션 크기의 증가 요인이 된다. 하지만 더 문제가 되는 것은 증분 링크 성크는 함수로의 직접적인 진입을 막고 항상 점프 성크를 우회하도록 하기 때문에 실행 시간에서의 오버헤드가 수반된다는 점이다. 따라서 프로젝트를 새로 생성하면 기본적으로 디버그 모드에서는 디버깅 작업의 효율성을 위해 증분 링크를 허용하고, 릴리스 모드에서는 링크 속도는 신경 쓸 필요 없이 코드의 실행 속도나 PE 파일의 크기를 우선시해야 하기 때문에 증분 링크를 사용하지 않도록 옵션이 설정된다.

이 책에서 설명할 여러 내용들은 디버깅을 통해서 함수를 추적할 일이 많다. 따라서 직관적인 분석을 위해, 디스어셈블 코드 상에서 함수로 이동하고자 할 때 CALL 명령의 대상 번지가 우회를 해야만 하는 JMP 성크 코드의 번지가 아니라, 바로 해당 함수의 시작 번지가 되도록 하기 위해 5장부터 설명할 샘플 프로젝트는 디버그 버전이더라도 모두 '증분 링크' 옵션을 해제한 상태에서 제공될 것이다.

3.3 데이터 섹션

데이터 섹션은 그 종류가 여러 가지다. 데이터란 결국 코드가 참조하거나 접근하는 대상이 된다. 따라서 코드 섹션 내의 다양한 명령은 그 대상으로 여러 섹션의 데이터를 읽거나 쓸 수 있다. 코드 섹션 이외의 섹션 중 IMAGE_SECTION_HEADER의 Characteristics 필드에 IMAGE_SCN_CNT_INITIALIZED_DATA 또는 IMAGE_SCN_CNT_UNINITIALIZED_DATA 플래그가 설정된 섹션은 모두 코드 섹션에 담긴 코드의 작업 대상이 되는 데이터 섹션이다. 물론 우리가 2장에서 확인했듯이, 코드 섹션 이외의 섹션은 거의 IMAGE_SCN_CNT_INITIALIZED_DATA 플래그가 설정되어 있다. 심지어 다른 데이터 섹션을 코드 섹션으로 병합한 경우 코드 섹션 자체도 데이터를 포함한다는 것 또한 앞서 확인했다. 그러면 코드가 다른 데이터 섹션을 참조하는 경우는 어떤 경우일까? 변수를 다시 생각해보자. 스택에 자신의 존재 기반을 두고 있는 변수들, 즉 지역 변수나 매개변수는 스택에 의해 생성되고 해제된다. 동적 메모리 할당의 경우도 그 대상이 힙 영역이며 코드에 의해 통제된다. 따라서 지역 변수나 매개변수 등의 스택 기반 변수나 힙 기반의 메모리 영역은 코드가 관리하기 때문에 코드 섹션을 벗어나지 않는다. 하지만 전역 변수나 정적 변수, 또는 'const' 지시어를 통해서 정의되는 상수 변수, 변수를 사용하지 않고 코드 상에서 직접 정의하는 문자열 같은 경우는 [그림 3-1]에서 보여준 것과 같이 전역 데이터 공간에 위치한다. 따라서 코드가 다른 섹션을 참조하는 경우의 변수는 바로 전역/정적인 특성을 가지거나 상수여야 한다. 이렇게 읽고 쓰기 가능한 정적/전역 변수들이 위치하는 대표적인 섹션이 .data 섹션이고, 상수 변수나 문자열 같이 읽기만 가능한 데이터가 위치하는 대표적인 섹션이 .rdata 섹션이다. 이 장에서는 실제 코드 상에서 데이터를 보관할 목적으로 쓰이는 .data 섹션과 .rdata 섹션에 대하여 자세히 살펴보기로 한다.

3.3.1 .data 섹션

.data 섹션은 그 속성이 읽기/쓰기가 가능한 가장 일반적인 데이터 섹션이다. 여러분들이 전역/정적 변수를 정의하면 이러한 변수들은 모두 .data 섹션에 위치하게 되며, .data 섹션이 프로세스 주소 공간에 매핑되면 정의했던 전역/정적 변수들은 이 섹션 내의 번지값 그대로 사용된다. 지역 변수나 매개변수는 프로세스 스택에 그 영역이 할당되기 때문에 PE와는 관련이 없다는 것을 염두에 두기 바란다. .data 섹션은 앞서 언급한 대로 특별한 구조가 없으며, 컴파일러가 판단하여 적당한 크기를 잡고 그 섹션 내에 여러분이 정의한 전역/정적 변수들을 위치시킨다.

이제, 우리가 BasicApp.exe에서 사용한 전역/정적 변수가 실제로 어떻게 위치하며, 어떻게 사용되는지 덤프를 통해 직접 확인해보기로 하자. 먼저 BasicApp.cpp 소스에서 G_APP_CLS, g_hInstance, 그리고 문자열을 담는 상수 변수인 C_YHD_MSG를 전역적으로 정의했다.

```
TCHAR G_APP_CLS[16] = _T("YHD_HELLO_WND"); ← ① 문자열을 위한 배열 32바이트
HINSTANCE g_hInstance;     ← ② 기준 주소를 담기 위한 8바이트


#if _WIN64
PCTSTR    C_YHD_MSG = _T("YHD's WinApp : HINSTANCE=0x%016I64X"); ← ④
#else
PCTSTR    C_YHD_MSG = _T("YHD's WinApp : HINSTANCE=0x%08X");    ← ④
```

```
#endif
        ⋮
int WINAPI _tWinMain(HINSTANCE hInstance, HINSTANCE hPrevInst,
                     PTSTR pszCmdLine, int nCmdShow)
{
    g_hInstance = hInstance;

    WNDCLASSEX wc;
    wc.cbSize        = sizeof(wc);
        ⋮
    wc.lpszClassName = G_APP_CLS;
        ⋮
```

그리고 WndProc 함수에서 정적 변수 s_szMsg 배열을 정의하고 WM_CREATE 메시지 처리 부분에서 이 배열에 C_YHD_MSG 상수 문자열을 설정한다.

```
LRESULT CALLBACK WndProc(HWND hWnd, UINT uMsg, WPARAM wParam, LPARAM lParam)
{
    static TCHAR s_szMsg[64]; ← ③ 128바이트 정적 변수
    switch(uMsg)
    {
    case WM_CREATE:
        wsprintf(s_szMsg, C_YHD_MSG, g_hInstance);
        return TRUE;
        ⋮
```

문자열을 위한 상수 전역 변수인 ④의 C_YHD_MSG는 .data 섹션뿐만 아니라 .rdata 섹션과도 연관되기 때문에 뒤에서 다루기로 하고, 이 변수를 제외한 전역/정적 변수 ① G_APP_CLS, ② g_hInstance, ③ s_szMsg가 PE 상에서 실제로 위치한 부분을 BasicApp.exe의 덤프를 통해 직접 확인해보자. 이 변수들은 읽고 쓰기가 가능한 변수이므로 .data 섹션에 위치할 것이다. 따라서 이 섹션을 찾기 위해서는 먼저 .data 섹션에 대한 IMAGE_SECTION_HEADER 구조체를 찾아야 한다.

덤프 3-6 .data 섹션의 IMAGE_SECTION_HEADER 구조체 덤프

	+0	+1	+2	+3	+4	+5	+6	+7	+8	+9	+A	+B	+C	+D	+E	+F
00000250	2E	64	61	74	61	00	00	00	42	08	00	00	00	A0	00	00
00000260	00	02	00	00	00	82	00	00	00	00	00	00	00	00	00	00
00000270	00	00	00	00	40	00	00	C0	2E	70	64	61	74	61	00	00

위의 덤프는 .data 섹션에 해당하는 IMAGE_SECTION_HEADER 구조체의 내용이다. 그 내용을 다음과 같이 IMAGE_SECTION_HEADER 구조체에 맞춰 분석했다.

표 3-6 .data 섹션의 IMAGE_SECTION_HEADER 구조체

필드	타입	오프셋	값
Name	BYTE[8]	0x00000250	.data
VirtualSize	DWORD	0x00000258	0x00000842
VirtualAddress	DWORD	0x0000025C	0x0000A000
SizeOfRawData	DWORD	0x00000260	0x00000200
PointerToRawData	DWORD	0x00000264	0x00008200
Characteristics	DWORD	0x00000274	0xC0000040 CNT_INIT_DATA | MEM_READ | MEM_WRITE

먼저 Characteristics 필드에 MEM_WRITE 속성이 설정되어 있으며, 이는 쓰기 가능한 섹션임을 알 수 있다. 그리고 BasicApp.exe의 경우 주목할 점은 VirtualSize 필드 값이 SizeOfRawData 필드 값보다 크다는 것이다. 이 내용은 이 절의 뒷 부분에서 언급하기로 하고, 덤프를 통해서 직접 .data 섹션을 살펴보기로 하자. PointerToRawData 필드가 PE 파일 상에서 데이터 섹션의 시작이 0x00008200이므로, 이 위치로 파일 포인터를 이동시키면 우리가 정의했던 "YHD_HELLO_WND"라는 문자열을 확인할 수 있다. 아래 그림이 이 부분에 대한 헥사 덤프를 나타낸 것이다.

그림 3-16 BasicApp.exe의 .data 섹션 시작 부분

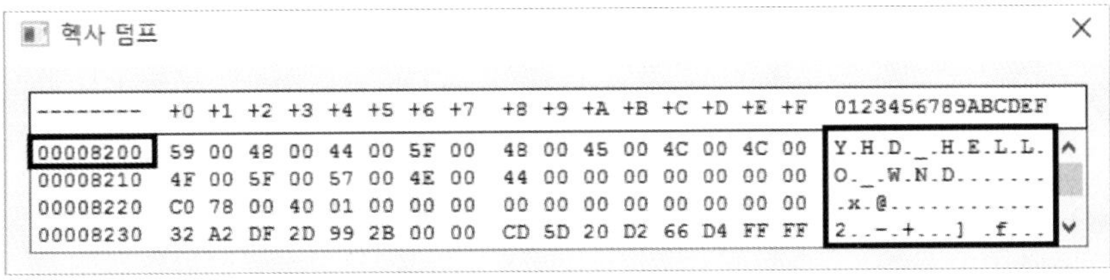

PE 파일에서 우리가 사용했던 전역/정적 변수들의 위치를 찾기 위해 다시 프로젝트 〈BasicApp〉을 디버깅하고 디스어셈블 창에서 실제로 전역/정적 변수를 사용하는 코드를 확인해보자. 먼저 전역 변수 ② g_hInstance에 WinMain 함수의 매개변수 hInstance를 설정하는 코드는 다음과 같다.

```
    g_hInstance = hInstance;
 00007FF617B31053    48 8B 84 24 30 01 00 00     mov  rax, qword ptr [hInstance]
 00007FF617B3105B    48 89 05 0E 91 00 00
                            mov  qword ptr [g_hInstance( 07FF617B3A170h )], rax
```

MOV 명령은 어셈블리 언어의 대표적인 명령으로 두 개의 오퍼랜드를 취하며, 두 번째 오퍼랜드의 값을 첫 번째 오퍼랜드로 대입할 것을 지시하는, C/C++ 언어의 대입 연산자 '='에 해당한다.

MOV target, source ⟷ target = source;

특히 위의 코드에서 qword ptr 지시어는 메모리 참조를 의미하며, 열기('[') 및 닫기(']') 중괄호 사이의 값을 메모리의 번지로 하는 위치에서 8바이트의 값을 참조할 것을 지시한다. 4바이트 크기는 dword, 2바이트 크기는 word를 지정할 수 있다. 따라서 위 코드는 g_hInstance 변수에 레지스터 RAX의 값을 복사하게 되는데, 바로 0x00007FF6`17B31053 코드에 의해서 RAX 레지스터에 매개변수로 전달된 hInstance의 값이 미리 설정되어 있다. 그리고 g_hInstance의 번지는 0x07FF6`17B3A170이 되고 기준 주소가 되는 hInstnace 값인 0x00007FF6`17B30000을 빼면 이 번지의 RVA는 0x0000A170이 된다. 이 RVA 값을 파일 오프셋으로 변경해보자.

0x00008370 (g_hInstance 파일 오프셋) = 0x0000A170 (g_hInstance RVA) -
        0x0000A000 (VirtualAddress) + 0x00008200 (PointerToRawData)

따라서 g_hInstance 변수의 위치는 파일 오프셋 0x00008370부터 8바이트며, 다음 [덤프 3-7]의 ②에서 확인할 수 있다.

다음은 ① G_APP_CLS 전역 버퍼를 사용하는 코드를 살펴보자.

```
    wc.lpszClassName = G_APP_CLS;
 00007FF617B310F6    48 8D 05 03 8F 00 00  lea  rax, [G_APP_CLS( 07FF617B3A000h )]
```

```
00007FF617B310FD    48 89 84 24 B0 00 00 00    mov   qword ptr [rsp+0B0h], rax
```

LEA 명령은 지정된 변수의 유효 번지를 획득하는 명령으로, G_APP_CLS 버퍼의 시작 번지 07FF617B3A000h를 rax 레지스터에 저장한다. 따라서 이 버퍼의 번지 0x00007FF6`17B3A000에 대한 파일 오프셋을 g_hInstance의 경우와 동일한 과정으로 구하면 0x00008220이 된다. 이것 또한 [덤프 3-7]의 ①에서 확인할 수 있다.

이번에는 정적 변수인 ③ s_szMsg를 사용하는 코드를 디버깅 코드를 통해서 확인해보자.

```
    case WM_PAINT:
    {
         ⋮
       int nStrLen = (int)_tcslen(s_szMsg);
00007FF617B3132F    48 8D 0D 4A 8E 00 00      lea   rcx, [s_szMsg( 07FF617B3A180h )]
```

```
00007FF617B31336    FF 15 4C AF 00 00        call qword ptr
                                             [__imp_wcslen (07FF617B3C288h)]
00007FF617B3133C    89 84 24 D0 00 00 00     mov  dword ptr [rsp+0D0h], eax
```

이 경우 s_szMsg 버퍼의 번지는 0x00007FF6`17B3A180이며, 이 값을 파일 오프셋으로 변경하면 0x00008380이 된다. 이 세 변수들의 번지와 RVA, 그리고 파일 오프셋을 정리하면 다음과 같다.

표 3-7 ① ~ ③의 전역/정적 변수

변수	번지	RVA	파일 오프셋
① G_APP_CLS	0x00007FF6`17B3A000	0x0000A000	0x00008200
② g_hInstance	0x00007FF6`17B3A170	0x0000A170	0x00008370
③ s_szMsg	0x00007FF6`17B3A180	0x0000A180	0x00008380

또한 각 변수들의 파일 오프셋을 이용해서 PE 파일 상의 데이터 섹션에 각 변수들이 실제로 어떻게 위치해 있는지를 다음의 덤프를 통해 확인할 수 있다.

① 0x8200 : WCHAR G_APP_CLS[16]
④ 0x8220 : const WCHAR* C_YHD_MSG
② 0x8370 : HINSTANCE g_hInstance
③ 0x8380 : WCHAR s_szMsg[64]
YHD_HELLO_WND

	+0	+1	+2	+3	+4	+5	+6	+7	+8	+9	+A	+B	+C	+D	+E	+F
00008200	59	00	48	00	44	00	5F	00	48	00	45	00	4C	00	4C	00
00008210	4F	00	5F	00	57	00	4E	00	44	00	00	00				
00008220	C0	78	00	40	01	00	00	00	00	00	00	00	00	00	00	00
00008230	32	A2	DF	2D	99	2B	00	00	CD	5D	20	D2	66	D4	FF	FF
~	~	~	~	~	~	~	~	~	~	~	~	~	~	~	~	~
00008360	00	00	00	00	00	00	00	00	00	00	00	00	00	00	00	00
00008370	00	00	00	00	00	00	00	00	00	00	00	00	00	00	00	00
00008380	00	00	00	00	00	00	00	00	00	00	00	00	00	00	00	00
00008390	00	00	00	00	00	00	00	00	00	00	00	00	00	00	00	00
~	~	~	~	~	~	~	~	~	~	~	~	~	~	~	~	~
000083F0	00	00	00	00	00	00	00	00	00	00	00	00	00	00	00	00

전역 버퍼인 ① G_APP_CLS의 경우 선언과 함께 "YHD_HELLO_WND" 문자열로 초기화 했기 때문에, 오프셋 0x0008200부터 32바이트의 영역이 이 문자열로 초기화되어 있다. 그리고 WinMain의 매개변수 hInstance를 담기 위한 ② g_hInstance 8바이트와 윈도우에 출력할 문자 열을 담기 위한 정적 버퍼 ③ s_szMsg 128바이트는 0으로 초기화되어 있다.

이제, 변수 ④ C_YHD_MSG를 살펴보자. 주의할 것은 이 변수가 상수 변수처럼 보이지만 사실 은 그렇지 않다는 점이다. 이 변수의 타입은 PCTSTR로, 이는 "CONST TCHAR*"에 대한 재정의 다. 이 타입으로 정의된 C_YHD_MSG 변수는 상수형 문자열의 포인터만 받아들이겠다는 의미지, 이 변수 자체가 값을 변경할 수 없는 상수 변수는 아니다. 따라서 C_YHD_MSG 변수는 예를 들어 다음과 같이 코드의 임의의 위치에서 다른 문자열을 다시 설정하더라도 컴파일 에러가 발생하지 않 는다.

```
C_YHD_MSG = _T("MY TEST");
```

이는 C_YHD_MSG 변수 자체는 변경 가능한, 다시 말해 읽고 쓰기가 가능한 변수임을 의미하며, 따라서 상수형 문자열의 포인터를 담는 이 변수는 .rdata 섹션이 아니라 위의 덤프의 ④처럼 .data 섹션에 8바이트만큼 자신의 공간을 확보하게 된다.

다음은 C_YHD_MSG 변수를 사용하는 코드다.

```
        case WM_CREATE:
           wsprintf(s_szMsg, C_YHD_MSG, g_hInstance);
00007FF617B312D9    4C 8B 05 90 8E 00 00    mov    r8, qword ptr
                                                    [g_hInstance (07FF617B3A170h)]
00007FF617B312E0    48 8B 15 39 8D 00 00    mov    rdx, qword ptr
                                                    [C_YHD_MSG( 07FF617B3A020h )]
```

> wsprintf 함수의 매개변수로 C_YHD_MSG 변수에 담긴 값을 전달하기 위해 분석했다. mov 명령으로 C_YHD_MSG 변숫값을 rdx
> 레지스터에 설정한다.

```
00007FF617B312E7    48 8D 0D 92 8E 00 00    lea    rcx, [s_szMsg (07FF617B3A180h)]
00007FF617B312EE    FF 15 B4 B0 00 00       call   qword ptr
                                                    [__imp_wsprintfW (07FF617B3C3A8h)]
```

위 코드에서 C_YHD_MSG 변수의 번지는 0x00007FF6`17B3A020이며, 이 번지의 RVA는
0x0000A020, 파일 오프셋으로 변환하면 0x00008220이 된다. 그리고 이 파일 오프셋 8바이트
공간에는 실제로 문자열이 위치한 시작 번지를 담게 된다. [덤프 3-7]의 ④에 위치한 8바이트 값을
확인해보면 그 값은 0x00000001`400078C0이 된다. 이 값은 디스크 상의 PE 파일에 저장된 값이
며, 메모리에 로드된 경우라면 기준 재배치 과정을 거쳐 그 값이 달라질 것이다. 디스크 상의 PE에
저장된 기준 주소는 ImageBase 필드에 존재하며, 그 값은 0x00000001`40000000이다. 따라서
C_YHD_MSG가 담고 있는 주소의 RVA는 0x000078C0이고, 이 RVA는 데이터 섹션이 아닌 읽
기 전용 섹션인 .rdata 섹션에 위치한다. .rdata 섹션의 헤더를 이용해서 이 RVA를 파일 오프셋으
로 변환하면 0x000060C0이 된다. 이 위치의 PE 덤프를 직접 확인해보면 다음과 같다.

그림 3-17 C_YHD_MSG 변수의 문자열 시작 덤프

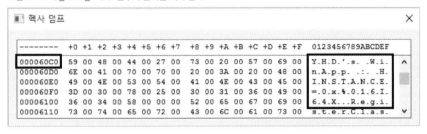

위의 그림을 통해서 변수 C_YHD_MSG의 경우, 실제 문자열의 시작 번지를 담기 위한 공간
은 .data 섹션에 위치하지만 문자열 자체는 읽기 전용 섹션인 .rdata 섹션에 위치한다는 것을 알
수 있다. 만약 변수 C_YHD_MSG 자체를 .rdata 섹션에 위치시키고자 한다면 이 변수 자체를
"CONST TCHAR*"가 아닌, 다음과 같이 "TCHAR* CONST" 타입의 상수 변수로 선언해야 한다.

```
#if _WIN64
TCHAR* CONST C_YHD_MSG = _T("YHD's WinApp : HINSTANCE=0x%016I64X");
#else
TCHAR* CONST C_YHD_MSG = _T("YHD's WinApp : HINSTANCE=0x%08X");
#endif
```

위와 같이 C_YHD_MSG에 대한 선언을 바꾸고 빌드한 후 확인해보면 이 변수를 위한 8바이트의
공간이 .rdata 섹션에 위치하게 된다. 이는 3.2.2절에서 확인할 수 있다.

분석 대상이 되는 PE 파일에 대한 PDB 파일이 존재한다면 PE Explorer를 통해서 해당 PE에서
사용하는 전역/정적 변수 중에서 .data 섹션에 위치한 변수들에 대한 상세 정보를 볼 수 있다. 다음
그림처럼 .data 섹션 노드에 대하여 마우스 오른쪽 버튼을 클릭하면 나타나는 팝업 메뉴에서 '데이
터 보기' 항목을 선택하라.

그림 3-18 '데이터 보기' 메뉴 선택

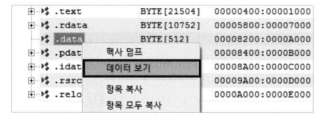

그러면 다음과 같은 [데이터 보기] 대화상자가 출력되며, .data 섹션에 존재하는 전역/정적 변수에
대한 상세 정보를 보여준다. 박싱된 부분이 우리가 정의한 4개의 전역/정적 변수 G_APP_CLS,
C_YHD_MSG, g_hInstance, s_szMsg에 대한 상세 내용이다.

그림 3-19 .data 섹션에 대한 [데이터 보기] 대화상자

오프셋:RVA	이름	타입	크기	값
0x00008200:0x0000A000	G_APP_CLS	wchar_t[16]	0x20(32)	YHD_HELLO_WND
0x00008220:0x0000A020	C_YHD_MSG	const wchar_t*	0x8(8)	0x00000001400078C0
0x00008230:0x0000A030	__security_cookie	unsigned __i...	0x8(8)	0x00002B992DDFA232
0x00008238:0x0000A038	__security_coo...	unsigned __i...	0x8(8)	0xFFFFD466D2205DCD
0x00008240:0x0000A040	_RTC_ErrorLevels	int[5]	0x14(20)	01 00 00 00 01...
0x00008254:0x0000A054	__defaultmatherr	int	0x4(4)	0x00000001
0x00008258:0x0000A058	__globallocale...	int	0x4(4)	0xFFFFFFFE
0x0000825C:0x0000A05C	__native_dllma...	volatile uns...	0x4(4)	0xFFFFFFFF
0x00008370:0x0000A170	g_hInstance	HINSTANCE__ *	0x8(8)	0x0000000000000000
0x00008380:0x0000A180	s_szMsg	wchar_t[64]	0x80(128)	

.data 섹션에서 마지막으로 주목해야 할 점은 섹션 헤더의 VirtualSize 필드 값과 SizeOfRawData 필드 값이다. .data 섹션 헤더의 VirtualSize 필드 값이 SizeOfRawData 필드 값보다 크다는 것이 특징이다. 이는 디스크 상의 PE 파일의 .data 섹션이 로드될 때 메모리 상의 .data 섹션이 확장된다는 것을 의미하며, 확장될 그 영역은 모두 0으로 채워진다. 전역 변수가 정의되었지만 초깃값이 0이면 굳이 디스크의 PE 파일에 그 영역을 만들어 디스크를 낭비할 필요 없이 PE가 실제 메모리에 로드될 때 그 영역을 확보해주는 것만으로 충분하다. 이는 IMAGE_SCN_CNT_XXXX 플래그 중 UNINITIALIZED_DATA 속성과도 관련이 있다. 코드 섹션을 제외한 다른 데이터 섹션은 대부분 INITIALIZED_DATA 속성이 설정된다. UNINITIALIZED_DATA 속성은 초기화되지 않은 섹션임을 의미하며, 여기서 말하는 초기화는 코드 상의 초기화를 의미하는 것이다. 예를 들어 전역 변수를 "int GLOBAL = 3;"이라고 선언하면 초기화된 데이터가 되지만, 단순히 "int GLOBAL;"로 선언하면 이는 초기화되지 않은 데이터로 판단한다. 그리고 이전 버전의 VC++ 컴파일러의 경우, 예를 들어 VC++ 6.0까지는 이렇게 명시적으로 초기화하지 않은 전역 변수의 공간을 .bss 섹션에 별도로 설정하고, 이 섹션에 UNINITIALIZED_DATA 속성을 지정한 후 섹션 헤더의 SizeOfRawData 필드를 0으로 설정함으로써, 디스크의 PE 파일에는 .bss 섹션의 헤더만 두고 실재 섹션은 존재하지 않도록 했다. 하지만 VC++ 컴파일러 7.0부터는 UNINITIALIZED_DATA 속성을 지닌 .bss 섹션을 별도로 만들지 않고, .data 섹션 헤더의 VirtualSize 필드와 SizeOfRawData 필드의 값을 적절히 설정하여 .data 섹션으로 병합시킨다.

3.3.2 .rdata 섹션

.rdata 섹션은 읽기 전용 데이터 섹션으로, 다양한 종류의 데이터가 이 섹션에 존재할 수 있다. 보통 데이터 디렉터리 중에서 디버그, 로드 컨피그, TLS 정보 및 내보내기 디렉터리 엔트리는 별도의 섹션으로 존재하지 않고 .rdata 섹션으로 병합된다. 또한 릴리스 버전으로 빌드할 경우 가져오기 섹션 및 가져오기 주소 테이블(IAT) 역시 이 섹션 아래에 존재한다.

다음 그림은 윈도우 10 메트로 애플리케이션 계산기인 Calculator.exe의 분석 내용이며, 이 PE의 경우 지금 언급했던 데이터 디렉터리 모두가 .rdata 섹션 아래에 존재한다.

그림 3-20 BasicApp.exe의 .rdata 섹션 구성

필드	타입	오프셋:RVA	
⊞ 🖳 calculator.exe	64bit exe PE	00000000:00000000	0x354...
⊞ 📁 DosHeader	IMAGE_DOS_HEADER	00000000:00000000	
⊞ 📁 NTHeaders	IMAGE_NT_HEADERS64	00000100:00000100	
⊞ 📁 SectionHeaders	IMAGE_SECTION_HEADER[7]	00000208:00000208	
⊞ 🗲 .text	BYTE[1915392]	00000400:00001000	0x1D3...
⊟ 🗲 .rdata	BYTE[1174528]	001D3E00:001D5000	0x11E...
⊞ 📑 IAT	BYTE[2472]	001D3E00:001D5000	
⊞ 📑 DEBUG	BYTE[112]	00224880:00225A80	
⊞ 📑 LOAD_CONFIG	BYTE[148]	002248F0:00225AF0	
⊞ 📑 TLS	BYTE[40]	00224988:00225B88	
⊞ 📑 EXPORT	BYTE[143]	002EED90:002EFF90	
⊞ 📑 IMPORT	BYTE[560]	002EEE20:002F0020	

이외에도 .rdata 섹션은 최적화 등의 목적으로 읽기 전용 속성을 가지고 있는 다른 섹션이 병합되는 곳이기도 하다. 물론 자체적인 포맷을 갖는 데이터 디렉터리에 대한 내용은 다음 장부터 설명하기로 하고, 여기서는 순수하게 코드에서 참조하는 문자열이나 상수형 변수 등이 실제로 이 섹션에 어떻게 위치하는지를 확인해보자.

1) 문자열 상수

우리가 코드를 정의하면서 사용하는 여러 형태의 데이터 타입 중 별도의 변수 선언 없이 직접 쌍따옴표를 통해 문자열을 지정해주는 경우가 있다. 우리가 코드 상에서 직접 설정했던 여러 문자열들이 여기에 해당한다. 이외에도 기본적으로 런타임 라이브러리에서 사용하는 여러 에러 메시지들이 모두 이 섹션에 위치한다. 이제부터 이런 문자열 데이터들을 BasicApp.exe PE의 덤프를 통해 직접 확인해보자. 우선 IMAGE_SECTION_HEADER 테이블의 .rdata 부분을 찾아서 이 섹션의 정확한 시작 오프셋을 찾아보자.

덤프 3-8 .rdata 섹션의 IMAGE_SECTION_HEADER 구조체 덤프

	+0	+1	+2	+3	+4	+5	+6	+7	+8	+9	+A	+B	+C	+D	+E	+F
00000220	00	00	00	00	20	00	00	60	2E	72	64	61	74	61	00	00
00000230	8D	28	00	00	00	70	00	00	00	2A	00	00	00	58	00	00
00000240	00	00	00	00	00	00	00	00	00	00	00	00	40	00	00	40

위 덤프가 .rdata 섹션에 대한 섹션 헤더며, IMAGE_SECTION_HEADER 구조체에 맞춰 분석하면 다음과 같다.

표 3-8 .rdata 섹션의 IMAGE_SECTION_HEADER 구조체

필드	타입	오프셋	값
Name	BYTE[8]	0x00000228	.rdata
VirtualSize	DWORD	0x00000230	0x0000288D
VirtualAddress	DWORD	0x00000234	0x00007000
SizeOfRawData	DWORD	0x00000238	0x00002A00
PointerToRawData	DWORD	0x0000023C	**0x00005800**
Characteristics	DWORD	0x0000024C	0x40000040 CNT_INIT_DATA | MEM_READ

Characteristics 필드를 보면 읽기 속성만 설정되어 있고 쓰기 플래그가 없다는 것을 알 수 있다. 따라서 .rdata 섹션은 읽기 전용이며, PE 파일의 시작 오프셋은 0x00005800이다. 이 위치로 PE 파일 덤프를 이동해서 그 내용을 보면 대부분 0으로 설정되어 있을 것이다. 하지만 오프셋 0x000060C0 위치로 이동하면 [그림 3-17]에서처럼 우리가 정의했던 식별 가능한 문자열을 볼 수 있다. 우리가 정의한 문자열은 C_YHD_MSG 선언에 사용했던 문자열과 다음 코드에서 볼 수 있는 3개의 문자열이다.

```
          ⋮
    if(!RegisterClassEx(&wc))
    {
        MessageBox(NULL, _T("RegisterClassEx FAILED!!!"), G_APP_CLS, MB_ICONERROR);
00007FF617B31117    41 B9 10 00 00 00        mov  r9d, 10h
00007FF617B3111D    4C 8D 05 DC 8E 00 00 lea r8, [G_APP_CLS (07FF617B3A000h)]
00007FF617B31124    48 8D 15 DD 67 00 00 lea rdx, [__xi_z+198h( 07FF617B37908h )]
```

> ① 문자열 "RegisterClassEx FAILED!!!"의 포인터 0x07FF617B37908을 rdx 레지스터에 로드한다.

```
          ⋮
    }


    HWND hWnd = CreateWindowEx
    (
        0,
        G_APP_CLS,                    // window class name
        _T("YHD Hello Program"),      // window caption
          ⋮
    );
```

```
          ⋮
00007FF617B31188    4C 8D 05 B1 67 00 00 lea r8, [__xi_z+1D0h( 07FF617B37940h )]
```

② 문자열 "YHD Hello Program"의 포인터 0x07FF617B37940을 rdx 레지스터에 로드한다.

```
00007FF617B3118F    48 8D 15 6A 8E 00 00 lea rdx, [G_APP_CLS (07FF617B3A000h)]
          ⋮

   if (hWnd == NULL)
   {
       MessageBox(NULL, _T("CreateWindowEx FAILED!!!"), G_APP_CLS, MB_ICONERROR);
00007FF617B311B1    41 B9 10 00 00 00       mov   r9d, 10h
00007FF617B311B7    4C 8D 05 42 8E 00 00    lea   r8,  [G_APP_CLS (07FF617B3A000h)]
00007FF617B311BE    48 8D 15 A3 67 00 00 lea rdx, [__xi_z+1F8h( 07FF617B37968h )]
```

③ 문자열 "CreateWindowEx FAILED!!!"의 포인터 0x07FF617B37968을 rdx 레지스터에 로드한다.

```
          ⋮

   }
```

그러면 문자열 ①의 번지 0x00007FF6`17B37908을 RVA로 변환한 후 그 파일 오프셋을 구해보자. 역시 hInstance의 값이면서 BasicApp.exe의 기준 주소가 되는 0x00007FF6`17B30000을 빼면 문자열 ①의 RVA는 0x00007908이 되고, [표 3-8]에 나온 .rdata 섹션 헤더의 VirtualAddress 필드와 PointerToRawData 필드를 이용해서 다음과 같이 오프셋을 구할 수 있다.

0x00006108 (문자열 ①의 파일 오프셋) = 0x00007908 (문자열 ①의 RVA) -
        0x00007000 (VirtualAddress) + 0x00005800 (PointerToRawData)

위와 같은 방식으로 ②와 ③의 문자열이 위치한 파일 오프셋을 구하면 다음과 같다.

문자열	번지	RVA	파일 오프셋
① RegisterClassEx FAILED!!!	0x00007FF6`17B37908	0x00007908	**0x00006108**
② YHD Hello Program	0x00007FF6`17B37940	0x00007904	**0x00006140**
③ CreateWindowEx FAILED!!!	0x00007FF6`17B37968	0x00007968	**0x00006168**

위 표의 파일 오프셋을 이용해 .rdata 섹션에서 문자열 ①, ②, ③을 찾아보면 다음과 같다.

덤프 3-9 .rdata 섹션에 위치한 문자열 상수

	+0	+1	+2	+3	+4	+5	+6	+7	+8	+9	+A	+B	+C	+D	+E	+F
00005800	00	00	00	00	00	00	00	00	00	00	00	00	00	00	00	00
~	~	~	~	~	~	~	~	~	~	~	~	~	~	~	~	~
000060C0	59	00	48	00	44	00	27	00	73	00	20	00	57	00	69	00
000060D0	6E	00	41	00	70	00	70	00	20	00	3A	00	20	00	48	00
000060E0	49	00	4E													
000060F0	3D	00	30	00	78	00	25	00	30	00	31	00	36	00	49	00
00006100	36	00	34	00	58	00	00	00	52	00	65	00	67	00	69	00
00006110	73	00	74	00	65	00	72	00								00
00006120	73	00	45	00	78	00	20	00	46	00	41	00	49	00	4C	00
00006130	45	00	44	00	21	00	21	00	21	00	00	00	00	00	00	00
00006140	59	00	48	00	44	00	20	00	48				6C		6C	
00006150	6F	00	20	00	50	00	72	00	6F						61	00
00006160	6D	00	00	00	00	00	00	00	43	00	72	00	65	00	61	00
00006170	74	00	65	00	57	00	69	00	6E	00						00
00006180	45	00	78	00	20	00	46	00	41	00	49	00	4C	00	45	00
00006190	44	00	21	00	21	00	21	00	00	00			77	63	00	00
~	~	~	~	~	~	~	~	~	~	~	~	~	~	~	~	~

- ④ YHD's WinApp : HINSTANCE=0x%016I64X ← C_YHD_MSG
- ① RegisterClassEx FAILED!!!
- ② YHD Hello Program
- ③ CreateWindowEx FAILED!!!

위 덤프를 통해 .rdata 섹션에 존재하는 문자열 ①, ②, ③뿐만 아니라 오프셋 0x000060C0에 위치한 또 하나의 문자열 ④ "YHD's WinApp : HINSTANCE=0x%016I64X" 역시 확인할 수 있다. 이 문자열의 번지를 담고 있는 변수가 앞 절에서 살펴보았던 C_YHD_MSG 변수다. 문자열 ④의 오프셋이 0x000060C0이므로, 이번에는 반대로 이 값을 RVA로 바꿔보자.

0x000078C0 (④의 RVA) = 0x000060C0 (④의 오프셋) −
          0x00005800 (PointerToRawData) + 0x00007000 (VirtualAddress)

RVA 0x000078C0에 기준 주소 0x00007FF6`17B30000을 더하면 문자열 ④가 위치한 메모리 상의 번지 0x00007FF6`17B378C0이 된다. 그리고 디버깅을 통해서 C_YHD_MSG 변수가 담고 있는 값을 확인해보면, 이 변수는 바로 이 문자열의 번지인 0x00007FF6`17B378C0이어야 한다. 디버깅을 통해서 직접 확인해보자. 다음은 C_YHD_MSG 변수가 사용되는 코드 부분이다.

```
    case WM_CREATE:
        wsprintf(s_szMsg, C_YHD_MSG, g_hInstance);
            ⋮
 00007FF617B312E0      48 8B 15 39 8D 00 00   mov   rdx, qword ptr
                                                    [C_YHD_MSG( 07FF617B3A020h )]
```

C_YHD_MSG 변수 자체의 번지는 위 코드에서 박싱된 부분인 0x00007FF6`17B3A020이다.
이 값을 메모리 창에 입력해서 C_YHD_MSG가 갖고 있는 값을 확인해보자.

그림 3-21 C_YHD_MSG 변수의 메모리 상황

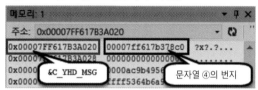

위 그림에서 알 수 있듯이 C_YHD_MSG 변수에 설정된 값은 0x00007FF6`17B378C0이며, 이
는 앞서 오프셋 0x000060C0으로부터 역으로 구한 문자열 ④의 번지가 된다.

이외에도 .rdata 섹션에서는 런타임 라이브러리에서 에러 메시지 출력이나 다른 목적을 위해 정의
된 여러 문자열 상수들을 확인할 수 있다.

그림 3-22 .rdata 섹션에 위치한 런타임 라이브러리 메시지

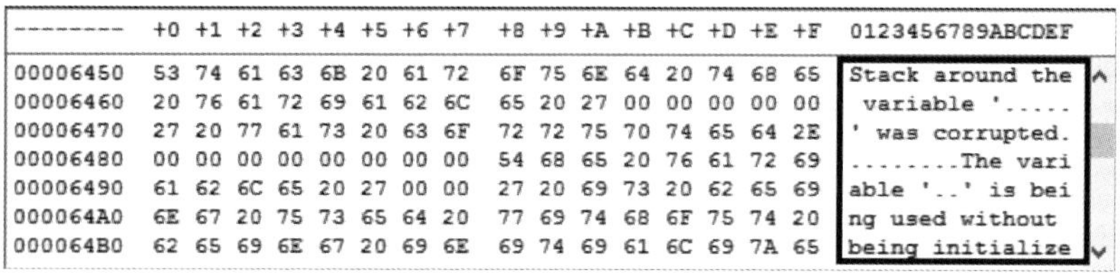

```
--------  +0 +1 +2 +3 +4 +5 +6 +7  +8 +9 +A +B +C +D +E +F  0123456789ABCDEF
00006450  53 74 61 63 6B 20 61 72  6F 75 6E 64 20 74 68 65  Stack around the ^
00006460  20 76 61 72 69 61 62 6C  65 20 27 00 00 00 00 00   variable '.....
00006470  27 20 77 61 73 20 63 6F  72 72 75 70 74 65 64 2E  ' was corrupted.
00006480  00 00 00 00 00 00 00 00  54 68 65 20 76 61 72 69  ........The vari
00006490  61 62 6C 65 20 27 00 00  27 20 69 73 20 62 65 69  able '..' is bei
000064A0  6E 67 20 75 73 65 64 20  77 69 74 68 6F 75 74 20  ng used without
000064B0  62 65 69 6E 67 20 69 6E  69 74 69 61 6C 69 7A 65  being initialize ∨
```

[그림 3-18]과 마찬가지 방법으로 .rdata 섹션에 대해서도 [데이터 보기] 대화상자를 통해 이 섹션
에 위치한 여러 문자열의 정보를 확인할 수 있다.

그림 3-23 [데이터 보기] 대화상자를 통한 런타임 라이브러리 메시지 확인

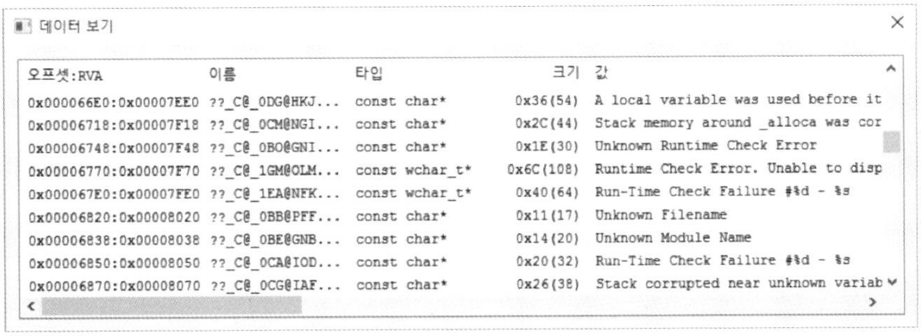

```
■ 데이터 보기                                                                    ×

오프셋:RVA              이름            타입         크기 값
0x000066E0:0x00007EE0  ??_C@_0DG@HKJ...  const char*   0x36(54)  A local variable was used before it
0x00006718:0x00007F18  ??_C@_0CM@NGI...  const char*   0x2C(44)  Stack memory around _alloca was cor
0x00006748:0x00007F48  ??_C@_0BO@GNI...  const char*   0x1E(30)  Unknown Runtime Check Error
0x00006770:0x00007F70  ??_C@_1GM@OLM...  const wchar_t* 0x6C(108) Runtime Check Error. Unable to disp
0x000067E0:0x00007FE0  ??_C@_1EA@NFK...  const wchar_t* 0x40(64)  Run-Time Check Failure #%d - %s
0x00006820:0x00008020  ??_C@_0BB@PFF...  const char*   0x11(17)  Unknown Filename
0x00006838:0x00008038  ??_C@_0BE@GNB...  const char*   0x14(20)  Unknown Module Name
0x00006850:0x00008050  ??_C@_0CA@IOD...  const char*   0x20(32)  Run-Time Check Failure #%d - %s
0x00006870:0x00008070  ??_C@_0CG@IAF...  const char*   0x26(38)  Stack corrupted near unknown variab
```

2) 상수형 변수

앞서 C_YHD_MSG 변수를 통해서 해당 변수 자체는 .data 섹션에 위치하고, 이 변수가 가리키는 문자열은 .rdata 섹션에 위치한다는 것을 확인한 바 있다. 이번에는 문자열이 아니라 C_YHD_MSG 변수와 비슷한 여러 형태의 상수 변수를 전역적으로 선언했을 때, 실제 .rdata 섹션에 위치하는 상수 변수의 예를 코드를 통해 직접 살펴볼 것이다. .rdata 섹션의 상수 변수의 예를 확인하기 위해 다음과 같은 테스트 코드를 하나 작성한다.

다음 소스는 프로젝트 〈ConstVar〉의 ConstVar.cpp다.

소스 3-2 ConstVar.cpp

```cpp
#include "stdafx.h"


const int   C_INL = 2;          ← ① const 정수 변수
const int   C_INT = 3;          ← ② const 정수 변수
int         G_INT = 5;          ← ③ 정수 변수
const int* P_CINT = &C_INT;     ← ④ const 정수 변수의 포인터
int* const CP_INT = &G_INT;     ← ⑤ 정수 변수의 const 포인터


const int       ARR_CINT[3] = { 2, 12, 27 };        ← ⑥ const 정수 배열
const wchar_t   ARR_CSTR[16] = L"STRING TEST.";     ← ⑦ const 문자열


const wchar_t*  P_CSTR = L"PTR for CONST STR.";     ← ⑧ const 문자열 포인터 변수
wchar_t* const  CP_STR = L"CONST PTR for STR.";     ← ⑨ 문자열 const 포인터 변수


const wchar_t*  PARR_CSTR[3] = { L"111", L"222", L"333" }; ← ⑩ const 문자열 배열
```

```
wchar_t* const  CPARR_STR[3] = { L"333", L"222", L"111" }; ← ⑪ 문자열 const 배열


void main()
{
  printf("C_INL=%d, C_INT=%d, G_INT=%d, P_CINT=%d, CP_INT=%d\n",
    C_INL, C_INT, G_INT, *P_CINT, *CP_INT);

  for (int i = 0; i < 3; i++)
    printf("ARR_CINT[%d]=%d, ", i, ARR_CINT[i]);
  printf("\n");
  printf("ARR_CSTR=%S\n", ARR_CSTR);

  printf("P_CSTR=%S\n", P_CSTR);
  printf("CP_STR=%S\n", CP_STR);

  for (int i = 0; i < 3; i++)
  {
    printf("PARR_CSTR[%d]=%S, CPARR_STR[%d]=%S\n",
      i, PARR_CSTR[i], i, CPARR_STR[i]);
  }
}
```

위의 프로젝트는 const 지시어를 사용한 여러 전역 변수 중 어떤 변수들이 실제로 .rdata 섹션에 위치하는지를 확인하는 것이 목적이기 때문에, 생성된 PE에 대하여 직접 덤프를 통해서 확인하기 보다는 빌드 후 생성된 ConstVar.exe를 바로 PE Explorer를 이용해서 분석하기로 한다. 그래서 .data 섹션과 .rdata 섹션 노드의 '데이터 보기'를 통해서 변수들이 실제로 어느 섹션에 위치해 있는 지를 확인해볼 것이다.

다음 두 그림은 ConstVar.exe의 분석 결과에 대한 [데이터 보기] 대화상자를 나타낸 것이다. 분석 결과를 통해 결국 ① ~ ⑪까지의 변수 선언은 포인터와 포인터와 관련된 배열에 있어서 const 지시어를 어디에 위치시킬지에 대한 C/C++ 문법에 대한 문제며, 컴파일러의 판단에 의존하는 측면도 있다는 것을 알 수 있을 것이다.

그림 3-24 ConstVar.exe의 .data – 읽기/쓰기 데이터 섹션의 변수들

오프셋:RVA	이름	타입	크기	값
0x00001E00:0x00003000	G_INT	int	0x4(4)	0x00000005
0x00001E08:0x00003008	P_CINT	const int*	0x8(8)	0x0000000140002188
0x00001E10:0x00003010	P_CSTR	const wchar_t*	0x8(8)	0x00000001400021C8
0x00001E18:0x00003018	PARR_CSTR	const wchar_t*[3]	0x18(24)	20 22 00 40 01...

그림 3-25 ConstVar.exe의 .rdata – 읽기 전용 데이터 섹션의 변수들

오프셋:RVA	이름	타입	크기	값
0x00001388:0x00002188	C_INT	const int	0x4(4)	0x00000003
0x00001390:0x00002190	CP_INT	int* const	0x8(8)	0x0000000140003000
0x00001398:0x00002198	ARR_CINT	const int[3]	0xC(12)	02 00 00 00 0C...
0x000013A8:0x000021A8	ARR_CSTR	const wchar_t[16]	0x20(32)	STRING TEST.
0x000013F0:0x000021F0	CP_STR	wchar_t* const	0x8(8)	0x00000001400021F8
0x00001438:0x00002238	CPARR_STR	wchar_t* const[3]	0x18(24)	50 22 00 40 01...

코드에서 ①과 ②의 예는 정수에 대한 상수 변수 선언이다. 일반적으로 스칼라 값으로 선언되는 const 변수는 컴파일러의 판단하에 자동적으로 코드 상의 상수 값으로 인라인 처리되므로 섹션에 별도의 공간을 잡지 않는다. 따라서 ①의 C_INL은 실제 상수값 2가 코드 상의 명령 오퍼랜드로 그대로 사용되었기 때문에 .data나 .rdata 섹션 어디에도 존재하지 않는다. 하지만 ②의 경우는 비록 스칼라 값에 대한 상수 변수지만 ④의 P_CINT 포인터 변수의 값으로 C_INT 변수의 번지가 저장되기 때문에 ②의 C_INT 변수는 [그림 3-25]에서처럼 .rdata 섹션에 위치해야만 한다. ③은 일반 정수 변수이고 ④는 변수 자체가 const 형이 아니라 변수에 담을 수 있는 값이 상수 정수 타입의 포인터임을 의미하기 때문에 ④ 역시 변경 가능한 변수다. 따라서 ③의 G_INT와 ④의 P_CINT는 [그림 3-24]에서처럼 .data 섹션에 위치한다. 반면에 ⑤는 정수 타입의 포인터를 받는 변수지만 이 변수 자체가 const 형임을 의미하기 때문에 읽기 전용 변수가 된다. 따라서 ⑤의 CP_INT는 [그림 3-25]에서 처럼 .rdata 섹션에 위치한다.

⑥과 ⑦의 경우는 const 지시어가 어디에 위치하든 무조건 .rdata 섹션에 위치한다. 하지만 ⑧과 ⑩의 경우는 ④와 마찬가지로 포인터 변수나 배열의 엔트리 각각은 const가 아니기 때문에 변경 가능한 변수들이 되고, 따라서 ⑧의 P_CSTR과 ⑩의 PARR_CSTR은 .data 섹션에 위치한다. 반면에 ⑨와 ⑪은 포인터 변수나 배열의 엔트리 자체가 const 형이 되어 초기화된 값 이외의 값을 설정할 수 없게 된다. 따라서 ⑨의 CP_STR과 ⑪의 CPARR_STR의 엔트리들은 모두 .rdata 섹션에 위치한다.

이상으로 코드 상의 전역/정적 변수나 문자열들이 위치하는 데이터 섹션에 대하여 알아보았다. 계속 언급한 것처럼 코드와 데이터 섹션은 공개된 특별한 구조가 없기 때문에 단지 그 개념만 알아보는 수준에서 그쳤다. 다음 절에서는 프로그램 기동 시 초기화를 위해 컴파일러가 .rdata 섹션에 위치시키는 특별한 전역 변수들의 구성에 대해서 좀 더 깊이 살펴볼 것이다.

3.4 런타임 시작 함수와 전역 초기화

정의된 전역/정적 변수들은 PE 파일 상에서 이미 그 영역을 확보한 채로 생성되어 초기화된 상태로 .data 섹션이나 .rdata 섹션에 위치한다. 그렇다면 C++에서의 클래스(C++에서는 구조체도 클래스로 취급하기 때문에 구조체를 포함해서)를 전역/정적 변수로 선언하면 어떻게 될까? 물론 전역/정적으로 선언되었기 때문에 PE 파일 상에서 자신의 공간은 이미 확보하고 있을 것이다. 하지만 클래스는 생성자와 소멸자가 제공되기 때문에 초기화나 해제 작업은 동적으로 이루어진다. 만약 클래스를 지역 변수로 선언하면 함수가 시작될 때 생성자를 호출하고, 함수가 종료될 때 소멸자를 호출하는 코드가 삽입된다. 클래스를 new 연산자를 통해 동적으로 할당했다면 생성자가 호출될 것이고, 소멸자의 호출은 delete 연산자를 통해 수행될 것이다. 그렇다면 전역/정적으로 선언된 클래스 객체의 생성자나 소멸자는 언제, 어떻게 호출될까?

이 절에서는 C/C++ 런타임 시작 함수 WinMainCRTStartup의 실제 기능을 담당하는 __tmainCRTStartup 함수의 소스 코드를 따라가면서, 우리가 정의한 진입점 함수인 (w) WinMain 또는 (w)main 함수 호출 이전의 초기화 처리와 호출 이후의 종료 처리를 분석할 것이다. 이 분석을 통해 전역/정적 클래스 객체의 생성자와 소멸자 함수들이 호출되는 방식과, 이 처리를 위해 .rdata 섹션이 어떻게 이용되는지에 대해서 상세하게 알아보고자 한다.

3.4.1 C/C++ 런타임 시작 함수 WinMainCRTStartup

먼저 실제 프로그램의 시작이 되는, C/C++ 런타임 시작 함수인 WinMainCRTStartup 함수에 대해서 간단히 알아보자.

```
int wWinMainCRTStartup(void)
{
    __security_init_cookie();

    GS 보안 쿠키 초기화


    return __tmainCRTStartup();

    진입점 함수를 호출하는 __tmainCRTStartup 호출
}
```

위 함수는 GUI 기반 유니코드일 경우의 C/C++ 런타임 시작 루틴이다. 문자 코드별, 그리고 서브 시스템에 따른 런타임 시작 함수는 다음과 같다.

표 3-9 C/C++ 런타임 시작 루틴

서브 시스템	GUI		콘솔	
	진입점	C/C++ 런타임 시작 함수	진입점	C/C++ 런타임 시작 함수
유니코드	wWinMain	wWinMainCRTStartup	wmain	wmainCRTStartup
MBC	WinMain	WinMainCRTStartup	main	mainCRTStartup

위의 4종류의 런타임 시작 함수는 모두 wWinMainCRTStartup 코드와 동일하게 __security_init_cookie 함수를 호출한 후 __tmainCRTStartup 함수를 호출한다. (w)WinMain 또는 (w)main 진입점 함수를 실제 호출하는 함수는 VC++ 컴파일러 버전별로 다를 수가 있다. 이 책 초판의 경우, 즉 비주얼 스튜디오 2005의 경우에는 _tmainCRTStartup 함수의 역할을 위의 4종류의 런타임 시작 함수가 각각 구현했고, 각 함수별로 자신에게 맞는 진입점 함수를 호출했다. 하지만 비스타 이후로 보안 측면이 강화되면서 이전의 4종류의 기능을 __tmainCRTStartup 하나로 통합하여 각 함수 모두 동일하게, 즉 먼저 보안 관련 초기화를 수행하는 __security_init_cookie 함수를 호출한 후에야 _tmainCRTStartup 함수를 호출하도록 수정했다. __security_init_cookie 함수는 버퍼 오버런 공격 차단을 목적으로 사용되는 'GS 보안 쿠키'라는 전역 변수를 초기화하는 역할을 하며, 이 내용은 19장에서 상세하게 다룬다. 그리고 실제 진입점 함수를 호출하는 _tmainCRTStartup 함수는 문자 코드와 서브 시스템에 따른 전처리기를 통해 코드의 내용이 달라지도록 구현되었다. 그럼 이제부터 _tmainCRTStartup 코드를 분석해보기로 하자.

4가지의 런타임 시작 함수의 본 기능은 _tmainCRTStartup 하나로 통합되었지만, 컴파일

러 옵션에 따라 이 함수는 서로 다르게 정의된다. 우리가 앞서 BasicApp.exe에서 보았던 _tmainCRTStartup 함수는 소스 파일 "crtexe.c"에 정의되어 있다. 하지만 "crt0.c" 소스에 또 다른 _tmainCRTStartup 함수가 정의되어 있는데, 프로젝트 설정의 **[C/C++ → 코드 생성: 런타임 라이브러리]** 옵션을 어떻게 지정하느냐에 따라 링커가 두 개의 _tmainCRTStartup 함수 중 하나를 선택해야 된다.

그림 3-26 [C/C++ → 코드 생성: 런타임 라이브러리] 옵션

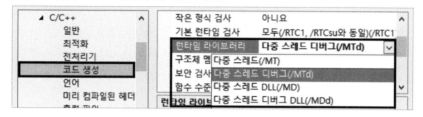

- **다중 스레드 DLL(디버그): /MD(d)**
  - crtexe.c에 정의된 _tmainCRTStartup 사용
  - MSVCR###.dll이 내보낸(Export) C/C++ 런타임 라이브러리 사용

- **다중 스레드(디버그): /MT(d)**
  - crt0.c에 정의된 _tmainCRTStartup 사용
  - 정적으로 정의된 MSVCR###.lib의 C/C++ 런타임 라이브러리 사용

BasicApp 프로젝트에 '/MT' 옵션을 지정하면 런타임 라이브러리는 정적 라이브러리가 링크되고, 따라서 C/C++ 런타임 라이브러리의 내용이 BasicApp.exe에 포함되기 때문에 PE 파일 크기가 상당히 커진다. 반면에 '/MD' 옵션을 지정하면 MSVCR###.dll*이 C/C++ 런타임 라이브러리의 내용을 담고 있고 BasicApp.exe는 이 DLL을 가져와서 사용하기 때문에 BasicApp.exe 자체 크기는 작아진다. 하지만 단점은 VC++ 버전에 따른 'Side-By-Side' 문제가 발생하기 때문에 재배포 패키지 등을 이용해 해당 버전에 맞는 MSVCR###.dll을 설치해야만 한다.

물론 재배포 패키지를 요구하는 /MD 버전이 불편하기는 하더라도 개발된 솔루션 자체의 배포나 여러 다른 이유 때문에 /MD 버전이 /MT 버전보다는 바람직하다. 하지만 이 절에서는 _tmainCRTStartup 함수에 대한 분석에 있어서 진입점 함수 호출 이전의 몇몇 초기화 처리를 /MD 버전의 경우 MSVCR###.dll이 담당하기 때문에, _tmainCRTStartup 소스 코드 자체가 직

---

* ###은 버전 번호며, 필자의 경우 MSVCR120D.dll(디버그) 또는 MSVCR120.dll(릴리스) 버전이다.

관적이지 못하다. 따라서 우리는 /MT 버전으로 빌드된 예제를 사용할 것이며, 소스 역시 "crt0.c"에 정의된 _tmainCRTStartup 함수를 이용할 것이다. 또한 좀 더 간편한 분석을 위해 main 함수를 갖는 새로운 예제인 프로젝트 〈BasicCon〉을 사용할 것이다. 이 프로젝트는 링크 옵션에서 '증분 링크' 및 '임의 기준 주소' 옵션을 둘 다 제거했으며, 컴파일 옵션을 '다중 스레드(디버그)'로 지정했다. 또한 프로젝트 설정의 **[링크 → 디버깅: 맵 파일 생성]** 옵션을 "예(/MAP)"로 설정했다.

그림 3-27 [링크 → 디버깅: 맵 파일 생성] 옵션

'맵 파일 생성' 옵션을 설정하고 프로젝트 〈BasicCon〉을 빌드하면 확장자 *.map을 가진 BasicCon.map이라는 텍스트 파일이 생성되는 것을 확인할 수 있다. 맵 파일은 추후 섹션 관련 분석을 위해 사용할 것이며, 그때 용도도 함께 설명할 것이다. 다음은 BasicCon.map 맵 파일의 일부다.

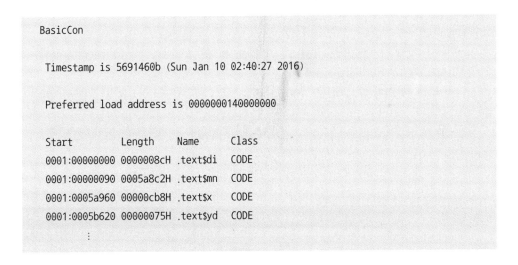

```
BasicCon

 Timestamp is 5691460b (Sun Jan 10 02:40:27 2016)

 Preferred load address is 0000000140000000

 Start           Length     Name     Class
 0001:00000000   0000008cH  .text$di  CODE
 0001:00000090   0005a8c2H  .text$mn  CODE
 0001:0005a960   00000cb8H  .text$x   CODE
 0001:0005b620   00000075H  .text$yd  CODE
       ⋮
```

다음은 예제로 사용할 BasicCon.cpp에 대한 정의다. 전역/정적으로 선언된 클래스 객체의 생성자 및 소멸자 함수의 호출을 추적하기 위해 YHD_CLS라는 간단한 클래스를 정의하였고, main 함수 정의 전에 전역적으로 3개의 YHD_CLS 변수를 선언하였으며, main 함수 내부에서 하나의 정적 YHD_CLS 변수를 선언했다.

```cpp
#include "stdafx.h"
#include <stdio.h>

class YHD_CLS
{
    int _x, _y;

public:
    YHD_CLS()
    {
        printf("YHD_CLS\n");
        _x = _y = 0;
    }
    YHD_CLS(int x, int y)
    {
        printf("YHD_CLS: x=%d, y=%d\n", x, y);
        _x = x, _y = y;
    }
    ~YHD_CLS()
    {
        printf("~YHD_CLS(): (%d, %d)\n", _x, _y);
    }
};


YHD_CLS G_AAA;
YHD_CLS G_BBB(2, 4);
static YHD_CLS S_CCC(100, 200);

void main()
{
    static YHD_CLS S_DDD(-3, -1);

    printf("Hello YHD World!!!\n");
    getchar();
}
```

앞의 소스가 포함된 프로젝트 〈BasicCon〉을 빌드하여 실행한 결과는 다음과 같다.

```
YHD_CLS                      ← G_AAA 생성자
YHD_CLS: x=2, y=4            ← G_BBB 생성자
YHD_CLS: x=100, y=200        ← S_CCC 생성자
YHD_CLS: x=-3, y=-1          ← S_DDD 생성자
Hello YHD World!!!


~YHD_CLS(): (-3, -1)         ← S_DDD 소멸자
~YHD_CLS(): (100, 200)       ← S_CCC 소멸자
~YHD_CLS(): (2, 4)           ← G_BBB 소멸자
~YHD_CLS(): (0, 0)           ← G_AAA 소멸자
```

이제 crt0.c 파일을 열어 _tmainCRTStartup 함수 정의부로 가보자. 코드가 다소 복잡하기 때문에 다음 코드는 APP(.NET 기반 애플리케이션) 관련 코드를 제외한다. 따라서 소스에서 check_managed_app이나 _cexit 함수 호출을 제거했다.

소스 3-4 crt0.c의 __tmainCRTStartup 함수

```c
__declspec(noinline) int __tmainCRTStartup(void)
{
   int initret;
   int mainret=0;


#ifdef _WINMAIN_
   _TUCHAR *lpszCommandLine = NULL;
   WORD showWindowMode = __crtGetShowWindowMode();
   __set_app_type(_GUI_APP);
#else
   __set_app_type(_CONSOLE_APP);
#endif
```

① 프로세스를 위한 시스템 환경 초기화

```c
   if ( !_heap_init() )
      fast_error_exit(_RT_HEAPINIT);
```

C/C++ 런타임 라이브러리를 위한 프로세스 힙을 획득한다.

```
if( !_mtinit() )
    fast_error_exit(_RT_THREAD);
```

C/C++ 런타임 라이브러리 멀티 스레딩과 관련해서 초기화한다.

```
_RTC_Initialize();
```

런타임 체크 스텁을 초기화한다.

② __try~__except 블록을 통한 코드 보호

```
__try
{
```

③ 프로세스 표준 입출력 관련 처리

```
if (_ioinit() < 0)
    fast_error_exit(_RT_LOWIOINIT);
```

입출력 정보 구조체 배열 할당과 초기화 및 표준 입출력 핸들을 획득한다.

④ 명령행과 환경 변수 관련 전역 변수 설정

```
_tcmdln = (_TSCHAR *)GetCommandLineT();
_tenvptr = (_TSCHAR *)GetEnvironmentStringsT();
```

프로세스를 위한 전체 명령행과 환경 변수 문자열의 포인터를 획득한다.

```
if ( _tsetargv() < 0 )
    _amsg_exit(_RT_SPACEARG);
if ( _tsetenvp() < 0 )
    _amsg_exit(_RT_SPACEENV);
```

명령행과 환경 변수 문자열의 파싱을 통해 관련 전역 변수를 설정한다.

⑤ 초기화 콜백 함수 호출

```
initret = _cinit(TRUE);
if (initret != 0)
    _amsg_exit(initret);
```

```
#ifdef _WINMAIN_
    lpszCommandLine = _twincmdln();
    mainret = _tWinMain
    (
        (HINSTANCE)&__ImageBase, NULL, lpszCommandLine, showWindowMode
    );
```

(w)WinMain 함수를 호출한다.

```
#else
    _tinitenv = _tenviron;
    mainret = _tmain(__argc, _targv, _tenviron);
```

(w)main 함수를 호출한다.

```
#endif
```

```
    exit(mainret);

    }
    __except ( _XcptFilter(GetExceptionCode(), GetExceptionInformation()) )
    {
```

_XcptFilter 예외 필터 함수 처리에 의해 이 블록은 결코 실행되지 않는다.

```
    mainret = GetExceptionCode();
    _exit(mainret);
    }

    return mainret;
}
```

C/C++ 런타임 시작 함수는 크게 진입점 함수(WinMain/main) 호출 전과 호출 후로 나뉜다. 따라서 크게 호출 전 초기화 처리, 진입점 함수 호출 처리, 호출 후 종료 처리의 세 과정으로 볼 수 있다. 하지만 초기화 처리 과정을 좀 더 세분화시키면 실제 진입점 함수가 호출되기 전에 다양한 초기화 과정이 존재한다. 그러면 소스를 통해 __tmainCRTStartup 함수가 수행하는 역할들을 간단하게 살펴보기로 하자.

① 프로세스를 위한 시스템 환경 초기화

_heap_init 함수는 단순히 GetProcessHeap API를 통해 프로세스에 할당된 힙의 핸들을 _crtheap 핸들에 설정한다. 이 핸들을 통해 C/C++ 런타임 라이브러리의 메모리 할당 함수나 저수준 입출력 루틴이 사용할 힙에 접근할 수 있게 된다.

_mtinit 함수는 멀티 스레드 관련 데이터베이스를 초기화한다.

② __try~__except 블록의 코드 보호

구조적 예외 처리(SEH)를 위해 초기화 및 WinMain 함수 호출 부분을 __try~__except 블록으로 둘러싼 점에 주목하기 바란다. 이 처리로 인해 여러분이 정의한 코드에서 아무리 심각한 예외를 유발하더라도 프로세스는 안전하게 종료될 수 있다. 특히 소스에서 __except 블록의 코드는 _XcptFilter 예외 필터 함수 처리에 의해 결코 실행되지 않는다. _XcptFilter 함수를 포함하여 VC++에서 지원하는 __try~__except 지시어의 기반이 되는 구조적 예외 처리(SEH)는 5부에서 매우 심도있게 다룬다.

③ 프로세스 표준 입출력 관련 처리

_ioinit 함수는 입출력 정보 구조체 배열을 힙에 할당하고 초기화하며, 프로세스에 전달되는 표준 입출력 핸들의 정보를 획득하고 관리한다.

④ 명령행과 환경 변수 관련 전역 변수 설정

이 부분의 루틴들은 StdLib.h 헤더에 정의된 C/C++ 런타임 라이브러리의 전역 변수들을 초기화하고 설정한다. 제일 중요한 역할은 로드된 프로세스의 명령행과 환경 변수를 획득하는 일이다. GetCommandLineT 함수를 통해 명령행을 획득한 후 _tsetargv 함수에서 명령행을 파싱해서 우리가 알고 있는 __argc, __(w)argv 등의 전역 변수에 설정한다. 그리고 GetEnvironmentStringsT 함수를 통해 환경 변수 문자열을 획득하고, _tsetenvp 함수를 통해 이 문자열을 파싱해서 _(w)environ 전역 변수에 저장한다.

다음은 우리가 쉽게 접할 수 있는 변수들이다.

```
_CRTIMP int __argc = 0;
_CRTIMP char **__argv = NULL;
_CRTIMP wchar_t **__wargv = NULL;
_CRTIMP char **_environ = NULL;
_CRTIMP char **__initenv = NULL;
_CRTIMP wchar_t **_wenviron = NULL;
_CRTIMP wchar_t **__winitenv = NULL;
_CRTIMP char *_pgmptr = NULL;
_CRTIMP wchar_t *_wpgmptr = NULL;
```

⑤ 초기화 콜백 함수 호출

이 초기화 처리에서 다양한 초기화 작업이 수행되는데, 모두 .rdata 섹션에 존재하는, 초기화 관련 콜백 함수 테이블에 등록된 콜백 함수 호출을 통해 수행된다. 크게 C 관련 초기화와 C++ 관련 초기화로 나뉘며, 특히 C++ 관련 초기화에서는 전역적으로 선언된 클래스 객체의 생성자를 호출하는 역할을 담당한다.

⑥ 진입점 함수 호출

이 지점에서 진입점 함수가 호출된다. 전달해야 할 매개변수의 값들은 호출에 앞서 이미 획득한 상태다. 윈도우를 요구하는 GUI 애플리케이션이면 WinMain이 호출되고, 콘솔 기반 애플리케이션이면 main 함수가 호출되어 사용자가 정의한 코드의 수행이 개시된다.

⑦ 프로그램 종료 처리

프로그램을 종료하기 전에 실행 중에 사용되었던 모든 전역 리소스의 해제를 책임진다. 이 해제 처리 후 최종적으로 프로세스를 종료시킨다. 전역 리소스의 해제 처리는 3.2.3절에서 논의할 것이다.

여기서 우리의 관심사는 크게 두 가지다. 우리는 이미 3.1절에서 진입점 함수인 WinMain이 어떻게 호출되는지 확인했기 때문에 이에 대해서는 더 이상 논하지 않겠다. 대신 진입점 함수 호출 직전에 수행되는, 특히 전역/정적 클래스 객체의 초기화가 수행되는 ⑤ 초기화 콜백 함수 호출 과정과 진입점 함수 종료 후 수행되는 ⑦ 프로그램 종료 처리 과정을 자세히 검토하고자 한다.

3.4.2 초기화 콜백 함수 호출

초기화 콜백 함수 호출 처리는 _cinit 함수가 담당한다. MD 버전에서 볼 수 있는, 〈소스 3-1〉의 crtexe.c에 정의된 __tmainCRTStartup 함수에서 호출하는 _initterm_e, _initterm 처리를 MT 버전의 경우는 "crt0dat.c"에 별도로 정의된 __cinit 함수가 담당하고 있다.

다음은 __cinit 함수의 정의다.

소스 3-5 crt0dat.c의 `__cinit` 함수

```
int __cdecl _cinit(int initFloatingPrecision)
{
    int initret;

    if (_FPinit != NULL &&
        _IsNonwritableInCurrentImage((PBYTE)&_FPinit))
            (*_FPinit)(initFloatingPrecision);
    _initp_misc_cfltcvt_tab();
```
부동 소수점과 관련해서 초기화한다.

```
    initret = _initterm_e( __xi_a, __xi_z );
```
① C Initallizer : _initterm_e

```
    if ( initret != 0 )
        return initret;

    atexit(_RTC_Terminate);
```
② 해제 처리 등록 : atexit

```
    _initterm( __xc_a, __xc_z );
```
③ C++ Initallizer : _initterm

```
    if (__dyn_tls_init_callback != NULL &&
        _IsNonwritableInCurrentImage((PBYTE)&__dyn_tls_init_callback))
            __dyn_tls_init_callback(NULL, DLL_THREAD_ATTACH, NULL);
```
TLS 동적 초기화 콜백 함수를 호출한다.

```
    return 0;
}
```

함수 정의 부분을 먼저 살펴보자. 초반에 부동 소수점 관련 초기화 처리를 하고, 후반에 스레드 지역 저장소(TLS)의 동적 초기화를 담당하는 콜백 함수의 등록 여부를 체크해서 만약 등록되었다면 이 콜백 함수를 호출한다. TLS는 8장에서 설명할 예정이다. 이제부터 초기화 관련 처리를 담당하는 **_initterm_e, _initterm, atexit** 함수에 대해 알아보도록 한다. _initterm_e와 _initterm 함수의 공통된 내용부터 먼저 검토하자.

1) 초기화 처리

초기화 처리 과정은 크게 두 과정으로 나뉜다. 하나는 ① C 관련 초기화로서 C 런타임 라이브러리 관련 초기화 작업을 수행하는 과정이고, 다른 하나는 ③ C++ 관련 초기화로서 전역/정적으로 선언된 클래스 객체의 생성자를 호출하는 과정이다. 이 두 과정은 다음의 두 함수가 담당한다.

```
int  __cdecl _initterm_e(_PIFV *, _PIFV *);   ← C 초기화 담당
void __cdecl _initterm  (_PVFV *, _PVFV *);   ← C++ 초기화 담당
```

두 함수 모두 2개의 매개변수를 요구하며, C 초기화를 담당하는 _initterm_e의 경우는 _PIFV* 타입을, C++ 초기화를 담당하는 _initterm의 경우는 _PVFV* 타입을 요구한다. 이 두 타입은 다음과 같은 함수 포인터에 대한 타입 재정의다.

```
typedef int  (__cdecl *_PIFV)(void);   ← _initterm_e
typedef void (__cdecl *_PVFV)(void);   ← _initterm
```

실제 초기화 작업은 _initterm_e 또는 _initterm 함수가 담당하는 것이 아니라 .rdata 섹션에 존재하는 _PIFV와 _PVFV 타입의 콜백 함수를 엔트리로 갖는 테이블의 각 엔트리에 등록된 초기화 함수들이 담당한다. 그리고 _initterm_e 함수의 매개변수로 전달되는 코드 ①의 두 전역 변수 __xi_a와 __xi_z, _initterm 함수의 매개변수로 전달되는 코드 ③의 두 전역 변수 __xc_a와 __xc_z는 각각의 초기화 처리를 위해 존재하는 테이블의 시작과 끝을 식별하기 위해 사용된다. 두 함수가 처리하는 각각의 테이블은 다음과 같다.

표 3-10 C와 C++ 초기화 테이블

테이블 이름	타입	시작 포인터	끝 포인터	순회 함수
C_INIT	_PIFV	_xi_a	_xi_z	_initterm_e
CPP_INIT	_PVFV	_xc_a	_xc_z	_initterm

테이블 이름은 식별을 위해 필자가 임의로 지정한 이름이다. 그리고 테이블 구성은 C_INIT 테이블을 예로 들면 다음과 같다.

xi_a	_PIFV	_PIFV	_PIFV	...	_PIFV	_PIFV	xi_z

xi_a와 xi_z 사이의 테이블 엔트리는 _PIFV 타입의 함수 포인터의 값을 갖게 되고, _initterm_e 함수는 xi_a와 xi_z 사이를 순회하면서 각 엔트리 값이 0이 아닐 경우 콜백 함수를 호출해줄 뿐이다. 그리고 엔트리에 등록된 콜백 함수들이 저마다의 성격에 맞는 초기화 작업을 수행한다. 물론 CPP_INIT 테이블 구조는 C_INIT 테이블과 동일하다. 각 테이블의 경계를 위한 전역 변수 __xi_a와 __xi_z, __xc_a와 __xc_z는 "crt0init.c"에 다음과 같이 정의되어 있다.

```
_CRTALLOC(".CRT$XIA") _PVFV __xi_a[] = { NULL };
_CRTALLOC(".CRT$XIZ") _PVFV __xi_z[] = { NULL };
_CRTALLOC(".CRT$XCA") _PVFV __xc_a[] = { NULL };
_CRTALLOC(".CRT$XCZ") _PVFV __xc_z[] = { NULL };
```

위의 정의에서 _CRTALLOC은 매크로며, "sect_attribs.h"에 다음과 같이 정의되어 있다.

```
#define _CRTALLOC(x) __declspec(allocate(x))
```

__declspec(allocate)* 지시어는 정의하는 변수를 특정 섹션에 위치시키고자 할 때 다음의 형식으로 사용된다.

```
__declspec(allocate("섹션명")) 변수 선언;
    → ex» __declspec(allocate(".mydata")) int G_SectValue = 0;
```

---

* __declspec은 MS 전용 저장소 클래스 정보를 지정하기 위한 지시어로, 다양한 용도로 사용된다. 본서 3장, 8장에서는 섹션 지정을 위한 용도로 __declspec(allocate)를, 5장, 6장에서는 DLL 내보내기와 가져오기를 위한 용도로 __declspec(dllexport)와 __declspec(dllimport)를, 8장에서는 TLS 변수 할당을 위한 용도로 __declspec(tls)를 사용할 예정이다.

이와 같이 선언하면 G_SectValue 전역 변수는 .data 섹션이 아니라 .mydata 섹션에 int 타입의 정수를 위한 4바이트의 공간을 확보하게 된다. 하지만 그 이전에 .mydata라는 이름의 섹션이 미리 존재해야 한다. 이 섹션을 만들기 위해서는 다음과 같이 #pragma section 전처리기를 사용한다.

```
#pragma section( "section-name" [, attributes] )
  → ex>> #pragma section(".mydata", read, write)
```

#pragma section 문을 통해 우리는 사용자가 정의 가능한 섹션을 별도로 지정할 수 있다. 이러한 섹션 관련 지시어는 setction뿐만 아니라 bss_seg, code_seg, const_seg, data_seg, init_seg가 있으며, 이것을 사용하는 예는 8장 '사용자 정의 섹션'에서 다룰 예정이므로 여기서는 section의 경우만 간단히 알아보자. section-name은 여러분이 원하는 섹션의 이름을 지정할 수 있으며, 이렇게 지정된 섹션 이름은 IMAGE_SETCION_HEADER의 Name 필드에 지정된다. 물론 기존에 이미 존재하는 섹션 이름, 예를 들어 .text나 .data, .rdata, .idata 등의 이름은 지정할 수 없다. attributes는 지정된 섹션의 속성을 지정하는데, 여기에는 read, write, execute, shared, nopage, nocache, discard, remove가 올 수 있으며, IMAGE_SETCION_HEADER의 Characteristic 필드에 설정되는 IMAGE_SCN_MEM_XXX 플래그에 해당한다. 이렇게 #pragma section 문을 통해 .mydata라는 이름의 섹션을 미리 지정해줘야 그 후에 __declspec(allocate(".mydata"))를 통해 이 섹션에 변수를 위치시킬 수 있게 된다. 그러나 단순히 #pragma section 문으로 섹션만 지정한다고 해서 실제로 해당 섹션이 만들어지는 것은 아니다. 이 섹션에 대하여 __declspec(allocate)를 이용한 최소 한 번의 변수 선언이 있어야만 실제로 섹션이 PE에 존재하게 된다.

앞의 매크로 _CRTALLOC에 의해 선언된 변수들 중에서, 예를 들어 __xi_a[]는 다음과 같이 표현된다.

```
_CRTALLOC(".CRT$XIA") _PVFV __xi_a[] = { NULL };
  ↕
__declspec(allocate(".CRT$XIA")) _PVFV __xi_a[] = { NULL };
```

그리고 앞서 언급한 대로 __xi_a가 .CRT$ICA 섹션에 위치하기 위해서는 #pragma section을 통해서 .CRT$XIA 섹션이 미리 지정되어 있어야 한다. 이 섹션 역시 "sect_attribs.h" 헤더 파일에 다음과 같이 지정되어 있다.

```
#pragma section(".CRT$XCA", long, read)      ← __xc_a[]
#pragma section(".CRT$XCAA", long, read)
#pragma section(".CRT$XCC", long, read)
#pragma section(".CRT$XCZ", long, read)      ← __xc_z[]


#pragma section(".CRT$XIA", long, read)      ← __xi_a[]
#pragma section(".CRT$XIAA", long, read)
#pragma section(".CRT$XIC", long, read)
#pragma section(".CRT$XID", long, read)
#pragma section(".CRT$XIY", long, read)
#pragma section(".CRT$XIZ", long, read)      ← __xi_z[]
```

설명을 쉽게 하기 위하여 실제 우리가 검토할 소스들에서 살펴보기로 하자. C_INIT 테이블이 어떻게 구성되는지 예를 들어 설명하고자 한다. 먼저 __xi_a와 __xi_z 변수는 우리가 앞서 확인했던 대로 다음과 같이 선언되었다.

```
#pragma section(".CRT$XIA", long, read)
__declspec(allocate(".CRT$XIA")) _PVFV __xi_a[] = { NULL };
#pragma section(".CRT$XIZ", long, read)
__declspec(allocate(".CRT$XIZ")) _PVFV __xi_z[] = { NULL };
```

이렇게 선언하면 컴파일러는 우선 OBJ 파일에 .CRT$XIA 섹션을 만들고 __xi_a를 위한 8바이트의 공간을 할당할 것이다. 마찬가지로 .CRT$XIZ 섹션 역시 생성되고 이 섹션에 __xi_z를 위한 8바이트의 공간이 할당될 것이다. 이번에는 다음과 같은 코드를 작성했다고 하자.

```
extern "C" int __cdecl __initstdio(void);
extern "C" int __cdecl __initmbctable(void);
extern "C" int __isa_available_init(void;

#pragma section(".CRT$XIC", long, read)
_CRTALLOC(".CRT$XIC") static _PIFV pinit1 = __initstdio;
_CRTALLOC(".CRT$XIC") static _PIFV pinit2 = __initmbctable;
_CRTALLOC(".CRT$XIC") static _PIFV pinit3 = __isa_available_init;
```

그러면 컴파일된 OBJ 파일에는 .CRT$XIC 섹션이 생성될 것이고, 이 섹션 아래에 __initstdio, __initmbctable, __isa_available_init 함수에 대한 번지를 갖는 각각의 8바이트 공간이 할당되면 총 24바이트의 영역이 .CRT$XIC 섹션에 위치할 것이다. 마지막으로 다음과 같이 코드를 작성하면 OBJ 파일에는 .CRT$XIY 섹션과 함께 __CxxSetUnhandledExceptionFilter 함수 포인터의 값을 담은 pinit 변수가 위치하게 된다.

```
extern "C" int __CxxSetUnhandledExceptionFilter(void);

#pragma section(".CRT$XIY", long, read)
_CRTALLOC(".CRT$XIC") static _PIFV pinit = __CxxSetUnhandledExceptionFilter;
```

.CRT$### 섹션은 컴파일을 통해 우선 OBJ 파일에 생성된다. 나중에 링커는 이 .CRT$### 섹션을 다음의 지시문을 통해 .rdata 섹션으로 병합시킨다.

```
#pragma comment(linker, "/merge:.CRT=.rdata")
```

이 지시문은 __xi_a, __xi_z, __xc_a, __xc_z라는 전역 변수가 선언된 "crt0init.c"에 정의되어 있다. 이제 .CRT$###라는 이름을 가진 모든 섹션이 링커에 의해 병합되면서 ###에 해당하는 문자열의 오름차순으로 .rdata 섹션에 배치된다. 따라서 지금까지 예를 든, .CRT$AI# 섹션에 위치시킨 각각의 __PIFV 타입의 함수 포인터 전역 변수들은 다음 그림처럼 .rdata 섹션에 위치하면서 C_INIT 테이블을 구성하게 된다.

그림 3-28 CPP_INIT 테이블과 C_INIT 테이블 구성

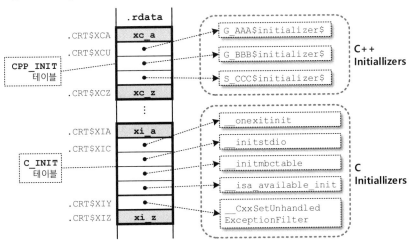

물론 이것은 우리가 예로 사용하는 BasicCon.exe의 .rdata 섹션 구조를 CPP_INIT 테이블까지 포함하여 미리 나타낸 것이다. 그럼 이제부터 디버깅을 통해서 실제로 [그림 3-28]처럼 테이블이 구성되는지, 그리고 이 테이블을 통한 초기화가 어떻게 수행되는지 확인해보자.

2) C 관련 초기화

〈소스 3-5〉의 ① 코드에 해당하는 C 관련 초기화는 C_INIT 테이블을 순회하면서 등록된 콜백 함수를 호출하는 과정으로 _initterm_e 함수에 의해 수행된다. 이 함수는 MT 빌드면 본 프로그램에 링크되지만 MD 빌드면 MSVCRT###(D).dll 내에 존재한다. _initterm_e 함수는 다음과 같이 정의된다.

```
int __cdecl _initterm_e(_PIFV* pfbegin, _PIFV* pfend)
{
   int ret = 0;
   while (pfbegin < pfend  && ret == 0)
   {
      if (*pfbegin != NULL)
         ret = (**pfbegin)();
      ++pfbegin;
   }
   return ret;
}
```

코드에서 알 수 있듯이, 실제 초기화 작업은 _initterm_e 함수가 담당하는 것이 아니라 C_INIT 테이블의 각 엔트리에 등록된 초기화 콜백 함수들이 담당한다. 그리고 _initterm_e 함수의 매개변수로 전달되는 두 변수 __xi_a와 __xi_z를 각각 시작점과 종단점으로 하여 단순히 루프를 돌면서 테이블의 엔트리에 초기화 함수가 등록되어 있으면 그 함수를 호출할 뿐이다. 그러면 디버깅을 통해서 코드의 "ret=(**pfbegin)();" 부분에 중단점을 걸고 F5 키를 통해 어떤 함수가 실제로 등록되어 있는지 확인해보자. 필자의 경우 pfbegin 변수는 다음과 같이 5개의 콜백 함수를 획득했다.

표 3-11 C_INIT 테이블에 등록된 초기화 콜백 함수

번지	변수	값	함수
0x00000001'4005D2F8	pinit	0x00000001'400011C0	__onexitinit(void)
0x00000001'4005D300	pinit	0x00000001'40008450	__initstdio(void)
0x00000001'4005D308	pinit	0x00000001'40014390	__initmbctable(void)
0x00000001'4005D310	pinit	0x00000001'400225A0	__isa_available_init(...)
0x00000001'4005D318	pinit	0x00000001'4000FE00	__CxxSetUnhandledExceptionFilter(void)

이 함수들이 .rdata 섹션의 어디에 위치해 있는지 확인하기 위해 BasicCon.map 파일에서 .CRT$XI# 부분을 보자.

```
        ⋮
 0002:000002F0 00000008H .CRT$XIA     DATA ← __xi_a[]
 0002:000002F8 00000020H .CRT$XIC     DATA
 0002:00000318 00000008H .CRT$XIY     DATA
 0002:00000320 00000008H .CRT$XIZ     DATA ← __xi_z[]
        ⋮
```

맵 파일의 Start 칼럼은 "섹션 번호:오프셋"으로 구성되며, 이때 섹션 번호는 OBJ 파일의 섹션이 아니라 PE 파일 상에 존재하는 섹션의 번호가 된다. 그리고 번호는 IMAGE_SECTION_HEADER 배열의 인덱스에 1을 더한 값이다. 따라서 섹션 번호 2는 .rdata 섹션을 의미한다. 오프셋은 PE의 파일 오프셋이 아니라 섹션 선두를 기준으로 한 상대 오프셋이다. 그러므로 PE 파일 상에서의 실제 오프셋을 구하려면 다음과 같은 과정을 거쳐야 한다.

파일 오프셋 = IMAGE_SECTION_HEADER.PointerToRawData + MAP 오프셋

예를 들어 맵의 섹션 .CRT$XIA의 PE 상의 오프셋은 다음과 같다. PE Explorer를 통해서 .rdata를 확인해보면 섹션 헤더의 VirtualAddress는 0x0005D000이고, PointerToRawData 는 0x0005BC00이다. 위의 공식을 통해서 PE 상의 파일 오프셋을 구하면 0x0005BC00 + 0x000002F0 = 0x0005BEF0이 된다. 이 오프셋은 전역 변수 __xi_a가 위치한 곳이다. 따라서 [표 3-11]의 번지 칼럼의 VA를 RVA로 변환한 후 구한 오프셋과 MAP 파일을 통해서 구한 오프셋을 기준으로 등록된 콜백 함수들을 정리하면 다음과 같다.

표 3-12 C_INIT 테이블에 등록된 초기화 콜백 함수 상세 정리

RVA	오프셋	Map	섹션	변수	값	함수
0x5D2F0	0x5D2F0	0x2F0	.CRT$XIA	__xi_a[]	0x0`00000000	
0x5D2F8	0x5BEF8	0x2F8	.CRT$XIC	pinit	0x1`400011C0	__onexitinit
0x5D300	0x5BF00	0x300	+8	pinit	0x1`40008450	__initstdio
0x5D308	0x5BF08	0x308	+16	pinit	0x1`40014390	__initmbctable
0x5D310	0x5BF10	0x310	+24	pinit	0x1`400225A0	__isa_available_init
0x5D318	0x5DF18	0x318	.CRT$XIY	pinit	0x1`4000FE00	__CxxSetUnhandled ExceptionFilter
0x5D320	0x5DF20	0x320	.CRT$XIZ	__xi_z[]	0x0`00000000	

이번에는 실제로 PE 덤프를 열어 오프셋 0x0005BEF0으로 이동해서 위 표의 '값' 칼럼의 값들과 비교해보기 바란다.

덤프 3-10 .rdata 섹션의 C_INIT 테이블 덤프

[표 3-12]에서 .CRT$XIC의 __onexitinit 함수와 .CRT$XIY의 __CxxSetUnhandled-ExceptionFilter 함수에 대해 알아보자. __CxxSetUnhandledExceptionFilter 함수는 처리되지 않는 예외를 위한 최종 예외 필터를 등록한다. 최종 예외 필터는 4부에서 설명하기로 하고, 여기서는 __onexitinit 함수에 대해서 살펴보고자 한다. 이 함수는 "onexit.c"에 정의되어 있다.

```
int __cdecl __onexitinit(void);
_CRTALLOC(".CRT$XIC") static _PIFV pinit = __onexitinit;
```

섹션 .CRT$XIC에 _PIFV 크기의 공간을 할당하고 __onexitinit 함수의 번지를 설정한다.

```
extern _PVFV *__onexitbegin;
extern _PVFV *__onexitend;

int __cdecl __onexitinit(void)
{
    _PVFV * onexitbegin;

    onexitbegin = (_PVFV *)_calloc_crt(32, sizeof(_PVFV));
```

힙에 _PVFV 타입을 위한 공간을 32개 생성한다.

```
    __onexitend = __onexitbegin = (_PVFV *) EncodePointer(onexitbegin);
```

전역 변수 __onexitend와 __onexitbegin에 할당된 힙의 번지를 암호화해서 설정한다.

```
    if ( onexitbegin == NULL )
        return _RT_ONEXIT;

    *onexitbegin = (_PVFV) NULL;
```

할당된 힙의 첫 번째 엔트리를 0으로 설정한다.

```
    return 0;
}
```

__onexitinit 함수는 힙에 _PVFV 타입을 위한 공간을 32개 할당하고, 할당 주소를 암호화해서 전역 변수인 __onexitbegin과 __onexitend에 저장한다. 전역 변수인 _PVFV* 타입의 __onexitbegin과 __onexitend는 "crt0dat.c"에 정의되어 있다. 이 함수가 할당한 힙의 영역은 나중에 전역/정적으로 선언된 클래스 객체들의 소멸자를 호출하는 함수의 포인터를 담을 테이블로 사용된다. 전역으로 선언된 클래스 객체들의 생성자를 호출하는 함수의 포인터를 담을 CPP_INIT 테이블과 정반대의 역할을 할 테이블의 이름을 임시로 **'CPP_TERM'**이라고 지정하자. 이 CPP_TERM 테이블은 C_INIT이나 CPP_INIT 테이블과 비슷하게 __onexitbegin과 __onexitend

두 변수를 이용해서 테이블의 시작과 끝을 판별한다. 하지만 다음과 같이 C_INIT이나 CPP_INIT 테이블과는 다른 특성을 갖는다.

- 테이블이 존재하는 영역은 정적인 .rdata 섹션이 아니라 동적인 힙에 존재한다.
- 테이블의 엔트리는 모두 EncodePointer 함수로 암호화되고, 참조할 때는 DecodePointer로 복호화되어야 한다.
- 테이블의 엔트리 순회 방식은 후입선출(LIFO)을 따른다.

CPP_TERM 테이블에 대해서는 우선 여기까지만 알아두자. 뒤에서 전역 클래스의 소멸자 호출의 과정을 설명할 때 이 테이블의 관리 및 엔트리 호출에 대해서 함께 설명할 예정이다. 중요한 점은 __onexitinit 함수가 CPP_TERM 테이블을 위한 힙을 동적으로 할당하고 초기화한다는 사실을 염두에 두기 바란다.

지금까지 C_INIT 테이블에 등록된 초기화 함수를 호출하는 _initterm_e 함수와 .rdata 섹션에 위치하는 C_INIT 테이블의 구성 과정에 대해 설명했다. [덤프 3-10]의 내용은 다음과 같이 PE Explorer의 [데이터 보기] 대화상자를 통해서도 확인할 수 있으며, [표 3-12]의 내용과도 비교해보기 바란다.

그림 3-29 [데이터 보기] 대화상자를 통한 C_INIT 테이블 구성

오프셋:RVA	이름	타입	크기	값
0x0005BEF0:0x0005D2F0	__xi_a	int(void)*[1]	0x8(8)	00 00 00 00 00...
0x0005BEF8:0x0005D2F8	pinit	int(void)*	0x8(8)	0x00000001400011C0
0x0005BF00:0x0005D300	pinit	int(void)*	0x8(8)	0x0000000140008450
0x0005BF08:0x0005D308	pinit	int(void)*	0x8(8)	0x0000000140014390
0x0005BF10:0x0005D310	pinit	int(void)*	0x8(8)	0x00000001400225A0
0x0005BF18:0x0005D318	pinit	int(void)*	0x8(8)	0x000000014000FE00
0x0005BF20:0x0005D320	__xi_z	int(void)*[1]	0x8(8)	00 00 00 00 00...

3) C++ 관련 초기화

〈소스 3-5〉의 ③ 코드에 해당하는 C++ 관련 초기화는 CPP_INIT 테이블을 순회하면서 등록된 콜백 함수를 호출하는 과정으로, _initterm 함수에 의해 수행된다. 앞에서 CPP_INIT 테이블의 엔트리는 전역적으로 선언된 클래스 객체들의 생성자를 호출하는 함수의 포인터를 담고 있다고 했다. 따라서 CPP_INIT 테이블과 관련된 _initterm 함수의 역할은 전역 C++ 객체들의 생성자 호출이라고 할 수 있다. _initterm 함수의 정의는 다음과 같다.

```
void __cdecl _initterm(_PVFV* pfbegin, _PVFV* pfend)
{
   while ( pfbegin < pfend )
   {
      if ( *pfbegin != NULL )
         (**pfbegin)();
      ++pfbegin;
   }
}
```

_initterm_e 함수와 마찬가지로, 매개변수로 전달되는 두 변수 __xc_a와 __xc_z를 기준으로 루프를 돌면서 테이블의 엔트리에 초기화 관련 콜백 함수가 등록되어 있으면 단순히 그 함수를 호출한다. 하지만 C_INIT 테이블의 엔트리 타입이 int 반환값을 요구하는 _PIFV인데 반해, 이 테이블의 엔트리 타입은 _PVFV로 리턴 타입이 없는 void다. 이는 생성자 함수가 리턴 타입을 갖지 않기 때문이기도 한데, _initterm 함수 역시 리턴 타입이 없다. 그러면 _initterm_e 함수의 경우처럼 엔트리 콜백 함수 호출 부분에 중단점을 걸고 CPP_INIT 테이블의 엔트리가 실제 무엇을 의미하는지 디버깅을 통해서 직접 확인해보자.

우리는 BasicCon.cpp 소스에서 YHD_CLA 클래스를 전역으로 세 개, main 함수에서 정적으로 한 개를 선언했다.

```
YHD_CLS G_AAA;
YHD_CLS G_BBB(2, 4);
static YHD_CLS S_CCC(100, 200);

void main()
{
   static YHD_CLS S_DDD(-3, -1);
            ⋮
```

함수 바깥에서 static으로 선언된 정적 변수 S_CCC의 경우를 잠깐 검토해보자. static은 범위 한정자 역할을 하며, 특정 범위 내에서만 사용되는 변수임을 의미한다. 따라서 함수나 블록 내에서 선언되면 변수의 생존 기간은 해당 프로그램이 실행되는 동안이지만, 접근 범위는 그 함수나 블록 내로 한정된다. 하지만 S_CCC의 경우 함수나 블록 외부에서 static으로 선언되었기 때문에 이 변수에 대한 접근 영역은 이 변수가 선언된 소스 파일 내로 한정된다. 이는 다시 말하면 이 파일 내의 모든 함수는 접근 가능한 전역적 성격을 지닌다고 할 수 있다. 따라서 S_CCC의 경우 비록 static으로 선언되었지만 전역적 성격을 지닌다고 볼 수 있다. 다음은 디버깅을 통해 pfbegin 변수가 갖게 되는 콜백 함수들이다.

표 3-13 CPP_INIT 테이블에 등록된 초기화 콜백 함수

번지	변수	값	함수
0x1`4005D2D0	**G_AAA**$initializer$	0x1`40001000	`dynamic initializer for 'G_AAA"
0x1`4005D2D8	**G_BBB**$initializer$	0x1`40001030	`dynamic initializer for 'G_BBB"
0x1`4005D2E0	**S_CCC**$initializer$	0x1`40001060	`dynamic initializer for 'S_CCC"

C_INIT 테이블은 소스에서 pinit이라는 변수에 직접 함수 포인터를 설정했지만, CPP_INIT 테이블은 컴파일러가 판단해서 내부적으로 변수와 함수를 생성한다. 따라서 위 표의 변수와 함수 칼럼에 나온 이름은 컴파일러가 부여한 심볼 이름이다. 이제 좀 더 명확한 이해를 위해서 위의 초기화 함수 중 하나인 CPP_INIT 테이블 엔트리 중 첫 번째로 등록된 변수 G_AAA$initializer$의 함수 호출을 직접 따라가보자.

다음 코드는 G_AAA 전역 변수에 대한 초기화 함수의 호출 부분을 디스어셈블링한 것이다.

```
    (**pfbegin)();
0000000140003285    48 8B 44 24 30      mov  rax, qword ptr [pfbegin]
000000014000328A    FF 10               call qword ptr [rax]
```

위 코드에서 rax 레지스터에 G_AAA 초기화 함수의 포인터를 담은 변수 G_AAA$initializer$의 번지를 설정하고 rax 레지스터의 값을 참조하여 CALL 명령을 실행한다. "qword ptr [rax]"의 값은 앞의 표에서 '값' 칼럼에 해당하는 0x00000001`40001000이며, 이 번지는 G_AAA 초기화 함수에 해당하는 `dynamic initializer for 'G_AAA"를 호출하게 된다. 여기서 F11 키를 눌러 이 함수로 진입하자. 다음의 코드가 바로 이 함수에 대한 디스어셈블 코드며, 두 가지의 중요한 역할을 수행한다.

```
YHD_CLS G_AAA;
0000000140001000          48 83 EC 28           sub  rsp, 28h

0000000140001004          48 8D 0D 1D 19 07 00  lea  rcx, [G_AAA (0140072928h)]
000000014000100B          E8 40 01 00 00        call YHD_CLS::YHD_CLS (0140001150h)
```

① 클래스 YHD_CLS의 전역 인스턴스인 G_AAA의 생성자 함수를 호출한다.

```
0000000140001010          48 8D 0D 09 B6 05 00  lea  rcx,
                                                ['dynamic atexit destructor for 'G_AAA'' (014005C620h)]
0000000140001017          E8 24 04 00 00        call atexit (0140001440h)
```

② 클래스 YHD_CLS의 전역 인스턴스인 G_AAA에 대한 'dynamic atexit destructor for 'G_AAA''라는 이름의 함수 포인터 0x01`4005C620을 매개변수로 전달해서 atexit 함수를 호출한다.

```
000000014000101C          48 83 C4 28           add  rsp, 28h
0000000140001020          C3                    ret
```

| 생성자 함수 호출 |

위 코드의 ①에서 전역적으로 선언된 'G_AAA'를 위한 생성자 함수를 호출한다. 생성자 함수의 시작 번지는 0x01`40001150이며, 이 코드는 매개변수가 없는 디폴트 생성자에 대한 함수로 정의된다. 이 번지로 이동하면 다음의 디스어셈블 코드를 볼 수 있다.

```
    YHD_CLS()
0000000140001150          48 89 4C 24 08        mov  qword ptr [rsp+8], rcx
0000000140001155          48 83 EC 28           sub  rsp, 28h
    {
        printf("YHD_CLS\n");
0000000140001159          48 8D 0D 78 C2 05 00 lea  rcx, [string "YHD_CLS\n" (014005D3D8h)]
0000000140001160          E8 FB 04 00 00        call printf (0140001660h)
        ⋮
```

결국 이 엔트리에 등록된 콜백 함수는 바로 G_AAA의 생성자 함수를 호출하는 초기화 함수가 된다. 주의할 것은 이 엔트리에 담긴 번지가 클래스 YHD_CLS의 생성자 함수의 번지가 아니라 전역 변수 G_AAA를 위해 YHD_CLS의 생성자 함수를 호출해주는 함수의 번지라는 점이다. 물론 이 함수는 컴파일러가 내부적으로 생성해서 끼워 넣은 생성자 호출 스텁 코드가 된다. 따라서 이런 종류의 함수를 임시로 '**생성자 호출 스텁**'이라고 부르기로 하자. 그리고 이 스텁은 전역 변수 G_AAA만을 위한 것이며, 이 스텁의 이름을 링커는 `dynamic initializer for 'G_AAA''로 했다. 그렇다면 전역 변수 G_BBB와 S_CCC, 그리고 정적 변수 S_DDD를 위한 '생성자 호출 스텁' 역시 존재해야 하지 않을까? [표 3-13]이 바로 각 변수에 대한 실제 스텁을 정리한 것이다. 하지만 이 표에서 확인할 수 있듯이 전역 변수 G_AAA와 G_BBB, 그리고 S_CCC를 위해 생성된 스텁은 3개밖에 없다. 반면에 BasicCon.cpp 소스에서 선언한 전역/정적 변수는 총 4개다. 그럼 등록되지 않은 나머지 하나는 어떻게 된 것일까? 메인 함수 내에서 선언된 정적 변수 S_DDD에 대한 생성자 호출 스텁은 등록되지 않았다. 더 정확하게 말하면 S_DDD에 대한 생성자 호출 스텁에 대한 정의는 없다. 왜 정적 클래스 객체에 대한 스텁은 존재하지 않는 것일까? 이 의문에 대한 해답은 잠시 뒤로 미루고 ②의 atexit 함수부터 먼저 살펴보자.

| atexit 함수 호출 |

코드 ②에서는 `dynamic atexit destructor for 'G_AAA''라는 함수의 번지 0x01`4005C620을 매개변수로 atexit 함수를 호출하고 있다. 이름으로 판단하건데 생성자 호출 스텁과 반대 역할을 하는, 즉 전역 변수 G_AAA에 대한 소멸자 함수를 호출하는 함수라는 것을 짐작할 수 있을 것이다. 그렇다면 atexit 함수의 매개변수로 전달된 `dynamic atexit destructor for 'G_AAA'' 함수의 번지 0x01`4005C620으로 직접 이동해보자. 다음은 이 번지에 위치한 코드다.

```
000000014005C620    48 83 EC 28             sub    rsp, 28h
000000014005C624    48 8D 0D FD 62 01 00    lea    rcx, [G_AAA (0140072928h)]
000000014005C62B    E8 60 4B FA FF          call   YHD_CLS::~YHD_CLS (0140001190h)
000000014005C630    48 83 C4 28             add    rsp, 28h
```

코드 번지 0x00000001`4005C62B의 CALL 명령의 대상을 통해 알 수 있듯이, 결국 위 코드는 전역 클래스 변수 G_AAA의 소멸자를 호출하고 있다. 따라서 atexit 함수의 매개변수로 전달되는 콜백 함수 `dynamic atexit destructor for 'G_AAA''는 G_AAA의 소멸자를 호출하는 함수가 된다. 물론 이 함수의 이름은 링커가 붙인 심볼 이름이 된다. 이렇게 특정 전역 클래스 변수의 소멸자를 호출하는 함수를 임시로 '**소멸자 호출 스텁**'이라고 부르기로 하자. 그러면 코드 ②은 전역 변수 G_AAA를 위한 소멸자 호출 스텁의 번지를 매개변수로 전달하여 atexit 함수를 호출하는 코드가 된다. 이 코드는 매우 중요한 코드인데, 미리 말하면 atexit 함수는 매개변수로 전달된 함수 포인터를

〈소스 3-6〉의 __onexitinit 함수 분석에서 설명했던 CPP_TERM 테이블에 등록하는 역할을 한
다. 다음 절에서 atexit 함수의 분석을 통해 좀 더 명확히 그 내용을 파악할 수 있다.

결국 **'생성자 호출 스텁'**의 주 역할은 다음과 같이 두 가지로 정리할 수 있다.

- 지정된 전역 클래스 변수를 위한 생성자 함수 호출
- 지정된 전역 클래스 변수에 대한 소멸자 호출 스텁의 번지를 전달하여 atexit 함수 호출

그러면 우리가 앞에서 잠시 미뤘던 함수 내의 정적 클래스 변수의 생성자 호출에 대해서 간단하게
살펴보자. 다음은 main 함수의 시작 부분에 대한 디스어셈블 코드다.

```
void main()
{
         ⋮
    static YHD_CLS S_DDD(-3, -1);
000000014000109D    8B 05 A5 18 07 00    mov   eax, dword ptr [$S1 (0140072948h)]
00000001400010A3    83 E0 01             and   eax, 1
00000001400010A6    85 C0                test  eax, eax
00000001400010A8    75 33                jne   main+4Dh (01400010DDh)
00000001400010AA    8B 05 98 18 07 00    mov   eax, dword ptr [$S1 (0140072948h)]
00000001400010B0    83 C8 01             or    eax, 1
00000001400010B3    89 05 8F 18 07 00    mov   dword ptr [$S1 (0140072948h)], eax
```

③ S_DDD의 생성자가 이미 호출되었다면 ①과 ②의 과정은 건너뛰고, printf 함수를 호출하는 코드 번지인 main+4Dh의 위치 ④로 점
프한다. 생성자가 호출되지 않았으면 최초 호출을 의미하는 플래그를 설정한다.

```
00000001400010B9    41 B8 FF FF FF FF    mov   r8d, 0FFFFFFFFh
00000001400010BF    BA FD FF FF FF       mov   edx, 0FFFFFFFDh
00000001400010C4    48 8D 0D 75 18 07 00 lea   rcx, [S_DDD (0140072940h)]
00000001400010CB    E8 30 00 00 00       call  YHD_CLS::YHD_CLS (0140001100h)
```

① S_DDD의 생성자 함수를 호출한다.

```
00000001400010D0    48 8D 0D A9 B5 05 00 lea   rcx,
              ['main'::'2'::'dynamic atexit destructor for 'S_DDD'' (014005C680h)]
00000001400010D7    E8 64 03 00 00       call  atexit (0140001440h)
```

② S_DDD에 대한 소멸자 호출 스텁의 주소를 매개변수로 해서 atexit 함수를 호출한다.

```
00000001400010DC      90                      nop

    printf("Hello YHD World!!!\n");
main+4Dh:
00000001400010DD      48 8D 0D B4 C2 05 00    lea   rcx, [__xt_z+40h (014005D398h)]
```

④ S_DDD의 생성자 함수가 이미 호출된 경우 바로 이 위치로 점프한다.

①과 ② 부분은 앞에서 보았던 전역 변수 G_AAA의 생성자 호출 스텁 코드와 동일하다. 하지만 이 두 부분의 코드를 실행하기 전에 코드 ③ 부분이 실행된다. 어셈블리 코드 분석은 4부에서부터 다루기도 하고, 여기서는 어셈블리 코드에 대한 분석 없이 ③ 부분이 행하는 코드의 역할을 직관적으로 이해할 수 있도록 이 부분의 어셈블리 코드를 C 언어로 변환했다.

```
PDWORD $S1 = (PDWORD)((PBYTE)&S_DDD + sizeof(S_DDD));
if (*$S1 == 1)
    goto main+4Dh;
*$S1 = 1;
```

위의 C 코드에서 $S1은 DWORD 형에 대한 포인터 변수다. 그리고 이 포인터가 가리키는 곳은 S_DDD 변수의 시작 번지(&S_DDD)에 이 변수의 크기 sizeof(S_DDD)를 더한 위치를 의미한다. 따라서 변수 S_DDD의 마지막 멤버인 _y 필드의 바로 다음 위치가 된다. 그리고 이 위치의 4바이트의 공간(DWORD)을 S_DDD에 대한 생성자 함수가 호출되었는지를 판별하기 위한 플래그 공간으로 활용한다. 따라서 *$S1의 값이 1이면 정적 변수 S_DDD에 대한 생성자가 호출되었다고 판단해서 ①과 ②의 코드 실행 없이 바로 ④ printf 함수 호출 부분으로 점프한다. *$S1의 값이 1이 아니면 이 정적 변수를 포함하고 있는 함수가 다시 호출될 때 S_DDD의 생성자가 중복해서 호출되지 않도록 *$S1을 1로 설정한 후 계속 ①과 ② 코드의 실행, 즉 생성자 호출과 atexit 함수 호출 과정을 수행하게 된다. 따라서 함수 내에서 선언된 정적 클래스 객체의 경우, 컴파일러는 별도의 생성자 호출 스텁을 만들지 않고 함수의 시작 부분에 ③ 코드를 먼저 삽입한 후 이 스텁 코드를 직접 삽입한다. 결과적으로 정적 클래스 객체를 위한 생성자 호출 스텁 코드가 별도의 함수가 아닌 코드 자체로 존재하기 때문에, CPP_INIT 테이블에 등록할 필요가 없다. 하지만 ② 코드에서 알 수 있듯이, S_DDD의 소멸자 호출 스텁은 atexit 함수를 통해 CPP_TERM 테이블에 등록한다는 점에 유의하기 바란다. 이런 결과로 CPP_INIT 테이블에는 3개의 생성자 호출 스텁 엔트리가 존재하지만 CPP_TERM 테이블에는 4개의 소멸자 호출 스텁 엔트리가 존재하게 될 것이다.

이제 생성자 호출 스텁의 번지를 엔트리로 갖는 CPP_INIT 테이블의 PE 구조를 직접 확인해보자. C_INIT 테이블과 마찬가지로, 먼저 맵 파일에서 섹션명이 **.CRT$XC#**의 형태를 갖는 항목을 찾아보면 다음과 같다.

```
            ⋮
   0002:000002C8 00000008H .CRT$XCA         DATA  ← __xc_a[]
   0002:000002D0 00000018H .CRT$XCU         DATA
   0002:000002E8 00000008H .CRT$XCZ         DATA  ← __xc_z[]
            ⋮
```

[표 3-13]의 RVA를 통한 파일 오프셋과 위 맵 정보의 섹션 오프셋을 이용하여 CPP_INIT 테이블이 .rdata 섹션에 실제로 어떻게 위치하고 있는지를 살펴보면 다음과 같다.

표 3-14 CPP_INIT 테이블에 등록된 생성자 호출 스텁 상세 정리

RVA	오프셋	Map	섹션	변수	값	함수
0x5D2C8	0x5BEC8	0x2C8	.CRT$XCA	__xc_a[]	0x0'00000000	
0x5D2D0	0x5BED0	0x2D0	**.CRT$XCU**	G_AAA$ initializer$	0x1'40001000	'dynamic initializer for 'G_AAA''
0x5D2D8	0x5BED8	0x2D8	+8	G_BBB$ initializer$	0x1'40001030	'dynamic initializer for 'G_BBB''
0x5D2E0	0x5BEE0	0x2E0	+16	S_CCC$ initializer$	0x1'40001060	'dynamic initializer for 'S_CCC''
0x5D2E8	0x5EDE8	0x2E8	.CRT$XCZ	__xc_z[]	0x0'00000000	

생성자 호출 스텁의 번지를 위한 엔트리는 섹션 .CRT$XCU에서 시작해서 이 섹션 아래에 전역 클래스 변수가 선언된 순서대로 등록된다는 것을 알 수 있다. 이번에는 이 구조를 PE의 .rdata 섹션의 덤프를 통해서 직접 확인해보면 다음과 같다.

덤프 3-11 .rdata 섹션의 CPP_INIT 테이블 덤프

.CRT$XCA

	+0	+1	+2	+3	+4	+5	+6	+7	+8	+9	+A	+B	+C	+D	+E	+F
0005BEC0	00	00	00	00	00	00	00	00	00	00	00	00	00	00	00	00
0005BED0	00	10	00	40	01	00	00	00	30	10	00	40	01	00	00	00
0005BEE0	60	10	00	40	01	00	00	00	00	00	00	00	00	00	00	00

.CRT$XCU

.CRT$XCZ

다음의 [그림 3-30]은 PE Explorer를 통해서 .text 섹션에 존재하는 3개의 생성자 호출 스텁과 2개의 생성자 함수와 1개의 소멸자 함수를, [그림 3-31]은 PE Explorer의 [데이터 보기] 대화상자를 통해 .rdata 섹션에 위치한 CPP_INIT 테이블의 구조를 보여준다.

그림 3-30 생성자 호출 스텁과 생성자 및 소멸자 함수

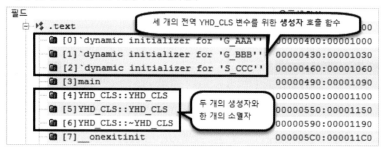

그림 3-31 [데이터 보기] 대화상자를 통한 CPP_INIT 테이블

오프셋:RVA	이름	타입	크기	값
0x0005BEC8:0x0005D2C8	__xc_a	void(void)*[1]	0x8(8)	00 00 00 00 00...
0x0005BED0:0x0005D2D0	G_AAA$initializer$	void(void)*	0x8(8)	0x0000000140001000
0x0005BED8:0x0005D2D8	G_BBB$initializer$	void(void)*	0x8(8)	0x0000000140001030
0x0005BEE0:0x0005D2E0	S_CCC$initializer$	void(void)*	0x8(8)	0x0000000140001060
0x0005BEE8:0x0005D2E8	__xc_z	void(void)*[1]	0x8(8)	00 00 00 00 00...

지금까지 살펴본 CPP_INIT과 C_INIT 두 테이블과 관련해서 마지막으로 하나만 더 언급하고자 한다. 만약 '런타임 라이브러리' 옵션을 MD로 설정했다면 두 테이블의 구성은 약간 달라지게 된다. MSVCR###.dll이 로드되면서 이 DLL 내에서 초기화 처리를 미리 선행하기 때문이다. 따라서 .rdata 섹션 구성을 위해 다음과 같이 2개의 CRT 섹션이 추가된다.

→ C_INIT 테이블

#pragma section(".CRT**$XIAA**", long, read) ← pcinit 변수 : **pre_c_init** 함수 등록

→ CPP_INIT 테이블

#pragma section(".CRT**$XCAA**", long, read) ← pcinit 변수 : **pre_cpp_init** 함수 등록

두 테이블의 선두에 각각 pre_c_init 함수와 pre_cpp_init 함수가 엔트리로 추가되어 기존의 C 나 C++ 초기화 작업을 하기 전에 먼저 이 두 함수가 호출된다. MD 버전의 경우 _initterm_e 또 는 _initterm 함수가 MSVCR###.dll 내에 정의되어 있기 때문에, MT 버전에서 이 두 초기화 함 수 호출 전에 수행하는 초기화 작업들을 MD 버전의 경우는 구조상 모두 수행할 수 없다. 따라서 _ initterm_e 또는 _initterm 호출 전에 수행되는 초기화 일부 작업을 pre_c_init 함수와 pre_ cpp_init 함수가 각각 담당하게 된다.

다음 그림은 MD 버전으로 빌드된 프로젝트 〈BasicCon2〉의 PE Explorer [데이터 보기] 대화상 자를 나타낸 것이다. CPP_INIT과 C_INIT 테이블 선두에 각각 pcppinit(pre_cpp_init)과 pcinit(pre_c_init)이 엔트리로 등록되어 있음을 확인할 수 있다.

그림 3-32 BasicCon2.exe의 CPP_INIT과 C_INIT 테이블

오프셋:RVA	이름	타입	크기	값
0x00001318:0x00002118	_xc_a	void(void)*[1]	0x8(8)	00 00 00 00 00...
0x00001320:0x00002120	pcppinit	void(void)*	0x8(8)	0x0000000140001470
0x00001328:0x00002128	G_AAA$initializer$	void(void)*	0x8(8)	0x0000000140001000
0x00001330:0x00002130	G_BBB$initializer$	void(void)*	0x8(8)	0x0000000140001030
0x00001338:0x00002138	S_CCC$initializer$	void(void)*	0x8(8)	0x0000000140001060
0x00001340:0x00002140	_xc_z	void(void)*[1]	0x8(8)	00 00 00 00 00...
0x00001348:0x00002148	_xi_a	void(void)*[1]	0x8(8)	00 00 00 00 00...
0x00001350:0x00002150	pcinit	int(void)*	0x8(8)	0x00000001400013D0
0x00001358:0x00002158	pinit	int(void)*	0x8(8)	0x00000001400011C0
0x00001360:0x00002160	pinit	int(void)*	0x8(8)	0x0000000140001870
0x00001368:0x00002168	_xi_z	void(void)*[1]	0x8(8)	00 00 00 00 00...

4) 종료 처리 함수 등록

이번에는 〈소스 3-5〉의 _cinit 함수에서 ② 코드에 해당하는 "atexit(_RTC_Terminate);" 호 출 부분을 살펴보자. _RTC_Terminate라는 함수의 포인터를 매개변수로 atexit 함수를 호출한 다. 여기서는 _RTC_Terminate라는 런타임 체크 종료 처리 함수 대신 **atexit** 함수의 역할에 관 심을 가져야 한다. 이 atexit 함수는 _cinit 함수의 소스에서뿐만 아니라 G_AAA의 생성자 호출

스텁 디스어셈블리 코드에서도 봤던 함수다. 코드 ②에서 G_AAA의 소멸자 호출 스텁의 번지를 매개변수로 atexit 함수를 호출한다.

다음은 atexit 함수에 대한 정의다.

소스 3-7 onexit.c의 `__onexitinit` 함수

```c
int __cdecl atexit(_PVFV func)
{
   return (_onexit((_onexit_t)func) == NULL) ? -1 : 0;
}
```

---

atexit 함수는 내부에서 _PVFV 타입의 매개변수 func를 매개변수로 _onexit 함수를 호출한다. 코드 ②의 경우는 이 func 매개변수가 G_AAA의 소멸자 함수 스텁에 대한 포인터가 된다.

다음은 _onexit 함수에 대한 정의다.

소스 3-7_1 _onexit 함수

```c
_onexit_t __cdecl _onexit(_onexit_t func)
{
   _onexit_t retval = NULL;
   _lockexit();
   __try
   {
      retval = _onexit_nolock(func);
   }
   __finally
   {
      _unlockexit();
   }

   return retval;
}
```

_onexit 함수 내부에서는 락을 풀고 func를 매개변수로 _onexit_nolock 함수를 호출한다. 최종적으로 이 함수가 atexit 함수의 기능을 담고 있는 함수다. 그러면 _onexit_nolock 함수가 어떤 역할을 하는지 알아보자.

우리는 앞서 〈소스 3-6〉의 __onexitinit 함수의 분석을 통해 __onexitinit 함수가 _PVFV 타입을 위한 32개의 엔트리 공간을 힙에 할당하고, 그 시작 번지를 __onexitend와 __onexitbegin 전역 변수에 저장해 둔 것을 기억할 것이다. 그리고 우리는 이 공간을 **CPP_TERM** 테이블이라고 임시 명명했다. __onexitinit 함수는 CPP_TERM 테이블을 위한 최초 공간을 할당하는 역할을 하고, 실제 _onexit_nolock 함수가 이 CPP_TERM 테이블의 엔트리에 값을 채우는 역할을 한다.

소스 3-7_2 _onexit_nolock 함수

```
static _onexit_t __cdecl _onexit_nolock(_onexit_t func)
{
   _PVFV * p;
   size_t  oldsize;
   _PVFV* onexitbegin = (_PVFV*)DecodePointer(__onexitbegin);
   _PVFV* onexitend   = (_PVFV*)DecodePointer(__onexitend);
```

CPP_TERM 테이블의 시작과 끝을 가리키는 전역 변수 __onexitbegin과 __onexitend의 값을 복호화해서 각각 onexitbegin과 onexitend 변수에 설정한다.

```
   if (onexitend < onexitbegin ||
      ((char *)onexitend - (char *)onexitbegin) + sizeof(_PVFV) < sizeof(_PVFV))
      return NULL;
```

시작 엔트리와 끝 엔트리의 순서가 바뀌었을 경우 오버플로 에러로 판단하고 NULL을 반환한다.

```
   if ( (oldsize = _msize_crt(onexitbegin))
        < ((size_t)((char*)onexitend - (char*)onexitbegin) + sizeof(_PVFV)) )
   {
        ⋮
```

힙에 할당된 CPP_TERM 테이블의 공간이 부족할 경우 공간을 추가 할당하는 처리를 구현한 코드로, 이 부분은 생략한다.

```
   }

    *(onexitend++) = (_PVFV) EncodePointer(func);
```

매개변수로 전달된 함수 포인터를 암호화해서 __onexitend 전역 변수가 가리키는 엔트리에 설정한다. 그리고 onexitend 변수가 테이블의 다음 엔트리를 가리키도록 값을 증가시킨다.

```
    __onexitend = (_PVFV *) EncodePointer(onexitend);
```

```
    return func;
}
```

결국 atexit 함수는 해제 처리를 담당하는 콜백 함수의 포인터 func를 __onexitbegin과 __onexitend 변수가 관리하는 CPP_TERM 테이블의 엔트리에 등록하는 역할을 한다. 따라서 전역/정적으로 선언된 모든 클래스 변수들을 위한 **'소멸자 호출 스텁'의 번지가 atexit 함수를 통해 이 테이블에 등록**된다.

3.4.3 프로그램 종료 처리

여러분이 정의한 (w)main이나 (w)WinMain 진입점 함수가 종료되면 __tmainCRTStartup 함수는 종료 처리를 수행한다. 종료 처리는 전적으로 〈소스 3-4〉의 ⑦ 코드에 해당하는 exit 함수에 의해 수행되는데, exit 함수 호출 시에 진입점 함수가 리턴한 값을 담은 mainret 변수가 매개변수로 전달된다. exit 함수는 진입점 함수 호출 전에 수행된 다양한 초기화 처리에 의해 생성하거나 사용한 모든 리소스에 대한 해제 처리를 수행한 후에 프로그램을 종료하는 기능까지 담당하기 때문에, _tmainCRTStartup 함수로부터의 리턴 없이 프로그램이 종료된다. exit 함수의 기능은 다음과 같다.

- atexit 함수를 통해 등록된 해제 처리 함수들을 호출하며, 여기에는 모든 전역/정적 클래스 객체의 소멸자 함수의 호출도 포함된다.
- 등록된 'Pre-Terminators' 및 'Terminators' 종료 처리 함수들을 호출한다.
- 디버그 빌드 버전인 경우 _CRTDBG_LEAK_CHECK_DF 플래그가 설정되어 있으면 C/C++ 런타임 메모리 누수 상황을 출력한다.
- 진입점 함수의 반환값인 mainret를 매개변수로 최종적으로 ExitProcess 함수를 호출하여 프로그램을 종료한다.

위 기능을 수행하는 exit 함수는 "crt0dat.c"에 다음과 같이 정의되어 있으며, 실제 종료 처리는 doexit 함수를 호출함으로써 이루어진다.

```
void __cdecl exit(int code)
{
    doexit(code, 0, 0); /* full term, kill process */
#ifdef _CRT_APP
    __fastfail(FAST_FAIL_FATAL_APP_EXIT);
#endif
}
```

crt0dat.c에 정의된 doexit 함수의 선언은 다음과 같다.

```
static void __cdecl doexit(int code, int quick, int retcaller)
```

위의 doexit 함수의 정의는 다소 복잡하다. 먼저 exit 함수에서 quick과 retcaller 두 매개변수를 모두 0으로 설정해서 doexit 함수를 호출했기 때문에, 이 두 매개변수가 0이 아닌 경우의 처리는 모두 제거했다. 그리고 종료 완료 여부를 판별하는 _C_Exit_Done 전역 변수에 따른 if 문도 제거했으며, 종료 잠금 관련 처리인 _lockexit, _unlockexit 함수 호출과 __TRY, __FINALLY, __END_TRY_FINALLY 구문도 모두 제거했다. 따라서 doexit 함수의 정의는 다음과 같이 나타낼 수 있다.

소스 3-8_1 doexit 함수

```
static void __cdecl doexit(int code, int quick, int retcaller)
{
```

① 전역 클래스 객체 소멸자 호출

```
    _PVFV * onexitbegin = (_PVFV *) DecodePointer(__onexitbegin);
    if (onexitbegin)
    {
        _PVFV * onexitend = (_PVFV *) DecodePointer(__onexitend);
        _PVFV function_to_call = NULL;

        /* save the start and end for later comparison */
        _PVFV * onexitbegin_saved = onexitbegin;
        _PVFV * onexitend_saved = onexitend;
```

```
    while (1)
```

CPP_TERM 테이블 엔트리를 순회한다.

```
    {
        _PVFV * onexitbegin_new = NULL;
        _PVFV * onexitend_new = NULL;

        while (--onexitend >= onexitbegin && *onexitend == EncodePointer(NULL));
```

➜ 후입선출(LIFO) 처리를 위해 테이블의 마지막 엔트리를 찾는다.

```
        if (onexitend < onexitbegin)
            break;
```

더 이상 유효한 엔트리가 없으면 루프를 탈출한다.

```
        function_to_call = (_PVFV) DecodePointer(*onexitend);
```

복호화를 통해 테이블에 등록된 해제 함수의 포인터를 획득한다.

```
        *onexitend = (_PVFV)EncodePointer(NULL);
```

엔트리를 NULL로 설정해서 중복 실행을 막는다.

```
        (*function_to_call)();
```

➜ 획득한 해제 함수를 호출한다.

```
        onexitbegin_new = (_PVFV *) DecodePointer(__onexitbegin);
        onexitend_new = (_PVFV *) DecodePointer(__onexitend);
```

새로운 시작과 끝을 암호화해서 보관한다.

```
        if ( ( onexitbegin_saved != onexitbegin_new ) ||
             ( onexitend_saved != onexitend_new ) )
        {
            onexitbegin = onexitbegin_saved = onexitbegin_new;
            onexitend = onexitend_saved = onexitend_new;
```

시작이나 끝이 변경된 경우만 리셋한다.

```
        }
```

```
        }
    }
```

② 등록된 종료 처리기 호출

```
#ifndef CRTDLL
    _initterm(__xp_a, __xp_z); //pre-terminators
    _initterm(__xt_a, __xt_z); //terminators
#endif
```

③ 디버그 모드 메모리 누수 덤프

```
    if (_CrtSetDbgFlag(_CRTDBG_REPORT_FLAG) & _CRTDBG_LEAK_CHECK_DF)
    {
        __freeCrtMemory();
        _CrtDumpMemoryLeaks();
```

디버그(_DEBUG) 모드면서 CRTDBG_REPORT_FLAG 플래그가 설정된 경우, 메모리 누수가 있으면 누수에 대한 덤프를 출력한다.

```
    }
```

④ 프로세스 최종 종료

```
    __crtExitProcess(code);
}
```

1) 전역 클래스 객체 소멸자 호출

atexit 함수는 해제 처리 핸들러를 힙에 존재하는 테이블에 등록했다. 우선 __tmainCRTStartup 함수에서 __initterm_e 호출과 __initterm 호출 사이에 RTC_Terminate의 함수 포인터를 매개변수로 해서 texit 함수가 호출되었고, 그 이후로 C++ 관련 초기화에서 설명했던 대로 전역 클래스 객체의 생성자 호출 스텁이 생성자를 호출한 후 atexit 함수를 통해 소멸자 호출 스텁 코드의 번지를 등록했다. 따라서 코드의 ① 부분은 바로 힙의 테이블을 순회하면서 등록된 소멸자 호출 스텁 코드를 실행하여 소멸자 함수를 호출하는 과정이 된다.

여기서 주의해야 할 것은 순회 과정이다. BasicCon.exe의 실행 결과를 보면 생성자 호출의 역순으로 소멸자가 호출되고 있다. 따라서 힙의 테이블 엔트리 순회는 마치 스택처럼 후입선출(LIFO)의 순서를 지켜야 하므로, 등록된 해제 함수의 호출 순서는 다음과 같다.

표 3-15 BasicCon.exe의 소멸자 호출 스텁

function_to_call	소멸자 호출 스텁
0x00000001`4005C680	`main'::`2':: `dynamic atexit destructor for 'S_DDD''(void)
0x00000001`4005C660	`dynamic atexit destructor for 'S_CCC''(void}
0x00000001`4005C640	`dynamic atexit destructor for 'G_BBB''(void)
0x00000001`4005C620	`dynamic atexit destructor for 'G_AAA''(void)

제일 먼저 호출되는 것은 main 함수 내에서 정적으로 선언된 클래스 S_DDD다. C++ 관련 초
기화에서 확인했듯이, 정적 클래스 변수의 생성자 호출 스텁은 CPP_INIT 테이블에 등록되지
않고 main 함수 내에서 직접 실행되지만, 소멸자 호출 스텁은 CPP_TERM 테이블에 등록되
어 exit 함수에서 처리된다. 그리고 생성자 호출 순서와는 반대로 S_CCC, G_BBB, G_AAA
순으로 클래스 변수의 소멸자가 호출된다. 이렇게 4개의 함수가 차례대로 호출되고 난 후 맨 처
음에 등록된, 즉 __initterm_e 호출과 __initterm 호출 사이에 atexit 함수를 통해 등록된
"0x00000001`400118D0:_RTC_Terminate(void)" 함수가 런타임 체크 종료 처리를 위해 마
지막으로 호출되면, 힙 엔트리에 등록된 모든 해제 처리 함수의 호출이 완료된다. 이 소멸자 호출 함
수들은 PE Explorer를 통해서도 확인할 수 있다.

그림 3-33 4개의 소멸자 호출 스텁

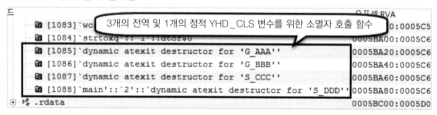

2) 등록된 종료 처리기 호출

이 과정은 C 초기화 처리와 대응되는 과정으로 볼 수 있으며, _initterm 함수를 통해 'Pre-
Terminators'와 'Terminators' 테이블에 등록된 종료 처리 콜백 함수들을 호출하는 과정이다. 사
실 _initterm 함수의 이름은 init(Initialization)과 term(Termination) 모두를 포함하는 의미로,
초기화 처리뿐만 아니라 종료 처리에도 사용된다. _initterm_e와 _initterm 함수는 어찌 보면 혼
란을 주지 않기 위해서 init과 term으로 분리해서 정의될 수도 있었을 것이다. 일반적으로 초기화

처리를 담당하는 함수를 작성한다면 초기화 중 발생하는 에러에 대비해서 에러 코드나 성공 여부를 리턴하도록 한다. 하지만 종료 처리를 담당하는 함수의 경우에는 일반적으로 void 타입으로 많이 작성할 것이다. 따라서 초기화 처리를 담는 콜백 함수 테이블은 모두 반환값을 갖는 _PIFV로, 종료 처리를 담는 테이블은 반환값이 없는 _PVFV로 분리할 수 있었을 것이다. 하지만 클래스의 경우 생성자는 반환값을 가질 수 없다. 따라서 C++ 초기화의 경우 어쩔 수 없이 생성자 호출 스텁의 타입을 종료 처리 담당 함수와 동일하게 _PVFV로 가져갔을 것이다. 그 결과 _initterm 함수는 C 종료 처리나 C++의 소멸자 호출 스텁뿐만 아니라 생성자 호출 스텁의 처리까지도 떠맡게 되었고, 반환값을 가질 수 있는 C 초기화 처리에 대해서는 별도로 _initterm_e 함수를 정의하여 그 처리를 담당하도록 한 것이라고 추정할 수 있다. 따라서 _initterm 함수는 C++의 초기화 처리뿐만 아니라 C 초기화 처리를 제외한 C나 C++ 종료 처리에도 사용되며, C 종료 처리를 위한 두 테이블 'Pre-Terminators'와 'Terminators'를 순회하면서 해당 테이블에 등록된 해제 콜백 함수들을 호출한다.

'Pre-Terminators'와 'Terminators' 테이블 모두 다음의 CRT 섹션에 지정된 테이블이며, .rdata 섹션에 등록된다.

```
Pre-Terminators: _initterm(__xp_a, __xp_z);

#pragma section(".CRT$XPA",long,read)
#pragma section(".CRT$XPB",long,read)
#pragma section(".CRT$XPX",long,read)
#pragma section(".CRT$XPXA",long,read)
#pragma section(".CRT$XPZ",long,read)


Terminators: _initterm(__xt_a, __xt_z);

#pragma section(".CRT$XTA",long,read)
#pragma section(".CRT$XTB",long,read)
#pragma section(".CRT$XTX",long,read)
#pragma section(".CRT$XTZ",long,read)
```

그리고 "crt0init.c"에서 정의된 __xp_a와 __xp_z, __xt_a와 __xt_z 전역 변수에 의해서 각각 관리된다.

```
_CRTALLOC(".CRT$XPA") _PVFV __xp_a[] = { NULL };
_CRTALLOC(".CRT$XPZ") _PVFV __xp_z[] = { NULL };
_CRTALLOC(".CRT$XTA") _PVFV __xt_a[] = { NULL };
_CRTALLOC(".CRT$XTZ") _PVFV __xt_z[] = { NULL };
```

실제 'Pre-Terminators' 테이블을 위해 .CRT$XPB 섹션에는 _concrt_static_cleanup 함수가
등록되고 .CRT$XPB 섹션에는 _locterm, __termconout 등이 등록된다. .CRT$XPXA 섹션에
는 __endstdio 함수가 등록된 것을 디버깅을 통해 확인할 수 있지만, 'Terminators' 테이블에는
등록된 함수를 확인할 수 없다. 그러나 이 두 테이블에 등록된 함수의 기능은 우리의 관심사가 아니
기 때문에, .CRT$XP#이나 .CRT$XT#의 각 섹션에 어떤 종류의 함수들이 위치되는지 확인한 것만
으로 만족하기로 하자.

3) 디버그 모드 메모리 누수 덤프

여러분은 MFC 등을 이용해서 코드를 작성해 디버그로 실행한 후 프로그램이 종료되면 비주얼 스튜
디오의 출력 창에 다음과 같은 메모리 누수 정보를 보았을 것이다.

```
Detected memory leaks!
Dumping objects ->
C:\PROGRAM FILES\VISUAL STUDIO\MyProjects\leaktest\leaktest.cpp(20) : {18}
normal block at 0x00780E80, 64 bytes long.
 Data: <                 > CD CD CD CD CD CD CD CD CD CD CD CD CD CD CD CD
Object dump complete.
```

이 정보는 new 연산자로 객체를 할당하고 삭제하지 않은 경우를 포함하여 힙에 메모리를 할당하고
해제하지 않은 경우의 메모리 누수 여부를 알려주는 유용한 정보다. 이런 정보 출력을 바로 디버그
모드 메모리 누수 덤프 코드가 담당하고 있다. 디버그 모드에서 _CRTDBG_REPORT_FLAG 플
래그가 설정된 경우 _CrtDumpMemoryLeaks 함수가 해당 정보를 출력해준다. 이 코드가 실행
되려면 다음과 같은 순서로 헤더 파일을 인클루드해야 한다.

```
#define _CRTDBG_MAP_ALLOC
#include <stdlib.h>
#include <crtdbg.h>
```

그리고 여러분이 직접 다음과 같이 적절한 코드 위치에 _CRTDBG_REPORT_FLAG 플래그를 설정해줘야 한다.

```
_CrtSetDbgFlag ( _CRTDBG_ALLOC_MEM_DF | _CRTDBG_LEAK_CHECK_DF );
```

물론 MFC 위저드 프로젝트의 경우에는 이런 처리가 디폴트로 되어 있기 때문에 별 다른 설정 없이도 메모리 누수 정보를 획득할 수 있다.

4) 프로세스 최종 종료

프로세스 종료를 위해서 __crtExitProcess 함수가 호출되는데, __crtExitProcess는 다음과 같이 ExitProcess API 함수를 호출함으로써 최종적으로 스스로 자신을 종료한다.

```
void __cdecl __crtExitProcess(int status)
{
    __crtCorExitProcess(status);
```
관리되는 코드일 경우 이 함수에서 종료 처리를 한다. 네이티브 코드는 영향을 받지 않는다.

```
    ExitProcess(status);
```
프로세스의 실제 종료를 위해 ExitProcess 함수를 호출한다.

```
}
```

ExitProcess 함수가 호출되면 운영체제는 프로세스를 종료하고 종료 코드를 status 매개변수로 전달되는 mainret의 값으로 설정한다. 따라서 __tmainCRTStartup 함수는 결코 리턴되지 않는다.

지금까지 코드와 데이터 섹션의 기본적인 구성에 대한 설명과 함께 프로그램의 진입점 함수 호출 과정 및 런타임 시작 함수가 수행하는 전역 초기화 및 종료 처리에 대하여 .rdata 섹션을 중심으로 살펴보았다. 사실 코드 섹션은 함수로 구성되기 때문에, 코드 섹션의 함수 구조를 분석하기 위해서는 더 많은 분석과 설명이 요구된다. 그리고 코드 섹션에서 함수의 구조를 추출할 수 있으면 여러 데이터 섹션과의 관계도 더 밀도 있게 파악할 수 있다. 여기서는 코드 섹션의 기본적인 구성만 살펴보았고, 코드 섹션의 함수 구성에 대한 역추적은 4부와 5부에서 구체적으로 논의될 것이다. 이제 다음 장부터는 PE 파일을 구성하는 다양한 섹션의 구조와 그 의미를 자세히 살펴볼 것이다.

04장

기준 재배치 섹션

우리는 3장에서 IMAGE_OPTIONAL_HEADER의 ImageBase 필드의 용도와 WinMain 함수의 hInstance 매개변수에 대해 자세히 살펴보았다. PE에 기록된 ImageBase 필드는 PE가 로드된 후 메모리 상의 시작 번지로 설정된다는 점과 이 값을 기준으로 코드나 데이터 상의 RVA에 대한 실제 메모리의 번지 계산이 이루어진다는 점도 확인했다. ImageBase 필드와 RVA 개념은 디스크 상의 파일로 존재하는 PE와 실제 메모리에 로드되었을 때의 PE 사이에서 번지 지정의 차이를 극복할 수 있도록 해주는 중요한 요소가 된다. 하지만 코드 섹션의 명령 중에는 이런 RVA가 아닌 실제 번지(VA)를 오퍼랜드로 요구하는 명령도 있고, 데이터 섹션에 기록된 값들 중 실제 번지가 기록되는 경우도 적지 않다. 물론 실제 번지이므로 32비트라면 4바이트가, 64비트라면 8바이트가 기록되어 있을 것이다. 여기서 실제 번지는 바로 ImageBase 필드에 기초한 번지다. 따라서 디스크 상의 PE 파일의 명령 오퍼랜드나 데이터 섹션에 기록된 실제 번지는 디스크 상의 PE 파일에 기록된 ImageBase 필드 값을 기준으로 하고 있다. 디스크 상의 PE 파일의 ImageBase 필드 값이 0x00000001`40000000이라고 할 때 데이터 섹션에 있는, 예를 들어 문자열의 포인터 0x00000001`4000120D를 보관하는 전역 변수가 있으면 디스크 상의 PE 파일의 전역 변수 공간에는 0x00000001`4000120D 번지 값이 저장되어 있을 것이다. 그렇다면 다음을 생각해보자. PE가 실행되어 로드되었을 때 해당 PE를 ImageBase 필드의 지정된 번지에 로드하지 못했다면, 즉 0x00000001`40000000이 아닌 번지 0x00007FF6`17B30000에 로드했다면 어떻게 될까? 이런 상황이라면 해당 전역 변수가 갖고 있는 0x00000001`4000120D의 주솟값은 의미가 없어지며 엉뚱한 번지를 가리키게 된다. 따라서 파일로 존재하는 PE의 ImageBase 필드가 가리키는 주소에 PE를 로드하지 못했을 경우에는 PE에 존재하는 명령 오퍼랜드나 데이터 섹션에 기록된 여러 VA에 대한 조정이 필요하다. 그렇지 않으면 원하지 않는 번지의 데이터에 접근하게 되어 메모리 접근 예외가 발생될 것이다. 로드 시 PE 파일에 존재하는 이런 VA 값들에 대한 조정 작업을 '**기준 재배치**'라고 하고, 기준 재배치 작업을 위해 존재하는 섹션이 바로 기준 재배치 섹션이다.

다음 그림은 64비트 BasicApp.exe의 기준 재배치 섹션인 .reloc 섹션이다.

그림 4-1 BasicApp.exe의 재배치 섹션

필드	타입	오프셋:RVA
⊟·♪·**.reloc**	BYTE[512]	0000A000:0000E000
⊟·♪·**BASE_RELOC**	BYTE[80]	0000A000:0000E000
⊞·■·[0]00007000:.rdata	IMAGE_BASE_RELOCATION	0000A000:0000E000
⊞·■·[1]00008000:.rdata	IMAGE_BASE_RELOCATION	0000A028:0000E028
⊞·■·[2]0000A000:.data	IMAGE_BASE_RELOCATION	0000A044:0000E044

기준 재배치는 운영체제의 실행 프로그램 구조 설계 차원에서 다루어야 할 중요한 개념이다. 이 장에서는 EXE나 DLL이 가상 주소 공간에 로드될 시점에서 지정된 기준 주소에 로드되지 못했을 경우를 대비하여 제공되는 기준 재배치(Base Relocation) 섹션에 대해 알아보고자 한다. 기준 재배치(Base Relocation) 섹션은 상당히 중요하지만 그 구조는 그렇게 복잡하지 않다. 우선 기준 재배치의 의미에 대해서 좀 더 심도 있게 알아보도록 하자.

4.1 기준 재배치의 의미와 과정

앞서 설명한 것처럼, 로더는 실행 파일을 로드할 때 선호되는(preferred) 번지에 실행 파일 이미지를 로드한다고 했다. 이 선호되는 번지라는 것이 해당 실행 이미지가 인스턴스화되었을 때의 시작번지며, 이 번지는 IMAGE_OPTIONAL_HEADER의 ImageBase에 지정된다고 했다. 그리고이 번지는 디폴트로 EXE의 경우 64비트는 0x00000001`40000000, 32비트는 0x00400000이며, DLL의 경우 64비트는 0x00000001`80000000, 32비트는 0x10000000이라고 했다. 하지만이런 경우를 상상해보자. 해당 이미지를 선호되는 번지, 즉 ImageBase 필드에 기록된 번지에 매핑하고자 할 때 이미 그 주소가 사용 중이어서 해당 번지에 로드하지 못하는 경우가 생기면 로더는 매핑 가능한 다른 번지에 해당 이미지를 로드해야 한다. 이렇게 되면 사태는 상당히 복잡해진다. 이런일이 일어날까? EXE의 경우에는 거의, 아니 전혀 아무 일도 일어나지 않는다고 봐도 된다. 시스템은 가상 주소 공간을 생성한 후 맨 처음 하는 일이 EXE를 위한 주소 공간을 확정하는 일이기 때문이다. 하지만 DLL의 경우는 어떠한가? 해당 EXE가 가져온 DLL은 기본적으로 Kernel32.dll과 더불어 UI를 가진다면 User32.dll, GDI32.dll을 로드할 것이며, 이외 여러 DLL도 함께 로드할 것이다. 또한 Kernel32.dll 자체는 상당한 양의 함수를 NTDll.dll이나 KernelBase.dll로 포워딩한다. 그런 이유로 Kernel32.dll이 로드되기 전에 NTDll.dll이나 KernelBase.dll이 먼저 로드된다. 해당 EXE가 가져온 DLL이 제작 당시 ImageBase에 별다른 설정 없이 디폴트로 생성되었다고 한다면 모든 DLL의 ImageBase 필드 값은, 예를 들어 32비트라면 0x10000000이 될 것이고, 이값이 바로 선호되는 번지가 된다. 첫 번째 DLL을 가상 주소 공간에 매핑할 때는 가상 주소 공간 상의 번지 0x10000000 영역이 비어 있기 때문에 별 문제가 없지만, 두 번째 DLL의 로드부터는 문제가 발생한다. 이미 첫 번째 DLL의 이미지가 선호되는 주소 0x10000000에 자리를 떡~하니 차지하고 있기 때문이다. 이럴 경우 시스템은 별 수 없이 로딩 가능한 다른 공간에 DLL을 로드해야 한다.

물론 세 번째, 네 번째 그 이후에 로드되는 모든 DLL들이 동일한 상황에 봉착할 것이다.

아니면 시스템이 의도적으로 ImageBase 필드에 설정된 번지를 무시하고 임의의 번지에 로드할 수도 있다. 앞서 논의했던 상황은 이전 버전의 윈도우에 대한 내용이다. 보안이 강화된 비스타부터는 오히려 이런 상황, 즉 ImageBase 필드 값을 무시하고 PE를 임의의 번지에 로드할 것을 권장하고 있다. 어쩔 수 없이 다른 기준 주소로 로드해야 하는 경우도 있겠지만, 요즘은 EXE의 경우도 ImageBase 필드에 기록된 고정 주소가 아닌 의도적으로 임의의 주소로 로드하도록 유도하고 있다. 최근의 VC++ 컴파일러는 이전 버전과 다르게 '**임의 기준 주소**' 옵션을 추가하여 로드할 주소를 시스템의 선택에 맡기게끔 유도한다.

다음은 프로젝트 설정의 [링커 → 고급] 탭에서 '기준 주소' 관련 설정을 변경할 수 있는 세 가지 옵션에 대한 내용이다.

그림 4-2 [링커 → 고급] 탭의 기준 주소 관련 설정

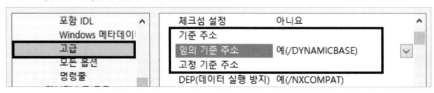

기준 주소(/BASE)

이 설정은 실제로 PE 파일의 ImageBase 필드 값을 변경한다. 만약 이 옵션을 그대로 둔다면 ImageBase 필드는 디폴트 기준 주소로 지정되지만, 예를 들어 이 옵션에 "0x00007FF6`17B30000"이라는 값을 설정하면 디스크 상의 PE 파일의 ImageBase 필드가 이 값으로 설정된다. 이 옵션은 단순히 디스크 상의 PE 파일의 ImageBase 필드 값만을 변경할 뿐 실제 PE가 로드되어 가상 주소 공간에 매핑될 때의 시작 주소를 결정하는 요인은 아니다.

임의 기준 주소(/DYNAMICBASE)

PE가 로드될 때 ImageBase 필드에 설정된 기준 주소로 PE를 로드할 것인지, 아니면 시스템이 자신의 판단하에 선택된 임의의 기준 주소로 PE를 로드할 것인지를 설정한다.

- **"예"** : ImageBase 필드에 설정된 주소는 무조건 무시하고 PE 로드 시에 로더가 적절한 시작 주소에 PE를 로드한다. IMAGE_OPTIONAL_HEADER의 DllCharacteristics 필드에 **IMAGE_DLLCHARACTERISTICS_DYNAMIC_BASE** 플래그가 설정되며, 이 절에서 설명할 '기준 재배치' 작업이 항상 수행된다. 그리고 13장에서 설명할 '주소 공간 랜덤화'와 관련이 있는 설정이기도 하다. 디폴트 설정은 "예"다.

- **"아니요"** : ImageBase 필드에 설정된 주소에 PE를 로드할 수 있으면 로드하고, 그렇지 못할 경우 PE를 다른 적절한 주소에 로드한다. 후자의 경우 '기준 재배치' 처리가 발생한다.

고정 기준 주소(/FIXED)

PE 로드 시의 기준 주소를 PE 파일의 ImageBase 필드에 저장된 주소로 강제할 것인지를 설정한다.

- **"예"** : 무조건 ImageBase 필드에 설정된 주소에 PE를 로드한다. 만약 이 주소에 PE를 로드하지 못할 경우 PE 실행에 실패한다. IMAGE_FILE_HEADER의 Characteristics 필드에 **IMAGE_FILE_RELOCS_STRIPPED** 플래그가 설정되며, 재배치 정보를 담고 있는 .reloc 섹션을 PE 파일에 만들지 않기 때문에 재배치 처리가 결코 발생되지 않는다. 이 설정은 '임의 기준 주소' 옵션이 "아니요"로 설정된 경우에만 사용이 가능하다.
- **"아니요"** : ImageBase 필드에 설정된 주소에 PE를 로드할 수 있으면 로드하고, 그렇지 못할 경우 다른 적절한 주소에 PE를 로드한다. 후자의 경우 '기준 재배치' 처리가 발생한다. 디폴트 설정은 "아니요"다.

다음 표는 '임의 기준 주소'와 '고정 기준 주소' 설정 시 가능한 설정 조합 및 그 결과를 나타낸 것이다.

표 4-1 기준 주소 설정 조합

임의 기준 주소	고정 기준 주소	DYNAMIC_BASE 플래그	RELOCS_STRIPPED	.reloc 섹션 유무	기준 재배치 발생 여부	기준 주소
예	×	○	×	○	○	임의
아니요	예	×	○	×	✗	ImageBase
	아니요	×	×	○	△	ImageBase 또는 임의

임의 기준 주소(/DYNAMICBASE) 옵션은 이전 VC++ 프로젝트 설정에는 없던 옵션이었지만, 최근의 VC++에서는 이 옵션이 추가되고 또한 디폴트로 설정된다. 이것은 의도적으로 시스템으로 하여금 ImageBase 필드의 주소를 무시하고 임의의 기준 주소를 알아서 선택하도록 유도하고 있다는 것을 의미한다. 어떤 경우든 프로젝트 설정이 '임의 기준 주소'로 설정되었거나 '임의/고정 기준 주소' 모두 "아니요"로 설정된 경우는 ImageBase 필드에 설정된 주소가 아닌 임의의 주소가 기준 주소가 될 수 있다. 이렇게 기준 주소가 디스크 상의 PE ImageBase 필드 값이 아니라 임의의 값으로 바뀌었을 때의 문제점을 고려해보자.

[경우 1] 데이터 섹션

3장에서 봤던 상수 변수 C_YHD_MSG 예를 상기시켜보라. 3.2.1절의 [덤프 3-7]을 보면 디스크 상의 PE 파일로 존재할 때의 C_YHD_MSG 변수에 담긴 값은 0x00000001`400078C0

이다. 하지만 3.2.2절의 [그림 3-21]을 보면 메모리에 로드된 PE 상의 C_YHD_MSG 변수에 담긴 값은 0x00007FF6`17B378C0이다. 이 두 값은 각각 디스크 상에서의 또는 메모리에 로드된 상태에서의 문자열 "YHD's WinApp : HINSTANCE=0x%016I64X"의 정확한 시작 번지가 된다. 이 차이는 어디에서 기인한 것일까? 이는 결국 기준 주소가 되는 ImageBase 필드 값의 차이에서 기인한다. 우리가 3.1절에서 확인했듯이, BasicApp.exe가 디스크 상의 PE 파일에서 ImageBase 필드는 0x00000001`40000000이지만, 로드된 후 실제 이 PE 이미지가 매핑된 메모리의 시작 주소는 0x00007FF6`17B30000으로 ImageBase 필드 값이 변경된다. .data 섹션에 위치한 C_YHD_MSG 변수에 저장된 값은 RVA가 아닌 문자열이 위치의 실제 번지를 담고 있다. 그리고 이 절대 번지 값은 ImageBase 필드를 시작 번지로 가정한 값이 된다. 하지만 BasicApp.exe가 로드되었을 때 메모리 상에서의 C_YHD_MSG 변숫값은 로드되기 전의 값인 0x00000001`400078C0이 아니라, 로드된 후의 실제 문자열의 번지인 0x00007FF6`17B378C0으로 바뀌어 있다는 것을 [그림 3-21]을 통해 확인했다. 이는 시스템이 ImageBase 필드에 기록된 주소로 PE를 로드하지 못했을 때, 절대 번지를 담고 있는 C_YHD_MSG 변숫값 역시 적절하게 변경해 주었음을 의미한다.

다음은 디스크 상의 PE와 로드된 후의 PE에서 ImageBase 필드와 C_YHD_MSG 변수가 갖게 되는 절대 번지 사이의 차이를 정리한 것이다.

표 4-2 C_YHD_MSG의 디스크 상의 PE와 로드된 PE 사이의 VA의 차이

PE	ImageBase	C_YHD_MSG	RVA
디스크 상의 PE	0x00000001`40000000	0x00000001`400078C0	0x000078C0
로드된 PE	0x00007FF6`17B30000	0x00007FF6`17B378C0	0x000078C0

위 표를 통해서 디스크 상의 PE의 값과 로드된 PE의 값들 중 공통되는 것이 RVA라는 것을 알수 있다. 중요한 것은 RVA는 변함이 없으며, 따라서 PE가 로드될 때 두 PE 사이에서의 RVA가 보존될 수 있는 어떤 작업을 로더가 수행한다는 것을 의미하기도 한다. 여기서 그 작업은 다음과 같은 계산식으로 정리할 수 있다.

- **재배치 Δ =** 0x00007FF6`17B30000(디스크 ImageBase) −

  0x00000001`40000000(로드된 ImageBase) = **0x00007FF4`D7B30000**

- **로드된 C_YHD_MSG 값** = 0x00000001`400078C0(디스크 C_YHD_MSG 값) +

  0x00007FF4`D7B30000(재배치 Δ) = **0x00007FF6`17B378C0**

로더는 PE를 ImageBase 필드에 기록된 주소로 로드하지 못했을 경우, 앞의 계산식처럼 우선 **'재배치 Δ (델타)'** 값을 구한 후 디스크의 C_YHD_MSG 변수에 담긴 주솟값에 이 재배치 델타를 더해줌으로써 그 차이를 보정해준다. 그 결과 RVA는 보존된다.

[경우 2] 코드 섹션

이번에는 프로젝트 〈BasicApp〉을 32비트로 빌드했을 때의 상황을 살펴보자. WinMain 함수 내에 중단점을 걸고 32비트로 디버깅해서, WinMain 함수의 첫 번째 코드 "g_hInstance = hInstance;"에 대한 디스어셈블 코드를 보자.

```
int WINAPI _tWinMain(HINSTANCE hInstance, HINSTANCE hPrevInst,
                     PTSTR pszCmdLine, int nCmdShow)
{
00A31680      55                        push    ebp
00A31681      8B EC                     mov     ebp, esp
00A31683      81 EC 28 01 00 00         sub     esp, 128h
     ⋮                                         ⋮

   g_hInstance = hInstance;
00A3169E      8B 45 08                  mov     eax, dword ptr [hInstance]
00A316A1      A3 58 91 A3 00            mov     dword ptr ds:[00A39158h], eax
     ⋮                                         ⋮
```

코드 번지 0x00A316A1에 해당하는 명령줄은 총 5바이트로 이루어져 있고, 이때 0xA3은 MOV 명령을 나타내는 동시에 두 번째 오퍼랜드는 eax를, 첫 번째 오퍼랜드는 메모리 참조 형식을 취하라고 지시하는 OP 코드다. 그리고 OP 코드 0xA3 뒤의 나머지 4바이트 "58 91 A3 00"은 첫 번째 오퍼랜드가 요구하는 메모리 번지, 즉 &g_hInstance에 해당하는 0x00A39158을 나타낸다. 따라서 코드 번지 0x00A316A1의 명령은 전역 변수 g_hInstance가 위치한 번지 0x00A39158의 메모리 공간에 eax 레지스터에 담긴 4바이트(DWORD) 값을 저장하라는 명령이다. 이는 첫 번째 오퍼랜드 값인 "58 91 A3 00", 즉 0x00A39158은 전역 변수 g_hInstance를 가리키는 절대 번지가 된다는 것을 의미한다.

그렇다면 코드 번지 0x00A316A1에 해당하는 PE의 파일 오프셋을 찾아서 그 위치에 대한 덤프를 확인해보자. 코드는 .text 섹션에 존재하며, 링크 시에 메모리 번지의 실제 값 역시

ImageBase 필드에 존재하는 주소를 기준으로 해서 계산된다.* 디버깅 상태에서 hInstance 또는 &__ImageBase 값은 0x00A20000이며, 이 값을 기준으로 코드 번지 0x00A316A1에 대한 RVA를 구하면 0x00A316A1 − 0x00A20000 = 0x000116A1이 된다. 32비트 BasicApp.exe에서 .text 섹션의 VirtualAddress는 0x00011000, 시작 오프셋인 PointerToRawData는 0x00000400이다. 따라서 코드 번지 0x00A316A1에 해당하는 파일 오프셋은 RVA_TO_OFFSET 매크로를 적용하면 0x00000AA1이 된다.

다음은 WinMain 함수의 시작 부분에 대한 덤프로, 오프셋 0x00000AA1의 위치를 확인할 수 있다.

덤프 4-1 32비트 BasicApp.exe의 WinMain 정의

	+0	+1	+2	+3	+4	+5	+6	+7	+8	+9	+A	+B	+C	+D	+E	+F
00000A80	55	8B	EC	81	EC	28	01	00	00	53	56	57	8D	BD	D8	FE
00000A90	FF	FF	B9	4A	00	00	00	B8	CC	CC	CC	CC	F3	AB	8B	45
00000AA0	08	A3	58	91	41	00	C7	45	CC	30	00	00	00	C7	45	D0
~	~	~	~	~	~	~	~	~	~	~	~	~	~	~	~	~

코드 번지 0x00A316A1에 해당하는 파일 오프셋은 0x00000AA1이다. 그리고 오퍼랜드의 시작 오프셋은 0xA3 다음인 0x00000AA2이며, 여기에 저장된 오퍼랜드인 g_hInstance의 주솟값은 0x00419158이다. 역시 메모리에 로드된 상태의 오퍼랜드의 값과 PE 상에 존재하는 오퍼랜드의 값이 다르다는 것을 확인할 수 있다. [경우 1])에서 처럼, 다음은 디스크 상의 PE와 로드된 PE의 &g_hInstance를 나타낸 것이다.

표 4-3 오퍼랜드 &g_hInstance의 디스크 상의 PE와 로드된 PE 사이의 VA

PE	ImageBase	&g_hInstance	RVA
디스크 상의 PE	0x00400000	0x00419158	0x00019158
로드된 PE	0x00A20000	0x00A39158	0x00019158

이 경우 역시 [경우 1]과 마찬가지로 ImageBase 필드에서 정의된 번지에 PE 이미지를 로드하지 못했고 실제 로드된 PE의 시작 주소는 0x00A20000이 되었으며, 이에 맞춰 OP 코드 0xA3

---

* g_hInstance가 전역 변수임을 상기하기 바란다. 전역 변수는 데이터 섹션에 위치하기 때문에, 링크는 ImageBase 필드를 기준으로 미리 주소를 결정할 수 있다. 스택 변수의 번지는 함수에 진입할 당시의 스택 포인터 값을 보관하고 있는 EBP에 대해 상대적으로 계산되기 때문에 미리 주소를 결정할 필요가 없다.

의 오퍼랜드 역시 RVA의 차이가 없도록 조정되어 있음을 알 수 있다. [경우 1]에서 계산했던 것과 마찬가지 방식으로 재배치 델타 값을 구해서 변환해보면 정확하게 그 차이를 보정할 수 있을 것이다.

[경우 1]과 [경우 2]가 의미하는 것은 ImageBase 필드에 저장된 주소와 PE 이미지가 로드된 가상 주소가 다를 경우, 데이터 섹션에 존재하는 절대 번지의 값이나 절대 번지를 오퍼랜드로 갖는 OP 코드의 오퍼랜드를 보정해줘야 한다는 점이다. 이러한 보정 작업은 결국 코드 섹션 내에 존재하는 명령 코드 중 절대 번지를 오퍼랜드로 요구하는 모든 명령들과 데이터 섹션 내에서 절대 번지를 값으로 담고 있는 모든 전역 변수들에 대하여 이뤄져야 한다. 그리고 그러한 상황이 되면 실제로 로더는 보정 작업을 수행하며, 이러한 보정 작업을 **'기준 재배치(Base Relocation)'**라고 한다. 하지만 이 작업을 로더가 PE를 로딩했을 때 코드 섹션 내에 존재하는 모든 명령에 대해 해당 오퍼랜드가 절대 번지를 담고 있는지를 체크하거나, 모든 데이터 섹션의 각 영역에 대해 해당 영역이 절대 번지를 담고 있는지를 판별해서 수행할 수는 없다. 따라서 링커는 기준 재배치 수행을 위해 이러한 오퍼랜드나 전역 변수를 가리키는, 보정 작업이 필요한 위치에 대한 인덱스 역할을 하는 테이블로 구성된 특별한 섹션을 하나 생성한다. 그 섹션이 바로 재배치 섹션에 해당하는 **.reloc** 섹션이다. 앞의 [표 4-1]을 보면 '.reloc 섹션 유무'를 나타내는 칼럼이 있는데, 이 섹션이 존재하는 경우는 '임의 기준 주소' 옵션이 "예"인 경우와 '임의 기준 주소'와 '고정 기준 주소' 옵션이 모두 "아니요"인 경우다. 이 두 경우의 설명을 보면 기준 재배치 발생 여부를 판별할 수 있다.

그림 4-3 재배치 테이블 엔트리와 재배치 대상과의 관계

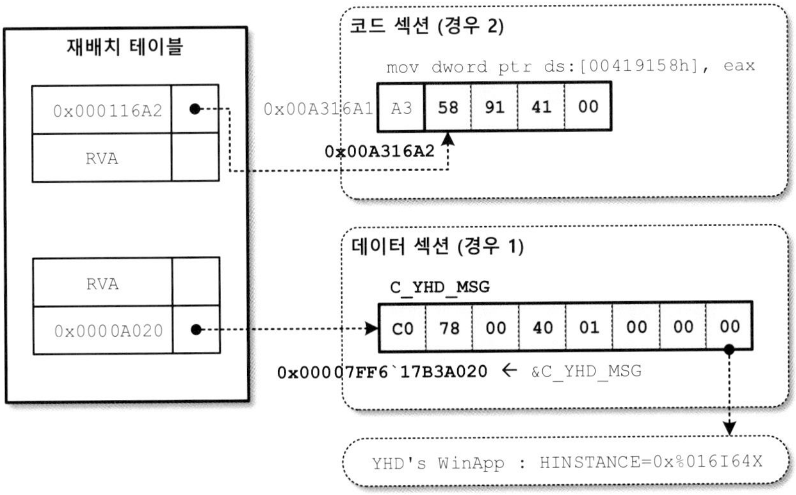

.reloc 섹션은 재배치를 위해 [경우 1]과 [경우 2]에서 예로 든 명령의 오퍼랜드나 데이터 변수를 가리키는 번지에 대한 RVA를 테이블의 엔트리로 담고 있다. 이 재배치 엔트리가 가리키는 타깃에 대하여 주의해야 하며, 그것을 [그림 4-3]에 나타냈다. [경우 1]과 [경우 2]를 보면 C_YHD_MSG 변수가 담고 있는 값인 0x00000001`400078C0 또는 MOV 명령의 오퍼랜드 값인 0x00419158 자체가 재배치 엔트리가 가리키는 타깃이 아니라는 점이다. 이 두 절대 번지의 값은 재배치 델타 값을 더해줘야 할 기준 재배치 자체의 대상이 되며, 이 두 값이 위치한 번지, [경우 1]에서는 전역 변수 C_YHD_MSG 자체의 번지, 즉 &C_YHD_MSG인 0x00007FF6`17B3A020이, [경우 2]에서는 MOV 명령의 오퍼랜드, 즉 OP 코드 0xA3 다음의 4바이트인 "58 91 41 00"으로 표현되는 오퍼랜드의 시작 번지 0x00A316A2가 재배치 엔트리의 타깃이 된다. 그리고 이 번지에 대한 **RVA 값 0x0003A020**[경우 1]과 **0x000116A2**[경우 2]가 바로 재배치 테이블의 엔트리로 저장된다는 점이다. 한 번 더 정리하면, 재배치 테이블에 존재하는 엔트리의 RVA가 가리키는 번지가 엔트리의 타깃이 되고, 이 번지에 담긴 포인터 값이 델타 값을 보정해줄 재배치 대상이 된다.

그러면 [경우 2]의 예를 가지고 기준 재배치가 수행되는 과정을 살펴보자. 만약 로더가 기준 재배치를 수행해야 한다고 판단했다면, 즉 앞서 예를 든 것처럼 기준 주소 0x00400000에 해당 PE 이미지를 로드하지 않고 0x00A20000 번지에 이미지를 로드했다면, 절대 번지를 담고 있는 오퍼랜드의 값을 갱신하기 위해 로더는 다음의 과정을 수행한다.

① 로더는 IMAGE_OPTIONAL_HEADER의 ImageBase 필드에 정의된 값과 실제 PE 이미지를 로드한 시작 번지의 차인 재배치 Δ(델타) 값을 구한다. 이 예에서 델타 값은 0x00A20000(로드된 PE 시작 번지) − 0x00400000(디스크 상의 PE ImageBase) = 0x00620000이 된다.

② 로더는 이제 기준 재배치 섹션을 참조해서 해당 엔트리의 RVA가 가리키는 번지에 저장된 기존 오퍼랜드의 값, 즉 절대 번지에 앞에서 구한 델타 값을 더해서 저장한다. 앞의 예의 경우 재배치 섹션 엔트리 내에 0x000116A2라는 값이 있고, 로더는 기준 주소 0x00A20000에 이미지를 로드했기 때문에, 0x00A20000 + 0x000116A2(RVA) = 0x00A316A2 번지에 자리 잡은 4바이트 값, 즉 OP 코드 0xA3의 오퍼랜드 값 0x00419158에 델타 값 0x00620000을 더해서 저장한다. 그러면 0x00A316A2 번지의 내용인 0x00419158은 **0x00A39158**로 바뀌게 될 것이다. 이는 앞서 살펴 본 WinMain의 디스어셈블 코드의 오퍼랜드 값이 된다.

```
00A316A1    A3  58 91 A3 00      mov dword ptr ds:[00A39158h], eax
```

③ 로더는 ②의 과정을 기준 재배치 섹션에 있는 모든 엔트리에 대하여 수행한다. 이 재배치 과정이 끝나면 비로소 프로그램은 실행 가능하게 된다.

이렇게 재배치가 수행되어야 할 대상으로는 PE 이미지에 있는 가상 주소 공간의 절대 번지가 지정된 모든 오퍼랜드 또는 데이터 섹션 내의 변수 등이 이에 해당된다. 따라서 재배치 테이블의 엔트리는 이 오퍼랜드의 위치 또는 데이터 섹션의 그 변수의 위치를 가리키는 RVA를 값으로 갖게 된다. 오퍼랜드의 경우는 앞서 예로 든 MOV의 경우도 존재하지만, 유효 번지를 로드하는 LEA 명령의 오퍼랜드나 함수 호출 또는 흐름 제어 명령(break나 continue, goto, throw 등이)의 대상이 되는 오퍼랜드, 즉 어셈블리 명령으로 표현하면 CALL이나 JMP 등의 명령을 포함해서 절대 번지를 오퍼랜드로 요구하는 모든 명령이 그 대상이 된다. 또한 데이터 섹션 내의 변수 역시 절대 번지를 담고 있으면 재배치 대상이 될 것이다. C++ 언어의 관점에서 보면 전역적 성격을 띄는 모든 포인터 참조가 그 대상이 된다고 볼 수 있다.

마지막으로, 재배치 섹션 .reloc은 PE의 로딩 과정에만 관여하며, 재배치 작업 후 로딩이 완료되면 크게 의미 없는 섹션이 된다는 점을 알아두어야 한다. 따라서 재배치 섹션의 IMAGE_SECTION_ HEADER의 Characteristics 필드에는 필요에 따라 해당 섹션이 폐기될 수도 있음을 의미하는 **IMAGE_SCN_MEM_DISCARDABLE** 플래그가 설정된다.

4.2 기준 재배치 섹션의 구조

이제 '기준 재배치'가 어떤 작업이며 왜 필요한지에 대해서는 충분히 이해가 되었을 것이다. 그러면 이런 기준 재배치 작업을 수행하기 위한 필수 요소인 '재배치 섹션'의 구조를 자세히 살펴보기로 하자. 재배치 섹션은 데이터 디렉터리 배열의 IMAGE_DIRECTORY_ENTRY_BASE_RELOC (5) 엔트리가 가리키는 곳에 위치하는 데이터 블록이며, **IMAGE_BASE_RELOCATION**이라는 구조체의 배열로 구성된다.

4.2.1 IMAGE_BASE_RELOCATION과 TypeOffset 배열

기준 재배치 섹션은 상당히 단순한 구조를 지닌다. 다음은 IMAGE_BASE_RELOCATION으로 정의된 8바이트 구조체로, WinNT.h에 정의되어 있다.

```
typedef struct _IMAGE_BASE_RELOCATION
{
    DWORD VirtualAddress;
    DWORD SizeOfBlock;
```

```
    // WORD   TypeOffset[1];
} IMAGE_BASE_RELOCATION;
typedef IMAGE_BASE_RELOCATION UNALIGNED * PIMAGE_BASE_RELOCATION;
```

DWORD VirtualAddress

기준 재배치가 시작되어야 할 메모리 상의 번지에 대한 RVA다. 재배치 섹션 내의 재배치 블록은 4K 단위의 서브 블록으로 구성되며, 이 블록은 IMAGE_BASE_RELOCATION 구조체 자체를 포함한다. 그리고 이 블록의 최대 크기가 4K 바이트다. 또한 실제 갱신할 위치는 '기준 RVA + 오프셋'으로 구성되고, 이때 기준 RVA에 해당하는 필드다.

DWORD SizeOfBlock

재배치를 수행해야 할 참조 항목에 대한 바이트 수를 나타낸다. 즉 VirtualAddress로부터 재배치 블록의 바이트 수를 의미한다. 이때 이 크기는 자신을 포함하고 있는 IMAGE_BASE_RELOCATION 구조체 자체의 크기까지 포함된다.

| TypeOffset 배열 |

IMAGE_BASE_RELOCATION 구조체에 이어서 재배치되어야 할 변수나 오퍼랜드의 번지에 대한 정보를 담고 있는 WORD 타입의 배열이 온다. IMAGE_BASE_RELOCATION 구조체의 정의 중 WORD TypeOffset[1] 필드가 주석 처리되어 있음을 볼 수 있다. 이것은 IMAGE_BASE_RELOCATION 구조체에 WORD 형태의 배열이 이어짐을 의미하며, 이 배열의 각 엔트리를 TypeOffset이라고 할 때 TypeOffset은 다음의 두 필드로 구성된다.

비트 위치	15	14	13	12	11	10	9	8	7	6	5	4	3	2	1	0
WORD	재배치 타입				재배치 오프셋											

TypeOffset 값을 획득하면 다음과 같이 비트 연산을 통해 재배치 타입과 재배치 오프셋을 구할 수 있다.

```
WORD dwVal    = warTypeOffsets[i];
WORD wType    = (dwVal & 0xF000) >> 12;
WORD wOffset  = dwVal & 0x0FFF;
```

재배치 타입

먼저 재배치 타입에 대해서 알아보자. wType으로 대변되는 재배치 타입은 다음과 같이 WinNT.h에 정의된 값을 가질 수 있다.

```
// Based relocation types.
#define IMAGE_REL_BASED_ABSOLUTE              0
#define IMAGE_REL_BASED_HIGH                  1
#define IMAGE_REL_BASED_LOW                   2
#define IMAGE_REL_BASED_HIGHLOW               3
#define IMAGE_REL_BASED_HIGHADJ              4
#define IMAGE_REL_BASED_MACHINE_SPECIFIC_5   5
#define IMAGE_REL_BASED_RESERVED             6
#define IMAGE_REL_BASED_MACHINE_SPECIFIC_7   7
#define IMAGE_REL_BASED_MACHINE_SPECIFIC_8   8
#define IMAGE_REL_BASED_MACHINE_SPECIFIC_9   9
#define IMAGE_REL_BASED_DIR64               10
```

사실 이 재배치 타입은 크게 의미가 없다. 32비트 PE의 재배치 타입의 모든 값은 IMAGE_REL_BASED_HIGHLOW인 3이 되며, 64비트의 경우엔 IMAGE_REL_BASED_DIR64에 해당하는 10이 된다. 가끔 재배치 그룹의 마지막 엔트리에 IMAGE_REL_BASED_ABSOLUTE인 0이 오는데, 이것은 IMAGE_BASE_RELOCATION 구조체가 4바이트 단위로 정렬되어야 하기 때문에 해당 TypeOffset이 정렬을 위한 패딩으로 사용되었음을 의미한다. 이렇게 3개의 매크로만 살펴보고 나머지는 무시해도 좋다.

재배치 오프셋

재배치 오프셋은 재배치할 대상 포인터를 담고 있는 변수나 오퍼랜드의 번지에 대한 오프셋이다. 오프셋의 기준은 바로 IMAGE_BASE_RELOCATION 구조체의 VirtualAddress가 된다. 따라서 실제 갱신되어야 할 위치의 RVA는 IMAGE_BASE_RELOCATION 구조체의 VirtualAddress 값에 이 오프셋 값을 더한 결괏값이 된다. 소스로 표현하면 다음과 같다.

```
PIMAGE_BASE_RELOCATION pIBR = "기준 재배치 섹션 내의 블록";
RVA rvaUpdate = (RVA)(pIBR->VirtualAddress + (wTypeOffset & 0x0FFF));
```

다음 그림은 IMAGE_BASE_RELOCATION 구조체의 VirtualAddress 필드와 오프셋 사이의 관계를 나타낸 것이다.

그림 4-4 VirtualAddress 필드와 TypeOffset

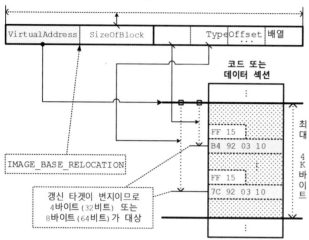

이 재배치 오프셋이 12비트로 이루어져 있음에 주목하기 바란다. 12비트는 0부터 4,095까지 최대 4K 바이트의 오프셋 표현이 가능하다. 따라서 VirtualAddress가 가리키는 번지부터 최대 오프셋 4,095까지 표현 가능한 재배치 대상 오퍼랜드나 변수의 위치를 지정할 수 있다. 그러므로 4,095를 넘어가는 위치에 대해서는 다시 IMAGE_BASE_RELOCATION 구조체를 정의해줘야 한다. 자연스럽게 재배치 블록은 4K 단위로 존재할 수밖에 없다. 따라서 재배치 오프셋이 12비트라는 한계 때문에 재배치 섹션은 4K 단위로 구성되는 하나 이상의 재배치 그룹들로 구성된다.

따라서 재배치는 다음의 과정으로 이루어진다. 만약 ImageBase의 값과 실제 로드될 번지가 다를 경우 그 값의 차인 델타 값을 구한다. 그리고 재배치 섹션의 IMAGE_BASE_RELOCATION 을 파싱해서 TypeOffset 엔트리의 오프셋이 가리키는 위치에 저장된 모든 번지의 값에 델타 값을 더한다. 즉 예를 들어 32비트의 ImageBase의 값이 0x10000000이고 실제 로드된 번지 가 0x20000000이면 델타 값은 0x10000000이 된다. 이제 재배치를 수행해야 하므로 다음 의 과정을 거치면 된다. IMAGE_BASE_RELOCATION 구조체의 VirtualAddress 필드 값 이 0x00011000이라고 하자. 그리고 이 구조체에 이어서 오는 첫 번째 TypeOffset 엔트리 값이 0x3FB6이라면 그 오프셋은 하위 12비트에 해당하는 0x0FB6이다. 물론 상위 4비트의 값은 3이 며, 이는 32비트 재배치를 의미하는 IMAGE_REL_BASED_HIGHLOW에 해당된다. 이 엔트리에서 먼저 재배치 대상 번지를 담고 있는 변수나 오퍼랜드의 위치를 구해야 한다. VirtualAddress 필드 값 0x00011000에 재배치 오프셋 0x0FB6을 더하여 0x00011FB6이라는 값이 재배치 대상 번지의 값을 담고 있는 위치의 RVA가 된다. PE가 로드되었을 때 이 위치는 0x20000000 + 0x00011FB6 = 0x20011FB6이라는 번지가 되고, 이 번지에 저장된 4바이트의 값이 재배치 대상 번지가 된다. 이 번지의 4바이트 값이 만약 0x108A3524라고 하면, 이 값에 델타 값 0x10000000 을 더한 값 0x208A3524를 최종적으로 0x20011FB6 번지의 4바이트에 덮어써서 오퍼랜드나 변 수에 담긴 대상 값을 갱신하게 된다.

4.2.2 .reloc 섹션 분석

이제 재배치 섹션의 덤프를 직접 확인해보자. 덤프 분석을 위하여 먼저 32비트 BasicApp.exe를 사용하기로 한다. 우선 32비트 BasicApp.exe의 .text 섹션, .data 섹션, .rdata 섹션의 주요 헤더 필드들을 먼저 정리하자.

표 4-4 32비트 BasicApp.exe의 .text, .data, .rdata 섹션 헤더

Name	.text	.rdata	.data
VirtualAddress	0x00011000	0x00016000	0x00019000
PointerToRawData	0x00000400	0x00004600	0x00006800

이제 이 BasicApp.exe PE에서 기준 재배치 섹션을 찾아보자. 기준 재배치 섹션을 찾기 위해서는 IMAGE_DATA_DIRECTORY 배열 중 **IMAGE_DIRECOTRY_ENTRY_BASE_RELOC(5)**에 해당하 는 엔트리가 필요하다. PE Explorer를 실행하여 이 엔트리를 보면 다음과 같다.

필드	타입	오프셋	값	상세
VirtualAddress	DWORD, RVA	00000188	0x0001C000	**.reloc**:0x00007C00
Size	DWORD	0000018C	0x000003E0	

재배치 섹션을 의미하는 .reloc 섹션은 파일 오프셋 0x00007C00에서 시작한다. 우선 그 전에 재 배치 섹션의 IMAGE_SECTION_HEADER를 먼저 확인해보자. 섹션 헤더 배열에서 .reloc 섹션 을 찾아보면 다음과 같다.

덤프 4-2 .reloc 섹션 헤더 덤프

	+0	+1	+2	+3	+4	+5	+6	+7	+8	+9	+A	+B	+C	+D	+E	+F
000002D0	2E	72	65	6C	6F	63	00	00	83	05	00	00	00	C0	01	00
000002E0	00	06	00	00	00	7C	00	00	00	00	00	00	00	00	00	00
000002F0	00	00	00	00	40	00	00	42	00	00	00	00	00	00	00	00

다음은 위 덤프를 IMAGE_SECTION_HEADER 구조체에 맞춰 분석한 것이다.

표 4-5 .reloc 섹션 헤더 분석

필드	타입	오프셋	값
Name	BYTE[8]	0x000002D0	**.reloc**
VirtualSize	DWORD	0x000002D8	0x00000583
VirtualAddress	DWORD	0x000002DC	**0x0001C000**
SizeOfRawData	DWORD	0x000002E0	0x00000600
PointerToRawData	DWORD	0x000002E4	**0x00007C00**
Characteristics	DWORD	0x000002F4	0x42000040 CNT_INIT_DATA | MEM_READ | **MEM_DISCARDABLE**

먼저 Characteristics 필드에는 IMAGE_SCN_MEM_DISCARDABLE 플래그가 설정되어 있는 것을 볼 수 있다. 이제 PointerToRawData 필드 값 0x00007C00이 위치한 파일 오프셋으로 이 동해보자.

덤프 4-3 .reloc 섹션 덤프

	+0	+1	+2	+3	+4	+5	+6	+7	+8	+9	+A	+B	+C	+D	+E	+F
00007C00	00	10	01	00	10	01	00	00	9F	34	D8	34	DF	34	E5	34
00007C10	EB	34	0F	35	29	35	37	35	3D	35	5E	35	68	35	7F	35
~	재배치 그룹 0			~	~	~	~	~	~	~	~	~	~	~	~	~
00007D00	A2	3F	A8	3F	B0	3F	B7	3F	BD	3F	C6	3F	D2	3F	00	00
00007D10	00	20	01	00	24	01	00	00	A9	30	76	31	7B	31	8D	31
00007D20	D0	31	36	32	3B	32	4D	32	A2	32	1A	33	29	33	48	33
~	재배치 그룹 1			~	~	~	~	~	~	~	~	~	~	~	~	~
00007E30	F8	3F	00	00	00	30	01	00	F8	00	00	00	0E	30	A4	30
~	~	~	~	~	~	~	~	~	~	~	~	~	~	~	~
00007FD0	38	30	00	00	00	90	01	00	0C	00	00	00	20	30	00	00

재배치 그룹 7

32비트 BasicApp.exe의 .reloc 섹션은 다음과 같이 총 8개의 IMAGE_BASE_RELOCATION 구조체로 구성된 재배치 그룹이 있다.

표 4-6 32비트 BasicApp.exe의 재배치 섹션 구성

인덱스	VirtualAddress (오프셋)		SizeOfBlock	TypeOffset 개수
0	0x00011000	.text:0x00000400	0x00000110	132
1	0x00012000	.text:0x00001400	0x00000124	142
2	0x00013000	.text:0x00002400	0x000000F8	120
3	0x00014000	.text:0x00003400	0x00000054	38
4	0x00016000	.rdata:0x00004600	0x0000001C	10
5	0x00017000	.rdata:0x00005600	0x00000028	16
6	0x00018000	.rdata:0x00006600	0x00000010	4
7	0x00019000	.data:0x00006800	0x0000000C	2

재배치 대상이 되는 TypeOffset 필드의 개수는 총 461개(Type이 ABSOLUTE가 되는 대상은 제외)로 적지 않은 재배치 대상이 있으며, 이 중에서 432개에 해당하는, 재배치 대상들 중 93% 정도가 .text 섹션에 몰려 있음을 알 수 있다. 이 대상들 중 [재배치 그룹 7]과 [재배치 그룹 0]에 해당하는 재배치 대상들을 덤프와 디버깅을 통해 확인해보기로 하자. 먼저 WndProc 함수의 WM_CREATE 메시지 처리 부분에 중단점을 걸고 디버깅을 개시하자. 중단점에서 실행이 멈추면 먼저 g_hInstance나 &__ImageBase의 값을 통해 메모리에 로드된 BasicApp.exe의 시작 번지를 획득하자. 필자가 획득한 시작 번지는 0x00A20000이며, BasicApp.exe에서 디스크 상의 ImageBase 필드 값은 0x00400000이다. 따라서 재배치를 위한 델타 값은 다음과 같이 0x00620000이 된다.

재배치 Δ = 0x00A20000- 0x00400000 = **0x00620000**

| 재배치 그룹 7 |

좀 더 구조를 쉽게 분석하기 위해, 먼저 재배치 엔트리의 개수가 가장 적은 마지막 재배치 그룹인 [그룹 7]을 보자. [덤프 4-3]에서 0x00007FD4의 위치를 확인해보면 다음과 같다.

덤프 4-4 .reloc 섹션의 IMAGE_BASE_RELOCATION 구조체 덤프

	+0	+1	+2	+3	+4	+5	+6	+7	+8	+9	+A	+B	+C	+D	+E	+F
00007FD0	38	30	00	00	00	90	01	00	0C	00	00	00	20	30	00	00

VirtualAddress   SizeofBlock   TypeOffset[0]   TypeOffset[1]

이 덤프에 대한 IMAGE_BASE_RELOCATION 구조체는 다음과 같다.

표 4-7 IMAGE_BASE_RELOCATION 구조체

필드	타입	값	상세
VirtualAddress	DWORD, RVA	0x00019000	.data:0x00006800
SizeOfBlock	DWORD	0x0000000C	엔트리 1개(+ 패딩 1)

재배치 그룹 7의 기준 RVA가 되는 VirtualAddress 필드 값은 0x00019000, 소속 섹션은 .data 섹션이며, RVA_TO_OFFSET 매크로를 이용하여 오프셋으로 변환하면 0x00006800이 된다. 재배치 그룹의 기준 대상이 위치한 섹션이 .data 섹션이므로 그 대상은 포인터 값을 담은 전역 변수일 가능성이 크다. 그리고 SizeOfBlock 필드 값이 12이므로, 이 값에서 IMAGE_BASE_RELOCATION 구조체의 크기를 빼면 4가 된다. 따라서 TypeOffset 배열의 전체 크기는 4가 되고, 각 엔트리는 2바이트의 크기를 갖기 때문에 배열은 총 두 개의 엔트리로 구성된다. [덤프 4-4]에서 TypeOffset[1]에 해당하는 마지막 엔트리 값이 0이므로 Type이 ABSOLUTE인 단순 패딩을 위한 엔트리로 의미가 없다. 따라서 첫 번째 엔트리에 해당하는 TypeOffset[0]의 값은 **0x3020**이 된다. Type은 3이므로 HIGHLOW에 해당하며, 32비트 재배치 대상임을 의미한다. 그리고 하위 12비트에 해당하는 Offset 필드 값은 **0x020**이 된다. 따라서 다음과 같이 [표 4-4]의 .data 섹션 헤더 정보를 통해서 재배치 대상의 RVA와 파일 오프셋을 구할 수 있다.

기준 RVA 0x00019000 + Offset 0x0020 = **0x00019020(.data:0x00006820)**

재배치 대상의 RVA는 0x00019020이 되고 이 대상은 .data 섹션에 위치하며, 파일 오프셋은 0x00006820이 된다. 이 위치를 덤프를 통해 확인해보면 다음과 같다.

덤프 4-5 .reloc 섹션 덤프

	+0	+1	+2	+3	+4	+5	+6	+7	+8	+9	+A	+B	+C	+D	+E	+F
00006820	00	69	41	00	00	00	00	00	4E	E6	40	BB	B1	19	BF	44

파일 오프셋 0x00006820에 담긴 4바이트의 값은 0x00416900이다. 이 주솟값을 RVA로 변환하면 0x00006900이 되고 [표 4-4]의 .rdata 섹션 헤더를 참조하면, 소속된 섹션은 .rdata고 파일 오프셋은 0x00004F00이 된다. 파일 오프셋 0x00004F00은 4.1절의 [경우 1]에 해당하는, 32비트 BasicApp.exe에서의 "YHD's WinApp : HINSTANCE=0x%08X"의 문자열의 시작임을 알 수 있고, 따라서 재배치 대상의 되는, 즉 주솟값 0x00416900을 담고 있는 파일 오프셋 0x00006820은 C_YHD_MSG 변수의 번지인 &C_YHD_MSG임을 알 수 있다. 그러면 PE 파일 상의 C_YHD_MSG 변수에 담긴 번지 0x00416900에 재배치 Δ(델타 값) 0x00620000을 더해보자. 그러면 이는 직접 재배치를 적용시킨 결과가 될 것이다.

```
0x00416900(디스크 상의 C_YHD_MSG 값) + 0x00620000(재배치 Δ) =
0x00A36900 ← 재배치가 적용된 C_YHD_MSG 값
```

현재 디버깅은 WM_CREATE 메시지 처리 부분에서 중단점에 의해 실행이 중단된 상태일 것이다. 그렇다면 이 상태에서 변수 C_YHD_MSG의 값을 '조사식' 창이나 인텔리전스 기능을 통해 확인해보라. 이 값은 방금 우리가 직접 계산한 **0x00A36900**이 되어야 할 것이다. 다음 그림을 보면 실제로 0x00A36900이라는 값을 갖고 있으며, 이 값이 가리키는 문자열 역시 "YHD's WinApp : HINSTANCE=0x%08X"가 된다는 것도 확인할 수 있다.

그림 4-5 디버깅 상태의 C_YHD_MSG 변수

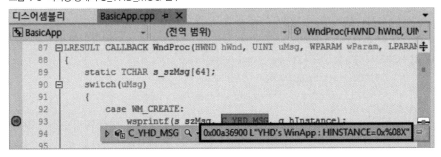

| 재배치 그룹 0 |

이번에는 좀 더 구체적으로 보기 위해 첫 번째 재배치 그룹인 [그룹 0]을 분석해보자. 오프셋 0x00000400에서 시작하며, 대상 섹션은 .text 섹션이다. 그룹 0의 위치로 덤프를 옮기고 IMAGE_BASE_RELOCATION 구조체에 적용해보자.

	+0	+1	+2	+3	+4	+5	+6	+7	+8	+9	+A	+B	+C	+D	+E	+F
00007C00	00	10	01	00	10	01	00	00	9F	34	D8	34	DF	34	E5	34
00007C10	EB	34	0F	35	29	35	37	35	3D	35	5E	35	68	35	7F	35
~	~	~	~	~	~	~	~	~	~	~	~	~	~	~	~	~

표 4-8 [재배치 그룹 0]의 TypeOffset 배열

필드	타입	값	상세
VirtualAddress	DWORD, RVA	0x00011000	.text:0x00000400
SizeOfBlock	DWORD	0x00000110	엔트리 132개

먼저 VirtualAddress가 0x00011000이고, 이는 .text 섹션에 위치하고 있다. 따라서 이 엔트리의 대상은 명령 코드의 오퍼랜드에 해당하며, 오퍼랜드의 타입도 절대 번지 4바이트를 대상으로 한다. 따라서 VirtualAddress+Offset의 결과는 OP 코드의 오퍼랜드가 위치한 번지가 된다. 또한 [재배치 그룹 0]의 전체 엔트리 수는 132개며, TypeOffset 배열의 시작은 위 덤프에서 0x00007C08에서 시작하지만 우리가 직접 코드 상에서 제어한 변수들에 대한 오프셋은 두 번째 엔트리부터다. 따라서 위 항목 중 인덱스 1부터 4까지의 TypeOffset 엔트리를 직접 분석해보기로 하자. 먼저 인덱스 1에 해당하는 엔트리를 보자. [표 4-4]의 .text 섹션 헤더 정보를 이용해서 대상 RVA와 PE 파일에서의 오프셋을 구하면 다음과 같다.

```
TypeOffsets[1] → Offset : 0x04D8
대상 RVA = 0x00011000(VirtualAddress) + 0x04D8(Offset) =
          0x000114D8(.text:0x000008D8 ← 대상 오프셋)
```

위와 같은 방식으로 나머지 엔트리의 RVA와 파일 오프셋을 구해보면 처음 여섯 개의 TypeOffset 엔트리는 다음과 같다.

표 4-9 [재배치 그룹 0]의 TypeOffset 엔트리

인덱스	타입	값	오프셋	대상 RVA:오프셋
0	3(HIGHLOW)	0x349F	0x049F	0x0001149F:.text:0x000089F
1	3(HIGHLOW)	0x34D8	0x04D8	0x000114D8:.text:0x00008D8
2	3(HIGHLOW)	0x34DF	0x04DF	0x000114DF:.text:0x00008DF

3	3(HIGHLOW)	0x34E5	0x04E5	0x000114E5:.text:0x00008E5
4	3(HIGHLOW)	0x34EB	0x04EB	0x000114EB:.text:0x00008EB
5	3(HIGHLOW)	0x350F	0x050F	0x0001150F:.text:0x000090F
~	~	~	~	~

위의 표를 참조해서 해당 위치의 오프셋으로 덤프를 이동해보자. 그러면 ①~④까지의 재배치 대상들은 다음 덤프처럼 4개의 명령에 대한 오퍼랜드의 번지가 된다.

덤프 4-7 .reloc 섹션 덤프

	+0	+1	+2	+3	+4	+5	+6	+7	+8	+9	+A	+B	+C	+D	+E	+F
00000880	55	8B	EC	81	EC	40	01	00	00	53	56	57	8D	BD	C0	FE
~	~	~	~	~	~	~	~	~	~	~	~	~	~	~	~	~
000008C0	02	0F	84	C7	00	00	00	83	❶	C0	FE	FF	FF	0F	74	❷
000008D0	E9	CE	00	00	00	❸	F4	A1	58	91	41	00	50	8B	0D	20
000008E0	90	41	00	51	68	60	91	41	00	FF	15	D4	A1	41	00	83
000008F0	C4	0C	3B	F4	E8	79	FC	FF	FF	B8	01	❹	00	00	E9	BF
~	~	~	~	~	~	~	~	~	~	~	~	~	~	~	~	~

디버깅 중인 상태의 hInstance 또는 &__ImageBase의 값은 0x00A20000이고, 재배치 Δ는 0x00620000이다. 따라서 PE 파일 상의 재배치 대상이 되는 각 오퍼랜드의 번지에 hInstance를 더한 결과는 PE가 메모리에 로드된 상태의 오퍼랜드 번지가 되고, 각 오퍼랜드가 담고 있는 값에 재배치 Δ를 더하면 해당 오퍼랜드에 대하여 기준 재배치를 적용시킨 결과가 될 것이다. 위 덤프의 ❶~❹까지의 오퍼랜드에 대해서 재배치 Δ를 적용시키면 다음과 같다.

표 4-10 오퍼랜드 ❶ ~ ❹에 대한 재배치 Δ 적용

#	오퍼랜드 RVA:오프셋	오퍼랜드 값	메모리 오퍼랜드 번지 = 오퍼랜드 RVA+hInstance	메모리 오퍼랜드 값 = 파일 오퍼랜드 값 +Δ
❶	0x000114D8:0x00008D8	0x00419158	0x00A314D8	0x00A39158
❷	0x000114DF:0x00008DF	0x00419020	0x00A314DF	0x00A39020
❸	0x000114E5:0x00008E5	0x00419160	0x00A314E5	0x00A39160
❹	0x000114EB:0x00008EB	0x0041A1D4	0x00A314EB	0x00A3A1D4

[덤프 4-7]은 WndProc 함수에 대한 기계어 코드 부분이다. 현재 디버깅 중에 실행이 중단된 상태의 WndProc의 디스어셈블 코드는 메모리 번지 0x00A20000에 BasicApp.exe PE가 로드된

상태가 된다. 따라서 이 디스어셈블 코드에서 ①~④에 해당하는 어셈블리 코드를 찾아서 확인해보면 각 명령의 오퍼랜드가 갖는 값은 직접 재배치 Δ를 적용시킨 [표 4-10]의 결과와 동일할 것이다.

다음은 [덤프 4-7]에 해당하는 WndProc 함수의 디스어셈블 코드며, 직접 [표 4-10]의 메모리 오퍼랜드 값과 비교해보기 바란다.

소스 4-1   32비트 BasicApp.exe의 WndProc 디스어셈블 코드

```
LRESULT CALLBACK WndProc(HWND hWnd, UINT uMsg, WPARAM wParam, LPARAM lParam)
{
00A31480        55                       push    ebp
00A31481        8B EC                    mov     ebp, esp
    ⋮            ⋮
  static TCHAR s_szMsg[64];
  switch(uMsg)
00A314A8        8B 45 0C                 mov     eax, dword ptr [uMsg]
00A314AB        89 85 C0 FE FF FF        mov     dword ptr [ebp-140h], eax
    ⋮            ⋮                                        ⋮
    case WM_CREATE:
      wsprintf(s_szMsg, C_YHD_MSG, g_hInstance);
00A314D5        8B F4                    mov     esi, esp
00A314D7   ①   A1 58 91 A3 00           mov     eax, dword ptr ds:[0A39158h]
00A314DC        50                       push    eax
00A314DD   ②   8B 0D 20 90 A3 00        mov     ecx, dword ptr ds:[0A39020h]
00A314E3        51                       push    ecx
00A314E4   ③   68 60 91 A3 00           push    0A39160h
00A314E9   ④   FF 15 D4 A1 A3 00        call    dword ptr ds:[0A3A1D4h]
00A314EF        83 C4 0C                 add     esp, 0Ch
00A314F2        3B F4                    cmp     esi, esp
00A314F4        E8 79 FC FF FF           call    __RTC_CheckEsp (01031172h)
    return TRUE;
00A314F9        B8 01 00 00 00           mov     eax, 1
00A314FE        E9 BF 00 00 00           jmp     WndProc+142h (010315C2h)
    ⋮            ⋮
```

---

①~④의 코드를 보면 다음과 같이 각 오퍼랜드가 직접 재배치 Δ를 적용시킨 결과와 같다는 것을 확인할 수 있다.

표 4-11 32비트 재배치 오퍼랜드 ① ~ ④에 대한 디스어셈블 코드 분석

#	오퍼랜드 번지	오퍼랜드 값	코드 덤프	어셈블리 코드
①	0x00A314D8	0x00A39158	A1 **58 91 A3 00**	mov eax, dword ptr ds:[**0A39158h**]
	코드 번지: 0x00A314D7, 오퍼랜드 대상: [.data]0x00006960 → g_hInstance			
②	0x00A314DF	0x00A39020	8B 0D **20 90 A3 00**	mov ecx, dword ptr ds:[**0A39020h**]
	코드 번지: 0x00A314DD, 오퍼랜드 대상: [.data] 0x00006820 → C_YHD_MSG			
③	0x00A314E5	0x00A39160	68 **60 91 A3 00**	push **0A39160h**
	코드 번지: 0x00A314E4, 오퍼랜드 대상: [.data] 0x00006968 → s_szMsg			
④	0x00A314EB	0x00A3A1D4	FF 15 **D4 A1 A3 00**	call dword ptr ds:[**0A3A1D4h**]
	코드 번지: 0x00A314E9, 오퍼랜드 대상: [.idata] 0x00006BD4 → __imp__wsprintfW			

사실 ① ~ ④까지 이 4개의 재배치 엔트리는 wsprintf(s_szMsg, C_YHD_MSG, g_hInstance);라는 하나의 함수 호출을 대상으로 수행되어야 하는 재배치 항목들이다. 또한 마지막 항목, 즉 ④의 재배치 엔트리의 대상은 6장에서 설명할 IAT의 엔트리 중 하나가 된다.

4.2.3 64비트의 .reloc 섹션

지금까지 분석한 재배치 섹션은 32비트의 BasicApp.exe PE를 대상으로 했다. 그럼 이번에는 BasicApp.exe의 64비트 버전의 재배치 섹션을 확인해서 32비트의 경우와 비교해보자.

다음 그림은 PE Explorer를 이용해서 32비트와 64비트의 재배치 섹션을 나타낸 것이다. 먼저 두 경우에 있어서 재배치 그룹의 수와 각 그룹 내에 존재하는 재배치 대상 항목의 수를 비교해보기 바란다.

그림 4-6 32비트와 64비트 .reloc 섹션 비교

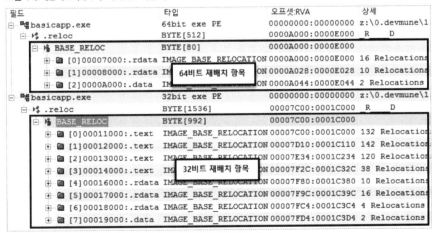

다음은 PE Explorer를 통한 64비트 BasicApp.exe의 재배치 섹션을 분석한 결과다.

표 4-12 64비트 BasicApp.exe의 재배치 섹션 구성

인덱스	VirtualAddress (오프셋)		SizeOfBlock	TypeOffset 개수
0	0x00070000	.rdata:0x00005800	0x00000028	16
1	0x00008000	.rdata:0x00006800	0x0000001C	10
2	0x0000A000	.data:0x00008200	0x0000000C	2

이제 앞서 분석했던 32비트 재배치 섹션의 구성을 정리한 [표 4-6]과 64비트의 경우를 정리한 [표 4-12]를 비교해보자. 우선, 눈에 띄는 것은 재배치 대상의 수가 대폭 감소했다는 점이다. 32비트의 경우는 8개의 재배치 그룹에 전체 461개의 재배치 대상이 존재했지만, 64비트의 경우는 3개의 재배치 그룹에 전체 27개의 재배치 대상만이 존재한다. 다음으로, 64비트의 경우는 코드 섹션, 여기서는 **.text 섹션에 위치하는 재배치 대상이 존재하지 않는다**는 점이고, 32비트의 경우는 .text 섹션 내의 재배치 대상이 전체 461개 중 432개로 재배치 대상의 거의 대부분을 차지한다는 점이다. 하지만 64비트의 경우 .text 섹션 내의 재배치 대상이 아예 없다. 이런 결과로 '임의 기준 주소' 옵션을 "예"로 설정하더라도 재배치 대상 자체가 대폭 감소하게 된다. 그렇다면 32비트와 64비트에서 왜 이런 차이가 발생할까? 이 차이를 발생시키는 요인은 **'RIP 상대적 번지 지정'**이라는, 32비트 IA-32 아키텍처에서는 지원되지 않는 AMD64의 고유한 기능 때문이다. 11장에서 다루기로 하고 여기서는 'RIP 상대적 번지 지정'에 대한 개략적인 설명만 하기로 한다.

먼저 〈소스 4-1〉에서 보았던 32비트 BasicApp.exe의 WndProc 함수에 대한 디스어셈블 코드와 다음의 64비트 WndProc 함수에 대한 디스어셈블 코드를 비교해보자.

소스 4-2 64비트 BasicApp.exe의 WndProc 디스어셈블 코드

```
LRESULT CALLBACK WndProc(HWND hWnd, UINT uMsg, WPARAM wParam, LPARAM lParam)
{
00007FF7746F1260    4C 89 4C 24 20           mov   qword ptr [rsp+20h], r9
00007FF7746F1265    4C 89 44 24 18           mov   qword ptr [rsp+18h], r8
        ⋮                   ⋮                          ⋮
    static TCHAR s_szMsg[64];
    switch(uMsg)
00007FF7746F12A4    8B 84 24 08 01 00 00     mov   eax, dword ptr [uMsg]
00007FF7746F12AB    89 84 24 E0 00 00 00     mov   dword ptr [rsp+0E0h], eax
```

```
        ⋮                    ⋮                        ⋮
    case WM_CREATE:
        wsprintf(s_szMsg, C_YHD_MSG, g_hInstance);
00007FF7746F12D9   ① 4C 8B 05 90 8E 00 00     mov   r8, qword ptr
                                                     [g_hInstance (07FF7746FA170h)]
00007FF7746F12E0   ② 48 8B 15 39 8D 00 00     mov   rdx, qword ptr
                                                     [C_YHD_MSG (07FF7746FA020h)]
00007FF7746F12E7   ③ 48 8D 0D 92 8E 00 00     lea   rcx, [s_szMsg (07FF7746FA180h)]
00007FF7746F12EE   ④ FF 15 B4 B0 00 00        call  qword ptr
                                                     [__imp_wsprintfW (07FF7746FC3A8h)]
    return TRUE;
00007FF7746F12F4     B8 01 00 00 00            mov   eax, 1
00007FF7746F12F9     E9 BA 00 00 00            jmp   WndProc+158h (07FF7746F13B8h)
        ⋮                    ⋮                        ⋮
```

32비트의 해당 코드를 정리한 [표 4-9]의 오퍼랜드 값과 위의 코드 ①~④까지의 오퍼랜드 값들을
비교해보자.

표 4-13 64비트 재배치 오퍼랜드 ① ~ ④에 대한 디스어셈블 코드

#	RVA	오프셋	코드 덤프	어셈블리
①	0x04D8	0x04D7	4C 8B 05 **90 8E 00 00**	mov r8, qword ptr [g_hInstance (**07FF7746FA170h**)]
②	0x04DF	0x04DD	48 8B 15 **39 8D 00 00**	mov rdx, qword ptr [C_YHD_MSG (**07FF7746FA020h**)]
③	0x04E5	0x04E4	48 8D 0D **92 8E 00 00**	lea rcx, [s_szMsg (**07FF7746FA180h**)]
④	0x04EB	0x04E9	FF 15 **B4 B0 00 00**	call qword ptr [__imp_wsprintfW (**07FF7746FC3A8h**)]

32비트의 경우 ① ~ ④의 오퍼랜드들은 모두 절대 번지를 담고 있었지만, 64비트의 경우 4개의 명
령 모두 오퍼랜드로 4바이트 값만을 취하고 있다. 이는 이 오퍼랜드가 절대 번지가 아님을 의미한
다. 절대 번지였다면 64비트이므로 8바이트가 되어야 할 것이다. 하지만 이 4바이트만으로 절대 번
지를 표현하고 있으며, 이는 결국 오퍼랜드로 오는 4바이트 모두 상대 번지임을 의미한다. 그것도
CALL 명령뿐만 아니라 MOVE, LEA 모두 상대 번지 지정 방식으로 절대 번지 8바이트를 표현하

고 있다. 64비트에서 이런 처리가 가능한 이유가 바로 AMD64에서 'RIP 상대적 번지 지정'이라는 메모리 참조 방식을 지원하기 때문이다. 여기서 RIP는 IP 레지스터에 대한 64비트 확장으로 AMD64에서 제공되는 레지스터다.

물론 32비트 명령 집합 세트인 인텔 IA-32도 'IP 상대적 번지 지정'을 지원하지 않는 것은 아니다. 3장에서 0xE9로 시작하는 JMP나 0xE8로 시작하는 CALL 명령의 예를 다시 상기해보자. 이 두 명령은 분기를 할 때 오퍼랜드의 값을 절대 번지로 간주하지 않고, IP 레지스터가 담고 있는 현재 명령 번지에 대한 상대 오프셋으로 간주한다. 따라서 분기할 번지는 'IP + 오퍼랜드'의 값이 되며, 이런 번지 지정 방식을 'IP 상대적 번지 지정'이라고 한다. 하지만 32비트는 거기까지다. 다시 말해서 IP 상대 번지 지정 방식을 사용할 수 있는 명령은 0xE9로 시작하는 JMP와 0xE8로 시작하는 CALL 명령 둘뿐이다. 반면에 [표 4-11]에 나오는 명령들은 모두 메모리 참조를 오퍼랜드로 요구하는 명령들이다. 이런 명령에는 CALL이나 JMP 명령 외에 MOV나 LEA 등의 명령들도 포함된다. IA-32 명령 세트는 메모리 참조를 오퍼랜드로 요구하는 명령에는 IP 상대적 번지 지정 방식을 지원하지 않는다. 하지만 AMD64의 경우 번지 지정 방식을 확대해서 IP를 메모리 참조의 베이스로 사용 가능하도록 했기 때문에, 32비트에서는 절대 번지에 근거한 메모리 참조를 통해 접근했던 전역/정적 변수를, 64비트에서는 RIP 레지스터 값에 대한 상대적 번지값을 지정함으로써 접근이 가능하게 되었다. 그 결과 64비트에서는 메모리 참조 오퍼랜드를 위해 더 이상 절대 번지를 지정할 필요가 없어졌고, 그 결과로 32비트에서 재배치 대상이 되었던 이런 명령의 오퍼랜드는 자연스럽게 재배치 대상에서 제외될 수 있게 되었다. 따라서 64비트의 경우 코드 상에서 절대 번지를 요구하는 오퍼랜드의 사용을 제거할 수 있기 때문에, 코드 섹션 내에서의 기준 재배치 대상은 더 이상 존재할 필요가 없게 되었다.

4.3 기준 재배치를 위한 코드

지금까지 논의한 내용들을 토대로 기준 재배치 섹션과 관련된 응용 및 분석 코드를 작성해보자. 이전 버전의 윈도우에서는 기준 재배치를 직접 수행해주는 Rebase.exe라는 툴을 제공했으며, 이 툴을 통해 디스크 상의 PE 파일에 대해서 미리 기준 재배치를 수행함으로써 로드 시 기준 재배치되는 발생하는 것을 방지할 수 있었다. 먼저 Rebase.exe 툴과 유사한 기능을 가진 기준 재배치 의사 코드를 작성해보고, 그 다음으로 PE Explorer에서 실행하는 기준 재배치 섹션에 대한 분석 코드를 살펴보기로 하자.

4.3.1 기준 재배치 의사 코드

앞서 언급한 대로 기준 재배치 작업을 시뮬레이트할 수 있는 의사 코드 프로그램을 만들어보기로 한다. 아래 소스는 기준 재배치를 수행하는 과정을 의사 코드로 나타냈다. 재배치는 로더에 의해 수행되기 때문에 우리가 직접 접근할 수 없다. 대신 아래의 예제는 PE 파일에 대하여 기준 주소를 바꿔주고 재배치 섹션을 스캔하여 해당 파일 오프셋에 그 델타 값만큼 갱신해주는 로직이다. 이 예제를 수행하면 PE 이미지의 기준 주소와 코드 상의 전역 데이터 변수 및 함수 진입 번지가 전부 델타 값만큼 증가하게 된다.

매개변수 pImgBase는 해당 PE 파일의 시작 포인터고, llNewBase는 새로운 기준 주소다. 반환값은 갱신된 오퍼랜드의 수를 나타낸다.

```
int PEPlus::BaseRelocation(PBYTE pImgBase, DWORD64 llNewBase)
{
    PIMAGE_DOS_HEADER pdh = (PIMAGE_DOS_HEADER)pImgBase;
    if (pdh->e_magic != IMAGE_DOS_SIGNATURE)
        return -1;
    PIMAGE_NT_HEADERS pnh = (PIMAGE_NT_HEADERS)(pImgBase + pdh->e_lfanew);
    if (pnh->Signature != IMAGE_NT_SIGNATURE)
        return -1;
```

PE 이미지를 체크한다.

```
    PIMAGE_DATA_DIRECTORY pdd = &pnh->
        OptionalHeader.DataDirectory[IMAGE_DIRECTORY_ENTRY_BASERELOC];
    if (!pdd->VirtualAddress)
        return 0;
    PIMAGE_SECTION_HEADER psh = FindSectHdr(pImgBase, pdd->VirtualAddress);
    if (psh == NULL)
        return 0;
```

IMAGE_DIRECTORY_ENTRY_BASERELOC 디렉터리 엔트리의 헤더를 획득하고, 이 데이터가 위치한 섹션의 IMAGE_SECTION_HEADER 포인터도 획득한다.

```
    INT64   nDelta = (INT64)(llNewBase - pnh->OptionalHeader.ImageBase);
```

기준 재배치를 수행하기 위하여 dwNewBase로 넘어온 값과 ImageBase의 값의 차인 재배치 Δ nDelta를 구한다.

```
    int    nSize = 0, i = 0, nRelocTotal = 0;
    PBYTE  pbrs = pImgBase + RVA_TO_OFFSET(psh, pdd->VirtualAddress);
```

RVA_TO_OFFSET 매크로를 이용해 파일 오프셋 상에서의 실제 기준 재배치 섹션의 시작 위치를 획득한다.

```
for (; nSize < (int)pdd->Size; i++)
{
    PIMAGE_BASE_RELOCATION pbr = (PIMAGE_BASE_RELOCATION)pbrs;
```

재배치 섹션에서 IMAGE_BASE_RELOCATION 구조체의 포인터를 획득한다.

```
    pbrs += sizeof(IMAGE_BASE_RELOCATION);
    nSize += sizeof(IMAGE_BASE_RELOCATION);
    if (pbr->SizeOfBlock == 0)
        continue;

    psh = PEPlus::FindSectHdr(pImgBase, pbr->VirtualAddress);
```

재배치 오프셋의 기준 RVA가 되는 VirtualAddress 필드가 소속된 섹션 헤더를 획득한다.

```
    if (psh == NULL)
        continue;

    int nRelocCnt = (int)((pbr->SizeOfBlock -
                        sizeof(IMAGE_BASE_RELOCATION)) / sizeof(WORD));
    PWORD pwRelcs = (PWORD)pbrs;
```

재배치 항목 배열의 포인터와 엔트리 수를 획득한다.

```
    for (int j = 0; j < nRelocCnt; j++)
```

앞서 획득한 재배치 항목의 수, 즉 nOffsetCnt만큼 루프를 돈다.

```
    {
        WORD wType = (pwRelcs[j] & 0xF000) >> 12;
        WORD wOffs =  pwRelcs[j] & 0x0FFF;
```

재배치 타입과 재배치 오프셋을 획득한다.

```
        if (wType != IMAGE_REL_BASED_HIGHLOW && wType != IMAGE_REL_BASED_DIR64)
            continue;
```

재배치 타입이 IMAGE_REL_BASED_HIGHLOW와 IMAGE_REL_BASED_DIR64인 경우에만 갱신 작업을 수행한다.

```
        DWORD dwRlcRva = pbr->VirtualAddress + wOffs;
```

```
        DWORD dwRlcOff = RVA_TO_OFFSET(psh, dwRlcRva);
```

기준 RVA에 재배치 오프셋을 더하여 갱신할 오퍼랜드 또는 전역 변수 번지에 대한 RVA를 획득하고 파일의 오프셋으로 변환한다.

```
        if (wType == IMAGE_REL_BASED_HIGHLOW)
        {
            DWORD dwAddr = *((PDWORD)(pImgBase + dwRlcOff));
            dwAddr += (INT)nDelta;
            *((PDWORD)(pImgBase + dwRlcOff)) = dwAddr;
```

32비트 PE인 경우, dwRlcOff 변수에 위치한 오프셋에서 4바이트 정수를 획득한 후 델타 값을 더해 그 결과를 다시 덮어쓴다.

```
        }
        else
        {
            DWORD64 llAddr = *((PDWORD64)(pImgBase + dwRlcOff));
            llAddr += nDelta;
            *((PDWORD64)(pImgBase + dwRlcOff)) = llAddr;
```

64비트 PE인 경우, dwRlcOff 변수에 위치한 오프셋에서 8바이트 정수를 획득한 후 델타 값을 더해 그 결과를 다시 덮어쓴다.

```
        }
```

이 과정을 통해서 실제 이미지의 오퍼랜드 또는 전역 변수의 값이 갱신된다.

```
        nRelocTotal++;
    }

    pbrs += sizeof(WORD) * nRelocCnt;
```

재배치 섹션 스캔을 위해 이터레이션 포인터를 증가시키고, 해석된 바이트 수만큼 바이트 수를 증가시킨다.

```
}

pnh->OptionalHeader.ImageBase += nDelta;
```

실제 파일에 대하여 IMAGE_OPTIONAL_HEADER의 ImageBase 값을 변경하기 위해 델타 값인 nDelta를 더해서 dwNewBase의 새로운 주소로 변경한다.

```
pnh->OptionalHeader.DllCharacteristics &=
                    ~IMAGE_DLLCHARACTERISTICS_DYNAMIC_BASE;
```

마지막으로, IMAGE_DLLCHARACTERISTICS_DYNAMIC_BASE 플래그가 설정되어 있으면 이 플래그를 해제해야 새롭게 설정된 고정 기준 주소로 시스템이 PE 이미지를 로드한다.

```
  return nRelocTotal;
}
```

다음 코드는 PE 파일에 대하여 사용자가 지정한 새로운 로드 주소를 기준 주소로 재배치 처리하는 예제로, 솔루션의 〈RebaseTest〉 프로젝트다.

```
#include "stdafx.h"
#include <Windows.h>
#include "..\..\Solution\PEPlus\PEPlus.h"

#ifdef _WIN64
#  ifdef _DEBUG
#     pragma comment(lib, "../../3.lib/x64/Debug/PEPlus.lib")
#  else
#     pragma comment(lib, "../../3.lib/x64/Release/PEPlus.lib")
#  endif
#else
#  ifdef _DEBUG
#     pragma comment(lib, "../../3.lib/x86/Debug/PEPlus.lib")
#  else
#     pragma comment(lib, "../../3.lib/x86/Release/PEPlus.lib")
#  endif
#endif
```

PEPlus.h 헤더를 인클루드하고 PEPlus.lib 라이브러리를 링크한다.

```
void _tmain(int argc, _TCHAR* argv[])
{
   if (argc < 3)
   {
      printf("The argument of PE file required...\n"
         "Usage : RebaseTest address pefile\n");
      return;
   }

   if (_wcsnicmp(argv[1], L"0x", 2) != 0)
   {
      printf("Address format requires 0x...\n");
      return;
   }
   PWSTR pEnd = NULL;
```

```
   DWORD64 llNewBase = (DWORD64)wcstoll(argv[1], &pEnd, 16);
   if (llNewBase == 0)
   {
      printf("Address format is invalid.\n");
      return;
   }
```

프로그램 명령줄의 첫 번째 인자는 재배치할 기준 주소가 되어야 하며, 16진수 문자열을 (주소를 의미하는) 정수로 변환한다.

```
   HANDLE  hImgFile = INVALID_HANDLE_VALUE;
   HANDLE  hImgMap  = NULL;
   PBYTE pImgView = NULL;

   try
   {
      hImgFile = CreateFile(argv[2], GENERIC_READ | GENERIC_WRITE,
         FILE_SHARE_READ | FILE_SHARE_WRITE, NULL, OPEN_EXISTING, 0, NULL);
      if (hImgFile == INVALID_HANDLE_VALUE)
         throw HRESULT_FROM_WIN32(GetLastError());
```

두 번째 인자는 PE 파일의 경로를 포함하는 문자열이며, 이 PE 파일을 읽기/쓰기용으로 연다.

```
      hImgMap = CreateFileMapping(hImgFile, NULL,
         PAGE_READWRITE, 0, 0, NULL);
      if (hImgMap == NULL)
         throw HRESULT_FROM_WIN32(GetLastError());
```

연 파일 핸들을 통해서 읽기/쓰기가 가능한 MMF를 생성한다.

```
      pImgView = (PBYTE)MapViewOfFile(hImgMap,
                       FILE_MAP_READ | FILE_MAP_WRITE, 0, 0, 0);
      if (pImgView == NULL)
         throw HRESULT_FROM_WIN32(GetLastError());
```

MMF 뷰 역시 읽기/쓰기용으로 획득한다.

```
      int nRelocCnt = PEPlus::BaseRelocation(pImgView, llNewBase);
```

PEPlus의 BaseRelocation 함수를 호출하여 PE에 대한 재배치를 수행한다.

```
      printf("%d relocations applied...\n", nRelocCnt);
   }
```

```
    catch (HRESULT hr)
    {
        CString sz = PEPlus::GetErrMsg(hr);
        printf("Error: %S\n", sz);
    }


    if (pImgView != NULL)
        UnmapViewOfFile(pImgView);
    if (hImgMap != NULL)
        CloseHandle(hImgMap);
    if (hImgFile != INVALID_HANDLE_VALUE)
        CloseHandle(hImgFile);
}
```

RebaseTest.exe는 프로그램의 첫 번째 인자로 새로운 기준 주소를 지정하고, 두 번째 인자로 재배치할 PE 파일명을 지정한다. 다음과 같이 BasicAppReloc.exe PE 파일을 0x00000002`40000000이라는 기준 주소로 재배치하도록 RebaseTest.exe를 실행했다. BasicAppReloc.exe PE 파일은 2장과 3장에서 사용했던 BasicApp.exe를 이름만 변경한 PE 파일이다.

```
Z:\PE_Test>RebaseTest 0x240000000 BasicAppReloc.exe
27 relocations applied...
```

BasicAppReloc.exe PE가 제대로 기준 재배치가 이루어졌는지를 확인하기 위해서는 RebaseTest의 실행 결과인 BasicAppReloc.exe를 실행하면 된다. 다음 그림은 BasicAppReloc.exe를 실행한 결과며, 가상 주소 공간에 이 PE가 로드된 주소는 0x00000002`40000000임을 확인할 수 있다.

그림 4-7 기준 재배치된 BasicAppReloc.exe의 실행 결과

4.3.2 PE Explorer에서의 기준 재배치 섹션 처리

이번에는 기준 재배치 섹션을 분석하는 PE Explorer의 코드를 확인해보자. 기준 재배치 섹션은 IMAGE_BASE_RELOCATION 구조체로 시작하는 블록들로 구성되어 있기 때문에 먼저 이 구조체에 대한 XML 스키마 정의부터 확인하자.

```xml
<Struct name="IMAGE_BASE_RELOCATION">
    <Member name="VirtualAddress" type="DWORD" rva="true"/>
    <Member name="SizeOfBlock" type="DWORD" size="true"/>
</Struct>
```

PE Explorer에서의 기준 재배치 분석은 위의 스키마를 바탕으로 PEAnals 클래스에 정의된 ParseDirEntryBaseReloc 함수가 담당한다.

```cpp
bool PEAnals::ParseDirEntryBaseReloc(PPE_NODE pnUp, PIMAGE_DATA_DIRECTORY pdd)
{
    PIMAGE_SECTION_HEADER psh = &m_pshs[pnUp->Index];
    DWORD dwOffset = RVA_TO_OFFSET(psh, pdd->VirtualAddress);
```
IMPORT 엔트리가 소속된 섹션과 시작 오프셋을 획득한다.
```cpp

    bool bIs32 = PEPlus::Is32bitPE(m_pImgView);
    CString sz; USES_CONVERSION;

    int nSize = 0, i = 0;
    PBYTE pbrs = m_pImgView + dwOffset;
    for (; nSize < (int)pdd->Size; i++)
    {
        PIMAGE_BASE_RELOCATION pbr = (PIMAGE_BASE_RELOCATION)pbrs;
```
재배치 섹션에서 IMAGE_BASE_RELOCATION 구조체의 포인터를 획득한다.
```cpp
        if (pbr->SizeOfBlock == 0)
        {
            pbrs += sizeof(IMAGE_BASE_RELOCATION);
            nSize += sizeof(IMAGE_BASE_RELOCATION);
            continue;
        }
```

```
    PPE_NODE pn = InsertStructNode(pnUp->Node, pnUp->Index,
                        dwOffset, L"", L"IMAGE_BASE_RELOCATION");
    AppendStructMembers(pn);
    dwOffset += sizeof(IMAGE_BASE_RELOCATION);
```

재배치 섹션 노드를 생성하고 서브 노드를 추가한다.

```
    DWORD64 llImgBase = PEPlus::GetImageBase(m_pImgView);
```

IMAGE_OPTIONAL_HEADER의 ImageBase 필드 값을 획득한다.

```
    PIMAGE_SECTION_HEADER psh2 = PEPlus::FindSectHdr
                            (m_pImgView, pbr->VirtualAddress);
```

해당 재배치 그룹이 소속된 섹션 헤더를 획득한다.

```
    if (psh2 == NULL)
    {
       pbrs += sizeof(IMAGE_BASE_RELOCATION);
       nSize += sizeof(IMAGE_BASE_RELOCATION);
       continue;
    }
    sz.Format(_T("[%d]%08X:%s"), i,
        pbr->VirtualAddress, PEPlus::GetSectionName(psh2));
    UpdateNodeText(pn->Node, sz, COL_IDX_NAME);
```

해당 재배치 그룹이 소속된 섹션 이름과 RVA를 노드명으로 설정한다.

```
    int nRelocCnt = (int)((pbr->SizeOfBlock -
                    sizeof(IMAGE_BASE_RELOCATION)) / sizeof(WORD));
    sz.Format(L"%d Relocations", nRelocCnt);
    UpdateNodeText(pn->Node, sz, COL_IDX_INFO);
```

재배치 그룹에 소속된 재배치 항목의 수를 획득해서 정보로 출력한다.

```
    PWORD pwRelcs = (PWORD)(m_pImgView + dwOffset);
    PPE_NODE pnar = InsertFieldNode(pn->Node, pnUp->Index,
                    dwOffset, L"TypeOffsets", PE_TYPE::UInt16, nRelocCnt);
    for (int j = 0; j < nRelocCnt; j++)
```

재배치 항목의 수만큼 루프를 돌면서 TypeOffset 엔트리의 노드를 추가한다.

```
    {
        WORD dwVal = pwRelcs[j];
        WORD wType = (dwVal & 0xF000) >> 12;
        WORD wOffs = dwVal & 0x0FFF;
```

TypeOffset 엔트리에서 재배치 타입과 재배치 오프셋을 획득한다.

```
        PPE_NODE pnto = InsertFieldNode(pnar->Node, pnUp->Index,
                            dwOffset, L"", PE_TYPE::UInt16);
        if (wType != IMAGE_REL_BASED_HIGHLOW && wType != IMAGE_REL_BASED_DIR64)
        {
            sz.Format(_T("[%d]ABSOLUTE"), j);
            UpdateNodeText(pnto->Node, sz, COL_IDX_NAME);
            m_pView->SetItemImage(pnto->Node, IMG_IDX_LFNO, IMG_IDX_LFNO);
            dwOffset += sizeof(WORD);
            continue;
        }
```

재배치 타입이 IMAGE_REL_BASED_HIGHLOW와 IMAGE_REL_BASED_DIR64인 경우에만 갱신 작업을 수행한다.

```
        DWORD dwRlcRva = pbr->VirtualAddress + wOffs;
        sz.Format(L"0x%02X:%06X(0x%08X)", wType, wOffs, dwRlcRva);
        UpdateNodeText(pnto->Node, sz, COL_IDX_VALUE);

        DWORD dwRlcOff = RVA_TO_OFFSET(psh2, dwRlcRva);
        sz.Format(L"Off:0x%08X => Val=", dwRlcOff);
```

대상 오퍼랜드의 번지 RVA를 파일 오프셋으로 변환한다.

```
        DWORD64 uv = (wType == IMAGE_REL_BASED_HIGHLOW) ?
            *((PDWORD)(m_pImgView + dwRlcOff)) :
            *((PDWORD64)(m_pImgView + dwRlcOff));
```

대상 오퍼랜드 번지에 담긴 값을 획득한다.

```
        DWORD dwVarRva = (DWORD)(uv - llImgBase);
```

획득한 값 uv 역시 절대 번지며, 이 값을 RVA로 변환한다.

```
            PIMAGE_SECTION_HEADER psh3 = PEPlus::FindSectHdr(m_pImgView, dwVarRva);
            if (psh3 == NULL)
               sz.AppendFormat(L"0x%08X:[HEADER  ]0x00000000", dwVarRva);
            else
               sz.AppendFormat(L"0x%08X:[%-8s]0x%08X", dwVarRva,
               PEPlus::GetSectionName(psh3), RVA_TO_OFFSET(psh3, dwVarRva));
```

uv가 가리키는 대상의 상세 정보를 출력한다.

```
            CString szLoc, szTrg;
            if (DIA_SESSION)
            {
               szLoc = GetSymbolName(DIA_SESSION, dwRlcRva);
               szTrg = GetSymbolName(DIA_SESSION, dwVarRva);
            }
            if (!szTrg.IsEmpty())
               sz.AppendFormat(L" -> %s", szTrg);
            UpdateNodeText(pnto->Node, sz, COL_IDX_INFO);
```

PDB 파일이 있으면 재배치 대상 주소 및 해당 주소에 담긴 주솟값에 대한 변수 정보를 획득하고 상세 정보로 출력한다.

```
            sz.Format(L"[%d]%08X", j, dwRlcRva);
            if (!szLoc.IsEmpty())
               sz.AppendFormat(L":%s", szLoc);
            UpdateNodeText(pnto->Node, sz, COL_IDX_NAME);
            dwOffset += sizeof(WORD);
         }

      nSize += pbr->SizeOfBlock;
      pbrs  += pbr->SizeOfBlock;
   }

   return false;
}
```

다음 그림은 위의 함수를 통해서 64비트 BasicApp.exe의 재배치 섹션을 분석했을 때의 첫 번째 재배치 그룹의 일부를 나타낸 것이다.

그림 4-8 64비트 BasicApp.exe의 첫 번째 재배치 그룹

	타입	오프셋:RVA	값
⊟ 🐾 BASE_RELOC	BYTE[8	0000A000:0000E000	00 70 00 00 28...
⊟ 🔲 [0]00007000:.rdata	IMAGE_	0000A000:0000E000	
◆ VirtualAddress	DWORD,	0000A000:0000E000	0x00007000
◆ SizeOfBlock	DWORD	0000A004:0000E004	0x00000028
⊟ ◆ TypeOffsets	WORD[1	0000A008:0000E008	A110 A440 A550...
◆ [0]00007110:pcppinit	WORD	0000A008:0000E008	0x0A:000110(0x00007110)
◆ [1]00007440:pcinit	WORD	0000A00A:0000E00A	0x0A:000440(0x00007440)
◆ [2]00007550:pinit	WORD	0000A00C:0000E00C	0x0A:000550(0x00007550)
◆ [3]00007660:pinit	WORD	0000A00E:0000E00E	0x0A:000660(0x00007660)
◆ [4]000079B0:__xi_z+240h	WORD	0000A010:0000E010	0x0A:0009B0(0x000079B0)
◆ [5]000079C8:__xi_z+258h	WORD	0000A012:0000E012	0x0A:0009C8(0x000079C8)
◆ [6]000079D8:__xi_z+268h	WORD	0000A014:0000E014	0x0A:0009D8(0x000079D8)
◆ [7]00007A48:__xi_z+2d8h	WORD	0000A016:0000E016	0x0A:000A48(0x00007A48)
◆ [8]00007A58:__xi_z+2e8h	WORD	0000A018:0000E018	0x0A:000A58(0x00007A58)
◆ [9]00007AC8:__xi_z+358h	WORD	0000A01A:0000E01A	0x0A:000AC8(0x00007AC8)

64비트의 경우 RIP 상대적 번지 지정으로 코드 섹션 내의 재배치 대상이 존재하지 않기 때문에, 우리가 사용했던 g_hInstance나 s_szMsg 변수에 대한 재배치 엔트리는 존재하지 않는다. 대신 C_YHD_MSG 변수에 대한 재배치 엔트리는 다음 그림에서 확인할 수 있다.

그림 4-9 64비트 BasicApp.exe의 C_YHD_MSG 변수에 대한 재배치 정보

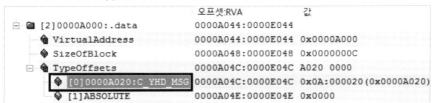

	오프셋:RVA	값
⊟ 🔲 [2]0000A000:.data	0000A044:0000E044	
◆ VirtualAddress	0000A044:0000E044	0x0000A000
◆ SizeOfBlock	0000A048:0000E048	0x0000000C
⊟ ◆ TypeOffsets	0000A04C:0000E04C	A020 0000
◆ [0]0000A020:C_YHD_MSG	0000A04C:0000E04C	0x0A:000020(0x0000A020)
◆ [1]ABSOLUTE	0000A04E:0000E04E	0x0000

다음의 두 그림은 32비트의 BasicApp.exe의 재배치 섹션을 PE Explorer를 통해서 분석한 결과 중 [표 4-11]에 나온 4개의 재배치 엔트리에 대한 부분만 발췌한 것이다.

그림 4-10 32비트 BasicApp.exe의 .text 섹션 내의 wsprintf 함수 호출에 대한 재배치 정보

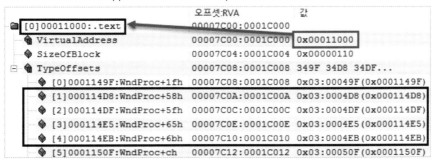

	오프셋:RVA	값
🔲 [0]00011000:.text	00007C00:0001C000	
◆ VirtualAddress	00007C00:0001C000	0x00011000
◆ SizeOfBlock	00007C04:0001C004	0x00000110
⊟ ◆ TypeOffsets	00007C08:0001C008	349F 34D8 34DF...
◆ [0]0001149F:WndProc+1fh	00007C08:0001C008	0x03:00049F(0x0001149F)
◆ [1]000114D8:WndProc+58h	00007C0A:0001C00A	0x03:0004D8(0x000114D8)
◆ [2]000114DF:WndProc+5fh	00007C0C:0001C00C	0x03:0004DF(0x000114DF)
◆ [3]000114E5:WndProc+65h	00007C0E:0001C00E	0x03:0004E5(0x000114E5)
◆ [4]000114EB:WndProc+6bh	00007C10:0001C010	0x03:0004EB(0x000114EB)
◆ [5]0001150F:WndProc+ch	00007C12:0001C012	0x03:00050F(0x0001150F)

[그림 4-10]을 통해서 재배치 엔트리가 코드 섹션의 WndProc 함수 코드의 일부를 대상으로 하고 있다는 것을 알 수 있다. 다음은 재배치 항목 1～4까지의 재배치 상세 정보를 나타낸 것이다.

그림 4-11 wsprintf 함수 호출에 대한 재배치 상세 정보

	상세 272B			
9F)	Off:0x0000089F => Val=0x0001902C:[.data	]0x0000682C ->	__security_cookie
D8)	Off:0x000008D8 => Val=0x00019160:[.data	]0x00006960 ->	g_hInstance
DF)	Off:0x000008DF => Val=0x00019020:[.data	]0x00006820 ->	C_YHD_MSG
sg)	Off:0x000008E5 => Val=0x00019168:[.data	]0x00006968 ->	s_szMsg
EB)	Off:0x000008EB => Val=0x0001A1D4:[.idata	]0x00006BD4 ->	__imp__wsprintfW
0F)	Off:0x0000090F => Val=0x0001A1A8:[.idata	]0x00006BA8 ->	__imp__BeginPaint

[표 4-11]에서 설명했던 대로, 이 4개의 재배치 엔트리 대상들은 wsprintf 함수 호출을 위해 매개 변수로 전달되는 g_hInstance, C_YHD_MSG, s_szMsg 변수들과 __imp__wsprintw 함수의 주소를 담고 있는 IAT 엔트리가 된다는 것을 확인할 수 있다.

4.4 기준 재배치 고려사항

이 절에서는 기준 재배치가 실제로 수행되어야 할 상황이 되었을 때 발생할 수 있는 문제점들에 대해서 고찰해보기로 하자. 여기서는 이 문제점을 32비트와 64비트 두 경우를 따로 분리해서 검토하고자 한다.

4.4.1 32비트에서의 기준 재배치

우선 32비트가 주를 이루었던 이전 버전의 윈도우에서의 재배치를 검토해보자. 기준 재배치가 수행될 경우의 문제점은 충분히 예상 가능하겠지만 크게 두 가지로 정리할 수 있다.

① 로더는 재배치 섹션을 스캔하면서 재배치 섹션 내에 존재하는 각 엔트리가 가리키는 위치의 절대 번지들을 모두 수정해야 한다. 이것은 애플리케이션의 초기화 시간을 늘어나게 만든다. 앞의 BaseRelocation 예제에서 BaseRelocation 의 반환값은 재배치가 수행된 횟수를 리턴하는데, 이 값을 체크해보면 391이 된다.* 별다른 기능을 하지 않는, 이 작은 BasicAppReloc.exe라는 PE에 재배치를 수행해야 할 대상이 391개라는 의미다. 더구나 EXE뿐만 아니라 DLL을 여러 개 링크할 경우 이러한 재배치 과정은 더 많이 발생할 것이며, 링크할 DLL이 많아지면 많아질수록 결국 재배치 수행이 그만큼 더 늘어나기 때문에 로드 시의 퍼포먼스를 잡아먹게 된다.

---

* 본서 1판의 경우, XP에서 예제 샘플로 제공했던 조그마한 DLL에 대하여 재배치를 수행한 결과 2,946번의 재배치 보정 처리가 발생했다.

② 로더가 재배치 섹션의 엔트리가 지시하는 해당 번지를 수정할 때 문제가 발생한다. 앞서 살펴본 것처럼 갱신되어야 할 해당 주소 공간의 번지는 거의 대부분이 코드 섹션에 존재하기 때문에, 결국 모듈의 코드 페이지를 변경해야만 하는 상황이 생긴다. 하지만 코드 섹션의 메모리 페이지 속성은 실행 가능 속성을 가진다. 따라서 1장에서 MMF에 대해 언급했던 것처럼, 실행 가능 속성을 가진 페이지에 대한 데이터 변경이 있을 경우 시스템은 Copy-On-Write 메커니즘을 통해 새로 갱신될 코드 페이지를 시스템의 페이지 파일로 백업해야 하는 부가적인 작업을 수반하게 된다.

사실 부지불식간에 재배치는 발생한다. 요즘 시스템이 너무 빠르기 때문에 프로그램 로드 시에 재배치에 의해 저하되는 퍼포먼스의 영향을 거의 느끼지 못할 뿐이다. 하지만 이러한 기준 재배치는 CPU의 입장에서 보면 그리 달갑지만은 않은 상황이다. 따라서 가능하다면 재배치를 피할 수 있는 방법이 있으면 피하는 것이 좋다. 그렇다면, 이러한 재배치를 피할 수 있는 방법은 없을까? 이제 재배치 과정을 피할 수 있는 방법에 대해서 알아보자.

[그림 4-2]에서처럼 프로젝트 설정의 [링크 → 고급: 기준 주소] 옵션에 고정 주소를 지정하는 방법이 있다. 기준 재배치 회피의 실 예를 보여주기 위해서, 필자는 'XP 프로페셔널 서비스 팩 3'를 가상 머신에 설치하고 'Visual C++ 2008 Express Edition' 영문판을 인스톨해서 별도의 프로젝트를 생성했다. 비스타 이후부터 MS는 PE 이미지를 '임의 기준 주소'에 로드하는 전략을 취하기 때문에, 필자가 작업 중인 64비트 윈도우 10에서는 앞으로 설명할 상황들을 재현할 수 없기 때문이다. Visual C++ 2008에서 BasicDllXP.dll이라는 DLL을 위한 프로젝트와 이 DLL을 사용하는 UseDllAppXP.exe라는 애플리케이션을 위한 프로젝트를 생성했다. EXE 파일에 대한 고정 주소 지정은 크게 의미가 없다. 앞서 언급했던 것처럼 EXE PE가 해당 프로세스의 가상 주소 공간에 로드되는 최초의 이미지기 때문에 기준 주소 충돌로 인한 이미지 로드 실패를 확인할 수 없기 때문이다. 따라서 고정 기준 주소 옵션을 설정한 DLL에 대해서 테스트를 수행해야 하며, 이것이 BasicDllXP.dll이라는 별도의 DLL을 만들어야 하는 이유가 된다. BasicDllXP.dll은 프로젝트 〈BasicDllDE〉의 소스를 약간 변경한 것이고, UseDllAppXP.exe는 6장에서 DLL을 사용하는 예를 보여주는 예제 샘플 프로젝트 〈UseDllApp〉을 변경한 것이며, 이 프로젝트는 1장의 〈BasicApp〉 프로젝트를 변형한 것이다. BasicApp.exe와 다르게 프로그램 창에서 해당 프로그램의 인스턴스 주소를 보여주는 것이 아니라 주소 공간에 로드된 BasicDllXP.dll의 시작 주소를 출력하며, 이 DLL의 로드 시작 번지를 획득하기 위해 다음과 같이 3장에서 설명했던 GetModuleHandle 함수를 사용한다.

```
LRESULT CALLBACK WndProc(HWND hWnd, UINT uMsg, WPARAM wParam, LPARAM lParam)
{
    static HMODULE s_hDllMod = NULL;
    static TCHAR s_szMsg[64];
    switch (uMsg)
    {
        ⋮

      case WM_CREATE:
          s_hDllMod = GetModuleHandle(L"BasicDllXP");
          wsprintf(s_szMsg, C_YHD_MSG, s_hDllMod);
      return TRUE;
          ⋮

    }
    return DefWindowProc(hWnd, uMsg, wParam, lParam);
}
```

그리고 BasicDllXP.dll을 고정 주소로 로드하기 위해 프로젝트 〈BasicDllXP〉의 설정을 변경해야
한다. Visual C++ 2008 Express만 해도 '임의 기준 주소' 옵션을 지원한다. 따라서 기준 재배치를
피하기 위해서는 [표 4-1]에 나온 기준 주소 조합을 적절히 사용해야 한다.

그림 4-12 〈BasicDllXP〉에 대한 고정 기준 주소 설정

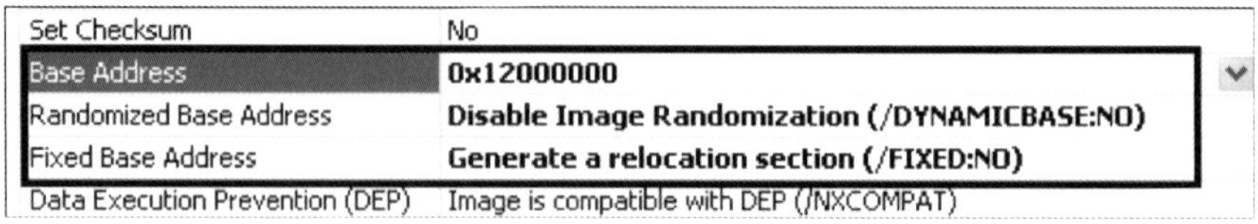

Set Checksum	No
Base Address	**0x12000000**
Randomized Base Address	**Disable Image Randomization (/DYNAMICBASE:NO)**
Fixed Base Address	**Generate a relocation section (/FIXED:NO)**
Data Execution Prevention (DEP)	Image is compatible with DEP (/NXCOMPAT)

[표 4-1]의 설정에 따라 기준 주소를 0x12000000으로 설정하고, '임의 기준 주소' 옵션을 해제
한 후 '고정 기준 주소'를 "/FIXED:NO"로 설정했다. 이 옵션 조합은 설정한 주소 0x12000000
번지에 BasicDllXP.dll을 로드시키되 해당 번지에 이미 다른 DLL이 로드되어 있으면 기준 재배
치를 수행할 것을 지시한다. 만약 기준 재배치가 수행되지 않았다면 로드된 DLL의 시작 주소, 즉
GetModuleHandle 함수를 통해 획득한 BasicDllXP.dll의 매핑 주소가 0x12000000이 되어야
한다.

다음 그림은 UseDllAppXP.exe를 실행한 결과다.

그림 4-13 UseDllAppXP.exe의 실행 예

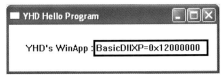

모듈 BasicDllXP의 시작 번지는 0x12000000이며, 이는 기준 재배치 작업을 수행하지 않았음을 의미한다. 만약 여러분이 두 개 이상의 DLL을 작성해야 하고, 작성한 DLL들이 로드될 때 모든 DLL에 대한 기준 재배치 작업을 회피하려면 각 DLL마다 적절한 기준 주소를 다르게 지정해줘야 한다. 하지만 너무 인위적인 냄새가 난다. 여러분이 작성하지 않은 DLL도 링크해야 한다면? 그리고 그렇게 링크한 DLL이 앞서 변경해준 기준 주소와 하필이면 겹쳐서, 여러분이 작성하지 않은 DLL이 이미 0x12000000에 로드되어 버렸다면? 물론 로더는 재배치를 수행하게 된다. 그럼 우리는 극단적인 방법을 하나 생각할 수 있다. 재배치가 일어날 바에는 아예 프로그램이 실행되지 않도록 하는 것이다. 역시 [표 4-1]을 참조해서 기준 재배치를 아예 금지하는 옵션 조합을 찾아보라. 기준 재배치를 무조건 막는 방법은 바로 DLL의 PE에 .reloc 섹션이 생기지 않도록 만드는 것이다. [그림 4-12]의 '고정 기준 주소'를 "/FIXED"로 설정하면 링커는 아예 재배치 섹션을 만들지 않는다. 로더는 [기준 주소] 항목에 설정된 가상 주소 번지에 이미지를 로드하려고 할 것이고, 그것이 불가능할 경우 재배치 섹션이 없기 때문에 재배치를 수행할 수가 없게 된다. 따라서 이런 상황이면 로더는 다음과 같은 메시지 박스를 출력하고 프로세스를 종료시킨다.

그림 4-14 기준 주소에 DLL을 로드하지 못했을 경우의 예외

UseDllAppXP.exe는 BasicDllXP.dll을 암시적으로 로드하여 실행한다. 이때 BasicDllXP.dll의 프로젝트 설정을 다음과 같이 지정해주고 DLL을 생성하면 위 그림과 같은 상황을 재현할 수 있다.

그림 4-15 [그림 4-14]의 상황 재현을 위한 설정

Set Checksum	No
Base Address	**0x7C800000**
Randomized Base Address	**Disable Image Randomization (/DYNAMICBASE:NO)**
Fixed Base Address	**Image must be loaded at a fixed address (/FIXED)**
Data Execution Prevention (DEP)	Image is compatible with DEP (/NXCOMPAT)

기준 주소를 0x7C800000으로 설정하고 '임의 기준 주소'를 해제한 후 '고정 기준 주소'를 "/FIXED"로 설정했다. 고정 기준 주소를 사용했기 때문에 ImageBase 필드에 저장될 기준 주소 0x7C800000 번지에 DLL을 로드하지 못했을 때에는 재배치를 수행할 수 없기 때문에 결국 DLL 을 로드할 수 없게 된다. 따라서 앞의 예외 메시지 박스가 출력된 이유는 이미 0x7C800000 번지 에 다른 DLL이 이미 자리를 잡고 있다는 것을 의미한다. 뒤에서 언급하겠지만, 사실 0x7C800000 번지는 'XP 프로페셔널 서비스 팩 3'에 존재하는 Kernel32.dll이 미리 예약해둔 주소다. 따라서 Kernel32.dll이 먼저 이 번지에 로드되어 버리기 때문에, 앞의 설정을 통해 생성된 BasicDllXP. dll은 이 주소에 로드되지 못하고 프로그램 자체를 실행할 수 없게 된다.

결국 재배치를 수행하지 못하게 하는 것은 재배치 섹션이 생성되지 않게 하는 것을 의미한다. 하지 만 앞서 확인한 것처럼 재배치를 수행하지 못하면 로더는 프로그램을 종료시키기 때문에 이것도 좋 은 해결책은 아니다. 따라서 재배치가 발생하게 되면 어쩔 수 없이 재배치를 수행해야 하겠지만 가 능하면 그러한 상황이 발생하지 않도록 해주는 것이다. 결국 설정에서 기준 주소를 어떻게 지정해주 는가, 다시 말해서 IMAGE_OPTIONAL_HEADER 구조체의 ImageBase 필드 값에 어떤 값을 지정해줄 것인가가 핵심이며, 이것은 프로그램 로드 시에 함께 로드될 여러 DLL의 로딩 주소가 겹 치지 않도록 설정해주는 것이 포인트다. 이러한 목적을 위해서 MS는 기준 재배치라는 과정을 회피 할 수 있는 수단으로 Rebase.exe라는 툴을 제공했다.

사실 Rebase.exe 툴은 내부적으로는 단순히 다음의 ReBaseImage 함수를 호출하여 시뮬레이션 을 수행할 뿐이다.

```
BOOL ReBaseImage
(
  _In_    PCSTR      CurrentImageName,
  _In_    PCSTR      SymbolPath,
  _In_    BOOL       fReBase,
  _In_    BOOL       fRebaseSysfileOk,
```

```
    _In_        BOOL         fGoingDown,
    _In_        ULONG        CheckImageSize,
    _Out_       ULONG*       OldImageSize,
    _Out_       ULONG_PTR*   OldImageBase,
    _Out_       ULONG*       NewImageSize,
    _Inout_     ULONG_PTR*   NewImageBase,
    _In_        ULONG        TimeStamp
 );
```

ReBaseImage 함수는 매개변수로 전달된 이미지 파일에 대하여 다음의 작업을 수행한다.

① 프로세스 주소 공간의 생성을 시뮬레이트한다.

② 시뮬레이트한 프로세스 주소 공간 내에 일반적으로 로드되어야 할 모든 모듈을 열어 로드한다.

③ 로드한 모듈들의 기준 주소가 서로 겹치지 않도록 기준 재배치 수행을 시뮬레이트한다.

④ 재배치가 수행된 모듈에 대하여 그것의 재배치 섹션을 파싱하여 디스크 상의 PE 파일의 코드를 갱신한다.

⑤ 재배치된 모듈 각각의 IMAGE_OPTIONAL_HEADER 구조체의 ImageBase 필드에 새롭게 갱신된 기준 주소를 덮어쓴다.

DLL을 작성한 후에 Rebase 툴을 이용하여 재배치가 발생할 가능성이 적은 로딩 주소를 기준 주소로 지정하여 다시 링크해 배포하면 재배치의 가능성을 그만큼 줄일 수 있게 된다. 하지만 최근의 비주얼 스튜디오에서는 더 이상 Rebase 툴을 제공하지 않고 대신 EditBin 툴에 이 기능을 통합시켰다. EditBit.exe 사용 시 옵션 스위치를 '/REBASE'로 지정하면 기존의 Rebase.exe가 제공했던 처리를 대신 수행해준다.

32비트 기반의 이전 버전의 윈도우에서 제공되는 시스템 DLL들, 대표적으로 Kernel32.dll 같은 이러한 DLL들은 이미 기준 재배치가 미리 수행되어 배포되기 때문에 재배치로 인한 문제를 회피할 수 있었다. 이러한 DLL들에 대하여 기준 주소를 미리 설정하면, 로더는 이런 기본 시스템 DLL, 즉 Kernel32.dll, User32.dll, GDI32.dll, Adavi32.dll 등을 우선적으로 로드시키서 미리 원하는 주소 공간을 확보할 수 있기 때문에 재배치는 발생되지 않는다. 중요한 것은 이렇게 미리 로드되는 시스템 DLL들은 탑 다운(Top-Down) 방식의, 즉 상위 번지로부터 하위 번지 순으로 기준 주소가 설정되어 있기 때문에, DLL의 디폴트 기준 주소인 0x10000000 번지부터의 DLL 로딩 주소를 잠식하지 않는다. 앞의 예에서 본 것처럼 Kernel32.dll의 기준 주소는 가상 주소 공간에서 위쪽 번지 값에 해당하는 0x7C800000이었다.

다음의 리스트는 DumpBin을 통해서 윈도우 XP에서 제공하던 Kernel32.dll의 PE 헤더에 대한 내용이다.

```
Dump of file Z:\0.DevMune\0.Test\XP\kernel32.XP.dll
PE signature found
File Type: DLL
FILE HEADER VALUES
              14C machine (x86)
                4 number of sections

OPTIONAL HEADER VALUES
              10B   magic # (PE32)
             7.10   linker version
            84000   size of code
            70400   size of initialized data
                0   size of uninitialized data
             B64E   entry point (7C80B64E)
             1000   base of code
            81000   base of data
          7C800000  image base (7C800000 to 7C8F5FFF)
             1000   section alignment
```

Kernel32.dll의 기준 주소가 0x7C800000으로 설정되어 있는 것을 볼 수 있다. 이전 버전의 윈도우는 위와 같이 재배치를 회피하기 위하여 중요 DLL에 대하여 미리 기준 주소를 고정시켜 제공했으며, 이렇게 적절한 기준 주소 값을 추출하는 데 ReBase.exe 툴을 사용했다. 하지만 비스타 이후부터 MS는 ReBase.exe 툴을 제거하고 그 기능을 EditBin에 통합시켰으며, 기준 재배치를 적극 권장하는 전략을 취하기 시작했다.

4.4.2 64비트에서의 기준 재배치

32비트에서 기준 재배치로 인해 발생하는 문제를 64비트에도 적용해보자. 기준 재배치를 수행할 경우 로드 시 기준 재배치로 인한 부하는 피할 수 없는 오버헤더가 된다. 따라서 가능하면 기준 재배치를 수행하지 않도록 하는 것이 좋다. 하지만 최근의 VC++ 프로젝트를 생성하면 기본적으로 '임의 기준 주소' 옵션은 "예"로 설정된다. 이는 기준 재배치 작업으로 인한 로드 시의 부하를 감수하고서라도 의도적으로 로더로 하여금 '임의 기준 주소'를 선택하도록 유도하겠다는 의미다. 왜 그럴까? 앞서 확인했던 대로 사실 비스타 이전까지만 해도 MS는 가능하면 기준 재배치를 회피하는 전략을 취해 왔다. 이 책 1판에서 작업할 당시의 개발 툴이었던 VS 2005에서 프로젝트를 생성하면 기본적으로 '고정 기준 주소' 옵션으로 설정된다. 그리고 MS에서 제공하는 주요 DLL의 경우도 Rebase 툴을 통해 최적화된 주소를 미리 계산해서 특정 번지에 로드시키도록 함으로써 가능하면 기준 재배치 작업을 회피하고자 했었다. 하지만 비스타부터는 DLL뿐만 아니라 굳이 기준 재배치가 필요 없을 EXE 까지도 적극적으로 기준 재배치를 수행하도록 전략을 수정했다. 비주얼 스튜디오를 보면 2005의 경우 '고정 기준 주소' 옵션은 있지만 '임의 기준 주소' 옵션은 없다. 하지만 그 이후에 '임의 기준 주소' 라는 옵션이 별도로 추가되었고, 지금은 '임의 기준 주소'를 디폴트 설정으로 지정해서 가능하면 기준 재배치를 수행하도록 장려하고 있다. 그 이유는 두 가지 측면에서 생각해 볼 수 있다.

1) ASLR 보안 기능 지원

먼저 비스타부터 강화된 보안 측면, 특히 '메모리 보호(Memory Protection)'에 있다. MS는 비스타부터 **'주소 공간 레이아웃 랜덤화(Address Space Layout Randomization, 이하 ASLR)'** 기술을 완벽하게 지원하며, ASLR은 주어진 프로세스의 가상 주소 공간 내에 매핑되는 오브젝트들의 주소를 랜덤화하는 보안 기술이다. IMAGE_OPTIONAL_HEADER의 ImageBase 필드에는 해당 PE가 로드될 번지가 설정된다. 만약 '고정 기준 주소'를 사용하면 해킹 목적을 가진 어떤 프로그램도 해당 PE가 메모리의 어떤 위치에 로드될지 ImageBase 필드만 참조하면 알 수 있다. 해당 PE가 로드된 번지를 알 수 있으면 메모리 상에서의 해당 PE는 무방비 상태에 놓이게 된다. ASLR 기술을 통해 로드될 주소 자체를 랜덤화함으로써 이러한 위험을 미연에 방지할 수 있다. 그리고 이러한 ASLR 기술을 위해 MS는 '임의 기준 주소'를 사용하도록 권장하고 있다. 따라서 이전에는 재배치의 대상에서 별로 고려되지 않았던 EXE PE 역시 재배치의 적극적인 대상이 되었다. 한글판 비주얼 스튜디오에서는 프로젝트 설정 옵션 명칭이 '임의 기준 주소'로 되어 있지만, [그림 4-14]에서 알 수 있듯이 영문판 비주얼 스튜디오에서의 이 옵션 명칭은 'Randomized Basic Address'다. 따라서 영문 명칭을 고려한다면 ASLR라는 명칭 자체는 그리 생소한 것은 아니다. ASLR 기술은 기본적으로 '임의 기준 주소'를 전제로 한다. 또한 '임의 기준 주소'를 설정하면 IMAGE_OPTIONAL_HEADER의 DllCharacteristics 필드에 IMAGE_DLLCHARACTERISTICS_DYNAMIC_BASE 플래그가 설정된다. 이와 함께 또 다른 플래그도 같이 설정되는데, 2장에서 BasicApp.exe 의 IMAGE_OPTIONAL_HEADER의 분석 결과를 정리한 [표 2-7]을 한 번 더 확인해보라.

DllCharacteristics 필드에 IMAGE_DLLCHARACTERISTICS_DYNAMIC_BASE 플래그뿐만 아니라 **IMAGE_DLLCHARACTERISTICS_HIGH_ENTROPY_VA** 플래그도 함께 설정되어 있다는 것을 확인할 수 있을 것이다. 이 플래그는 64비트에서만 지원되는 '높은 엔트로피 64비트 ASLR 지원'에 해당하는 플래그며, 64비트 가상 주소를 사용하여 가능하면 임의 주소를 주소 공간 상의 상위 주소의 값이 되도록 함으로써 ASLR 기술 적용 시 랜덤하게 선택될 주솟값의 엔트로피를 높여주는 역할을 한다. 따라서 최근의 비주얼 C++ 프로젝트의 경우에는 ASLR이 디폴트로 설정되기 때문에, '임의 기준 주소(DYNAMIC_BASE)'뿐만 아니라 '높은 엔트로피 64비트 ASLR 지원(HIGH_ENTROPY_VA)' 역시 기본 설정이 된다. 만약 높은 엔트로피 64비트 ASLR 지원 기능을 해제하고자 한다면 링크 스위치에 '/HIGHENTROPYVA:NO'를 설정하면 된다. ASLR에 대한 내용은 19장에서 다룰 예정이다.

2) RIP 상대적 번지 지정 지원

'임의 기준 주소' 옵션을 가능하게 하는 또 다른 측면은 이제는 운영체제의 트렌드가 64비트로 정착되었다는 점도 무시할 수 없다. AMD64는 앞서 언급했던 'RIP 상대적 번지 지정'을 지원한다. 이 기능의 지원으로 지금까지 우리가 재배치 섹션을 통해 확인했듯이, 32비트 PE에 비해 64비트는 재배치 작업 대상에서 코드 섹션에 존재하는 오퍼랜드에 대한 재배치 보정 처리가 모두 제거되어 재배치 대상의 양 자체가 대폭 감소되었기 때문에, 그만큼 기준 재배치 처리로 인한 부하도 감소되었다. 따라서 64비트의 경우라면 그 정도의 재배치 작업 수행은 충분히 수행할만한 양이 될 것이며, 그렇기 때문에 EXE PE마저 로드 시에 기준 재배치를 수행하더라도 크게 문제되지 않기 때문이다.

지금까지 살펴본 두 가지 측면이 MS가 기준 재배치 과정을 장려하는 이유다. 따라서 실제 개발 시에는 가능하면 디폴트 설정 그대로, '임의 기준 주소' 옵션을 사용하는 편이 좋다. 하지만 이 책에서 제공하는 샘플 프로젝트의 경우 EXE 프로젝트는 가능하면 '임의 기준 주소' 옵션을 "아니요"로 설정한 상태로 제공된다. 앞으로 디버깅을 통해 어셈블리 코드를 따라가는 일이 많을 것이다. 그리고 어셈블리 코드를 따라갈 때 코드나 데이터의 번지가 중요하며, 이 경우 PE 파일 상의 RVA 값을 통해서 디버깅 중의 메모리 상의 가상 주소를 찾는 일이 빈번해진다. 따라서 RVA를 이용해서 쉽게 번지를 획득하기 위해 당분간 프로젝트 설정의 **[링커 → 고급: 임의 기준 주소]**를 "아니요"로 해서 우리가 이미 알고 있는 고정 주소 '0x00000001`40000000(64비트)' 또는 '0x04000000(32비트)'에 PE가 로드되도록 만든다면 PE 상의 RVA 값을 이 번지에 더함으로써 쉽게 메모리 상의 번지를 얻을 수 있다. 하지만 DLL의 경우는 고정 주소를 사용하더라도 크게 의미가 없기 때문에, '임의 기준 주소' 옵션을 "예"로 설정한 상태로 빌드된 DLL을 사용할 것이다. 따라서 앞으로 나올 샘플 프로젝트 설정에 있어서 3장에서 언급했던 증분 링크 관련 설정과 이 장에 언급한 임의 기준 주소 관련 설정은 다음과 같을 것이다.

- **증분 링크** : EXE, DLL 모두 OFF
- **임의 기준 주소** : EXE_OFF, DLL_ON

2부

DLL과 PE

05장

DLL 생성과 내보내기 섹션

앞서 DLL 역시 실행 이미지며, PE 포맷으로 구성된다고 언급한 바 있다. 아무 DLL을 하나 골라 헥사 편집기로 열어서 그 맨 앞이 "MZ"로 시작하는지 확인해보라. DLL 역시 PE 이미지며, 당연히 PE 파일 포맷을 그대로 따를 것이다.

다음의 덤프는 이 장에서 DLL 예제로 사용할 64비트용 디버깅 버전으로 빌드된 'BasicDllMD2. dll'의 시작 부분이다.

덤프 5-1 DLL 시작 부분

	+0	+1	+2	+3	+4	+5	+6	+7	+8	+9	+A	+B	+C	+D	+E	+F
00000000	4D	5A	90	00	03	00	00	00	04	00	00	00	FF	FF	00	00
00000010	B8	00						00	40							00
~	~		"MZ": IMAGE_DOS_HEADER					~		"PE\x0\x0": IMAGE_NT_HEADERS						
000000F0	00	00	00	00	00	00	00	00	50	45	00	00	64	86	07	00
00000100	51	47	86	55	00	00	00	00	00	00	00	00	F0	00	22	20

위에서 보는 것처럼 DLL 역시 EXE 파일과 마찬가지의 구조를 가지고 있음을 알 수 있다. "MZ"로 시작하는 IMAGE_DOS_HEADER와 MS-DOS 스텁이 나오고, 그 바로 뒤에 "PE\x0\x0"으로 시작하는 IMAGE_NT_HEADERS 구조체의 Signature 필드의 서명이 따라온다.

다음은 이 BasicDllMD2.dll의 IMAGE_NT_HEADERS 중에서 주요 필드들을 나열한 것이다. 헥사 에디터로 직접 열어서 하나씩 확인해보기 바란다.

표 5-1 BasicDllMD2.dll의 IMAGE_FILE_HEADER 구조체

필드	타입	오프셋	값	상세
Machine	WORD	0x000000FC	0x8664	AMD64
NumberOfSections	WORD	0x000000FE	0x0006	섹션 개수 6개
TimeDateStamp	DWORD	0x00000100	0x5688AA4D	2016/01/03-13:57:49
SizeOfOptional Header	WORD	0x0000010C	0x00F0	sizeof (IMAGE_OPTIONAL_HEADER)
Characteristics	WORD	0x0000010E	0x2022	- EXECUTABLE_IMAGE - LARGE_ADDRESS_AWARE - DLL

표 5-2 BasicDllMD2.dll의 IMAGE_OPTIONAL_HEADER 구조체 주요 필드

필드	타입	오프셋	값	상세
Magic	WORD	0x00000110	0x020B	HDR64_MAGIC
Major LinkerVersion Minor LinkerVersion	BYTE, BYTE	0x00000112	0x0C, 0x00	링커 버전 12.0
SizeOfCode	DWORD	0x00000114	0x00002800	코드 크기
SizeOfInitialized Data	DWORD	0x00000118	0x00002A00	초기화된 데이터 크기
AddressOfEntryPoint	DWORD, RVA	0x00000120	0x000017E0	.text:0x00000BE0 프로그램 최초 진입 번지
BaseOfCode	DWORD	0x00000124	0x00001000	코드 시작 RVA
ImageBase	ULONGLONG	0x00000128	0x00000001 80000000	본 PE가 매핑될 시작 번지
SectionAlignment	DWORD	0x00000130	0x00001000	섹션 정렬 단위 4K 바이트
FileAlignment	DWORD	0x00000134	0x00000200	파일 정렬 단위 512바이트
Major/MinorOperating SystemVersion	WORD, WORD	0x00000138	0x0006, 0x0000	운영체제 버전 6.0
SizeOfImage	DWORD	0x00000148	0x0000A000	이미지 크기
SizeOfHeaders	DWORD	0x0000014C	0x00000400	헤더 크기
Subsystem	WORD	0x00000154	0x0002	WINDOWS_GUI
DllCharacteristics	WORD	0x00000156	0x0160	– HIGH_ENTROPY_VA – DYNAMIC_BASE – NX_COMPAT
SizeOfStackReserve	ULONGLONG	0x00000158	0x00000000 00100000	스택 1M 예약
SizeOfStackCommit	ULONGLONG	0x00000160	0x00000000 00001000	스택 4K 커밋
SizeOfHeapReserve	ULONGLONG	0x00000168	0x00000000 00100000	힙 1M 예약
SizeOfHeapCommit	ULONGLONG	0x00000170	0x00000000 00001000	힙 4K 커밋
NumberOfRvaAndSizes	DWORD	0x0000017C	0x00000010	데이터 디렉터리 엔트리 수

표 5-3 BasicDllMD2.dll의 IMAGE_DATA_DIRECTORY 배열

인덱스	VirtualAddress	Size
IMAGE_DIRECTORY_ENTRY_EXPORT(0)	0x00005240, .rdata:0x00003E40	0x000000A6
IMAGE_DIRECTORY_ENTRY_IMPORT(1)	0x000052E8, .rdata:0x00003EE8	0x00000064
IMAGE_DIRECTORY_ENTRY_RESOURCE(2)	0x00008000, .rsrc:0x00004C00	0x000001E0
IMAGE_DIRECTORY_ENTRY_EXCEPTION(3)	0x00007000, .pdata:0x00004800	0x00000330
IMAGE_DIRECTORY_ENTRY_ BASERELOC(5)	0x00009000, .reloc:0x00004E00	0x00000030
IMAGE_DIRECTORY_ENTRY_DEBUG(6)	0x000041E0, .rdata:0x00002DE0	0x00000038
IMAGE_DIRECTORY_ENTRY_LOAD_ CONFIG(10)	0x00004D00, .rdata:0x00003900	0x00000070
IMAGE_DIRECTORY_ENTRY_IAT(12)	0x00004000, .rdata:0x00002C00	0x000001B0

표 5-4 BasicDllMD2.dll의 IMAGE_SECTION_HEADER 배열

Name	.text	.rdata	.data
VirtualSize	0x0000270B	0x000018CC	0x00000690
VirtualAddress	0x00001000	0x00004000	0x00006000
SizeOfRawData	0x00002800	0x00001A00	0x00000200
PointerToRawData	0x00000400	0x00002C00	0x00004600
Characteristics	0x60000020 CODE | EXECUTE | READ	0x40000040 INIT_DATA | READ	0xC0000040 INIT_DATA | READ

Name	.pdata	.rsrc	.reloc
VirtualSize	0x00000330	0x000001E0	0x00000030
VirtualAddress	0x00007000	0x00008000	0x00009000
SizeOfRawData	0x00000400	0x00000200	0x00000200
PointerToRawData	0x00004800	0x00004C00	0x00004E00
Characteristics	0x40000040 INIT_DATA | READ	0x40000040 INIT_DATA | READ	0x42000040 INIT_DATA | DISCARD | READ

이제부터 DLL의 생성 방법과 그 결과 생성된 DLL의 PE 섹션 중 내보내기 섹션에 대하여 자세히 살펴보기로 한다.

5.1 DLL의 생성

먼저 DLL을 만드는 방법에 대하여 간단히 알아보도록 하자. DLL을 만드는 방법에는 크게 두 가지가 있다. 하나는 고전적인 DLL 정의 방법인 모듈 정의 파일을 이용하는 것이고, 다른 하나는 비주얼 C++ 내장 지시어인 __declspec(dllexport)를 이용하는 것이다. 두 가지 방법을 통해서 앞으로 DLL PE 분석에 사용할 샘플인 BasicDll이라는 DLL을 만들어볼 것이다. 예시하는 DLL은 다음의 기능을 하는 세 개의 API와 하나의 전역 변수를 정의한다.

① **void WINAPI YHD3_DrawText(HDC hDC, LPTSTR pszText, POINT ptPos)**

   pszText로 넘겨 준 문자열을 hDC에 해당하는 디바이스 컨텍스트의 위치 ptPos에 출력한다.

② **SIZE WINAPI YHD6_CalcTextWidth(HDC hDC, LPTSTR pszText)**

   문자열 pszText가 디바이스 컨텍스트 hDC에 출력되었을 때, 문자열의 폭과 높이를 SIZE 구조체에 담아서 반환한다.

③ **BOOL WINAPI YHD7_IsPointInRect(RECT rcRgn, POINT ptPos)**

   좌표 ptPos가 사각형 영역 rcRgn 내에 포함되면 TRUE를, 그렇지 않으면 FALSE를 반환한다.

④ **TCHAR YHD4_MSG_BUFF[64];**

   창에 출력할 형식화된 문자열 버퍼를 내보낸다.

여기서 각 함수와 변수의 이름 선두에 YHD3, YHD6, YHD7, YHD4를 붙인 이유는 모듈 정의 파일에서 지정할 내보내기 함수의 서수(Ordinal)를 쉽게 식별할 수 있게 하기 위함이다.

다음은 위에서 설명한 기능을 구현하기 위한 DLL의 기본 소스인 BasicDll.cpp다.

```
#include "Windows.h"
#include "tchar.h"


TCHAR YHD4_MSG_BUFF[64];

void WINAPI YHD3_DrawText(HDC hDC, PCTSTR pszText, POINT pt)
{
   TextOut(hDC, pt.x, pt.y, pszText, (int)_tcslen(pszText));
}


SIZE WINAPI YHD6_CalcTextWidth(HDC hDC, PCTSTR szText)
{
   SIZE si;
```

```
    if (!GetTextExtentPoint32(hDC, szText, (int)_tcslen(szText), &si))
        si.cx = si.cy = 0;
    return si;
}


BOOL WINAPI YHD7_IsPointInRect(LPCRECT prc, POINT pt)
{
    return PtInRect(prc, pt);
}
```

DLL 생성 방법과 각 방법들을 비교하기 위해 위 코드를 기본 소스로 삼아 프로젝트를 구분해서 DLL을 제작할 예정이다. 우선 별도의 작업 없이 위 소스를 컴파일해보자. 프로젝트는 〈BasicDllNO〉며, 이 프로젝트를 빌드하면 BasicDllNO.dll이 생성될 것이다. 하지만 DLL 파일만 생성되고 이 DLL과 관련된 LIB 파일이나 EXP 파일은 생성되지 않았음을 알 수 있다. DLL 생성 시 함께 생성되는 확장자가 LIB인 파일을 '가져오기 라이브러리 파일(Import Library File)'이라고 하고, 확장자가 EXP인 파일을 '내보내기 라이브러리 파일(Export Library File)'이라고 한다. 가져오기 라이브러리 파일은 해당 DLL이 내보낸 함수/변수의 정보를 담고 있으며, 이 DLL을 사용하는 측을 위해 제공된다. 내보내기 라이브러리 파일은 링커가 해당 DLL에 내보내기 섹션 정보를 지정할 수 있도록 정보를 제공하는 파일이다. 왜 이 두 파일이 생기지 않았을까? DumpBin을 통해서 다음과 같이 확인해보자.

```
Z:\PE_Test>dumpbin /exports BasicDllNO.dll
Microsoft (R) COFF/PE Dumper Version 11.00.60610.1
Copyright (C) Microsoft Corporation.  All rights reserved.


Dump of file BasicDllNO.dll


File Type: DLL
  Summary

        1000 .data
        1000 .pdata
        2000 .rdata
        1000 .reloc
        3000 .text
```

DLL을 사용하는 이유는 기존의 정적 라이브러리*와 동일하다. 반복해서 사용하는 코드를 매번 작성하는 것이 아니라, 따로 바이너리 모듈로 만들어두고 필요할 때마다 링크해서 사용하려는 것이 목적이다. 차이는 정적 라이브러리의 경우 라이브러리의 코드나 데이터가 링크 시에 그것을 사용하는 PE 파일 내에 병합(링크 타임 병합, 그래서 정적 라이브러리를 링크하면 그만큼 PE 파일의 크기가 커진다)되어 버리지만, DLL의 경우 라이브러리의 코드나 데이터는 해당 PE가 실행을 위해 최초로 로드될 때 그 PE의 프로세스 가상 주소 공간에 병합(로드 타임 병합)된다는 점이다. 따라서 링크된 EXE의 PE 파일 자체는 해당 DLL의 함수에 대한 간단한 정보만 가지게 되며, 그만큼 PE 파일의 크기는 줄어들게 된다.

모듈 자체가 정적 라이브러리처럼 EXE의 PE 이미지 내에 병합되는 것이 아니기 때문에, DLL의 경우에는 이렇게 실행 이미지에 병합하고자 하는 함수/변수는 미리 병합될 함수라는 것을 링커에게 알려줘야 한다. 이렇게 알려주는 것을 '내보내기(Export)'라고 하는데, 내보내지 않으면 해당 DLL 내에서 어떤 함수 및 변수를 사용할 수 있는지를 판단할 수 없다. 앞의 소스 BasicDll.cpp에서는 단지 함수만 정의했을 뿐 다른 어떠한 것도 지정하지 않았고, 그 결과 내보낼 아무런 요소가 없기 때문에 DLL만 생성되고 LIB나 EXP 파일은 생성되지 않았던 것이다. 뿐만 아니라 DumpBin에 '/exports' 옵션을 주어 BasicDllNO.dll의 내보내기 정보를 요구해도 아무런 정보도 볼 수 없다.

5.1.1 함수/변수 내보내기

정의한 함수들을 내보낼 것이라고 컴파일러나 링커에게 알려주는 방법으로는 **모듈 정의 파일을 정의**하거나 **__declspec(dllexport) 지시어를 사용**하는 것이다. 모듈 정의 파일이나 __declspec(dllexport) 지시어와 상관없이 결국 다른 PE 이미지가 해당 DLL의 특정 함수/변수를 사용할 수 있게 하려면 그것들을 내보내야 한다. DLL 작성 시에 편하고 가장 권장되는 방법이 __declspec(dllexport) 방식이므로, 먼저 __declspec(dllexport) 지시어를 이용하는 방법에 대하여 알아보자.

1) __declspec(dllexport) 지시어 이용

MS에서는 16비트 컴파일러 버전의 비주얼 C++에 __export 지시어를 도입하여 컴파일러에서 내보낼 함수/변수의 이름을 자동으로 생성한 다음 라이브러리(*.lib) 파일에 포함시킬 수 있

---

* DLL이 나오면서 기존에 사용하던, 확장자가 lib인 라이브러리는 Static Library라고 하여 둘을 구분한다.

도록 했다. 이 LIB 파일은 나중에 생성된 DLL에 링크하는 정적 라이브러리처럼 사용될 수 있다. 32비트 또는 64비트 컴파일러의 경우는 __declspec(dllexport) 지시어를 사용하여 데이터와 함수, 더 나아가서 C++ 클래스까지 내보낼 수 있도록 기능이 확장되었다. 함수/변수 정의 시에 __declspec(dllexport) 지시어를 지정하면 컴파일 시 컴파일러가 알아서 내보내기 지시어를 추가해준다. 따라서 별도의 모듈 정의 파일을 정의할 필요가 없으므로 사용하기에 상당히 편리하다. 어떤 경우든 컴파일러를 통해 미리 알려준다는 점을 염두에 두고, 우선 __declspec(dllexport) 지시어를 사용해서 DLL을 만들어보자.

다음 소스는 앞서 예를 든 BasicDll.cpp를 변경하였으며, 프로젝트 〈BasicDllDE〉에 그 내용이 담겨 있다. BasicDll.cpp의 변경사항은 다음과 같다.

소스 5-1 BasicDll.cpp

```
#include "Windows.h"
#include "tchar.h"


__declspec(dllexport) TCHAR YHD4_MSG_BUFF[64];


__declspec(dllexport) void WINAPI YHD3_DrawText(HDC hDC, PCTSTR pszText, POINT pt)
{
  TextOut(hDC, pt.x, pt.y, pszText, (int)_tcslen(pszText));
}


__declspec(dllexport) SIZE WINAPI YHD6_CalcTextWidth(HDC hDC, PCTSTR szText)
{
  SIZE si;
  if (!GetTextExtentPoint32(hDC, szText, (int)_tcslen(szText), &si))
    si.cx = si.cy = 0;
  return si;
}


__declspec(dllexport) BOOL WINAPI YHD7_IsPointInRect(LPCRECT prc, POINT pt)
{
  return PtInRect(prc, pt);
}
```

정의 방법은 소스에서처럼 변수나 함수 정의 앞에 단순히 __declspec(dllexport) 지시어를 추가하면 된다. 이제 프로젝트 〈BasicDllDE〉를 빌드해보라. 기본적으로 BasicDllDE.dll과 함께 BasicDllDE.exp, 그리고 이 DLL을 링크할 때 필요한 가져오기 라이브러리 파일인 BasicDllDE.lib 파일이 생성되었음을 확인할 수 있을 것이다.

이번에는 DumpBin을 통하여 앞서 생성된 BasicDllDE.dll의 내보내기 정보를 직접 확인해보자.

```
Z:\PE_Test>dumpbin /exports basicdllde.dll
    ⋮

    ordinal hint    RVA       name
          1    0   00001000   ?YHD3_DrawText@@YAXPEAUHDC__@@PEB_WUtagPOINT@@@Z = ?YH
D3_DrawText@@YAXPEAUHDC__@@PEB_WUtagPOINT@@@Z (void __cdecl YHD3_DrawText(struct
 HDC__ *,wchar_t const *,struct tagPOINT))
          2    1   00006000   ?YHD4_MSG_BUFF@@3PA_WA = ?YHD4_MSG_BUFF@@3PA_WA (wchar
_t * YHD4_MSG_BUFF)
          3    2   00001090   ?YHD6_CalcTextWidth@@YA?AUtagSIZE@@PEAUHDC__@@PEB_W@Z
 = ?YHD6_CalcTextWidth@@YA?AUtagSIZE@@PEAUHDC__@@PEB_W@Z (struct tagSIZE __cdecl
YHD6_CalcTextWidth(struct HDC__ *,wchar_t const *))
          4    3   00001110   ?YHD7_IsPointInRect@@YAHPEBUtagRECT@@UtagPOINT@@@Z = ?
YHD7_IsPointInRect@@YAHPEBUtagRECT@@UtagPOINT@@@Z (int __cdecl YHD7_IsPointInRec
t(struct tagRECT const *,struct tagPOINT))
```

DumpBin의 실행 결과가 상당히 복잡하다. 먼저 DumpBin이 제공하는 내보내기 섹션의 정보 중 아래 쪽에 열거된 'ordinal'과 'hint', 'RVA'와 'name' 칼럼에 대한 설명을 간단히 하고자 한다.

- **ordinal** : 내보낸 함수의 서수
- **hint** : 내보낸 함수의 함수 이름 또는 서수 테이블의 인덱스
- **RVA** : 내보낸 함수가 정의된 코드의 시작 번지를 지정하는 RVA 값
- **name** : 내보낸 함수의 이름

내보낸 함수는 함수 이름뿐만 아니라 서수도 함께 지정되어 항상 쌍을 이룬다. 서수는 내보낸 함수에 대하여 이름이 아닌 배열의 인덱스를 사용하듯 그 함수를 찾을 수 있도록 제공되는 식별 번호를 통해 볼 수 있다. __declspec(dllexport) 지시어를 통해서는 서수를 사용자가 직접 지정할 수 없으므로, 컴파일러가 임의로 서수를 지정한다. 일단 서수는 그렇다 치더라도 문제는 name 칼럼의 함수 이름이다. DLL의 PE 파일 내에 저장된 내보내기 함수의 이름은 우리가 원했던 이름이 아니다.

예를 들어 우리가 정의한 함수명은 'YHD3_DrawText'이지만, 실제로 내보낸 함수의 이름은 다음과 같이 매우 복잡한 형태의 이름으로 변경되어 버린다.

    YHD3_DrawText ➡ ?YHD3_DrawText@@YAXPEAUHDC__@@PEB_WUtagPOINT@@@Z

이는 BasicDllDE.dll PE 파일 내의 내보내기 섹션에 저장된 함수의 이름이 YHD3_DrawText 가 아니라 실제로 위의 형태로 저장된다는 것을 의미한다. 다음 그림은 PE Explorer 툴이 분석한, BasicDllDE.dll 내의 내보내기 섹션에 저장된, 내보낸 함수/변수의 이름을 보여준다.

그림 5-1 BasicDllDE.dll의 내보내기 섹션

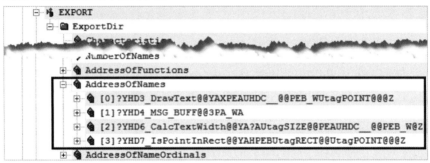

다음으로 name 칼럼의 복잡한 함수명 뒤에, 즉 '=' 이후에 함수 이름 자체보다 더 복잡한 문자열이 따라온다. '=' 이후의 이 문자열은 해당 함수에 대한 링크 '심볼 이름(Symbol Name)'을 의미한다. hint와 링크 심볼 이름은 DLL 내에 존재하는 정보가 아니라 DumpBin이 추가적으로 보여주는 정보다. hint는 6장의 가져오기 섹션에서 설명할 것이며, 링크 심볼 이름은 암시적 링크* 시에 외부에 존재하는 함수에 대하여 링커가 식별하는 이름이다. 이 정보는 DLL 생성 시에 함께 생성되는 LIB 파일 내에 존재하며, 링크 시에 이 심볼 이름을 이용해서 링크할 함수를 찾는다. 프로젝트 빌드 시에 발생하는 대표적인 링크 에러가 바로 일치하는 심볼 이름을 찾지 못하는 에러다. 심볼 이름의 존재를 확인하려면 다음처럼 DumpBin을 통해서 BasicDllDE.lib 파일의 내보내기 섹션을 조사하면 된다.

    Z:\PE_Test>dumpbin /exports BasicDllDE.lib
    Dump of file BasicDllDE.lib
    File Type: LIBRARY

---

* 암시적 링크는 EXE에서 DLL이 내보낸 함수/변수를 사용할 때 해당 DLL을 링크하는 방법으로, 링크 시에 DLL과 함께 생성되는 LIB 파일을 통해 DLL을 사용할 수 있는 반면, 명시적 링크는 실행 중에 사용자가 DLL을 직접 로드하여 사용하는 방법이다. 이 두 링크의 차이와 사용법은 6장에서 설명한다.

```
Exports

  Ordinal name
            ?YHD3_DrawText@@YAXPEAUHDC__@@PEB_WUtagPOINT@@@Z (void __cdecl YHD3_
DrawText(struct HDC__ *,wchar_t const *,struct tagPOINT))
            ?YHD6_CalcTextWidth@@YA?AUtagSIZE@@PEAUHDC__@@PEB_W@Z (struct tagSIZE __
cdecl YHD6_CalcTextWidth(struct HDC__ *,wchar_t const *))
            ?YHD7_IsPointInRect@@YAHPEBUtagRECT@@UtagPOINT@@@Z (int __cdecl YHD7_
IsPointInRect(struct tagRECT const *,struct tagPOINT))
```

결과를 보면 BasicDllDE.dll의 '='뒤에 나오는 복잡한 문자열과 위의 name 칼럼의 이름이 일치하는 것을 볼 수 있다. 다음은 BasicDllDE.dll의 내보내기 섹션에 대한 DumpBin의 출력 정보다.

표 5-5 BasicDllDE의 내보내기 섹션 DumpBin 출력 결과

ordinal	hint	RVA	name
1	0	0x00001000	?Y**HD3_DrawText**@@YAXPEAUHDC__@@PEB_WUtagPOINT@@@Z
Symbol Name			?Y**HD3_DrawText**@@YAXPEAUHDC__@@PEB_WUtagPOINT@@@Z(void __cdecl YHD3_DrawText(struct HDC__ *,wchar_t const *,struct tagPOINT))
2	1	0x00006000	?Y**HD4_MSG_BUFF**@@3PA_WA
Symbol Name			?Y**HD4_MSG_BUFF**@@3PA_WA(wchar_t * YHD4_MSG_BUFF)
3	2	0x00001090	?Y**HD6_CalcTextWidth**@@YA?AUtagSIZE@@PEAUHDC__@@PEB_W@Z
Symbol Name			?Y**HD6_CalcTextWidth**h@@YA?AUtagSIZE@@PEAUHDC__@@PEB_W@Z(struct tagSIZE __cdecl YHD6_CalcTextWidth(struct HDC__ *,wchar_t const *))
4	3	0x00001110	?Y**HD7_IsPointInRect**@@YAHPEBUtagRECT@@UtagPOINT@@@Z
Symbol Name			?Y**HD7_IsPointInRect**@@YAHPEBUtagRECT@@UtagPOINT@@@Z(int __cdecl YHD7_IsPointInRect(struct tagRECT const *,struct tagPOINT))

식별번호에 해당하는 서수는 1부터 차례대로 임의로 지정되고, 내보낸 함수/변수의 이름은 우리가 지정한 이름이 아니라 아주 복잡한 형태의 이름으로 지정된 것을 알 수 있다. DLL의 내보내기 섹션에 저장되는 함수 이름이 복잡한 형태의 이름으로 지정된다는 점에 유의하면서, 이제 이렇게 만든

DLL을 링크하고 사용하는 경우를 간단히 확인해보자.

먼저 DLL을 사용할 수 있도록 하기 위하여 헤더 파일을 하나 정의하자. 다른 사용자들이 여러분이 만든 DLL을 사용하려면 제공되는 함수/변수의 프로토타입을 알아야 할 것이다. 따라서 지금 정의하는 헤더 파일은 DLL 제작 자체와는 전혀 무관하며, 단지 이 DLL을 사용하는 측을 위한 변수와 함수 선언을 모은 것에 지나지 않는다.

다음은 BasicDllDE.dll을 위한 헤더 파일을 정의한 것이다.

```
소스 5-2  BasicDll.h

#ifndef __BASICDLL_H__
#define __BASICDLL_H__


__declspec(dllimport) TCHAR YHD4_MSG_BUFF[64];

void WINAPI YHD3_DrawText(HDC hDC, PCTSTR pszText, POINT pt);
SIZE WINAPI YHD6_CalcTextWidth(HDC hDC, PCTSTR pszText);
BOOL WINAPI YHD7_IsPointInRect(LPCRECT prc, POINT pt);


#endif  //__BASICDLL_H__
```

위 파일은 BasicDll.h로 프로젝트 〈BasicDllDE〉 내에 정의되어 있다. 특이한 사항은 전역 변수 YHD4_MSG_BUFF 선언 앞에 __declspec(**dllexport**)가 아닌 __declspec(**dllimport**) 지시어를 지정했다는 점이다. __declspec(**dllimport**)는 보통 __declspec(dllexport)와 쌍으로 사용되는 지시어다. __declspec(dllexport)는 앞에서 언급한 것처럼 컴파일러로 하여금 해당 함수가 내보낼 함수 또는 변수임을 알려주는 반면, __declspec(dllimport)는 컴파일러로 하여금 해당 함수/변수가 가져올 함수 또는 변수임을 알려주는 역할을 한다. 우선 위의 헤더 파일은 DLL 빌드 시에는 사용되지 않았다는 점에 유의하기 바란다. 앞서 소개했던 BaseicDll.cpp 소스에는 BasicDll.h 헤더 파일을 인클루드하는 부분이 없으므로, 순수하게 BasicDllDE.dll을 사용하기 위한 헤더 파일이다. 그렇다면 위의 헤더 파일에서 __declspec(**dllimport**) 지시어가 없으면 어떻게 될까? 함수의 경우는 정의(Definition)와 선언(Declaration)이 분리되기 때문에 헤더 파일의 함수 관련 표현들은 단순히 함수 선언임을 알 수 있지만, 변수의 경우는 선언과 정의가 동시에 이루어진다. 따라서 앞의 코드에서 __declspec(**dllimport**) 지시어가 없을 경우에는 BasicDllDE. dll에서 내보낸 YHD4_MSG_BUFF 버퍼와는 별도로, 이 헤더를 인클루드한 애플리케이션 내에 자신을 위한 YHD4_MSG_BUFF 변수를 또 정의하는 결과가 된다. 따라서 이 헤더를 인클루드한 애플리케이션의 프로세스 공간에는 2개의 YHD4_MSG_BUFF 버퍼가 서로 독립적으로 존재하게 될 것이다. 하지만 __declspec(dllimport) 지시어를 지정하면 컴파일러에게 해당 변수는 다른 DLL에서 내보낸 변수라는 것을 알려주는 동시에, 해당 변수에 대한 코드 상의 표현이 단순히 선언으로 그치게 하고 정의까지 가지 않게 한다. 따라서 해당 변수는 가져온 DLL 내의 공간에 별도로 존재한다는 것을 컴파일러가 인식하게 된다. 내보낸 함수에 대해서는 선언과 정의가 분리되기 때문에 굳이 __declspec(dllimport) 지시어를 지정할 필요가 없지만, 만약 함수 선언에 이 지시어를 지정하면 이 헤더를 인클루드하는 사용자 측에서는 결코 무시할 수 없는 성능의 향상을 가져온다. 함수에 대한 __declspec(dllimport) 지정에 따르는 이 미묘한 차이는 다음 장에서 상세하게 논의할 예정이므로, 우선은 내보낼 변수에 대해서는 정의가 아니라 선언임을 알리는 __declspec(dllimport)를 지정해줘야 한다는 점을 명심하기 바란다. 이렇게 헤더 파일까지 포함하여 DLL과 LIB 파일을 이 DLL을 사용코자 하는 사용자에게 배포한다면 DLL 제작의 목적을 달성하는 것이 된다. 물론 매뉴얼까지 함께 배포한다면 더 좋을 것이다.

이제 이렇게 만든 BasicDllDE.dll을 암시적 링크를 통해 사용해보자. 프로젝트 〈UseDllApp〉의 구체적인 설명은 다음 장에서 DLL 로딩과 함께 하기로 하고, 우선 생성된 DLL의 LIB 파일을 링크하는 관점에서 설명할 것이다. 프로젝트 〈UseDllApp〉의 UseDllApp.cpp 파일의 선두는 다음과 같다.

```
#include "../BasicDllDE/BasicDll.h"
#ifdef _WIN64
#  ifdef _DEBUG
#     pragma comment(lib, "../0.bin/x64/Debug/BasicDllDE.lib")
#  else
#     pragma comment(lib, "../0.bin/x64/Release/BasicDllDE.lib")
#  endif
#else
#  ifdef _DEBUG
#     pragma comment(lib, "../0.bin/x86/Debug/BasicDllDE.lib")
#  else
#     pragma comment(lib, "../0.bin/x86/Release/BasicDllDE.lib")
#  endif
#endif
```

앞의 코드는 #pragma 문을 사용하여 BasicDllDE.lib를 링크하도록 만든 것이다. 우선 프로젝트 〈UseDllApp〉를 빌드해보라. 아무 문제 없이 빌드되고 UseDllApp.exe 실행파일이 생성될 것이다. 여기까지 왔다면 이제 BasicDllDE.dll의 제작은 제대로 완료된 것이다. 이번에는 모듈 정의 파일을 사용하여 DLL을 제작해보자.

2) 모듈 정의 파일 사용

윈도우 3.1부터 DLL을 정의하던 유일한 방식이기도 한 모듈 정의 파일(Module Definition File)은 DLL의 다양한 속성을 기술하는, 일반적으로 확장자 ***.def**를 가지는 텍스트 기반 파일이다. 모듈 정의 파일을 사용한다는 것은 바로 이 DEF 파일을 정의하여 프로젝트에 추가시켜야 함을 의미하며, 이 방식은 C로 윈도우 프로그램을 작성하던 시절부터 제공되던 수단이기 때문에 __declspec(dllexport) 지시어를 사용하는 경우와 다르게 클래스를 내보낼 수 없다. 그래서 DLL의 전통적인 기능에 맞게 함수를 내보내고자 한다면 모듈 정의 파일을 사용해야 한다. 모듈 정의 파일을 이용할 경우의 장점은 DLL의 내보내기 섹션에 사용자가 원하는 이름 그대로 함수/변수의 이름을 노출시킬 수 있다는 점과, 내보낼 함수/변수의 서수를 사용자가 직접 지정할 수 있다는 점이다. 사용자가 지정한 이름 그대로 내보낼 수 있다는 점은 뒤에서 설명하기로 하고, 먼저 서수를 지정할 때의 장점을 살펴보기로 하자. 물론 이 장점은 요즘같이 하드웨어가 발달된 상황이라면 크게 의미를 부여하지 못할 수도 있겠지만 말이다. 그 장점은 다음과 같다.

- __declspec(dllexport)를 사용해서 함수를 내보내면, 나중에 이 함수를 링크할 때 함수 이름에 대한 문자열 비교를 통해 해당 함수를 찾아 링크하게 된다. 하지만 서수를 함께 내보내면 해당 서수를 통해 링크되며, 이 서수가 내보내기 함수들에 대한 인덱스 역할을 하기 때문에 문자열 비교 없이 빠른 속도로 해당 함수를 링크할 수 있다.
- DLL에 내보내기 함수를 새롭게 추가할 때, 이 함수에 해당하는 서수를 그 DLL 내에서 내보낸 다른 모든 함수의 서수 값들보다 더 높은 값으로 할당할 수 있다. 이렇게 되면 암시적인 링크를 사용하는 애플리케이션에서 새로운 함수가 추가된 DLL에 해당하는 LIB 파일을 다시 링크할 필요가 없어진다. 이 경우에 기존의 DLL에 새로운 기능을 추가하여 계속 업그레이드하면서 기존 애플리케이션이 업그레이드된 DLL과 올바르게 작동하도록 할 수 있다.

이제 모듈 정의 파일을 이용해서 우리가 위의 BasicDll.cpp에서 정의한 3개의 함수를 내보내 보자. 프로젝트는 __declspec(dllexport) 지시어를 사용하는 프로젝트와 구분하기 위하여 〈BasicDllMD〉로 했으며, 모듈 정의 파일 BasicDll.def는 다음과 같다.

```
소스 5-3 BasicDll.def

LIBRARY BasicDllMD
EXPORTS
    YHD3_DrawText        @3
    YHD7_CalcTextWidth   @6
    YHD9_IsPointInRect   @7
    YHD4_MSG_BUFF        @4 DATA
```

모듈 정의 파일은 윈도우 3.1부터 DLL을 정의하던 유일한 방식이었다. 당시만 해도 메모리의 제약 등 여러 요인들 때문에 모듈 정의 파일을 위해서 지원되는 여러 지시어가 존재했었다. 하지만 VC++의 기능이 확장됨에 따라, 점차 DLL 작성 시 모듈 정의 파일의 이용이 줄어들고 대신 __declspec(dllexport) 지시어를 사용하는 비중이 늘어나면서 이전 3.1 시절에 모듈 정의 파일에서 지원되던 수많은 지시어들은 그 의미를 상실하게 되었다. 이에 모듈 정의 파일에서 사용되는 지시어들 중 〈소스 5-3〉에서의 DLL 생성과 관련된 'LIBRARY'와 'EXPORTS' 지시어에 대해서만 알아보자.

모듈 정의 파일은 말 그대로 모듈을 정의한다는 의미다. 이 말은 곧 작성하는 PE가 DLL이 아니라 EXE라 하더라도 링크 시에 모듈 정의 파일에 정의된 지시어들이 유효함을 말하며, 링커는 모듈 정의 파일이 존재하면 이 파일에 지정된 지시어들을 링크 스위치로 해석하게 된다. 다시 말하면 모듈 정의 파일이 반드시 함수/변수의 내보내기만을 위해, 즉 DLL 작성을 위해서만 존재하는 것이 아니라 모듈 정의 파일에서 정의된 지시어들은 링크 시의 링크 스위치를 대신한다. 이는 반대로 말하면, 모듈 정의 파일 대신 사용할 수 있는 링커 옵션이 지원된다는 것을 의미하며, 따라서 일반적으로는 모듈 정의 파일이 필요하지 않다. 하지만 함수/변수를 내보내고자 할 경우 〈소스 5-3〉에서처럼 EXPORTS 지시어 아래 내보낼 항목들을 한 번에 정의할 수 있기 때문에 DLL 작성 시 모듈 정의 파일을 사용하는 것이다.

| LIBRARY |

```
LIBRARY [library][BASE=address]
```

이 지시어는 링커로 하여금 DLL을 만들도록 지시한다. 해당 빌드에 내보내기 라이브러리 파일(EXP)이 사용되지 않은 경우에는 LINK 명령을 통해 가져오기 라이브러리 파일(LIB)도 동시에 만든다. LIBRARY 지시어의 옵션은 다음과 같다.

- **library 옵션**

  DLL의 이름을 지정한다. 링크 시 '/OUT' 스위치를 사용하여 DLL의 출력 이름을 지정할 수 있다.

- **BASE=address 옵션**

  운영체제가 해당 DLL을 로드하는 데 사용하는 기본 주소를 설정한다. BASE 옵션을 지정하지 않으면 2장의 IMAGE_OPTIONAL_HEADER의 ImageBase 필드에서 설명했던 디폴트 값인 DLL 매핑 주소로 설정된다. address는 ImageBase 필드에 설정되는 값으로, 링커의 '/BASE' 옵션을 통해 대신할 수 있다.

| EXPORTS |

```
EXPORTS
    definition
    ...
```

EXPORTS 문은 내보낼 함수나 데이터를 포함하는 하나 이상의 definition 문으로 이루어진 섹션을 만들어낸다. 이 섹션이 바로 내보내기 섹션이며, 모듈 정의 파일에는 하나 이상의 EXPORTS 문이 존재할 수 있다. 내보내기 정의 구문은 다음과 같다.

```
entryname[=internalname] [@ordinal [NONAME]] [PRIVATE] [DATA]
```

- **entryname**

  내보내고자 하는 함수 또는 변수의 이름으로 반드시 지정되어야 하는 요소다. internalname의 경우는 entryname에 내보내고자 하는 함수/변수의 이름을 실제와 다르게 지정하고자 할 때 그 실제 이름을 지정하기 위해 사용된다. 예를 들어, DLL이 OriginalExpFunc이라는 함수를 내보내고자 할 때, 이 함수를 AltinativeFunc라는 이름으로 내보내고자 한다면 다음과 같이 지정하면 된다.

  ```
  AltinativeFunc = OriginalExpFunc
  ```

- **@ordinal**

  ordinal은 서수를 의미하며, 원하는 번호를 지정하면 함수 이름과 함께 이 번호(서수)가 DLL의 내보내기 테이블에 들어가도록 지정된다. 이렇게 서수를 지정하면 나중에 DLL을 링크하는 애플리케이션에서는 이름 대신 서수를 통해 해당 함수를 링크하게 된다. 물론 LIB 파일에는 서수와 이름 간의 매핑이 들어 있기 때문에 DLL을 사용하는 애플리케이션에서는 서수뿐만 아니라 함수/변수의 이름도 사용할 수 있다.

- **선택적 지시어 NONAME**

  NONAME 지시어를 사용하면 함수/변수를 이름과 서수 없이 코드만 내보내기 때문에, 만약 해당 DLL이 내보내기 항목을 많이 정의할 경우에는 내보내기 섹션의 크기를 줄일 수 있어서 DLL의 크기를 최적화할 수 있는 이점이 있다. 하지만 GetProcAddress 함수를 이용하여 DLL 내의 함수를 직접 로드하는 명시적 링크를 사용할 경우에는 DLL에 함수의 이름이나 서수가 존재하지 않기 때문에 사용할 수 없으며, LIB 파일을 통한 암시적 링크만 가능하다는 단점이 있다.

- **선택적 지시어 PRIVATE**

  PRIVATE 지시어는 NONAME과 반대의 기능을 한다고 볼 수 있다. PRIVATE를 지정하면 LINK로 생성된 LIB 파일에 entryname이 포함되지 않는다. 아마 COM을 C++로 직접 작성해 보았다면 COM을 In-Process 서버로 작성했을 때 내보내야만 하는 4개의 함수, 즉 COM 시스템이 객체의 등록과 해제, 그리고 로드와 언로드를 위해 호출되는 함수를 위해 다음과 같은 모듈 정의 파일을 작성해본 적이 있을 것이다.

  ```
  LIBRARY "InProcCom.dll"
  EXPORTS
  DllCanUnloadNow        PRIVATE
  DllGetClassObject      PRIVATE
  DllRegisterServer      PRIVATE
  DllUnregisterServer    PRIVATE
  ```

  이 모듈 정의 파일을 통해 생성된 가져오기 라이브러리 파일 InProcCom.lib를 DumpBin 툴을 통해서 확인해보면 내보진 함수의 이름이 LIB 파일에 없음을 알 수 있다. 일반적으로 COM 객체는 COM 시스템에 의해 동적으로 관리되기 때문에 가져오기 라이브러리 파일을 통해 암시적으로 링크할 일이 없다. 따라서 내보진 함수들을 암시적으로 링크하지 못하도록 하기 위해 이 지시어를 지정하게 된다. 하지만 생성된 DLL의 PE 자체에는 내보내기 정보가 존재하며, 따라서 이 지시어를 사용하면 GetProcAddress 함수를 사용하는 명시적 링크만 가능하다.

- **선택적 지시어 DATA**

  내보내기의 대상이 코드가 아니라 데이터임을 알려준다. 예를 들어 다음과 같이 데이터 변수를 내보낼 수도 있다.

  ```
  EXPORTS g_nExpData DATA
  ```

다음은 EXPORTS 섹션을 정의하는 예다.*

```
EXPORTS
MY_DLL_DATA        @1            PRIVATE, DATA
WindowsName    =    WIN_NAME    DATA
```

---

* 이외 나머지 지시어로는 DESCRIPTION, EXETYPE, HEAPSIZE, NAME, SECTIONS, STACKSIZE, STUB, VERSION, VXD 등이 있으며, 이 지시어들 역시 LINK 옵션을 통해서 직접 지정할 수 있다. 하지만 DLL 생성과는 직접적인 관련이 없기 때문에 여기서는 설명을 생략한다.

```
DllGetClassObject  @4        NONAME, PRIVATE
DllRegisterServer  @7
DllUnregisterServer
```

이제 이 모듈의 정의 파일을 프로젝트에 포함시켜 컴파일과 링크를 걸어보자. 다음 그림과 같이 프로젝트 설정의 **[링크→입력: 모듈 정의 파일]** 옵션에 'BaiscDll.def'를 지정하면 실제로 모듈 정의 파일이 함께 링크된다.

그림 5-2 모듈 정의 파일 설정

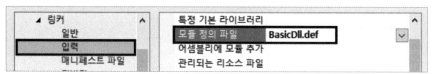

또는 다음과 같이 명령 창에서 링크 스위치를 통해서도 모듈 정의 파일을 링크시킬 수 있다.

```
LINK /DEF:BasicDll.def
```

모듈 정의 파일을 이용한다는 것은 모듈 정의 파일을 참조하여 내보낼 내용을 판단하겠다는 것을 의미한다. 따라서 C++ 소스를 수정할 필요 없이 단지 모듈 정의 파일만 정의하는 것으로 끝난다. 이제 모듈 정의 파일을 이용하도록 구성된 프로젝트 〈BasicDllMD〉를 빌드해보라. 마찬가지로 BasicDllMD.dll과 BasicDllMD.lib, 그리고 BasicDllMD.exp 파일이 생성된다. 또한 이 DLL을 사용하기 위한 헤더 파일 역시 앞서 __declspec(dllexport)를 이용하여 제작한 DLL을 위한 헤더 파일을 그대로 사용해도 상관없다. __declspec(**dllimport**) 지시어는 모듈 정의 파일을 통해 제작한 DLL의 사용에도 그대로 적용된다. 따라서 BasicDllDE 폴더에 만들어둔 BasicDll.h 헤더 파일을 BasicDllMD 폴더에 그대로 복사하고, 이 헤더 파일과 BasicDllMD.lib 파일을 이용해서 앞서 확인했던 프로젝트 〈UseDllApp〉의 #include 부분과 #pragma 부분을 다음과 같이 수정해서 빌드해보면 아무 문제 없이 빌드되는 것을 확인할 수 있을 것이다.

```
#include "../BasicDllMD/BasicDll.h"
#ifdef _WIN64
#  ifdef _DEBUG
#     pragma comment(lib, "../0.bin/x64/Debug/BasicDllMD.lib")
         ⋮
```

이제 모듈 정의 파일 정의를 통해서 생성된 DLL의 내보내기 섹션을 확인해보자. 다음은 BasicDllMD.dll의 내보내기 섹션을 DumpBin을 통해서 그 내용을 출력한 것이다.

```
Z:\PE_Test>dumpbin /exports basicdllmd.dll
        ⋮
    ordinal hint   RVA       name

        3    0    00001000 YHD3_DrawText = ?YHD3_DrawText@@YAXPEAUHDC__@@PEB_WUta
gPOINT@@@Z (void __cdecl YHD3_DrawText(struct HDC__ *,wchar_t const *,struct tag
POINT))
        4    1    00006000 YHD4_MSG_BUFF = ?YHD4_MSG_BUFF@@3PA_WA (wchar_t * YHD4
_MSG_BUFF)
        6    2    00001060 YHD6_CalcTextWidth = ?YHD6_CalcTextWidth@@YA?AUtagSIZE
@@PEAUHDC__@@PEB_W@Z (struct tagSIZE __cdecl YHD6_CalcTextWidth(struct HDC__ *,w
char_t const *))
        7    3    000010E0 YHD7_IsPointInRect = ?YHD7_IsPointInRect@@YAHPEBUtagRE
CT@@UtagPOINT@@@Z (int __cdecl YHD7_IsPointInRect(struct tagRECT const *,struct
tagPOINT))
```

위 결과는 다음과 같다. __declspec(dllexport)를 이용한 경우, [표 5-5]와 어떤 차이가 있는지 비교해보자.

표 5-6 BasicDllMD의 내보내기 섹션 DumpBin 출력 결과

ordinal	hint	RVA	name
3	0	0x00001000	**YHD3_DrawText**
Symbol Name			?YHD3_DrawText@@YAXPEAUHDC__@@PEB_WUtagPOINT@@@Z (void __cdecl YHD3_DrawText(struct HDC__ *,wchar_t const *,struct tagPOINT))
2	1	0x00006000	**YHD4_MSG_BUFF**
Symbol Name			?YHD4_MSG_BUFF@@3PA_WA (wchar_t * YHD4_MSG_BUFF)
6	2	0x00001060	**YHD6_CalcTextWidth**
Symbol Name			?YHD6_CalcTextWidth@@YA?AUtagSIZE@@PEAUHDC__@@PEB_W@Z (struct tagSIZE __cdecl YHD6_CalcTextWidth(struct HDC__ *,wchar_t const *))
7	3	0x000010E0	**YHD7_IsPointInRect**
Symbol Name			?YHD7_IsPointInRect@@YAHPEBUtagRECT@@UtagPOINT@@@Z(int __cdecl YHD7_IsPointInRect(struct tagRECT const *,struct tagPOINT))

__declspec(dllexport)를 이용했을 경우와 다른 점은 바로 서수 부분이다. __declspec(dllexport) 지시어를 사용할 경우에는 서수를 별도로 지정할 수 없었고 컴파일러가 1부터 차례대로 서수를 지정했다. 컴파일러는 일반적으로 내보내기 이름을 기준으로 오름차순으로 정렬해서 그 순서대로 함수/변수에 서수를 부여한다. 반면에 모듈 정의 파일에서는 사용자가 직접 원하는 서수를 지정할 수 있다. 물론 모듈 정의 파일에서 서수를 별도로 지정하지 않는다면 __declspec(dllexport)의 경우와 동일하게 컴파일러가 알아서 서수를 차례대로 부여한다.

다음으로 서수의 차이보다 더 중요한 것은 우리가 지정했던 변수나 함수 이름의 차이다. 이제야 비로소 내보낸 함수/변수의 이름이 식별 가능한 형태를 띤다. 이는 다음 그림처럼 PE Explorer 툴을 통해서도 확인이 가능하다.

그림 5-3 BasicDllMD.dll의 내보내기 섹션

필드		타입	오프셋:RVA
AddressOfFunctions		DWORD, RVA	00003E5C:0000525C
AddressOfNames		DWORD, RVA	00003E60:00005260
	[0]YHD3_DrawText	DWORD, RVA	00003E7C:0000527C
	[1]YHD4_MSG_BUFF	DWORD, RVA	00003E80:00005280
	[2]YHD6_CalcTextWidth	DWORD, RVA	00003E84:00005284
	[3]YHD7_IsPointInRect	DWORD, RVA	00003E88:00005288
AddressOfNameOrdinals		DWORD, RVA	00003E64:00005264

__declspec(dllexport)의 경우 매우 복잡한 형태의 함수명이 설정되었지만 모듈 정의 파일의 경우에는 우리가 지정한 이름 그대로 내보내기 섹션에 설정된다. __declspec(dllexport)는 서수뿐만 아니라 내보내기 이름 또한 별도로 지정할 수 없다. 하지만 모듈 정의 파일의 EXPORT 지시어는 지정된 변수나 함수의 이름을 그대로 사용할 것을 컴파일러에 지시하기 때문에 여러분이 지정한 이름을 그대로 내보낼 수 있다. 이 차이는 생성된 DLL을 링크 타임의 암시적 링크를 이용할 때에는 전혀 문제가 되지 않는다. 하지만 애플리케이션이 실행 중인 런타임 시에 DLL을 동적으로 로드해서 해당 함수를 사용하고자 할 때에는 __declspec(dllexport)로 된 DLL을 사용하기가 거의 불가능함을 의미한다. 반면에 __declspec(dllexport)나 모듈 정의 파일 모두 LIB 파일 상의 '심볼 이름'은 동일하다는 사실은 [표 5-5]와 [표 5-6]의 비교를 통해서 확인할 수 있다.

5.1.2 내보내기 이름 데코레이션의 문제

프로젝트 〈UseDllApp〉에서 __declspec(dllexport)를 통해 생성된 LIB나 모듈 정의 파일로 생성된 LIB를 암시적으로 링크했을 때, 아무런 문제 없이 링크가 성공적으로 이루어진다는 것은 앞서 확인했다. 분명 양쪽을 통해 생성된 DLL이 내보낸 함수/변수의 이름이 서로 다름에도 불

구하고 말이다. 이는 생성된 DLL 자체는 암시적 링크와는 무관하다는 것을 의미한다. 사실 암시적 링크는 DLL 내에 존재하는 내보내기 섹션에 저장된 함수/변수의 이름을 참조하는 것이 아니라, LIB 파일 내에 저장된 함수/변수의 '심볼 이름'을 통해서 링크하기 때문이다. DumpBin의 결과, BasicDllDM.dll이나 BasicDllDE.dll 양쪽의 심볼 이름이 모두 일치한다는 점과 LIB 파일의 내보내기 섹션 내에 지정된 변수나 함수 이름이 바로 그 문제의 문자열, 즉 심볼 이름이 된다는 점 또한 이미 앞서 확인했다. 결론적으로 모듈 정의 파일을 이용하든 __declspec(dllexport)를 이용하든 LIB 파일에는 함수에 대하여 동일한 심볼 이름이 기록된다는 것을 의미하며, 그렇게 때문에 LIB 파일을 이용해서 링크하는 암시적 링크는 아무런 문제 없이 링크가 성공적으로 이루어지는 것이다. 또한 그렇게 링크된 애플리케이션의 실행도 문제가 없다. 하지만 차이를 좀 더 확실히 파악하기 위하여 '심볼 이름(Symbol Name)'에 대해서 살펴보기로 하자.

이번에는 프로젝트 〈UseDllApp〉에서 프로젝트 자체의 설정이 아닌 UseDllApp.cpp 파일에 대한 설정 창을 열어서, 다음 그림과 같이 [C/C++ → 고급: 컴파일 옵션] 설정을 C++가 아닌 C 코드로 컴파일하도록 옵션을 변경한 후 다시 이 프로젝트를 빌드해보라.

그림 5-4 [C/C++ → 고급: 컴파일 옵션] 설정

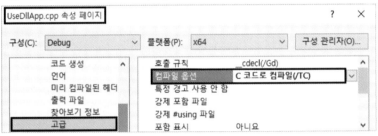

프로젝트 〈UseDllApp〉의 빌드 결과는 YHD3_DrawText, YHD6_CalcText-Width, YHD4_MSG_BUFF의 외부 심볼을 찾을 수 없다는 에러 메시지가 뜨고 빌드에 실패할 것이다.

경우 1 **C++ LIB 파일을 C EXE 프로젝트에서 링크**

1>------ 빌드 시작: 프로젝트: UseDllApp, 구성: Debug x64 ------
1> UseDllApp.cpp
1>UseDllApp.obj : error LNK2019: YHD3_DrawText 외부 심볼(참조 위치: WndProc 함수)에서 확인하지 못했습니다.
1>UseDllApp.obj : error LNK2019: YHD6_CalcTextWidth 외부 심볼(참조 위치: WndProc 함수)에서 확인하지 못했습니다.
1>UseDllApp.obj : error LNK2001: __imp_YHD4_MSG_BUFF 외부 심볼을 확인할 수 없습니다.

```
1>Z:\0.DevMune\1.Books\01.PE.For.64\02.srcs\Sample\UseDllApp\\..\0.bin\x64\Debug\
UseDllApp.exe : fatal error LNK1120: 3개의 확인할 수 없는 외부 참조입니다.
========== 빌드: 성공 0, 실패 1, 최신 0, 생략 0 ==========
```

이 상황은 C++로 작성된 DLL의 LIB 파일을 C로 작성된 EXE 프로젝트에서 링크했을 때 발생되
는 문제다. 이번에는 반대로 C로 작성된 DLL의 LIB 파일을 C++로 작성된 EXE 프로젝트에서 링
크하는 경우도 확인해보자. 프로젝트 〈UseDllApp〉의 설정을 원래대로 돌리고 〈BasicDllMDC〉
또는 〈BasicDllDEC〉 프로젝트를 열어보라. 이 두 프로젝트는 〈BasicDllMD〉나 〈BasicDllDE〉
와 동일하지만, 포함된 소스 파일의 확장자가 *.cpp가 아니라 BasicDll.c라는 C 소스 파일이다.
따라서 이 두 프로젝트는 기본적으로 C 언어를 기반으로 컴파일된다. 원래 설정대로 돌린 프로젝
트 〈UseDllApp〉에서 〈BasicDllMDC〉나 〈BasicDllDEC〉의 LIB를 링크하도록 #include와
#pragma 부분을 수정한 후 빌드해보라. 그러면 다음과 같은 에러 코드와 함께 빌드에 실패할 것
이다.

경우 2 C LIB 파일을 C++ EXE 프로젝트에서 링크

```
1>------ 빌드 시작: 프로젝트: UseDllApp, 구성: Debug x64 ------
1>  UseDllApp.cpp
1>UseDllApp.obj : error LNK2019: "void __cdecl YHD3_DrawText(struct HDC__ *,wchar_t
const *,struct tagPOINT)" (?YHD3_DrawText@@YAXPEAUHDC__@@PEB_WUtagPOINT@@@Z) 외부 심볼
(참조 위치: "__int64 __cdecl WndProc(struct HWND__ *,unsigned int,unsigned __int64,
__int64)" (?WndProc@@YA_JPEAUHWND__@@I_K_J@Z) 함수)에서 확인하지 못했습니다.
        ⋮
1>UseDllApp.obj : error LNK2001: "__declspec(dllimport) wchar_t * YHD4_MSG_BUFF"
(__imp_?YHD4_MSG_BUFF@@3PA_WA) 외부 심볼을 확인할 수 없습니다.
1>Z:\0.DevMune\1.Books\01.PE.For.64\02.srcs\Sample\UseDllApp\\..\0.bin\x64\Debug\
UseDllApp.exe : fatal error LNK1120: 3개의 확인할 수 없는 외부 참조입니다.
========== 빌드: 성공 0, 실패 1, 최신 0, 생략 0 ==========
```

빌드에 실패한 두 경우를 한 번 더 정리해보자. 〈경우 1〉은 C++로 빌드된 DLL의 LIB를 C로 작성
된 EXE 프로젝트에 링크한 경우고, 〈경우 2〉는 C로 빌드된 DLL의 LIB를 CPP로 작성된 EXE 프
로젝트에 링크하고자 시도한 경우다. 두 경우 모두 "외부 심볼을 확인할 수 없습니다."라는 메시지를
출력했지만 외부 심볼의 명칭이 다르다. 전자는 LIB 파일에서 "YHD3_DrawText"라는 외부 심볼
을 찾고자 했고, 후자는 LBI 파일에서 "void __cdecl YHD3_...PEB_WUtagPOINT@@@Z"

라는, 우리가 앞서 확인했던 그 복잡한 이름을 가진 심볼을 찾고자 했으나 두 경우 모두 해당 심볼을 못 찾았다. 이제 그 원인을 알아보자.

DumpBin을 통해서 C 언어로 제작된 BasicDllMDC.dll의 내보내기 섹션을 확인해보면 다음과 같다.

```
Z:\PE_Test>dumpbin /exports basicdllmdc.dll
       ⋮

    ordinal hint RVA       name
        3     0 00001000 YHD3_DrawText = YHD3_DrawText
        4     1 00006600 YHD4_MSG_BUFF = YHD4_MSG_BUFF
        6     2 00001060 YHD6_CalcTextWidth = YHD6_CalcTextWidth
        7     3 000010E0 YHD7_IsPointInRect = YHD7_IsPointInRect
```

BasicDllDEC.dll 파일의 내보내기 섹션을 확인하더라도 서수 부분만 빼고 결과는 동일할 것이다. C++로 제작된 DLL과 C로 제작된 DLL의 결정적인 차이는 바로 LIB 파일에 기록되는 심볼 이름이다. C 언어 기반으로 빌드된 DLL은 우리가 정의한 함수/변수 이름 그대로 LIB의 심볼 이름으로 지정되지만, C++ 기반의 DLL은 앞서 확인했던 것처럼 매우 난해한 심볼들이 혼용된 형태의 심볼 이름으로 지정된다. 이렇게 언어별로 심볼 이름이 다르게 생성되는 이유는 바로 **'이름 데코레이션 규칙 (Name Decoration Rule)'**이라는, C 컴파일러와 C++ 컴파일러의 심볼 이름 생성 규칙의 차이에서 기인한다.

C의 경우는 동일한 이름의 함수/변수의 정의를 허용하지 않기 때문에 해당 함수/변수 이름 자체를 심볼 이름으로 지정할 수 있으며, 그런 이유로 생성 규칙이 매우 단순하고 직관적이다. 하지만 C++의 경우는 클래스가 지원되고 함수의 오버로딩(Overloading)과 오버라이딩(Overriding)이 허용되기 때문에, 단순히 그 이름만으로 함수/변수들을 구분할 방법이 없다. 따라서 심볼 이름을 생성할 때 컴파일러마다 자신만의 독특한 데코레이션 규칙을 통해서 정의된 이름을 라이브러리 파일이나 DLL에 기록하게 된다. C++의 데코레이션 이름은 일반적으로 함수 이름, 클래스, 네임스페이스, 매개변수 타입, 리턴 타입, 호출 관례 등의 정보를 모두 포함해서 데코레이션되기 때문에(C++의 이런 이름 혼용 규칙을 'Name Mangling'이라고 한다), 앞서 확인했던 것처럼 링크 심볼 이름이 그렇게 복잡한 형태를 띠는 것이다. 모듈 정의 파일을 이용하든 __declspec(dllexport)를 이용하든 C++로 컴파일하면 복잡하고 고유한 데코레이션 규칙을 따르게 되며, 결과적으로 산출되는 LIB 파일 내의 함수의 이름도 C++ 데코레이션 규칙에 의한 이름

들이다. 이는 앞서 확인했던 두 경우처럼, 〈경우 1〉 C++로 만든 DLL을 C로 제작된 애플리케이션에서는 사용할 수 없다는 것을 의미하는 동시에, 반대로 〈경우 2〉 C로 작성된 DLL을 C++ 애플리케이션에서 링크할 수 없음을 의미하기도 한다. 〈경우 1〉에서는 링크하고자 하는 함수를 C 데코레이션 규칙에 근거한 이름으로 찾으려고 하고, 〈경우 2〉에서는 C++ 데코레이션 규칙에 근거한 이름으로 찾기 때문이다. 그렇다면 이러한 문제를 극복할 수 있는 방법은 없을까?

1) extern "C" 선언하기

이 문제를 극복하기 위해서는 C++로 DLL을 작성했더라도 C와의 호환성 보장을 위해, 그리고 직관적인 이름의 사용을 위해 심볼 이름 생성 규칙을 C 데코레이션 규칙을 따르도록 강제할 수 있는 수단이 요구된다. 이 요구에 부응하기 위해 제공되는 지시어가 바로 **extern "C"**다. 그러면 extern "C"를 사용했을 때 DLL이 내보낸 항목의 이름과 LIB 파일에 저장되는 심볼 이름이 어떻게 변경되는지 확인해보자. 함수만 내보낼 경우에는 헤더 파일에 extern "C" 지시어를 추가하여 간단하게 처리할 수 있지만, 우리가 정의한 DLL은 변수까지 내보내기 때문에 다소 처리가 복잡해진다. 앞서 본 예의 경우 DLL 생성 자체에 헤더 파일이 사용되지 않았지만 이제는 헤더 파일을 사용해야 하며, 이 헤더 파일을 사용자 측도 함께 사용 가능하게 만들기 위하여 전처리기 코드를 삽입해야 한다.

프로젝트 〈BasicDllMD2〉는 C++ 언어 기반으로 작성되었으며, BasicDll.cpp 파일의 선두에 다음을 추가해주자.

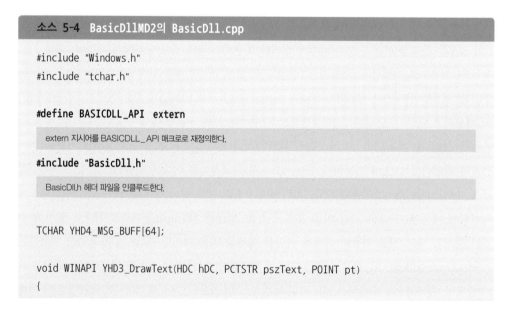

소스 5-4 BasicDllMD2의 BasicDll.cpp

```
#include "Windows.h"
#include "tchar.h"

#define BASICDLL_API  extern
```
extern 지시어를 BASICDLL_API 매크로로 재정의한다.

```
#include "BasicDll.h"
```
BasicDll.h 헤더 파일을 인클루드한다.

```
TCHAR YHD4_MSG_BUFF[64];

void WINAPI YHD3_DrawText(HDC hDC, PCTSTR pszText, POINT pt)
{
```

```
    TextOut(hDC, pt.x, pt.y, pszText, (int)_tcslen(pszText));
}
    ⋮
```

이제 프로젝트 〈BasicDllMD2〉의 헤더 파일 BasicDll.h를 다음과 같이 수정하자. DLL을 제작할
때나 제작된 DLL을 사용할 때나 이 헤더 파일을 공통으로 사용할 수 있도록 처리된 BASICDLL_
API 매크로의 용도에 주목하기 바란다.

소스 5-5 BasicDllMD2의 BasicDll.h

```
#ifndef __BASICDLL_H__
#define __BASICDLL_H__


#ifndef BASICDLL_API
#  define BASICDLL_API __declspec(dllimport)
```

  BASICDLL_API 매크로가 정의되지 않았으면 매크로는 BASICDLL_API를 __declspec(dllimport)로 정의한다.

```
#endif


#ifdef __cplusplus
extern "C"
{
```

  컴파일러가 C++인 경우에는 내보낼 변수나 함수의 선언부를 extern "C" 블록으로 감싸서 C 데코레이션 규칙을 따르도록 지시한다.

```
#endif

    BASICDLL_API TCHAR YHD4_MSG_BUFF[64];
```

  DLL 빌드 시에는 BASICDLL_API 매크로가 extern이 되고, DLL 사용 시에는 __declspec(dllimport)가 된다.

```
    void WINAPI YHD3_DrawText(HDC hDC, PCTSTR pszText, POINT pt);
    SIZE WINAPI YHD6_CalcTextWidth(HDC hDC, PCTSTR pszText);
    BOOL WINAPI YHD7_IsPointInRect(LPCRECT prc, POINT pt);
#ifdef __cplusplus
}
#endif
#endif   //__BASICDLL_H__
```

프로젝트 〈BasicDllMD2〉를 빌드한 후에 생성되는 BasicDllMD2.dll의 내보내기 섹션 정보를 DumpBin을 통해서 출력해보고, 앞서 확인했던 BasicDllMDC.dll의 내보내기 섹션 정보와 비교해보자.

```
Z:\PE_Test>dumpbin /exports x64\debug\BasicDllMD2.dll
    ordinal hint RVA       name
          3    0 00001000 YHD3_DrawText = YHD3_DrawText
          4    1 00006000 YHD4_MSG_BUFF = YHD4_MSG_BUFF
          6    2 00001060 YHD6_CalcTextWidth = YHD6_CalcTextWidth
          7    3 000010E0 YHD7_IsPointInRect = YHD7_IsPointInRect
```

C 언어 기반의 BasicDllMDC.dll의 내보내기 섹션 출력 정보와 동일하다는 것을 알 수 있다. 이는 C++ 기반의 〈BasicDllMD2〉 프로젝트임에도 빌드 결과물은 C 언어의 이름 데코레이션 규칙을 따르고 있음을 보여준다. extern "C" 지시어를 지정한다는 것은 결국 C++에서 내보낼 함수/변수의 이름을 'C 이름 데코레이션 규칙'에 따라 정의하겠다는 것을 의미한다.*

이번에는 __declspec(dllexport)를 이용한 DLL에도 extern "C" 지시어를 적용해보자. 프로젝트는 〈BasicDllDE2〉며, 함수만 내보낸다면 문제가 없지만 변수의 경우 선언을 위해 __declspec(dllexport)를 사용해야 하기 때문에 다소 복잡한 처리가 요구된다.

소스 5-6 BasicDllDE2의 BasicDll.cpp

```
#include "Windows.h"
#include "tchar.h"


#define BASICDLL_API
```

DLL 제작을 위한 헤더임을 전처리기에 알리기 위해 빈 BASICDLL_API 매크로를 정의한다.

```
#include "BasicDll.h"


//TCHAR YHD4_MSG_BUFF[64];
```

소스 본체에서 변수 정의를 제거해야 한다. 헤더 파일에서 선언과 정의를 동시에 한다.

---

* extern "C" 지시어는 C 언어에서는 지원되지 않는 지시어이므로 의미가 없다. 따라서 컴파일 에러가 발생하지 않도록 "#ifdef __cplusplus" 전처리기를 두어 extern "C" 지시어를 무시하도록 처리했다.

```
void WINAPI YHD3_DrawText(HDC hDC, PCTSTR pszText, POINT pt)
{
   TextOut(hDC, pt.x, pt.y, pszText, (int)_tcslen(pszText));
}
    ⋮
```

이제 헤더 파일 BasicDll.h를 다음과 같이 수정하자. BASICDLL_API 매크로의 처리가 프로젝트
〈BasicDllMD2〉의 경우와는 달라진다.

소스 5-7 BasicDllDE2의 BasicDll.h

```
#ifndef __BASICDLL_H__
#define __BASICDLL_H__


#ifdef __cplusplus
extern "C"
{
```

컴파일러가 C++인 경우에는 내보낼 변수나 함수의 선언부를 extern "C" 블록으로 감싸서 C 데코레이션 규칙을 따르도록 지시한다.

```
#endif


#ifndef BASICDLL_API
   __declspec(dllimport) TCHAR YHD4_MSG_BUFF[64];
```

BASICDLL_API 매크로가 정의되어 있지 않으면 DLL 사용을 위한 헤더 인클루드가 되며, 이 경우 __declspec(dllimport)를 사용하여 YHD4_MSG_BUFF가 가져올 변수임을 알려준다.

```
#else
   __declspec(dllexport) TCHAR YHD4_MSG_BUFF[64] = _T("YHD_BASIC_DLL_DE2");
```

BASICDLL_API 매크로가 정의되어 있으면 DLL 제작을 위한 헤더 인클루드가 되며, 이 경우 __declspec(dllexport)를 사용하여 YHD4_MSG_BUFF를 정의함과 동시에 내보낼 변수임을 알려준다.

```
#endif


__declspec(dllexport) void WINAPI YHD3_DrawText(HDC hDC, PCTSTR pszText, POINT pt);
__declspec(dllexport) SIZE WINAPI YHD6_CalcTextWidth(HDC hDC, PCTSTR pszText);
__declspec(dllexport) BOOL WINAPI YHD7_IsPointInRect(LPCRECT prc, POINT pt);


#ifdef __cplusplus
```

```
    }
#endif


#endif  //__BASICDLL_H__
```

프로젝트 〈BasicDllDE2〉의 빌드 결과 생성되는 BasicDllDE2.dll에 대해서 DumpBin으로 내보내기 섹션을 확인해보자.

```
Z:\PE_Test>dumpbin /exports x64\debug\BasicDllDE2.dll
    ordinal hint RVA      name
          1    0 00001000 YHD3_DrawText = YHD3_DrawText
          2    1 00006000 YHD4_MSG_BUFF = YHD4_MSG_BUFF
          3    2 00001060 YHD6_CalcTextWidth = YHD6_CalcTextWidth
          4    3 000010E0 YHD7_IsPointInRect = YHD7_IsPointInRect
```

모듈 정의 파일을 이용한 BasicDllMD2.dll과 동일한 결과를 산출한다는 것을 확인할 수 있다. 이렇게 extern "C" 지시어를 사용하여 BasicDll.h를 정의하면, __declspec(dllexport)를 이용해서 생성된 DLL 역시 C나 C++ 어떤 언어로 링크하더라도 별문제 없이 링크가 가능해진다.

이제 __declspec(dllexport)를 이용하는 경우의 배포를 위하여 최적화된 헤더 파일을 만들어보자. 지금까지 제작한 BasicDll은 내보내고자 하는 항목들을 모두 extern "C" 블록으로 감싸서 처리를 했지만, extern "C"는 단일 라인(Single Line) 처리도 가능하다.

이번에는 BASICDLL_API 매크로를 다음과 같이 처리해보자. 먼저 BasicDll.cpp에 대한 정의다.

소스 5-8 BasicDllDE3의 BasicDll.cpp

```
#include "Windows.h"
#include "tchar.h"


#ifdef __cplusplus
#  define BASICDLL_API extern "C" __declspec(dllexport)
#else
#  define BASICDLL_API __declspec(dllexport)
#endif
```

```
#include "BasicDll.h"


TCHAR YHD4_MSG_BUFF[64] = _T("YHD_BASIC_DLL_DE3");


void WINAPI YHD3_DrawText(HDC hDC, PCTSTR pszText, POINT pt)
{
   TextOut(hDC, pt.x, pt.y, pszText, (int)_tcslen(pszText));
}
   ⋮
```

그리고 헤더 파일 BasicDll.h를 다음과 같이 정의하자.

소스 5-9 BasicDllDE3의 BasicDll.h

```
#ifndef __BASICDLL_H__
#define __BASICDLL_H__


#ifndef BASICDLL_API
#  ifdef __cplusplus
#     define BASICDLL_API extern "C" __declspec(dllimport)
#  else
#     define BASICDLL_API __declspec(dllimport)
#  endif
```

```
#endif


BASICDLL_API TCHAR YHD4_MSG_BUFF[64];


BASICDLL_API void WINAPI YHD3_DrawText(HDC hDC, PCTSTR pszText, POINT pt);
BASICDLL_API SIZE WINAPI YHD6_CalcTextWidth(HDC hDC, PCTSTR pszText);
BASICDLL_API BOOL WINAPI YHD7_IsPointInRect(LPCRECT prc, POINT pt);
```

```
#endif
```

이렇게 정의하면 DLL을 빌드할 때 BASICDLL_API 매크로는 __declspec(dllexport)가 되어 해당 변수나 함수들은 내보낼 항목들임을 컴파일러에게 알린다. 반대로 다른 사용자가 이 DLL을 사용하기 위해 BasicDll.h를 인클루드했을 때, BASICDLL_API 매크로가 별도로 정의되어 있지 않기 때문에 헤더 파일에서 BASICDLL_API 매크로가 __declspec(dllimport)로 정의되어 해당 함수/변수는 가져올 항목임을 컴파일러에게 알린다. 하지만 프로젝트 〈BasicDllDE3〉의 경우 이 전과는 다르게 함수 선언까지 __declspec(dllimport)로 지정함으로써 이 함수들이 가져올 함수임을 미리 알리고 있다. 물론 굳이 알리지 않더라도 사용하는 데 전혀 문제가 없지만, 이렇게 가져올 함수임을 미리 알리느냐 마느냐의 차이는 이 DLL을 사용하는 PE 이미지가 생성될 때 미세하지만 무시할 수 없는 성능의 차이를 가져온다. 그 차이는 6장의 'DLL 로딩과 가져오기 섹션'에서 논하기로 하고, 마지막으로 모듈 정의 파일을 사용한 버전에 대해서도 프로젝트 〈BasicDllDE3〉과 같은 처리를 해보자.

모듈 정의 파일의 경우에는 export/import 쌍이 아니라 import만을 사용해야 하기 때문에 약간 처리를 변경했다. 3장에서 우리는 PE를 빌드할 때 VC++ 컴파일러가 내부적으로 정의하는 __ImageBase 전역 변수의 선언을 본 적이 있다.

```
EXTERN_C IMAGE_DOS_HEADER __ImageBase;
```

이때 사용된 EXTERN_C 매크로는 헤더 파일 WinNT.h에 다음과 같이 정의되어 있다.

```
#ifdef __cplusplus
    #define EXTERN_C extern "C"
#else
    #define EXTERN_C extern
#endif
```

이 매크로는 컴파일러가 C++일 때는 extern "C"가 되고, C일 때는 단순히 extern 지시어가 된다. 그렇다면 이제 이 매크로를 이용해서 프로젝트 〈BasicDllMD3〉을 작성하자.

소스 5-10 BasicDllMD3의 BasicDll.cpp

```
#include "Windows.h"
#include "tchar.h"
```

```
#define   BASICDLL_API
```

> DLL 제작을 위한 헤더임을 전처리기에 알리기 위해 빈 BASICDLL_API 매크로를 정의한다.

```
#include "BasicDll.h"


TCHAR YHD4_MSG_BUFF[64] = _T("YHD_BASIC_DLL_MD3");


void WINAPI YHD3_DrawText(HDC hDC, PCTSTR pszText, POINT pt)
{
    TextOut(hDC, pt.x, pt.y, pszText, (int)_tcslen(pszText));
}
    ⋮
```

프로젝트 〈BasicDllMD2〉의 경우는 BASICDLL_API를 extern으로 정의했지만, 이번에는 단순히 빈 BASICDLL_API 매크로를 정의한다. 다음은 헤더 파일 BasicDll.h에 대한 정의로, extern "C" 관련 처리는 EXTERN_C 매크로가 담당하고 있다. 프로젝트 〈BasicDllMD3〉의 경우도 함수에 대해 __declspec(dllimport) 처리를 추가했다.

소스 5-11 BasicDllMD3의 BasicDll.h

```
#ifndef __BASICDLL_H__
#define __BASICDLL_H__


#ifndef BASICDLL_API
#  define BASICDLL_API __declspec(dllimport)
```

> BASICDLL_API 매크로가 정의되어 있지 않으면 BASICDLL_API 매크로를 __declspec(dllimport)로 정의한다.

```
#endif


EXTERN_C BASICDLL_API TCHAR YHD4_MSG_BUFF[64];


EXTERN_C BASICDLL_API void WINAPI YHD3_DrawText(HDC hDC, PCTSTR pszText, POINT pt);
EXTERN_C BASICDLL_API SIZE WINAPI YHD6_CalcTextWidth(HDC hDC, PCTSTR pszText);
EXTERN_C BASICDLL_API BOOL WINAPI YHD7_IsPointInRect(LPCRECT prc, POINT pt);
```

> 변수나 함수 선언 시에 BASICDLL_API와 함께 EXTERN_C도 같이 지정한다.

```
#endif  //__BASICDLL_H__
```

2) 32비트와 함수 호출 관례

지금까지 살펴본 데코레이션 문제는 64비트 PE를 대상으로 했다. 하지만 32비트의 경우 C 언어 데코레이션 규칙은 조금 달라지는데, 이는 전적으로 C나 C++에서의 함수 호출 관례(Calling Convention)에 따른 것이다. 앞서 살펴보았던 64비트의 경우도 역시 호출 관례를 반영하고 있다. 따라서 이번에는 호출 관례와 심볼 이름 데코레이션 규칙 사이의 연관 관계에 대해 알아보도록 하자. DLL의 함수를 내보낼 때 우리는 지금까지 습관적으로 WINAPI라는 매크로를 추가했다.

```
void WINAPI YHD3_DrawText(HDC hDC, PCTSTR pszText, POINT pt);
```

그렇다면 이 WINAPI 매크로는 무엇을 대신하는가? 정확하게 말하면 __stdcall이라는 지시어를 대신한다. __stdcall 지시어는 흔히 말하는 '함수 호출 관례'들 중 하나이며, 함수 호출 관례는 '매개변수 전달'과 '스택 복원'이라는 관점에서 크게 4가지가 제공된다. 호출 관례 자체에 대해서는 11장에서 어셈블리 코드를 통해 스택의 변화와 비교하면서 상세하게 설명할 예정이므로, 여기서는 간단하게 다음과 같이 정리했다.

표 5-7 32비트 함수 호출 관례

지시어	스택 복원	매개변수 전달
__cdecl	호출한 함수(Caller)	오른쪽에서 왼쪽으로 매개변수를 스택에 푸시한다.
__stdcall	호출된 함수(Callee)	오른쪽에서 왼쪽으로 매개변수를 스택에 푸시한다.
__fastcall	호출된 함수(Callee)	두 개의 매개변수는 ECX와 EDX에 저장하고, 나머지 매개변수는 스택에 푸시한다.
__thiscall	호출된 함수(Callee)	this 포인터를 ECX 레지스터에 저장하고, 매개변수는 스택에 푸시한다.

여기서는 이 호출 관례들 중 클래스 멤버 함수가 아니면 일반적으로 가장 많이 사용되는 호출 방식인 **__cdecl(C 선언)**과 **__stdcall(표준 호출)**에 대해서만 검토하고자 한다. '매개변수 전달' 방식은 동일하게 매개변수들을 왼쪽에서 오른쪽으로 차례로 푸시해서 전달하지만, 두 관례의 차이는 '스택 복원' 방식에 있다. 스택 복원의 차이는 호출했던 함수로부터 리턴할 때 이 함수의 매개변수 전달을 위해 사용된 스택을 제거하는 주체가 누구냐의 차이인데, C 선언 방식의 경우에는 함수를 호출한 측에서 스택을 제거시키고, 표준 호출 방식의 경우에는 호출된 측, 즉 호출된 함수에서 스택을 제거한다. 이러한 스택 복원이라는 측면에서 호출 관례는 중요한 요소가 된다. 예를 들어 호출하는 측에서 C 방식으로 호출하고, 호출되는 측에서 표준 호출 방식으로 리턴 처리를 한다면 결국 스택이 꼬여 심각한 문제가 발생한다. 그 반대의 경우도 마찬가지다. 따라서 함수 호출 시에 호출되는 함수가 사용

한 호출 관례에 맞춰서 호출하는 측에서도 동일한 호출 관례로 함수를 호출해야 문제가 발생되지 않는다. 이러한 호출 시의 문제도 있지만, 호출 관례는 내보내기 함수의 이름 지정 규칙에도 영향을 미친다.

다음은 C 데코레이션 규칙을 간단하게 정리한 것이다. 이 규칙에 따라, 예를 들어 "void Func(int i, short j)"라는 함수를 정의했을 때 어떻게 데코레이션 되는지 확인해보자.

- **변수**
  - 변수 이름 앞에 선행 밑줄(_)이 추가된다.
  - **예** int G_Var; ➜ _G_Var

- **__cdecl 함수(C 선언 방식, 디폴트)**
  - 함수 이름 앞에 선행 밑줄(_)이 추가된다.
  - **예** void Func(int i, short j) ➜ _Func

- **__stdcall 함수(표준 호출)**
  - 함수 이름 앞에 선행 밑줄(_)이 오고 이름 뒤에는 후행 @ 심볼이 오며, 이어서 매개변수 전체의 바이트 수를 나타내는 숫자가 온다.
  - **예** void Func(int i, short j) ➜ _Func@6

위의 규칙에 따라 생성될 가져오기 라이브러리 파일은 C 선언 방식의 경우에는 _Func 형태로 기록되며, 표준 호출의 경우에는 _Func@6의 형태로 기록될 것이다. 이제 표준 호출 방식을 지정하는 WINAPI 매크로가 설정된 프로젝트 〈BasicDllMD2〉와 〈BasicDllDE2〉를 32비트로 빌드하고 DumpBin을 통해서 두 개의 DLL에 대한 내보내기 섹션 정보를 확인해보자.

먼저 BasicDllMD2.dll의 DumpBin 결과다.

```
Z:\PE_Test>dumpbin /exports x86\debug\BasicDllMD2.dll
    ordinal hint RVA       name

          3    0 00001000 YHD3_DrawText = _YHD3_DrawText@16
          4    1 00006000 YHD4_MSG_BUFF = _YHD4_MSG_BUFF
          6    2 00001070 YHD6_CalcTextWidth = _YHD6_CalcTextWidth@8
          7    3 00001120 YHD7_IsPointInRect = _YHD7_IsPointInRect@12
```

모듈 정의 파일을 이용했기 때문에 내보내기 섹션에 저장되는 함수/변수의 이름은 우리가 정의한 이름 그대로 나온다. 그리고 가져오기 라이브러리 파일에 저장되는 심볼 이름은 정확하게 C 데코레이션 규칙에 따른 결과를 보여준다.

이번에는 __declspec(dllexport)를 사용한 BasicDllDE2.dll의 DumpBin 결과다.

```
Z:\PE_Test>dumpbin /exports x86\debug\BasicDllDE2.dll

    ordinal hint RVA       name

        2    0 00006000 YHD4_MSG_BUFF = _YHD4_MSG_BUFF
        1    1 00001000 _YHD3_DrawText@16 = _YHD3_DrawText@16
        3    2 00001070 _YHD6_CalcTextWidth@8 = _YHD6_CalcTextWidth@8
        4    3 00001120 _YHD7_IsPointInRect@12 = _YHD7_IsPointInRect@12
```

LIB 파일에 저장되는 심볼 이름은 C 데코레이션 규칙에 따라 BasicDllMD2.dll의 심볼 이름과 동일하다. 하지만 내보내기 섹션에 저장될 내보내기 이름은 변수의 경우에는 코드에서 정의한 이름 그대로지만, 함수의 경우에는 표준 호출의 C 데코레이션 규칙을 따른 이름이 된다. 이는 BasicDllDE2.dll에 대한 PE Explorer의 분석 결과에서도 확인할 수 있다.

그림 5-5 BasicDllDE2.dll의 내보내기 섹션

필드	타입	오프셋:RVA
⊞ 🔷 AddressOfNames	DWORD, RVA	000034A0:00004CA0
⊟ 🔷 AddressOfNameOrdinals	DWORD, RVA	000034A4:00004CA4
🔷 [0]YHD4_MSG_BUFF	WORD	000034C8:00004CC8
🔷 [1]_YHD3_DrawText@16	WORD	000034CA:00004CCA
🔷 [2]_YHD6_CalcTextWidth@8	WORD	000034CC:00004CCC
🔷 [3]_YHD7_IsPointInRect@12	WORD	000034CE:00004CCE
⊞ 📇 IMPORT	BYTE[100]	00003530:00004D30

결국 __declspec(dllexport) 지시어를 이용해 생성되는 DLL의 내보내기 함수 이름 역시 호출 관례에 영향을 받는다는 것을 의미한다. 따라서 어느 방식으로 제작된 DLL이든 간에 암시적 링크에는 문제가 없다. 하지만 __declspec(dllexport)를 통해서 제작된 DLL이 내보낸 함수를 명시적 링크를 통해 사용하려면 표준 호출에 대해서는 이 호출 관례의 데코레이션 규칙을 따르는 함수 이름을 정확히 지정해줘야 한다. 다시 말해서 GetProcAddress 함수를 호출할 때에는 DLL 제작 방식에 따라 다음과 같이 호출해야 문제 없이 작동될 것이다.

→ 모듈 정의 파일

```
FARPROC pfnStdMD = GetProcAddress(hBasicDll, "YHD3_DrawText");
```

→ __declspec(dllexport)

```
FARPROC pfnStdDE = GetProcAddress(hBasicDll, "_YHD3_DrawText@16");
```

이번에는 호출 관례를 C 선언 방식으로 했을 때 양쪽의 DumpBin 결과를 확인해보자. 함수 정의 시에 호출 관례를 지정하지 않으면 디폴트인 __cdecl로 인식해서 C 선언 방식으로 컴파일된다. 그리고 DLL 내보내기는 WINAPI로 정의되는 _stdcall만 가능한 것이 아니라, C 선언 방식에서도 전혀 문제 없다. 따라서 함수 선언에서 아래 소스처럼 WINAPI를 제거한 후 빌드해보라.

```
void /*WINAPI*/ YHD3_DrawText(HDC hDC, PCTSTR pszText, POINT pt);
```

프로젝트 〈BasicDllDES〉와 〈BasicDllMDS〉가 위 코드처럼 WINAPI 매크로를 제거한 프로젝트이므로, 이 두 프로젝트를 각각 빌드하고 그 결과를 DumpBin을 통해 확인해보자.

```
Z:\PE_Test>dumpbin /exports x86\debug\BasicDllMDS.dll

   ordinal hint RVA       name

        3    0 00001000 YHD3_DrawText = _YHD3_DrawText
        4    1 00006000 YHD4_MSG_BUFF = _YHD4_MSG_BUFF
        6    2 00001070 YHD6_CalcTextWidth = _YHD6_CalcTextWidth
        7    3 00001120 YHD7_IsPointInRect = _YHD7_IsPointInRect

Z:\PE_Test>dumpbin /exports x86\debug\BasicDllDES.dll

   ordinal hint RVA       name
        1    0 00001000 YHD3_DrawText = _YHD3_DrawText
        2    1 00006000 YHD4_MSG_BUFF = _YHD4_MSG_BUFF
        3    2 00001070 YHD6_CalcTextWidth = _YHD6_CalcTextWidth
        4    3 00001120 YHD7_IsPointInRect = _YHD7_IsPointInRect
```

호출 관례를 C 선언 방식으로 정의한 DLL을 작성했을 때의 결과를 보면 모듈 정의 파일을 이용하든 __declspec(dllexport)를 이용하든 결과는 동일하다. 두 방식 모두 C 선언 방식의 데코레이션 규칙으로 심볼 이름이 생성된 반면, 내보내기 이름은 코드 상에서 지정한 이름 그대로 생성되었다. 따라서 동적 링크 시에 GetProcAddress 함수로 전달할 함수의 이름도 코드 상에서 지정한 이름 그대로 사용할 수 있게 되었다.

extern "C"를 지정해서 DLL을 작성했을 때 생성되는 내보내기 이름과 심볼 이름은 다음과 같다.

표 5-8 C 데코레이션 규칙

머신	방식	호출 관례	내보내기 이름	심볼 이름
32비트	__declspec (dllexport)	STDCALL	**_YHD3_DrawText@16**	_YHD3_DrawText@16
			YHD4_MSG_BUFF	_YHD4_MSG_BUFF
		CDECL	YHD3_DrawText	_YHD3_DrawText
			YHD4_MSG_BUFF	_YHD4_MSG_BUFF
	모듈 정의 파일	STDCALL	YHD3_DrawText	_YHD3_DrawText@16
			YHD4_MSG_BUFF	_YHD4_MSG_BUFF
		CDECL	YHD3_DrawText	_YHD3_DrawText
			YHD4_MSG_BUFF	_YHD4_MSG_BUFF
64비트	–	–	YHD3_DrawText	YHD3_DrawText
			YHD4_MSG_BUFF	YHD4_MSG_BUFF

먼저 32비트의 경우 extern "C"를 사용하면 __declspec(dllexport)를 이용해서 표준 호출(__stdcall)로 지정한 함수에 한해서 내보내기 이름이 LIB 파일에 기록되는 심볼 이름이 된다는 것만 제외하면 나머지 경우는 모두 코드 상에서 지정한 이름으로 내보내기 이름이 설정된다. 심볼 이름의 경우는 C 데코레이션 규칙에 따라 생성된다. 따라서 __declspec(dllexport)를 이용해서 제작된 DLL을 동적으로 링크할 경우 표준 호출을 가진 내보내기 함수에 한해서는 이름에 주의해야 한다.

하지만 64비트의 경우에는 extern "C"로 선언된 경우 DLL 제작 방식이나 함수 호출 관례와는 전혀 상관없이 사용자가 코드 상에서 정의한 변수나 함수 이름 그대로 내보내기 이름이나 심볼 이름으로 지정된다. 이는 32비트에 존재하는 여러 호출 관례가 64비트에서는 전혀 적용되지 않으며, 이것을 반대로 생각하면 64비트에서는 함수 호출 관례가 하나로 통일되었다는 사실을 내포하고 있다. 사실 64비트에서는 32비트의 여러 호출 관례를 통일하여 '빠른 호출'을 확장한 형태의 '64비트 함수 호출 관례'를 제공하며, 모든 함수 호출을 이 방식으로만 처리한다. 따라서 비록 코드 상에서 함수 선언부에 __stdcall이나 __cdecl 등의 호출 관례를 지시하는 지시어가 존재하더라도 그것은 단지 32비트에서 64비트로의 코드 이식성과 호환성을 위해 제공될 뿐 64비트에서는 완전히 무시되고 64비트 호출 관례에 맞게 컴파일된다. 물론 C 데코레이션 규칙 역시 64비트 호출 관례에 맞게 정해져 있으며, 이 관례의 경우 함수/변수 이름을 코드에서 정의한 그대로 내보내거나 라이브러리 파일의 심볼 이름으로 지정하도록 한다. 64비트 호출 관례는 64비트로의 이행에 있어서 매우 중요한 요소며, 4부에서 자세히 다룰 예정이다.

지금까지 모듈 정의 파일과 __declspec(dllexport) 지시어를 이용하여 DLL을 만드는 방법을 살펴보았다. 그리고 내보내기 항목의 이름과 심볼 이름 생성 규칙에서 암시적 링크의 경우는 extern "C"를 통해서 이름 생성 규칙의 문제를 해결할 수 있다는 것을 확인했다. 하지만 DLL을 링크하는 또 다른 방식인 명시적 링크의 경우 __declspec(dllexport)로 제작된 32비트 DLL의 경우에는 [표 5-8]에서 보듯이 이러한 이름 생성 규칙이 문제가 되기도 한다. 모듈 정의 파일이나 __declspec(dllexport) 모두, 결국은 생성되는 PE 파일 내에 내보내기 섹션을 만들도록 지시하는 것이다. 나중에 DLL을 암시적으로 링크하는 경우, 모듈 정의 파일로 된 DLL이든 __declspec(dllexport)에 의한 DLL이든 간에 링크 정보는 저마다 DLL 생성 시 만들어지는 가져오기 라이브러리 파일을 통해 참조되며, 이때 문제가 되는 이름 생성 규칙의 차이는 지금까지 언급했던 것처럼 extern "C" 지시어를 통해 해결이 가능하다. 하지만 DLL을 런타임에 동적으로 링크할 경우 내보내기 섹션에 기록된 함수의 정확한 이름을 요구하기 때문에 __declspec(dllexport)로 만들어진 32비트 DLL의 경우에는 함수 이름 전달에 주의해야 한다.

5.2 내보내기 섹션

지금까지 설명했던 __declspec(dllexport)의 사용이나 모듈 정의 파일의 정의를 PE 포맷의 관점에서 보면, 그것은 결국 링커에게 DLL 생성 시 특별한 섹션을 만들 것을 지시하는 의미가 된다. 그 특별한 섹션이 바로 .edata로 표현되는 내보내기 섹션(Export Section)이다. 주의할 것은 DLL만이 내보내기 섹션을 가질 것이라는 편견은 버려야 한다는 점이다. 드물지만 EXE 파일도 내보내기 섹션을 가질 수 있다. 앞서 모듈 정의 파일이나 __declspec(dllexport) 선언자에 대해서 설명했던 것처럼, 이 두 개의 내보내기 방식이 DLL에만 적용되는 것은 아니다. 대표적인 예로 [그림 2-14]의 엑셀 실행 파일 분석 결과를 보면 EXE 실행 파일인 Excel.exe는 내보내기 섹션을 갖고 있는 것을 볼 수 있다. MS 오피스 군의 솔루션들은 COM 기반의 OLE 자동화(Automation)를 제공하며, 다른 애플리케이션은 이 자동화를 통해서 엑셀이나 워드, 비지오 등의 기능 일부를 마치 자신이 구현한 것처럼 사용할 수 있다. 이런 자동화 기능의 제공을 위해 오피스의 실행 파일들은 자신의 기능을 서비스해주는 함수들을 내보내야 하기 때문에 EXE 파일 자체가 내보내기 섹션을 갖게 된다. 이외에도 EXE로 작성된 커널 컴포넌트의 경우 대부분이 내보내기 섹션을 갖고 있다. 이 점을 염두에 두고 이제부터 PE 이미지를 통해 내보내기 섹션을 직접 확인해보자. 서수까지 확인하기 위하여 모듈 정의 파일을 이용해서 만든 BasicDllMD2.dll 파일을 이용할 것이다.

5.2.1 IMAGE_EXPORT_DIRECTORY 구조체

내보내기 섹션을 분석하기 위해서는 우선 IMAGE_EXPORT_DIRECTORY라는 구조체를 알아야 한다. IMAGE_EXPORT_DIRECTORY 구조체가 내보내기 섹션의 시작이 된다. 헤더파일 WinNT.h에는 IMAGE_EXPORT_DIRECTORY라는 40바이트의 구조체가 정의되어 있으며, 그 정의는 다음과 같다.

```
typedef struct _IMAGE_EXPORT_DIRECTORY
{
    DWORD    Characteristics;
    DWORD    TimeDateStamp;
    WORD     MajorVersion;
    WORD     MinorVersion;
    DWORD    Name;
    DWORD    Base;
    DWORD    NumberOfFunctions;
    DWORD    NumberOfNames;
    DWORD    AddressOfFunctions;       // RVA from base of image
    DWORD    AddressOfNames;           // RVA from base of image
    DWORD    AddressOfNameOrdinals;    // RVA from base of image
} IMAGE_EXPORT_DIRECTORY, *PIMAGE_EXPORT_DIRECTORY;
```

DWORD Characteristics

이 필드는 사용되지 않으며, 0으로 설정된다.

DWORD TimeDateStamp

본 파일이 생성된 시간/날짜를 의미하는 타임 스탬프다. 2장에서 IMAGE_FILE_HEADER의 TimeDateStamp와 마찬가지로, 1970년 1월 1일 09시(GMT 시간 기준)부터 본 DLL을 만들어 낸 시점까지의 시간을 초 단위로 표현한다.

WORD MajorVersion

WORD MinorVersion

버전을 나타내기 위한 필드지만 실제로는 사용되지 않는다. 항상 0으로 설정된다.

DWORD Name

해당 DLL의 이름을 나타내는, NULL로 끝나는 아스키 코드 문자열의 시작 위치를 지시하는 RVA다.

DWORD Base

내보낸 함수들에 대한 서수의 시작 번호다. 만약 여러분이 작성한 DLL의 내보내기 함수가 세 개고, 각각 그 서수가 차례대로 3, 4, 5면 이 필드 값은 3이 된다. AddressOfNameOrdinals 필드는 내보낸 함수들 각각의 서수 값을 담고 있는 테이블의 RVA를 갖는데, 서수가 3, 4, 5일 경우 이 테이블의 각 엔트리 값은 0, 1, 2가 된다. 따라서 내보낸 어떤 함수에 대한 정확한 서수 값을 얻고자 한다면 AddressOfNameOrdinals 필드가 가리키는 RVA의 배열의 해당 항목 값에 Base 필드 값을 더해야 한다.

DWORD NumberOfFunctions

AddressOfFunctions 필드가 가리키는 RVA 배열의 원소 개수를 의미한다. 이 값은 NumberOfNames 필드 값과 다를 수도 있다.

DWORD NumberOfNames

AddressOfNames와 AddressOfNameOrdinals 필드가 가리키는 RVA 배열의 원소 개수를 동시에 나타낸다. NumberOfFunctions 필드에서도 언급한 것처럼, 이 값은 NumberOfFunctions 필드 값과 다를 수 있다. 보통 같거나 NumberOfFunctions 필드 값보다 작다. 하지만 이 필드는 서수 지정 방식에 따라 실제 내보낸 함수의 정확한 개수를 나타낸다. 서수 지정 시 연속적으로 지정하면 NumberOfFunctions와 NumberOfNames의 값은 같지만, 앞서 BasicDllDM2.dll의 모듈 정의 파일처럼 불연속적인 서수를 지정하면 NumberOfNames 필드 값은 실제 내보낸 함수의 개수만큼의 값이 지정되고, NumberOfFunctions 필드 값은 지정된 서수의 시작 번호와 끝 번호의 차에 더하기 1만큼의 값이 지정된다. 이러한 상황은 5.2.2절에서 BasicDllDM2.dll의 모듈 정의 파일 버전을 덤프를 통해 분석할 때 직접 확인할 수 있다.

DWORD AddressOfFunctions

이 필드는 RVA 값으로, 내보낸 함수들의 함수 포인터에 대한 RVA를 가진 배열을 가리킨다. 이 함수 주소들은 본 모듈 내에서의 각각 내보낸 함수에 대한 진입점이 된다. 이 배열의 원소 개수는 NumberOfFunctions 필드에 지정되어 있다.

DWORD AddressOfNames

이 필드 역시 RVA 값으로, 내보낸 함수의 이름을 가리키는 RVA를 엔트리로 갖는 배열을 가리킨다. 이 배열의 원소 개수는 NumberOfNames 필드에 지정되어 있다.

DWORD AddressOfNameOrdinals

역시 RVA 값으로, WORD 타입의 배열에 대한 포인터다. 이 WORD 타입의 값들은 내보낸 함수들의 서수를 담고 있다. 배열의 엔트리 개수는 앞서 언급한 것처럼 NumberOfNames 필드에 지정되어 있다. 이 서수 배열의 최초 엔트리 값은 항상 0이다. 앞서 언급한대로 이 배열의 각 원소에 Base 필드의 값을 더하면 정확한 서수 값을 획득할 수 있다.

지금까지 IMAGE_EXPORT_DIRECTORY 구조체에 대해 살펴보았다. .edata라는 이름을 가진 내보내기 섹션은 바로 이 IMAGE_EXPORT_DIRECTORY 구조체로 시작한다. 그리고 이 구조체의 각 RVA와 실제 데이터의 관계는 다음과 같다.

그림 5-6 내보내기 섹션의 전체 구조

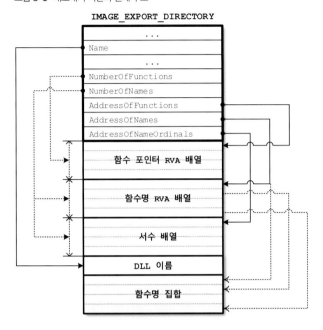

자, 그럼 이제부터 DLL의 파일 포맷과 내보내기 섹션의 구조에 대하여 덤프를 통해서 직접 비교해보자.

5.2.2 내보내기 섹션 구조

이제 내보내기 섹션을 PE 덤프를 통해 직접 찾아보기로 하자. 그 대상은 BasicDllMD2.dll이다. 앞서 언급한 대로, 내보내기 섹션은 섹션 헤더 테이블에서 Name 필드가 .edata인 것을 찾으면 된다. 헥사 덤프 툴을 통해서 BasicDllMD2.dll을 열어 .edata를 직접 찾아보라. 하지만 아무리 눈씻고 찾아봐도 없을 것이다. 사실 .edata를 찾을 수 있는 파일은 DLL을 빌드하면 디폴트로 생성되는, 확장자가 EXP인 동시에 COFF 포맷을 갖는 '내보내기 라이브러리 파일'이다.

그림 5-7 BasicDllMD2.exp의 .edata 섹션 헤더

	+0	+1	+2	+3	+4	+5	+6	+7		+8	+9	+A	+B	+C	+D	+E	+F		
00000000	64	86	03	00	9E	87	7B	55		9B	03	00	00	0C	00	00	00		d......{U........
00000010	00	00	00	00	2E	65	64	61		74	61	00	00	00	00	00	00		....edata......
00000020	00	00	00	00	92	00	00	00		8C	00	00	00	1E	01	00	00		....
00000030	00	00	00	00	0A	00	00	00		40	00	00	40	2E	64	65	62		........@..@.deb
00000040	75	67	24	53	00	00	00	00		00	00	00	00	FB	01	00	00		ug$S............

[그림 5-7]은 BasicDllMD2.exp 파일의 섹션 헤더 테이블의 일부로, 박싱된 부분에 .edata가 있음을 확인할 수 있다. LIB 명령을 '/DEF' 옵션과 함께 사용하면 가져오기 라이브러리 파일(.lib)과 함께 내보내기 라이브러리 파일도 생성된다. 링커는 이 파일을 참조하여 DLL을 빌드하면서 내보내기 섹션에 내보내기 관련 정보를 생성한다. 하지만 일반적으로 PE 파일 포맷으로 생성될 때, 내보내기 섹션은 .rdata 섹션에 병합되어 실행 파일 상에서는 별도의 섹션으로 존재하지 않기 때문에 DLL 파일 내에서는 찾을 수 없다. 내보내기 섹션 자체가 그렇게 크지 않으므로, 따로 섹션을 잡을 경우 섹션 정렬 단위에 의하여 사용되지 않는 남는 디스크 공간을 차지하게 되므로, 보통 다른 섹션에 병합(최적화의 경우에 따라 .text 섹션에 병합되는 경우도 있다)되어 버린다. 하지만 DLL의 경우 내보내기 섹션은 존재해야 하지만, 섹션 헤더 테이블을 통해서는 그 위치를 찾을 수 없을 뿐이다. 그럼 DLL이 로드될 때 내보낸 함수들의 정보는 어디서 얻어올 수 있을까? 즉 내보내기 섹션의 시작 오프셋이나 PE 상에서의 RVA는 어디에 지정되어 있는 것인가? 그것은 앞에서 설명한 IMAGE_OPTIONAL_HEADER의 IMAGE_DATA_DIRECTORY 구조체 배열에서 찾을 수 있다. 이 배열의 첫 번째 데이터 디렉터리, 즉 IMAGE_DIRECOTRY_ENTRY_EXPORT(0) 항목이 내보내기 섹션의 시작 RVA와 크기를 담고 있다. 본 BasicDllMD2.dll의 IMAGE_DATA_DIRECTORY 구조체 배열에 대한 헥사 덤프를 살펴보자. 아래 덤프처럼 IMAGE_DIRECOTRY_ENTRY_EXPORT는 파일 오프셋 0x00000178부터 시작하는 8바이트 디렉터리다.

덤프 5-2 BasicDllMD2.dll의 내보내기 디렉터리 엔트리

	+0	+1	+2	+3	+4	+5	+6	+7	+8	+9	+A	+B	+C	+D	+E	+F
00000170	00	00	00	00	10	00	00	00	40	52	00	00	A6	00	00	00

- **VirtualAddress** : 0x00005240 (.rdata:0x00003E40)
- **Size** : 0x000000A6 (166)

이제 IMAGE_DIRECTORY_ENTRY_EXPORT 디렉터리가 속한 섹션과 실제 파일 오프셋을 구해야 한다. RVA를 실제 파일 오프셋으로 변환하는 코드는 이미 2장에서 설명했다. 2장에서 정의한 매크로를 이용하여 내보내기 섹션이 실제로 시작하는 파일 오프셋을 다음의 코드를 이용해 구해보자.

```
PIMAGE_DATA_DIRECTORY pdds = PE_SCHEMA::GetDataDirs(m_pImgBase);
PIMAGE_DATA_DIRECTORY ped = &pdds[IMAGE_DIRECTORY_ENTRY_EXPORT];
```
내보내기 섹션에 해당하는 IMAGE_DATA_DIRECTORY 구조체의 포인터를 획득한다.

```
PIMAGE_SECTION_HEADER psh =
        PE_SCHEMA::FindSectionHdr(m_pImgBase, ped->VirtualAddress);
```

이 디렉터리가 속한 섹션인 IMAGE_SECTION_HEADER 구조체의 포인터를 획득한다.

```
DWORD dwOffset = RVA_TO_OFFSET(psh, pdd->VirtualAddress);
```

최종적으로 RVA를 실제 파일 오프셋으로 변환한다.

⋮

위 코드에 의해 VirtualAddress의 RVA는 읽기 전용 데이터 섹션에 속하고, 실제 파일 오프셋은 0x00003E40임을 알 수 있다.

인덱스	VirtualAddress	Size
IMAGE_DIRECTORY_ENTRY_EXPORT (0)	0x00005240, .rdata:0x00003E40	0x000000A6

이제 BasicDllMD2.dll의 PE 파일 오프셋 0x00003E40으로 가보자. 다음의 [덤프 5-3]은 BasicDllMD2.dll의 내보내기 섹션을 나타낸다. 덤프에서 보는 것처럼 오프셋 0x00003E40에서 부터 IMAGE_DATA_DIRECTORY 구조체의 Size 필드 값인 0x00000092 바이트만큼, 즉 오프셋 0x00003EE5(0x00003E40+0xA6)까지가 내보내기 관련 정보 영역이고, 실제 이 부분이 .edata 섹션이 되는 것이다.

덤프 5-3 BasicDllMD2.dll의 내보내기 섹션

① IMAGE_EXPORT_DIRECTORY 구조체   ② 내보내기 함수 포인터 RVA 테이블

	+0	+1	+2	+3	+4	+5	+6	+7	+8	+9	+A	+B	+C	+D	+E	+F
00003E40	00	00	00	00	62	B9	8B	56	00	00	00	00	94	52	00	00
00003E50	03	00	00	00	05	00	00	00	04	00	00	00	68	52	00	00
00003E60	7C	52	00	00	8C	52	00	00	00	10	00	00	00	60	00	00
00003E70	00	00	00	00	60	10	00	00	E0	10	00	00	A4	52	00	00
00003E80	B2	52	00	00	C0	52	00	00	D3	52	00	00	00	00	01	00
00003E90	03	00	04	00	42	61	73	69	63	44	6C	6C	4D	44	32	2E
00003EA0	64	6C	6C	00	59	48	44	33	5F	44	72	61	77	54	65	78
00003EB0	74	00	59	48	44	34	5F	4D	53	47	5F	42	55	46	46	00
00003EC0	59	48	44	36	5F	43	61	6C	63	54	65	78	74	57	69	64
00003ED0	74	68	00	59	48	44	37	5F	49	73	50	6F	69	6E	74	49
00003EE0	6E	52	65	63	74	00	00	00	F0	54	00	00	00	00	00	00

③ 내보내기 함수명 RVA 테이블   ⑤ DLL 이름   ⑥ 내보내기 함수 이름   ④ 서수 테이블

내보내기 섹션의 구조는 [덤프 5-3]에서 보는 것처럼 크게 6개의 블록으로 나눌 수 있다.

표 5-9 BasicDllMD2.dll의 내보내기 섹션

번호	오프셋	RVA	블록 내용
①	0x00003E40	0x00005240	IMAGE_EXPORT_DIRECTORY 구조체
②	0x00003E68	0x00005268	내보내기 함수/변수의 포인터 RVA 테이블
③	0x00003E7C	0x0000527C	내보내기 함수/변수의 이름 RVA 테이블
④	0x00003E8C	0x0000528C	내보내기 함수/변수의 서수 테이블
⑤	0x00003E94	0x00005294	DLL 모듈 이름
⑥	0x00003EA4	0x000052A4	내보낸 함수/변수들의 이름 집합

블록 ①은 IMAGE_EXPORT_DIRECTORY 구조체를 나타낸다. 이 구조체의 필드를 통해 나머지 각 블록들의 위치를 파악할 수 있다. 다음은 IMAGE_EXPORT_DIRECTORY에 해당하는 덤프의 각 값을 나타낸다.

표 5-10 IMAGE_EXPORT_DIRECTORY

필드	타입	값	상세
Characteristics	DWORD	0	–
TimeDateStamp	DWORD	0x568BB962	2016/01/05-21:38:58
Major/MinorVersion	DWORD	0,0	–
Name	DWORD, RVA	0x00005294	.rdata:0x00003E94 ⑤ DLL 이름 → BasicDllMD2.dll
Base	DWORD	3	서수의 시작 번호
NumberOfFunctions	DWORD	5	함수 또는 변수 포인터 개수
NumberOfNames	DWORD	4	함수 또는 변수 이름 개수
AddressOfFunctions	DWORD, RVA	0x00005268	.rdata:0x00003E68 ② 내보내기 함수/변수 포인터 RVA 테이블
AddressOfNames	DWORD, RVA	0x0000527C	.rdata:0x00003E7C ③ 내보내기 함수/변수 이름 RVA 테이블
AddressOfNameOrdinals	DWORD, RVA	0x0000528C	.rdata:0x00003E8C ④ 내보내기 함수/변수 서수 테이블

위의 IMAGE_EXPORT_DIRECTORY 구조체의 필드 중에서 의미 있는 필드에 대하여 자세히 살펴보자.

1) Name: 0x00005294

앞서 설명한 것처럼, 이 필드는 본 DLL의 이름을 가리키는 포인터다. 앞의 덤프에서 현재 이 Name 필드가 가리키는 번지의 RVA가 0x00005294이므로 파일 오프셋은 0x00003E94가 된다. PE의 파일 포인터를 0x00003E94로 이동시켜보면 그 위치는 블록 ⑤의 DLL 이름에 해당한다.

00003E94	42	61	73	69	63	44	6C	6C	4D	44	32	2E	64	6C	6C	00
DLL 이름	B	a	s	i	c	D	l	l	M	D	2	.	d	l	l	/0

이 바이너리 스트림은 아스키 문자열 스트림이며, 마지막에 NULL로 마무리된다. 문자열은 "BasicDllMD2.dll"이다.

2) NumberOfNames: 4

3) AddressOfNames: 0x0000527C

AddressOfNames 필드는 내보낸 함수들에 대한 이름의 시작 RVA 값을 담고 있는 배열에 대한, 즉 블록 ③ 내보내기 함수/변수 이름 포인터 테이블을 가리키는 RVA 값으로, 이 배열에 대한 원소의 개수를 지시하는 필드다. 따라서 다음과 같은 포인터에 대한 배열이라고 볼 수 있다.

```
CHAR* AddressOfNames [NumberOfNames];
```

AddressOfNames 필드 값 0x0000527C의 위치로 헥사 덤프를 따라가보면 다음과 같다. 이 값 역시 RVA이므로, 적절한 파일 포인터로 변환하면 0x00003E7C가 된다.

인덱스	0				1				2				3			
0x00003E7C	A4	52	00	00	B2	52	00	00	C0	52	00	00	D3	52	00	00

따라서 AddressOfNames[0] → 0x000052A4, AddressOfNames[1] → 0x000052B2, AddressOfNames[2] → 0x000052C0, AddressOfNames[3] → 0x000052D3의 값을 가지고 있으며, 이에 해당하는 각각의 파일 오프셋은 0x0003EA4, 0x0003EB2, 0x0003EC0, 0x0003ED3이 된다. 해당 위치로 가서 문자열 포인터를 위의 덤프에서 직접 확인해보면 다음과 같이 함수/변수의 이름을 얻을 수 있다.

3E9E	59	48	44	33	5F	44	72	61	77	54	65	78	74	00					
0	Y	H	D	3	_	D	r	a	w	T	e	x	t	\0					
3EB2	59	48	44	34	5F	4D	53	47	5F	42	55	46	46	00					
1	Y	H	D	4	_	M	S	G	_	B	U	F	F	\0					
3EC0	59	48	44	36	5F	43	61	6C	63	54	65	78	74	57	69	64	74	68	00
2	Y	H	D	6	_	C	a	l	c	T	e	x	t	W	i	d	t	h	\0
3ED3	59	48	44	37	5F	49	73	50	6F	69	6E	74	49	6E	52	65	63	74	00
3	Y	H	D	7	_	I	s	P	o	i	n	t	I	n	R	e	c	t	\0

4) Base: 3

5) AddressOfNameOrdinals: 0x0000528C

Base 필드는 내보낸 함수들의 차례를 나타내는 수, 즉 서수(Ordinal)들 중 최초의 값을 가진다. BasicDllMD2.dll 작성 시 BasicDll.def 모듈 정의 파일에서 다음과 같이 서수를 정의했었다.

```
    함수명                    함수의 서수
    --------------------------------------
    YHD3_DrawTextPos          @3
    YHD6_CalcTextWidth        @6
    YHD7_IsPointInRect        @7
    YHD4_MSG_BUFF             @4
```

따라서, 각 함수들은 차례대로 3, 4, 6, 7의 서수를 가지며, 이때 Base 필드는 이 서수들의 시작인 3이라는 값을 가지게 된다. 이 Base 필드의 값이 서수들의 기준 값이 된다. 그리고 AddressOfNameOrdinals 필드는 위 모듈 정의 파일에서 지정한 서수들의 값을 저장하고 있는 WORD형(2바이트) 배열, 즉 서수 테이블의 시작 번지를 가리키는 RVA를 가진다. 그리고 이 배열의 원소의 개수는 NumberOfNames 필드에서 지정된 값이 4이므로 4개가 된다. 따라서 이것을 쉽게 코드로 표현하면 다음과 같다.

```
 WORD NameOrdinals[NumberOfNames];
```

BasicDllMD2.dll의 AddressOfNameOrdinals 필드 값은 0x0000528C고, 이 값이 지시하는 오프셋 0x00003E8C로 가보면 다음과 같은 해석이 가능하다.

인덱스	0		1		2		3	
0x00003E8C	00	00	01	00	03	00	04	00

여러분은 이 배열이 4개의 엔트리를 가지고 있으며, 각 엔트리의 값들은 차례대로 3, 4, 6, 7의 값을 가질 것이라고 기대했을 것이다. 하지만 보는 바와 같이 이 배열은 0, 1, 3, 4의 값을 가지고 있다. 앞서 설명한 것처럼 내보낸 함수의 정확한 서수를 얻기 위해서는 이 테이블의 각 원소에 Base 필드 값을 더해야 한다. 따라서 NameOrdinals[0]은 0, NameOrdinals[1]은 1, NameOrdinals[2]은 3, NameOrdinals[3]는 4가 되며, 이 각각의 원소에 Base 필드 값인 3을 더하면 여러분이 모듈 정의 파일에서 지정해준 3, 4, 6, 7이라는 서수 값이 나오게 된다. 서수의 순서도 모듈 정의 파일에서 지정한 순으로 배열에 저장되는 것은 아니라, 엔트리의 순서는 정확하게 함수 이름 순으로 정렬된다. 다행히 이 경우 YHD#_이라는 이름을 지정했기 때문에 함수 이름 정렬 순과 서수의 정렬 순이 같아서 순서대로 나온 것뿐이다. 그렇다면 왜 이렇게 Base 필드 값을 더해야만 하는 이중의 과정을 거쳐야만 할까 하는 의문을 가질 수 있다. 다음 항목인 NumberOfFunctions, AddressOfFunctions에서 살펴보도록 하자.

6) NumberOfFunctions: 5

7) AddressOfFunctions: 0x00005268

AddressOfFunctions 필드는 내보낸 각 함수들의 구현 코드가 존재하는 위치에 대한 진입점의 RVA를 담고 있는 배열이다. 다시 말하면 함수 포인터의 배열이다. 그리고 이 배열의 원소의 개수를 나타내는 것이 NumberOfFunctions 필드 값이다. 이 NumberOfFunctions 필드 값은 5며, 이 것을 코드로 나타내면 다음과 같다.

```
FARPROC AddressOfFunctions [NumberOfFunctions];
```

여기서 NumberOfFunctions의 값이 NumberOfNames 필드 값과 다르다는 점을 의아하게 생 각할 수도 있다. 이런 경우가 발생하는 것은 모듈 정의 파일에서 서수의 값을 연속적으로 지정하지 않았기 때문이다. 필자는 NumberOfFunctions 필드와 NumberOfNames 필드의 값이 서로 다른 경우를 만들기 위해 의도적으로 모듈 정의 파일에서 서수의 값을 3, 4, 5, 6 처럼 차례대로 지정하지 않고 3, 4, 6, 7로 지정했다. 그 결과 함수 포인터 배열의 원소 개수가 5로 나왔다. 컴파일러는 서수를 보고 판단하건대 3으로 시작해서 7로 끝나므로 3부터 7까지의 서수를 위한 전체

5개의 함수 포인터에 대한 공간을 준비한 것이다. 말 그대로 서수(Ordinal)니까 그러지 않을까? AddressOfFunctions 필드 값인 RVA 0x00005268에 해당하는 오프셋 0x00003E68로 가보면 다음과 같은 덤프를 확인할 수 있다. 이 테이블의 각 엔트리 값 역시 RVA임에 유의하기 바란다.

인덱스	[0], 서수 3				[1], 서수 4				[2]				[3], 서수 6			
0x00003E68	00	10	00	00	00	60	00	00	00	00	00	00	60	10	00	00
인덱스	[4], 서수 7															
0x00003E78	E0	10	00	00												

위의 덤프에서 보는 것처럼 서수 3부터 7까지 5개의 함수 포인터가 존재하며, 실제 의미 있는 것은 서수 3, 4, 6, 7에 해당하는 배열 인덱스 0, 1, 3, 4의 원소 세 개뿐이고, 나머지 엔트리 값은 0이다. 여기에서 추측할 수 있는 것은 서수를 통해서 내보내기 함수의 진입점을 얻기 위해서 우선 AddressOfNameOrdinals 필드가 가리키는 서수 테이블에서 해당 값(앞서 설명한 것처럼 원래 서수에서 Base 필드의 값을 뺀 값)을 얻어와서, 이 값을 그대로 AddressOfFunctions 필드가 가리키는 함수 진입점 테이블의 인덱스로 사용하면 바로 해당 서수의 진입점 포인터를 얻을 수 있다는 점이다. 이것을 소스로 표현하면 다음과 같다.

```
PSTR*     pszFuncNameTbl = (PSTR*)pIED->AddressOfNames;
PWORD     pwOrdinalTbl   = (PWORD)pIED->AddressOfNameOrdinals;
FARPROC*  pfnFuncPtrTbl  = (FARPROC*)pIED->AddressOfFunctions;
```

각 테이블을 미리 획득해둔다.
  pszFuncNameTbl → 함수명 테이블
  pwOrdinalTbl   → 서수 테이블
  pfnFuncPtrTbl   → 함수 포인터 테이블

서수를 통해서 해당 함수의 포인터를 구할 때

```
FARPROC* pfncDrawTextPos = pfnFuncPtrTbl[ 3 - pIED->Base ];
```

서수를 알고 있을 경우에는 해당 함수의 서수에 Base 필드 값을 뺀 결과가 함수 포인터 테이블에서의 해당 함수의 인덱스가 된다.

해당 함수의 이름을 통해서 함수 포인터를 구할 때

```
FARPROC* pfncDrawTextPos = NULL;
for(DWORD i = 0; i < pIED->NumberOfNames; i++)
{
```

```
    if(strcmp("pfncDrawTextPos04", pszFuncNameTbl[i]) == 0)
        pfncDrawTextPos = pfnFuncPtrTbl[ pwOrdinalTbl[i] ];
}
```

> 함수명 테이블을 통해서 얻고자 하는 함수명과 일치하는 엔트리가 있으면 그 엔트리의 인덱스가 해당 함수의 서수를 담고 있는 서수 테이블 엔트리의 인덱스가 된다. 따라서 그 인덱스를 통해 서수 테이블에서 서수를 획득하면 그 값은 기존에 지정한 서수에서 Base 필드 값을 뺀 결과며, 이 값 자체가 함수 포인터 테이블의 해당 함수의 인덱스가 된다.

이런 과정을 위해서 Base 필드를 따로 두고 서수 테이블은 실제 서수 값에서 Base 필드 값을 뺀 값을 저장하는 것이다.

다음 디스어셈블 코드는 진입점 테이블의 첫 번째 함수 RVA가 0x00001000에 해당하는 함수, 즉 서수 3에 해당하는 YHD3_DrawText의 코드다. 디버깅 상태에서 ImageBase의 값이 0x00000001`80000000이고 RVA가 0x00001000이므로, YHD3_DrawText의 진입점 번지는 0x00000001`80001000이 된다.

```
void WINAPI DrawTextPos04(HDC hDC, LPTSTR pszText, POINT ptPos)
{
0000000180001000 4C 89 44 24 18        mov   qword ptr [rsp+18h], r8
0000000180001005 48 89 54 24 10        mov   qword ptr [rsp+10h], rdx
000000018000100A 48 89 4C 24 08        mov   qword ptr [rsp+8], rcx
000000018000100F 57                    push  rdi
                ⋮          ⋮                             ⋮
   TextOut(hDC, ptPos.x, ptPos.y, pszText, lstrlen(pszText));
0000000180001028 48 8B 4C 24 48        mov   rcx, qword ptr [pszText]
000000018000102D FF 15 F5 2F 00 00     call  qword ptr [__imp_lstrlenW (0180004028h)]
0000000180001033 89 44 24 20           mov   dword ptr [rsp+20h],eax
0000000180001037 4C 8B 4C 24 48        mov   r9, qword ptr [pszText]
000000018000103C 44 8B 44 24 54        mov   r8d, dword ptr [rsp+54h]
0000000180001041 8B 54 24 50           mov   edx, dword ptr [ptPos]
0000000180001045 48 8B 4C 24 40        mov   rcx, qword ptr [hDC]
000000018000104A FF 15 B0 2F 00 00     call  qword ptr [__imp_TextOutW (0180004000h)]
}
0000000180001050 48 83 C4 30           add   rsp, 30h
0000000180001054 5F                    pop   rdi
0000000180001055 C3                    ret
```

이번에는 RVA가 0x00001000인 경우 YHD3_DrawText가 가리키는 오프셋으로 직접 가보자. 당연히 함수는 실행 코드로 구성될 것이기 때문에 .text 섹션 내의 특정 번지가 되어야 할 것이다. 따라서 첫 번째 함수 포인터인 0x00001000의 값은 RVA이므로, 파일 오프셋을 구하면 .text 섹션의 시작 오프셋인 0x00000400이 된다. 이와 마찬가지로, 나머지 두 함수의 시작 오프셋까지 구하면 함수 포인터 테이블의 엔트리들은 다음과 같다.

표 5-11 BasicDllMD2.dll의 함수 포인터 테이블

함수	PE 오프셋	시작 코드	구현 코드
YHD3_DrawText	0x000000400	4C 89 44 24 18	mov qword ptr [rsp+18h], r8
YHD6_CalcTextWidth	0x000000460	4C 89 54 24 10	mov qword ptr [rsp+10h], rdx
YHD7_IsPointInRect	0x0000004E0	4C 89 54 24 10	mov qword ptr [rsp+10h], rdx

위의 표를 바탕으로 BasicDllMD2.dll의 텍스트 섹션 내에서 위의 함수들이 실제 정의된 바이너리 덤프를 확인해보면 다음과 같다.

덤프 5-4 BasicDllMD2.dll의 텍스트 섹션

	+0	+1	+2	+3	+4	+5	+6	+7	+8	+9	+A	+B	+C	+D	+E	+F
00000400	4C	89	44	24	18	48	89	54	24	10	48	89	4C	24	08	57
00000410	48	83	EC	30	48	8B	FC	B9	0C	00	00	00	B8	CC	CC	CC
00000420	CC	F3			YHD3_DrawText 함수 구현 코드				48	8B	4C	24	48	FF	15	55
00000430	31	00							8B	4C	24	48	44	8B	44	24
00000440	54	8B	54	24	50	48	8B	4C	24	40	FF	15	B0	2F	00	00
00000450	48	83	C4	30	5F	C3	CC	CC	CC	CC	CC	CC	CC	CC	CC	CC
00000460	48	89	54	24	10	48	89	4C	24	08	57	48	83	EC	40	48
00000470	8B	FC	B9	10	00	00	00	B8	CC	CC	CC	CC	F3	AB	48	8B
00000480	4C	24		YHD6_CalcTextWidth 함수 구현 코드						15	FA	30	00	00	4C	8D
00000490	4C	24								24	58	48	8B	4C	24	50
000004A0	FF	15	62	2F	00	00	85	C0	75	10	C7	44	24	2C	00	00
000004B0	00	00	8B	44	24	2C	89	44	24	28	48	8B	44	24	28	48
000004C0	8B	F8	48	8B	CC	48	8D	15	A4	31	00	00	E8	AF	00	00
000004D0	00	48	8B	C7	48	83	C4	40	5F	C3	CC	CC	CC	CC	CC	CC
000004E0	48	89	54	24	10	48	89	4C	24	08	57	48	83	EC	20	48
000004F0	8B	FC	B9	08	00	00	00	B8	CC	CC	CC	CC	F3	AB	48	8B
00000500	4C	24		YHD7_IsPointInRect 함수 구현 코드					8B	4C	24	30	FF	15	8D
00000510	30	00			48	83	C4	20	5F	C3	CC	FF	25	80	30	00	00

이번에는 내보낸 변수 YHD4_MSG_BUFF를 확인해보자. 함수/변수 포인터 테이블의 엔트리 1에 해당하는 값 0x00006000이 YHD4_MSG_BUFF를 가리키는 RVA 값이 된다. 이 값을 오프셋으로 변환하면 이 변수는 .data 섹션에 위치하며, 오프셋은 0x00004600이 된다. 다음 덤프가 64바이트의 YHD4_MSG_BUFF 변수의 내용이며, 코드 상에서 초기화했던 문자열 "YHD_BASIC_DLL_MD2"를 확인할 수 있다.

덤프 5-5 BasicDllMD2.dll의 .data 섹션

	+0	+1	+2	+3	+4	+5	+6	+7	+8	+9	+A	+B	+C	+D	+E	+F
00004600	59	00	48	00	44	00	5F	00	42	00	41	00	53	00	49	00
00004610	43	00	5F	00	44	00	4C	00	4C	00	5F	00	4D	00	44	00
00004620	32	00	00	00	00	00	00	00	00	00	00	00	00	00	00	00
00004630	00	00	00	00	00	00	00	00	00	00	00	00	00	00	00	00
00004640	00	00	00	00	00	00	00	00	00	00	00	00	00	00	00	00

YHD_BASIC_DLL_MD2

다음 그림은 지금까지 설명했던 BasicDllMD2.dll PE에 대한 덤프 내용을 분석한 결과를 나타낸 것이다.

그림 5-8 BasicDllMD2.dll 내보내기 섹션의 전체 구조

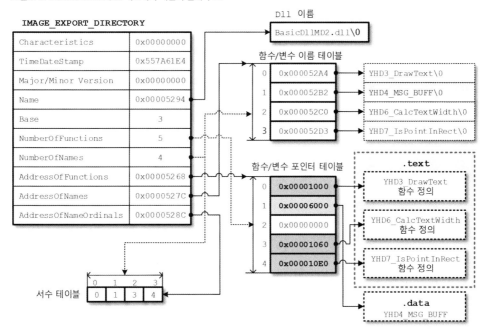

이번에는 __declspec(dllexport)를 통해서 만들어진 DLL을 간단히 살펴보고 어떠한 차이가 있는지 확인하고 넘어가자. 그리고 DllBasicDE2.dll에 대한 덤프를 통해서 DllBasicMD2.dll과 어떤 차이가 있는지 비교해보자.

덤프 5-6 BasicDllDE2.dll의 내보내기 섹션

	① IMAGE_EXPORT_DIRECTORY 구조체									② 내보내기 함수 포인터 RVA 테이블						
	+0	+1	+2	+3	+4	+5	+6	+7	+8	+9	+A	+B	+C	+D	+E	+F
00003E40	00	00	00	00	FD	02	8D	56	00	00	00	00	90	52	00	00
00003E50	01	00	00	00	04	00	00	00	04	00	00	00	68	52	00	00
00003E60	78	52	00	00	88	52	00	00	00	10	00	00	00	60	00	00
00003E70	60	10	00	00	E0	10	00	00	A0	52	00	00	AE	52	00	00
00003E80	BC	52	00	00	CF	52	00	00	00	00	01	00	02	00	03	00
00003E90	42	61	73	69	63	44	6C	6C	44	45	32	2E	64	6C	6C	00
00003EA0	59	48	44	33	5F	44	72	61	77	54	65	78	74	00	59	48
00003EB0	44	34	5F	4D	53	47	5F	42	55	46	46	00	59	48	44	36
00003EC0	5F	43	61	6C	63	54	65	78	74	57	69	64	74	68	00	59
00003ED0	48	44	37	5F	49	73	50	6F	69	6E	74	49	6E	52	65	63
00003EE0	74	00	00	00	E8	54	00	00	00	00	00	00	00	00	00	00

③ 내보내기 함수명 RVA 테이블		⑤ DLL 이름	⑥ 내보내기 함수 이름	④ 서수 테이블

덤프 상에서 볼 때 몇 가지 차이점이 있다. 우선 서수를 별도로 지정하지 않았기 때문에 컴파일러가 자체적으로 1부터 시작하는 서수를 지정했으므로 서수 테이블은 다음과 같다. 물론 서수 테이블의 값은 0으로 시작하지만 Base 필드 값은 1로 설정되어 있음을 확인할 수 있다.

인덱스	0		1		2		3	
0x00003E88	00	00	01	00	02	00	03	00

다음으로 함수 포인터 테이블이다. 서수가 1부터 연속적으로 4까지 지정되기 때문에 앞에서의 경우처럼 5개의 함수 포인터가 필요하지 않다. 따라서 함수 포인터 테이블 역시 4개로 구성된다. NumberOfFunctions 필드 값 역시 4임을 확인할 수 있다.

인덱스	[0], 서수 1				[1], 서수 2				[2], 서수 3				[3], 서수 4			
0x00003E68	00	10	00	00	00	60	00	00	60	10	00	00	E0	10	00	00

64비트의 경우 모듈 정의 파일과 __declspec(dllexport) 사이의 차이는 서수 지정에 따른 함수/변수 포인터 테이블의 차이라고 할 수 있다. 하지만 32비트의 경우 또 하나의 차이가 있다. 앞서 언급했던 것처럼 이름 데코레이션 규칙에는 함수 호출 관례도 포함되기 때문에 __declspec(dllexport) 지시어를 사용한 BasicDllDE2.dll에서 내보낸 함수 이름이 [그림 5-5]에서처럼 이름 앞에 언더바(_)가 붙고 함수명 뒤에 '@'와 매개변수의 전체 바이트 수로 구성된다는 것을 확인했다. 그러나 모듈 정의 파일을 이용해서 제작된 32비트 BasicDllMD2.dll의 경우는 다음 그림과 같이 내보내기 섹션의 함수/변수 이름 테이블에 모듈 정의 파일에서 지정했던 이름이 그대로 저장된다는 것을 알 수 있다. 따라서 32비트의 경우 모듈 정의 파일을 통해서 만들어진 DLL과 __declspec(dllexport)를 통해 만들어진 DLL 간에는 내보내기 섹션에 저장되는 내보내기 함수/변수 이름에 차이가 있기 때문에, GetProcAddress 함수를 이용하는 동적 DLL 링크의 경우에는 주의해야 한다.

그림 5-9 32비트 BasicDllMD2.dll의 내보내기 함수/변수 이름

⊟ 🔒 AddressOfNames	DWORD, RVA	000034A0:00004CA0	0x4(4)	0x00004CBC	
⊞ 🔒 [0]YHD3_DrawText	DWORD, RVA	000034BC:00004CBC	0x4(4)	0x00004CE4	
⊞ 🔒 [1]YHD4_MSG_BUFF	DWORD, RVA	000034C0:00004CC0	0x4(4)	0x00004CF2	
⊞ 🔒 [2]YHD6_CalcTextWidth	DWORD, RVA	000034C4:00004CC4	0x4(4)	0x00004D00	
⊞ 🔒 [3]YHD7_IsPointInRect	DWORD, RVA	000034C8:00004CC8	0x4(4)	0x00004D13	

5.3 DllMain의 사용

이 장 서두에서 IMAGE_OPTIONAL_HEADER 필드를 정리한 표를 다시 보자. 여기에서 AddressOfEntryPoint의 값은 0x000017E0이다. 우리가 3장에서 검토했던 대로 EXE PE에서의 AddressOfEntryPoint 필드 값은 C/C++ 런타임 시작 함수인 (w)WinMainCRTStartup 또는 (w)mainCRTStartup 함수에 대한 RVA였다. 그러면 DLL에서의 AddressOfEntryPoint 필드는 무엇을 의미할까? DLL도 진입점 함수나 런타임 시작 함수 같은 것이 존재할까? 하는 의문이 들 것이다. 결론부터 말하자면 DLL을 위한 진입점 함수와 EXE PE의 경우처럼 이 진입점 함수를 호출해주는 런타임 시작 함수가 존재한다. 그리고 DLL의 AddressOfEntryPoint 필드의 RVA는 이 런타임 시작 함수의 번지를 가리키는 RVA 값이다.

그림 5-10 BasicDllDE3.dll의 DllMain 함수

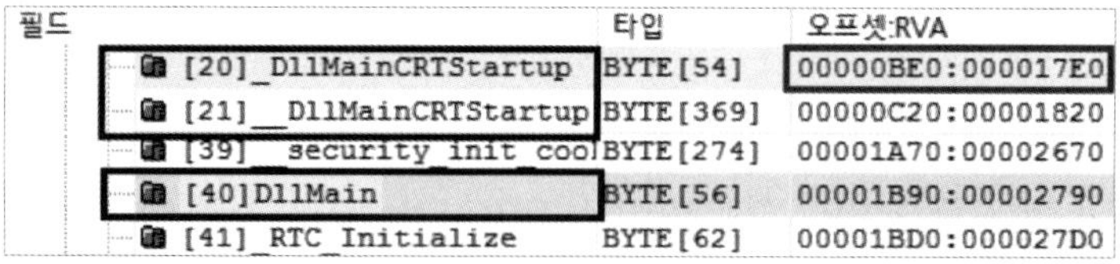

필드	타입	오프셋:RVA
📁 [20] _DllMainCRTStartup	BYTE[54]	00000BE0:000017E0
📁 [21] __DllMainCRTStartup	BYTE[369]	00000C20:00001820
📁 [39] _security_init_cool	BYTE[274]	00001A70:00002670
📁 [40]DllMain	BYTE[56]	00001B90:00002790
📁 [41]_RTC_Initialize	BYTE[62]	00001BD0:000027D0

PE Explorer를 통해 분석한 BasicDllDE3.dll의 .text 섹션 함수들 중에서 DLL의 진입점 함수와 C/C++ 런타임 시작 함수를 나타낸 것이다. 위의 그림에서 알 수 있듯이 AddressOfEntryPoint 필드의 RVA 0x000017E0이 가리키는 위치의 파일 오프셋에 존재하는 함수가 바로 _DllMainCRTStartup이다. 그리고 RVA 0x00002790 위치에 DllMain이라는 함수가 존재하는 데, 바로 이 함수가 DLL의 진입점 함수가 된다.

그렇다면 한번 생각해보자. AddressOfEntryPoint 필드가 설정되었다 함은 EXE PE의 경우와 마찬가지로 이 DLL이 로드되고 나서 _DllMainCRTStartup 함수가 호출되는 것을 의미하는 것은 아닐까? 또한 그림에 나오는 3개의 함수는 EXE PE와 비교했을 때 다음과 같은 위상을 가질 것이라는 것을 예상할 수 있을 것이다.

	EXE	DLL
런타임 시작 함수	wWinMainCRTStartup	_ DllMainCRTStartup
└ 실제 구현 함수	└ _tmainCRTStartup	└ __DllMainCRTStartup
└ 진입점 함수	└ wWinMain	└ DllMain

그렇다면 DLL이 로드되었을 때 실제 위의 표처럼 함수들이 호출되는지 확인할 필요가 있다. 이 작업을 위해서 새로운 프로젝트를 하나 만들자. 예제 샘플에 〈BasicDllMain〉이라는 프로젝트가 있으며, 이 프로젝트는 BasicDllDE3.cpp에 DllMain이란 진입점 함수를 직접 정의한 것이다.

소스 5-12 BasicDllMMain의 BasicDll.cpp

```
#include "Windows.h"
#include "tchar.h"


#ifdef __cplusplus
#  define BASICDLL_API extern "C" __declspec(dllexport)
#else
#  define BASICDLL_API __declspec(dllexport)
#endif
```

```
#include "BasicDll.h"

TCHAR YHD4_MSG_BUFF[64] = _T("YHD_BASIC_DLL_MAIN");
    ⋮
BOOL WINAPI YHD7_IsPointInRect(LPCRECT prc, POINT pt)
{
   return PtInRect(prc, pt);
}


BOOL WINAPI DllMain(HANDLE  hDllHandle, DWORD dwReason, PVOID preserved)
{
   return TRUE;
}
```

위 소스에서 확인할 수 있듯이, 기존 BasicDll.cpp의 맨 마지막에 DllMain 함수를 정의했을 뿐이다. 그러면 이 DLL을 디버깅해보자. 위의 DllMain 함수에서 TRUE를 리턴하는 명령줄에 중단점을 걸고 다음 그림처럼 프로젝트 설정의 **[디버깅:명령]** 옵션을 설정하라.

그림 5-11 [디버깅:명령] 옵션 설정

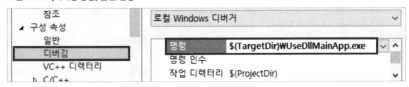

UseDllMainApp.exe는 이 DLL을 사용하는 실행 파일이며, UseDllAppDE3 프로젝트를 수정해서 만든 프로젝트다. 위 설정은 DLL 자체를 디버깅하기 위해 이 DLL을 로드하는 EXE를 지정한다. 이제 다시 소스의 DllMain 함수 내부에 중단점을 걸고 디버깅을 실행하면 어느 시점에서 DllMain 함수의 실행이 중단될 것이다. 여기서 [호출 스택] 창을 확인해보자.

그림 5-12 BasicDllMain 호출 스택

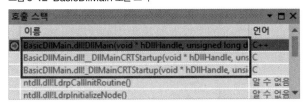

그림을 통해 우리가 정의한 DllMain 함수는 __DllMainCRTStartup 함수가 호출했고, 이 __DllMainCRTStartup 함수는 _DllMainCRTStartup 함수가 호출했다는 것을 알 수 있다. 그럼 세 번째 호출 스택 항목을 더블클릭해서 _DllMainCRTStartup 함수의 정의로 가보자. 이 함수의 정의는 다음과 같이 "crtdll.c" 소스 파일에 있다.

```c
BOOL WINAPI _DllMainCRTStartup
(
    HANDLE hDllHandle, DWORD dwReason, LPVOID lpreserved
)
{
    if (dwReason == DLL_PROCESS_ATTACH)
    {
        __security_init_cookie();
    }

    return __DllMainCRTStartup(hDllHandle, dwReason, lpreserved);
}
```

함수 정의가 3장에서 봤던 wWinMainCRTStartup이나 wmainCRTStartup 함수와 비슷하지 않은가? wWinMainCRTStartup 함수에서 _tmainCRTStartup 함수를 호출했던 것과 마찬가지로 _DllMainCRTStartup 함수 역시 __DllMainCRTStartup 함수를 호출하고 있다. 다음과 같이 __DllMainCRTStartup 함수의 정의 또한 같은 파일 내에 있으며, 소스는 중요 부분만 실었다.

```c
__declspec(noinline) BOOL __cdecl __DllMainCRTStartup
(
    HANDLE hDllHandle, DWORD dwReason, LPVOID lpreserved
)
{
    BOOL retcode = TRUE;
    __try
    {
        __native_dllmain_reason = dwReason;
        __try
        {
            ⋮
```

```
            if ( dwReason == DLL_PROCESS_ATTACH || dwReason == DLL_THREAD_ATTACH )
            {
                  ⋮
                if ( retcode )
                    retcode = _CRT_INIT(hDllHandle, dwReason, lpreserved);
            }


            retcode = DllMain(hDllHandle, dwReason, lpreserved);
```

hDllHandle, dwReason, lpreserved를 매개변수로 전달하여 DllMain 함수를 호출한다.

```
            if ( (dwReason == DLL_PROCESS_ATTACH) && !retcode )
            {
                DllMain(hDllHandle, DLL_PROCESS_DETACH, lpreserved);
```

DLL_PROCESS_ATTACH이고 DllMain의 호출 결과가 FALSE일 경우에는 dwReason을 DLL_PROCESS_DETACH로 설정해서 DllMain 함수를 다시 호출한다.

```
                _CRT_INIT(hDllHandle, DLL_PROCESS_DETACH, lpreserved);
                    ⋮
            }
              ⋮
        }
        __except ( __CppXcptFilter(GetExceptionCode(), GetExceptionInformation()) )
        {
            retcode = FALSE;
        }
    }
    __finally
    {
        __native_dllmain_reason = __NO_REASON;
    }

    return retcode ;
}
```

코드 중간 부분을 보면 여러분이 정의한 DllMain 함수를 호출하고 있음을 알 수 있다. 그렇다면 F5 키를 눌러 UseDllMainApp.exe를 완전히 실행시킨 상태에서 UseDllMainApp.exe를 종료해보라. 그러면 또 DllMain 함수에서 실행이 중단될 것이다. 이는 무엇을 의미하는가? 진입점 함수 DllMain을 포함하여 DLL의 C/C++ 런타임 시작 함수인 _DllMainCRTStartup은 EXE의 런타임 시작 함수와 다르게 DLL의 로드와 언로드 시에 모두 호출된다는 것을 의미한다. 더 엄밀히 말하면 DLL이 프로세스에 부착될 때, 그리고 반대로 프로세스에서 떨어져나갈 때 호출된다. 또 호출되는 추가 조건이 있으며, 이 조건은 스레드가 존재할 경우 스레드에 대해서도 이 함수가 호출된다는 점이다. 그럼 이 시점이 바로 DllMain 함수 자체에 대한 설명이 필요한 시점인 것이다.

```
BOOL WINAPI DllMain
(
    _In_  HINSTANCE  hinstDLL,
    _In_  DWORD      fdwReason,
    _In_  LPVOID     lpvReserved
);
```

HINSTANCE hinstDLL

DLL이 가상 주소 공간에 매핑되었을 때, 즉 로드되었을 때의 인스턴스 핸들이다. 이 핸들은 WinMain을 통해 넘어오는 hInstance의 값과 성격이 동일하다. 즉 DLL 이미지가 메모리 상에 로드된 시작 번지다. PE의 관점에서 보면 IMAGE_OPTIONAL_HEADER의 ImageBase 필드에 지정된 값이 이 hinstDLL의 값이 된다.

DWORD fdwReason

DllMain에서 가장 중요한 매개변수다. 이 매개변수는 DllMain이 왜 호출되었는지에 대하여, 즉 시스템이 해당 DllMain 함수를 호출한 이유를 설명한다. 호출한 이유는 크게 4가지이다. 해당 프로세스의 가상 주소 공간에 DLL이 매핑되거나 매핑 해제되었을 때, 스레드가 생성되거나 종료되었을 때다. 이 매개변수에 대해서는 뒤에서 자세히 살펴보도록 하자.

LPVOID lpvReserved

예약되어 있으며, 항상 NULL로 넘어온다.

반환: BOOL

DllMain 처리의 성공/실패 여부를 반환한다. 사실 DllMain을 여러분이 직접 정의한다면 보통 TRUE를 반환한다. 그리고 시스템은 이 반환값을 DLL_PROCESS_ATTACH인 경우만 참조하고 그 이외의 경우는 무시한다. 이는 앞의 __DllMainCRTStartup 정의에서도 알 수 있는데, DllMain 호출 후 반환값을 담은 retcode가 0인 경우에는 fdwReason이 DLL_PROCESS_ATTACH인 경우에만 별도로 처리한다는 것을 확인할 수 있을 것이다.

자, 이제 앞서 언급한대로 fdwReason 매개변수에 대하여 자세히 살펴보자. 다음은 DllMain이 왜 호출되었는지에 대하여 알려주는 매개변수다.

- **DLL_PROCESS_ATTACH**

  DLL이 프로세스의 주소 공간에 최초로 매핑될 때, 시스템은 해당 DLL의 파일 이미지를 검사하여 DllMain이 정의되어 있으면 fdwReason 매개변수를 DLL_PROCESS_ATTACH로 지정하여 DllMain을 호출한다. 이 호출은 DLL의 파일 이미지가 최초로 매핑될 때 발생하며, 해당 DLL이 프로세스에 로드될 때 초기화 작업이 필요하면 그것을 가능하게 해주기 위한 호출이다.

- **DLL_PROCESS_DETACH**

  DLL이 프로세스의 주소 공간으로부터 매핑 해제될 때, 시스템은 fdwReason 매개변수를 DLL_PROCESS_DETACH로 지정하여 DllMain을 호출한다.

- **DLL_THREAD_ATTACH**

  어떤 프로세스 내에서 스레드가 생성될 때, 시스템은 해당 프로세스의 주소 공간에 매핑되어 있는 모든 DLL의 파일 이미지를 검사하여, DllMain이 정의되어 있으면 각 DLL에 대하여 fdwReason 매개변수를 DLL_THREAD_ATTACH로 지정하여 DllMain을 호출한다.

- **DLL_THREAD_DETACH**

  스레드가 종료될 때, 더 정확히 말해서 스레드 진입점 함수에서 리턴될 때 시스템은 ExitThread를 호출한다. 이때 시스템은 스레드를 바로 종료시키지 않고 매핑되어 있는 모든 DLL에 DllMain이 존재하는지 검사한 후, 존재하면 fdwReason 매개변수를 DLL_THREAD_DETACH로 지정하여 DllMain을 호출한다.

따라서 일반적으로 DllMain 함수를 구현하면 그 패턴은 다음과 같다.

```
BOOL WINAPI DllMain(HINSTANCE hModule, DWORD dwReason, LPVOID)
{
    switch(dwReason)
  {
    case DLL_PROCESS_ATTACH    : break;
```

```
        case DLL_THREAD_ATTACH    : break;
        case DLL_THREAD_DETACH    : break;
        case DLL_PROCESS_DETACH   : break;
        default                   : break;
    }


    return TRUE;
}
```

하지만 BasicDllDE3.dll의 경우 우리는 별도로 DllMain 함수를 정의하지 않았음에도 불구하고 [그림 5-10]에서 보는 것처럼 DllMain이 존재하고 AddressOfEntryPoint 필드 값이 설정되어 있다. 그러면 이것은 무엇을 의미하는 것일까? 정의하지도 않은 DllMain을 VC++ 컴파일러가 생성해서 끼워 넣은 것은 아닐까? 직접 확인해보자. 이번에는 프로젝트 〈BasicDllDE3〉을 활성화시켜서 디버깅을 해보자. 프로젝트 〈BasicDllMain〉의 경우와 마찬가지로 **[디버깅: 명령]** 옵션에 이 DLL을 사용하는 UseDllAppDE3.exe를 설정하라. 그리고 crtdll.c 소스 파일을 열어 __DllMainCRTStartup 함수 정의 부분으로 가서 DllMain 호출 부분에 중단점을 걸고 디버깅을 개시하라. 그러면 다음 그림과 같이 DllMain 호출 위치에서 코드의 실행이 중단될 것이다.

그림 5-13 BasicDllDE3.dll의 DllMain 함수 호출 부분

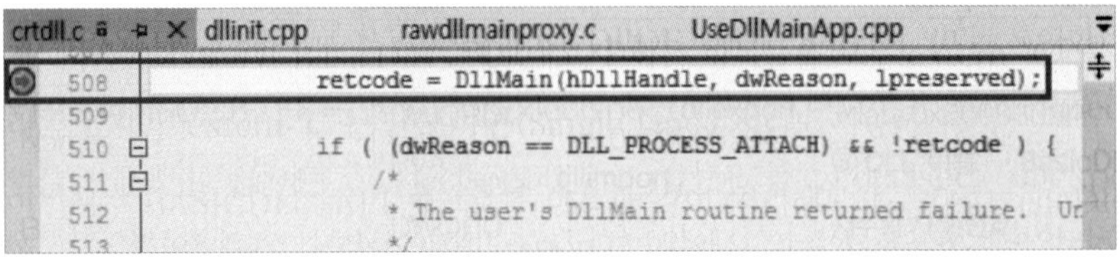

이제 F11 키를 눌러 DllMain 함수로 가보자. 그러면 실행은 "dllmain.c"에 정의된 DllMain 함수의 선두에서 멈출 것이다. 다음은 dllmain.c에 정의된 DllMain 함수의 코드다.

```
BOOL WINAPI DllMain(
    HANDLE  hDllHandle,
    DWORD   dwReason,
    LPVOID  lpreserved
    )
{
#if defined (CRTDLL)
```

```
    if ( dwReason == DLL_PROCESS_ATTACH && ! _pRawDllMain )
        DisableThreadLibraryCalls(hDllHandle);
#endif   /* defined (CRTDLL) */

    return TRUE ;
}
```

위의 소스에서 DllMain 함수는 여러분이 별도로 DllMain 함수를 정의하지 않았을 때 컴파일러가 만들어주는 대체 진입점 함수가 된다. 결론적으로 이 DllMain은 여러분이 명시적으로 정의하지 않더라도 DLL의 생성에는 전혀 지장이 없다는 것을 알 수 있다. 아니, 별도로 정의해야 할 명확한 필요성이 없다면 가능하면 DllMain을 정의하지 않는 것이 좋다. DllMain을 정의해야 할 경우는, 예를 들어 DLL 내부에서 상태를 유지해야 할 변수가 존재한다거나 그 변수를 초기화시키거나 해제시키는 등의 경우일 것이다. 이런 경우가 아니면 의미 없는 DllMain 함수를 혹시나 잘못 정의해서 긁어 부스럼을 낼 필요는 없다.

하지만 특별한 목적을 위해서 DllMain 함수를 정의해야 한다면 주의해야 할 것이 있다. 주의해야 할 대표적인 예가 DllMain을 호출할 때 시스템은 그 호출을 일렬화시킨다는 점이다. 일렬화시킨다는 것은 시스템이 DllMain을 호출할 때 동기화를 보장해준다는 것을 의미한다. 예를 들어 스레드가 생성될 때 DLL_THREAD_ATTACH를 매개변수로 하여 DllMain이 호출되는데, 만약 이 시점에서 다른 스레드가 종료되는 상황이라면 DllMain이 동시에 두 개의 스레드에 대하여 호출되는 상황이 발생할 것이다. 이 경우 동기화 문제를 고려할 필요가 없도록 시스템이 알아서 앞서 호출된 DllMain의 실행이 끝날 때까지 다른 스레드에 대한 DllMain의 실행을 대기시킨다. 이런 상황 때문에 DllMain 내에서 WaitForXXX 등의 대기 함수를 호출할 때는 신중을 기해야 한다. 아니 이런 상황이 발생하지 않도록 코딩해야 한다. 제프리의 책『Windows Programming VIA C/C++』에 이런 상황에 발생할 수 있는 문제점에 대한 좋은 예가 나와 있으니 참고하기 바란다.

소스 5-13 데드락이 발생하는 **DllMain의 예**

```
BOOL WINAPI DllMain(HINSTANCE hinstDll, DWORD fdwReason, PVOID pReserved)
{
    HANDLE hThread = NULL;
    DWORD dwThreadId = 0;

    switch(fdwReason)
```

```
    {
        case DLL_PROCESS_ATTACH :
            hThread = CreateThread(NULL, 0, MyThreadFunc, NULL, 0, &dwThreadId);
```
프로세스 생성 시 스레드를 하나 생성한다.

```
                ⋮

            WaitForSingleObject(hThread, INFINITE);
```
생성한 스레드의 MyThreadFunc 실행이 끝날 때까지 대기한다.

```
            CloseHandle(hThread);
        break;
            ⋮
    }
    return TRUE;
}
```

위 코드를 보면 프로세스 생성 시 해당 DLL을 로드할 때 호출되는 DllMain에서 스레드를 하나 생성하고, 이 스레드가 종료될 때까지 메인 스레드는 대기한다. 이 코드를 직접 실행하면 데드락 상태에 빠지게 되는 것을 확인할 수 있다. 메인 스레드는 MyThreadFunc라는 스레드 진입점 함수를 실행하는 스레드를 생성시키고 WaitForSingleObject 함수를 통해 MyThreadFunc 함수의 실행이 종료될 때까지 대기한다. 하지만 여기서 문제는 hThread에 해당하는 스레드가 생성될 때에도 DLL_THREAD_ATTACH를 매개변수로 하는 DllMain 함수의 호출이 이 새로운 스레드를 위하여 수행된다는 점이다. 하지만 이미 DLL_PROCESS_ATTACH를 매개변수로 하여 메인 스레드에 의해 DllMain이 호출 중이기 때문에, 시스템은 메인 스레드가 실행 중인 DllMain 함수의 실행이 끝날 때까지 MyThreadFunc 함수를 실행하는 스레드의 DllMain 호출을 대기시킨다. 이 상황, 즉 메인 스레드에 의한 DllMain 실행은 MyThreadFunc 함수를 실행하는 스레드가 종료되기를 기다리고 있으며, MyThreadFunc 함수를 실행할 스레드는 MyThreadFunc 함수를 실행하기 전에 DllMain을 호출하기 위하여 메인 스레드에 의한 DllMain의 호출이 끝나기를 기다리고 있다. 이는 두 스레드가 서로 끝나기만을 기다리고 있는 데드락 상태가 된다. 이런 실수를 범하지 않도록 DllMain 정의 시에 신중을 기해야 한다.

DllMain을 직접 정의했던 프로젝트 〈BasicDllMain〉으로 가서 다음과 같이 프로젝트 설정의 **[링크 → 고급: 진입점 없음]** 옵션을 "예"로 지정한 다음 빌드하고 디버깅해보라.

그림 5-14 [링크 → 고급: 진입점 없음] 옵션 설정

우리가 정의한 DllMain 함수에 중단점을 걸었음에도 불구하고 DllMain에서 실행이 멈추지 않을 것이다. 다시 말해 DllMain이 호출되지 않았다는 것을 의미한다. 좀 더 명확히 하기 위해 PE Explorer로 BasicDllMain.dll을 열어서 AddressOfEntryPoint 필드 값을 확인해보기 바란다. 이 필드 값은 0으로 설정되어 있을 것이다. 그리고 .text 섹션 아래에 있는 함수들을 보면 우리가 정의한 DllMain 함수는 있지만 _DllMainCRTStartup이나 __DllMainCRTStartup 함수는 없을 것이다. 이는 런타임 시작 함수가 없는 DLL이 되며, DLL 로드나 언로드 시에 이 진입점 함수를 호출하지 않는다는 의미가 된다. 물론 우리가 내보낸 함수/변수의 사용에는 전혀 지장이 없다. 이런 진입점 없는 DLL은 보통 리소스 전용 DLL을 제작할 때 많이 사용된다. 리소스 전용 DLL은 여러 국가의 언어권에 맞게 국가별로 리소스를 제공하기 위해서 많이 사용된다.

5.4 함수 포워딩 및 NONAME, PRIVATE 내보내기

DLL과 관련하여 마지막으로 언급할 것이 5.1절에서 설명했던 모듈 정의 파일에서 내보낼 항목에 선택적으로 지정할 수 있는 요소인 internalname, NONAME과 PRIVATE 지시어를 사용했을 때 실제 DLL의 내보내기 섹션의 구성에 어떤 변화가 있는지 알아보는 것이다. Internalname 옵션의 경우 지정 방식에 따라 DLL 함수 포워딩과 관련되며, NONAME과 PRIVATE 지시어가 지정된 내보내기 항목의 경우 링크 방식을 제한할 수 있다. 이 절에서는 이런 지시어 지정에 따른 내보내기 섹션의 구성 변화에 대해 살펴볼 것이다.

5.4.1 DLL 함수 포워딩

먼저 내보내기 함수 포워딩(Forwarding)에 관해서 알아보자. 포워딩이란 내보내고자 하는 함수를 그 기능을 대신하는, 다른 DLL 내에 정의된 함수의 호출로 대체하는 것이다. 다음의 Kernel32.dll의 내보내기 함수들에 대한 DumpBin 출력 결과를 확인해보자.

```
824  337 000E2900  Heap32Next
825  338            HeapAlloc (forwarded to NTDLL.RtlAllocateHeap)
826  339 000E0560  HeapCompact
827  33A 000031A0  HeapCreate
828  33B 00003160  HeapDestroy
829  33C 00001170  HeapFree
830  33D 000E0570  HeapLock
831  33E 000E0580  HeapQueryInformation
832  33F            HeapReAlloc (forwarded to NTDLL.RtlReAllocateHeap)
833  340 00002A90  HeapSetInformation
834  341            HeapSize (forwarded to NTDLL.RtlSizeHeap)
```

위 리스트에서 강조된 부분 중 HeapAlloc 함수의 경우 "forwarded to NTDLL.RtlAllocateHeap"이라는 문장을 볼 수 있다. 이는 HeapReAlloc이나 HeapSize 함수도 마찬가지다. 이것이 의미하는 바는 Kernel32.dll에서 HeapCreate, HeapFree 등의 함수는 이 DLL 내에 정의되어 있지만, HeapAlloc 함수의 경우에는 해당 구현 코드가 Kernel32.dll 내에 있지 않고, 대신 NTDLL.dll의 RtlAllocateHeap 함수로 그 구현을 포워딩(Forwarding)시켰다는 것을 의미한다. 따라서 여러분이 Kernel32.dll의 HeapAlloc 함수를 호출하면 결국 NTDLL의 RtlAllocateHeap 함수가 호출되어 힙에 메모리를 할당하게 되는데, 이런 기능을 '포워딩'이라고 한다. 해당 DLL을 링크해서 사용하는 EXE가 로딩될 경우, 로더는 해당 DLL의 포워딩 함수가 있으면 포워딩된 DLL까지 로드하게 된다.

포워딩을 구현하는 방법은 모듈 정의 파일에 있다. 다음은 프로젝트 〈BasicDllForward〉의 모듈 정의 파일의 예다. BasicDllForward.dll은 BasicDll.dll과 비교했을 때 기존의 함수 정의에서 포워딩을 위한 YHD9_TextOut이라는 내보내기 함수 하나를 추가했다. 하지만 포워딩될 함수 YHD9_TextOut의 경우라면 소스 상에서 이 함수에 대한 별도의 정의를 구현할 필요 없이 단지 모듈 정의 파일에만 추가하면 된다.

다음은 모듈 정의 파일에서 YHD9_TextOut이라는 내보내기 함수를 지정하고, 그것의 구현을 GDI32.dll에 정의된 TextOutA 함수로 포워딩시킨 것이다.

```
LIBRARY      BasicDllForward
EXPORTS
   YHD3_DrawText      @3
   YHD6_CalcTextWidth @6
```

```
YHD7_IsPointInRect @7
YHD4_MSG_BUFF        @4 DATA
YHD9_TextOut = GDI32.TextOutA@9
```

프로젝트 〈BasicDllForward〉를 빌드한 결과로 생성된 BasicDllForward.dll을 DumpBin으로 확인해보면 다음과 같다.

```
ordinal hint RVA        name
      3   0 00001000 YHD3_DrawText = YHD3_DrawText
      4   1 00006000 YHD4_MSG_BUFF = YHD4_MSG_BUFF
      6   2 00001060 YHD6_CalcTextWidth = YHD6_CalcTextWidth
      7   3 000010E0 YHD7_IsPointInRect = YHD7_IsPointInRect
      9   4          YHD9_TextOut (forwarded to GDI32.TextOutA)
```

이번에는 BasicDllForward.dll의 덤프를 통해서 포워딩된 함수를 가진 DLL의 내보내기 섹션을 직접 확인해보자. BasicDllForward.dll은 BasicDllMD2.dll의 BasicDll.def에 YHD9_TextOut 내보내기 함수만 추가한 것이다. 따라서 쉽게 내보내기 섹션 위치를 찾을 수 있다. 아래 덤프가 BasicDllForward.dll의 내보내기 섹션에 해당하며, 내보내기 섹션의 시작 오프셋은 0x00003E50부터다.

덤프 5-7 BasicDllForward.dll의 내보내기 섹션

IMAGE_EXPORT_DIRECTORY 구조체 자체만으로는 해당 함수의 포워딩 여부를 판별할 수 없다. 그러면 어떻게 DumpBin 같은 프로그램이 해당 함수의 포워딩 여부를 판별했을까? 그 방법을 직접 알아보도록 하자. 우리가 관심을 가질 부분은 IMAGE_EXPORT_DIRECTORY의 AddressOfFunctions 필드 값인 0x00005278이다. RVA 값이며, 이 값을 파일 오프셋으로 변환하면 0x00003E78이 된다. [덤프 5-7]에 표시된 것처럼 이 오프셋부터 28바이트가 '내보내기 함수/변수 포인터 테이블'이 되며, 이 테이블을 정리하면 다음과 같다.

표 5-12 BasicDllForward.dll의 내보내기 함수/변수 포인터 테이블

함수명	인덱스	서수	RVA	섹션 : 오프셋
YHD3_DrawText	0	3	0x00001000	.text:0x00000400
YHD4_MSG_BUFF	1	4	0x00006000	.data:0x00004600
YHD6_CalcTextWidth	3	6	0x00001060	.text:0x00000460
YHD7_IsPointInRect	4	7	0x000010E0	.text:0x000004E0
YHD9_TextOut	**6**	**9**	**0x00005315**	**.rdata:0x00003F15**

앞서 내보내기 함수/변수 포인터 테이블의 엔트리 값은 함수일 경우 해당 내보내기 함수의 진입점을 나타내는 RVA가 된다. 즉 이 테이블의 값들을 PE 파일 오프셋으로 바꾸면 모두 코드 섹션 내에 위치한 실제 내보내기 함수가 구현된 모듈의 진입점을 가리키게 되며, 이 값들이 소속된 섹션은 .text 섹션이다. 또한 내보내기 변수 YHD4_MSG_BUFF의 경우 RVA를 오프셋으로 변경하면 소속 섹션은 .data 섹션이다. 하지만 마지막 엔트리인 YHD9_TextOut은 RVA 값이 0x00005315고, 오프셋으로 변경하면 0x00003F15가 되며, .text나 .data 섹션이 아닌 .rdata 섹션 내에 위치하는 것을 알 수 있다. 그리고 이 오프셋의 위치는 [덤프 5-7]에서 보는 것처럼 "GDI32.TextOutA"라는 아스키 문자열의 시작 위치가 된다.

00003F15	47	44	49	33	32	2E	54	65	78	74	4F	75	74	41	00
	G	D	I	3	2	.	T	e	x	t	O	u	t	A	/0

즉 포워딩된 함수의 경우 그 함수 포인터 값의 RVA는 코드 섹션이 아닌 다른 섹션 내에 위치하게 되며, 또한 그 값이 가리키는 것은 코드의 진입점이 아닌 포워딩 대상 함수의 **"DLL명.함수명"**으로 구성된 문자열을 가리키게 된다. 따라서 시스템은 이 DLL을 사용하는 EXE를 로드할 때, 내보내기 항목의 포인터 값이 코드 섹션이 아닌 다른 섹션 내에 위치하면 포워딩된 것으로 판단할 수 있다. 하지만 이것만으로도 부족하다. 내보낸 변수 YHD4_MSG_BUFF는 .data 섹션에 위치한다.

또한 변수를 내보낼 때 섹션 병합 등의 추가 처리에 따라 이 변수가 .rdata 섹션에 위치할 수도 있기 때문에, 내보내기 항목이 포워딩된 함수인지를 판단하는 기준은 바로 해당 RVA가 IMAGE_DIRECTORY_ENTRY_EXPORT 엔트리가 가리키는 섹션 내의 값인 경우가 된다. 따라서 dwFncRVA가 함수 포인터 테이블의 임의의 엔트리 값이라고 할 때, 포워딩 여부는 다음과 같이 판단이 가능하다.

```
PIMAGE_DATA_DIRECTORY ped = &pdds[IMAGE_DIRECTORY_ENTRY_EXPORT];
      ⋮

if (dwFncRVA >= ped->VirtualAddress &&
    dwFncRVA  <  ped->VirtualAddress + ped->Size)
{
    포워딩된 함수

}
else
{
    실제 내보내진 함수/변수

}
```

위의 조건에 따라 포워딩된 함수라고 판단될 경우 시스템은 포인터가 가리키는 문자열에서 DLL 이름 부분을 파싱해서 해당 DLL(위 예의 경우 GDI32.dll)을 로드한 후, 함수 이름을 파싱하여 해당 함수(위 예에서는 TextOutA)의 실제 진입점을 획득하게 된다.

5.4.2 PRIVATE와 NONAME 함수

이번에는 모듈 정의 파일에서 내보내기 함수에 지정할 수 있는 두 가지 특성인 PRIVATE와 NONAME을 실제로 지정했을 때, DLL이 어떻게 달라지는지 알아보도록 하자. 우선 2개의 프로젝트를 정의하자. 프로젝트는 각각 〈BasicDllNoName〉과 〈BasicDllPrivate〉며, 둘 다 〈BasicDllMD2〉를 바탕으로 하고 있고 코드를 간결하게 하기 위하여 YHD4_MSG_BUFF를 제거했다. 이외의 나머지 함수의 정의는 모두 동일하며, 다음과 같이 모듈 정의 파일에서 YHD3_DrawText나 YHD6_CalcTextWidth 두 함수에 대하여 각각 NONAME과 PRIVATE를 지정했다. 이 두 프로젝트를 빌드하고 그 결과는 PE Explorer를 통해서 확인해보자.

NONAME ➡ BasicDll.def	PRIVATE ➡ BasicDll.def

LIBRARY   BasicDllNoName
EXPORTS
  YHD3_DrawText   @3 NONAME
  YHD6_CalcTextWidth   @6 NONAME
  YHD7_IsPointInRect @7 LIBRARY
	LIBRARY BasicDllPrivate
	EXPORTS
	  YHD3_DrawText @3 PRIVATE
	  YHD6_CalcTextWidth @6 PRIVATE
	  YHD7_IsPointInRect @7

먼저 NONAME을 지정했던 BasicDllNoName.dll의 경우를 살펴보자. 다음 그림이 이 DLL에 대한 PE Explorer의 내보내기 섹션의 분석 결과다.

그림 5-15 BasicDllNoName.dll의 내보내기 섹션

	타입	오프셋:RVA	값	상세
◆ NumberOfFunctions	DWORD	00003E54:00005254	0x00000005	
◆ NumberOfNames	DWORD	00003E58:00005258	0x00000001	
⊟ ◆ AddressOfFunctions	DWORD, RVA	00003E5C:0000525C	0x00005268	.rdata:0x00003
⊞ ◆ [0]NO_NAME	DWORD, RVA	00003E68:00005268	0x00001000	.text:0x000004
├ ◆ [1]NULL	DWORD	00003E6C:0000526C	0x00000000	
├ ◆ [2]NULL	DWORD	00003E70:00005270	0x00000000	
⊞ ◆ [3]NO_NAME	DWORD, RVA	00003E74:00005274	0x00001060	.text:0x000004
⊞ ◆ [4]YHD7_IsPointInRect	DWORD, RVA	00003E78:00005278	0x000010E0	.text:0x000004
⊟ ◆ AddressOfNames	DWORD, RVA	00003E60:00005260	0x0000527C	.rdata:0x00003
⊞ ◆ [0]YHD7_IsPointInRect	DWORD, RVA	00003E7C:0000527C	0x00005295	.rdata:0x00003
⊟ ◆ AddressOfNameOrdinals	DWORD, RVA	00003E64:00005264	0x00005280	.rdata:0x00003
◆ [0]YHD7_IsPointInRect	WORD	00003E80:00005280	0x0004	Ordinal : 7(4)

NumberOfFunctions 필드 값은 5가 되지만, NumberOfNames 필드 값은 1이 된다. 그리고 함수 포인터 테이블의 유효 엔트리 수는 비록 3개지만 NONAME을 지정했던 YHD3_DrawText나 YHD6_CalcTextWidth 함수의 경우 'NO_NAME'이라고 표시되어 있다. 동시에 함수 이름 테이블이나 서수 테이블에는 NONAME을 지정하지 않았던 함수 YHD7_IsPointInRect에 해당하는 엔트리 하나만 존재한다. 이는 비록 우리가 내보내고자 했던 3개의 함수에 대한 코드는 DLL에 존재하지만, YHD3_DrawText나 YHD6_CalcTextWidth 함수의 이름 정보나 서수 정보는 존재하지 않음을 의미한다. 하지만 DumpBin 툴을 이용한 BasicDllNoName.lib 파일에 대한 내보내기 섹션의 결과는 다음과 같이 NONAME 지정과 상관없이 3개의 함수에 대한 심볼 이름이 모두 존재한다.

```
Dump of file x64\Debug\BasicDllNoName.lib
File Type: LIBRARY
  Exports
    ordinal    name
```

```
3        YHD3_DrawText
6        YHD6_CalcTextWidth
7        YHD7_IsPointInRect
```

이는 BasicDllNoName.lib를 이용하는 정적 링크의 경우는 YHD3_DrawText나 YHD6_
CalcTextWidth 함수를 사용하는 데는 문제가 없지만, GetProcAddress 함수를 이용하는 동적
링크의 경우는 이 두 함수를 사용할 수 없음을 의미한다. GetProcAddress 함수의 경우 가져오기
라이브러리 파일과는 무관하며, 오로지 BasicDllNoName.dll의 내보내기 섹션 내에서만 함수의
이름이나 서수를 찾게 된다. 하지만 NONAME의 속성 지정으로 인해 BasicDllNoName.dll의 내
보내기 섹션 내에는 이 두 함수의 이름이나 서수 정보가 없기 때문에, 동적 링크를 통해서는 해당 함
수를 사용할 수 없게 된다. 따라서 NONAME을 지정하는 경우는 다음과 같다. 내보내는 함수가 매
우 많고 정적 링크만 지원한다고 했을 때, 이 함수들에 대하여 NONAME을 지정하면 함수 이름이
나 서수를 위한 정보가 DLL의 내보내기 섹션 내에서 제거되기 때문에 그만큼 DLL의 크기를 줄일
수가 있다.

이번에는 PRIVATE를 지정했을 경우의 결과를 보자. 다음 그림이 BasicDllPrivate.dll의 내보내
기 섹션에 대한 PE Explorer의 분석 결과다.

그림 5-16 BasicDllPrivate.dll의 내보내기 섹션

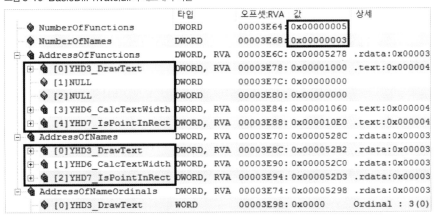

위의 그림에서 보는 바와 같이, 내보내기 섹션의 정보는 우리가 모듈 정의 파일에 지정한 함수의
수 그대로 정상적으로 출력된다. NumberOfFunctions 필드 값은 5, NumberOfNames 필
드 값은 3이다. 또한 이 필드 값에 맞게 함수 포인터 테이블에 등록된 유효한 함수 역시 3개고, 함
수 이름 테이블이나 서수 테이블 역시 3개의 엔트리를 갖는다. 하지만 DumpBin 툴을 이용해서

BasicDllPrivate.lib 파일에 대한 내보내기 섹션의 결과를 보라.

```
Dump of file x64\Debug\BasicDllPrivate.lib
File Type: LIBRARY
  Exports
    ordinal    name
          7    YHD7_IsPointInRect
```

보는 바와 같이 PRIVATE를 지정한 두 함수에 대한 심볼 이름은 없고 PRIVATE를 지정하지 않은 YHD7_IsPointInRect 함수에 대한 심볼 이름만 있다. 이는 무엇을 의미할까? 바로 가져오기 라이브러리 파일인 BasicDllPrivate.lib을 통해서 정적 링크를 하면 PRIVATE를 지정했던 YHD3_DrawText나 YHD6_CalcTextWidth 함수는 사용할 수 없음을 의미한다. 이는 BasicDllPrivate.lib 파일에는 이 두 함수의 심볼 이름이 없기 때문이다. 따라서 이 두 함수를 사용하려면 GetProcAddress를 이용하는 동적 링크를 통해서만 가능하다. 이렇게 PRIVATE가 사용되는 경우는 앞서 COM DLL의 예를 들어 설명한 바 있다. COM의 경우 인터페이스를 통해 동적으로 클래스를 로드하기 위해 사용되는 COM DLL의 기본 4개의 함수는 정적 링크를 방지하기 위해 PRIVATE를 지정한다.

5.5 내보내기 섹션 분석 코드

이번에는 내보내기 섹션을 분석하는 PE Explorer의 코드를 살펴보자. 내보내기 섹션은 하나의 IMAGE_EXPORT_DIRECTORY 구조체와 DLL 이름, 함수/변수에 대한 이름 테이블, 서수 테이블, 포인터 RVA 테이블로 구성된다. 먼저 IMAGE_EXPORT_DIRECTORY 구조체에 대한 XML 스키마는 다음과 같이 정의된다.

```
<Struct name="IMAGE_EXPORT_DIRECTORY">
  <Member name="Characteristics" type="DWORD"/>
  <Member name="TimeDateStamp" type="DWORD" time="true"/>
  <Member name="MajorVersion" type="WORD"/>
  <Member name="MinorVersion" type="WORD"/>
  <Member name="Name" type="DWORD" rva="true"/>
```

```
            <Member name="Base" type="DWORD"/>
            <Member name="NumberOfFunctions" type="DWORD"/>
            <Member name="NumberOfNames" type="DWORD"/>
            <Member name="AddressOfFunctions" type="DWORD" rva="true"/>
            <Member name="AddressOfNames" type="DWORD" rva="true"/>
            <Member name="AddressOfNameOrdinals" type="DWORD" rva="true"/>
    </Struct>
```

다음 함수는 가져오기 섹션의 IMAGE_EXPORT_DIRECTORY 구조체와 관련 테이블을 분석하는 콜백 함수 ParseDirEntryExport에 대한 정의다. 이 함수는 PEAnals.Sections.cpp 소스 파일에 있다.

```
bool PEAnals::ParseDirEntryExport(PPE_NODE pnUp, PIMAGE_DATA_DIRECTORY pdd)
{
    PIMAGE_SECTION_HEADER psh = &m_pshs[pnUp->Index];
    DWORD dwOffset = RVA_TO_OFFSET(psh, pdd->VirtualAddress);
```
IMPORT 엔트리가 소속된 섹션과 시작 오프셋을 획득한다.
```
    CString sz; USES_CONVERSION;


    PIMAGE_EXPORT_DIRECTORY ped = PIMAGE_EXPORT_DIRECTORY(m_pImgView + dwOffset);
```
IMAGE_EXPORT_DIRECTORY 구조체의 포인터를 획득한다.
```
    PPE_NODE pnED = InsertStructNode(pnUp->Node,
        pnUp->Index, dwOffset, L"ExportDir", L"IMAGE_EXPORT_DIRECTORY");
    AppendStructMembers(pnED);
```
IMAGE_EXPORT_DIRECTORY 구조체에 대한 노드를 추가하고 필드 정보를 출력한다
```
    PPE_NODE pnSub = FindNode(pnED->Node, L"Name");
    DWORD dwFieldOff = RVA_TO_OFFSET(psh, ped->Name);
    CString szName = A2CT((PSTR)m_pImgView + dwFieldOff);
    UpdateNodeText(pnSub->Node, szName, COL_IDX_INFO, true);
    InsertStrNode(pnSub->Node, pnUp->Index,
                dwFieldOff, L"Dll Name", szName.GetLength());
```
Name 필드에 대한 부가 정보를 출력한다.

```
   PDWORD pNameRvas = (PDWORD)(m_pImgView +
                        RVA_TO_OFFSET(psh, ped->AddressOfNames));
```

내보내기 이름 테이블의 포인터를 획득한다.

```
   PWORD  pOrdinals = (PWORD) (m_pImgView +
                        RVA_TO_OFFSET(psh, ped->AddressOfNameOrdinals));
```

내보내기 서수 테이블의 포인터를 획득한다.

```
   PDWORD pFuncRvas = (PDWORD)(m_pImgView +
                        RVA_TO_OFFSET(psh, ped->AddressOfFunctions));
```

내보내기 항목 포인터 테이블의 포인터를 획득한다.

```
   PINT pIdxMap = new int[ped->AddressOfFunctions];
   memset(pIdxMap, 0xFF, ped->AddressOfFunctions * sizeof(int));
```

서수 테이블에 대한 인덱스 맵 용도의 배열 버퍼를 생성한다.

내보내기 서수 테이블

```
   dwFieldOff = RVA_TO_OFFSET(psh, ped->AddressOfNameOrdinals);
   pnSub = FindNode(pnED->Node, L"AddressOfNameOrdinals");
   sz.Format(L"%d Ordinals", ped->NumberOfNames);
   UpdateNodeText(pnSub->Node, sz, COL_IDX_INFO, true);
```

AddressOfNameOrdinals 필드의 노드와 테이블 시작 오프셋을 획득한다.


```
   for (DWORD i = 0; i < ped->NumberOfNames; i++)
```

NumberOfNames 필드 수만큼 루프를 돌면서 함수/변수의 서수 노드를 추가한다.

```
   {
      PSTR pFncName = (PSTR)m_pImgView + RVA_TO_OFFSET(psh, pNameRvas[i]);
      sz.Format(L"[%d]%s", i, A2CT(pFncName));
      PPE_NODE pn = InsertFieldNode(pnSub->Node, pnUp->Index,
                                    dwFieldOff, sz, PE_TYPE::UInt16);
```

함수/변수의 이름을 타이틀로 갖는 엔트리의 서수 노드를 추가한다.


```
      WORD wOrd = pOrdinals[i];
      pIdxMap[wOrd] = (int)i;
      sz.Format(L"Ordinal : %d(%d)", ped->Base + wOrd, wOrd);
```

```
    UpdateNodeText(pn->Node, sz, COL_IDX_INFO);
```

서수 관련 상세 정보를 출력한다.

```
    dwFieldOff += pn->Size;
}
```

내보내기 이름 테이블

```
dwFieldOff = RVA_TO_OFFSET(psh, ped->AddressOfNames);
pnSub = FindNode(pnED->Node, L"AddressOfNames");
sz.Format(L"%d Function Names", ped->NumberOfNames);
UpdateNodeText(pnSub->Node, sz, COL_IDX_INFO, true);
```

AddressOfNames 필드의 노드와 테이블 시작 오프셋을 획득한다.

```
for (DWORD i = 0; i < ped->NumberOfNames; i++)
```

NumberOfNames 필드 수만큼 루프를 돌면서 함수/변수 이름 노드를 추가한다.

```
{
    DWORD dwNameOff = RVA_TO_OFFSET(psh, pNameRvas[i]);
    PSTR pFncName = (PSTR)m_pImgView + dwNameOff;
    sz.Format(L"[%d]%s", i, A2CT(pFncName));
    PPE_NODE pn = InsertRVANode(pnSub->Node,
                                    pnUp->Index, dwFieldOff, sz);
```

함수/변수의 이름을 타이틀로 갖는 엔트리의 이름 노드를 추가한다.

```
    UpdateNodeText(pn->Node, A2CT(pFncName), COL_IDX_INFO, true);
    InsertStrNode(pn->Node, pnUp->Index,
                    dwNameOff, L"Func Name", (int)strlen(pFncName));
```

이름 관련 부가 정보를 출력하고 항목의 이름에 대한 서브 노드를 추가한다.

```
    dwFieldOff += pn->Size;
}
```

내보내기 항목 포인터 테이블

```
dwFieldOff = RVA_TO_OFFSET(psh, ped->AddressOfFunctions);
```

```
pnSub = FindNode(pnED->Node, L"AddressOfFunctions");
sz.Format(L"%d Function Pointers", ped->NumberOfFunctions);
UpdateNodeText(pnSub->Node, sz, COL_IDX_INFO, true);
```

AddressOfFunctions 필드의 노드와 테이블 시작 오프셋을 획득한다.

```
for (DWORD i = 0; i < ped->NumberOfFunctions; i++)
```

NumberOfFunctions 필드 수만큼 루프를 돌면서 함수/변수 포인터 노드를 추가한다. 포인터 테이블의 경우 포워딩 여부나 NONAME 속성 지정에 대한 처리를 해야 한다.

```
{
    PPE_NODE pn = NULL;
    if (pFuncRvas[i] == 0)
    {
        sz.Format(L"[%d]NULL", i);
        pn = InsertFieldNode(pnSub->Node, pnUp->Index,
            dwFieldOff, sz, PE_TYPE::UInt32, 0, IMG_IDX_LFNO);
        dwFieldOff += pn->Size;
        continue;
```

내보내기 항목 포인터 테이블의 엔트리가 0인 경우에는 NULL 노드를 추가한다.

```
    }

    int nIdx = pIdxMap[i];
    if (nIdx < 0)
        szName = L"NO_NAME";
```

pIdxMap[i]가 0보다 작은 경우는 모듈 정의 파일 정의 시에 NONAME 속성을 지정했을 경우다.

```
    else
        szName = A2CT((PSTR)m_pImgView + RVA_TO_OFFSET(psh, pNameRvas[nIdx]));
```

pIdxMap[i]가 0보다 크거나 같은 경우는 이름 테이블에서 이름을 획득한다.

```
    sz.Format(L"[%d]%s", i, szName);
    pn = InsertRVANode(pnSub->Node, pnUp->Index, dwFieldOff, sz);
```

앞서 획득한 이름을 타이틀로 해서 엔트리에 대한 노드를 추가한다.

```
    PIMAGE_SECTION_HEADER pcsh = PEPlus::FindSectHdr(m_pImgView, pFuncRvas[i]);
    DWORD dwCodeOff = RVA_TO_OFFSET(pcsh, pFuncRvas[i]);
```

```
    if ((pcsh->Characteristics & IMAGE_SCN_CNT_CODE) == 0)
```

엔트리의 RVA가 코드가 아닌 섹션에 존재할 경우 포워드 함수나 내보내기 변수로 간주한다.

```
    {
        if (pFuncRvas[i] >= pdd->VirtualAddress &&
            pFuncRvas[i] < pdd->VirtualAddress + pdd->Size)
```

엔트리의 RVA가 EXPORT 디렉터리 엔트리 내부에 존재할 경우에는 포워딩된 함수로 간주한다.

```
        {
            PCWSTR pszFwd = A2CT((PSTR)m_pImgView + dwCodeOff);
            sz.Format(L"Forwarded to %s", pszFwd);
            UpdateNodeText(pn->Node, sz, COL_IDX_INFO, true);
            InsertStrNode(pn->Node, pnUp->Index,
                dwCodeOff, L"Forwarded Name", (int)_tcslen(pszFwd));
```

포워딩 함수 정보를 위한 노드를 추가하고 상세 정보를 출력한다.

```
        }
        else
```

엔트리의 RVA를 내보내기 변수로 간주한다.

```
        {
            sz = L"Exported Data";
            if (dwCodeOff >= pcsh->PointerToRawData + pcsh->SizeOfRawData)
                sz.Append(L": Not part of PE");
            UpdateNodeText(pn->Node, sz, COL_IDX_INFO, true);
```

내보내기 변수의 상세 정보를 출력한다.

```
        }
        SetNodeTextColor(pn->Node, RGB(255, 0, 0));
    }
    else
```

엔트리의 RVA가 코드 섹션에 존재할 경우에는 내보내기 함수로 간주한다.

```
    {
        DECODED_INS di; int ndiCnt = 1;
        PEDisAsm::DisAssemble(&di, ndiCnt, m_pImgView,
            pcsh->Misc.VirtualSize, m_bIs32Bit, dwCodeOff);
```

시작 바이트 코드를 디스어셈블한다.

```
        sz.Format(L"Code: %s", PE_SCHEMA::Bin2Str
```

```
            (m_pImgView + dwCodeOff, PE_TYPE::UInt8, di._count));
        UpdateNodeText(pn->Node, sz, COL_IDX_INFO, true);
```

코드 바이트를 상세 칼럼에 출력한다.

```
        PPE_NODE pnCode = InsertCodeNode(pn->Node,
            pnUp->Index, dwCodeOff, L"Code", di._count);
        DECODED dec;
        PEDisAsm::DecodedFormat(&di, &dec);
        sz = A2T(dec.Mnemonic);
        if (dec.Operands != NULL)
            sz.AppendFormat(L" %s", A2CT(dec.Operands));
        UpdateNodeText(pnCode->Node, sz, COL_IDX_INFO);
```

함수의 시작 코드에 대한 노드를 추가하고 어셈블리 코드를 상세 칼럼에 출력한다.

```
    }


    dwFieldOff += pn->Size;
  }
  delete[] pIdxMap;


  return false;
}
```

위의 함수를 통해서 PE Explorer가 분석한 BasicDllMD2.dll의 내보내기 섹션의 구조는 다음 그림과 같다.

그림 5-17 BasicDllMD2.dll의 내보내기 섹션 구조

	타입	값	상세
⊟ 🏷 EXPORT	BYTE[166]	00 00 00 00 62.	
⊟ 🖿 ExportDir	IMAGE_EXPO		
◆ Characteristics	DWORD	0x00000000	
◆ TimeDateStamp	DWORD, Tim	0x568BB962	2016/01/05-21:38:58
◆ MajorVersion	WORD	0x0000	
◆ MinorVersion	WORD	0x0000	
⊟ ◆ Name	DWORD, RVA	0x00005294	[.rdata]0x00003E94, Ba
┕ 🏷 Dll Name	BYTE[15],	BasicDllMD2.dll	
◆ Base	DWORD	0x00000003	
◆ NumberOfFunctions	DWORD	0x00000005	
◆ NumberOfNames	DWORD	0x00000004	
⊞ ◆ AddressOfFunctions	DWORD, RVA	0x00005268	[.rdata]0x00003E68, 5
⊞ ◆ AddressOfNames	DWORD, RVA	0x0000527C	[.rdata]0x00003E7C, 4
⊞ ◆ AddressOfNameOrdinals	DWORD, RVA	0x0000528C	[.rdata]0x00003E8C, 4

앞의 분석 결과를 좀 더 자세히 들여다보자. 다음 그림은 AddressOfNames 필드가 가리키는 이름 테이블과 AddressOfNameOrdinals 필드가 가리키는 서수 테이블의 상세 내용이다.

그림 5-18 내보내기 섹션의 함수 이름 테이블과 서수 테이블

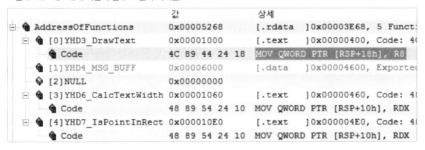

다음 그림은 AddressOfFunctions 필드가 가리키는 함수/변수 포인터 테이블에 대한 상세 내용이다. 내보내기 함수의 경우 진입점의 바이트 코드에 대한 디스어셈블 코드를 '상세' 칼럼에 출력했다.

그림 5-19 내보내기 섹션의 함수 포인터 테이블

	값	상세
AddressOfFunctions	0x00005268	[.rdata]0x00003E68, 5 Funct:
[0]YHD3_DrawText	0x00001000	[.text]0x00000400, Code: 4(
Code	4C 89 44 24 18	MOV QWORD PTR [RSP+18h], R8
[1]YHD4_MSG_BUFF	0x00006000	[.data]0x00004600, Exporte(
[2]NULL	0x00000000	
[3]YHD6_CalcTextWidth	0x00001060	[.text]0x00000460, Code: 4(
Code	48 89 54 24 10	MOV QWORD PTR [RSP+10h], RDX
[4]YHD7_IsPointInRect	0x000010E0	[.text]0x000004E0, Code: 4(
Code	48 89 54 24 10	MOV QWORD PTR [RSP+10h], RDX

이번에는 내보내기 섹션과 관련된 유용한 함수를 살펴보자. 사실 내보내기 섹션과 관련해서 제일 유용한 것은 주어진 함수 이름을 통해서 DLL 내에서 해당 함수의 함수 포인터를 획득하는 것, 다시 말해서 윈도우의 GetProcAddress 함수의 역할에 해당하는 것이다. 하지만 지금 언급한 내용은 다음 장의 DLL 명시적 로딩에서 직접 구현해보기로 하고, 여기서는 열린 DLL 파일 핸들에서 해당 DLL의 파일 이름을 획득하는 함수를 구현해볼 것이다. 열린 파일 핸들에서 파일 이름을 획득해야 하는 경우가 있는데, 이 경우를 위해 제공되는 대표적인 API가 GetModuleFileName 함수다. 이외에도 더 정확한 전체 경로를 제공하기 위해 GetModuleFileNameEx나 GetProcessImageFileName, QueryFullProcessImageName 또는 GetFinalPathNameByHandle 등의 함수를 제공한다. 하지만 여기서는 열린 DLL의 파일 핸들에서 내보내기 섹션을 이용해 이 DLL의 함수 이름을 획득하는 함수에 대해서 구현해볼 것이다.

이 함수는 PEPlus 클래스의 RetrieveModuleName이라는 정적 함수로 정의되어 있으며, PE Frontier라는 디버깅 툴에서 사용될 것이다.

```
String PEPlus::RetrieveModuleName(HANDLE hFile)
{
    String  szPath;
    HANDLE  hMapFile = NULL;
    PBYTE   pMapView = NULL;


    try
    {
        hMapFile = CreateFileMapping(hFile, NULL, PAGE_READONLY, 0, 0, NULL);
        if (!hMapFile)
            throw HRESULT_FROM_WIN32(GetLastError());
        pMapView = (PBYTE)MapViewOfFile(hMapFile, FILE_MAP_READ, 0, 0, 0);
        if (!pMapView)
            throw HRESULT_FROM_WIN32(GetLastError());
```
전달된 파일 핸들에서 MMF를 생성하고 뷰의 포인터를 획득한다.

```
        PIMAGE_DATA_DIRECTORY pdd = PEPlus::
                        GetDataDir(pMapView, IMAGE_DIRECTORY_ENTRY_EXPORT);
        if (pdd == NULL)
            throw E_INVALIDARG;
        PIMAGE_SECTION_HEADER psh = PEPlus::
                        FindSectHdr(pMapView, pdd->VirtualAddress);
        if (psh == NULL)
            throw E_INVALIDARG;
```
내보내기 디렉터리 포인터를 획득하고 소속된 섹션 헤더를 찾는다.

```
        DWORD dwExpAddr = RVA_TO_OFFSET(psh, pdd->VirtualAddress);
        PIMAGE_EXPORT_DIRECTORY ped = PIMAGE_EXPORT_DIRECTORY(pMapView + dwExpAddr);
```
IMAGE_EXPORT_DIRECTORY 구조체의 포인터를 획득한다.

```
        PSTR lpszName = (PSTR)pMapView + RVA_TO_OFFSET(psh, ped->Name);
        USES_CONVERSION;
```

```
        szPath = A2T(lpszName);
```

IMAGE_EXPORT_DIRECTORY 구조체의 Name 필드가 담고 있는 RVA 값을 파일 오프셋으로 변환하여 함수 이름을 획득한다.

```
    }
    catch (HRESULT)
    {
    }
    if (pMapView != NULL)
        UnmapViewOfFile(pMapView);
    if (hMapFile != NULL)
        CloseHandle(hMapFile);
    return szPath;
}
```

지금까지 DLL과 이와 관련된 PE 파일 구조를 살펴보았다. 이제 6장에서는 이렇게 만든 DLL을 사용할 경우에 필요한 가져오기 섹션에 대하여 논의할 것이다.

이 장에서는 모듈 정의 파일과 __declspec(dllexport) 지시어를 통해서 만들어지는 DLL의 PE 상의 차이를 확인했다. 다음 장에서는 실제로 해당 DLL을 사용할 때 이런 차이가 어떤 미묘한 차이를 불러오는지, 그리고 __declspec(dllexport)와 쌍을 이뤄 __declspec(dllimport)를 지정했을 경우 어떠한 미묘한 차이가 있는지를 확인할 수 있을 것이다.

06장

DLL 로딩과 가져오기 섹션

5장에서는 BasicDll.cpp라는 소스를 기반으로 여러 개의 DLL을 만들어보았고, 그 구조에 대해서도 자세히 살펴보았다. 이제 이렇게 만든 DLL을 직접 사용하는 방법을 간단히 알아보자. 이와 더불어 DLL을 사용하는 EXE를 만들었을 때, 해당 EXE의 PE 이미지 구성이 어떻게 바뀌는지에 대해서도 자세히 살펴보자. 우선 우리가 앞서 만든 DLL에 대하여 한 번 더 짚고 넘어가자. 우리는 앞서 BasicDll이라는 DLL을 크게 두 그룹으로 나누어 각각 3개를 만들었다. 그리고 이 장에서는 각 그룹의 DLL들을 사용하는 EXE 예제를 다음과 같이 대응되도록 할 것이다. 물론 EXE의 실행 파일 이름에 해당하는 프로젝트는 첨부된 예제 샘플 솔루션에 있으니 참고하기 바란다.

모듈 정의 파일	BasicDllMD.dll	BasicDllMD2.dll	BasicDllMD3.dll
사용 EXE	UseDllAppMD.exe	UseDllAppMD2.exe	UseDllAppMD3.exe
__declspec(dllexport)	BasicDllDE.dll	BasicDllDE2.dll	BasicDllDE3.dll
사용 EXE	UseDllAppDE.exe	UseDllAppDE2.exe	UseDllAppDE3.exe

앞 장에서는 여러 버전의 DLL 사이에 존재하는 미묘한 차이를 살펴보았다. 이 장에서는 이 차이들이 실제 DLL을 이용하는 위의 여러 EXE들의 측면에서는 어떻게 작용하는지에 대하여 함께 염두에 두면서 읽기 바란다.

6.1 DLL의 사용

앞서 제작한 DllBasicDE3.dll을 직접 사용하는 UseDllAppDE3.exe라는 프로그램을 만들어보자. 다음 예제는 기존의 BasicApp.cpp와 별반 다를 것이 없는 DllBasicDE3.dll을 사용하는 UseDllApp.cpp 소스다. 차이가 있다면 WndProc 함수에 두 가지 액션을 추가했다는 점이다. 다음 그림과 같이 마우스 왼쪽 버튼을 누를 경우 YHD3_DrawText를 이용하여 커서 위치에 마우스의 좌표를 출력하도록 했다.

그림 6-1 UseDllAppDE3.exe의 실행

그리고 마우스 오른쪽 버튼을 누를 경우 이 프로그램의 GUI 창에 출력되는 문자열, 즉 DLL이 내보낸 변수 YHD4_MSG_BUFF에 담긴 문자열의 장치 문맥(DC) 상의 문자열 너비와 높이에 대한 정보를 YHD6_CalcTextWidth를 이용하여 픽셀 단위로 메시지 박스로 출력하도록 했다. 정리하면, WM_LBUTTONDOWN, WM_RBUTTONDOWN 메시지에 대하여 각각 DllBasicDE3.dll의 YHD3_DrawText와 YHD6_CalcTextWidth 함수를 사용한다.

다음은 윈도우 프로시저인 WndProc 함수에 대한 정의다.

소스 6-1 UseDllApp.cpp:WndProc

```
LRESULT CALLBACK WndProc(HWND hWnd, UINT uMsg, WPARAM wParam, LPARAM lParam)
{
  // static TCHAR s_szMsg[64];
```
기존의 정적 변수 s_szMsg를 제거하고 BasicDll에서 내보낸 변수 YHD4_MSG_BUFF를 사용한다.

```
  switch (uMsg)
  {
  case WM_LBUTTONDOWN:
  {
    TCHAR szOutMsg[128];
    HDC hDC = GetDC(hWnd);
    POINT pt;

    pt.x = LOWORD(lParam), pt.y = HIWORD(lParam);
    wsprintf(szOutMsg,
        _T("Mouse Position => X : %d, Y : %d"), pt.x, pt.y);
    YHD3_DrawText(hDC, szOutMsg, pt);
```
마우스 왼쪽 버튼을 누를 경우 BasicDll의 YHD3_DrawText 함수를 호출해 DC에 마우스 커서 위치를 표시하는 문자열을 출력한다.

```
    ReleaseDC(hWnd, hDC);
  }
  return 0;

  case WM_RBUTTONDOWN:
  {
    HDC hDC = GetDC(hWnd);
    SIZE si = YHD6_CalcTextWidth(hDC, YHD4_MSG_BUFF);
```

```
    ReleaseDC(hWnd, hDC);

    TCHAR szMsg[128];
    wsprintf(szMsg, _T("Width : %d, Height : %d pixels"), si.cx, si.cy);
    MessageBox(hWnd, szMsg, _T("YHD Message"), MB_OK | MB_ICONINFORMATION);
}
return 0;

case WM_CREATE:
    wsprintf(YHD4_MSG_BUFF, C_YHD_MSG, g_hInstance);
```

```
    return TRUE;
    ⋮
}

return DefWindowProc(hWnd, uMsg, wParam, lParam);
}
```

헤더 파일 BasicDll.h를 인클루드하여 컴파일하면 컴파일까지는 문제가 없을 것이다. 하지만 링크 시에 어떤 정보를 추가적으로 설정해야만 제대로 링크가 되고 빌드까지 성공할 것이다. 이제부터 문제가 되는 것이 바로 DLL을 사용하는 방법이다. DLL을 사용하는 방법에는 크게 두 가지가 있다. 해당 DLL을 로딩하는 시점과 방식의 차이에서 기인하는 것인데, **'암시적(Implicit) 로딩'**과 **'명시적(Explicit) 로딩'**이 그것이다. 이 둘을 각각 암시적 링크와 명시적 링크, 또는 암시적 바인딩(Binding)과 명시적 바인딩*이라고도 한다. 먼저 암시적 로딩부터 살펴보자.

6.1.1 암시적 로딩

암시적 로딩(Implicit Loading)은 '정적 로드' 또는 '로드 타임 동적 링크'라고도 한다. 이는 해당 DLL의 로딩, 더 정확하게 말해서 해당 DLL을 프로세스의 가상 주소 공간으로 매핑하는 시점이 그

---

* 물론 '암시적 바인딩' 또는 '명시적 바인딩'이라고도 하지만, 바인딩의 의미는 6.2절에서 DLL 바인딩이라는 별도의 주제로 또 다루기 때문에 혼돈을 피하기 위하여 DLL의 암시적/명시적 링킹과 관련된 용어는 '로딩(Loading)'으로 사용하기로 한다.

DLL을 가져오는 EXE가 실행될 때 이루어지기 때문이다. 암시적 로딩은 링크 타임과 실행 타임으로 분리된다. 여기서 말하는 '링크 타임'은 가져올 DLL을 사용할 수 있도록 해당 DLL과 함께 제공되는 가져오기 라이브러리 파일인 LIB 파일을 EXE 빌드 시에 링크시키는 시점을 의미하며, 이때 사용하는 함수의 정보가 PE 파일에 기록된다. 이 정보를 담은 섹션을 보통 '가져오기 섹션'이라고 하고, 별도의 섹션을 만들면 VC++ 컴파일러는 .idata라는 이름으로 PE의 섹션 테이블에 기록된다.

암시적 로딩은 DLL을 사용하는 데 있어서 아주 손쉬운 수단을 제공한다. DLL을 로딩하는 방식은 해당 DLL이 생성될 때 함께 만들어지는 .lib 파일을 링커 옵션에 다음과 같이 지정해 링크시키면 된다.

```
link /out:DllApp.exe Kernel32.lib User32.lib GDI32.lib BasicDllDE3.lib
```

아니면, 다음 그림처럼 프로젝트 속성의 [링커 → 입력: 추가 종속성] 옵션에 'BasicDllDE3.lib'를 직접 입력하면 된다.

그림 6-2 링크할 가져오기 라이브러리 파일 지정

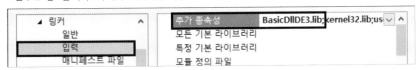

이것마저도 귀찮다면, 소스 상에서 comment 지시어를 통해 다음처럼 삽입하면 라이브러리 파일 링크를 위한 프로젝트 설정이 따로 필요 없다.

```
#pragma comment(lib, "BasicDllDE3.lib")
```

프로젝트 〈UseDllAppDE3〉은 이 #pragma 방식을 통해서 링크할 LIB 파일을 지정했다. 이렇게 설정한 다음 이 프로젝트를 빌드하면 UseDllAppDE3.exe가 만들어진다. 이제 직접 실행해서 앞의 [그림 6-1]과 같은 결과가 나오는지 확인해보라. 암시적 로딩을 사용하면 DLL 링크 과정을 쉽게 구현할 수 있음을 알 수 있다.

이제 암시적 로딩의 문제점을 한번 살펴보도록 하자. DLL 사용 시 대표적인 문제점은 크게 두 가지다. 먼저, UseDllAppDE3.exe가 실행되는 폴더에 BasicDllDE3.dll이 존재하지 않으면 에러 코드 ERROR_MOD_NOT_FOUND(126)에 해당하는 다음과 같은 에러 메시지 박스를 출력하고 UseDllAppDE3.exe는 실행되지 않는다.

그림 6-3 ERROR_MOD_NOT_FOUND 에러

그림 6-3 ERROR_MOD_NOT_FOUND 에러

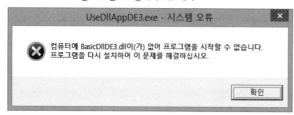

이것은 결국 실행 파일 로드 시에 관련 DLL들도 같이 로드된다는 의미다. 관련 DLL을 로드하는 과정에서 로더는 BasicDllDE3.dll을 로딩하기 위해 이 DLL을 찾았지만, 찾을 수 없기 때문에 위의 메시지 박스를 출력하고 프로그램 로딩을 중단해버린다. 결국 UseDllAppDE3.exe를 실행할 수 없게 된 것이다.

다음으로, UseDllAppDE3.exe를 실행할 때 BasicDllDE.dll을 BasicDllDE3.dll로 이름을 변경하여 기존의 BasicDllDE3.dll과 바꿔치기한 후 UseDllAppDE3.exe를 실행해보자. 그러면 에러 코드 ERROR_PROC_NOT_FOUND(127)에 해당하는 다음과 같은 에러 메시지 박스를 출력하고 마찬가지로 프로그램은 종료될 것이다.

그림 6-4 ERROR_PROC_NOT_FOUND 에러

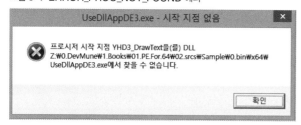

BasicDllDE3.dll을 로드하는 과정에서, 로더는 UseDllAppDE3.exe의 가져오기 섹션을 참조하여 해당 EXE에서 사용할 함수의 이름을 먼저 찾는다. 가져오기 섹션에서 찾은 함수의 이름을 통해 BasicDllDE3.dll의 내보내기 섹션에서 해당 함수의 정보를 찾고 그 함수의 진입점에 대한 포인터를 획득한다. 하지만 UseDllAppDE3.exe가 링크한 DLL은 extern "C"를 통해 C 데코레이션 규칙을 따르는 함수 이름이 내보내기 섹션에 저장된 BasicDllDE3.dll이지만, 현재 UseDllAppDE3.exe가 가져온 BasicDllDE3.dll은 사실 데코레이션 규칙을 따르지 않는 함수 이름이 저장된 BasicDllDE.dll인 것이다. 따라서 로더는 'YHD3_DrawText'라는 이름의 함수를 찾지만 BasicDllDE3.dll의 내보내기 섹션에는 "?YHD3_DrawText@@YAXPEAUHDC...@Z'라는 함수 이름으로 존재하기 때문에, 결국 로더는 위 그림의 메시지 박스를 출력하고 UseDllAppDE3.

exe의 로딩을 중단하고 만다. 물론 이러한 상황은 우리가 의도한 것이지만 실제 에러 메시지 박스는 충분히 발생할 수 있다. 예를 들어, 기존 DLL을 로딩한 프로그램이 사용되고 있는 상황에서 그 DLL 이 업그레이드됨에 따라 기존의 함수가 폐기되고 새로운 함수가 추가되어 스마트 업데이트를 통해 갱신되었다면 앞의 메시지 박스가 나타나는 상황이 발생될 것이다.

결국 암시적 로딩은 프로그램 로딩 시에 가져오고자 하는 DLL을 로딩하여 해당 프로그램의 가상 주소 공간에 매핑하기 때문에 앞에서 다룬 두 가지 경우에 대하여 대책 없이 프로그램의 로딩 자체를 중단시킨다.

> ① **해당 DLL 자체를 찾을 수 없는 경우** ➜ ERROR_MOD_NOT_FOUND
> ② **DLL은 존재하지만 해당 함수의 내보내기 이름을 찾을 수 없는 경우** ➜ ERROR_PROC_NOT_FONUD

이제 앞으로 다룰 DLL의 명시적 로딩과 7장에서 다룰 DLL 지연 로딩에서는 위의 두 가지 상황에 대하여 프로그램 자체가 실행되지 않는 상황을 방지할 수 있는 유연한 수단을 제공해준다.

이제 암시적 로딩에서 마지막으로 언급하고 넘어가야 할 부분이 '가져오기 섹션(Import Section)' 에 관한 것이다. 사실 DLL 생성을 통해서 만들어지는 LIB 파일은 기존의 정적 라이브러리하고는 많이 다르다. 기존의 정적 라이브러리는 실행 코드까지 담겨 있으며, 이 코드가 링크 시에 디스크 상의 EXE PE 파일의 코드 섹션 속으로 병합되어 버리지만, DLL 생성 시 만들어지는 가져오기 라이브러리 파일은 단순히 그 DLL이 내보낸 함수/변수에 대한 정보만을 담고 있다. 그러면 링크 시에 링커는 그 라이브러리 파일로부터 해당 DLL이 내보낸 함수 또는 변수들 중 EXE가 실제 사용하는 항목들만의 정보를 가져와, 그 항목들에 대한 특별한 정보 블록을 EXE의 PE 내에 끼워 넣는다. 그렇게 임베드되는 PE 내의 그 정보 블록을 '가져오기 섹션'이라고 부르며, 섹션 테이블에서의 명칭은 보통 **.idata**가 된다. 이 가져오기 섹션은 DLL을 암시적으로 로딩할 때만 필요하며, 앞으로 다룰 명시적 로딩은 가져오기 섹션과는 무관하다. 가져오기 섹션의 구조는 6.2절에서 상세하게 살펴볼 것이다.

6.1.2 명시적 로딩

앞서 논의한 암시적 로딩은 링크 시에 DLL이 내보낸 함수/변수의 정보가 EXE의 PE 이미지 내에 기록되는 과정이다. 그것은 가져오기 섹션이라는 이름으로 PE 이미지 내에 임베드되는 것이다. 따라서 이미 EXE 이미지 내에 자신이 사용할 DLL의 정보가 들어 있으므로, 로더는 EXE PE를 로드할 때 가져오기 섹션에 있는 모든 DLL도 함께 로드한다. 만약 해당 DLL이 없거나, DLL은 있지만 가져올 함수가 그 DLL에 없으면 DLL 로드가 실패하고 EXE의 실행 자체가 불가능해진다. 이번에 설명할 명시적 로딩(Explicit Loading)은 특정 DLL의 로딩 여부가 링크 시에 결정되는 것이 아니라, EXE의 실행 시 사용자가 해당 DLL을 원할 때 로드하여 원하는 함수를 사용할 수 있게 해주는 메커니즘이다. DLL 명시적 로딩은 사용자에게 상당히 유연한 메커니즘을 제공한다. 이 방식을 통해서 사용자는 해당 DLL을 원할 때 로드하여 사용한 후 필요 없으면 언로드할 수 있다. 사실 이러한 명시적 로딩이 소위 컴포넌트 기반 프로그래밍의 출발이라고도 할 수 있을 것이다. COM 모델로 와서야 컴포넌트 기반의 프로그래밍이 일반화되었고, 이제 MS는 .NET 기반의 프레임워크로 완전한 컴포넌트 기반 환경을 제공하고 있다. COM 모델의 핵심이라고 한다면 그것은 인터페이스 기반 프로그래밍으로서 설계와 구현의 분리에 그 모든 것이 담겨 있다고 할 수 있다. 하지만 이러한 인터페이스 기반 모델은 사실 DLL, 특히 DLL 명시적 로딩을 통해서 구현될 수 있었으며, 이미 MS는 여러 분야에서 이 모델을 사용하고 있다. 대표적으로 MS 비동기 소켓 확장 함수와 MS Crypto 라이브러리*가 그것이다.

이제 명시적 로딩을 사용하는 방법을 알아보자. 앞서 언급한 것처럼 실행 시간에 DLL을 로드할 수 있기 때문에 EXE 링크 시에 해당 DLL이 내보낸 함수의 정보를 제공하기 위한 가져오기 라이브러리 파일이나 헤더 파일은 필요 없고, 실제 DLL만 있으면 된다. 물론 사용하고자 하는 함수에 대한 구체적인 정보, 즉 함수 이름, 서수와 매개변수, 리턴 타입은 알고 있어야 한다. 명시적 로딩의 과정은 다음과 같다.

① 사용하고자 하는 DLL을 LoadLibrary(Ex) 함수를 통해 로드한다.
② GetProcAddress 함수를 이용하여 로드한 DLL에서 사용하고자 하는 함수의 포인터를 획득한다.
③ 함수에서 획득한 포인터를 통해 해당 함수를 호출한다.
④ 더 이상 사용할 일이 없으면 FreeLibrary 함수를 통해 DLL을 언로드한다.

1) DLL 로딩

명시적 로딩의 첫 번째 과정은 우선 사용하고자 하는 DLL을 로드하는 것이다. 이 작업은 다음의 LoadLibrary라는 API를 통해 이루어진다.

```
HMODULE LoadLibrary(LPCTSTR lpFileName);
```

---

* 비동기 소켓 확장 함수는 소켓 접속 및 수용, 소켓 연결 끊기 등의 작업을 비동기적으로 수행할 수 있으며 AcceptEx, ConnectEx, DisconnectEx 등의 함수들이 있다. 이 함수들에 대한 자세한 내용을 알고 싶으면 필자의 저서 『윈도우 시스템 프로그램을 구현하는 기술』(한빛 미디어) 5장을 참조하기 바란다. MS Crypto는 MS가 제공하는 개인키 또는 공개키, 인증서 관련 암호화 API들을 제공하는 라이브러리다.

lpFileName은 로드하고자 하는 DLL의 이름을 담은 문자열이다. LoadLibrary 함수는 lpFileName으로 지정된 DLL을 로드하여 해당 프로세스의 주소 공간에 매핑시키고, 그 인스턴스 핸들을 HMODULE 값으로 돌려준다. 그러므로 LoadLibrary를 통해 획득 가능한 HMODULE 값은 DLL의 PE 파일 이미지가 프로세스의 가상 주소 공간에 매핑된 이후의 시작 번지가 된다. 사실 암시적 로딩에 의해 로더가 해당 DLL을 로드할 때에도 LoadLibrary 함수를 통해서 DLL을 로드한다.

또한 LoadLibrary 함수의 확장판인 LoadLibraryEx 함수를 이용하여 DLL을 로드할 수도 있다. LoadLibrary 함수는 내부적으로 dwFlags 매개변수를 0으로 설정하여 LoadLibraryEx를 호출한다.

```
HMODULE WINAPI LoadLibraryEx
(
    _In_        LPCTSTR lpFileName,
    _Reserved_ HANDLE  hFile,
    _In_        DWORD    dwFlags
);
```

LoadLibraryEx 함수의 첫 번째 매개변수는 LoadLibrary의 매개변수와 동일하고, 두 번째 매개변수 hFile은 예약되어 있다. 마지막 매개변수 dwFlags는 다음 값의 조합을 가질 수 있다.

- **0**

  LoadLibrary 함수를 호출하는 것과 동일하다.

- **DON'T_RESOLVE_DLL_REFERENCES**

  DLL이 로드될 때, DLL_PROCESS_ATTACH를 매개변수로 DllMain 함수가 호출된다는 사실은 5장에서 설명했다. LoadLibrary 역시 DLL을 프로세스 공간에 매핑하는 과정이기 때문에, 이때도 역시 DllMain 함수가 호출된다. 하지만 이 플래그를 설정해서 LoadLibraryEx 함수를 호출하면 DllMain 함수가 호출되는 것을 막아준다. 이 플래그를 설정하는 유용한 예로는 DLL이 로드될 때 로드되는 DLL이 다른 DLL을 끌고 들어오는 경우가 있는데, 이때 이 플래그를 사용하면 일련의 연속된 DLL 로딩에 따른 DllMain 호출을 막아준다.

- **LOAD_LIBRARY_AS_DATAFILE**

  DLL을 로드할 때 그것을 마치 데이터 파일로 취급한다는 점을 제외하면 DON'T_RESOLVE_DLL_REFERENCES 플래그를 사용하는 것과 동일하다. 데이터 파일로 취급한다는 것은 다음과 같은 경우에 유용하다. 먼저, 해당 DLL이 리소스만 있고 실행 코드가 없을 때 이 플래그를 설정해 호출하면 DLL 로딩 시의 기본적인 체크사항, 예를 들어 페이지 보호 속성 체크나 변경 등의 과정을 생략할 수 있다. 다음으로, 이 함수를 통하여 **'EXE 파일도 로드'**할 수 있다. EXE 파일을 로드하는 경우는 대부분 이 파일에 포함된 리소스만을 뽑아내려는 것이 목적인데, 이 경우 EXE는

DllMain 함수가 정의되어 있지 않기 때문에 LoadLibrary 함수를 사용하면 에러가 발생한다. 이때 LoadLibraryEx 함수에 이 플래그를 설정해 호출하면 DllMain 함수의 호출 없이 EXE를 로드할 수 있게 된다.

- **LOAD_WITH_ALTERED_SEARCH_PATH**

  이 플래그는 lpFileName이 절대 경로가 아니면 LoadLibrary 호출 시에 해당 lpFileName을 찾는 경로의 순서를 변경한다. LpFileName의 검색 순서는 lpFileName 매개변수에 지정된 디렉터리 → 프로세스의 현재 디렉터리 → 윈도우 시스템 디렉터리 → 윈도우 디렉터리 → PATH 환경 변수에 지정된 디렉터리 순이다.

두 함수의 반환값인 HMODULE은 DLL이 가상 주소 공간에 매핑된 시작 번지다. 만약 해당 DLL 을 찾을 수가 없거나 다른 이유로 매핑에 실패하였다면(예를 들어 파일명은 DLL로 지정되어 있지만, 실제로 DLL PE 포맷이 아닌 경우) LoadLibrary(Ex) 함수는 NULL을 반환한다. 여러분은 반환값이 NULL인지를 체크하여 적절한 에러 메시지를 출력함으로써 암시적 로딩의 경우처럼 EXE 자체가 실행되지 않는 경우를 피할 수 있다. 물론 실패의 구체적인 원인을 알고 싶으면 GetLastError 함수를 통해서 에러 코드를 얻어올 수도 있다.

만약 해당 DLL이 이미 로딩되어 있으면 어떻게 될까? 더 쉬운 예로 여러분이 동일한 DLL에 대하여 두 번 LoadLibrary(Ex)를 호출했다면? 사실 시스템은 DLL의 인스턴스를 커널 객체로 취급하기 때문에 각 DLL의 인스턴스에 대하여 사용 계수(Usage Counter)를 따로 관리한다. 두 번째 LoadLibrary를 호출했을 경우 사용 계수는 이미 1일 것이기 때문에 단순히 사용 계수만 하나 증가시키고 매핑되어 있는 DLL의 인스턴스 핸들을 그대로 돌려준다. 이런 상황이라면 여러분은 이미 로드되어 있는 DLL의 인스턴스 핸들을 필요로 할 수도 있는데, 이때는 3장에서 설명했던 GetModuleHandle 함수를 사용하면 된다. GetModuleHandle 함수는 해당 DLL이 이미 로드되어 있으면 해당 모듈의 인스턴스 핸들을 리턴하고, 그렇지 않으면 NULL을 반환한다. 따라서 여러분은 다음과 같은 방식으로 코딩하여 DLL 인스턴스의 사용 계수가 여러 번 증가하는 것을 방지할 수 있다.

```
HINSTANCE hDllInst = GetModuleHandle("BasicDll");
if (hDllInst == NULL)
{
    hDllInst = LoadLibrary("BasicDll");
        ⋮
}
```

2) 함수 포인터 획득

이제 DLL을 성공적으로 로드했다면 해당 DLL에서 사용할 API의 함수 포인터를 GetProcAddress 함수를 통해서 얻을 수 있다.

```
FARPROC WINAPI GetProcAddress
(
 _In_  HMODULE hModule,
 _In_  LPCSTR  lpProcName
);
```

hModule은 앞서 논의한 LoadLibrary(Ex)나 GetModuleHandle을 통해서 얻은 DLL의 인스턴스 핸들이다. 그리고 사용하고자 하는 함수의 이름을 lpProcName을 통해 넘겨주면 된다.* 이때 이 함수의 이름은 앞서 5장에서 보았던 내보내기 함수의 이름이 된다. 따라서 GetProcAddress 함수는 lpProcName을 통해서 넘겨진 해당 이름을 내보내기 섹션을 통해서 찾는다. 이때 lpProcName 매개변수는 반드시 함수 이름에 대한 문자열의 포인터일 필요는 없다. 해당 함수의 서수를 알고 있으면 다음과 같이 서수를 지정할 수도 있다.

```
GetProcAddress(hModule, MAKEINTRESOURCE(서수));
```

여기서 중요한 것은 얻고자 하는 함수의 이름과 그 반환값 및 매개변수를 정확히 알고 있어야 한다는 점이다. 사실 명시적 로딩을 사용하기 어려운 부분이 바로 이 점이다. GetProcAddress 함수의 반환값은 단순히 FARPROC이므로 이 포인터만 가지고는 해당 함수를 이용할 수 없으며, 더 정확하게 말하면 해당 함수에 대한 함수 포인터의 타입을 명시해줘야 한다. BasicDllDE3.dll의 YHD3_DrawText 함수를 사용하려면 여러분은 다음과 같이 YHD3_DrawText 함수에 대한 함수 포인터 타입을 정의해 사용해야 한다.

```
typedef void (WINAPI *PYHD3_DRAWTEXT)(HDC, LPTSTR, POINT);
PYHD3_DRAWTEXT g_pfnDrawText = NULL;
```
정확한 함수 포인터에 대한 타입을 정의하고 이 타입으로 변수를 선언한다.

---

* lpProcName 매개변수는 해당 DLL이 내보낸 함수뿐만 아니라 내보낸 변수의 이름도 전달할 수 있다. 이 경우 리턴 타입 FARPROC을 해당 변수의 실제 타입으로 형변환하면 사용이 가능하다

```
          ⋮
    case WM_CREATE  :
    {
      g_pfnDrawText = (PYHD3_DRAWTEXT)GetProcAddress(hDll, "YHD3_DrawText");
```
g_pfnDrawText 변수에 GetProcAddress 함수의 반환값을 저장한다.
```
    }
    return 0;
          ⋮
    case WM_LBUTTONDOWN  :
    {
      HDC hDC = GetDC(hWnd);
      POINT pt;
      pt.x = LOWORD(lParam), pt.y = HIWORD(lParam);
      g_pfnDrawText(hDC, szOutBuf, pt);
```
g_pfnDrawText 변수에 담긴 함수 포인터를 통해 해당 함수를 호출한다.
```
      ReleaseDC(hWnd, hDC);
    }
    return 0;
```

위 예에서 보는 것처럼, YHD3_DrawText의 함수 포인터는 PYHD3_DRAWTEXT라는 타입 재정의를 통해 GetProcAddress 함수에 의해 리턴되는 FARPROC의 함수 포인터 값을 PYHD3_DRAWTEXT 타입으로 형변환해서 획득할 수 있다. 그러면 이제 g_pfnDrawText 변수는 YHD3_DrawText에 대한 함수 포인터 값을 담게 되고 나중에 g_pfnDrawText를 통해 해당 함수를 호출할 수 있다.

GetProcAddress 함수를 이용하면 DLL 링크 시 발생할 수 있는 두 번째 문제, 즉 해당 프로시저가 없는 경우에도 암시적 로딩에서 발생하는, 프로그램 자체가 종료되는 상황을 피할 수 있다. GetProcAddress 함수는 lpProcName 매개변수에 지정된 함수가 없으면 NULL을 반환한다. 이 반환값이 NULL인지를 체크하여 적절한 처리를 할 수 있으며, GetLastError 및 FormatMessage 함수를 통해 구체적인 원인까지도 알아낼 수 있다.

3) DLL 언로드

마지막으로, 더 이상 해당 DLL이 필요없을 때 이 DLL의 인스턴스를 해제해야 한다. 해제의 의미는 로드했던 DLL을 프로세스의 가상 주소 공간으로부터 매핑 해제하는 것을 의미하며, 다음의 함수를 통해 이루어진다.

```
BOOL WINAPI FreeLibrary(_In_ HMODULE hModule);
```

hModule은 LoadLibrary(Ex) 함수를 통해서 획득한 해당 DLL의 인스턴스 핸들이다. 앞서 시스템은 로드된 DLL에 대하여 사용 계수를 관리한다고 했다. 따라서 프로세스 로드 시에 같이 물려 로딩된 DLL이나 LoadLibrary를 통해서 명시적으로 로딩된 DLL의 인스턴스는 모두 1 이상의 값으로 설정된 자신만의 사용 계수를 가진다. FreeLibrary 함수는 이 사용 계수를 단순히 하나 감소시킨다. 그리고 이 함수 호출 결과로 사용 계수가 0이 되면 시스템은 그제서야 실제로 해당 DLL을 프로세스 주소 공간으로부터 해제한다. 따라서 동일한 DLL에 대하여 LoadLibrary 함수를 두 번 이상 호출했다면 반드시 FreeLibrary 함수도 LoadLibrary를 호출한 횟수만큼 호출해줘야 한다. 그런 경우에만 사용 계수가 0으로 감소되어, 이 시점에서 실제적인 DLL 해제가 이루어지게 된다.

이제 명시적 로딩을 통한 DLL의 사용 예를 살펴보도록 하자. 다음은 명시적 로딩을 이용한 DLL의 실제 사용 예다. 프로젝트는 ⟨ExplicitDllApp⟩이며, ⟨UseDllAppDE3⟩ 프로젝트의 소스에서 BasicDll.h 헤더 인클루드와 BasicDllDE3.lib 파일 링크 부분을 모두 제거했다. 그리고 UseDllApp.cpp의 WndProc 함수에 대한 정의를 수정했다.

소스 6-2 ExplicitDllApp.cpp

```
#include <Windows.h>
#include <tchar.h>

typedef void (WINAPI *PYHD3_DRAWTEXT)(HDC hDC, PCTSTR pszText, POINT pt);
typedef SIZE (WINAPI *PYHD6_CALCTEXT)(HDC hDC, PCTSTR pszText);
```

사용할 각 함수에 대해 함수 포인터의 타입을 정의한다.

```
TCHAR G_APP_CLS[16] = _T("YHD_HELLO_WND");
HINSTANCE g_hInstance;
#if _WIN64
PCTSTR C_YHD_MSG = _T("YHD's WinApp : HINSTANCE=0x%016I64X");
#else
PCTSTR C_YHD_MSG = _T("YHD's WinApp : HINSTANCE=0x%08X");
#endif
```

```
        ⋮

LRESULT CALLBACK WndProc(HWND hWnd, UINT uMsg, WPARAM wParam, LPARAM lParam)
{
  static HMODULE        s_hDll = NULL;
  static PTSTR          s_Yhd4MsgBuff = NULL;
  static PYHD3_DRAWTEXT s_Yhd3DrawText = NULL;
  static PYHD6_CALCTEXT s_Yhd6CalcText = NULL;
```

로드할 BasicDllDE3.dll의 HMODULE 핸들 변수와 각 함수 및 변수의 포인터 변수를 정적으로 정의한다.

```
  switch (uMsg)
  {
    case WM_CREATE:
    {
      s_hDll = LoadLibrary(L"BasicDllDE3.dll");
      if (s_hDll == NULL)
      {
        MessageBox(NULL,
          L"BasicDllDE3.dll 로딩에 실패했습니다.", L"에러", MB_OK);
        return 0;
      }
```

LoadLibrary 함수를 이용해 BasicDllDE3.dll을 프로세스 주소 공간에 매핑한다. DLL 로딩에 실패했을 경우의 에러 처리가 가능하다.

```
      s_Yhd4MsgBuff = (PTSTR)GetProcAddress(s_hDll, "YHD4_MSG_BUFF");
      if (s_Yhd4MsgBuff == NULL)
      {
        MessageBox(NULL,
          L"변수 YHD4_MSG_BUFF를 획득할 수 없습니다.", L"에러", MB_OK);
        return 0;
      }
```

GetProcAddress 함수를 이용해 내보낸 변수 YHD4_MSG_BUFF의 포인터를 s_Yhd4MsgBuff 포인터 변수에 저장한다.
GetProcAddress함수 호출에 실패했을 경우의 에러 처리가 가능하다.

```
      s_Yhd3DrawText = (PYHD3_DRAWTEXT)GetProcAddress(s_hDll, "YHD3_DrawText");
      if (s_Yhd3DrawText == NULL)
      {
```

```
                MessageBox(NULL,
                    L"함수 YHD3_DrawText를 획득할 수 없습니다.", L"에러", MB_OK);
                return 0;
            }
            s_Yhd6CalcText = (PYHD6_CALCTEXT)
                    GetProcAddress(s_hDll, "YHD6_CalcTextWidth");
            if (s_Yhd6CalcText == NULL)
            {
                MessageBox(NULL,
                    L"함수 YHD6_CalcTextWidth를 획득할 수 없습니다.", L"에러", MB_OK);
                return 0;
            }
```

GetProcAddress 함수를 이용해 내보낸 함수 YHD3_DrawText와 YHD6_CalcTextWidth의 함수 포인터를 획득한 후, 각각의 함수 포인터 변수에 저장한다. GetProcAddress 함수 호출에 실패했을 경우의 에러 처리가 가능하다.

```
            wsprintf(s_Yhd4MsgBuff, C_YHD_MSG, g_hInstance);
        }
        return TRUE;

    case WM_LBUTTONDOWN:
    {
        if (!s_Yhd3DrawText)
            return 0;
```

s_Yhd3DrawText 변숫값이 NULL이면 해당 함수의 포인터 획득에 실패한 것이므로 호출하지 않는다.

```
        TCHAR szOutMsg[128];
        HDC hDC = GetDC(hWnd);
        POINT pt;

        pt.x = LOWORD(lParam), pt.y = HIWORD(lParam);
        wsprintf(szOutMsg, _T("Mouse Position => X : %d, Y : %d"),
            pt.x, pt.y);
        s_Yhd3DrawText(hDC, szOutMsg, pt);
```

s_Yhd3DrawText 변수에 저장된 YHD3_DrawText 함수를 호출한다.

```
        ReleaseDC(hWnd, hDC);
    }
```

```
        return 0;

    case WM_RBUTTONDOWN:
    {
        if (!s_Yhd6CalcText)
            return 0;
```

```
        HDC hDC = GetDC(hWnd);
        SIZE si = s_Yhd6CalcText(hDC, s_Yhd4MsgBuff);
```

```
        ReleaseDC(hWnd, hDC);

        TCHAR szMsg[128];
        wsprintf(szMsg, _T("Width : %d, Height : %d pixels"), si.cx, si.cy);
        MessageBox(hWnd, szMsg, _T("YHD Message"), MB_OK | MB_ICONINFORMATION);
    }
    return 0;

    case WM_PAINT:
    {
        if (!s_Yhd4MsgBuff)
            return 0;
```

```
        PAINTSTRUCT ps;
        RECT        rc;
        HDC hDC = BeginPaint(hWnd, &ps);
        GetClientRect(hWnd, &rc);
        DrawText(hDC, s_Yhd4MsgBuff, (int)_tcslen(s_Yhd4MsgBuff),
            &rc, DT_SINGLELINE | DT_CENTER | DT_VCENTER);
        EndPaint(hWnd, &ps);
    }
    return 0;

    case WM_DESTROY:
```

```
        if (s_hDll != NULL)
            FreeLibrary(s_hDll);
```

FreeLibrary 함수를 이용해 로드했던 DLL을 프로세스 주소 공간으로부터 언로드한다.

```
        PostQuitMessage(0);
        return 0;
    }


    return DefWindowProc(hWnd, uMsg, wParam, lParam);
}
```

위의 코드는 __declspec(dllexport)로 작성한 BasicDllDE2.dll뿐만 아니라 모듈 정의 파일로 작성한 BasicDllMD.dll, BasicDllMD2.dll, BasicDllMD3.dll에 대하여 LoadLibrary 함수를 통해 로드하도록 코드를 수정해도 제대로 작동한다. 하지만 __declspec(dllexport)로 작성한 BasicDllDE.dll에 대해서는 다음과 같은 에러가 발생한다.

```
    s_hDll = LoadLibrary(L"BasicDllDE.dll");
        ⋮
    s_Yhd4MsgBuff = (PTSTR)GetProcAddress(s_hDll, "YHD4_MSG_BUFF");
```

그림 6-5 YHD4_MSG_BUFF 변수 획득 시의 에러 발생 예

이유는 5장에서 설명했던 대로 BasicDllDE.dll의 경우 extern "C"를 사용하지 않았기 때문에 내보내진 함수/변수의 이름은 C 데코레이션 규칙을 따르지 않는다. 따라서 앞 장의 [그림 5-1]에서처럼 내보낸 변수 YHD4_MSG_BUFF는 그 이름이 "?YHD4_MSG_BUFF@@3PA_WA"로 지정되어 내보내기 섹션에 저장되어 있다. 하지만 우리는 GetProcAddress 함수 호출 시에 "YHD4_MSG_BUFF"라는 이름을 전달했고, 그 이름은 내보내기 섹션에 없기 때문에 해당하는 변수를 찾을 수 없는 것이다. 이는 변수뿐만 아니라 YHD3_DrawText나

YHD6_CalcTextWidth 함수의 경우에도 마찬가지다. 만약 다음과 같이 "?YHD4_MSG_ BUFF@@3PA_WA"를 매개변수로 전달해보라. 물론 나머지 두 함수도 [그림 5-1]에 나온 이름으로 매개변수를 전달하면 BasicDllDE.dll이 제대로 작동할 것이다.

```
s_hDll = LoadLibrary(L"BasicDllDE.dll");
        ⋮
s_Yhd4MsgBuff = (PTSTR)GetProcAddress(s_hDll, "?YHD4_MSG_BUFF@@3PA_WA");
s_Yhd3DrawText = (PTSTR)GetProcAddress(s_hDll,
                    "?YHD3_DrawText@@YAXPEAUHDC__@@PEB_WUtagPOINT@@@Z");
s_Yhd6CalcText = (PYHD3_DRAWTEXT)GetProcAddress(s_hDll,
                    "?YHD6_CalcTextWidth@@YA?AUtagSIZE@@PEAUHDC__@@PEB_W@Z");
        ⋮
```

여기에 32비트의 경우, 5장의 [그림 5-5]와 [표 5-8]을 통해서 확인할 수 있듯이 extern "C"를 지정했더라도 함수 호출 관례에 따라 __declspec(dllexport)로 작성한 DLL의 경우 내보내기 섹션에 저장되는 함수의 이름이 달라진다. 따라서 32비트에서 동적 로딩을 사용할 때에는 역시 위의 경우처럼 GetProcAddress 함수 호출 시에 정확한 함수 이름을 지정해줘야 한다. 다음의 예는 32비트 BasicDllDE3.dll에 대한 동적 링크의 사용 예를 나타낸 것이다.

```
s_hDll = LoadLibrary(L"BasicDllDE3.dll");
        ⋮
s_Yhd4MsgBuff    = (PTSTR)GetProcAddress(s_hDll, "YHD4_MSG_BUFF");
s_Yhd3DrawText = (PYHD3_DRAWTEXT)GetProcAddress(s_hDll, "_YHD3_DrawText@16");
s_ Yhd6CalcText= (PYHD6_CALCTEXT)GetProcAddress(s_hDll,"_YHD6_CalcTextWidth@8");
        ⋮
```

이는 C++로 작성된 프로그램에서의 명시적 로딩에만 해당하는 것은 아니다. .NET 인터롭(Inter-Op)을 통해서 윈도우 API를 호출할 때에도 마찬가지로 적용된다. .NET 관리 프로그램에서 여러분이 작성한 비관리 DLL을 호출해서 사용할 때에도 만약 32비트 DLL이면 모듈 정의 파일을 이용해서 작성된 것인지 __declspec(dllexport)를 통해 작성된 것인지에 따라 함수 이름을 정확히 전달해줘야 한다. 인터롭을 통해 .NET 프레임워크가 해당 DLL의 함수를 호출할 때도 내부적으로는 명시적 로딩을 이용하기 때문이다. 따라서 다음 소스처럼 __declspec(dllexport)를 통해 작성된 DLL의 경우에는 DllImport 지시어의 속성인 EntryPoint를 이용하여 정확한 함수의 이름을 규칙에 맞게 지정해줘야 한다.

```
internal class Win32Native
{
    [DllImport("BasicDllDE3.dll", CharSet=CharSet.Ansi,
                   EntryPoint="_YHD3_DrawText@16", SetLastError=true)]
    public static extern void YHD3_DrawTextPos
                                  (IntPtr hDC, string pszText, Point ptPos);
        ⋮
}
```

64비트나 32비트에서 획득할 변수나 함수 이름이 문제가 되는 이유는 GetProcAddress 함수가 LoadLibrary 함수를 통해 로드된 DLL의 내보내기 섹션에서 해당 함수/변수의 이름을 찾기 때문이다. 32비트에서 __declspec(dllexport)의 경우 WINAPI로 작성되었다면 내보내기 섹션에는 함수 명칭이 "_함수명@#"의 형태로 변경되어 있으므로, 내보내기 섹션에 정의된 정확한 함수명을 넘겨줘야 해당 함수의 시작 번지를 찾을 수 있다. 이는 64비트에서 BasicDllDE.dll과 나머지 DLL의 경우 내보내기 섹션에 설정된 함수/변수 이름의 차이에도 동일하게 적용된다.

마지막으로 서수를 통한 함수/변수 포인터의 획득 예도 확인해보자. 모듈 정의 파일을 이용해서 생성된 BasicDllMD3.dll을 로드하고, 다음의 코드에서처럼 GetProcAddress 함수의 매개변수를 각 함수/변수의 서수로 지정하도록 수정해보라.

```
    s_hDll = LoadLibrary(L"BasicDllMD3.dll");
        ⋮
    s_Yhd4MsgBuff  = (PTSTR)GetProcAddress(s_hDll, MAKEINTRESOURCEA(4));
    s_Yhd3DrawText = (PYHD3_DRAWTEXT)GetProcAddress(s_hDll, MAKEINTRESOURCEA(3));
    s_Yhd6CalcText = (PYHD6_CALCTEXT)GetProcAddress(s_hDll, MAKEINTRESOURCEA(6));
```

위와 같이 수정한 후 프로젝트를 빌드하여 실행하면 역시 아무런 문제 없이 제대로 작동할 것이다. 따라서 서수를 지정한 BasicDllMD#.dll의 경우 이름을 이용할 수도 있지만, MAKEINTRESOURCEA 매크로를 이용하여 서수를 통해 함수/변수의 포인터 획득도 가능하다는 것을 알 수 있다.

4) 명시적 로딩 과정

이제 GetProcAddress 함수가 어떻게 해당 함수의 포인터를 돌려주는지 그 과정을 살펴보자. 명시적 로딩은 암시적 로딩과 다르게 해당 EXE PE에는 가져오기 섹션과 같은 BasicDllDE3.dll에 대한 정보가 아예 없다. 결국 DLL의 내보내기 섹션을 직접 참조하여 원하는 함수를 얻어오는 과정을 거쳐야 한다. 우선 LoadLibrary 함수를 통해 시스템은 해당 DLL을 프로세스 주소 공간 상에 로드할 것이다. 물론 이때 로드 위치, 즉 LoadLibrary 함수의 반환값은 재배치가 일어나지 않는다면 해당 DLL의 IMAGE_OPTIONAL_HEADER의 ImageBase 필드에 지정된 값이 될 것이다. 이렇게 DLL이 프로세스 주소 공간에 매핑되고 나면 사용하고자 하는 함수의 포인터를 얻기 위해 GetProcAddress 함수를 호출한다. GetProcAddress 함수가 어떤 과정을 통해서 이루어지는지를 자세히 보여주기 위해, 필자는 MyGetProcAddr라는 GetProcAddress 함수에 대한 의사 코드를 작성하였다. 다음은 앞서의 명시적 로딩의 예에서 보여주었던 것과 동일한 기능을 하는 프로젝트 〈MyGetProcAddr〉의 MyGetProcAddr.cpp 소스에서, MyGetProcAddr 함수를 직접 구현했다.

소스 6-3 MyGetProcAddr.cpp

```
FARPROC MyGetProcAddr(HINSTANCE hMod, PCSTR pszSymbol)
{
   PBYTE pImgBase = (PBYTE)hMod;
   if (!pImgBase)
      return NULL;
```

바이트 단위의 포인터 연산을 위해 hMod 값을 PBYTE 형으로 형변환하여 pImgBase 변수에 담아둔다. 이 값은 당연히 IMAGE_OPTIONAL_HEADER에 있는 ImageBase 필드 값과 동일하다.

```
   PIMAGE_DOS_HEADER pdh = (PIMAGE_DOS_HEADER)pImgBase;
   if (pdh->e_magic != IMAGE_DOS_SIGNATURE)
      return NULL;
   PIMAGE_NT_HEADERS pnh = (PIMAGE_NT_HEADERS)(pImgBase + pdh->e_lfanew);
   if (pnh->Signature != IMAGE_NT_SIGNATURE)
      return NULL;
```

매개변수로 넘겨진 hMod 인스턴스 핸들에 대한 PE 포맷의 정합성을 체크한다.

```
   PIMAGE_DATA_DIRECTORY pdd = &pnh->OptionalHeader.
```

```
                          DataDirectory[IMAGE_DIRECTORY_ENTRY_EXPORT];
   PIMAGE_EXPORT_DIRECTORY ped = (PIMAGE_EXPORT_DIRECTORY)
                          (pImgBase + pdd->VirtualAddress);
```

내보내기 섹션의 시작 위치를 얻기 위하여 IMAGE_OPTIONAL_HEADER의 DataDirectory 필드에서 IMAGE_DIRECTORY_ ENTRY_EXPORT에 해당하는 데이터 디렉터리의 포인터를 획득한 후, VirtualAddress 필드를 이용해서 내보내기 섹션의 시작인 IMAGE_EXPORT_DIRECTORY 구조체의 포인터를 획득한다. 주의할 것은 hMod가 디스크 상의 PE가 아닌 메모리에 로드된 PE 이므로, RVA_TO_OFFSET 매크로를 이용한 변환 과정 없이 직접 RVA를 사용해야 한다는 점이다.

```
   DWORD    dwFuncIdx = 0;
   PDWORD   pFuncTbl = (PDWORD)(pImgBase + ped->AddressOfFunctions);
   PWORD    pOrdnTbl = (PWORD) (pImgBase + ped->AddressOfNameOrdinals);
```

IMAGE_DIRECTORY_ENTRY_EXPORT 구조체의 AddressOfFunctions 필드와 AddressOfNameOrdinals 필드를 이용해 함수 포인터 테이블과 서수 테이블을 획득한다.

```
   if ((DWORD_PTR)pszSymbol <= 0xFFFF)
```

GetProcAddress 함수는 함수 이름뿐만 아니라 서수를 통해서도 해당 함수 포인터를 획득할 수 있음을 앞서 확인했다. 따라서 우리가 정의하는 MyGetProcAddr 함수 역시 동일한 기능을 지원해야 한다.

NT의 경우 가상 주소 공간을 나눌 때 최초 0번지부터 65535(64K)번지까지는 보호 블록으로 설정하여 이 위치에 접근할 경우에는 예외 를 발생시키므로, 번지가 0x0000FFFF 이하인 경우는 존재할 수가 없다. 그러므로 만약 pszSymbol의 값이 0x0000FFFF 이하이면 이 매개변수를 해당 내보내기 함수에 대한 서수로 간주하면 되고, 반대로 그 이상이면 함수 이름을 담고 있는 문자열에 대한 포인터로 간주하 면 된다. 이 조건문의 블록은 서수를 통해서 해당 함수/변수를 찾는 경우에 대한 소스가 된다.

```
   {
       WORD wOrdinal = (WORD)IMAGE_ORDINAL((DWORD_PTR)pszSymbol);
       wOrdinal -= (WORD)ped->Base;
       if (wOrdinal < ped->NumberOfFunctions)
           return (FARPROC)(pImgBase + pFuncTbl[wOrdinal]);
```

서수를 통해서 해당 프로시저를 획득하는 경우라면 함수 이름을 비교하는 루프를 돌 필요 없이 매개변수로 전달된 서수의 값에 Base 필 드 값을 뺀 결과가 함수 포인터 테이블의 인덱스 역할을 한다. 따라서 서수를 통해 해당 DLL을 링크하면 함수 이름을 통한 링크보다 더 직관적이고 빠르게 해당 함수의 포인터를 획득할 수 있다.

```
   }
   else
```

pszSymbol의 값이 0xFFFF보다 큰 경우에는 함수 이름으로 해당 함수를 찾는다.

```
   {
       PDWORD pFuncNameTbl = (PDWORD)(pImgBase + ped->AddressOfNames);
       for (; dwFuncIdx < ped->NumberOfNames; dwFuncIdx++)
```

```
   {
       PCSTR pFuncName = (PCSTR)(pImgBase + pFuncNameTbl[dwFuncIdx]);
       if (strcmp(pszSymbol, pFuncName) == 0)
```

```
       {
           WORD wOrdinal = pOrdnTbl[dwFuncIdx];
           return (FARPROC)(pImgBase + pFuncTbl[wOrdinal]);
```

```
       }
     }
   }
   return NULL;
}
```

위의 코드에서 함수 이름을 통해서 내보낸 함수를 찾는 경우, AddressOfNames 필드가 가리키는 오프셋부터 시작해 루프를 돌면서 차례대로 함수 이름을 비교하면서 일치하는 함수 정보를 검색한다. 내보내기 함수 이름 배열의 순서는 함수 이름에 대한 알파벳 순으로 구성된다. 따라서 이름을 통해서 이미 정렬되어 있다는 사실을 이용하여 바이너리 검색을 이용한다면 더 빠른 검색을 수행할 수 있다는 점도 고려하면 좋을 것이다. 이로써 MyGetProcAddr에 대한 정의를 마쳤다. 위 소스를 빌드한 후 실행하면 문제 없이 작동될 것이다. 또한 다음 소스처럼 MyGetProcAddr 함수에 서수를 지정해서 사용해도 역시 문제 없이 실행될 것이다. 이때 LoadLibrary 함수를 통해 로드할 DLL은 BasicDllMD3.dll이어야 한다.

```
   s_hDll = LoadLibrary(L"BasicDllMD3.dll");
        ⋮
   s_Yhd4MsgBuff = (PTSTR) MyGetProcAddr(s_hDll, MAKEINTRESOURCEA(4));
```

```
s_Yhd3DrawText = (PYHD3_DRAWTEXT) MyGetProcAddr(s_hDll, MAKEINTRESOURCEA(3));
s_Yhd6CalcText = (PYHD6_CALCTEXT) MyGetProcAddr(s_hDll, MAKEINTRESOURCEA(6));
```

위에서 정의한 MyGetProcAddr에 해당하는 기능을 수행하는 함수를 PEPlus 클래스에 GetFuncPtrFromModule이라는 정적 함수로 별도로 정의해 두었다.

6.2 가져오기 섹션

DLL의 입장에서 함수/변수를 내보냈다면(**Export**), 반대로 다른 DLL이나 EXE가 그것을 사용하기 위해서는 DLL에서 함수/변수를 가져와야(**Import**) 한다. 가져오기 위해서는 그것을 사용하는 DLL이나 EXE의 PE 어디엔가에 해당 DLL과 내보낸 함수 또는 변수의 정보가 기록되어 있어야 한다. 그 정보가 보관되는 곳이 바로 '가져오기 섹션(Import Section)'이며, 일반적으로 PE의 섹션 테이블에는 .**idata**라는 이름으로 저장된다. 앞서 언급한 것처럼 DLL의 명시적 로딩은 가져오기 섹션과 무관하다. DLL의 암시적 로딩을 위해서 링커는 해당 DLL이 제공하는 '가져오기 라이브러리 파일(LIB)'에서 실제 사용되는 내보내기 심볼의 정보를 뽑아서 가져오기 섹션에 담아 EXE나 DLL에 끼워 넣는다.

6.2.1 IMPORT 엔트리

이제부터 가져오기 섹션을 PE 파일을 통해 직접 분석해보기로 하자. 대상이 될 PE는 프로젝트 〈UseDllAppDE3〉이 만들어낸, __declspec(dllexport) 지시어를 통해 제작된 DLL인 BaiscDllDE3.dll을 사용하는 UseDllAppDE3.exe다. 그럼 가져오기 섹션은 어디서부터 시작할까? 2장의 PE 이미지 헤더에서 설명한 것처럼, 가져오기 섹션의 위치와 바이트 수는 .idata라는 IMAGE_SECTION_HEADER 구조체에 설정된다. 하지만 우리가 앞서 확인했던 것처럼 '증분 링크' 옵션을 사용하지 않거나 릴리스 모드로 빌드된 실행 파일인 경우라면 .idata 섹션은 별도로 존재하지 않고 .rdata 섹션에 병합되어 버린다. 그렇기 때문에 우리는 가져오기 섹션의 정보를 얻기 위해서는 섹션 헤더가 아니라, 데이터 디렉터리 배열의 두 번째 엔트리인 IMAGE_DIRECTORY_ENTRY_IMPORT 엔트리를 이용해야만 한다. 다음의 덤프가 이 엔트리에 해당하는 데이터 디렉터리의 내용이다.

	+0	+1	+2	+3	+4	+5	+6	+7	+8	+9	+A	+B	+C	+D	+E	+F
00000190	38	57	00	00	78	00	00	00	00	80	00	00	E0	01	00	00

- **VirtualAddress** : 0x00005738 (.rdata:0x00004738)
- **Size** : 0x00000078 (120)

VirtualAddress 필드는 0x00005738이며, 이는 UseDllAppDE3.exe의 .rdata 섹션에 소속된 RVA다. 따라서 먼저 .rdata 섹션의 헤더를 확인해보자.

덤프 6-2 .rdata 섹션의 IMAGE_SECTION_HEADER

	+0	+1	+2	+3	+4	+5	+6	+7	+8	+9	+A	+B	+C	+D	+E	+F
00000230	2E	72	64	61	74	61	00	00	DC	1F	00	00	00	40	00	00
00000240	00	20	00	00	00	30	00	00	00	00	00	00	00	00	00	00
00000250	00	00	00	00	40	00	00	40	2E	64	61	74	61	00	00	00

오프셋 0x00000230부터 0x00000257까지가 가져오기 정보를 담고 있는 .rdata 섹션 헤더며, 그 내용은 다음과 같다.

표 6-1 .rdata 섹션의 IMAGE_SECTION_HEADER 구조체

필드	타입	오프셋	값
Name	BYTE[8]	0x00000230	.rdata
VirtualSize	DWORD	0x00000238	0x00001FDC
VirtualAddress	DWORD	0x0000023C	0x00004000
SizeOfRawData	DWORD	0x00000240	0x00002000
PointerToRawData	DWORD	0x00000244	**0x00003000**
Characteristics	DWORD	0x00000254	0x40000040 CNT_INIT_DATA | MEM_READ

.rdata 섹션의 헤더와 IMPORT 데이터 디렉터리의 VirtualAddress 필드를 RVA_TO_OFFSET 매크로에 적용해 그 값을 구해보면 가져오기 섹션의 실제 시작 오프셋은 0x00004738이 된다. 이 오프셋에 위치한 덤프는 나중에 직접 확인해보기로 하고, 우선 가져오기 섹션의 구조부터 살펴보도록 한다.

1) IMAGE_IMPORT_DESCRIPTOR 구조체

IMAGE_DIRECTORY_ENTRY_IMPORT 데이터 디렉터리 엔트리가 담고 있는 가져오기 정보가 위치한 파일 오프셋 0x00004738은 IMAGE_IMPORT_DESCRIPTOR 구조체의 배열로 시작된다. 배열의 엔트리 수는 UseDllAppDE3.exe가 사용하는 DLL의 개수+1이며, 이 개수만큼 IMAGE_IMPORT_DESCRIPTOR 구조체가 연속적으로 존재한다. 추가된 마지막 항목은 더 이상 이 구조체가 존재하지 않음을 나타내기 위해 NULL로 채워져 있다. IMAGE_IMPORT_DESCRIPTOR 구조체는 20바이트로 구성되어 있으며, WinNT.h에 정의되어 있다.

```
typedef struct _IMAGE_IMPORT_DESCRIPTOR
{
    union
    {
        DWORD    Characteristics;
        DWORD    OriginalFirstThunk;
    };
    DWORD    TimeDateStamp;
    DWORD    ForwarderChain;
    DWORD    Name;
    DWORD    FirstThunk;
} IMAGE_IMPORT_DESCRIPTOR;
typedef IMAGE_IMPORT_DESCRIPTOR UNALIGNED *PIMAGE_IMPORT_DESCRIPTOR;
```

DWORD Characteristics

DWORD OriginalFirstThunk

Characteristics는 한때 플래그의 집합이었지만, 이제는 더 이상 사용되지 않는다. 대신 OriginalFirstThunk라는 이름으로 사용되며, 이 필드는 IMAGE_THUNK_DATA라는 공용체의 배열의 시작을 가리키는 RVA다. 이 필드가 가리키는 IMAGE_THUNK_DATA 배열의 각 원소는 DLL이 내보낸 항목의 서수를 담거나, 내보낸 항목의 이름 정보를 담고 있는 IMAGE_IMPORT_BY_NAME 구조체를 가리키는 RVA가 된다. OriginalFirstThunk 필드가 서수의 배열을 가리킬 때 이 배열을 'IOT(Import Ordinal Table, 가져오기 서수 테이블)'라고 하고, IMAGE_IMPORT_BY_NAME 배열을 가리킬 때 이 배열을 'INT(Import Name Table,

가져오기 이름 테이블)'라고 하자. 이 두 테이블 모두 마지막 엔트리를 0으로 설정해서 배열의 끝을 지시한다.

DWORD TimeDateStamp

시간과 날짜를 나타내는 타임 스탬프지만 실제 시간과는 상관이 없다. 이 필드는 해당 PE가 바인딩(Binding)되지 않았을 경우에는 항상 0이 되고, 미리 바인딩되면 −1이 된다. 또한 IMAGE_DIRECTORY_ENTRY_BOUND_IMPORT 데이터 디렉터리에 실제로 바인딩된 시간을 담고 있는 구조체인 IMAGE_BOUND_IMPORT_DESCRIPTOR에 대한 위치가 설정된다. 바인딩은 6.2.3절에서 자세히 다룬다.

DWORD ForwarderChain

이 필드는 5장에서 설명했던 DLL 포워딩과 함께 TimeDateStamp 필드와 연관이 있으며, 역시 바인딩 여부와 관련이 있다. 일반적으로 바인딩되지 않은 이미지의 경우에는 0이 되고, 바인딩된 경우에는 TimeDateStamp와 마찬가지로 −1이 된다. 그리고 해당 DLL이 포워딩되면 그 정보는 IMAGE_BOUND_FORWARDER_REF 구조체에 담겨 있다. 이 구조체의 PE 이미지 상의 위치는 IMAGE_BOUND_IMPORT_DESCRIPTOR 구조체를 통해서 얻을 수 있다.

DWORD Name

가져온 DLL의 이름을 담고 있으며, NULL로 끝나는 아스키 문자열에 대한 RVA 값을 가진다.

DWORD FirstThunk

이 필드 역시 OriginalFirstThunk와 마찬가지로 INT 또는 IOT를 가리키는 RVA지만, 실제 이 PE가 가상 주소 공간에 매핑되면 IMAGE_THUNK_DATA 배열의 각 엔트리는 가져온 함수/변수들의 가상 주소(함수 포인터나 변수 번지)를 갖는다. 이처럼 실제 함수/변수의 주소를 담고 있는 IMAGE_THUNK_DATA 배열을 'IAT(Import Address Table, 가져오기 주소 테이블)'라고 한다. 또한 해당 DLL이 로드되어 가져오기 함수/변수의 가상 주소가 IAT에 설정되면 이를 '바인딩되었다(Bound)'라고 한다. IAT는 다음 절에서 설명한다.

지금까지 IMAGE_IMPORT_DESCRIPTOR 구조체에 대해 설명했다. 그러나 좀 더 상세하게 설명하기 위해서 우선 바인딩이나 포워딩은 잠시 기억에서 지워버리자. 따라서 TimeDateStamp 또는 ForwarderChain 필드는 지금 당장의 설명 대상에서 제외한다.

다음 그림은 OriginalFirstThunk와 FirstThunk, 그리고 Name 필드와 실제 데이터 사이의 복잡한 관계를 간략하게 나타낸 것이다.

그림 6-6 가져오기 섹션의 전체 구조

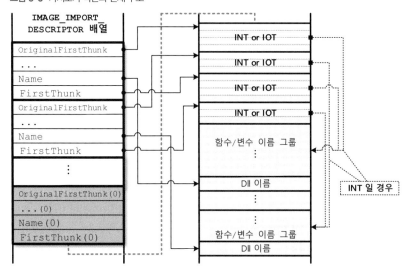

본격적으로 IMAGE_IMPORT_DESCRIPTOR 구조체를 살펴보기 전에, 먼저 UseDllAppDE3. exe의 가져오기 섹션을 DumpBin을 통해서 확인해보자.

```
Z:\PE_Test>dumpbin /imports UseDllAppDE3.exe
        ⋮

    Section contains the following imports:


    USER32.dll      ← ①
            140004200 Import Address Table
            1400059B0 Import Name Table
                    0 time date stamp
                    0 Index of first forwarder reference
                    227 LoadIconW
                     ⋮
                    175 GetMessageW
                    383 wsprintfW
```

GDI32.dll   ← ②

        140004020 Import Address Table

        1400057D0 Import Name Table

              0 time date stamp

              0 Index of first forwarder reference

                239 GetStockObject

BasicDllDE3.dll ← ③

        140004000 Import Address Table

        1400057B0 Import Name Table

              0 time date stamp

              0 Index of first forwarder reference

                  2 YHD6_CalcTextWidth

                  0 YHD3_DrawText

                  1 YHD4_MSG_BUFF

MSVCR120D.dll ← ④

        1400040E0 Import Address Table

        140005890 Import Name Table

              0 time date stamp

              0 Index of first forwarder reference

                179 _XcptFilter

                 ⋮

                79F wcslen

                1F2 __set_app_type

KERNEL32.dll   ← ⑤

        140004030 Import Address Table

        1400057E0 Import Name Table

              0 time date stamp

              0 Index of first forwarder reference

                33C HeapFree

                338 HeapAlloc

                 ⋮

                36A IsDebuggerPresent

DumpBin 실행 결과 "Section contains the following imports:"라는 문장 아래에 UseDllAppDE3.exe가 링크한 DLL 관련 정보들이 출력된다. 즉 UseDllAppDE3.exe는 User32.dll, GDI32.dll, BasicDllDE3.dll, MSVCR120D.dll, Kernel32.dll 이렇게 다섯 개의 DLL을 링크했다. 각 DLL의 정보는 바로 IMAGE_IMPORT_DESCRIPTOR 구조체 배열에서 추출한 내용들이다.

그러면 IMPORT 데이터 디렉터리의 명확한 이해를 위해 IMAGE_IMPORT_DESCRIPTOR의 구조를 덤프를 통해 직접 확인해보자. 앞서 우리가 획득했던 가져오기 섹션의 실제 시작 오프셋은 [덤프 6-1]에서 보았듯이 0x00004738이다. 그렇다면 PE 파일 오프셋 0x00004738로 이동해보자.

덤프 6-3 IMAGE_IMPORT_DESCRIPTOR 구조체 배열의 덤프

① USER32.dll ② GDI32.dll ③ **BasicDllDE3.dll**

	+0	+1	+2	+3	+4	+5	+6	+7	+8	+9	+A	+B	+C	+D	+E	+F
00004730	10	18	00	00	40	04	00	00	B0	59	00	00	00	00	00	00
00004740	00	00	00	00	6C	5B	00	00	00	42	00	00	D0	57	00	00
00004750	00	00	00	00	00	00	00	00	8A	5B	00	00	20	40	00	00
00004760	B0	57	00	00	00	00	00	00	00	00	00	00	CA	5B	00	00
00004770	00	40	00	00	90	58	00	00	00	00	00	00	00	00	00	00
00004780	E4	5B	00	00	E0	40	00	00	E0	57	00	00	00	00	00	00
00004790	00	00	00	00	CE	5F	00	00	30	40	00	00	00	00	00	00
000047A0	00	00	00	00	00	00	00	00	00	00	00	00	00	00	00	00

④ MSVCR120D.dll ⑤ KERNEL32.dll ⑥ 배열의 끝

앞서 설명했던 것처럼, 가져오기 섹션은 IMAGE_IMPORT_DESCRIPTOR의 배열로 시작된다. DumpBin의 결과를 보면 다섯 개의 DLL이 링크되었기 때문에, 위의 덤프에서 가져오기 섹션은 다섯 개의 IMAGE_IMPORT_DESCRIPTOR 구조체가 연속해서 나타나고, 배열의 끝을 지시하기 위해 0으로 채워진 ⑥의 IMAGE_IMPORT_DESCRIPTOR가 하나 더 추가되어 총 여섯 개의 배열로 구성되었다.

다음은 위의 덤프에 있는 ① ~ ⑤까지의 IMAGE_IMPORT_DESCRIPTOR 엔트리의 내용이다.

표 6-2 IMAGE_IMPORT_DESCRIPTOR 구조체 배열

필드	① USER32	② GDI32	③ BasicDllDE3	④ MSVCR120D	⑤ KERNEL32
Original FirstThunk	0x000059B0	0x000057D0	**0x000057B0**	0x00005890	0x000057E0
	.rdata: 0x000049B0	.rdata: 0x000047D0	**.rdata: 0x000047B0**	.rdata: 0x00004890	.rdata: 0x000047E0
Name	0x00005B6C	0x00005B8A	**0x00005BCA**	0x00005BE4	0x00005FCE
	.rdata: 0x00004B6C	.rdata: 0x00004B8A	**.rdata: 0x00004BCA**	.rdata: 0x00004BE4	.rdata: 0x00004FCE
FirstThunk	0x00004200	0x00004020	**0x00004000**	0x000040E0	0x00004030
	.rdata: 0x00003200	.rdata: 0x00003020	**.rdata: 0x00003000**	.rdata: 0x000030E0	.rdata: 0x00003030

이제 우리는 BasicDllDE3.dll에 대한 정보를 담고 있는 ③의 IMAGE_IMPORT_DESCRIPTOR 구조체에 대한 덤프를 분석해보자.

Name: 0x00005BCA (파일 오프셋: .rdata:0x00004BCA) → BasicDllDE3.dll

먼저 가장 확인하기 쉬운 Name 필드부터 보자. Name 필드 값은 0x00005BCA며, PE 상의 파일 오프셋은 .rdata 섹션에 위치한 0x00004BCA다. PE의 파일 오프셋 0x00004BCA로 이동시켜보자. 그 위치의 덤프 내용은 다음과 같다.

00004BCA	42	61	73	69	63	44	6C	6C	44	45	33	2E	64	6C	6C	00
	B	a	s	i	c	D	l	l	D	E	3	.	d	l	l	\0

위의 덤프에서처럼 해당 DLL의 이름 'BasicDllDE3.dll'이 0x00004BCA에서부터 NULL로 끝나는 ASCII 문자열로 지정되어 있음을 확인할 수 있다.

OriginalFirstThunk: 0x000057B0 (파일 오프셋: .rdata:0x000047B0)

OriginalFirstThunk 필드 값은 INT 또는 IOT의 시작 번지에 대한 RVA를 담고 있다. 위 덤프에서 이 필드 값은 0x000057B0이고, 파일 오프셋을 계산하면 0x000047B0이 된다. 이 위치로 가보자.

덤프 6-4 BasicDllDE3.dll의 INT

	+0	+1	+2	+3	+4	+5	+6	+7	+8	+9	+A	+B	+C	+D	+E	+F
000047B0	A4	5B	00	00	00	00	00	00	94	5B	00	00	00	00	00	00
000047C0	BA	5B	00	00	00	00	00	00	00	00	00	00	00	00	00	00

UseDllAppDE3.exe는 BasicDllDE3.dll이 내보낸 총 4개의 항목 중 2개의 함수와 1개의 변수를 사용하기 때문에 테이블의 엔트리 수는 3개가 된다. 그 3개의 값은 0x5BA4, 0x5B94, 0x5BBA다. 마지막 항목은 배열의 끝을 지시하기 위해 0으로 설정되어 있다.

FirstThunk: 0x00004000 (파일 오프셋오프셋: .rdata:0x00003000)

FirstThunk는 원래 해당 DLL의 내보내기 항목이 위치한 IAT(Import Address Table) 내 엔트리의 시작 번지에 해당하는 RVA를 담고 있다. 이 필드 값은 0x00004000이고, 파일 오프셋은 0x00003000이 된다. 이 오프셋에 해당하는 덤프는 다음과 같으며, 이 각각의 엔트리 모두 OriginalFirstThunk가 가리키는 INT인 [덤프 6-4]와 동일하다.

덤프 6-5 BasicDllDE3.dll의 IAT

	+0	+1	+2	+3	+4	+5	+6	+7	+8	+9	+A	+B	+C	+D	+E	+F
00003000	A4	5B	00	00	00	00	00	00	94	5B	00	00	00	00	00	00
00003010	BA	5B	00	00	00	00	00	00	00	00	00	00	00	00	00	00

2) IMAGE_THUNK_DATA 구조체

이제부터 OriginalFirstThunk와 FirstThunk의 필드 값과 그 관계에 대해서 알아보자. 우리는 [덤프 6-4]와 [덤프 6-5]를 통해서 OriginalFirstThunk 필드가 담고 있는 **RVA**의 파일 오프셋 0x000047B0의 내용과 FirstThunk 필드가 가진 RVA의 파일 오프셋 0x00003000의 내용이 일치함을 확인할 수 있었다. 이 위치가 가리키는 것은 둘 다 IMAGE_**THUNK_DATA**라는 구조체의 배열이다.

```
typedef struct _IMAGE_THUNK_DATA64
{
    union
    {
        ULONGLONG  ForwarderString;   // ④ PBYTE
```

```
    ULONGLONG  Function;            // ③ PDWORD
    ULONGLONG  Ordinal;             // ② Ordinal
    ULONGLONG  AddressOfData;       // ① PIMAGE_IMPORT_BY_NAME
    } u1;
} IMAGE_THUNK_DATA64;
typedef IMAGE_THUNK_DATA64* PIMAGE_THUNK_DATA64;

typedef struct _IMAGE_THUNK_DATA32
{
    union
  {
    DWORD ForwarderString;  // ④ PBYTE
    DWORD Function;         // ③ PDWORD
    DWORD Ordinal;          // ② Ordinal
    DWORD AddressOfData;    // ① PIMAGE_IMPORT_BY_NAME
    } u1;
} IMAGE_THUNK_DATA32;
typedef IMAGE_THUNK_DATA32* PIMAGE_THUNK_DATA32;
```

위 구조체는 64비트인 경우 8바이트, 32비트인 경우에는 4바이트로 정의되는 단순한 공용체다. 그런데 왜 이렇게 복잡하게 4가지의 다른 필드를 사용해서 공용체로 따로 정의하였을까? 그 이유는 상황에 따라 IMAGE_THUNK_DATA가 담는 내용이 달라지므로, 그 상황에 맞춰 각 필드를 사용할 수 있도록 하기 위함이다. 그렇다면 위 공용체의 각 필드가 사용되는 상황을 살펴보자.

| AddressOfData |

OriginalFirstThunk나 FirstThunk 필드가 INT의 시작 RVA가 될 때 INT의 각 엔트리는 AddressOfData 필드가 된다. 이때 IMAGE_THUNK_DATA의 AddressOfData 필드 값은 IMAGE_IMPORT_BY_NAME 구조체의 시작 RVA를 갖게 된다. 해당 DLL이 내보낸 항목에 대한 이름 정보를 담고 있는 IMAGE_IMPORT_BY_NAME 구조체에 대한 정의는 다음과 같다.

```
typedef struct _IMAGE_IMPORT_BY_NAME
{
    WORD Hint;
    CHAR Name[1];
} IMAGE_IMPORT_BY_NAME, *PIMAGE_IMPORT_BY_NAME;
```

WORD Hint

우리는 5장에서 DumpBin 툴을 이용해서 내보내기 섹션의 정보를 출력했을 때, 그 결과에 Hint 칼럼이 존재했었다는 것을 기억할 것이다. Hint 필드는 바로 DumpBin 툴에서 보여주는 Hint 칼럼의 정보와 동일하다. 다음 그림은 5장에서 분석했던 BasicDllDE3.dll에서 IMAGE_ EXPORT_DIRECTORY 구조체의 AddressOfNames 필드가 가리키는 실제 정보에 대한 PE Explorer의 분석 결과다. 이 Hint 필드 값은 AddressOfNames 필드가 가리키는 내보내기 항목의 이름 배열에 대한 각 엔트리의 인덱스 값이 된다.

그림 6-7 이름 배열 인덱스와 Hint

따라서 가져온 함수의 이름을 해당 DLL의 내보내기 섹션에서 찾을 때, Hint 필드 값을 AddressOfNames 필드의 RVA 값 배열에 대한 인덱스로 간주하면 이름을 찾기 위해 루프를 돌면서 문자열 비교로 생기는 부하를 줄일 수 있게 된다.

CHAR Name[1]

NULL로 끝나는 아스키 문자열로 이루어진, 해당 DLL이 내보낸 함수/변수의 이름을 나타낸다.

[덤프 6-4]와 [덤프 6-5]의 세 엔트리 값이 가리키는 곳으로 가보자. 각 엔트리는 AddressOfData 필드로 사용될 때 RVA 값이 되므로, DWORD 타입으로 형변환하면 각각 0x00005BA4, 0x00005B94, 0x00005BBA가 되고, 여기에 해당하는 PE 파일 상의 오프셋은 0x00004BA4, 0x00004B94, 0x00004BBA가 된다. 다음 덤프는 이 오프셋들에 해당하는 3개의 IMAGE_ IMPORT_BY_NAME 구조체에 대한 내용이다.

덤프 6-6 IMAGE_IMPORT_BY_NAME 구조체 덤프

	+0	+1	+2	+3	+4	+5	+6	+7	+8	+9	+A	+B	+C	+D	+E	+F
00004B90	64	6C	6C	00	00	00	59	48	44	33	5F	44	72	61	77	54
00004BA0	65	78	74	00	02	00	59	48	44	36	5F	43	61	6C	63	54
00004BB0	65	78	74	57	69	64	74	68	00	00	01	00	59	48	44	34
00004BC0	5F	4D	53	47	5F	42	55	46	46	00	42	61	73	69	63	44
00004BD0	6C	6C	44	45	33	2E	64	6C	6C	00	9F	07	77	63	73	6C

- ⓪ Hint 0, YHD3_DrawText
- ② Hint 2, YHD6_CalcTextWidth
- ① Hint 1, YHD4_MSG_BUFF
- BasicDllDE3.dll

다음은 위의 덤프를 IMAGE_IMPORT_BY_NAME 구조체에 맞춰 해석한 것이다.

표 6-3 IMAGE_IMPORT_BY_NAME 구조체

RVA	오프셋	Hint	Name
0x00000000'00005BA4	.rdata:0x00004BA4	2	YHD6_CalcTextWidth
0x00000000'00005B94	.rdata:0x00004B94	0	YHD3_DrawText
0x00000000'00005BBA	.rdata:0x00004BBA	1	YHD4_MSG_BUFF

| Ordinal |

앞서 OriginalFirstThunk나 FirstThunk 필드는 INT나 IOT를 가리킬 수 있다고 했다. 이 두 필드가 IOT를 가리키는 RVA를 가질 때, IOT의 각 엔트리는 Ordinal 필드로 구성되고 해당 DLL이 내보낸 항목의 이름이 아닌 서수를 갖게 된다. 이 경우 실제 엔트리의 크기는 4바이트(32비트) 또는 8바이트(64비트)지만 두 바이트의 WORD 타입으로 간주한다. 그렇다면 테이블의 각 엔트리가 INT의 엔트리인지 IOT의 엔트리인지를 구분해야 하므로, 이를 위해 다음의 매크로들이 제공된다.

```
#define IMAGE_ORDINAL_FLAG64    0x8000000000000000
#define IMAGE_ORDINAL_FLAG32    0x80000000

#define IMAGE_ORDINAL64(Ordinal) (Ordinal & 0xffff)
#define IMAGE_ORDINAL32(Ordinal) (Ordinal & 0xffff)

#define IMAGE_SNAP_BY_ORDINAL64(Ordinal) \
                            ((Ordinal & IMAGE_ORDINAL_FLAG64) != 0)
```

```
#define IMAGE_SNAP_BY_ORDINAL32(Ordinal) \
                               ((Ordinal & IMAGE_ORDINAL_FLAG32) != 0)
```

위 매크로는 결국 엔트리의 최상위 비트가 1로 설정되어 있으면 서수로 취급하고, 그렇지 않으면 IMAGE_IMPORT_BY_NAME에 대한 RVA로 취급하도록 정의된 것이다. 따라서 위의 매크로는 다음 코드를 간편하게 대체할 수 있도록 해준다.

```
    if (Is64Bit)
    {
        if ((LONGLONG)Ordinal < 0) ) ← IMAGE_SNAP_BY_ORDINAL64
        {
            // 서수로 취급
            WORD wOrdNo = (WORD)(Ordinal & 0xFFFF);   ← IMAGE_ORDINAL64
                ⋮
        }
        else
        {
            // IMAGE_IMPORT_BY_NAME 배열에 대한 RVA로 취급
            PIMAGE_IMPORT_BY_NAME pIBN =
                (PIMAGE_IMPORT_BY_NAME)RVA_TO_OFFSET(psh, (DWORD)Ordinal);
                    ⋮
        }
    }
    else
    {
        if ((int)Ordinal < 0) ← IMAGE_SNAP_BY_ORDINAL32
        {
            WORD wOrdNo = (WORD)(Ordinal & 0xFFFF);   ← IMAGE_ORDINAL32
                ⋮
        }
        else
        {
            PIMAGE_IMPORT_BY_NAME pIBN =
                (PIMAGE_IMPORT_BY_NAME)RVA_TO_OFFSET(psh, Ordinal);
                    ⋮
        }
    }
```

주의할 것은 IMAGE_THUNK_DATA가 AddressOfData 필드로 간주될 경우 이 엔트리 값은 IMAGE_IMPORT_BY_NAME 배열에 대한 RVA로 취급되지만, Ordinal로 간주될 경우 이 엔트리 값은 다른 곳에 위치한 서수 배열에 대한 RVA가 아니라 서수를 표현하는 값 자체라는 점이다. 이 차이는 서로 혼동할 수가 있기 때문에 주의하기 바란다. 실제로 OriginalFirstThunk 필드가 IOT를 지시하는 경우의 예는 IMAGE_THUNK_DATA 구조체의 설명 후에 확인하기로 하자.

| Function |

이 필드는 OriginalFirstThunk 필드와는 관련이 없다. OriginalFirstThunk는 INT에 대한 RVA 거나 IOT에 대한 RVA 값만을 가질 수 있다. 즉 IMAGE_THUNK_DATA의 AddressOfData 나 Ordinal 필드만 사용이 가능하다. IMAGE_THUNK_DATA의 Function 필드를 참조해야 할 상황은 FirstThunk 필드와 관련이 있다. 앞서 디스크 상의 PE 파일에서 OriginalFirstThunk 가 가리키는 RVA인 INT 또는 IOT의 엔트리 내용과 FirstThunk가 가리키는 RVA인 IAT의 엔트리 내용이 동일하다는 것을 덤프를 통해 확인했다. 하지만 해당 PE가 로드될 때, 로더는 이 PE가 사용하는 DLL이 내보낸 함수/변수가 메모리 상에 매핑된 실제 번지를 IAT의 엔트리로 저장하게 된다. 이렇게 매핑이 완료된 후, IAT에 저장된 함수/변수의 포인터를 직접 참조할 때에는 Function 필드를 통해서 참조하게끔 한다. 미리 언급하자면 결국 IAT는 PE 상에서 파일로 존재할 때와 그것이 해당 프로세스 공간에 매핑되었을 때는 서로 내용이 달라지게 된다. IAT는 여러 목적으로 요긴하게 사용될 수 있는 중요한 요소며, 6.2절에서 자세히 알아본다.

| ForwarderString |

이 필드는 DLL에서 가져올 함수가 포워딩된 함수일 경우에 필요한 필드다. 앞서 5.4절에서 언급했듯이, 포워딩된 함수일 경우 내보내기 함수 포인터 테이블 내에 존재하는 엔트리 값은 함수의 실제 진입점 주소가 아니라 포워딩된 대상 DLL과 함수 이름의 문자열에 대한 주소라고 했다. 다시 5.4절의 예를 상기시켜보면 ForwardTextOut 함수를 GDI32.dll의 TextOutA라는 API로 포워딩시켰고, 이때 ForwardTextOut의 함수 포인터 RVA가 "GDI32.TextOutA"라는 문자열을 지시하고 있었던 것을 확인했다. 이런 경우에 사용되는 필드가 바로 ForwarderString이다.

지금까지 UseDllAppDE3.exe를 통해서 가져오기 섹션의 구조에 대해 알아보았다. 이제 IMAGE_THUNK_DATA가 Ordinal 필드로 간주되는 경우의 예를 살펴보자. DLL 정의 시에 모듈 정의 파일을 통해서 구체적으로 서수 파일을 지정하면, 링커는 이 DLL을 링크할 때 내보내기 이름을 통해서 링크하지 않고 서수를 통해서 사용된 함수/변수를 링크한다. 이렇게 링크된 PE의 가져오기 섹션에는 사용한 함수/변수의 이름은 전혀 보이지 않고 단지 서수만 확인할 수 있다.

이제 구체적인 서수를 지정해서 만들었던 BasicDllMD3.dll을 사용하는 UseDllAppMD3.exe의 가져오기 섹션 정보는 어떻게 구성되는지 미리 DumpBin을 통해서 확인해보자.

```
Z:\PE_Test>dumpbin /imports x64\debug\UseDllAppMD3.exe
        ⋮

    Section contains the following imports:
        ⋮

    BasicDllMD3.dll
            140004000 Import Address Table
            1400057B0 Import Name Table
                    0 time date stamp
                    0 Index of first forwarder reference
                        Ordinal    6
                        Ordinal    3
                        Ordinal    4
        ⋮
```

UseDllAppMD3.exe의 경우 사용한 함수/변수의 이름은 보이지 않고, 단지 서수 6, 3, 4만 보일 뿐이다. 5장에서 BasicDllMD3.dll을 제작할 때 우리는 서수 6과 3은 각각 함수 YHD6_CalcTextWidth와 YHD3_DrawText에, 그리고 서수 4는 변수 YHD4_MSG_BUFF에 할당했다. 이렇게 서수를 통해 링크된 경우 OriginalFirstThunk가 가리키는 IMAGE_THUNK_DATA의 배열의 각 엔트리는 Ordinal의 필드로 취급된다. 다행히도 위의 DumpBin 결과에서 IAT의 주소와 INT의 주소가 UseDllAppDE3.exe의 경우와 동일하다. 따라서 UseDllAppDE3과 마찬가지로, UseDllAppMD3의 OriginalFirstThunk 필드 값은 0x00057B0이 되고 FirstThunk 필드 값은 0x00004000이 된다. 그리고 INT와 IAT의 오프셋은 각각 0x000047B0과 0x00003000이 될 것이다.

다음 덤프는 UseDllAppMD3의 OriginalFirstThunk가 가리키는 위치의 오프셋 INT의 내용이다.

덤프 6-7 BasicDllMD3.dll의 IOT

	+0	+1	+2	+3	+4	+5	+6	+7	+8	+9	+A	+B	+C	+D	+E	+F
000047B0	06	00	00	00	00	00	00	80	03	00	00	00	00	00	00	80
000047C0	04	00	00	00	00	00	00	80	00	00	00	00	00	00	00	00

앞서 살펴본 [덤프 6-4]와 [덤프 6-5]의 각 항목과 비교해보라. 다음은 YHD3_DrawText와 YHD6_CalcTextWidth 함수의 두 값을 비교해 본 것이다.

표 6-4 BasicDllMD3.dll의 IOT와 BasicDllDE3.dll의 INT 비교

서수	필드	YHD6_CalcTextWidth	YHD3_DrawText	YHD4_MSG_BUFF
有(MD3)	Ordinal	0x80000000'00000006 → 서수 6	0x80000000'00000003 → 서수 3	0x80000000'00000004 → 서수 4
無(DE3)	AddressOfData	0x00000000'00005BA4 → RVA 0x00005BA4	0x00000000'00005B94 → RVA 0x00005B94	0x00000000'00005BBA → RVA 0x00005BBA

Ordinal로 사용된 경우에는 IMAGE_THUNK_DATA 엔트리 값이 모두 최상위 비트가 1로 설정되었다는 것을 확인할 수 있다. 이는 앞서 IMAGE_THUNK_DATA의 Ordinal 필드 설명 시 언급했던 내용이다. 따라서 UseDllAppMD3의 OriginalFirstThunk 필드의 RVA는 INT가 아니라 IOT, 즉 가져온 함수/변수에 대한 서수의 배열을 가리키게 된다. 또한 UseDllAppMD3의 FirstThunk 필드 역시 IOT를 가리키는 RVA가 되어야 한다. FirstThunk 필드가 가리키는 오프셋은 0x00003000이며, IAT가 될 것이다. UseDllAppMD3 PE에서 직접 확인해보면 [덤프 6-7]의 IOT 내용과 동일한 것을 알 수 있다.

덤프 6-8 BasicDllMD3.dll의 IAT

	+0	+1	+2	+3	+4	+5	+6	+7	+8	+9	+A	+B	+C	+D	+E	+F
00003000	06	00	00	00	00	00	00	80	03	00	00	00	00	00	00	80
00003010	04	00	00	00	00	00	00	80	00	00	00	00	00	00	00	00

따라서 DLL이 내보낸 항목을 이름이 아닌 서수로 가져오는 경우에는 당연히 IMAGE_IMPORT_BY_NAME 구조체에 해당하는 영역은 존재하지 않으며, 가져오기 섹션을 담고 있는 PE 자체만으로는 각 서수에 해당하는 항목의 이름을 알 수 없다.

지금까지의 분석 결과를 그림으로 나타내보자. 다음은 UseDllAppDE3의 가져오기 섹션 구조를 나타낸 것이지만 UseDllAppMD3도 역시 동일한 구조다. 한 번 더 말하지만 이 구조는 디스크 상

의 PE 이미지 파일에서의 구조다. 그림에서 보는 것처럼 OriginalFirstThunk 필드와 FirstThunk 필드가 가리키는 위치가 각각 INT(UseDllAppMD3의 경우는 IOT)와 IAT다. 그리고 덤프를 통해서 직접 확인했던 것처럼, 이 두 테이블의 각 엔트리는 여러분이 사용한 함수/변수 이름으로 구성된 IMAGE_IMPORT_BY_NAME 구조체를 가리키고 있음을 알 수 있다.

그림 6-8 로딩되기 전의 가져오기 섹션 구조

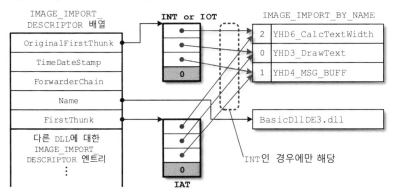

지금까지 가져오기 섹션에 대해 알아보았다. 가져오기 섹션은 링크 과정을 통해서 만들어진다. 링크 시에 링커는 명시적 로딩에서처럼 가져올 DLL에 대하여 내보내기 섹션을 직접 참조하는 것이 아니라, DLL과 함께 있는 가져오기 라이브러리 파일(LIB)을 참조해서 가져오기 섹션을 만든다. 앞서 언급한 것처럼 DLL의 LIB 파일은 기존의 정적 라이브러리 파일과는 다르게 해당 DLL이 내보낸 함수/변수들에 대한 정보만을 담은 가벼운 라이브러리 파일이다. 가져오기 라이브러리 파일에는 내보낸 함수/변수의 기호 이름과 함께 실제 이름이 지정되어 있으며, 32비트의 경우 함수명 데코레이션 사용 여부까지 지정되어 있다.

6.2.2 IAT 엔트리

.idata 섹션 또는 가져오기 관련 섹션에는 IMAGE_IMPORT_DESCRIPTOR 구조체의 배열로 구성된, 가져오기 관련 정보를 담고 있는 IMPORT 블록뿐만 아니라, 다음 그림처럼 '가져오기 주소 테이블(Import Address Table, 이하 IAT)'이라는 블록도 함께 존재한다.

그림 6-9 IAT와 가져오기 섹션

필드	타입	오프셋:RVA
⊞ ▪▫ usedllappde3.exe	64bit exe PE	00000000:00000000
⊞ 🗎 DosHeader	IMAGE_DOS_HEADER	00000000:00000000
⊞ 🗎 NTHeaders	IMAGE_NT_HEADERS64	00000100:00000100
⊞ 🗎 SectionHeaders	IMAGE_SECTION_HEADER[5]	00000208:00000208
⊞ ⚡ .text	BYTE[11264]	00000400:00001000
⊟ ⚡ .rdata	BYTE[8192]	00003000:00004000
⊞ ⚐ IAT	BYTE[672]	00003000:00004000
⊞ ⚐ DEBUG	BYTE[56]	000032E0:000042E0
⊞ ⚐ LOAD_CONFIG	BYTE[112]	00004200:00005200
⊞ ⚐ IMPORT	BYTE[120]	00004738:00005738

1) IAT와 DLL 바인딩(Binding)

IAT는 가져올 함수들의 시작 번지인 함수 포인터나 가져올 변수의 번지를 담고 있는 테이블로, 포인터를 갖고 있기 때문에 32비트의 경우엔 4바이트, 64비트의 경우엔 8바이트 크기의 엔트리로 구성된 배열이다. IMAGE_IMPORT_DESCRIPTOR의 FirstThunk 필드가 바로 이 IAT 엔트리 중 해당 DLL의 가져오기 함수/변수의 번지를 담고 있는 엔트리의 시작 번지를 가리키는 RVA다. 디스크 상의 PE 이미지에서 IAT에 저장된 값은 OriginalFirstThunk 필드가 가리키는 INT 또는 IOT의 특정 엔트리를 가리키는 값이라고 앞서 설명했다. 그렇다면 PE 상에서 이 IAT가 어떻게 위치하는지 PE 파일을 통해서 직접 확인해보자. IMAGE_IMPORT_DESCRIPTOR 배열의 시작 위치는 IMAGE_DIRECTORY_ENTRY_IMPORT 데이터 디렉터리 엔트리를 통해서 얻을 수 있는 반면에, IAT의 실제 시작 위치는 IMAGE_DIRECTORY_ENTRY_IAT 데이터 디렉터리 엔트리를 통해서 얻을 수 있다.

덤프 6-9 IMAGE_DIRECTORY_ENTRY_IAT 엔트리 덤프

	+0	+1	+2	+3	+4	+5	+6	+7	+8	+9	+A	+B	+C	+D	+E	+F
000001E0	00	00	00	00	00	00	00	00	00	40	00	00	A0	02	00	00

- **VirtualAddress** : 0x00004000 (.rdata:0x00003000)
- **Size** : 0x000002A0 (672)

IAT 관련 IMAGE_DATA_DIRECTORY 구조체의 VirtualAddress 필드 값을 파일 오프셋으로 변경하면 0x00003000이 된다. 다음은 파일 오프셋 0x00003000에서 시작해서 0x000329F으로 끝나는, 크기 672바이트의 실제 IAT에 대한 덤프다.

덤프 6-10 IAT 테이블 덤프

③ BasicDllDE3.dll

	+0	+1	+2	+3	+4	+5	+6	+7	+8	+9	+A	+B	+C	+D	+E	+F
00003000	A4	5B	00	0	YHD6_CalcTextWidth				94	5B	00	00	0	YHD3_DrawText		
00003010	BA	5B	00	00	0	YHD4_MSG_BUFF			00	00	00	00	00	00	00	00
00003020	78	5B	GetStockObject			0	② GDI32.dll		00	00	00	00	00	00	00	00
00003030	68	5F	00	00	00	00	00	00	5C	5F	00	00	00	00	00	00
~	~	~	~	~	~	~	⑤ KERNEL32.dll			~	~	~	~	~	~	~
000030D0	4A	5E	00	00	00	00	00	00	00	00	00	00	00	00	00	00
000030E0	04	5C	00	00	00	00	00	00	12	5C	00	00	00	00	00	00
~	~	~	~	~	~	~	④ MSVCR120D.dll			~	~	~	~	~	~	~
000031F0	4C	5C	00	00	00	00	00	00	00	00	00	00	00	00	00	00
00003200	60	5B	00	00	00	00	00	00	52	5B	00	00	00	00	00	00
~	~	~	~	~	~	~	① USER32.dll		~	~	~	~	~	~	~	~
00003290	50	5A	00	00	00	00	00	00	00	00	00	00	00	00	00	00

위 덤프를 보면 IAT와 각 DLL에 할당된 IAT 영역이 구분되어 있음을 알 수 있다. DLL별 IAT 영역에 대한 시작 위치는 IMAGE_IMPORT_DESCRIPTOR 구조체의 FirstThunk 필드를 통해 지정되며, 마지막 엔트리를 0으로 채워 그 끝을 구분한다.

표 6-5 DLL별 IAT 영역의 시작 위치

DLL	FirstThunk	오프셋	항목 수	시작 항목
③ BasicDllDE3.dll	0x00004000	.rdata:0x00003000	3	YHD6_CalcTextWidth
② GDI32.dll	0x00004020	.rdata:0x00003020	1	GetStockObject
⑤ KERNEL32.dll	0x00004030	.rdata:0x00003030	21	HeapFree
④ MSVCR120D.dll	0x000040E0	.rdata:0x000030E0	35	XcptFilter
① USER32.dll	0x00004200	.rdata:0x00003200	19	LoadIconW

UseDllAppDE3 PE 중에서 BasicDllDE3.dll의 FirstThunk 필드가 가리키는 위치가 실제 IAT의 시작 위치와 동일하기 때문에 FirstThunk 필드 자체가 IAT의 시작 위치를 가리킨다고 착각할 수 있는데 사실은 그렇지 않다. FirstThunk는 IAT 내부에 존재하는, 해당 DLL로부터 가져온 함수/변수들의 번지가 담긴 연속된 엔트리들의 시작 번지에 대한 RVA라는 점에 유의하기 바란다. 그리고 디스크 상의 PE에 존재하는 IAT의 엔트리는 앞서 언급한 대로 IMAGE_IMPORT_BY_NAME 구조체에 대한 RVA이므로, IAT 각 엔트리에 해당하는 함수/변수의

이름을 획득할 수 있고 [덤프 6-10]에서 그 일부를 보여주고 있다. 그러면 실제로 UseDllAppDE3.exe가 메모리에 로드된 상태에서의 IAT는 어떤 값을 갖게 되는지 확인해보자. 프로젝트 〈UseDllAppDE3〉의 UseDllApp.cpp에서 적절한 위치에 중단점을 설정하고 디버깅을 실행해보라. 그리고 실행이 중단점에서 멈춘 상태에서 WinMain의 hInstance 매개변수를 통해서 로드된 이미지의 시작 번지를 획득하자. '임의 주소 옵션'을 해제했기 때문에 이 값은 0x00000001'40000000이 될 것이다. IAT 데이터 디렉터리의 VirtualAddress 필드 0x00004000을 더한 값이 가상 주소 공간 상에서의 IAT의 시작이 된다. 다음 그림은 메모리 창에 이 주소를 직접 입력해서 확인한 것이다.

그림 6-10 메모리 상의 IAT

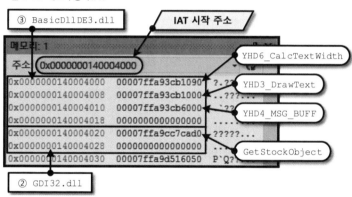

위 그림에서 IAT의 각 엔트리 값을 [덤프 6-10]의 각 엔트리 값과 비교해보면 서로 다르다는 것을 알 수 있다. IAT는 디스크 상의 PE로 존재할 때와 메모리에 로드되었을 때의 내용이 달라진다. 그러면 로드된 상태에서 IAT의 각 엔트리 값은 정확히 무엇을 의미할까? 디스어셈블 창의 주소 창에 위 그림의 첫 번째 엔트리 값인 0x00007FFA'93CB1090을 입력하여 그 위치로 이동시켜보자.

```
SIZE WINAPI YHD6_CalcTextWidth(HDC hDC, PCTSTR szText)
{
00007FFA93CB1090    48 89 54 24 10    mov    qword ptr [rsp+10h], rdx
00007FFA93CB1095    48 89 4C 24 08    mov    qword ptr [rsp+8], rcx
00007FFA93CB109A    57                push   rdi
00007FFA93CB109B    48 83 EC 40       sub    rsp, 40h
00007FFA93CB109F    48 8B FC          mov    rdi, rsp
00007FFA93CB10A2    B9 10 00 00 00    mov    ecx, 10h
                        ⋮
```

이 주소가 바로 YHD6_CalcTextWidth 함수의 시작 주소가 된다는 것을 알 수 있다. 이번에는 함수가 아닌 내보내진 변수 YHD4_MSG_BUFF의 번지 위치로 메모리 창을 이동시켜보자. [그림 6-10]에서의 번지 0x00000000`140004010에 해당하는 IAT의 엔트리는 0x00007FFA`93CB6000 이라는 값을 갖고 있으며, 이 값이 변수 YHD4_MSG_BUFF의 번지가 된다. 이 값을 주소 창에 입력해서 확인해보면 YHD4_MSG_BUFF 버퍼에 담긴 내용은 WndProc 함수의 WM_CREATE 메시지 처리에서 wsprintf 함수를 통해 이 버퍼에 복사했던 문자열 "YHD's WinApp : HINSTANCE=0x0000000140000000"임을 알 수 있다.

그림 6-11 YHD4_MSG_BUFF의 메모리 상의 내용

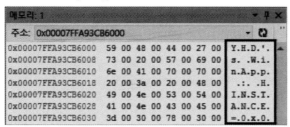

따라서 메모리 상에 존재하는 IAT의 각 엔트리는 해당 DLL에서 가져온 함수/변수의 실제 번지를 의미한다. 이런 상황에서 IAT의 엔트리를 위해 IMAGE_THUNK_DATA의 Function 필드가 사용된다. 다음 그림은 메모리에 로드되고 난 후의 IAT와 IMAGE_IMPORT_DESCRIPTOR 배열의 FirstThunk 필드와의 관계를 보여준다.

그림 6-12 IAT의 구조

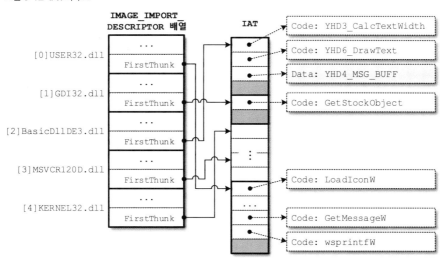

이번에는 DLL이 로드되는 과정을 통해 IAT가 어떻게 실제 번지를 담는지 살펴보도록 하자. 우선 로더는 UseDllAppDE3.exe를 프로세스 주소 공간에 매핑한 후 가져오기 섹션을 검사한다. 가져오기 섹션의 IMAGE_IMPORT_DESCRIPTOR 구조체 배열을 차례대로 참조하여 해당 DLL을 로드한다. 본 예제인 BasicDllDE3.dll을 통해서 DLL의 로딩 과정을 따라가보자.

① 로드할 DLL명 획득

로더는 IMAGE_IMPORT_DESCRIPTOR의 Name 필드를 통해 DLL의 이름을 획득한다. DLL의 이름은 BasicDllDE3.dll이며, 이 이름을 매개변수로 넘겨서 LoadLibrary 함수를 호출한다. 이때 해당 DLL을 검색하는 순서는 앞서 '명시적 로딩'에서 설명하였다.

② DLL 로딩

이렇게 BasicDllDE3.dll을 찾았다면 이것을 프로세스 주소 공간에 매핑한다. 우선, 프로세스 주소 공간에 BasicDllDE3.dll의 PE 파일 크기 이상의 공간을 확보한 후(공간 확보를 위한 크기 정보는 IMAGE_OPTIONAL_HEADER의 SizeOfImage 필드에 지정되어 있다), IMAGE_OPTIONAL_HEADER 구조체의 ImageBase 필드에 지정되어 있는 번지를 시작 주소로 해서 매핑한다. 이 주소에 매핑하지 못할 경우 매핑 가능한 다른 주소에 매핑한 후 기준 재배치를 수행한다.

③ 가져오기 함수/변수의 정보 획득

일단 매핑이 되면, 로더는 OriginalFirstThunk 필드가 가리키는 INT 배열을 참조해서 BasicDllDE3.dll이 내보낸 함수/변수들 중에서 UseDllAppDE3.exe가 실제 사용하는 항목에 대한 정보를 획득한다. INT 배열에는 3개의 엔트리가 있으며, 각각 [Hint 0]에는 YHD6_CalcTextWidth라는 함수 이름이, [Hint 2]에는 YHD3_DrawText라는 함수 이름이, 그리고 [Hint 1]에는 YHD4_MSG_BUFF라는 변수 이름이 있다. 로더는 이제 매핑한 BasicDllDE3.dll의 내보내기 섹션에서 앞서 얻은 함수/변수 이름을 통해 해당 항목의 포인터, 즉 두 함수의 코드의 시작 번지와 YHD4_MSG_BUFF 변수의 번지를 획득해야 한다.

④ 가상 주소 공간에서의 함수 또는 변수의 포인터 획득

로더는 우선 BasicDllDE3.dll의 내보내기 섹션으로 가서 IMAGE_EXPORT_DIRECTORY 구조체를 분석한다. IMAGE_EXPORT_DIRECTORY 구조체의 AddressOfFunctions 필드가 가리키는 위치로 가서 찾고자 하는 함수/변수의 이름을 비교한다. 앞의 예에서 YHD6_CalcTextWidth의 함수 포인터를 얻는다고 하자. 앞에서 예시된 [그림 6-7]을 한 번 더 살펴보기 바란다. AddressOfFunctions 필드는 BasicDllDE3.dll이 내보낸 함수 이름의 시작 주소들을 담고 있는 배열의 위치를 가리킨다. YHD6_CalcTextWidth 함수는 함수명 배열의 인덱스 0에서 찾을 수 있다. 그러면 이 인덱스 0을 가지고 로더는 AddressOfNameOrdinals 필드를 참조한다. AddressOfNameOrdinals 필드는 해당 함수의 서수들을 담고 있는 배열의 시작을 가리킨다. 이 서수 테이블의 인덱스 0이 YHD6_CalcTextWidth의 서수 값을 담고 있다. 물론 이 인덱스 0은 앞서 검색한 함수명 테이블의 해당 함수의 인덱스 0과 같다. 이제 서수 테이블의 인덱스 0의 값은 2이다. 이 2라는 값에 Base 필드 값 4를 더하면 YHD6_CalcTextWidth의 서수인 6이 된다. 동시에 2라는 값은 해당 함수의 함수 포인터를 찾는 데 중요한 역할을 한다. AddressOfFunctions 필드가 가리키는 값을 따라가보면 내보낸 DLL의 함수들의 시작 번지를 담고 있는 배열, 다시 말해서 함수 포인터 배열을 찾게 된다. 이 배열의 두 번째 인덱스의 값이 바로 YHD6_CalcTextWidth라는 함수의 진입점의 주소에 대한 RVA가 된다. 이 값에 DLL의 ImageBase 값을 더하면 YHD6_CalcTextWidth의 정확한 함수 포인터를 획득할 수 있게 된다. 만약 DLL이 서수를 통해서 링크되었다면 해당 함수의 인덱스를 얻기 위해 함수명을 비교하는 과정을 생략할 수 있게 된다. 가져온 함수/변수의 포인터를 얻는 과정은 MyGetProcAddr 함수의 구현 과정과 거의 동일하다고 보면 된다.

⑤ **함수/변수의 포인트 저장**

BasicDllIDE3.dll의 내보내기 섹션을 통해 YHD6_CalcTextWidth의 함수 포인터를 획득했다. 이제 로더는 너무 나도 중요한 과정을 수행하게 된다. 이렇게 힘들게 얻은 함수 포인터를 어디엔가에 기록해 두어야 나중에 EXE에서 YHD6_CalcTextWidth를 호출할 때 바로 그 번지로 점프할 수 있을 것이다. 그럼 이 함수 포인터를 어디에 저장하는가? 앞서 언급한 것처럼 가져오기 섹션의 FirstThunk 필드는 IAT라는 테이블에서 이 DLL이 소속된 IAT 엔트리의 시작 위치를 가리키고, 이 IAT의 원소는 PE 이미지 상에서는 OriginalFirstThunk 필드가 가리키는 IAT의 엔트리와 동일하다. 즉 두 테이블의 엔트리가 똑같이 Hint 값과 함수 이름을 담고 있는 PE 상의 위치를 가리킨다. 우선 로더는 임시로 IAT 메모리 블록을 읽기/쓰기 모드로 변경한다. 이제 로더는 DLL의 가져오기 섹션에서 획득한 함수 포인터를 IAT의 YHD6_CalcTextWidth 인덱스에 해당하는 엔트리 0에 덮어쓴다. IAT의 인덱스 0은 더 이상 YHD6_CalcTextWidth에 대한 IMAGE_IMPORT_BY_NAME 구조체를 가리키는 RVA가 아니라, 실제 가상 주소 공간 내에서의 YHD6_CalcTextWidth 함수로의 코드 진입점이 되는 번지, 즉 함수 포인터의 값을 갖게 된다. 마찬가지로 YHD3_DrawText와 YHD4_MSG_BUFF에 대해서도 동일한 과정을 거쳐 IAT 테이블의 인덱스 1과 2에 항목의 포인터를 저장하게 된다. 이제 IAT는 진정한 IAT, 즉 가져온 함수/변수들의 주소 테이블이 되는 것이다. 그리고 이 순간에 IAT와 INT의 내용이 달라지게 되며, 이 과정을 **'DLL 바인딩(Binging)'**이라고 한다. 이렇게 DLL 바인딩이 완료되면 로더는 최종적으로 IAT 메모리 블록을 읽기 전용 모드로 되돌린다.

결국 로드 후에 IAT는 매핑된 DLL에서 가져온 함수/변수의 실제 포인터를 담게 된다. 따라서 디스크 상의 PE 파일에서 OriginalFirstThunk와 FirstThunk는 서로 다른 위치의 IMAGE_THUNK_DATA 구조체의 배열에 대한 RVA 값을 가지지만, 이 배열의 엔트리 값들은 가져온 해당 항목들을 가리키는 동일한 INT 엔트리에 대한 RVA 값들을 갖는다. 하지만 메모리 상에 로드된 후에는 그 값들이 서로 달라지게 된다. OriginalFirstThunk는 INT를 갖게 되고, FirstThunk는 실제로 IAT를 갖게 된다. 따라서 로드된 후의 OriginalFirstThunk는 여전히 IMAGE_THUNK_DATA의 AddressOfData 필드를 사용하지만, FirstThunk는 IMAGE_THUNK_DATA의 Function 필드를 통해 실제 항목의 포인터를 이용해서 해당 함수를 호출하거나 변수를 참조하게 된다. 이제 로드되고 난 후의 가져오기 섹션의 구조는 다음 그림과 같이 변경될 것이다.

그림 6-13 로드된 후의 가져오기 섹션과 IAT

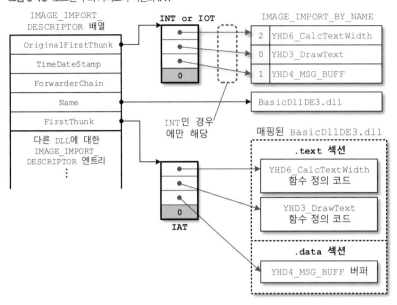

여기서 앞의 ④ 가상 주소 공간에서의 함수/변수의 포인터 획득 과정을 한 번 더 검토해보자. OriginalFirstThunk가 가리키는 정보가 서수 배열이면 크게 문제가 없다. 실제 앞에서 MyGetProcAddr 함수의 구현을 통해서 서수를 이용해 쉽게 해당 함수의 함수 포인터를 획득했다. 하지만 이 정보가 INT 테이블인 경우의 MyGetProcAddr 구현에서는 매개변수로 전달된 함수 이름을 IMAGE_EXPORT_DIRECTORY의 AddressOfNames 필드가 가리키는 내보내기 이름의 배열을 순회하면서 문자열 비교를 통해서 획득했다. 그러나 IAT에 실제 함수 포인터를 저장하는 과정이라면 INT 테이블은 가져온 항목의 이름과 Hint 정보가 함께 제공한다. 이 과정에서 Hint 필드의 존재 이유를 명확히 알 수 있다. 앞서 설명에서 Hint 필드의 역할은 내보내기 이름 배열의 인덱스라고 했다. 따라서 Hint 정보가 제공된다면 for문을 순회하면서 일일이 문자열을 비교하는 절차 대신 Hint 필드의 값을 배열의 인덱싱으로 사용함으로써 바로 서수를 획득할 수 있다.

다음 코드는 MyGetProcAddr 함수 구현에서 for문의 순회 부분을 Hint 정보를 이용한 서수 획득 과정으로 대체한 것이다.

```
else
{
    PDWORD pFuncNameTbl = (PDWORD)(pImgBase + ped->AddressOfNames);
    for (; dwFuncIdx < ped->NumberOfNames; dwFuncIdx++)
    {
        PCSTR pFuncName = (PCSTR)(pImgBase + pFuncNameTbl[dwFuncIdx]);
        if (strcmp(pszSymbol, pFuncName) == 0)
        {
            WORD wOrdinal = pOrdnTbl[dwFuncIdx];
            return (FARPROC)(pImgBase + pFuncTbl[wOrdinal]);
        }
    }
                                    ↓
    WORD wOrdinal = pOrdnTbl[wHint];
    return (FARPROC)(pImgBase + pFuncTbl[wOrdinal]);
}
```

물론 MyGetProcAddr 함수의 경우 Hint 정보 대신 함수의 이름만 제공되기 때문에 위의 방식으로 대체할 수는 없지만, IAT의 엔트리를 설정하는 과정이라면 Hint 필드의 정보를 이용하는 위의 방식으로 대체된다.

2) IAT와 __declspec(dllimport)의 효과

IAT는 아주 유연한 측면을 제공한다. 가져온 DLL들이 내보낸 함수/변수의 번지는 DLL이 해당 프로세스 내의 가상 주소 공간에 로드되기 전까지는 결정되지 않는다. 따라서 이 함수에 대한 호출이나 변수들에 대한 참조는 번지를 알 수 없기 때문에 직접적인 대상 번지를 오퍼랜드로 가질 수 없다. 가져올 함수에 대한 일반적인 함수 호출은 다음과 같은 CALL 명령에 의해 수행된다.

```
call XXXX
```

위의 명령이 함수 YHD3_DrawText에 대한 호출이라면 XXXX는 YHD3_DrawText 함수의 시작 번지가 되어야 한다. 하지만 YHD3_DrawText는 가져올 DLL 내에 정의되어 있는 함수기 때문에 해당 DLL을 로드하기 전까지는 XXXX라는 번지를 결정할 수가 없다. 따라서 로드된 후에 결정될 YHD3_DrawText 함수의 번지를 IAT 내의 특정 엔트리에 기록할 것이라는 가정하에 다음과 같이 메모리 참조를 오퍼랜드로 가질 수 있도록 CALL 명령의 형식을 변경할 수 있다.

```
call qword ptr [YYYY]
```

이때 YYYY는 로드된 후에 결정될 YHD3_DrawText 함수의 번지를 담을 IAT의 엔트리 번지
가 된다. 위의 명령 형식은 CALL 명령으로 번지 YYYY로 시작하는 8바이트의 메모리에 담긴 값
을 분기할 번지로 간주할 것을 지시한다. 따라서 YHD3_DrawText 함수를 호출하는 모든 코
드의 CALL 명령을 위와 같은 형식으로 기록하면 나중에 해당 DLL이 로드되고 난 후 YHD3_
DrawText 함수의 실제 번지가 ZZZZ가 되었을 때 이 ZZZZ 번지를 IAT의 YYYY 번지에 해당
하는 엔트리에 기록한다. 그러면 위의 CALL 명령 형식으로 기록된 YHD3_DrawText 함수에 대
한 호출은 IAT의 엔트리 참조를 통해 비로소 YHD3_DrawText의 시작 번지인 ZZZZ 번지로 분
기하여 정상적으로 수행될 것이다. 가져오기 섹션에 IAT라는 가져오기 주소 테이블이 별도로 존재
하는 이유가 지금까지 설명한 이러한 목적 때문이다.

| __declspec(dllimport)를 사용한 UseDllAppDE3.UseDllAppDE3.exe |

그렇다면 디버깅 과정을 통해서 64비트 BasicDllDE3.dll이 로드되고 난 후의 YHD3_DrawText
함수 호출이 어떻게 수행되는지 직접 확인해보자. 다음 코드는 YHD3_DrawText 함수 호출에 대
한 디스어셈블 코드다.

```
    YHD3_DrawText(hDC, szOutMsg, pt);
000000014000134B    4C 8B 84 24 58 01 00 00    mov r8, qword ptr [rsp+158h]
0000000140001353    48 8D 54 24 40             lea rdx, [rsp+40h]
0000000140001358    48 8B 8C 24 48 01 00 00    mov rcx, qword ptr [rsp+148h]
0000000140001360    FF 15 A2 2C 00 00          call qword ptr
                                               [__imp_YHD3_DrawText (0140004008h)]
                    ⋮
```

마지막 명령인 CALL 명령의 형식은 위에서 설명한 것처럼 "qword ptr [0140004008h]" 형
식의 메모리 참조를 오퍼랜드로 갖는다. 그러면 이 0140004008h라는 값이 어떻게 도출되었는
지 확인해보자. CALL 명령의 오퍼랜드는 0x00002CA2이고 RIP 레지스터는 상대적 번지 지
정 방식이므로, 이 명령이 실행된 이후의 RIP 레지스터의 값은 0x00000001`40001366이며,
이 값에 오퍼랜드 0x00002CA2를 더하면 0x00000001`40004008이 된다. 그리고 이 번지

0x00000001`40004008은 [그림 6-10]에서 볼 수 있듯이, IAT의 두 번째 엔트리의 위치를 가리키는 번지가 되고 IAT의 엔트리가 담고 있는 값은 0x00007FFA`93CB1000임을 알 수 있다. 그리고 이 번지는 BasicDllDE3.dll에 정의된 YHD3_DrawText 함수의 시작 번지가 된다.

```
void WINAPI YHD3_DrawText(HDC hDC, PCTSTR pszText, POINT pt)
{
00007FFA93CB1000   4C 89 44 24 18    mov   qword ptr [rsp+18h], r8
00007FFA93CB1005   48 89 54 24 10    mov   qword ptr [rsp+10h], rdx
00007FFA93CB100A   48 89 4C 24 08    mov   qword ptr [rsp+8], rcx
00007FFA93CB100F   57                push  rdi
                          :
```

| __declspec(dllimport)를 사용하지 않은 UseDllAppDE2.exe |

이번에는 UseDllAppDE2.exe를 이용해서 BasicDllDE2.dll을 링크한 경우의 YHD3_DrawText 함수 호출에 대한 디버깅 코드를 보자.

```
   YHD3_DrawText(hDC, szOutMsg, pt);
000000014000134B   4C 8B 84 24 58 01 00 00   mov  r8, qword ptr [rsp+158h]
0000000140001353   48 8D 54 24 40            lea  rdx, [rsp+40h]
0000000140001358   48 8B 8C 24 48 01 00 00   mov  rcx, qword ptr [rsp+148h]
0000000140001360   E8 43 02 00 00            call YHD3_DrawText (01400015A8h)
                          :
```

함수 YHD3_DrawText를 호출하는 CALL 명령이 담긴 코드는 마지막에 위치한 0x00000001`40001360 번지다. 하지만 앞서 봤던 BasicDllDE3.dll의 경우와는 다르게, 오퍼랜드는 메모리 참조가 아닌 분기 목적지의 번지를 오퍼랜드로 직접 요구하는 "CALL XXXX"의 형식을 따르고 있다. 즉 이 명령은 "call 01400015A8h"가 된다. CALL 명령의 오퍼랜드는 0x00000243이고 이 명령이 실행된 이후의 RIP 레지스터의 값은 0x00000001`40001365가 되므로, 이 값에 오퍼랜드 0x00000243을 더하면 0x00000001`400015A8이 된다. 분기할 번지 0x00000001`400015A8은 무엇에 대한 번지일까? 이 번지로 코드를 이동시켜보면 다음의 코드를 확인할 수 있다.

```
YHD3_DrawText:
0000000140015A8        FF 25 5A 2A 00 00  jmp  qword ptr
                                           [__imp_YHD3_DrawText (0140004008h)]
```

이 코드는 메모리 번지 0x00000001'40004008에 담긴 8바이트의 값에 해당하는 번지로, 점프 명령이다. 그리고 번지 0x00000001'40004008은 [그림 6-10]에서처럼 IAT의 두 번째 엔트리를 가리키며, 이 엔트리에 담긴 값은 0x00007FFA'93CB1000으로 YHD3_DrawText 함수의 시작 번지를 의미한다.

BasicDllDE3.dll을 링크한 UseAllAppDE3.exe의 경우에는 직접 IAT의 엔트리를 참조하여 호출하고자 하는 함수로 분기한다.

```
0000000140001360    call qword ptr [__imp_YHD3_DrawText (0140004008h)]
                                 ↓
void WINAPI YHD3_DrawText(HDC hDC, PCTSTR pszText, POINT pt)
{
00007FFA93CB1000    mov   qword ptr [rsp+18h], r8
```

하지만 BasicDllDE2.dll을 링크한 UseAllAppDE2.exe의 경우에는 바로 분기하지 않고 일단 JMP 코드로 이동한 다음 IAT의 엔트리를 참조하여 실제 함수의 시작 번지로 점프한다.

```
0000000140001360    call  YHD3_DrawText (01400015A8h)
                                 ↓
00000001400015A8    jmp qword ptr [__imp_YHD3_DrawText (0140004008h)]
                                 ↓
void WINAPI YHD3_DrawText(HDC hDC, PCTSTR pszText, POINT pt)
{
00007FFA93CB1000    mov   qword ptr [rsp+18h], r8
```

즉 UseAllAppDE3.exe의 경우 YHD3_DrawText 함수 호출은 바로 실제 함수 정의부로 이동하지만, UseAllAppDE2.exe의 경우는 증분 링크를 사용했을 때와 비슷하게 'CALL → JMP → 실제 함수'라는 두 단계를 거치게 된다. 이 두 호출 과정을 비교할 때, 후자의 경우는 전자에 비해서 추가적인 5바이트의 바이트코드가 요구되기 때문에 PE의 크기도 증가할 것이고, 한 번의 함수 호출에 두 단계를 거쳐야 하기 때문에 당연히 성능 저하도 초래될 것이다.

그러면 어떤 요소가 두 호출 과정의 차이를 만들어내는 것일까? 5장에서 만든 DLL BasicDllDE2와 BasicDllDE3 자체는 차이가 없다. 결국 UseAllAppDE3.exe와 UseAllAppDE2.exe 생성 시에 차이가 생기는데, 바로 두 EXE가 빌드 시에 인클루드하는 BasicDll.h 헤더 파일에 차이가 있다.

다음은 UseAllAppDE3.exe가 인클루드할 때 컴파일러가 인식하게 되는 〈소스 5-9〉의 BasicDll.h 헤더 파일의 함수 선언부에 대한 실제 내용이다.

```
 __declspec(dllimport) void WINAPI YHD3_DrawText(HDC hDC, PCTSTR pszText, POINT pt);
 __declspec(dllimport) SIZE WINAPI YHD6_CalcTextWidth(HDC hDC, PCTSTR pszText);
 __declspec(dllimport) BOOL WINAPI YHD7_IsPointInRect(LPCRECT prc, POINT pt);
```

다음 코드는 UseAllAppDE2.exe가 인클루드하는 〈소스 5-7〉의 BasicDll.h 헤더 파일의 함수 선언부에 대한 실제 내용이다.

```
 void WINAPI YHD3_DrawText(HDC hDC, PCTSTR pszText, POINT pt);
 SIZE WINAPI YHD6_CalcTextWidth(HDC hDC, PCTSTR pszText);
 BOOL WINAPI YHD7_IsPointInRect(LPCRECT prc, POINT pt);
```

결국 두 경우는 함수 선언 앞에 **__declspec(dllimport)**를 지정했는지에 대한 차이가 있다. 5장에서 설명했듯이 __declspec(dllimport)는 컴파일러에게 이 함수는 가져올 함수임을 미리 알려주는 역할을 한다. 그러면 __declspec(dllimport) 지시어를 통해 미리 알려줄 경우와 그렇지 않을 경우 어떤 결과가 발생하는지 알아보자.

| 가져오기 성크와 IAT 엔트리 |

우선 가져올 함수의 호출에 대한 측면을 살펴보자. 함수 호출에 대하여 컴파일러가 해당 기계어를 만들어내는 방법은 두 가지가 있다. 간편한 설명을 위하여 32비트를 전제로 다음과 같은 방식으로 기계어가 만들어지는 경우다.

```
 call dword ptr [0x00405030]
```

이렇게 함수 포인터를 담고 있는 0x00405030 번지를 참조해서 분기하는 방식이다. 가져온 함수의 호출이라고 했으므로, 이때 0x0040530은 바로 해당 함수의 시작 번지를 담고 있는 IAT 엔트리의 번지가 된다. 하지만 VC++ 컴파일러는 일반적으로 3장의 증분 링크에서 확인했던 것과 비슷하게 다음 코드를 생성한다.

```
call  0x0040100C
    ⋮
0x0040100C:
jmp   dword ptr [0x00405030]
```

이 경우 CALL 명령은 조그마한 스텁 코드로 제어를 넘기는데, 이 스텁은 JMP 명령을 통해 0x00405030 번지에 담긴 실제 번지로 점프하도록 하는 코드다. 이 방식은 가져온 함수의 호출에 대하여 5바이트의 추가적인 코드와 덧붙여진 JMP 명령을 사용하기 때문에, 코드의 크기를 증가시킬 뿐만 아니라 실행 시간도 늘어난다. 왜 이런 부가적인 작업을 추가하는지 의아하게 생각할 수 있다. 일반적으로 컴파일러는 외부에서 가져올 함수 호출과 내부에서 정의된 일반 함수에 대한 호출을 구분할 수 없다. 앞서 우리가 만들었던 BasicDllDE2.dll이나 BasicDllMD2.dll을 생각해보라. 우리가 이 DLL을 사용할 때 인클루드하는 BasicDll.h를 보면 알겠지만, 우리가 사용하는 YHD3_DrawText 함수나 YHD6_CalcTextWidth 함수가 UseDllApp 외부에 존재하는 것을 가져온 함수인지, 아니면 UseDllApp 내부에 존재하는 함수인지를 컴파일러가 1차적으로 판별하는 것은 불가능하다. 따라서 컴파일러는 함수의 호출에 대하여 실제 가져온 함수의 호출이든 일반 함수의 호출이든과 상관없이 다음과 같은 형식으로 CALL 명령을 기계어로 변환한다.

```
call  XXXXXXXX
```

이 경우의 XXXXXXXX는 나중에 링커에 의해 채워질 실제 코드의 주소며, CALL 명령은 함수 포인터에 근거해서 수행되는 것이 아니라 실제 코드가 위치한 주소를 통해서 수행된다. 따라서 링커는 XXXXXXXX를 대치할 코드의 성크를 가져야 한다. 가장 간단한 방법은 앞서 본 것처럼 JMP 스텁 코드로 CALL 명령에 대한 제어를 옮기도록 하는 것이다. 엄밀히 말하면 컴파일러에 의해 생성된 OBJ 파일에는 XXXXXXXX에 대한 부분이 전부 NULL로 기록된다. 그리고 이 CALL 명령의 대상이 되는 XXXXXXXX에 해당하는 값은 복잡한 이름 혼합(Mangling)으로 결정되는 함수 심볼로 별도로 기록된다. 그리고 이 심볼은 일반적으로 "jmp_XXXXXXXX" 형식으로 정의된 코드로, 점프하는 JMP 스텁 코드에 대한 것이다. 내부에서만 사용되는 일반 함수를 정의해 호출하더라도 컴파일러는 일단 JMP 스텁 코드를 만든다. 그리고 이러한 jmp_XXXXXXXX의 점프 코드 역시 증분 링크에서 언급했던 것처럼 하나의 성크 코드를 이루는데, 가져올 함수에 대한 이런 성크 코드를 **'가져오**

기 성크(Import Thunk)'라고 한다. 다음 그림은 UseDllAppDE3.exe의 가져오기 성크 코드를 일부 보여준다.

그림 6-14 가져오기 성크 코드

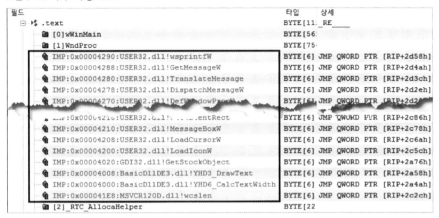

위 그림에서처럼 가져오기 성크 코드는 IAT에 있는, 그 값이 0이 아닌 엔트리의 대상이 되는 모든 가져오기 함수들에 대해서 존재한다. 그리고 링커는 __declspec(dllimport) 지시어의 사용 여부와 상관없이 가져오기 성크 코드를 모든 IAT의 엔트리에 대해 일단 만들어둔다.

다음 코드는 우리가 사용할 YHD3_DrawText와 YHD6_CalcTextWidth 함수에 대한 가져오기 성크 코드의 디스어셈블 코드다.

```
wsprintfW:
0000000140001530    FF 25 5A 2D 00 00 jmp  qword ptr [__imp_wsprintfW (0140004290h)]
GetMessageW:
0000000140001536    FF 25 4C 2D 00 00 jmp  qword ptr
                                           [__imp_GetMessageW (0140004288h)]
            ⋮

YHD3_DrawText:
00000001400015A8    FF 25 5A 2A 00 00 jmp  qword ptr
                                           [__imp_YHD3_DrawText (0140004008h)]

YHD6_CalcTextWidh:
00000001400015AE    FF 25 4C 2A 00 00 jmp  qword ptr
                                           [__imp_YHD6_CalcTextWidth (0140004000h)]

wcslen:
00000001400015B4    FF 25 2E 2C 00 00 jmp  qword ptr [__imp_wcslen (01400041E8h)]
```

이런 식으로 코드가 생성되기 때문에 모든 함수 호출에 대하여 성크 코드를 위한 5바이트의 부가적인 점프 스텁은 메모리를 더 차지하게 되며, 실제 실행 시에 CALL과 JMP 명령을 통한 이중의 명령 수행은 수행 속도에 있어서 오버헤드를 초래하게 된다.

하지만 VC++에서는 가져온 함수에 대하여 이렇게 성크 코드를 거쳐가는 방식의 함수 호출이 아니라 직접적인 함수 호출, 즉 "call qword ptr[YYYY]"의 형태로 코드가 생성될 수 있는 수단을 제공하며, 그 수단이 되는 지시어가 바로 __declspec(dllimport)다. __declspec(dllimport) 지시어는 컴파일러에게 이 함수는 가져올 함수임을 미리 알려준다. 따라서 컴파일러는 해당 함수가 가져올 함수임을 알기 때문에, 직접적인 함수 호출인 "call qword ptr[YYYY]"의 코드 번역이 가능한 것이다. 컴파일러는 호출할 함수가 가져올 함수라는 것을 미리 파악할 수 있기 때문에, 직접 이 함수를 앞 코드의 "jmp __imp__함수명"이 아니라 "call __imp__함수명" 형식으로 만들 수 있다. 다시 말해서 나중에 링커는 jmp XXXXXXXX 스텁을 만들 필요가 없다. 그런 이유로 __declspec(dllimport) 지시어를 사용되지 않은 BasicDll.h 헤더를 인클루드한 UseDllAppDE2.exe는 가져오기 성크를 거치는 CALL → JMP 명령 코드를 갖게 되는 반면, UseDllAppDE3.exe는 내보낸 함수 선언에 __declspec(dllimport) 지시어가 첨가된 BasicDll.h 헤더를 인클루드하기 때문에 가져오기 성크를 거치지 않고 바로 IAT의 엔트리를 참조하는 CALL 명령 코드만을 갖게 된다.*

사실 이러한 조그마한 성능의 차이를 줄이기 위해 윈도우에서 제공하는 표준 API는 대부분 __declspec(dllimport) 지시어를 API 선언 앞에 삽입해두었다. WinNT.h를 열어보면 DECLSPEC_IMPORT라는 매크로가 정의되어 있다.

```
#if (defined(_M_IX86) || defined(_M_IA64) || defined(_M_AMD64) ||
    defined(_M_ARM)) && !defined(MIDL_PASS)
#define DECLSPEC_IMPORT __declspec(dllimport)
#else
#define DECLSPEC_IMPORT
#endif
```

예를 들어 윈도우 API 함수인 WriteFile의 경우 헤더 파일 "FileApi.h"에 다음과 같이 선언되어 있다.

---

* 증분 링크 옵션을 사용하면 __declspec(dllimport)가 지정되지 않은 경우의 가져온 함수에 대한 호출은 CALL 증분 성크 → JMP 가져오기 성크 → JMP 실제 함수 → 실제 함수 진입점의 4단계를 거치게 된다.

```
#if !defined(WINADVAPI)
#if !defined(_ADVAPI32_)
#define WINADVAPI DECLSPEC_IMPORT
#else
#define WINADVAPI
#endif
#endif
        ⋮
WINBASEAPI
BOOL WINAPI WriteFile
(
    _In_ HANDLE hFile,
    _In_reads_bytes_opt_(nNumberOfBytesToWrite) LPCVOID lpBuffer,
    _In_ DWORD nNumberOfBytesToWrite,
    _Out_opt_ LPDWORD lpNumberOfBytesWritten,
    _Inout_opt_ LPOVERLAPPED lpOverlapped
);
```

위의 WriteFile 함수 선언 앞에 추가된 WINBASEAPI 매크로는 __declspec(dllimport) 지시어가 된다. 따라서 MS는 윈도우에서 제공하는 표준 API 함수를 링크하면 가져오기 성크 코드를 거치지 않고 직접 IAT의 엔트리로부터 해당 API의 주소를 획득해서 곧바로 해당 함수로 진입할 수 있도록 배려했다.

6.2.3 DLL 선(先) 바인딩

지금까지 IAT가 무엇이며, 이것이 로드된 후에 어떻게 변경되는지에 대하여 살펴보았다. 앞에서 이미 확인했던 것처럼, IAT는 디스크 상의 PE 파일로 존재할 때와 실제로 프로세스 주소 공간 내로 매핑되었을 때의 내용이 달라진다. 즉 DLL이 로드될 때마다 로더는 이러한 IAT 변환 작업, 다시 말해서 DLL 바인딩 작업을 수행해야 한다는 것이다. 이것은 물론 프로세스 로딩 시간을 지연시킬 것이라는 것을 쉽게 예상할 수 있다. MS는 실제 프로그램 로딩 시에 우리가 거의 느끼지 못하게 하고 오버헤드를 피할 수 있도록 배려했다. IAT의 가상 주소로의 변환 작업을 미리 수행하여 로딩 속도를 향상시킬 수 있는 수단이 제공되는데, 그 과정이 바로 'DLL 선(先) 바인딩(Pre-Binding)'이다. 이 과정은 로딩하기 전에 디스크 상의 PE 파일에 존재하는 IAT의 엔트리 값들을 미리 메모리 상의 가상 주소로 고정시키는 것이다. 이렇게 미리 바인드되면 디스크 상에 존재하는 PE 이미지의 INT와

IAT는 달라지게 된다. 이는 반대로 말하면 디스크 상의 PE IAT와 프로세스에 로드되고 난 이후의 IAT는 동일하다는 것을 의미한다.

1) 바인딩된 PE의 IMAGE_IMPORT_DESCRIPTOR 구조체와 IAT

바인딩된 PE와 그렇지 않은 PE의 비교를 통해 실제 바인딩이 어떻게 이루어지는지 확인해보자. 따라서 우리는 이 장에서 분석 대상으로 사용했던 UseDllAppDE3.exe를 UseDllAppDE3.Bind. exe로 복사해서 이 PE를 대상으로 선 바인딩 처리를 하고 분석을 할 것이다. PE를 미리 바인딩하려면 MS에서 제공하는 툴을 사용해야 한다. 보통 비주얼 스튜디오를 인스톨하면 바인딩을 위한 툴이 제공된다.* 예전에 제공되었던 툴은 바인딩 전용 툴인 "Bind.exe"였지만 이 툴은 이제 더 이상 제공되지 않고 대신 EditBin.exe에 그 기능이 통합되었다. 사실 바인딩 툴의 내부 작용은 지정된 PE 파일에 대하여 BindImageEx 함수를 반복해서 호출하는 것에 지나지 않는다. 따라서 PE의 구조를 안다면 BindImageEx 함수를 이용하여 프로그래밍적으로 직접 바인딩을 수행할 수도 있다. 명령 창에서 EditBin.exe에 '/bind' 옵션을 지정하여 다음과 같이 실행하면 된다.

```
editbin /bind Z:\PE_Test\UseDllAppDE3.bind.exe
```

그리고 나서 DumpBin을 실행해 바인딩된 UseDllAppDE3.Bind.exe의 내용을 확인해보자.

```
Z:\PE_Test>dumpbin /imports UseDllAppDE3.Bind.exe
  Section contains the following imports:

    USER32.dll
             140004200 Import Address Table
             1400059B0 Import Name Table
             FFFFFFFF time date stamp
             FFFFFFFF Index of first forwarder reference
      6BA80000000AC710    232 LoadIconW
      6BA80000000AC740    230 LoadCursorW

      6BA80000000C2DF0    39F wsprintfW
```

---

* 바인딩 툴에 의해서 관련 DLL의 IAT가 변경되는 것이 아니라, 해당 DLL을 가져오는 EXE나 DLL의 PE 이미지 상의 IAT가 변경되는 것이다. 이 점을 혼동하지 말기 바란다.

```
GDI32.dll
            140004020 Import Address Table
            1400057D0 Import Name Table
            FFFFFFFF time date stamp
            FFFFFFFF Index of first forwarder reference
    4D500000001B2790    269 GetStockObject

BasicDllDE3.dll
            140004000 Import Address Table
            1400057B0 Import Name Table
            FFFFFFFF time date stamp
            FFFFFFFF Index of first forwarder reference
            180001090      2 YHD6_CalcTextWidth
            180001000      0 YHD3_DrawText
            180006000      1 YHD4_MSG_BUFF


KERNEL32.dll
            140004030 Import Address Table
            1400057E0 Import Name Table
            FFFFFFFF time date stamp
            FFFFFFFF Index of first forwarder reference
    6B800000000925E0    337 HeapFree
         4B2BD8C0    333 HeapAlloc


    6B8000000009A790    36B IsDebuggerPresent


Header contains the following bound import information:
   Bound to USER32.dll [56553339] Wed Nov 25 13:04:09 2015
       Contained forwarders bound to NTDLL.DLL [565531EE] Wed Nov 25 12:58:38 2015
   Bound to GDI32.dll [55A5C0D8] Wed Jul 15 11:09:28 2015
   Bound to BasicDllDE3.dll [568BB961] Tue Jan 05 21:38:57 2016
   Bound to MSVCR120D.dll [       0] Thu Jan 01 09:00:00 1970
   Bound to KERNEL32.dll [559F3B21] Fri Jul 10 12:25:21 2015
       Contained forwarders bound to NTDLL.DLL [565531EE] Wed Nov 25 12:58:38 2015
```

6.2.1절에서 UseDllAppDE3.exe의 가져오기 섹션 정보를 얻기 위해 DumpBin 툴을 실행했던 결과와 비교해보라. 가져온 DLL들의 정보 중 가장 눈에 띄는 것이 FFFFFFFF가 설정된 것과 BasicDllDE3.dll의 내용이 다소 다른 것을 알 수 있다. 특히 마지막 줄에 "Header contains the following bound import information:" 문구와 함께 BasicDllDE3.dll 역시 바인딩되었음을 나타내는 문장 **"Bound to BasicDllDE3.dll [568BB961] Tue Jan 05 21:38:57 2016"**을 확인할 수 있다.

바인딩된 UseDllAppDE3.Bind.exe를 직접 덤프를 통해 확인해보자. 분석해보면 알겠지만 바인딩되기 전의 PE 파일 내에서 기존의 섹션이나 데이터 디렉터리의 위치 변경은 없다. DumpBin 실행 결과를 보더라도 IAT나 INT의 주소는 변경되지 않았으며, 이는 가져오기 섹션의 시작은 바인딩되지 않은 원래의 UseDllAppDE3.exe와 동일하다는 것을 의미한다. 앞선 분석을 통해 UseDllAppDE3.exe의 가져오기 섹션 시작 오프셋이 0x00004738이었고, 이 값은 UseDllAppDE3.Bind.exe에도 동일하게 적용될 것이다. 다음은 그 위치로 이동시킨 가져오기 섹션의 덤프다.

덤프 6-11 UseDllAppDE3.Bind.exe의 IMAGE_IMPORT_DESCRIPTOR 배열 덤프

	+0	+1	+2	+3	+4	+5	+6	+7	+8	+9	+A	+B	+C	+D	+E	+F
00004730	10	18	00	00	40	04	00	00	B0	59	00	00	FF	FF	FF	FF
00004740	FF	FF	FF	FF	6C	5B	00	00	00	42	00	00	D0	57	00	00
00004750	FF	FF	FF	FF	FF	FF	FF	FF	8A	5B	00	00	20	40	00	00
00004760	B0	57	00	00	FF	FF	FF	FF	FF	FF	FF	FF	CA	5B	00	00
00004770	00	40	00	00	90	58	00	00	00	00	00	00	00	00	00	00
00004780	E4	5B	00	00	E0	40	00	00	E0	57	00	00	FF	FF	FF	FF
00004790	FF	FF	FF	FF	CE	5F	00	00	30	40	00	00	00	00	00	00
000047A0	00	00	00	00	00	00	00	00	00	00	00	00	00	00	00	00

① USER32.dll
② GDI32.dll
③ **BasicDllDE3.dll**
④ MSVCR120D.dll
⑤ KERNEL32.dll
⑥ 배열의 끝

덤프에서 반전으로 표시된 부분들을 눈여겨보기 바란다. 바인딩 처리를 하지 않은 UseDllAppDE3.exe의 IMAGE_IMPORT_DESCRIPTOR 배열과 비교할 때 그 내용에 다소 변화가 생겼음을 확인할 수 있다. 0xFFFFFFFF로 설정된 부분은 IMAGE_IMPORT_DESCRIPTOR 배열 각 엔트리의 TimeDateStamp 필드와 ForwarderChain 필드에 해당하며, 두 필드 모두 −1로 설정되었음을 의미한다. 이 두 필드의 역할을 상기시켜보자. TimeDateStamp 필드가 −1일 경우에는 바인딩되었음을 의미하고, 이때 바인딩된 실제 시

간과 날짜는 IMAGE_BOUND_IMPORT_DESCRIPTOR라는 구조체의 필드 내에 지정된다. 그리고 ForwarderChain 필드 역시 −1일 경우 바인딩되었음을 의미하고, 이때 포워딩된 함수 정보 역시 IMAGE_BOUND_IMPORT_DESCRIPTOR라는 구조체의 필드 내에 지정된다. TimeDateStamp 필드와 ForwarderChain 필드 값을 통해서 필드 값이 0인 ④의 MSVCR120D.dll을 제외한 나머지 DLL들은 모두 바인딩되었음을 알 수 있다. [덤프 6-11]의 IMAGE_IMPORT_DESCRIPTOR 배열의 엔트리 중 ③ BasicDllDE3.dll의 IMAGE_IMPORT_DESCRIPTOR 구조체의 내용은 다음과 같다.

표 6-6 BasicDllDE3.dll의 IMAGE_IMPORT_DESCRIPTOR 구조체

필드	타입	값	상세
OriginalFirstThunk	DWORD,RVA	0x000057B0	.rdata:0x000047B0
TimeDateStamp	DWORD	**0xFFFFFFFF**	−1, Bound
ForwarderChain	DWORD	**0xFFFFFFFF**	−1, Bound
Name	DWORD RVA	0x00005BCA	.rdata: 0x00004BCA, BasicDllDE3.dll
FirstThunk	DWORD,RVA	0x00004000	.rdata: 0x00003000

이번에는 위의 표를 바탕으로 BasicDllDE3.dll에 해당하는 INT와 IAT의 덤프를 직접 확인해보자. 앞서 설명한 대로 IAT 엔트리 값들이 가져온 함수/변수의 가상 주소로 설정되었을 것이다. 위의 표에서 OriginalFirstThunk 필드가 가리키는 위치는 BasicDllDE3.dll에 대한 INT가 되고, 시작 오프셋은 0x000047B0이다. 아래의 덤프가 BasicDllDE3.dll에 대한 INT가 된다.

덤프 6-12 바인딩된 BasicDllDE3 엔트리의 INT

	+0	+1	+2	+3	+4	+5	+6	+7	+8	+9	+A	+B	+C	+D	+E	+F
000047B0	A4	5B	00	00	00	00	00	00	94	5B	00	00	00	00	00	00
000047C0	BA	5B	00	00	00	00	00	00	00	00	00	00	00	00	00	00

물론 이 테이블의 각 엔트리를 따라가보면 차례대로 YHD6_CalcTextWidth와 YHD3_DrawText, 그리고 YHD4_MSG_BUFF에 해당하는 Hint와 함수 이름을 확인할 수 있을 것이다. 이번에는 IAT로 가보자. [표 6-6]에서 FirstThunk 필드가 BasicDllDE3.dll에 대한 IAT의 RVA가 되며, 시작 오프셋은 0x00003000이다. 다음 덤프를 확인해보라.

덤프 6-13 바인딩된 BasicDllDE3 엔트리의 IAT

	+0	+1	+2	+3	+4	+5	+6	+7	+8	+9	+A	+B	+C	+D	+E	+F
00003000	90	10	00	80	01	00	00	00	00	10	00	80	01	00	00	00
00003010	00	60	00	80	01	00	00	00	00	00	00	00	00	00	00	00

PE 파일 상의 INT와 IAT의 내용이 달라진 것을 알 수 있다. 다음 표는 BasicDllDE3 엔트리에 대한 IAT의 내용이다.

표 6-7 바인딩된 BasicDllDE3 엔트리의 IAT

엔트리	함수/변수	가상 주소(VA)
0	YHD6_CalcTextWidth	0x00000001`80001090
1	YHD3_DrawText	0x00000001`80001000
2	YHD4_MSG_BUFF	0x00000001`80006000

가상 주소(VA)는 UseDllAppDE3.bind.exe를 실행했을 때 YHD6_CalcTextWidth 함수와 YHD3_DrawText 함수, 그리고 YHD4_MSG_BUFF 변수가 이 EXE의 프로세스 가상 주소 공간에 위치할 번지를 의미한다. 이렇게 DLL 선 바인딩을 통해 디스크 상의 PE에 존재하는 IAT의 엔트리를 미리 가상 주소로 설정함으로써 EXE 로딩 시에 IAT에 대한 바인딩 과정을 생략할 수 있다.

2) IMAGE_DIRECTORY_ENTRY_BOUND_IMPORT 엔트리

UseDllAppDE3.bind.exe에서 또 무엇이 바뀌었는지 좀 더 확인해보자. IMAGE_DATA_DIRECTORY 배열의 **IMAGE_DIRECTORY_ENTRY_BOUND_IMPORT**에 해당하는, 인덱스 11번째의 엔트리를 찾아가보라. PE 오프셋은 0x000001E0에 해당한다. 지금까지 한 번도 설정된 적이 없는 이 엔트리에 구체적인 값이 설정된 것을 볼 수 있다.

덤프 6-14 IMAGE_DIRECTORY_ENTRY_BOUND_IMPORT 데이터 디렉터리 덤프

	+0	+1	+2	+3	+4	+5	+6	+7	+8	+9	+A	+B	+C	+D	+E	+F
000001E0	D0	02	00	00	8C	00	00	00	00	40	00	00	A0	02	00	00

- **VirtualAddress** : 0x000002D0
- **Size** : 0x0000008C

2장에서 언급했던 대로 BOUND_IMPORT 엔트리의 VirtualAddress 필드는 RVA가 아니라 오 프셋이다. DLL 선 바인딩 처리는 최적화 처리와 어느 정도 관련이 있으며, PE 파일 크기의 최적화 를 고려해서 바인딩 관련 정보를 가능하면 다른 섹션 내에 위치시키지 않고 PE 파일 헤더들이 존재 하는 섹션의 남은 공간에 위치시킨다. 사실 PE 헤더들이 위치한 영역 역시 섹션이며, 이 섹션에 대 하여 섹션 헤더를 억지로 적용시킨다면 VirtualAddress와 PointerToRawData 필드가 모두 0인 섹션 헤더를 가질 것이다. 따라서 BOUND_IMPORT 엔트리의 VirtualAddress 필드를 RVA로 간주하더라도, 이 값은 보통 PE 파일의 헤더 섹션과 일반 섹션의 시작이 되는 .text 섹션 사이에 존 재하는 RVA가 되며, 헤더 섹션의 VirtualAddress와 PointerToRawData 필드가 모두 0이므로 이 엔트리의 RVA는 자연스럽게 파일 오프셋이 된다. 다음 그림을 보면 IAT 블록과 IMPORT 블록 은 모두 .rdata 섹션 아래에 위치해 있지만, BOUND_IMPORT 엔트리 관련 블록은 어떤 섹션에 도 소속되지 않고 섹션 헤더 테이블과 .text 섹션 사이에 위치해 있는 것을 확인할 수 있다.

그림 6-15 BOUND_IMPORT 엔트리 블록의 위치

필드	타입	오프셋:RVA
usedllappde3.bind.exe	64bit exe PE	00000000:00000000
DosHeader	IMAGE_DOS_HEADER	00000000:00000000
NTHeaders	IMAGE_NT_HEADERS64	00000100:00000100
SectionHeaders	IMAGE_SECTION_HEADE	00000208:00000208
BOUND_IMPORT	BYTE[140]	000002D0:000002D0
.text	BYTE[11264]	00000400:00001000
.rdata	BYTE[8192]	00003000:00004000
IAT	BYTE[672]	00003000:00004000
DEBUG	BYTE[56]	000032E0:000042E0
LOAD CONFIG	BYTE[112]	00004200:00005200
IMPORT	BYTE[120]	00004738:00005738

그러면 이 엔트리의 VirtualAddress 필드 값 0x000002D0이 가리키는 것은 무엇일까? 바로 바 인딩된 가져오기 DLL의 정보를 담고 있는 블록이다. 오프셋 0x000002D0에서 시작하는 블록은 IMAGE_BOUND_IMPORT_DESCRIPTOR 구조체의 배열이 된다.

```
typedef struct _IMAGE_BOUND_IMPORT_DESCRIPTOR
{
    DWORD    TimeDateStamp;
    WORD     OffsetModuleName;
    WORD     NumberOfModuleForwarderRefs;
} IMAGE_BOUND_IMPORT_DESCRIPTOR, *PIMAGE_BOUND_IMPORT_DESCRIPTOR;
```

DWORD TimeDateStamp

가져온 DLL이 바인딩된 시간/날짜 스탬프를 가진다. 이 필드 값은 PEPlus 클래스의 Int2TimeStr 함수를 통해 날짜/시간 문자열로 변환이 가능하다. 이 필드 값이 0일 경우에는 해당 DLL이 바인딩되지 않았음을 의미한다.

WORD OffsetModuleName

가져온 DLL의 이름 문자열에 대한 오프셋을 담고 있다. 오프셋의 기준은 BOUND_IMPORT 블록의 시작 오프셋, 즉 IMAGE_BOUND_IMPORT_DESCRIPTOR 구조체 배열의 시작 위치가 된다.

WORD NumberOfModuleForwarderRefs

IMAGE_BOUND_IMPORT_DESCRIPTOR 구조체에 바로 이어서 올 수 있는 IMAGE_BOUND_FORWARDER_REF 구조체의 수를 나타낸다.

만약 구조체의 NumberOfModuleForwarderRefs 필드가 0이 아니면 IMAGE_BOUND_FORWARDER_REF 구조체가 NumberOfModuleForwarderRefs 필드 값만큼 연속해서 오게 된다.

```
typedef struct _IMAGE_BOUND_FORWARDER_REF
{
    DWORD    TimeDateStamp;
    WORD     OffsetModuleName;
    WORD     Reserved;
} IMAGE_BOUND_FORWARDER_REF, *PIMAGE_BOUND_FORWARDER_REF;
```

이 구조체의 필드들은 예약된 필드인 Reserved만 제외하면 IMAGE_BOUND_IMPORT_DESCRIPTOR 구조체와 동일하다. IMAGE_BOUND_FORWARDER_REF 구조체는 만약 IMAGE_BOUND_IMPORT_DESCRIPTOR 구조체에 해당하는 가져오기 DLL 내의 함수 중 포워딩된 함수가 있으면 포워딩된 함수를 포함하는 DLL에 대한 정보를 나타낸다.

이제 바운드된 가져오기 섹션을 직접 덤프해서 확인해보고 해당 구조체를 적용해보자.

덤프 6-15 IMAGE_BOUND_IMPORT_DESCRIPTOR 구조체 배열 덤프

위의 덤프 구성은 다음과 같다.

표 6-8 IMAGE_BOUND_IMPORT_DESCRIPTOR 구조체 배열

필드		TimeDateStamp	OffsetModuleName	#Refs
USER32		0x56553339 → 2015/11/25–13:04:09	0x0040 → 0x0310: USER32.dll	1 FWD
	NTDLL	0x565531EE → 2015/11/25–12:58:38	0x004B → 0x031B: NTDLL. DLL	–
GDI32		0x55A5C0D8 → 2015/07/15–11:09:28	0x0055 → 0x0325: GDI32.dll	0
BasicDllDE3		0x568BB961 → 2016/01/05–21:38:57	0x005F → 0x032F: BasicDllDE3.dll	0
MSVCR120D		**0x00000000 → Not bound**	0x006F → 0x033F: MSVCR120D.dll	0
KERNEL32		0x559F3B21 → 2015/07/10–12:25:21	0x007D → 0x034D: KERNEL32.dll	1 FWD
	NTDLL	0x565531EE → 2015/11/25–12:58:38	0x004B → 0x031B: NTDLL.DLL	–

[표 6-8]의 TimeDateStamp 칼럼을 통해서 MSVCR120D를 제외한 나머지 가져오기 DLL들이 모두 선 바인딩되었다는 것을 알 수 있다. 이중 USER32와 KERNEL32의 경우는 포워딩 함수가 존재하기 때문에, 해당 IMAGE_BOUND_IMPORT_DESCRIPTOR 구조체에 이어서 바로 NTDLL에 해당하는 IMAGE_BOUND_FORWARDER_REF 구조체가 온다는 것을 확인할 수 있다. Kernel32.dll의 경우에는 HeapAlloc, HeapSize 등의 함수가 NTDLL.dll에 정의된 RtlAllocateHeap이나 RtlSizeHeap 함수로 포워딩되었음을 5.4.1절에서 이미 확인한 바 있다. 또한 DumpBin을 통해서 User32.dll의 내보내기 섹션을 확인해보면 DefWindowProc와 DefDlgProc 함수가 NTDLL.dll의 NtdllDefWindowProc와 NtdllDialogWndProc 함수로 포워딩되었다는 것 또한 알 수 있다.

이전 버전의 윈도우에서는 주요 실행 파일들에 대하여 미리 바인딩을 수행한 EXE를 배포했다. 그에 대한 예가 노트패드다.

다음은 윈도우 XP의 Notepad.exe에 대한 DumpBin 실행 결과 중에 바인딩이 수행되었음을 보여주는 부분만 실었다.

```
C:\WINDOWS>dumpbin /imports notepad.exe
Microsoft (R) COFF/PE Dumper Version 7.10.3077
Copyright (C) Microsoft Corporation.  All rights reserved.


Dump of file notepad.exe


File Type: EXECUTABLE IMAGE


Section contains the following imports:
        ⋮
Header contains the following bound import information:
    Bound to comdlg32.dll [3B8ACC27] Tue Aug 28 07:39:35 2001
    Bound to SHELL32.dll [3B8ACC1F] Tue Aug 28 07:39:27 2001
    Bound to WINSPOOL.DRV [3B8ACC3B] Tue Aug 28 07:39:55 2001
    Bound to COMCTL32.dll [3B7DFE32] Sat Aug 18 14:33:38 2001
    Bound to msvcrt.dll [3B8ACC1E] Tue Aug 28 07:39:26 2001
    Bound to ADVAPI32.dll [3B8ACC1E] Tue Aug 28 07:39:26 2001
    Bound to KERNEL32.dll [3B8ACC1D] Tue Aug 28 07:39:25 2001
       Contained forwarders bound to NTDLL.DLL [3B7DE01E] Sat Aug 18 12:25:18 2001
    Bound to GDI32.dll [3B8ACC1E] Tue Aug 28 07:39:26 2001
```

```
Bound to USER32.dll [3B8ACC1E] Tue Aug 28 07:39:26 2001

Summary

        2000 .data
        9000 .rsrc
        7000 .text
```

하지만 우리는 4장 기준 재배치에 대해 설명하면서 '고정 기준 주소'를 가진다는 것은 요즘 추세에 맞지 않는 상황임을 이미 언급했다. 사실 이러한 DLL 선 바인딩은 기준 재배치와 밀접한 관련이 있으며, 실제 이 옵션이 적용되려면 가져올 함수/변수를 담고 있는 DLL 자체가 고정 기준 주소를 가져야 한다. 그렇지 않다면 기준 재배치가 발생하면서 기껏 바인딩해 둔 IAT가 무용지물이 된다. 바인딩은 나름 정교한 과정이다. 바인딩 대상이 되는 EXE의 PE가 암시적으로 로드할 모든 DLL에 대하여, 실제 로드되기도 전에 미리 가상 주소 공간에서 개개의 DLL이 로드될 시작 번지를 서로 겹치지 않도록 조정해서 지정해줘야 한다는 전제가 따른다. 그런 기준 주소가 결정된 후에라야 각 DLL이 내보낸 함수/변수에 대한 가상 주소를 결정할 수 있다. 하지만 이렇게 결정된 주소 역시 이론적으로 바인딩 툴이 계산한 값일 뿐이다. 따라서 기준 주소 옵션 설정이나 정책에 따라 선 바인딩과 상관없이 기준 재배치에 의하여 IAT가 새롭게 갱신될 수 있다.

요즘은 임의 기준 주소가 권장되는 상황이기에 윈도우 시스템 관련된 중요 DLL은 모두 기준 재배치 과정을 거친다. 이런 상황이라면 결국 IAT도 모두 갱신해야 한다. 그렇기 때문에 최근에 와서는 선 바인딩이 크게 의미가 없어졌고, 따라서 MS도 Bind.exe 툴을 제거해버렸다. 그리고 XP때와는 다르게 최근의 윈도우에는 주요 실행 파일들에 대한 선 바인딩 처리가 없다. 또한 2장의 [그림 2-9]에 나온 DllCharacteristics 필드 관련 설정 중에서 **[링커 → 일반: Dll 바인딩 방지]** 옵션 설정을 통해 해당 PE에 대한 선 바인딩을 아예 허용하지 않도록 만들 수도 있다. 이 옵션을 설정하면 DllCharacteristics 필드에는 IMAGE_DLLCHARACTERISTICS_NO_BIND 플래그가 설정되며, 디스크 상의 PE 파일에 대한 바인딩을 시도할 경우 에러가 발생한다.

6.3 가져오기 섹션 분석 코드

지금까지 분석한 내용을 바탕으로 PE Explorer의 가져오기 섹션 분석 코드를 구현해보자. 가져오기 섹션 관련 분석은 IMPORT, IAT, BOUND_IMPORT 엔트리를 포함하는 3개의 데이터 디렉터리에 대하여 수행된다. 다음의 세 함수는 이 3개의 디렉터리 분석에 필요한 공통 함수가 되며, 또한 다음 장에서 설명할 지연 로드 섹션 분석에도 역시 사용된다. 이 세 함수 모두 PEAnals.Import. cpp에 정의되어 있다.

다음은 INT 테이블의 엔트리 내용을 트리 리스트의 노드로 추가하는 BuildHintNameNodes 함수에 대한 정의다.

```
PIMAGE_IMPORT_BY_NAME PEAnals::BuildHintNameNodes(DWORD dwRvaVal, PPE_NODE pnUp)
{
    PIMAGE_IMPORT_BY_NAME pin = (PIMAGE_IMPORT_BY_NAME)(m_pImgView + dwRvaVal);
```
IMAGE_IMPORT_BY_NAME 구조체의 포인터를 획득한다.

```
    PPE_NODE pn = InsertStructNode(pnUp->Node, pnUp->Index, dwRvaVal,
        L"HintAndName", L"IMAGE_IMPORT_BY_NAME", 0, IMG_IDX_RVADIR);
    AppendStructMembers(pn);
```
IMAGE_IMPORT_BY_NAME 노드를 삽입하고 필드 정보를 출력한다.

```
    CString sz; USES_CONVERSION;
    sz.Format(L"0x%X, %s", pin->Hint, A2CT(pin->Name));
    m_pView->SetItemText(pn->Node, sz, COL_IDX_INFO);
```
Hint 값과 항목 이름을 '상세' 칼럼에 출력한다.

```
    return pin;
```
획득했던 IMAGE_IMPORT_BY_NAME 구조체의 포인터를 반환한다.

```
}
```

다음 함수는 바인딩된 IAT 엔트리나 지연 로드 항목에 대응하는 함수/변수의 이름을 INT 테이블로부터 획득하는 기능을 담당한다. 바인딩된 IAT 엔트리나 지연 로드 항목의 경우 해당 엔트리 값은 가상 주소 공간 상의 절대 번지를 담고 있기 때문에 엔트리에 대응하는 함수/변수의 이름을 그 자체에서는 획득할 수 없다. 따라서 각 엔트리에 대응되는 INT 엔트리로부터 이름을 획득하기 위해 사용된다.

```
CString PEAnals::GetNameOrOrd(DWORD dwIntOff, PIMAGE_SECTION_HEADER psh)
{
    CString sz; USES_CONVERSION;
    int nOrdVal = -1;
    ULONG64 dwHanRva = 0;

    if (m_bIs32Bit)
    {
        DWORD v = *((PDWORD)(m_pImgView + dwIntOff));
        if (IMAGE_SNAP_BY_ORDINAL32(v))
            nOrdVal = (WORD)IMAGE_ORDINAL32(v);
        else
            dwHanRva = v;
    }
    else
    {
        ULONGLONG v = *((PULONGLONG)(m_pImgView + dwIntOff));
        if (IMAGE_SNAP_BY_ORDINAL64(v))
            nOrdVal = (WORD)IMAGE_ORDINAL64(v);
        else
            dwHanRva = v;
    }
```
INT 엔트리 값을 획득한다. 서수일 경우에는 nOrdVal 변수에 값을 설정하고, RVA일 경우에는 dwHanRva 변수에 RVA를 설정한다.

```
    if (nOrdVal < 0)
    {
        PIMAGE_IMPORT_BY_NAME pin = (PIMAGE_IMPORT_BY_NAME)
            (m_pImgView + RVA_TO_OFFSET(psh, (DWORD)dwHanRva));
        return A2CT(pin->Name);
```
INT 엔트리 값이 RVA일 경우에는 IMAGE_IMPORT_BY_NAME 구조체에서 항목 이름을 획득하고 반환한다.

```
    }
    else
    {
```

```
      sz.Format(L"ORD_%d", nOrdVal);

      return sz;
```

INT 엔트리 값이 서수일 경우에는 서수 값을 문자열로 변환하여 반환한다.

```
   }
}
```

다음 함수는 IMAGE_IMPORT_DESCRIPTOR 구조체의 OriginalFirstThunk나 FirstThunk 필드가 가리키는 INT 또는 IAT 엔트리, 그리고 IAT 디렉터리의 엔트리들에 대한 서브 노드들을 추가하기 위해 정의된 함수다. 물론 이 함수는 다음 장에서 다룰 지연 로드 관련 노드 추가에도 사용된다.

```
PPE_NODE PEAnals::InsertImpRVARefNode(PIMAGE_SECTION_HEADER psh,
   int nIdx, DWORD dwOffset, PPE_NODE pnUp, DWORD dwNameOff, bool bDelay)
{
   CString sz; USES_CONVERSION;
   int     nOrdVal = -1;
   ULONG64 dwHanRva = 0;

   if (m_bIs32Bit)
   {
      DWORD v = *((PDWORD)(m_pImgView + dwOffset));
      if (IMAGE_SNAP_BY_ORDINAL32(v))
         nOrdVal = (WORD)IMAGE_ORDINAL32(v);
      else
         dwHanRva = v;
   }
   else
   {
      ULONGLONG v = *((PULONGLONG)(m_pImgView + dwOffset));
      if (IMAGE_SNAP_BY_ORDINAL64(v))
         nOrdVal = (WORD)IMAGE_ORDINAL64(v);
      else
         dwHanRva = v;
   }
```

```
PE_TYPE dt = (m_bIs32Bit) ? PE_TYPE::UInt32 : PE_TYPE::UInt64;
PPE_NODE pn = new PE_NODE(pnUp->Index, dwOffset, L"", dt);
if (nOrdVal < 0 && dwHanRva > 0)
{
   if (IS_VALID_RVA(dwHanRva) && dwNameOff == 0)
     pn->IsRva = true;
   if (bDelay)
     pn->IsVa = true;
}
InsertNode(pn, pnUp->Node);
```

```
if (nOrdVal < 0)
```

해당 엔트리의 값이 서수가 아닌 경우

```
{
   sz.Format(L"[%d]", nIdx);
   if (dwHanRva > 0)
   {
      if (dwNameOff > 0)
      {
         if (bDelay)
            sz.Append(L"dimp_");
         else
            sz.Append(L"Bound:");
         sz.Append(GetNameOrOrd(dwNameOff, psh));
```

```
      }
      else
      {
```

```
              if (IS_VALID_RVA(dwHanRva))
              {
                  PIMAGE_IMPORT_BY_NAME pin =
                      BuildHintNameNodes(RVA_TO_OFFSET(psh, (DWORD)dwHanRva), pn);
                  sz.Append(A2CT(pin->Name));
                  CString szInf; szInf.Format(L"Hint:%d", pin->Hint);
                  UpdateNodeText(pn->Node, szInf, COL_IDX_INFO, true);
```

dwHanRva가 RVA 값을 가질 경우 PE 상의 이 값은 INT의 엔트리를 의미한다. 따라서 BuildHintNameNodes 함수를 통해
IMAGE_IMPORT_BY_NAME 구조체에 대응하는 노드를 추가한다.

```
              }
              else
                  sz.Append(L"Unknown");
          }
      }
      else
      {
          sz.Append(L"NULL");
          m_pView->SetItemImage(pn->Node, IMG_IDX_LFNO, IMG_IDX_LFNO);
```

dwHanRva가 0일 경우에는 NULL 노드를 추가한다.

```
      }
  }
  else
```

해당 엔트리의 값이 서수인 경우

```
  {
      sz.Format(L"Ordianal : %d(0x%X)", nOrdVal, nOrdVal);
      UpdateNodeText(pn->Node, sz, COL_IDX_INFO);
      sz.Format(L"[%d]ORD_%d", nIdx, nOrdVal);
```

서수 값을 '상세' 칼럼에 출력한다.

```
  }


  UpdateNodeText(pn->Node, sz, COL_IDX_NAME);
```

최종적으로 추가한 노드의 타이틀을 출력한다.

```
  return pn;
}
```

6.3.1 IMPORT 엔트리 분석

이제 IMAGE_DIRECTORY_ENTRY_IMPORT 엔트리에 해당하는 섹션을 분석해보자. 이 엔트리는 IMAGE_IMPORT_DESCRIPTOR 구조체의 배열과 추가 정보로 구성된다. 먼저 이 구조체와 IMAGE_IMPORT_BY_NAME 구조체에 대한 XML 스키마 정의는 다음과 같다.

```xml
<Struct name="IMAGE_IMPORT_DESCRIPTOR">
    <Member name="OriginalFirstThunk" type="DWORD" rva="true"/>
    <Member name="TimeDateStamp" type="DWORD"/>
    <Member name="ForwarderChain" type="DWORD"/>
    <Member name="Name" type="DWORD" rva="true"/>
    <Member name="FirstThunk" type="DWORD" rva="true"/>
</Struct>
<Struct name="IMAGE_IMPORT_BY_NAME">
    <Member name="Hint" type="WORD"/>
    <Member name="Name" type="BYTE[0]" string="true"/>
</Struct>
```

다음은 IMPORT 엔트리를 분석하는 콜백 함수로, PEAnals.Import.cpp 소스 파일에 정의되어 있다.

```cpp
bool PEAnals::ParseDirEntryImport(PPE_NODE pnUp, PIMAGE_DATA_DIRECTORY pdd)
{
    PIMAGE_SECTION_HEADER psh = &m_pshs[pnUp->Index];
    DWORD dwOffset = RVA_TO_OFFSET(psh, pdd->VirtualAddress);
```
IMPORT 엔트리가 소속된 섹션과 시작 오프셋을 획득한다.
```cpp
    CString sz; USES_CONVERSION;

    PIMAGE_IMPORT_DESCRIPTOR pids = PIMAGE_IMPORT_DESCRIPTOR(m_pImgView + dwOffset);
```
IMAGE_IMPORT_DESCRIPTOR 배열의 포인터를 획득한다.
```cpp
    int nItemCnt = 0;
    for (;;)
```
NULL IMAGE_IMPORT_DESCRIPTOR를 만날 때까지 루프를 순회한다.

```
{
    PIMAGE_IMPORT_DESCRIPTOR pid = &pids[nItemCnt];
```

IMAGE_IMPORT_DESCRIPTOR 구조체의 포인터를 획득한다.

```
    if (pid->Name == 0)
    {
        sz.Format(L"[%d]NULL", nItemCnt);
        InsertStructNode(pnUp->Node, pnUp->Index,
                dwOffset, sz, L"IMAGE_IMPORT_DESCRIPTOR", 0, IMG_IDX_XBOX);
        dwOffset += sizeof(IMAGE_IMPORT_DESCRIPTOR);
        break;
```

Name 필드가 0이면 IMAGE_IMPORT_DESCRIPTOR 배열의 마지막을 의미하므로 루프를 탈출한다.

```
    }

    DWORD dwFieldOff = RVA_TO_OFFSET(psh, pid->Name);
    CString szName = A2CT((PSTR)m_pImgView + dwFieldOff);
    sz.Format(L"[%d]%s", nItemCnt, szName);
```

Name 필드를 이용하여 DLL 이름을 획득한다.

```
    PPE_NODE pn = InsertStructNode(pnUp->Node, pnUp->Index,
                        dwOffset, sz, L"IMAGE_IMPORT_DESCRIPTOR");
    AppendStructMembers(pn);
```

DLL 이름을 타이틀로 하는, IMAGE_IMPORT_DESCRIPTOR 구조체에 대한 노드를 추가하고 필드 정보를 출력한다

```
    PPE_NODE pnSub = FindNode(pn->Node, L"Name");
    UpdateNodeText(pnSub->Node, szName, COL_IDX_INFO, true);
```

Name 필드에 대한 부가 정보를 출력한다.

```
    if (DIA_SESSION != 0)
    {
        sz.Format(L"Import:%s", szName);
        BuildThunkFromPDB(sz);
    }
```

PDB 파일이 존재하면 가져오기 성크 리스트를 구성한다.

```
pnSub = FindNode(pn->Node, L"OriginalFirstThunk");
dwFieldOff = RVA_TO_OFFSET(psh, pid->OriginalFirstThunk);
```

OriginalFirstThunk 필드의 노드와 INT 테이블의 시작 오프셋을 획득한다.

```
int nINTCnt = 0;
for (;; nINTCnt++)
{
   PPE_NODE pn2 = InsertImpRVARefNode(psh, nINTCnt, dwFieldOff, pnSub);
   if (PE_SCHEMA::GetValue(m_pImgView + pn2->Offset, pn2->Type) == 0)
      break;
   dwFieldOff += pn2->Size;
}
```

INT 엔트리 수만큼 루프를 돌면서 INT 테이블의 엔트리에 해당하는 노드를 추가하고 관련 정보를 출력한다.

```
sz.Format(L"%d functions Imported", nINTCnt);
UpdateNodeText(pn->Node, sz, COL_IDX_INFO);
```

INT 엔트리 수를 출력한다.

```
pnSub = FindNode(pn->Node, L"FirstThunk");
dwFieldOff = RVA_TO_OFFSET(psh, pid->FirstThunk);
```

FirstThunk 필드의 노드와 해당 DLL에 해당하는 INT 엔트리의 시작 오프셋을 획득한다.

```
DWORD dwINTOff = ((int)pid->TimeDateStamp < 0) ?
   RVA_TO_OFFSET(psh, pid->OriginalFirstThunk) : 0;
```

바인딩된 INT일 경우 INT 테이블의 시작 오프셋을 획득한다.

```
for (int i = 0; i <= nINTCnt; i++)
{
   PPE_NODE pn2 = InsertImpRVARefNode(psh, i, dwFieldOff, pnSub, dwINTOff);
   dwFieldOff += pn2->Size;
   if (dwINTOff > 0)
      dwINTOff += pn2->Size;
```

INT 엔트리 수만큼 루프를 돌면서 IAT 테이블의 엔트리에 해당하는 노드를 추가하고 관련 정보를 출력한다.

```
}
```

```
        dwOffset += sizeof(IMAGE_IMPORT_DESCRIPTOR);
        nItemCnt++;
    }
    return true;
}
```

다음 그림은 ParseDirEntryImport 함수가 UseDllAppDE3.exe의 IMPORT 엔트리에 대한 분석 결과다.

그림 6-16 UseDllAppDE3.exe의 IMPORT 엔트리 분석 결과

	타입	값	상세
⊟ 📁 IMPORT	BYTE[120]	B0 59 00 00 00...	
⊞ 📁 [0]USER32.dll	IMAGE_IMPOR		19 functions Imported
⊞ 📁 [1]GDI32.dll	IMAGE_IMPOR		1 functions Imported
⊟ 📁 [2]BasicDllDE3.dll	IMAGE_IMPOR		3 functions Imported
⊟ OriginalFirstThunk	DWORD, RVA	0x000057B0	[.rdata]0x000047B0
⊞ ◆ [0]YHD6_CalcTextWidth	ULONGLONG,	0x00000000000005BA4	[.rdata]0x00004BA4, Hint:2
⊞ ◆ [1]YHD3_DrawText	ULONGLONG,	0x00000000000005B94	[.rdata]0x00004B94, Hint:0
⊞ ◆ [2]YHD4_MSG_BUFF	ULONGLONG,	0x00000000000005BBA	[.rdata]0x00004BBA, Hint:1
◆ [3]NULL	ULONGLONG	0x0000000000000000	
◆ TimeDateStamp	DWORD	0x00000000	
◆ ForwarderChain	DWORD	0x00000000	
◆ Name	DWORD, RVA	0x00005BCA	[.rdata]0x00004BCA, BasicDll
⊟ FirstThunk	DWORD, RVA	0x00004000	[.rdata]0x00003000
⊞ ◆ [0]YHD6_CalcTextWidth	ULONGLONG,	0x00000000000005BA4	[.rdata]0x00004BA4, Hint:2
⊞ ◆ [1]YHD3_DrawText	ULONGLONG,	0x00000000000005B94	[.rdata]0x00004B94, Hint:0
⊞ ◆ [2]YHD4_MSG_BUFF	ULONGLONG,	0x00000000000005BBA	[.rdata]0x00004BBA, Hint:1
◆ [3]NULL	ULONGLONG	0x0000000000000000	
⊞ 📁 [3]MSVCR120D.dll	IMAGE_IMPOR		35 functions Imported
⊞ 📁 [4]KERNEL32.dll	IMAGE_IMPOR		21 functions Imported
⊠ [5]NULL	IMAGE_IMPOR		

6.3.2 IAT 엔트리 분석

이번에는 가져오기 주소 테이블인 IAT에 대한 분석 코드를 살펴보자. IAT는 32비트의 경우 DWORD, 64비트의 경우 ULONGLONG 타입의 배열로 구성되어 있다. 그리고 배열의 각 엔트리는 서수가 되거나, 아니면 INT 테이블의 엔트리를 가리키거나 바인딩된 경우에는 가상 주소를 갖는다.

다음은 IMAGE_DIRECTORY_ENTRY_IAT 엔트리에 해당하는 PE 블록을 분석하는 콜백 함수 ParseDirEntryIAT에 대한 정의며, PEAnals.Import.cpp 소스 파일에 존재한다.

```
typedef std::map<DWORD, PIMAGE_IMPORT_DESCRIPTOR> IDESC_OFFS;
```
> IAT 엔트리에 해당하는 항목이 소속된 IMAGE_IMPORT_DESCRIPTOR를 찾기 위한 맵이다.

```
bool PEAnals::ParseDirEntryIAT(PPE_NODE pnUp, PIMAGE_DATA_DIRECTORY pdd)
{
    PIMAGE_SECTION_HEADER psh = &m_pshs[pnUp->Index];
    DWORD dwOffset = RVA_TO_OFFSET(psh, pdd->VirtualAddress);
```

IAT 엔트리가 소속된 섹션과 시작 오프셋을 획득한다.

```
    IDESC_OFFS idcMap;
    PIMAGE_DATA_DIRECTORY pdr = PEPlus::GetDataDir
                                (m_pImgView, IMAGE_DIRECTORY_ENTRY_IMPORT);
    PIMAGE_SECTION_HEADER pish = PEPlus::FindSectHdr
                                (m_pImgView, pdr->VirtualAddress);
    DWORD dwIIDOff = RVA_TO_OFFSET(pish, pdr->VirtualAddress);
    PIMAGE_IMPORT_DESCRIPTOR pids = PIMAGE_IMPORT_DESCRIPTOR(m_pImgView + dwIIDOff);
```

IAT 엔트리에 대응되는 함수/변수의 이름을 보여주기 위해 IMPORT 엔트리로 IMAGE_IMPORT_DESCRIPTOR 구조체의 배열을 획득한다.

```
    for (int i = 0;; i++)
    {
        PIMAGE_IMPORT_DESCRIPTOR pid = &pids[i];
        if (pid->Name == 0)
            break;
        idcMap.insert(std::make_pair(RVA_TO_OFFSET(pish, pid->FirstThunk), pid));
```

IMAGE_IMPORT_DESCRIPTOR 배열의 각 엔트리에 해당하는 FirstThunk 필드 RVA를 오프셋으로 변환하여 맵에 저장한다.

```
    }
    IMAGE_IMPORT_DESCRIPTOR tid;
    tid.FirstThunk = UINT_MAX;
    idcMap.insert(std::make_pair(tid.FirstThunk, &tid));

    int nImpCnt = (int)idcMap.size();
```

맵에 등록된 FirstThunk 필드 수를 획득한다. 이 값은 가져온 DLL의 수가 된다.

```
    int nItemCnt = pdd->Size / ((m_bIs32Bit) ? sizeof(UINT32) : sizeof(UINT64));
```

IAT 블록 크기를 이용해 IAT 엔트리 수를 획득한다.

```
    for (int i = 0; i < nItemCnt; i++)
```

```
  {
     PIMAGE_IMPORT_DESCRIPTOR pid = NULL;
     int   nIdx = 0;
     DWORD dwINTOff = 0;
     IDESC_OFFS::iterator it = idcMap.begin();
     while (nIdx < nImpCnt - 1)
     {
        DWORD dwCur = it->first;
        pid = it->second;
        it++;
        DWORD dwNxt = it->first;
        if (dwOffset >= dwCur && dwOffset < dwNxt)
        {
           dwINTOff = dwOffset - dwCur;
           break;
        }
        nIdx++;
     }
```

현재 IAT의 엔트리가 어떤 DLL의 FirstThunk IAT 엔트리에 소속되었는지를 체크한다.

```
     if ((int)pid->TimeDateStamp < 0)
        dwINTOff = RVA_TO_OFFSET(psh, pid->OriginalFirstThunk) + dwINTOff;
     else
        dwINTOff = 0;
```

바인딩된 DLL을 체크한다.

```
     PPE_NODE pn = InsertImpRVARefNode(pish, i, dwOffset, pnUp, dwINTOff);
```

현재 IAT 엔트리의 노드와 관련 정보를 추가한다.

```
     dwOffset += pn->Size;
  }
  return false;
}
```

다음 그림은 UseDllAppDE3.exe의 IAT 엔트리에 대한 ParseDirEntryIAT 함수의 분석 결과다.

그림 6-17 UseDllAppDE3.exe의 IAT 엔트리 분석 결과

```
☐ ⋉ IAT                        BYTE[672]      A4 5B 00 00 00...
  ⊞ 🐧 [0]YHD6_CalcTextWidth  ULONGLONG, RVA 0x0000000000005BA4 [.rdata  ]0x00004BA4, Hint:2
  ⊞ 🐧 [1]YHD3_DrawText        ULONGLONG, RVA 0x0000000000005B94 [.rdata  ]0x00004B94, Hint:0
  ⊞ 🐧 [2]YHD4_MSG_BUFF        ULONGLONG, RVA 0x0000000000005BBA [.rdata  ]0x00004BBA, Hint:1
    🐧 [3]NULL                 ULONGLONG      0x0000000000000000
  ⊞ 🐧 [4]GetStockObject       ULONGLONG, RVA 0x0000000000005B78 [.rdata  ]0x00004B78, Hint:5
    🐧 [5]NULL                 ULONGLONG      0x0000000000000000
  ⊞ 🐧 [6]HeapFree             ULONGLONG, RVA 0x0000000000005F68 [.rdata  ]0x00004F68, Hint:8
```

6.3.3 BOUND_IMPORT 엔트리 분석

가져오기 섹션과 관련된 마지막 분석 코드를 살펴보자. 여기서는 EditBin 툴을 통해서 미리 바인딩된 PE에 존재하는 IMAGE_DIRECTORY_ENTRY_BOUND_IMPORT 엔트리의 블록을 분석할 것이다. 먼저 IMAGE_BOUND_IMPORT_DESCRIPTOR 구조체와 IMAGE_BOUND_FORWARDER_REF 구조체에 대한 XML 스키마 정의는 다음과 같다.

```
<Struct name="IMAGE_BOUND_IMPORT_DESCRIPTOR">
    <Member name="TimeDateStamp" type="DWORD" time="true"/>
    <Member name="OffsetModuleName" type="WORD"/>
    <Member name="NumberOfModuleForwarderRefs" type="WORD"/>
</Struct>
<Struct name="IMAGE_BOUND_FORWARDER_REF">
    <Member name="TimeDateStamp" type="DWORD" time="true"/>
    <Member name="OffsetModuleName" type="WORD"/>
    <Member name="Reserved" type="WORD"/>
</Struct>
```

다음은 BOUND_IMPORT 엔트리에 대한 분석 함수인 ParseDirEntryBoundImport 콜백 함수에 대한 정의다.

```
bool PEAnals::ParseDirEntryBoundImport(PPE_NODE pnUp, PIMAGE_DATA_DIRECTORY pdd)
{
    DWORD dwOffset = (pnUp->Index == INVALID_SECT_IDX) ? pdd->VirtualAddress :
        RVA_TO_OFFSET(&m_pshs[pnUp->Index], pdd->VirtualAddress);
```

```
CString sz; USES_CONVERSION;

int nItemIdx = 0;
PBYTE pIter = m_pImgView + dwOffset;
PBYTE pBegin = pIter;
```

```
while (true)
```

```
{
    PIMAGE_BOUND_IMPORT_DESCRIPTOR pbid = (PIMAGE_BOUND_IMPORT_DESCRIPTOR)pIter;
```

```
    if (*((PDWORD64)pbid) == 0)
    {
        sz.Format(L"[%d]NULL", nItemIdx);
        InsertStructNode(pnUp->Node, pnUp->Index, dwOffset,
            sz, L"IMAGE_BOUND_IMPORT_DESCRIPTOR", 0, IMG_IDX_XBOX);
        break;
```

```
    }

    PCWSTR pszDllName = A2CT((PSTR)(pBegin + pbid->OffsetModuleName));
    sz.Format(L"[%d]%s", nItemIdx, pszDllName);
```

```
    PPE_NODE pn = InsertStructNode(pnUp->Node, pnUp->Index,
                        dwOffset, sz, L"IMAGE_BOUND_IMPORT_DESCRIPTOR");
    AppendStructMembers(pn);
    if (pbid->NumberOfModuleForwarderRefs > 0)
        UpdateNodeText(pn->Node, L"Has Forwarding", COL_IDX_INFO);
```

```
    PPE_NODE pnom = FindNode(pn->Node, L"OffsetModuleName");
    UpdateNodeText(pnom->Node, pszDllName, COL_IDX_INFO);
```

OffsetModuleName 필드에 대한 부가 정보를 출력한다.

```
    dwOffset += sizeof(IMAGE_BOUND_IMPORT_DESCRIPTOR);
    pIter += sizeof(IMAGE_BOUND_IMPORT_DESCRIPTOR);

    for (WORD i = 0; i < pbid->NumberOfModuleForwarderRefs; i++)
```

NumberOfModuleForwarderRefs 필드가 0보다 큰 경우에는 이 필드 값만큼 루프를 돌면서 IMAGE_BOUND_FORWARDER_REF 구조체에 대한 노드를 추가한다.

```
    {
        PIMAGE_BOUND_FORWARDER_REF pbfr = (PIMAGE_BOUND_FORWARDER_REF)pIter;
        pszDllName = A2CT((PSTR)(pBegin + pbfr->OffsetModuleName));
        sz.Format(L"[%d]%s", i, pszDllName);
```

OffsetModuleName 필드를 이용하여 포워딩 대상 DLL의 이름을 획득한다.

```
        PPE_NODE pn2 = InsertStructNode(pn->Node, pnUp->Index,
                        dwOffset, sz, L"IMAGE_BOUND_FORWARDER_REF");
        AppendStructMembers(pn2);
        pnom = FindNode(pn2->Node, L"OffsetModuleName");
        UpdateNodeText(pnom->Node, pszDllName, COL_IDX_INFO);
```

IMAGE_BOUND_FORWARDER_REF 구조체에 대한 노드를 추가하고 필드의 정보를 출력한다.

```
        dwOffset += sizeof(IMAGE_BOUND_FORWARDER_REF);
        pIter += sizeof(IMAGE_BOUND_FORWARDER_REF);
    }
    nItemIdx++;
  }
  return false;
}
```

다음 그림은 EditBin 툴을 이용해서 UseDllAppDE3.exe를 미리 바인딩한 UseDllAppDE3. bind.exe의 BOUND_IMPORT 엔트리에 대한 ParseDirEntryBoundImport 함수의 분석 결과다.

그림 6-18 UseDllAppDE3.bind.exe의 BOUND_IMPORT 엔트리 분석 결과

필드	타입	값	상세
⊞ ⚑ BOUND_IMPORT	BYTE[140]	39 33 55 56	
⊞ ▣ [0]USER32.dll	IMAGE_BOUND_		Has Forwarding
⊞ ▣ [1]GDI32.dll	IMAGE_BOUND_		
⊟ ▣ [2]BasicDllDE3.dll	IMAGE_BOUND_		
◆ TimeDateStamp	DWORD, Time	0x568BB961	2016/01/05-21:38:57
◆ OffsetModuleName	WORD	0x005F	BasicDllDE3.dll
◆ NumberOfModuleForwarderRefs	WORD	0x0000	
⊞ ▣ [3]MSVCR120D.dll	IMAGE_BOUND_		
⊞ ▣ [4]KERNEL32.dll	IMAGE_BOUND_		Has Forwarding
▣ [5]NULL	IMAGE_BOUND_		
⊞ ⚑ .text	BYTE[11264]	44 89 4C 24_RE____	

UseDllAppDE3.bind.exe의 경우 BOUND_IMPORT 엔트리만 추가된 것이 아니라, IMPORT 엔트리 및 IAT 엔트리도 변화가 있다. 선 바인딩된 UseDllAppDE3.bind.exe의 IMPORT 엔트리 및 IAT 엔트리에 대한 분석 결과도 한번 확인해보자.

다음 그림은 IMPORT 엔트리에 대한 PE Explorer의 분석 결과다.

그림 6-19 UseDllAppDE3.bind.exe의 IMPORT 엔트리 분석 결과

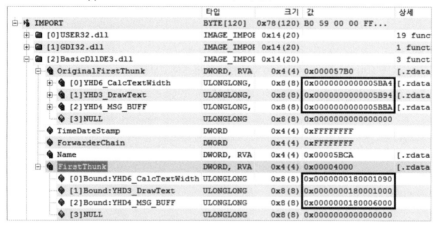

	타입	크기	값	상세
⊟ ⚑ IMPORT	BYTE[120]	0x78(120)	B0 59 00 00 FF...	
⊞ ▣ [0]USER32.dll	IMAGE_IMPO	0x14(20)		19 func
⊞ ▣ [1]GDI32.dll	IMAGE_IMPO	0x14(20)		1 funct
⊟ ▣ [2]BasicDllDE3.dll	IMAGE_IMPO	0x14(20)		3 funct
⊟ ◆ OriginalFirstThunk	DWORD, RVA	0x4(4)	0x000057B0	[.rdata
⊞ ◆ [0]YHD6_CalcTextWidth	ULONGLONG,	0x8(8)	0x0000000000005BA4	[.rdata
⊞ ◆ [1]YHD3_DrawText	ULONGLONG,	0x8(8)	0x0000000000005B94	[.rdata
⊞ ◆ [2]YHD4_MSG_BUFF	ULONGLONG,	0x8(8)	0x0000000000005BBA	[.rdata
◆ [3]NULL	ULONGLONG	0x8(8)	0x0000000000000000	
◆ TimeDateStamp	DWORD	0x4(4)	0xFFFFFFFF	
◆ ForwarderChain	DWORD	0x4(4)	0xFFFFFFFF	
◆ Name	DWORD, RVA	0x4(4)	0x00005BCA	[.rdata
⊟ ◆ FirstThunk	DWORD, RVA	0x4(4)	0x00004000	[.rdata
◆ [0]Bound:YHD6_CalcTextWidth	ULONGLONG	0x8(8)	0x0000000180001090	
◆ [1]Bound:YHD3_DrawText	ULONGLONG	0x8(8)	0x0000000180001000	
◆ [2]Bound:YHD4_MSG_BUFF	ULONGLONG	0x8(8)	0x0000000180006000	
◆ [3]NULL	ULONGLONG	0x8(8)	0x0000000000000000	

위 그림을 통해서 바운딩된 PE의 경우, OriginalFirstThunk 필드가 가리키는 INT 엔트리들의 값과 FirstThunk 필드가 가리키는 IAT 엔트리들의 값이 서로 다르다는 것을 확인할 수 있다.

다음 그림은 IAT 엔트리에 대한 PE Explorer의 분석 결과다.

그림 6-20 UseDllAppDE3.bind.exe의 IAT 엔트리 분석 결과

	타입	크기	값
⊟ ⺌ IAT	BYTE[672]	⼈0(672)	90 10 00 80 01...
◆ [0]Bound:YHD6_CalcTextWidth	ULONGLONG	0x8(8)	0x0000000180001090
◆ [1]Bound:YHD3_DrawText	ULONGLONG	0x8(8)	0x0000000180001000
◆ [2]Bound:YHD4_MSG_BUFF	ULONGLONG	0x8(8)	0x0000000180006000
◆ [3]NULL	ULONGLONG	0x8(8)	0x0000000000000000
◆ [4]Bound:GetStockObject	ULONGLONG	0x8(8)	0x4D500000001B2790
◆ [5]NULL	ULONGLONG	0x8(8)	0x0000000000000000

6.4 API 후킹

DLL 바인딩 과정은 함수의 실제 번지를 IAT의 엔트리에 설정하는 과정이다 이를 다른 측면에서 보면 PE의 가져오기 섹션의 구조를 알고 있다는 전제하에 IAT의 엔트리 값을 우리가 직접 변경할 수 있음을 의미하기도 한다. 따라서 IAT의 이런 성격을 이용하여 기존의 API에 대한 호출을 자신이 정의한 API로 향하도록 만들 수 있는데, 이런 작업을 'API 후킹(API Hooking)'이라고 한다. 이 절에서는 IAT의 특정 엔트리를 변경시키는 API 후킹에 대하여 알아보도록 하자. 앞서 살펴본 것처럼, 특정 DLL이 내보낸 함수에 대한 호출은 IAT를 경유하여 실행된다. IAT는 해당 DLL이 내보낸 함수들 중 실제 사용되는 함수들에 대한 함수 포인터를 담고 있는 테이블이다. 그렇다면 특정 함수에 해당하는 IAT의 엔트리를 우리가 정의한 함수에 대한 포인터로 덮어쓴다면 어떨까? 어려워 보이지만 충분히 가능한 이야기다. 메모리 상에 로드된 실행 이미지의 값을 변경할 수 있는가? 앞서 설명했던 DLL 바인딩 역시 IAT의 엔트리를 변경하는 작업이기 때문에 당연히 가능하다. 물론 다소 복잡하지만 우리가 지금까지 분석한 PE 포맷의 내용을 토대로 한다면, 우리는 이미 가져오기 섹션의 포맷을 알고 있기 때문에 IAT를 변경할 수 있다.

예를 들어 파일 I/O를 수행하는 기존 프로그램(여러분이 작성하지 않은)이 있다고 하자. 그리고 그 프로그램은 ReadFile과 WriteFile을 통해서 파일을 열고 저장한다고 하자. 여러분은 이 프로그램이 저장하는 파일이 암호화되기를 원한다고 하자. 물론 일반적인 상식으로는 기존 프로그램이 파일 저장 시 암호화해서 저장하지 않는다면 이것은 불가능하다. 하지만 상상해보자. 여러분은 ReadFile과 WriteFile이 Kernel32.dll에 정의되어 있고 이 DLL이 내보낸 함수임을 안다. 그리고 그 프로그램은 이 함수들을 가져와서 사용한다. 당연히 Kernel32.dll은 그 프로그램의 프로세스 주소 공간 내에 매핑되어 있을 것이다. 그리고 함수들에 대한 포인터는 바로 그 프로그램의 EXE가

매핑된 영역의 가져오기 섹션 내의 Kernel32.dll에 대한 IAT에 각각의 엔트리로 존재할 것이다. 여러분은 ReadFile과 WriteFile의 매개변수와 리턴 타입이 동일한 두 함수 CryptoReadFile과 CryptoWriteFile을 정의한 다음, 이 코드를 해당 프로그램의 프로세스 주소 공간에 주입시킬 수 있다. 주입될 때 Kernel32.dll에 대한 IAT에서 ReadFile과 WriteFile에 대한 엔트리 값을 각각 여러분이 정의한 CryptoReadFile과 CryptoWriteFile의 함수 포인터로 대치시킨다면, 그 이후의 ReadFile과 WriteFile에 대한 호출은 모두 여러분이 정의한 CryptoReadFile, CryptoWriteFile 로 향할 것이다. 이제 여러분은 Kernel32.dll의 ReadFile과 WriteFile을 후킹한 것이 된다. 바로 이러한 과정을 'API 후킹'이라고 한다. IAT의 구조를 잘 알고 있으면 충분히 가능한 이야기다.

이제 API를 후킹하는 예를 하나 살펴보자. 파일 입출력 시에 ReadFile과 WriteFile을 후킹해서 우리가 정의한 ReadFile과 WriteFile 모듈을 호출하도록 하여, 해당 애플리케이션이 파일을 저장할 때 후킹한 WriteFile을 이용해서 버퍼의 데이터를 뒤집어 저장하고, 반대로 해당 애플리케이션이 파일을 열 때 후킹한 ReadFile을 통해서 버퍼의 데이터를 뒤집은 후 애플리케이션에게 돌려주는 시나리오다. 이런 시나리오를 조금만 변경하여, 파일 입출력 시에 버퍼의 데이터를 뒤집는 부분을 암호화/복호화하는 알고리즘으로 바꾼다면 암호화를 지원하는 ReadFile과 WriteFile을 제작할 수 있을 것이다. 다음은 이러한 시나리오에 따라 ReadFile과 WriteFile을 후킹할 예정이며, 이 두 함수는 Kernel32.dll에 정의되어 있다. 이 과정은 크게 '후킹 DLL 구현'과 'DLL 주입'이라는 두 가지의 단계로 나눌 수 있다.

6.4.1 후킹 DLL 구현

먼저, Kernel32.dll의 IAT에서 ReadFile과 WriteFile에 해당하는 IAT 엔트리를 필자가 직접 정의한 ReverseReadFile과 ReverseWriteFile로 대체하는 과정을 살펴보자. 특정 IAT 엔트리의 값을 우리가 정의한 함수 포인터로 대체하는 함수를 다음과 같이 정의할 수 있다. ReplaceIATEntry2 함수는 3개의 매개변수를 요구하며, 첫 번째 매개변수 pfnCurFunc는 대체 대상이 되는 API의 함수 포인터고, 두 번째 매개변수 pfnNewFunc는 우리가 정의한 새로운 함수에 대한 포인터다. 마지막 매개변수 hModInst는 대상 DLL의 메모리 시작 번지가 된다.

```
HRESULT ReplaceIATEntry2(FARPROC pfnCurFunc, FARPROC pfnNewFunc,
                         HINSTANCE hModInst)
{
    PBYTE pImgBase = (PBYTE)hModInst;
```

```
if (!pImgBase)
    return E_INVALIDARG;
PIMAGE_DOS_HEADER pdh = (PIMAGE_DOS_HEADER)pImgBase;
if (pdh->e_magic != IMAGE_DOS_SIGNATURE)
    return E_INVALIDARG;
PIMAGE_NT_HEADERS pnh = (PIMAGE_NT_HEADERS)(pImgBase + pdh->e_lfanew);
if (pnh->Signature != IMAGE_NT_SIGNATURE)
    return E_INVALIDARG;
```

hModInst로 넘어온 인스턴스 핸들이 PE 포맷을 가진 이미지인지에 대한 정합성을 체크한다.

```
PIMAGE_DATA_DIRECTORY pdd = &pnh->
    OptionalHeader.DataDirectory[IMAGE_DIRECTORY_ENTRY_IAT];
```

IMAGE_OPTIONAL_HEADER의 DataDirectory 배열에서 IMAGE_DIRECTORY_ENTRY_IAT에 해당하는 IMAGE_DATA_ DIRECTORY 구조체의 포인터를 획득한다.

```
PIMAGE_THUNK_DATA pThunk = (PIMAGE_THUNK_DATA)(pImgBase + pdd->VirtualAddress);
DWORD dwSize = pdd->Size;
```

IMAGE_DATA_DIRECTORY의 VirtualAddress 필드는 IAT의 시작 RVA를 담고 있으며, pImgBase는 파일 PE가 아니라 메모리에 로드된 PE의 시작이므로 VirtualAddress를 pImgBase에 더해줌으로써 IAT의 시작 포인터를 획득할 수 있다. 또한 IAT 엔트리 순회를 위해 Size 필드를 통해서 IAT 블록의 전체 크기도 획득한다.

```
for (; dwSize > 0; pThunk++)
{
    FARPROC* ppfn = (FARPROC*)&pThunk->u1.Function;
    if (*ppfn != pfnCurFunc)
    {
        dwSize -= sizeof(IMAGE_THUNK_DATA);
        continue;
    }
```

IAT는 IMAGE_THUNK_DATA 구조체에 대한 배열이며, 이미 DLL이 바인딩된 상태기 때문에 u1의 Function 필드가 의미 있다. 따라서 Function 필드 값과 원래의 함수 포인터인 pfnCurFunc를 비교하여 엔트리 값이 pfnCurFunc와 같을 때까지 IAT 엔트리를 순회한다.

```
    MEMORY_BASIC_INFORMATION mbi;
    DWORD dwOldProtect = 0;
    VirtualQuery(&pThunk->u1.Function, &mbi, sizeof(mbi));
```

현재 메모리의 보호 속성을 획득한다. VS 2005 이전까지의 링커는 IAT를 읽기/쓰기 속성으로 설정했지만, 이후에는 IAT를 읽기 전용 속성으로 설정한다. 따라서 읽기 전용 속성을 읽기/쓰기 속성으로 변경해줘야 한다.

```
    if ((mbi.Protect & PAGE_READWRITE) == 0)
    {
        DWORD dwNewProtect = mbi.Protect;
        dwNewProtect &= ~(PAGE_READONLY | PAGE_EXECUTE_READ);
        dwNewProtect |= (PAGE_READWRITE);
        VirtualProtect(&pThunk->u1.Function,
            sizeof(PVOID), dwNewProtect, &dwOldProtect);
```

읽기/쓰기 속성이 설정되어 있지 않으면 현재 메모리 페이지의 속성에서 ReadOnly와 ExecuteRead 속성을 지우고 ReadWrite 속성을 추가한다.

```
    }

    *ppfn = pfnNewFunc;
```

IAT의 엔트리를 우리가 정의한 대체 API의 함수 포인터(매개변수 pfnNewFunc)로 덮어쓴다.

```
    if (dwOldProtect > 0)
    {
        DWORD dwDontCare = 0;
        VirtualProtect(&pThunk->u1.Function,
            sizeof(PVOID), dwOldProtect, &dwDontCare);
```

앞서 VirtualProtect 함수를 통해 IAT의 메모리 속성을 변경했으면 메모리 속성을 원래의 속성으로 되돌려놓는다.

```
    }
    return S_OK;
  }

  return E_INVALIDARG;
```

후킹하고자 하는 API가 존재하지 않음을 의미하므로, 따라서 실패를 의미하는 E_INVALIDARG를 반환한다.

```
}
```

이제 Kernel32.dll의 ReadFile과 WriteFile을 대체할 함수를 다음과 같이 정의한다. 그냥 버퍼로 넘어오거나 파일로부터 읽어온 데이터를 뒤집어 리턴하거나 저장한다. 주의할 것은 ReadFile과 WriteFile의 매개변수와 호출 관례, 반환값의 타입을 정확하게 일치시켜야 한다.

Kernel32.dll의 ReadFile을 대체할 ReverseReadFile에 대한 정의 코드

```
BOOL WINAPI ReverseReadFile(HANDLE hFile,
                              LPVOID lpBuffer,
                              DWORD nNumberOfBytesToRead,
                              LPDWORD lpNumberOfBytesRead,
                              LPOVERLAPPED lpOverlapped)
{
  BOOL bIsOK = ReadFile(hFile, lpBuffer, nNumberOfBytesToRead,
                   lpNumberOfBytesRead, lpOverlapped);
  if(!bIsOK)
    return FALSE;
```

Kernel32.dll의 ReadFile을 통해 파일에서 데이터를 읽어들인다.

```
  PBYTE lpSrc = (PBYTE)lpBuffer;
  DWORD  dwNumRev = ((*lpNumberOfBytesRead) >> 1);
  for(DWORD i=0; i<dwNumRev; i++)
  {
    BYTE ch = lpSrc[i];
    lpSrc[i] = lpSrc[(*lpNumberOfBytesRead) - i - 1];
    lpSrc[*lpNumberOfBytesRead - i - 1] = ch;
  }
```

읽은 데이터를 반대로 뒤집어 버퍼에 저장한다. 이렇게 하면 ReadFile을 호출한 프로그램은 뒤집힌 데이터 스트림을 받게 된다.

```
  return TRUE;
}
```

Kernel32.dll의 WriteFile을 대체할 ReverseWriteFile에 대한 정의 코드

```
BOOL WINAPI ReverseWriteFile(HANDLE hFile,
                               LPCVOID lpBuffer,
                               DWORD nNumberOfBytesToWrite,
                               LPDWORD lpNumberOfBytesWritten,
                               LPOVERLAPPED lpOverlapped)
{
  PBYTE lpSrc = (PBYTE)lpBuffer;
```

```
    if(*((LPWORD)lpSrc) != IMAGE_DOS_SIGNATURE)
    {
       DWORD  dwNumRev = (nNumberOfBytesToWrite>>1);
       for(DWORD i=0; i<dwNumRev; i++)
       {
          BYTE ch = lpSrc[i];
          lpSrc[i] = lpSrc[nNumberOfBytesToWrite - i - 1];
          lpSrc[nNumberOfBytesToWrite - i - 1] = ch;
       }
    }
```

매개변수로 전달된 lpBuffer의 데이터를 반대로 뒤집어서 버퍼에 기록한다.

```
    return WriteFile(hFile, lpBuffer, nNumberOfBytesToWrite,
              lpNumberOfBytesWritten,  lpOverlapped);
```

Kernel32.dll의 원래 WriteFile을 통해 뒤집힌 데이터를 담고 있는 버퍼를 파일에 저장한다. 그러면 파일에는 데이터가 거꾸로 기록되어 있으므로, 다른 프로그램을 통해 이 파일을 읽으면 뒤집힌 형태의 파일을 읽게 될 것이다.

```
}
```

지금까지 작성한 소스를 하나의 DLL(필자는 이 DLL의 이름을 ReverseFileIO.dll로 하였다.)로 묶어보자. 그리고 다음과 같이 DllMain을 정의하자.

```
#define FSZ_MODULE "KERNEL32.DLL"
#define FSZ_READ   "ReadFile"
#define FSZ_WRITE  "WriteFile"
```

바꿔치기 할 모듈명과 함수명을 매크로로 정의한다.

```
FARPROC g_pfnOrigRead   = NULL; // Original function address in callee
FARPROC g_pfnHookRead   = NULL; // Hook function address
FARPROC g_pfnOrigWrite  = NULL; // Original function address in callee
FARPROC g_pfnHookWrite  = NULL; // Hook function address
```

원래 함수 포인터와 바꿀 함수 포인터에 대한 전역 변수를 정의한다.

```
typedef BOOL (WINAPI *PFN_FILEIO)(HANDLE, LPVOID, DWORD, LPDWORD, LPOVERLAPPED);
```

ReadFile과 WriteFile에 대한 함수 포인터의 타입을 정의한다.

```
BOOL WINAPI ReverseReadFile (HANDLE, LPVOID,  DWORD, LPDWORD, LPOVERLAPPED);
BOOL WINAPI ReverseWriteFile(HANDLE, LPCVOID, DWORD, LPDWORD, LPOVERLAPPED);
```

앞서 정의한 ReverseReadFile과 ReverseWriteFile에 대한 프로토타입을 선언한다.

```
HRESULT ReplaceIATEntry(PCSTR, FARPROC, FARPROC, HMODULE);
HRESULT ReplaceIATEntry2(FARPROC, FARPROC, HINSTANCE);
```

앞서 정의한 ReplaceIATEntry에 대한 프로토타입을 선언한다.

DLL 메인 함수에 대한 정의

```
BOOL APIENTRY DllMain(HANDLE hModule, DWORD  dwReason, LPVOID)
{
    HRESULT hr = E_FAIL;
    HMODULE  hImgBase = GetModuleHandle(NULL);
```

현재 프로세스에 대한 PE의 시작 번지를 획득한다. 후킹은 현재 EXE 프로세스가 가진 IAT에 대한 엔트리 변경이어야 하며, Kernel32. dll이나 본 DLL의 IAT 엔트리 변경이 아님에 주의하기 바란다.

```
    if(dwReason == DLL_PROCESS_ATTACH)
```

DLL이 프로세스 주소 공간에 로드될 때, 해당 프로세스의 IAT 엔트리를 우리가 정의한 ReverseReadFile과 ReverseWriteFile의 진 입점으로 변경한다.

```
    {
        try
        {
            HMODULE hReplaseDll = GetModuleHandleA(FSZ_MODULE);
            if (!hReplaseDll)
                throw HRESULT_FROM_WIN32(GetLastError());
```

Kernel32.dll의 모듈 핸들을 얻는다. hReplaseDll이 가리키는 번지가 프로세스 주소 공간 내에서 실제 Kernel32.dll의 PE 이미지가 시작하는 위치다.

```
        //////////////////////////////////////////////////////////////
```

ReadFile Hooking

```
            g_pfnHookRead = (FARPROC)ReverseReadFile;
```

ReverseReadFile에 대한 함수 포인터를 전역 변수에 저장한다.

```
        g_pfnOrigRead = GetProcAddress(hReplaseDll, FSZ_READ);
        if (!g_pfnOrigRead)
            throw HRESULT_FROM_WIN32(GetLastError());
```

GetProcAddress를 통해 매핑된 Kernel32.dll에서 실제 ReadFile에 대한 진입점 포인터를 획득한다.

```
        hr = ReplaceIATEntry2(FSZ_MODULE, g_pfnOrigRead, g_pfnHookRead, hImgBase);
        if (FAILED(hr))
            throw hr;
```

앞서 정의한 ReplaceIATEntry2 함수를 통해서 ReadFile에 해당하는 IAT 엔트리를 우리가 정의한 ReverseReadFile의 진입점으로
변경한다.

```
        //////////////////////////////////////////////////////////////////
```

```
        //////////////////////////////////////////////////////////////////
```

WriteFile Hooking

```
        g_pfnHookWrite = (FARPROC)ReverseWriteFile;
```

ReverseWriteFile에 대한 함수 포인터를 전역 변수에 저장한다.

```
        g_pfnOrigWrite = GetProcAddress(hReplaseDll, FSZ_WRITE);
        if (!g_pfnOrigWrite)
            throw HRESULT_FROM_WIN32(GetLastError());
```

GetProcAddress를 통해 매핑된 Kernel32.dll에서 실제 WriteFile에 대한 진입점 포인터를 획득한다.

```
        hr = ReplaceIATEntry2(FSZ_MODULE,
                g_pfnOrigWrite, g_pfnHookWrite, hImgBase);
        if (FAILED(hr))
            throw hr;
```

앞서 정의한 ReplaceIATEntry2 함수를 통해서 WriteFile에 해당하는 IAT 엔트리를 우리가 정의한 ReverseWriteFile의 진입점으로
변경한다.

```
        //////////////////////////////////////////////////////////////////
    }
    catch (HRESULT e)
    {
        TCHAR szMsg[256];
        wsprintf(szMsg, L"Error occurred, code=0x%08X.", e);
        MessageBox(NULL, szMsg, L"ReverseFileIO Error", MB_SYSTEMMODAL);
```

```
    return FALSE;
```

에러가 발생했을 경우 메시지 박스를 출력하고 FALSE를 반환한다. 앞서 설명한 대로 DLL_PROCESS_ATTACH인 경우에 DllMain이 FALSE를 리턴하면 로더는 dwReason 매개변수를 DLL_PROCESS_DETACH로 해서 다시 DllMain을 호출함으로써 초기화 해제 작업을 수행토록 한다. 따라서 후킹에 실패했을 경우의 초기화 해제 처리는 DLL_PROCESS_DETACH를 통해 수행할 수 있다.

```
    }
  }
  else
  if(dwReason == DLL_PROCESS_DETACH)
```

DLL이 프로세스 주소 공간에서 언로드될 때 앞서 바꾼 IAT 엔트리를 원래의 엔트리 값, 즉 Kernel32.dll의 ReadFile과 WriteFile의 진입점으로 변경한다.

```
  {
    if (g_pfnOrigRead)
      ReplaceIATEntry2(g_pfnHookRead, g_pfnOrigRead, hImgBase);
```

후킹 시 전역 변수 g_pfnOrigRead에 저장해 두었던 ReadFile 함수에 대한 진입점으로 IAT 엔트리 값을 대체하여 원래의 호출 진입점으로 되돌린다.

```
    if (g_pfnOrigWrite)
      ReplaceIATEntry2(g_pfnHookWrite, g_pfnOrigWrite, hImgBase);
```

후킹 시 전역 변수 g_pfnOrigWrite에 저장해 두었던 WriteFile 함수에 대한 진입점으로 IAT 엔트리 값을 대체하여 원래의 호출 진입점으로 되돌린다.

```
  }

  return TRUE;
}
```

이렇게 정의한 후 컴파일과 링커를 실행시키면 ReverseFileIO.dll이 만들어진다. 이 DLL은 내보낸 함수가 없다. 단순히 로드되거나 매핑 해제 시에 해당 IAT 엔트리를 변경시키기 위한 DllMain만 정의되어 있다고 보면 된다. 따라서 이해하는 데 그렇게 어렵지 않을 것이다.

ReplaceIATEntry2 함수 정의를 한 번 더 검토해보자. ReplaceIATEntry2 함수는 IAT 엔트리 전체를 대상으로 후킹 대상을 검색한다. IAT의 엔트리 수가 비교적 많으면, 그리고 실제로 Kernel32.dll의 IAT의 엔트리 수는 상당하기 때문에 전체 IAT 엔트리에 대한 순회 처리는 비효율적인 코드가 될 수 있다. IMAGE_IMPORT_DESCRIPTOR 구조체의 FirstThunk 필드는 해당 DLL이 로드되었을 때 가져올 함수에 대한 IAT의 시작 엔트리 번지에 대한 RVA를 담고 있다.

따라서 IAT 테이블을 직접 스캔하는 것이 아니라, IMAGE_IMPORT_DESCRIPTOR 구조체 배열에서 해당 DLL의 IMAGE_IMPORT_DESCRIPTOR 엔트리를 먼저 찾은 다음, 이 구조체의 FirstThunk 필드가 가리키는 IMAGE_THUNK_DATA 배열을 검색해서 해당 IAT의 엔트리를 찾는다면 그만큼 비교할 항목의 횟수를 줄일 수 있을 것이다.

다음 함수 ReplaceIATEntry는 ReplaceIATEntry2와는 달리 지금 언급한 방식을 통해 해당 IAT의 엔트리를 변경하는 함수에 대한 정의다. 이 함수는 후킹 대상이 되는 DLL 이름을 전달받을 매개변수 pszRepDllName을 추가로 갖는다.

```
HRESULT ReplaceIATEntry(PCSTR pszRepDllName, FARPROC pfnCurFunc,
                        FARPROC pfnNewFunc, HINSTANCE hModInst)
{
   PBYTE pImgBase = (PBYTE)hModInst;
        ⋮
```

PE 포맷을 가진 이미지인지에 대한 정합성 체크 코드로, ReplaceIATEntry2 코드와 동일하다.

```
   PIMAGE_DATA_DIRECTORY pdd = &pnh->
      OptionalHeader.DataDirectory[IMAGE_DIRECTORY_ENTRY_IMPORT];
```

ReplaceIATEntry2 함수와는 다르게 IMAGE_DIRECTORY_ENTRY_IMPORT 엔트리에 해당하는 IMAGE_DATA_DIRECTORY 구조체의 포인터를 획득한다.

```
   PIMAGE_IMPORT_DESCRIPTOR pid =
      (PIMAGE_IMPORT_DESCRIPTOR)(pImgBase + pdd->VirtualAddress);
```

IMAGE_DATA_DIRECTORY의 VirtualAddress 필드에는 가져오기 섹션의 시작 RVA가 있다. 가져오기 섹션은 IMAGE_IMPORT_DESCRPITORS 구조체의 배열로 시작하기 때문에, 이 구조체 배열의 블록에 대한 포인터를 획득한다.

```
   for (; pid->OriginalFirstThunk; pid++)
   {
      PSTR pszModName = (PSTR)(pImgBase + pid->Name);
      if(!_stricmp(pszModName, pszRepDllName))
         break;
   }
   if (pid->Name == 0)
      return E_INVALIDARG;
```

```
PIMAGE_THUNK_DATA pThunk = (PIMAGE_THUNK_DATA)(pImgBase + pid->FirstThunk);
```

```
for (; pThunk->u1.Function > 0; pThunk++)
{
    FARPROC* ppfn = (FARPROC*)&pThunk->u1.Function;
    if (*ppfn != pfnCurFunc)
        continue;
```

```
    MEMORY_BASIC_INFORMATION mbi;
        ⋮
    *ppfn = pfnNewFunc;
        ⋮
```

```
    return S_OK;
}
return E_INVALIDARG;
}
```

DllMain 함수 내의 ReplaceIATEntry2 호출 부분을 위 함수로 대체하면 동일한 기능을 수행하며, ReplaceIATEntry2 함수보다 더 최적화된 검색을 수행할 수 있다.

6.4.2 DLL 주입기 작성

사실 API를 후킹하는 과정 자체는 PE 포맷만 잘 알고 있으면 그렇게 어렵지는 않다. 실제 어려운 부분은 우리가 이렇게 만든 DLL을 후킹하고자 하는 프로세스의 주소 공간에 어떻게 주입해서 매핑시킬 것인지에 대한 방법이다. 실행 중인 특정 프로세스의 주소 공간에 DLL을 주입하는 과정을 'DLL 주입(DLL Injection)'이라고 하며, 여러 방법이 있으나 여기서는 리모트 스레드를 이용한 DLL 주입 방식에 대해서 간단하게 소개하기로 한다. 먼저 실행 중인 프로세스에 우리가 정의한 ReverseFileIO.dll을 주입시키는 방법을 검토해보자.

다음 함수 FindModuleInSnapshot은 PEPlus 클래스의 정적 함수로, 주어진 프로세스의 ID dwProcId에 해당하는 프로세스로부터 매개변수 pszDllName으로 지정된 DLL의 모듈 인스턴스를 획득하는 기능을 한다. 이 함수를 위해서 ToolHelpher32 라이브러리를 사용할 것이다. 이 라이브러리는 윈도우 초기 버전에서는 별도의 라이브러리로 존재했지만, 이제는 Kernel32.dll에 포함되었다.

```
#include <TlHelp32.h>
```

ToolHelper32 라이브러리를 사용하기 위해서는 TlHelp32.h 헤더 파일을 인클루드해야 한다.

```
HMODULE PEPlus::FindModuleInSnapshot(PCWSTR pszDllName, DWORD dwProcId)
{
    HANDLE hSnapshot = CreateToolhelp32Snapshot(TH32CS_SNAPMODULE, dwProcId);
    if (hSnapshot == INVALID_HANDLE_VALUE)
        return NULL;
```

CreateToolhelp32Snapshot을 통하여 해당 프로세스의 모듈에 대한 스냅샷을 획득한다.

```
    HMODULE hModule = NULL;
    MODULEENTRY32 me = { sizeof(me) };
    BOOL bMoreMods = Module32First(hSnapshot, &me);
    for (; bMoreMods; bMoreMods = Module32Next(hSnapshot, &me))
    {
        if (_tcsicmp(me.szModule, pszDllName) == 0)
        {
            hModule = (HMODULE)me.modBaseAddr;
            break;
        }
    }
```

```
        }
```

ToolHelper32 라이브러리를 이용하여 침투된 프로세스 주소 공간에서 앞서 로드시켰던 ReverseFileIO.dll의 모듈 핸들을 획득한다. 이 핸들 값은 나중에 *FreeLibrary*의 매개변수로 넘어갈 값이다.

```
    CloseHandle(hSnapshot);
```

CreateToolhelp32Snapshot을 통하여 해당 프로세스 모듈에 대한 스냅샷을 획득한다.

```
    return hModule;
}
```

다음은 매개변수 dwProcId에 지정된 ID를 가진 프로세스에 pszLibFile 매개변수에 지정된 DLL 모듈을 주입시키는 역할을 하는 PEPlus 클래스의 InjectModule 함수다. 모듈의 주입은 CreateRemoteThread API를 사용한다.

```
HANDLE WINAPI CreateRemoteThread
(
  _In_    HANDLE                  hProcess,
  _In_    LPSECURITY_ATTRIBUTES   lpThreadAttributes,
  _In_    SIZE_T                  dwStackSize,
  _In_    LPTHREAD_START_ROUTINE  lpStartAddress,
  _In_    LPVOID                  lpParameter,
  _In_    DWORD                   dwCreationFlags,
  _Out_   LPDWORD                 lpThreadId
);
```

이 함수는 첫 번째 매개변수만 제외하면 CreateThread 함수와 동일하며, 그 기능 역시 사용자 정의 스레드의 생성을 담당하지만 특이하게도 첫 번째 매개변수 hProcess의 핸들에 해당하는 프로세스 내에 사용자 스레드를 생성한다. 그러면 hProcess 매개변수는 후킹 대상 프로그램의 프로세스 핸들을 갖게 된다. 자신의 프로세스가 아닌 외부 프로세스에 DLL을 주입하기 위해서는 CreateRemoteThread 호출 시에 수행하는 몇 가지 트릭이 필요하다. 스레드 생성 시에 사용자는 스레드의 역할을 정의하는 스레드 진입점 함수를 직접 정의해야 하고, 이 진입점 함수의 포인터는 lpStartAddress 매개변수로 전달된다. 하지만 이 스레드 진입점 함수를 별도로 정의하지 않고 LoadLibrary 함수를 지정하도록 하자. 스레드 진입점 함수는 하나의 매개변수를 가져야 하고,

이 매개변수는 CreateRemoteThread 함수의 lpParameter 매개변수로 전달된다. 다행스럽게도 LoadLibrary 역시 하나의 매개변수를 가지며, 그 매개변수는 DLL 이름의 문자열 포인터가 된다. 그렇다면 lpStartAddress 매개변수에 LoadLibrary 함수의 포인터를 설정하고 lpParameter 매개변수에 LoadLibrary 함수의 매개변수로 전달될 DLL 이름의 포인터를 설정하여 CreateRemoteThread 함수를 호출하면, hProcess 핸들의 프로세스 내부에 스레드가 하나 생성되고 그 스레드는 해당 프로세스 내부에서 LoadLibrary 함수를 호출하고 종료될 것이다. LoadLibrary 함수는 매개변수로 전달된 DLL을 로드하는 역할을 한다. 따라서 이와 같이 매개변수가 설정된 CreateRemoteThread 함수의 호출은 바로 특정 프로세스에 lpParameter 매개변수로 지정된 DLL을 로드해주는 역할을 대신하게 되는 것이다. 지금까지 설명한 트릭을 바탕으로 특정 프로세스에 원하는 DLL을 로드하는 InjectModule 함수의 정의 코드를 살펴보자.

```
HRESULT PEPlus::InjectModule(DWORD dwProcId, PCTSTR pszLibFile)
{
   HRESULT hr = S_OK;
   HANDLE hProcess = NULL, hThread = NULL;
   PWSTR pszProcPrms = NULL;

   try
   {
      HMODULE hKerMod = FindModuleInSnapshot(L"Kernel32.dll", dwProcId);
      if (hKerMod == NULL)
         throw HRESULT_FROM_WIN32(ERROR_MOD_NOT_FOUND);
```

FindModuleInSnapshot 함수를 통해서 Kernel32.dll의 모듈 핸들을 획득한다.

```
      hProcess = OpenProcess
      (
         PROCESS_QUERY_INFORMATION | PROCESS_CREATE_THREAD |
         PROCESS_VM_OPERATION | PROCESS_VM_WRITE,
         FALSE, dwProcId
      );
      if (hProcess == NULL)
         throw HRESULT_FROM_WIN32(GetLastError());
```

프로세스 ID를 이용하여 프로세스를 열어 그 프로세스에 대한 핸들을 획득한다. 이때 OpenProcess의 액세스 모드에 스레드 생성을 위한 PROCESS_CREATE_THREAD! PROCESS_VM_OPERATION 플래그가 설정된 점과 프로세스 주소 공간 쓰기를 위한 PROCESS_VM_WRITE 플래그가 설정된 점을 주의하기 바란다.

```
SIZE_T nNameLen = (_tcslen(pszLibFile) + 1) * sizeof(TCHAR);
pszProcPrms = (PWSTR)VirtualAllocEx(hProcess,
    NULL, nNameLen, MEM_COMMIT, PAGE_READWRITE);
if (pszProcPrms == NULL)
    throw HRESULT_FROM_WIN32(GetLastError());
```

앞서 획득한 프로세스 핸들을 통해 해당 프로세스의 가상 주소 공간에 영역을 할당한다.

```
if (!WriteProcessMemory
    (
        hProcess, pszProcPrms, pszLibFile, nNameLen, NULL
    ))
    throw HRESULT_FROM_WIN32(GetLastError());
```

DLL을 주입하기 위해 할당된 리모트 프로세스, 즉 침투할 프로세스의 주소 공간에 로드시킬 DLL의 이름인 "ReverseFileIO.dll" 문자열을 쓴다. 결국 이 문자열은 침투할 프로세스에서 실행될 LoadLibrary의 매개변수로 넘겨질 문자열이다.

```
HMODULE hThisMod = GetModuleHandle(L"KERNEL32");
PTHREAD_START_ROUTINE pfnThreadProc = (PTHREAD_START_ROUTINE)
    GetProcAddress(hThisMod, "LoadLibraryW");
if (!pfnThreadProc)
    throw HRESULT_FROM_WIN32(GetLastError());
```

Kernel32.dll의 프로세스 매핑 핸들을 통해서 LoadLibraryW의 실제 진입점 포인터를 획득한다. 여기서의 가정은 본 프로그램에 매핑된 Kernel32.dll의 LoadLibraryW 진입점과 침투할 프로세스에 매핑된 LoadLibraryW 진입점이 동일하다는 것이다. 이것은 앞서 6.2.3절 DLL 바인딩에서 확인한 바 있다.

```
hThread = CreateRemoteThread
    (
        hProcess, NULL, 0,
        pfnThreadProc, pszProcPrms, 0, NULL
    );
if (hThread == NULL)
    throw HRESULT_FROM_WIN32(GetLastError());
```

CreateRemoteThread를 통해서 침투할 프로세스에서 실행될 스레드를 생성한다. 앞서 획득한 LoadLibrary의 진입점이 스레드의 진입점 함수가 되며, 이때 전달되는 lpParameter 매개변수는 침투할 프로세스의 주소 공간에 할당해둔 "ReverseFileIO.dll" 문자열이 된다는 점을 눈여겨보기 바란다. 이렇게 생성된 스레드는 침투할 프로세스 주소 공간에서 LoadLibrary를 실행한 후 종료된다. 이때 LoadLibrary로 넘겨지는 매개변수는 lpParameter 매개변수가 담고 있는 "ReverseFileIO.dll"에 대한 문자열 포인터가 된다.

```
        WaitForSingleObject(hThread, INFINITE);
```

```
    }
    catch (HRESULT e)
    {
        hr = e;
    }
    if (pszProcPrms != NULL)
        VirtualFreeEx(hProcess, pszProcPrms, 0, MEM_RELEASE);
    if (hThread != NULL)
        CloseHandle(hThread);
    if (hProcess != NULL)
        CloseHandle(hProcess);
    return hr;
}
```

이제 주입시킨 DLL을 다시 제거하는 방법에 대해서 알아보자. 이번에는 반대의 과정을 밟으면 된다. 해당 프로세스에서 우리가 주입시킨 DLL의 인스턴스 핸들을 획득한 후 역시 CreateRemoteThread 함수를 호출하는데, 이번에는 lpStartAddress 매개변수에 FreeLibrary 함수의 포인터를 설정하고, lpParameter 매개변수에 우리가 주입시킨 DLL의 인스턴스 핸들을 설정하여 호출하면 해당 프로세스 내에서 우리가 주입시켰던 DLL에 대한 FreeLibrary 함수가 호출되어 그 DLL이 해당 프로세스로부터 제거될 것이다.

다음은 위의 과정을 EjectModule 함수로 구현한 것이다.

```
HRESULT PEPlus::EjectModule(DWORD dwProcId, PCTSTR pszLibFile)
{
    HRESULT hr = S_OK;
    HANDLE hProcess = NULL, hThread = NULL;

    try
    {
```

```
    HMODULE hKerMod = FindModuleInSnapshot(pszLibFile, dwProcId);
    if (hKerMod == NULL)
        throw HRESULT_FROM_WIN32(ERROR_MOD_NOT_FOUND);
```

FindModuleInSnapshot 함수를 통해서 앞서 로드시켰던 ReverseFileIO.dll의 모듈 핸들을 획득한다.

```
    hProcess = OpenProcess(PROCESS_QUERY_INFORMATION |
        PROCESS_CREATE_THREAD |
        PROCESS_VM_OPERATION,
        FALSE, dwProcId);
    if (!hProcess)
        throw HRESULT_FROM_WIN32(GetLastError());
```

DLL 주입 시와 마찬가지로, 프로세스 ID를 이용해 프로세스를 연 다음 그 프로세스에 대한 핸들을 획득한다.

```
    PTHREAD_START_ROUTINE pfnThreadRtn = (PTHREAD_START_ROUTINE)
        GetProcAddress(GetModuleHandle(L"KERNEL32"), "FreeLibrary");
    if (!pfnThreadRtn)
        throw HRESULT_FROM_WIN32(GetLastError());
```

Kernel32.dll의 프로세스 매핑 핸들을 통해서 반대로 FreeLibrary의 실제 진입점 포인터를 획득한다.

```
    hThread = CreateRemoteThread
    (
        hProcess, NULL, 0,
        pfnThreadRtn, hKerMod,
        0, NULL
    );
    if (!hThread)
        throw HRESULT_FROM_WIN32(GetLastError());
```

CreateRemoteThread를 통해 침투할 프로세스에서 실행될 스레드를 생성하지만, 이번에는 반대로 FreeLibrary를 실행한다. 앞서 획득한 FreeLibrary의 진입점이 스레드의 진입점 함수가 되며, 이때 넘겨가는 부가 매개변수는 CreateToolhelp32Snapshot을 통해 획득한, 침투할 프로세스의 주소 공간에 매핑된 ReverseFileIO.dll의 모듈 핸들이 된다. 결국 이 스레드는 침투할 프로세스 내에서 ReverseFileIO.dll을 언로드하는 역할을 한다. 또한 ReverseFileIO.dll을 언로드될 때 프로세스에서는 DLL_PROCESS_DETATCH를 매개변수로 하는 DllMain 함수가 실행되어 앞서 후킹했던 API를 언후킹하여 IAT를 원상태로 복원시킨다.

```
    WaitForSingleObject(hThread, INFINITE);
```

리모트 스레드가 FreeLibrary 실행을 마칠 때까지 대기한다.

```
        }
        catch (HRESULT e)
        {
            hr = e;
        }
        if (hThread != NULL)
            CloseHandle(hThread);
        if (hProcess != NULL)
            CloseHandle(hProcess);
        return hr;
    }
```

PEPlus 클래스에 정의한 FindModuleInSnapshot, InjectModule, EjectModule 함수를 이용하여 실행 중인 특정 프로세스에 대하여 사용자가 정의한 DLL을 주입하거나 제거하는 예제 프로젝트 〈DllInjector〉를 살펴보기로 하자. 이 프로젝트는 MFC를 사용하는 대화상자 기반 프로젝트다. DLL 주입 및 제거 기능은 PEPlus 클래스의 위의 3개의 함수가 모두 담당하기 때문에, 이 프로젝트는 단순히 사용자가 원하는 프로세스를 선택할 수 있도록 현재 프로세스 리스트를 출력해주고, 다음으로 DLL 주입을 위해 원하는 DLL을 선택할 수 있도록 파일 대화상자를 제공해주는 사용자 인터페이스만을 제공해줄 뿐이다.

다음 그림은 DllInjector.exe의 실행 중인 모습이다.

그림 6-21 DllInjector.exe의 실행

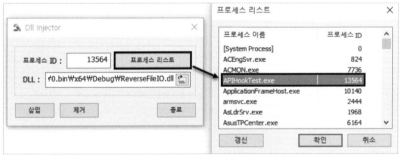

위 그림에서 [삽입] 버튼을 클릭하면 OnBnClickedBtnInject 핸들러가 호출되고, DLL 편집 박스에 지정된 DLL 이름과 프로세스 ID 편집 박스에 지정된 프로세스 ID 값을 매개변수로 해서 PEPlus 클래스의 InjectModule 함수를 호출한다.

```
void CDllInjectorDlg::OnBnClickedBtnInject()
{
    UpdateData();

    HRESULT hr = PEPlus::InjectModule(m_dwProcID, m_szDllPath);
    if (FAILED(hr))
        AfxMessageBox(PEPlus::GetErrMsg(hr));
    else
        AfxMessageBox(L"Module Injection SUCCESS!!!", MB_ICONINFORMATION);
}
```

반대로 [제거] 버튼을 클릭하면 OnBnClickedBtnEject 핸들러가 호출되어 PEPlus 클래스의
InjectModule 함수를 통해 주입된 DLL을 프로세스로부터 제거한다.

```
void CDllInjectorDlg::OnBnClickedBtnEject()
{
    UpdateData();
    CString szDllName;
    int nPos = m_szDllPath.ReverseFind(L'\\');
    if (nPos > 0)
        szDllName = m_szDllPath.Mid(nPos + 1);
    else
        szDllName = m_szDllPath;

    HRESULT hr = PEPlus::EjectModule(m_dwProcID, szDllName);
    if (FAILED(hr))
        AfxMessageBox(PEPlus::GetErrMsg(hr));
    else
        AfxMessageBox(L"Module Ejection SUCCESS!!!", MB_ICONINFORMATION);
}
```

[프로세스 리스트] 버튼을 클릭하면 OnClickedBtnProcList 핸들러가 호출되고, 이 핸들러는 [프
로세스 리스트] 대화상자를 출력한다.

```
void CDllInjectorDlg::OnClickedBtnProcList()
{
    // TODO:
    CProcList dlg;
    if (dlg.DoModal() != IDOK)
        return;

    m_dwProcID = dlg.GetProcID();
    UpdateData(FALSE);
}
```

이 대화상자는 CProcList 클래스로 정의되었으며, 현재 시스템에서 실행 중인 모든 프로세스의 리스트를 보여준다. 이 프로세스들 중 원하는 프로세스를 더블클릭하면 해당 프로세스의 ID가 프로세스 ID 편집 박스에 지정된다. CProcList 클래스는 대화상자 초기화 처리에서 역시 ToolHelpher32 라이브러리를 이용하여 현재 프로세스의 리스트를 획득한다. 관련 함수는 CProcList 클래스의 OnBnClickedBtnRefresh 함수에서 정의했으며, 이 함수는 여러분이 직접 참조하기 바란다.

6.4.3 DLL 후킹 테스트

마지막으로 DLL 후킹 테스트를 위하여 직접 주입 대상이 될 APIHookTest.exe 프로그램을 작성해보자. 단순히 텍스트 박스에 입력된 데이터를 저장하거나 파일을 읽어 그 텍스트 박스에 출력되는 프로그램이다. 중요한 것은 이 프로그램에서 Kernel32.dll의 ReadFile과 WriteFile을 사용한다는 점이다. APIHookTest.exe를 직접 실행해서 아무 내용이나 입력해보라. 아래 그림은 영화 '일 포스티노'의 엔딩 크레딧을 장식하는 네루다의 시 'POETRY'의 영문 번역본의 일부다.

그림 6-22 APIHookTest.exe의 실행

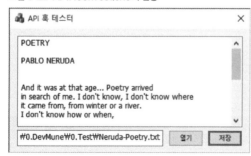

이제 DllInjector.exe를 실행해 현재 실행 중인 APIHookTest.exe의 프로세스 ID를 텍스트 박스에 입력하자. 프로세스 ID는 [그림 6-21]처럼 [프로세스 리스트] 버튼을 클릭하면 출력되는 대화 상자를 통해 획득이 가능하다. 이제 [삽입] 버튼을 누른 다음에 APIHookTest.exe에서 [저장] 버튼을 눌러 Neruda-Poetry.txt 파일로 저장하자. 그리고 노트패드를 통해 Neruda-Poetry.txt를 읽어보면 다음 그림과 같은 노트패드의 결과를 볼 수 있다.

그림 6-23 후킹된 APIHookTest.exe의 실행 결과의 노트패드 출력

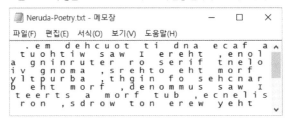

위의 그림에서 보는 것처럼 Neruda-Poetry.txt 뒤집혀 저장된 것을 확인할 수 있다. 이번에는 노트패드에서 다른 문서를 작성하여 저장한 후, 그 파일을 APIHookTest.exe에서 열어보면 역시 문자열이 뒤집혀 있음을 확인할 수 있다. 이런 방식으로 여러분들은 실행 중인 프로그램의 특정 DLL의 함수를 직접 후킹할 수 있다.

지금까지 DLL을 링크하는 방식, 즉 암시적 로딩과 명시적 로딩에 대하여, 그리고 가져오기 섹션과 IAT, DLL 선 바인딩에 대하여 상세하게 알아보았다. 다음 장에서는 윈도우 2000부터 새롭게 제공되는 DLL 링크 방식인 DLL 지연 로드 방식에 대해서 알아본다.

07장

DLL 지연 로드 섹션

이 장에서는 또 다른 DLL 로딩 방식인 'DLL 지연 로드(DLL Delay-Load)'*에 대해서 알아본다. DLL 지연 로드란 암묵적 DLL 로딩과 명시적 DLL 로딩을 혼합한 형태의 로드 방식을 말한다. 암묵적 로딩은 DLL 링크 방식이 간편한 반면 런타임 시에는 유연하지 못하고, 명시적 로딩은 그 반대로 상당히 유연한 반면 로딩 방식이 까다롭다. 그래서 이 둘의 장점만을 취한 것이 바로 DLL 지연 로드다. 즉 EXE 작성에서 DLL 링크 시에는 암묵적인 방식으로, 실제 런타임 시에는 명시적인 방식으로 작동하도록 한다. 그 핵심은 바로 실행 이미지가 로드될 때 해당 DLL이 매핑되는 것이 아니라, 해당 DLL이 내보낸 함수들 중 하나가 최초로 호출될 때 그 시점에 해당 DLL을 로드해서 가상 주소 공간에 매핑하는 전략이다.

이 장에서 사용할 샘플 DLL은 6장에서 사용하던 BasicDllDE3.dll 소스를 그대로 사용할 예정이다. DLL을 지연 로드하는 샘플 애플리케이션은 프로젝트 〈DelayLoadApp〉며, 이 프로젝트 역시 6장에서 사용했던 〈UseDllAppDE3〉을 사용한다. 지연 로드 DLL의 경우는 내보낸 함수에 대해서만 사용이 가능하고 내보낸 변수는 사용할 수 없기 때문에 소스를 조금 변경하였다. 수정된 DelayLoadApp.cpp의 내용은 다음과 같이 BasicDll.h 헤더 파일을 인클루드하지 않고 헤더 정의 부분을 직접 선언했다. 또한 YHD4_MSG_BUFF 변수 내보내기는 제거했다.

```
//#include "../BasicDllDE3/BasicDll.h"
#ifndef BASICDLL_API
#  ifdef __cplusplus
#     define BASICDLL_API extern "C" __declspec(dllimport)
#  else
#     define BASICDLL_API __declspec(dllimport)
#  endif
#endif
BASICDLL_API void WINAPI YHD3_DrawText(HDC hDC, PCTSTR pszText, POINT pt);
BASICDLL_API SIZE WINAPI YHD6_CalcTextWidth(HDC hDC, PCTSTR pszText);
BASICDLL_API BOOL WINAPI YHD7_IsPointInRect(LPCRECT prc, POINT pt);
```

---

* 지연 로드(Delay-Load) 섹션은 지연 가져오기(Delay-Import) 섹션과 의미가 상통하여 혼용된다. 이에 따른 혼동을 방지하기 위하여 이 장에서는 "지연 로드" 섹션으로 통일하기로 한다.

7.1 DLL 지연 로드

DLL 지연 로드는 DLL의 암시적 로드와 명시적 로드의 혼합 형태다. DLL 링크 시에는 암시적 방식처럼 프로젝트 설정을 통해서 이루어진다. 하지만 실제 내부 동작은 DLL의 로딩과 함수 포인터의 획득이 해당 가져오기 함수를 최초로 호출할 때 이루어지기 때문에 명시적 로딩 방식으로 이루어진다. 따라서 다음과 같은 상황에서 지연 로드를 사용하면 좋다.

- 여러 DLL들의 로딩 시에 로딩 시간을 프로세스 생존 시간(Life Time) 전반에 걸쳐서 분산할 필요가 있을 때
- 동일한 DLL이 서로 버전이 다른 경우의 예외를 처리할 때

필자의 경우, 은행 프로젝트를 하면서 지연 로드를 사용한 적이 있다. 프로젝트의 요구사항 중에는 프로그램 로드 시에 해당 구성요소가 업데이트되었는지를 검사해서 버전이 갱신되면 해당 컴포넌트를 FTP로 다운로드 받아서 실행해야 하는 것이었다. 저널이나 로그, 예외 처리를 담당하는 공용 DLL을 정의하였는데, 문제는 다운로드를 처리하는 프로세스 역시 그 DLL을 사용한다는 것이다. 보통 다운로드는 초기에 먼저 실행되기 때문에 다운로드 실패 시에는 이전 DLL로 로그를 남기면 된다. 따라서 이 DLL을 지연 로드 메커니즘으로 처리하면 다운로드를 처리하는 프로세스가 실행되어 예외가 발생하지 않으면 해당 DLL이 로드되지 않기 때문에, 다운로드를 통해 그 DLL도 업데이트가 가능해진다는 점을 착안했고 그 결과 아주 훌륭하게 수행되었다. 이제 지연 로드 메커니즘의 전반적인 내용을 살펴보도록 하자.

7.1.1 지연 로드의 사용

DLL의 지연 로드 방식은 링크 시 몇 개의 옵션을 추가하는 것으로 해결된다.** 앞서 예를 든 프로젝트 〈UseDllAppDE3〉를 변경해서 사용할 것이다. 본서의 예제는 DelayLoadApp.exe라는 프로그램이지만 소스는 UseDllApp.cpp와 동일하다. UseDllApp.cpp를 단순히 DelayLoadApp.cpp로 바꿔 DelayLoadApp.exe가 생성되도록 컴파일한 것이다. 여기서 DLL 지연 로드를 사용하려면 UseDllAppDE3.exe 링크 시 옵션을 추가해서 지정하면 된다. 앞서 나온 예제인 UseDllAppDE3.exe는 BasicDllDE3.dll을 암묵적으로 링킹하는 예제였다. UseDllAppDE3.exe 링크 설정에는 이미 BasicDllDE3.lib가 입력으로 추가되어 있을 것이다. 이 예제를 그대로

** 'DLL 지연 로드'는 EXE 작성 시에 사용할 DLL을 로딩하는 방식의 문제기 때문에, 결국 프로젝트 설정 변경은 DLL제작 시가 아니라 EXE 작성 시임을 염두에 두기 바란다. DLL은 이미 만들어진 그대로를 사용하면 된다.

사용해서 BasicDllDE3.dll을 지연 로드하도록 링크 옵션을 2개 추가하자. 먼저, DelayImp.lib 라이브러리 파일에 대한 링크가 필요하다.

```
#pragma comment(lib, "DelayImp.lib")
```

다음으로, **[링커 → 일반: 지연 로드된 DLL]** 옵션에 지연 로드에 사용할 DLL의 명칭을 지정해줘야 한다.

그림 7-1 [링커 → 일반: 지연 로드된 DLL] 옵션 설정

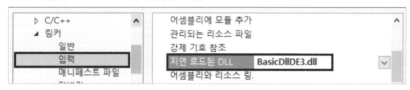

아니면 링크 스위치를 다음과 같이 설정해도 상관없다.

```
/LIB:DelayImp.lib
/DelayLoad:BasicDllDE3.dll
```

이렇게 설정을 마친 후 프로젝트를 링크시켜 생성되는 DelayLoadApp.exe를 직접 실행해보자. 왼쪽 마우스와 오른쪽 마우스를 클릭해보면 앞서 본 UseDllAppDE3.exe의 경우와 동일하게 작동된다. 암묵적으로 링크했을 경우와 어떤 차이도 느끼지 못할 것이다. 그럼 그 차이를 확인하기 위해 다음과 같이 해보라. UseDllAppDE3.dll이 내보낸 함수를 사용하는 DelayLoadApp.exe의 최초 행위는 마우스 왼쪽 버튼을 클릭할 때다. 마우스 왼쪽 버튼을 클릭하면 YHD3_DrawText라는 함수를 호출한다. DelayLoadApp.exe를 다시 실행시킨 다음, 실행 중인 상태에서 BasicDllDE3.dll을 삭제시킨 후에 마우스 왼쪽 버튼을 클릭해보자. 그러면 다음과 같은 예외 박스를 출력하고 프로그램은 종료될 것이다.

그림 7-2 DLL이 존재하지 않을 경우의 예외

'DLL이 없는데 당연한 결과가 아닌가?'라고 반문한다면 DLL을 삭제해도 별문제 없이 성공했다는 사실을 한 번 더 곰곰히 생각해보기 바란다. 암시적 로딩의 경우에 동일한 조치를 취한다면 DLL 삭제 시 다음 그림과 같은 예외가 발생하면서 삭제 자체가 허용되지 않는다. 이미 DLL이 로드되어 UseDllAppDE3.exe의 주소 공간에 매핑되어 있기 때문이다.

그림 7-3 실행 중인 PE 삭제 시의 예외

하지만 지연 로드의 경우, 위의 예외 메시지 박스 출력 없이 DLL이 삭제된다는 것은 결국 최초로 마우스 왼쪽 버튼을 클릭하기 전까지는 해당 DLL이 로드되어 있지 않다는 것을 의미한다. 그리고 마우스를 클릭했을 때 프로그램이 다운된다는 것은 어찌됐든 DLL 로드 과정에서 어떤 문제가 발생했기 때문임을 의미한다. 이번에는 DelayLoadApp.exe를 실행하기 전에 미리 BasicDllDE3. dll을 삭제하거나 다른 이름으로 변경한 후 실행해보자. DelayLoadApp.exe는 정상적으로 실행됨을 확인할 수 있다. 그러나 역시 마찬가지로 최초 마우스 왼쪽 버튼을 클릭할 때 이 프로그램은 다운될 것이다. 이것은 비록 링크 시에 BasicDllDE3.lib를 지정하여 암묵적 링크를 지시했지만 DelayLoadApp.exe가 로드될 때 BasicDllDE3.dll을 로드하지 않고 마우스 왼쪽 버튼을 처음 클릭할 때 비로소 Dll을 로드했다는 것을 짐작할 수 있다. 위 두 경우의 테스트를 통해 DLL 지연 로드와 암묵적 로드 사이에 어떤 차이가 존재하는지 명확히 알 수 있을 것이다.

지연 로드를 사용하기 위해 두 가지를 추가로 설정했다. 그러면 이 각각의 설정이 무엇을 의미하는지 알아보자. 첫째, DelayImp.lib 라이브러리를 링크하도록 했다. DelayImp.lib 라이브러리에는 __delayLoadHelper2 함수가 있으므로 링커는 이 함수를 DelayLoadApp.exe에 끼워 넣는다. 둘째, '/DelayLoad:BasicDllDE3.dll' 옵션인데, 이 지시어는 링커로 하여금 다음의 조치를 취하도록 했다.

① 실행 파일 이미지의 가져오기 섹션에 BasicDllDE3.dll 관련 정보를 만들지 않도록 함으로써 운영체제 로더가 프로세스 초기화 시에 암묵적으로 BasicDllDE3.dll을 로딩하지 못하도록 한다.

② .didat라는 지연 로드 섹션(Delay Import Section)을 실행 파일 이미지에 끼워 넣는데, 이 섹션은 UseDllAppDE3.dll에서 어떤 함수를 가져와야 하는지에 대한 정보를 담고 있다.

③ 지연 로드될 함수(BasicDllDE3.dll 내에 정의된 함수)에 대한 최초 호출을 실제 함수의 호출을 담당하는 __delayLoadHelper2 함수를 실행하는 래퍼 함수 호출로 대체한다.

여기서 ③의 내용은 지연 로드될 DLL이 내보낸 함수를 호출하는 것은 곧 __delayLoadHelper2를 대신 호출하는 것을 의미한다. __delayLoadHelper2가 호출되면 이 함수 내부에서는 다음과 같은 작업을 수행한다.

- 지연 로드 섹션을 참조하여 해당 DLL을 LoadLibrary를 통해 로드한 후 GetProcAddress로 해당 모듈의 주소를 획득한다.
- 획득한 함수의 주소를 고정시켜 해당 지연 로드된 함수의 호출이 __delayLoadHelper2가 아닌 획득한 해당 모듈에 대한 호출이 되도록 한다.
- 동일한 DLL 내의 다른 함수들 또한 이 과정을 통해 그들이 호출될 최초의 시간에 번지가 고정된다.

지금까지의 논의를 통해서 DLL 지연 로드의 특징을 살펴보았다. 이제 명시적 DLL 로드의 장점과 비교하여 DLL 지연 로드의 측면들을 살펴보자.

- 명시적 방식의 경우, 사용자가 원하는 시점에 DLL을 로딩 또는 언로드할 수 있다. 지연 로드의 경우, 내보낸 함수가 최초로 호출될 때 DLL이 로드되고 함수도 호출된다. DLL 언로드의 경우 지연 로드 방식에서도 지원된다.
- 명시적 방식의 경우, 해당 DLL이 존재하지 않거나 아니면 DLL 내에 지정된 함수가 존재하지 않을 때 에러 처리를 통해 사전에 예외 발생을 대비할 수 있다. 지연 로드의 경우, 다소 복잡하기는 하지만 구조적 예외 처리(SEH)를 통해 사후 처리가 가능하다.

그러면 위의 두 사항에 있어서 지연 로드 아키텍처가 제공하는 DLL 언로드와 예외 처리에 대해 살펴보기로 하자.

7.1.2 DLL 언로드 및 바운드 해제

먼저 지연 로드된 DLL의 언로드 또는 매핑 해제의 측면을 알아보자. 지연 로드된 DLL에 대한 언로드는 프로젝트 설정을 통해 간단히 해결되며, 다음의 과정을 거치면 된다. 먼저 링크 시 '/Delay:Unload' 스위치나 프로젝트 설정의 **[링커 → 고급: 지연 로드된 DLL 언로드]** 옵션을 설정한다.

그림 7-4 [링커 → 고급] 탭의 '지연 로드된 DLL 언로드/바인딩 안 함' 설정

❶ 옵션이 하는 기능은 링커로 하여금 DelayImp.lib에 정의된 __FUnloadDelayLoaded-
DLL2 함수를 실행 이미지 내에 링크시키도록 지시하는 역할이다. 그런 다음 사용자는 언로드하기
를 원하는 시점에서 _FUnloadDelayLoadedDLL2 함수를 호출한다.

```
EXTERN_C BOOL WINAPI __FUnloadDelayLoadedDLL2(LPCSTR szDll);
```

szDll 매개변수는 지연 로드된 DLL의 이름을 담은 문자열의 포인터가 된다. __FUnload-
DelayLoadedDLL2 함수는 앞서 링크한 DelayImp.lib에 정의되어 있으며, 이 함수를 사용하려
면 DelayImp.h 헤더 파일을 인클루드해야 한다. 이 함수 내에서 FreeLibrary 함수를 통해 실제적
인 DLL 언로드가 이루어진다.

다음은 __FUnloadDelayLoadedDLL2 함수를 사용한 예다. 언로드하는 시점을 마우스 왼쪽 버
튼을 더블클릭했을 때로 정하고, 앞에서 사용한 DelayLoadApp.cpp에서 DelayImp.h를 인클루
드해 다음의 내용을 추가한다.

```
LRESULT CALLBACK WndProc(HWND hWnd, UINT uMsg, WPARAM wParam, LPARAM lParam)
{
  HDC        hDC;
  PAINTSTRUCT ps;
  RECT       rc;
  static char szOutBuf[] =
     TEXT("The Most Simple Windows GUI Program by YHD.");

  switch(uMsg)
  {
       ⋮
    case WM_LBUTTONDBLCLK:
    {
       __FUnloadDelayLoadedDLL2 ("DllBasicDecl.dll");
    }
    return 0;
  }

  return DefWindowProc(hWnd, uMsg, wParam, lParam);
}*
```

* 마우스 더블클릭이 가능하게 하려면 윈도우 클래스 등록 시 다음과 같이 CS_DBLCLKS 플래그를 추가로 논리합을 해줘야 한다.
  wndclass.style = CS_HREDRAW|CS_VREDRAW | CS_DBLCLKS;

실행 파일을 만들어서 더블클릭 후에 언로드되는지 확인해보라. 확인하는 방법은 다양하다. 마우스 왼쪽 버튼을 클릭해서 YHD3_DrawText 함수가 최초 호출되도록 만든 후 DLL을 삭제해보라. BasicDllDE3.dll이 이미 로드되어 있기 때문에 삭제되지 않을 것이다. 그 상태에서 더블클릭을 한 후 다시 삭제하면 이번에는 BasicDllDE3.dll이 삭제될 것이며, 이는 언로드되었음을 의미한다.

다음으로 [그림 7-4]의 ❷ 옵션인 [링커 → 고급: 지연 로드된 DLL 바인딩 안 함]을 살펴보자. 앞서 6장에서 DLL 바인딩에 대하여 논의하였다. 바인딩 처리는 EditBin 툴을 이용하여 지연 로드될 DLL에도 적용 가능하다. 그리고 '지연 로드된 DLL 바인딩 안 함' 옵션은 암시적 링크를 통해 가져올 DLL에 대해 바인딩을 금지하는 [링커 → 일반: Dll 바인딩 방지] 옵션과 마찬가지로 지연 로드될 DLL에 대한 바인딩을 허용할지를 설정하는 옵션이다. VC++ 링커는 디폴트로 바인딩을 허용하도록 이 옵션에 대해 별도의 설정이 되어 있지 않지만, 만약 이 옵션을 "예(/DELAY:NOBIND)"로 설정하면 PE 파일 자체에 대한 DLL 선 바인딩을 금지시킨다.

7.1.3 예외 처리

지연 로드 DLL이 존재하지 않거나 해당 API가 존재하지 않는 경우에 대한 처리를 살펴보자. 앞서 두 조건이 충족되지 않았을 때 [그림 7-2]와 [그림 7-3]처럼 나타나는 것을 확인했다. 지연 로드의 경우에 이런 두 가지 예외의 경우에 대하여 VC++는 __try~__except 프레임을 통한 구조적 예외 핸들링(Structured Exception Handling, 이하 SEH)[*]을 통해서 그 예외를 처리할 수 있도록 다음과 같은 소프트 예외를 발생시킨다.

- **해당 DLL이 존재하지 않는 경우**

  VcppException (ERROR_SEVERITY_ERROR, **ERROR_MOD_NOT_FOUND**)

- **해당 DLL은 존재하지만 API가 존재하지 않는 경우**

  VcppException (ERROR_SEVERITY_ERROR, **ERROR_PROC_NOT_FOUND**)

VcppException은 DelayImp.h에 정의되어 있는 매크로 함수로, Facility 값 0x6D를 갖는 HRESULT 형태의 에러 코드로 변환하는 기능을 한다.

```
#define FACILITY_VISUALCPP       ((LONG)0x6d)
#define VcppException(sev, err)  ((sev) | (FACILITY_VISUALCPP<<16) | err)
```

---

[*] 구조적 예외 처리(SEH)는 5부에서 32비트와 64비트를 상세하게 설명하고 있기 때문에, 여기서는 별도의 사용법은 설명하지 않는다.

ERROR_MOD_NOT_FOUND와 ERROR_PROC_NOT_FOUND는 GetLastError 함수를 통해서 얻을 수 있는 에러 코드다. 사실 __delayLoadHelper2에서 LoadLibrary를 통해 해당 모듈을 획득하지 못하거나 GetProcAddress를 통해 해당 프로시저 획득에 실패할 경우에 대하여, RaiseException 함수를 이용하여 FACILITY_VISUALCPP로 정의된 소프트웨어 예외를 의도적으로 발생시킨다. RaiseException 함수에 의해 발생된 예외는 __try~__except 프레임을 통해서 잡을 수 있다. 그러면 예외를 잡는 예를 살펴보자.

```
case WM_LBUTTONDOWN  :
{
    TCHAR szOutMsg[128];
    HDC hDC = GetDC(hWnd);
    POINT pt;

    __try
    {
        pt.x = LOWORD(lParam), pt.y = HIWORD(lParam);
        wsprintf(szOutMsg,
                _T("Mouse Position => X : %d, Y : %d"), pt.x, pt.y);
        YHD3_DrawTextPos(hDC, szOutMsg, pt);
    }
    __except(DelayLoadExceptFileter(GetExceptionInformation()))
    {
    }
    ReleaseDC(hWnd, hDC);
}
return 0;
```

YHD3_DrawTextPos 함수를 호출하는 부분에 __try~__except 프레임을 설치하여 이 함수 실행 중에 발생하는 모든 예외를 잡을 수 있도록 만들었다. 이때 중요한 함수가 **DelayLoadExceptFileter**라는 예외 필터 함수며, 이 함수에 대한 정의는 다음과 같다.

```
LONG WINAPI DelayLoadExceptFileter(PEXCEPTION_POINTERS pEP)
{
    LONG lFilter = EXCEPTION_EXECUTE_HANDLER;
    PDelayLoadInfo pDLI = (PDelayLoadInfo)
```

```
        pEP->ExceptionRecord->ExceptionInformation[0];
    TCHAR szOut[512];


    switch(pEP->ExceptionRecord->ExceptionCode)
    {
        case VcppException(ERROR_SEVERITY_ERROR, ERROR_MOD_NOT_FOUND) :
            wsprintf(szOut, "DLL %s을 찾을 수 없습니다.", pDLI->szDll);
        break;


        case VcppException(ERROR_SEVERITY_ERROR, ERROR_PROC_NOT_FOUND)  :
            if(pDLI->dlp.fImportByName)
                wsprintf(szOut, "함수 %s를 DLL %s에서 찾을 수 없습니다.",
                    pDLI->dlp.szProcName, pDLI->szDll);
            else
                wsprintf(szOut,
                    "함수의 서수 %d번을 DLL %s에서 찾을 수 없습니다.",
                    pDLI->dlp.dwOrdinal, pDLI->szDll);
        break;


        default :
            lFilter = EXCEPTION_CONTINUE_SEARCH;
        break;
    }


    if(lFilter == EXCEPTION_EXECUTE_HANDLER)
        MessageBox(NULL, szOut, TEXT("예외발생 테스트"), MB_OK|MB_ICONERROR);


    return lFilter;
}
```

DelayLoadExceptFileter 함수는 EXCEPTION_POINTERS 구조체에 대한 포인터를 인자로 담고 있다. EXCEPTION_POINTERS 구조체는 EXCEPTION_RECORD 구조체에 대한 포인터를 담고 있는 ExceptionRecord 필드와 스레드 문맥(Context) 구조체인 CONTEXT의 포인터를 담고 있는 ContextRecord 필드를 가지고 있다.

다음은 EXCEPTION_RECORD 구조체에 대한 정의다.

```
typedef struct _EXCEPTION_RECORD
{
   DWORD      ExceptionCode;
   DWORD      ExceptionFlags;
   struct _EXCEPTION_RECORD* ExceptionRecord;
   PVOID      ExceptionAddress;
   DWORD      NumberParameters;
   ULONG_PTR  ExceptionInformation[EXCEPTION_MAXIMUM_PARAMETERS];
} EXCEPTION_RECORD, *PEXCEPTION_RECORD;
```

EXCEPTION_POINTERS 구조체와 EXCEPTION_RECORD 구조체는 15장에서 상세하게 설명할 예정이다. ExceptionCode 필드에는 예외가 발생한 원인을 나타내는 코드를 담고 있다. 따라서 각각 다음의 두 예외 코드를 담고 있기 때문에, 앞의 소스에서처럼 switch 문을 통해 해당 예외의 원인을 파악할 수 있다.

```
VcppException (ERROR_SEVERITY_ERROR, ERROR_MOD_NOT_FOUND)
VcppException (ERROR_SEVERITY_ERROR, ERROR_PROC_NOT_FOUND)
```

다음으로, ExceptionInformation 필드는 플랫폼에 따라 4 또는 8바이트 크기의 메모리 주소나 정수를 담을 수 있는, ULONG_PTR 타입의 엔트리를 가진 배열이다. 이 배열의 크기는 EXCEPTION_MAXIMUM_PARAMETERS에 지정되어 있고, 실제로 사용된 엔트리 개수는 NumberParameters 필드로 확인할 수 있다. 이 배열의 목적은 발생된 예외에 대한 부가적인 정보를 제공하는 데 있다. 7.2절에서 상세하게 살펴보겠지만 미리 DelayHlp.cpp 파일에 정의되어 있는 __delayLoadHelper2 함수 정의 부분을 잠깐 열어보면 예외를 발생시키는 부분이 있을 것이다.

```
if (hmod == 0)
{
   PDelayLoadInfo rgpdli[1] = { &dli };
   RaiseException(
      VcppException(ERROR_SEVERITY_ERROR, ERROR_MOD_NOT_FOUND),
      0, 1, PULONG_PTR(rgpdli));
   return dli.pfnCur;
}
```

이 소스는 LoadLibrary 함수가 실패했을 경우 예외를 던지는 부분이다. RaiseException 함수는 첫 번째 매개변수로 예외 코드(EXCEPTION_RECORD 구조체의 ExceptionCode 필드에 해당하는 값)를, 두 번째 매개변수로 EXCEPTION_RECORD 구조체의 ExceptionFlags 필드에 해당하는 값을, 그리고 세 번째는 NumberParameters, 네 번째는 ExceptionInformation에 해당하는 정보들을 넘겨받는다. 위 소스에서처럼 ERROR_MOD_NOT_FOUND를 에러 코드에 해당하는 매개변수로 부가 정보 배열의 엔트리 개수를 1로 설정하며, 이때 부가 정보는 DelayLoadInfo 구조체에 대한 번지값과 dli 변수에 대한 번지값을 매개변수로 설정하여 RaiseException을 호출하는 것을 볼 수 있다. 그러면 DelayLoadExceptFileter에서는 해당 에러 코드와 함께 ExceptionInformation을 통해 DelayLoadInfo 구조체의 포인터를 획득하여 그 내용을 참조할 수 있다.

다음은 DelayLoadInfo 구조체로, DelayImp.h에 정의되어 있다.

```
typedef struct DelayLoadInfo
{
    DWORD          cb;          // size of structure
    PCImgDelayDescr pidd;       // raw form of data (everything is there)
    FARPROC*       ppfn;        // points to address of function to load
    LPCSTR         szDll;       // name of dll
    DelayLoadProc  dlp;         // name or ordinal of procedure
    HMODULE        hmodCur;     // the hInstance of the library we have loaded
    FARPROC        pfnCur;      // the actual function that will be called
    DWORD          dwLastError; // error received (if an error notification)
} DelayLoadInfo, *PDelayLoadInfo;
```

위 구조체에서 pidd 필드는 7.2절에서 설명할 지연 로드 섹션의 구조체에 대한 포인터며, ppfn 필드가 가져올 함수에 대한 함수 포인터 값을 가진다. 그리고 szDll 필드는 로드할 DLL 이름을 담고 있는 문자열에 대한 포인터를 나타내며, hmodCur 필드는 LoadLibrary에 의해 로드된 DLL의 인스턴스 핸들을 담는다. dwLastError 필드는 에러가 통지되었을 때 GetLastError 함수를 통해 획득할 수 있는 에러 코드를 담으며, dlp 필드는 DelayLoadProc 구조체를 가리키는 포인터다. DelayLoadProc 구조체는 다음과 같다.

```
typedef struct DelayLoadProc
{
  BOOL          fImportByName;
  union
  {
    LPCSTR      szProcName;
    DWORD       dwOrdinal;
  };
} DelayLoadProc;
```

fImportByName은 TRUE인 경우 지연 로드될 DLL의 함수가 함수 이름을 통해 링크되며, FALSE인 경우 서수를 통해 링크됨을 지시한다. 결국 fImportByName 필드 값에 따라 그 값이 TRUE일 경우에는 공용체의 szProcName 필드가 사용되며, 이 필드는 가져올 함수 이름에 대한 포인터를 가리킨다. 반면에 FALSE일 경우에는 공용체의 dwOrdinal 필드가 사용되며, 이 필드 값은 그 함수에 대한 서수를 나타낸다. 다시 예외 처리 코드로 돌아가보자.

```
PDelayLoadInfo pDLI = (PDelayLoadInfo)
                      pEP->ExceptionRecord->ExceptionInformation[0];
```

위에서는 ExceptionInformation의 첫 번째 엔트리를 DelayLoadInfo의 포인터 형으로 형변환한다. 이것은 RaiseException 호출 시 마지막 매개변수에 DelayLoadInfo 구조체에 대한 포인터를 지정해줬기 때문에 가능하다. 따라서 DelayLoadInfo 구조체의 필드를 참조해서 예외에 대한 부가 정보를 출력할 수 있다. pDLI->szDll을 이용해 로드하고자 하는 DLL의 이름을 얻고, pDLI->dlp.szProcName을 통해서 함수명을 가져오고, pDLI->dlp.dwOrdinal을 통해서 해당 함수의 서수를 얻어올 수 있다. 위 소스를 직접 실행해서 의도적으로 예외를 일으키도록 한 예가 다음의 [그림 7-5]와 [그림 7-6]에 나와 있다. 위 소스는 본서의 샘플 프로젝트인 〈DelayLoadHook〉의 일부다.

우선, BasicDllDE3.dll을 삭제한 후 DelayLoadHook을 실행하여 마우스 오른쪽 버튼을 클릭했을 경우다. 예상대로 DLL이 없기 때문에 ERROR_MOD_NOT_FOUND 에러가 발생하므로, 다음과 같이 예외에 대한 메시지 박스가 출력된다.

그림 7-5 해당 DLL이 존재하지 않을 경우의 예외

다음으로, BasicDllDE3.dll 대신에 BasicDllDE.dll을 BasicDllDE3.dll로 이름을 변경한 후 첫 번째 경우와 동일하게 테스트해보자. 예상한 대로 DLL은 존재하지만 해당 함수 이름과 일치하는 함수를 찾을 수 없기 때문에, ERROR_PROC_NOT_FOUND 에러가 발생할 것이다.

그림 7-6 해당 DLL에서 가져올 함수가 존재하지 않을 경우의 예외

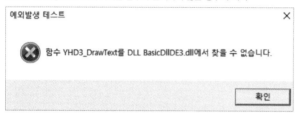

7.1.4 지연 로드 훅 설정

이제 DLL 지연 로드의 마지막 측면을 살펴보자. 지연 로드 훅이란 여러분이 정의한 콜백 함수를 통해 지연 로드의 각 단계별로 통지를 받을 수 있는 구조를 말한다. 앞서 언급한 것처럼 '/DelayLoad:BasicDllDE3.dll' 스위치는 결국 애플리케이션 내에서 지연 로드된 함수에 대한 최초의 호출을 __delayLoadHelper2에 대한 호출로 향하게 하는 것이다. 이는 애플리케이션에서의 가져오기 함수에 대한 최초의 호출은 __delayLoadHelper2 함수를 호출하게 되고, 이 __delayLoadHelper2 함수 내부에서 LoadLibrary와 GetProcAddress 함수를 통해 원래의 가져오기 함수에 대한 포인터를 획득한 후, 그 함수 포인터를 이용해서 해당 함수를 호출하는 단계를 거친다는 것을 의미한다. 이때 __delayLoadHelper2는 각 단계별로 후킹(Hooking) 함수가 설정되어 있는지를 체크하여 설정되어 있으면 그 함수를 호출하고, 반환값의 결과에 따라 다음 행위의 수행 여부를 결정하게 된다. 후킹 함수의 프로토타입은 DelayImp.h에 정의되어 있다.

```
typedef FARPROC (WINAPI *PfnDliHook)
(
    unsigned      dliNotify,
    PDelayLoadInfo pdli
);
```

unsigned dliNotify

dliNotify 매개변수는 다음처럼 열거자를 통해서 정의되어 있다.

```
// Delay load import hook notifications
enum
{
    dliStartProcessing,
    dliNoteStartProcessing = dliStartProcessing,
    dliNotePreLoadLibrary,
    dliNotePreGetProcAddress,
    dliFailLoadLib,
    dliFailGetProc,
    dliNoteEndProcessing,
};
```

위의 열거자는 PfnDliHook 함수가 호출된 원인을 나타내며, 다음과 같은 의미를 지닌다.

- **dliStartProcessing** : __delayLoadHelper2가 개시될 때, 즉 지연 로드 과정이 시작될 때
- **dliNotePreLoadLibrary** : LoadLibrary를 호출하기 직전
- **dliNotePreGetProcAddress** : GetProcAddress를 호출하기 직전
- **dliFailLoadLib** : LoadLibrary 호출에 실패했을 때
- **dliFailGetProc** : GetProcAddress 호출에 실패했을 때
- **dliNoteEndProcessing** : __delayLoadHelper2가 종료되기 직전, 즉 지연 로드 과정을 마쳤을 때

PDelayLoadInfo pdli

DelayLoadInfo 구조체에 대한 포인터를 나타낸다. 여러분은 여러분이 정의한 후킹 함수 내에서 이 구조체를 참조함으로써 지연 로드 과정의 여러가지 정보를 획득할 수 있다.

반환값 : FARPROC

여러분이 정의할 후킹 함수 내에서 관련된 처리를 한 후 그 결과를 어떻게 리턴하느냐에 따라 __delayLoadHelper2의 다음 행위가 달라진다. 비록 반환 타입은 FARPROC이지만 매개변수 dliNotify에 따라 다른 타입을 리턴해줘야 한다.

- **dliStartProcessing ➜ 반환 타입: FARPROC**

  지연 로드 개시를 알리는 통지기 때문에 크게 의미없다. 단순히 NULL을 리턴하면 __delayLoadHelper2는 다음 작업을 계속 수행하고, NULL이 아닌 값을 리턴하면 지연 로드 과정을 건너뛴다.

- **dliNotePreLoadLibrary ➜ 반환 타입: HMODULE**

  NULL을 리턴하면 __delayLoadHelper2는 다음 작업을 계속 수행한다. 만약 후킹 함수 내부에서 여러분이 직접 LoadLibrary나 GetModuleHandl 등을 통해 DLL을 로드했다면 그 핸들값을 HMODULE 타입으로 형변환하여 리턴하면 된다. 이때 __delayLoadHelper2는 LoadLibrary를 수행하지 않고 건너뛴다.

- **dliNotePreGetProcAddress ➜ 반환 타입: FARPROC**

  NULL을 리턴하면 __delayLoadHelper2는 다음 작업을 계속 수행한다. 만약 후킹 함수 내부에서 여러분이 직접 GetProcAddress 함수를 통해 해당 함수의 포인터를 획득하면 그 포인터를 리턴하면 된다. 이때 __delayLoad-Helper2는 GetProcAddress 함수 호출을 수행하지 않고 건너뛴다.

- **dliFailLoadLib ➜ 반환 타입: HMODULE**

  LoadLibrary 함수 실패에 의해 호출되기 때문에, 여러분이 다시 LoadLibrary 등의 함수 호출을 통해 문제점을 수정해주고 그 핸들을 리턴하면 __delayLoadHelper2는 그 핸들을 근거로 다음 작업을 계속 수행한다. NULL을 리턴하면 __delayLoadHelper2는 ERROR_MOD_NOT_FOUND에 해당하는 예외를 던지고 종료된다.

- **dliFailGetProc ➜ 반환 타입: FARPROC**

  GetProcAddress 함수 실패에 의해 호출되기 때문에 여러분이 다시 GetProcAddress 함수 호출을 통해 문제점을 수정해주고 그 함수의 포인터를 리턴하면 __delayLoadHelper2는 그 포인터를 근거로 다음 작업을 계속 수행한다. NULL을 리턴하면 __delayLoadHelper2는 ERROR_MOD_PROC_FOUND에 해당하는 예외를 던지고 종료된다.

- **dliNoteEndProcessing ➜ 반환 타입: 의미 없다.**

  지연 로드 종료를 알리는 통지기 때문에 크게 의미없다. 단순히 NULL을 리턴하면 되지만, 종료 상황이므로 반환값은 의미 없다.

__delayLoadHelper2는 훅의 설치를 다음과 같은 두 개의 전역 변수를 통해 감지한다.

```
EXTERN_C PfnDliHook    _pfnDliNotifyHook2;
EXTERN_C PfnDliHook    _pfnDliFailureHook2;
```

__pfnDliNotifyHook2는 상태 통지가 목적이기 때문에 dliNotify 매개변수가 dliStart-Processing, dliNotePreLoadLibrary, dliNotePreGetProc, dliNoteEndProcessing에 해당하는 경우에 호출된다. 반면에 __pfnDliFailureHook2는 에러가 발생했을 경우 다음의 두 가지 상황, 즉 dliFailLoadLib와 dliFailGetProc인 경우에 호출된다.

아래 소스는 지연 로드 훅 함수를 직접 설치해서 테스트하는 함수다. 역시 예제 소스의 DelayLoadHook.exe를 통해서 확인할 수 있다.

```c
FARPROC WINAPI DelayLoadHook(unsigned dliNotify, PDelayLoadInfo pDLI)
{
   FARPROC fp = NULL;
   TCHAR szOut[512];
   lstrcpy(szOut, L"DliHook 호출됨...(통지코드 : ");

   switch (dliNotify)
   {
   case dliStartProcessing:
      lstrcat(szOut, L"dliStartProcessing)");
      break;
   case dliNotePreLoadLibrary:
      fp = (FARPROC)(HMODULE)NULL;
      lstrcat(szOut, L"dliNotePreLoadLibrary)");
      break;
   case dliFailLoadLib:
      fp = (FARPROC)(HMODULE)NULL;
      lstrcat(szOut, L"dliFailLoadLib)");
      break;
   case dliNotePreGetProcAddress:
      fp = (FARPROC)NULL;
      lstrcat(szOut, L"dliNotePreGetProcAddress)");
      break;
   case dliFailGetProc:
      fp = (FARPROC)NULL;
      lstrcat(szOut, L"dliFailGetProc)");
      break;
   case dliNoteEndProcessing:
      lstrcat(szOut, L"dliNoteEndProcessing)");
```

```
      break;
  }
  MessageBox(NULL, szOut,
    L"DliHook 테스트", MB_OK | MB_ICONEXCLAMATION);
  return fp;
}
```

후킹 함수가 제대로 통지되도록 하기 위해서는 여러분이 정의한 후킹 함수를 등록해줘야 한다. 앞서 언급한 대로 후킹 함수에 대한 전역 변수가 정의되어 있기 때문에 다음과 같이 소스 상에서 전역 변수에 직접 설정하면 된다.

```
PfnDliHook __pfnDliFailureHook2 = DelayLoadHook;
PfnDliHook __pfnDliNotifyHook2  = DelayLoadHook;
```

다음 그림은 위의 소스를 실행했을 때 DLL을 호출하기 직전임을 나타내는 통지를 접수하는 과정이다.

그림 7-7 지연 로드 훅 설정 예

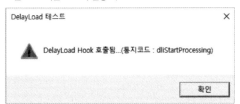

마지막으로 DLL 지연 로드 사용 시에 주의할 점을 정리하고 지연 로드 섹션의 덤프 분석으로 확인하기로 하자.

* 내보낸 변수에 대한 지연 로드는 지원되지 않는다. 해당 DLL이 내보낸 변수를 지연 로드를 통해 사용하려면 LoadLibrary 함수와 GetProcAddress 함수를 사용하여 명시적으로 처리해야 한다.
* Kernel32.dll 자체가 지연 로드 작업을 담당하는 __delayLoadHelper2, _FUnloadDelayLoadedDLL2 등의 지연 로드 헬퍼 루틴 수행에 필요한 DLL이기 때문에 Kernel32.dll에 대한 지연 로드는 지원되지 않는다.
* 포워딩된 함수에 대한 바인딩은 지원되지 않는다.
* 지연 로드될 DLL의 DllMain 함수에서 프로세스별로 초기화가 수행되면 지연 로드로 인해 동일한 초기화 행위가 발생하지 않을 수 있다. 또한 다음 장에서 설명할 정적 TLS는 LoadLibrary를 통해 DLL이 로드되는 경우에는 처리되지 않기 때문에, 지연 로드에서 사용할 경우에는 주의해야 한다. TlsAlloc, TlsFree, TlsGetValue 및 TlsSetValue를 사용하는 동적 TLS는 정적 또는 지연 로드된 DLL에 계속해서 사용할 수 있다.

- 가져온 함수의 포인터를 담는 전역/정적 변수를 사용하면 이 변수는 가져오기 함수를 위한 스텁 코드를 담고 있기 때문에 함수의 첫 번째 호출 후에 다시 초기화되어야 한다.
- 일반적인 가져오기 메커니즘을 사용하는 DLL에서 특정 함수만 지연 로드할 수 있는 방법이 현재까지는 없다.
- 사용자 정의 호출 관례(예를 들어, x86 아키텍처에 조건 코드를 사용하는 경우)는 지원되지 않는다. 또한 어떤 플랫폼에서도 부동 소수점 레지스터는 저장되지 않기 때문에, 사용자 지정 헬퍼 루틴 또는 후킹 루틴이 부동 소수점 형식을 사용하는 경우, 이러한 루틴은 부동 소수점 매개변수와 함께 레지스터 호출 규칙을 사용하여 컴퓨터에서 부동 소수점 상태를 완벽하게 저장 및 복원해야 한다.

지금까지 지연 로드의 여러 측면들을 차례대로 살펴보았다. 이제 다음 장에서는 지연 로드 섹션의 구조뿐만 아니라 로딩 과정이나 언로드, 예외 처리와 훅이 호출되는 상황 등에 대해 자세히 알아볼 것이다.

7.2 지연 로드 섹션

앞서 프로젝트 설정에서 지연 로드를 설정해주었을 때, 링커는 가져오기 섹션에 해당 DLL의 정보를 기록하지 않고 .didat라는 별도의 섹션을 만든다고 했다. 이제 .didat라는 지연 로드 섹션에 대하여 자세히 알아보도록 하자. 우선 DLL 지연 로드를 통하여 EXE를 만들었을 때 어떠한 변화가 생기는지 먼저 확인해보자. 다음은 Dumpbin을 통해서 '증분 링크' 옵션을 설정한 상태로 빌드한 DelayLoadApp.exe의 가져오기 섹션을 분석한 결과다.

```
Z:\PE_Test>dumpbin /imports x64\debug\DelayLoadApp.exe
Section contains the following imports:

USER32.dll
    14000C330 Import Address Table
    14000C7D0 Import Name Table
        ⋮           ⋮            ⋮
GDI32.dll
    14000C000 Import Address Table
    14000C4A0 Import Name Table
        ⋮           ⋮            ⋮
MSVCR120D.dll
    14000C188 Import Address Table
    14000C628 Import Name Table
```

```
              ⋮              ⋮              ⋮
KERNEL32.dll
    14000C060 Import Address Table
    14000C500 Import Name Table
          ⋮              ⋮              ⋮

  Section contains the following delay load imports:

  BasicDllDE3.dll
            00000001 Characteristics
    000000014000A2C8 Address of HMODULE
    000000014000D0A8 Import Address Table
    000000014000D040 Import Name Table
    000000014000D240 Bound Import Name Table
    000000014000D360 Unload Import Name Table
            0 time date stamp

        0000000140001D62 0000000140001D62        0 YHD6_CalcTextWidth
        0000000140001CD7 0000000140001CD7        0 YHD3_DrawText

  Summary

      1000 .data
      1000 .didat
      1000 .idata
        ⋮   ⋮
      6000 .text
```

앞서 UseDllAppDE3.exe의 가져오기 섹션과 상황이 달라진 것을 알 수 있다. 우선 가져오기 섹션에 BasicDllDE3.dll에 대한 정보가 없다. 정작 BasicDllDE3.dll의 정보는 위의 코드 중간에 "Section contains the following delay load imports:"라는 문장 아래에 별도로 위치해 있고 Summary 부분에 .didat 섹션이 보인다. 이제 DelayLoadApp.exe의 지연 로드 섹션을 덤프를 통해서 확인하자. 분석 대상으로 사용할 DelayLoadApp.exe는 '증분 링크' 옵션을 해제한 상태로 빌드될 PE 파일이다. '증분 링크' 옵션을 해제했기 때문에 .didat 섹션 역시 .rdata 섹션에 병합된다. 따라서 지연 로드 섹션의 오프셋과 크기를 획득하기 위해서는 데이터 디렉터리 헤더 배열의 IMAGE_DIRECTORY_ENTRY_DELAY_IMPORT 엔트리를 참조해야 한다. 이 점을 염두에 두고 먼저 DelayLoadApp.exe의 가져오기 섹션의 내용을 확인해보자. 아래 그림은 PE Explorer가 분석한 DelayLoadApp.exe의 가져오기 섹션의 내용이며, 엔트리 중 BasicDllDE3.dll에 대한 IMAGE_IMPORT_DESCRIPTOR 구조체 대신 'DELAY_IMPORT'라는 노드가 존재한다는 것을 알 수 있다.

그림 7-8 DelayLoadApp.exe의 가져오기 섹션과 지연 로드 섹션

	타입	오프셋:R...	크기	상세
DELAY IMPORT	BYTE[64]	00004D88	0x40(64)	
[0]BasicDllDE3.dll	ImgDelayDescr	00004D88	0x20(32)	2 functions
[1]NULL	ImgDelayDescr	00004DA8	0x20(32)	
IMPORT	BYTE[100]	00004E38	0x64(100)	
[0]USER32.dll	IMAGE_IMPORT_I	00004E38	0x14(20)	19 functions
[1]GDI32.dll	IMAGE_IMPORT_I	00004E4C	0x14(20)	1 functions
[2]MSVCR120D.dll	IMAGE_IMPORT_I	00004E60	0x14(20)	35 functions
[3]KERNEL32.dll	IMAGE_IMPORT_I	00004E74	0x14(20)	22 functions
[4]NULL	IMAGE_IMPORT_I	00004E88	0x14(20)	

7.2.1 ImgDelayDescr 구조체

지연 로드 섹션(.didat)은 32바이트 크기의 ImgDelayDescr 구조체 배열로 시작한다. 지연 로드 섹션 선두부터 지연 로드된 DLL의 개수 만큼의 ImgDelayDescr 구조체가 연속적으로 이어지고, 마지막에 ImgDelayDescr 구조체 배열의 끝을 나타내는 NULL ImgDelayDescr 구조체가 온다. ImgDelayDescr 구조체는 DelayImp.h에 다음과 같이 정의되어 있다.

```
typedef DWORD RVA;
typedef IMAGE_THUNK_DATA*       PImgThunkData;
typedef const IMAGE_THUNK_DATA* PCImgThunkData;

typedef struct ImgDelayDescr
{
  DWORD grAttrs;         // attributes
  RVA    rvaDLLName;     // RVA to dll name
  RVA    rvaHmod;        // RVA of module handle
  RVA    rvaIAT;         // RVA of the IAT
  RVA    rvaINT;         // RVA of the INT
  RVA    rvaBoundIAT;    // RVA of the optional bound IAT
  RVA    rvaUnloadIAT;   // RVA of optional copy of original IAT
```

```
    DWORD dwTimeStamp;      // 0 if not bound,
                            // O.W. date/time stamp of DLL bound to (Old BIND)
} ImgDelayDescr, * PImgDelayDescr;
typedef const ImgDelayDescr *    PCImgDelayDescr;
```

DWORD grAttrs

본 구조체의 속성을 나타낸다. 현재는 하나의 플래그만 정의되어 있다. 다음과 같이 DelayImp.h
에 DLAttr이라는 열거자가 존재한다.

```
enum DLAttr                 // Delay Load Attributes
{
    dlattrRva = 0x1,
};
```

유일하게 dlattrRva 플래그가 정의되어 있는데, 이 플래그의 의미는 해당 섹션이 가상 주소 대신
에 RVA를 사용한다는 것을 지시한다. VC 7.0 이전까지는 64비트에 대한 고려가 없었기 때문에
ImgDelayDescr 구조체에서 RVA 관련 필드들은 모두 VA를 의미했다. 따라서 이전 컴파일러
로 빌드한 PE의 경우에는 이 필드가 0인 경우도 존재하는데, 이 경우 관련 RVA 필드들은 모두
절대 번지로 설정된다. 하지만 grAttrs 필드가 0인 경우는 여기서는 다루지 않고 무시하기로 한
다. 따라서 dlattrRva라는 값은 VC 7.0 이후부터 의미가 있다.

RVA rvaDLLName

위의 정의에서처럼 RVA는 단순히 DWORD를 타입 재정의한 것이며, 해당 필드가 RVA임을 의
미한다. 그리고 rvaDLLName 필드는 지연 로드를 통해 가져올 DLL의 이름을 나타내는, NULL
로 끝나는 문자열에 대한 RVA다. 나중에 지연 로드가 이루어질 때 __delayLoadHelper2에
서 지연 로드할 DLL을 로드하기 위해 LoadLibrary를 호출하게 되는데, 이때 이 함수의 매개변
수로 이 필드가 가리키는 DLL 이름의 문자열을 전달하게 된다.

RVA rvaHmod

rvaHmod 필드는 HMODULE 타입의 메모리 영역에 대한 RVA를 가진다. HMODULE은 지
연 로드할 DLL의 PE 시작 번지, 즉 인스턴스 핸들을 의미하기 때문에 이 영역의 크기는 32비트

의 경우 4바이트가 되고 64비트의 경우 8바이트가 될 것이다. _delayLoadHelper2는 지연 로드 시 LoadLibrary의 반환값으로 획득되는 지연 로드 DLL의 인스턴스 핸들을 이 필드가 가리키는 RVA의 위치에 저장한다.

RVA rvaIAT

rvaIAT 필드는 지연 로드할 DLL이 내보낸 함수들에 대한 IAT를 가리키는 RVA 값을 가진다. 물론 IAT의 구조는 가져오기 섹션에서 설명한 것과 동일하다.

RVA rvaINT

rvaINT 필드는 지연 로드할 DLL이 내보낸 함수들에 대한 INT를 가리키는 RVA 값을 가진다. INT 구조 역시 가져오기 섹션에서 설명한 것과 동일하다.

RVA rvaBoundIAT

rvaBoundIAT 필드는 가져올 함수에 대한 바인딩된 번지를 담고 있는 별도의 IAT(Bound IAT)를 가리키는 RVA 값이다. 이 필드는 dwTimeStamp 필드와도 관련이 있다. 기본적으로 바인딩을 위한 IAT 버퍼가 이 필드가 가리키는 RVA 위치에 생성되지만, 이 IAT 테이블의 엔트리는 모두 0으로 설정된다. 링크 시에 '/Delay:Nobind' 스위치를 설정하면 이 필드 값 자체가 0으로 설정되며, IAT를 위한 별도의 버퍼는 존재하지 않는다.

RVA rvaUnloadIAT

RvaUnloadIAT 필드는 rvaIAT 필드가 가리키는 IAT(Unload IAT)에 대한 복사본을 가리키는 RVA 값이다. 이 필드는 '/DelayLoad:Unload' 스위치를 지정했을 경우에는 값을 가지지만, 옵션을 지정하지 않을 경우에는 0이 되고 복사본도 존재하지 않는다. 뒤에서 이 복사본의 용도에 대해 따로 설명할 것이다.

DWORD dwTimeStamp

일반적으로 이 필드는 0으로 설정된다. 하지만 지연 로드 DLL의 함수들이 미리 바인딩된 경우라면 dwTimeStamp 필드는 지연 로드된 DLL의 날짜/시간 스탬프 값을 갖게 되고, 이 경우 가져올 함수의 주소를 획득하기 위해 rvaBoundIAT 필드가 가리키는 IAT 엔트리를 참조하게 된다.

이제 실제로 DelayLoadApp.exe의 지연 로드 섹션을 덤프를 통해 분석해보자. 앞서 언급한 대로 .didat 섹션은 .rdata 섹션에 병합되기 때문에 지연 로드 섹션의 정보를 획득하기 위해서는 데이터 디렉터리 헤더 배열의 IMAGE_DIRECTORY_ENTRY_DELAY_IMPORT 엔트리를 참조해야 한다.

덤프 7-1 IMAGE_DIRECTORY_ENTRY_DELAY_IMPORT 엔트리의 덤프

	+0	+1	+2	+3	+4	+5	+6	+7	+8	+9	+A	+B	+C	+D	+E	+F
000001E0	00	50	00	00	88	02	00	00	88	67	00	00	40	00	00	00

- **VirtualAddress** : 0x00006788 (.rdata:0x00004D88)
- **Size** : 0x00000040 (64)

그러면 IMAGE_DIRECTORY_ENTRY_DELAY_IMPORT 엔트리의 VirtualAddress 필드가 가리키는 RVA 0x00006788의 위치를 찾아보자. 이 RVA는 .rdata 섹션에 위치하며, 그 오프셋은 PE 파일 오프셋 0x00004D88이 된다.

다음은 파일 오프셋 0x00004D88에서 시작하는 DelayLoadApp.exe의 덤프다.

덤프 7-2 DelayLoadApp.exe의 지연 로드 섹션 덤프

	+0	+1	+2	+3	+4	+5	+6	+7	+8	+9	+A	+B	+C	+D	+E	+F
00004D80	50	1E	00	00	40	04	00	00	01	00	00	00	F0	56	00	00
00004D90	A0	81	00	00	60	80	00	00	C8	67	00	00	08	68	00	00
00004DA0	20	68	00	00	00	00	00	00	00	00	00	00	00	00	00	00
00004DB0	00	00	00	00	00	00	00	00	00	00	00	00	00	00	00	00
00004DC0	00	00	00	00	00	00	00	00	F0	67	00	00	00	00	00	00

파일 오프셋 0x00004D88에서 시작하는 지연 로드 섹션은 ImgDelayDescr 구조체의 배열로 구성되며, 위의 덤프는 하나의 ImgDelayDescr 구조체와 배열의 끝을 알려주는 NULL ImgDelayDescr 구조체로 구성된다는 것을 보여준다. 이 덤프에서 첫 번째 엔트리에 해당하는 ImgDelayDescr 구조체의 내용은 다음과 같다.

표 7-1 ImgDelayDescr 구조체

필드	타입	값	상세
grAttrs	DWORD	0x00000001	dlattrRva
rvaDLLName	DWORD, RVA	0x000056F0	.rdata:0x00003CF0, BasicDllDE3_dll
rvaHmod	DWORD, RVA	0x000081A0	.data:0x000059A0
rvaIAT	DWORD, RVA	0x00008060	.data:0x00005860
rvaINT	DWORD, RVA	0x000067C8	.rdata:0x00004DC8
rvaBoundIAT	DWORD, RVA	0x00006808	.rdata:0x00004E08
rvaUnloadIAT	DWORD, RVA	0x00006820	.rdata:0x00004E20
dwTimeStamp	DWORD	0x00000000	–

그럼 위의 표를 바탕으로 ImgDelayDescr 구조체의 각 필드에 대하여 자세히 분석해보자.

| grAttrs ➝ 0x00000001 |

grAttrs 필드는 1이란 값을 가지므로, 이 값에 해당하는 플래그는 DLAttr 열거자의 dlattrRva며, 본 구조체에서 사용하는 주소 지정은 RVA임을 의미한다.

| rvaDLLName ➝ 0x000056F0 (.rdata:0x00003CF0) |

rvaDLLName 필드는 지연 로드할 DLL의 이름을 가리키므로 이 필드가 가리키는 RVA 0x000056F0는 .rdata 섹션에 위치하며, 파일 오프셋은 0x00003CF0이 된다. 그리고 이 위치에는 다음과 같이 DLL의 이름을 담고 있다.

	+0	+1	+2	+3	+4	+5	+6	+7	+8	+9	+A	+B	+C	+D	+E	+F
00003CF0	42	61	73	69	63	44	6C	6C	44	45	33	2E	64	6C	6C	00
	B	a	s	i	c	D	l	l	D	E	3	.	d	l	l	\0

파일 오프셋 0x00003CF0부터 시작되는 위 아스키 코드 문자열은 정확히 "BasicDllDE3.dll"을 나타낸다. 뒤에서 자세히 다루겠지만, 이 위치의 문자열은 DLL 지연 로드 시에 LoadLibrary 함수로 전달되는 매개변수, 즉 로드할 DLL의 문자열을 나타내는 매개변수로 지정된다. 소스 상의 표현은 다음과 같다.

```
PImgDelayDescr pIDD = 지연 로드 섹션 시작;
    ⋮
HMODULE hMod = LoadLibrary((PBYTE)&_ImageBase + pIDD->rvaDLLName);
```

| rvaHmod ➔ 0x000081A0 (.data:0x000059A0) |

우선 이 필드가 가리키는 RVA에 해당하는 파일 오프셋으로 이동해보자. RVA 0x000081A0은 .data 섹션에 위치하며, 파일 오프셋은 0x000059A0이 된다. 이 위치로 파일 포인터를 이동시켜 보자.

	+0	+1	+2	+3	+4	+5	+6	+7	+8	+9	+A	+B	+C	+D	+E	+F
000059A0	00	00	00	00	00	00	00	00	00	00	00	00	00	00	00	00

앞서 이 필드가 가리키는 곳의 영역 크기는 HMOUDLE 타입의 크기라고 했다. HMOUDLE은 HINSTANCE와 동일하며, 둘 다 HANDLE에 대한 타입 재정의가 되고 그 크기는 운영체제에 종속된다. 여기서는 64비트 운영체제를 예로 했기 때문에 8바이트가 되며, 위의 덤프에서는 이 영역의 값이 0으로 설정되어 있음을 알 수 있다. RvaDLLName 필드가 가리키는 위치가 읽기 전용인 .rdata 섹션이었던 반면에, 이 필드가 가리키는 위치는 읽기/쓰기가 가능한 .data 섹션이라는 사실에 유의하기 바란다. 이 필드가 가리키는 8바이트의 영역은 LoadLibrary 함수 호출의 결과로 리턴되는 HMODULE 값을 저장하기 위해 사용되기 때문에, 이 필드가 가리키는 영역은 .data 섹션에 위치하게 된다. 앞의 rvaDLLName 필드에서 예시했던 소스에 이어서 이 필드의 용도를 표현하면 다음과 같다.

```
HMODULE hMod = LoadLibrary (pIDD->rvaDLLName);
 *((HMODULE)((PBYTE)hMod + pIDD->rvaHmod) = hMod;
```

이렇게 RVA 0x000081A0 번지에 저장된 HMODULE 값은 나중에 GetProcAddress 함수를 통해 가져올 함수의 진입점을 획득할 때 사용된다. 이 과정은 애플리케이션이 실행 중에 수행되는 과정이므로, 당연히 디스크 상의 PE 파일에서의 이 영역은 NULL로 설정되어 있다.

| rvaIAT ➔ 0x00008060 (.data:0x00005860) |

rvaIAT 필드 값은 0x00008060이다. 이 위치 역시 .data 섹션 내에 존재하며, 이는 이 테이블의 엔트리에 대한 변경이 가능함을 의미한다. 또한 rvaIAT 필드는 IAT에 대한 RVA이고, 본 예제에서는 YHD3_DrawText와 YHD6_CalcTextWidth라는 두 개의 함수를 사용하기 때문에, 두 개의 IAT 엔트리가 존재할 것이라는 것을 짐작할 수 있다. 이 필드의 RVA 0x00008060에 해당하는 PE 파일 오프셋은 0x00005860이 된다.

	+0	+1	+2	+3	+4	+5	+6	+7	+8	+9	+A	+B	+C	+D	+E	+F
00005860	E6	1B	00	40	01	00	00	00	5B	1B	00	40	01	00	00	00
00005870	00	00	00	00	00	00	00	00	00	00	00	00	00	00	00	00

일반적으로 PE 상의 IAT가 바인딩되지 않았다면 INT 테이블의 값과 동일하다는 사실은 앞서 언급한 바 있다. 하지만 다음 필드인 rvaINT를 미리 확인해보면 실제 INT 테이블의 값과 다르다는 것을 알 수 있다. 그럼 이 IAT의 두 엔트리 값인 0x00000001`40001BE6과 0x00000001`40001B5B는 무엇을 의미할까? DelyaLoadApp.exe는 '임의 기준 주소' 옵션을 해제하고 빌드했기 때문에 IMAGE_OPTIONAL_HEADER의 ImageBase 필드는 0x00000001`40000000이다. 따라서 이 두 값은 RVA가 아니라, 가상 주소 공간 상의 실제 번지임을 짐작할 수 있다. IAT 엔트리에 실제 번지가 설정되는 경우는 EditBin 툴을 통해 PE 파일 상에서 미리 바인딩되었거나 PE가 메모리에 로드되고 난 후에나 가능하다. 하지만 DelyaLoadApp.exe는 미리 바인딩하지 않았음에도 메모리에 로드되기 전 상태인 디스크 상의 PE 파일 내의 IAT는 절대 번지를 엔트리로 갖는다. 어찌됐든 이 IAT의 두 엔트리는 YHD3_DrawText와 YHD6_CalcTextWidth 함수와 관련이 있을 것이라는 것은 충분히 짐작할 수 있다. 뒤에서 디버깅을 통해서 자세히 분석하겠지만, 이 두 번지는 가져온 함수의 최초 호출 시 DLL 로드와 두 함수의 포인터 획득을 담당하는 __delayLoadHelper2 헬퍼 함수 호출을 담고 있는 각각의 점프 스텁 코드의 번지가 된다. 이 두 점프 스텁 코드를 각각 'dimp_YHD3_DrawText'와 'dimp_YHD6_CalcTextWidth'라고 이름을 붙인다면 두 엔트리는 다음과 같다.

표 7-2 지연 로드 IAT 엔트리

인덱스	엔트리 RVA	값	RVA	스텁 코드
IAT[0]	0x00008060	0x00000001`40001BE6	0x00001BE6	dimp_YHD6_CalcTextWidth
IAT[1]	0x00008068	0x00000001`40001B5B	0x00001B5B	dimp_YHD3_DrawText

점프 스텁 코드는 증분 링크 성크 코드나 가져오기 성크 코드처럼 특정 주소로 점프하는 코드를 갖는데, 그 특정 주소는 '__tailMerge_BasicDllDE3_dll'이라는 함수의 진입점이 된다.

이 함수는 지연 로드된 DLL마다 생성되는 함수며, 만약 지연 로드 DLL을 두 개 이상 지정한다면 __delayLoadHelper2 함수를 호출하는 __tailMerge_XXXX_dll 형태로 그 DLL의 수만큼 생성될 것이다.

다음 그림은 DelyaLoadApp.exe의 .text 섹션에 존재하는 지연 로드 관련 함수들이다.

그림 7-9 .text 섹션의 지연 로드 관련된 함수

필드	타입	오프셋:RVA
[2]PiddFromDllName	BYTE[157]	00000AAC:000016AC
[3]__FUnloadDelayLoadedDLL2	BYTE[142]	00000BC0:000017C0
[4]__HrLoadAllImportsForDll	BYTE[114]	00000C50:00001850
[5]__delayLoadHelper2	BYTE[663]	00000CC4:000018C4
[6] tailMerge_BasicDllDE3_dll	BYTE[119]	00000F67:00001B67
IMP:0x000051D0:MSVCR120D.dll!wc	BYTE[6]	00000FF8:00001BF8

위의 그림에서 __delayLoadHelper2와 __FUnloadDelayLoadedDLL2 함수뿐만 아니라 __tailMerge_BasicDllDE3_dll 함수도 볼 수 있는데, 이 함수는 바로 __delayLoadHelper2 호출을 포함한 전후 처리를 담당한다. 따라서 두 점프 스텁은 다음과 같은 형식으로 구성된다.

```
dimp_YHD6_CalcTextWidth:
0x00000001'40001BE6      JMP __tailMerge_BasicDllDE3_dll
   :

dimp_YHD3_DrawText:
0x00000001'40001BE6      JMP __tailMerge_BasicDllDE3_dll
   :


__tailMerge_BasicDllDE3_dll:
  . . .
CALL __delayLoadHelper2
  . . .
```

위의 두 스텁 코드는 가져온 함수 자체가 아니라 가져온 함수의 호출을 담당한다. __delayLoad-Helper2 함수를 호출해주는 __tailMerge_BasicDllDE3_dll 함수로의 JMP 명령을 담고 있는 코드며, 컴파일러가 이 스텁 코드를 생성해서 코드 섹션에 삽입하기 때문에 링크 시에 두 스텁 코드의 번지는 이미 결정되어 있다. 따라서 이 두 스텁의 번지를 IAT의 엔트리 값으로 설정할 수 있다. 나중에 이 PE가 로드된 후 애플리케이션에서 YHD3_DrawText와 YHD6_CalcTextWidth 함수를 최초로 호출한다면 각각의 호출 스텁이 대신 실행되고, 이 스텁 코드는 코드 진행을

__delayLoadHelper2 함수를 호출하는 __tailMerge_BasicDllDE3_dll 함수의 진입부로 분기시킨다. 그리고 __delayLoadHelper2 함수는 LoadLibrary와 GetProcAddress 함수를 통해서 가져온 두 함수에 대한 실제 번지를 IAT의 엔트리로 저장한다. 이 과정이 완료되면 이제 IAT의 각 엔트리는 dimp_YHD3_DrawText 스텁과 dimp_YHD6_CalcTextWidth 스텁 코드에 대한 번지가 아닌 YHD3_DrawText와 YHD6_CalcTextWidth 함수의 실제 번지를 담기 때문에, 이후의 이 두 함수에 대한 호출은 더 이상 호출 스텁을 실행하는 것이 아니라 실제 함수의 실행으로 귀결된다. 7.2.2절에서 디버깅을 통해서 상세하게 이 과정을 추적할 예정이다.

| rvaINT ➜ 0x000067C8 (.rdata:0x00004DC8) |

rvaINT 역시 가져오기 섹션에서 설명했던 가져오기 이름 테이블과 동일하다. 이 필드의 RVA 값인 0x000067C8은 .rdata 섹션에 위치한 PE 오프셋 0x00004DC8이며, 이 오프셋이 INT 테이블의 시작 오프셋이다.

	+0	+1	+2	+3	+4	+5	+6	+7	+8	+9	+A	+B	+C	+D	+E	+F
00004DC0	00	00	00	00	00	00	00	00	F0	67	00	00	00	00	00	00
00004DD0	F0	67	00	00	00	00	00	00	00	00	00	00	00	00	00	00

두 개의 엔트리 값이 각각 0x00000000'000067F0과 0x00000000'000067E0이고, 가져오기 섹션에서 설명했던 대로 최상위 비트가 0이므로 RVA가 되며, 이 두 값을 PE 파일 오프셋으로 변환하면 0x00004DF0과 0x00004DE0이 된다. 이 오프셋으로 파일 포인터를 이동하면 다음과 같다.

	+0	+1	+2	+3	+4	+5	+6	+7	+8	+9	+A	+B	+C	+D	+E	+F
00004DE0	00	00	59	48	44	33	5F	44	72	61	77	54	65	78	74	00
00004DF0	00	00	59	48	44	36	5F	43	61	6C	63	54	65	78	74	57
00004E00	69	64	74	68	00	00	00	00	00	00	00	00	00	00	00	00

앞서 INT 테이블의 각 엔트리가 가리키는 RVA는 IMAGE_IMPORT_BY_NAME 구조체를 가리킨다고 했다. 이 구조체에 맞춰 위의 덤프를 분석하면 다음과 같다.

표 7-3 지연 로드 INT 엔트리

INT 엔트리 값(RVA)	오프셋	Hint	함수 이름
0 (0x000067F0)	0x00004DF0	0	YHD6_CalcTextWidth
1 (0x000067E0)	0x00004DE0	0	YHD3_DrawText

이와 같이 IMAGE_IMPORT_BY_NAME의 함수 이름을 통해서 해당 함수를 찾을 수 있다. 또한 앞서 가져오기 섹션에서 언급한 것처럼, 지연 로드할 DLL이 구체적인 서수가 지정된 것이라면 INT 테이블은 그 자체가 서수 테이블이 된다. 따라서 서수가 지정된 BasicDllMD3.dll을 지연 로드에 이용하면 INT 테이블의 엔트리는 서수를 담게 된다.

| rvaBoundIAT → 0x00006808 (.rdata:0x00004E08) |

이 필드는 만약 여러분이 '/Delay:Nobind' 스위치를 설정하면 0이 된다. 하지만 이 옵션은 디폴트로 해제되어 있기 때문에 이 필드는 값을 갖게 되고, 별도의 IAT를 위한 버퍼 역시 필드가 가리키는 RVA 위치에 생성된다. 이 필드는 바인딩을 대비한 IAT이기 때문에 해당 버퍼가 존재하더라도 엔트리는 모두 0으로 초기화되어 있다. 이 필드 값인 0x00006808에 해당하는 파일 오프셋 0x00004E08의 덤프를 확인해보자. 하지만 이 필드는 설정은 되더라도 실제로 그 위치로 가보면 0으로 되어 있다.

	+0	+1	+2	+3	+4	+5	+6	+7	+8	+9	+A	+B	+C	+D	+E	+F
00004E00	69	64	74	68	00	00	00	00	00	00	00	00	00	00	00	00
00004E10	00	00	00	00	00	00	00	00	00	00	00	00	00	00	00	00

또한 앞서 확인한 것처럼 dwTimeStamp 역시 0이다. 하지만 실제로 바인딩되었다면 이 IAT의 엔트리는 가져올 함수들에 대한 실제 번지를 담게 될 것이며, dwTimeStamp 값 역시 설정될 것이다. 사실 지연 로드에 대한 바인딩의 의미는 다소 모호하며 의미가 별로 없다. 확실한 것은 '/Delay:Nobind' 스위치를 설정하면 이 필드는 0이 되며, 바인딩을 위한 별도의 IAT 버퍼도 존재하지 않는다.

| rvaUnloadIAT → 0x00006820 (.rdata:0x0x00004E20) |

만약 여러분이 '/Delay:Unload' 스위치를 설정하지 않으면 이 필드는 0이 된다. 하지만 본 예제에서는 지연 로드된 DLL의 언로드를 지원하기 위하여 '/Delay:Unload' 스위치를 지정했다. 그 결과 이 필드는 RVA 0x00006820의 값을 가진다. 이 값의 PE 파일 오프셋은 .rdata 섹션에 소속된 0x0x00004E20이고, 아래에 그 덤프가 나와 있다.

	+0	+1	+2	+3	+4	+5	+6	+7	+8	+9	+A	+B	+C	+D	+E	+F
00004E20	E6	1B	00	40	01	00	00	00	5B	1B	00	40	01	00	00	00
00004E30	00	00	00	00	00	00	00	00	88	6A	00	00	00	00	00	00

앞에서의 설명대로 rvaIAT 필드가 가리키는 IAT와 엔트리 값이 모두 동일하다는 것을 알 수 있다. 다시 말해 rvaIAT 필드가 가리키는 IAT의 복사본이 된다. 이렇게 IAT의 복사본을 갖는 이유는 DLL이 언로드된 후 지연 로드 IAT를 원래 IAT의 엔트리로 복원하기 위해서다. DLL이 지연 로드되어 해당 함수들에 대한 실제 진입점이 IAT에 기록된 후 여러분이 소스 상에서 __FUnloadDelayLoadedDLL2를 호출하면, DLL을 언로드한 후 IAT는 원래의 값, 즉 dimp_YHD3_DrawText와 dimp_YHD6_CalcTextWidth 스텁 코드에 대한 번지로 복원되어야 나중에 다시 지연 로드 기능을 수행할 수 있다. 이때 rvaUnloadIAT 필드가 가리키는 이 IAT로부터 각 엔트리의 값을 복사하여 IAT를 DLL을 로드하기 전 상태로 복원시킨다.

다음 그림은 지금까지 분석한 결과를 토대로 ImgDelayDescr 구조체와 관련 정보들을 나타낸 것으로, PE가 실행되기 전 디스크 상의 PE에 존재하는 지연 로드 섹션의 구성을 보여준다.

그림 7-10 디스크 상의 PE 지연 로드 섹션 구성

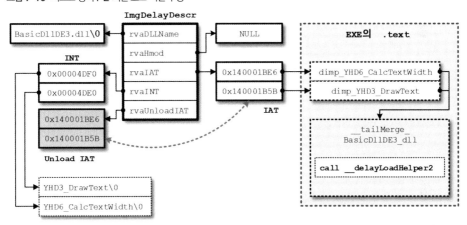

7.2.2 DLL 지연 로드 과정

이제 실제 디버깅으로 지연 로드의 과정을 따라가면서 어떻게 지연 로드가 수행되는지에 대하여 살펴보자. 또한 그 반대로 지연 로드된 DLL에 대해 언로드가 수행되는 과정도 함께 분석할 것이다. 특히 여기서는 비주얼 스튜디오 폴더 아래에 'VC\include' 폴더에 존재하는 DelayHlp.cpp에 대한 상세한 분석을 수행할 것이다. 원래 지연 로드에 대한 의사 코드를 통해 지연 로드의 과정을 소개하고자 하였으나, DelayHlp.cpp에 그 내용이 상세히 나와 있고 코드 자체도 그렇게 복잡하지 않기 때문에 DelayHlp.cpp를 분석하는 것만으로도 소기의 목적은 달성할 수 있을 것이다.

1) 지연 로드 : __delayLoadHelper2의 과정

DLL 지연 로드의 과정을 디버깅을 통해서 따라가보자. 우선 디버거로 DelayLoadApp.exe를 실행시킨 후 YHD3_DrawText 함수를 호출하는 부분에 중단점을 걸어두고 마우스 왼쪽 버튼을 클릭하면 실행 커서는 YHD3_DrawText 호출 위치에서 멈출 것이다. 이때 디스어셈블리 창으로 전환하면 다음과 같은 어셈블리 코드를 볼 수 있다.

```
   YHD3_DrawText(hDC, szOutMsg, pt);
000000014000136E     4C 8B 84 24 58 01 00 00  mov  r8, qword ptr [rsp+158h]
0000000140001376     48 8D 54 24 40           lea  rdx, [rsp+40h]
000000014000137B     48 8B 8C 24 48 01 00 00  mov  rcx, qword ptr [rsp+148h]
0000000140001383     FF 15 DF 6C 00 00        call qword ptr
                                                   [dimp_YHD3_DrawText (0140008068h)]
```

이제 코드 번지 0x00000001`40001383까지 실행 커서가 위치하도록 디버깅을 진행하자. 이 코드 번지의 CALL 명령의 메모리 참조 오퍼랜드가 되는 0140008068h는 이미 [표 7−2]에서 확인했던 대로 ImgDelayDescriptor의 rvaIAT 필드가 가리키는 IAT의 엔트리들 중에서 IAT[1]의 번지, 다시 말해 &IAT[1]이 된다. 그리고 IAT[1]은 점프 스텝 dimp_YHD3_DrawText 코드의 실제 번지 0x00000001`40001B5B를 담고 있다. 메모리 창에서 0x00000001`40008060을 주소 입력 창에 입력하고 이 위치로 메모리 창을 이동시켜보라.

그림 7-11 메모리 상의 지연 로드 IAT

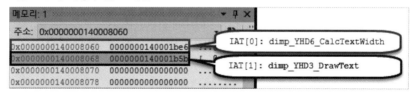

위의 메모리 창과 [표 7−2]를 비교해보면 IAT의 각 엔트리 값이 동일한 것을 확인할 수 있다. 그러면 스텝 코드인 dimp_YHD3_DrawText를 직접 확인해보자. 코드 번지 0x00000001`40001383 에서 F11 키를 눌러 CALL의 대상 오퍼랜드 QWORD PTR [0140008068h]의 값이 되는 번지 0x00000001`40001B5B로 가보자. 다음은 0x00000001`40001B5B 번지에서 시작하는 어셈블리 코드다. 코드가 길기 때문에 간결하게 표현하기 위하여 코드 바이트 표시 부분은 제거했다.

```
dimp_YHD3_DrawText:
0140001B5B ① lea   rax, [__imp_YHD3_DrawText (0140008068h)]
0140001B62    jmp   __tailMerge_BasicDllDE3_dll (0140001B67h)


0140001B67 ② mov   qword ptr [rsp+8], rcx

   __tailMerge_BasicDllDE3_dll 함수 진입점

       ⋮         ⋮              ⋮

0140001B97    mov   rdx, rax
0140001B9A    lea   rcx, [__DELAY_IMPORT_DESCRIPTOR_BasicDllDE3_dll (0140006788h)]
0140001BA1 ③ call  __delayLoadHelper2 (01400018C4h)

   __delayLoadHelper2 함수 호출

       ⋮         ⋮              ⋮

0140001BDC    jmp   __tailMerge_BasicDllDE3_dll+77h (0140001BDEh)
0140001BDE ④ jmp   rax
       ⋮         ⋮              ⋮


dimp_YHD6_CalcTextWidth:
0140001BE6 ⑤ lea   rax, [__imp_YHD6_CalcTextWidth (0140008060h)]
0140001BED    jmp   __tailMerge_BasicDllDE3_dll (0140001B67h)
```

0x00000001`40001B5B 번지에 해당하는 코드 ①에서는 rax 레지스터에 번지값 0140008068h,
즉 지연 로드 IAT의 엔트리 1인 IAT[1]의 번지 &IAT[1]의 값을 설정하고 난 후, 함수
__tailMerge_BasicDllDE3_dll의 시작 번지에 해당하는 0140001B67h로 점프한다. 이
는 코드 ⑤도 동일한 구조인데, ⑤에서는 IAT[0]의 번지 0140008060h를 rax에 설정한 후
__tailMerge_BasicDllDE3_dll의 시작 번지로 점프한다. 지금까지 확인한 대로 IAT의 두 엔트
리의 번지 0x0x00000001`40001BE6과 0x00000001`40001B5B는 바로 rax 레지스터에 각 엔
트리의 시작 번지를 설정한 후, __tailMerge_BasicDllDE3_dll의 시작 번지로 점프하는 점프
스텁 dimp_YHD6_CalcTextWidth와 dimp_YHD3_DrawText 코드의 번지가 된다.

__tailMerge_BasicDllDE3_dll 함수의 시작 번지는 코드 ②에 해당하는 0x00000001`40001B62
다. 실제 함수 정의는 좀 더 복잡하지만 __tailMerge_BasicDllDE3_dll 함수의 핵심은 바로
③의 __delayLoadHelper2 함수 호출이다. 이 함수의 프로토타입은 다음과 같다.

```
EXTERN_C FARPROC WINAPI __delayLoadHelper2
(
    PCImgDelayDescr pidd,
    FARPROC*        ppfnIATEntry
);
```

__delayLoadHelper2 함수의 첫 번째 매개변수 pidd는 지연 로드할 DLL에 대한
ImgDelayDescr 구조체의 포인터를 요구한다. 두 번째 매개변수 ppfnIATEntry는 DLL이 내보
낸 함수에 해당하는 IAT 엔트리의 번지를 담는다. 최종적으로 이 함수는 DLL이 내보낸 함수의 실
제 번지를 FARPROC 타입으로 반환한다. 그러면 __delayLoadHelper2 함수를 호출하는 코
드 ③으로 가보자. 실제 CALL 명령을 실행하기 직전에 __delayLoadHelper2 함수 호출을 위
한 매개변수를 설정해야 하므로, 이 코드에서는 두 줄의 코드가 매개변수를 설정하게 된다. 12장
에서 자세히 다룰 예정이지만 미리 간단히 언급하면, 매개변수의 전달은 32비트의 경우 스택을 통
해 전달하지만 64비트의 경우 처음 4개의 매개변수는 차례대로 rcx, rdx, r8, r9 레지스터를 통
해서, 나머지 매개변수는 스택을 이용해서 전달한다. 따라서 pidd 매개변수는 rcx 레지스터에,
ppfnIATEntry 매개변수는 rdx 레지스터를 통해 전달되며, 다음과 같이 코드 ③ 직전의 두 줄의
코드를 통해 수행된다.

0140001B97   mov   rdx, rax

ppfnIATEntry 매개변수 설정 → rax 레지스터는 코드 ①에 의해서 지연 로드 엔트리 IAT[1]의 번지를 담고 있다. 따라서
ppfnIATEntry 매개변수를 위한 rdx 레지스터는 IAT[1]의 번지 0140008068h가 설정된다.

0140001B9A   lea   rcx, [__DELAY_IMPORT_DESCRIPTOR_BasicDllDE3_dll (0140006788h)]

Pidd 매개변수 설정 → rcx 레지스터에 BasicDllDE3.dll을 위한 ImgDelayDescr 구조체의 포인터인 0140006788h가 설정
된다. [덤프 7~1]에서 VirtualAddress의 값은 0x00067880이며, 따라서 0x00000001`40006788은 BasicDllDE3.dll에 대한
ImgDelayDescr 번지가 된다.

그러면 코드 ③의 위치까지 디버깅을 수행한 후 F11 키를 눌러 __delayLoadHelper2 함수의 정
의 내부로 들어가보자. 디버깅 커서의 실행은 다음과 같이 __delayLoadHelper2 함수의 시작 번
지 0x00000001`400018C4로 이동할 것이다.

```
extern "C"
FARPROC WINAPI
__delayLoadHelper2(
    PCImgDelayDescr     pidd,
    FARPROC *           ppfnIATEntry
    ) {
0000000140018C4      40 55      push rbp
00000001400018C6     53         push rbx
00000001400018C7     56         push rsi
    ⋮            ⋮              ⋮
```

이 상태에서 팝업 메뉴를 띄워 '소스 코드로 이동(G)' 항목을 선택하면 __delayLoadHelper2 함수의 정의를 포함하고 있는 DelayHlp.cpp 소스 파일이 나온다. 만약 소스 파일이 없다는 메시지 박스가 뜨면 소스 DelayHlp.cpp의 폴더 위치를 정확히 지정하면 된다. 만약 이 단계를 실수로 그냥 디스어셈블러로 표시하도록 넘겼다면 실제 __delayLoadHelper2 구현에 대한 역어셈블 코드가 뜰 것이다. 이때는 당황하지 말고 비주얼 스튜디오 상에서 DelayHlp.cpp를 열어둔 후 다시 디버깅을 시도하기 바란다. 그럼 코드는 눈에 익은 C++ 코드로 되어 있는 DelayHlp.cpp의 __delayLoadHelper2 구현부로 이동될 것이다. 이제, 소스 코드 DelayHlp.cpp를 통해서, 또한 동시에 디버깅을 통해서 한 줄씩 실행해가면서 __delayLoadHelper2의 실행 과정을 차근차근 살펴보자.

다음은 __delayLoadHelper2 함수의 시작 부분이다.

```
extern "C"
FARPROC WINAPI __delayLoadHelper2(PCImgDelayDescr pidd, FARPROC* ppfnIATEntry)
{
    InternalImgDelayDescr idd =
    {
        pidd->grAttrs,
        PFromRva<LPCSTR>(pidd->rvaDLLName),
        PFromRva<HMODULE*>(pidd->rvaHmod),
        PFromRva<PImgThunkData>(pidd->rvaIAT),
        PFromRva<PCImgThunkData>(pidd->rvaINT),
        PFromRva<PCImgThunkData>(pidd->rvaBoundIAT),
        PFromRva<PCImgThunkData>(pidd->rvaUnloadIAT),
```

```
    pidd->dwTimeStamp
  };
```
〈소스 계속〉

이제 비로소 실행 커서가 __delayLoadHelper2 내부로 진입했다. 우선 매개변수를 한 번 더 확인하자. pidd는 0x00000001`40006788의 포인터 값을 가지며, 이 주소는 지연 로드 섹션에 존재하는 ImgDelayDescr 구조체의 시작 번지다. 다음 그림은 이 매개변수를 조사식 창을 통해 각 필드 값을 확인한 것이다. pidd의 각 멤버 필드 값과 [표 7-1]의 값을 비교해보면 pidd가 [표 7-1]의 ImgDelayDescr 구조체임을 알 수 있다.

그림 7-12 pidd 구조체 필드 설정값

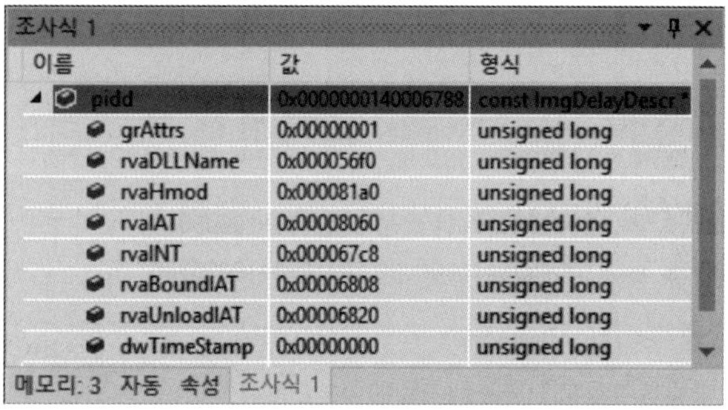

__delayLoadHelper2 함수 정의에서 제일 먼저 나오는 InternalImgDelayDescr 구조체는 DelayHlp.cpp에 정의되어 있으며, ImgDelayDescr에서 정의된 DWORD나 RVA 값을 실제 타입의 값으로 변환시켜 이 구조체에 저장한다. 다음 정의를 보면 ImgDelayDescr의 각 멤버 필드와 대응되는 필드와 각 필드에 해당하는 가상 주소 공간 상의 실제 타입을 가지고 있음을 알 수 있다.

```
struct InternalImgDelayDescr
{
    DWORD           grAttrs;        // attributes
    LPCSTR          szName;         // pointer to dll name
    HMODULE*        phmod;          // address of module handle
    PImgThunkData   pIAT;           // address of the IAT
    PCImgThunkData  pINT;           // address of the INT
    PCImgThunkData  pBoundIAT;      // address of the optional bound IAT
```

```
    PCImgThunkData  pUnloadIAT;   // address of optional copy of original IAT
    DWORD            dwTimeStamp; // 0 if not bound,
                                  // O.W. date/time stamp of DLL bound to
                                  // (Old BIND)
  };
```

PFromRva는 RVA를 해당 타입의 실제 주솟값으로 변환하는 C++ 템플릿 함수며, DelayHlp.
cpp에 다음과 같이 정의되어 있다.

```
template <class X> X PFromRva(RVA rva)
{
    return X(PBYTE(&__ImageBase) + rva);
}
```

위에서 정의된 것처럼 __ImageBase의 번지를 바이트 포인터로 형변환을 한 후에 해당 RVA
값을 더하여 템플릿 매개변수 X를 넘겨진 타입 X로 형변환하여 반환한다. 앞의 소스에서 pidd
로 넘어온 ImgDelayDescr의 포인터를 PFromRva를 사용하여 idd의 멤버에 실제 타입으
로 변환하는 것을 확인할 수 있다. 이렇게 하면 우리가 앞 장에서 구현했던 MyGetProcAddr나
ReplaceIATEntry 함수에서처럼 일일이 이미지 시작 번지에 RVA를 더하여 형변환해야 하는 불편
없이 ImgDelayDescr의 멤버 필드를 직접 사용할 수 있게 된다.

```
    DelayLoadInfo dli =
    {
        sizeof DelayLoadInfo,
        pidd,
        ppfnIATEntry,
        idd.szName,
        { 0 },
        0,
        0,
        0
    };
```

<소스 계속>

이 소스는 DelayLoadInfo 구조체를 설정하여 정의하는 부분이다. 이것은 앞서 언급한 예외를 일으킬 때 부가적인 예외 정보를 사용자에게 제공할 수 있도록 하기 위함이다.

```
if (0 == (idd.grAttrs & dlattrRva))
{
   PDelayLoadInfo  rgpdli[1] = { &dli };
   RaiseException(
     VcppException(ERROR_SEVERITY_ERROR, ERROR_INVALID_PARAMETER),
     0,
     1,
     PULONG_PTR(rgpdli)
   );
   return 0;
}
```
<소스 계속>

위 소스에서 먼저 grAttrs 필드를 체크한다. 앞서 언급한 것처럼 grAttrs 필드는 1이라는 값만 정의되어 있다. 따라서 플래그 dlattrRva와 AND 연산 결과 dlattrRva 플래그가 설정되어 있지 않으면 예외를 발생시킨다. 예외 발생은 __try~__except 프레임에서 잡을 수 있도록 RaiseException을 통해서 발생시키며, 이때 RaiseException의 마지막 매개변수에 dli의 포인터를 넘겨준다.

```
HMODULE hmod = *idd.phmod;

const unsigned  iIAT = IndexFromPImgThunkData
                       (PCImgThunkData(ppfnIATEntry), idd.pIAT);
const unsigned  iINT = iIAT;

PCImgThunkData  pitd = &(idd.pINT[iINT]);

dli.dlp.fImportByName = !IMAGE_SNAP_BY_ORDINAL(pitd->u1.Ordinal);

if (dli.dlp.fImportByName)
{
   dli.dlp.szProcName = LPCSTR(PFromRva<PIMAGE_IMPORT_BY_NAME>
                       (RVA(UINT_PTR(pitd->u1.AddressOfData)))->Name);
```

```
  }
  else
  {
    dli.dlp.dwOrdinal = DWORD(IMAGE_ORDINAL(pitd->u1.Ordinal));
  }
```

<소스 계속>

IndexFromPImgThunkData 함수는 다음과 같이 정의된 인라인 함수다.

```
inline unsigned
IndexFromPImgThunkData(PCImgThunkData pitdCur, PCImgThunkData pitdBase)
{
    return (unsigned)(pitdCur - pitdBase);
}
```

이 함수의 기능은 지연 로드된 DLL에 해당하는 IMAGE_THUNK_DATA의 인덱스를 획득해서 돌려준다. PCImgThunkData는 IMAGE_THUNK_DATA* 타입을 재정의한 것이다. ppfnIATEntry는 __delayLoadHelper2의 두 번째 매개변수로 넘어온 것이며, 이때 넘겨진 정보는 IAT의 인덱스 1에 해당하는 엔트리의 번지값을 가지고 있다. 그리고 idd.pIAT는 지연 로드 섹션의 IAT의 번지값을 가지고 있다. ppfnIATEntry가 IAT의 첫 번째 인덱스의 번지값을 갖기 때문에 결국은 같은 값을 갖게 된다. 코드로 보면 ppfnIATEntry는 &idd.Piat[0]의 의미가 되기 때문이다. 따라서 IndexFromPImgThunkData의 실행 결과는 같은 포인터 값을 빼주기 때문에 당연히 0이 되고, 따라서 iIAT 변수에는 0이 설정된다.

```
  PCImgThunkData pitd = &(idd.pINT[iINT]);
```

그리고 BasicDllDE3.dll의 IMAGE_THUNK_DATA에 대한 배열을 획득한다. IMAGE_SNAP_BY_ORDINAL 매크로는 이전 장에서 설명했던 대로 IMAGE_THUNK_DATA의 Ordinal 필드의 최상위 비트가 세트되어 있는지를 체크한다. 최상위 비트가 1이면 해당 함수는 서수를 통해서 가져와야 할 함수임을 의미한다. 앞서 이야기한 것처럼 지연 로드 역시 서수가 지정된 DLL은 서수를 통해서 링크된다. 이때 GetProcAddress 함수의 매개변수를 MAKEINTRESOURCE 매크로를 이용한 서수로 넘겨서 해당 함수의 진입점을 획득한다. 따라서 서수로 링크되면 서수 테이블에서 서수를 획득하여 dli.dlp.dwOrdinal 필드에 저장하고, 그렇지 않으면 INT 테이블에서 해당하는 함수의 함수명 문자열의 포인터를 획득하여 dli. dlp.szProcName 필드에 저장한다. 본 예의 경우 함수 이름으로 링크되었기 때문에 dli.dlp. szProcName 필드는 의미 있는 변수가 된다.

```
FARPROC pfnRet = NULL;
if (__pfnDliNotifyHook2)
{
   pfnRet = ((*__pfnDliNotifyHook2)(dliStartProcessing, &dli));

   if (pfnRet != NULL)
     goto HookBypass;
}
```

〈소스 계속〉

이제 이 부분에서 우리가 앞서 논의했던 지연 로드 훅이 어떻게 사용되는지 확인할 수 있다. 앞서 언급한 것처럼, 후킹 함수에 대한 전역 포인터 변수 __pfnDliNotifyHook2를 체크해 설정되어 있으면 여러분이 정의한 __pfnDliNotifyHook2 함수를 호출한다. 이때 매개변수로 넘어가는 것이 dliStartProcessing 플래그다. 이 플래그는 여러분이 반환값을 NULL로 넘겨주지 않으면 __delayLoadHelper2는 goto 문에 의해 그 뒤의 과정을 건너뛴다.

hmod가 0인 경우는 지연 로드될 DLL이 내보낸 함수들 중 하나를 처음 호출했을 때다. 본 예제에서처럼 YHD3_DrawText를 처음으로 호출하고 난 후에는 이미 __delayLoadHelper2의 pidd→rvaHModuld 필드가 기리키는 HMODULE 변수에는 로드된 DLL의 인스턴스 핸들이 설정되어 있기 때문에, YHD6_CalcTextWidth를 처음 호출할 때는 hmod가 0이 아니게 되므로 아래의 if 문을 실행하지 않을 것이다.

```
if (hmod == 0)
{
   if (__pfnDliNotifyHook2)
   {
      hmod = HMODULE(((*__pfnDliNotifyHook2)(dliNotePreLoadLibrary, &dli)));
   }
```

〈소스 계속〉

이 코드는 hmod가 0인 경우의 로직을 나타낸 것으로, __pfnDliNotifyHook2가 설정되어 있으면 dliNotePreLoadLibrary 식별자를 통해 여러분이 정의한 후킹 함수를 호출한다는 것을 알 수 있다. 그리고 그 결과의 반환값을 HMODLUE로 변환하여 hmod에 저장한다. 만약 반환값이 0이 아니면, 여러분이 정의한 __pfnDliNotifyHook2 내에서 LoadLibrary를 이용하든 GetModuleHandle을 이용하든 해서 지연 로드할 DLL을 로드시켰다는 의미가 된다. 따라서 다음에 나오는 LoadLibrary 루틴은 실행되지 않는다.

```
if (hmod == 0)
{
   hmod = ::LoadLibraryEx(dli.szDll, NULL, 0);
}
```

<소스 계속>

이제 이 부분에서 LoadLibrary를 직접 호출한다는 것을 확인할 수 있다. 해당 내보내기 함수들 중에서 하나가 처음 호출될 때 비로소 DLL을 로드한다. 이때 매개변수로 넘어가는 것이 dli.szDll이며, 이 값은 앞서 idd.szName을 통해 설정되었다. 그리고 idd.szName은 0x00000001`400056F0 값을 가지며, 이는 읽기전용 데이터 섹션에 위치한다. 그리고 이 번지에 대한 메모리 상의 실제 덤프는 다음과 같다.

그림 7-13 dli.szDll가 가리키는 메모리 상의 실제 덤프

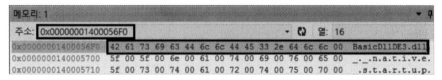

LoadLibrary가 성공하면 비로소 hmod에 저장되고, 로드에 실패하면 다음의 if 문 코드를 실행할 것이다.

```
if (hmod == 0)
{
   dli.dwLastError = ::GetLastError();
   if (__pfnDliFailureHook2)
   {
      hmod = HMODULE((*__pfnDliFailureHook2)(dliFailLoadLib, &dli));
   }
```

<소스 계속>

dli.dwLastError에 LoadLibrary의 실패 원인을 저장한 다음, 역시 실패한 경우를 대비한 사용자 정의 후킹 함수 __pfnDliFailureHook2가 존재하면 매개변수로 dliFailLoadLib를 넘겨서 __pfnDliFailureHook2를 실행한다. 여러분은 여기서 실패에 대한 처리를 수행하는 것이다. 이때의 반환값 역시 HMODULE이며, 여러분이 내부에서 어떻게든 다시 해당 모듈의 핸들을 얻었다면 hmod에 그 값이 저장되고, 예외 처리 없이 __delayLoadHelper2의 수행은 계속될 것이다.

```
   if (hmod == 0)
   {
      PDelayLoadInfo  rgpdli[1] = { &dli };

      RaiseException(
        VcppException(ERROR_SEVERITY_ERROR, ERROR_MOD_NOT_FOUND),
        0,
        1,
        PULONG_PTR(rgpdli)
        );

      return dli.pfnCur;
   }
}
```
〈소스 계속〉

hmod가 0이면 예외를 던지기 위한 루틴을 수행한다. 여기에서 우리가 앞서 보았던, LoadLibrary가 실패했을 경우에 대한 예외, 즉 **ERROR_MOD_NOT_FOUND**에 대한 처리를 볼 수 있다. 역시 앞서 우리가 직접 예제를 통해 수행했던 __try~__except 프레임 처리를 통해 이 예외를 잡을 수 있다. 여기까지가 LoadLibrary 실패에 따른 처리다.

이제 성공한 경우에 대한 처리를 살펴보자.

```
   HMODULE hmodT = HMODULE(InterlockedExchangePointer
                        ((PVOID *) idd.phmod, PVOID(hmod)));
   if (hmodT == hmod)
      ::FreeLibrary(hmod);
   }
```
〈소스 계속〉

획득한 hmod 값을 idd.phmod에 저장한다.

```
InterlockedExchangePointer((PVOID *) idd.phmod, PVOID(hmod))
```

위 코드 루틴에서 앞서 PE 덤프를 통해 분석했던, ImgDelayDescr의 rvaHmod 필드가 가리키는 번지, 즉 데이터 섹션에 위치한 번지에 hmod의 값을 저장한다. idd.phmod는 0x00000001`400081A0 번지를 가리키고 타입이 HMODULE이므로, 0x00000001`400081A0에 LoadLibrary를 통해 얻어온 BasicDllD3l.dll의 인스턴스 핸들값을 보관하게 된다.

다음은 위 코드를 실행한 직후의 0x00000001`400081A0 번지 내용을 덤프한 것이다.

그림 7-14 idd.phmod가 가리키는 메모리 상의 덤프

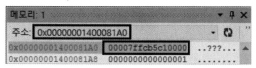

0x00000001`400081A0 번지에 BasicDllDE3.dll의 인스턴스 핸들 0x00007FF`CB5C1000이 저장되었음을 확인할 수 있다. 물론 0x00007FF`CB5C1000은 BasicDllDE3.dll이 가상 주소 공간에 매핑된 시작 번지다. 메모리 보기를 통해서 직접 확인해보자.

그림 7-15 HMODULE 값의 메모리 상의 실제 덤프

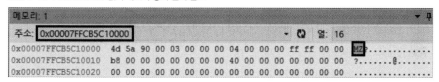

역시 "MZ"로 시작하는 PE 이미지임을 확인할 수 있다. 아래로 스크롤하여 PE 포맷에 맞추어 분석하면 BasicDllDE3.dll에 대한 PE 이미지임을 덤프를 통해 확인할 수 있을 것이다.

다음으로, 이 핸들값을 hmodT에 저장한 후 기존의 hmod 값과 비교한다. Interlocked-ExchangePointer 함수는 스레드에 안전한 상호 잠금 함수로, 그 반환값은 idd.phmod의 값인 0x00000001`400081A0 번지의 원래 값, 즉 hmod의 값을 대입하기 이전의 값이다. 따라서 InterlockedExchangePointer의 반환값과 hmod 값이 같을 경우에는 해당 DLL이 이미 로드되어 있음을 의미한다. 그러므로 해당 모듈의 사용 계수를 감소시켜 주기 위해 FreeLibrary를 호출한다. 절대로 앞서 힘겹게 로드한 DLL을 언로드시키는 것이 아니다. 이미 로드된 DLL에 대하여 또

다시 LoadLibrary를 호출했기 때문에 사용 계수가 증가되었을 것이므로, 단순히 사용 계수를 감소시키기 위한 목적으로 FreeLibrary를 호출하는 것이다. 물론 처음 로드된 것이라면 앞서 PE 덤프를 통해 확인한 것처럼 0x00000001`400081A0 번지의 초기 값은 0일 것이다.

여기까지가 DLL을 로드하는 과정이었다. 이제 함수 포인터를 획득하는 과정으로 넘어가자.

```
    dli.hmodCur = hmod;
    if (__pfnDliNotifyHook2)
    {
       pfnRet = (*__pfnDliNotifyHook2)(dliNotePreGetProcAddress, &dli);
    }
```

<소스 계속>

앞서 획득한 DLL의 핸들을 dli.hmodCur 변수에 저장한 후 우선 함수 포인터를 획득하기 전에 __pfnDliNotifyHook2가 등록되었다면, 이번에는 dliNotePreGetProcAddress 식별자를 통해서 GetProcAddress를 호출하기 직전임을 통지한다. 여러분이 정의한 __pfnDliNotifyHook2에서 dliNotePreGetProcAddress를 처리할 때 여러분이 직접 해당 함수의 포인터를 획득했다면 그 포인터를 리턴하면 된다. 그러면 __delayLoadHelper2는 그 반환값을 FARPROC로 받아서 pfnRet에 저장하고 GetProcAddress를 호출하는 과정을 건너뛰게 된다. 별도의 과정 없이 본 함수에서 처리하기를 원한다면 NULL을 리턴하면 된다.

```
    if (pfnRet == 0)
    {
      if (pidd->rvaBoundIAT && pidd->dwTimeStamp)
      {
         PIMAGE_NT_HEADERS    pinh(PinhFromImageBase(hmod));

         if (pinh->Signature == IMAGE_NT_SIGNATURE &&
            TimeStampOfImage(pinh) == idd.dwTimeStamp &&
            FLoadedAtPreferredAddress(pinh, hmod))
         {
            pfnRet = FARPROC(UINT_PTR(idd.pBoundIAT[iIAT].u1.Function));
            if (pfnRet != 0)
               goto SetEntryHookBypass;
         }
```

```
    }

    pfnRet = ::GetProcAddress(hmod, dli.dlp.szProcName);
  }
```

<소스 계속>

__pfnDliNotifyHook2가 등록되어 있지 않거나, 여러분이 정의한 후킹 함수에서 NULL을 리턴하면 GetProcAddress를 직접 호출하게 된다. 그 전에 __delayLoadHelper2는 pidd 의 rvaBoundIAT 필드와 dwTimeStamp 필드가 설정되어 있는지 체크한다. 만약 이 두 필드가 모두 설정되어 있으면 가져올 함수의 주소가 미리 바인드되어 있는지를 체크하기 위해 rvaBoundIAT가 가리키는 IAT 테이블의 엔트리 값을 참조할 것이다. 만약 이 엔트리에 해당 함수 번지가 설정되어 있으면, 즉 미리 바인드되어 있으면 GetProcAddress 함수 호출 대신 이 번지를 사용한다. 링크 시에 별도로 '/Delay:Nobind' 스위치를 지정하지 않았으면 rvaBoundIAT 값은 설정되지만 dwTimeStamp 필드 값이 0이기 때문에, 바인딩 IAT를 참조를 위한 if 문 내의 블록 처리는 수행되지 않을 것이다.

만약 rvaBoundIAT와 dwTimeStamp 필드에 값이 존재할 경우, if 문 내의 블록 코드를 간단히 살펴보자. PinhFromImageBase 함수는 다음과 같이 정의된 인라인 함수다. 단순히 IMAGE_NT_HEADER의 선두 번지를 얻어 온다. 앞선 장에서 우리가 직접 구현해 본 것과 비슷하다.

```
static inline PIMAGE_NT_HEADERS WINAPI PinhFromImageBase(HMODULE hmod)
{
    return PIMAGE_NT_HEADERS(PBYTE(hmod) + PIMAGE_DOS_HEADER(hmod)->e_lfanew);
}
```

TimeStampOfImage 함수는 IMAGE_NT_HEADERS의 IMAGE_FILE_HEADER에 있는 TimeDateStamp 필드 값을 얻어오는 인라인 함수다.

```
static inline DWORD WINAPI TimeStampOfImage(PIMAGE_NT_HEADERS pinh)
{
    return pinh->FileHeader.TimeDateStamp;
}
```

FLoadedAtPreferredAddress 함수는 IMAGE_NT_HEADER의 필드인 IMAGE_OPTIONAL_HEADER에 있는 ImageBase 필드 값과 매개변수로 넘겨준 hmod 값이 같은지를 체크하는 인라인 함수다. 이 함수는 결국 ImageBase에 지정된 값과 실제 모듈이 로딩된 번지가 같은지를 체크하는 것이다.

```
static inline bool WINAPI
    FLoadedAtPreferredAddress(PIMAGE_NT_HEADERS pinh, HMODULE hmod)
{
    return UINT_PTR(hmod) == pinh->OptionalHeader.ImageBase;
}
```

이제 세 가지의 조건이 모두 만족된 경우에는 ImgDelayDescr 구조체의 rvaIATBind가 가리키는 IAT, 즉 idd.pBoundIAT에서 해당 함수의 IAT 인덱스가 가리키는 값을 획득한다. 만약 이 값이 0이 아니면 원하는 함수의 진입점으로 간주해서 pfnRet에 설정하고 GetProcessAddress 함수를 호출하지 않게 될 것이다. 우리 예의 경우 idd.pBoundIAT는 지정되어 있지만 해당 진입점 주솟값이 0임을 앞서 확인했다. 그리고 dwTimeStamp 역시 0이므로 바인딩 테이블을 참조하지 않고 GetProcessAddress 호출 코드를 수행한다.

호출은 앞서 LoadLibrary를 통해 획득한 hmod와 사용하고자 하는 함수의 이름을 담고 있는 dli.dlp.szProcName을 매개변수로 해서 수행된다. dli.dlp.szProcName은 앞에서 ppi에 의해 지정된 IMPORT_IMPORT_BY_NAME 구조체의 Name 필드에 지정된 번지값이다. 이 값은 0x00000001`400067E2가 되고, 이 위치의 메모리 덤프는 YHD3_DrawText 함수의 이름인 "YHD3_DrawText"를 가리키고 있다.

다음 그림의 메모리 덤프와 [표 7-3]의 INT 엔트리 값을 비교해보기 바란다.

그림 7-16 메모리 상에 설정되어 있는 함수 이름의 실제 덤프

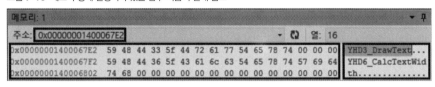

이제 GetProcessAddress의 호출 결과는 pfnRet에 저장된다. 만약 pfnRet이 0이면 함수 진입점 획득에 실패한 것이며, 다음 소스는 실패한 경우에 대한 처리 코드다.

```
    if (pfnRet == 0)
    {
        dli.dwLastError = ::GetLastError();
        if (__pfnDliFailureHook2)
        {
            pfnRet = (*__pfnDliFailureHook2)(dliFailGetProc, &dli);
        }
        if (pfnRet == 0)
        {
            PDelayLoadInfo  rgpdli[1] = { &dli };
            RaiseException(
                VcppException(ERROR_SEVERITY_ERROR, ERROR_PROC_NOT_FOUND),
                0,
                1,
                PULONG_PTR(rgpdli)
            );

            pfnRet = dli.pfnCur;
        }
    }
```
〈소스 계속〉

이 부분은 GetProcessAddress의 호출 실패에 대한 처리다. 마찬가지로 __pfnDliFailureHook2
가 설정되어 있을 경우 dliFailGetProc 식별자를 매개변수로 하여 호출한다. 최종적으로 진입점을
얻지 못했을 경우 ERROR_PROC_NOT_FOUND를 코드로 예외를 던지게 된다. 이 부분은 앞에
서 LoadLibrary 호출에 실패했을 경우와 거의 같기 때문에 여러분이 직접 분석해보기 바란다.

```
SetEntryHookBypass:
    *ppfnIATEntry = pfnRet;
```
〈소스 계속〉

앞의 모든 과정을 수행했다면, 이제 SetEntryHookBypass: 라벨로 오게 된다. 여기서는 앞서 획
득한 pfnRet 값을 __DelayLoadHelper2의 매개변수로 넘어온 ppfnIATEntry에 저장한다.
__DelayLoadHelper2 분석 직전에 살펴본 것처럼, ppfnIATEntry 매개변수의 값은 해당 함수
가 위치한 IAT 엔트리의 번지값이므로, 여기에 값을 저장하는 것은 IAT의 엔트리 값을 변경하는 것

이 된다. 다음은 이 코드를 실행한 직후의 IAT를 메모리 덤프한 결과다. 앞서 [그림 7-11]의 IAT 엔트리와 비교해보기 바란다.

그림 7-17 코드 실행 직후의 IAT 메모리 덤프

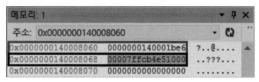

ppfnIATEntry의 값은 0x00000001`40008068이고 &IAT[1]이 된다. 그리고 마침내 IAT[1]은 YHD3_DrawText의 실제 함수 진입점에 대한 주소가 설정되었고, 함수 포인터는 0x00007FFC`B4E51000이 되었다. 물론 YHD6_CalcTextWidth 함수의 번지를 담기 위한 IAT[0]은 현 시점에서 YHD6_CalcTextWidth 함수가 한 번도 호출되지 않았기 때문에 여전히 dimp_YHD6_CalcTextWidth 코드의 시작 번지를 담고 있는 상태다. 나중에 YHD6_CalcTextWidth 함수가 호출되면 IAT[0] 역시 YHD6_CalcTextWidth 함수의 진입점으로 바뀔 것이다. 결국 가져올 각 함수들을 최초로 호출할 때는 내부적으로 __delayLoadHelper2의 호출을 위한 점프 스텁 코드에 대한 번지가 각 엔트리에 저장되어 있지만, 호출하고 난 후에는 실제 가져온 함수의 진입점 번지로 각 엔트리 값이 변경된다. 그러면 그 이후에 가져온 함수를 호출할 때는 더 이상 점프 스텁이 실행되지 않고 바로 지연 로드를 통해 가져온 함수의 실제 진입점으로 실행이 바뀌게 된다.

이제 DelayHlp.cpp에 대한 마무리를 해보자. 다음은 __delayLoadHelper2 소스의 나머지 부분이다.

```
HookBypass:
    if (__pfnDliNotifyHook2)
    {
        dli.dwLastError = 0;
        dli.hmodCur = hmod;
        dli.pfnCur = pfnRet;
        (*__pfnDliNotifyHook2)(dliNoteEndProcessing, &dli);
    }

    return pfnRet;
}
```
<소스 끝>

HookByPass: 라벨에서는 dliNoteEndProcessing 식별자를 통해서 DLL 로딩과 함수 진입점 획득이 완료되었음을 통지하는 __pfnDliNotifyHook2 후킹 함수를 호출한다. 물론 훅이 등록되어 있을 경우에 한해서다. 이제 마지막으로 힘겹게 얻은 YHD3_DrawText의 실제 함수 진입점 값인 0x00007FFC`B4E51000을 리턴하고 __delayLoadHelper2의 수행은 종료된다. 잠깐! 이 시점에서 F5 키를 눌러 디버깅 상태를 'GO'로 만들지 말라!

여기서 끝난 것이 아니다. 이렇게 지연 로드 IAT의 엔트리 값만 바꾸고 끝내면 문제가 생긴다. 일단 이렇게 바뀐 엔트리를 통해서 YHD3_DrawText 함수를 실제로 호출해줘야 한다. "return pfnRet;" 명령줄을 수행한 후 계속 F10 키를 눌러 실행을 수행하면 다시 __delayLoadHelper2를 호출했던 디스어셈블 코드로 돌아갈 것이다. 그러면 또 __tailMerge_BasicDllDE3_dll 함수에 대한 어셈블리 코드 ④로 돌아가자. 함수의 반환값은 rax 레지스터를 통해 반환된다는 사실은 알고 있을 것이다. __delayLoadHelper2의 반환값은 YHD3_DrawText 함수의 실제 함수 진입점 값인 0x00007FFC`B4E51000이다. 이제 코드 ④ jmp rax를 통해서 자연스럽게 0x00007FFC`B4E51000 번지로 점프하게 된다. 여기서 F11 키를 눌러 점프 위치로 가보자. 비로소 우리가 정의한 YHD3_DrawText의 실제 코드로 진입하게 된것이다. 다음은 YHD3_DrawText의 실제 구현부로 진입하는 과정을 나타낸 것이다.

```
void WINAPI YHD3_DrawText(HDC hDC, PCTSTR pszText, POINT pt)
{
00007FFCB4E51000    4C 89 44 24 18    mov    qword ptr [rsp+18h], r8
00007FFCB4E51005    48 89 54 24 10    mov    qword ptr [rsp+10h], rdx
00007FFCB4E5100A    48 89 4C 24 08    mov    qword ptr [rsp+8], rcx
00007FFCB4E5100F    57               push   rdi
```

이제 YHD3_DrawText 함수에 해당하는 IAT 엔트리는 이 함수의 진입점에 대한 번지를 담고 있기 때문에, 이후의 YHD3_DrawText 호출은 __delayLoadHelper2를 거치지 않고 바로 YHD3_DrawText의 호출로 향하게 된다.

다음 그림은 가져온 두 함수에 대한 최초 호출이 수행된 후의 ImageDelayDescr 구조체와 관련 정보의 구성을 나타낸 것이다. [그림 7-10]과 비교해보기 바란다.

그림 7-18 지연 로드 완료 후의 PE 지연 로드 섹션 구성

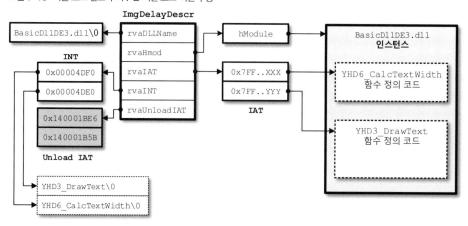

지금까지의 설명은 시스템이 어떻게 지연 로드 가져오기 섹션을 이용하여 DLL을 로드하고 해당 함수를 호출하는지에 대한 것이었다. 이제부터는 지연 로드된 DLL의 언로드 과정을 살펴보기로 하자.

2) 지연 언로드: __FUnloadDelayLoadDLL2의 과정

이번에는 지연 로드한 DLL을 언로드하는 과정을 살펴보자. 언로드할 때는 명시적으로 __FUnload-DelayLoadedDLL2를 호출했다. 먼저 아래의 소스, 즉 마우스 왼쪽 버튼을 더블클릭할 때 발생하는 메시지 위치에 중단점을 걸고 시작하자.

```
    case WM_LBUTTONDBLCLK:
    {
        __FUnloadDelayLoadedDLL2("BasicDllDE3.dll");
000000014000144E   48 8D 0D 3B 40 00 00 lea   rcx, [__xi_z+1D0h (0140005490h)]
0000000140001455   E8 66 03 00 00        call  __FUnloadDelayLoadedDLL2 (01400017C0h)
    }
    return 0;
000000014000145A   33 C0                 xor   eax, eax
000000014000145C   E9 D9 00 00 00        jmp   WndProc+2FAh (014000153Ah)
```

__FUnloadDelayLoadedDLL2 위치에서 직접 F11 키를 눌러 DelayHlp.cpp에 정의된 __FUnloadDelayLoadedDLL2 소스로 가보자.

```
extern "C" BOOL WINAPI __FUnloadDelayLoadedDLL2(LPCSTR szDll)
{
   BOOL           fRet = FALSE;
   PCImgDelayDescr pidd = PiddFromDllName(szDll);


   if ((pidd != NULL) && (pidd->rvaUnloadIAT != 0))
   {
      HMODULE*phmod = PFromRva<HMODULE*>(pidd->rvaHmod);
      HMODULE hmod = *phmod;
      if (hmod != NULL)
      {
         OverlayIAT
         (
            PFromRva<PImgThunkData>(pidd->rvaIAT),
            PFromRva<PCImgThunkData>(pidd->rvaUnloadIAT)
         );
         ::FreeLibrary(hmod);
         *phmod = NULL;
         fRet = TRUE;
      }
   }
   return fRet;
}
```

__FUnloadDelayLoadedDLL2 함수는 szDll 매개변수를 언로드할 DLL 이름을 담고 있다. 그리고 이 함수가 최초로 하는 일은 이 DLL 이름에 해당하는 ImgDelayDescr 구조체를 획득하는 일인데, 그 역할을 PiddFromDllName 함수가 담당하고 있다. PiddFromDllName 함수의 정의는 다음과 같다.

```
static PCImgDelayDescr PiddFromDllName(LPCSTR szDll)
{
   PCImgDelayDescr    piddRet = NULL;
   PIMAGE_NT_HEADERS  pinh = PinhFromImageBase(HMODULE(&__ImageBase));


   if (pinh->OptionalHeader.DataDirectory
         [IMAGE_DIRECTORY_ENTRY_DELAY_IMPORT].Size != 0)
```

```
    {
        PCImgDelayDescr pidd = PFromRva<PCImgDelayDescr>
        (
            pinh->OptionalHeader.DataDirectory
                [IMAGE_DIRECTORY_ENTRY_DELAY_IMPORT].VirtualAddress
        );
```

지연 로드 가져오기 섹션을 획득한다.

```
        while (pidd->rvaDLLName != 0)
        {
            LPCSTR szDllCur = PFromRva<LPCSTR>(pidd->rvaDLLName);
            size_t cchDllCur = __strlen(szDllCur);
            if (cchDllCur == __strlen(szDll) &&
                __memcmp(szDll, szDllCur, cchDllCur) == 0)
            {
                piddRet = pidd;
                break;
            }
            pidd++;
        }
```

ImgDelayDescr 구조체 배열을 순회하면서 매개변수 szDll에 담긴 문자열과 ImgDelayDescr의 rvaDLLName 필드가 가리키는
DLL 이름 문자열이 동일한 ImgDelayDescr 구조체를 검색하고 그 포인터를 반환한다.

```
    }
    return piddRet;
}
```

PiddFromDllName 함수를 통해서 해당 DLL의 ImgDelayDescr 구조체의 포인터를 획득했고
이 ImgDelayDescr의 rvaUnloadIAT 필드에 RVA가 설정되어 있으면 DLL 언로드 과정을 수
행한다. 언로드 과정이라고 해봐야 앞서 로드 과정에서 데이터 섹션에 보관해 둔 HMODULE 값
을 FreeLibrary로 넘겨서 DLL 언로드를 커널에 맡기는 것으로 끝난다. 하지만 그 전에 반드시 수
행해야 할 과정이 있다. 언로드되었다면 가져온 함수를 다시 호출했을 때 __delayLoadHelper2
도 같이 호출되어야 한다. 이는 IAT를 DLL이 로드되기 전의 상태로 되돌려야 함을 의미한다.
rvaUnloadIAT가 존재하는 이유가 여기에 있다. 우리가 '/Delay:Unload' 스위치를 지정하

여 링크할 때, 이 스위치는 링커로 하여금 지연 로드 가져오기 섹션에 IAT의 복사본을 만들고, 이 복사본의 시작 RVA를 ImgDelayDescr의 rvaUnloadIAT에 보관하도록 지시한다. 따라서 rvaUnloadIAT가 가리키는 IAT의 엔트리는 가져온 함수 호출에 대한 __delayLoadHelper2 호출 점프 스텁 코드에 대한 번지를 보관하게 된다. 그렇다면 원본 IAT를 원상태로 복구하는 것은 간단해진다. 단순히 rvaUnloadIAT 필드가 가리키는 IAT의 엔트리를 rvaIAT가 기리키는 IAT의 엔트리로 모두 복사하면 되는 것이다. 그 과정이 OverlayIAT 함수에서 수행되며, 다음과 같이 정의된 인라인 함수다.

```
static inline void WINAPI
        OverlayIAT(PImgThunkData pitdDst, PCImgThunkData pitdSrc)
{
    memcpy(pitdDst, pitdSrc,
        CountOfImports(pitdDst) * sizeof IMAGE_THUNK_DATA);
}
```

OverlayIAT 함수는 단순히 memcpy를 호출한다. 소스에서 OverlayIAT 호출 시 넘겨주는 매개변수는 다음의 두 값이다.

```
PFromRva<PImgThunkData> (pidd->rvaIAT)          ← 지연 로드 섹션의 원본 IAT 번지값
PFromRva<PCImgThunkData> (pidd->rvaUnloadIAT)   ← 언로드를 위한 복사본 IAT 번지값
```

각각 rvaIAT의 실제 번지와 rvaUnloadIAT의 실제 번지를 매개변수로 전달하고 있다. 그리고 복사할 IAT의 크기를 획득하기 위하여 CountOfImports 함수를 호출한다. CountOfImports 함수는 다음과 같이 테이블 전체에서 각 엔트리의 크기를 합산한 결과를 리턴하도록 정의되어 있다.

```
inline unsigned CountOfImports(PCImgThunkData pitdBase)
{
    unsigned        cRet = 0;
    PCImgThunkData pitd = pitdBase;
    while (pitd->u1.Function)
    {
        pitd++;
        cRet++;
```

```
    }
    return cRet;
}
```

이렇게 IAT를 복원하고 난 후 __FUnloadDelayLoadedDLL2는 FreeLibrary를 호출하고 종료한다. 이제 지연 로드된 DLL은 언로드된 것이다.

지금까지 DLL 지연 로드와 이와 관련된 지연 로드 가져오기 섹션에 대하여 살펴보았다. 한 번 더 정리하면 DLL 지연 로드는 윈도우 2000부터 지원되는 기능으로, DLL 암시적 로딩과 명시적 로딩의 장점을 취합한 것이다. 프로젝트 설정을 통해서 DLL 지연 로드를 지원할 수 있으며, 이때 링커는 해당 EXE의 가져오기 섹션에 지연 로드될 DLL의 정보를 만들지 않고 .didat 라는 별도의 섹션을 만들어 해당 DLL의 정보를 저장한다. 물론 이 섹션은 필요에 따라 .rdata 섹션에 병합된다. 그리고 이 섹션은 ImgDelayDescr이라는 구조체의 배열로 이루어지며, 이에 대한 분석은 앞서 덤프를 통해 상세히 설명했다. DLL이 로드되는 시점은 가져온 해당 함수가 최초로 호출될 때며, 이러한 기능은 __delayLoadHelper2 함수가 담당하는 것도 소스 분석을 통해서 알아보았다.

7.3 지연 로드 섹션 분석 코드

지금까지 분석한 내용을 바탕으로 PE Explorer가 수행하는 지연 로드 섹션에 대한 분석 코드를 살펴보자. 6.3절에서 이미 설명했던 BuildHintNameNodes, GetNameOrOrd, InsertImpRVARefNode 함수를 지연 로드 섹션 분석에서도 역시 사용한다. 그러면 이제부터 IMAGE_DIRECTORY_ENTRY_DELAY_IMPORT 엔트리에 해당하는 섹션을 분석하는 함수 ParseDirEntryDelayImport의 정의를 살펴보자.

다음은 ImgDelayDescr 구조체에 대한 XML 스키마 정의다.

```xml
<Struct name="ImgDelayDescr">
    <Member name="grAttrs" type="DWORD" info="dlattrRva"/>
    <Member name="rvaDLLName" type="DWORD" rva="true"/>
    <Member name="rvaHmod" type="DWORD" rva="true"/>
    <Member name="rvaIAT" type="DWORD" rva="true"/>
    <Member name="rvaINT" type="DWORD" rva="true"/>
```

```
            <Member name="rvaBoundIAT" type="DWORD" rva="true"/>
            <Member name="rvaUnloadIAT" type="DWORD" rva="true"/>
            <Member name="dwTimeStamp" type="DWORD"/>
        </Struct>
```

다음은 지연 로드 섹션을 분석하는 ParseDirEntryDelayImport 함수에 대한 정의다. 이 함수 역시 PEAnals.Import.cpp 소스 파일에 정의되어 있다.

```
#include <DelayImp.h>
```
지연 로드 섹션 분석을 위해서는 DelayImp.h 헤더 파일을 인클루드해야 한다.

```
bool PEAnals::ParseDirEntryDelayImport(PPE_NODE pnUp, PIMAGE_DATA_DIRECTORY pdd)
{
    PIMAGE_SECTION_HEADER psh = &m_pshs[pnUp->Index];
    DWORD dwOffset = RVA_TO_OFFSET(psh, pdd->VirtualAddress);
```
지연 로드 엔트리가 소속된 섹션과 시작 오프셋을 획득한다.

```
    CString sz; USES_CONVERSION;

    PBYTE pIter = m_pImgView + dwOffset;
    INT nItemCnt = 0;
    for (;;)
```
NULL ImgDelayDescr를 만날 때까지 루프를 순회한다.

```
    {
        PImgDelayDescr pdi = (PImgDelayDescr)pIter;
```
ImgDelayDescr 구조체의 포인터를 획득한다.

```
        pIter += sizeof(ImgDelayDescr);

        if (pdi->grAttrs != dlattrRva || !pdi->rvaDLLName)
```
ImgDelayDescr 항목의 정합성을 체크한다.

```
        {
            if (pdi->rvaDLLName == 0)
            {
                sz.Format(L"[%d]NULL", nItemCnt);
```

```
        InsertStructNode(pnUp->Node, pnUp->Index,
            dwOffset, sz, L"ImgDelayDescr", 0, IMG_IDX_XBOX);
        break;
```

rvaDLLName 필드가 0이면 ImgDelayDescr 배열의 마지막을 의미하므로 루프를 탈출한다.

```
    }


    sz.Format(L"[%d]Invalid Descr", nItemCnt);
    PPE_NODE pnSub = InsertStructNode(pnUp->Node,
                        pnUp->Index, dwOffset, sz, L"ImgDelayDescr");
    sz.Format(L"grAttrs = %d, rvaDLLName = 0x%08X",
                        pdi->grAttrs, pdi->rvaDLLName);
    UpdateNodeText(pnSub->Node, sz, COL_IDX_INFO);
```

grAttrs 필드가 dlattrRva가 아니면 옳바른 ImgDelayDescr 항목이 아니므로 무시하고, 다음 ImgDelayDescr 구조체를 탐색한다.

```
    dwOffset += sizeof(ImgDelayDescr);
    nItemCnt++;
    continue;
}


DWORD dwFieldOff = 0;
if (RVA_IN_SECT(psh, pdi->rvaDLLName))
    dwFieldOff = RVA_TO_OFFSET(psh, pdi->rvaDLLName);
else
{
    PIMAGE_SECTION_HEADER psh2 = PEPlus::
            FindSectHdr(m_pImgView, pdi->rvaDLLName);
    dwFieldOff = RVA_TO_OFFSET(psh2, pdi->rvaDLLName);
}
CString szName = A2CT((PSTR)m_pImgView + dwFieldOff);
sz.Format(L"[%d]%s", nItemCnt, szName);
```

rvaDLLName 필드를 이용하여 DLL 이름을 획득한다. DLL 이름에 대한 RVA는 지연 로드 섹션 내에 존재하지 않을 수 있기 때문에 소속 섹션을 체크해야 한다.

```
PPE_NODE pn = InsertStructNode(pnUp->Node,
    pnUp->Index, dwOffset, sz, L"ImgDelayDescr");
AppendStructMembers(pn);
```

```
PPE_NODE pnSub = FindNode(pn->Node, L"rvaDLLName");
UpdateNodeText(pnSub->Node, szName, COL_IDX_INFO, true);
```

DLL 이름을 타이틀로 하는, ImgDelayDescr 구조체에 대한 노드를 추가하고 필드 정보를 출력한다

```
pnSub = FindNode(pn->Node, L"rvaINT");
if (RVA_IN_SECT(psh, pdi->rvaINT))
    dwFieldOff = RVA_TO_OFFSET(psh, pdi->rvaINT);
else
{
    PIMAGE_SECTION_HEADER psh2 = PEPlus::FindSectHdr(m_pImgView, pdi->rvaINT);
    dwFieldOff = RVA_TO_OFFSET(psh2, pdi->rvaINT);
}
```

rvaINT 필드의 노드와 INT 테이블의 시작 오프셋을 획득한다. INT 테이블에 대한 RVA 역시 지연 로드 섹션 내에 존재하지 않을 수 있기 때문에 소속 섹션을 체크해야 한다.

```
DWORD dwINTOff = dwFieldOff;
int nINTCnt = 0;
for (;; nINTCnt++)
{
    PPE_NODE pn2 = InsertImpRVARefNode(psh, nINTCnt, dwFieldOff, pnSub);
    if (PE_SCHEMA::GetValue(m_pImgView + pn2->Offset, pn2->Type) == 0)
        break;
    dwFieldOff += pn2->Size;
}
sz.Format(L"%d functions Imported", nINTCnt);
UpdateNodeText(pn->Node, sz, COL_IDX_INFO);
```

INT 엔트리 수만큼 루프를 돌면서 INT 테이블의 엔트리에 해당하는 노드를 추가하고 관련 정보를 출력한다.

```
PCWSTR pszFlds[] = { L"rvaIAT", L"rvaBoundIAT", L"rvaUnloadIAT" };
DWORD  dwRVAs[] = { pdi->rvaIAT, pdi->rvaBoundIAT, pdi->rvaUnloadIAT };
```

rvaIAT, rvaBoundIAT, rvaUnloadIAT 필드는 모두 IAT에 대한 RVA 필드가 된다. 따라서 각 IAT의 엔트리 관련 처리를 일괄적으로 수행하기 위해 필드명과 RVA를 위한 배열을 선언하고 초기화한다.

```
for (int j = 0; j < 3; j++)
```

INT 엔트리 수만큼 루프를 순회한다.

```
    {
        if (dwRVAs[j] == 0)
            continue;


        pnSub = FindNode(pn->Node, pszFlds[j]);
```

rvaIAT, rvaBoundIAT, rvaUnloadIAT 필드의 노드를 획득한다.


```
        PIMAGE_SECTION_HEADER psh2 = PEPlus::FindSectHdr(m_pImgView, dwRVAs[j]);
        dwFieldOff = RVA_TO_OFFSET(psh2, dwRVAs[j]);
```

각 필드의 RVA가 소속된 섹션을 획득한 후 RVA에 해당하는 오프셋을 획득한다. 지연 로드의 IAT 엔트리는 코드 섹션에 대한 VA를 갖기 때문에 별도로 섹션을 획득해야 한다.


```
        DWORD dwINTItr = dwINTOff;
        for (int i = 0; i <= nINTCnt; i++)
        {
            PPE_NODE pn2 = InsertImpRVARefNode(psh, i,
                                dwFieldOff, pnSub, dwINTItr, true);
            dwFieldOff += pn2->Size;
            dwINTItr += pn2->Size;
```

IAT, BOUND IAT, UNLOAD IAT 테이블의 엔트리에 해당하는 각각의 노드를 추가하고 관련 정보를 출력한다.


```
        }
    }
    dwOffset += sizeof(ImgDelayDescr);
    nItemCnt++;
    }
    return false;
}
```

다음 그림은 위에서 정의한 ParseDirEntryDelayImport 함수가 수행한 DelayLoadApp.exe의 DELAY_IMPORT 엔트리에 대한 분석 결과다.

그림 7-19 DelayLoadApp.exe의 DELAY_IMPORT 엔트리 분석 결과

	타입	값	상세
⊟ ↳ DELAY_IMPORT	BYTE[64]	01 00 00 00 F0...	
⊟ 📁 [0]BasicDllDE3.dll	ImgDelayDescr		2 functions Imported
◆ grAttrs	DWORD	0x00000001	dlattrRva
◆ rvaDLLName	DWORD, RVA	0x000056F0	[.rdata]0x00003CF0, BasicDllDE3.
◆ rvaHmod	DWORD, RVA	0x000081A0	[.data]0x000059A0
⊟ ◆ rvaIAT	DWORD, RVA	0x00008060	[.data]0x00005860
◆ [0]dimp_YHD6_CalcTextWic	ULONGLONG, VA	0x0000000140001BE6	R:0x00007260:[.text]0x00000FE6
◆ [1]dimp_YHD3_DrawText	ULONGLONG, VA	0x0000000140001B5B	R:0x00007268:[.text]0x00000F5B
◆ [2]NULL	ULONGLONG	0x0000000000000000	
⊟ ◆ rvaINT	DWORD, RVA	0x000067C8	[.rdata]0x00004DC8
⊞ ◆ [0]YHD6_CalcTextWidth	ULONGLONG, RVA	0x00000000000067F0	[.rdata]0x00004DF0, Hint:0
⊞ ◆ [1]YHD3_DrawText	ULONGLONG, RVA	0x00000000000067E0	[.rdata]0x00004DE0, Hint:0
◆ [2]NULL	ULONGLONG	0x0000000000000000	
⊞ ◆ rvaBoundIAT	DWORD, RVA	0x00006808	[.rdata]0x00004E08
⊟ ◆ rvaUnloadIAT	DWORD, RVA	0x00006820	[.rdata]0x00004E20
◆ [0]dimp_YHD6_CalcTextWic	ULONGLONG, VA	0x0000000140001BE6	R:0x00006820:[.text]0x00000FE6
◆ [1]dimp_YHD3_DrawText	ULONGLONG, VA	0x0000000140001B5B	R:0x00006828:[.text]0x00000F5B
◆ [2]NULL	ULONGLONG	0x0000000000000000	
◆ dwTimeStamp	DWORD	0x00000000	
⊠ [1]NULL	ImgDelayDescr		

3^부

나머지 PE 섹션

08장

TLS, 로드 환경 설정, 보안 및 사용자 정의 섹션

지금까지 PE 헤더와 함께 코드와 데이터, 재배치, 내보내기, 가져오기 및 지연 로드 섹션을 다루었다. 이제 코드 섹션의 구성이나 디버그 섹션, 그리고 예외 섹션 등 실제 우리의 목표인 디버깅 툴 구현을 위한 핵심적인 내용들이 남아 있다. 리소스 섹션 역시 자주 보는 섹션이지만 그 성격이 주로 UI와 관련된 내용이기 때문에 다음의 두 장에 걸쳐서 자세히 설명할 예정이다. 이 장에서는 자주 접하지는 않지만 PE에서 볼 수 있는 언급할 만한 가치가 있는 섹션을 묶어서 설명할 예정이다. 즉 'TLS 변수를 위한 TLS 관련 엔트리와 섹션', '사용자 정의 섹션', '로드 환경 설정 디렉터리'와 '코드 사이닝을 위한 보안 디렉터리', '.NET PE 헤더'에 관한 내용을 살펴보자.

8.1 TLS와 .tls 섹션

TLS(Thread Local Storage)로 알려진 스레드 지역 저장소는 개별 스레드만을 위한 특별한 저장소를 제공하는 기능이다. 쉽게 생각하면 각각의 스레드에만 한정되는 전역 변수 공간이라고 보면 된다. 일반 사용자가 TLS를 사용할 기회는 의도된 상황이 아니면 거의 없다. 하지만 여러분은 무의식 중에 TLS를 사용하고 있다. C/C++ 런타임 라이브러리는 오랜 전통을 가진 라이브러리다. 그 유구한 역사로 인해 런타임 라이브러리는 처음부터 단일 스레드 모델로 설계되었기 때문에 멀티 스레딩 환경에서 사용할 경우 문제가 발생한다. 예를 들어 _tcstok_s 함수의 경우 내부에서 전역 변수를 사용하고 있는데, 이로 인해 멀티 스레딩 환경에서는 적합하지 않기 때문에 C/C++ 런타임 라이브러리는 TLS를 도입하여 이 문제를 해결했다. 또한 여러분들이 MFC를 사용해서 GUI 애플리케이션을 작성했다면 역시 TLS를 사용한 것이다. MFC의 경우 윈도우 핸들 HWND와 CObject 클래스를 계승한 핸들 래퍼(Wrapper)인 CWnd 클래스 사이의 매핑을 위해 TLS를 적극적으로 이용한다. 특정 스레드에서 생성한 CWnd 클래스의 포인터를 다른 스레드에서 사용할 때 문제가 발생하는 경우는 바로 MFC가 내부적으로 TLS를 사용하기 때문인데, 이런 불편함에도 MS는 한 스레드에서 생성한 사용자 객체를 다른 스레드에서는 직접 사용하지 못하도록 유도하고 있기 때문에 원론적인 측면에서 보면 이러한 TLS의 사용은 올바르다고 할 수 있겠다.

TLS는 크게 '동적 TLS'와 '정적 TLS'로 나뉘는데, 실제 PE 파일과 관련이 있는 것은 정적 TLS다. 이 절에서는 동적 TLS를 통해서 TLS의 의미와 구조를 설명하고, 이것을 바탕으로 정적 TLS와 PE 파일의 관계, 그리고 정적 TLS 초기화를 위한 콜백 함수에 대해 설명할 예정이다.

8.1.1 동적 TLS

TLS에 대한 장황한 이론적 설명보다는 TLS를 실제 사용하는 구체적인 예를 통해서 그 의미를 파악해보자. 여러분은 지금 이미 퇴사해서 그 이름마저 기억에서 멀어진 여러분의 선임이 될 수도 있고, 아니면 인터넷을 떠도는 코드의 작성자일 수도 있는 익명의 누군가가 작성한 단일 스레드만을 취급하는 다음과 같은 모듈을 만났다고 가정하자.

소스 8-1 단일 스레드를 전제한 예제 소스

```
int     g_dwInc = 500;
UINT64 g_dwFac = 200;

void Increase(int val)
{
   g_dwInc += val;
}

void Factorial(int val)
{
   for (int i = 2; i <= val; i++)
      g_dwFac *= i;
}

void main()
{
   for (int i = 0; i<100; i++)
      Increase(3);
   Factorial(3);

   printf("Child Thread #%d\t: Increase=%d, Factorial=%I64u\n",
      GetCurrentThreadId(), g_dwInc, g_dwFac);
}
```

위의 코드는 Increase 함수를 통해 단순히 전역 변수 g_dwInc의 값을 증가시키고 Factorial 함수를 통해 전역 변수 g_dwFac에 매개변수 val에 대한 팩토리얼 값을 곱해서 설정하고 있다. 위의 코드는 굳이 전역 변수를 사용할 필요 없이 매개변수를 통해 전달해도 충분하지만 TLS 사용

예를 보여주기 위한 극단적인 코드를 만든 것이다. 이 코드의 실제 모델은 전역 변수의 종류가 많고 매우 복잡한 데이터 구조를 가진 단일 스레드 모델을 만들면 된다. 이렇게 단일 스레드 환경에서 사용되던 모듈을 멀티스레드 환경으로 전환해야 한다고 가정해보자. 실제로 필자는 1998년에 유닉스로 작성된 기존 코드를 윈도우용으로 전환하는 금융권 프로젝트를 수행하면서 이런 상황을 겪은 적이 있다. 유닉스는 스레드 개념이 없기 때문에 포크를 통해 자식 프로세스들을 생성했고, 기존의 자식 프로세스의 코드는 복잡한 데이터 구조를 지닌 전역 구조체들을 정의하고 여러 함수들에서 이 구조체를 직접 제어하고 있었다. 필자는 자식 프로세스의 역할을 스레드로 전환시키기 위한 코드를 작성했다. 하지만 문제는 기존의 전역 변수들이었다. 스레드로 전환되면서 한 프로세스 내에서 사용되던 수많은 전역 변수들은 그대로 모든 스레드에게 노출되어 복잡한 동기화 처리가 요구되는 상황에 직면한 것이다. 하지만 이 경우는 동기화 문제와는 관련이 없다. 자식 프로세스를 위해 작성된 코드는 자신의 모듈 내부에 정의된 전역 변수들을 온전히 이 모듈 내에서만 사용하는 것으로 간주한다. 따라서 이 코드를 스레드로 전환했을 때 기존의 전역 변수는 스레드 사이에서 공유되면 안 되고 각 스레드별로 개별적으로 보관되어야만 한다. 따라서 멀티 스레딩 환경에 직면했을 때 기존의 전역 변수들을 제대로 관리하려면 스레드가 생성되거나 소멸될 때마다 해당 스레드를 위해 이 전역 변수를 위한 공간을 할당 및 해제하고, 스레드가 활성화될 때마다 자신에게 할당된 전역 변수 영역을 탐색하는 등의 매우 복잡한 데이터 구조를 설계 및 구현해야 한다. 이런 복잡한 처리를 피하려면 이 전역 변수들의 참조를 매개변수를 통해서 전달하도록 수정할 수도 있을 것이다. 하지만 당시의 코드는 수많은 함수에서 이 전역 구조체를 참조했기 때문에, 그 많은 함수들의 프로토타입을 변경하는 것은 불가능했다. 그 시점에 다행히도 해결책을 찾은 것이 바로 TLS였고, 이것을 이용해서 최소한의 노력으로 문제를 해결한 적이 있다.

1) TLS 함수

앞의 코드는 이런 복잡한 상황에 대한 축소판 코드라고 생각하면 될 것이다. 그렇다면 앞의 코드를 TLS를 사용해서 멀티 스레딩 환경으로 전환시켜보자. 전제는 〈소스 8-1〉 코드의 main 함수 정의 코드를 스레드 진입점 함수로 옮겨야 한다. 그리고 메인 함수는 다섯 개의 스레드를 생성해서 기존의 메인 함수가 하던 기능을 다섯 개의 스레드가 동시에 수행하도록 처리해야 하는 요구라고 하자. 이 요구사항을 TLS를 이용하여 해결하려면 우선 윈도우가 제공하는 4개의 TLS 관련 함수를 알고 있어야 한다.

표 8-1 동적 TLS 함수

함수명	설명
TlsAlloc	TLS 슬롯을 예약한다.
TlsFree	예약된 TLS 슬롯을 해제한다.
TlsGetValue	호출 중인 스레드의 TLS 슬롯에 저장된 값을 획득한다.
TlsSetValue	호출 스레드의 TLS 슬롯에 값을 저장한다.

위에서 열거한 이 4개의 함수를 사용해 TLS를 이용하는 것을 '동적(Dynamic) TLS'를 사용한다 고 한다. 그러면 위 4개의 함수를 사용하여 코드를 멀티 스레드 환경으로 전환해보자.

예제 프로젝트는 〈TlsDynTest〉며, TlsDynTest.cpp에 정의된 메인 함수를 먼저 살펴보자.

소스 8-2 TlsDynTest.cpp

```
DWORD g_dwTlsIncIdx;  ← g_dwInc를 위한 TLS 슬롯 인덱스
DWORD g_dwTlsFacIdx;  ← g_dwFac를 위한 TLS 슬롯 인덱스


void main()
{
  g_dwTlsIncIdx = TlsAlloc();
  g_dwTlsFacIdx = TlsAlloc();
```

TLS에 전역 변수 g_dwInc와 g_dwFac을 대신할 슬롯을 예약한다.

```
  HANDLE arhWorkers[5];
  DWORD  dwThrId = 0;
  for (int i = 0; i < 5; i++)
    arhWorkers[i] = CreateThread(NULL, 0, ThreadProc,
                            (PVOID)(i + 1), 0, &dwThrId);
  WaitForMultipleObjects(5, arhWorkers, TRUE, INFINITE);
  for (int i = 0; i < 5; i++)
    CloseHandle(arhWorkers[i]);
```

스레드를 5개 생성하고 스레드 실행이 모두 끝날 때까지 대기한다. 스레드 진입점 함수인 ThreadProc가 기존의 메인 함수의 기능을 대 신한다.

```
  TlsFree(g_dwTlsFacIdx);
```

```
   TlsFree(g_dwTlsIncIdx);
```

TLS에 g_dwInc와 g_dwFac을 위해 예약된 슬롯을 해제한다.

```
}
```

스레드가 생성될 때 시스템은 새로운 스레드를 위한 스레드 문맥(CONTEXT), 스레드 스택, 보안 문맥, 스레드 메시지 큐 등의 스레드 고유 요소들을 생성해서 할당한다. 그리고 스레드를 위해 생성되는 또 하나의 요소가 바로 TLS다. 따라서 TLS는 개별 스레드마다 존재하는 스레드의 고유 요소가 된다. 사실 TLS를 위한 이 요소는 PVOID 배열이며, 이 배열의 각 엔트리를 TLS 슬롯(Slot)이라고 한다. 이 슬롯 배열의 구조는 [그림 8-1]에 나와 있다. 이 슬롯 배열의 엔트리 수는 WinNT.h에 TLS_MININUM_AVAILABLE 매크로로 정의되어 있는 1,088개다. 위 코드에서 TlsAlloc 함수의 역할을 먼저 알아보자.

```
DWORD WINAPI TlsAlloc(void);
```

TlsAlloc 함수는 해당 스레드의 TLS 배열의 슬롯 중 비어 있는 슬롯을 하나 골라서 사용 중으로 설정하고, 그 인덱스를 반환값으로 돌려준다. 그러면 해당 슬롯은 예약된 슬롯이 된다. 물론 빈 슬롯을 찾기 위해 스레드는 TLS 비트 플래그 집합을 따로 유지하고 있다. TlsAlloc 함수와 반대 역할을 하는 함수는 TlsFree 함수다.

```
BOOL WINAPI TlsFree(_In_ DWORD dwTlsIndex);
```

TlsFree 함수는 매개변수로 TlsAlloc 함수를 통해 획득했던 인덱스 값을 전달받아 이 인덱스에 해당하는 슬롯에 대해서 사용 중인 플래그를 해제하여 빈 슬롯임을 표시하는 역할을 한다. 따라서 위 코드에서 기존의 g_dwInc와 g_dwFac의 전역 변수 대신 각 스레드에 이 두 변수를 대신할 슬롯의 인덱스를 담기 위해 g_dwTlsIncIdx와 g_dwFacIncIdx를 전역 변수로 선언했다.

다음은 기존의 메인 함수의 기능을 담당할 스레드 진입점 함수 ThreadProc에 대한 정의다.

```
DWORD WINAPI ThreadProc(PVOID lParam)
{
    int nVal = (int)lParam;

    PINT pnInc = new int(500);
```

```
    TlsSetValue(g_dwTlsIncIdx, pnInc);
    PUINT64 pnFac = new UINT64(200);
    TlsSetValue(g_dwTlsFacIdx, pnFac);
```

TlsSetValue 함수를 통해 인덱스 g_dwTlsIncIdx와 g_dwTlsFacIdx에 해당하는 각각의 슬롯에 사용자가 직접 할당한 실제 영역의 포인터를 설정한다. 초깃값은 각각 500과 200이다.

```
    for (int i = 0; i < 100; i++)
       Increase(nVal);
    Factorial(nVal);


    pnInc = (PINT)TlsGetValue(g_dwTlsIncIdx);
    pnFac = (PUINT64)TlsGetValue(g_dwTlsFacIdx);
```

TlsGetValue 함수를 통해 인덱스 g_dwTlsIncIdx와 g_dwTlsFacIdx의 슬롯에 저장된 포인터를 획득한다.

```
    printf("Child Thread #%d\t: Increase=%d, Factorial=%I64u\n",
       GetCurrentThreadId(), *pnInc, *pnFac);
    delete pnFac;
    delete pnInc;
    return 0;
}
```

TLS 슬롯은 여러분이 사용할 실제 영역 자체를 가지고 있는 것이 아니라, 그 영역의 시작 번지를 저장하기 위한 PVOID 형의 배열에 속한 단순한 엔트리일 뿐이다. 따라서 실제로 영역을 할당할 책임은 사용자에게 있으며, 위의 코드에서는 TlsSetValue 함수를 호출하기 전에 new 연산자를 통해 pnInc와 pnFac 변수에 각각 4바이트와 8바이트의 영역을 할당했다. 이렇게 예약된 슬롯에 할당된 영역의 포인터를 설정해주는 함수가 TlsSetValue 함수다.

```
    BOOL WINAPI TlsSetValue(_In_ DWORD dwTlsIndex, _In_opt_ PVOID lpTlsValue);
```

슬롯 인덱스를 매개변수 dwTlsIndex에, 할당된 영역의 시작 번지를 매개변수 lpTlsValue에 전달하여 TlsSetValue 함수를 호출함으로써, g_dwTlsIncIdx와 g_dwTlsFacIdx 인덱스가 가리키는 슬롯에 pnInc와 pnFac 포인터를 설정할 수 있다. 반대로 이 슬롯에 설정된 영역의 번지를 획득하려면 TlsGetValue 함수를 호출하면 된다.

```
PVOID WINAPI TlsGetValue(_In_ DWORD dwTlsIndex);
```

TlsGetValue 함수는 매개변수로 원하는 슬롯의 인덱스를 넘겨주면 이 인덱스의 슬롯에 저장된 포인터를 반환해준다. 따라서 TlsAlloc 함수를 통해 빈 슬롯의 인덱스를 획득한 후, 우선 이 슬롯에 TlsSetValue 함수를 통해 여러분이 할당한 실제 공간의 포인터를 설정해야 한다. 만약 이 할당 작업 없이 TlsGetValue 함수를 호출하면 TlsGetValue 함수는 TLS_OUT_OF_INDEXES(0xFFFFFFFF)를 반환한다.

다음은 두 함수 Increase와 Factorial 내에서 TlsGetValue와 TlsSetValue 함수를 통해 특정 TLS 슬롯에 저장된 포인터를 사용하고 있다.

```
void Increase(int val)
{
    PINT pnInc = (PINT)TlsGetValue(g_dwTlsIncIdx);
```
TlsGetValue 함수를 통해 인덱스 g_dwTlsIncIdx의 슬롯에 저장된 포인터를 획득한다.
```
    *pnInc += val;
    TlsSetValue(g_dwTlsIncIdx, pnInc);
```
TlsSetValue 함수를 통해 인덱스 g_dwTlsIncIdx의 슬롯에 그 값이 변경된 영역의 포인터를 설정한다.
```
}

void Factorial(int val)
{
    PUINT64 pnMul = (PUINT64)TlsGetValue(g_dwTlsFacIdx);
```
TlsGetValue 함수를 통해 인덱스 g_dwTlsFacIdx의 슬롯에 저장된 포인터를 획득한다.
```
    for (int i = 2; i <= val; i++)
        *pnMul *= i;
    TlsSetValue(g_dwTlsFacIdx, pnMul);
```
TlsSetValue 함수를 통해 인덱스 g_dwTlsFacIdx의 슬롯에 그 값이 변경된 영역의 포인터를 설정한다.
```
}
```

이상으로 TLS를 이용하여 앞서 언급된 문제를 해결하는 코드를 예를 통해 살펴보았다. 위 코드를 실행한 결과는 다음과 같다. 각 스레드가 자신에게 속한 TLS 영역의 값을 사용하기 때문에 각 스레드의 수행 결과는 자신들만의 고유한 결과를 도출한다.

```
Child Thread #5880      : Increase=600, Factorial=200
Child Thread #4032      : Increase=700, Factorial=400
Child Thread #7832      : Increase=800, Factorial=1200
Child Thread #9716      : Increase=900, Factorial=4800
Child Thread #5436      : Increase=1000, Factorial=24000
```

2) TLS 내부 구조

그러면 TLS의 내부 구조가 어떻게 구성되는지 간단하게 살펴보자. 시스템은 앞서 언급했던 스레드를 위한 요소들에 접근할 수 있도록 스레드 환경 블록(Thread Environment Block, 이하 TEB)*이라는 구조체를 해당 스레드에 할당하는데, TEB 내에는 해당 스레드의 TLS에 접근할 수 있는 두 개의 필드 TlsSlots와 TlsExpansionSlots가 있다. TlsSlots 필드는 64개의 엔트리를 갖는 PVOID 타입의 배열이며, TlsExpansionSlots 필드는 1,024개의 PVOID 타입의 블록에 대한 포인터다. 다음 그림은 이 두 필드가 어떻게 TLS 슬롯을 구성하는지를 보여준다.

그림 8-1 TLS 관리를 위한 내부 구조

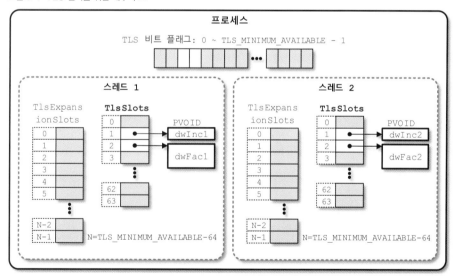

그림에서 알 수 있듯이, TlsSlots와 TlsExpansionSlots 필드는 PVOID 타입의 배열이다. 처음에 TLS 슬롯 배열의 엔트리 수는 TlsSlots 필드의 배열로서 64개였다. 하지만 슬롯의 수가 부

---

* TEB는 '스레드 정보 블록(Thread Information Bloc, 이하 TIB)'이라고도 불린다.

족하다고 판단한 MS는 1,024개의 크기를 갖는 별도의 TLS 슬롯 배열을 TlsExpansionSlots 필드에 할당했다. 따라서 사용 가능한 총 슬롯의 크기는 64+1,024 = 1,088개로, TLS_MININUM_AVAILABLE 매크로로 정의되어 있다. 3장에서 다룬 〈소스 3-1: crtexe.c의 __tmainCRTStartup 함수〉 코드의 __try 블록 앞 부분에 NtCurrentTeb 함수를 호출하는 부분이 있는데, 이 함수가 바로 스레드 환경 블록의 포인터를 돌려주는 함수다. 따라서 TEB에서 TlsSlots 필드를 획득하고자 할 때는 다음의 코드를 사용하면 된다.

```
PTEB Teb = NtCurrentTeb();
Teb->TlsSlots[dwTlsIndex];
```

NtCurrentTeb 함수를 이용해서 다음과 같이 TlsGetValue 함수에 대한 의사 코드를 작성할 수 있다.

```
PVOID WINAPI TlsGetValue(__in DWORD dwTlsIndex)
{
   PTEB Teb = NtCurrentTeb();
```
NtCurrentTeb 함수를 통해 TEB의 포인터를 획득한다.

```
   Teb->LastErrorValue = 0;
```
TEB의 최종 에러 상태를 0으로 리셋한다.

```
   if (dwTlsIndex < 64)
     return Teb->TlsSlots[dwTlsIndex];
```
인덱스 dwTlsIndex가 TlsSlots 배열의 범위(64) 내에 존재할 경우 이 엔트리 값을 반환한다.

```
   if (dwTlsIndex >= 1088)
   {
     BaseSetLastNTError( STATUS_INVALID_PARAMETER );
     return 0;
```
인덱스 dwTlsIndex가 1,088보다 크면 배열의 범위를 넘어가기 때문에 에러를 설정하고 NULL을 반환한다.

```
   }

   if (!Teb->TlsExpansionSlots)
```

```
    return 0;
```

> TlsExpansionSlots 필드는 배열이 아니라 PVOID에 대한 포인터며, 따라서 이 필드에 1,024개의 엔트리에 대한 메모리가 할당되어 있어야 한다. 만약 메모리가 할당되어 있지 않은 상태라면 NULL을 반환한다.

```
    return Teb->TlsExpansionSlots[ dwTlsIndex - 64 ];
```

> 최종적으로 확장 슬롯 내의 엔트리 값을 반환한다. TlsExpansionSlots에 할당된 엔트리 크기는 1,024개이므로 알맞은 엔트리를 구하기 위해서는 인덱스 dwTlsIndex에서 64를 빼야 한다.

```
}
```

8.1.2 정적 TLS와 섹션

지금까지 설명했던 TLS 함수들을 사용하지 않고도 TLS를 사용할 수 있다. VC++ 컴파일러의 경우 __declspec(thread)라는 지시어를 통해서 TLS를 사용할 수 있도록 해준다. __declspec(thread) 지시어를 사용하면 컴파일러와 링커가 알아서 해당 스레드에게 TLS를 할당하고 해당 값을 저장하는 코드를 만든다. 이렇게 __declspec(thread)를 통해서 TLS 변수를 사용하는 방식을 '정적(Static) TLS' 방식이라고 하며, 이 방법을 사용할 경우 동적 TLS를 사용하는 것보다 훨씬 간단하게 TLS를 사용할 수 있다. __declspec(thread) 지시어를 사용하는 예는 다음과 같다.

```
__declspec(thread) DWORD g_dwValue;
```

__declspec(thread) 지시어를 사용해서 TLS에 위치시킬 수 있는 변수는 전역 변수나 정적 변수로 제한되며, 지역 변수는 TLS에 위치시킬 수 없다. 그러면 정적 TLS를 사용해서 〈소스 8-1〉의 코드를 멀티 스레딩 환경으로 변경시킨 다음의 프로젝트 〈TlsStcTest〉를 보자.

소스 8-3 TlsStcTest.cpp

```
__declspec(thread) int     gt_dwInc = 500;
__declspec(thread) UINT64  gt_dwFac = 200;
```

> __declspec(thread) 지시어를 사용해서 전역 변수를 TLS에 위치시킨다.

```
void Increase(int val)
{
```

```
      gt_dwInc += val;
}


void Factorial(int val)
{
    for (int i = 2; i <= val; i++)
        gt_dwFac *= i;
}


DWORD WINAPI ThreadProc(PVOID lParam)
{
    int nVal = (int)lParam;
    for (int i = 0; i<100; i++)
        Increase(nVal);
    Factorial(nVal);

    printf("Child Thread #%d\t: Increase=%d, Factorial=%I64u\n",
        GetCurrentThreadId(), gt_dwInc, gt_dwFac);
    return 0;
}


void main()
{
    HANDLE arhWorkers[5];
    DWORD  dwThrId = 0;
    for (int i = 0; i < 5; i++)
        arhWorkers[i] = CreateThread(NULL, 0, ThreadProc,
                                (PVOID)(i + 1), 0, &dwThrId);
    WaitForMultipleObjects(5, arhWorkers, TRUE, INFINITE);
    for (int i = 0; i < 5; i++)
        CloseHandle(arhWorkers[i]);
}
```

위 코드는 〈소스 8-1〉에서 단순히 전역 변수 g_dwInc와 g_dwFac 앞에 __declspec(thread) 지시어만 추가하고 기존의 main 함수의 코드를 그대로 스레드 진입점 함수인 ThreadProc 함수로 옮겼을 뿐이다. 그럼에도 불구하고 다음의 실행 결과는 원하는 목적을 이뤘음을 보여준다.

```
Child Thread #7248        : Increase=700, Factorial=400
Child Thread #3856        : Increase=800, Factorial=1200
Child Thread #1168        : Increase=600, Factorial=200
Child Thread #6320        : Increase=900, Factorial=4800
Child Thread #9068        : Increase=1000, Factorial=24000
```

동적 TLS를 사용했을 때보다 확실히 사용하기도 쉽고 더 직관적이다. 그럼에도 불구하고 보통 동적 TLS를 많이 사용하는데, 그 이유는 정적 TLS 내부 구현의 한계로 그 사용에 제약이 많기 때문이다. 그러나 이런 제약은 윈도우 비스타에 이르러서 말끔히 해소되었고, 지금은 정적 TLS 사용에 더 이상의 제약이 없으므로 동적 TLS를 충분히 대체할 수 있다. 하지만 이 정적 TLS 메커니즘은 명시적 DLL 로딩 방식에서는 작동하지 않는다는 단점은 여전히 존재한다. 따라서 TLS를 사용하는 DLL을 만들었다면 반드시 암시적 링크를 통해서 해당 DLL을 사용해야 한다.

이제 정적 TLS의 내부 구조를 알아보자. 동적 TLS와 정적 TLS의 차이는 무엇일까? 정적 TLS 역시 [그림 8-1]의 구조를 그대로 따른다. 정적 TLS를 사용하면 __declspec(thread) 지시어를 통해 선언된 모든 변수를 위한 공간은 스레드별로 단 하나만 할당되고 이 공간의 시작 번지를 위한 슬롯 역시 하나만 사용된다. 대신 __declspec(thread) 지시어를 동반한 전역/지역 변수의 수와 초기화를 위한 어떠한 처리를 컴파일러와 링커가 수행하게 된다. __declspec(thread) 지시어를 사용한다는 것은 컴파일러에게 PE의 섹션과 관련된 두 가지 추가적인 작업을 수행토록 지시하는 것을 의미한다. 여기서 두 가지 추가적인 작업은 .tls라는 특별한 섹션의 생성과 IMAGE_DIRECTORY_ENTRY_TLS에 해당하는 데이터 디렉터리 블록의 생성이다. 먼저 .tls 섹션부터 검토해보자.

1) .tls 섹션

__declspec(thread) 지시어를 통해 선언된 변수들이 우선 위치하는 공간은 PE 상의 .data나 .rdata 등의 데이터 섹션이 아닌 .tls 섹션이다. PE Explorer를 통해서 TlsStcText.exe의 .tls 섹션을 먼저 확인해보자.

그림 8-2 TlsStcText.exe의 .tls 섹션

필드	타입	오프셋:RVA	크기	상
⊟ ◼ᴗ tlsstctest.exe	64bit exe	P 00000000:00000000	0x5200(20992)	z:
⊞ ◼ DosHeader	IMAGE_DOS_H	00000000:00000000	0x40(64)	
⊞ ◼ NTHeaders	IMAGE_NT_HE	000000E8:000000E8	0x108(264)	
⊞ ◼ SectionHeaders	IMAGE_SECTI	000001F0:000001F0	0xF0(240)	
⊞ ▶ٵ .text	BYTE[10240]	00000400:00001000	0x2800(10240)	CN
⊞ ▶ٵ .rdata	BYTE[7168]	00002C00:00004000	0x1C00(7168)	CN
▶ٵ .data	BYTE[512]	00004800:00006000	0x200(512)	CN
⊞ ▶ٵ .pdata	BYTE[1024]	00004A00:00007000	0x400(1024)	CN
▶ٵ .tls	BYTE[512]	00004E00:00008000	0x200(512)	CN
⊞ ▶ٵ .rsrc	BYTE[512]	00005000:00009000	0x200(512)	CN

위 그림을 통해 .tls 섹션을 확인할 수 있다. 그러면 이 위치로 가기 위해 .tls 섹션의 섹션 헤더에 대한 덤프를 확인해보자.

덤프 8-1 .tls 섹션 헤더 덤프

	+0	+1	+2	+3	+4	+5	+6	+7	+8	+9	+A	+B	+C	+D	+E	+F
00000290	2E	74	6C	73	00	00	00	00	19	00	00	00	00	80	00	00
000002A0	00	02	00	00	00	4E	00	00	00	00	00	00	00	00	00	00
000002B0	00	00	00	00	40	00	00	C0	2E	72	73	72	63	00	00	00

.tls 섹션에 대한 섹션 헤더 덤프를 분석하면 다음과 같다.

표 8-2 .tls 섹션 헤더 분석

필드	타입	오프셋	값
Name	BYTE[8]	0x00000290	.tls
VirtualSize	DWORD	0x00000298	0x00000019
VirtualAddress	DWORD	0x0000029C	0x00008000
SizeOfRawData	DWORD	0x000002A0	0x00000200
PointerToRawData	DWORD	0x000002A4	**0x00004E00**
Characteristics	DWORD	0x000002B4	0x40000040 CNT_INIT_DATA | MEM_READ | MEM_WRITE

그러면 PointerToRawData 필드가 담고 있는, .tls 섹션의 시작 위치인 오프셋 0x00004E00으로 이동해보자.

덤프 8-2 .tls 섹션 구조

	+0	+1	+2	+3	+4	+5	+6	+7	+8	+9	+A	+B	+C	+D	+E	+F
00004E00	00	00	00	00	00	00	00	00	F4	01	00	00	00	00	00	00
00004E10	C8	00	00	00	00	00	00	00	00	00	00	00	00	00	00	00
00004E20	00	00	00	00	00	00	00	00	00	00	00	00	00	00	00	00
~	~						~						~			

_tls_start · gt_dwInc : 500 · gt_dwFac : 200 · _tls_end

위 덤프를 통해서 gt_dwInc와 gt_dwFac 변수의 위치를 확인할 수 있다. gt_dwInc는 오프셋 0x00004E08부터 4바이트 값이고 앞서 500으로 초기화시켰기 때문에 이 위치의 값 역시 0x01F4가 된다. gt_dwFac는 오프셋 0x00004E10부터 8바이트를 차지하며, 앞서 초깃값으로 200을 설정했으므로 0x00C8로 설정되어 있다는 것을 확인할 수 있다.

특이한 점은 위의 덤프에서 **_tls_start**와 **_tls_end**라는 두 변수가 존재한다는 점이다. 이 두 변수는 3장에서 설명했던 C_INIT 테이블의 xi_a와 xi_z 또는 CPP_INIT 테이블의 xc_a와 xc_z 변수처럼, 정적 TLS로 선언된 변수들의 시작과 끝을 식별하기 위한 테이블의 경계 역할을 한다. 이 두 전역 변수는 CRT 소스 폴더 아래의 "tlssup.c"에 정의되어 있다.

```
          ┊
#pragma data_seg(".tls")
_CRTALLOC(".tls")char _tls_start = 0;

    _tls_start 변수를 선언하고 .tls 섹션에 위치시킨다.


#pragma data_seg(".tls$ZZZ")
_CRTALLOC(".tls$ZZZ") char _tls_end = 0;

    _tls_end 변수를 선언하고 .tls$ZZZ 섹션에 위치시킨다. .tls$ZZZ 섹션은 OBJ 파일에 섹션으로 존재하지만 링커를 통해 나중에 .tls로
    병합된다. 병합 시에 알파벳 순서로 정렬되면서 이 변수는 맨 뒷부분에 자리를 잡는다.

#pragma data_seg()
          ┊
```

#pragma data_seg 전처리기는 읽고 쓰기 가능한 사용자 정의 섹션을 생성하도록 지시한다. 덤프와 tlssup.c 소스 코드를 통해 확인할 수 있듯이, __declspec(thread) 지시어를 통해 선언된 변수들은 모두 이 .tls 섹션의 _tls_start와 _tls_end 변수 사이에 위치하게 된다.

비록 _tls_start와 _tls_end라는 두 변수의 타입은 char 형이지만, 64비트의 경우 디폴트 메모리 정렬 단위가 8바이트기 때문에 [덤프 8-2]에서처럼 8바이트 경계로 구성된다. 결국 .tls 섹션의 구성은 [그림 8-3]과 같다. 주의해야 할 것은 이 섹션에 위치한 변수들이 직접 코드 상의 참조 대상이 되는 것은 아니라는 점이다. 이 섹션의 변수들은 단순히 새롭게 생성될 스레드의 TLS에 할당할 버퍼의 전체 크기와 초깃값을 위한 참조 수단이 될 뿐이다. __declspec(thread) 변수들은 전역 변수가 아니라 TLS에 할당될 변수들이고, 따라서 스레드가 새롭게 생성되면 이 섹션에 정의된 변수들만큼의 공간이 이 스레드의 TLS에 할당되어야 하고 그 초깃값도 정확하게 설정되어야 한다. 따라서 스레드가 새롭게 생성되었을 때 .tls 섹션 상의 변수들을 위한 TLS 슬롯 인덱스를 담을 전역 변수를 UINT 타입의 **_tls_index**라고 하면, 시스템은 다음의 의사 코드 과정을 거쳐서 새로운 스레드를 위한 TLS 공간을 스레드에게 제공한다.

```
_tls_index = TlsAlloc();
```
① .tls 섹션에 위치하는 변수들을 위한 TLS 슬롯을 예약하고 그 인덱스를 획득한다.

```
DWORD dwSize = (DWORD)(&_tls_end - &_tls_start);
PVOID pTlsBuff = HeapAlloc(GetProcessHeap(), dwSize);
```
② .tls 섹션에 위치하는 변수들을 위한 영역을 프로세스 힙에 할당한다. 할당할 힙 블록의 크기 dwSize가 &_tls_end – &_tls_start임에 주의하기 바란다.

```
memcpy(pTlsBuff, &_tls_start, dwSize);
```
③ .tls 섹션 선두인 &_tls_start에서 dwSize 크기만큼 할당된 힙에 복사한다. 이 과정을 통해 TLS 영역은 자연스럽게 초기화가 이루어진다. 또한 할당된 힙에는 gt_dwInc와 gt_dwFac 공간뿐만 아니라 _tls_start의 공간도 포함된다는 점에 주의해야 한다.

```
TlsSetValue(_tls_index, pTlsBuff);
```
④ 예약된 인덱스 _tls_index의 슬롯에 할당된 영역의 포인터 pTlsBuff를 저장한다.

위의 의사 코드를 통해서 알 수 있듯이, .tls 섹션은 TLS에 할당될 영역의 초기 정보를 위한 참조 대상일 뿐 이 섹션 자체에 값을 읽거나 설정하는 목적으로 만들어진 섹션이 아님을 명심하기 바란다. 이번에는 IMAGE_DIRECTORY_ENTRY_TLS 데이터 디렉터리의 역할을 살펴보자.

2) IMAGE_DIRECTORY_ENTRY_TLS 정보

정적 TLS를 사용하면 앞서 설명한 .tls 섹션이 생성될 뿐만 아니라 데이터 디렉터리 배열에 IMAGE_DIRECTORY_ENTRY_TLS 엔트리도 설정된다. 주의할 것은 **IMAGE_DIRECTORY_ ENTRY_TLS 엔트리가 .tls 섹션의 시작 RVA와 크기를 지정하는 엔트리가 아니라는 점**이다. 이 엔트리는 .tls 섹션 내의 데이터 참조를 위한 별도의 정보 블록에 대한 RVA와 크기를 나타내며, 이 블록은 보통 .rdata 섹션 내에 위치한다. 그럼 이 블록이 갖는 정보는 무엇일까? 앞서 설명했던 .tls 섹션을 생각해보자. 정적 TLS를 사용하는 변수들은 모두 이 .tls 섹션에 위치한다. 따라서 이 섹션을 우선 획득해야 하지만 .tls 섹션의 시작 위치나 크기를 알려주는 정보는 섹션 헤더 외에는 없다. 스레드가 생성될 때 정적 TLS의 데이터를 위한 의사 코드를 한 번 더 보자. 필요한 정보는 ①에서 예약한 TLS 슬롯 인덱스 _tls_index, 그리고 ②와 ③ 과정에서 TLS 변수들의 시작과 종료 영역을 가리키는, .tls 섹션 내의 _tls_start와 _tls_end 전역 변수의 번지다. IMAGE_DIRECTORY_ENTRY_ TLS 엔트리는 바로 이 정보들을 담고 있는 블록에 대한 디렉터리 엔트리가 된다.

IMAGE_DIRECTORY_ENTRY_TLS 엔트리를 직접 확인해보자. 다음 덤프는 TlsStcTest.exe 에 있는 IMAGE_DATA_DIRECTORY 배열의 IMAGE_DIRECTORY_ENTRY_TLS 엔트리 내용이다.

덤프 8-3 IMAGE_DIRECTORY_ENTRY_TLS 데이터 디렉터리

	+0	+1	+2	+3	+4	+5	+6	+7	+8	+9	+A	+B	+C	+D	+E	+F
000001B0	00	00	00	00	00	00	00	00	D0	4E	00	00	28	00	00	00

- **VirtualAddress** : 0x00004ED0 (.rdata:0x00003AD0)
- **Size** : 0x00000028

RVA 0x00004ED0의 오프셋은 0x00003AD0이며, 이 위치는 .rdata 섹션 내에 존재한다. 이 엔트리가 가리키는 정보의 내용은 IMAGE_TLS_DIRECTORY 구조체로 표현된다. 오프셋 0x00003AD0에서 시작하는 블록은 IMAGE_TLS_DIRECTORY 구조체며, 이 구조체는 다음과 같이 32비트용과 64비트용으로 분리된다.

```
typedef struct _IMAGE_TLS_DIRECTORY64
{
    ULONGLONG    StartAddressOfRawData;
    ULONGLONG    EndAddressOfRawData;
```

```
   ULONGLONG    AddressOfIndex;         // PDWORD
   ULONGLONG    AddressOfCallBacks;     // PIMAGE_TLS_CALLBACK*;
   DWORD        SizeOfZeroFill;
   union
   {
      DWORD     Characteristics;
      struct
      {
         DWORD Reserved0 : 20;
         DWORD Alignment : 4;
         DWORD Reserved1 : 8;
      } DUMMYSTRUCTNAME;
   } DUMMYUNIONNAME;
} IMAGE_TLS_DIRECTORY64, *PIMAGE_TLS_DIRECTORY64;


typedef struct _IMAGE_TLS_DIRECTORY32
{
   DWORD        StartAddressOfRawData;
   DWORD        EndAddressOfRawData;
   DWORD        AddressOfIndex;         // PDWORD
   DWORD        AddressOfCallBacks;     // PIMAGE_TLS_CALLBACK*
   DWORD        SizeOfZeroFill;
   union
   {
      DWORD     Characteristics;
      struct
      {
         DWORD Reserved0 : 20;
         DWORD Alignment : 4;
         DWORD Reserved1 : 8;
      } DUMMYSTRUCTNAME;
   } DUMMYUNIONNAME;
} IMAGE_TLS_DIRECTORY32, *PIMAGE_TLS_DIRECTORY32;
```

ULONGLONG/DWORD StartAddressOfRawData

ULONGLONG/DWORD EndAddressOfRawData

새로운 스레드의 TLS 데이터를 메모리 상에서 초기화하는 데 사용되는 메모리 영역의 시작 (StartAddressOfRawData)과 끝(EndAddressOfRawData) 주소를 가리키는 필드다. 이 필드 값은 RVA가 아닌 가상 주소를 나타내며, 따라서 32비트의 경우 4바이트, 64비트의 경우 8바이트의 크기를 가진다. 두 필드에 설정되는 값은 사실 .tls 섹션에 존재하는 _tls_start와 _tls_end 변수의 번지, 즉 &_tls_start와 &_tls_end가 된다.

ULONGLONG/DWORD AddressOfIndex

실행 파일이 메모리에 매핑되고 .tls 섹션이 만들어지고 난 뒤에, 로더는 앞서 언급한 ①의 과정을 통해 TLS 슬롯을 예약하게 되며, 이때 예약된 슬롯의 인덱스를 보관하는 변수의 주소를 이 필드에 담게 된다. 이 필드 역시 RVA가 아닌 가상 주소며, 이 주소는 _tls_index 전역 변수의 번지 &_tls_index가 된다.

ULONGLONG/DWORD AddressOfCallBacks

PIMAGE_TLS_CALLBACK이라고 하는 함수 포인터 배열의 특정 엔트리에 대한 주소(RVA가 아니다)다. 다음은 PIMAGE_TLS_CALLBACK 함수 포인터의 타입에 대한 정의다.

```
typedef VOID (NTAPI *PIMAGE_TLS_CALLBACK)
                (PVOID DllHandle, DWORD Reason, PVOID Reserved);
```

스레드가 생성되거나 종료될 때 시스템은 TLS의 초기화를 위해 함수 포인터 배열에 등록된 콜백 함수를 호출한다. 이 필드는 사용자가 별도로 설정할 수 있는 필드다.*

DWORD SizeOfZeroFill

EndAddressOfRawData 필드와 StartAddressOfRawData 필드에 의해 지정된 범위를 넘어서는 초기화 데이터의 바이트 수를 나타내는 필드다. 이 범위 이후의 모든 스레드당 데이터는 0으로 초기화된다.

---

* StartAddressOfRawData, EndAddressOfRawData, AddressOfIndex, AddressOfCallBacks 필드 모두 가상 주소를 담기 때문에, 재배치가 발생할 경우에는 재배치 대상이 되는 필드기도 하다.

DWORD Characteristics

예약되어 있으며, 0으로 설정된다.

오프셋 0x00003AD0으로 이동해서 IMAGE_TLS_DIRECTORY 구조체의 내용을 바로 확인해보자. 64비트 TlsStcTest.exe의 TLS 초기화 정보 블록은 40바이트의 IMAGE_TLS_DIRECTORY64 구조체로 구성된다.

덤프 8-4 IMAGE_TLS_DIRECTORY64 구조체 블록

	+0	+1	+2	+3	+4	+5	+6	+7	+8	+9	+A	+B	+C	+D	+E	+F
00003AD0	00	80	00	40	01	00	00	00	18	80	00	40	01	00	00	00
00003AE0	38	60	00	40	01	00	00	00	28	42	00	40	01	00	00	00
00003AF0	00	00	00	00	00	00	40	00	52	53	44	53	23	DD	9F	9D

다음 표는 위의 덤프를 IMAGE_TLS_DIRECTORY 구조체에 맞춰 해석한 것이다.

표 8-3 IMAGE_TLS_DIRECTORY64 구조체

필드	타입	값	의미
StartAddressOfRawData	ULONGLONG	0x1`40008000	.tls :0x4E00 → &_tls_start
EndAddressOfRawData	ULONGLONG	0x1`40008018	.tls :0x4E08 → &_tls_start
AddressOfIndex	ULONGLONG	0x1`40006038	.data :0x4838 → &_tls_index
AddressOfCallBacks	ULONGLONG	0x1`40004228	.rdata:0x2E28 → &_xl_z
SizeOfZeroFill	DWORD	0x00000000	
Characteristics	DWORD	0x00300000	

위 표에 대해 좀 더 자세히 살펴보자. AddressOfCallBacks 필드 값은 다음 절에서 설명하기로 하고, StartAddressOfRawData와 EndAddressOfRawData, AddressOfIndex 필드에 대해서만 설명할 것이다. StartAddressOfRawData와 EndAddressOfRawData 필드는 각각 _tls_start와 _tls_start 전역 변수에 대한 번지값을 담고 있고, AddressOfIndex 필드는 TLS 슬롯 배열의 인덱스를 담고 있는 변수의 번지를 담고 있다. 이 변수가 _tls_index가 되며, tlssup.c에 정의되어 있다. 그리고 IMAGE_TLS_DIRECTORY 구조체 역시 tlssup.c에 **_tls_used**라는 전역 변수로 선언되어 다음과 같이 초기화된다.

```
ULONG _tls_index = 0;
```

슬롯 인덱스를 담기 위한 전역 변수

```
         ⋮
#ifdef _WIN64
_CRTALLOC(".rdata$T") const IMAGE_TLS_DIRECTORY64 _tls_used =
{
  (ULONGLONG) &_tls_start, // start of tls data
  (ULONGLONG) &_tls_end,   // end of tls data
  (ULONGLONG) &_tls_index, // address of tls_index
  (ULONGLONG) (&__xl_a+1), // pointer to call back array
  (ULONG) 0,               // size of tls zero fill
  (ULONG) 0                // characteristics
};
#else  /* _WIN64 */
_CRTALLOC(".rdata$T") const IMAGE_TLS_DIRECTORY32 _tls_used =
{
  (ULONG)(ULONG_PTR) &_tls_start,  // start of tls data
  (ULONG)(ULONG_PTR) &_tls_end,    // end of tls data
  (ULONG)(ULONG_PTR) &_tls_index,  // address of tls_index
  (ULONG)(ULONG_PTR) (&__xl_a+1),  // pointer to call back array
  (ULONG) 0,                       // size of tls zero fill
  (ULONG) 0                        // characteristics
};
#endif  /* _WIN64 */
```

위 코드를 보면 _tls_used 초기화 시에 StartAddressOfRawData와 EndAddressOfRawData, AddressOfIndex 필드에 각각 _tls_start와 _tls_start, 그리고 _tls_index 전역 변수의 번지를 설정한다는 것을 확인할 수 있다. 그리고 IMAGE_DIRECTORY_ENTRY_TLS 엔트리가 가리키는 정보 블록이 바로 _tls_used라는 전역 변수가 된다. 다시 말해서 이 데이터 디렉터리의 VirtualAddress 필드는 _tls_used 인스턴스의 시작 번지에 대한 RVA가 되고, Size 필드는 _tls_used 전역 변수의 크기를 담고 있다. 다음 그림은 _tls_used와 .tls 섹션과의 관계를 보여준다.

그림 8-3 _tls_used 구조체와 .tls 섹션

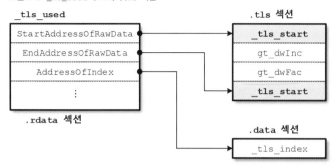

그러면 이번에는 컴파일러가 TLS 변수를 참조할 때 어떻게 코드를 구성하는지 확인해보자. 이 과정을 통해서 정적 TLS의 구조를 좀 더 확실히 파악할 수 있다. 디스어셈블 코드를 좀 더 단순하게 만들기 위하여 Increase 함수를 다음과 같이 수정해보자.

```
void Increase(int val)
{
   int nInc = gt_dwInc;
   gt_dwInc = (nInc + val);
}
```

그리고 "int nInc = gt_dwInc;"에 중단점을 걸어 이 코드에 대한 디스어셈블 코드를 분석해보자. 먼저 gt_dwInc 변수 선언 시 __declspec(thread) 지시어를 삭제해서 gt_dwInc를 일반적인 전역 변수로 선언한다. 빌드한 후의 디스어셈블 코드는 다음과 같다.

```
     int nInc = gt_dwInc;
000000014000101C        mov eax, dword ptr [gt_dwInc (0140006000h)]
0000000140001022        mov dword ptr [nInc], eax
```

일반 전역 변수로 선언되었을 때의 어셈블리 코드는 전역 변수 gt_dwInc의 값을 우선 eax 레지스터에 저장한 후, 지역 변수 nInc에 eax에 저장된 값을 대입하는 명령으로 구성된다. 그러면 이번에는 __declspec(thread) 지시어를 다시 살려서 gt_dwInc를 TLS 변수로 선언했을 때의 디스어셈블 코드를 위의 코드와 비교해보자. 먼저 비교하기 전에 TLS 변수 참조에 대한 어셈블리 코드의 이해를 위해 TEB의 포인터 획득에 관해서 좀 더 부가적인 설명이 필요하다. 사실 TEB의 포인터는 64비트의 경우 gs 레지스터를, 32비트의 경우 fs 레지스터를 통해서 획득할 수 있으며,

NtCurrentTeb 함수는 이 두 세그먼트 레지스터를 통해서 TEB의 포인터를 돌려주는 인라인 함수가 된다. TEB 내의 TlsSlots 필드 오프셋은 32비트의 경우 0x2C며, 64비트의 경우 0xE10이다. 따라서 TlsSlots 필드에 대한 포인터는 다음과 같은 어셈블리 코드로도 얻을 수 있다.

```
mov rax, gs:[0xE10]  ← 64비트
mov eax, fs:[0x02C]  ← 32비트
```

NtCurrentTeb 함수와 fs 또는 gs 세그먼트 레지스터와 관련된 TEB 구조체에 대해서는 4부와 5부에서 더 자세히 논의할 예정이며, "int nInc = gt_dwInc;"에 대한 디스어셈블 코드는 다음과 같다.

```
    int nInc = gt_dwInc;
000000014000101C      mov eax, 8
0000000140001021      mov eax, eax
```

[덤프 8-2]에서 확인한 바와 같이, gt_dwInc 전역 변수는 _tls_start 변수 다음에 위치한다. 따라서 gt_dwInc의 위치는 _tls_start의 시작 번지에서 8바이트 떨어져 있기 때문에 오프셋 8을 eax 레지스터에 설정한다. 만약 gt_dwFac 변수라면 16을 설정할 것이다. 물론 32비트 경우에는 각각 4와 8 값이 설정된다.

```
0000000140001023      mov ecx, dword ptr [_tls_index (0140006038h)]
```

_tls_index에서 TLS 슬롯의 인덱스 값을 획득해서 ecx 레지스터에 저장한다.

```
0000000140001029      mov rdx, qword ptr gs:[58h]
```

gs:[58h]은 TLS 슬롯 배열인 TEB의 TlsSlots 필드의 번지를 담고 있으며, 이 값을 rdx 레지스터에 저장한다.

```
0000000140001032      mov rcx, qword ptr [rdx + rcx * 8]
```

rcx 레지스터에는 TLS 슬롯의 인덱스가 저장되어 있다. TLS 슬롯 배열은 PVOID 타입이므로 엔트리 접근은 8바이트 단위로 이루어져야 한다. 그리고 rdx는 TLS 슬롯 배열의 시작 번지가 담겨있다. 따라서 rdx + rcx * 8 코드는 TEB→TlsSlots[인덱스]를 의미하고, 이 값은 이 슬롯에 지정된, TLS 변수들을 위한 힙 영역의 번지가 된다. 따라서 위의 코드는 이 힙 영역의 번지를 rcx 레지스터에 저장하는 명령이다.

```
0000000140001036      mov eax, dword ptr [rax + rcx]
```

rax는 코드 초기에서 설정한 오프셋 8이 설정되어 있다. 따라서 rcx + rax는 힙 시작 번지에서 8바이트 떨어진 번지를 의미하며, 이는 TLS에 위치한 TLS 변수 gt_dwInc의 번지가 된다. 결국 이 코드는 eax 레지스터에 해당 스레드의 TLS에 위치한 gt_dwInc 변수값을 저장하는 코드다.

```
0000000140001039          mov dword ptr [nInc], eax
```

gt_dwInc에 해당하는 값이 설정된 eax 레지스터를 nInc 지역 변수에 저장한다.

명령줄의 수를 비교해보면, 일반 전역 변수에 대한 명령은 단 두 줄이었으나 TLS 변수일 경우 일곱 줄의 명령으로 구성된다. 이 코드를 통해서 알 수 있는 것은 정적 TLS 변수를 참조하기 위해 컴파일러는 추가적인 코드를 생성하며, 이로 인해 PE의 크기는 조금 더 커지고 속도도 좀 더 느려질 것이다.

3) TLS 초기화 콜백 함수

이번에는 IMAGE_TLS_DIRECTORY 구조체의 AddressOfCallBacks 필드에 대해서 살펴볼 차례다. 이 필드는 TLS 초기화 콜백 함수라는 함수 포인터의 값을 담게 된다. TLS 초기화 콜백 함수의 프로토타입은 다음과 같다.

```
typedef VOID (NTAPI *PIMAGE_TLS_CALLBACK)
(
    PVOID DllHandle,
    DWORD Reason,
    PVOID Reserved
);
```

PIMAGE_TLS_CALLBACK 타입의 매개변수는 DllMain 함수의 매개변수와 동일하다. DllHandle 매개변수를 통해서 EXE나 DLL의 PE 시작 번지가 전달되며, Reason 매개변수는 DllMain의 dwReason 매개변수와 동일하게 DLL_PROCESS_ATTACH(1), DLL_THREAD_ATTACH(2), DLL_THREAD_DETACH(3), 그리고 DLL_PROCESS_DETACH(0) 값 중의 하나가 전달된다. 이는 바로 이 콜백 함수가 프로세스 생성과 종료 시뿐만 아니라 스레드가 생성되거나 종료될 때마다 호출된다는 것을 의미한다.

TLS 초기화 콜백 함수는 사용자가 TLS 변수의 초기화를 별도로 수행하고자 할 때 등록할 수 있는 콜백 함수다. 만약 이 콜백 함수가 등록되면 이 함수는 메인 스레드를 위하여 C/C++ 런타임 시작 함수가 시작되기 전에 ntdll.dll의 LdrpCallTlsInitializers 함수에 의해 호출된다. 이런 특징 때문에 TLS 초기화 콜백 함수는 안티 디버깅 목적으로도 사용된다. 이 예는 뒤에서 직접 살펴볼 것이며, 실제로 TLS 초기화 콜백 함수를 등록하는 예를 통해서 이 함수가 언제, 어떻게 호출되는지 확인해보자. 예제 프로젝트는 〈TlsCallback〉이며, TlsStcTest.cpp 소스에서 TLS 콜백 함수를 등록하는 부분을 추가했다. 그리고 메인 함수에서 스레드 생성 수를 3개로 제한했다. TLS 콜백 함수의 등록은 다소 복잡하다. 다음 코드는 TlsCallback.cpp의 일부다.

```
      ⋮
void NTAPI Tls_Callback(PVOID THandle, DWORD Reason, PVOID Reserved)
{
    printf("__CB, Thread #%d\t: Handle=%p, Reason=%d\n",
        GetCurrentThreadId(), THandle, Reason);
}
```

TLS 콜백 함수를 정의한다.

```
#pragma section(".CRT$XLY", long, read)
extern "C" __declspec(allocate(".CRT$XLY"))
    PIMAGE_TLS_CALLBACK _xl_y = Tls_Callback;
```

콜백 함수 Tls_Callback을 _xl_y 변수에 설정한다. _xl_y 변수는 섹션 ".CRT$XLY"에 배치된다.

위의 코드를 빌드해 실행하면 다음과 같은 결과를 얻는다.

```
 __CB, Thread #6848     : Handle=0000000140000000, Reason=1
=== main function begins...=====================
 __CB, Thread #10272    : Handle=0000000140000000, Reason=2
Child Thread #10272     : Increase=600, Factorial=200
 __CB, Thread #10300    : Handle=0000000140000000, Reason=2
Child Thread #10300     : Increase=700, Factorial=400
 __CB, Thread #7316     : Handle=0000000140000000, Reason=2
Child Thread #7316      : Increase=800, Factorial=1200
 __CB, Thread #10272    : Handle=0000000140000000, Reason=3
 __CB, Thread #10300    : Handle=0000000140000000, Reason=3
 __CB, Thread #7316     : Handle=0000000140000000, Reason=3
=== main function ends...======================
 __CB, Thread #6848     : Handle=0000000140000000, Reason=0
```

TlsCallback.cpp는 3개의 스레드를 생성했고, 실행 결과는 메인 스레드를 비롯하여 총 4개의 스레드가 생성되었으며, 종료될 때마다 우리가 등록한 콜백 함수 Tls_Callback가 호출된다는 것을 알 수 있다.

우리가 정의한 Tls_Callback 콜백 함수의 실체를 확인해보자. PE Explorer를 통해서 TlsCallback.exe의 IMAGE_TLS_DIRECTORY 구조체의 내용을 찾아가보라.

그림 8-4 _xl_y 전역 변수의 값

```
00002E10   90 27 00 40 01 00 00 00   00 00 00 00 00 00 00 00
00002E20   00 00 00 00 00 00 00 00   E0 10 00 40 01 00 00 00
00002E30   00 00 00 00 00 00 00 00   00 00 00 00 00 00 00 00
```

위 그림에서 박싱 처리된 부분이 바로 IMAGE_TLS_DIRECTORY의 AddressOfCallBacks 필드 값인 0x00000001`400010E0이다. 이 값은 절대 번지며, 이에 대한 RVA는 0x000010E0이고 오프셋은 .text 섹션에 위치한 0x000004E0이 된다. 이 오프셋에 위치한 함수는 다음 그림과 같이 우리가 정의했던 Tls_Callback 함수임을 알 수 있다.

그림 8-5 TlsCallback.exe의 .text 섹션

필드	타입	오프셋:RVA	크기
⊟ ⚡ .text	BYTE[10240]	00000400:00001000	0x2800(10240)
🔧 [0]Increase	BYTE[72]	00000400:00001000	0x48(72)
🔧 [1]Factorial	BYTE[132]	00000450:00001050	0x84(132)
🔧 [2]Tls_Callback	BYTE[76]	000004E0:000010E0	0x4C(76)
🔧 [3]ThreadProc	BYTE[215]	00000540:00001140	0xD7(215)
🔧 [4]main	BYTE[280]	00000620:00001220	0x118(280)

이제 콜백 함수를 등록하는 방법을 확인해보자. 다음은 TlsCallback.cpp에서 콜백 함수 Tls_Callback을 등록하는 코드다.

```
#pragma section(".CRT$XLY", long, read)
extern "C" __declspec(allocate(".CRT$XLY"))
PIMAGE_TLS_CALLBACK _xl_y = Tls_Callback;
```

위 코드는 우리가 3장에서 살펴봤던 C_INIT 테이블 또는 CPP_INIT 테이블 관련 등록 코드와 비슷하다. 위의 _xl_y라는 전역 변수는 ".CRT$XLY" 섹션에 위치한다. 그러면 이 .CRT$XLY 섹션은 무엇일까? tlssup.c 소스를 다시 열어 이 소스의 중간 부분에 다음의 코드가 정의되어 있음을 확인해보라.

```
_CRTALLOC(".CRT$XLA") PIMAGE_TLS_CALLBACK __xl_a = 0;
_CRTALLOC(".CRT$XLZ") PIMAGE_TLS_CALLBACK __xl_z = 0;
```

TLS 초기화 콜백 함수를 위한 테이블 경계를 설정한다.

위의 두 전역 변수 __xl_a와 __xl_z는 C_INIT 테이블의 xi_a와 xi_z 또는 CPP_INIT 테이블의 xc_a와 xc_z 변수의 역할과 동일하게 TLS 초기화 콜백 함수 포인터를 위한 테이블의 시작과 끝을 지시하는 경계 역할을 한다. 그러면 위 코드에는 .CRT$### 섹션을 생성하는 #pragma section 지시어가 필요하다. 3장에서 봤던 "sect_attribs.h" 헤더 파일을 다시 열어보면 .CRT$### 섹션을 생성하는 코드를 확인할 수 있다.

```
#pragma section(".CRT$XLA", long, read) ← __xl_a
#pragma section(".CRT$XLC", long, read) → TLS 동적 생성자 초기화 함수 포인터용
#pragma section(".CRT$XLD", long, read) → TLS 동적 소멸자 초기화 함수 포인터용
#pragma section(".CRT$XLZ", long, read) ← __xl_z
```

그러면 .CRT$XLY에 위치할 _xl_y 전역 변수는 결국 TLS 초기화 콜백 함수를 위한 테이블의 경계 __xl_a와 __xl_z가 위치한 변수 사이에 있고, 또한 만약 .CRT$XLC와 .CRT$XLD* 섹션에 변수가 설정되면 이 변수들 뒤에 있게 된다. 따라서 _tls_used의 AddressOfCallBacks 필드와 Tls_Callback 함수와의 관계는 다음 그림과 같다.

그림 8-6 _tls_used 구조체와 Tls_Callback 함수

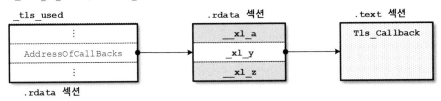

TLS 초기화 콜백 함수를 안티 디버깅에 이용할 수도 있다. 리버스 엔지니어링 등의 목적으로 외부인이 자신이 제작한 프로그램을 디버깅 툴을 통해 분석하는 것을 회피하기 위해 TLS 초기화 콜백 함수를 이용하는 예가 다음 프로젝트 〈TlsChkIsDbg〉에 정의되었다.

---

* .CRT$XLC와 .CRT$XLD는 각각 TLS 동적 생성자/소멸자 테이블 초기화를 위해 예약된 섹션이다. 이 두 필드가 가리키는 테이블은 .CRT$XD# 섹션에 위치하며, 3장의 C/C++ 런타임 시작 함수에서 WinMain/main 함수 호출 직전에 봤던 TLS 관련 코드인 __dyn_tls_init_callback 변수와 관련이 있다.

소스 8-4 TlsChkIsDbg.cpp

```
__declspec(thread) DWORD64 gt_dwTlsVal = 2000;

void NTAPI Tls_Callback(PVOID hModule, DWORD dwReason, PVOID Reserved);

#pragma section(".CRT$XLY", long, read)
extern "C" __declspec(allocate(".CRT$XLY"))
   PIMAGE_TLS_CALLBACK _xl_y = Tls_Callback;
```

TLS 초기화 함수 Tls_Callback을 등록한다.

```
void main()
{
   printf("TlsChkIsDbg main function started...\n");
   gt_dwTlsVal = 300;
   printf("TlsChkIsDbg main function terminates...\n");
}

void NTAPI Tls_Callback(PVOID hModule, DWORD dwReason, PVOID Reserved)
{
   if (IsDebuggerPresent() && dwReason == DLL_PROCESS_ATTACH)
   {
      MessageBoxA(NULL, "Not allowed Debuging!!!", "TlsChkIsDbg", MB_OK);
      ExitProcess(1);
```

현재 프로세스가 디버깅 중인 프로세스면 메시지 박스를 출력하고 프로그램을 종료한다.

```
   }
}
```

위의 프로젝트를 빌드해서 바로 실행하면 별문제 없이 main 함수가 실행되고 종료될 것이다. 하지만 비주얼 스튜디오에서 F5 키를 눌러 이 프로젝트에 대하여 디버깅을 통해 실행해보라. 그러면 다음 그림과 같이 메시지 박스가 출력되면서 프로세스가 종료되어 더 이상 디버깅을 수행할 수 없게 될 것이다.

그림 8-7 TlsChkIsDbg.exe의 디버깅 결과

이 코드 역시 TLS 초기화 콜백 함수 Tls_Callback을 정의하고 등록한다. 하지만 Tls_Callback 함수에서는 IsDebuggerPresent 함수를 통해 우리가 제작한 PE가 실행될 때 이 프로세스가 디버거에 의해서 실행된 것인지를 판별해서, 만약 디버깅 중이면 우리가 제작한 프로세스의 실행을 강제로 종료시킨다. 이는 시스템이 C/C++ 런타임 시작 함수를 실행하기 전에 TLS 초기화 콜백 함수를 호출한다는 점을 이용해서 우리가 정의한 코드에 대한 분석을 원천 차단하는 수단이 될 수 있음을 의미한다.

8.1.3 TLS 관련 분석 코드

이번에는 PE Explorer가 수행하는 정적 TLS 관련 섹션 분석 코드를 살펴볼 차례다. 그 전에 PE Explorer를 통해서 실제 .tls 섹션의 구성과 이 섹션을 참조하는 전역 변수를 담고 있는 다른 섹션을 확인해보자. 우선 .tls 섹션의 경우는 앞서 살펴본 바와 같이 .rdata 또는 .data 섹션의 경우처럼 TLS 변수에 대한 초기화를 위한 테이블을 구성하고 있다. 따라서 다음 그림과 같이 [데이터 보기] 창을 통해 _tls_start와 _tls_end로 구성되는 두 개의 전역 변수를 담고 있는 .tls 섹션의 구조를 확인할 수 있다.

그림 8-8 .tls 섹션의 [데이터 보기]

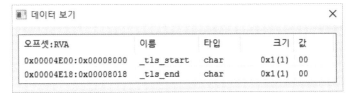

또한 .data 섹션에서는 TLS 슬롯 인덱스를 담기 위한 _tls 인덱스 전역 변수도 확인할 수 있다.

그림 8-9 .data 섹션의 _tls_index

오프셋:RVA	이름	타입	크기
0x00004834:0x00006034	init	bool	0x1(1)
0x00004838:0x00006038	_tls_index	unsigned long	0x4(4)
0x00004840:0x00006040	has_cctor	int	0x4(4)

다음 그림은 TLS 초기화 콜백 함수를 엔트리로 하는 테이블을 담고 있는, TlsCallback.exe PE 의 .rdata 섹션의 구성을 보여준다. 테이블의 경계를 구성하는 두 개의 전역 변수 __xl_a와 __xl_z 사이에 우리가 정의했던, 초기화 콜백 함수를 위한 전역 변수 _xl_y를 확인할 수 있다.

그림 8-10 .rdata 섹션의 _tls_index

오프셋:RVA	이름	타입	크기	값
0x00002E18:0x00004218	__xi_z	void(void)*[1]	0x8(8)	00 00 00 00 00...
0x00002E20:0x00004220	__xl_a	void(void*, unsigned long, voi...	0x8(8)	0x0000000000000000
0x00002E28:0x00004228	_xl_y	void(void*, unsigned long, voi...	0x8(8)	0x00000001400010E0
0x00002E30:0x00004230	__xl_z	void(void*, unsigned long, voi...	0x8(8)	0x0000000000000000

이제 TLS 관련 정보를 PE Explorer 툴을 통해 코드를 작성해보자. 우리가 작성할 코드는 IMAGE_DIRECTORY_ENTRY_TLS 엔트리가 가리키는 IMAGE_TLS_DIRECTORY 정보 를 출력하는 코드다. 32비트와 64비트의 코드 구성은 동일하기 때문에, 64비트 코드로 작성할 것 이다. 우선 XML 스키마에 정의된 IMAGE_TLS_DIRECTORY64 구조체의 스키마는 다음과 같다.

```
<Struct name="IMAGE_TLS_DIRECTORY64">
    <Member name="StartAddressOfRawData" type="ULONGLONG" va="true"/>
    <Member name="EndAddressOfRawData" type="ULONGLONG" va="true"/>
    <Member name="AddressOfIndex" type="ULONGLONG" va="true"/>
    <Member name="AddressOfCallBacks" type="ULONGLONG" va="true"/>
    <Member name="SizeOfZeroFill" type="DWORD"/>
    <Member name="Characteristics" type="DWORD"/>
</Struct>
```

PE Explorer를 통해 보여줄 IMAGE_DIRECTORY_ENTRY_TLS 노드에 대한 코드는 다음과 같이 ParseDirEntryTLS 함수를 통해 구현했다.

```
bool PEAnals::ParseDirEntryTLS(PPE_NODE pnUp, PIMAGE_DATA_DIRECTORY pdd)
{
    PIMAGE_SECTION_HEADER psh = &m_pshs[pnUp->SectIdx];
    DWORD dwOffset = RVA_TO_OFFSET(psh, pdd->VirtualAddress);
```

TLS 엔트리가 소속된 섹션과 시작 오프셋을 획득한다.

```
    CString sz; USES_CONVERSION;


    PCWSTR pszType = (m_bIs32Bit) ? L"IMAGE_TLS_DIRECTORY32" :
                                    L"IMAGE_TLS_DIRECTORY64";
    PPE_NODE pnTls = InsertStructNode(pnUp->Node, pnUp->SectIdx,
                                      dwOffset, L"TLSDir", pszType);

    AppendStructMembers(pnTls);
```

IMAGE_TLS_DIRECTORY 구조체 정보를 위한 노드를 설정한다.

```
    PCWSTR pszCols[] =
    {
        L"StartAddressOfRawData", L"EndAddressOfRawData",
        L"AddressOfIndex", L"AddressOfCallBacks"
    };
```

절대 번지를 값으로 갖는 4개의 필드에 대한 부가 정보를 설정하기 위하여 이 필드들의 이름에 대한 배열을 정의한다.

```
    if (!m_bIs32Bit)
    {
        DWORD64 ulImgBase = PEPlus::GetOptHdr64(m_pImgView)->ImageBase;
```

RVA 획득을 위해 IMAGE_OPTIONAL_HEADER의 ImageBase 필드 값을 획득한다.

```
        for (int i = 0; i < 4; i++)
```

StartAddressOfRawData, EndAddressOfRawData, AddressOfIndex, AddressOfCallBacks 필드의 상세 정보를 획득하기 위한 루프다.

```
        {
            PPE_NODE pnSub = FindNode(pnTls->Node, pszCols[i]);
            DWORD64 ulVal = PE_SCHEMA::GetValue
                            (m_pImgView + pnSub->Offset, PE_TYPE::UInt64);
```

각 필드의 노드를 통해 필드에 설정된 절대 번지의 값을 획득한다.

```
        DWORD dwRVA = (DWORD)(ulVal - ulImgBase);
        PIMAGE_SECTION_HEADER pshr = PEPlus::FindSectionHdr(m_pImgView, dwRVA);
        if (pshr == NULL)
            continue;

        DWORD dwTlsOff = RVA_TO_OFFSET(pshr, dwRVA);
        sz.Format(L"%s:0x%08X(RVA:0x%08X)",
                          PEPlus::GetSectionName(pshr), dwTlsOff, dwRVA);
        UpdateNodeText(pnSub->Node, sz, COL_IDX_INFO);
```

절대 번지를 RVA와 오프셋으로 변환하여 소속 섹션 정보와 함께 출력한다.

```
    }
  }
  else
  {
      ⋮
  }
  return false;
}
```

다음과 같이 PE Explorer를 통해서 IMAGE_TLS_DIRECTORY 구조체 관련 정보를 확인할 수 있다.

그림 8-11 PE Explorer를 통한 IMAGE_TLS_DIRECTORY 구조체 정보 보기

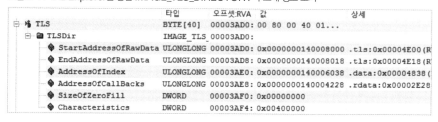

8.2 사용자 정의 섹션

이번에 살펴볼 내용은 사용자 정의 섹션에 관한 것이다. 사용자 정의 섹션은 컴파일러나 링크가 만들어내는, 지금까지 우리가 논의해온 기존의 섹션 말고도 다른 특별한 목적을 위해서 사용자가 직접 자신만의 섹션을 PE 내에 정의하여 삽입할 수 있음을 의미한다. 사용자 정의 섹션의 대표적인 용도는 프로세스 간 데이터 공유를 위한 것이다. DLL에 공유 속성이 지정된 사용자 정의 섹션을 추가하여 이 DLL을 사용하는 다른 프로세스와 데이터를 공유할 수 있도록 한다. 이 절에서는 사용자 정의 섹션을 지정하는 방법과 함께 그 사용 예를 몇 가지 소개할 것이다.

8.2.1 섹션 지정 관련 #pragma

이제부터 간단하게 사용자 정의 섹션을 만드는 방법을 알아보자. 우리는 이미 섹션을 정의하고 그 섹션에 전역 변수를 할당하는 예를 본 적이 있다. 3장에서 설명했던 CPP_INIT 테이블을 다시 떠올려보자.

```
#pragma section(".CRT$XCA", long, read)      ← __xc_a[]
            ⋮
#pragma section(".CRT$XCZ", long, read)      ← __xc_z[]
```

#pragma section은 섹션을 지정하는 대표적인 지시어로 형식은 다음과 같다.

```
#pragma section( "section-name" [, attributes] )
```

section-name

8자 이내의 아스키 코드로 구성되는 문자열을 지정하되 컴파일러가 만들어내는, 이미 정의된 섹션의 이름은 사용할 수 없다. 여기서 이미 정의된 섹션 이름이란 .text, .data, .edata, .idata, .pdata, .rdata, .reloc, .rsrc, .bss, .sbss, .sdata, .srdata, .xdata, .arch 등을 말한다.

attributes

attributes는 우리가 섹션 헤더의 Characteristics 필드에서 살펴봤던 IMAGE_SCN_MEM_

READ, IMAGE_SCN_MEM_WRITE 등의 섹션의 속성을 지정할 수 있는 매개변수로, 다음의 플래그들을 지정할 수 있다.

표 8-4 attributes 지정 가능 속성

속성	대표 문자	설명	섹션 헤더 Characteristics
read	R	섹션에 대한 읽기 허용	IMAGE_SCN_MEM_READ
write	W	섹션에 대한 쓰기 허용	IMAGE_SCN_MEM_WRITE
execute	E	섹션의 코드 실행 가능	IMAGE_SCN_MEM_EXECUTE
shared	S	해당 이미지를 로드한 모든 프로세스 사이에서 섹션 공유	IMAGE_SCN_MEM_SHARED
nopage	!P	페이지 아웃 불가능한 섹션	IMAGE_SCN_MEM_NOT_PAGED
nocache	!K	캐시 불가능한 섹션	IMAGE_SCN_MEM_NOT_CACHED
discard	D	버릴 수 있는 섹션	IMAGE_SCN_MEM_DISCARDABLE
remove	–	메모리 상주 불가능한 섹션	–

위 표에서 대표 문자는 섹션의 속성 변경을 지시할 수 있는 링크 스위치 '/SECTION'에서 사용되는 섹션 속성을 의미하는 문자다. '!'는 섹션에 이미 지정된 속성을 제거하겠다는 의미다. 속성 중에서 'nopage', 'nocache', 'discard'는 주로 디바이스 드라이버 개발 시에 사용되는 속성이다. 우리는 이미 기준 재배치 섹션(.reloc)이 'discard' 속성을 지닌다는 것을 확인한 바 있다. 'remove' 속성은 단지 VxD 가상 디바이스 드라이버 개발 시에만 사용되며, 다른 의미는 없다.

따라서 "MY_SECT"라는 사용자 정의 섹션을 지정하기를 원한다면 다음과 같이 정의하면 된다.

```
#pragma section("MY_SECT", read)
```

하지만 이렇게 섹션을 정의했다고 섹션이 생성되는 것은 아니고, 정의한 섹션에 구체적인 공간을 할당해야 한다. 3.3절에서 확인했듯이, __xi_a 변수의 형식은 다음과 같다.

```
_CRTALLOC(".CRT$XIA") _PVFV __xi_a[] = { NULL };
    ↕
__declspec(allocate(".CRT$XIA")) _PVFV __xi_a[] = { NULL };
```

특정 섹션에 변수를 위한 공간을 할당하고 싶으면 **__declspec(allocate)** 지시어를 사용해야 하며,

사용 형식은 다음과 같다.

```
__declspec(allocate("segname")) declarator
```

"segname"은 #pragma section을 통해 미리 지정된 섹션의 이름이어야 하며, declarator는 구체적인 변수 선언을 의미한다. #pragma section을 통해 지정된 섹션에 __declspec(allocate)를 이용하여 다음과 같이 전역 변수를 선언 및 정의할 수 있다.

```
#pragma segment("MY_SECT", read, write)
__declspec(allocate("MY_SECT")) int G_VALUE;
__declspec(allocate("MY_SECT")) TCHAR G_NAME[64];

#pragma segment("MY_SECT2", read)
__declspec(allocate("MY_SECT2")) ULONGLONG G_VALUE2 = 0x00007FF617B30000;
        ⋮
```

위와 같이 선언하면 "MY_SECT"라는 읽기/쓰기 가능한 섹션이 생성되고 그 아래에 전역 변수 G_VALUE와 G_NAME이 위치하게 된다. 또한 그 아래의 코드에 의해 "MY_SECT2"라는 읽기만 가능한 섹션이 생성되며, G_VALUE2 전역 변수는 MY_SECT2 섹션 아래에 존재한다.

이렇게 #pragma section과 __declspec(allocate)를 통해 사용자 정의 섹션과 변수를 할당할 수 있지만, 좀 더 직관적인 사용을 위해 다음의 #pragma 지시어가 제공된다.

표 8-5 섹션 설정 관련 pragma

#pragma	기본 섹션	설명
data_seg	.data	읽고 쓰기 가능한 데이터 섹션을 지정한다.
const_seg	.rdata	읽기만 가능한 데이터 섹션을 지정한다.
code_seg	.text	실행 가능한 코드 섹션을 지정한다.

위의 지시어 외에도 bss_seg와 init_seg가 있는데, bss_seg는 명시적 초기화 코드가 지정되지 않은 전역 변수를 위한 섹션인 .bss와 관련이 있지만 .bss 섹션 자체가 .data 데이터 섹션에 병합되기 때문에 설명은 생략한다. 그리고 init_seg는 좀 특별한 섹션이므로, 뒤에서 별도로 설명하기로 하겠다. 위의 섹션 지정 방식은 #pragma section 방식과 다르게 섹션 속성 지정이 별도로 없으며, 각 방식별로 속성은 이미 정해져 있다. 따라서 위의 표에서 xxx_seg를 사용

하지 않았을 때 해당 변수가 위치할 섹션이 '기본 섹션' 칼럼에 해당되는 섹션이다. 그리고 별도의 __declspec(allocate) 지정 없이 다음과 같이 순차적 흐름을 통해 사용자가 원하는 섹션의 시작과 끝을 선언하면 그 내부에서 선언된 변수들은 모두 이 섹션에 위치시키겠다는 의미가 된다.

```
#pragma xxxx_seg("MY_SECT")    ← 사용자 정의 섹션 영역 개시
   변수 또는 함수 정의          ← "MY_SECT"라는 섹션 내에 변수나 코드 위치
       ⋮
#pragma xxxx_seg()             ← 사용자 정의 섹션 영역 종료
```

따라서 위의 마지막 코드 "#pragma xxxx_seg()"처럼 매개변수 없이 사용하면 해당 섹션의 종료를 의미한다. 위 섹션의 지정 방식은 기본적으로 다음과 같은 형식을 갖는다.

```
#pragma xxxx_seg ( [ [ { push ¦ pop}, ] [ identifier, ] ] [ "segment-name" ] )
```

xxxx_seg 지시어를 사용할 때에는 쌍으로 범위를 지정한다. data_seg를 예를 들어 살펴보자. data_seg는 읽고 쓰기가 가능한, .data에 위치할 속성의 변수를 사용자 정의 섹션에 위치시키도록 한다. data_seg 사이에 정의된 모든 변수, 더 엄밀하게 말해서 초기화된 모든 변수는 "segment-name"이라는, 여러분이 지정할 섹션 이름을 가진 섹션에 위치하게 된다. 물론, 섹션 이름은 우리가 앞서 분석한 것처럼 아스키 문자열로 8바이트를 초과하면 안 된다. 그리고 #pragma data_seg() 사이에 정의할 변수는 반드시 초기화되어야 하며, 초기화되지 않으면 이 섹션에 지정되지 않는다.

```
#pragma data_seg(".mydata1")    ← .mydata1 섹션 개시
INT gs_nSec1 = 0;
```
.mydata1이라는 사용자 정의 섹션 내에 위치한다.

```
DWORD gs_dwSec2;
```
초기화되지 않았기 때문에 .data 섹션에 위치한다.

```
#pragma data_seg()              ← .mydata1 섹션 종료

WORD gs_wSec3 = 0xFFFF;
```
초기화 유무에 상관없이 #pragma data_seg() 쌍 바깥에서 정의되었기 때문에 .data 섹션에 위치한다.

앞의 예에서처럼 .mydata1이라는 섹션에 들어가는 변수는 gs_nSec1밖에 없다. 만약 여러분이 앞에서 정의한 섹션에 명시적 초기화 코드가 없는 변수를 위치시키고 싶으면 다음과 같이 __declspec(allocate)를 사용하면 된다.

```
__declspec(allocate(".mydata1")) DWORD gs_dwSec2;
```

xxxx_seg 지시어의 **push**와 **pop**, 그리고 **identifier**의 용도는 다음과 같다. const_seg 지시어를 예로 들어 살펴보자.

```
const int i = 7;
```
상수로 초기화된 상수 변수 i는 인라인 처리를 통해 7이라는 상수로 간주되며, .rdata 섹션에 위치하지 않는다.

```
const char sz1[]= "test1";
```
sz1 상수 변수는 .rdata 섹션에 위치한다.

```
#pragma const_seg(".my_data1")
```
사용자가 정의한, 읽기 전용 .my_data1 섹션을 정의한다.
```
const char sz2[]= "test2";
```
sz2 상수 변수는 .rdata 섹션이 아닌 .my_data1 섹션에 위치한다.

```
#pragma const_seg(push, stack1, ".my_data2")
```
identifier stack1을 푸시하고 .my_data2 섹션을 정의한다.
```
const char sz3[]= "test3";
```
push와 stack1이 없으면 sz3 상수 변수는 .my_data1에 위치해야 하지만, const_seg()로 .my_data1 정의를 닫지 않은 상태에서도 push stack1을 통해 .my_data2 섹션을 개시하고 sz3 상수 변수를 이 섹션에 위치시킨다.

```
#pragma const_seg(pop, stack1)
```
pop stack1을 통해 .my_data2 섹션에서 다시 .my_data1 섹션으로 복귀한다.
```
const char sz4[]= "test4";      // stored in .my_data1
```
이제 sz4 상수 변수는 다시 .my_data1 섹션에 위치하게 된다.

code_seg 지시어를 통해서 여러분이 정의할 함수 자체를 사용자 정의 섹션에 위치시킬 수도 있다. code_seg 지시어를 통해 정의된 섹션은 '실행 가능(IMAGE_SCN_MEM_EXECUTE)' 속성을 갖게 된다.

```
void func1() { ... }
```
함수 func1은 .text 섹션에 위치한다.

```
#pragma code_seg(".my_code1")
```
코드 섹션 .my_code1을 정의한다.

```
void func2() { ... }
```
함수 func2는 .text 섹션이 아닌 .my_code1 섹션에 위치한다.

```
#pragma code_seg()
```

```
#pragma code_seg(".my_code2")
```
코드 섹션 .my_code2를 정의한다.

```
void func3() { ... }
```
함수 func3은 .my_code2 섹션에 위치한다.

간단한 예를 통하여 #pragma 섹션 지정 방식을 살펴보자. 다음 코드는 BasicApp에서 사용하는 전역 변수 또는 상수 문자열에 대하여, 각각의 사용자 섹션 정의 방식을 사용해 코드나 데이터를 사용자가 정의한 섹션에 위치시키는 방법을 보여준다.

다음은 〈BasicApp〉 프로젝트를 그대로 사용한 프로젝트 〈SectBasicApp〉다.

```
#pragma section(".YHD1", read)
__declspec(allocate(".YHD1")) TCHAR G_APP_CLS[16] = _T("YHD_HELLO_WND");
```
section과 __declspec(allocate)를 이용해서 섹션 .YHD1을 생성하고 변수 G_APP_CLS를 할당한다. 또한 섹션을 읽기 전용으로 설정한다.

```
#pragma data_seg(".YHD2")
HINSTANCE g_hInstance = 0;

#pragma data_seg()
```

```
#pragma const_seg(".YHD3")
#if _WIN64
const TCHAR C_YHD_MSG[] = _T("YHD's WinApp : HINSTANCE=0x%016I64X");
#else
const TCHAR C_YHD_MSG[] = _T("YHD's WinApp : HINSTANCE=0x%08X");
#endif
#pragma const_seg()
```

```
LRESULT CALLBACK WndProc(HWND, UINT, WPARAM, LPARAM);


#pragma code_seg(".YHD4")
int WINAPI _tWinMain(HINSTANCE hInstance, HINSTANCE hPrevInst,
                     PTSTR pszCmdLine, int nCmdShow)
{
   g_hInstance = hInstance;

   ///////////////////////////////////////////////////////////////////
   // 윈도우즈 클래스 등록
   ///////////////////////////////////////////////////////////////////
   WNDCLASSEX wc;
   wc.cbSize     = sizeof(wc);
   wc.style      = CS_HREDRAW | CS_VREDRAW;
          ⋮
          ⋮
   return (int)msg.wParam;
}
#pragma code_seg()
```

⋮

다음 그림은 PE Explorer를 통해 확인한 섹션 헤더 테이블로, 앞서 우리가 정의한 4개의 사용자 정의 섹션을 볼 수 있다.

그림 8-12 사용자 정의 섹션에 대한 섹션 헤더

	+0	+1	+2	+3	+4	+5	+6	+7	+8	+9	+A	+B	+C	+D	+E	+F	
00000200	2E	59	48	44	34	00	00	00	31	02	00	00	00	10	00	00	.YHD4 ..1......
00000210	00	04	00	00	00	04	00	00	00	00	00	00	00	00	00	00	....
00000220	00	00	00	00	20	00	00	60	2E	74	65	78	74	00	00	00	....`.text...
00000230	BB	26	00	00	00	20	00	00	00	28	00	00	00	08	00	00	....(.....
000002B0	00	04	00	00	00	50	00	00	00	00	00	00	00	00	00	00	.....P.....
000002C0	00	00	00	00	40	00	00	40	2E	59	48	44	31	00	00	00	....@..@.YHD1..
000002D0	20	00	00	00	00	90	00	00	00	02	00	00	00	54	00	00	...........T..
000002E0	00	00	00	00	00	00	00	00	00	00	00	40	00	00	00	40	...........@..@
000002F0	2E	59	48	44	32	00	00	00	08	00	00	00	00	A0	00	00	.YHD2.........
00000300	00	02	00	00	00	56	00	00	00	00	00	00	00	00	00	00	.....V.....
00000310	00	00	00	00	40	00	00	C0	2E	59	48	44	33	00	00	00	....@...YHD3..
00000320	48	00	00	00	00	B0	00	00	00	02	00	00	00	58	00	00	H..........X..

다음은 사용자 정의 섹션에 대한 IMAGE_SECTION_HEADER의 내용이다.

표 8-6 사용자 정의 섹션 헤더

인덱스	0	5	6	7
Name	.YHD4	.YHD1	.YHD2	.YHD3
VirtualSize	0x00000231	0x00000020	0x00000008	0x00000048
VirtualAddress	0x00001000	0x00009000	0x0000A000	0x0000B000
SizeOfRawData	0x00000400	0x00000200	0x00000200	0x00000200
PointerToRawData	0x00000400	0x00005400	0x00005600	0x00005800
Characteristics	0x60000020 **CNT_CODE** **MEM_EXECUTE** MEM_READ	0x40000040 CNT_INIT_DATA MEM_READ	0xC0000040 CNT_INIT_DATA MEM_READ **MEM_WRITE**	0x40000040 CNT_INIT_DATA MEM_READ

위 표를 통해서 알 수 있듯이, code_seg 지시어를 통해 생성된 .YHD4 섹션은 코드를 포함하고 있음을 의미하는 IMAGE_SCN_CNT_CODE 속성과 실행 가능한 섹션임을 의미하는 IMAGE_SCN_MEM_EXECUTE 속성이 설정되어 있다. 또한 read 속성을 지정해서 section 지시어를 통해 생성된 .YHD1과 const_seg 지시어를 통해 생성된 .YHD3 섹션의 경우에는 쓰기 속성

인 IMAGE_SCN_MEM_WRITE 플래그가 설정되어 있지 않으므로, 이는 읽기 전용 섹션임을 알 수 있다. 앞의 섹션은 PE Explorer를 통해 [그림 8-13]과 같이 존재한다는 것을 확인할 수 있다. 다음 그림에서 각 섹션이 위치한 오프셋과 RVA의 값을 위 표의 PointerToRawData 필드와 VirtualAddress 필드의 값과 비교해보기 바란다.

그림 8-13 PE Explorer를 통해 확인한 사용자 섹션

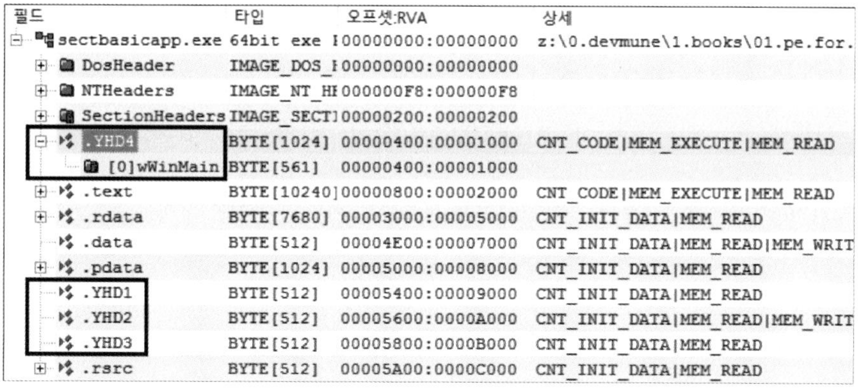

8.2.2 사용자 정의 섹션 예

여러분은 보통 ZIP 같은 압축 프로그램들이 자동 풀림 압축 기능을 지원하는 것을 많이 보았을 것이다. 압축된 데이터를 압축 해제 프로그램이 없더라도 저절로 풀릴 수 있도록 실행 파일로 만들어주는 기능이다. 이런 기능을 위해서 사용자 정의 섹션을 정의하는 것도 좋은 방법이다. 압축을 풀기 위한 경로 지정 대화상자와 압축을 푸는 로직, 그리고 압축된 데이터를 보관하기 위한 사용자 정의 섹션을 지정하여, 압축을 풀 때 참조하는 메모리 영역을 사용자 정의 섹션으로 향하게 하면 자동 풀림 기능의 실행 파일을 만들 수 있다. 이렇게 만들어지는 PE는 텍스트, 데이터, 리소스, 사용자 정의 섹션 등을 가질 것이다. 이러한 시나리오를 가정하여 압축 프로그램 대신에 일반 텍스트 파일을 실행 파일로 변환시키는 프로그램을 한번 만들어보자.

아래 예제는 단순히 텍스트를 편집 박스에 출력하는, 프로젝트 〈UsrSecTextView〉를 빌드하면 생성되는 UsrSecTextView.exe라는 MFC 대화상자 기반의 프로그램 예제다. 다만 출력될 데이터를 사용자 정의 섹션에 보관할 뿐이다. 이 예에서는 .YHD라는 새로운 섹션을 만들고 그 섹션에 g_szOutTest라는 문자열 버퍼를 65536×2, 즉 128K 바이트만큼 미리 할당한 후 초기화했다. 이는 유니코드 문자열까지 고려한 것이다.

```
#pragma data_seg(".YHD")
BYTE g_szOutTest[65536 * 2] =
{
   0xFF, 0xFE, 'Y', 0x00, 'H', 0x00, 'D', 0x00, ' ', 0x00,
   'S', 0x00, 'e', 0x00, 'c', 0x00, 't', 0x00, 'i', 0x00, 'o', 0x00, 'n', 0x00,
   0x00, 0x00,
};
#pragma data_seg()
```

> .YHD 데이터 섹션을 만들고 유니코드 문자열을 "YHD Section"으로 초기화한다. 처음의 두 바이트 '0xFF, 0xFE'는 유니코드를 위한 BOM 코드가 된다.

```
        ⋮
BOOL CTextViewDlg::OnInitDialog()
{
   CDialog::OnInitDialog();
        ⋮
   SetIcon(m_hIcon, FALSE);

   SetDlgItemText(IDC_EDT_VIEW, g_szOutTest);

   return TRUE;
}
```

위 소스를 컴파일하여 만들어진 TextView.exe의 덤프를 살펴보자. 먼저 .YHD라는 섹션이 존재하는지부터 확인해보라.

그림 8-14 TextView.exe의 .YHD 섹션

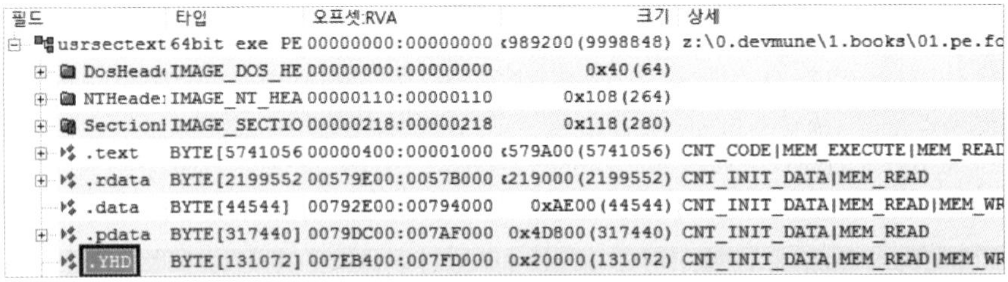

위 그림을 통해 .YHD 섹션이 만들어졌음을 확인할 수 있다. 그럼 이제 실제 덤프를 통해 확인해보자. 다음은 IMAGE_SECTION_HEADER의 덤프 부분이다.

덤프 8-5 .YHD 섹션 헤더 덤프

	+0	+1	+2	+3	+4	+5	+6	+7	+8	+9	+A	+B	+C	+D	+E	+F
000002B0	00	00	00	00	40	00	00	40	2E	59	48	44	00	00	00	00
000002C0	00	00	02	00	00	D0	7F	00	00	00	02	00	00	B4	7E	00
000002D0	00	00	00	00	00	00	00	00	00	00	00	00	40	00	00	C0

표 8-7 .YHD 섹션 헤더

필드	타입	오프셋	값
Name	BYTE[8]	0x000002B8	.YHD
VirtualSize	DWORD	0x000002C0	0x00020000
VirtualAddress	DWORD	0x000002C4	0x007FD000
SizeOfRawData	DWORD	0x000002C8	0x00020000
PointerToRawData	DWORD	0x000002CC	**0x007EB400**
Characteristics	DWORD	0x000002DC	0xC0000040 CNT_INIT_DATA | MEM_READ | MEM_WRITE

주목할 것은 Name 필드 값이 .YHD라는 점이다. 그리고 페이지 단위의 섹션 크기 지정으로 VirtualSize와 SizeOfRawData 필드의 값이 128K(65536×sizeof(WCHAR)) 바이트가 되며, Characteristics 필드에는 읽기와 쓰기 속성이 지정되었다는 것을 알 수 있다. 다음 그림은 PointerToRawData 필드가 가리키는 위치의 PE 오프셋 0x007EB400의 덤프를 나타낸 것으로, 소스 상에서 초기화 데이터로 지정한 "YHD Section" 문자열이 보관되어 있는 것을 확인할 수 있다.

그림 8-15 .YHD 섹션의 시작 내용

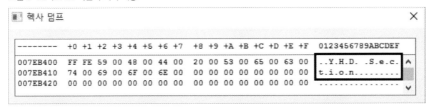

이 UsrSecTextView.exe 프로그램을 최종 타깃 PE가 되도록 하자. 주의할 점은 위 소스에서처럼 OnInitDialog 함수에 대한 오버라이딩 시에 .YHD 섹션에 지정된 버퍼 g_szOutTest를 바로 편집 박스의 텍스트로 지정한다는 점이다.

다음의 OnInitDialog 함수는 BYTE 배열로 정의된 g_szOutTest에 대하여 BOM 체크를 수행한 후 유니코드인 경우와 그렇지 않은 경우에 대한 처리를 한 후 SetDlgItemText를 통해 편집 박스에 해당 문자열을 설정한다.

```
BOOL CUsrSecTextViewDlg::OnInitDialog()
{
          ⋮
  if (*((PWORD)g_szOutTest) == 0xFEFF)
     SetDlgItemText(IDC_EDIT_VIEW, (PCWSTR)g_szOutTest);
```

g_szOutTest 버퍼에 담긴 문자열이 유니코드 문자열일 경우에는 SetDlgItemText 함수를 호출해서 문자열을 설정한다.

```
  else
  {
     DWORD dwUtf8 = *((PDWORD)g_szOutTest);
     dwUtf8 &= 0x00FFFFFF;
     if (dwUtf8 == 0xBFBBEF)
     {
        PSTR pszUtf8 = (PSTR)&g_szOutTest[3];
        int nLen = MultiByteToWideChar(CP_UTF8, 0, pszUtf8, -1, NULL, 0);
        if (nLen > 0)
        {
           PWSTR pszUniv = new WCHAR[nLen];
           MultiByteToWideChar(CP_UTF8, 0, (PSTR)g_szOutTest, -1, pszUniv, nLen);
           SetDlgItemText(IDC_EDIT_VIEW, pszUniv);
           delete[] pszUniv;
        }
```

g_szOutTest 버퍼에 담긴 문자열이 UTF-8 문자열일 경우에는 이 코드를 유니코드로 변환해서 문자열을 설정한다.

```
     }
     else
     {
        USES_CONVERSION;
        SetDlgItemText(IDC_EDIT_VIEW, A2CW((PSTR)g_szOutTest));
```

g_szOutTest 버퍼에 담긴 문자열이 MBC 문자열일 경우에는 이 코드를 유니코드로 변환해서 문자열을 설정한다.

```
     }
  }
```

```
    return TRUE;
  }
```

따라서 UsrSecTextView.exe는 .YHD 섹션에 지정된 텍스트 그대로의 내용을 보여줄 것이다. 결국 TextView.exe의 PE 이미지 내의 .YHD 섹션에 보여주고자 하는 텍스트를 직접 저장한 후, 이 PE를 EXE 확장자를 가진 파일로 저장하면 텍스트 파일을 실행 파일로 쉽게 변환시킬 수 있다.

이제 이러한 시나리오를 바탕으로 UsrSecText2Bin.exe라는 콘솔용 프로그램을 만들어보자. 이 프로그램은 명령줄로 전달 받은 텍스트 파일을 "파일명.exe"라는 실행 파일로 만들어준다. 변환 결과로 만들어진 실행 파일을 실행하면 UsrSecText2Bin.exe와 동일한 형태로 텍스트 파일을 출력하는 대화상자를 볼 수 있다. 이를 위해 프로젝트 〈UsrSecText2Bin〉에 아래와 같이 사용자 정의 바이너리 리소스를 추가하도록 하자.

그림 8-16 사용자 정의 리소스 추가

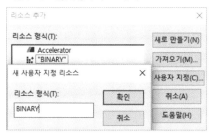

바이너리 데이터를 편집할 수 있는 헥사 편집기가 열리면 여러분은 앞서 미리 만들어둔 UsrSecTextView.exe를 헥사 편집기를 이용해서 연 다음, 이 PE 이미지를 복사해서 사용자 정의 바이너리 리소스 편집 창에 붙여넣기 바란다. 그 후 적절한 리소스 ID를 부여하면 UsrSecTextView.exe의 PE 이미지 자체를 바이너리로 가지는 리소스를 UsrSecText2Bin.exe 내에 삽입할 수 있게 된다.

다음과 같이 UsrSecText2Bin.cpp 파일을 작성하자. 여기서는 소스를 간단하게 하기 위해 에러 처리는 모두 무시했다.

```
#include "stdafx.h"
#include "resource.h"
#include "Windows.h"


#define YHD_SECT_SIZE (65536 << 1)
```

```
void _tmain(int argc, _TCHAR* argv[])
{
   if (argc < 2)
   {
      printf("The argument of Text file required...\n"
         "Usage : UsrSecText2Bin TextFile\n");
      return;
   }

   WCHAR  szTarget[MAX_PATH];
   HANDLE hSrcFile = INVALID_HANDLE_VALUE;
   HANDLE hDstFile = INVALID_HANDLE_VALUE;

   wsprintf(szTarget, L"%s.exe", argv[1]);
```

명령 인자로 보낸 텍스트 파일명 뒤에 '.exe'를 붙여서 실행 파일명을 지정한다.

```
   try
   {
      hSrcFile = CreateFile(argv[1], GENERIC_READ,
         FILE_SHARE_READ, NULL, OPEN_EXISTING, 0, NULL);
      if (hSrcFile == INVALID_HANDLE_VALUE)
         throw GetLastError();
```

명령 인자로 전달된 텍스트 파일을 연다.

```
      hDstFile = CreateFile(szTarget, GENERIC_WRITE,
         0, NULL, OPEN_ALWAYS, 0, NULL);
      if (hDstFile == INVALID_HANDLE_VALUE)
         throw GetLastError();
```

변환할 실행 파일을 새로 만든다.

```
      BYTE arTxtBuff[YHD_SECT_SIZE];
      DWORD dwReadBytes = 0;
      ReadFile(hSrcFile, arTxtBuff, sizeof(arTxtBuff), &dwReadBytes, NULL);
```

텍스트 파일을 미리 읽어 버퍼에 보관한다.

```
    UINT    uResId  = (sizeof(DWORD_PTR) == 8) ? IDR_BIN_VIEW64 : IDR_BIN_VIEW32;
```

현재 프로세스가 32비트인지, 64비트인지를 판별에서 자신에 맞는 UsrSecTextView.exe PE 리소스 ID를 획득한다.

```
    HMODULE hMod    = GetModuleHandle(NULL);
```

현재 프로세스의 인스턴스 핸들을 획득한다.

```
    HRSRC   hBinRes = FindResource(hMod, MAKEINTRESOURCE(uResId), L"BINARY");
```

UsrSecTextView.exe PE 리소스를 검색한다.

```
    DWORD   dwSize  = SizeofResource(hMod, hBinRes);
```

UsrSecTextView.exe PE 리소스의 크기를 획득한다.

```
    HGLOBAL hBinExe = LoadResource(GetModuleHandle(NULL), hBinRes);
```

UsrSecTextView.exe PE 리소스의 메모리 핸들을 획득한다.

```
    PBYTE   pBinExe = (PBYTE)LockResource(hBinExe);
```

UsrSecTextView.exe PE 리소스의 메모리 핸들을 잠그고 시작 바이너리 포인터를 획득한다.

```
    PIMAGE_DOS_HEADER pdh = (PIMAGE_DOS_HEADER)pBinExe;
    PIMAGE_NT_HEADERS pnh = (PIMAGE_NT_HEADERS)(pBinExe + pdh->e_lfanew);
    PBYTE pIter = pBinExe + pdh->e_lfanew + sizeof(IMAGE_NT_HEADERS);
```

UsrSecTextView.exe PE의 IMAGE_SECTION_HEADER 테이블의 포인터를 획득한다.

```
    PIMAGE_SECTION_HEADER psh = NULL;
    for (int i = 0; i < pnh->FileHeader.NumberOfSections; i++)
    {
       PIMAGE_SECTION_HEADER pshe = (PIMAGE_SECTION_HEADER)pIter;
       if (!memcmp(pshe->Name, ".YHD", 4))
       {
          psh = pshe;
          break;
       }
       pIter += sizeof(IMAGE_SECTION_HEADER);
    }
```

IMAGE_SECTION_HEADER 테이블에서 .YHD 섹션을 검색한다.

```
      if (psh != NULL)
      {
          DWORD dwWroteBytes = 0;
          WriteFile(hDstFile, pBinExe, dwSize, &dwWroteBytes, NULL);
          SetFilePointer(hDstFile, 0, NULL, FILE_BEGIN);
```

.YHD 섹션이 존재하면, 우선 UsrSecTextView.exe PE 전체를 hDstFile에 쓴다.

```
          SetFilePointer(hDstFile, psh->PointerToRawData, NULL, FILE_BEGIN);
          WriteFile(hDstFile, arTxtBuff, dwReadBytes, &dwWroteBytes, NULL);
```

파일 포인터를 .YHD 섹션 시작 위치로 옮긴 후 텍스트 파일의 내용을 그 위치에 쓴다.

```
      }

      UnlockResource(hBinRes);
```

UsrSecTextView.exe PE의 바이너리 리소스를 잠근다. 주의할 점은 LoadResource를 통해 반환된 HGLOBAL 핸들은 시스템이 알아서 관리하기 때문에, GlobalUnlock이나 GlobalFree로 해제할 경우에는 메모리 예외가 발생한다는 점이다. 따라서 사용자가 해제할 필요가 없다.

```
   }
   catch (DWORD dwErrCode)
   {
      printf("Converting to EXE failed with code=0x%08X\n", dwErrCode);
   }
   if (hDstFile != INVALID_HANDLE_VALUE)
      CloseHandle(hDstFile);
   if (hSrcFile != INVALID_HANDLE_VALUE)
      CloseHandle(hSrcFile);
}
```

컴파일 후 다음과 같이 실행해보자. 체코 소설가 카렐 차페크의 『유성』이란 소설의 권두언을 담은 "유성.txt"라는 텍스트 파일을 명령 매개변수로 넘겨주어 실행했다.

```
Z:\PE_Test>UsrSecText2Bin 유성.txt
```

동일한 폴더를 확인해보면 유성.txt.exe라는 파일이 생성되었을 것이다. 이 파일을 실행하면 다음 그림과 같다.

그림 8-17 유성.txt.exe 실행 모습

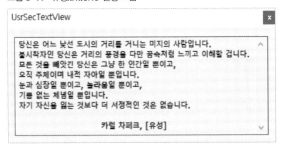

지금까지의 내용은 텍스트를 실행 파일로 변환시켜주는 아주 단순한 예에 지나지 않는다. 문제는 이런 변환을 위해서 미리 만들어둔 UsrSecTextView.exe를 그대로 가져다 사용했다는 점과 사용자 정의 섹션에 넉넉한 버퍼를 주기 위해 무려 64K 공간을 두었다는 점이다. 그러나 이런 방식을 그대로 압축 프로그램에 적용한다면 압축의 원래 의미가 사라질 것이다. 결국, 제대로된 프로그램을 만들려면 여러분이 코드 상에서 직접 PE 이미지를 작성해줘야 한다. 하지만 그렇게 문제될 것은 없다. 여러분은 지금까지 PE 포맷을 열심히 분석해왔기 때문에, 그 반대로 PE 포맷을 만드는 작업에도 한번 도전해볼 만하다. 사용자 정의 섹션을 코드 상에서 직접 작성하여, 미리 그 크기가 고정되어버린 128K의 섹션이 아닌 페이지 단위의 가변적인 섹션을 가질 수 있도록 함으로써 더 효율적인 UsrSecText2Bin.exe로 업그레이드해보기 바란다.

8.2.3 DLL 데이터 공유

이번에는 사용자 정의 섹션을 공유 섹션으로 설정하는 예를 살펴보자. 공유 섹션은 IPC(Inter-Process Communication, 프로세스 간 통신)의 일환인 메모리 공유 방식의 하나다. 메모리 공유의 대표적인 방식은 1장에서 간단하게 소개했던 MMF를 이용하는 것으로, 가장 안전하고 권장되는 방식이기도 하다. 하지만 사용자의 선택에 따라 DLL에 공유 섹션을 두고 여러 프로세스가 이 DLL의 공유 섹션을 통해 데이터를 공유하는 방식을 사용할 수도 있다. 이렇게 DLL을 통한 데이터 공유 방식은 다음과 같이 사용자 정의 섹션을 만든 다음 이 섹션에 Shared 속성을 지정함으로써 사용이 가능하다.

```
#define MAX_MSG_LEN        511

#pragma data_seg("YHDSHARE")
CHAR SHARED_BUFF[MAX_MSG_LEN + 1];
```

```
#pragma data_seg()
        ⋮
```

우선 프로세스 간 데이터 공유를 위해 DLL 생성 시 사용자 정의 섹션을 'YHDSHARE'라는 이름으로 생성한다. 공유 섹션은 읽기/쓰기 속성을 가진 섹션만 가능하기 때문에, data_seg 지시어를 사용했다. 하지만 data_seg는 읽기/쓰기 속성만 지정된 상태며 공유 속성은 지정되지 않았다. 따라서 이 섹션에 공유 속성을 지정하기 위해서는 DLL의 모듈 정의 파일에 다음과 같이 해당 섹션에 SHARED라는 속성을 지정해줘야 한다.

```
SECTIONS
    YHDSHARE      READ WRITE SHARED
```

아니면, 다음과 같이 링크 시 '/SECTION' 스위치를 지정해서 해당 섹션의 속성을 변경할 수 있다. 이때 공유를 의미하는 'S' 문자를 지정하면 된다.

```
#pragma comment(linker, "/SECTION:YHDSHARE, RWS")
```

위와 같이 링크 스위치를 이용하면 굳이 모듈 정의 파일에 별도의 설정을 둘 필요가 없다. 이렇게 설정한 후 해당 DLL을 빌드하면 DLL의 PE에 'YHDSHARE'라는 섹션이 생긴다. 따라서 이 섹션은 프로세스 간 공유가 가능해져서 이 섹션 아래에 위치하는 SHARED_BUFF라는 배열을 통해 공유할 데이터를 주고받을 수 있다. 하지만 위의 설정 방식은 두 단계를 거쳐야 하는 다소 불편한 과정이다. 섹션 지정과 공유 속성을 한 번에 처리할 수 있는 방법이 있는데, 바로 section 지시어를 직접 사용하는 것이다. 다음 코드를 보자.

```
#pragma section("YHDSHARE", read, write, shared)
__declspec(allocate("YHDSHARE")) CHAR SHARED_BUFF[MAX_MSG_LEN + 1];
        ⋮
```

위의 코드처럼 "YHDSHARE" 섹션을 지정함과 동시에 read, write와 함께 "shared" 속성도 지정했다. 그러면 __declspec(allocate)를 통해 이 섹션에 위치할 모든 변수는 공유 가능한 변수가 된다.

다음은 #pragma section 지시어를 사용하여 YHDSHARE 사용자 정의 섹션을 공유 가능한 섹션으로 설정하는 프로젝트 〈ShareSecDll〉이다.

```
#ifdef __cplusplus
#  define SHARE_SEC_API extern "C" __declspec(dllexport)
#else
#  define SHARE_SEC_API __declspec(dllexport)
#endif
#include "ShareSecDll.h"


#define MAX_MSG_LEN   511

#pragma section("YHDSHARE", read, write, shared)
__declspec(allocate("YHDSHARE"))
    CHAR SHARED_BUFF[MAX_MSG_LEN + 1] = "YHD Shared Section";
```

공유 가능한 사용자 정의 섹션 "YHDSHARE"를 지정하고 공유할 배열 SHARED_BUFF를 정의한다. __declspec(allocate)를 사용할 경우 굳이 명시적 초기화는 필요 없지만, PE 상에서 섹션에 위치한 변수의 내용을 확인하기 위하여 "YHD Shared Section"이라는 문자열로 초기화했다.

```
int WINAPI Share_ReadBuff(PSTR pszMsg, int nLen)
{
    if (nLen > MAX_MSG_LEN)
        nLen = MAX_MSG_LEN;
    memcpy(pszMsg, SHARED_BUFF, nLen);
    pszMsg[nLen] = 0;
    return nLen;
}
```

내보내기 함수 Share_ReadBuff는 공유 버퍼 SHARED_BUFF에서 메시지를 읽는다.

```
int WINAPI Share_WriteBuff(PCSTR pszMsg, int nLen)
{
    if (nLen > MAX_MSG_LEN)
        nLen = MAX_MSG_LEN;
    memcpy(SHARED_BUFF, pszMsg, nLen);
    SHARED_BUFF[nLen] = 0;
```

```
    return nLen;
}
```

내보내기 함수 Share_WriteBuff는 공유 버퍼 SHARED_BUFF에 메시지를 쓴다.

그러면 ShareSecDll.dll의 YHDSHARE의 섹션 헤더를 먼저 확인해보자. 섹션 헤더의 덤프와 그 내용은 다음과 같다.

덤프 8-6 YHDSHARE 섹션 헤더 덤프

	+0	+1	+2	+3	+4	+5	+6	+7	+8	+9	+A	+B	+C	+D	+E	+F
00000290	00	00	00	00	40	00	00	40	59	48	44	53	48	41	52	45
000002A0	00	02	00	00	00	80	00	00	00	02	00	00	00	48	00	00
000002B0	00	00	00	00	00	00	00	00	00	00	40	00	00	D0

표 8-8 YHDSHARE 섹션 헤더

필드	타입	오프셋	값
Name	BYTE[8]	0x00000298	YHDSHARE
VirtualSize	DWORD	0x000002A0	0x00000200
VirtualAddress	DWORD	0x000002A4	0x00008000
SizeOfRawData	DWORD	0x000002A8	0x00000200
PointerToRawData	DWORD	0x000002AC	**0x00004800**
Characteristics	DWORD	0x000002BC	**0xD0000040** CNT_INIT_DATA | **MEM_SHARED** | MEM_READ | MEM_WRITE

공유 섹션이므로 Characteristics 필드에 IMAGE_SCN_MEM_SHARED 플래그가 설정되어 있는 것을 볼 수 있다. 이제 PointerToRawData 필드가 가리키는 오프셋 0x00004800의 섹션에 해당하는 덤프를 확인해보자. 다음과 같이 코드 상에서 초기화했던 문자열이 이 섹션에 설정되어 있다는 것을 확인할 수 있다.

그림 8-18 YHDSHARE 섹션의 시작 내용

```
--------  +0 +1 +2 +3 +4 +5 +6 +7  +8 +9 +A +B +C +D +E +F  0123456789ABCDEF
00004800  59 48 44 20 53 68 61 72  65 64 20 53 65 63 74 69  YHD Shared Secti
00004810  6F 6E 00 00 00 00 00 00  00 00 00 00 00 00 00 00  on..............
00004820  00 00 00 00 00 00 00 00  00 00 00 00 00 00 00 00  ................
00004830  00 00 00 00 00 00 00 00  00 00 00 00 00 00 00 00  ................
```

다음 소스는 공유 섹션을 가진 ShareSecDll.dll을 가져와 서로 메시지를 공유하는 실행 파일의 간단한 예다. 다음은 프로젝트 〈ShareSecTest〉며, 간단한 예를 보여주기 위해 동기화 처리는 고려하지 않았다.

```
#include "../ShareSecDll/ShareSecDll.h"
#ifdef _WIN64
#  ifdef _DEBUG
#     pragma comment(lib, "../0.bin/x64/Debug/ShareSecDll.lib")
         ⋮
#endif

void main()
{
   char szIn[512];
   while (true)
   {
      gets_s(szIn);
      if (_stricmp(szIn, "quit") == 0)
         break;

      int nLen = (int)strlen(szIn);
      if (nLen > 2 && ((szIn[0] == 'w' || szIn[0] == 'W') && szIn[1] == ':'))
         Share_WriteBuff(szIn + 2, nLen - 2);
```
'w:'로 시작하는 문자열인 경우 공유 버퍼에 메시지를 쓴다.
```
      else
      {
         Share_ReadBuff(szIn, 511);
         printf("R:%s\n", szIn);
```
이외의 경우엔 공유 버퍼에서 메시지를 읽어와 출력한다.
```
      }
   }
}
```

위 코드는 사용자가 "w:"로 시작하는 문자열을 입력하면 Share_WriteBuff 함수를 통해 공유 버퍼에 메시지를 쓰고, 그렇지 않은 경우는 Share_ReadBuff 함수를 통해 공유 버퍼에서 메시지를 읽어온다.

그림 8-19 ShareSecTest 실행 결과

8.2.4 생성자 지연 호출

이번에는 init_seg 지시어를 사용하는 경우를 알아보자. init_seg는 좀 특별한 지시어로, 초기화 코드가 실행되는 순서에 영향을 미치는 지시어나 코드 섹션을 지정한다. 초기화 코드가 실행되는 순서라는 것은 주로 전역 변수의 초기화를 의미하며, 대부분 클래스의 생성자 호출과 관련된다. 또한 순서에 영향을 미친다는 것은 init_seg를 사용하여 전역 변수의 초기화에 우선순위를 지정할 수 있음을 의미한다. 우리는 3장에서 전역 변수로 선언된 클래스의 초기화가 어떻게 수행되는지에 대하여 살펴본 바가 있다. 잠깐 3.3절 '런타임 시작 함수와 전역 초기화'로 다시 돌아가보자. 예제 BasicCon.cpp에서 우리는 YHD_CLS라는 클래스를 정의했고, 이 클래스로 3개의 전역 변수 G_AAA, G_BBB, S_CCC를 선언했을 때, 이 변수들의 생성자와 소멸자가 호출되는 과정을 분석했다. 하지만 생성자의 호출 순서는 링커가 알아서 결정했다. 비록 우리가 선언한 전역 변수라도 생성자의 호출은 우리가 정의한 main이나 WinMain 함수가 호출되기 전에 이루어지고, 우리가 선언한 전역 변수뿐만 아니라 런타임 라이브러리나 가져온 DLL의 전역 변수들의 초기화도 이루어지지만 우리는 그 순서를 제어할 수 없다.

그렇다면 이런 전역 변수의 초기화 순서를 제어할 수 있을까? GCC 컴파일러의 경우에는 초기화 순서의 제어를 위해 __attribute__(init_priority)라는 특성 지시어를 제공한다. 반면에 VC++의 경우에는 init_seg 지시어를 통해 초기화의 순서를 그룹 단위로 제어할 수 있는 수단을 제공해준다. init_seg 지시어는 다음의 형식으로 사용할 수 있다.

```
#pragma init_seg({ compiler | lib | user | "section-name" [, func-name]} )
```

지정 형식에서 complier, lib, user, "section-name"은 초기화 순서에 대한 우선순위 그룹을 의미한다. init_seg의 지정은 하나의 CPP 소스 파일 내에서 단 한 번만 설정이 가능한데, 한 CPP 파일 내에서 init_seg 지정 시에 위의 네 부류의 그룹 중 하나를 사용하면 그 파일 내의 init_seg 지정 이후의 모든 전역 객체들은 complier, lib, user, "section-name" 그룹의 멤버가 되고, 초기화는 complier → lib → user → "section-name" 그룹 순으로 이루어진다. 컴파일러(compiler) 그룹은 MS C/C++ 런타임 라이브러리 초기화용으로 예약되어 있으며(따라서 사용자가 직접 사용할 수 없다), 라이브러리(lib) 그룹은 타사 클래스 라이브러리 공급업체의 초기화에 사용할 수 있다. 이 그룹의 객체들은 내부적으로 compiler로 표시된 후 다른 나머지 그룹보다 앞서 초기화된다. 사용자(user)는 모든 사용자가 사용할 수 있고 "section-name"은 사용자가 초기화 섹션의 명시적 지정을 허용한다.

왜 이런 초기화 우선순위 그룹을 지정할까? 이는 전역 객체들 사이의 의존성이 존재할 경우, 초기화 우선순위를 지정하지 않으면 문제가 발생하기 때문이다. 이런 상황을 생각해보자. 여러분이 정의한 클래스의 생성자 내에서 std::cin 또는 std::cout을 통해서 콘솔 입출력을 수행한다고 하자. 그리고 이 클래스를 전역 변수로 선언했을 때, 만약 C/C++ 런타임 라이브러리 초기화가 이루어지기 전에 여러분이 정의한 클래스 전역 변수의 생성자가 호출되면 문제가 발생할 것이다. 따라서 C/C++ 런타임 라이브러리는 complier 그룹에 묶여 제일 먼저 초기화가 이루어진다.

간단하게 다음의 예를 보기로 하자. 일단 "section-name"과 "func-name"은 여러분이 정의한 클래스의 전역 객체들에 대한 정교한 초기화 순서를 제어하기 위해 제공된다. 이에 대한 내용은 뒤에서 설명하기로 하고, 우선 lib와 user 그룹에 대해서 확인해보자.

다음 프로젝트〈InitSegTest〉는 InitSegTest.cpp, InitSegLib.cpp, InitSegUser.cpp라는 3개의 소스로 구성된다. 메인 함수를 담고 있는 InitSegTest.cpp의 정의는 다음과 같다.

```cpp
class MyClass
{
public:
  MyClass()
  {
    printf("MyClass()\n");
  }
  ~MyClass()
  {
    printf("~MyClass()\n");
  }
};
MyClass G_AAA;
```

```
void main()
{

}
```

MyClass라는 클래스를 선언하고 이 클래스에 대하여 G _AAA라는 전역 변수를 선언했다. 나머지 두 파일에 대한 정의는 다음과 같다.

InitSegLib.cpp	InitSegUser.cpp
| ```cpp
class MyLib
{
public:
  MyLib()
  {
    printf("MyLib()\n");
  }
  ~MyLib()
  {
    printf("~MyLib()\n");
  }
};


#pragma init_seg(lib)
MyLib G_LIB;
``` | ```cpp
class MyUser
{
public:
  MyUser()
  {
    printf("MyUser()\n");
  }
  ~MyUser()
  {
    printf("~MyUser()\n");
  }
};


#pragma init_seg(user)
MyUser G_USER;
``` |

각각 MyLib와 MyUser라는 클래스를 정의하고, 각각의 클래스에 대하여 G_LIB와 G_USER라는 전역 변수를 선언했다. 하지만 InitSegTest.cpp와는 다르게 각각의 전역 변수에 대하여 #pragma init_seg를 사용하여 라이브러리(lib) 그룹과 사용자(user) 그룹을 지정했다. 이 프로젝트를 빌드 해서 실행하면 생성자의 호출 순서는 다음과 같다.

MyLib() → MyUser() → MyClass()

하지만 init_seg를 통한 그룹 지정을 반대로 해보라. 즉 G_LIB에 사용자 그룹을, G_USER에 라이브러리 그룹을 지정한 후 빌드해서 실행하면 다음과 같이 생성자의 호출 순서가 바뀐 것을 알 수 있다.

MyUser() → MyLib() → MyClass()

만약 "section-name"까지 지정하면 section-name으로 지정된 전역 객체의 생성자가 사용자 그룹 다음에 호출되는 것을 확인할 수 있을 것이다.

1) 생성자 호출 관리

이제 설명을 미뤘던 "section-name"과 "func-name" 매개변수에 대해서 알아보자. Init_seg와 "section-name"을 사용한다면 여러분이 정의한 클래스 전역 변수의 생성자 호출 순서를 여러분이 제어할 수 있다. 먼저 다음의 코드를 보라.

```
class MyClass
{
    const char* _pszClaName;

public:
    MyClass(const char* clsName)
    {
        _pszClaName = clsName;
        printf("MyClass: %s\n", _pszClaName);
    }
    ~MyClass()
    {
        printf("~MyClass: %s\n", _pszClaName);
    }
};

MyClass G_AAA("AAA");
```
　　#pragma init_seg 지정 전에 선언된 전역 변수이므로 G_AAA의 생성자는 CRT 함수인 _initterm에 의해 호출된다.

```
typedef void(__cdecl *_PF)(void);
```
　　생성자/소멸자를 위한 함수 포인터를 재정의한다.

```
#pragma section(".YHD$A", read)
__declspec(allocate(".YHD$A")) const _PF InitSegBegin = (_PF)1;
#pragma section(".YHD$Z",read)
__declspec(allocate(".YHD$Z")) const _PF InitSegEnd   = (_PF)1;
```

```
#pragma init_seg(".YHD$M")
MyClass G_BBB("BBB");
MyClass G_CCC("CCC");
```

```
void InitializeObjects()
{
  const _PF* pfn = &InitSegBegin;
  for (++pfn; pfn < &InitSegEnd; ++pfn)
  {
    if (*pfn != NULL)
      (*pfn)();
  }
}
```

```
void main()
{
  printf("=====> enter main!!!\n");

  InitializeObjects();
```

```
  printf("<===== leave main!!!\n");
}
```

우선 위의 프로젝트를 빌드해서 실행해보라. 그러면 다음 실행 결과처럼 전역 객체 G_BBB와 G_CCC의 생성자가 메인 함수 호출 후에 호출된다는 것을 확인할 수 있다.

```
MyClass: AAA
=====> enter main!!!
MyClass: BBB
```

```
MyClass: CCC
<===== leave main!!!
~MyClass: CCC
~MyClass: BBB
~MyClass: AAA
```

소스의 메인 함수 정의에서 InitializeObjects 함수 호출을 주석 처리한 후 빌드하고 실행해보라. 그러면 다음 실행 결과처럼 G_BBB와 G_CCC의 생성자와 소멸자도 호출되지 않는다는 사실을 알 수 있을 것이다.

```
MyClass: AAA
=====> enter main!!!
<===== leave main!!!
~MyClass: AAA
```

이는 init_seg 뒤에서 선언된 두 전역 변수 G_BBB와 G_CCC의 생성자 호출은 우리가 작성한 InitializeObjects 함수가 담당하고 있다는 것을 의미한다. 동시에 init_seg를 사용하면 전역 변수의 생성자 호출 시점과 호출 순서를 우리도 조절할 수 있음을 의미하기도 한다. 어떻게 이것이 가능할까? 3.3절에서 설명했던 다음의 CPP_INIT 테이블의 구성 방식을 다시 떠올려 보자.

```
#pragma section(".CRT$XCA", long, read)    ← __xc_a[]
#pragma section(".CRT$XCZ", long, read)    ← __xc_z[]
          ⋮
_CRTALLOC(".CRT$XCA") _PVFV __xc_a[] = { NULL };
_CRTALLOC(".CRT$XCZ") _PVFV __xc_z[] = { NULL };
```

CPP_INIT 테이블의 경계는 __xc_a와 __xc_z 변수가 담당하며, 이 두 변수 사이에 클래스 전역 변수의 생성자 호출 스텁의 포인터가 등록된다. #pragma section에 지정하는 섹션 이름에 주의를 기울이자. 우리가 만들 섹션의 이름 ".YHD$A"와 ".YHD$Z" 역시 위의 형태로 지정했다.

```
#pragma section(".YHD$A", read)
__declspec(allocate(".YHD$A")) const _PF InitSegBegin = (_PF)1;
```

```
#pragma section(".YHD$Z",read)
__declspec(allocate(".YHD$Z")) const _PF InitSegEnd    = (_PF)1;
```

".YHD$A"와 ".YHD$Z"에 해당하는 두 변수 InitSegBegin과 InitSegEnd는 CPP_INIT 테이블
의 __xc_a와 __xc_z 변수의 역할을 한다. 이는 클래스 전역 변수의 생성자 호출 스텁의 포인터
를 우리가 정의한 섹션에, 더 정확히는 이 섹션에 위치하는 두 변수 InitSegBegin과 InitSegEnd
사이에 위치시키겠다는 것을 의미하며, 이 과정은 사용자가 정의한 생성자 호출 스텁 테이블을 별도
로 만드는 과정이 된다. 이 테이블을 YHD_INIT이라고 하자. 그러면 생성자 호출 스텁의 포인터는
어떤 방식으로 YHD_INIT 테이블에 등록할 수 있을까?

```
#pragma init_seg(".YHD$M")
MyClass G_BBB("BBB");
MyClass G_CCC("CCC");
```

위의 코드에서 알 수 있듯이, 두 전역 변수 G_BBB와 G_CCC의 선언이 init_seg(".YHD$M")
지시어 다음에 위치한다. init_seg 지시어 뒤에 선언되는 전역 변수의 생성자 호출 스텁의 포
인터는 .YHD$M 섹션에 등록된다. .YHD$M이라는 이름은 알파벳 순으로 보면 ".YHD$A"
와 ".YHD$Z" 사이에 위치한다. 따라서 G_BBB와 G_CCC의 생성자 호출 스텁 포인터는
InitSegBegin과 InitSegEnd 변수의 사이에, 즉 YHD_INIT 테이블 내에 위치하게 된다. 이렇게
'$' 문자가 포함된 섹션 이름을 적절하게 사용한다면 생성자의 호출 순서도 조절할 수 있다. 섹션 이
름은 8자 이내의 아스키 문자열이어야 한다. 그리고 이 문자열 내에 만약 '$' 문자가 포함되면 링커
는 좀 특수한 처리를 한다. 만약 문자열 시작부터 '$' 문자까지의 문자열이 동일하면 별도로 지정된
섹션은 '$' 앞까지의 문자열을 섹션 이름으로 갖는 하나의 섹션으로 통합된다. 그리고 '$' 뒤의 문자열
에 위치한 섹션의 변수는 통합된 섹션 내에 '$' 뒤의 알파벳 순으로 순차적으로 배치된다. 따라서 위
의 코드가 실행되었을 때, 전역 변수 G_AAA의 생성자 호출 스텁의 포인터는 CPP_INIT 테이블
에, G_BBB, G_CCC의 생성자 호출 스텁의 포인터는 우리가 정의한 YHD_INIT 테이블에 등록
된다. 다음 그림이 그 관계를 표현한 것이다.

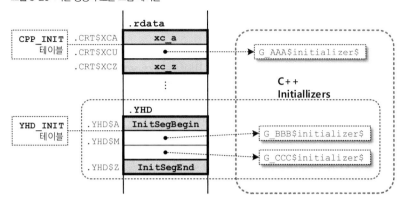

그림 8-20 지연 생성자 호출 스텁 테이블

2) 소멸자 호출 관리

그러면 이번에는 "func-name"까지 지정한 init_seg의 사용 예를 살펴보자.

```
#pragma init_seg(".YHD$M")
```

위 코드에 의해 init_seg 이후에 선언된 모든 전역 클래스 객체의 생성자 호출 스텁의 번지는 .YHD 섹션에 차례대로 등록된다. 그렇다면 소멸자 호출 스텁과 관련된 처리도 가능하지 않을까? 우리는 3.3절에서 컴파일러가 생성한 소멸자 호출 스텁의 번지를 담는 CPP_TERM 테이블은 힙에 생성되며, 생성자 호출 스텁 코드 내에서 생성자 호출 후 atexit 함수를 통해 소멸자 호출 스텁의 번지를 이 테이블에 등록한다는 사실을 디스어셈블된 코드를 추적하면서 확인했다. 생성자 호출 스텁에 대한 테이블을 우리가 지정한 섹션으로 옮길 수 있으면 소멸자 호출 스텁에 대한 테이블도 우리가 관리할 수 있을 것이다. 그 방법은 바로 소멸자 호출 스텁의 번지를 등록하는 atexit 함수를 우리가 정의한 함수로 대체함으로써 가능해진다. 우리가 정의한 atexit 대체 함수의 포인터를 등록하기 위한 init_seg의 매개변수가 바로 func-name인 것이다. 따라서 생성자 관리와 소멸자 관리를 동시에 하기 위해서는 다음과 같이 init_seg를 사용하면 된다.

```
#pragma init_seg(".YHD$M", YHD_AtExit)
```

위 코드의 YHD_AtExit는 우리가 정의할, atexit 함수를 대신할 함수가 된다. 당연히 이 함수의 프로토타입은 atexit 함수와 동일해야 한다. 이렇게 init_seg를 지정하면, 이 코드 이후에 선언된 전역 클래스 객체에 대하여 생성자 호출 스텁은 생성자 함수를 호출한 후 소멸자 호출 스텁의 번지를 등록하기 위해 atexit 함수 대신 우리가 정의할 YHD_AtExit 함수를 호출하게 된다. 따라서 YHD_AtExit 함수 구현에서는 소멸자 호출 스텁의 번지를 담기 위한 테이블을 힙을 이용하든, 아니면 일반 전역 배열을 이용하든 우리가 직접 만들어줘야 한다.

이제 func-name의 사용 예를 직접 살펴보자. 다음은 프로젝트 〈InitSegTest3〉이 func-name을 사용한 경우며, InitSegTest2.cpp 소스에 func-name 관련 코드를 추가한 InitSegTest3.cpp다. 추가된 코드는 볼드체로 표시했다.

```
        ⋮
typedef void(__cdecl *_PF)(void);

int g_dtorCnt = 0;
_PF g_dtorPfx[200];
```

> 소멸자 호출 스텁의 번지를 담는 테이블을 위해서 g_dtorPfx 배열을 선언했다. 그리고 g_dtorCnt 변수는 이 배열에 실제 등록된 스텁의 수를 관리한다.

```
int YHD_AtExit(_PF pfn)
{
    g_dtorPfx[g_dtorCnt++] = pfn;
    return 0;
}
```

> 소멸자 호출 스텁의 번지를 등록하는 atexit 함수 대신 우리가 구현한 YHD_AtExit 함수를 호출한다. 생성자 호출 스텁에서 소멸자 호출 스텁의 번지를 pfn 매개변수로 전달하여 YHD_AtExit 함수를 호출하면 pfn을 차례대로 g_dtorPfx 배열의 엔트리로 저장한다. 이때 엔트리의 인덱스 역할은 배열의 실제 엔트리 수를 관리하는 g_dtorCnt 변수가 담당한다.

```
#pragma section(".YHD$A", read)
__declspec(allocate(".YHD$A")) const _PF InitSegBegin = (_PF)1;
#pragma section(".YHD$Z",read)
__declspec(allocate(".YHD$Z")) const _PF InitSegEnd = (_PF)1;

#pragma init_seg(".YHD$M", YHD_AtExit)
```

> **Init_seg**의 func-name으로 YHD_AtExit 함수의 포인터를 등록한다. 이로써 이후에 선언되는 G_BBB와 G_CCC에 대한 소멸자 호출 스텁의 등록은 YHD_AtExit 함수가 담당한다.

```
MyClass G_BBB("BBB");
MyClass G_CCC("CCC");
```

```
void InitializeObjects()
{
    const _PF* pfn = &InitSegBegin;
    for (++pfn; pfn < &InitSegEnd; ++pfn)
    {
        if (*pfn != NULL)
            (*pfn)();
    }
}


void DestroyObjects()
{
    while (g_dtorCnt > 0)
    {
        --g_dtorCnt;
        (g_dtorPfx[g_dtorCnt])();
    }
}
```

InitializeObjects 함수와 반대로, 소멸자 호출 스텁 테이블을 순회하면서 소멸자 호출 스텁을 호출해 각 전역 개체에 대한 소멸자가 호출되도록 한다. 역시 FILO 원칙을 위하여 g_dtorCnt 변숫값을 역으로 감소시키면서 g_dtorPfx 테이블을 순회한다.

```
void main()
{
    printf("=====> enter main!!!\n");
    InitializeObjects();

    DestroyObjects();
```

InitializeObjects 함수의 경우와 마찬가지로, 메인 함수 내에서 DestroyObjects 함수를 명시적으로 호출하지 않으면 전역 객체 G_BBB와 G_CCC의 소멸자는 호출되지 않는다.

```
    printf("<===== leave main!!!\n");
}
```

프로젝트 〈InitSegTest3〉의 실행 결과는 다음과 같다. 〈InitSegTest2〉의 경우와는 다르게, G_BBB와 G_CCC에 대한 소멸자 호출이 메인 함수 내에서 이루어진다는 것을 알 수 있다.

```
MyClass: AAA
=====> enter main!!!
MyClass: BBB
MyClass: CCC
~MyClass: CCC
~MyClass: BBB
<===== leave main!!!
~MyClass: AAA
```

8.3 로드 환경 설정

데이터 디렉터리 엔트리 IMAGE_DIRECTORY_ENTRY_LOAD_CONFIG는 '로드 환경 설정 (Load Config)'이라는 데이터 블록에 대한 RVA와 크기를 담고 있다. 로드 환경 설정은 IMAGE_ LOAD_CONFIG_DIRECTORY라는 단 하나의 구조체로 구성되는데, 이 구조체는 PE의 IMAGE_FILE_HEADER나 IMAGE_OPTIONAL_HEADER에 필드를 추가하기에 까다로운 여러 측면들을 지원하기 위해, 이전 버전의 윈도우 NT 운영체제 자체에서 매우 제한적으로 사용되던 구조체다. 기본적으로는 로더가 PE를 로드할 때 참조하고자 하는 정보를 기록해둔 영역이지만, 관련 필드에 대한 정보를 얻기 어려운 막연한 구조체이기도 하다. 하지만 윈도우 XP와 그 이후의 윈도우 및 마이크로소프트 링커는 32비트의 '안전한 SEH' 기술의 필드가 추가된 확장 IMAGE_ LOAD_CONFIG_DIRECTORY 구조체를 사용하기 시작했고, 윈도우 8.1부터는 '흐름 제어 보호'라는 메모리 보호 기능을 위한 필드가 추가되면서 새롭게 추가된 필드들이 의미를 갖게 되었다. 따라서 IMAGE_LOAD_CONFIG_DIRECTORY 구조체의 대부분의 필드는 0으로 설정되지만 '메모리 보호'라는 보안 측면과 관련된 세 그룹의 필드들은 살펴볼 이유가 충분하다.

이 절에서는 IMAGE_LOAD_CONFIG_DIRECTORY 구조체를 간단하게 설명하고 GS 보안, 안전한 SEH, 흐름 제어 보호라는 메모리 보호 기술과 관련된 필드들을 중점적으로 살펴볼 것이다.

8.3.1 IMAGE_LOAD_CONFIG_DIRECTORY

IMAGE_LOAD_CONFIG_DIRECTORY 구조체는 다음과 같이 적지 않은 수의 필드가 있지만, 대부분의 필드들은 0으로 설정된다. 이 구조체는 32비트용과 64비트용으로 나뉘는데, 64비트용 구조체인 IMAGE_LOAD_CONFIG_DIRECTORY64에 대한 정의는 다음과 같다.

```
typedef struct _IMAGE_LOAD_CONFIG_DIRECTORY64
{
    DWORD      Size;
    DWORD      TimeDateStamp;
    WORD       MajorVersion;
    WORD       MinorVersion;
    DWORD      GlobalFlagsClear;
    DWORD      GlobalFlagsSet;
    DWORD      CriticalSectionDefaultTimeout;
    ULONGLONG  DeCommitFreeBlockThreshold;
    ULONGLONG  DeCommitTotalFreeThreshold;
    ULONGLONG  LockPrefixTable;                    // VA
    ULONGLONG  MaximumAllocationSize;
    ULONGLONG  VirtualMemoryThreshold;
    ULONGLONG  ProcessAffinityMask;
    DWORD      ProcessHeapFlags;
    WORD       CSDVersion;
    WORD       Reserved1;
    ULONGLONG  EditList;                           // VA
    // GS 보안
    ULONGLONG  SecurityCookie;                     // VA

    // 안전한 SEH
    ULONGLONG  SEHandlerTable;                     // VA
    ULONGLONG  SEHandlerCount;

    // CFG 보안
    ULONGLONG  GuardCFCheckFunctionPointer;        // VA
    ULONGLONG  GuardCFDispatchFunctionPointer;     // VA
    ULONGLONG  GuardCFFunctionTable;               // VA
```

```
        ULONGLONG  GuardCFFunctionCount;
        DWORD      GuardFlags;
    } IMAGE_LOAD_CONFIG_DIRECTORY64, *PIMAGE_LOAD_CONFIG_DIRECTORY64;
```

32비트 IMAGE_LOAD_CONFIG_DIRECTORY 구조체는 64비트에서 ULONGLONG 타입을 DWORD로 바꿨다고 생각하면 된다.

다음은 32비트용인 IMAGE_LOAD_CONFIG_DIRECTORY32 구조체 필드 중 64비트와 차이가 있는 필드들만 따로 정리한 것이다.

```
    typedef struct _IMAGE_LOAD_CONFIG_DIRECTORY32
    {
        ⋮
        DWORD   DeCommitFreeBlockThreshold;
        DWORD   DeCommitTotalFreeThreshold;
        DWORD   LockPrefixTable;                 // VA
        DWORD   MaximumAllocationSize;
        DWORD   VirtualMemoryThreshold;
        DWORD   ProcessAffinityMask;
        ⋮
        DWORD   EditList;                        // VA
        DWORD   SecurityCookie;                  // VA
        DWORD   SEHandlerTable;                  // VA
        DWORD   SEHandlerCount;
        DWORD   GuardCFCheckFunctionPointer;     // VA
        DWORD   GuardCFDispatchFunctionPointer;  // VA
        DWORD   GuardCFFunctionTable;            // VA
        DWORD   GuardCFFunctionCount;
        DWORD   GuardFlags;
    } IMAGE_LOAD_CONFIG_DIRECTORY64, *PIMAGE_LOAD_CONFIG_DIRECTORY64;
```

IMAGE_LOAD_CONFIG_DIRECTORY 구조체는 앞서 봤던 여러 PE 구조에서 .rdata 섹션 아래에 'LOAD_CONFIG'라는 이름으로 항상 존재한다. 또한 실제로 다음 그림처럼 BasicApp4. exe의 PE 파일의 .rdata 섹션에서 _load_config_used라는 C/C++ 런타임 전역 변수를 확인할 수 있다. 그리고 그 타입이 IMAGE_LOAD_CONFIG_DIRECTORY64_2로 되어 있는 것도 볼 수 있다.

그림 8-21 _load_config_used 전역 변수

오프셋:RVA	이름	타입
0x00003E0C:0x0000500C	?? C@_01KDCPPG...	const char[2]
0x00003E10:0x00005010	_load_config_used	IMAGE_LOAD_CONFIG_DIRECTORY64_2
0x00003E80:0x00005080	_load_config_used	IMAGE_LOAD_CONFIG_DIRECTORY64_2
0x00003EE8:0x000050E8	_load_config_used	IMAGE_LOAD_CONFIG_DIRECTORY64_2

물론 32비트라면 IMAGE_LOAD_CONFIG_DIRECTORY32_2 타입을 갖는다. 그리고 이 전역 변수는 32비트의 경우 소스 파일 "loadcfg.c"에 다음과 같이 대부분의 필드는 모두 0으로 초기화한다. 하지만 3개의 필드는 의미 있는 값으로 초기화하여 선언된 _load_config_used 전역 변수의 실제 정의를 볼 수도 있다.

```
const
IMAGE_LOAD_CONFIG_DIRECTORY32_2  _load_config_used = {
   sizeof(IMAGE_LOAD_CONFIG_DIRECTORY32_2),
   0,
   0,
    ⋮
   0,
   &__security_cookie,
   __safe_se_handler_table,
   (DWORD)(DWORD_PTR) &__safe_se_handler_count
};
```

위의 설정처럼 실제로 이 디렉터리는 IMAGE_LOAD_CONFIG_DIRECTORY라는 하나의 구조체로 정의되며, PE가 로드되었을 때 _load_config_used 전역 변수를 통해 제어가 가능하다. 이 구조체의 제어를 원한다면 다음과 같이 전역적으로 선언해서 사용할 수 있다.

```
EXTERN_C IMAGE_LOAD_CONFIG_DIRECTORY __load_config_used;
```

위 코드에서 볼 수 있듯이, IMAGE_LOAD_CONFIG_DIRECTORY 구조체는 마지막 3개의 필드만 제외하면 대부분의 필드는 모두 0으로 초기화된다. 따라서 대부분의 필드가 크게 의미 없지만, 윈도우가 업데이트되면서 추가되는 중요한 필드들이 있기 때문에 각 필드에 대한 설명을 네 부분으로 나누어 설명한다.

1) 기본 필드

이 필드들 중 첫 번째 필드인 **Size** 필드를 제외하고 나머지 필드들은 크게 중요하지 않기 때문에 각 필드에 대한 의미만 대략적으로 알아두기 바란다.

DWORD Size

IMAGE_LOAD_CONFIG_DIRECTORY 구조체의 실제 크기를 담고 있다. 64비트의 경우 와 달리, 32비트는 LOAD_CONFIG 디렉터리의 Size 필드와 이 구조체의 Size 필드 값이 달 라지는데, 그 정확한 크기는 바로 이 필드가 담고 있다. 32비트의 LOAD_CONFIG 디렉터리 의 Size 필드는 XP 이전 버전의 호환성을 위해 무조건 64(0x40)로 설정된다.

DWORD TimeDateStamp

이 필드 값은 날짜와 시간 스탬프 값이며, 1970년 1월 1일 09시(GMT 시간 기준)부터 해당 파 일을 만들어 낸 시점까지의 시간을 초 단위로 표현한다. 이 값은 CRT 함수인 ctime 함수를 통해 출력이 가능하다.

WORD MajorVersion

WORD MinorVersion

메이저 버전과 마이너 버전을 나타낸다.

DWORD GlobalFlagsClear

DWORD GlobalFlagsSet

시스템의 행위를 제어하는 전역 플래그를 설정(GlobalFlagsSet)하거나 해제(GlobalFlags-Clear)한다. 전역 플래그는 Gflags.exe 툴을 통해 설정이 가능하다. 그리고 레지스트리 'HKLM\System\CurrentControlSet\Control\Session Manager\GlobalFlag' 항목과 관 련이 있다.

DWORD CriticalSectionDefaultTimeout

사용자 모드 동기화 객체인 크리티컬 섹션의 기본 타임아웃 값을 담고 있다.

ULONGLONG/DWORD DeCommitFreeBlockThreshold

반드시 해제되어야 할 메모리 블록의 최소 바이트 수를 의미하며, 권고 사항이다.

ULONGLONG/DWORD DeCommitTotalFreeThreshold

프로세스 힙 내에서 반드시 해제되어야 할 전체 메모리의 최소 바이트 수를 의미하며, 권고 사항이다.

ULONGLONG/DWORD LockPrefixTable

LOCK 프리픽스가 사용된 곳의 주소 리스트에 대한 VA를 담고 있다. 단일 프로세서 시스템의 경우 NOP 명령으로 대체된다. 이 필드는 x86 시스템에서만 의미가 있다.

ULONGLONG/DWORD MaximumAllocationSize

이 필드는 메모리 최대 할당 크기를 바이트 단위의 값으로 갖는다. 이 필드는 디버깅 목적 외에는 사용되지 않는다.

ULONGLONG/DWORD VirtualMemoryThreshold

힙 세그먼트에서 할당 가능한 최대 블록 크기를 바이트 단위로 담고 있다.

ULONGLONG/DWORD ProcessAffinityMask

프로세스의 친화성 마스크를 의미한다. 이 필드는 GetProcessAffinityMask 함수와 관련이 있으며, EXE 파일의 경우에만 의미를 가진다.

DWORD ProcessHeapFlags

프로세스 힙 플래그를 의미하며, HeapCreate 함수와 관련이 있다.

WORD CSDVersion

서비스 팩의 버전을 담고 있다.

WORD Reserved1

예약된 필드며, 무조건 0이 되어야 한다.

ULONGLONG/DWORD EditList

시스템이 사용하는 예약 필드다.

2) GS 보안 쿠키

버퍼 오버플로 공격에 대한 방어를 위해 윈도우 XP부터 컴파일러는 'GS 보안' 옵션을 제공했고, 이 기술은 'GS 보안 쿠키(Cookie)' 값을 통해 구현된다. 그리고 IMAGE_LOAD_CONFIG_ DIRECTORY 구조체에는 이 보안 쿠키를 위한 필드가 하나 존재하며, GS 보안 옵션이 설정된 PE 라면 항상 이 필드를 참조하게 된다.

ULONGLONG/DWORD SecurityCookie

이 필드는 프로젝트 설정의 [C/C++ → 코드 생성: 보안 검사] 옵션 또는 링크 스위치 '/GS'가 설정될 경우, 보안 쿠키 값을 담은 메모리 영역의 실제 번지를 담는 필드다. 64비트 BasicApp4.exe PE 파일의 .data 섹션에서 SecurityCookie 필드와 관련된 두 개의 전역 변수를 확인할 수 있다. 다음 그림에서 '__security_cookie'와 '__security_cookie_complement' 두 개의 ULONGLONG 타입의 변수를 볼 수 있다.

그림 8-22 __security_cookie 전역 변수

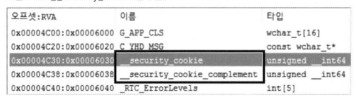

또한 우리는 3, 5장에서 EXE나 DLL의 C/C++ 런타임 시작 함수를 검토하면서 이미 SecurityCookie 필드와 관련되는 __security_init_cookie라는 함수의 호출을 본 적이 있다.

```
int wWinMainCRTStartup(void)
{
    __security_init_cookie();
    return __tmainCRTStartup();
}
```

SecurityCookie 필드와 관련된 보안 기술은 버퍼 오버플로 공격 방어를 위한 GS 쿠키 보안이며, 이에 대해서는 19장에서 다룰 예정이다.

3) 안전한 SEH

'안전한 SEH(Safe SEH)'는 SEH 덮어쓰기 공격을 방어하기 위해 윈도우 XP부터 도입된 기술이다. SEH 구조는 32비트와 64비트가 매우 다르며, 이 기술은 32비트에서만 적용된다. 안전한 SEH 기능을 사용하기 위해서는 프로젝트 설정의 **[링크 → 고급: 이미지에 안전한 예외 처리기 포함]** 옵션 또는 링크 스위치 '/SAFESEH'를 지정해야 한다. 이 옵션이 설정되면 IMAGE_LOAD_CONFIG_DIRECTORY 구조체의 SEHandlerTable과 SEHandlerCount 필드가 의미를 갖는다. 안전한 SEH에 대한 상세한 내용과 이 두 필드의 구체적인 역할은 19장에서 다룰 예정이다. 따라서 이 두 필드에 대한 설명은 다음과 같이 간단히 정리하고 넘어가기로 한다.

ULONGLONG/DWORD SEHandlerTable

이 필드는 PE 이미지 내의 유효하고 유일한 예외 핸들러에 대한 정렬된 RVA를 엔트리로 갖는 테이블의 시작 번지를 담고 있다.

ULONGLONG/DWORD SEHandlerCount

이 필드는 SEHandlerTable 필드가 가리키는 SEH 예외 핸들러 테이블의 엔트리 수를 담고 있다.

4) 제어 흐름 보호(CFG)

제어 흐름 보호(Control Flow Guard, 이하 CFG)는 2장에서 IMAGE_OPTIONAL_HEADER의 DllCharacteristics 필드가 가질 수 있는 **IMAGE_DLLCHARACTERISTICS_GUARD_CF** 플래그를 설명하면서 이미 언급한 바 있다. CFG는 윈도우 8.1에서 도입되었고, 윈도우 10에서 제대로 작동하는, 간접 호출(Indirect Call) 보호에 초점을 맞춘 메모리 보호 기술이다. CFG를 사용하려면 링크 스위치를 '/guard:cf'로 설정해야 하며, 컴파일 옵션도 별도로 지정해야 한다. 그리고 이 기술은 비주얼 스튜디오 2015에서 사용 가능하다. 또한 CFG가 사용될 경우 비로소 IMAGE_LOAD_CONFIG_DIRECTORY 구조체의 GuardCFCheckFunctionPointer 이하의 필드가 의미를 갖게 된다. CFG 역시 19장에서 자세히 다룰 예정이며, 여기서는 각 필드의 용도에 대해서만 간단히 언급하기로 한다.

ULONGLONG/DWORD GuardCFCheckFunctionPointer

이 필드는 CFG 함수의 포인터를 담고 있다.

ULONGLONG/DWORD GuardCFDispatchFunctionPointer

이 필드는 CFG 디스패치 함수에 대한 포인터를 담고 있다.

ULONGLONG GuardCFFunctionTable

ULONGLONG GuardCFFunctionCount

GuardCFFunctionTable 필드는 CFG 함수 테이블의 VA를 담고 있으며, GuardCFFunction-Count 필드는 이 테이블의 엔트리 수를 담는다.

DWORD GuardFlags

이 필드는 CFG 관련 필드 설정 여부를 나타내는 플래그로, WinNT.h에 다음과 같이 정의되어 있다. 이 플래그들의 상세한 내용은 역시 19장에서 CFG 설명 시에 함께 다루기로 한다.

```
#define IMAGE_GUARD_CF_INSTRUMENTED                    0x00000100
#define IMAGE_GUARD_CFW_INSTRUMENTED                   0x00000200
#define IMAGE_GUARD_CF_FUNCTION_TABLE_PRESENT          0x00000400
#define IMAGE_GUARD_SECURITY_COOKIE_UNUSED             0x00000800
#define IMAGE_GUARD_PROTECT_DELAYLOAD_IAT              0x00001000
#define IMAGE_GUARD_DELAYLOAD_IAT_IN_ITS_OWN_SECTION   0x00002000
```

지금까지 IMAGE_LOAD_CONFIG_DIRECTORY 구조체에 대해 살펴보았다. 그럼 PE 파일을 통해 이 구조체가 실제로 어떻게 설정되는지 확인해보기로 하자.

8.3.2 로드 환경 설정 확인

로드 환경 설정이 위치한 섹션을 찾기 위해서는 우선 IMAGE_DIRECTORY_ENTRY_LOAD_CONFIG 데이터 디렉터리 엔트리를 참조해야 한다. 우리가 예제로 사용하는 BasicApp.exe의 32비트 버전을 먼저 확인해보자. 다음은 VC++ 2012로 빌드한 32비트 BasicApp.exe의 LOAD_CONFIG 데이터 디렉터리 엔트리다.

덤프 8-7 VC++ 2013의 IMAGE_DIRECTORY_ENTRY_LOAD_CONFIG 엔트리 덤프

	+0	+1	+2	+3	+4	+5	+6	+7	+8	+9	+A	+B	+C	+D	+E	+F
000001B0	58	76	01	00	40	00	00	00	00	00	00	00	00	00	00	00

- **VirtualAddress** : 0x00007658 (.rdata:0x00005C58)
- **Size** : 0x00000040 (64)

오프셋은 0x00005C58이며, .rdata 섹션에 위치한다. 여기서 로드 환경 설정 블록의 크기를 알려주는 Size 필드 값이 0x40, 즉 64바이트임을 염두에 두고 오프셋 0x00005C58로 가보자.

덤프 8-8 VC++ 2013의 로드 환경 설정 블록 덤프

	+0	+1	+2	+3	+4	+5	+6	+7	+8	+9	+A	+B	+C	+D	+E	+F
00005C50	00	00	00	00	72	00	00	00	48	00	00	00	00	00	00	00
00005C60	00	00	00	00	00	00	00	00	00	00	00	00	00	00	00	00
00005C70	00	00	00	00	00	00	00	00	00	00	00	00	00	00	00	00
00005C80	00	00	00	00	00	00	00	00	00	00	00	00	00	00	00	00
00005C90	00	00	00	00	28	90	41	00	00	00	00	00	00	00	00	00

위 덤프는 VC++ 2013으로 빌드된 32비트 BasicApp.exe의 IMAGE_LOAD_CONFIG_DIRECTORY32 구조체의 내용이다. 앞서 언급했던 것처럼, 대부분의 필드는 0으로 초기화되어 있고, 오프셋 0x000059C4에 위치한 SecurityCookie 필드는 0x00419028이라는 실제 값을 가진다. 이제 첫 번째 필드인 Size 필드 값에 주목하자. Size 필드는 이 구조체의 실제 크기를 나타내며, 그 값은 0x48이다. 실제 IMAGE_LOAD_CONFIG_DIRECTORY32 구조체가 이 값만큼 PE에 자리잡고 있다는 것을 위의 덤프에서 확인할 수 있다. 하지만 LOAD_CONFIG 데이터 디렉터리 엔트리에 설정된 Size 필드 값은 0x40으로, 두 Size 필드 값이 서로 다르다.

그러면 이번에는 VC++ 2015로 빌드한 32비트 BasicApp.exe의 로드 환경 설정 데이터를 확인해보자. 이 경우의 LOAD_CONFIG 데이터 디렉터리 엔트리는 다음과 같다.

덤프 8-9 VC++ 2015의 IMAGE_DIRECTORY_ENTRY_LOAD_CONFIG 엔트리 덤프

	+0	+1	+2	+3	+4	+5	+6	+7	+8	+9	+A	+B	+C	+D	+E	+F
000001B0	18	76	01	00	40	00	00	00	00	00	00	00	00	00	00	00

- **VirtualAddress** : 0x00017618 (.rdata:0x00006A18)
- **Size** : 0x00000040 (64)

데이터 디렉터리 엔트리의 Size 필드는 VC++ 2013의 경우와 마찬가지로 0x40 값을 가진다. 이 제 로드 환경 설정 정보가 위치한 오프셋 0x00006A18의 위치로 덤프를 이동시켜보자.

덤프 8-10 VC++ 2015의 로드 환경 설정 블록 덤프

	+0	+1	+2	+3	+4	+5	+6	+7	+8	+9	+A	+B	+C	+D	+E	+F
00006A10	28	78	01	00	28	6C	00	00	5C	00	00	00	00	00	00	00
00006A20	00	00	00	00	00	00	00	00	00	00	00	00	00	00	00	00
00006A30	00	00	00	00	00	00	00	00	00	00	00	00	00	00	00	00
00006A40	00	00	00	00	00	00	00	00	00	00	00	00	00	00	00	00
00006A50	00	00	00	00	30	90	41	00	00	00	00	00	00	00	00	00
00006A60	00	C0	41	00	00	00	00	00	00	00	00	00	00	00	00	00
00006A70	00	01	00	00	00	00	00	00	00	00	00	00	00	00	00	00

먼저 첫 번째 필드인 Size 필드 값을 확인해보라. 2013과는 다르게 0x5C라는 값이 담겨 있다. 그리고 위 덤프에 VC++ 2013에서는 존재하지 않는 0x00006A60부터 20바이트의 추가 데이터가 존재한다. 하지만 VC++ 2015로 빌드된 32비트 BasicApp.exe의 Size 필드 값 역시 VC++ 2013의 경우와 마찬가지로 LOAD_CONFIG 데이터 디렉터리 엔트리에 설정된 Size 필드 값인 0x40이 된다.

VC++ 2013과 2015를 통해서 빌드한 각각의 32비트 BasicApp.exe에서 다음의 결과를 도출했다.

- LOAD_CONFIG 데이터 디렉터리 엔트리의 Size 필드는 모두 0x40으로 동일하다.
- IMAGE_LOAD_CONFIG_DIRECTORY32의 Size 필드 값은 LOAD_CONFIG 데이터 디렉터리 엔트리의 Size 필드의 값보다 크며, 두 경우의 값이 서로 다르다.

이런 차이가 발생하는 이유는 다음과 같다. 앞서 설명한 바와 같이 IMAGE_LOAD_CONFIG_DIRECTORY 구조체는 윈도우의 버전이 올라가면서 조금씩 바뀌었다. 먼저 XP에서 안전한 SEH 보안 기능을 지원하면서 SEHandlerTable과 SEHandlerCount 필드가 추가되었다. 그 전까지 실제 IMAGE_LOAD_CONFIG_DIRECTORY 구조체의 크기는 0x40으로, SecurityCookie 필드까지만 포함하는 64바이트였다. 하지만 안전한 SEH 기능 지원을 위해 두 필드가 추가되면서 실제 크기는 0x48(72)바이트가 되었다. 따라서 VC++ 2013으로 빌드한 경우, 구조체의 Size 필드는 정확하게 0x48이라는 값을 담고 있다.

다음으로, CFG 보안은 윈도우 8.1에서 처음 소개되었으며, 그런 이유로 GuardCFCheck-

FunctionPointer 필드를 포함하여 다섯 개의 필드가 IMAGE_LOAD_CONFIG_DIRECTORY 구조체에 추가되었다. 하지만 윈도우 8.1에서의 CFG 보안 지원은 완전하지 않아서 MS는 이 기능을 비활성화시켰고, 따라서 추가된 다섯 필드들 역시 예약된 필드로만 존재하고 실제 PE에는 추가되지 않았다. 그 후 온전하게 작동하는 CFG 보안은 윈도우 10에 와서야 제공되었고, 다시 그 기능이 활성화되면서 관련된 다섯 개의 필드 역시 PE에 자신의 공간을 잡게 되었다. 그리고 CFG 보안 역시 비주얼 스튜디오 2015에서 사용자가 설정하여 사용 가능하게 되었다. 따라서 VC++ 2015의 32비트 BasicApp.exe에서 이 다섯 필드를 확인할 수 있으며, IMAGE_LOAD_CONFIG_DIRECTORY의 Size 필드는 이 다섯 필드가 추가된 크기인 0x5C(92) 바이트를 담고 있다. 따라서 IMAGE_LOAD_CONFIG_DIRECTORY 구조체를 분석할 때는 반드시 Size 필드 값에 의존해야 한다. Size 필드 값이 0x40인 경우는 SecurityCookie 필드까지가 의미가 있고, 0x48인 경우는 SEHandlerTable와 SEHandlerCount 필드까지도 의미를 갖게 되며, 0x5C인 경우는 CFG 보안 관련 나머지 다섯 개의 필드 모두가 의미를 갖게 된다.

그렇다면 LOAD_CONFIG 데이터 디렉터리 엔트리의 Size 필드는 왜 두 경우 모두 동일하게 0x40이라는 값을 가질까? 이는 SEH 관련 필드의 추가 기준이 되는 XP와 그 이전 버전의 윈도우와의 호환성을 위해 **32비트의 LOAD_CONFIG 데이터 디렉터리 엔트리의 Size 필드 값은 무조건 0x40으로 설정**되기 때문이다. SEH 관련 기능 이전의 로드 환경 설정 구조체의 크기는 앞서 봤던 것처럼 0x40이었고, 시스템 로더는 항상 이 엔트리의 Size 필드 값이 0x40인지를 체크했다. 따라서 32비트에서의 LOAD_CONFIG 엔트리의 Size 필드는 단지 버전 체크의 역할만 담당할 뿐이다.

그러면 64비트의 경우는 어떨까? 64비트 윈도우 운영체제가 구체화되기 시작한 시점은 대략 XP부터다. 따라서 64비트는 32비트에서 발생한 이런 혼란을 사전에 예방할 수 있었고, 엔트리의 Size 필드와 IMAGE_LOAD_CONFIG_DIRECTORY 구조체의 Size 필드는 동일한 값을 갖는다. 64비트의 BasicApp.exe를 PE Explorer 툴로 분석해보면, 두 필드의 값이 2012에서는 0x70, 2015에서는 0x94라는 동일한 값을 갖는다는 것을 알 수 있다.

표 8-9 VC++ 2013과 2015의 로드 환경 설정 구조체 비교

머신	VC++	DATA_DIRECTORY.Size	LOAD_CONFIG.Size
32비트	2012	0x40(64바이트)	0x48(72바이트)
	2015	0x40(64바이트)	0x52(92바이트)
64비트	2012	0x70(112바이트)	0x70(112바이트)
	2015	0x94(148바이트)	0x94(148바이트)

따라서 IMAGE_LOAD_CONFIG_DIRECTORY 구조체를 분석할 때에는 반드시 이 구조체의 Size 필드가 담고 있는 값을 기준으로 분석이 이루어져야 한다는 점을 명심하기 바란다. 그리고 분석 코드도 다음과 같이 구성되어야 한다.

```c
EXTERN_C IMAGE_LOAD_CONFIG_DIRECTORY __load_config_used;

#ifdef _WIN64
# define LOAD_CFG_DEF_SIZE   0x40
# define LOAD_CFG_SEH_SIZE   0x48
# define LOAD_CFG_CFG_SIZE   0x5C
#else
# define LOAD_CFG_DEF_SIZE   0x48
# define LOAD_CFG_SEH_SIZE   0x70
# define LOAD_CFG_CFG_SIZE   0x94
#endif


void CheckLoadConfig(...)
{
    __load_config_used.SecurityCookie;
        ⋮
```

SecurityCookie 필드까지는 Size 필드와 상관없이 사용 가능하다.

```c
    if (__load_config_used.Size > LOAD_CFG_DEF_SIZE)
    {
        __load_config_used.SEHandlerTable;
        __load_config_used.SEHandlerCount;
            ⋮
```

Safe SEH 관련 필드를 사용하려면 Size 필드의 크기를 LOAD_CFG_DEF_SIZE와 비교해야 한다.

```c
    }

    if (__load_config_used.Size > LOAD_CFG_SEH_SIZE)
    {
        __load_config_used.GuardCFCheckFunctionPointer;
            ⋮
```

CFG 관련 필드를 사용하려면 Size 필드의 크기를 LOAD_CFG_SEH_SIZE와 비교해야 한다.

```
        }
    }
```

이제 PE Explorer에서 로드 환경 설정 블록을 분석하는 소스를 살펴보자. 우선 IMAGE_LOAD_ CONFIG_DIRECTORY 구조체에 대한 XML 스키마 정의는 다음과 같다.

```
<Struct name="IMAGE_LOAD_CONFIG_DIRECTORY64">
    <Member name="Size" type="DWORD"/>
    <Member name="TimeDateStamp" type="DWORD"/>
        ⋮
    <Member name="SecurityCookie" type="ULONGLONG"/>
    <Member name="SEHandlerTable" type="ULONGLONG"/>
    <Member name="SEHandlerCount" type="ULONGLONG"/>
    <Member name="GuardCFCheckFunctionPointer" type="ULONGLONG"/>
    <Member name="Reserved2" type="ULONGLONG"/>
    <Member name="GuardCFFunctionTable" type="ULONGLONG"/>
    <Member name="GuardCFFunctionCount" type="ULONGLONG"/>
    <Member name="GuardFlags" type="DWORD"/>
</Struct>
```

다음은 로드 환경 설정 블록에 대한 파싱을 담당하는 ParseDirEntryLoadConfig 콜백 함수로, 다음과 같이 정의되어 있다.

```
bool PEAnals::ParseDirEntryLoadConfig(PPE_NODE pnUp, PIMAGE_DATA_DIRECTORY pdd)
{
    PIMAGE_SECTION_HEADER psh = &m_pshs[pnUp->SectIdx];
    DWORD dwOffset = RVA_TO_OFFSET(psh, pdd->VirtualAddress);
```
LOAD_CONFIG 엔트리가 소속된 섹션과 시작 오프셋을 획득한다.
```

    PCWSTR pszType = NULL;
    DWORD  dwSize = 0;
    if (m_bIs32Bit)
    {
        pszType = L"IMAGE_LOAD_CONFIG_DIRECTORY32";
        dwSize = ((PIMAGE_LOAD_CONFIG_DIRECTORY32)(m_pImgView + dwOffset))->Size;
    }
```

```
    else
    {
        pszType = L"IMAGE_LOAD_CONFIG_DIRECTORY64";
        dwSize = ((PIMAGE_LOAD_CONFIG_DIRECTORY64)(m_pImgView + dwOffset))->Size;
    }
```

> 32비트와 64비트의 경우, 각각 IMAGE_LOAD_CONFIG_DIRECTORY 구조체의 실제 크기를 Size 필드에서 획득해 dwSize 변
> 수에 담아둔다.

```
    PPE_NODE pn = InsertStructNode(pnUp->Node,
                        pnUp->SectIdx, dwOffset, L"LoadConfig", pszType);
    AppendStructMembers(pn, dwSize);
```

> 기존의 다른 섹션과는 다르게 AppendStructMembers 함수로 구조체의 실제 크기를 매개변수로 전달한다.
> AppendStructMembers 함수는 dwSize 매개변수가 0보다 큰 값을 가질 경우, 분석한 필드의 누적 크기와 이 매개변수의 값을 비교
> 하여 누적 크기가 dwSize의 값보다 크거나 같을 경우 나머지 필드들에 대한 처리를 수행하지 않는다.

```
    return false;
}
```

위의 코드를 바탕으로 5부의 메모리 보호에서 다룰 예제 LoadCfgInfo.exe를 비주얼 스튜디
오 2015에서 빌드한 32비트 PE에 대한 PE Explorer의 로드 환경 설정 디렉터리 분석 결과
를 다음 그림으로 예시했다. GS 보호 및 안전한 SEH, 그리고 CFG 설정을 모두 적용했을 때
SecurityCookie 이하의 필드들에 값이 설정되어 있는 것을 확인할 수 있다.

그림 8-23 LoadCfgInfo.exe의 로드 환경설정 정보

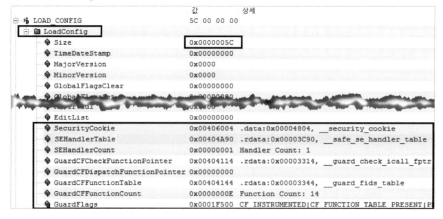

8.4 보안 디렉터리

보안 섹션은 IMAGE_SECTION_HEADER로 구성된, 섹션 헤더 테이블에는 존재하지 않는 오로지 IMAGE_DIRECTORY_ENTRY_SECURITY 데이터 디렉터리 정보에 의해서만 존재하는 섹션이다. 그렇기 때문에 이 데이터 디렉터리의 VirtualAddress 필드는 RVA가 아닌 그 자체가 파일 오프셋을 담고 있다. 이 의미는 결국 해당 PE가 로드되면 이 섹션은 메모리 상에서는 존재하지 않는다는 것도 암시한다. 보안 섹션은 속성 인증서 테이블(Attribute Certificate Table)이라는, 속성 인증서 관련 정보를 엔트리로 갖는 배열로 구성된다. MS는 Authenticode라고 하는 산업 표준에 기반한 기술*을 제공한다. Authenticode는 소프트웨어의 바이너리 출처 및 해당 바이너리에 대한 무결성을 확인하는 데 사용되는 디지털 서명(Digital Signature)이다. 공개키 암호화 표준(PKCS) #7에 기반한 서명된 데이터는 소프트웨어 게시자의 신원을 확인하기 위해 X.509 v3 인증서를 사용하여 서명 대상 파일과 결합된다. Authenticode 서명의 주 목적은 EXE, DLL, SYS 등의 PE 파일에 대한 서명에 있다. 이 서명 작업은 X.509 v3 인증서와 함께 Signtool.exe라는 툴을 통해 이루어지며, 속성 인증서 테이블은 바로 이 Authenticode 서명에 관련된 정보들을 담고 있는 테이블이 된다. 해당 PE가 서명된 파일인지는 PE 파일에 대한 속성 창의 [디지털 서명] 탭을 통해 확인할 수 있다. 다음 그림은 Kernel32.dll의 디지털 서명 탭이다. [자세히] 버튼을 통해 서명 유효 여부 및 서명에 사용된 인증서도 확인할 수 있다.

그림 8-24 Kernel32.dll의 디지털 서명 정보

위 그림의 정보는 바로 이 보안 섹션을 통해 획득된 정보다. 디지털 서명은 해당 PE가 알 수 없는 누군가에 의해 악의적인 또는 다른 목적으로 해당 바이너리가 변경되었는지를 판별하기 위해 사용된다. 따라서 Authenticode 서명은 해당 PE의 '소프트웨어 게시자를 증명'하고 서명된 후에 해당 PE가

---

* Authenticode에 대한 상세한 내용을 알고 싶으면 다음에 링크된 문서를 참고하기 바란다.

"http://download.microsoft.com/download/9/c/5/9c5b2167-8017-4bae-9fde-d599bac8184a/Authenticode_PE.docx"

'변경되지 않았음을 보증'해줄 뿐 해당 소프트웨어의 품질 보증이나 정보 전달 또는 암호화를 목적으로는 사용하지 않는다. 결국 디지털 서명의 궁극적인 목적인 '무결성 체크'를 위한 것이다. 무결성 체크의 기본 원리는 원본 파일에 대하여 해시 알고리즘을 통한 축약된 정보인 해시 코드를 획득해 이 코드를 해당 파일에 첨부한다. 이 과정에서 원본 파일 자체에 대한 변경은 없다. 무결성 체크는 서명된 파일에서 첨부된 해시 코드를 우선 뽑아낸 후, 해시 코드를 제외한 파일 전체에 대하여 동일한 해시 알고리즘을 적용하여 도출된 해시 코드와 앞서 뽑아낸 해시 코드를 비교하는 처리다. 비교 결과 두 코드의 값이 일치하지 않으면 누군가가 해당 파일을 변경했다고 판단할 수 있다. 디지털 서명은 실제로 CRC 체크의 의도 및 원리와도 비슷하지만 SHA, MD5 등의 복잡한 해시 알고리즘과 도출되는 확장된 해시 키를 통해서 무결성 체크 과정에서 발생할 수 있는 오류 확률을 극도로 낮춘 CRC 체크라고도 할 수 있다.

PE 파일의 경우, Signtool.exe를 통해 서명을 하면 Authenticode 서명 및 관련 정보로 구성된 보안 섹션은 일반적으로 PE 파일의 맨 끝에 첨부된다. 나중에 서명된 PE에 대한 무결성 체크는 PE 로드와 상관없이 수행된다. 우리는 인증 툴을 통해서 언제라도 서명된 PE에 대한 무결성 체크를 수행할 수 있다. PE 로드 시에 무결성 체크가 요구되면 로더는 PE의 로드 작업 개시 이전에 디스크 상의 PE에 대해서 무결성 체크를 수행한다. 이 말은 PE가 로드된 후에는 메모리 상에 PE 이미지 내에 보안 섹션이 더 이상 존재할 필요가 없음을 의미한다. 따라서 PE 로드 과정 자체와 무결성 체크 처리는 연관성이 없으며, 무결성 체크는 보안 섹션을 뺀, 그리고 이 보안 섹션의 위치와 크기를 담고 있는 IMAGE_DIRECTORY_ENTRY_SECURITY 엔트리가 0으로 리셋된 상태의 PE에 대하여 수행된다. 이런 이유로 IMAGE_DIRECTORY_ENTRY_SECURITY 엔트리의 VirtualSize 필드는 RVA가 될 수 없고 순수하게 파일 오프셋을 담게 되는 것이다.

8.4.1 속성 인증서 엔트리 구조

보안 섹션을 구성하고 있는 속성 인증서 테이블의 엔트리는 8바이트 단위로 정렬되며, "WinTrust.h" 헤더 파일에 정의된 WIN_CERTIFICATE라는 가변 구조체의 배열로 이루어진다.

```
typedef struct _WIN_CERTIFICATE
{
    DWORD dwLength;
    WORD  wRevision;
    WORD  wCertificateType; // WIN_CERT_TYPE_xxx
```

```
    BYTE   bCertificate[ANYSIZE_ARRAY];
  } WIN_CERTIFICATE, *LPWIN_CERTIFICATE;
```

DWORD dwLength

bCertificate 필드가 담고 있는 서명의 실제 크기를 바이트 단위의 값으로 담고 있다. 이 크기 정보에는 WIN_CERTIFICATE 구조체 자체도 포함된다.

WORD wRevision

속성 인증서의 버전 번호에 해당하며, 다음의 두 종류가 있다.

```
#define WIN_CERT_REVISION_1_0   (0x0100)
#define WIN_CERT_REVISION_2_0   (0x0200)
```

WIN_CERT_REVISION_1_0은 레거시 WIN_CERTIFICATE 구조체를 의미하며, 레거시 서명 인증에만 사용된다. 현재 사용되는 실제 버전 번호는 WIN_CERT_REVISION_2_0이 되어야 한다.

WORD wCertificateType

bCertificate 필드가 담고 있는 데이터의 종류를 나타내며, 다음의 값들을 가질 수 있다.

```
#define WIN_CERT_TYPE_X509               (0x0001)
#define WIN_CERT_TYPE_PKCS_SIGNED_DATA   (0x0002)
#define WIN_CERT_TYPE_RESERVED_1         (0x0003)
#define WIN_CERT_TYPE_TS_STACK_SIGNED    (0x0004)
```

WIN_CERT_TYPE_X509 매크로는 bCertificate 데이터가 X.509 인증서임을 의미하고, WIN_CERT_TYPE_TS_STACK_SIGNED 매크로는 터미널 서버 프로토콜 스택 인증서 서명을 의미하지만, 이 둘은 지원되지 않는다. 그리고 WIN_CERT_TYPE_RESERVED_1 매크로는 예약된 값이므로, 결국 실제 의미 있는 타입은 **WIN_CERT_TYPE_PKCS_SIGNED_DATA** 매크로뿐이다. 이 타입은 bCertificate 필드의 데이터가 PKCS#7 기반으로 서명된 데이터임을 의미하며, 이는 Authenticode의 서명 데이터가 된다.

BYTE bCertificate[ANYSIZE_ARRAY]

wCertificateType 필드가 나타내는 데이터의 종류에 따르는, 예를 들어 Authenticode 서명과 같은 속성 인증서를 담고 있는 바이너리 데이터가 된다. dwLength 필드 값에서 본 구조체의 크기를 뺀 값이 이 데이터의 크기가 된다.

bCertificate 필드가 담고 있는 실제 데이터의 크기를 구할 때 다음 사항을 명심해야 한다. WIN_CERTIFICATE 엔트리는 8바이트 단위로 정렬되며, 따라서 해당 엔트리의 크기가 8의 배수가 아닐 경우 나머지 여분은 0으로 패딩된다. 이때 WIN_CERTIFICATE 구조체의 dwLength 필드는 패딩된 부분이 포함된 크기가 아니라 순수하게 데이터 자체의 크기만을 갖는다. 그리고 IMAGE_DIRECTORY_ENTRY_SECURITY 데이터 디렉터리의 Size 필드는 각 엔트리의 패딩 바이트 수를 모두 포함한 전체 WIN_CERTIFICATE 배열의 크기가 된다. 따라서 엔트리의 순환과 엔트리에 포함된 서명 데이터 크기의 획득 방법은 다음과 같다.

```
DWORD dwOffset = pdd->VirtualAddress;
int nSize = (int)pdd->Size;
while (nSize > 0)
{
   LPWIN_CERTIFICATE pCert = (LPWIN_CERTIFICATE)(m_pImgView + dwOffset);
   PBYTE pPKCS7 = pCert->bCertificate;
   DWORD dwPkcsSize = pCert->dwLength - 8;
```
PKCS7 데이터와 데이터 크기를 획득한다.
```
   // 작업 수행
      ⋮
   int nEntSize = (int)ADDR_ALIGN(pCert->dwLength, 8);
```
엔트리 크기에 대하여 8바이트 단위의 정렬 처리를 수행한다.
```
   dwOffset += nEntSize;
   nSize -= nEntSize;
}
```

코드의 ADDR_ALIGN 매크로는 주솟값에 대한 정렬 처리를 위해 PEPlus.h 헤더 파일에 다음
과 같이 정의된 매크로로, 정렬하고자 하는 주솟값과 정렬 단위를 전달하면 된다. 정렬 단위의 값은
2의 멱승이 되는, 즉 2, 4, 8, 16, … 등의 값이어야 한다.

```
#define ADDR_ALIGN(pAddr, v)    ((PBYTE)(((DWORD_PTR)pAddr + (v-1)) & ~(v-1)))
```

그러면 이를 바탕으로 서명된 PE 파일의 보안 섹션을 직접 확인해보자. MS가 제공하는 솔루션이
나 DLL은 대부분 디지털 서명으로 되어 있다. 여기서는 Kernel32.dll의 보안 섹션을 확인해보기
로 하자. 보안 섹션을 찾기 위해 제일 먼저 IMAGE_DIRECTORY_ENTRY_SECURITY 데이터
디렉터리를 찾아야 한다. 다음 덤프를 통해 Kernel32.dll의 IMAGE_DIRECTORY_ENTRY_
SECURITY 데이터 디렉터리의 엔트리 값이 설정된 것을 확인할 수 있다.

덤프 8-11 IMAGE_DIRECTORY_ENTRY_SECURITY 엔트리 덤프

	+0	+1	+2	+3	+4	+5	+6	+7	+8	+9	+A	+B	+C	+D	+E	+F
00000190	00	40	0A	00	FC	57	00	00	00	7E	0A	00	30	3A	00	00

- **VirtualAddress** : 0x000A7E00
- **Size** : 0x00003A30 (14,896)

IMAGE_DIRECTORY_ENTRY_SECURITY의 VirtualAddress 필드 값은 다른 데이터 디렉
터리와 다르게 RVA가 아닌 이 값 자체가 파일 오프셋이다. 따라서 VirtualAddress 0x000A7E00
이 파일 오프셋이며, RVA_TO_OFFSET 변환 없이 바로 이 위치로 이동해서 덤프를 확인해보자.

덤프 8-12 IMAGE_DIRECTORY_ENTRY_SECURITY 데이터 덤프

	+0	+1	+2	+3	+4	+5	+6	+7	+8	+9	+A	+B	+C	+D	+E	+F
000A7E00	30	3A	00	00	00	02	02	00	30	82	3A	1F	06	09	2A	86
000A7E10	48	86	F7	0D	01	07	02	A0	82	3A	10	30	82	3A	0C	02
000A7E20	01	01	31	0F	30	0D	06	09	60	86	48	01	65	03	04	02
~	~	~	~	~	~	~	~	~	~	~	~	~	~	~	~

파일 오프셋 0x000A7E00은 WIN_CERTIFICATE 구조체의 시작을 의미하며, 이 덤프를 WIN_
CERTIFICATE 구조체에 맞게 해석하면 다음과 같다.

표 8-10 WIN_CERTIFICATE 구조체

필드	타입	오프셋	값	상세
dwLength	DWORD	000A7E00	0x00003A30	14,896 Bytes
wRevision	WORD	000A7E04	0x0200	REVISION_2_0
wCertificateType	WORD	000A7E06	0x0002	PKCS_SIGNED_DATA

다음 그림은 Kernel32.dll을 PE Explorer로 확인한 보안 섹션의 내용이다. 하나의 속성 인증서를 포함하며, PKCS#7 디지털 서명을 갖고 있다는 것을 알 수 있다.

그림 8-25 Kernel32.dll의 WIN_CERTIFICATE 구조체 정보

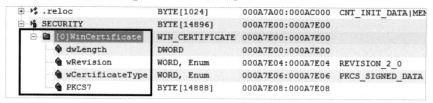

8.4.2 PKCS#7 디지털 서명 확인하기

WIN_CERTIFICATE 구조체의 bCertificate 필드는 PKCS#7과 관련된 실제 데이터를 담고 있다. [덤프 8-12]의 오프셋 0x000A7E08부터 이 데이터의 시작 오프셋이 된다. 이 데이터를 직접 분석할 수 있겠지만, 그 작업은 더 이상 PE 구조와는 관련이 없는 PKCS 서명 관련 구조에 대한 지식을 요구한다. 따라서 이 데이터의 실체를 파악하기 위해서 MS에서 제공하는 Crypto API를 이용해 bCertificate 필드에서 의미 있는 정보를 획득하는 방법을 간단히 알아본다. Crypto API를 사용하기 위해서는 wincrypt.h와 wintrust.h 헤더 파일을 인클루드해야 하고 crypt32.lib 라이브러리 파일을 링크해야 한다. 본서에서는 Crypto API를 사용하는 방법에 대해서 설명하는 것이 목적이 아니기 때문에, 서명된 PE 파일의 서명 정보를 보여주는 프로젝트 〈GetPkcsInfo〉의 메인 함수에 대해서만 간단하게 설명하고자 한다.

다음 코드는 GetPkcsInfo.cpp의 main 함수에 대한 정의다. 이 프로젝트의 나머지 코드는 직접 첨부된 소스를 참고하기 바란다.

```
#define ENCODING (X509_ASN_ENCODING | PKCS_7_ASN_ENCODING)

int _tmain(int argc, TCHAR *argv[])
{
   if (argc != 2)
   {
      printf("Usage: SignedFileInfo <filename>\n");
      return 0;
```

프로그램 인자로 PE 파일의 전체 경로를 요구한다. 프로그램 인자가 없는 경우에는 반환한다.

```
   }

   DWORD dwEnc, dwConType, dwFmtType;
   HCERTSTORE hStore = NULL;
   HCRYPTMSG hMsg = NULL;
   PCMSG_SIGNER_INFO psi = NULL, psi2 = NULL;
   PCCERT_CONTEXT pctx = NULL;

   try
   {
      BOOL bIsOK = CryptQueryObject
      (
         CERT_QUERY_OBJECT_FILE,
         argv[1],                      // PE 파일 전체 경로
         CERT_QUERY_CONTENT_FLAG_PKCS7_SIGNED_EMBED,
         CERT_QUERY_FORMAT_FLAG_BINARY,
         0, &dwEnc, &dwConType, &dwFmtType, &hStore, &hMsg, NULL
      );
```

프로그램 인자 argv[1]을 통해 전달된, 서명되어 있는 PE 파일에서 저장 핸들과 서명 핸들을 획득한다.

```
      if (!bIsOK)
         throw GetLastError();

      DWORD dwSize = 0;
      for (int j = 0; j < 2; j++)
      {
         if (dwSize > 0)
            psi = (PCMSG_SIGNER_INFO)new BYTE[dwSize];
         bIsOK = CryptMsgGetParam(hMsg, CMSG_SIGNER_INFO_PARAM, 0, psi, &dwSize);
```

서명자 정보를 위한 메모리를 할당하고 서명자 정보를 획득한다. CryptMsgGetParam 함수는 psi가 NULL이면 dwSize에 필요한 버퍼 크기를 담아서 반환한다. 따라서 처음 CryptMsgGetParam 호출 시에는 psi를 NULL로 전달해서 요구되는 버퍼 크기를 획득한 후, psi에 그 크기만큼 버퍼를 할당한 다음 다시 이 함수를 호출하는 구조다.

```
    if (!bIsOK)
        throw GetLastError();
}
PrintProgAndPublisherInfo(psi);
```

서명자 정보 구조체에서 프로그램 명과 공급자 정보를 획득하고 출력한다.

```
printf("\n");

CERT_INFO ci;
ci.Issuer = psi->Issuer;
ci.SerialNumber = psi->SerialNumber;
pctx = CertFindCertificateInStore(hStore,
    ENCODING, 0, CERT_FIND_SUBJECT_CERT, &ci, NULL);
```

임시 인증서 스토어에서 서명자 인증서를 찾는다.

```
    if (!pctx)
        throw GetLastError();

printf("Signer Certificate:\n\n");
PrintCertificateInfo(pctx);
```

인증서 정보를 출력한다.

```
CertFreeCertificateContext(pctx); pctx = NULL;
printf("\n");

psi2 = GetTimeStampSignerInfo(psi);
```

서명자 정보 구조체에서 타임 스탬프를 획득한다.

```
    if (psi2)
    {
        ci.Issuer = psi2->Issuer;
        ci.SerialNumber = psi2->SerialNumber;
        pctx = CertFindCertificateInStore(hStore,
            ENCODING, 0, CERT_FIND_SUBJECT_CERT, &ci, NULL);
```

임시 인증서 스토어에서 타임 스탬프 인증서를 찾는다.

```
            if (!pctx)
                throw GetLastError();

            printf("TimeStamp Certificate:\n\n");
            PrintCertificateInfo(pctx);
```

```
            printf("\n");

            SYSTEMTIME st;
            if (GetDateOfTimeStamp(psi2, &st))
            {
                CString sz;
                sz.Format(L"%04d/%02d/%02d %02d:%02d:%2d",
                    st.wMonth, st.wDay, st.wYear, st.wHour, st.wMinute, st.wSecond);
                printf("Date of TimeStamp : %S\n", sz);
```

```
            }
        }
    }
    catch (DWORD hr)
    {
        printf("Error occurred with code=0x%08X", hr);
    }

    if (pctx != NULL) CertFreeCertificateContext(pctx);
    if (psi2 != NULL) delete[]((PBYTE)psi2);
    if (psi != NULL) delete[]((PBYTE)psi);
    if (hStore != NULL) CertCloseStore(hStore, 0);
    if (hMsg != NULL) CryptMsgClose(hMsg);
```

```
    return 0;
}
```

다음은 위의 프로젝트를 빌드하고 명령 인자로 Kernel32.dll을 전달해서 실행했을 때의 결과다.

```
Program Name  : Microsoft Windows
MoreInfo Link : http://www.microsoft.com/windows

Signer Certificate:

Serial Number: 33 00 00 00 7a c8 eb 9f e6 13 7d 67 e1 00 00 00 00 00 7a
Issuer Name: Microsoft Windows Production PCA 2011
Subject Name: Microsoft Windows
```

프로젝트 〈GetPkcsInfo〉는 인자로 전달된 PE 파일에서 직접 서명 정보 및 인증서 정보를 출력해준다. 하지만 우리가 적용해야 할 요소는 IMAGE_DIRECTORY_ENTRY_SECURITY 엔트리를 통해 획득한 WIN_CERTIFICATE 구조체의 bCertificate 필드를 이용한 서명 및 인증서 정보의 획득이다. 따라서 bCertificate 필드가 담고 있는 PKCS#7 바이너리 배열을 CryptQueryObject 함수로 적절히 넘겨서 처리해야 한다. CryptQueryObject 함수의 프로토타입은 다음과 같다.

```
WINCRYPT32API BOOL WINAPI CryptQueryObject
(
  _In_        DWORD          dwObjectType,
  _In_        const void*    pvObject,
  _In_        DWORD          dwExpectedContentTypeFlags,
  _In_        DWORD          dwExpectedFormatTypeFlags,
  _In_        DWORD          dwFlags,
  _Out_opt_   DWORD*         pdwMsgAndCertEncodingType,
  _Out_opt_   DWORD*         pdwContentType,
  _Out_opt_   DWORD*         pdwFormatType,
  _Out_opt_   HCERTSTORE*    phCertStore,
  _Out_opt_   HCRYPTMSG*     phMsg,
  _Outptr_opt_result_maybenull_ const void**   ppvContext
);
```

이 함수는 매개변수 pvObject를 통해 전달된 파일 또는 버퍼에서 dwObjectType 타입에 해당하는 정보를 획득해 phCertStore 및 phMsg 매개변수로 전달해주는 역할을 한다. GetPkcsInfo. cpp에서는 dwObjectType 매개변수를 **CERT_QUERY_OBJECT_FILE**로 지정했는데, 이 경우 두 번째 매개변수인 pvObject는 서명된 파일의 경로를 담은 문자열을 요구한다. 만약 PKCS#7 바이너리 데이터인 WIN_CERTIFICATE 구조체의 bCertificate 버퍼를 통해서 원하는 정보를 얻고자 한다면, 첫 번째 매개변수 dwObjectType은 전달된 대상이 서명된 파일이 아니라 서명 정보를 담고 있는 버퍼임을 의미하는 **CERT_QUERY_OBJECT_BLOB** 매크로가 되어야 하고, 두 번째 매개변수 pvObject는 이 버퍼의 시작 포인터와 크기를 담는 **CERT_BLOB 구조체**의 포인터가 되어야 한다. 또한 세 번째 매개변수 dwExpectedContentTypeFlags는 pvObject로 전달된 대상에서 획득할 정보의 종류를 지정하며, GetPkcsInfo.cpp에서는 이 매개변수로 CERT_QUERY_CONTENT_FLAG_PKCS7_SIGNED_E-MBED라는 매크로를 전달한다. 이 매크로는 pvObject의 대상에서 PKCS#7 서명 관련 정보만을 요구한다는 것을 의미한다. 하지만 CERT_BLOB 구조체의 포인터를 전달할 경우에는 **CERT_QUERY_CONTENT_FLAG_ALL** 매크로를 dwExpectedContentTypeFlags의 값으로 전달해야 한다. 따라서 WIN_CERTIFICATE 구조체의 bCertificate 필드를 통해서 서명 및 인증서 정보를 획득하고자 할 경우에는 다음과 같이 코드가 수정되어야 한다.

다음 코드는 프로젝트 〈GetPkcsInfo2〉의 메인 함수에 대한 정의다. 이 메인 함수는 프로젝트 〈GetPkcsInfo〉의 메인 함수에 IMAGE_DIRECTORY_ENTRY_SECURITY 엔트리를 통해서 WIN_CERTIFICATE 구조체의 정보를 획득하고, bCertificate 필드를 통해서 서명 및 인증서 정보를 획득하도록 CryptQueryObject 함수를 호출하는 코드를 추가한 것이다.

```
int _tmain(int argc, TCHAR *argv[])
{
         ⋮
  HANDLE  hImgFile = INVALID_HANDLE_VALUE;
  HANDLE  hImgMap = NULL;
  PBYTE   pImgView = NULL;
         ⋮
  try
  {
    hImgFile = CreateFile(argv[1], GENERIC_READ, FILE_SHARE_READ,
      NULL, OPEN_EXISTING, 0, NULL);
    if (hImgFile == INVALID_HANDLE_VALUE)
      throw GetLastError();
```
프로그램 인자로 전달된 PE 파일을 직접 열어 매핑 파일과 연결한다.
```
         ⋮
```

```
        PBYTE pIter = pImgView + dwOffset;
        DWORD dwSig = *PDWORD(pIter); pIter += sizeof(DWORD);
        if (dwSig != IMAGE_NT_SIGNATURE)
           throw ERROR_INVALID_PARAMETER;


        PIMAGE_FILE_HEADER pnh = (PIMAGE_FILE_HEADER)pIter;
        pIter += (sizeof(IMAGE_FILE_HEADER) + pnh->SizeOfOptionalHeader);
        pIter -= sizeof(IMAGE_DATA_DIRECTORY) * IMAGE_NUMBEROF_DIRECTORY_ENTRIES;
        PIMAGE_DATA_DIRECTORY pdd = (PIMAGE_DATA_DIRECTORY)
                                         pIter + IMAGE_DIRECTORY_ENTRY_SECURITY;
```

보안 디렉터리 엔트리를 획득한다.

```
        LPWIN_CERTIFICATE pCert = (LPWIN_CERTIFICATE)(pImgView + pdd->VirtualAddress);
```

WIN_CERTIFICATE 구조체의 값을 획득한다. VirtualAddress는 RVA가 아니라 파일 오프셋이다.

```
        CERT_BLOB cb;
        cb.cbData = pCert->dwLength - 8;
        cb.pbData = pCert->bCertificate;
```

CryptQueryObject 호출 시 파일이 아닌 PKCS#7 바이너리 데이터에서 직접 정보를 획득하기 위해서는 CERT_BLOB 구조체를 설정해줘야 한다. 이 구조체는 바이너리 데이터의 시작 포인터와 데이터 크기를 요구한다.

```
        BOOL bIsOK = CryptQueryObject
        (
           CERT_QUERY_OBJECT_BLOB,
           &cb,
           CERT_QUERY_CONTENT_FLAG_ALL,
           CERT_QUERY_FORMAT_FLAG_BINARY,
           0, &dwEnc, &dwConType, &dwFmtType, &hStore, &hMsg, NULL
        );
```

PKCS#7 바이너리 데이터에서 직접 정보를 획득하기 위해 정보의 소스가 파일이 아닌 CERT_BLOB 구조체임을 의미하는 CERT_QUERY_OBJECT_BLOB 매크로를 첫 번째 매개변수로 전달한다. 두 번째 매개변수는 파일 전체 경로가 아닌 CERT_BLOB 구조체의 포인터를 전달한다. 세 번째 매개변수는 전체 정보를 탐색하는 CERT_QUERY_CONTENT_FLAG_ALL 매크로를 전달한다.

```
        if (!bIsOK)
           throw GetLastError();
              ⋮
```

프로젝트 〈GetPkcsInfo2〉를 빌드해서 실행하면 앞서 확인했던 프로젝트 〈GetPkcsInfo〉의 실행 결과와 동일하다는 것을 알 수 있다. 다만 차이가 있다면 〈GetPkcsInfo2〉의 경우 보안 디렉터리를 우리가 직접 파싱한 후 관련 데이터의 시작 버퍼를 통해서 원하는 데이터를 추출한다는 것이다.

이제 PE Explorer에서 보안 디렉터리를 분석하는 코드를 살펴보자. 먼저 구조체 WIN_CERTIFICATE에 대한 XML 스키마 정의다.

```
<Struct name="WIN_CERTIFICATE">
   <Member name="dwLength" type="DWORD"/>
   <Member name="wRevision" type="WORD" enum="WIN_CERT_REVISION"/>
   <Member name="wCertificateType" type="WORD" enum="WIN_CERT_TYPE"/>
</Struct>
```

다음은 위의 스키마를 이용해서 보안 디렉터리를 분석하는 ParseDirEntrySecurity 함수며, 다음과 같이 정의되어 있다.

```
bool PEAnals::ParseDirEntrySecurity(PPE_NODE pnUp, PIMAGE_DATA_DIRECTORY pdd)
{
   CString sz; USES_CONVERSION;
   int nSize    = (int)pdd->Size;
   DWORD dwOffset = pdd->VirtualAddress;
```

보안 디렉터리의 시작 오프셋과 크기를 획득한다. IMAGE_DATA_DIRECTORY의 VirtualAddress 필드는 RVA가 아닌 파일 오프셋이다.

```
   int nIdx = 0;

   while (nSize > 0)
   {
      sz.Format(L"[%d]WinCertificate", nIdx);
      PPE_NODE pn = InsertStructNode(pnUp->Node,
         pnUp->SectIdx, dwOffset, sz, L"WIN_CERTIFICATE");
      AppendStructMembers(pn);
```

WIN_CERTIFICATE 구조체를 위한 노드를 추가하고 필드의 정보를 보여준다.

```
      LPWIN_CERTIFICATE pCert = (LPWIN_CERTIFICATE)(m_pImgView + dwOffset);
      pn->Size = pCert->dwLength;
```

```
        sz.Format(L"%d(0x%X)", pn->Size, pn->Size);
        UpdateNodeText(pn->Node, sz, COL_IDX_SIZE);
```

WIN_CERTIFICATE 구조체의 인스턴스 포인터를 획득하고 추가 정보를 출력한다.

```
        PBYTE pPKCS7 = pCert->bCertificate;
        DWORD dwPkcsSize = pCert->dwLength - 8;
        PPE_NODE pnSub = InsertFieldNode(pn->Node, pn->Index,
            dwOffset + 8, L"PKCS7", PE_TYPE::UInt8, (int)dwPkcsSize);
        pnSub->Kind = IMAGE_DIRECTORY_ENTRY_SECURITY;
```

PKCS#7 데이터 관련 노드를 추가한다.

```
        int nEntSize = (int)ADDR_ALIGN(pCert->dwLength, 8);
```

다음 WIN_CERTIFICATE 구조체의 정확한 위치 획득을 위해 8바이트 정렬 처리를 한다.

```
        dwOffset += nEntSize;
        nSize -= nEntSize;
        nIdx++;
    }

    return false;
}
```

위의 코드에 대한 PE Explorer 실행 결과는 [그림 8-25]와 같이 Kernel32.dll의 보안 디렉터리 정보를 보여준다. 'PKCS7' 노드를 우클릭하면 나타나는 팝업 메뉴에서 '인증서 정보 보기' 항목을 클릭하면 다음과 같이 인증서 관련 정보를 출력하는 대화상자를 볼 수 있다.

그림 8-26 PKCS#7 정보 대화상자

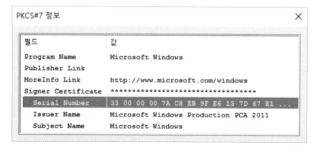

이 대화상자의 출력 관련 코드는 PE Explorer 프로젝트의 CSecuView 클래스가 담당하고 있다. 이 클래스는 SecuView.h와 SecuView.cpp에 정의되어 있으며, 인증서 관련 정보 출력은 앞서 살펴본 프로젝트 〈GetPkcsInfo2〉의 소스에서 printf 함수 부분을 리스트 뷰 항목에 추가하는 코드로 대체하여 작성되었다. CSecuView 클래스의 소스 코드는 직접 확인해보기 바란다.

8.4.3 무결성 체크 관련 요소

이제 PE의 요소들 중 무결성 체크를 위한 PE 코드 사이닝과 관련된 요소를 몇 가지만 더 살펴보고 보안 디렉터리에 대한 설명을 마무리하고자 한다. 2장에서 IMAGE_OPTIONAL_HEADER 구조체의 필드 중 CheckSum 필드에 대해 설명한 바 있다. 또한 이 구조체의 DllCharacteristics 필드에 설정 가능한 플래그 중 IMAGE_DLLCHARACTERISTICS_FORCE_INTEGRITY 플래그에 대해서도 언급했다. 이 두 요소 모두 무결성 체크와 관련이 있다.

1) IMAGE_DLLCHARACTERISTICS_FORCE_INTEGRITY 플래그

2장에서 언급한 대로 이 플래그는 코드 사이닝과 관련이 있으며, 64비트 커널 디바이스 드라이버에서 많이 사용된다. 이전 버전에 비해 보안을 대폭 강화시킨 비스타 이후부터는 커널 디바이스 드라이버의 경우 특정 함수, 예를 들어 PsSetCreateProcessNotifyRoutineEx 커널 함수는 자신을 호출하는 코드가 담긴 PE 이미지에 이 플래그가 설정되지 않았으면 STATUS_ACCESS_DENIED 에러를 리턴하고 호출은 실패한다.* 설명한 대로 코드 사이닝은 해당 PE가 악의적으로 변경되었는지를 체크하기 위해 해시(Hash) 값을 첨부하는 기능으로, 무결성 체크(Integrity Check)를 위한 것이다. 하지만 이 플래그는 해당 PE가 코드 사이닝 처리가 되었음을 의미하는 것이 아니라, 로드 시 해당 PE에 대하여 무조건 무결성 체크를 수행할 것을 로더에게 지시하는 플래그다. 따라서 코드 사이닝이 되어 있으면 무결성 체크 결과에 따르면 되지만, 만약 코드 사이닝 자체가 안 되어 있으면 당연히 PE 로드는 실패하게 된다. 다음 그림은 코드 사이닝 처리가 안 되어 있는 PE에 대하여 이 플래그를 설정해서 빌드한 PE의 실행 결과다.

---

* 필자의 경우, 2007년경에 프로젝트의 일부로 개발했던 프로세스 감시 및 제어를 위한 디바이스 드라이버를 64비트 비스타 대응을 위해 업그레이드하던 중, 실제로 이 IMAGE_DLLCHARACTERISTICS_FORCE_INTEGRITY 플래그 때문에 꽤나 고생했던 경험이 있다.

그림 8-27 코드 사이닝 되지 않은 FORCE_INTEGRITY 설정 PE의 실행 결과

PE 자체에 대한 코드 사이닝을 하려면 인증서와 함께 SignTool.exe를 사용해야 하지만, 사이 닝 처리를 한다고 해서 이 플래그가 저절로 설정되는 것은 아니다. 따라서 코드 사이닝 자체와 이 플래그는 무관하며, PE 파일의 DllCharacteristics 필드에 이 플래그를 설정하려면 링크 시 **'/INTEGRITYCHECK'** 스위치를 지정하거나, 이미 생성된 PE라면 동일한 옵션을 인자로 전달하여 EditBin 툴을 사용하면 된다. 만약 이 플래그가 설정되어 있고 섹션이 초기화되지 않은 데이터를 담게 될 경우, IMAGE_SECTION_HEADER의 PointerToRawData 필드는 0으로 설정되어야 한다. 그렇지 않을 경우 디지털 시그니처를 검증할 수 없기 때문에 로드에 실패한다.

2) 체크섬(CheckSum) 필드

이번에는 CheckSum 필드에 대해서 좀 더 알아보자. SignTool.exe를 이용해서 PE를 사이닝하 면 일반적으로 CheckSum 필드에도 값이 설정된다. 2장에서 설명한 대로 CheckSum 필드 역시 무결성 체크를 위한 CRC 체크섬 코드를 담고 있다. 따라서 SignTool.exe을 통한 디지털 서명은 일종의 이중의 해시 코드를 갖게 된다. 먼저, 인증서를 통한 디지털 서명이 이루어지고 서명 관련 해 시 코드와 인증서 정보를 PE 파일 끝에 첨부한 후 IMAGE_DIRECTORY_ENTRY_SECURITY 엔트리에 관련 정보 블록의 위치와 크기를 기록한다. 다음으로, 이 인증 정보 블록까지 포함해서 PE 파일 전체에 대하여 CRC 체크섬을 획득한 후 이 값을 CheckSum 필드에 기록하게 된다. 따 라서 로더는 사이닝 체크 시에 먼저 PE 파일 전체에 대하여 CRC 체크섬을 구해서 CheckSum 필 드와 비교하고, 그 값이 동일할 경우 SECURITY 엔트리에서 해시 코드와 인증서 정보를 획득한 후 SECURITY 엔트리에 해당하는 IMAGE_DATA_DIRECTORY 구조체를 0으로 클리어한 다. SECURITY 엔트리가 가리키는 정보 블록을 제외한 나머지 PE에 대해 해시 코드를 획득해서 SECURITY 엔트리 정보 블록에 담긴 해시 코드와 비교를 수행하게 된다.

PE에 대한 체크섬을 획득하기 위해서는 MS가 제공하는 다음의 CheckSumMappedFile 함수를

사용하면 된다.

```
PIMAGE_NT_HEADERS CheckSumMappedFile
(
   _In_    PVOID     BaseAddress,
   _In_    DWORD     FileLength,
   _Out_   PDWORD    HeaderSum,
   _Out_   PDWORD    CheckSum
);
```

첫 번째 매개변수 BaseAddress는 MapViewOfFile 함수를 통해 획득한 PE 파일의 MMF 뷰 포인터를 전달해야 하고, 매개변수 FileLength는 PE 파일의 크기를 전달해야 한다. 이때 파일 크기는 GetFileSize(Ex) 함수를 사용하면 된다. 매개변수 HeaderSum은 PE 파일의 IMAGE_OPTIONAL_HEADER의 CheckSum 필드에 담긴 값을 돌려주고, 매개변수 CheckSum은 해당 파일에 대하여 실제로 이 함수가 계산한 체크섬 값을 돌려준다. 따라서 CheckSumMappedFile 함수를 통해서 획득한 HeaderSum과 CheckSum 값이 서로 다를 경우, 해당 PE 파일은 무결성에 결함이 생겼음을 의미한다. 주의할 것은 만약 해당 PE 자체에 체크섬 설정이 없을 경우, 다시 말해 원래 CheckSum 필드가 0일 경우에는 CheckSumMappedFile 함수가 돌려주는 HeaderSum 값이 자신이 직접 계산한 체크섬 값, 즉 CheckSum 매개변수를 통해 돌려주는 체크섬 값과 동일한 값이 된다. 만약 HeaderSum 값이 0이면 PE 파일 자체의 문제로 인해 에러가 발생했음을 의미하며, 이 경우에는 GetLastError 함수를 통해 원인을 파악할 수 있다. 그렇다면 해당 PE가 체크섬 처리가 되지 않았을 경우의 판단은 어떻게 할 수 있을까? 이 판단은 CheckSumMappedFile 함수의 반환값을 통해 가능하다. 이 함수는 호출 결과로 해당 PE의 IMAGE_NT_HEADERS 구조체에 대한 포인터를 돌려준다. 따라서 체크섬 처리가 되어 있지 않은 PE가 리턴된 IMAGE_NT_HEADERS 포인터에서 OptionalHeader.CheckSum 필드를 직접 참조하면 이 필드 값은 0이 될 것이다.

그러면 PE 파일의 체크섬을 구할 수 있는 함수 CheckSumMappedFile의 사용 예를 확인해보자. 다음 코드는 프로젝트 〈CheckSumTest〉의 소스다. 이 예제는 명령 인자로 전달된 PE 파일의 체크섬을 획득하고, 만약 체크섬이 설정되어 있지 않거나 체크섬이 다를 경우 해당 PE 파일의 IMAGE_OPTIONAL_HEADER의 CheckSum 필드에 계산한 체크섬을 설정하는 예다. 이 예제를 이용하면 체크섬이 설정된 PE의 내용을 필요에 따라 변경했을 경우 체크섬을 다시 계산해서 제대로 된 체크섬 값을 설정할 수 있다.

```
#include "stdafx.h"
#include <windows.h>

#include <Imagehlp.h>
#pragma comment(lib, "Imagehlp.lib")
```

CheckSumMappedFile 함수를 사용하기 위해서는 Imagehlp.h 헤더를 인클루드하고 Imagehlp.lib 라이브러리를 링크시켜야 한다.

```
int _tmain(int argc, TCHAR *argv[])
{
   if (argc != 2)
   {
      printf("Usage: CheckSumTest <filename>\n");
      return 0;
   }

   bool bIsNew    = false;
   HANDLE hImgFile = INVALID_HANDLE_VALUE;
   HANDLE hImgMap = NULL;
   PBYTE pImgView = NULL;

   try
   {
      hImgFile = CreateFile(argv[1], GENERIC_READ | GENERIC_WRITE,
         ⋮
      pImgView = (PBYTE)MapViewOfFile(hImgMap,
              FILE_MAP_READ | FILE_MAP_WRITE, 0, 0, 0);
      if (pImgView == NULL)
         throw GetLastError();
```

4장의 프로젝트 〈RebaseTest〉에서처럼 PE 파일을 읽기/쓰기용으로 열어 MMF 뷰를 획득한다.

```
      DWORD dwSize = GetFileSize(hImgFile, NULL);
```

PE 파일의 크기를 획득한다.

```
      DWORD dwOldChecksum = 0, dwNewChecksum = 0;
      PIMAGE_NT_HEADERS pnh = CheckSumMappedFile(pImgView,
                 dwSize, &dwOldChecksum, &dwNewChecksum);
```

```
    if (pnh == NULL || dwOldChecksum == 0)
      throw GetLastError();


    if (pnh->OptionalHeader.CheckSum == 0)
    {
      printf("Calculated Checksum = 0x08X\n", dwNewChecksum);
      bIsNew = true;
```

IMAGE_OPTIONAL_HEADER의 CheckSum 필드가 0이면 해당 PE는 체크섬 처리가 안 되어 있는 PE이므로, 새롭게 계산된 체크섬 값을 설정한다.

```
    }
    else
    {
      printf("CheckSum : File = 0x%08X, Calculated = 0x%08X\n",
        dwOldChecksum, dwNewChecksum);
      if (dwOldChecksum != dwNewChecksum)
      {
        printf("  CheckSum is invalid, updates new Checksum...\n");
        bIsNew = true;
```

함수 호출 결과 HeaderSum 값과 CheckSum 값이 다를 경우에는 PE 정합성이 깨진 PE이므로, 새롭게 계산된 체크섬 CheckSum을 PE에 설정한다.

```
      }
      else
        printf("  CheckSum is valid.\n");
    }
  }
  catch (DWORD hr)
  {
    printf("Error occurred with code=0x%08X", hr);
  }


  if (pImgView != NULL) UnmapViewOfFile(pImgView);
  if (hImgMap != NULL) CloseHandle(hImgMap);
  if (hImgFile != INVALID_HANDLE_VALUE) CloseHandle(hImgFile);
  return 0;
}
```

3) 사이닝 데이터 벗겨 내기

이번에는 사이닝된 파일에서 사이닝 정보를 제거하는 예를 보자. 체크섬의 경우는 CheckSum-MappedFile 함수를 이용해서 체크섬 값을 새롭게 설정할 수 있지만, 사이닝의 경우는 공인 인증서를 기반으로 하기 때문에 개인키가 없으면 제대로 된 사이닝을 할 수 없다. 따라서 특별한 목적하에 사이닝된 PE 파일을 변경했다면 아예 이 사이닝 정보를 PE에서 제거해야 한다.

다음은 사이닝 정보를 제거하는 프로젝트 〈StripSecuInfo〉의 예다.

```
#include "stdafx.h"
#include <windows.h>

int _tmain(int argc, TCHAR *argv[])
{
  if (argc != 2)
  {
    printf("Usage: CheckSumTest <filename>\n");
    return 0;
  }

  HANDLE  hImgFile = INVALID_HANDLE_VALUE;
  HANDLE  hImgMap = NULL;
  PBYTE   pImgView = NULL;
  DWORD   dwSecuOff = 0;

  try
  {
    hImgFile = CreateFile(argv[1], GENERIC_READ | GENERIC_WRITE,
          ⋮
    pImgView = (PBYTE)MapViewOfFile(hImgMap,
                  FILE_MAP_READ | FILE_MAP_WRITE, 0, 0, 0);
    if (pImgView == NULL)
      throw GetLastError();
```
PE 파일을 읽기/쓰기용으로 열어 MMF 뷰를 획득한다.
```

    DWORD dwOffset = 0;
```

```
PIMAGE_DOS_HEADER pdh = PIMAGE_DOS_HEADER(pImgView);
if (pdh->e_magic != IMAGE_DOS_SIGNATURE)
   throw ERROR_INVALID_PARAMETER;
dwOffset = pdh->e_lfanew;

PBYTE pIter = pImgView + dwOffset;
DWORD dwSig = *PDWORD(pIter); pIter += sizeof(DWORD);
if (dwSig != IMAGE_NT_SIGNATURE)
   throw ERROR_INVALID_PARAMETER;

PIMAGE_FILE_HEADER pnh = (PIMAGE_FILE_HEADER)pIter;
pIter += (sizeof(IMAGE_FILE_HEADER) + pnh->SizeOfOptionalHeader);
pIter -= sizeof(IMAGE_DATA_DIRECTORY) * IMAGE_NUMBEROF_DIRECTORY_ENTRIES;
PIMAGE_DATA_DIRECTORY pdd = (PIMAGE_DATA_DIRECTORY)
                  pIter + IMAGE_DIRECTORY_ENTRY_SECURITY;
```

SECURITY 데이터 디렉터리 엔트리를 획득한다.

```
if (pdd->VirtualAddress > 0)
```

SECURITY 엔트리가 설정된 경우

```
{
   dwSecuOff = pdd->VirtualAddress;
   pdd->VirtualAddress = pdd->Size = 0;
```

인증 정보 블록의 시작 오프셋을 획득하고 SECURITY 엔트리를 0으로 리셋한다.

```
   PIMAGE_OPTIONAL_HEADER poh = (PIMAGE_OPTIONAL_HEADER)
               ((PBYTE)pnh + sizeof(IMAGE_FILE_HEADER));
   poh->DllCharacteristics &= ~IMAGE_DLLCHARACTERISTICS_FORCE_INTEGRITY;
   poh->CheckSum = 0;
```

IMAGE_DLLCHARACTERISTICS_FORCE_INTEGRITY 플래그가 설정되었거나 체크섬이 설정되었을 경우를 대비해 모두 리셋
한다.

```
   }
}
catch (DWORD hr)
{
   printf("Error occurred with code=0x%08X", hr);
```

```
    }

    if (pImgView != NULL) UnmapViewOfFile(pImgView);
    if (hImgMap != NULL) CloseHandle(hImgMap);

    if (hImgFile != INVALID_HANDLE_VALUE)
    {
        if (dwSecuOff > 0)
        {
            SetFilePointer(hImgFile, dwSecuOff, NULL, FILE_BEGIN);
            SetEndOfFile(hImgFile);
```

SECURITY 엔트리가 설정된 경우 인증 정보 블록은 파일 뒷부분에 존재하기 때문에 단순하게 파일 오프셋을 인증 정보 블록의 시작 오프셋으로 이동시켜 파일의 끝으로 설정하면 인증 정보 블록이 해당 PE 파일에서 제거된다.

```
        }
        CloseHandle(hImgFile);
    }
    return 0;
}
```

8.5 .NET 런타임 헤더

이 장에서 마지막으로 살펴볼 내용은 .NET 기반에서 작동하는 CRL(Common Runtime Language) 애플리케이션에 대한 PE의 간략한 소개다. 앞서 코드 섹션에서도 잠깐 언급했지만 .NET PE 역시 비관리 PE와 포맷이 동일하다. 하지만 기존 PE의 여러 섹션은 비관리 섹션으로 .NET 런타임 관점에서는 큰 의미가 없다. 물론 .NET PE에서도 텍스트나 데이터, 리소스 섹션 등과 같은 섹션은 의미가 있지만 기존 섹션의 위치나 구조와는 크게 달라진다. 특히 .NET PE에서의 이러한 여러 섹션은 모두 비관리 PE의 코드 섹션에 위치한다는 것이 특징이다. 또한 .NET PE의 코드 섹션은 기존의 기계어 코드가 아닌 CRL 바이너리 코드로 구성되며, 이 코드를 디스어셈블하면 IL(Intermediate Language)이라는 코드가 나타난다. IL 코드는 C/C++에 대응하는 어셈블리 언어의 코드와는 다른, 예를 들어 다음과 같은 형식을 지닌 코드다.

```
.method public static void check() cil managed {
       ⋮
   call string [mscorlib]System.Console::ReadLine()
   ldsflda valuetype CharArray8 Format
   ldsflda int32 Odd.or.Even::val
   call vararg int32 sscanf(string, int8*,...,int32*)
       ⋮
}
```

여러분이 C#이나 VB.NET 또는 관리 C++ 등의 언어로 .NET 기반 프로그램을 작성한다면 컴파일러는 이 각각의 언어로 제작된 소스를 어떤 언어와도 호환되는 IL 코드로 변환된 PE 파일을 만든다. 이 PE 파일이 실행되면 .NET 가상 머신의 개입 하에 이 IL 코드는 런타임 컴파일을 통해 각 CPU 플랫폼에 맞는 기계어 코드로 실시간 변환되어 .NET 프로그램이 작동된다. 런타임 컴파일을 담당하는 .NET 컴포넌트가 바로 JIT(Just-In-Time) 컴파일러다. 이런 .NET 기반의 PE 구동을 위해 .NET용 PE는 자체의 포맷과 코드를 갖기 때문에 .NET용 PE는 여기에서의 분석 대상이 아니다.*

대신 .NET PE를 실행하기 위한 로딩 작업 자체는 기존 PE 파일을 로드하는 동일한 로더가 개입한다. 따라서 .NET PE 역시 기존의 PE와 동일한 구조를 지니되 코드 섹션의 구성이 달라지므로, 이 절에서는 .NET PE의 구조에 대해서 간단히 살펴보고 넘어가도록 하자.

우선 덤프의 확인을 위하여 간단한 .NET 기반 WinForm 프로그램을 하나 만들자. 프로그램 이름은 BasicApp.NET.exe이며 C#으로 제작되었다. 샘플 프로젝트는 〈BasicApp.NET〉며, 빌드 후의 실행 결과는 다음 그림과 같다.

---

* 원래 .NET PE에 대한 분석 및 디스어셈블 방법은 이 책에서 제외했다. 만약 .NET IL 코드에 대해서 자세히 알고 싶으면 INSIDE MICROSOFT 시리즈 중의 하나인 「NET IL ASSEMBLER」(Serge Lidin 저, Microsoft Press)를 참고하기 바란다. 오래된 책이어서 새로운 판본이 출간되었는지는 확인하지 못했지만, .NET의 원리와 IL 코드 및 디스어셈블 방법에 대해서 자세한 설명을 하고 있다. 이 책을 보면 MS가 자바(Java) 언어 및 이 가상 머신의 코드 구성을 상당히 많이 참조했음을 알 수 있다.

그림 8-28 BasicApp.NET.exe 실행 결과

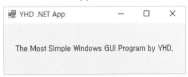

이 프로그램이 기존의 비관리 PE와 어떻게 다른지 덤프를 통해서 확인해보자. 다음은 PE Explorer 를 이용해서 .NET 애플리케이션인 BasicApp.NET.exe PE의 개괄적인 구성을 보여준다.

그림 8-29 BasicApp.NET.exe의 COM_DESCRIPTOR 디렉터리

필드	타입	오프셋:RVA	상세
⊟ ▣basicapp.net.exe	32bit exe PE	00000000:00000000	z:\0.devmune\1.books
⊞ 📁 DosHeader	IMAGE_DOS_HEi	00000000:00000000	
⊞ 📁 NTHeaders	IMAGE_NT_HEAI	00000080:00000080	
⊞ 📁 SectionHeaders	IMAGE_SECTIOI	00000178:00000178	
⊟ ⊹ .text	BYTE[6144]	00000200:00002000	CNT_CODE|MEM_EXECUTE
⊞ ⊹ IAT	BYTE[8]	00000200:00002000	
⊞ ⊹ COM_DESCRIPTOR	BYTE[72]	00000208:00002008	
⊞ ⊹ DEBUG	BYTE[28]	000016C0:000034C0	
⊞ ⊹ IMPORT	BYTE[83]	000017F8:000035F8	
⊞ ⊹ .rsrc	BYTE[1536]	00001A00:00004000	CNT_INIT_DATA|MEM_RE
⊞ ⊹ .reloc	BYTE[512]	00002000:00006000	CNT_INIT_DATA|MEM_DI

위 그림에서 비관리 PE의 경우 .rdata 섹션에 위치하던 데이터 디렉터리의 내용들이 모두 .text 섹션 아래에 있는 것을 볼 수 있다. 그리고 .text 아래에 처음 접하게 되는 'COM_DESCRIPTOR'라는 노드도 확인할 수 있다. 이 노드에 위치한 데이터 구조가 바로 이 절에서 설명하게 될 내용의 대부분이다.

관리 코드로 프로그램을 만들었다면 우리가 제일 먼저 주목해야 할 것은 IMAGE_DATA_DIRECTORY 배열의 IMAGE_DIRECTORY_ENTRY_COM_DESCRIPTOR 엔트리다. 다음의 덤프가 이 엔트리에 해당하는 데이터 디렉터리의 내용이다.

덤프 8-13 IMAGE_DIRECTORY_ENTRY_COM_DESCRIPTOR 엔트리 덤프

	+0	+1	+2	+3	+4	+5	+6	+7	+8	+9	+A	+B	+C	+D	+E	+F
00000160	00	00	00	00	00	00	00	00	08	20	00	00	48	00	00	00

- **VirtualAddress** : 0x00002008 (.text:0x00000208)
- **Size** : 0x00000048

VirtualAddress 필드가 가리키는 위치는 BasicApp.NET.exe PE 상의 텍스트 섹션 부분이며, 이 위치에 해당하는 PE 상의 오프셋은 0x00001008이 된다. 이 오프셋의 위치가 바로 [그림 8-29]

에서 확인했던 'COM_DESCRIPTOR'라는 노드며, 이 노드가 IMAGE_COR20_HEADER라는 이름의 72바이트 구조체다. IMAGE_COR20_HEADER는 다음과 같다.

```
typedef struct IMAGE_COR20_HEADER
{
    // Header versioning
    DWORD               cb;
    WORD                MajorRuntimeVersion;
    WORD                MinorRuntimeVersion;

    // Symbol table and startup information
    IMAGE_DATA_DIRECTORY  MetaData;
    DWORD               Flags;

    // If COMIMAGE_FLAGS_NATIVE_ENTRYPOINT is not set,
    // EntryPointToken represents a managed entrypoint.
    // If COMIMAGE_FLAGS_NATIVE_ENTRYPOINT is set,
    // EntryPointRVA represents an RVA to a native entrypoint.
    union
    {
        DWORD               EntryPointToken;
        DWORD               EntryPointRVA;
    } DUMMYUNIONNAME;

    // Binding information
    IMAGE_DATA_DIRECTORY  Resources;
    IMAGE_DATA_DIRECTORY  StrongNameSignature;

    // Regular fixup and binding information
    IMAGE_DATA_DIRECTORY  CodeManagerTable;
    IMAGE_DATA_DIRECTORY  VTableFixups;
    IMAGE_DATA_DIRECTORY  ExportAddressTableJumps;

    // Precompiled image info (internal use only - set to zero)
    IMAGE_DATA_DIRECTORY  ManagedNativeHeader;
} IMAGE_COR20_HEADER, *PIMAGE_COR20_HEADER;
```

IMAGE_COR20_HEADER 구조체 역시 필드의 양이 적지 않기 때문에 정의의 주석에 나온 설명을 기준으로 필드들을 그룹화해서 설명하고자 한다.

| 헤더 버전 관리 필드 |

DWORD cb

본 헤더의 크기를 바이트 수로 나타낸다.

WORD MajorRuntimeVersion

본 프로그램을 실행하는 데 필요한 .NET 런타임의 최소 메이저 버전이며, 현재 2이다.

WORD MinorRuntimeVersion

본 프로그램을 실행하는 데 필요한 .NET 런타임의 최소 마이너 버전이며, 현재 0이다.

| 심볼 테이블과 시작 정보 필드 |

IMAGE_DATA_DIRECTORY MetaData

메타 데이터 테이블에 대한 RVA다.

DWORD Flags

본 이미지의 속성을 포함하는 플래그 값으로, 다음과 같은 값들이 올 수 있다.

- **COMIMAGE_FLAGS_ILONLY (0x00000001)**
  본 이미지는 IL 코드만을 담고 있다.

- **COMIMAGE_FLAGS_32BITREQUIRED (0x00000002)**
  본 이미지는 단지 32비트 프로세스 내로 로드될 수 있다.

- **COMIMAGE_FLAGS_STRONGNAMESIGNED (0x00000008)**
  본 이미지는 강한 이름 서명(Strong name signature)으로 보호되어 있다.

- **COMIMAGE_FLAGS_TRACKDEBUGDATA (0x00010000)**
  해당 메서드에 관한 디버깅 정보를 추적할 때 로더와 JIT(Just-In-Time) 컴파일러를 필요로 한다.

DWORD EntryPointToken/ EntryPointRVA

본 이미지의 엔트리 포인트 MethodDef를 위한 토큰이며, .NET 런타임은 관리되는 PE 실행 이미지 내에서 이 메서드를 호출한다.

| 바인딩 정보 필드 |

IMAGE_DATA_DIRECTORY Resources

.NET 리소스 섹션을 가리키는 RVA 값을 담고 있다.

IMAGE_DATA_DIRECTORY StrongNameSignature

어셈블리의 강한 이름(Strong Name) 해시 데이터에 대한 RVA다.

| 정규 고정 바인딩 정보 |

IMAGE_DATA_DIRECTORY CodeManagerTable

코드 관리자 테이블에 대한 RVA다. 코드 관리자는 예를 들어 스택을 추적하고 GC 참조를 감시하는 등의 실행 중인 프로그램의 상태를 획득하는 데 요구되는 코드를 담고 있다.

IMAGE_DATA_DIRECTORY VTableFixups

고정될 것을 요구하는 함수 포인터의 배열에 대한 RVA며, 이것은 비관리 C++ vtable을 지원하기 위한 것이다.

IMAGE_DATA_DIRECTORY ExportAddressTableJumps

내보내기 JMP 성크가 기록되어야 할 RVA의 배열을 가리키는 RVA며, 이 성크들은 관리 메서드를 내보냄으로써 비관리 코드가 그것들을 호출 가능하게 한다.

| 미리 컴파일된 헤더 정보(내부 사용 전용) |

IMAGE_DATA_DIRECTORY ManagedNativeHeader

메모리 상에서 .NET 런타임의 내부 사용을 위한 필드로, 실행 파일 내에서는 0으로 설정된다.

IMAGE_COR20_HEADER 구조체의 필드에서 보는 것과 마찬가지로 IMAGE_DATA_
DIRECTORY 구조체가 사용되며, 이 구조체들은 각각 관리 텍스트, 데이터, 리소스 등의 섹션에
관한 정보를 별도로 보관한다. 덤프를 통해 직접 확인하자.

덤프 8-14 IMAGE_COR20_HEADER 구조체 덤프

	+0	+1	+2	+3	+4	+5	+6	+7	+8	+9	+A	+B	+C	+D	+E	+F
00000200	30	36	00	00	00	00	00	00	48	00	00	00	02	00	05	00
00000210	E0	23	00	00	E0	10	00	00	03	00	02	00	06	00	00	06
00000220	70	22	00	00	70	01	00	00	00	00	00	00	00	00	00	00
00000230	00	00	00	00	00	00	00	00	00	00	00	00	00	00	00	00
00000240	00	00	00	00	00	00	00	00	00	00	00	00	00	00	00	00

위의 덤프는 IMAGE_COR20_HEADER 구조체에 맞춰 해석한 것이다. 직접 해당 필드들과 매치
시켜보기 바란다. IMAGE_DATA_DIRECTORY를 가진 각 필드들이 가리키는 위치들 역시 코
드 섹션 내에 위치한다는 점에 유의하기 바란다. 결국 IL 어셈블리가 만들어내는 PE는 비관리 PE와
는 다르게 비관리 PE의 텍스트 섹션에 해당하는 블록에 웬만한 정보를 모두 보관하고 있다. 다음 그
림은 IL 어셈블리가 만들어내는 코드 섹션의 구조를 간략히 예시한 것이다.

그림 8-30 관리 PE의 코드 섹션의 구조

.NET PE가 본서의 관심사는 아니기 때문에 .NET 헤더에 대한 설명은 여기서 마무리한다. .NET PE를 분석하고 디스어셈블하려면 비주얼 스튜디오에서 제공하는 'ILDAsm'이라는 매우 유용한 GUI 툴을 사용하기 바란다.

다음 그림은 BasicApp.NET.exe를 ILDAsm.exe를 통해서 main 함수를 디스어셈블한 결과다.

그림 8-31 ILDAsm.exe의 실행 모습

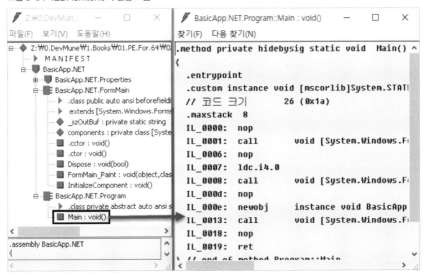

이제 이 IMAGE_DIRECTORY_ENTRY_COM_DESCRIPTOR를 해석하는 소스 코드를 확인하고 이 절을 마무리하도록 하자.

다음은 IMAGE_DIRECTORY_ENTRY_COM_DESCRIPTOR 데이터 디렉터리를 해석하는 PE Explorer의 소스 코드다. 먼저 IMAGE_COR20_HEADER 구조체에 대한 XML 스키마를 다음과 같이 정의했다.

```
<Struct name="IMAGE_COR20_HEADER">
    <Member name="cb" type="DWORD"/>
    <Member name="MajorRuntimeVersion" type="WORD"/>
    <Member name="MinorRuntimeVersion" type="WORD"/>
    <Member name="MetaData" type="IMAGE_DATA_DIRECTORY"/>
    <Member name="Flags" type="DWORD"/>
    <Member name="EntryPointToken" type="DWORD"/>
    <Member name="Resources" type="IMAGE_DATA_DIRECTORY"/>
```

```
    <Member name="StrongNameSignature" type="IMAGE_DATA_DIRECTORY"/>
    <Member name="CodeManagerTable" type="IMAGE_DATA_DIRECTORY"/>
    <Member name="VTableFixups" type="IMAGE_DATA_DIRECTORY"/>
    <Member name="ExportAddressTableJumps" type="IMAGE_DATA_DIRECTORY"/>
    <Member name="ManagedNativeHeader" type="IMAGE_DATA_DIRECTORY"/>
  </Struct>
```

그리고 IMAGE_COR20_HEADER 구조체에 대한 해석은 다음과 같다.

```
bool PEAnals::ParseDirEntryComDescript(PPE_NODE pnUp, PIMAGE_DATA_DIRECTORY pdd)
{
    PIMAGE_SECTION_HEADER psh = &m_pshs[pnUp->SectIdx];
    DWORD dwOffset = RVA_TO_OFFSET(psh, pdd->VirtualAddress);
```
COM_DESCRIPTOR 엔트리가 소속된 섹션과 시작 오프셋을 획득한다.

```
    PPE_NODE pn = InsertStructNode(pnUp->Node, pnUp->SectIdx,
                       dwOffset, L".NET Header", L"IMAGE_COR20_HEADER");
    AppendStructMembers(pn);
```
IMAGE_COR20_HEADER 구조체에 대한 노드를 추가하고 필드 정보를 출력한다.

```
    PCWSTR pszFldNames[7] =
    {
        L"MetaData", L"Resources", L"StrongNameSignature", L"CodeManagerTable",
        L"VTableFixups", L"ExportAddressTableJumps", L"ManagedNativeHeader",
    };
```
IMAGE_DATA_DIRECTORY 구조체 타입을 갖는 필드들의 이름을 탐색하기 위해 문자열 배열을 선언한다.

```
    for (int i = 0; i < 7; i++)
    {
        PPE_NODE pnSub = FindNode(pn->Node, COR20_REF[i].FldName);
```
pszFldNames를 통해 IMAGE_DATA_DIRECTORY 타입의 서브 노드를 찾는다.

```
        DWORD dwRVA = (DWORD)PE_SCHEMA::
```

```
              GetValue(m_pImgView + pnSub->Offset, pnSub->Type);
```

VirtualAddress 필드 값을 획득한다.

```
    if (dwRVA == 0)
        m_pView->SetItemImage(pnSub->Node, IMG_IDX_XBOX, IMG_IDX_XBOX);
    else
        AppendStructMembers(pnSub);
```

VirtualAddress 필드 값이 0이 아닐 경우 IMAGE_DATA_DIRECTORY의 필드들을 출력한다.

```
    }
    return false;
}
```

다음 그림은 PE Explorer를 실행했을 때, 위 코드를 통하여 BasicApp.NET.exe의 COM_ DESCRIPTOR를 분석한 결과다.

그림 8-32 PE Explorer의 COM_DESCRIPTOR 엔트리 분석 결과

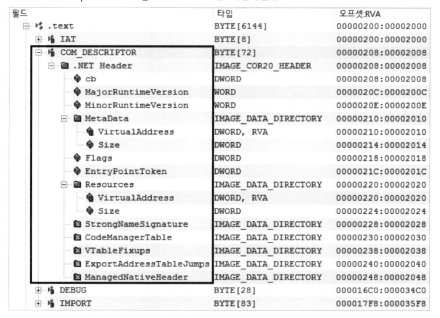

지금까지 TLS, 사용자 정의 섹션, 로드 환경 설정 및 보안 디렉터리와 .NET 런타임 헤더에 대해 살펴보았다. 1장의 [표 1-1]에서 열거된 섹션 중 이 책에서 다뤄지지 않은 것들이 여전히 남아 있다. 이 중에서 다음 장에서 설명할 리소스 섹션과 4부와 5부에서 설명할 디버그 섹션 및 예외 섹션을 제외하면 나머지 섹션은 PE에 직접적으로 나타나지 않고 OBJ 파일이나 LIB 파일 등에서만 나타나는 섹션이다. 따라서 앞으로 설명할 3개의 섹션과 지금까지 다루었던 섹션이라면 PE 파일 자체를 분석하는 데 있어서 충분한 도움이 될 것이라 여겨진다.

09장

리소스 섹션

윈도우 프로그래밍을 할 때, 여러분들은 비주얼 스튜디오에서 제공하는 리소스 편집기를 통해 직관적으로 대화상자를 만들고 비트맵을 추가시키며, 아이콘을 만들어 넣고 사용자 인터페이스 강화를 위해 메뉴와 액셀레이터 키를 추가할 것이다. 윈도우 프로그램은 프로그램 본체를 정의하기 위해 작성된 소스 파일 C나 CPP, 그리고 H 파일의 컴파일 결과인 OBJ 파일과 사용자 인터페이스 제공을 위해 작성된 리소스 파일 RC 파일에 대한 리소스 컴파일 결과로 도출되는 RES 파일의 링크를 통해서 프로그램이 생성된다는 것은 모두 아는 사실이다. 굳이 따로 리소스 정의 파일을 정의하지 않더라도(당연히 리소스 파일이 없어도 윈도우 프로그래밍은 가능하다) MFC를 사용하면 비주얼 스튜디오가 기본적으로 만들어주는 몇 가지의 리소스는 항상 존재한다. MFC 애플리케이션 위저드를 사용해서 SDI나 MDI 애플리케이션을 만들었다면 메뉴나 아이콘, 문자열 테이블 등을 정의한 리소스가 생성된다. 이러한 리소스들은 가속기(Accelerator), 대화상자(Dialog), 아이콘(Icon), 메뉴(Menu), 문자열 테이블(String Table), 비트맵(Bitmap), 폰트(Font), 커서(Cursor), 버전(Version) 정보 등 여러 가지가 있다. 이러한 리소스 역시 리소스 컴파일러에 의해 컴파일되어 링크 시에 PE의 특정 위치에 자리잡게 되는데, 이런 리소스들이 자리잡고 있는 PE상의 영역이 바로 .rsrc로 표현되는 리소스 섹션이다. 이 절에서는 PE 상에서의 리소스 섹션 분석을 통해 PE 상에서 리소스가 어떤 구조로 자리잡는지, 더 나아가서 리소스의 구조 분석을 통해 PE 상의 리소스 덤프를 가지고 역으로 그것을 비주얼하게 표현할 수 있는 방법에 대하여 자세하게 알아본다.

9.1 리소스

지금까지의 다른 섹션과는 다르게 리소스 섹션은 시스템보다는 GUI적 요소와 관련이 많다. 따라서 리소스 섹션 자체에 대한 구조뿐만 아니라 각각의 리소스에 대한 구조 또한 알고 있어야 PE 상에 저장된 리소스를 파악할 수 있다. 하지만 각 리소스는 자체의 포맷이 있고 그 모든 것을 설명하려면 그 자체로도 책 한 권이 만들어질 것이다. 하지만 본서의 목표가 PE 파일에 대한 구조 분석이고 또한 이러한 리소스들 역시 PE 내에 저장되어 있기 때문에, 최소한 PE 상의 리소스 구조에 대해 언급해야 하는 딜레마를 안게 된다. 그렇기 때문에 개개의 리소스에 대해서는 윈도우가 제공하는 기본 리소스 타입에 해당하는 것들, 즉 아이콘(그룹), 커서(그룹), 비트맵, 메뉴, 대화상자, 가속기, 문자열 테이블, 버전 정보 및 매니페스트에 대해서만 언급하고자 한다.

이제부터 리소스 섹션은 두 장으로 나누어서 설명한다. 우선 9장에서는 리소스 섹션의 구조 자체에 대하여 설명하고, 방금 언급한 개개의 리소스의 PE 구조에 대해서는 10장에서 별도로 설명할 것이다. 물론 각 리소스의 구조에 대한 설명은 PE와 관련된 구조다. 이제 긴 쉼 호흡을 한 번 해 주고 리소스의 세계로 들어가보자.

우선 자세한 분석에 들어가기 전에, 리소스를 포함하는 예제 윈도우 프로그램을 하나 만들어보자. 본 예제 프로그램은 DlgApp.exe며, 다음은 대화상자와 아이콘 하나로 이루어진, 대화상자를 메인 윈도우로 사용하는 간단한 예제다.

소스 9-1 DlgApp.cpp

```
#include <windows.h>
#include <tchar.h>
#include "resource.h"


#if _WIN64
PCTSTR C_YHD_MSG = _T("YHD's WinApp : HINSTANCE=0x%016I64X");
#else
PCTSTR C_YHD_MSG = _T("YHD's WinApp : HINSTANCE=0x%08X");
#endif


LRESULT CALLBACK DlgProc(HWND, UINT, WPARAM, LPARAM);


int WINAPI _tWinMain(HINSTANCE hInstance, HINSTANCE hPrevInst,
                     PTSTR pszCmdLine, int nCmdShow)
{
   DialogBox
   (
      hInstance,                       // 프로그램 인스턴스 핸들
      MAKEINTRESOURCE(IDD_DLG_MAIN),   // 대화상자 리소스
      NULL,                            // 부모 윈도우 핸들
      (DLGPROC)DlgProc                 // 대화상자 프로시저 함수
   );
```

DialogBox 함수를 통해서 대화상자 박스 기반의 윈도우 애플리케이션을 실행한다.

```
   return 0;
}


LRESULT CALLBACK DlgProc(HWND hDlg, UINT uMsg, WPARAM wParam, LPARAM lParam)
```

```
{
    switch (uMsg)
    {
        case WM_INITDIALOG:
        {
            TCHAR szMsg[64];
            wsprintf(szMsg, C_YHD_MSG, GetModuleHandle(NULL));
            SetDlgItemText(hDlg, IDC_EDT_SAMPLE, szMsg);
```
편집 박스 컨트롤에 PE의 시작 주소를 출력한다.
```
        }
        return TRUE;

        case WM_COMMAND:
            if (LOWORD(wParam) == IDOK)
            {
                EndDialog(hDlg, IDOK);
```
대화상자에서 [OK] 버튼을 누르면 대화상자를 종료한다.
```
                return TRUE;
            }
        break;
    }

    return FALSE;
}
```

위 코드는 프로젝트 〈DlgApp〉의 메인 코드며, 이 프로젝트를 빌드해서 실행하면 다음과 같이 대화상자 기반의 애플리케이션이 실행된다.

그림 9-1 DlgApp.exe의 실행 예

위 소스의 WinMain 함수를 보면 앞서 사용했던 예제인 BasicApp.exe의 정의와는 다르게

DialogBox 함수 하나의 호출로만 구성된 것을 알 수 있다. 그리고 DialogBox 함수의 두 번째 매개변수로 IDD_DLG_MAIN이라는 매크로를 전달하고 있는데, 이 매크로는 대화상자 리소스에 대한 ID며, 이 리소스는 RC라는 확장자를 가진 텍스트 기반의 리소스 파일 내에서 정의된다.

다음 소스는 리소스 파일에 대한 정의다. 만약 여러분이 통합 환경하에서 비주얼 스튜디오가 제공하는 리소스 에디터를 통해 리소스 파일을 만든다면 다양한 리소스들 쉽게 만들 수 있지만 생성되는 리소스 파일은 매우 복잡할 것이다. 따라서 리소스 에디터를 사용하지 않고 리소스 파일의 소스 구조가 한눈에 들어올 수 있도록 직접 작성한 리소스 파일의 예가 다음의 〈DlgApp.rc〉다. 이 리소스 파일에는 대화상자와 아이콘 리소스가 하나씩 정의되어 있다. 주의할 것은 대화상자를 통해 표현되는 컨트롤들(본 예의 경우 아이콘 박스, 편집 박스 컨트롤, 디폴트 버튼이 하나씩 존재)은 대화상자 리소스의 요소로 포함되는 것이지, 그 자체가 리소스가 되는 것이 아니다.

소스 9-2 DlgApp.rc

```
#include "Windows.h"
#include "resource.h"

/////////////////////////////////////////////////////////////////
//    대화상자 리소스 정의
IDD_DLG_MAIN DIALOG 100, 100, 162, 65
STYLE         DS_SETFONT | DS_MODALFRAME | WS_POPUP | WS_CAPTION
CAPTION       "Dialog Resource Sample"
CLASS         "DLG_APP_CLS"
FONT          10, "System"
BEGIN
  DEFPUSHBUTTON "OK", IDOK, 106, 44, 50, 14
  EDITTEXT    IDC_EDT_SAMPLE, 30, 7, 126, 31,
              ES_MULTILINE | ES_AUTOVSCROLL |ES_READONLY
  ICON        "DlgApp.Icon", IDC_STC_ICON, 7, 7, 20, 20, SS_SUNKEN
END
/////////////////////////////////////////////////////////////////


/////////////////////////////////////////////////////////////////
//    아이콘 리소스 정의
DLGAPP.ICON      ICON "DlgApp.ico"
/////////////////////////////////////////////////////////////////
```

다음은 리소스 ID를 정의한 "Resource.h" 헤더 파일의 리스트다. 주의할 것은 리소스에 대한 ID를 위해 매크로를 지정한 것이 대화상자에 해당하는 IDD_DLG_MAIN(101) 하나뿐이라는 것이다. 아이콘 리소스의 경우는 "DLGAPP.ICON"이라는 문자열로 이 리소스를 식별하기 때문에, 리소스의 ID를 별도로 지정하지 않았다. 이 경우 숫자 대신 "DLGAPP.ICON" 문자열 자체가 식별키가 된다. 그리고 이외 나머지 ID는 리소스 ID가 아니라 대화상자의 자식 컨트롤들에 대한 ID임을 명심하기 바란다.

```
#define IDD_DLG_MAIN     101
#define IDC_EDT_SAMPLE   1001
#define IDC_STC_ICON     1002
```

DlgApp.rc 리소스 파일에서 정의된 리소스들은 다음과 같다.

표 9-1 DlgApp.exe의 리소스

리소스	ID	비고
대화상자	IDD_DLG_MAIN (101)	캡션을 가지며, 편집 상자와 아이콘을 표시하는 정적 컨트롤과 [OK] 버튼으로 구성되는 3개의 자식 컨트롤을 가진다.
아이콘	"DLGAPP.ICON"	DlgApp.ico라는 아이콘 파일을 지정하고 있다. 16x16, 4비트, BMP 32x32, 4비트, BMP

[그림 9-1]이 DlgApp.cpp와 DlgApp.rc 리소스에 대한 컴파일과 링크를 통해 생성된 "DlgApp.exe"의 실행 결과다. 대화상자 자체가 메인 윈도우며, 이 대화상자 왼쪽에 아이콘이 표시되고 편집 상자 컨트롤이 DlgApp.exe의 시작 주소를 보여주고 있다.

9.2 리소스 섹션 구조

이제 실행 파일 DlgApp.exe PE를 헥사 에디터를 통해 열어보자. 그리고 앞서 해왔던 것처럼 IMAGE_OPTIONAL_HEADER의 데이터 디렉터리 배열을 먼저 살펴보자. 이 배열의 **IMAGE_DIRECTORY_ENTRY_RESOURCE**에 해당하는 엔트리를 보면 다음과 같은 덤프를 확인할 수 있다.

덤프 9-1 IMAGE_DIRECTORY_ENTRY_RESOURCE 데이터 디렉터리 엔트리

	+0	+1	+2	+3	+4	+5	+6	+7	+8	+9	+A	+B	+C	+D	+E	+F
00000180	00	80	00	00	48	06	00	00	00	70	00	00	24	03	00	00

- **VirtualAddress** : 0x00008000 (.rsrc:0x00004C00)
- **Size** : 0x00000648 (1608)

VirtualAddress 필드 값은 0x00008000이며, 이는 .rsrc 섹션 내의 리소스 정보를 가리키는 RVA 고 파일 오프셋은 0x00004C00이 된다. 그러면, .rsrc 섹션에 해당하는 섹션 헤더를 찾아보자. PE의 섹션 헤더 테이블의 덤프에서 .rsrc 문자열이 보이는 곳이 바로 리소스 섹션 헤더의 시작이다. 그 헤더의 덤프와 이 덤프를 IMAGE_SECTION_HEADER 구조체의 필드들에 맞춰 파싱 처리를 했다.

덤프 9-2 리소스 섹션에 대한 섹션 헤더(IMAGE_SECTION_HEADER)

	+0	+1	+2	+3	+4	+5	+6	+7	+8	+9	+A	+B	+C	+D	+E	+F
00000290	2E	72	73	72	63	00	00	00	48	06	00	00	00	80	00	00
000002A0	00	08	00	00	00	4C	00	00	00	00	00	00	00	00	00	00
000002B0	00	00	00	00	40	00	00	40	00	00	00	00	00	00	00	00

오프셋 0x00000290부터 0x000002B7까지가 .rsrc 섹션에 대한 정보를 담고 있는 IMAGE_SECTION_HEADER이다. 각 필드 값은 다음과 같다.

표 9-2 리소스 섹션 헤더

필드	타입	오프셋	값
Name	BYTE[8]	0x00000290	.rsrc
VirtualSize	DWORD	0x00000298	0x00000648
VirtualAddress	DWORD	0x0000029C	0x00008000
SizeOfRawData	DWORD	0x000002A0	0x00000800
PointerToRawData	DWORD	0x000002A4	**0x00004C00**
Characteristics	DWORD	0x000002B4	0x40000040 CNT_INIT_DATA | MEM_READ

여기서 우리가 관심을 가질 부분은 디스크 상의 PE 내의 리소스 섹션의 시작 위치를 가리키는 PointerToRawData 필드다. [덤프 9-1]의 IMAGE_DIRECTORY_ENTRY_RESOURCE 엔트리의 RVA 값 VirtualAddress를 파일 오프셋으로 변환한 값이 PointerToRawData 필드의

값과 동일하다. 리소스 섹션은 PointerToRawData 필드가 가리키는 파일 오프셋 0x00004C00부터 SizeOfRawData 필드 값인 0x00000800(1,600)바이트 만큼의 영역을 PE 파일 상에서 점유하고 있다. 그렇다면 파일 오프셋 0x00004C00으로 점프해서, 이 오프셋에서 시작하는 영역의 바이트 패턴이 어떻게 구성되는지 리소스 관련 데이터 구조체를 통해서 분석해보자.

9.2.1 IMAGE_RESOURCE_XXXX 구조체

리소스 섹션을 차지하는 PE 데이터는 다음의 3개의 구조체로 구성된다.

- IMAGE_RESOURCE_DIRECTORY
- IMAGE_RESOURCE_DIRECTORY_ENTRY
- IMAGE_RESOURCE_DATA_ENTRY

위의 3개의 구조체들이 해당 애플리케이션의 리소스들을 표현하기 위하여 다른 섹션의 구조와는 다르게 트리 구조를 구성하고 있다는 점이 리소스 섹션의 특징이다. MAGE_RESOURCE_DIRECTORY 구조체가 디렉터리 노드를 구성하고, 이 디렉터리의 엔트리들은 IMAGE_RESOURCE_DIRECTORY_ENTRY 구조체로 구성되며, 이 구조체는 다시 IMAGE_RESOURCE_DIRECTORY나 IMAGE_RESOURCE_DATA_ENTRY를 가리키게 된다. 그리고 IMAGE_RESOURCE_DATA_ENTRY 구조체는 실제 리소스 데이터를 가리키는 단말 노드가 되는 구조체다. 따라서 이 3개의 구조체가 이루고 있는 리소스 섹션의 트리 구조는 개념적으로 다음과 같이 표현될 수 있다.

그림 9-2 리소스 섹션의 개념적 트리 구조

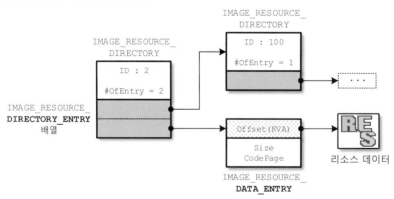

이제부터 이 3개의 구조체를 통해 리소스 섹션을 분석해보도록 한다.

1) IMAGE_RESOURCE_DIRECTORY 구조체

리소스 섹션은 IMAGE_RESOURCE_DIRECTORY라는 구조체로 시작한다. PointerToRawData 필드 값은 리소스 섹션을 구성하고 있는 트리의 루트가 되는 바로 이 IMAGE_RESOURCE_DIRECTORY 구조체의 시작 번지를 가리킨다. IMAGE_RESOURCE_DIRECTORY 구조체는 WinNT.h 헤더 파일에 다음과 같이 정의되어 있다.

```
typedef struct _IMAGE_RESOURCE_DIRECTORY
{
    DWORD    Characteristics;
    DWORD    TimeDateStamp;
    WORD     MajorVersion;
    WORD     MinorVersion;
    WORD     NumberOfNamedEntries;
    WORD     NumberOfIdEntries;
//  IMAGE_RESOURCE_DIRECTORY_ENTRY DirectoryEntries[];
} IMAGE_RESOURCE_DIRECTORY, *PIMAGE_RESOURCE_DIRECTORY;
```

DWORD Characteristics

　이론적으로는 리소스에 대한 플래그를 가질 수 있다. 그러나 실제 사용되지 않으며, 0으로 설정된다.

DWORD TimeDateStamp

　리소스의 생성 시간을 나타내는 시간/날짜 스탬프다. 실제 사용되지 않으며, 0으로 설정된다.

WORD MajorVersion

WORD MinorVersion

　리소스의 버전을 나타내며, 실제 0으로 설정된다.

WORD NumberOfNamedEntries

WORD NumberOfIdEntries

두 필드 모두 IMAGE_RESOURCE_DIRECTORY 구조체에 이어서 올(앞의 구조체 정의에서 주석 처리된 DirectoryEntries[ ] 필드에 해당하는) IMAGE_RESOURCE_DIRECTORY_ENTRY 구조체 배열의 엔트리 수를 의미한다.

- **NumberOfNamedEntries** : 이름으로 리소스를 식별하는 문자열 ID 엔트리의 수
- **NumberOfNamedEntries** : 정수 ID를 사용하여 리소스를 식별하는 엔트리의 수

따라서 IMAGE_RESOURCE_DIRECTORY_ENTRY 구조체 배열의 실제 엔트리 수는 두 필드를 합한 값이 된다.

지금까지 IMAGE_RESOURCE_DIRECTORY 구조체의 필드에 대해 살펴보았다. 여기서 NumberOfNamedEntries와 NumberOfIdEntries 필드는 둘 다 엔트리 수를 의미하며, 그 차이는 다음과 같다. 앞서 [소스 9-2]의 리소스 정의에서 우리는 대화상자 템플릿에 대한 ID를 정수 101(IDD_DLG_MAIN)을 통해서, 그리고 아이콘의 경우는 "DLGAPP.ICON"이라는 문자열을 통해서 식별했다. 이때 101이라는 대화상자 템플릿 식별 ID는 매크로를 통해 Resource.h에 다음과 같이 정의했다.

```
#define IDD_DLG_MAIN     101
 ⋮
// Dialog
IDD_DLG_MAIN    DIALOG 100, 100, 162, 65
```

NumberOfIdEntries 필드는 이렇게 고유한 정수로 표현되는 ID를 통해 각각의 리소스를 식별하게 될 때 의미가 있다. 반면 NumberOfNamedEntries 필드는 아이콘의 경우처럼 다음과 같이 정수를 통해서가 아니라, 직접 식별 가능한 문자열을 통해서 각 리소스들의 ID를 정의할 때 의미가 있다.

```
// Icon
DLGAPP.ICON    ICON    "DlgApp.ico"
```

따라서 이렇게 정수 ID를 통해 리소스 하나를 정의했기 때문에 NumberOfIdEntries 필드 값은 1이 될 것이며, 값 또한 문자열 ID를 통해서 하나의 리소스를 정의했기 때문에 NumberOfNamedEntries 필드 값도 1이 될 것이다. 일단은 여기까지의 내용을 이해하자. 비록 리소스 식별을 위해 정수 ID를 정의하더라도 일반적으로 리소스들을 식별하기 위해 사용되는 것은 문자열이다. 만약 문자열이 아닌 정수를 ID로 정의했다면 이 정수는 MAKEINTRESOURCE라는 매크로를 통해 문자열 포인터로 변환된 후 윈도우 API에게 전달된다. LoadImage를 포함하여 리소스를 로드하는 API의 대부분이 리소스 식별을 위한 매개변수로 문자열 포인터인 LPCTSTR 타입을 요구한다는 것을 알 수 있다. 앞 예제의 메인 함수 역시 대화상자를 로드할 때 DialogBox 함수의 두 번째 매개변수가 대화상자 리소스의 식별자로서 문자열 포인터를 요구했음을 알 수 있다. DlgApp.cpp의 WinMain 함수 정의에서 대화상자 리소스 식별을 IDD_DLG_MAIN이라는 정수 ID로 정의했기 때문에, DialogBox 함수를 호출할 때 이것을 MAKEINTRESOURCE 매크로를 이용해서 문자열 포인터로 변환한 후에 넘겨주는 것을 알 수 있다. MAKEINTRESOURCE 매크로는 다음과 같이 정의되어 있다.

```
#define IS_INTRESOURCE(_r)      ((((ULONG_PTR)(_r)) >> 16) == 0)

#define MAKEINTRESOURCEA(i)     ((LPSTR)((ULONG_PTR)((WORD)(i))))
#define MAKEINTRESOURCEW(i)     ((LPWSTR)((ULONG_PTR)((WORD)(i))))

#ifdef UNICODE
#define MAKEINTRESOURCE MAKEINTRESOURCEW
#else
#define MAKEINTRESOURCE MAKEINTRESOURCEA
#endif // !UNICODE
```

사실 이 매크로의 기능은 이미 6장에서 설명한 바와 같이 정수를 단순히 LPCTSTR 형으로 강제로 캐스팅하는 역할만 할 뿐이다. 윈도우의 가상 주소 공간의 최초 64K 블록은 보호 블록으로 설정되어 있기 때문에 이 번지에 대한 접근은 예외를 유발시킨다. 따라서 문자열 포인터의 경우 이 블록 내부의 번지를 가질 수 없다. 또한 리소스에 정수로 지정할 수 있는 ID는 WORD 형이고 65536보다 작은 값이기 때문에, MAKEINTRESOURCE 매크로를 통해 강제로 문자열 포인터로 변환되더라도 시스템은 이 포인터 값이 0xFFFF보다 작으면 ID로 간주할 수 있다. 또한 해당 매개변수의 값이 문자열 ID인지 정수 ID인지를 식별하는 매크로 IS_INTRESOURCE도 정의되어 있다. 이렇게 정수나 문자열을 통한 리소스 식별 방식을 혼용해서 사용 가능하기 때문에 NumberOfNamedEntries 필드와 NumberOfIdEntries 필드가 별도로 존재하게 된다.

2) IMAGE_RESOURCE_DIRECTORY_ENTRY 구조체

IMAGE_RESOURCE_DIRECTORY 구조체 다음으로 리소스 디렉터리의 엔트리를 담고 있는 IMAGE_RESOURCE_DIRECTORY_ENTRY 구조체의 배열들이 이어진다. IMAGE_RESOURCE_DIRECTORY 구조체 정의에서 주석 처리된 DirectoryEntries[] 필드를 볼 수 있다. 엔트리에 해당하는 IMAGE_RESOURCE_DIRECTORY_ENTRY 구조체는 IMAGE_RESOURCE_DIRECTORY의 NumberOfNamedEntries와 NumberOfIdEntries 두 필드 값을 더한 수만큼 존재한다. 예를 들어 NumberOfNamedEntries 필드가 2이고 NumberOfIdEntries 필드가 4인 경우, 6개의 IMAGE_RESOURCE_DIRECTORY_ENTRY 구조체가 연속적으로 오게 된다. 그리고 엔트리의 순서는 문자열 ID에 해당하는 IMAGE_RESOURCE_DIRECTORY_ENTRY 구조체가 먼저 나오고, 그 이후에 정수 ID 식별에 해당하는 엔트리가 이어서 온다. 이제 IMAGE_RESOURCE_DIRECTORY_ENTRY 구조체에 대해서 알아보도록 하자. 그 구성은 다음과 같다.

```
typedef struct _IMAGE_RESOURCE_DIRECTORY_ENTRY
{
  → 이름 또는 정수 ID
  union
  {
    struct
    {
      DWORD   NameOffset  : 31;
      DWORD   NameIsString : 1;
    } DUMMYSTRUCTNAME;
    DWORD     Name;
    WORD      Id;
  } DUMMYUNIONNAME;

  → 디렉터리 또는 단말 노드
  union
  {
    DWORD     OffsetToData;
```

```
    struct
    {
        DWORD    OffsetToDirectory    : 31;
        DWORD    DataIsDirectory      : 1;
    } DUMMYSTRUCTNAME2;
  } DUMMYUNIONNAME2;
} IMAGE_RESOURCE_DIRECTORY_ENTRY, *PIMAGE_RESOURCE_DIRECTORY_ENTRY;
```

이 구조체는 크게 2개의 DWORD 타입의 필드, 즉 DUMMYUNIONNAME 공용체에 해당하는 Name 또는 Id 필드와 DUMMYUNIONNAME2 공용체에 해당하는 OffsetToData 필드로 구성된다. 이 공용체들을 따로 나누어 살펴보자.

| 리소스 식별 공용체(DUMMYUNIONNAME) |

이 공용체는 해당 리소스의 식별값 획득에 사용된다. 식별값은 정수 ID 또는 문자열 ID다.

DWORD NameIsString: 1

각 리소스는 고유한 문자열 ID나 정수 ID를 가져야 하는데, 해당 리소스 식별 수단이 이름을 가진 문자열 ID인지, 정수로 표현되는 ID인지를 먼저 판별해야 한다. 이를 위해서 NameIsString이라는 멤버가 사용된다. 이 필드는 DWORD 정수의 최상위 비트가 1인지의 대한 판단을 제공하며, 별도로 다음의 매크로가 제공된다.

```
#define IMAGE_RESOURCE_NAME_IS_STRING    0x80000000
```

DWORD NameOffset: 31

DWORD Name

NameIsString 필드가 1이면 해당 리소스의 식별값은 리소스의 이름에 해당하는 문자열이 되며, 이 문자열의 시작 오프셋 획득을 위해 NameOffset 필드를 사용한다. 이때 오프셋은 리소스 섹션의 시작 오프셋에 상대적인 값이다. 이 필드가 가리키는 문자열 정보는 다음의 구조체가 된다.

```
typedef struct _IMAGE_RESOURCE_DIR_STRING_U
{
    WORD    Length;
    WCHAR   NameString[1];
} IMAGE_RESOURCE_DIR_STRING_U, *PIMAGE_RESOURCE_DIR_STRING_U;
```

IMAGE_RESOURCE_DIR_STRING_U 구조체의 NameString 필드는 유니코드 문자열의 시작 포인터가 되며, Length 필드는 이 문자열의 길이를 WCHAR 단위로 담는다. 따라서 문자열의 실제 바이트 수는 Length×2가 된다.

WORD Id

NameIsString 필드가 0이면 해당 리소스의 식별값은 정수 ID가 되며, 이 ID 획득을 위해 WORD 형의 Id 필드를 사용한다.

따라서 해당 리소스의 ID를 획득하기 위해서는 다음과 같은 코드를 작성한다.

```
DWORD dwResStart = ...; ← 리소스 섹션 시작 오프셋
PIMAGE_RESOURCE_DIRECTORY_ENTRY prde =
    (PIMAGE_RESOURCE_DIRECTORY_ENTRY)(m_pImgView + dwOffset);
if (prde->NameIsString)
{
```
prde-> NameIsString이 1이면 문자열 ID
```
    DWORD dwStrOff = dwResStart + prde->NameOffset;
    PIMAGE_RESOURCE_DIR_STRING_U prds =
        (PIMAGE_RESOURCE_DIR_STRING_U)(m_pImgView + dwStrOff);
        ⋮
}
else
{
```
prde-> NameIsString이 0이면 정수 ID
```
    WORD wId = (WORD)prde->Id;
        ⋮
}
```

물론 Name 필드와 IMAGE_RESOURCE_NAME_IS_STRING 매크로의 AND 연산을 통해서 식별값의 종류를 판별할 수도 있다.

| 리소스 디렉터리 또는 데이터 지시 공용체(DUMMYUNIONNAME2) |

이 공용체는 해당 엔트리가 지시하는 데이터의 시작 오프셋을 획득하기 위해 사용된다.

DataIsDirectory: 1

DataIsDirectory 필드는 이 엔트리가 가리키는 데이터가 또 다른 리소스 디렉터리를 가리키는 지, 아니면 실제 리소스의 데이터를 가리키는지를 판별하기 위한 필드다. NameIsString 필드와 마찬가지로, DWORD 정수의 최상위 비트 설정에 따라 구분되며, 다음과 같은 매크로가 제공 된다.

```
#define IMAGE_RESOURCE_DATA_IS_DIRECTORY  0x80000000
```

DWORD OffsetToDirectory: 31

DataIsDirectory 필드가 1이면 서브 리소스 디렉터리의 IMAGE_RESOURCE_ DIRECTORY 구조체를 가리키며, 이 구조체의 시작 오프셋은 OffsetToDirectory 필드에 저 장된다.

DWORD OffsetToData

DataIsDirectory 필드가 0이면 리소스의 실제 데이터의 시작 정보를 담고 있는 IMAGE_ RESOURCE_DATA_ENTRY 구조체를 가리키며, 이 구조체의 시작 오프셋은 OffsetToData 필드에 저장된다.

OffsetToDirectory나 OffsetToData에 저장된 값 모두 리소스 섹션의 시작 오프셋에 상대적인 값이 된다. 따라서 해당 엔트리가 가리키는 요소의 시작 오프셋은 다음과 같은 방법으로 획득할 수 있다.

```
DWORD dwResStart = ...; ← 리소스 섹션 시작 오프셋
if (prde->DataIsDirectory)
{
```

```
      prde-)DataIsDirectory가 1이면 리소스 디렉터리 엔트리

      DWORD dwDirOff = dwResStart + prde->OffsetToDirectory;
      PIMAGE_RESOURCE_DIRECTORY prd2 =
         (PIMAGE_RESOURCE_DIRECTORY)(m_pImgView + dwDirOff);
               ⋮
   }
   else
   {

      prde-)DataIsDirectory가 0이면 리소스 데이터 엔트리

      DWORD dwEntOff = dwResStart + prde->OffsetToData;
      PIMAGE_RESOURCE_DATA_ENTRY prre =
         (PIMAGE_RESOURCE_DATA_ENTRY)(m_pImgView + dwEntOff);
               ⋮
   }
```

이제 좀 더 깊이 들어가보자. 이러한 디렉터리 구조는 3단계의 디렉터리 레벨이 존재한다. [그림 9-2]처럼 ID가 0에 해당하는 루트 IMAGE_RESOURCE_DIRECTORY, 그 다음 단계는 여러분들이 정의한 리소스의 종류별 서브 디렉터리, 마지막 단계는 각 종류별로 해당 디렉터리 아래에 정의된 실제 리소스의 디렉터리가 존재한다. 그 디렉터리의 디렉터리 엔트리는 IMAGE_RESOURCE_DATA_ENTRY 구조체를 가리키고, 이 구조체의 OffsetToData 필드는 실제 정의된 리소스의 바이트 스트림에 대한 시작을 가리킨다.

3) IMAGE_RESOURCE_DATA_ENTRY 구조체

이번에 분석할 내용은 IMAGE_RESOURCE_DATA_ENTRY 구조체다. 이 구조체는 해당 리소스의 실제 데이터를 담고 있는 블록에 대한 정보를 담고 있다. 여기서 정보란 그 리소스의 원(源) 데이터(Raw Data)가 위치한 RVA와 그 데이터의 크기, 그리고 사용된 코드 페이지의 식별 값이다. IMAGE_RESOURCE_DATA_ENTRY 구조체는 WinNT.h에 다음과 같이 정의되어 있다.

```
typedef struct _IMAGE_RESOURCE_DATA_ENTRY
{
   DWORD    OffsetToData;
   DWORD    Size;
   DWORD    CodePage;
```

```
    DWORD    Reserved;
} IMAGE_RESOURCE_DATA_ENTRY, *PIMAGE_RESOURCE_DATA_ENTRY;
```

DWORD OffsetToData

이 필드는 해당 리소스의 실제 데이터가 위치한 RVA 값을 가진다. 디렉터리 엔트리의 OffsetToData가 리소스 섹션 선두로부터의 오프셋을 표현하는 데 반해 **데이터 엔트리의 OffsetToData 필드는 RVA**라는 점에 주의하기 바란다.

DWORD Size

이 필드는 실제 리소스 데이터의 크기를 나타낸다. 즉, OffsetToData 필드가 지시하는 RVA에서 해당 리소스 데이터가 차지하고 있는 바이트 수를 의미한다.

DWORD CodePage

해당 리소스가 사용하는 국가별 언어의 코드 페이지를 나타낸다. 디폴트 값은 0이다.

DWORD Reserved

예약된 필드로, 0으로 설정된다.

앞서 언급했던 대로 IMAGE_RESOURCE_DIRECTORY_ENTRY 구조체가 가리키는 정보는 결국 IMAGE_RESOURCE_DIRECTORY 구조체거나, 아니면 IMAGE_RESOURCE_DATA_ENTRY 구조체다. 그리고 IMAGE_RESOURCE_DATA_ENTRY는 이 트리 구조의 단말(Leaf) 노드에 해당된다. 또한 실제 리소스의 데이터를 가리키는 OffsetToData 필드가 RVA 값을 가진다는 사실에 주의하기 바란다.

9.2.2 디렉터리 엔트리의 3단계 구조

지금까지 리소스 섹션에서 트리 구조를 구성하는 3개의 구조체에 대해서 살펴보았다. 이제 IMAGE_RESOURCE_DIRECTORY_ENTRY 구조체를 좀 더 검토해보자. 리소스 섹션은 트리 구조를 가지지만 무한정의 깊이를 가진 트리가 아니라, 루트를 포함하여 총 네 단계의 깊이(Depth)를 가진 트리로 구성된다. 루트의 깊이를 0으로 간주했을 때 단말 노드인 IMAGE_

RESOURCE_DATA_ENTRY 구조체에 이르기까지 세 단계의 깊이를 갖는 IMAGE_ RESOURCE_DIRECTORY_ENTRY 그룹이 존재한다. 그리고 이 그룹들은 다음과 같이 세 단계의 레벨로 분류할 수 있다.

❶ 타입(Type) 레벨   ➡ 깊이 1

해당 리소스가 소속된 타입을 의미한다.

❷ 식별자(ID) 레벨   ➡ 깊이 2

리소스를 식별하기 위한 정수 ID나 문자열 ID를 의미한다.

❸ 언어(Culture) 레벨   ➡ 깊이 3

데이터 엔트리를 가리키는 노드인 동시에 리소스의 언어를 의미한다.

예를 들어 여러분이 2개의 메뉴와 3개의 대화상자 리소스를 정의했다고 하자. 그러면 IMAGE_ RESOURCE_DIRECTORY 구조체가 표현하는 트리 구조는 다음 그림과 같이 세 단계의 레벨로 구분되며, 이 세 단계의 깊이를 거쳐 깊이 3에 이르러 실제 데이터를 가리키는 IMAGE_ RESOURCE_DATA_ENTRY 구조체에 닿게 된다. 그리고 실제 데이터는 깊이 4에 해당하는 단계에 위치해서 자신들만의 고유한 포맷으로 존재하게 된다.

그림 9-3 리소스 섹션의 3-레벨 구조

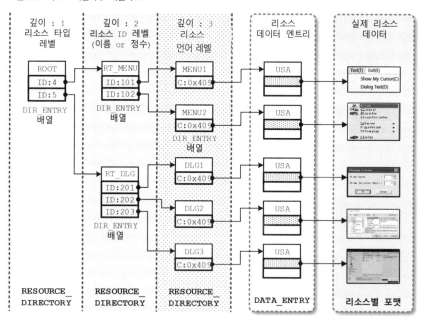

이제부터 [그림 9-3]을 바탕으로 리소스 섹션의 트리 구조가 어떻게 구성되는지 살펴보기로 하자.

1) 리소스 타입(Type) 레벨

리소스 Type 레벨은 깊이 0에 해당하는 레벨로, 다양한 리소스를 종류별로 묶어서 카테고리화한 리소스 타입을 표현한다. 깊이 0에 해당하는 루트 디렉터리의 엔트리들이 왜 직접 사용자가 정의한 IMAGE_RESOURCE_DIRECTORY를 지시하지 않을까? 이것은 사용자가 정의한 여러 종류의 리소스를 윈도우가 미리 정의해둔 리소스 타입을 기준으로 카테고리화해서 관리하기 위해서다. [그림 9-3]의 경우처럼, 3개의 대화상자와 2개의 메뉴 리소스를 정의했다면 우선 대화상자 3개를 대화상자 타입 디렉터리 아래로 묶고, 2개의 메뉴에 대해서는 메뉴 타입의 디렉터리 아래로 위치시킨다. 이런 리소스 타입은 사용자가 정의할 수도 있지만, 다음과 같이 윈도우에서 미리 정의해둔 타입들이 있다.

표 9-3 윈도우가 정의한 리소스 타입 (RT_XXXX)

타입	ID	의미
RT_CURSOR	1	하드웨어 의존적인 커서 리소스
RT_BITMAP	2	비트맵 리소스
RT_ICON	3	하드웨어 의존적인 아이콘 리소스
RT_MENU	4	메뉴 리소스
RT_DIALOG	5	대화상자 리소스
RT_STRING	6	문자열 테이블 엔트리
RT_FONTDIR	7	폰트 디렉터리 리소스
RT_FONT	8	폰트 리소스
RT_ACCELERATOR	9	단축키 테이블 리소스
RT_RCDATA	10	애플리케이션 정의 리소스(Raw Data)
RT_MESSAGETABLE	11	메시지 테이블 엔트리 리소스
RT_GROUP_CURSOR	12	하드웨어 독립적인 커서 리소스
RT_GROUP_ICON	14	하드웨어 독립적인 아이콘 리소스
RT_VERSION	16	버전 리소스
RT_DLGINCLUDE	17	다른 RC 파일 인클루드 *

---

* 리소스 편집 툴은 지정된 문자열 ID를 특정 rc 파일과 연관시킬 수 있도록 해준다. 전형적으로, 그 문자열은 기호의 이름을 제공하는 헤더 파일의 이름이다. 리소스 컴파일러는 그 문자열에 해당하는 RC 파일을 인클루드해서 파싱하며, 다음과 같이 정의한다.

```
1 DLGINCLUDE "foo.rc"
```

RT_PLUGPLAY	19	플러그 & 플레이 리소스
RT_VXD	20	VXD
RT_ANICURSOR	21	움직이는 커서 리소스
RT_ANIICON	22	움직이는 아이콘 리소스
RT_HTML	23	HTML 리소스
RT_MANIFEST	24	XML로 표현되는 애플리케이션 매니페스트 리소스

WinUser.h에 정의되어 있는, RT_XXXX로 표현되는 위의 매크로들은 정숫값이 아니라 ID 칼럼 값을 MAKEINTRESOURCE 매크로를 통해 변환한 문자열 포인터가 된다. 그리고 이 RT_XXXX 의 리소스 타입은 다음 그림처럼 비주얼 스튜디오에서 리소스를 추가할 때 볼 수 있는 리소스의 카테고리가 된다.

그림 9-4 VS의 리소스 편집 툴이 제공하는 리소스 카테고리

아이콘이나 비트맵 또는 메뉴 등의 리소스를 여러분이 추가한다면 이 리소스의 타입은 위 표에 나온 RT_XXXX 중의 하나가 되고, IMAGE_RESOURCE_DIRECTORY_ENTRY의 NameIsString 필드는 0이 되며, Id 필드가 위 표의 ID 칼럼 값을 담게 된다. 만약 10.5.3절에서 다루게 될 '사용자 정의 리소스'를 추가한다면 이 리소스의 타입은 여러분이 직접 문자열을 통해 지정할 수 있게 된다. 이 경우 NameIsString 필드 값은 1이 되어야 하며, Name 필드는 여러분이 지정한 리소스의 이름을 담는 문자열에 대한 오프셋을 갖게 된다. 한편 리소스 타입 레벨에 속하는 DataIsDirectory 필드는 1이 되어야 하며, OffsetToDirectory 필드는 레벨 1 그룹에 소속된 IMAGE_RESOURCE_DIRECTORY 구조체를 가리키는 오프셋을 담게 된다.

2) 리소스 식별자(ID) 레벨

두 번째 레벨에 해당하는 IMAGE_RESOURCE_DIRECTORY_ENTRY 그룹은 실제 여러분들이 지정한 리소스의 ID들을 담고 있다. 여러분이 해당 리소스의 ID를 정수로 지정하면 NameIsString 필드는 0이 되며, Id 필드에는 이 ID 값이 저장된다. 반대로 여러분이 문자열로 ID를 지정하면 NameIsString 필드는 1이 되며, Name 필드는 여러분이 지정했던 문자열을 담고 있는 오프셋을 갖게 된다. 그리고 레벨 1 역시 레벨 2의 IMAGE_RESOURCE_DIRECTORY 구조체를 가리켜야 하기 때문에 DataIsDirectory 필드는 1이 되어야 하고, OffsetToDirectory 필드는 레벨 2의 IMAGE_RESOURCE_DIRECTORY 구조체의 오프셋이 된다.

3) 리소스 언어(Culture) 레벨

두 번째 레벨의 데이터 엔트리들이 담고 있는 값들은 바로 우리가 정의한 리소스를 식별하는 이름이나 정수 ID를 갖고 있다. 그렇다면 이 엔트리들은 실제 리소스를 가리키는 IMAGE_RESOURCE_DATA_ENTRY 구조체를 가리켜야 할 것 같지만 그렇지 않다. 리소스 섹션은 한 단계의 디렉터리를 더 거치도록 되어 있고, 이 단계에서는 바로 **'언어(Culture)'**를 식별하기 위한 IMAGE_RESOURCE_DIRECTORY 구조체를 가리키게 된다. 언어란 특정 국가의 언어, 통화, 날짜 표현 방식 등의 다양한 것들을 묶어서 그 나라에 맞는 표현 형식으로 표현할 수 있도록 하기 위해 고안된 것을 말한다. 언어 설정은 다음 그림과 같이 프로젝트 설정의 **[리소스 → 일반: 언어]** 옵션을 통해서 가능하다.

그림 9-5 [리소스 → 일반: 언어] 설정

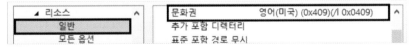

그리고 이 레벨에서 NameIsString 필드 값은 0이 되어야 하며, 이때 Id는 해당 언어의 언어에 대한 ID를 담고 있다. 언어 ID는 주(Primary) ID와 서브(Sub) ID의 조합으로 구성되는 WORD 타입의 정수다. 주 언어 ID와 서브 언어 ID는 다음의 매크로를 이용해서 WORD 형의 언어 ID로 만들 수 있다.

```
#define MAKELANGID(p, s) ((((WORD)(s)) << 10) | (WORD)(p))
```

주 언어 ID는 한 바이트의 국가별 언어 코드로 정의되는데, WinNT.h에 정의되어 있는 주요 매크로는 다음과 같다.

```
#define LANG_NEUTRAL      0x00  // 언어 중립
#define LANG_INVARIANT    0x7f
        ⋮
#define LANG_CHINESE      0x04  // 중국어
#define LANG_ENGLISH      0x09  // 영어
#define LANG_FRENCH       0x0c  // 프랑스어
#define LANG_ITALIAN      0x10  // 이태리어
#define LANG_GERMAN       0x07  // 독일어
#define LANG_JAPANESE     0x11  // 일본어
#define LANG_KOREAN       0x12  // 한국어
#define LANG_SPANISH      0x0a  // 스페인어
        ⋮
```

서브 언어 ID는 언어별 상세 정보를 의미하는데, 예를 들어 영어는 미국뿐만 아니라 영국, 캐나다, 남아공, 호주, 필리핀, 인도 등에서도 사용되기 때문에 이런 상세 정보를 표시하기 위해 존재한다. 다음은 WinNT.h에 정의된 영어에 대한 서브 언어 ID의 예다.

```
#define SUBLANG_ENGLISH_US              0x01  // English (USA)
#define SUBLANG_ENGLISH_UK              0x02  // English (UK)
#define SUBLANG_ENGLISH_AUS             0x03  // English (Australian)
#define SUBLANG_ENGLISH_CAN             0x04  // English (Canadian)
#define SUBLANG_ENGLISH_NZ              0x05  // English (New Zealand)
#define SUBLANG_ENGLISH_EIRE            0x06  // English (Irish)
#define SUBLANG_ENGLISH_SOUTH_AFRICA    0x07  // English (South Africa)
        ⋮
#define SUBLANG_ENGLISH_PHILIPPINES     0x0d  // English (Philippines)
#define SUBLANG_ENGLISH_INDIA           0x10  // English (India)
#define SUBLANG_ENGLISH_MALAYSIA        0x11  // English (Malaysia)
#define SUBLANG_ENGLISH_SINGAPORE       0x12  // English (Singapore)
```

위 두 ID의 조합으로 표현되는 주요 언어 ID는 다음과 같다.

표 9-4 주요 언어 ID

언어	ID	언어	ID	언어	ID
한국어	**0x0412**	**영어(미국)**	**0x0409**	영어(영국)	0x0809
일본어	**0x0411**	**중국어(간체)**	**0x0804**	중국어(번체)	0x0404
독일어	0x0407	프랑스어	0x040C	스페인어	0x0C0A
이태리어	0x0410	러시아어	0x0419	아랍어	0x0401
바스크어	0x042D	노르웨이어	0x0414	크로아티아어	0x041A
폴란드어	0x0415	체코어	0x0405	포르투칼어(포르투칼)	0x0816
덴마크어	0x0406	포르투칼어(브라질)	0x0416	네델란드어	0x0413
루마니아어	0x0418	슬로바키아어	0x041B	핀란드어	0x040B
스웨덴어	0x041D	그리스어	0x0408	태국어	0x041E
유대어	0x040D	터키어	0x041F	헝가리어	0x040E

왜 이런 언어 레벨을 위한 IMAGE_RESOURCE_DIRECTORY_ENTRY가 존재할까? 그 이유는 하나의 리소스에 대해 국가별로 다른 언어로 표현되는 리소스를 제공하기 위함이다. 예를 들어, '문자열 테이블' 리소스를 국가별 언어로 표시할 수 있도록 다음과 같은 리소스를 작성할 수 있다.

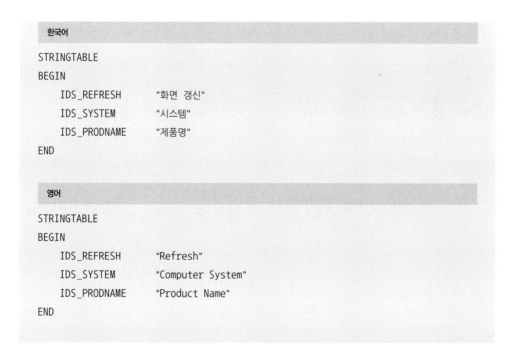

```
한국어

STRINGTABLE
BEGIN
    IDS_REFRESH      "화면 갱신"
    IDS_SYSTEM       "시스템"
    IDS_PRODNAME     "제품명"
END


영어

STRINGTABLE
BEGIN
    IDS_REFRESH      "Refresh"
    IDS_SYSTEM       "Computer System"
    IDS_PRODNAME     "Product Name"
END
```

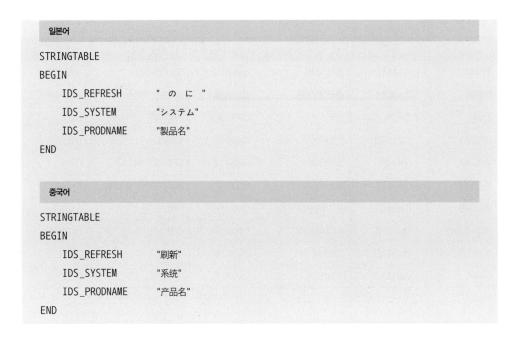

위와 같이 정의하면, 예를 들어 리소스 ID를 501로 지정했을 때 이 ID에 해당하는 '문자열 테이블' 리소스를 다음과 같이 한, 중, 미, 일 4개국의 언어로 정의할 수 있다.

그림 9-6 언어별 문자열 테이블 설정

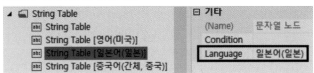

이렇게 정의된 리소스 ID 501 문자열 테이블을 [그림 9-3]처럼 깊이 1부터 시작하는 엔트리 구조로 표현하면 다음과 같다.

그림 9-7 언어 레벨의 구조

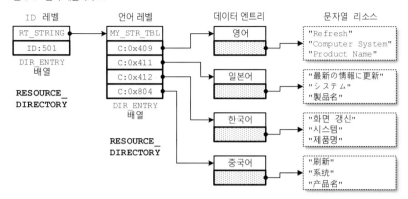

위 그림에서 알 수 있듯이, 언어 레벨의 IMAGE_RESOURCE_DIRECTORY_ENTRY 배열은 4개의 엔트리로 구성되고, 각 엔트리는 영어, 일본어, 한국어 그리고 중국어에 해당하는 IMAGE_RESOURCE_DATA_ENTRY 구조체를 가리키게 된다. 이렇게 제작된 프로그램을 해외에 수출하게 되면 해당 리소스를 각 나라의 언어권에서 사용되는 언어로 표시할 수 있다. 따라서 언어 레벨의 IMAGE_RESOURCE_DIRECTORY_ENTRY는 언어 ID를 담기 때문에 NameIsString 필드는 0이 되어야 하며, 이때 Id 필드가 담고 있는 값이 바로 언어 ID다. 또한 DataIsDirectory 필드 역시 0이 되어야 하며, 비로소 OffsetToDirectory 필드는 실제 리소스에 대한 RVA를 갖는 IMAGE_RESOURCE_DATA_ENTRY 구조체를 가리키는 오프셋을 담게 된다.

리소스 섹션은 깊이 0에 해당하는 루트 IMAGE_RESOURCE_DIRECTORY부터 시작해서 리소스 타입 레벨 → ID 레벨 → 언어 레벨을 거쳐 깊이 3에 이르러서야 단말 노드인 IMAGE_RESOURCE_DATA_ENTRY 구조체를 만나게 되는 구조를 갖게 된다. IMAGE_RESOURCE_DATA_ENTRY 구조체는 여러분이 정의한 리소스의 크기와 함께 실제 PE 상에 위치한 리소스의 시작 위치에 대한 RVA 값을 갖고 있으며, 최종적으로 리소스의 실제 데이터를 얻기 위해서는 트리 상에서 깊이 4에 해당하는 단계까지 탐색해야 한다.

9.3 DlgApp.exe의 리소스 섹션 분석

지금까지 설명했던 내용을 바탕으로 이제부터 DlgApp.exe의 리소스 섹션을 덤프를 통해 분석해보자. [덤프 9-1]에서 IMAGE_DIRECTORY_ENTRY_RESOURCE 엔트리의 VirtualAddress 필드 값을 오프셋으로 변환한 값이 0x00004C00이었다. 그렇다면 오프셋 0x00004C00의 위치로 덤프를 이동시켜보자.

9.3.1 루트 RES_DIR

다음은 루트 IMAGE_RESOURCE_DIRECTORY 구조체에 대한 덤프다.

덤프 9-3 루트 IMAGE_RESOURCE_DIRECTORY 구조체 덤프

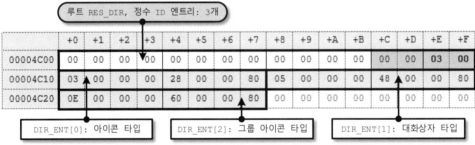

리소스 섹션은 IMAGE_RESOURCE_DIRECTORY 구조체로 시작되며, 이 구조체는 루트 디렉터리다. 다음으로 3개의 IMAGE_RESOURCE_DIRECTORY_ENTRY 구조체가 이어진다. 이제 앞서 논의한 리소스 섹션의 트리 구조를 파헤쳐보자. 일단, IMAGE_RESOURCE_DIRECTORY를 오프셋 0x0001A000부터 적용해보자. 0x0001A000부터 0x0001A00F까지의 16바이트인 이 구조체는 루트에 해당하는 리소스 디렉터리다.

NumberOfNamedEntries 필드와 NumberOfIdEntries 필드의 값을 살펴보자.

- **NumberOfNamedEntries** : 0x0000
- **NumberOfIdEntries** : 0x0003

분석 결과, NumberOfNamedEntries 필드가 0이므로 문자열 ID로 리소스를 식별하는 엔트리는 존재하지 않으며, NumberOfIdEntries 필드를 통해 정수 ID로 식별 가능한 리소스 엔트리가 3개가 존재함을 알 수 있다. 다음으로 오프셋 0x00004C10부터 3개의 IMAGE_RESOURCE_

DIRECTORY_ENTRY 구조체가 이어지는데, 루트 디렉터리의 엔트리인 이 3개의 구조체를 분석해보면 다음과 같다.

엔트리	오프셋	NameIsString	Id	DataIsDirectory	OffsetToDirectory
0	0x00004C10	0	0x03	1	0x00000028
1	0x00004C18	0	0x05	1	0x00000048
2	0x00004C20	0	0x0E	1	0x00000060

위 3개의 엔트리 모두 NameIsString 필드가 0이므로, Id 필드가 의미를 가진다. 그리고 각 엔트리의 Id가 각각 3, 5, 14며, 이 Id는 [표 9-3]에 따르면 차례대로 아이콘, 대화상자, 그룹 아이콘 리소스 타입을 나타낸다. 또한 세 엔트리의 DataIsDirectory가 모두 1이므로, 각 엔트리의 해당 오프셋이 지시하는 것 역시 IMAGE_RESOURCE_DIRECTORY 구조체다. 따라서 OffsetToDirctory 필드는 서브 디렉터리를 가리키게 된다. 루트 디렉터리 아래의 서브 디렉터리는 앞서 언급한 대로 리소스 타입 디렉터리가 되며, 본 예제인 DlgApp.exe의 경우 각각 아이콘, 대화상자, 그룹 아이콘 리소스 타입 디렉터리가 존재하게 된다. 그리고 리소스 섹션의 시작 오프셋 0x00004C00에 OffsetToDirectory 필드 값을 더하면 다음과 같이 각각의 리소스 타입 디렉터리의 시작 오프셋을 획득할 수 있다.

표 9-5 리소스 타입 레벨 디렉터리 엔트리

엔트리	리소스 ID	리소스 타입	데이터 오프셋
0	3 (RT_ICON)	아이콘	0x00004C28(= 0x00004C00 + 0x28)
1	5 (RT_DIALOG)	대화상자	0x00004C48(= 0x00004C00 + 0x48)
2	14 (RT_GROUP_ICON)	그룹 아이콘	0x00004C60(= 0x00004C00 + 0x60)

이제 지금까지의 결과를 바탕으로 루트 디렉터리 아래에 존재하는 서브 엔트리를 0부터 차례대로 분석하기로 하자.

9.3.2 아이콘 타입 RES_DIR

[표 9-5]의 '데이터 오프셋' 칼럼의 PE 파일 오프셋 0x00004C28을 보면 아이콘 리소스 타입을 가진 IMAGE_RESOURCE_DIRECTORY 구조체와 두 개의 IMAGE_RESOURCE_DIRECTORY_ENTRY 구조체의 덤프를 확인할 수 있다.

덤프 9-4 아이콘 타입 IMAGE_RESOURCE_DIRECTORY 구조체 덤프

아이콘 RES_DIR: 정수 ID 엔트리: 2개

	+0	+1	+2	+3	+4	+5	+6	+7	+8	+9	+A	+B	+C	+D	+E	+F
00004C20	0E	00	00	00	60	00	00	80	00	00	00	00	00	00	00	00
00004C30	00	00	00	00	00	00	02	00	01	00	00	00	78	00	00	80
00004C40	02	00	00	00	90	00	00	80	00	00	00	00	00	00	00	00

아이콘 DIR_ENT[0]: ID 1

아이콘 DIR_ENT[1]: ID 2

오프셋 0x00004C28부터 16바이트가 IMAGE_RESOURCE_DIRECTORY 구조체고, NumberOfNamedEntries는 0, NumberOfIdEntries 필드는 2이므로, 0x00004C38부터 두 개의 IMAGE_RESOURCE_DIRECTORY_ENTRY 구조체가 와야 한다. 이 두 개의 리소스 디렉터리 엔트리를 앞서 루트 디렉터리를 분석할 때와 같은 방식으로 분석해보면 다음과 같은 결과를 얻을 수 있다.

- **NumberOfNamedEntries** : 0x0000
- **NumberOfIdEntries** : 0x0002

분석 결과 NumberOfNamedEntries 필드가 0이므로 문자열 ID로 리소스를 식별하는 엔트리는 존재하지 않으며, NumberOfIdEntries 필드를 통해 정수 ID로만 식별 가능한 리소스 엔트리가 2개 존재함을 알 수 있다. 다음으로 오프셋 0x00004C38부터 두 개의 IMAGE_RESOURCE_DIRECTORY_ENTRY 구조체가 이어진다. 루트 디렉터리의 엔트리인 이 두 구조체를 분석해보면 다음과 같다.

엔트리	오프셋	NameIsString	Id	DataIsDirectory	OffsetToDirectory
0	0x00004C38	0	0x01	1	0x00000078
1	0x00004C48	0	0x02	1	0x00000090

루트 디렉터리의 엔트리 0이 가리키는 리소스 디렉터리는 그 타입이 아이콘(RC_ICON)인 디렉터리기 때문에, 이 디렉터리의 하위 구성요소로 올 수 있는 리소스 타입은 아이콘 리소스에 관련된 것이어야 한다. 그러므로 2개의 디렉터리 엔트리 역시 아이콘을 의미한다. 여기서 특이할 사항은 Id 필드 값이 1과 2인데, 이 ID 값은 나름 이유가 있다. 뒷부분의 아이콘 리소스 구조에서 자세히 다루겠지만 간단히 언급하면, 위 예제에서 사용한 DlgApp.ico 아이콘은 앞서 말한 대로 16x16,

32x32 크기의 2개의 아이콘 이미지를 담고 있다. 따라서 아이콘 관련 디렉터리 엔트리가 왜 두 개가 존재하는지도 이해가 될 것이다. 이 ID는 두 개의 아이콘을 아이콘 리소스 타입 디렉터리 내부에서 서로 식별하기 위하여 컴파일러가 지정한 값이다. 만약 MFC로 GUI 기반 애플리케이션을 생성한다면 MFC가 제공하는 디폴트 아이콘은 다양한 컬러와 크기를 가진 15개의 아이콘 이미지를 제공하기 때문에 엔트리 역시 15개가 뒤따르며, 각각의 ID는 차례대로 1부터 15까지의 값이 부여될 것이다. 각 엔트리가 의미하는 바는 다음과 같다.

엔트리	리소스 ID	리소스 타입	데이터 오프셋
0	1	아이콘	0x00004C78(= 0x00004C00 + 0x78)
1	2	아이콘	0x00004C90(= 0x00004C00 + 0x90)

1) 아이콘 RES_DIR(언어 레벨)

이제 [덤프 9-4]의 두 DIR_ENTRY가 가리키는 IMAGE_RESOURCE_DIRECTORY 구조체를 찾아가보자. 이 두 구조체는 각 아이콘의 언어에 해당하는 리소스 구조체가 된다. 아이콘 ID가 1에 해당하는 파일 오프셋 0x00004C78과 아이콘 ID가 2에 해당하는 파일 오프셋 0x00004C90을 살펴보자. 다음은 두 아이콘에 대한 IMAGE_RESOURCE_DIRECTORY 구조체와 IMAGE_RESOURCE_DIRECTORY_ENTRY 구조체의 리소스 덤프 내용이다.

덤프 **9-5** 아이콘 ID 1과 아이콘 ID 2의 IMAGE_RESOURCE_DIRECTORY 구조체 덤프

두 아이콘 모두 IMAGE_RESOURCE_DIRECTORY의 NumberOfIdEntries 필드는 1이며, 따라서 각각 하나의 IMAGE_RESOURCE_DIRECTORY_ENTRY를 갖는다. 각 엔트리를 앞서 했던 방식과 마찬가지로 분석해보면 다음과 같다.

아이콘 ID	엔트리 오프셋	NameIsString	Id	DataIsDirectory	OffsetToData
아이콘 1	0x00004C88	0	0x0409	0	0x000000D8
아이콘 2	0x00004CA0	0	0x0409	0	0x000000E8

IMAGE_RESOURCE_DIRECTORY_ENTRY 구조체의 DataIsDirectory 필드가 0이라는 것을 알 수 있다. 다음은 각 엔트리 내용을 좀 더 자세하게 나타냈다.

아이콘 ID	언어 ID	지시 데이터 타입	데이터 오프셋
아이콘 1	0x409(영미)	데이터 엔트리	0x00004CD8(= 0x00004C00 + 0xD8)
아이콘 2	0x409(영미)	데이터 엔트리	0x00004CE8(= 0x00004C00 + 0xE8)

DataIsDirectory 필드가 0이기 때문에 이 두 엔트리의 데이터 오프셋이 가리키는 데이터가 마침내 트리의 단말 노드에 해당하는 데이터 엔트리, 즉 IMAGE_RESOURCE_DATA_ENTRY 구조체임을 알 수 있다. 마지막으로 이 오프셋을 찾아가면 실제 리소스 데이터가 위치하는 오프셋을 얻을 수가 있다. 또한 이 단계의 엔트리는 언어 레벨에 소속되기 때문에 두 Id 필드는 해당 언어의 ID를 의미하며, 이 ID의 값 0x0409는 영미 언어를 나타내는 ID가 된다. 언어에 대한 별도의 설정 없이 이 프로젝트 〈DlgApp〉을 빌드하면 디폴트로 영미 언어에 해당하는 0x409 값이 설정된다.

2) 아이콘 DATA_ENTRY

이제 실제 데이터의 위치를 담고 있는 IMAGE_RESOURCE_DATA_ENTRY 구조체를 확인해 보자. 위 표에서 데이터 오프셋 칼럼의 값을 따라가보자. 역시 두 리소스가 계속 붙어다니기 때문에 두 리소스의 IMAGE_RESOURCE_DATA_ENTRY 구조체에 해당하는 덤프를 함께 나타냈다. 아이콘 ID 1의 IMAGE_RESOURCE_DATA_ENTRY 구조체의 시작은 0x00004CD8이고, 아이콘 ID 2의 IMAGE_RESOURCE_DATA_ENTRY 구조체의 시작은 0x00004CE8이다.

덤프 9-6 아이콘 ID 1과 아이콘 ID 2의 IMAGE_RESOURCE_DATA_ENTRY 구조체 덤프

	+0	+1	+2	+3	+4	+5	+6	+7	+8	+9	+A	+B	+C	+D	+E	+F
00004CD0	09	04	00	00	08	01	00	00	10	82	00	00	28	01	00	00
00004CE0	00	00	00	00	00	00	00	00	38	83	00	00	E8	02	00	00
00004CF0	00	00	00	00	00	00	00	00	30	81	00	00	DA	00	00	00

다음 표는 두 아이콘 ID의 IMAGE_RESOURCE_DATA_ENTRY 구조체의 분석 결과다. 주의할 것은 실제 리소스 데이터가 있는 오프셋을 구하는 과정이다. OffsetToData 필드 설명 시에도 언급한 것처럼, 리소스 섹션 시작의 오프셋이 아니라 RVA 값이다. 따라서 두 아이콘의 OffsetToData 필드 값은 각각 0x00008210과 0x00008338이며, 둘 다 .rsrc 섹션에 위치한다. 그리고 RAV_TO_OFFSET 매크로를 이용하여 실제 파일 오프셋을 구하면 각각 0x00004E10과 0x00004E38이 된다.

아이콘 ID	OffsetToData(RVA)	Size	CodePage	리소스 시작 오프셋
아이콘 1	0x00008210	0x00000128	0	.rsrc:0x00004E10
아이콘 2	0x00008338	0x000002E8	0	.rsrc:0x00004E38

그러면 각 엔트리가 가리키는 아이콘 리소스의 실제 데이터를 확인해보자. 리소스 시작 오프셋 0x00004E10과 0x00004E38의 덤프를 보면 다음과 같다.

덤프 9-7 아이콘 ID 1과 아이콘 ID 2의 실제 리소스 데이터

파일 오프셋 0x00004E10부터 296바이트가 ID 1에 해당하는 16x16 크기의 아이콘 이미지가 되고, 파일 오프셋 0x00004E38부터 744바이트가 ID 2에 해당하는 32x32 크기의 아이콘 이미지가 된다. 아이콘 리소스의 실제 포맷은 10.5절에서 설명하기로 하고, 여기서는 우리가 지정한 아이콘 리소스가 실제로 하나 이상의 아이콘 이미지를 가질 수 있다는 사실만 염두에 두기 바란다.

9.3.3 대화상자 타입 RES_DIR

이제 루트 리소스 디렉터리의 두 번째 엔트리를 살펴보자. 앞서 루트 리소스 디렉터리의 분석 결과 두 번째 엔트리는 리소스 타입이 대화상자임을 확인했다. 본 예제에서는 대화상자를 하나만 정의했기 때문에 대화상자 리소스 타입 디렉터리의 서브 항목도 하나만 존재할 것이다. [표 9–5]를 보면 대화상

자 식별자 리소스 디렉터리의 시작 오프셋이 0x00004C48이다. 그 위치로 덤프를 이동시켜보자.

덤프 9-8 대화상자 타입 IMAGE_RESOURCE_DIRECTORY 구조체 덤프

	+0	+1	+2	+3	+4	+5	+6	+7	+8	+9	+A	+B	+C	+D	+E	+F
00004C40	02	00	00	00	90	00	00	80	00	00	00	00	00	00	00	00
00004C50	00	00	00	00	00	00	01	00	65	00	00	00	A8	00	00	80

- **NumberOfNamedEntries** : 0x0000
- **NumberOfIdEntries** : 0x0001

분석 결과 NumberOfNamedEntries 필드가 0이므로 문자열 ID는 존재하지 않으며, NumberOfIdEntries 필드를 통해 정수 ID로 식별 가능한 리소스 엔트리가 하나 존재함을 알 수 있다. 그리고 다음으로 오프셋 0x00004C58부터 한 개의 IMAGE_RESOURCE_DIRECTORY_ENTRY 구조체가 이어진다. 이 구조체를 분석해보면 다음과 같다.

엔트리	오프셋	NameIsString	Id	DataIsDirectory	OffsetToDirectory
0	0x00004C38	0	0x65(101)	1	0x000000A8

DataDirectory가 1이므로, 두 번째 레벨의 IMAGE_RESOURCE_DIRECTORY 구조체가 존재한다는 것을 알 수 있다. 또한 NameIsString이 0이므로 이 엔트리가 가리키는 IMAGE_RESOURCE_DIRECTORY 구조체가 정수 ID를 통해서 식별되며, 그 값은 0x65(101)임을 알 수 있다.

엔트리	리소스 ID	리소스 타입	데이터 오프셋
0	101	대화상자	0x00004CA8(= 0x00004C00 + 0xA8)

여기서 눈여겨볼 것은 바로 Id 필드에 해당하는 값인데, 이 값(0x65)이 위 예제에서 리소스 정의 파일에 직접 대화상자 리소스로 지정해 주었던 정수 ID 101에 해당하는 매크로 IDD_DLG_MAIN임을 알 수 있다.

1) 대화상자 RES_DIR(언어 레벨)

OffsetToDirectory 값이 0xA8이므로, 이 엔트리가 가리키는 IMAGE_RESOURCE_DIRECTORY 구조체의 시작은 '데이터 오프셋' 칼럼에서 확인할 수 있듯이 오프셋 0x00004CA8이 된다. 이 위치로 덤프를 이동시켜보면 다음과 같다.

덤프 9-9 대화상자 101의 IMAGE_RESOURCE_DIRECTORY 구조체 덤프

	+0	+1	+2	+3	+4	+5	+6	+7	+8	+9	+A	+B	+C	+D	+E	+F
00004CA0	09	04	00	00	E8	00	00	00	00	00	00	00	00	00	00	00
00004CB0	00	00	00	00	00	00	01	00	09	04	00	00	F8	00	00	00

위 덤프의 내용을 IMAGE_RESOURCE_DIRECTORY_ENTRY 구조체에 맞춰 분석하면 다음과 같다.

대화상자 ID	엔트리 오프셋	NameIsString	Id	DataIsDirectory	OffsetToData
101	0x00004C88	0	0x0409	0	0x000000F8

IMAGE_RESOURCE_DIRECTORY_ENTRY 구조체의 DataIsDirectory 필드가 0이라는 것을 알 수 있다. 다음은 각 엔트리의 내용을 좀 더 자세하게 나타냈다.

대화상자 ID	언어 ID	지시 데이터 타입	데이터 오프셋
101	0x409(영미)	데이터 엔트리	0x00004CF8(= 0x00004C00 + 0xF8)

이제 이 엔트리가 대화상자에 대한 IMAGE_RESOURCE_DATA_ENTRY 구조체를 가리키기 위한 최종 디렉터리 엔트리가 될 것이다. 데이터 오프셋 0x00004CF8이 ID 101에 해당하는 대화상자의 IMAGE_RESOURCE_DATA_ENTRY 구조체의 시작을 가리킨다.

2) 대화상자 DATA_ENTRY

다음은 대화상자에 대한 IMAGE_RESOURCE_DATA_ENTRY의 덤프로, PE 파일 오프셋 0x00004CF8에서 시작한다.

덤프 9-10 대화상자 101의 IMAGE_RESOURCE_DATA_ENTRY 구조체 덤프

	+0	+1	+2	+3	+4	+5	+6	+7	+8	+9	+A	+B	+C	+D	+E	+F
00004CF0	00	00	00	00	00	00	00	00	30	81	00	00	D8	00	00	00
00004D00	00	00	00	00	00	00	00	00	18	86	00	00	22	00	00	00

다음은 위의 덤프를 IMAGE_RESOURCE_DATA_ENTRY 구조체에 맞춰 분석했다.

대화상자 ID	OffsetToData(RVA)	Size	CodePage	리소스 시작 오프셋
101	0x00008130	0x000000D8	0	.rsrc:0x00004D30

OffsetToData 필드가 가리키는 값 0x0008130이 본 예제에서 정의한 대화상자의 실제 정보가 들어 있는 위치를 가리키는 RVA가 되고, 이 값을 파일 오프셋으로 변환하면 0x00004D30이 된다. 그리고 이 오프셋에 위치한 대화상자 리소스의 실제 데이터에 대한 덤프는 다음과 같다.

덤프 9-11 대화상자 101의 실제 리소스 데이터

	+0	+1	+2	+3	+4	+5	+6	+7	+8	+9	+A	+B	+C	+D	+E	+F
00004D30	01	00	FF	FF	00	00	00	00	00	00	00	00	C0	00	C0	80
00004D40	03	00	64	00	64	00	A2	00	41	00	00	00	00	00	44	00
~	~	~	~	~	~	~	~	~	~	~	~	~	~	~	~	~
00004EF0	00	00	00	00	00	00	00	00	FF	FF	00	00	FF	FF	00	00
00004F00	C0	3F	00	00	00	0F	00	00	00	03	00	00	00	01	00	00

대화상자 리소스의 구조 분석은 10장에서 자세히 살펴보기로 하고, 이제 루트 리소스 엔트리를 살펴보자.

9.3.4 그룹 아이콘 타입 RES_DIR

마지막 엔트리인 그룹 아이콘 리소스 타입의 IMAGE_RESOURCE_DIRECTORY 구조체는 0x00004C60부터 시작하며, 엔트리의 개수는 1이다.

덤프 9-12 그룹 아이콘 타입 IMAGE_RESOURCE_DIRECTORY 구조체 덤프

	+0	+1	+2	+3	+4	+5	+6	+7	+8	+9	+A	+B	+C	+D	+E	+F
00004C60	00	00	00	00	00	00	00	00	00	00	00	00	01	00	00	00
00004C70	18	01	00	80	C0	00	00	80	00	00	00	00	00	00	00	00

- **NumberOfNamedEntries** : 0x0001
- **NumberOfIdEntries** : 0x0000

NumberOfNamedEntries 필드가 1이고, NumberOfIdEntries 필드가 0이다. 우리가 앞서 리소스를 정의할 때 DlgApp.ico 파일을 다음과 같이 문자열로 식별했다는 것을 기억하자.

```
/////////////////////////////////////////////////////////////////
// Icon
DLGAPP.ICON     ICON    "DlgApp.ico"
/////////////////////////////////////////////////////////////////
```

그리고 오프셋 0x00004C70에서 시작하는, ID "DLGAPP.ICON"에 해당하는 엔트리 IMAGE_RESOURCE_DIRECTORY_ENTRY의 구조체는 다음과 같다.

엔트리	오프셋	NameIsString	Name	DataIsDirectory	OffsetToDirectory
0	0x00004C70	1	0x0118	1	0xC0

NumberOfNamedEntries 필드가 설정되었으므로 당연히 NameIsString은 1이 될 것이다. Name 필드는 0x0118이며, 이 필드는 IMAGE_RESOURCE_DIRECTORY_STRING_U 구조체를 가리키는 상대 오프셋이 된다. 리소스 섹션 시작 오프셋 0x00004C00에 이 필드 값을 더하면 ID에 해당하는 문자열이 위치한 파일 오프셋은 0x00004D18이 된다.

덤프 9-13 ID 문자열 "DLGAPP.ICON"에 대한 덤프

	+0	+1	+2	+3	+4	+5	+6	+7	+8	+9	+A	+B	+C	+D	+E	+F
00004D10	00	00	00	00	00	00	00	00	**0B**	**00**	44	00	4C	00	47	00
00004D20	41	00	50	00	50	00	2E	00	49	00	43	00	4F	00	4E	00

위 덤프가 ID에 해당하는 유니코드 문자열을 담고 있는 IMAGE_RESOURCE_DIRECTORY_STRING_U 구조체에 해당한다. 문자열의 길이는 11(0x000B)이고 유니코드이므로 실제 문자열을 위한 바이트 수는 22바이트가 되며, 오프셋 0x00004D1A부터의 유니코드 문자열은 "DLGAPP.ICON"이라는 것을 확인할 수 있다. [덤프 9–12]의 내용을 다시 정리하면 다음과 같다.

엔트리	리소스 ID	리소스 타입	데이터 오프셋
0	DLGAPP.ICON	그룹 아이콘	0x00004CC0(= 0x00004C00 + 0xC0)

대화상자의 경우와는 다르게 이 그룹 아이콘 엔트리의 경우 ID는 정수가 아니라 리소스 정의 파일에서 지정해준 "DLGAPP.ICON"이 된다. 지금까지 살펴본 바에 따르면, 우리가 리소스 정의 파일에서 지정했던 ID "DLGAPP.ICON"에 해당하는 아이콘 DlgApp.ico가 RT_ICON 타입의 리소스가 아니라 아이콘 그룹(RT_GROUP_ICON)으로 취급된다는 점과, 아이콘 파일의 실제 데이터는 그룹 아이콘 RT_GROUP_ICON 타입이 아닌 RT_ICON에 해당하는 아이콘 타입의 디렉터리 아래의 엔트리로 위치한다는 점을 알 수 있다. 이 점을 염두에 두기 바라며 그 이유는 뒤에서 살펴보기로 하자.

1) 그룹 아이콘 RES_DIR(언어 레벨)

이제 데이터 오프셋 0x00004CC0의 위치로 덤프를 이동시켜 보면 다음과 같다.

덤프 9-14 그룹 아이콘 "DLGAPP.ICON"의 IMAGE_RESOURCE_DIRECTORY 구조체 덤프

	+0	+1	+2	+3	+4	+5	+6	+7	+8	+9	+A	+B	+C	+D	+E	+F
00004CC0	00	00	00	00	00	00	00	00	00	00	00	00	00	00	01	00
00004CD0	09	04	00	00	08	01	00	00	08	82	00	00	28	01	00	00

지금까지 분석했던 것과 동일한 방식을 따르면 위의 덤프는 다음과 같다.

그룹 아이콘 ID	언어 ID	지시 데이터 타입	데이터 오프셋
DLGAPP.ICON	0x409(영미)	데이터 엔트리	0x00004D08(= 0x00004C00 + 0x108)

언어는 영미 언어를 의미하는 0x409가 되고, OffsetToData 필드는 ID "DLGAPP.ICON"의 그룹 아이콘에 대한 IMAGE_RESOURCE_DATA_ENTRY 구조체를 가리킨다.

2) 그룹 아이콘 DATA_ENTRY

앞의 표에서 데이터 오프셋 칼럼이 담고 있는 값 0x00004D08이 그룹 아이콘의 IMAGE_RESOURCE_DATA_ENTRY 구조체의 시작을 가리키는 PE 상의 파일 오프셋이다. 그 덤프와 분석 결과는 다음과 같다.

덤프 9-15 그룹 아이콘 "DLGAPP.ICON"의 IMAGE_RESOURCE_DATA_ENTRY 구조체 덤프

	+0	+1	+2	+3	+4	+5	+6	+7	+8	+9	+A	+B	+C	+D	+E	+F
00004D00	00	00	00	00	00	00	00	00	18	86	00	00	22	00	00	00
00004D10	00	00	00	00	00	00	00	00	0B	00	44	00	4C	00	47	00

그룹 아이콘 ID	OffsetToData(RVA)	Size	CodePage	리소스 시작 오프셋
DLGAPP.ICON	0x00008618	0x00000022	0	.rsrc:0x00005218

위의 표에서 알 수 있는 것처럼, 파일 오프셋 0x00005218이 그룹 아이콘의 실제 데이터가 시작되는 부분이다. 이 오프셋에 위치한 그룹 아이콘 리소스에 대한 덤프는 다음과 같다. 그룹 아이콘 리소스에 대한 포맷 역시 다음 장에서 설명할 것이다.

	+0	+1	+2	+3	+4	+5	+6	+7	+8	+9	+A	+B	+C	+D	+E	+F
00005210	FF	FF	FF	FF	FF	FF	FF	FF	00	00	01	00	02	00	10	10
00005220	10	00	01	00	04	00	28	01	00	00	01	20	20	10	00
00005230	01	00	04	00	E8	02	00	00	02	00	00	00	00	00	00	00

이상으로, DlgApp.exe PE 파일에 존재하는 리소스 섹션의 트리 구조에 대한 분석을 마쳤다. DlgApp.exe의 리소스 섹션 구조를 그림으로 나타내면 다음과 같다.

그림 9-8 DlgApp.exe의 리소스 섹션 구조

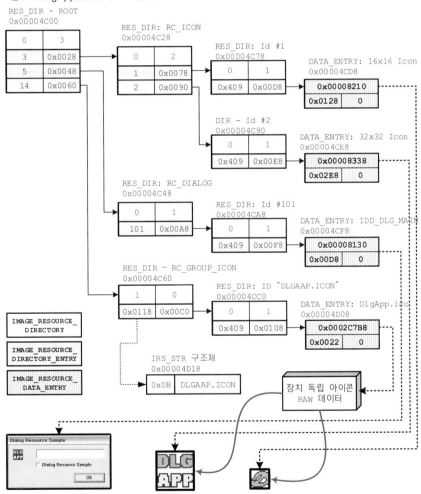

[그림 9-9]를 통해서 리소스 타입 디렉터리가 3개 존재하며, 첫 번째가 아이콘 리소스, 두 번째가 대화상자, 마지막이 그룹 아이콘이라는 것을 알 수 있다. 각 리소스 타입 디렉터리가 가리키는 서브 디렉터리를 따라가보면 아이콘 리소스의 경우 2개가 존재하며, 각각 아이콘 ID 1, 2를 갖는다. 그리고 대화상자와 그룹 아이콘의 경우, 우리가 지정해 준 ID 값(대화상자는 101, 그룹 아이콘은 "DLGAPP.ICON")을 갖는다는 것을 확인할 수 있다. 마지막 레벨의 디렉터리는 IMAGE_RESOURCE_DATA_ENTRY를 가리키고, 이 구조체를 통해 실제 리소스 데이터의 시작 오프셋을 획득할 수 있다. 이 IMAGE_RESOURCE_DATA_ENTRY가 가리키는 실제 데이터(아이콘 2개, 대화상자, 그룹 아이콘)의 구조는 다음 장에서 상세히 논의될 것이다.

9.4 리소스 섹션 분석 코드

이 절에서는 지금까지의 내용을 토대로 PE의 리소스 섹션 분석과 관련된 코드를 작성해보기로 한다. 여기서 다룰 내용은 먼저 API로 제공되는 FindResource(Ex) 함수를 직접 구현해보고, 다음으로 PE Explorer가 수행하는 리소스 섹션 분석에 대한 구현 코드를 작성할 것이다.

9.4.1 FindResource 함수의 구현

해당 프로세스가 갖고 있는 리소스를 탐색하는 전형적인 함수가 FindResource 함수다. FindResource 함수는 2장 PE Explorer를 소개하면서, 그리고 8장 사용자 정의 섹션의 예를 보여주면서 이미 그 사용법을 확인했던 함수며, 다음과 같은 프로토타입을 갖는다.

```
HRSRC WINAPI FindResource
(
    _In_opt_ HMODULE hModule,
    _In_     LPCTSTR lpName,
    _In_     LPCTSTR lpType
);
```

hModule 매개변수는 찾고자 하는 리소스가 위치한 모듈의 핸들로, GetModuleHandle 함수를 통해 획득이 가능하다. lpName 매개변수는 원하는 리소스의 이름 또는 정수 ID를 지정하며, 이때 정수 ID의 경우는 MAKEINTRESOURCE 매크로를 사용하면 된다. 마지막 매개변수 lpType은 리소스의 타입을 지정하는데, RC_XXXX 형태의 기정의된 리소스 타입일 경우 역시 MAKEINTRESOURCE 매크로를 사용하면 된다. 이 함수의 확장된 형태로 FindResourceEx 함수도 제공된다.

```
HRSRC WINAPI FindResourceEx
(
   _In_opt_ HMODULE hModule,
   _In_     LPCTSTR lpType,
   _In_     LPCTSTR lpName,
   _In_     WORD    wLanguage
);
```

FindResourceEx 함수는 FindResource 함수와 동일하지만, 마지막 매개변수로 wLanguage가 추가되며, 특정 리소스 중 원하는 언어 ID에 해당하는 리소스를 찾아서 돌려준다. wLanguage 매개변수는 MAKELANGID 매크로를 이용해서 지정할 수 있다.

위의 두 함수를 통해서 획득할 수 있는 것은 리소스의 시작 위치뿐이며, 보통은 이 리소스의 크기도 알아야할 경우가 많다. 따라서 위의 두 함수를 통해 획득한 리소스의 크기를 얻기 위해서 다음 함수를 사용한다.

```
DWORD WINAPI SizeofResource
(
   _In_opt_ HMODULE   hModule,
   _In_     HRSRC     hResInfo
);
```

FindResource(Ex) 함수를 통해서 획득한 리소스 핸들을 위 함수의 두 번째 매개변수 hResInfo를 통해서 전달하면 반환값으로 해당 리소스의 크기를 바이트 단위로 돌려준다.

FindResource(Ex) 함수는 메모리 상에 로드된 PE에 위치한 리소스를 탐색하지만, 우리는 디스크 상의 PE 파일에서 원하는 리소스를 탐색해서 원 데이터의 시작 위치를 포인터로 돌려주는 함수를 작성하고자 한다. 이 함수를 PEPlus 라이브러리에 다음과 같이 정의했다.

```
static PBYTE FindPEResource
(
    DWORD&   dwSize,
    PBYTE    pImgBase, PCWSTR pszName, PCWSTR pszType,
    WORD     wLang = 0xFFFF
);
```

FindResource, FindResourceEx 두 함수와 SizeofResource 함수의 기능을 모두 통합해서 구현할 예정이며, 반환값과 첫 번째 매개변수 dwSize를 통해서 해당 리소스 데이터의 포인터와 그 크기를 돌려줄 것이다. 그리고 마지막 매개변수 wLang은 언어 ID를 지정하는데, 이 매개변수의 값이 0xFFFF면 언어 ID와 상관없이 검색할 것이고, 그 이외의 값이 지정되면 언어 레벨에서 지정된 언어 ID와 일치하는 리소스를 검색할 것이다. 함수의 정의는 다음과 같다.

```
PBYTE PEPlus::FindPEResource(DWORD& dwSize,
              PBYTE pImgBase, PCWSTR pszName, PCWSTR pszType, WORD wLang)
{
    PIMAGE_DOS_HEADER pdh = (PIMAGE_DOS_HEADER)pImgBase;
    if (pdh->e_magic != IMAGE_DOS_SIGNATURE)
        return NULL;
    PIMAGE_NT_HEADERS pnh = (PIMAGE_NT_HEADERS)(pImgBase + pdh->e_lfanew);
    if (pnh->Signature != IMAGE_NT_SIGNATURE)
        return NULL;
```
  PE 파일의 정합성을 체크한다.


```
    PIMAGE_DATA_DIRECTORY pdd = GetDataDir(pImgBase,
                                 IMAGE_DIRECTORY_ENTRY_RESOURCE);
    if (pdd->VirtualAddress == 0)
        return NULL;
```
  RESOURCE 엔트리에 해당하는 IMAGE_DATA_DIRECTORY의 포인터를 획득한다.

```
    PIMAGE_SECTION_HEADER psh = FindSectHdr(pImgBase, pdd->VirtualAddress);
    if (psh == NULL)
        return NULL;
```

RESOURCE 엔트리에 해당하는 IMAGE_SECTION_HEADER의 포인터를 획득한다.

```
if (wLang == MAKELANGID(LANG_NEUTRAL, SUBLANG_NEUTRAL))
    wLang = GetUserDefaultLangID();
```

wLang 매개변수가 디폴트 언어 ID(0)일 때 호출 스레드의 기본 언어 ID를 획득한다.

```
PBYTE pResSect = pImgBase + RVA_TO_OFFSET(psh, pdd->VirtualAddress);
```

리소스 섹션의 시작 포인터를 획득한다.

```
DWORD dwDirOff = 0;
int    nLevel  = 0;
for (; nLevel < 3; nLevel++)
```

리소스 타입 레벨, ID 레벨, 언어 레벨을 각각 순회한다.

```
{
    PBYTE pIter = pResSect + dwDirOff;
    PIMAGE_RESOURCE_DIRECTORY prd = (PIMAGE_RESOURCE_DIRECTORY)pIter;
    pIter += sizeof(IMAGE_RESOURCE_DIRECTORY);
```

각 레벨별 IMAGE_RESOURCE_DIRECTORY의 포인터를 획득한다.

```
    WORD wId = 0; PCWSTR pszId = NULL;
    bool bChkStr = false;
    switch (nLevel)
    {
        case 0:
```

리소스 타입 레벨일 경우, 매개변수 pszType이 이미 정의된 리소스 타입인지 사용자 정의 리소스 타입인지를 체크한다.

```
            bChkStr = (pszType > RT_MANIFEST);
            if (bChkStr)
                pszId = pszType;
            else
                wId = (WORD)pszType;
            break;
```

```
        case 1:
```

ID 레벨일 경우, 매개변수 pszName이 정수 ID인지 문자열 ID인지를 체크한다.

```
            bChkStr = (pszName > (PCWSTR)USHRT_MAX);
            if (bChkStr)
                pszId = pszName;
            else
                wId = (WORD)pszName;
            break;


        case 2:
```

언어 레벨일 경우, 언어 코드를 비교해야 하므로 정수 비교로 간주한다.

```
            bChkStr = false;
            wId = wLang;
            break;
    }


    WORD wEntCnt = (bChkStr) ? prd->NumberOfNamedEntries :
                                prd->NumberOfIdEntries;
```

문자열 비교일 경우에는 NumberOfNamedEntries 필드 값으로, 정수 비교일 경우에는 NumberOfIdEntries 필드 값으로 탐색할 횟수를 설정한다.

```
    if (!bChkStr)
        pIter += sizeof(IMAGE_RESOURCE_DIRECTORY_ENTRY) *
                prd->NumberOfNamedEntries;
```

문자열 타입이 정수 타입보다 앞서 존재하기 때문에, 정수 비교 시에는 문자열 타입 엔트리를 건너뛰기 위해 pIter 포인터를 갱신한다.

```
    PIMAGE_RESOURCE_DIRECTORY_ENTRY prdet = NULL;
    for (WORD i = 0; i < wEntCnt; i++)
```

wEntCnt만큼 루프를 돌면서 레벨별로 일치하는 엔트리를 검색한다.

```
    {
        PIMAGE_RESOURCE_DIRECTORY_ENTRY prde =
                    (PIMAGE_RESOURCE_DIRECTORY_ENTRY)pIter;
        pIter += sizeof(IMAGE_RESOURCE_DIRECTORY_ENTRY);
```

IMAGE_RESOURCE_DIRECTORY_ENTRY의 포인터를 획득한다.

```
        if (prde->NameIsString)
```

```
        {
            if (!bChkStr) break;

            DWORD dwStrOff = psh->PointerToRawData + prde->NameOffset;
            PIMAGE_RESOURCE_DIR_STRING_U prds =
                (PIMAGE_RESOURCE_DIR_STRING_U)(pImgBase + dwStrOff);
```

문자열 비교를 위해 IMAGE_ RESOURCE_DIR_STRING_U 구조체의 포인터를 획득한다.

```
            if (wcsncmp(pszId, (PCWSTR)prds->NameString, prds->Length) == 0)
            {
                prdet = prde;
                break;
```

문자열 비교 결과 동일하면 해당 엔트리를 검색 결과로 설정하고 루프를 탈출한다.

```
            }
        }
        else
```

```
        {
            if (bChkStr) break;

            if (wId == prde->Id || (nLevel == 2 && wId == 0xFFFF))
            {
                prdet = prde;
                break;
```

정수 값 비교 결과가 동일하거나, 언어 레벨이고 언어 ID가 0xFFFF면 해당 엔트리를 검색 결과로 설정하고 루프를 탈출한다.

```
            }
        }
    }
    if (prdet == NULL)
        break;
```

원하는 엔트리를 찾지 못하면 루프를 빠져나간다.

```
    dwDirOff = prdet->OffsetToDirectory;
```

```
서브 리소스 디렉터리 검색을 위하여 오프셋을 갱신한다.

  }
  if (nLevel < 3)
    return NULL;

언어 레벨까지 검색을 완료하지 못했다면 원하는 리소스를 찾지 못했음을 의미한다.


  PIMAGE_RESOURCE_DATA_ENTRY pdata =
      (PIMAGE_RESOURCE_DATA_ENTRY)(pResSect + dwDirOff);

찾은 리소스 엔트리에 대한 IMAGE_RESOURCE_DATA_ENTRY의 포인터를 획득한다.


  dwSize = pdata->Size;
  return (pImgBase + RVA_TO_OFFSET(psh, pdata->OffsetToData));

리소스의 크기를 설정하고 RVA를 오프셋으로 변환하여 리소스의 시작 포인터를 반환한다.

}
```

9.4.2 PE Explorer의 리소스 섹션 분석

이번에는 리소스 섹션을 분석하는 PE Explorer의 코드를 살펴보자. 앞서 FindResource 함수의 구현과는 다르게 재귀 함수를 이용해서 리소스 섹션의 각 노드를 구성하게 된다. 리소스 섹션에서 사용되는 3개의 구조체, 즉 IMAGE_RESOURCE_DIRECTORY, IMAGE_RESOURCE_DATA_ENTRY, IMAGE_RESOURCE_DIRECTORY_ENTRY에 대한 XML 스키마 정의는 다음과 같다.

```
<Struct name="IMAGE_RESOURCE_DIRECTORY">
  <Member name="Characteristics" type="DWORD"/>
  <Member name="TimeDateStamp" type="DWORD"/>
  <Member name="MajorVersion" type="WORD"/>
  <Member name="MinorVersion" type="WORD"/>
  <Member name="NumberOfNamedEntries" type="WORD"/>
  <Member name="NumberOfIdEntries" type="WORD"/>
</Struct>
<Struct name="IMAGE_RESOURCE_DIRECTORY_ENTRY">
```

```
      <Member name="NameOrId" type="DWORD"/>
      <Member name="OffsetToData" type="DWORD"/>
   </Struct>
   <Struct name="IMAGE_RESOURCE_DATA_ENTRY">
      <Member name="OffsetToData" type="DWORD" rva="true"/>
      <Member name="Size" type="DWORD"/>
      <Member name="CodePage" type="DWORD"/>
      <Member name="Reserved" type="DWORD"/>
   </Struct>
```

다음은 위의 3개의 구조체를 이용하여 리소스 섹션을 분석하는 ParseDirEntryResource 콜백 함수
에 대한 정의다. 이 함수는 PEAnals.Resource.cpp 소스 파일에 있다.

```
bool PEAnals::ParseDirEntryResource(PPE_NODE pnUp, PIMAGE_DATA_DIRECTORY pdd)
{
   PIMAGE_SECTION_HEADER psh = &m_pshs[pnUp->Index];
   DWORD dwOffset = RVA_TO_OFFSET(psh, pdd->VirtualAddress);
```
RESOURCE 엔트리가 소속된 섹션과 시작 오프셋을 획득한다.
```
   CString sz; USES_CONVERSION;

   PPE_NODE pn = InsertStructNode(pnUp->Node, pnUp->Index,
      dwOffset, L"Resource", L"IMAGE_RESOURCE_DIRECTORY");
   AppendStructMembers(pn);
```
루트 디렉터리 IMAGE_RESOURCE_DIRECTORY 구조체에 대한 노드를 추가하고 필드 정보를 출력한다
```
   DWORD dwResStart = dwOffset;
```
리소스 섹션의 시작 오프셋을 설정한다.
```
   PIMAGE_RESOURCE_DIRECTORY prd =
         (PIMAGE_RESOURCE_DIRECTORY)(m_pImgView + dwOffset);
   dwOffset += sizeof(IMAGE_RESOURCE_DIRECTORY);
```
루트 디렉터리에 대한 IMAGE_IMPORT_DESCRIPTOR 구조체의 포인터를 획득한다.
```
   ParseResDirEntry(dwResStart, prd, dwOffset, pn, 0, L"");
```

```
    return false;
}
```

리소스 섹션 분석의 핵심 코드는 ParseResDirEntry 재귀 함수의 호출이다. 실제로 이 함수 내에서
리소스 디렉터리 엔트리와 데이터 엔트리의 분석이 수행된다. 엔트리 분석을 위해 먼저 리소스 타입
RC_XXXX에 해당하는 문자열을 다음과 같이 정의했다.

```
PCWSTR PEAnals::GSZ_RES_TYPES[] =
{
    L"NULL",
    L"CURSOR",
    L"BITMAP",
    L"ICON",
        ⋮
    L"HTML",
    L"MANIFEST",
};
```

또한 언어 ID를 위한 열거형 XML 스키마 'LANGUAGE_ID'도 다음과 같이 정의했다.

```
<Enum name="LANGUAGE_ID" type="WORD">
    <Item name="Arabic" value="0x0401"/>
    <Item name="Italian" value="0x0410"/>
    <Item name="Basque" value="0x042D"/>
    <Item name="Japanese" value="0x0411"/>
    <Item name="Chinese(Simplified)" value="0x0804"/>
    <Item name="Korean" value="0x0412"/>
    <Item name="Chinese(Traditional)" value="0x0404"/>
        ⋮
    <Item name="English(British)" value="0x0809"/>
    <Item name="Russian" value="0x0419"/>
    <Item name="English(US)" value="0x0409"/>
        ⋮
</Enum>
```

이제 재귀 함수 ParseResDirEntry에 대한 정의를 살펴보자. 이 함수의 첫 번째 매개변수 dwResStart는 리소스 섹션의 시작 오프셋을 의미한다. 매개변수 prd와 dwOffset은 각 리소스 디렉터리의 인스턴스 포인터와 시작 오프셋을 담고 있다. pn은 부모 트리 노드가 되고, nDepth는 함수가 호출될 때의 트리 깊이가 된다. 마지막 매개변수 pszResName은 리소스 데이터의 종류 식별을 위해 전달하는 각 레벨별 리소스 이름이 된다.

```
DWORD PEAnals::ParseResDirEntry(DWORD dwResStart, PIMAGE_RESOURCE_DIRECTORY prd,
        DWORD dwOffset, PPE_NODE pn, int nDepth, PCTSTR pszResName)
{
   PPE_ENUM peLangs = NULL;
   if (nDepth == 2)
      peLangs = SCHEMA.EnumMap()->find(L"LANGUAGE_ID")->second;
```
언어 레벨일 경우 언어 정보를 위한 열거형을 획득한다.

```
   for (WORD i = 0; i < prd->NumberOfIdEntries + prd->NumberOfNamedEntries; i++)
```
IMAGE_RESOURCE_DIRECTORY_ENTRY 엔트리 수만큼 루프를 돌면서 노드를 추가한다.

```
   {
      CString szName, szRes;
      PPE_NODE pne = InsertStructNode(pn->Node, pn->Index,
         dwOffset, L"", L"IMAGE_RESOURCE_DIRECTORY_ENTRY");
      AppendStructMembers(pne);

      PIMAGE_RESOURCE_DIRECTORY_ENTRY prde =
         (PIMAGE_RESOURCE_DIRECTORY_ENTRY)(m_pImgView + dwOffset);
```
IMAGE_RESOURCE_DIRECTORY_ENTRY 구조체의 포인터를 획득한다.

Name or ID 파싱

```
      if (prde->NameIsString)
      {
         DWORD dwStrOff = dwResStart + prde->NameOffset;
         PIMAGE_RESOURCE_DIR_STRING_U prds =
                  (PIMAGE_RESOURCE_DIR_STRING_U)(m_pImgView + dwStrOff);
         PWSTR pszName = szName.GetBufferSetLength(prds->Length);
```

```
        memcpy(pszName, (PBYTE)prds->NameString, prds->Length * sizeof(WCHAR));
        szRes = szName;
```

```
    }
    else
    {
        WORD wId = (WORD)prde->Id;
        if (nDepth == 0)
        {
            if (wId <= (WORD)RT_MANIFEST && nDepth == 0)
                szName = szRes = GSZ_RES_TYPES[wId];
            else
                szName.Format(L"RT:%d", wId);
        }
        else if (nDepth == 2)
        {
            szName = szRes = peLangs->Find(wId);
            if (szName.IsEmpty())
                szName.Format(L"LangID: 0x%04X", wId);
        }
        else
            szName.Format(L"ResID: %d", wId);
        if (szRes.IsEmpty())
            szRes.Format(L"%04X", wId);
```

```
    }
    PPE_NODE pnd = FindNode(pne->Node, L"NameOrId");
    UpdateNodeText(pnd->Node, szName, COL_IDX_INFO);

    CString szDtn = pszResName;
    if (!szDtn.IsEmpty())
        szDtn.Append(L":");
    szDtn.Append(szRes);
    pnd = FindNode(pne->Node, L"OffsetToData");
```

디렉터리 또는 데이터 엔트리 파싱

```
    if (prde->DataIsDirectory)
    {
        DWORD dwDirOff = dwResStart + prde->OffsetToDirectory;
        PPE_NODE pnSub = InsertStructNode(pnd->Node, pnd->Index,
            dwDirOff, L"Resource", L"IMAGE_RESOURCE_DIRECTORY");
        AppendStructMembers(pnSub);
```

디렉터리 엔트리인 경우 엔트리 노드를 추가한다.

```
        PIMAGE_RESOURCE_DIRECTORY prd2 =
                (PIMAGE_RESOURCE_DIRECTORY)(m_pImgView + dwDirOff);
        dwDirOff += sizeof(IMAGE_RESOURCE_DIRECTORY);
        ParseResDirEntry(dwResStart, prd2, dwDirOff, pnSub, nDepth + 1, szDtn);
```

IMAGE_RESOURCE_DIRECTORY 포인터를 획득하고 ParseResDirEntry 재귀 함수를 호출한다.

```
    }
    else
    {
        DWORD dwEntOff = dwResStart + prde->OffsetToData;
        PPE_NODE pnSub = InsertStructNode(pnd->Node, pnd->Index,
            dwEntOff, L"Data", L"IMAGE_RESOURCE_DATA_ENTRY");
        AppendStructMembers(pnSub);
```

데이터 엔트리인 경우 데이터에 대한 노드를 추가한다.

```
        PIMAGE_RESOURCE_DATA_ENTRY prre =
                (PIMAGE_RESOURCE_DATA_ENTRY)(m_pImgView + dwEntOff);
        dwEntOff += sizeof(IMAGE_RESOURCE_DATA_ENTRY);
```

IMAGE_RESOURCE_DATA_ENTRY 포인터를 획득하고 ParseResDirEntry 재귀 함수를 호출한다.

```
        PIMAGE_SECTION_HEADER psh = PEPlus::FindSectHdr
                                    (m_pImgView, prre->OffsetToData);
```

실제 리소스 데이터가 위치한 섹션 헤더를 획득한다.

```
        if (psh != NULL)
        {
            PPE_NODE pnd2 = FindNode(pnSub->Node, L"OffsetToData");
            DWORD dwResOff = RVA_TO_OFFSET(psh, prre->OffsetToData);
```

```
            PPE_NODE pnr = InsertFieldNode(pnd2->Node, pnd2->Index,
                            dwResOff, szDtn, PE_TYPE::UInt8, prre->Size);
```

```
            pnr->Kind = IMAGE_DIRECTORY_ENTRY_RESOURCE;
            int nPos = szDtn.Find(L':');
            if (nPos > 0)
            {
                szDtn = szDtn.Left(nPos);
                WORD wRcType = 0;
                for (; wRcType < sizeof(GSZ_RES_TYPES) / sizeof(PCWSTR); wRcType++)
                {
                    if (szDtn == GSZ_RES_TYPES[wRcType])
                        break;
                }
                if (wRcType > 0 && wRcType < sizeof(GSZ_RES_TYPES) / sizeof(PCWSTR))
                    pnr->SubT = (BYTE)wRcType;
```

```
            }
        }
    }

    CString sz;
    sz.Format(L"[%d:%d]%s", nDepth + 1, i, szName);
    UpdateNodeText(pne->Node, sz, COL_IDX_NAME);

    dwOffset += sizeof(IMAGE_RESOURCE_DIRECTORY_ENTRY);
    }
    return 0;
}
```

위의 함수를 통해서 PE Explorer가 분석한 DlgApp.exe의 리소스 섹션 구조는 다음과 같다.

그림 9-9 PE Explorer의 리소스 섹션 분석 결과

드	타입	오프셋·RVA
□ ※ .rsrc	BYTE[2048]	00004C00:
□ ☝ RESOURCE	BYTE[1608]	00004C00:
□ ▣ Resource	IMAGE_RESOURCE_DIRECTORY	00004C00:
◆ Characteristics	DWORD	00004C00:
◆ TimeDateStamp	DWORD	00004C04:
◆ MajorVersion	WORD	00004C08:
◆ MinorVersion	WORD	00004C0A:
◆ NumberOfNamedEntries	WORD	00004C0C:
◆ NumberOfIdEntries	WORD	00004C0E:
□ ▣ [1:0]ICON	IMAGE_RESOURCE_DIRECTORY_ENTRY	00004C10:
◆ NameOrId	DWORD	00004C10:
□ ◆ OffsetToData	DWORD	00004C14:
□ ▣ Resource	IMAGE_RESOURCE_DIRECTORY	00004C28:
◆ Characteristics	DWORD	00004C28:
◆ TimeDateStamp	DWORD	00004C2C:
◆ MajorVersion	WORD	00004C30:
◆ MinorVersion	WORD	00004C32:
◆ NumberOfNamedEntries	WORD	00004C34:
◆ NumberOfIdEntries	WORD	00004C36:
⊞ ▣ [2:0]ID: 1	IMAGE_RESOURCE_DIRECTORY_ENTRY	00004C38:
⊞ ▣ [2:1]ID: 2	IMAGE_RESOURCE_DIRECTORY_ENTRY	00004C40:
□ ▣ [1:1]DIALOG	IMAGE_RESOURCE_DIRECTORY_ENTRY	00004C18:
◆ NameOrId	DWORD	00004C18:
⊞ ◆ OffsetToData	DWORD	00004C1C:
□ ▣ [1:2]GROUP_ICON	IMAGE_RESOURCE_DIRECTORY_ENTRY	00004C20:
◆ NameOrId	DWORD	00004C20:
◆ OffsetToData	DWORD	00004C24:

지금까지 자체의 구조에 대해 전반적으로 살펴보았다. 다음 장에서는 최종 단말 노드, 즉 IMAGE_RESOURCE_DATA_ENTRY의 OffsetToData 필드가 가리키는 실제 리소스 데이터를 위한 노드를 마우스 오른쪽 버튼을 클릭했을 때 출력되는 팝업 메뉴에서 '리소스 보기'를 선택하면 해당 타입의 리소스에 대한 상세 정보를 출력하도록 하는 과정을 해당 리소스를 분석하면서 직접 만들어 볼 예정이다.

다음 그림과 같이 아이콘이나 메뉴, 대화상자 등에 대한 상세 정보를 확인할 수 있다. 이러한 과정을 거치면 PE의 리소스를 분석하는 꽤 괜찮은 툴을 제작할 수 있을 것이다.

그림 9-10 [리소스 보기] 메뉴

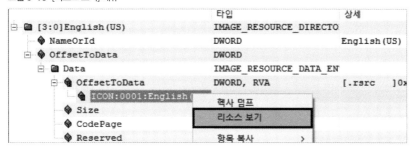

10장

리소스 섹션의 개별 리소스

9장에서는 IMAGE_RESOURCE_DIRECTORY, IMAGE_RESOURCE_DIRECTORY_ENTRY, IMAGE_RESOURCE_DATA_ENTRY 이렇게 3개의 구조체로 구성되는 리소스 섹션의 전체 구조와 함께 리소스의 실제 시작 위치를 획득하는 과정에 대한 내용을 살펴보았다. 이 절에서는 이렇게 획득된 리소스의 시작 오프셋 지점에 위치하는 다양한 타입의 리소스들의 구조에 대해서 살펴볼 것이다.

10.1 샘플 리소스 제작

다양한 타입의 리소스들을 설명하기 위해서 여러 종류의 리소스를 담고 있는 샘플 프로그램을 제작해보자. 〈ResrcApp〉 프로젝트는 BasicApp.cpp 소스를 바탕으로 메뉴와 아이콘, 커서를 추가했으며 비트맵을 이용하여 프로그램 창에 출력하도록 만들었다. 또한 대화상자와 버전 정보, 매니페스트 및 사용자 정의 리소스도 함께 추가했다. ResrcApp.exe의 리소스 섹션 구조를 PE Explorer로 분석한 결과 다음과 같이 총 12개의 리소스가 존재한다.

그림 10-1 ResrcApp.exe의 리소스

	타입	오프셋:RVA
⊞ 📁 [1:0]CSV	IMAGE_RESOURCE_DIRECTORY_ENTRY	00006410:0000A010
⊞ 📁 [1:1]CURSOR	IMAGE_RESOURCE_DIRECTORY_ENTRY	00006418:0000A018
⊞ 📁 [1:2]BITMAP	IMAGE_RESOURCE_DIRECTORY_ENTRY	00006420:0000A020
⊞ 📁 [1:3]ICON	IMAGE_RESOURCE_DIRECTORY_ENTRY	00006428:0000A028
⊞ 📁 [1:4]MENU	IMAGE_RESOURCE_DIRECTORY_ENTRY	00006430:0000A030
⊞ 📁 [1:5]DIALOG	IMAGE_RESOURCE_DIRECTORY_ENTRY	00006438:0000A038
⊞ 📁 [1:6]STRING	IMAGE_RESOURCE_DIRECTORY_ENTRY	00006440:0000A040
⊞ 📁 [1:7]ACCELERATOR	IMAGE_RESOURCE_DIRECTORY_ENTRY	00006448:0000A048
⊞ 📁 [1:8]GROUP_CURSOR	IMAGE_RESOURCE_DIRECTORY_ENTRY	00006450:0000A050
⊞ 📁 [1:9]GROUP_ICON	IMAGE_RESOURCE_DIRECTORY_ENTRY	00006458:0000A058
⊞ 📁 [1:10]VERSION	IMAGE_RESOURCE_DIRECTORY_ENTRY	00006460:0000A060
⊞ 📁 [1:11]MANIFEST	IMAGE_RESOURCE_DIRECTORY_ENTRY	00006468:0000A068

그러면 프로젝트 〈ResrcApp〉의 메인 소스인 ResrcApp.cpp의 코드를 간단하게 검토해보자.

소스 10-1 ResrcApp.cpp의 WinMain 함수

```
#include <windows.h>
#include <tchar.h>
#include "Resource.h"
```

```
#define      YHD_WND_TITLE _T("YHD Hello Program")
TCHAR        G_APP_CLS[16] = _T("YHD_HELLO_WND");
HINSTANCE  g_hInstance;

LRESULT CALLBACK WndProc(HWND, UINT, WPARAM, LPARAM);

int WINAPI _tWinMain(HINSTANCE hInst, HINSTANCE hPrevInst,
                     PTSTR szCmdLine, int iCmdShow)
{
   g_hInstance = hInst;

   WNDCLASSEX wc;
   memset(&wc, 0, sizeof(wc));
   wc.cbSize         = sizeof(wc);
   wc.style          = CS_HREDRAW | CS_VREDRAW;
   wc.lpfnWndProc    = WndProc;
   wc.hInstance      = hInst;
   wc.hIcon                  = LoadIcon(g_hInstance, MAKEINTRESOURCE(IDR_YHD_ICON));
```

아이콘 리소스 IDR_YHD_ICON을 프로그램 아이콘으로 설정한다.

```
   wc.hCursor        = LoadCursor(g_hInstance, MAKEINTRESOURCE(IDR_YHD_CURSOR));
```

커서 리소스 IDR_YHD_CURSOR를 마우스 커서로 설정한다.

```
   wc.hbrBackground  = (HBRUSH)GetStockObject(WHITE_BRUSH);
   wc.lpszMenuName   = MAKEINTRESOURCE(IDR_YHD_MENU);
```

메뉴 리소스 IDR_YHD_MENU를 메인 메뉴로 설정한다.

```
   wc.lpszClassName = G_APP_CLS;
   if(!RegisterClassEx(&wc))
   {
      TCHAR szMsg[64];
      LoadString(hInst, IDS_FAIL_REGISTER_CLASS, szMsg, sizeof(szMsg));
```

리소스로 등록된 문자열 IDS_FAIL_REGISTER_CLASS를 로드한다.

```
      MessageBox(NULL, szMsg, G_APP_CLS, MB_ICONERROR);
      return 0 ;
   }

   HWND hWnd = CreateWindowEx
```

```
    (
        0, G_APP_CLS, YHD_WND_TITLE,
        WS_OVERLAPPEDWINDOW, CW_USEDEFAULT, CW_USEDEFAULT,
        400, 150, NULL, NULL, hInstance, NULL
    );
    if (hWnd == NULL)
    {
        TCHAR szMsg[64];
        LoadString(hInst, IDS_FAIL_CREATE_WINDOW, szMsg, sizeof(szMsg));
```

리소스로 등록된 문자열 IDS_FAIL_CREATE_WINDOW를 로드한다.

```
        MessageBox(NULL, szMsg, G_APP_CLS, MB_ICONERROR);
        return 0;
    }
    ShowWindow(hWnd, iCmdShow);
    UpdateWindow(hWnd);

    HACCEL hAccel = LoadAccelerators(hInst, MAKEINTRESOURCE(IDR_YHD_ACCEL));
```

단축키 테이블 IDR_YHD_ACCEL을 로드한다.

```
    MSG msg;
    while (GetMessage(&msg, NULL, 0, 0))
    {
        if (!TranslateAccelerator(hWnd, hAccel, &msg))
```

단축키 처리를 위해 TranslateAccelerator 함수를 호출한다.

```
        {
            TranslateMessage(&msg);
            DispatchMessage(&msg);
        }
    }
    return (int)msg.wParam;
}
```

우리가 정의한 WinMain의 첫 번째 매개변수 hInstance는 해당 프로그램의 인스턴스 핸들이다. 이 인스턴스는 프로세스에 속한 여러 리소스들, 즉 메뉴, 아이콘, 커서, 대화상자 등의 준거점이 된다. 이러한 리소스들을 로드할 때 사용되는 함수들은 언제나 이 인스턴스의 핸들을 첫 번째 매개변수로 요구한다. 예를 들어 아이콘이나 커서를 로드할 때 다음과 같은 함수들을 사용해야 한다.

```
HICON   WINAPI LoadIcon (HINSTANCE hInstance, LPCTSTR lpIconName);
HCURSOR WINAPI LoadCursor(HINSTANCE hInstance, LPCTSTR lpCursorName);
```

LoadIcon이나 LoadCursor 함수*의 첫 번째 매개변수가 hInstance임을 알 수 있다. 이때 해당 애플리케이션에서 지정된 아이콘을 로드하기 위해서 이 매개변수에 WinMain을 통해서 넘어온 HINSTANCE 핸들값을 넘겨준다. 그러면 시스템은 WinMain의 매개변수인 hInstance를 참조하여 원하는 아이콘이나 커서 등의 리소스를 로드시켜준다. 만약 로드된 다른 DLL이 보유한 리소스를 획득하려면 GetModuleHandle 함수를 통해서 해당 DLL의 인스턴스 핸들을 획득한 후 이 핸들을 전달하면 된다. 다음과 같이 hInstance 매개변수를 NULL로 지정하면 시스템이 보유하고 있는 리소스를 돌려준다.

```
HICON hIcon = LoadIcon(NULL, IDC_ARRAOW));
```

다음은 ResrcApp.exe의 WndProc 함수에 대한 정의다.

소스 10-2 ResrcApp.cpp의 WndProc 함수

```
LRESULT CALLBACK WndProc(HWND hWnd, UINT uMsg, WPARAM wParam, LPARAM lParam)
{
   static TCHAR    s_szMsg[64];
   static HBITMAP  s_hbmBkgnd;

   switch (uMsg)
   {
     case WM_CREATE:
     {
       TCHAR szMsg[64];
#if _WIN64
       LoadString(g_hInstance, IDS_TEXT_MSG64, szMsg, sizeof(szMsg));
#else
       LoadString(g_hInstance, IDS_TEXT_MSG32, szMsg, sizeof(szMsg));
```

---

* LoadIcon이나 LoadCursor 함수는 LoadImage 함수로 통합 대체되었기 때문에 이 두 함수의 사용은 더 이상 권장되지 않는다. 하지만 hInstance의 의미를 강조하기 위해 본 예제에서는 이 두 함수를 사용했다.

```
#endif
```

리소스로 등록된 문자열 IDS_TEXT_MSG64를 로드한다.

```
        wsprintf(s_szMsg, szMsg, g_hInstance);
    }
    return TRUE;

    case WM_PAINT:
    {
        PAINTSTRUCT ps;
        RECT          rc;
        HDC           hDC = BeginPaint(hWnd, &ps);
        GetClientRect(hWnd, &rc);

        HBRUSH hbr = NULL, hOldBr = NULL;
        INT nOldBkMode = 0;
        if (s_hbmBkgnd != NULL)
        {
            hbr = CreatePatternBrush(s_hbmBkgnd);
            hOldBr = (HBRUSH)SelectObject(hDC, hbr);
            PatBlt(hDC, 0, 0, rc.right, rc.bottom, PATCOPY);
            nOldBkMode = SetBkMode(hDC, TRANSPARENT);
```

IDR_YHD_BITMAP 비트맵이 로드되어 있으면 이 비트맵으로 배경을 그린다.

```
        }
        else
        {
            hbr = CreateSolidBrush(RGB(255, 255, 255));
            FillRect(hDC, &rc, hbr);
```

IDR_YHD_BITMAP 비트맵이 로드되어 있지 않으면 흰 색으로 배경을 클리어한다.

```
        }

        int nStrLen = (int)_tcslen(s_szMsg);
        DrawText(hDC, s_szMsg, nStrLen, &rc,
            DT_SINGLELINE | DT_CENTER | DT_VCENTER | DT_END_ELLIPSIS);
        if (s_hbmBkgnd != NULL)
        {
            SetBkMode(hDC, nOldBkMode);
```

```
            SelectObject(hDC, hOldBr);
            DeleteObject(hbr);
        }
        EndPaint(hWnd, &ps);
    }
    return 0;

    case WM_DESTROY:
        if (s_hbmBkgnd != NULL)
        {
            DeleteObject(s_hbmBkgnd);
            s_hbmBkgnd = NULL;
        }
        PostQuitMessage(0);
    return 0;

    case WM_COMMAND:
```

메뉴 항목 ID_MENU_XXXX 및 단축키 ID_ACCEL_XXXX에 대한 처리 핸들

```
    {
        WORD wID = LOWORD(wParam);
        switch (wID)
        {
            case ID_MENU_CHANGECURSOR:
            case ID_ACCEL_CHANGECURSOR:
```

애플리케이션의 마우스 커서를 변경한다.

```
            {
                HMENU hSubMenu = GetSubMenu(GetMenu(hWnd), 0);
                UINT uFlag = GetMenuState(hSubMenu, 0, MF_BYPOSITION);
                LONG_PTR uCursor = 0;
                if (uFlag & MF_CHECKED)
                {
                    uFlag = MF_BYPOSITION | MF_UNCHECKED;
                    uCursor = (LONG_PTR)LoadCursor(NULL, IDC_ARROW);
```

ID_MENU_CHANGECURSOR 메뉴 항목이 체크된 상태면 시스템 커서를 로드한다.

```
                }
                else
```

```
                    {
                        uFlag = MF_BYPOSITION | MF_CHECKED;
                        uCursor = (LONG_PTR)LoadCursor(g_hInstance,
                                              MAKEINTRESOURCE(IDR_YHD_CURSOR));
```

ID_MENU_CHANGECURSOR 메뉴 항목이 체크된 상태가 아니면 IDR_YHD_CURSOR 커서를 로드한다.

```
                    }
                    SetClassLongPtr(hWnd, GCLP_HCURSOR, uCursor);
                    CheckMenuItem(hSubMenu, 0, uFlag);
```

로드한 커서를 애플리케이션 커서로 설정한다.

```
                }
                break;


                case ID_MENU_SHOWBITMAP:
                case ID_ACCEL_SHOWBITMAP:
```

창의 배경화면을 IDR_YHD_BITMAP 비트맵으로 변경한다.

```
                {
                    if (s_hbmBkgnd == NULL)
                    {
                        HMENU hmnu = GetSubMenu(GetSubMenu(GetMenu(hWnd), 0), 2);
                        EnableMenuItem(hmnu, 0, MF_BYPOSITION | MF_GRAYED );
                        EnableMenuItem(hmnu, 1, MF_BYPOSITION | MF_ENABLED);
                        s_hbmBkgnd = LoadBitmap(g_hInstance,
                                        MAKEINTRESOURCE(IDR_YHD_BITMAP));
                        InvalidateRect(hWnd, NULL, TRUE);
```

IDR_YHD_BITMAP 비트맵이 로드되어 있지 않으면 로드하고 이 비트맵으로 창을 그린다.

```
                    }
                }
                break;


                case ID_MENU_CLEARBITMAP:
                case ID_ACCEL_CLEARBITMAP:
```

창의 배경화면을 클리어한다.

```
                {
                    if (s_hbmBkgnd != NULL)
```

```
            {
                HMENU hmnu = GetSubMenu(GetSubMenu(GetMenu(hWnd), 0), 2);
                EnableMenuItem(hmnu, 0, MF_BYPOSITION | MF_ENABLED);
                EnableMenuItem(hmnu, 1, MF_BYPOSITION | MF_GRAYED);
                DeleteObject(s_hbmBkgnd);
                s_hbmBkgnd = NULL;
                InvalidateRect(hWnd, NULL, TRUE);
```

IDR_YHD_BITMAP 비트맵이 로드되어 있으면 비트맵을 해제하고 흰 색으로 클리어한다.

```
            }
        }
        break;

        case ID_MENU_EXIT:
        case ID_ACCEL_EXIT:
```

애플리케이션을 종료한다.

```
        {
            TCHAR szMsg[64];
            LoadString(g_hInstance, IDS_QUESTION, szMsg, sizeof(szMsg));
```

IDS_QUESTION 문자열을 로드한다.

```
            if (MessageBox(hWnd, szMsg, YHD_WND_TITLE,
                MB_YESNO | MB_ICONQUESTION) == IDYES)
                DestroyWindow(hWnd);
```

종료 여부를 묻는 메시지 박스를 출력하고, YES일 경우 애플리케이션을 종료한다.

```
        }
        break;

        case ID_MENU_DIALOG:
        case ID_ACCEL_DIALOG:
```

대화상자를 출력한다.

```
        {
            DialogBox(g_hInstance,
                MAKEINTRESOURCE(IDR_YHD_DIALOG), NULL, (DLGPROC)DlgProc);
        }
        break;
```

```
        }
      }
      return 0;
    }

    return DefWindowProc(hWnd, uMsg, wParam, lParam);
  }
```

ResrcApp.exe의 실행 결과는 다음과 같다. 메뉴를 통해서 커서와 창의 배경을 변경할 수 있으며, 대화상자도 출력할 수 있다.

그림 10-2 ResrcApp.exe의 실행 결과

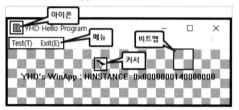

지금까지 설명했던 WinMain 함수와 WndProc 함수에서 사용한 여러 리소스들을 정리해보자. 프로젝트 〈ResrcApp〉에서 정의한 리소스는 다음과 같다.

그림 10-3 프로젝트 〈ResrcApp〉에서 정의한 리소스

프로젝트 〈ResrcApp〉에서는 위 그림과 같이 "CSV" 사용자 정의 리소스를 시작으로 단축키, 비트

맵, 커서, 대화상자, 아이콘, 메뉴, 문자열 테이블, 버전 정보 리소스를 사용한다. 또한 [그림 10-3] 에서 명시적으로 표시되지는 않지만 매니페스트 리소스도 사용하고 있다. 앞에서 정의한 리소스들에 대한 ID는 다음과 같이 "Resource.h" 헤더 파일에 정의했다.

소스 10-3 Resource.h

```
#define IDR_YHD_MENU              101 ← 메뉴
#define IDR_YHD_ACCEL             102 ← 단축키 테이블
#define IDR_YHD_BITMAP            103 ← 비트맵
#define IDR_YHD_CURSOR            104 ← 커서
#define IDR_YHD_ICON              105 ← 아이콘
#define IDS_APPNAME               108 ← 문자열
#define IDS_TEXT_MSG32            109 ← 문자열
#define IDS_TEXT_MSG64            110 ← 문자열
#define IDS_QUESTION              111 ← 문자열
#define IDS_TEST01                112 ← 문자열
#define IDS_TEST02                113 ← 문자열
#define IDS_FAIL_REGISTER_CLASS   1001 ← 문자열
#define IDS_FAIL_CREATE_WINDOW    1002 ← 문자열
#define ID_MENU_CHANGECURSOR      40001 ← 메뉴 항목
#define ID_MENU_SHOWBITMAP        40002 ← 메뉴 항목
#define ID_MENU_CLEARBITMAP       40003 ← 메뉴 항목
#define ID_MENU_EXIT              40004 ← 메뉴 항목
#define ID_ACCEL_CHANGECURSOR     50001 ← 단축키 항목
#define ID_ACCEL_SHOWBITMAP       50002 ← 단축키 항목
#define ID_ACCEL_CLEARBITMAP      50003 ← 단축키 항목
#define ID_ACCEL_EXIT             50004 ← 단축키 항목
```

[그림 10-3]에서는 9개의 리소스에 매니페스트까지 총 10종류의 리소스들이 정의되어 있다. 그리고 아이콘을 별도로 정의했기 때문에, 9장에서 확인했던 것처럼 그룹 아이콘이 존재할 것이다. 이는 커서의 경우도 마찬가지인데, 커서도 직접 정의했기 때문에 그룹 커서도 존재한다. 따라서 합쳐서 12종류의 리소스가 ResrcApp.exe에 존재할 것이며, 이 사실은 [그림 10-1]을 통해서도 확인할 수 있다. 이 리소스 정의를 담고 있는 리소스 파일의 내용은 각 리소스를 설명할 때 함께 보여주기로로 하고, 이제부터 위에서 정의한 각 리소스들에 대한 분석으로 들어가자.

10.2 커서, 아이콘 & 비트맵

제일 먼저 ResrcApp.exe PE 내에 존재하는 아이콘과 커서, 그리고 비트맵 리소스에 대하여 알아보자. 사실 아이콘과 커서, 그리고 비트맵은 기본적으로 비트맵 포맷에 바탕을 두고 있다. BMP 확장자를 가진 비트맵 이미지 파일과 ICO나 CUR 확장자를 가진 아이콘이나 커서 파일의 포맷의 경우 헤더 부분은 다르지만 바이너리 리소스로 컴파일되어 PE 이미지 내에 병합되었을 때는 모두 동일한 포맷을 따르며, 윈도우 비트맵 포맷이 그 바탕이 된다. 따라서 윈도우의 비트맵 포맷을 먼저 간단하게 살펴본 후 아이콘과 커서 포맷을 함께 설명한다. 또한 그룹 아이콘과 그룹 커서의 내용은 아이콘이나 커서에 대한 인덱스 역할을 하기 때문에 여기서 함께 설명할 것이다.

우리가 정의한 아이콘과 커서, 비트맵 리소스는 리소스 파일 ResrcApp.rc에 다음과 같이 정의된다.

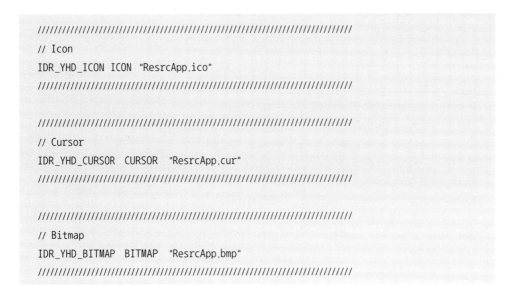

```
/////////////////////////////////////////////////////////////////
// Icon
IDR_YHD_ICON ICON "ResrcApp.ico"
/////////////////////////////////////////////////////////////////


/////////////////////////////////////////////////////////////////
// Cursor
IDR_YHD_CURSOR  CURSOR  "ResrcApp.cur"
/////////////////////////////////////////////////////////////////


/////////////////////////////////////////////////////////////////
// Bitmap
IDR_YHD_BITMAP  BITMAP  "ResrcApp.bmp"
/////////////////////////////////////////////////////////////////
```

다음은 위에서 정의한 아이콘과 커서, 그리고 비트맵의 이미지를 보여주고 있다. 특히 아이콘의 경우는 32x32와 16x16 두 개의 이미지가 내장되어 있다는 사실에 주의하기 바란다.

표 10-1 아이콘, 커서, 비트맵 이미지

아이콘	커서	비트맵
32x32, 4비트, BMP 16x16, 4비트, BMP	32x32, 1비트, BMP	
ResrcApp.ico	ResrcApp.cur	ResrcApp.bmp

10.2.1 비트맵의 구조

윈도우의 비트맵은 DDB(Device Dependent Bitmap, 장치 종속적 비트맵)와 DIB(Device Independent Bitmap, 장치 독립적 비트맵)로 나뉜다. DDB는 해당 이미지를 실제로 화면이나 프린터 등의 장치로 출력하기 위해 해당 장치에서 요구하는 메모리 상의 포맷을 말하며, DIB는 출력을 위한 장치들과 상관없이 디스크 상에 저장되는 파일 포맷을 말한다. 따라서 DIB의 경우 확장자 BMP를 갖는 비트맵 포맷도 있지만 JPG나 PNG 등의 이미지 포맷도 있다. 하지만 이런 DIB들이 실제로 장치로 출력되기 위해서는 메모리에 로드될 때 DDB 포맷으로 변경되어야 한다. 다행히도 화면에 출력하기 위한 윈도우의 BMP 포맷의 경우, 파일로 존재하는 BMP DIB와 메모리 상에서 요구되는 BMP DDB는 다음과 같은 구조에 기반을 둔 거의 동일한 포맷을 갖는다. 그리고 리소스 섹션의 BMP 포맷은 DDB 포맷으로 존재한다.

그림 10-4 비트맵의 전체적 구조

(a) 비트맵 파일 구조 (DIB)

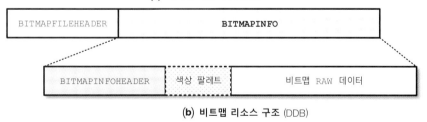

(b) 비트맵 리소스 구조 (DDB)

디스크 상의 파일로 존재하는 BMP는 위 그림 (a)처럼 BITMAPFILEHEADER 구조체와 BITMAPINFO 구조체로 구성되는 포맷을 갖는다. 그리고 리소스 섹션 내의 BMP는 BITMAPINFO 구조체 그 자체로 존재하는데, 위 그림의 (b)가 BITMAPINFO의 구성을 보여주며, 이 구조체 자체가 화면으로의 출력을 위한 DDB 포맷이 된다.

BMP 파일 헤더 역할을 하는 BITMAPFILEHEADER 구조체는 "WinGDI.h" 헤더 파일에 다음과 같이 정의되어 있다.

```
typedef struct tagBITMAPFILEHEADER
{
    WORD  bfType;
    DWORD bfSize;
    WORD  bfReserved1;
    WORD  bfReserved2;
    DWORD bfOffBits;
} BITMAPFILEHEADER, *PBITMAPFILEHEADER;
```

WORD bfType

BMP 포맷을 의미하는 'BM'에 해당하는 값으로, 0x4D42가 된다.

DWORD bfSize

BMP 파일의 전체 크기를 바이트 단위로 담는다.

WORD bfReserved1

WORD bfReserved2

예약되어 있으며, 반드시 0이 되어야 한다.

DWORD bfOffBits

BMP 파일 선두로부터 실제 비트맵 데이터 비트가 시작하는 오프셋을 의미한다.

BITMAPINFO 구조체 역시 "WinGDI.h" 헤더 파일에 정의되어 있으며, PE 리소스 섹션 내의 비트맵 리소스는 [그림 10-4]에서처럼 BITMAPINFOHEADER 헤더와 색상 팔레트를 포함하는 BITMAPINFO 구조체로 시작한다. 이 구조체는 다음과 같이 정의된다.

```
typedef struct tagBITMAPINFO
{
    BITMAPINFOHEADER    bmiHeader;
```

```
    RGBQUAD                 bmiColors[1];
  } BITMAPINFO, *PBITMAPINFO;
```

BITMAPINFOHEADER 구조체 타입의 bmiHeader 필드는 해당 비트맵의 헤더에 해당하며, 이 구조체는 다음과 같다.

```
typedef struct tagBITMAPINFOHEADER
{
   DWORD biSize;
   LONG  biWidth;
   LONG  biHeight;
   WORD  biPlanes;
   WORD  biBitCount;
   DWORD biCompression;
   DWORD biSizeImage;
   LONG  biXPelsPerMeter;
   LONG  biYPelsPerMeter;
   DWORD biClrUsed;
   DWORD biClrImportant;
} BITMAPINFOHEADER, *PBITMAPINFOHEADER;
```

DWORD biSize

BITMAPINFOHEADER 구조체의 바이트 수인 sizeof(BITMAPINFOHEADER)=40을 나타낸다.

LONG biWidth

LONG biHeight

각각 비트맵의 가로, 세로의 픽셀 수를 나타낸다.

WORD biPlanes

해당 장치의 색상 플레인 수를 의미하지만, 요즘 이미지 표현 체계에선 다중 색상 플레인을 사용하지 않는다. 따라서 이 값은 1이 된다.

WORD biBitCount

비트맵의 컬러 깊이, 즉 한 픽셀의 색상을 표현하는 데 필요한 비트 수를 나타낸다. 이 필드 값에 따라 BITMAPINFO 구조체의 bmiColors 필드 크기나 존재 유무가 좌우된다. 이 필드는 biCompression 필드와도 관계가 있으므로, 뒤에 bmiColors 필드와 함께 설명한다.

DWORD biCompression

압축 여부를 나타낸다. 윈도우 비트맵에서는 압축을 지원하긴 하지만 거의 사용되지 않는다. 따라서 일반적으로 이 값은 0이 된다. 자세한 것은 역시 bmiColors 필드와 함께 설명하기로 하자.

DWORD biSizeImage

이미지의 크기, 정확하게는 [그림 10-4]의 비트맵 RAW 데이터의 바이트 수를 나타낸다. 이 필드 역시 biBitCount 필드 값에 따라 달라진다. 또한 biWidth 필드와도 관련이 있다.

LONG biXPelsPerMeter

LONG biYPelsPerMeter

해당 장치의 가로, 세로 픽셀/미터 단위를 나타낸다. 일반적으로 이 필드는 0이 된다.

DWORD biClrUsed

DWORD biClrImportant

biClrUsed 필드는 실제 사용된 색상 수를, biClrImportant 필드는 주요 색상 수를 나타낸다.

이 헤더에 이어서 RGBQUAD 구조체를 엔트리로 갖는 색상 팔레트 bmiColors 배열이 온다. 이 구조체 배열은 biBitCount 필드 값에 따라 존재할 수도 있고 그렇지 않을 수도 있다. RGBQUAD 구조체는 다음과 같다.

```
typedef struct tagRGBQUAD
{
    BYTE  rgbBlue;
    BYTE  rgbGreen;
    BYTE  rgbRed;
    BYTE  rgbReserved;
} RGBQUAD;
```

RGBQUAD 구조체는 한 픽셀의 색상을 표현하는 데 필요한 RBG 조합을 의미하는 색상 구조체
며, rgbReserved는 예약된 필드다. 그리고 rgbRed, rgbGreen, rgbBlue 필드는 각각 빨간색,
초록색, 파란색의 강도를 의미하는 0 ~ 255 사이의 값을 가진다. 이 구조체의 값은 COLORREF로
재정의된 DWORD 값과 호환된다. COLORREF 값은 다음의 매크로인 RGB(r, g, b)를 이용해
서 정의할 수 있다.

```
#define RGB(r, g, b)   \
    ((COLORREF)(((BYTE)(r)|((WORD)((BYTE)(g))<<8)|(((DWORD)(BYTE)(b))<<16)))
```

RGBQUAD의 필드 순서가 Blue, Green, Red, 그리고 Reserved로 되어 있는 이유도 이 구조
체를 COLORREF 형으로 형변환했을 때 리틀 엔디언 규칙에 의해 RGB 순으로 바뀌기 때문이다.
RGBQUAD 구조체 배열의 엔트리 수는 BITMAPINFOHEADER의 biBitCount 필드에 따라 결
정되며, biBitCount 값에 따라 존재하지 않을 수도 있다.

지금까지 설명한 BITMAPINFO 구조체에 이어서 [그림 10-4]처럼 바로 해당 비트맵의 RAW 데
이터가 오게 된다. 이 데이터의 구조는 biBitCount 필드 값에 따라 그 구성과 의미가 달라진다.
biBitCount 필드는 색상 팔레트의 유/무를 결정하는데, 팔레트의 유/무에 따라 RAW 데이터의 바
이트 스트림은 팔레트의 인덱스가 될 수도 있고 직접 색상을 표현하기도 한다. 그러면 색상 팔레트
가 존재하는 경우와 그렇지 않은 경우를 나누어서 각각 살펴보기로 하자.

| biBitCount 필드 값: 1, 4, 8 ➜ 색상 팔레트(유) |

먼저 색상 팔레트가 존재하는 경우는 biBitCount 필드 값이 1, 4, 8인 경우다. 이때 이 배열의 엔
트리 수는 다음과 같은 수식과 코드로 표현할 수 있다.

```
RGBQUAD 엔트리 수 = 2^biBitCount ➜ DWORD dwPaletteEntryCnt = 1 << pbih->biBitCount;
```

따라서 팔레트가 담고 있는 색상의 엔트리 수는 biBitCount가 1일 경우 2, 4일 경우 16, 8일 경우
256이 된다. 이렇게 팔레트가 존재하는 경우, 뒤에 오는 비트맵의 RAW 데이터의 비트나 바이트는
팔레트의 각 엔트리에 대한 인덱스로 사용된다. 따라서 팔레트가 존재할 경우의 비트맵 RAW 데이
터의 각 바이트는 팔레트에 대한 인덱스 표현을 위해 biBitCount 값에 따라 그 구성이 달라진다.

- **biBitCount → 1**

    이 경우 bmiColors 배열의 엔트리 수는 2개고, 이때 필요한 인덱스는 0과 1 둘뿐이기 때문에 인덱싱을 위한 표현은 한 비트만으로도 충분하다. 그리고 비트맵 RAW 데이터의 한 바이트는 총 8비트이므로 8픽셀에 대한 색상 정보를 담게 된다.

- **biBitCount → 4**

    bmiColors 배열의 엔트리 수는 16개고 인덱싱은 0에서 15 사이다. 따라서 필요한 비트 수는 4비트이므로, RAW 데이터의 한 바이트는 두 픽셀의 색상을 나타낼 수 있다

- **biBitCount → 8**

    bmiColors 배열의 엔트리 수는 256개며, RAW 데이터의 한 바이트가 한 픽셀의 색상을 표현한다.

그러므로 biBitCount가 적을수록 당연히 이미지의 크기도 줄어들지만 표현 가능한 색상도 따라서 줄어들게 된다. 다음은 biBitCount 필드 값에 따른 RAW 데이터 비트 구성과 팔레트 사이의 관계를 나타낸다.

biBitCount	표현 가능 색상 수 (팔레트 엔트리 수)	RAW 데이터 1바이트당 표현 가능 픽셀 수
1	2	8, 팔레트의 엔트리 1개당 1비트 할당
4	16	2, 팔레트의 엔트리 1개당 4비트 할당
8	256	1, 팔레트의 엔트리 1개당 8비트 할당

| biBitCount 필드 값: 16, 24, 32 → 색상 팔레트(무) |

이번에는 팔레트가 존재하지 않는 경우를 살펴보자. biBitCount 필드가 0이거나 16, 24, 32인 경우에는 컬러 팔레트가 존재하지 않는다. 보통 16인 경우는 하이 컬러(High Colors), 24나 32인 경우에는 트루 컬러(True Colors)라고 표현하는데, 이러한 값을 가질 경우에는 RAW 데이터의 여러 바이트의 조합을 통해서 하나의 픽셀을 직접 표현하기 때문에 컬러 팔레트가 필요 없게 된다. 따라서 biBitCount 필드가 이 값 중의 하나가 될 때는 BITMAPINFOHEADER 구조체에 각 픽셀들의 색상을 표현하는 RAW 이미지 스트림이 이어진다.

- **biBitCount → 16**

    이 경우는 $2^{16} = 65,536$개의 색상을 표현할 수 있으며, 하나의 색상 표현을 위해 16비트, 즉 두 바이트를 요구한다. 색상은 RBG 세 요소가 필요하므로 R−5비트, G−5비트, B−5비트씩을 할당해서 이렇게 2바이트를 하나의 픽셀을 표현하기 위해 사용한다.

- **biBitCount → 24**

    이 경우는 R, G, B 각각에 8비트인 한 바이트씩 할당되기 때문에 3바이트의 조합으로 픽셀 하나를 표현하하므로, $2^{24} = 16,777,216$개의 색상 표현이 가능하다.

- **biBitCount → 32**

  이 경우 색상 표현의 원리는 biBitCount가 24인 경우와 동일하다. 하지만 색상 표현을 위해 예약된 1바이트를 더 추가해서 총 4바이트를 사용하게 되는데, 이 경우 비록 예약된 한 바이트는 색상 표현에는 사용되지 않지만 DWORD 단위를 만들어주기 때문에 장치 출력을 위한 대량의 메모리 복사 처리 시 속도가 빨라진다.

요즘의 DDB는 대부분 32를 사용한다. biBitCount가 0일 경우는 MSDN 매뉴얼을 참조하기 바라며, 본서에서 다룰 컬러 비트 수는 팔레트를 갖는 1, 4, 8비트, 그리고 팔레트를 갖지 않는 16, 24, 32비트에 대해서만 다룬다. 다음은 팔레트를 갖지 않는 경우에 대한 RAV 데이터의 구성표다.

biBitCount	표현 가능 색상 수	픽셀당 바이트 수	색상 표현 구조
16	$2^{16} = 65,536$	2	일반적으로 R(5비트), G(5비트), B(5비트)
24	$2^{24} = 16,777,216$	3	Red, Green, Blue 각 1바이트
32		4	Red, Green, Blue 각 1바이트, 나머지 예약

이번에는 biBitCount와 biSizeImage 필드의 관계를 알아보자. 여기서는 biWidth와도 관련이 있다. 우선 보통 biWidth와 biHeight가 주어지면 이 두 필드의 값만큼의 가로, 세로 픽셀로 사각형 영역의 이미지가 표현된다. 하지만 이 이미지의 각 픽셀 정보를 담고 있는 비트맵의 RAW 데이터는 메모리나 파일 내에서 당연히 선형적(Linear)으로 일렬화되어 있다. 이때 사각형 내의 특정 픽셀을 표현하기 위해서는, 즉 한 바이트가 한 픽셀을 표현한다고 가정하면 기본적으로 다음과 같이 계산되어야 한다.

```
PBYTE pBitmap = 비트맵의 시작 오프셋
PBITMAPINFOHEADER pbih = (PBITMAPINFOHEADER)pBitmap;
Pixel(x, y) = y * pbih->biWidth + x;
```

하지만 여기서 주의해야 할 점이 있다. 파일이나 PE의 리소스 상에 존재하는 비트맵은 이미지의 높이가 h라고 할 때, 세로 축의 좌표는 다음과 같이 순서가 뒤집힌 형태로 존재한다.

그림 **10-5** 화면 상의 스캔 라인과 파일 상의 스캔 라인 관계

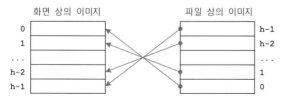

따라서 정확한 픽셀 표현은 다음과 같다.

```
Pixel(x, y) = ((pbih->biHeight -1) - y) * pbih->biWidth + x;
```

여기서 하나 더 고려해야 할 것은 biWidth와의 관계다. 앞의 그림에서 각 라인의 이미지 데이터는 일렬화된 형태의 RAW 데이터로 메모리 상에 존재할 것이다. 비트맵 파일(아이콘, 커서 포함)이나 리소스의 너비는 속도를 위해 DWORD 단위로 정렬된다는 점이다. 예를 들어 biWidth 필드 값이 33이면 33 % 4 = 1이므로 실제 너비의 단위는 정렬을 위해서 3바이트가 더 추가로 패딩된다. 따라서 너비가 33일 때 메모리나 파일 상의 너비는 36바이트가 되는 것이다. 이미지의 Y 좌표가 화면에 출력될 때는 파일 상의 이미지 Y 좌표와는 역순이 된다는 점과 이미지 너비가 4바이트 단위로 정렬된다는 점을 기반으로 한다. 이때 biBitCount 필드가 담고 있는 비트 수에 따른, 장치 출력을 위해 요구되는 이미지 너비를 구하는 GetStorageWidth 함수는 다음과 같이 정의할 수 있다.

```
LONG CResViewBitmap::GetStorageWidth(LONG lWidth, WORD wBitCnt)
{
   LONG lStorW = 0;
   if (wBitCnt <= 8)
      lStorW = lWidth / (8 / wBitCnt);
   else
      lStorW = lWidth * (wBitCnt / 8);
   return ROUND_UP(lStorW, 4);
}
```

또한 다음의 GetPixelColor 함수는 주어진 x, y 좌표에 해당하는 컬러 값을 획득하는 함수다.

```
COLORREF CResViewBitmap::GetPixelColor(LONG x, LONG y, WORD wBitCnt,
   LONG lStorageWidth, LONG lHeight, PBYTE pRawBits, LPRGBQUAD pRgbPal)
{
   COLORREF rgb = 0;
   if (wBitCnt <= 8)
```

팔레트가 존재하는 경우

```
   {
      LONG lBasePos, lBitOff, lClrIdx;
      switch (wBitCnt)
```

```
    {
        case 1:      // 컬러 비트수 1
            lBasePos = (lHeight - y - 1) * lStorageWidth + (x >> 3);
            lBitOff = 7 - (x & 7);
            lClrIdx = (pRawBits[lBasePos] & (1 << lBitOff)) >> lBitOff;
```

```
        break;

        case 4:      // 컬러 비트수 4
            lBasePos = (lHeight - y - 1) * lStorageWidth + (x >> 1);
            lBitOff = (1 - (x & 1)) << 2;
            lClrIdx = (pRawBits[lBasePos] & (0x0F << lBitOff)) >> lBitOff;
```

한 바이트당 두 픽셀, 좌표에 따른 해당 바이트에서 4비트를 획득하여 팔레트의 인덱스를 획득한다.

```
        break;

        case 8:      // 컬러 비트수 8
            lBasePos = (lHeight - y - 1) * lStorageWidth + x;
            lClrIdx = pRawBits[lBasePos];
```

한 바이트가 한 픽셀, 좌표에 해당하는 바이트를 획득해서 팔레트의 인덱스를 획득한다.

```
        break;
    }
    rgb = RGB(pRgbPal[lClrIdx].rgbRed,
        pRgbPal[lClrIdx].rgbGreen, pRgbPal[lClrIdx].rgbBlue);
}
else
```

팔레트가 필요 없는 경우

```
{
    LONG lBasePos = (lHeight - y - 1) * lStorageWidth + (x * (wBitCnt >> 3));
    if (wBitCnt == 16)
    {
        WORD wClr = *((PWORD)(pRawBits + lBasePos));
        rgb = RGB((((wClr & 0x7C00) >> 10) << 3),
            (((wClr & 0x03E0) >> 5) << 3), ((wClr & 0x001F) << 3));
```

컬러 비트 수가 16인 경우는 2바이트로 RGB 픽셀 하나를 표현한다.

```
        }
        else
        {
            rgb = RGB(pRawBits[lBasePos + 2],
                pRawBits[lBasePos + 1], pRawBits[lBasePos]);
```
컬러 비트 수가 24 또는 32인 경우는 3바이트로 RGB 픽셀 하나를 표현한다.
```
        }
    }
    return rgb;
}
```

그리고 BITMAPINFOHEADER의 biSizeImage 필드 역시 GetStorageWidth 함수를 통해 획득한 너비와 관련이 있다. 비트맵은 DIB와 DDB가 동일한 포맷을 갖기 때문에, 파일 상의 BMP는 별도의 변환 없이 바로 장치로 출력될 수 있다. 따라서 파일 상의 RAW 데이터 역시 DWORD 단위로 정렬된 너비를 기준으로 저장되어야 하기 때문에 biSizeImage 필드의 정확한 값은 다음과 같이 저장 너비 단위로 계산되어야 한다.

```
pbih->biSizeImage = GetStorageWidth() * pbih->biHeight;
```

이제 지금까지의 설명을 종합해서 화면에 비트맵 리소스를 출력하는 함수를 정의해보자. DrawBitmap 함수는 비트맵 리소스로부터 이미지를 화면에 출력하는 함수다. 실제로 이미지를 화면에 출력하기 위해 제공되는 PatBlt와 같은 고속의 API가 존재하지만, 다음에 정의한 함수는 비트맵 포맷의 이해를 위해 픽셀별 색상을 하나씩 구해서 그 픽셀을 직접 출력하도록 했기 때문에, 용량이 큰 비트맵 리소스의 경우라면 속도가 상당히 느리다. 이 점에 유의하면서 소스를 살펴보기 바란다.

```
void CResViewBitmap::DrawBitmap(CDC* pDC)
{
    PBYTE pIter = m_pImgStart;
```
리소스 순회를 위한 시작 포인터를 획득한다.
```
    if (m_uType == (UINT)RT_CURSOR)
        pIter += sizeof(DWORD);
```

해당 리소스의 타입이 커서일 경우에는 4바이트를 건너뛴다. 그 이유는 뒤에서 다룰 리소스 분석에서 설명한다.

```
LPBITMAPINFOHEADER pbmi = (LPBITMAPINFOHEADER)pIter;
pIter += sizeof(BITMAPINFOHEADER);
```

BITMAPINFOHEADER 구조체의 포인터를 획득한다.

```
INT nClrCnt = (pbmi->biBitCount > 0 && pbmi->biBitCount <= 8) ?
                (1 << pbmi->biBitCount) : 0;
LPRGBQUAD pRgbPal = (LPRGBQUAD)pIter;
pIter += sizeof(RGBQUAD) * nClrCnt;
```

사용된 컬러 수와 팔레트를 획득한다.

```
CRect rc;
GetDlgItem(IDC_STC_SHOWBMP)->GetWindowRect(rc);
ScreenToClient(rc);

CRgn rgnClip;
rgnClip.CreateRectRgn(rc.left, rc.top, rc.right, rc.bottom);
pDC->SelectClipRgn(&rgnClip);

INT nSX = rc.left + 1;
INT nSY = rc.top  + 1;

PBYTE pRawBits = pIter;
LONG lStorageWidth = GetStorageWidth(pbmi->biWidth, pbmi->biBitCount);
```

GetStorageWidth 함수를 통해 비트맵의 저장 너비를 획득한다.

```
LONG lHeight = pbmi->biHeight;
for(LONG y=0; y < lHeight; y++)
{
   for(LONG x=0; x<pbmi->biWidth; x++)
   {
      COLORREF clrPixel = GetPixelColor(x, y, pbmi->biBitCount,
              lStorageWidth, lHeight, pRawBits, pRgbPal);
      pDC->SetPixel(nSX + x, nSY + y, clrPixel);
```

> 리소스의 각 픽셀을 순회하면서 픽셀의 색상을 획득한 후 그 색상을 화면의 해당 픽셀에 출력한다.

```
        }
      }
    }
```

이상으로 비트맵의 구조와 표현 방법에 대해 알아보았다. 지금까지 설명했던 비트맵 구조를 그대로 반영하는 비트맵 리소스가 PE 파일 내에서 실제로 어떻게 존재하는지 덤프를 통해서 직접 확인해 보자. 비트맵 파일은 BITMAPINFO 구조 앞에 BITMAPFILEHEADER 구조체로 시작한다. 우선 ResrcApp.exe의 비트맵 리소스의 위치를 확인해보면 다음과 같다.

그림 10-6 ResrcApp.exe의 비트맵(IDR_YHD_BITMAP) 리소스 노드

	타입	오프셋:RVA	크기
⊟ 🖿 Data	IMAGE_RESOURCE_DATA_ENTRY	00006730:0000A330	0x10(16)
⊟ ◆ OffsetToData	DWORD	00006730:0000A330	0x4(4)
◆ BITMAP	BYTE[616]	00006968:0000A568	x268(616)
◆ Size	DWORD	00006734:0000A334	0x4(4)
◆ CodePage	DWORD	00006738:0000A338	0x4(4)
◆ Reserved	DWORD	0000673C:0000A33C	0x4(4)

비트맵 리소스의 시작은 오프셋 0x00006968부터고, 아래 덤프가 BITMPAINFOHEADER의 시작 부분이다.

덤프 10-1 BITMAPINFOHEADER 구조체의 덤프

	+0	+1	+2	+3	+4	+5	+6	+7	+8	+9	+A	+B	+C	+D	+E	+F
00006960	93	00	45	00	55	C3	00	00	28	00	00	00	20	00	00	00
00006970	20	00	00	00	01	00	04	00	00	00	00	00	00	02	00	00
00006980	00	00	00	00	00	00	00	00	10	00	00	00	10	00	00	00

다음은 위의 덤프를 BITMAPINFOHEADER 구조체에 맞춰 분석한 것이다.

표 10-2 BITMAPINFOHEADER 구조체

필드	타입	값	의미
biSize	DWORD	0x00000028	헤더 크기, 40바이트
biWidth	LONG	0x00000020	비트맵의 너비 32픽셀
biHeight	LONG	0x00000020	비트맵의 높이 32픽셀
biPlanes	WORD	0x0001	컬러 플레인 1

biBitCount	WORD	0x0004	컬러 비트 수가 4이므로 16컬러를 가지며, 이 구조체 뒤에 엔트리 수가 16인 RGBQUAD 배열이 이어진다.
biCompression	DWORD	0x00000000	압축 미지원
biSizeImage	DWORD	0x00000200	이미지 크기는 (0x20 * 0x20) / 2 = 512 바이트
biXPelsPerMeter	LONG	0x00000000	–
biYPelsPerMeter	LONG	0x00000000	–
biClrUsed	DWORD	0x00000010	사용 컬러 수 16
biClrImportant	DWORD	0x00000010	주요 컬러 수 16

biBitCount 필드가 4이므로, 이 비트맵의 팔레트를 의미하는 엔트리 수가 16인 RGBQUAD 배열이 이어지며, 아래 덤프가 그것이다.

덤프 10-2 비트맵의 팔레트 덤프

	+0	+1	+2	+3	+4	+5	+6	+7	+8	+9	+A	+B	+C	+D	+E	+F
00006990	00	00	00	00	00	00	80	00	00	80	00	00	00	80	80	00
000069A0	80	00	00	00	80	00	80	00	80	80	00	00	C0	C0	C0	00
000069B0	80	80	80	00	00	00	FF	00	00	FF	00	00	00	FF	FF	00
000069C0	FF	00	00	00	FF	00	FF	00	FF	FF	00	00	FF	FF	FF	00

이제 오프셋 0x000069D0부터 실제 이미지에 대한 비트 스트림이 이어진다. biBitCount 필드가 4이므로 4비트가 한 픽셀을 나타내며, 이 4비트 값이 위의 RGBQUDA 배열에 대한 인덱스를 의미한다. 또한 biSizeImage 필드가 512바이트이므로, 이미지 데이터는 0x000069D0부터 0x00006BCF까지다. 다음은 RAW 이미지에 대한 덤프다.

덤프 10-3 비트맵의 실제 이미지 데이터

	+0	+1	+2	+3	+4	+5	+6	+7	+8	+9	+A	+B	+C	+D	+E	+F
000069D0	FF	FF	FF	FF	FF	FF	FF	FF	77	77	77	77	77	77	77	77
000069E0	FF	FF	FF	FF	FF	FF	FF	FF	77	77	77	77	77	77	77	77
000069F0	FF	FF	FF	FF	FF	FF	FF	FF	77	77	77	77	77	77	77	77
~	~	~	~	~	~	~	~	~	~	~	~	~	~	~	~	~
00006BA0	77	77	77	77	77	77	77	77	FF	FF	FF	FF	FF	FF	FF	FF
00006BB0	77	77	77	77	77	77	77	77	FF	FF	FF	FF	FF	FF	FF	FF
00006BC0	77	77	77	77	77	77	77	77	FF	FF	FF	FF	FF	FF	FF	FF

앞서 정의했던 GetStorageWidth, GetPixelColor, DrawBitmap 함수는 모두 PE Explorer에서 비트맵, 아이콘, 커서의 이미지와 정보를 보여주는 CResViewBmp 클래스의 멤버 함수다. [그림 9-10]처럼 리소스 데이터 노드에 대한 팝업 메뉴에서 '리소스 보기' 메뉴 항목을 선택하면 비트맵 리소스의 상세 내용을 확인할 수 있다.

다음 그림은 팝업 메뉴에서 '리소스 보기'를 클릭했을 때 팝업되는 [리소스 분석] 대화상자며, ResrcApp.exe에 존재하는 비트맵 리소스 IDR_YHD_BITMAP에 대한 정보를 보여준다.

그림 10-7 비트맵 리소스 상세 정보

그러면 비트맵 구조를 기본으로 하는 아이콘과 커서의 리소스 구조를 분석해보자.

10.2.2 아이콘과 그룹 아이콘

아이콘 리소스의 포맷은 기본적으로 비트맵 포맷에 바탕을 두고 있다. PE Explorer를 통해서 ResrcApp.exe의 아이콘 리소스를 분석하면 다음과 같다.

그림 10-8 ResrcApp.exe의 아이콘 ID 1(32x32)과 아이콘 ID 2(16x16)

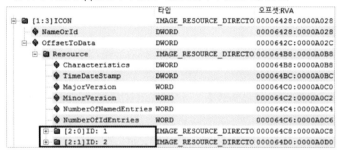

| 아이콘 리소스(RT_ICON) |

DlgApp.exe에서 본 것과 마찬가지로 아이콘 리소스는 2개가 있다. 앞서도 언급했지만 DlgApp. ico 파일에는 16x16과 32x32의 2개의 아이콘을 담고 있다. 그리고 리소스 ID 1에 해당하는 것이 32x32 아이콘이고, 리소스 ID 2에 해당하는 것이 16x16 아이콘이다. 다음은 용량이 적은 16x16 아이콘에 해당하는 리소스 ID 2의 덤프를 먼저 확인하자.

그림 10-9 ResrcApp.exe의 16x16 아이콘 리소스 노드

	타입	오프셋:RVA	크기
⊟ ▣ Data	IMAGE_RESOURCE_DATA_ENTRY	00006750:0000A350	0x10(16)
⊟ ◆ OffsetToData	DWORD	00006750:0000A350	0x4(4)
◆ ICON	BYTE[296]	00006EB8:0000AAB8	x128(296)
◆ Size	DWORD	00006754:0000A354	0x4(4)
◆ CodePage	DWORD	00006758:0000A358	0x4(4)
◆ Reserved	DWORD	0000675C:0000A35C	0x4(4)

위 그림에서 보는 것처럼 이 아이콘 리소스의 PE 오프셋은 0x00006EB8이다. 이 위치로 덤프를 이 동시켜보자.

덤프 10-4 아이콘 리소스의 BITMAPINFOHEADER 구조체 덤프

	+0	+1	+2	+3	+4	+5	+6	+7	+8	+9	+A	+B	+C	+D	+E	+F
00006EB0	C0	0E	00	1F	FF	FF	FF	FF	28	00	00	00	10	00	00	00
00006EC0	20	00	00	00	01	00	04	00	00	00	00	00	80	00	00	00
00006ED0	00	00	00	00	00	00	00	00	10	00	00	00	10	00	00	00

위 덤프는 0x00006EB8부터 0x00006EDF까지의 BITMAPINFOHEADER 구조체에 해당한다. BITMAPINFOHEADER 구조체의 해석은 [표 10-3]과 같다. 앞서 언급한 biBitCount 필드와 biSizeImage 필드의 관계를 눈여겨보기 바란다. 특히 16x16 아이콘임에도 불구하고 biHeight 필드 값이 실제 아이콘 이미지 높이의 두 배라는 사실을 염두에 두기 바란다.

표 10-3 아이콘 리소스의 BITMAPINFOHEADER 구조체

필드	타입	값	의미
biSize	DWORD	0x00000028	헤더 크기, 40바이트
biWidth	LONG	0x00000010	아이콘 너비 16픽셀
biHeight	LONG	0x00000020	아이콘 높이 32픽셀, 아이콘 투과성 효과를 위한 마스크 이미지까지 포함한 높이이다.
biPlanes	WORD	0x0001	컬러 플레인 1
biBitCount	WORD	0x0004	컬러 비트 수가 4이므로 16컬러를 가지며, 이 구조체 뒤로 엔트리 수가 16인 RGBQUAD 배열이 이어진다.
biCompression	DWORD	0x00000000	압축 미지원
biSizeImage	DWORD	0x00000080	• 이미지 크기 : 0x10 * 0x10 / 4 = 0x80(128) 바이트 • 높이 : 마스크 이미지까지 포함한 32픽셀 • 이미지 크기 필드 : 마스크 이미지 크기를 제외한 실제 이미지 크기만을 포함
biXPelsPerMeter	LONG	0x00000000	–
biYPelsPerMeter	LONG	0x00000000	–
biClrUsed	DWORD	0x00000010	사용 컬러 수 16
biClrImportant	DWORD	0x00000010	주요 컬러 수 16

각 필드 값은 앞서 BITMAPINFOHEADER 구조체에서 설명한 대로 해석이 가능하다. 하지만 비트맵과 달리 아이콘과 커서는 별도의 처리가 요구된다. biWidth 필드 값이 16인데 반해, biHeight 필드 값은 32임을 알 수 있다. 이는 아이콘 이미지 데이터가 내부적으로 2개의 이미지를 포함하고 있다는 것을 의미한다. 이렇게 2개의 이미지를 포함하는 이유는 아이콘이나 커서는 비트맵과는 다르게 투과 처리를 해줘야 하기 때문이다. 투과 처리란 다음 그림처럼 아이콘이나 커서의 배경이 아이콘 아래의 배경을 덮지 않도록 해서 바탕의 배경을 그대로 보여주는 효과를 말한다.

그림 10-10 아이콘의 배경 투과 예

이 처리를 위해서 아이콘이나 커서는 'XOR용 이미지'와 'AND용 이미지'를 담고 있다. 다음 그림은 비주얼 스튜디오를 통해 아이콘을 편집할 때 실제로 생성되는 2개의 이미지다.

그림 10-11 아이콘 이미지 모음

① 아이콘 편집 시 이미지

② XOR용 이미지

③ AND용 이미지(비트 마스크)

여러분이 ①과 같이 아이콘을 편집하고 저장하면 아이콘 파일은 실제로 ①의 이미지가 아니라 ②와 ③ 2개의 이미지를 저장한다. 이 이미지를 각각 XOR용 이미지와 AND용 이미지라고 하는 데, 두 이미지를 이용해서 투과 효과를 만든다. ②와 ③의 이미지는 서로 반전된 이미지로 보인다. XOR용 이미지는 실제 사용자가 그린 이미지 이외의 배경은 검은 색(비트 0)으로 설정된다. 그리고 AND용 이미지는 사용자가 그린 이미지 부분만 검은 색(비트 0)이고 나머지 배경은 흰 색(비트 1)으로 설정되는, 1비트의 biBitCount를 갖는 이미지다. 이 2개의 이미지를 이용해서 투과 효과를 내는 원리는 다음과 같다.

- **출력 이미지 = (바탕 이미지 & AND용 이미지) ^ XOR용 이미지**

아이콘 아래의 원래 배경의 이미지와 아이콘의 AND용 이미지를 AND 연산하면 사용자가 그린 이미지 부분만 검은 색으로 변경되고 아이콘의 배경 부분은 배경의 이미지가 남게 된다. 이 상태의 이미지에 XOR용 이미지를 XOR 연산을 하면 사용자가 그린 부분과 아이콘 아래의 배경 부분 모두가 살아나게 된다.

이런 투과 처리를 위하여 아이콘 파일의 경우 이미지 데이터 부분이 XOR용과 AND용 두 가지로 나뉘게 된 것이다. 물론 커서의 경우도 마찬가지다. 그리고 컬러 팔레트의 인덱싱은 XOR용 이미지에만 적용된다. AND용 이미지는 단지 비트 마스크기 때문에 각각의 비트 자체가 흑과 백을 표현할 수 있으므로 따로 팔레트가 필요 없다. 따라서 XOR용 이미지의 데이터 크기는 다음과 같다.

```
LONG lStorageWidth = GetStorageWidth(pBIH->biWidth, pBIH->biBitCount);
LONG lXorImgSize   = lStorageWidth * (pBIH->biHeight / 2);
```

반면에 AND용 이미지의 크기는 다음과 같다.

```
LONG lStorageWidth = GetStorageWidth(pBIH->biWidth, 1);
LONG lAndImgSize   = lStorageWidth * (pBIH->biHeight / 2);
```

AND용 이미지의 경우 저장 너비를 구할 때 wBitCount 매개변수를 1로 넘겨 주었음을 눈여겨보기 바란다. 계산하면 ResrcApp.ico의 16x16 아이콘 리소스는 XOR용 이미지를 위한 128바이트와 AND용 이미지를 위해서 추가적으로 64바이트 크기의 이미지 데이터를 갖게 된다. 그리고 이런 AND용 이미지를 보통 '비트 마스크'라고 한다.

이번에는 색상 팔레트에 해당하는 RGBQUAD 배열의 덤프를 확인해보자. 다음은 16개의 COLORREF 엔트리를 갖는 XOR용 이미지를 위한 팔레트 덤프다.

덤프 10-5 아이콘 리소스의 XOR용 이미지를 위한 팔레트 덤프

	+0	+1	+2	+3	+4	+5	+6	+7	+8	+9	+A	+B	+C	+D	+E	+F
00006EE0	00	00	00	00	00	00	80	00	00	80	00	00	00	80	80	00
00006EF0	80	00	00	00	80	00	80	00	80	80	00	00	80	80	80	00
00006F00	C0	C0	C0	00	00	00	FF	00	00	FF	00	00	6C	FF	FF	00
00006F10	FF	00	00	00	00	00	00	00	FF	FF	00	00	FF	FF	FF	00

역시 biBitCount 필드 값이 4이므로 2^4 = 16개의 엔트리가 존재하게 된다. 그리고 각 엔트리의 값은 COLORREF 값을 표현하는 DWORD의 4바이트 정수가 된다. 아래 그림(타원으로 표시된 부분)을 보면 PE Explorer를 이용한 16x16 아이콘 리소스 분석 결과인 16개의 엔트리를 가진 팔레트를 확인할 수 있다.

그림 10-12 32x32 아이콘 리소스 상세 정보

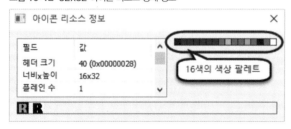

반면에 비트 마스크 이미지의 경우에는 각 비트가 0은 검은 색, 1은 흰 색을 의미하기 때문에 별도의 팔레트가 필요 없다.

그러면 실제 이미지의 데이터 부분을 살펴보자. 아이콘의 비트맵 RAW 데이터는 색상 팔레트 다음 오프셋인 0x00006F20부터 시작해서 biSizeImage 필드에 지정된 128바이트인 XOR용 이미지다.

덤프 **10-6** XOR용 이미지 Raw 데이터

	+0	+1	+2	+3	+4	+5	+6	+7	+8	+9	+A	+B	+C	+D	+E	+F
00006F20	00	00	00	00	00	00	00	00	00	00	00	06	00	00	00	00
00006F30	00	BB	BB	00	0B	BB	BB	00	00	BB	BB	00	0B	BB	B0	00
00006F40	00	BB	BB	00	0B	BB	B0	00	00	BB	BB	00	BB	BB	B0	00
00006F50	00	BB	BB	BB	BB	BB	00	00	00	BB	BB	BB	BB	BB	B0	00
00006F60	00	BB	BB	00	BB	B0	00	00	00	BB	BB	00	0B	BB	B0	00
00006F70	00	BB	BB	00	0B	BB	B0	00	00	BB	BB	00	0B	BB	B0	00
00006F80	00	BB	BB	00	BB	BB	B0	00	00	BB	BB	00	BB	BB	BB	00
00006F90	00	00	00	00	00	00	00	00	00	00	00	00	00	00	00	00

앞에서 언급한 것처럼, 각 바이트의 4비트가 해당 x, y 위치에서 한 픽셀의 색상 인덱스를 의미한다. 이 인덱스는 위의 RGBQUAD 배열에 대한 인덱스이다. 예를 들어 0x00006F34의 값 0x0B는 상위 네 비트가 0이므로 RGBQUID[0] ➡ 0x00000000이 되며, RGB(0, 0, 0)에 해당하는 검은 색이 된다. 하위 네 비트는 11이므로 이 값은 RGBQUID[11] ➡ 0x00FFFF6C가 되며, RGB(255, 255, 108)에 해당하는 색상이 된다.

다음에 이어지는 RAW 비트맵 덤프가 비트 마스크 이미지 데이터다. 비트 마스크는 모노크롬 팔레트를 가지며, 컬러 비트 수가 1이 된다. 따라서 한 비트가 한 픽셀을 나타내며 0의 경우 검은 색, 1의 경우 흰 색을 의미한다.

덤프 **10-7** 비트 마스크(AND)용 이미지 Raw 데이터

	+0	+1	+2	+3	+4	+5	+6	+7	+8	+9	+A	+B	+C	+D	+E	+F
00006FA0	FF	FF	00	00	80	01	00	00	81	01	00	00	81	01	00	00
00006FB0	81	03	00	00	80	03	00	00	80	07	00	00	80	0F	00	00
00006FC0	80	07	00	00	81	03	00	00	81	03	00	00	81	03	00	00
00006FD0	80	03	00	00	80	07	00	00	80	0F	00	00	FF	FF	00	00

이 이미지의 RAW 데이터는 비트 마스크며, 한 비트가 한 픽셀을 나타낸다. 또한 단순히 비트가 설정된 경우에는 흰 색, 설정되지 않았을 경우에는 검은 색을 의미하기 때문에 별도의 팔레트는 존재하지 않는다. 여기서 주의할 것은 비트 마스크 이미지의 경우 픽셀당 비트 수가 1이기 때문에 한 바이트는 8픽셀을 나타낸다. 하지만 앞서 언급한 저장 너비의 DWORD 단위 정렬 때문에 저장 너비는 4바이트가 된다는 것을 알 수 있다. 즉 (16 / 8 + (16 / 8) % 4) = 4가 된다. 따라서 너비 16은 2바이트가 아니라 저장 너비 4바이트가 된다. 그러므로 위 덤프를 통해서 확인할 수 있는 것처럼

네 바이트 단위로 해서 상위 두 바이트가 실제 이미지의 너비 16을 나타내고, 뒤의 두 바이트는 0으로 패딩된 값이다. 따라서 뒤의 두 바이트는 무시해야 하며 AND용 이미지는 높이 16×저장 너비 4 = 64(0x40)바이트가 된다.

아이콘이나 커서 이미지의 출력을 위해서 CResViewBitmap 클래스의 DrawBitmap 함수에 대한 정의는 다음과 같다.

```
void CResViewBitmap::DrawBitmap(CDC* pDC)
{
        ⋮

   PBYTE pRawBits = pIter;
   LONG lStorageWidth = GetStorageWidth(pbmi->biWidth, pbmi->biBitCount);
   LONG lHeight = (m_uType == (UINT)RT_BITMAP) ?
                    pbmi->biHeight : (pbmi->biHeight >> 1);
```
타입이 비트맵이 아닌 경우, 즉 아이콘이거나 커서인 경우 이미지 높이를 절반으로 설정한다.

```
   for(LONG y=0; y < lHeight; y++)
   {
           ⋮
   }
```
비트맵 이미지 또는 XOR용 이미지를 출력한다.

```
   if (m_uType == (UINT)RT_BITMAP)
      return;
```
타입이 비트맵인 경우 AND용 이미지가 존재하지 않으므로 더 이상의 처리 없이 반환한다.

```
   pRawBits += (lStorageWidth * lHeight);
   nSX += (pbmi->biWidth + 5);
```
AND용 이미지의 시작 포인터를 획득한다.

```
   lStorageWidth = GetStorageWidth(pbmi->biWidth, 1);
   RGBQUAD rqMono[2] = { 0, 0, 0, 0, 255, 255, 255, 255 };
```
컬러 비트 수를 1로 해서 저장 너비를 획득한다. 또한 모노크롬 팔레트를 별도로 설정한다.

```
   for(LONG y = 0; y < lHeight; y++)
   {
```

```
        for(LONG x = 0; x < pbmi->biWidth; x++)
        {
            COLORREF clrPixel = GetPixelColor
                (x, y, 1, lStorageWidth, lHeight, pRawBits, rqMono);
            pDC->SetPixel(nSX + x, nSY + y, clrPixel);
        }
    }

    AND용 이미지를 출력한다.

}
```

위의 코드를 이용해서 아이콘 이미지를 출력한 예가 [그림 10-12]의 아래쪽에 보이는 두 이미지다.

지금까지 아이콘 디렉터리의 리소스 ID 2에 해당하는 16x16 아이콘에 대해 살펴보았다. 리소스 ID 1에 해당하는 32x32 아이콘의 리소스도 위에서 설명한 것과 동일하게 분석할 수 있다. 32x32 아이콘의 분석은 여러분에게 맡기고, 여기서는 PE Explorer를 이용한 분석 결과만 그림으로 보여준다.

그림 10-13 ResrcApp.exe의 32x32 아이콘 리소스 노드

	타입	오프셋:RVA	크기
Data	IMAGE_RESOURCE_DATA_ENTRY	00006740:0000A340	0x10(16)
OffsetToData	DWORD	00006740:0000A340	0x4(4)
ICON	BYTE[744]	00006BD0:0000A7D0	x2E8(744)
Size	DWORD	00006744:0000A344	0x4(4)
CodePage	DWORD	00006748:0000A348	0x4(4)
Reserved	DWORD	0000674C:0000A34C	0x4(4)

32x32 아이콘에 대한 XOR용 이미지와 AND용 이미지에 대한 아이콘 리소스 정보는 다음과 같다.

그림 10-14 32x32 아이콘 리소스 상세 정보

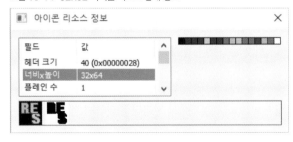

필드	값
헤더 크기	40 (0x00000028)
너비x높이	32x64
플레인 수	1

| 그룹 아이콘 (RC_GROUP_ICON) |

이제 그룹 아이콘에 대해 알아보자. 그룹 아이콘이나 그룹 커서의 설명을 보면 장치 독립적 비트맵이라고 되어 있다. 장치 독립적이라는 말의 의미는 앞서 이미 설명했다. 따라서 비트맵의 경우 BMP, 아이콘은 ICO, 커서의 경우 CUR이라는 확장자를 가진 파일들이 장치 독립적 비트맵이 된다. 앞서 언급한 것처럼, 아이콘이나 커서 모두 메모리 상에서는 장치에 의존적인 BITMAPINFO라는 구조체의 포맷을 가지지만, 이것이 파일로 저장되었을 경우에는 그 포맷이 다소 달라진다. 이제 ICO나 CUR 확장자를 가진 아이콘이나 커서의 파일 포맷에 대해 간단히 언급하고 넘어가자. 아이콘이나 커서 파일의 경우 ICONDIR이라는 구조체로 시작한다.

```
typedef struct
{
    WORD  wReserved;    // Reserved
    WORD  wType;        // resource type (1 for icons)
    WORD  wCount;       // how many images?
} ICONDIR, *LPICONDIR;
```

WORD wReserved

예약 필드며, 0으로 설정된다.

WORD wType

리소스의 타입을 나타내며, 아이콘은 1, 커서는 2가 된다.

WORD wCount

담고 있는 아이콘이나 커서의 이미지 수를 나타낸다. 앞서 언급했던 것처럼 ResrcApp.ico 파일 내에는 16x16과 32x32 두 아이콘 이미지가 존재했다. 이때 이 필드는 아이콘의 개수를 의미한다.

이렇게 선두에 ICONDIR 구조체로 시작해서 wCount 필드에서 지정된 수만큼의 엔트리를 갖는 ICONDIRENTRY 구조체 배열이 온다. ICONDIRENTRY 구조체는 다음과 같다.

```
typedef struct
{
    BYTE    bWidth;          // 아이콘 이미지 너비
    BYTE    bHeight;         // 아이콘 이미지 높이 x 2
    BYTE    bColorCount;     // 색상 수, 256색상 이상이면 0
    BYTE    bReserved;       // 예약
    WORD    wPlanes;         // 컬러 플레인 수
    WORD    wBitCount;       // 픽셀당 비트 수
    DWORD   dwBytesInRes;    // 아이콘 리소스의 바이트 수
    DWORD   dwImageOffset;   // 파일 선두로부터 이미지 데이터의 시작 오프셋
} ICONDIRENTRY, *LPICONDIRENTRY;
```

BYTE bWidth, bHeight

아이콘의 너비와 높이를 나타낸다. 앞서 리소스 포맷에서 본 것처럼 bHeight 필드의 경우 실제 높이의 두 배 값이 설정된다. 역시 AND용 마스크 이미지를 위한 것이다. 또한 두 필드의 타입이 BYTE기 때문에 256픽셀 이상의 너비와 높이는 지정하지 못한다. 따라서 만약 아이콘 이미지가 256픽셀 이상이면 이 필드는 0이 되고, 실제 이미지 정보는 리소스에 존재하는 실제 이미지 데이터를 참조해야만 한다. 너비나 높이가 256픽셀 이상의 고화질 아이콘의 경우 실제 이미지 데이터는 JPG나 PNG 파일 포맷 그대로 저장되는 경우가 많다.

BYTE bColorCount

이미지 내의 컬러 수를 지정한다. wBitCount 필드가 8보다 크면 이 필드는 0이 된다.

BYTE bReserved

예약 필드다.

WORD wPlanes

컬러 플레인 수를 나타내며, 보통 1이다.

WORD wBitCount

컬러당 비트 수다. 비트맵의 경우와 동일한 비트 카운트와 컬러 관계가 적용된다.

DWORD dwBytesInRes

아이콘이나 커서 이미지의 바이트 수를 가리킨다.

DWORD dwImageOffset

해당 디렉터리 엔트리에 해당하는 아이콘 실제 이미지의 파일 선두로부터의 시작 오프셋을 나타
낸다.

이렇게 ICONDIR 헤더 다음에 ICONDIR 구조체의 wCount 필드 값만큼 ICONDIRENTRY 구
조체가 이어진다. 그리고 각 ICONDIRENTRY의 dwImageOffset 필드에 지정된 값만큼의 오프
셋부터 해당 아이콘 이미지의 실제 정보가 dwBytesInRes 필드 값만큼의 바이트 수로 존재한다.
물론 실제 정보의 구조는 앞서 설명한 비트맵 이미지 구조와 동일하다. 다시 말해 BITMAPINFO
구조체로 시작하는 포맷을 가진다. 지금까지 아이콘 관련 구조체들의 관계를 나타내면 다음과 같다.

그림 10-15 아이콘 파일의 구조

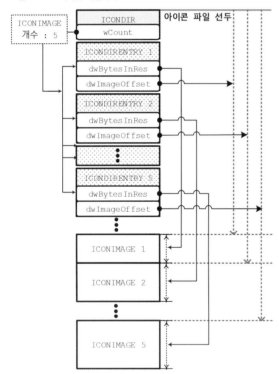

지금까지 아이콘 파일의 구조에 대해 알아보았다. 이렇게 아이콘 파일 자체에 대한 구조를 설명한 이유가 그룹 아이콘 리소스 타입 때문이다. 그룹 아이콘 타입은 장치 독립적으로 구성된 아이콘 리소스의 정보를 담기 위해 존재한다. 좀 더 단도직입적으로 말하면 그룹 아이콘 리소스의 구조는 약간의 차이만 제외하면 ResrcApp.ico 파일에서 ICONDIR 구조체와 ICONDIRENTRY 구조체들의 일부분을 그대로 복사한 것과 같다고 보면 된다. 차이가 있다면 ICONDIRENTRY 구조가 조금 달라지는데, 리소스 포맷으로 PE에 저장된 ICONDIRENTRY 구조체를 RES_ICONDIRENTRY 라고 하면 다음과 같이 정의할 수 있다.

```
typedef struct
{
    BYTE  bWidth;        // 아이콘 이미지 너비
    BYTE  bHeight;       // 아이콘 이미지 높이
    BYTE  bColorCount;   // 색상 수, 256색상 이상이면 0
    BYTE  bReserved;     // 예약
    WORD  wPlanes;       // 컬러 플레인 수
    WORD  wBitCount;     // 픽셀 당 비트 수
    DWORD dwBytesInRes;  // 아이콘 리소스의 바이트 수
    WORD  wID;           // 사용자가 지정한 아이콘 리소스 ID
} RES_ICONDIRENTRY, *LPRES_ICONDIRENTRY;
```

아이콘 파일 포맷을 구성하는 ICONDIRENTRY 구조체와 비교할 때 다른 필드들은 모두 동일하다. 다만 bHeight 필드의 경우 ICONDIRENTRY 구조체의 경우와는 달리 아이콘의 실제 높이 픽셀 값이 저장된다. 그리고 ICONDIRENTRY 구조체의 마지막 필드인 dwImageOffset 필드가 **wID 필드로 대체**되었는데, 이 필드는 다수로 존재하는 아이콘 리소스들의 식별 ID 값을 담는다. 이 ID는 여러분이 지정한 ID가 아니라, 아이콘 리소스 내에 존재하는 여러 아이콘 이미지들에 대한 식별 ID다. 앞서 아이콘 리소스에서 확인했던 대로 32x32 아이콘은 ID가 1, 16x16 아이콘은 ID가 2였다. 이때 RES_ICONDIRENTRY 구조체의 wID 필드에 이 ID 값이 저장되는 것이다. 우리는 리소스 정의 파일에서 다음과 같이 아이콘 리소스를 지정했다.

```
//////////////////////////////////////////////////////////////////////
// Icon
IDR_YHD_ICON ICON "ResrcApp.ico"
//////////////////////////////////////////////////////////////////////
```

ResrcApp.ico 파일 자체는 장치 독립적인 포맷으로 존재하지만, 리소스 컴파일러에 의해 PE 파일로 병합될 때는 ResrcApp.ico의 ICONDIR 구조체와 ICONDIRENTRY 구조체들만 그룹 아이콘 리소스의 멤버로 저장된다. 물론 이때 ICONDIRENTRY 구조체는 RES_ICONDIRENTRY 구조체로 변경되며, 이 구조체의 wID 필드에는 각 엔트리에 해당하는 아이콘의 ID, 즉 앞서 분석했던 아이콘 리소스 타입에 지정된 ID로, ResrcApp.ico에 있는 아이콘 이미지 중 16x16이면 2, 32x32면 1 값이 저장된다. 그리고 아이콘 타입(RC_ICON) 디렉터리 아래에 실제 아이콘 이미지들을 각각 BITMAPINFO 구조체로 변경하여 저장한다. 따라서 RC_GROUP_ICON과 RC_ICON의 관계는 다음과 같다.

그림 10-16 RC_GROUP_ICON과 RC_ICON의 관계

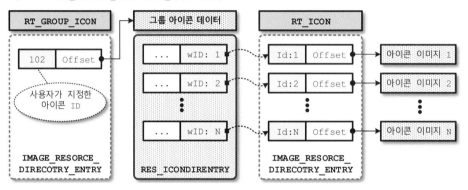

이러한 과정은 커서 파일에 대해서도 마찬가지다. 그럼 이제 그룹 아이콘 리소스의 실제 구조를 ResrcApp.exe를 통해서 확인해보자.

그림 10-17 ResrcApp.exe의 그룹 아이콘(IDR_YHD_ICON) 리소스 노드

	타입	오프셋:RVA	크기
⊟ 📁 Data	IMAGE_RESOURCE_DATA_ENTRY	000067D0:0000A3D0	0x10(16)
⊟ ◆ OffsetToData	DWORD	000067D0:0000A3D0	0x4(4)
🔒 GROUP_ICON	BYTE[34]	00006FE0:0000ABE0	0x22(34)
◆ Size	DWORD	000067D4:0000A3D4	0x4(4)
◆ CodePage	DWORD	000067D8:0000A3D8	0x4(4)
◆ Reserved	DWORD	000067DC:0000A3DC	0x4(4)

그룹 아이콘의 리소스의 시작 오프셋은 0x00006FE0부터며, 덤프의 내용은 다음과 같다.

덤프 10-8 그룹 아이콘 리소스 덤프

① ICONDIR

② RESICONDIRENTRY, 16x16, ID 1

	+0	+1	+2	+3	+4	+5	+6	+7	+8	+9	+A	+B	+C	+D	+E	+F
00006FE0	00	00	01	00	02	00	20	20	10	00	01	00	04	00	E8	02
00006FF0	00	00	01	00	10	10	10	00	01	00	04	00	28	01	00	00
00007000	02	00	00	00	00	00	00	00	02	00	01	00	28	00	00	00

③ RESICONDIRENTRY, 32x32, ID 2

다음은 위의 덤프를 그룹 아이콘 리소스 포맷에 맞춰 분석한 것이다.

표 10-4 그룹 아이콘 리소스 관련 구조체

구조체	필드	타입	값	의미
ICONDIR	wReserved	WORD	0x0000	예약
	wType	WORD	0x0001	리소스 타입 1 → 아이콘
	wCount	**WORD**	**0x0002**	**아이콘 수 2**
RES ICONDIR ENTRY 1	bWidth	BYTE	0x0010	커서의 너비 16픽셀
	bHeight	BYTE	0x0010	커서의 높이가 16픽셀, 이 필드는 비트 마스크 이미지 정보는 포함하지 않는다.
	bColorCount	WORD	0x0010	16컬러 사용
	bReserved	DWORD	0x0000	예약
	wPlanes	WORD	0x0001	1 플레인
	wBitCount	DWORD	0x0004	본 아이콘의 경우 16비트 컬러
	dwBytesInRes	DWORD	0x00000128	해당 아이콘의 리소스 바이트 수가 0x128
	wID	**WORD**	**0x0001**	**리소스 ID가 2인 아이콘(16x16)**
RES ICONDIR ENTRY 2	bWidth	WORD	0x0020	커서의 너비 32픽셀
	bHeight	WORD	0x0020	커서의 높이가 32픽셀. 이 필드는 비트 마스크로, 이미지 정보는 포함하지 않는다.
	bColorCount	WORD	0x0010	16컬러 사용
	bReserved	DWORD	0x0000	예약
	wPlanes	WORD	0x0001	1 플레인
	wBitCount	DWORD	0x0004	본 아이콘의 경우 16비트 컬러
	dwBytesInRes	DWORD	0x000002E8	해당 아이콘의 리소스 바이트 수가 0x2E8
	wID	**WORD**	**0x0002**	**리소스 ID가 1인 아이콘(32x32)**

다음 그림은 그룹 아이콘에 대한 팝업 메뉴의 '리소스 보기'를 클릭했을 때 팝업되는 [리소스 분석] 대화상자며, ResrcApp.exe에 있는 그룹 아이콘 IDR_YHD_ICON에 대한 정보를 보여준다.

그림 10-18 그룹 아이콘 리소스 상세 정보

ID	Width	Height	BitCount	Size
1	32	32	4	744
2	16	16	4	296

10.2.3 커서와 그룹 커서

커서의 리소스 포맷은 한 가지만 제외하고는 아이콘 포맷과 동일하다. 그 한 가지는 커서의 경우 BITMAPINFO 구조체가 시작하기 전에 2개의 WORD 필드를 가진다는 점이다. 이 2개의 WORD는 소위 말하는 '핫 스팟(Hot Spot)'을 나타내기 위한 필드다. 핫 스팟이란 마우스 커서의 화면 상의 위치 포인트를 인식하기 위한 값이다. [표 10-1]에서 알 수 있듯이, 커서 역시 32x32의 비트맵이다. 따라서 이 커서를 이용해서 여러분이 마우스 버튼을 눌렀을 때 이 비트맵의 어떤 위치를 포인트로 해석할 것인가를 지정해줄 필요가 있다. 앞의 예에서 필자는 핫 스팟 X를 2, Y를 1로 설정했다. 다음 그림에서는 커서 이미지의 좌표 (2, 1)을 핫 스팟으로 설정했음을 알 수 있다.

그림 10-19 ResrcApp.exe의 커서 편집

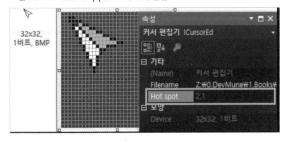

따라서 커서의 경우에 리소스 포맷은 다음과 같이 핫 스팟의 위치를 의미하는 2개의 WORD형 필드 wHotSpotX와 wHotSpotY 필드가 추가된 형태의 BITMAPINFO로 시작한다.

```
struct CURSOR_BITMAPINFO
{
    WORD                wHotSpotX;
    WORD                wHotSpotY;
    BITMAPINFOHEADER    bmiHeader;
    RGBQUAD             bmiColors[1];
} CURSOR_BITMAPINFO,   *PCURSOR_BITMAPINFO;
```

이제 ResrcApp.exe의 커서 리소스를 확인해보자. 다음 그림에서 커서 리소스의 시작 오프셋을 확인할 수 있다.

그림 10-20 ResrcApp.exe의 커서 리소스 노드

		타입	오프셋:RVA	크기
Data		IMAGE_RESOURCE_DATA_ENTRY	00006720:0000A320	0x10(16)
	OffsetToData	DWORD	00006720:0000A320	0x4(4)
	CURSOR	BYTE[308]	00007008:0000AC08	x134(308)
	Size	DWORD	00006724:0000A324	0x4(4)
	CodePage	DWORD	00006728:0000A328	0x4(4)
	Reserved	DWORD	0000672C:0000A32C	0x4(4)

ResApp.exe PE의 파일 오프셋 0x00007008이 커서 리소스의 시작이며, 다음에서 커서 리소스의 시작 덤프를 보여준다. 시작 부분의 두 WORD 값 0x0002와 0x0001이 핫 스팟의 좌표를 의미한다.

덤프 10-9 커서 리소스에 대한 덤프

	+0	+1	+2	+3	+4	+5	+6	+7	+8	+9	+A	+B	+C	+D	+E	+F
00007000	02	00	00	00	00	00	00	00	02	00	01	00	28	00	00	00
00007010	20	00	00	00	40	00	00	00	01	00	01	00	00	00	00	00
00007020	80	00	00	00	00	00	00	00	00	00	00	00	02	00	00	00
00007030	02	00	00	00	00	00	00	00	FF	FF	FF	00	00	00	00	00

다음은 핫 스팟의 값과 BITMAPINFOHEADER 구조체에 대한 분석 내용이다.

표 10-5 커서의 핫 스팟과 BITMAPINFOHEADER 구조체

필드	타입	값	의미
wHotSpotX	**WORD**	**0x0002**	**핫 스팟의 X 좌표 2**
wHotSpotY	**WORD**	**0x0001**	**핫 스팟의 Y 좌표 1**
biSize	DWORD	0x00000028	헤더 크기, 40바이트
biWidth	LONG	0x00000020	커서의 너비 32픽셀
biHeight	LONG	0x00000040	커서의 높이가 64픽셀. 아이콘의 경우와 마찬가지로 비트 마스크 이미지가 존재하기 때문에, 높이가 실제 높이인 32픽셀의 두 배가 된다.
biPlanes	WORD	0x0001	컬러 플레인 1
biBitCount	WORD	0x0004	컬러 비트 수가 1이므로 2컬러를 가진다. 또한 이 구조체 뒤에 엔트리 수가 2인 RGBQUAD 배열이 이어진다.
biCompression	DWORD	0x00000000	압축 미지원
biSizeImage	DWORD	0x00000080	이미지 크기는 XOR용 (0x20 * 0x20) / 2 = 128바이트
biXPelsPerMeter	LONG	0x00000000	의미 없음
biYPelsPerMeter	LONG	0x00000000	의미 없음
biClrUsed	DWORD	0x00000002	사용 컬러 수 2
biClrImportant	DWORD	0x00000002	주요 컬러 수 2

덤프 10-10 커서의 팔레트 덤프

	+0	+1	+2	+3	+4	+5	+6	+7	+8	+9	+A	+B	+C	+D	+E	+F
00007030	02	00	00	00	00	00	00	00	FF	FF	FF	00	00	00	00	00

다음은 색상 팔레트 다음으로 이어지는 XOR용 이미지에 대한 덤프다. 비트 카운트가 1이므로 XOR용 이미지의 크기는 저장 너비 4×높이 32 = 128(0x80)바이트가 된다. 또한 이 이미지 뒤의 비트 마스크 이미지 역시 1비트 컬러이므로 동일한 128바이트의 크기를 가질 것이다.

다음은 XOR용 이미지와 비트 마스크 이미지에 대한 덤프다. 두 이미지 모두 128바이트이므로 전체 이미지 크기는 256바이트임을 알 수 있다.

덤프 **10-11** 커서 리소스의 XOR용 이미지와 비트 마스크 이미지

	+0	+1	+2	+3	+4	+5	+6	+7	+8	+9	+A	+B	+C	+D	+E	+F
00007030	02	00	00	00	00	00	00	00	FF	FF	FF	00	00	00	00	00
00007040	00	00	00	00	00	00	00	00	00	00	00	00	00	00	00	00
~	~	~	~	~	~	~	~	~	~	~	~	~	~	~	~	~
00007090	01	E0	00	00	01	D8	00	00	03	BF	00	00	03	7C	00	00
000070A0	06	F0	00	00	05	C0	00	00	0B	00	00	00	04	00	00	00
000070B0	00	00	00	00	00	00	00	00	00	00	00	00	FF	FF	FF	FF
000070C0	FF	FF	FF	FF	FF	FF	FF	FF	FF	FF	FF	FF	FF	FF	FF	FF
~	~	~	~	~	~	~	~	~	~	~	~	~	~	~	~	~
00007110	FC	07	FF	FF	FC	18	FF	FF	F8	3F	3F	FF	F8	7C	FF	FF
00007120	F0	F3	FF	FF	F1	CF	FF	FF	E3	3F	FF	FF	E4	FF	FF	FF
00007130	C3	FF	FF	FF	CF	FF	FF	FF	FF	FF	FF	FF	00	00	00	00

다음 그림은 PE Explorer를 통해서 ResrcApp.exe의 커서 정보를 획득한 결과다. XOR용 이미지와 비트 마스크 이미지를 볼 수 있으며, 오른쪽에 검정과 흰색 순으로 나열된 두 개의 엔트리를 가진 팔레트도 확인할 수 있다.

그림 **10-21** 커서 리소스 상세 정보

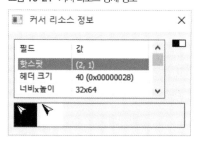

| 그룹 커서 |

이번에는 그룹 커서에 대해서 확인해보자. 그룹 아이콘에서 그룹에 대한 의미는 설명했지만, 그룹 커서의 경우 그룹 아이콘의 리소스 포맷과는 약간 달라진다. 우선 리소스 분석기 툴을 통해서 리소스 데이터 위치를 먼저 살펴보자.

그림 10-22 ResrcApp.exe의 그룹 커서(IDR_YHD_CURSOR) 리소스 노드

	타입	오프셋:RVA	크기
Data	IMAGE_RESOURCE_DATA_ENTRY	000067C0:0000A3C0	0x10(16)
OffsetToData	DWORD	000067C0:0000A3C0	0x4(4)
GROUP_CURSOR	BYTE[20]	00007140:0000AD40	0x14(20)
Size	DWORD	000067C4:0000A3C4	0x4(4)
CodePage	DWORD	000067C8:0000A3C8	0x4(4)
Reserved	DWORD	000067CC:0000A3CC	0x4(4)

위의 그림에서 보는 것처럼 아이콘과는 다르게 커서의 경우는 여러 크기의 이미지를 가지고 있지 않고 단지 하나의 이미지면 충분하다. 따라서 ICONDIRENTRY에 해당하는 CURSORDIRENTRY 하나만 존재한다.

덤프 10-12 그룹 커서 리소스 덤프

① ICONDIR

② RESICONDIRENTRY, 16x16, ID 1

	+0	+1	+2	+3	+4	+5	+6	+7	+8	+9	+A	+B	+C	+D	+E	+F
00006FE0	00	00	01	00	02	00	20	20	10	00	01	00	04	00	E8	02
00006FF0	00	00	01	00	10	10	10	00	01	00	04	00	28	01	00	00
00007000	02	00	00	00	00	00	00	00	02	00	01	00	28	00	00	00

③ RESICONDIRENTRY, 32x32, ID 2

위 덤프에서 보는 것처럼 처음의 여섯 바이트는 ICONDIR 구조체와 동일하다가 그 다음부터는 뭔가 좀 달라지기 시작한다. 커서의 경우 파일 포맷이 아이콘과 약간 다르다. 동일하게 ICONDIR 구조체로 시작하지만, 아이콘 파일의 ICONDIRENTRY 구조체와 필드의 의미가 약간 달라지는 부분이 있다. 다음은 아이콘 파일의 ICONDIRENTRY 구조체에 대응하는 CURSORDIRENTRY 구조체의 정의다.

```
typedef struct
{
   BYTE   bWidth;              // 커서 이미지 너비
   BYTE   bHeight;             // 커서 이미지 높이 × 2
   BYTE   bColorCount;         // 색상 수, 256색상 이상이면 0, 보통은 1
   BYTE   bReserved;           // 예약
   WORD   wHotspotX;           // Hotspot X(Icon의 경우 wColorPlane)
```

```
    WORD   wHotspotY;              // Hotspot Y(Icon의 경우 wBitCount)
    DWORD  dwBytesInRes;           // 커서 리소스의 바이트 수
    DWORD  dwImageOffset;          // 파일 선두로부터 커서 데이터의 시작 오프셋
  } CURSORDIRENTRY, *LPCURSORDIRENTRY;
```

커서 파일은 ICONDIR 구조체 다음에 CURSORDIRENTRY 구조체가 온다. 각 필드의 의미
는 ICONDIRENTRY 구조체와 거의 같다. 다만 ICONDIRENTRY 구조체의 wColorPlane과
wBitCount 필드 대신에 이 두 필드를 커서의 핫 스팟을 나타내는 용도로 사용한다는 점이 다를 뿐
이다. 그러면 비트 카운트는 어디서 참조하는가? dwImageOffset 필드가 가리키는 오프셋 위치가
BITMAPINFO 구조체의 시작이기 때문에 전혀 문제 없다.

그러면 커서의 리소스 포맷은 어떻게 될까? 역시 아이콘의 경우와 다소 달라진다. RES_
ICONDIRENTRY에 대응되는 RES_CURSORDIRENTRY 구조체를 살펴보자.

```
  typedef struct
  {
      WORD wWidth;        // 커서 이미지 너비
      WORD wHeight;       // 커서 이미지 높이 × 2
      WORD wPlanes;       // 컬러 플레인 수
      WORD wBitCount;     // 픽셀당 비트 수
      DWORD dwBytesInRes; // 커서 리소스의 바이트 수
      WORD wID;           // 사용자가 지정한 커서 리소스 ID
  } RES_CURSORDIRENTRY, *LPRES_CURSORDIRENTRY;
```

RES_ICONDIRENTRY의 bWidth와 bHeight 필드가 각각 WORD로 확장되었고, 대신 RES_
ICONDIRENTRY의 bColorCount와 bReserved 필드가 사라졌으며, 이외 나머지 필드들의 의
미는 동일하다. 대신 RES_ICONDIRENTRY의 bHeight 필드는 실제 아이콘의 너비 픽셀 값을
담지만, RES_CURSORDIRENTRY의 wHeight 필드는 비트 마스크 이미지까지 고려한 높이, 즉
실제 커서 높이의 두 배 값을 담고 있다. 앞의 [덤프 10-12]에 적용시킨 결과는 다음과 같다.

표 10-6 그룹 커서 리소스 관련 구조체

구조체	필드	타입	값	의미
ICONDIR	wReserved	WORD	0x0000	예약
	wType	WORD	0x0002	리소스 타입 → 커서
	wCount	WORD	0x0001	커서의 개수 1개
CURSOR DIRENTRY	wWidth	WORD	0x0020	커서의 너비 32픽셀
	wHeight	WORD	0x0040	커서의 높이 64(=32×2)픽셀 커서의 경우 높이 정보는 비트 마스크 이미지 정보까지 포함하기 때문에 실제 높이의 두 배가 된다.
	wPlanes	WORD	0x0001	1 플레인
	wBitCount	DWORD	0x0001	본 커서의 경우 1비트 컬러
	dwBytesInRes	DWORD	0x00000134	오프셋 0x134부터 커서 BITMAPINFO 시작
	wID	WORD	0x0001	리소스 ID가 1인 커서

다음 그림은 그룹 커서에 대한 팝업 메뉴의 '리소스 보기'를 클릭했을 때 팝업되는 [리소스 분석] 대화상자며. ResrcApp.exe에 존재하는 그룹 커서 IDR_YHD_CURSOR에 대한 정보를 보여준다.

그림 10-23 그룹 커서 리소스 상세 정보

10.2.4 아이콘, 커서, 비트맵 추출기

이번에는 좀 실용적인 툴을 하나 작성해보기로 하자. 지금까지 설명한 PE 파일의 리소스 섹션이 포함하고 있는 비트맵이나 아이콘, 커서를 추출하는 툴이다. 다음 코드는 프로젝트 〈ImgExtract〉의 ImgExtract.cpp 파일로, 이 프로젝트의 빌드 결과는 ImgExtract.exe가 된다.

다음은 ImgExtract.exe의 사용법 출력을 담당하는 PrintUsage 함수와 전달된 인자에 대한 파싱을 담당하는 ParseParams 함수에 대한 정의다.

```
PCTSTR G_PSZ_OPTS[] = { L"-cursor", L"-bitmap", L"-icon", L"-all" };
#define RT_ALL   (RT_MANIFEST + 1)


void PrintUsage()
{
   printf("Image Extractor by YHD -> Usage:\n");
   printf("ImgExtract [-option] PEFilePath.\n");
   printf(" [-all]  : All image extracted.\n");
   printf(" -icon   : Cursor image extracted.\n");
   printf(" -cursor : Cursor image extracted.\n");
   printf(" -bitmap : Bitmap image extracted.\n");
}


PCTSTR ParseParams(int argc, _TCHAR* argv[])
{
   if (argc < 2)
      return NULL;
   if (argc == 2)
      return RT_ALL;
```

옵션 인자가 없는 경우 RT_ALL을 반환한다. 이 경우 PE 파일의 리소스 섹션에 존재하는 모든 비트맵, 커서, 아이콘 리소스를 추출한다.

```
   int nOptCnt = sizeof(G_PSZ_OPTS) / sizeof(PCTSTR);
   for (int i = 0; i < nOptCnt; i++)
   {
      if (_tcsicmp(argv[1], G_PSZ_OPTS[i]) == 0)
      {
         if (i < nOptCnt - 1)
            return MAKEINTRESOURCE((WORD)(i + 1));
```

옵션 인자가 "-cursor", "-bitmap", "-icon"인 경우 각각 RT_CURSOR, RT_BITMAP, RT_ICON을 반환한다.

```
         return RT_ALL;
```

옵션 인자가 "-all"인 경우 RT_ALL을 반환한다.

```
      }
   }
   return NULL;
}
```

다음은 ImgExtract의 메인 함수에 대한 정의다. 인자를 파싱한 후 ScanImgResources 함수를 호출하여 리소스를 스캔하고 비트맵, 커서, 아이콘 리소스를 파일로 추출한다.

```
void _tmain(int argc, _TCHAR* argv[])
{
  PCTSTR pszType = ParseParams(argc, argv);
  if (pszType == NULL)
  {
    PrintUsage();
    return;
  }
```
인자 파싱을 통해 추출할 이미지의 종류를 획득한다.

```
  HANDLE  hImgFile     = INVALID_HANDLE_VALUE;
  HANDLE  hImgMap      = NULL;
  PBYTE   pImgView     = NULL;
  try
  {
    hImgFile = CreateFile
    (
      argv[argc - 1], GENERIC_READ, FILE_SHARE_READ, NULL, OPEN_EXISTING, 0, NULL
    );
    if (hImgFile == INVALID_HANDLE_VALUE)
      throw MAKE_HRESULT(1, FACILITY_WIN32, GetLastError());
```
인자로 전달된 PE 파일을 연다.

```
    hImgMap = CreateFileMapping
    (
      hImgFile, NULL, PAGE_READONLY, 0, 0, NULL
    );
    if (hImgMap == NULL)
      throw MAKE_HRESULT(1, FACILITY_WIN32, GetLastError());
```
열린 PE 파일을 매핑 파일로 연다.

```
    pImgView = (PBYTE)MapViewOfFile(hImgMap, FILE_MAP_READ, 0, 0, 0);
    if (pImgView == NULL)
      throw MAKE_HRESULT(1, FACILITY_WIN32, GetLastError());
```
PE 매핑 파일의 뷰 포인터를 획득한다.

```
    PIMAGE_DOS_HEADER pdh = PIMAGE_DOS_HEADER(pImgView);
    if (pdh->e_magic != IMAGE_DOS_SIGNATURE)
        throw E_INVALIDARG;
    dwOffset = pdh->e_lfanew;
    PIMAGE_NT_HEADERS pnh = PIMAGE_NT_HEADERS(pImgView + dwOffset);
    if (pnh->Signature != IMAGE_NT_SIGNATURE)
        throw E_INVALIDARG;
```

PE 파일의 정합성을 체크한다.

```
    CString szPath = argv[argc - 1];
    int nPos = szPath.ReverseFind(L'.');
    if (nPos >= 0)
        szPath = szPath.Left(nPos);
```

인자로 전달된 PE 파일의 경로에서 확장자를 제거한다. EXE나 DLL 등의 확장자가 제거된 경로는 ScanImgResources 함수의 인자로 전달되어 내부에서 해당 리소스의 확장자에 해당하는 CUR, ICO, BMP 확장자로 대체되어 저장된다.

```
    int nSavedCnt = ScanImgResources(pImgView, pszType, szPath);
```

ScanImgResources 함수에 옵션을 전달하여 해당 이미지 리소스를 검색하고 해당 리소스를 저장한다.

```
    printf("%d files are saved.\n", nSavedCnt);
    }
    catch (HRESULT e)
    {
        if (e == E_INVALIDARG)
            printf("Invalid PE File Format.\n", e);
        else
            printf("Fail to load PE File, Code = 0x%08X\n", e);
    }

    if (pImgView != NULL)
        UnmapViewOfFile(pImgView);
    if (hImgMap != NULL)
        CloseHandle(hImgMap);
    if (hImgFile != INVALID_HANDLE_VALUE)
        CloseHandle(hImgFile);
}
```

이미지 리소스의 검색을 담당하는 ScanImgResources 함수의 정의는 다음과 같다. 매개변수 pImage는 PE 파일의 시작 뷰 포인터를, pszType 매개변수는 RT_CURSOR, RT_ICON, RT_BITMP 또는 RT_ALL 옵션을, pszPath 매개변수는 해당 리소스 추출 시 저장할 파일 경로 및 이름 지정을 위한 문자열을 전달한다.

```
int ScanImgResources(PBYTE pImgBase, PCWSTR pszType, PCWSTR pszPath)
{
    if (pszType == RT_ICON || pszType == RT_CURSOR)
        pszType = (PCWSTR)((ULONG_PTR)pszType + DIFFERENCE);
```

이미지의 종류가 아이콘이나 커서면 그룹 아이콘과 그룹 커서를 검색한다. DIFFERENCE는 11이라는 값으로 정의된 매크로로, 더한 결과는 각각 RT_GROUP_ICON과 RT_GROUP_CURSOR가 된다.

```
    PIMAGE_DATA_DIRECTORY pdd =
            PEPlus::GetDataDir(pImgBase, IMAGE_DIRECTORY_ENTRY_RESOURCE);
    if (pdd->VirtualAddress == 0)
        return 0;
    PIMAGE_SECTION_HEADER psh = PEPlus::FindSectHdr(pImgBase, pdd->VirtualAddress);
    if (psh == NULL)
        return 0;
    PBYTE pResSect = pImgBase + RVA_TO_OFFSET(psh, pdd->VirtualAddress);
```

리소스 섹션의 시작 포인터를 획득한다.

```
    PBYTE pIter = pResSect;
    PIMAGE_RESOURCE_DIRECTORY prd = (PIMAGE_RESOURCE_DIRECTORY)pIter;
    pIter += sizeof(IMAGE_RESOURCE_DIRECTORY);
```

루트 IMAGE_RESOURCE_DIRECTORY 구조체의 포인터를 획득한다.

```
    WORD wEntCnt = prd->NumberOfIdEntries;
    pIter += sizeof(IMAGE_RESOURCE_DIRECTORY_ENTRY) * prd->NumberOfNamedEntries;
```

비트맵이나 그룹 아이콘, 그룹 커서는 첫 단계 레벨에서 문자열이 아닌 ID로 존재하기 때문에 ID 리소스 엔트리 수를 획득한다.

```
    int nSavedCnt = 0;
    for (WORD i = 0; i < wEntCnt; i++)
```

```
    {
        PIMAGE_RESOURCE_DIRECTORY_ENTRY prde = (PIMAGE_RESOURCE_DIRECTORY_ENTRY)pIter;
        pIter += sizeof(IMAGE_RESOURCE_DIRECTORY_ENTRY);
```

리소스 디렉터리의 엔트리를 획득한다.

```
        if (pszType != RT_ALL)
        {
            if ((WORD)pszType == prde->Id)
            {
                nSavedCnt += SaveSubResoures(pImgBase, psh,
                                pResSect, prde, pszPath, pszType, true);
                break;
```

옵션이 'RT_ALL'이 아닐 경우, 지정된 종류의 리소스 타입이 발견되면 SaveSubResoures 함수를 호출하여 해당 리소스를 저장한 후 루프를 탈출한다.

```
            }
        }
        else
        {
            if (prde->Id == (WORD)RT_BITMAP ||
                prde->Id == (WORD)RT_GROUP_CURSOR || prde->Id == (WORD)RT_GROUP_ICON)
                nSavedCnt += SaveSubResoures(pImgBase, psh,
                        pResSect, prde, pszPath, (PCWSTR)prde->Id, true);
```

옵션이 'RT_ALL'인 경우 비트맵, 아이콘, 커서 리소스에 해당하는 모든 리소스 타입에 대하여 SaveSubResoures 함수를 호출하여 해당 리소스를 저장한다.

```
        }
    }
    return nSavedCnt;
}
```

위의 코드에서 사용된 SaveSubResoures 함수에 대한 정의는 다음과 같다. 두 번째 레벨 검색 후, 해당 리소스 종류의 모든 ID의 리소스에 대하여 SaveSubResoures 함수를 재귀 호출한다. 두 번째 호출에서 문화권에 해당하는 모든 리소스를 찾아 리소스를 저장한다. SaveSubResoures 함수의 매개변수 pImgBase는 PE 파일의 시작 뷰 포인터를, psh는 리소스 섹션의 섹션 헤더 포인터를, pResSect

는 리소스 섹션의 시작 포인터를, prde는 찾은 리소스 디렉터리 엔트리의 포인터를, pszName
은 파일 이름 지정을 위한 문자열을, pszType은 RT_BITMAP 또는 RT_GROUP_ICON,
RT_GROUP_CURSOR를, 마지막으로 bScanSub는 재귀 호출 여부를 지정한다.

```
int SaveSubResoures(PBYTE pImgBase, PIMAGE_SECTION_HEADER psh,
                    PBYTE pResSect, PIMAGE_RESOURCE_DIRECTORY_ENTRY prde,
                    PCWSTR pszName, PCWSTR pszType, bool bScanSub)
{
  PBYTE pIter = pResSect + prde->OffsetToDirectory;
  PIMAGE_RESOURCE_DIRECTORY prd = (PIMAGE_RESOURCE_DIRECTORY)pIter;
  pIter += sizeof(IMAGE_RESOURCE_DIRECTORY);
```
레벨 2 또는 레벨 3의 리소스 디렉터리 포인터를 획득한다.

```
  WORD wEntCnt = prd->NumberOfIdEntries + prd->NumberOfNamedEntries;
```
레벨 2 또는 레벨 3의 리소스 디렉터리 아래의 모든 엔트리는 파일 저장의 대상이므로, 정수와 문자열 ID 모두의 개수를 획득한다.

```
  int nSavedCnt = 0;
  for (WORD i = 0; i < wEntCnt; i++)
```
엔트리 수만큼 루프를 돌면서 저장 파일명을 정의하고 리소스를 저장한다.

```
  {
    PIMAGE_RESOURCE_DIRECTORY_ENTRY prdet =
                (PIMAGE_RESOURCE_DIRECTORY_ENTRY)pIter;
    pIter += sizeof(IMAGE_RESOURCE_DIRECTORY_ENTRY);

    CString szName = pszName;
    if (prdet->NameIsString)
    {
      PIMAGE_RESOURCE_DIR_STRING_U prds =
        (PIMAGE_RESOURCE_DIR_STRING_U)(pResSect + prdet->NameOffset);
      CString sz;
      PWSTR pv = sz.GetBufferSetLength(prds->Length);
      memcpy(pv, prds->NameString, prds->Length * sizeof(WCHAR));
      sz.ReleaseBuffer();
      szName.AppendFormat(L".%s", sz);
    }
```

```
        else
        {
            szName.AppendFormat(L".%04X", prdet->Id);
        }
```

리소스 ID와 문화권 ID를 첨부하여 저장할 파일명을 결정한다.

```
        if (bScanSub)
        {
            nSavedCnt += SaveSubResoures(pImgBase, psh,
                            pResSect, prdet, szName, pszType, false);
```

매개변수 bScanSub가 true인 경우 세 번째 레벨, 즉 문화권 레벨을 의미하며, 실제 데이터를 찾기 위해 SaveSubResoures 함수를 재귀 호출한다.

```
        }
        else
        {
```

매개변수 bScanSub가 false인 경우 리소스의 실제 데이터를 찾아서 파일로 저장한다.

```
            static PCWSTR arszExts[] = { L".cur", L".bmp", L".ico" };

            WORD wId = (WORD)pszType;
            if (wId != (WORD)RT_BITMAP)
                wId -= DIFFERENCE;
```

리소스 종류가 그룹 아이콘이나 그룹 커서일 경우에는 DIFFERENCE 매크로 값을 빼서 ID 값을 RT_ICON이나 RT_CURSOR로 변경한다.

```
            szName.Append(arszExts[wId - 1]);
            CString szInfo = szName;
            int nPos = szName.ReverseFind(L'\\');
            if (nPos >= 0)
                szInfo = szName.Mid(nPos + 1);

            PIMAGE_RESOURCE_DATA_ENTRY pdata =
                PIMAGE_RESOURCE_DATA_ENTRY(pResSect + prdet->OffsetToDirectory);
            DWORD dwSize = pdata->Size;
            PBYTE pData = (pImgBase + RVA_TO_OFFSET(psh, pdata->OffsetToData));
```

```
        HANDLE hImgFile = INVALID_HANDLE_VALUE;
        try
        {
            hImgFile = CreateFile(szName, GENERIC_ALL,
                FILE_SHARE_READ | FILE_SHARE_WRITE, NULL, OPEN_ALWAYS, 0, NULL);
            if (hImgFile == INVALID_HANDLE_VALUE)
                throw MAKE_HRESULT(1, FACILITY_WIN32, GetLastError());
```

```
            if (pszType == RT_BITMAP)
                SaveBitmapFile(hImgFile, pData, dwSize);
```

```
            else
                SaveCurOrIcoFile(hImgFile, pData, dwSize, pImgBase);
```

```
            nSavedCnt++;
            printf(" => %S extraction SUCCEEDED!!!\n", szInfo);
        }
        catch (HRESULT hr)
        {
            printf(" => %S extraction FAILED, Code=0x%08X\n", szInfo, hr);
        }
        if (hImgFile != INVALID_HANDLE_VALUE)
            CloseHandle(hImgFile);
    }
  }
  return nSavedCnt;
}
```

SaveBitmapFile 함수는 비트맵 리소스를 BMP 파일로 저장하는 기능을 담당하며, 이 함수에 대한 정의는 다음과 같다.

```
void SaveBitmapFile(HANDLE hFile, PBYTE pData, DWORD dwSize)
{
    BITMAPFILEHEADER bfh;
    memset(&bfh, 0, sizeof(bfh));
    bfh.bfType    = 0x4D42;
    bfh.bfSize    = dwSize;
    bfh.bfOffBits = sizeof(bfh) + sizeof(BITMAPINFOHEADER);
```

BITMAPFILEHEADER 구조체를 설정한다.

```
    PBITMAPINFOHEADER pbih = (PBITMAPINFOHEADER)pData;
    if (pbih->biBitCount == 8)
       bfh.bfOffBits += 256 * sizeof(COLORREF);
    else if (pbih->biBitCount == 4)
       bfh.bfOffBits += 16 * sizeof(COLORREF);
    else if (pbih->biBitCount == 1)
       bfh.bfOffBits += 2 * sizeof(COLORREF);
```

리소스 비트맵 데이터에서 BITMAPINFOHEADER 구조체의 포인터를 획득하고, 이 구조체의 bfOffBits 필드를 설정한다. 이 필드는
비트맵 이미지 실제 데이터의 시작 오프셋을 의미하므로 팔레트의 크기를 정확하게 계산해야 한다.

```
    DWORD dwWrote = 0;
    if (!WriteFile(hFile, &bfh, sizeof(bfh), &dwWrote, NULL))
       throw HRESULT_FROM_WIN32(GetLastError());
```

BITMAPFILEHEADER 구조체를 파일 맨 앞에 쓴다.

```
    if (!WriteFile(hFile, pData, dwSize, &dwWrote, NULL))
       throw HRESULT_FROM_WIN32(GetLastError());
```

비트맵 리소스의 내용은 BITMAPINFO 구조체의 실제 내용에 해당하므로, 비트맵 리소스 자체를 BITMAPFILEHEADER 구조체에
이어서 파일에 쓴다.

```
}
```

SaveCurOrIcoFile 함수는 아이콘 또는 커서 리소스를 ICO나 CUR 파일로 저장하는 기능을 담당
하며, 이 함수에 대한 정의는 다음과 같다.

```
void SaveCurOrIcoFile(HANDLE hFile, PBYTE pData, DWORD dwSize, PBYTE pImgBase)
{
    PBYTE       pIter = pData;
    LPICONDIR   pDir  = (LPICONDIR)pIter;
    pIter += sizeof(ICONDIR);
```

아이콘 또는 커서 리소스 데이터에서 ICONDIR 구조체의 포인터를 획득한다.

```
    DWORD dwImgOffset = sizeof(ICONDIR) + pDir->wCount * sizeof(ICONDIRENTRY);
    DWORD dwWrote = 0;
    if (!WriteFile(hFile, pDir, sizeof(ICONDIR), &dwWrote, NULL))
        throw HRESULT_FROM_WIN32(GetLastError());
```

ICONDIR 구조체를 파일 맨 앞에 쓴다.

```
    DWORD dwCurPos = sizeof(ICONDIR);
    DWORD dwPreIcoSize = 0;
    for (WORD i = 0; i < pDir->wCount; i++)
```

그룹 아이콘 또는 그룹 커서에 등록된 리소스 수만큼 루프를 돌면서 리소스 엔트리와 실제 데이터를 파일에 쓴다.

```
    {
        ICONDIRENTRY ide;
        WORD wId = 0;
        if (pDir->wType == 1)
```

wType이 1인 경우는 아이콘 리소스다.

```
        {
            LPRES_ICONDIRENTRY pie = (LPRES_ICONDIRENTRY)pIter;
            pIter += sizeof(RES_ICONDIRENTRY);
```

아이콘 리소스에서 RES_ICONDIRENTRY 구조체의 포인터를 획득한다.

```
            wId = pie->wID;
            memcpy(&ide, pie, sizeof(RES_ICONDIRENTRY));
```

아이콘 리소스 ID를 획득하고 ICONDIRENTRY 구조체에 리소스의 RES_ICONDIRENTRY 구조체 정보를 복사한다.

```
        }
        else
```

wType이 2인 경우는 커서 리소스다.

```
    {
        LPRES_CURSORDIRENTRY pie = (LPRES_CURSORDIRENTRY)pIter;
        pIter += sizeof(RES_CURSORDIRENTRY);
```

커서 리소스에서 RES_CURSORDIRENTRY 구조체의 포인터를 획득한다.

```
        wId = pie->wID;
        memset(&ide, 0, sizeof(ICONDIRENTRY));
```

커서 리소스 ID를 획득하고 리소스의 RES_CURSORDIRENTRY 구조체 정보를 ICONDIRENTRY 구조체에 복사한다.

```
        ide.bWidth      = (BYTE)pie->wWidth;
        ide.bHeight     = (BYTE)(pie->wHeight >> 1);
        ide.dwBytesInRes = pie->dwBytesInRes - sizeof(DWORD);
```

ICONDIRENTRY 구조체의 정보를 채운다.
커서의 CURSORDIRENTRY 구조체는 핫 스팟 관련 필드만 제외하면 ICONDIRENTRY 구조체와 동일하므로, ICONDIRENTRY 구조체를 커서에 사용해도 상관없다. RES_CURSORDIRENTRY 구조체의 wHeight 필드는 실제 커서 이미지 높이의 두 배 값이 설정되어 있으므로, 커서 파일의 높이 정보를 담는 bHeight 필드에는 실제 커서 이미지의 높이 설정을 위해서 2로 나눈다.

```
    }
    ide.dwImageOffset = dwImgOffset + dwPreIcoSize;
```

실제 리소스 데이터의 시작 위치를 dwImageOffset 필드에 설정한다.

```
    DWORD dwIcoSize = 0;
    PBYTE pImg = PEPlus::FindPEResource(dwIcoSize, pImgBase,
        (PCWSTR)wId, (pDir->wType == 1) ? RT_ICON : RT_CURSOR);
    if (pImg == NULL)
        throw E_INVALIDARG;
```

앞에서 획득한 wId와 리소스 타입을 전달하여 9장에서 구현했던 FindPEResource 함수를 이용해 아이콘 또는 커서 리소스 데이터를 획득한다.

```
    if (pDir->wType != 1)
    {
        ide.wPlanes    = *((PWORD)pImg); pImg += sizeof(WORD);
        ide.wBitCount  = *((PWORD)pImg); pImg += sizeof(WORD);
        dwIcoSize     -= sizeof(DWORD);
```

리소스가 커서인 경우 핫 스팟을 설정한다. 커서 파일의 실제 이미지 정보는 핫 스팟를 포함하지 않기 때문에 커서 리소스 포인터를 증가시키고 크기를 감소시킨다.

```
        }

        if (!WriteFile(hFile, &ide, sizeof(ICONDIRENTRY), &dwWrote, NULL))
           throw HRESULT_FROM_WIN32(GetLastError());
        dwCurPos += sizeof(ICONDIRENTRY);
```

앞서 설정한 ICONDIRENTRY 구조체를 파일에 쓰고, 현재 파일 포인터를 보관한다.

```
        SetFilePointer(hFile, ide.dwImageOffset, NULL, FILE_BEGIN);
```

리소스 데이터를 파일에 쓰기 위하여 dwImageOffset 필드 값만큼 파일 포인터를 이동한다.

```
        if (!WriteFile(hFile, pImg, dwIcoSize, &dwWrote, NULL))
           throw HRESULT_FROM_WIN32(GetLastError());
```

아이콘 또는 커서 리소스 데이터를 파일에 쓴다.

```
        SetFilePointer(hFile, dwCurPos, NULL, FILE_BEGIN);
        dwPreIcoSize += dwIcoSize;
```

다음 ICONDIRENTRY 구조체를 쓰기 위하여 파일 포인터를 복원하고, 다음 리소스 데이터를 쓸 파일 위치를 보관한다.

```
     }
  }
```

지금까지의 소스를 빌드한 결과 생성되는 ImgExtract.exe를 실행하면, 다음과 같이 이 장에서 예제로 다루는 ResrcApp.exe의 아이콘, 커서 및 비트맵 리소스를 파일로 추출할 수 있다.

```
C:\Test>ImgExtract -all C:\Test\ResrcApp.exe
 => ResrcApp.0067.0409.bmp extraction SUCCEEDED!!!
 => ResrcApp.0068.0409.cur extraction SUCCEEDED!!!
 => ResrcApp.0069.0409.ico extraction SUCCEEDED!!!
3 files are saved.
```

지금까지 비트맵과 커서, 그리고 아이콘 리소스가 PE 파일의 리소스 섹션 내에서 갖는 포맷을 살펴보았다. 계속해서 ResrcApp.exe의 예제를 통해 나머지 리소스인 메뉴, 단축키 테이블 문자열 테이블의 리소스 구조를 확인해보자.

10.3 메뉴, 단축키, 문자열 테이블

이번에는 리소스 중 메뉴와 단축키(Keyboard Accelerator), 그리고 문자열 테이블에 대해서 살펴볼 것이다. 메뉴는 프로그램이 제공하는 여러 기능을 사용자가 선택할 수 있도록 해주는 사용자 인터페이스에 있어서 매우 중요한 요소며, 단축키는 메뉴와 결합되거나 별도로 구성되어 프로그램의 원하는 기능을 간단한 키 조합으로 수행할 수 있도록 해준다. 또한 문자열 테이블은 프로그램 내에서 정의하는 다양한 문자열을 리소스 섹션에 별도로 묶어 통일된 문자열 접근을 가능하게 해주며, 특히 국가별 언어를 지원하고자 할 때 문자열 테이블을 국가별로 설정하면 하나의 프로그램 내에서 다양한 국가의 언어를 표시할 수 있는 수단이 된다.

10.3.1 메뉴 리소스

메뉴는 크게 메뉴 막대와 그 아래의 서브 메뉴로 구성되며, 이 경우 메뉴 막대를 메인 메뉴라고 하자. 그리고 메인 메뉴나 서브 메뉴에서 구체적인 작업을 수행토록 하는 메뉴의 요소를 메뉴 항목이라고 할 때, 이렇게 메인 메뉴로 구성되어 애플리케이션의 상단에 미리 자리를 잡는 메뉴가 있고, 마우스의 오른쪽 버튼 클릭이나 메뉴키 등을 통해 활성화되는 팝업 메뉴도 있다. 윈도우에서는 메인 메뉴의 서브 메뉴든 팝업 메뉴든 상관없이 메뉴 항목을 포함하는 집합을 팝업 메뉴로 분류한다. 따라서 메인 메뉴의 서브 메뉴로 존재하는 요소 역시 팝업 메뉴가 되며, 팝업 메뉴 자신도 서브 메뉴로서의 팝업 메뉴를 가질 수 있다. 따라서 메뉴 리소스 역시 트리 구조로 구성된다. 우리는 리소스 정의 파일에서 IDR_YHD_MENU라는 ID를 가진 메인 메뉴를 다음과 같이 정의했다.

```
/////////////////////////////////////////////////////////////////
// Menu
IDR_YHD_MENU MENU
BEGIN
  POPUP "Test(&T)"
  BEGIN
    MENUITEM "Show My Cursor(&C)\tShift+C",    ID_MENU_CHANGECURSOR
    MENUITEM "Dialog Test(&D)\tShift+D",       ID_MENU_DIALOG
    MENUITEM SEPARATOR
    POPUP      "Background(&B)"
    BEGIN
      MENUITEM "Show Bitmap(&S)\tCtrl+S",      ID_MENU_SHOWBITMAP
```

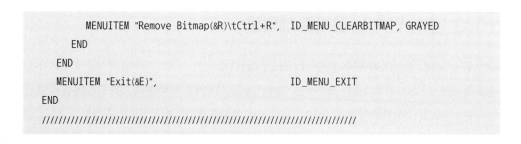

```
            MENUITEM "Remove Bitmap(&R)\tCtrl+R",  ID_MENU_CLEARBITMAP, GRAYED
        END
    END
    MENUITEM "Exit(&E)",                           ID_MENU_EXIT
END
/////////////////////////////////////////////////////////////////////////
```

위의 메뉴 정의에서 [Test]라는 팝업 메뉴와 [Exit]이라는 메뉴 항목을 설정했다. 그리고 [Test] 팝업 메뉴의 엔트리로 두 개의 일반 메뉴와 'Background'라는 팝업 메뉴를 다시 정의했고, 그 팝업 메뉴의 엔트리인 'Show Bitmap'과 'Remove Bitmap' 두 개의 메뉴 항목을 정의했다. 그 결과 메뉴 구조는 아래 그림과 같다.

그림 10-24 [Test] 서브 메뉴 구성

팝업 메뉴를 구성하는 구조체를 POPUPMENU, 메뉴 항목을 구성하는 구조체를 MENUITEM이라고 할 때, 위와 같이 정의된 메뉴가 컴파일되어 PE의 리소스가 될 때의 메뉴 리소스 포맷은 다음과 같은 구조로 이루어진다.

그림 10-25 IDR_YHD_MENU의 리소스 구성

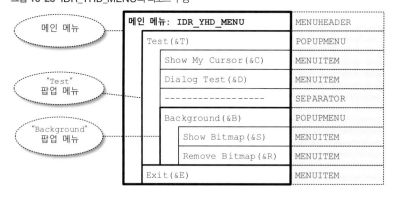

위의 그림을 보면 메뉴 시작을 의미하는 메뉴 헤더인 MENUHEADER 구조체와 하나 또는 그 이상의 POPUPMENU 또는 MENUITEM 구조체로 구성됨을 알 수 있다. MENUHEADER 구

조체는 메뉴 구조 전체에 대한 헤더 역할을 한다. 그리고 메뉴의 종류에 따라, 즉 메뉴 항목이면 MENUITEM 구조체, 팝업 메뉴면 POPUPMENU 구조체가 이어지며, 그 뒤에 해당 팝업 메뉴의 메뉴 항목에 해당하는 MENUITEM 또는 POPUPMENU 구조체가 메뉴 항목의 개수만큼 오게 된다. 그러면 방금 언급했던 구조체들과 실제 리소스 구성에 대하여 덤프를 통해서 직접 확인해보자. PE Explorer를 통한 메뉴 리소스의 데이터 위치를 우선 획득하자. 아래 그림에 나와 있는 것처럼, 오프셋은 0x00006810이다.

그림 10-26 ResrcApp.exe의 메뉴(IDR_YHD_MENU) 리소스 노드

	타입	오프셋:RVA	크기
🗀 Data	IMAGE_RESOURCE_DATA_ENTRY	00006760:0000A360	0x10(16)
⬥ OffsetToData	DWORD	00006760:0000A360	0x4(4)
🗎 MENU	BYTE[298]	00006810:0000A410	x12A(298)
⬥ Size	DWORD	00006764:0000A364	0x4(4)
⬥ CodePage	DWORD	00006768:0000A368	0x4(4)
⬥ Reserved	DWORD	0000676C:0000A36C	0x4(4)

메뉴 리소스는 MENUHEADER 구조체로 시작하며, 다음과 같이 정의된다.

```
struct MENUHEADER
{
    WORD wVersion;
    WORD cbHeaderSize;
};
```

WORD wVersion

메뉴 템플릿의 버전을 지시한다. 이 필드는 표준 메뉴 템플릿인 RT_MENU로 생성되었다는 것을 가리키기 위해 반드시 0이어야 한다.

WORD cbHeaderSize

이 항목은 메뉴 템플릿 헤더 0을 가리키지만, 역시 표준 메뉴 템플릿임을 지시하기 위해 0이어야 한다.

MENUHEADER 구조체에 존재하는 두 필드 값은 모두 0이며, 따라서 이 구조체는 단지 메뉴 리소스의 시작을 알리는 역할에 만족할 뿐이다. ResrcApp.exe의 메뉴 리소스의 위치로 이동해서 덤프를 확인해보면 다음과 같다.

	+0	+1	+2	+3	+4	+5	+6	+7	+8	+9	+A	+B	+C	+D	+E	+F
00006810	00	00	00	00	10	00	54	00	65	00	73	00	74	00	28	00

PE 오프셋 0x00006810부터 4바이트를 확인해보자. MENUHEADER 구조체에 해당하는 두 개의 WORD 타입의 값이 모두 0으로 설정되어 있음을 확인할 수 있다. 이제 MENUHEADER 구조체 다음 바이트에 해당하는 0x00006814부터의 구조를 분석해보자. 앞서 언급한 것처럼, 메인 메뉴 헤더에 해당하는 MENUHEADER 구조체 다음에는 팝업 메뉴인 경우 POPUPMENU 구조체가 오고, 일반 메뉴 항목인 경우 MENUITEM 구조체가 따라온다. 이 두 구조체는 MSDN에 설명되어 있지만, 그 설명이 까다로워 메뉴 리소스의 내용을 제대로 파악하기 어렵다. 따라서 필자가 분석한 내용을 바탕으로 설명하도록 하겠다.

메인 메뉴든 팝업 메뉴든 자신의 엔트리로 MENUITEM 구조체나 POPUPMEN 구조체가 올 수 있으며, 이 두 요소의 차이는 **사용자 정의 ID** 유무에 있다. 사실 PE 내의 메뉴 리소스를 파싱해서 눈에 보이는 메뉴 구조를 만들려면 우선 해당 메뉴의 템플릿이 팝업인지 아닌지의 구분부터 먼저 이루어져야 한다. 따라서 템플릿의 첫 번째 WORD 값은 속성을 나타내는 필드가 오고, 이 속성들은 크게 다음의 플래그 조합으로 구성된다.

다음은 각 속성에 대해서 WinUser.h에 정의된 매크로들이다.

```
#define MF_ENABLED          0x00000000L   ← 메뉴 항목 활성화
#define MF_GRAYED           0x00000001L   ← 그레이 표시된 비활성화 메뉴 항목
#define MF_DISABLED         0x00000002L   ← 메뉴 항목 비활성화

#define MF_UNCHECKED        0x00000000L   ← 메뉴 항목 체크 표시 해제
#define MF_CHECKED          0x00000008L   ← 메뉴 항목 체크 표시 설정
#define MF_USECHECKBITMAPS  0x00000200L

#define MF_STRING           0x00000000L   ← 메뉴 항목에 문자열 표시
#define MF_BITMAP           0x00000004L   ← 메뉴 항목에 비트맵 표시
#define MF_OWNERDRAW        0x00000100L   ← 메뉴 항목을 사용자가 직접 그림

#define MF_POPUP            0x00000010L   ← 팝업 메뉴
#define MF_MENUBARBREAK     0x00000020L
#define MF_MENUBREAK        0x00000040L
```

```
#define MF_UNHILITE              0x00000000L        ← 메뉴 항목 하이라이트 해제
#define MF_HILITE                0x00000080L        ← 메뉴 항목 하이라이트 설정

#if (WINVER >= 0x0400)
#define MF_DEFAULT               0x00001000L        ← 디폴트 메뉴 항목
#endif /* WINVER >= 0x0400 */
#define MF_SYSMENU               0x00002000L        ← 시스템 메뉴
#define MF_HELP                  0x00004000L        ← 도움말 메뉴
#if(WINVER >= 0x0400)
#define MF_RIGHTJUSTIFY          0x00004000L        ← 메뉴 항목 문자열 오른쪽 정렬
#endif /* WINVER >= 0x0400 */

#define MF_MOUSESELECT           0x00008000L
#if (WINVER >= 0x0400)
#define MF_END                   0x00000080L        ← 메뉴 항목의 끝을 의미
#endif /* WINVER >= 0x0400 */
```

위의 속성 중 메뉴 항목이 팝업 메뉴인지 일반 메뉴인지를 구분하는 유일한 수단은 MF_POPUP 매크로이며 0x10이다. 이 플래그가 설정되어 있으면 팝업 메뉴 항목에 해당하며, 이 플래그의 설정 유무에 따라 그 다음에 오는 구조가 달라진다.

⇨ POPUPMENU 항목일 경우

WORD	LPWSTR(NULL로 끝나는 유니코드 문자열)
메뉴 속성	메뉴 항목 이름

⇨ MENUITEM 항목일 경우

WORD	WORD	LPWSTR(NULL로 끝나는 유니코드 문자열)
메뉴 속성	메뉴 ID	메뉴 항목 이름

이런 식의 항목들이 트리 구조를 형성하며, 속성 필드에 MF_END 플래그가 설정되어 있을 때까지 계속 이어진다. MF_END 값은 0x80으로 정의되어 있으며, 이 플래그의 의미는 해당 메뉴 구조의 마지막 항목을 의미한다. 이 플래그가 설정되면 메뉴 구조에 대한 파싱을 종료해야 한다. 또한 위에서 알 수 있는 것처럼, 문자열 역시 유니코드로 구성되기 때문에 메뉴를 구성하는 모든 요소가 철저하게 WORD 단위로 이루어진다.

그럼 직접 메뉴 덤프를 통해 확인해가면서 구조를 살펴보도록 하자. 다음은 메뉴 헤더 이후에 이어지는 덤프 내용이다.

덤프 10-14 IDR_YHD_MENU 리소스의 메뉴 항목 덤프

① POPUPMENU: Test(&T)

	+0	+1	+2	+3	+4	+5	+6	+7	+8	+9	+A	+B	+C	+D	+E	+F
00006810	00	00	00	00	10	00	54	00	65	00	73	00	74	00	28	00
00006820	26	00	54	00	29	00	00	00	08	00	41	9C	53	00	68	00
00006830	6F	00	77	00	20	00	4D	00	79	00	20	00	43	00	75	00
00006840	72	00	73	00							26	00	43	00	29	00
00006850	09	00	53	00	68	00	69	00	66	00	74	00	2B	00	43	00
00006860	00	00	00	00	42	9C	44	00	69	00	61	00	6C	00	6F	00
00006870	67	00	20	00	54	00	65							00	26	00
00006880	44	00	29	00	09	00	53	00	68	00	69	00	66	00	74	00
00006890	2B	00	44	00	00	00	00	00	00	00	00	00	90	00	42	00

② MENUITEM: Show My Cursor(&C)

③ MENUITEM: Dialog Test(&D)

①의 메뉴 항목을 보자. 첫 번째 필드인 속성 필드를 보면 그 값이 0x0010이며, 이 값은 MF_POPUP에 해당하는 값이다. 따라서 이 메뉴 템플릿은 팝업 메뉴에 해당하며, ID 필드 없이 바로 유니코드로 구성된 NULL로 끝나는 메뉴 항목 문자열이 이어진다. 오프셋 0x00006816부터 0x00006827까지가 "Test(&T)"에 해당하는 문자열이다. 이제 다음 오프셋인 0x00006828부터 시작하는 ②의 메뉴 요소를 확인하자. 속성 필드 값이 0x0008이며, 이에 해당하는 플래그는 MF_CHECKED다. 다음과 같이 리소스 정의 시에 메뉴 항목이 체크되도록 정의하였다.

```
MENUITEM "Show My Cursor(&C)\tShift+C",    ID_MENU_CHANGECURSOR, CHECKED
```

또한, 팝업 메뉴에 해당하는 MF_POPUP 플래그가 설정되어 있지 않기 때문에, 이 메뉴 템플릿은 메뉴 항목 템플릿임을 알 수 있다. 따라서 속성 필드 다음에 이 메뉴의 ID를 담는 WORD 형 ID 필드가 온다. 그 값은 0x9C41로, ID_MENU_CHANGECURSOR에 해당하는 40001임을 알 수 있다. 그리고 오프셋 0x0000682C부터 유니코드 문자열 "Show My Cursor(&C)\tShift+C"가 이어진다. 이 메뉴 항목 다음은 ③의 메뉴로서 속성 필드 값은 0x0000이며, MF_POPUP 플래그가 설정되어 있지 않기 때문에 일반 메뉴 항목임을 알 수 있다. 그리고 다음 두 바이트 역시 ID를 의미하는 WORD 정수 값이며, 그 값은 0x9C42로 리소스에서 지정했던 ID_MENU_DIALOG 매크로 값 40002가 된다. 그 뒤로 메뉴 항목 문자열 "Dialog Test(&D)\tShift+D"가 온다.

이제 다음 메뉴 항목 템플릿의 시작 오프셋 0x00006896을 보자. 이 메뉴 항목은 'MENUITEM SEPARATOR'를 통해서 분리자로 지정했다. 분리자인 경우엔 속성, ID, 메뉴 텍스트 모두 0이 된다. 따라서 아래 덤프에서 확인할 수 있듯이, 0으로 이루어진 3개의 WORD 형 값이 연속해서 이어진다.

덤프 10-15 분리자 'SEPARATOR' 항목 덤프

	+0	+1	+2	+3	+4	+5	+6	+7	+8	+9	+A	+B	+C	+D	+E	+F
00006890	2B	00	44	00	00	00	00	00	00	00	00	00	90	00	42	00

계속해서 이어지는 메뉴 템플릿을 확인해보자. 우리는 메뉴 정의 시에 [Test] 팝업 메뉴 내에 'Background'라는 팝업 메뉴를 또 설정했다. 다음의 덤프는 'Background' 팝업 메뉴와 그 서브 메뉴 항목들이다.

덤프 10-16 팝업 메뉴 'Background'의 덤프

	+0	+1	+2	+3	+4	+5	+6	+7	+8	+9	+A	+B	+C	+D	+E	+F
00006890	2B	00	44	00	00	00	00	00	00	00	00	00	90	00	42	00
000068A0	61	00	63	00	6B	00	67	00	72	00	6F	00	75	00	6E	00
000068B0	64	00	28	00	26	00	④ POPUPMENU: Background(&B)						00	00	43	9C
000068C0	53	00	68	00	6F	00	77	00	20	00	42	00	69	00	74	00
000068D0	6D	00	61	00	70	00	⑤ MENUITEM: Show Bitmap(&S)\tCtrl+S							09	00
000068E0	43	00	74	00	72	00	6C	00	2B	00	53	00	00	00	81	00
000068F0	44	9C	52	00	65	00	6D	00	6F	00	76	00	65	00	20	00
00006900	42	00	69	00	74	00	⑥ MENUITEM: Remove Bitmap(&R)\tCtrl+R							26	00
00006910	52	00	29	09	00	00	43	00	74	00	72	00	6C	00	2B	00
00006920	52	00	00	00	80	00	45	9C	45	00	78	00	69	00	74	00

④의 오프셋 0x0000689C는 팝업 메뉴 'Background'다. 하지만 팝업 메뉴이자 'Background' 팝업 메뉴의 부모가 되는 [Test] 메뉴의 속성 필드 값이 0x0010인데 반해, 이 'Background' 팝업 메뉴의 속성 필드는 0x0090으로 설정되어 있다. 우선 0x0010은 해당 메뉴 템플릿이 팝업 메뉴임을 지시하는 MF_POPUP 플래그다. 그러면 나머지 플래그인 0x0080은 무엇을 의미할까? 이 플래그는 바로 ④ 항목이 부모 팝업 메뉴 [Test]에 소속된 **마지막 메뉴 요소임을 의미하는 MF_END 플래그**가 된다. 팝업 메뉴의 하위 항목들 중 마지막 항목은 그 끝을 알리기 위해서 반드시 MF_END 플래그가 설정되어야 한다.

이어지는 ⑤의 오프셋 0x000068BC와 ⑥의 오프셋 0x000068EE는 'Background' 팝업 메뉴에 소속된 메뉴 항목이다. ⑤는 특별한 속성이 지정되어 있지 않은 메뉴 항목이며, ID

0x9C43(40003, ID_MENU_SHOWBITMAP)과 메뉴 문자열 "Show Bitmap(&S)\tCtrl+S"
가 이어짐을 확인할 수 있다. ⑥의 메뉴 항목의 경우, 오프셋 0x000068EE의 두 바이트로 구성된
속성의 필드 값은 0x0081이다. 우리는 "Remove Bitmap" 메뉴 항목을 다음과 같이 리소스 파일
에 정의했다.

```
MENUITEM "Remove Bitmap(&R)\tCtrl+R",  ID_MENU_CLEARBITMAP, GRAYED
```

메뉴 항목 정의 시에 "GRAYED" 속성을 미리 설정했으며, PE에서의 속성 역시 MF_GRAYED
플래그에 해당하는 값 0x0001이 설정되어 있다는 것을 알 수 있다. 그리고 이 메뉴 항목 역
시 0x0080인 **MF_END 플래그가 설정**되어 있음을 알 수 있다. 따라서 메뉴 항목 ⑥은 자신의 부
모인 'Background' 팝업 메뉴에 소속된 마지막 항목임을 판단할 수 있게 된다. 그리고 다음의
두 바이트는 이 메뉴 항목의 ID에 해당하는 0x9C44(40004, ID_MENU_CLEARBITMAP)가
된다.

메인 메뉴의 첫 번째 항목인 [Test] 팝업 메뉴 템플릿의 속성에는 MF_END 속성이 지정되지 않은
것으로 보아 메인 메뉴의 메뉴 템플릿은 계속 이어진다는 것을 예상할 수 있다. 우리는 메인 메뉴 정
의 시에 마지막 항목인 [Exit] 항목을 정의했다.

덤프 10-17 [Exit] 메뉴 항목에 대한 덤프

	+0	+1	+2	+3	+4	+5	+6	+7	+8	+9	+A	+B	+C	+D	+E	+F
00006920	52	00	00	00	**80**	**00**	45	9C	45	00	78	00	69	00	74	00
00006930	28	00	26	00	45	00	29	00	00	00	00	00	00	00	00	00

속성 필드가 0x0080이므로 MF_END에 해당하며, 이는 메인 메뉴의 마지막 항목임을 알려준다.
그리고 ID 필드는 0x9C45로, ID_MENU_EXIT에 해당하는 40005이다. 그 뒤로 "Exit(&E)"라
는 NULL로 끝나는 유니코드 문자열이 온다.

지금까지 ResrcApp.exe의 메뉴 템플릿 구조를 모두 분석해보았다. 리소스 포맷을 분석하는 입장
에서, 역으로 메뉴 리소스 데이터만을 가지고 메뉴를 만들어가는 과정은 메뉴 자체가 트리 구조를
가지기 때문에 다소 복잡하다. 하지만 MF_END와 MF_POPUP 두 플래그를 잘 이용한다면 재귀
호출을 통한 메뉴 구조를 의외로 간단하게 생성할 수 있다.

다음은 메뉴 구조를 파싱하기 위한 두 함수의 정의다.

```
void CResViewMenu::ParseMenuItems()
{
    Tv()->DeleteAllItems();

    TV_INSERTSTRUCT tvis ;
    ZeroMemory(&(tvis.item), sizeof(TVITEM));
    tvis.item.mask      = TVIF_TEXT|TVIF_PARAM|TVIF_HANDLE;
    tvis.item.pszText   = LPSTR_TEXTCALLBACK;
    tvis.item.cChildren = 1;
    tvis.item.lParam    = (LPARAM)0;
    tvis.hParent        = TVI_ROOT;
    tvis.hInsertAfter   = TVI_LAST;

    HTREEITEM hRoot = Tv()->InsertItem(&tvis);
    LPBYTE pIter = m_pImgStart + sizeof(DWORD);
    MakeMenuTree(pIter, hRoot);
```

메뉴의 트리 구조를 위한 파싱을 수행한다. 재귀 함수 MakeMenuTree를 호출한다.

```
}
```

```
void CResViewMenu::MakeMenuTree(LPBYTE& pIter, HTREEITEM hParent)
{
    try
    {
        bool bIsExit = false;
        do
        {
            PMENU_ITEM pMenu = new MENU_ITEM();

            pMenu->_wAttr = *((LPWORD)pIter);
            pIter += sizeof(WORD);
```

메뉴 항목의 속성을 획득한다.

```
            if (pMenu->_wAttr & MF_END)
```

```
        bIsExit = true;
```

```
        UINT_PTR uidItem = 0;
        if ((pMenu->_wAttr & MF_POPUP) == 0)
        {
            uidItem = (UINT_PTR)(*((LPWORD)pIter));
            pMenu->_wID = (WORD)uidItem;
            pIter += sizeof(WORD);
        }
```

MF _POPUP 속성 플래그가 설정되어 있지 않으면 일반 메뉴 항목으로 취급하여 해당 항목의 메뉴 ID를 획득한다.

```
        CString sz = (PWSTR)pIter;
```

메뉴 항목의 문자열을 획득한다.

```
        if(sz.GetLength() > 0)
            wcscpy_s(pMenu->_szName, sz);
        else
        {
            if(!pMenu->_wAttr && !uidItem)
                wcscpy_s(pMenu->_szName, L"-------------------");
```

텍스트의 길이가 0이고 ID가 0이면 'Separator'로 간주한다.

```
        }
        pIter += (sz.GetLength() + 1) * sizeof(WCHAR);

        TV_INSERTSTRUCT tvis ;
        ZeroMemory(&(tvis.item), sizeof(TVITEM));
        tvis.item.mask      = TVIF_TEXT¦TVIF_PARAM¦TVIF_HANDLE;
        tvis.item.pszText   = LPSTR_TEXTCALLBACK;
        tvis.item.cChildren = 1;
        tvis.item.lParam    = (LPARAM)pMenu;
        tvis.hParent        = hParent;
        tvis.hInsertAfter   = TVI_LAST;

        HTREEITEM hItem = Tv()->InsertItem(&tvis);
```

메뉴 항목 정보를 트리 항목에 추가한다.

```
        if (!hItem)
            throw GetLastError();


        if (pMenu->_wAttr & MF_POPUP)
            MakeMenuTree(pIter, hItem);

    MF_POPUP 속성 플래그가 설정되어 있으면 팝업 메뉴이므로 재귀 호출을 수행한다.

    }
    while (!bIsExit);
}
catch(HRESULT hr)
{
    AfxMessageBox(PEPlus::GetErrMsg(hr));
}
}
```

위의 소스를 실행해서 메뉴 리소스 노드의 '리소스 보기' 항목을 클릭하면 다음과 같이 메뉴 리소스의 분석 결과를 보여준다.

그림 10-27 리소스 보기 상세 정보

10.3.2 단축키 테이블

단축키(Keyboard Accelerator) 테이블은 키를 통해 명령을 전달하는 단축키 모음이다. 보통 메뉴 정의 시에 단축키도 지정할 수 있으며, 단축키만으로 특정 명령을 수행할 수도 있다. 리소스 파일에서 ACCELERATORS 지시어를 통해 여러분이 원하는 단축키의 모음을 지정할 수 있다.

```
/////////////////////////////////////////////////////////////////////
// Accelerator
IDR_YHD_ACCEL        ACCELERATORS
BEGIN
   "C",   ID_ACCEL_CHANGECURSOR,   VIRTKEY, SHIFT, NOINVERT
   "D",   ID_ACCEL_DIALOG,         VIRTKEY, SHIFT, NOINVERT
   "S",   ID_ACCEL_SHOWBITMAP,     VIRTKEY, CONTROL, NOINVERT
   "R",   ID_ACCEL_CLEARBITMAP,    VIRTKEY, CONTROL, NOINVERT
   "E",   ID_ACCEL_EXIT,           VIRTKEY, ALT, NOINVERT
END
/////////////////////////////////////////////////////////////////////
```

물론 비주얼 스튜디오 리소스 에디터는 다음과 같이 단축키 테이블을 편집할 수 있는 툴을 제공한다.

그림 10-28 비주얼 스튜디오의 단축키 테이블 편집기

ID	보조키	키	형식
ID_ACCEL_CHANGECURSOR	Shift	C	VIRTKEY
ID_ACCEL_CLEARBITMAP	Ctrl	R	VIRTKEY
ID_ACCEL_DIALOG	Shift	D	VIRTKEY
ID_ACCEL_EXIT	Alt	E	VIRTKEY
ID_ACCEL_SHOWBITMAP	Ctrl	S	VIRTKEY

ResrcApp.exe는 위의 그림과 같이 다섯 개의 단축키를 정의했다. 이렇게 정의된 단축키 테이블은 PE의 리소스 섹션에 위치하게 되며, 이 리소스의 PE 데이터는 ACCELTABLEENTRY라는 구조체의 배열로 이루어진다. ACCELTABLEENTRY 구조체는 다음과 같다.

```
struct ACCELTABLEENTRY
{
   WORD  fFlags;
   WORD  wAnsi;
   WORD  wId;
   WORD  padding;
};
```

WORD fFlags

여러분이 사용할 키보드 단축키 항목의 속성을 지정한다. 다음 플래그의 조합으로 사용할 수 있다.

표 10-7 단축키 엔트리 속성

플래그	값	의미
VIRTKEY	0x01	단축키의 키는 가상 키 코드다. 이 플래그가 설정되지 않을 경우, 단축키의 키는 아스키 문자 코드를 지정하는 것으로 간주된다.
NOINVERT	0x02	단축키가 사용될 경우, 해당하는 메뉴 항목의 바가 하이라이트되지 않는다. 이 속성은 16비트 윈도우의 리소스 파일과의 호환을 위해 존재할 뿐이다.
SHIFT	0x04	단축키는 shift 키를 누를 때에만 활성화된다. 이 플래그는 가상 키 코드에만 적용된다.
CONTROL	0x08	단축키는 Ctrl 키를 누를 때에만 활성화된다. 이 플래그는 가상 키 코드에만 적용된다.
ALT	0x10	단축키는 Alt 키를 누를 때에만 활성화된다. 이 플래그는 가상 키 코드에만 적용된다.
END	0x80	해당 엔트리가 단축키 테이블의 마지막 엔트리다. 마지막 엔트리는 항상 이 플래그가 설정되어야 한다.

WORD wAnsi

해당 단축키의 키를 가리키는 아스키 문자 코드 값이나 가상 키 코드 값이다.

WORD wId

키보드의 단축키 항목을 식별하는 값이다. 여러분이 지정하는 식별 코드로, 윈도우 프로시저 (WndProc)의 WM_COMMAND를 통해서 이 값이 전달된다.

WORD padding

DWORD 단위의 정렬을 위한 패딩으로 사용될 뿐 의미는 없다. 0으로 패딩된다.

먼저, PE Explorer를 통해 단축키 테이블 리소스의 실제 데이터의 PE 오프셋을 확인해보자.

그림 10-29 ResrcApp.exe의 단축키 테이블(IDR_YHD_ACCEL) 리소스 노드

	타입	오프셋:RVA	크기
⊟ 📁 Data	IMAGE_RESOURCE_DATA_ENTRY	000067B0:0000A3B0	0x10 (16)
⊟ ◆ OffsetToData	DWORD	000067B0:0000A3B0	0x4 (4)
📁 ACCELERATOR BYTE[40]		00006940:0000A540	0x28 (40)
◆ Size	DWORD	000067B4:0000A3B4	0x4 (4)
◆ CodePage	DWORD	000067B8:0000A3B8	0x4 (4)
◆ Reserved	DWORD	000067BC:0000A3BC	0x4 (4)

위 그림처럼 오프셋 0x00006940부터 단축키 테이블 리소스가 시작된다. 우리는 RC 파일을 통해 5개의 단축키를 정의했기 때문에 sizeof(ACCELTABLEENTRY)×5 즉, 40바이트로 이루어진다.

	+0	+1	+2	+3	+4	+5	+6	+7	+8	+9	+A	+B	+C	+D	+E	+F
00006940	07	00	43	00	51	C3	00	00	07	00	44	00	52	C3	00	00
00006950	0B	00	53	00	53	C3	00	00	0B	00	52	00	54	C3	00	00
00006960	93	00	45	00	55	C3	00	00	28	00	00	00	20	00	00	00

리소스 파일에서 지정한 단축키인 'Shift + C', 'Shift + D', 'Ctrl + S', 'Ctrl + R', 'Alt + E' 에 해당하는 5개의 ACCELTABLEENTRY 구조체가 차례대로 이어진다.

다음은 단축키에 대한 각각의 항목을 나타낸 것이다.

표 10-8 단축키 테이블

오프셋	fFlags	wAnsi	wId
0x00006940	0x0007 SHIFT | VIRTKEY | NOINVERT	0x0043 'C'	0xC351(5001) ID_ACCEL_CHANGECURSOR
0x00006948	0x0007 SHIFT | VIRTKEY | NOINVERT	0x0043 'D'	0xC352(5002) ID_ACCEL_DIALOG
0x00006950	0x000B CTRL | VIRTKEY | NOINVERT	0x0043 'S'	0xC352(5002) ID_ACCEL_SHOWBITMAP
0x00006958	0x000B CTRL | VIRTKEY | NOINVERT	0x0043 'R'	0xC353(5003) ID_ACCEL_CLEARBITMAP
0x00006960	0x0093 ALT | VIRTKEY | NO | NVERT | END	0x0043 'E'	0xC354(5004) ID_ACCEL_EXIT

주목할 것은 마지막 엔트리인 'Alt + E'에 해당하는 엔트리의 속성에 0x80 값을 갖고 있는 **END 속성이 지정**되어 있다는 점이다. 이 속성을 통해 'Alt + E' 항목이 단축키 테이블의 마지막 엔트리임을 알 수 있다. 다음 소스는 PE 리소스 내의 단축키에 대한 데이터를 해석한 것이다.

```
struct ACCELTABLEENTRY
{
    WORD fFlags;
    WORD wAnsi;
    WORD wId;
    WORD padding;
};
```

```
typedef ACCELTABLEENTRY*    PACCELTABLEENTRY;

#define FEND     0x80
```

ACCELTABLEENTRY 구조체는 별도로 정의되어 있지 않기 때문에 직접 정의했으며, 엔트리의 끝을 알려주는 플래그인 0x80도 FEND라는 매크로로 따로 정의했다.

다음은 단축키 리소스 부분을 해석하는 소스 코드다.

```
void CResViewAccelTbl::ParseAccelatorTable(CListCtrl* pLv)
{
   PCWSTR pszKey[] =
   {
      L"BS",     L"Tab",    L"",      L"Clr",     L"Enter",   L"",
      L"Shift",  L"Ctrl",   L"Alt",   L"Pause",   L"CAPS",    L"Kana",
      L"Han",    L"",       L"Junja", L"Final",   L"Hanja",   L"Kanji",
      L"",       L"Esc",    L"Ime",   L"NoIme",   L"ImeChg",  L"Space",
      L"PgUp",   L"PgDn",   L"End",   L"Home",    L"Left",    L"Up",
      L"Right",  L"Down",   L"Sel",   L"Prn",     L"Exec",    L"PrnScrn",
      L"Ins",    L"Del",    L"Help"
   };
```
가상 키 코드를 나타내기 위한 테이블이다. 자세한 것은 MSDN의 'Virtual Key Code' 섹션을 참조하기 바란다.

```
   bool bIsNext = true;
   INT  nItem = 0;
   PBYTE pIter = m_pImgStart;

   do
   {
      PACCELTABLEENTRY pATE = (PACCELTABLEENTRY)pIter;
      pIter += sizeof(ACCELTABLEENTRY);
```
ACCELTABLEENTRY 구조체를 획득하고 그 크기만큼 오프셋을 증가시킨다.

```
      CString szNum;
      szNum.Format(L"%d (0x%X)", pATE->wId, pATE->wId);
```

```
    pLv->InsertItem(nItem, szNum);


    if(pATE->wAnsi >= VK_BACK && pATE->wAnsi <= VK_HELP)
        szNum = pszKey[pATE->wAnsi - VK_BACK];
    else
    if(pATE->wAnsi >= VK_F1 && pATE->wAnsi <= VK_F24)
        szNum.Format(L"F%c", pATE->wAnsi - VK_F1 + 0x31);
    else
    if(pATE->wAnsi >= 0x30 && pATE->wAnsi <= 0x5A)
        szNum.Format(L"%c", pATE->wAnsi);
    else
        szNum = L"미지정";
```

ACCELTABLEENTRY의 wAnsi 필드를 통해 해당 가상 키의 종류를 파악한다. 키는 숫자, 일반 문자뿐만 아니라 방향키, 페이지 키 (Page Up/Down), 기능 키(F1 ~ F24) 등을 포함하여 체크할 수 있는 모든 키를 체크한다.

```
    pLv->SetItemText(nItem, 1, szNum);


    szNum.Empty();
    if(pATE->fFlags & FSHIFT)
        szNum += L"Shift";
    if(pATE->fFlags & FCONTROL)
    {
        if(szNum.IsEmpty())
            szNum += L"Ctrl";
        else
            szNum += L" + Ctrl";
    }
    if(pATE->fFlags & FALT)
    {
        if(szNum.IsEmpty())
            szNum += L"Alt";
        else
            szNum += L" + Alt";
    }
```

ACCELTABLEENTRY의 fFlags 필드를 통해 보조 키인 Shift , Ctrl , Alt 키 조합 지정을 체크하여 출력한다.

```
    pLv->SetItemText(nItem, 2, szNum);
```

```
    if(pATE->fFlags & FVIRTKEY)
      szNum = L"v";
    else
      szNum = L"-";
```

ACCELTABLEENTRY의 fFlags 필드를 통해 가상 키의 사용 여부를 체크한다. FVIRTKEY 플래그를 이용하며, 거의 대부분이 가상 키를 사용할 것이다.

```
    pLv->SetItemText(nItem, 3, szNum);

    if(pATE->fFlags & FNOINVERT)
      szNum = L"No Invert";
    else
      szNum = L"";
    if(pATE->fFlags & FEND)
    {
      if(szNum.IsEmpty())
        szNum += L"Last Entry";
      else
        szNum += L", Last Entry";

      bIsNext = false;
    }
```

ACCELTABLEENTRY의 fFlags 필드를 통해 FNOINVERT와 최종 엔트리를 체크한다. 최종 엔트리 플래그가 설정되었을 경우 bIsNext를 false로 설정하여 루프를 탈출한다.

```
    pLv->SetItemText(nItem, 4, szNum);

    nItem++;
  }
  while (bIsNext);
```

bIsNext가 true인 동안 루프를 순회한다. 이 변수는 ACCELTABLEENTRY의 fFlags 필드의 FEND 플래그가 설정되었을 경우 true가 된다.

```
}
```

위 코드의 실행 결과 ResrcApp.exe가 담고 있는 단축키 테이블의 구성은 다음 그림과 같다.

그림 10-30 단축키 테이블 리소스 상세 정보

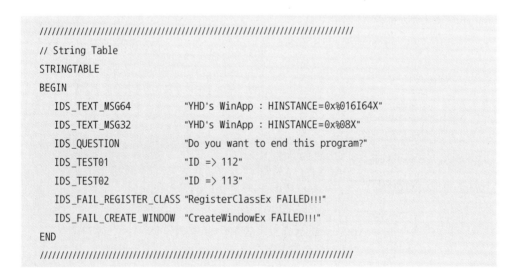

가속기 테이블 분석

ID	키코드	보조키	가상키	기타
50001 (0xC351)	C	Shift	v	No Invert
50002 (0xC352)	D	Shift	v	No Invert
50003 (0xC353)	S	Ctrl	v	No Invert
50004 (0xC354)	R	Ctrl	v	No Invert
50005 (0xC355)	E	Alt	v	No Invert, Last Entry

10.3.3 문자열 테이블

문자열의 경우에는 공식적으로 문서화된 언급이 없다. 또한 아래에 나온 것처럼 0x00007768부터 시작하는 ResrcApp.exe의 문자열 테이블의 덤프 결과를 보더라도 식별 가능한 유니코드 문자는 확인할 수 있지만, 단순히 0의 나열로 시작할 뿐 특별한 사항은 보이지 않는다.

덤프 10-19 문자열 테이블 덤프 일부

00007760	12	04	B0	04	00	00	00	00	00	00	00	00	00	00	00	00	. . . .
00007770	00	00	00	00	00	00	00	00	00	00	00	00	00	00	00	00	. . . .
00007780	00	00	1F	00	59	00	48	00	44	00	27	00	73	00	20	00	. . . . Y . H . D . ' . s . .
00007790	57	00	69	00	6E	00	41	00	70	00	70	00	20	00	3A	00	W . i . n . A . p . p . . :
000077A0	20	00	48	00	49	00	4E	00	53	00	54	00	41	00	4E	00	. H . I . N . S . T . A . N .

하지만 리소스 파일을 통해 우리가 지정한 문자열과 이 문자열에 해당하는 ID는 다음과 같다.

```
/////////////////////////////////////////////////////////////
// String Table
STRINGTABLE
BEGIN
    IDS_TEXT_MSG64          "YHD's WinApp : HINSTANCE=0x%016I64X"
    IDS_TEXT_MSG32          "YHD's WinApp : HINSTANCE=0x%08X"
    IDS_QUESTION            "Do you want to end this program?"
    IDS_TEST01              "ID => 112"
    IDS_TEST02              "ID => 113"
    IDS_FAIL_REGISTER_CLASS "RegisterClassEx FAILED!!!"
    IDS_FAIL_CREATE_WINDOW  "CreateWindowEx FAILED!!!"
END
/////////////////////////////////////////////////////////////
```

```
#define IDS_APPNAME              108
#define IDS_TEXT_MSG32           109
#define IDS_TEXT_MSG64           110
#define IDS_QUESTION             111
#define IDS_TEST01               112
#define IDS_TEST02               113
#define IDS_FAIL_REGISTER_CLASS  1001
#define IDS_FAIL_CREATE_WINDOW   1002
```

물론 문자열 테이블 작성을 위해 비주얼 스튜디오의 리소스 에디터는 다음과 같은 문자열 편집기를 제공한다.

그림 10-31 비주얼 스튜디오의 문자열 테이블 편집기

ID	값	캡션
IDS_TEXT_MSG32	109	YHD's WinApp : HINSTANCE=0x%08X
IDS_TEXT_MSG64	110	YHD's WinApp : HINSTANCE=0x%016I64X
IDS_QUESTION	111	Do you want to end this program?
IDS_TEST01	112	ID => 112
IDS_TEST02	113	ID => 113
IDS_FAIL_REGISTER_CLASS	1001	RegisterClassEx FAILED!!!
IDS_FAIL_CREATE_WINDOW	1002	CreateWindowEx FAILED!!!

별다른 구분 없이 문자열 항목을 정의했지만, 실제 만들어진 리소스 내의 문자열 테이블 그룹은 다음 그림과 같이 3개나 존재한다.

그림 10-32 ResrcApp.exe의 문자열 테이블 리소스 정보

	타입	값
■ [1:6]STRING	IMAGE_RESOURCE_DIRECTORY_ENTRY	
◆ NameOrId	DWORD	0x00000006
⊟ ◆ OffsetToData	DWORD	0x80000108
⊟ ■ Resource	IMAGE_RESOURCE_DIRECTORY	
◆ Characteristics	DWORD	0x00000000
◆ TimeDateStamp	DWORD	0x00000000
◆ MajorVersion	WORD	0x0000
◆ MinorVersion	WORD	0x0000
◆ NumberOfNamedEntries	WORD	0x0000
◆ NumberOfIdEntries	WORD	0x0003
⊞ ■ [2:0]ID: 7	IMAGE_RESOURCE_DIRECTORY_ENTRY	
⊞ ■ [2:1]ID: 8	IMAGE_RESOURCE_DIRECTORY_ENTRY	
⊞ ■ [2:2]ID: 63	IMAGE_RESOURCE_DIRECTORY_ENTRY	

리소스 ID가 각각 7, 8, 63인 문자열 그룹이 있다. 물론 이 ID들은 정의한 적이 없는 값들이다. 이 것들은 어디서 왔을까? 그리고 실제 ID에 해당하는 문자열은 어떻게 찾을 수 있을까? 문자열의 ID

를 하나씩 증가시키면서 몇 번 컴파일하여 문자열 리소스의 ID 값의 변화를 살펴보면 다음과 같은 규칙을 얻을 수 있다.

- **USER_ID** : 여러분이 지정한 ID
- **RES_ID** : 리소스 섹션에 지정된 대표 ID, 즉 [그림 10-32]에서 ID 7, 8, 63

```
RES_ID   = USER_ID / 16 + 1;
```

문자열 리소스의 경우 지정된 각 ID에 대하여 ID와 해당 문자열을 가진 구조로 관리하는 것이 아니라 ID 값을 16바이트 단위로 잘라서 그룹별로 문자열 테이블을 관리하게 된다. 그러므로 USER_ID에 지정된 값에 따라 여러 개의 분할된 그룹 ID인 RES_ID가 존재한다. 예를 들어 USER_ID가 8과 103이라면 이 두 값을 위의 공식대로 16으로 나누어 1을 더해 각각 1과 7이라는 RES_ID를 갖는다. 따라서 문자열 ID 8과 13은 각각 [그룹 1]과 [그룹 7]이라는 서로 다른 그룹에 속하게 된다. 그러므로 문자열 테이블의 각 그룹은 최대 열여섯 개의 문자열을 가질 수 있게 된다. 앞선 예의 경우 우리가 지정한 문자열 리소스의 ID 값이 109, 110, ..., 1002까지이므로 RES_ID를 구하는 공식에 대입하면 다음 표와 같이 각각 7, 8, 63이라는 대표 ID를 가진 그룹으로 분할된다. 따라서 앞의 그림에서처럼 문자열 리소스의 경우 3개의 그룹에 대한 IMAGE_RESOURCE_DATA_ENTRY 구조체를 갖게 된다.

표 10-9 ResrcApp.exe의 문자열 그룹

그룹 ID	문자열 ID	문자열
7	109 (IDS_TEXT_MSG32)	YHD's WinApp : HINSTANCE=0x%016I64X
	110 (IDS_TEXT_MSG64)	YHD's WinApp : HINSTANCE=0x%08X
	111 (IDS_QUESTION)	Do you want to end this program?
8	112 (IDS_TEST01)	ID => 112
	113 (IDS_TEST02)	ID => 113
63	1001 (IDS_FAIL_REGISTER_CLASS)	RegisterClassEx FAILED!!!
	1002 (IDS_FAIL_CREATE_WINDOW)	CreateWindowEx FAILED!!!

이런 식으로 나뉜 각각의 그룹을 표현하는 IMAGE_RESOURCE_DATA_ENTRY의 OffsetToData 필드가 가리키는 오프셋에서 해당 문자열이 어떻게 관리되는지를 살펴보자. 각 그룹의 문자열 테이블의 엔트리 구조는 다음과 같이 아주 단순하다.

WORD	WCHAR 배열
문자 수	문자 수만큼의 유니코드 문자 (NULL 문자는 포함되지 않음)

만약 문자 수가 0이면 WCHAR 배열은 존재하지 않는다. 이러한 구조를 가진 문자열 엔트리가 OffsetToData 필드가 가리키는 오프셋부터 시작해서 연속적으로 나열된다. 그렇다면 각 엔트리의 문자열에 대한 ID는 어떻게 인식할까? 간단하다. RES_ID에 해당하는 값의 실제 ID 값, 즉 앞에서 예시한 RES_ID 값을 구하는 공식에 대한 역공식으로 구한 값을 시작 엔트리의 ID(BASE_USER_ID)로 부여한 후, 해당 그룹의 마지막 엔트리까지 차례대로 1씩 증가시켜서 ID를 부여한다. 이때 그 역공식이란 다음과 같다.

```
BASE_USER_ID  = (RES_ID - 1) * 16;
```

그러면 문자열 그룹 ID 7에 해당하는 테이블에 대한 덤프를 통해서 구체적으로 살펴보자. IDS_APPNAME, IDS_MESSAGE, IDS_QUESTION이 각각 108, 109, 111로서 그 RES_ID는 위에서 제시한 공식에 대입하면 동일하게 7이 되며, 따라서 같은 그룹에 속하게 된다. 이 그룹의 IMAGE_RESOURCE_DATA_ENTRY 구조체의 OffsetToData 필드 값은 RVA 0x0000B368이며, 이를 오프셋으로 변환하면 0x00007768이 된다.

그림 10-33 [그룹 7]의 문자열 테이블 노드

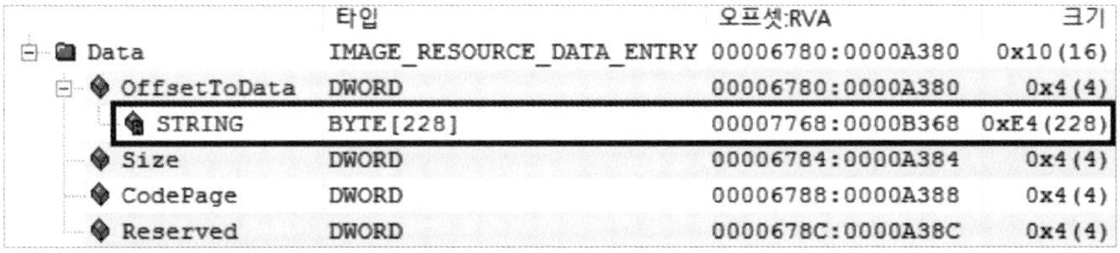

	타입	오프셋:RVA	크기
⊟ 🖿 Data	IMAGE_RESOURCE_DATA_ENTRY	00006780:0000A380	0x10(16)
⊟ ◆ OffsetToData	DWORD	00006780:0000A380	0x4(4)
🔒 STRING	BYTE[228]	00007768:0000B368	0xE4(228)
◆ Size	DWORD	00006784:0000A384	0x4(4)
◆ CodePage	DWORD	00006788:0000A388	0x4(4)
◆ Reserved	DWORD	0000678C:0000A38C	0x4(4)

다음은 오프셋 0x00007768부터 해당 문자열을 분석한 덤프다.

덤프 10-20 [그룹 7]의 문자열 테이블 덤프

BASE_USER_ID 96 = (RES_ID 7 − 1) * 16

	+0	+1	+2	+3	+4	+5	+6	+7	+8	+9	+A	+B	+C	+D	+E	+F
00007760	12	04	B0	04	00	00	00	00	00	00	00	00	00	00	00	00
00007770	00	00	00	00	00	00	00	00	00	00	00	00	00	00	00	00
00007780	00	00	1F	00	59	00	48	00	44	00	27	00	73	00	20	00
00007790	57	00	69	00	6E	00	41	00	70	00	70	00	20	00	3A	00
000077A0	20	00	48	00	49	00	4E	00	53	00	54	00	41	00	4E	00
000077B0	43	00	45	00	3D	00	30	00	78	00	25	00	30	00	38	00
000077C0	58	00	23	00	59	00	48	00	44	00	27	00	73	00	20	00
000077D0	57	00	69	00	6E	00	41	00	70	00	70	00	20	00	3A	00
000077E0	20	00	48	00	49	00	4E	00	53	00	54	00	41	00	4E	00
000077F0	43	00	45	00	3D	00	30	00	78	00	25	00	30	00	31	00
00007800	36	00	49	00	36	00	34	00	58	00	20	00	44	00	6F	00
00007810	20	00	79	00	6F	00	75	00	20	00	77	00	61	00	6E	00
00007820	74	00	20	00	74	00	6F	00	20	00	65	00	6E	00	64	00
00007830	20	00	74	00	68	00	69	00	73	00	20	00	70	00	72	00
00007840	6F	00	67	00	72	00	61	00	6D	00	3F	00	00	00	00	00

- ID: 109 — YHD's WinApp : HINSTANCE=0x%016I64X
- ID: 110 — YHD's WinApp : HINSTANCE=0x%08X
- ID: 111 — Do you want to end this program?

앞서 설명한 대로 그룹에 대한 RES_ID가 7이므로, 오프셋 0x00007768부터 엔트리를 따져보면 된다. 0x00007768의 WORD 값은 0이므로, 대표 ID 7의 실제 ID 값인 96(= (7 − 1) * 16)에 해당하는 문자열은 존재하지 않는다. 그 다음의 WORD 값 역시 0이므로 ID 97에 해당하는 문자열이 존재하지 않는다. 이런 식으로 ID 값을 1씩 증가시켜가면서 0이 아닌 WORD 값을 추적해보면 ID 108에 해당하는, 오프셋 0x00007782에서 시작하는 WORD 값 0x001F을 찾을 수 있다. 그리고 이어서 "YHD's WinApp : HINSTANCE=0x%016I64X"라는 32개의 유니코드 문자열을 확인할 수 있다. 이 문자열은 ID값이 108인 동시에, 우리가 정의한 문자열 리소스 매크로 IDS_TEXT_MSG64에 해당한다. 결국 최초의 문자열 엔트리는 0x00007782부터 시작하며, 그 뒤의 덤프를 따라가면서 분석했을 때 [그룹 7]에 해당하는 문자열 테이블에 소속된 각 엔트리 구성은 다음과 같다.

표 10-10 [그룹 7]의 문자열 테이블

오프셋	문자열 ID	문자 수	문자열
0x00007760	96	0x0000	그룹 ID의 시작: {7(RES_ID) − 1}*16 = 96(USER_ID), 없음(정의하지 않은 ID)
0x00007768	97	0x0000	없음(정의하지 않은 ID)
~	98 ~ 108	0x0000	없음(정의하지 않은 ID)
0x00007782	109	**0x001F**	YHD's WinApp : HINSTANCE=0x%016I64X
0x000077C2	110	**0x0023**	YHD's WinApp : HINSTANCE=0x%08X
0x0000780A	111	**0x0020**	Do you want to end this program?

지금까지 [그룹 7]의 문자열 테이블에 대해 분석해보았다. 나머지 문자열 그룹인 그룹 ID 8과 그룹 ID 63에 대한 분석 역시 지금까지 설명한 방식을 통해 가능하다. 나머지 두 그룹에 대한 분석은 여러분이 직접 해보기 바란다. 이번에는 문자열 테이블을 파싱해서 출력해주는 코드를 살펴보자.

다음은 PE Explorer에서 문자열 테이블을 직접 해석해서 대화상자로 출력하는 코드다.

```
void CResViewStrTbl::ParseStringTable(CListCtrl* pLV)
{
   PWORD pwResStrTbl = (PWORD)m_pImgStart;
   INT i = 0;
   for(; i < 16; i++)
   {
      if (pwResStrTbl[i] != 0)
         break;
   }
```

최초의 ID를 구하는 과정이다. 테이블의 시작부터 최초로 0이 아닌 WORD 정수가 존재하는 테이블의 인덱스를 구한다.

```
   DWORD dwSize  = i * 2;
   UINT  uBaseID   = (m_uResID - 1) * 16 + i;
```

기준 ID(RES_ID)의 실제 ID 값(USER_ID)을 획득해서 시작 ID로 설정한다.

```
   UINT  uIter   = 0;
   PWSTR pwszIter = (PWSTR)&pwResStrTbl[i];
```

```
    INT nItem = 0;
    while(dwSize < m_dwItemSize)
    {
        WORD wStrLen = (WORD)pwszIter[0];
        pwszIter++; dwSize += sizeof(WORD);
        if(wStrLen == 0)
        {
            uIter++;
            continue;
```

만약 엔트리의 첫 번째 WORD 값이 0이면 해당 문자열이 존재하지 않기 때문에 유니코드 변환 없이 루프를 순회한다.

```
        }

        CString sz;
        PWSTR pszVal = sz.GetBufferSetLength(wStrLen);
        memcpy(pszVal, pwszIter, wStrLen * sizeof(WCHAR));
        pwszIter += wStrLen;
        dwSize += (wStrLen * sizeof(WCHAR));
```

문자 수 필드에 지정된 수만큼의 유니코드 문자열을 획득한다.

```
        CString szOut;
        szOut.Format(L"%d (0x%X)", uBaseID + uIter, uBaseID + uIter);
        pLV->InsertItem(nItem, szOut);
        pLV->SetItemText(nItem, 1, sz);

        uIter++; nItem++;
    }
}
```

리소스 분석기에 추가된 문자열 테이블 해석 모듈의 실행 결과는 [그림 10-34]와 같다. 리소스 ID 7에 해당하는 리소스 데이터 항목에 대한 [문자열 테이블 분석] 대화상자를 볼 수 있으며, 우리가 리소스 정의 파일에서 정의했던 내용과 동일하다는 것을 확인할 수 있다.

그림 **10-34** 문자열 테이블 리소스 상세 정보

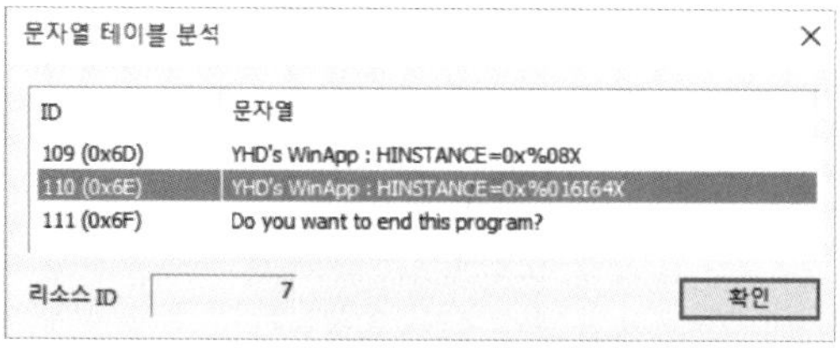

문자열 테이블 분석 ✕

ID	문자열
109 (0x6D)	YHD's WinApp : HINSTANCE=0x%08X
110 (0x6E)	YHD's WinApp : HINSTANCE=0x%016I64X
111 (0x6F)	Do you want to end this program?

리소스 ID   7   확인

10.4 대화상자

이번에는 대화상자 리소스를 분석해보자. 대화상자는 상당히 복잡하게 구성되어 있지만 차근차근 분석하면 그리 어렵지만은 않다. ResrcApp.exe의 [Test → Dialog Test] 메뉴를 실행하면 다음 과 같이 IDR_YHD_DIALOG라는 ID의 대화상자가 출력될 것이다.

그림 **10-35** ResrcApp.exe의 대화상자 출력 예

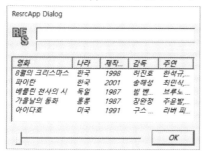

위와 같은 대화상자가 PE의 리소스 섹션 내에서 어떤 포맷으로 구성되는지 이제부터 살펴보 자. 먼저 PE Explorer를 통해서 분석한 위의 대화상자 리소스에 대한 IMAGE_RESOURCE_ DATA_ENTRY 노드의 구성을 확인해보자. IMAGE_RESOURCE_DATA_ENTRY 구조체 의 OffsetToData 필드가 가리키는 대화상자 리소스의 실제 데이터 크기와 시작 오프셋은 다음과 같다.

그림 10-36 ResrcApp.exe의 대화상자(IDR_YHD_DIALOG) 리소스 노드

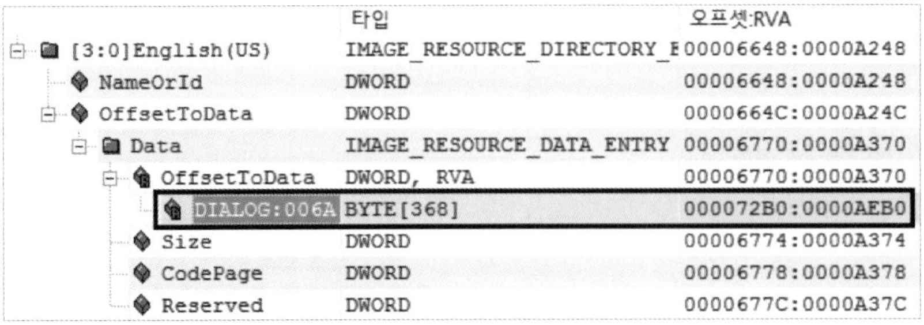

	타입	오프셋:RVA
⊟ ▣ [3:0]English(US)	IMAGE_RESOURCE_DIRECTORY_E	00006648:0000A248
┗ ◆ NameOrId	DWORD	00006648:0000A248
⊟ ◆ OffsetToData	DWORD	0000664C:0000A24C
⊟ ▣ Data	IMAGE_RESOURCE_DATA_ENTRY	00006770:0000A370
⊟ ◆ OffsetToData	DWORD, RVA	00006770:0000A370
◆ DIALOG:006A	BYTE[368]	000072B0:0000AEB0
◆ Size	DWORD	00006774:0000A374
◆ CodePage	DWORD	00006778:0000A378
◆ Reserved	DWORD	0000677C:0000A37C

- **OffsetToData** : 0x0000AEB0 (.rsrc:0x000072B0)
- **Size** : 0x00000170

OffsetToData 필드에서 계산한 실제 대화상자 리소스의 데이터 시작 파일 오프셋은 0x000072B0이 된다. 이 파일 오프셋 역시 헥사 덩어리만 나열될 것이다. 이 헥사 덤프에 대한 분석은 차후에 알아보기로 하고 우선 대화상자 리소스에 대한 구조부터 알아보자.

10.4.1 대화상자 템플릿 분석

대화상자 관련 바이너리는 DLGTEMPLATE 또는 DLGTEMPLATEEX 구조체로 시작한다. DLGTEMPLATE를 표준 템플릿이라 하고 DLGTEMPLATEEX를 확장 템플릿이라고 하는데, 요즘은 기본적으로 확장 대화상자 템플릿을 사용한다. 대화상자 템플릿의 PE 리소스 구조는 전체적으로 다음과 같다.

그림 10-37 대화상자 리소스의 전체 구조

	cdit or cDlgItems			
DLGTEMPLATE(EX)	DLG 메뉴	DLG 클래스	DLG 캡션	DLG 폰트
DLGITEMTEMPLATE(EX)	Ctrl 클래스	Ctrl 타이틀	생성 데이터	
DLGITEMTEMPLATE(EX)	Ctrl 클래스	Ctrl 타이틀	생성 데이터	
⋮				
DLGITEMTEMPLATE(EX)	Ctrl 클래스	Ctrl 타이틀	생성 데이터	

대화상자 자신을 표현하는 DLGTEMPLATE(EX) 구조체와 대화상자를 위해 지정된 메뉴, 클래스, 캡션 정보가 오고, 대화상자가 갖고 있는 자식 컨트롤의 수만큼 자식 컨트롤을 표현하는 DLGITEMTEMPLATE(EX) 구조체가 해당 컨트롤의 클래스, 타이틀, 생성 데이터를 나타내는 정

보와 함께 온다. 그럼 우선 DLGTEMPLATE 구조체와 그 관련 정보에 대하여 알아보도록 하자.

대화상자 템플릿 구조체는 리소스 파일에서 지정해준 대화상자 자체의 정보를 나타낸다. 대화상자 자체라 함은 대화상자 내에 포함되는 여러 자식 컨트롤과는 관계 없는 대화상자만의 정보, 즉 대화상자의 크기, 위치, 메뉴, 캡션, 폰트 등의 정보를 의미한다. 특별히 메뉴나 대화상자의 캡션 등을 위해서 대화상자 리소스 포맷은 [그림 10-37]에서처럼 DLGTEMPLATE(EX) 구조체에 이어서 메뉴, 클래스, 캡션에 대한 정보를 포함하는 부가 정보가 오게 된다. 이 부가 정보의 형태는 16비트 WORD 형의 배열들로 이루어진다. 메뉴, 클래스, 캡션 정보 배열은 DLGTEMPLATE(EX) 구조체 뒤에 반드시 존재해야 한다. 또한 여러분이 대화상자에 별도의 폰트를 지정하면 동일한 형태의 WORD 배열인 폰트 정보가 캡션 정보 다음에 오고, 폰트를 지정하지 않으면 폰트 관련 정보는 존재하지 않는다. DLGTEMPLATE 구조체는 WinUser.h 헤더 파일에 정의되어 있으며, DLGTEMPLATEEX 구조체는 표준 윈도우 라이브러리 헤더가 아닌 ATL/MFC를 위한 "atlwin.h" 헤더에 정의되어 있다.

```
#pragma pack(push, 1)
struct DLGTEMPLATEEX
{
    WORD    dlgVer;
    WORD    signature;
    DWORD   helpID;

    DWORD   exStyle;
    DWORD   style;
    WORD    cDlgItems;
    short   x;
    short   y;
    short   cx;
    short   cy;
};
typedef DLGTEMPLATEEX *LPDLGTEMPLATEEX;
#pragma pack(pop)

typedef struct
{
    DWORD   style;
```

```
    DWORD   dwExtendedStyle;
    WORD    cdit;
    short   x;
    short   y;
    short   cx;
    short   cy;
} DLGTEMPLATE, *LPDLGTEMPLATE;
```

두 구조체의 공통된 필드들을 먼저 살펴보자.

DWORD style

DWORD exStyle, dwExtendedStyle

위의 두 필드는 대화상자의 스타일을 지정한다. style 필드는 CreateWindow 함수의 세 번째 매개변수인 dwStyle 플래그에 지정되는 것과 동일하다. exStyle이나 dwExtendedStyle 필드는 CreateWindowEx 함수의 첫 번째 매개변수인 dwExStyle 플래그 지정과 동일하다. 각 스타일의 종류에 대해서는 CreateWindow(Ex)에 대한 MSDN 매뉴얼을 참조하기 바란다.

WORD cDlgItems, cdit

해당 대화상자에 포함된 자식 컨트롤의 수를 지정한다.

short x, y, cx, cy

x, y 필드는 대화상자의 표시 위치를, cx, cy는 너비와 높이를 나타낸다. 주의할 것은 이 필드들의 값이 픽셀 단위가 아니라 대화상자 단위라는 점이다. 대화상자의 단위를 픽셀 단위로 바꾸기 위해서는 MapDialogRect 함수를 사용한다.

다음은 DLGTEMPLATEEX 구조체에만 존재하는 필드로, 이 구조체의 signature 필드는 표준 템플릿과 확장 템플릿을 구분하는 기준이 된다.

WORD dlgVer

확장 대화상자의 버전 번호를 의미하며, 이 필드 값은 항상 1이 되어야 한다.

WORD signature

해당 템플릿이 확장 대화상자인지 일반 대화상자인지를 식별하기 위한 시그니처다. 이 값이 0xFFFF면 확장 대화상자 템플릿이다. 0xFFFF일 경우에는 dlgVer 필드가 의미 있으며, 이때 템플릿 리소스의 구조체는 DLGTEMPLATEEX와 자식 컨트롤에 대해서 DLGITEMPLATEEX 구조체가 적용된다. 0xFFFF가 아닐 경우에는 표준 대화상자 템플릿으로 간주하여 DLGTEMPLATE 구조체와 DLGITEMTEMPLATE 구조체를 적용하면 된다. 리소스 데이터만을 가지고 표준과 확장을 판단하고자 할 때는 다음과 같이 코드를 작성하면 된다.

```
PBYTE pDlgIter = 대화상자 리소스의 시작 오프셋 설정;
WORD wSignature = *((PWORD)(pDlgIter + sizeof(WORD)));

if(wSignature == 0xFFFF)    ← 확장 대화상자 리소스 템플릿
{
    LPDLGTEMPLATEEX pExtDlg = (LPDLGTEMPLATEEX) pDlgIter;
        ⋮
}
else                        ← 표준 대화상자 리소스 템플릿
{
    LPDLGTEMPLATE pStdDlg = (LPDLGTEMPLATE) pDlgIter;
        ⋮
}
```

DWORD helpID

도움말 컨텍스트 ID를 나타낸다. 이 필드가 설정되어 있으면 시스템은 HELPINFO 구조체의 wContextId 필드에 helpID 필드 값을 설정하여 WM_HELP 메시지를 전송한다.

대화상자 템플릿 구조체에 이어서 대화상자를 위한 메뉴, 클래스, 캡션에 대한 정보를 의미하는 WORD 형의 배열들이 이어진다. 이 WORD 형의 배열은 가변적인 것으로 첫 번째 엔트리의 값에 따라 다음과 같이 해석된다.

- **0x0000**
  해당 정보가 존재하지 않음을 의미한다. 이 경우 WORD 배열 엔트리는 한 개며, 그 다음 WORD는 다른 정보가 된다.

- **0xFFFF**

  WORD 배열 엔트리의 전체 개수는 2개다. 그중 하나가 0xFFFF 값을 담고 있고, 나머지 엔트리 값이 해당 요소의 ID 를 나타낸다.

- **나머지 값**

  첫 번째 엔트리에서 시작해 NULL로 끝나는 유니코드 문자열로 간주한다. 해당 리소스의 요소가 ID 대신 문자열로 지 정된 경우다.

캡션의 경우 ID로 표현할 수 없기 때문에 0xFFFF인 경우의 체크 없이 0이 아니면 바로 유 니코드 문자열로 간주한다. 지금까지의 규칙은 템플릿 관련 포맷뿐만 아니라, 앞으로 나올 DLGITEMTEMPLATE(EX) 관련 WORD 형의 가변 배열 모두에 적용되는 것이다. 이제 [그림 10-37]의 각 항목에 대한 의미를 구체적으로 살펴보도록 하자.

- **DLG 메뉴**

  대화상자에 메뉴를 지정할 때 존재한다. 별도로 메뉴를 지정하지 않으면 이 필드는 WORD 값인 0x0000이 된다.

- **DLG 클래스**

  클래스는 RegisterClass(Ex) 함수를 통해 등록하는 WNDCLASS(EX)를 위한 문자열을 의미한다. 대화상자에 대 하여 별도의 윈도우 클래스를 등록하는 일은 거의 없다. 하지만 특별한 목적을 위해서 등록하는 경우에 제공된다. 별도 의 WNDCLASS(EX)를 지정하였다면 이 필드는 0이 아닌 값이 되며, 이 위치에서부터 NULL로 끝나는 클래스명의 유니코드 배열이 이어진다.

- **DLG 캡션**

  대화상자의 타이틀 바에 표시되는 캡션을 의미한다. 캡션을 별도로 지정하지 않으면 이 필드는 0x00이 되고, 캡션을 지 정하면 NULL로 끝나는 유니코드 문자열의 배열이 된다.

- **DLG 폰트**

  앞서 세 요소, 즉 메뉴, 클래스, 캡션 항목은 지정되지 않더라도 0x0000이 되어 PE 상에는 항상 존재한다. 하지만 폰 트의 경우에는 지정되지 않으면 항목 자체가 존재하지 않는다. 대신 폰트 지정 여부는 DLGTEMPLATE(EX) 구조체 의 style 필드에 DS_SETFONT 플래그가 설정되었는지를 통해 판단한다. 이는 반대로 말하자면 폰트를 지정하려면 리소스 정의 파일에서 대화상자 정의 시에 반드시 여러분이 직접 DS_SETFONT 플래그를 설정해줘야 함을 의미한다. 폰트를 지정한 경우 시스템은 지정된 폰트를 생성한 후에 대화상자와 그 자식 컨트롤들에게 WM_SETFONT 메시지 를 전송하여 지정된 폰트가 대화상자 및 그 자식 컨트롤 모두의 디폴트 폰트가 되도록 한다. 그리고 폰트가 지정되었을 때는 DLG 캡션 배열 다음에 폰트 정보와 관련된 WORD 배열이 이어진다. 폰트 정보의 경우 표준 템플릿과 확장 템플 릿의 해석이 달라진다.

  - **표준 템플릿 폰트** : 해당 배열의 첫 번째 엔트리 WORD[0]은 폰트의 포인트 크기를 지정하고, 다음 엔트리 WORD[1]부터는 폰트의 이름(Typefase)이 나열된다.

- **확장 템플릿 폰트**: 해당 배열의 첫 번째 엔트리 WORD[0]은 폰트의 포인트 크기를, 두 번째 엔트리 WORD[1]은 볼드체 지정 여부를, 세 번째 엔트리 WORD[2]는 상위 바이트의 경우 스크립트 코드, 하위 바이트의 경우 이탤릭 여부를 지정한다. 그리고 네 번째 엔트리 WORD[3]부터 폰트의 이름(Typefase)이 나열된다.

이제 대화상자에 대한 덤프를 직접 확인해보자. [그림 10-36]에서 언급한 대로 ResrcApp.exe의 PE 파일 오프셋 0x000072B0이 대화상자 리소스의 시작이다.

덤프 10-21 확장 대화상자 자체의 리소스 덤프

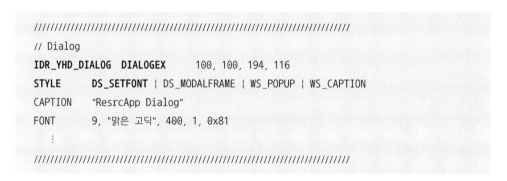

ResrcApp.exe의 대화상자에 대한 리소스 설정 시, 다음과 같이 리소스 파일을 정의한다.

```
/////////////////////////////////////////////////////////////////
// Dialog
IDR_YHD_DIALOG  DIALOGEX      100, 100, 194, 116
STYLE       DS_SETFONT | DS_MODALFRAME | WS_POPUP | WS_CAPTION
CAPTION     "ResrcApp Dialog"
FONT        9, "맑은 고딕", 400, 1, 0x81
    ⋮
/////////////////////////////////////////////////////////////////
```

우리가 정의한 대화상자 리소스 내용과 비교하면서 위의 덤프를 확인해보라. 다음은 위의 덤프에서 시작 부분에 해당하는 오프셋 0x000072B0부터 0x000072C9까지의 DLGTEMPLATEEX 구조체에 대한 내용이다.

표 10-11 DLGTEMPLATEEX 구조체

필드	타입	값	상세
dlgVer	WORD	0x0001	버전 1
signature	WORD	0xFFFF	확장 대화상자
helpID	DWORD	0x00000000	도움말 컨텍스트 없음
exStyle	DWORD	0x00000000	확장 스타일 미지정
style	DWORD	0x80C000C0	DS_SETFONT | DS_MODALFRAME | WS_POPUP | WS_CAPTION
cDlgItems	WORD	0x0006	자식 컨트롤 수 6개
x, y	short, short	0x0064, 0x0064	위치 (100, 100)
cx, cy	short, short	0x00C2, 0x0074	크기 (194, 116)

그리고 DLGTEMPLATEEX 구조체 다음의 오프셋 0x000072CA부터 이어지는 대화상자 메뉴, 클래스, 캡션, 폰트에 대한 덤프를 해석해보자. 폰트 정보는 리소스 정의 파일에서 DS_SETFONT 스타일을 지정했기 때문에 존재한다.

표 10-12 대화상자 추가 요소들

항목	오프셋	WORD	의미
DLG 메뉴	0x000072CA	0x0000	없음, 리소스 정의 파일에서 정의하지 않음
DLG 클래스	0x000072CC	0x0000	없음, 리소스 정의 파일에서 정의하지 않음
DLG 캡션	0x000072CE	0x0052	유니코드 문자열, "ResrcApp Dialog"
DLG 폰트	0x000072EE	0x0009	폰트 크기 : 9pt
	0x000072F0	0x0190	400 : 볼드체
	0x000072F2	0x8101	0x01 : 이탤릭, 0x81 : 스크립트 코드(한글)
	0x000072F4	0xB9D1	유니코드 문자열, "맑은 고딕"

이상으로 DLGTEMPLATEEX 구조체와 관련 정보에 대한 덤프 분석에 대해 살펴보았다. 이제 대화상자의 자식 컨트롤 정보에 해당하는 DLGITEMTEMPLATE 구조체들을 알아보자.

10.4.2 대화상자 항목 템플릿 분석

앞서 언급한 대로 대화상자 정의에 이어서 바이너리 덤프의 내용인 DLGITEMTEMPLATE에 관한 것이다. 이 구조체와 관련 정보들, 즉 자식 컨트롤들에 대한 정보들이 DLGTEMPLATE 구조체의 cdit 필드 값만큼 존재한다. 이 구조체의 정의는 다음과 같다.

```
#pragma pack(push, 1)
struct DLGITEMTEMPLATEEX
{
    DWORD helpID;
    DWORD exStyle;
    DWORD style;
    short x;
    short y;
    short cx;
    short cy;
    DWORD id;
};
typedef DLGITEMTEMPLATEEX* LPDLGITEMTEMPLATEEX;
#pragma pack(pop)

typedef struct
 {
    DWORD style;
    DWORD dwExtendedStyle;
    short x;
    short y;
    short cx;
    short cy;
    WORD  id;
} DLGITEMTEMPLATE;
typedef DLGITEMTEMPLATE *PDLGITEMTEMPLATE;
```

주의할 점은 DLGITEMTEMPLATE(EX) 구조체는 DWORD 크기인 4바이트의 경계로 정렬된다는 점이다. 따라서 자식 컨트롤 파싱 시에 각 항목별 DLGITEMTEMPLATE(EX) 포인터를 획득하기 위해서는 앞서 PEPlus에서 정의했던 ROUND_UP 매크로를 사용해야 한다.

이 구조체의 필드들 중 WORD id 필드를 제외하면 DLGTEMPLATE(EX) 구조체에서 설명한 필드와 의미가 같다. id 필드는 여러분이 대화상자 내의 컨트롤 지정 시 여러분이 정의한 컨트롤의 식별 ID이다. 본 예제에서 필자의 경우 다음과 같이 컨트롤 ID를 지정한 바 있다.

```
#define IDC_EDIT_VIEW        60001 // 편집 박스 컨트롤
#define IDC_LIST_VIEW        60002 // 리스트 뷰 컨트롤
#define IDC_PROGRESSIVE      60003 // 진행 막대 컨트롤
#define IDC_SLIDE_BAR        60004 // 트랙 막대 컨트롤
#define IDC_STATIC           60005 // 아이콘 출력 정적 컨트롤
```

버튼에 해당하는 IDOK는 시스템이 정의한 ID이기 때문에 별도로 정의하지 않았다. 위에서 지정한 각 해당 컨트롤의 ID 값이 DLGITEMTEMPLATEEX 구조체의 id 필드에 저장된다. 덤프를 통해 직접 확인해보기로 하자.

앞서 리소스 정의 파일에서 다음과 같이 6개의 자식 컨트롤을 지정하였다. 즉, 기본 푸시 버튼과 아이콘 출력을 위한 정적 컨트롤, 편집 박스, 리스트 뷰, 진행 막대, 트랙 막대 컨트롤을 정의하였다.

```
//////////////////////////////////////////////////////////////////
// Dialog
IDR_YHD_DIALOG DIALOGEX 100, 100, 194, 116
    ⋮
BEGIN
    DEFPUSHBUTTON   "OK", IDOK, 147, 98, 43, 14
    ICON            IDR_YHD_ICON, IDC_STATIC, 4, 4, 18, 21
    EDITTEXT        IDC_EDIT_VIEW, 29, 4, 161, 12,
                    ES_RIGHT | ES_AUTOHSCROLL | ES_WANTRETURN | ES_NUMBER
    CONTROL         "", IDC_LIST_VIEW, "SysListView32",
                    LVS_REPORT | LVS_ALIGNLEFT | WS_BORDER | WS_TABSTOP,
                    4, 31, 186, 61
    CONTROL         "", IDC_PROGRESSIVE, "msctls_progress32",
                    WS_BORDER, 29, 17, 161, 9
    CONTROL         "", IDC_SLIDE_BAR, "msctls_trackbar32",
                    TBS_BOTH | TBS_NOTICKS | WS_TABSTOP, 4, 99, 137, 13
END
//////////////////////////////////////////////////////////////////
```

이와 같이 지정했을 경우 DLGTEMPLATEEX 구조체의 cDlgItems 필드 값은 6이 되고, 이 6개의 자식 컨트롤에 대한 DLGITEMTEMPLATEEX 구조체와 관련 정보들이 존재한다. 지정된 컨트롤들에 대한 리소스 포맷은 [그림 10-37]의 구조가 된다.

| 컨트롤 클래스 |

DLGITEMTEMPLATEEX 구조체에 이어서 해당 컨트롤의 윈도우 클래스를 지정하는 WORD 타입의 배열이 온다. 만약 첫 번째 WORD 값이 0xFFFF면 윈도우가 미리 정의해둔 기본 컨트롤을 의미하며, 그 다음 WORD 값에 따라 아래 표에 나오는 시스템 클래스로 간주한다.

표 10-13 시스템 컨트롤 클래스

클래스 ID	의미
0x0080	Button
0x0081	Edit
0x0082	Static
0x0083	List box
0x0084	Scroll bar
0x0085	Combo box

만약 첫 번째 원소의 값이 0xFFFF 이외의 값일 경우 시스템은 이 배열을 등록된 특정 윈도우 클래스의 이름을 담고 있는, NULL로 끝나는 유니코드 문자열로 간주한다. ResrcApp.exe의 경우 리스트 뷰와 진행 막대 및 트랙 막대 컨트롤은 확장된 공통 컨트롤이기 때문에 위의 표준 시스템 컨트롤에 포함되지 않는다. 따라서 앞의 리소스 파일 정의에서 확인할 수 있지만, 이 3개의 컨트롤에 대해서는 각각 "SysListView32", "msctls_progress32", "msctls_trackbar32"라는 클래스 이름이 별도로 지정되었다. 이렇게 별도로 클래스 이름을 직접 지정하는 경우의 컨트롤은 이 3개의 컨트롤을 포함해서 트리 뷰 컨트롤, 확장 콤보 박스, 리치 에디터 등의 확장 공통 컨트롤이다. 이러한 컨트롤이나 여러분이 직접 지정한 사용자 정의 컨트롤의 경우, 이 필드에 해당 클래스 명이 NULL로 끝나는 유니코드 문자열로 지정된다.

다음은 확장 공통 클래스의 클래스 이름이다.

표 10-14 확장 공통 컨트롤 클래스 이름

매크로	클래스	설명
TOOLTIPS_CLASS	"tooltips_class32"	툴 팁
TRACKBAR_CLASS	"msctls_trackbar32"	트랙 막대
UPDOWN_CLASS	"msctls_updown32"	업다운 컨트롤
PROGRESS_CLASS	"msctls_progress32"	진행 막대
HOTKEY_CLASS	"msctls_hotkey32"	단축키
ANIMATE_CLASS	"SysAnimate32"	애니메이션 컨트롤
MONTHCAL_CLASS	"SysMonthCal32"	달력
DATETIMEPICK_CLASS	"SysDateTimePick32"	날짜/시간 선택
WC_LISTVIEW	"SysListView32"	리스트 뷰
WC_TREEVIEW	"SysTreeView32"	트리 뷰
WC_COMBOBOXEX	"ComboBoxEx32"	확장 콤보 박스
WC_TABCONTROL	"SysTabControl32"	탭 컨트롤
WC_IPADDRESS	"SysIPAddress32"	IP 주소 컨트롤
WC_PAGESCROLLER	"SysPager"	페이지 스크롤러
RICHEDIT_CLASS	"RichEdit20A"	리치 에디터

| 컨트롤 타이틀 |

클래스 WORD 배열에 이어 해당 컨트롤의 초기 문자열이나 리소스 식별자를 담고 있는 타이틀 배열이 온다. 만약 이 배열의 첫 번째 엔트리 값이 0xFFFF인 경우에는 그 다음 WORD 값은 아이콘 등과 같은 특정 리소스에 대한 식별 ID 값을 가진다. 만약 0xFFFF 이외의 값일 경우에는 역시 NULL로 끝나는 해당 컨트롤의 유니코드 초기 문자열(버튼의 경우 버튼 타이틀, 편집 박스 컨트롤의 경우 디폴트 에디터 문자열 등)로 간주한다. 물론 타이틀을 지정하지 않으면 0x0000의 값을 가지며, 더 이상의 데이터는 없다.

| 생성 데이터(Creation Data) |

컨트롤 타이틀에 이어서 생성 데이터라는 WORD 배열이 온다. 생성 데이터라는 것은 윈도우 생성 시 WM_CREATE 메시지의 lParam 매개변수를 통해 전달되는 사용자 정의 부가 데이터에 대한 포인터다. 이 데이터의 포맷과 크기는 다음의 규칙만 따른다면 여러분이 마음대로 지정할 수 있다.

생성 데이터의 첫 번째 워드 값은 이 워드의 바이트 수를 포함한 생성 데이터의 바이트 수가 된다. 특별히 지정할 필요가 없을 때는 0으로 설정하면 된다. 해당 컨트롤의 윈도우 프로시저는 이 데이터를 해석할 수 있어야만 한다. 따라서 시스템이 이 컨트롤을 생성할 때, 해당 생성 데이터에 대한 포인터를 WM_CRATE 메시지의 lParam 인자를 통해 넘겨준다.

이제 자식 컨트롤러에 대한 리소스 데이터가 시작되는 오프셋 0x00007300은 대화상자 리소스에 대한 바이너리 데이터가 된다. 다음의 덤프를 확인해보자.

덤프 10-22 확장 대화상자의 자식 컨트롤의 리소스 덤프

① BUTTON ② ICON ② EDITTEXT

	+0	+1	+2	+3	+4	+5	+6	+7	+8	+9	+A	+B	+C	+D	+E	+F
00007300	00	00	00	00	00	00	00	00	01	00	01	50	93	00	62	00
00007310	2B	00	0E	00	01	00	00	00	FF	FF	80	00	4F	00	4B	00
00007320	00	00	00	00	00	00	00	00	00	00	00	00	03	00	00	50
00007330	04	00	04	00	12	00	15	00	65	EA	00	00	FF	FF	82	00
00007340	FF	FF	69	00	00	00	00	00	00	00	00	00	00	00	00	00
00007350	82	30	81	50	1D	00	04	00	A1	00	0C	00	61	EA	00	00
00007360	FF	FF	81	00	00	00	00	00	00	00	00	00	00	00	00	00
00007370	01	08	81	50	04	00	1F	00	BA	00	3D	00	62	EA	00	00
00007380	53	00	79	00	73	00	4C	00	69	00	73	00	74	00	56	00
00007390	69	00	65	00	77	00	33	00	32	00	00	00	00	00	00	00
000073A0	00	00	00	00	00	00	00	00	00	00	80	50	1D	00	11	00
000073B0	A1	00	09	00	63	EA	00	00	6D	00	73	00	63	00	74	00
000073C0	6C	00	73	00	5F	00	70	00	72	00	6F	00	67	00	72	00
000073D0	65	00	73	00	73	00	33	00	32	00	00	00	00	00	00	00
000073E0	00	00	00	00	00	00	00	00	18	00	01	50	04	00	63	00
000073F0	89	00	0D	00	64	EA	00	00	6D	00	73	00	63	00	74	00
00007400	6C	00	73	00	5F	00	74	00	72	00	61	00	63	00	6B	00
00007410	62	00	61	00	72	00	33	00	32	00	00	00	00	00	00	00

④ ListVew ⑤ Progress ⑥ TrackBar

위의 덤프를 정리하면 다음과 같다. 대화상자를 정의한 리소스 파일의 코드와 비교하면서 확인해보기 바란다.

표 10-15 확장 대화상자의 자식 컨트롤

종류	스타일	x	y	cx	cy	ID	클래스	캡션
① 버튼	0x50010001	147, 0x93	98, 0x62	43, 0x2B	14, 0x0E	1	0x0080 BUTTON	OK
② 아이콘	0x50000003	4	4	18, 0x12	21, 0x15	0xEA65	0x0082 ICON	–
③ 편집 박스	0x50813082	29, 0x1D	4	161, 0xA1	12, 0x0C	0xEA61	0x0081 EDITTEXT	–
④ 리스트 뷰	0x50810801	4	31, 0x1F	186, 0xBA	61, 0x3D	0xEA62	SysListView32	–
⑤ 진행 막대	0x50800000	29, 0x1D	17, 0x11	161, 0xA1	9	0xEA63	msctls_ progress32	–
⑥ 트랙 막대	0x50010018	4	99, 0x63	137, 0x89	13, 0x0D	0xEA64	msctls_ trackbar32	–

이제 위의 자식 컨트롤 중 기본 컨트롤인 '버튼'과 확장 컨트롤인 '리스트 뷰'의 클래스, 캡션, 생성 정보를 [덤프 10-22]를 따라가면서 확인해보자.

① 버튼

버튼의 클래스 시작 오프셋은 0x00007318이고, 이 위치의 WORD 값은 0xFFFF다. 따라서 그 다음 WORD 값인 0x0080이 클래스의 식별 ID가 된다. 이 값은 [표 10-13]에서 확인할 수 있듯이, BUTTON에 해당하는 ID가 된다. 또한 클래스 다음의 요소는 캡션이 되고 그 오프셋은 0x0000731C다. 이 위치의 WORD 값은 0이 아니므로, 이 WORD 값을 포함하는 연속된 세 WORD의 값 "0x004F 0x004B 0x0000"은 'OK'라는 유니코드 문자열을 구성하며, 이 문자열이 버튼 컨트롤의 캡션이 된다. 그 다음 위치인 0x00007324의 WORD는 0이므로 생성 정보는 존재하지 않는다.

④ 리스트 뷰

리스트 뷰의 클래스 시작 오프셋은 0x00007370이고, 이 위치의 WORD 값은 0xFFFF도 0도 아니므로 유니코드 문자열을 갖게 된다. 이 위치의 워드를 포함해서 0x0000의 값을 가진 오프셋 0x000073DB까지의 워드 배열은 유니코드 문자열 "SysListView32"를 갖는다. 따라서 이 컨트롤은 확장 컨트롤에 해당하는 리스트 뷰가 된다. 그리고 클래스 다음의 요소인 캡션은 클래스 문자열 다음의 오프셋 0x000073DC에 위치하며, 이 위치의 WORD 값은 0이므로 캡션은 존재하지 않는다. 마찬가지로 다음 오프셋 0x000073DE의 WORD 값 역시 0이므로 생성 정보도 존재하지 않는다.

지금까지 설명한 확장 대화상자에 대한 내용을 바탕으로 대화상자의 리소스 데이터 분석을 수행하는 PE Explorer의 클래스가 CResViewDlg 클래스다. 다음은 [그림 10-35]에 나온 ResrcApp.exe의 확장 대화상자에 대한 CResViewDlg 클래스의 분석 결과다.

그림 **10-38** 대화상자 리소스 상세 정보

확장 대화상자가 아닌 표준 대화상자 템플릿의 예는 DlgApp.exe의 예를 통해서 확인할 수 있다. 리소스 정의 파일에서 대화상자 정의 시에 DIALOGEX가 아닌 DIALOG를 속성으로 지정했다. 그리고 대화상자의 클래스도 확인하기 위해 CLASS 속성도 지정했다.

```
//////////////////////////////////////////////////////////////////
// Dialog
IDD_DLG_MAIN DIALOG 100, 100, 162, 65
STYLE    DS_SETFONT | DS_MODALFRAME | WS_POPUP | WS_CAPTION
CAPTION "Dialog Resource Sample"
CLASS    "DLG_APP_CLS"
FONT    10, "System"
BEGIN
    DEFPUSHBUTTON       "OK", IDOK, 106, 44, 50, 14
    EDITTEXT            IDC_EDT_SAMPLE, 30, 7, 126, 31,
                        ES_MULTILINE | ES_AUTOVSCROLL | ES_READONLY
    ICON                "DlgApp.Icon", IDC_STC_ICON, 7, 7, 20, 20, SS_SUNKEN
END
//////////////////////////////////////////////////////////////////
```

DlgApp.exe의 표준 대화상자 템플릿 리소스 분석은 여러분들이 직접 확인해보기 바라며, 다음은 PE Explorer가 보여주는 DlgApp.exe 대화상자의 상세 분석 결과다.

그림 10-39 DlgApp.exe의 대화상자 리소스 상세 정보

10.5 나머지 리소스

이 절에서는 리소스 항목들 중 프로그램의 버전 정보를 지정할 수 있는 '버전 정보' 리소스와 프로그램의 실행 환경과 관련된 설정을 위해 제공되는 '매니페스트' 리소스에 대해 알아본다. 그리고 앞서 예제를 통해 몇 번 확인했던 '사용자 정의 리소스'를 간단하게 정리한다.

10.5.1 버전 정보

버전 정보 리소스에 대한 구체적인 예를 보기 위하여 탐색기에서 ResrcApp.exe의 속성 창을 띄운 후 다음 그림처럼 [자세히] 탭을 클릭해보자.

그림 10-40 탐색기를 통한 ResrcApp.exe의 버전 정보 대화상자

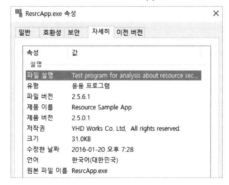

이 속성 창이 보여주는 정보는 ResrcApp.exe의 버전에 관련된 정보다. 이 버전 정보는 어디에서 설정할 수 있을까? 바로 다음과 같이 리소스 파일의 'VERSIONINFO' 리소스를 통해 설정이 가능하다.

소스 10-4 ResrcApp.rc에서의 버전 정보 지정

```
/////////////////////////////////////////////////////////////////
// Version
VS_VERSION_INFO    VERSIONINFO
```

VS_VERSION_INFO 시작

```
FILEVERSION     2, 5, 6, 1
PRODUCTVERSION  2, 5, 0, 1
FILEFLAGSMASK   0x3fL
#ifdef _DEBUG
FILEFLAGS       0x1L
#else
FILEFLAGS       0x0L
#endif
FILEOS          0x40004L
FILETYPE        0x1L
FILESUBTYPE     0x0L
```

VS_FIXEDVERSION_INFO 데이터를 설정한다.

```
BEGIN
  BLOCK      "StringFileInfo"
```

StringFileInfo 시작

```
  BEGIN
    BLOCK   "041204B0"
```

StringTable 시작

```
    BEGIN
      VALUE "CompanyName",        "YHD Works Co."
      VALUE "FileDescription",
            "Test program for analysis about resource section."
      VALUE "FileVersion",        "2.5.6.1"
      VALUE "InternalName",       "ResrcApp.exe"
```

```
        VALUE "LegalCopyright",    "YHD Works Co. Ltd, All rights reserved."
        VALUE "OriginalFilename",  "ResrcApp.exe"
        VALUE "ProductName",       "Resource Sample App"
        VALUE "ProductVersion",    "2.5.0.1"
```

StringTable의 엔트리인 String 타입 버전 데이터를 설정한다.

```
      END
    END
    BLOCK "VarFileInfo"
```

VarFileInfo 시작

```
    BEGIN
      VALUE   "Translation", 0x412, 1200
```

Var 타입의 언어 ID 관련 바이너리 데이터를 설정한다.

```
    END
  END
  ///////////////////////////////////////////////////////////////////////
```

위와 같이 리소스 파일에 버전 정보를 지정하면 실행 파일의 속성 창을 통해서 버전을 확인할 수 있다. 물론 비주얼 스튜디오는 직접 리소스 파일을 편집하는 대신 다음과 같이 리소스 편집기를 통해 버전 정보를 시각적으로 설정할 수 있도록 해준다.

그림 10-41 비주얼 스튜디오의 버전 정보 편집기

Key	Value
FILEVERSION	2, 5, 6, 1
PRODUCTVERSION	2, 5, 0, 1
FILEFLAGSMASK	0x3fL
FILEFLAGS	0x0L
FILEOS	VOS_NT_WINDOWS32
FILETYPE	VFT_APP
FILESUBTYPE	VFT2_UNKNOWN
Block Header	한국어(대한민국) (041204b0)
CompanyName	YHD Works Co.
FileDescription	Test program for analysis about resource section.
FileVersion	2.5.6.1
InternalName	ResrcApp.exe
LegalCopyright	YHD Works Co. Ltd, All rights reserved.
OriginalFilename	ResrcApp.exe
ProductName	Resource Sample App
ProductVersion	2.5.0.1

버전 정보는 여러분이 제작한 PE 파일의 버전을 직접 관리할 수 있도록 해준다. 이 버전 정보가 리소스로 변환되어 PE 파일에 위치하면 역시 자체 포맷을 갖는 바이너리 형태로 존재한다. 리소스 섹션의 버전 정보는 VS_VERSIONINFO라는 가변적인 구조체로 시작하며, 이 구조체의 정의는 다음과 같다. 이 구조체의 필드 중 Padding1 필드는 32비트 DWORD 단위의 정렬을 위한 패딩 필드로, 패딩이 필요한 경우에만 존재한다. 따라서 패딩 필드를 제외한 나머지 필드의 내용을 살펴보기로 하자.

```
typedef struct
{
    WORD              wLength;
    WORD              wValueLength;
    WORD              wType;
    WCHAR             szKey[16];
    WORD              Padding1;
    VS_FIXEDFILEINFO  Value;
    WORD              Children;
} VS_VERSIONINFO;
```

WORD wLength

VS_VERSIONINFO 구조체의 전체 크기를 바이트 단위로 담고 있다. 이 구조체의 Children 필드가 가변 정보를 담기 때문에 이 가변 정보까지 포함한 크기가 이 필드에 저장된다.

WORD wValueLength

이 구조체의 필드 중 하나인 Value 필드의 크기를 바이트 단위로 담는 필드다. Value 필드는 VS_FIXEDFILEINFO 타입이며, 따라서 sizeof(VS_FIXEDFILEINFO)의 크기가 된다. 만약 Value 필드가 존재하지 않으면 wValueLength 필드 값은 0이 된다.

WORD wType

버전 리소스의 데이터 타입을 지정한다. 이 필드 값이 1이면 버전 리소스는 텍스트 데이터를 담게 되고, 필드 값이 0이면 바이너리 데이터를 갖는다.

WCHAR szKey[16]

이 필드는 "VS_VERSION_INFO\0"이라는, NULL로 끝나는 고정된 유니코드 문자열을 담는 버퍼다.

VS_FIXEDFILEINFO Value

VS_FIXEDFILEINFO 구조체를 담고 있는 필드며, 이 필드의 크기는 wValueLength 필드에 설정된다. 따라서 wValueLength 필드가 0이면 이 필드는 존재하지 않는다.

WORD Children

VS_VERSIONINFO 구조체의 자식 정보가 되는 StringFileInfo 구조체와 VarFileInfo 구조체의 정보를 갖는다. 이 두 구조체의 정보는 StringFileInfo → VarFileInfo 순으로 존재하며, 리소스 정의 시에 정의하지 않았으면 존재하지 않을 수도 있다.

이제 Value 필드의 타입인 VS_FIXEDFILEINFO 구조체와 Children 필드 중 먼저 VS_FIXEDFILEINFO 구조체에 대해서 알아보자. 이 구조체는 버전 관련된 정보들 중 파일 버전이나 프로덕트 버전, 파일 타입 등 정수로 표현 가능한 주요 정보만을 모아서 고정된 크기의 구조체에 담아 제공하기 위해 사용되는 구조체다. 제조사 이름이나 제품명과 같은 문자열 정보는 가변적이어서 StringFileInfo 구조체를 이용해야 하지만, 파일 자체에 대한 핵심적인 정보만 요구될 경우, 예를 들어 모듈 패치나 업데이트를 위한 정수 타입의 버전 비교를 위해 파일의 버전을 획득해야 하는 경우에는 VS_FIXEDFILEINFO 구조체를 이용하는 것만으로도 충분하고 이용 방법 또한 상당히 편리하다. 이 구조체에 대한 정의는 다음과 같다.

```
typedef struct tagVS_FIXEDFILEINFO
{
    DWORD    dwSignature;
    DWORD    dwStrucVersion;
    DWORD    dwFileVersionMS;
    DWORD    dwFileVersionLS;
    DWORD    dwProductVersionMS;
    DWORD    dwProductVersionLS;
    DWORD    dwFileFlagsMask;
    DWORD    dwFileFlags;
```

```
    DWORD    dwFileOS;
    DWORD    dwFileType;
    DWORD    dwFileSubtype;
    DWORD    dwFileDateMS;
    DWORD    dwFileDateLS;
} VS_FIXEDFILEINFO;
```

DWORD dwSignature

0xFEEF04BD 값을 갖는 시그니처다. 이 값은 파일에서 VS_FIXEDFILEINFO 구조체를 검색할 때 VS_VERSIONINFO 구조체의 szKey 필드와 함께 사용된다.

DWORD dwStrucVersion

VS_FIXEDFILEINFO 구조체 자체의 버전을 식별하는 필드다. 이 필드의 상위 WORD는 메이저 버전의 값을, 하위 WORD는 마이너 버전의 값을 갖는다.

DWORD dwFileVersionMS

DWORD dwFileVersionLS

이 두 필드의 연속은 64비트 정수를 구성하여 파일 버전에 대한 정수 비교를 위한 수단을 제공한다. dwFileVersionMS 필드는 64비트의 상위 DWORD 역할이고 메이저 파일 버전을 담으며, dwFileVersionLS 필드는 64비트의 하위 DWORD 역할이고 마이너 파일 버전을 담는다.

DWORD dwProductVersionMS

DWORD dwProductVersionLS

DwFileVersionMS/LS 필드와 마찬가지로, 이 두 필드의 연속은 64비트 정수를 구성하여 프로덕트(Product) 버전에 대한 정수 비교를 위한 수단을 제공한다. dwProductVersionMS 필드는 64비트의 상위 DWORD 역할이고 메이저 프로덕트 버전을 담으며, dwProductVersionLS 필드는 64비트의 하위 DWORD 역할이고 마이너 프로덕트 버전을 담는다.

DWORD dwFileFlagsMask

dwFileFlags 필드에 담길 유효한 플래그들을 식별하기 위한 비트 마스크 값을 담고 있다. 이 필드에 해당 플래그가 설정되어 있어야 dwFileFlags 필드에 설정된 플래그가 유효한 플래그가 된다.

DWORD dwFileFlags

버전 정보와 관련된 특정 플래그를 지정하면 그 플래그의 조합이 이 필드에 저장된다. 가능한 플래그는 다음과 같다.

- **VS_FF_DEBUG** (0x00000001L)

  이 파일은 디버깅 정보를 포함하거나 디버깅 기능이 가능한 상태로 컴파일되었다.

- **VS_FF_INFOINFERRED** (0x00000010L)

  이 파일의 버전 구조체는 동적으로 생성되었다. 따라서 이 구조체 내의 특정 필드는 값이 없거나 잘못될 수도 있음을 의미하지만, 이 플래그는 파일의 VS_VERSIONINFO 데이터에는 설정될 수 없다.

- **VS_FF_PATCHED** (0x00000004L)

  이 파일은 변경되었으며, 따라서 배송된 원본의 버전 번호와 다를 수도 있다.

- **VS_FF_PRERELEASE** (0x00000002L)

  이 파일은 판매를 위한 정식 버전이 아니라 개발 중인 버전이다.

- **VS_FF_PRIVATEBUILD** (0x00000008L)

  이 파일은 표준 릴리스 절차를 이용해 빌드된 것이 아니다. 이 플래그가 설정되면 StringFileInfo 구조체는 PrivateBuild 엔트리를 포함해야 한다.

- **VS_FF_SPECIALBUILD** (0x00000020L)

  이 파일은 표준 릴리스 절차를 이용해서 정식 제조사에서 제작되었으나 동일한 버전 넘버를 가진 파일의 변형이다. 만약 이 플래그가 설정되면 StringFileInfo 구조체는 SpecialBuild 엔트리를 포함해야 한다.

DWORD dwFileOS

이 파일은 동작하는 운영체제를 지시하는 플래그를 담는다. DOS, WIN16, WIN32, OS/2, PM 관련 플래그들이 있지만, 현재 우리에게 의미가 있는 플래그는 다음의 두 플래그다.

- **VOS_NT (0x00040000L)**

  해당 파일은 윈도우 NT용으로 디자인되었다.

- **VOS__WINDOWS32 (0x00000004L)**

  해당 파일은 32비트 윈도우용으로 디자인되었다.

보통 설정되는 값은 위 두 플래그를 조합한 VOS_NT_WINDOWS32 (0x00040004L)가 된다.

DWORD dwFileType

DWORD dwFileSubtype

dwFileType 필드는 파일의 표준 타입을 의미하며, 다음의 플래그 조합이 가능하다. dwFileSubtype 필드는 dwFileType 필드에 대한 좀 더 상세한 정보를 제공하는 서브 타입을 의미하며, VFT_DRV나 VFT_FONT인 경우에 존재한다.

- **VFT_UNKNOWN (0x00000000L)** : 알 수 없는 파일 타입이다.
- **VFT_APP (0x00000001L)** : 애플리케이션 파일이다.
- **VFT_DLL (0x00000002L)** : DLL 파일이다.
- **VFT_DRV (0x00000003L)** : 디바이스 드라이버 파일이다.

  dwFileSubtype 필드에 해당 디바이스 드라이버의 종류를 식별하는 값이 설정된다. 이 필드에 설정되는 매크로는 VFT2_DRV_COMM(0x0000000AL : 통신 드라이버), VFT2_DRV_DISPLAY(0x00000004L : 디스플레이 드라이버), VFT2_DRV_INSTALLABLE (0x00000008L : 인스톨 가능 드라이버), VFT2_DRV_KEYBOARD (0x00000002L : 키보드 드라이버) 등이 있다.

- **VFT_FONT (0x00000004L)** : 폰트 파일로, 가능한 dwFileSubtype 필드 값은 다음과 같다.
  - VFT2_FONT_RASTER (0x00000001L) : 래스터 폰트
  - VFT2_FONT_TRUETYPE (0x00000003L) : 트루 타입 폰트
  - VFT2_FONT_VECTOR (0x00000002L) : 벡터 폰트

- **VFT_STATIC_LIB (0x00000007L)** : 이 파일은 정적 링크 라이브러리 파일이다.
- **VFT_VXD (0x00000005L)** : 이 파일은 x86 VXD 파일이다.

DWORD dwFileDateMS

DWORD dwFileDateLS

이 두 필드는 제품 생성 날짜와 시간 스탬프를 위한 64비트 바이너리 값을 담기 위한 필드다.

다음으로 Children 필드를 좀 더 살펴보자. 이 필드는 가변적인 필드로, StringFileInfo 구조체와 VarFileInfo 구조체의 정보를 담는다. 이 두 구조체를 포함하여 앞으로 설명할, 이 두 구조체의 자식이 될 여러 구조체들은 모두 가변적인 정보며, 구조체의 구성은 VS_FIXEDFILEINFO 타입을 갖는 Value 필드만 제외하면 VS_VERSIONINFO 구조체의 구성과 비슷하다. 따라서 이 절에서 이후에 언급할 버전 정보 관련된 다양한 구조체들을 추상화한 타입의 이름을 '**VAR_VER_TYPE**'이라고 하면 이는 다음의 공통된 형식을 지닌다.

```
typedef struct
{
    WORD        wLength;
    WORD        wValueLength;
    WORD        wType;

    WCHAR       szKey[];
    //WORD      Padding;
    VAR_VER_TYPE  Children/Value;
} VAR_VER_TYPE;
```

추상화된 구조체 VAR_VER_TYPE은 자신의 멤버 필드로, VAR_VER_TYPE 타입의 필드 Children 또는 Value를 갖는 것으로 보아 트리 구조일 것이라는 추측이 가능하다. 이때 이 필드가 Children으로 사용될 경우에는 자신의 자식 VAR_VER_TYPE 정보를 갖게 되고, Value 필드로 사용될 경우에는 더 이상 자식 정보가 없는 단말 노드가 된다. 사실 VS_VERSIONINFO 구조체 역시 VAR_VER_TYPE 구조체 형식의 일부가 된다. VS_FIXEDFILEINFO 타입을 갖는 VS_VERSIONINFO 구조체의 Value 필드를 VAR_VER_TYPE Value 필드로 간주하면 VS_VERSIONINFO 구조체는 위 구조체의 형식을 그대로 따르고 있다는 것을 알 수 있다.

VS_VERSIONINFO 구조체의 필드를 통해서 VAR_VER_TYPE 구조체의 필드를 설명했지만 좀 더 세부적으로 필드를 설명할 필요가 있다. wType은 설명한 대로 0인 경우는 각 버전 정보 필드의 Value 필드가 바이너리 정보를 담고, 1인 경우는 문자열로 구성된 필드 값을 담는다. 그리고 wLength 필드는 해당 VAR_VER_TYPE이 포함하는 정보 블록의 전체 크기를 나타내며, 이 크기에는 VAR_VER_TYPE 구조체 자신도 포함된다. 이제 wValueLength 필드와 szKey 필드를 좀 더 자세히 살펴보자.

WORD wValueLength

이 필드는 VAR_VER_TYPE 구조체의 Children/Value 필드가 Children으로 사용될지, 아니면 Value로 사용될지를 나타낸다. Children 필드는 그 내부에 동일한 VAR_VER_TYPE 구조체의 형식으로 구성된 또 다른 자식 정보 블록을 의미하고, Value 필드는 실제적인 버전 정보 값을 의미한다. 따라서 Children/Value 필드가 어떻게 사용될 것인지를 우선 식별해야 하는데, 이를 구분하는 수단이 바로 wValueLength 필드다. wValueLength 필드의 역할은 다음과 같다.

- **wValueLength == 0**

  Children 필드가 사용되며, VAR_VER_TYPE의 자식 정보 블록으로 구성되고 재귀적 탐색을 통해 분석이 가능하다.

- **wValueLength > 0**

  Value 필드가 사용되며, 구체적인 버전 정보 필드 값을 의미한다. 이때 wValueLength 필드 값은 이 값의 정보 크기를 지정한다.

  - wType 필드 == 0

    Value 필드가 바이너리 값을 가진다는 것을 의미하며, wValueLength는 바이너리 데이터의 바이트 수를 담는다.

  - wType 필드 == 1

    Value 필드가 NULL로 끝나는 유니코드 문자열을 담는다는 것을 의미하며, wValueLength는 이 유니코드 문자열의 문자 수 + 1(NULL 문자)의 값이 된다. 주의할 것은 바이트 단위가 아닌 WCHAR 단위의 값이므로, 실제 바이트 수는 (wValueLength + 1) * sizeof(WCHAR)가 된다는 점이다. 그리고 DWORD 단위로 정렬되기 때문에 패딩이 필요하면 WORD 패딩까지 고려해야 한다.

WCHAR szKey[];

버전 정보 블록이나 필드의 이름을 의미하며, NULL로 끝나는 유니코드 문자열로 구성된다. DWORD 단위로 정렬되기 때문에 패딩이 필요하다면 WORD 패딩까지 고려해야 한다. 이 필드는 wValueLength 필드 값과 상관없이 항상 존재하며, wValueLength가 1인 경우는 Value 필드를 구분하는 이름을, wValueLength가 0인 경우는 자식 정보 블록의 이름을 의미한다. 〈소스 10-4: ResrcApp.rc〉의 버전 정보 리소스 정의에서처럼 "CompanyName", "FileVersion", "Translation" 등이 wValueLength가 1인 경우 szKey 필드에 담기는 문자열이 되며, "StringFileInfo", "041204B0", "VarFileInfo" 등이 wValueLength가 0인 경우 szKey 필드가 갖게 되는 문자열이 된다.

다음 그림은 VAR_VER_TYPE 구조체의 구조를 좀 더 명확히 나타낸 것이다. 먼저 wValueLength 필드가 0인 경우의 구조는 다음과 같다.

그림 10-42 wValueLength == 0: 자식(Children) 블록 존재

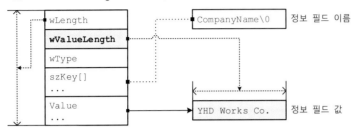

다음으로 wValueLength 필드가 0보다 큰 경우의 구조는 다음과 같다.

그림 10-43 wValueLength 〉 0: 정보 필드 값(Value)

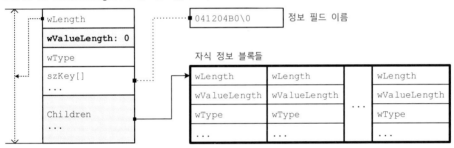

이런 구조를 기반으로 정의된 추상적인 VAR_VER_TYPE 구조체는 종류에 따라 형식이 조금씩 달라지는데, VAR_VER_TYPE 형식으로 정의될 수 있는 버전 관련 구조체는 다음과 같다.

표 10-16 VAR_VER_TYPE 관련 구조체의 종류

VAR_VER_TYPE	wValueLength	wType	szKey	Children/Value
StringFileInfo	0	1	StringFileInfo	StringTable
StringTable	0	1	언어 ID 문자열	String
String	Value 크기	1	버전 정보 필드 이름	사용자 설정 정보
VarFileInfo	0	1	VarFileInfo	Var
Var	Value 크기	0	Translation	언어 ID 정수값

우선 VAR_VER_TYPE 구조체는 크게 텍스트 데이터 블록을 정보로 갖는 StringFileInfo와 바이너리 데이터 블록을 정보로 갖는 VarFileInfo로 나뉜다. 그리고 이 두 구조체의 Children 필드로 올 수 있는 후보는 표를 통해서 볼 수 있다. StringFileInfo 구조체는 Children 필드로 StringTable 구조체를 갖고, StringTable 구조체는 이름 그대로 String 구조체를 엔트리로 갖는 테이블을 Children 필드 값으로 갖는다. 그리고 이 String 구조체는 Children 대신 Value 필드를 사용하는 단말 노드가 된다. 또한 StringFileInfo 계열의 구조체는 텍스트 데이터를 기반으로 하기 때문에 wType 필드 값이 모두 1이 되어야 한다. VarFileInfo 구조체는 Var 구조체를 자신의 Children 필드 값으로 갖고, Var 구조체는 Value 필드를 사용하여 이 계열의 단말 노드의 역할을 한다. Var 구조체는 Value 필드 값으로 바이너리 데이터를 사용하기 때문에 wType 필드 값은 0이 된다.

VS_VERSIONINFO 구조체의 경우와 마찬가지로, StringFileInfo와 VarFileInfo 구조체 역시 szKey 필드에 구조체의 이름 자체를 갖게 된다. Var 구조체는 "Translation\0"이라는 문자열을 가지며, 그 값으로 바이너리 정보인 언어 코드 값을 담는다. szKey 필드에 별도의 의미 있는 문자열을 갖는 구조체는 StringTable과 String 구조체다. StringTable의 szKey 값은 [표 10-16]에서 언급한 것처럼 '언어 ID 문자'이며, 이 문자열은 DWORD 타입의 정숫값을 헥사로 표현한다. DWORD 타입의 정수는 상위 WORD가 9장에서 설명했던 [표 9-4]에 나오는 국가별 언어 ID 값을 갖고, 하위 WORD가 해당 언어의 코드 페이지의 값을 갖는다. 구체적인 예는 ResrcApp.exe의 리소스 섹션 덤프를 통해서 확인하기로 하자. 또한 String 구조체의 szKey는 문자열을 해당 데이터로 요구하는 버전 관련 상세 정보들의 이름을 담는다. 이때 상세 정보라 함은 〈소스 9-4〉에서 버전 정보 지정 시에 사용했던, 버전 정보 필드 이름에 해당하는 "CompanyName", "FileDescription", "FileVersion", "InternalName", "LegalCopyright", "OriginalFilename", "ProductName", "ProductVersion" 등을 의미한다. 이외 정보 필드의 종류는 MSDN을 직접 참조하기 바란다.

지금까지 버전 정보 리소스를 구성하는 VS_VERSIONINFO 구조체에 대해 살펴보았다. 우리가 리소스 정의 파일을 통해서 정의했던 버전 정보들을 이 구조체에 맞게 위치시켜보면 리소스 섹션에 위치하는 버전 정보 리소스는 다음 그림과 같이 VS_VERSIONINFO 구조로 구성된다.

그림 **10-44** 버전 정보 리소스 구조

VS_VERSIONINFO			
VS_FIXED FILEINFO	FILEVERSION	2, 5, 6, 1	
	PRODUCTVERSION	2, 5, 0, 1	
	⋮	⋮	
	FILESUBTYPE	0x0L	
StringFileInfo			
	041204B0		
		CompanyName	YHD Works Co.
		⋮	⋮
		ProductName	Resource Sample App
		ProductVersion	2.5.0.1
VarFileInfo			
	Translation	0x412, 1200	

그러면 PE 상에서 리소스로 존재하는 이 버전 정보를 직접 확인해보자. PE Explorer를 통해 버전 정보의 위치를 찾아가보면 리소스 섹션 아래에 파일 오프셋 0x00007420부터 836바이트가 ResrcApp.exe의 버전 정보에 해당된다.

그림 **10-45** ResrcApp.exe의 버전 정보 리소스 노드

	타입	오프셋:RVA	크기
Data	IMAGE_RESOURCE_DATA_ENTRY	000067E0:0000A3E0	0x10(16)
OffsetToData	DWORD	000067E0:0000A3E0	0x4(4)
VERSION	BYTE[836]	00007420:0000B020	x344(836)
Size	DWORD	000067E4:0000A3E4	0x4(4)
CodePage	DWORD	000067E8:0000A3E8	0x4(4)

그러면 파일 오프셋 0x00007420으로 이동해서 버전 정보의 덤프를 직접 확인해보자.

덤프 **10-23** VS_VERSIONINFO 구조체 덤프

VS_VERSIONINFO — VS_FIXEDVERSIONINFO

	+0	+1	+2	+3	+4	+5	+6	+7	+8	+9	+A	+B	+C	+D	+E	+F
00007420	44	03	34	00	00	00	56	00	53	00	5F	00	56	00	45	00
00007430	52	00	53	00	49	00	문자열 "VS_VERSIONINFO\0"						49	00	4E	00
00007440	46	00	4F	00	00	00	00	00	BD	04	EF	FE	00	00	01	00
00007450	05	00	02	00	01	00	06	00	05	00	02	00	01	00	00	00
00007460	3F	00	00	00	00	00	00	00	04	00	04	00	01	00	00	00
00007470	00	00	00	00	00	00	00	00	00	00	00	00	A4	02	00	00

다음은 VS_VERSIONINFO의 Value 필드 전까지의, 즉 오프셋 0x00007445까지의 정보를 나타낸 것이다.

표 10-17 VS_VERSIONINFO 구조체의 선두 부분

필드	값	의미
wLength	0x0344	버전 리소스 크기 → 836바이트
wValueLength	00x0034	VS_FIXEDVERSIONINFO 구조체의 크기
wType	0x0000	타입이 0 → 바이너리 버전 정보
szKey[16]	"VS_VERSIONINFO\0"	VS_VERSIONINFO 구조체의 이름

그리고 VS_VERSIONINFO 구조체의 Value 필드인 VS_FIXEDVERSIONINFO 구조체는 오프셋 0x00007446부터 시작한다. VS_FIXEDVERSIONINFO 구조체의 내용을 덤프와 〈소스 9-4〉에서 지정한 버전 정보 설정 값을 함께 확인해보자.

표 10-18 VS_FIXEDVERSIONINFO 구조체

필드	값	의미	리소스 정의 파일 지정 값
dwSignature	0xFEEF04BD	시그니처	
dwStrucVersion	0x00010000	버전 1.0	
dwFileVersionMS dwFileVersionLS	0x00020005, 0x00060001	FILEVERSION	2, 5, 6, 1
dwProductVersionMS dwProductVersionLS	0x00020005, 0x00000001	PRODUCTVERSION	2, 5, 0, 1
dwFileFlagsMask	0x0000003F	FILEFLAGSMASK	0x3fL
dwFileFlags	0x00000000	FILEFLAGS	0x0L
dwFileOS	0x00040004	FILEOS	0x40004L (VOS_NT_ WINDOWS32)
dwFileType	0x00000001	FILETYPE	0x1L (VFT_APP)
dwFileSubtype	0x00000000	FILESUBTYPE	0x0L
dwFileDateMS dwFileDateLS	0x00000000, 0x00000000	FILEDATE	0, 0, 0, 0

VS_FIXEDVERSIONINFO 구조체의 필드에 우리가 리소스 정의 파일에서 정의했던 버전 정보들이 설정되어 있음을 알 수 있다. 그러면 VS_VERSIONINFO 구조체의 구성을 한 번 더 살펴보자. VS_VERSIONINFO의 wValueLength 값은 0x32이고, 이 값은 sizeof(VS_

FIXEDVERSIONINFO)가 된다. 그리고 VS_VERSIONINFO의 wType이 0이고 이는 바이너리 값을 의미하며, VS_VERSIONINFO의 szKey 필드는 "VS_VERSIONINFO"라는 문자열을 담고 있다. 따라서 VS_VERSIONINFO는 필드 이름이 "VS_VERSIONINFO"고, 그 값으로 VS_FIXEDVERSIONINFO 구조체 자체를 바이너리 데이터로 갖는 VAR_VER_TYPE으로 표현되는 것을 알 수 있다.

이제 VS_FIXEDVERSIONINFO 구조체 다음으로 이어지는, VS_VERSIONINFO의 Children 필드에 해당하는 정보를 자세히 살펴보자. VS_VERSIONINFO의 Children 필드는 앞서 설명한 대로 StringFileInfo와 VarFileInfo 구조체로 구성된다. 리소스 파일에 배치되는 순서대로 StringFileInfo부터 먼저 확인해보자. 우선 리소스 정의 파일에서 다음과 같이 StringFileInfo 블록을 지정했다.

```
BLOCK "StringFileInfo"        ← StringFileInfo
BEGIN
        ⋮
END
```

그리고 이 리소스 정의에 따른 PE 파일 상의 StringFileInfo 구조체 덤프는 다음과 같다.

덤프 10-24 StringFileInfo 구조체 덤프

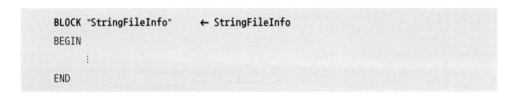

StringFileInfo 구조체의 선두 WORD 값 0x02A4는 wLength 필드가 갖는 값이며, 이 구조체를 포함하여 자식 구조체인 StringTable 및 String 구조체들의 전체 크기를 합한 값이다. 다음 WORD는 wValueLength 필드로, [표 10-16]에서 언급한 대로 0이다. 세 번째 WORD는 wType 필드로, 텍스트 데이터 기반임을 의미하는 1이 설정되어 있다. 그리고 오프셋 0x00007482부터가 szKey 필드 값인 "StringFileInfo\0"이라는 문자열에 해당한다.

이제 StringFileInfo 구조체의 Children 필드에 해당하는 데이터가 이어지며, 이 데이터는 StringTable 구조체가 되어야 한다. StringTable의 정의는 앞서 우리가 리소스 정의 파일에서 지정한 내용이다.

```
BLOCK "041204B0"              ← StringTable
BEGIN
    VALUE "CompanyName", "YHD Works Co."           ← String
        ⋮
    VALUE "ProductName", "Resource Sample App"     ← String
    VALUE "ProductVersion", "2.5.0.1"              ← String
END
```

StringTable의 이름은 **"041204B0"**이며, 이 문자열 자체가 szKey 필드 값이 된다. [표 10-16]에서 StringTable 구조체의 szKey는 '언어 ID 문자열'을 갖는다고 했다. 이를 좀 더 구체적으로 설명하면 "041204B0"이라는 문자열은 정수 0x041204B0의 헥사 문자열이다. 이 정수의 상위 두 바이트는 0x0412로 언어 ID를 의미하며, 9장의 [표 9-4]를 참조하면 0x0412에 해당하는 언어는 한국어임을 알 수 있다. 그리고 하위 두 바이트 0x04B0은 StringTable의 엔트리에 존재하는 String 문자열의 코드 페이지를 의미한다.

이제 위의 버전 정의에서 StringTable 아래로 String 구조체를 구성할 구체적인 정보들이 나열된다. 이런 여러 String 구조체들이 모여 테이블을 구성하게 되고, 이 테이블을 표현하는 것이 바로 StringTable 구조체인 것이다. String 구조체는 szKey 필드로 "CompanyName"이나 "ProductName" 등의 버전 정보의 종류에 대한 이름을 가지며, Value 필드의 경우 szKey에 담긴 정보 종류의 구체적인 값을 문자열로 갖는다. 지금까지 설명한 내용은 ResrcApp.exe의 버전 정보 리소스의 StringTable에 해당하는 오프셋 0x000074A0부터 다음 덤프를 통해 확인할 수 있다.

덤프 10-25 StringTable 배열의 덤프

	+0	+1	+2	+3	+4	+5	+6	+7	+8	+9	+A	+B	+C	+D	+E	+F
000074A0	80	02	00	00	01	00	30	00	34	00	31	00	32	00	30	00
000074B0	34	00	42	00	30	00			3C	00	0E	00	01	00	43	00
000074C0	6F	00	6D	00	70	00	61	00	6E	00	79	00	4E	00	61	00
000074D0	6D	00			00	00	00	00	59	00	48	00	44	00	20	00
000074E0	57	00	6F	00	72	00	6B	00	73	00	20	00				00
000074F0	2E	00	00	00	8C	00	32	00	01	00	46	00	69	00	6C	00
~	~	~	~	~	~	~	~	~	~	~	~	~	~	~	~	~
000076A0	00	00	00	00	48	00	14	00	01	00	50	00	72	00	6F	00
000076B0	64	00	75	00	63	00	74	00	4E	00	61	00			65	00
000076C0	00	00	00	00	52	00	65	00	73	00	6F	00	75	00	72	00
000076D0	63	00	65	00	2						6D	00	70	00	6C	00
000076E0	65	00	20	00	4						00	00	34	00	08	00
000076F0	01	00	50	00	72	00	6F	00	64	00	75	00	63	00	74	00
00007700	56	00	65	00			69	00	6F	00	6E	00	00	00		
00007710	32	00	2E	00	35	00	2E			00	2E	00	31	00	00	00

지금까지 VS_FIXEDVERSIONINFO의 StringFileInfo 구조체에 대해 살펴보았다. 이제 마지막 요소인 VarFileInfo 구조체에 대해 알아보자.

```
BLOCK "VarFileInfo"   ← VarFileInfo
BEGIN
    VALUE "Translation", 0x412, 1200 ← Var
END
```

VarFileInfo 구조체는 특정 언어 ID와 코드 페이지에 의존적이지 않은 버전 정보의 바이너리 정보를 담고 있으며, 자식 구조체인 Var 구조체는 WORD 타입의 언어 ID와 WORD 타입의 코드 페이지 값을 갖는다. 리소스 정의에서는 0x412를 언어 ID로 설정하고, 코드 페이지로 1200(0x04B0)이라는 값을 설정했다. 이 두 값 0x0412와 0x04B0은 이미 StringTable 구조체의 szKey 필드 값 "041204B0"을 통해 확인한 바 있다.

다음은 VarFileInfo 구조체의 내용을 담은 ResrcApp.exe의 덤프다.

덤프 10-26 VarFileInfo 구조체 덤프

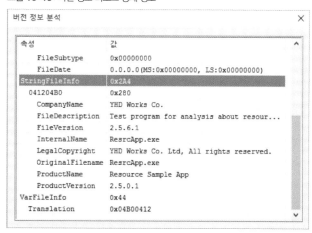

이상으로 PE 파일 상의 버전 정보 리소스에 대해 분석해보았다. 그러면 이번에는 버전 정보 리소스를 분석하는 코드를 살펴보기로 하자. PEExplorer에서 버전 정보 리소스 데이터 노드, 즉 [그림 10-45]의 'VERSION' 노드에 대한 '리소스 보기' 항목을 실행하면 직접 파싱한 버전 정보를 볼 수 있다.

그림 10-46 버전 정보 리소스 상세 정보

버전 정보 분석		×
속성	**값**	
FileSubtype	0x00000000	
FileDate	0.0.0.0(MS:0x00000000, LS:0x00000000)	
StringFileInfo	0x2A4	
041204B0	0x280	
CompanyName	YHD Works Co.	
FileDescription	Test program for analysis about resour...	
FileVersion	2.5.6.1	
InternalName	ResrcApp.exe	
LegalCopyright	YHD Works Co. Ltd, All rights reserved.	
OriginalFilename	ResrcApp.exe	
ProductName	Resource Sample App	
ProductVersion	2.5.0.1	
VarFileInfo	0x44	
Translation	0x04B00412	

이와 같이 버전 정보 리소스의 재귀 구조를 직접 확인할 수 있다. 다음은 버전 정보를 보여 주는 대화상자를 처리하는 CResViewVerInfo 클래스를 정의한 "ResViewVerInfo.h"의 일부로, 앞서 추상적으로 정의했던 VAR_VER_TYPE 구조체를 정의했다.

```
typedef VS_FIXEDFILEINFO*  PVS_FIXEDFILEINFO;
#define VSFI_SIGNATURE        0xFEEF04BD

typedef struct
{
  WORD wLength;
  WORD wValLen;
  WORD wType;
} VAR_VER_TYPE, *PVAR_VER_TYPE;
```

앞서 설명 시에 예로 들었던 VAR_VER_TYPE의 형식과는 달리 코드 앞 부분에 WORD 형의 3개의 필드만 정의했으며, 각 필드의 의미는 앞서 설명한 그대로다.

다음은 CResViewVerInfo 클래스의 OnInitDialog 함수에 대한 정의다. 함수 정의 마지막 부분에 VAR_VER_TYPE 구조체를 이용한 버전 정보 리소스 데이터를 직접 파싱하는 BuildVersionInfo 함수를 확인할 수 있다.

```
BOOL CResViewVerInfo::OnInitDialog()
{
  CDialogEx::OnInitDialog();

  CListCtrl* pLv = (CListCtrl*)GetDlgItem(IDC_LV_ACCELTBL);
  DWORD dwExStyle = LVS_EX_FLATSB | LVS_EX_GRIDLINES | LVS_EX_FULLROWSELECT;
  pLv->SetExtendedStyle(pLv->GetExtendedStyle() | dwExStyle);

  pLv->InsertColumn(0, L"속성", LVCFMT_LEFT, 150);
  pLv->InsertColumn(1, L"값", LVCFMT_LEFT, 300);

  int nItem = 0;
  PVAR_VER_TYPE prvi = (PVAR_VER_TYPE)m_pImgStart;
  BuildVersionInfo(m_pImgStart, prvi->wLength, pLv, 0, nItem);
```
  BuildVersionInfo 함수를 호출하여 버전 정보 리소스를 해석한다.
```

  return TRUE;
}
```

다음은 재귀 호출을 통해서 버전 정보 블록을 순회하고 해석하는 BuildVersionInfo 함수에 대한 정의다. 매개변수 pIter는 버전 정보 리소스 버퍼 순회를 위한 포인터며, nBlockSize는 해당 버전 정보 블록의 전체 크기를 전달한다. 앞의 OnInitDialog 함수에서 PE의 버전 정보 리소스 데이터 시작 포인터인 m_pImgStart를 pIter의 매개변수로, 그리고 시작 포인터인 m_pImgStart를 VAR_VER_TYPE의 포인터로 변환한 후, wLength 필드 값을 nBlockSize 매개변수로 전달하여 BuildVersionInfo 함수를 호출한다. 나머지 매개변수는 리스트 뷰에 항목을 추가하기 위한 보조 매개변수들이다.

```
void CResViewVerInfo::BuildVersionInfo(PBYTE pIter, int nBlockSize,
                           CListCtrl* pLv, int nDepth, int& nItem)
{
   CString szTab;
   for (int i = 0; i < nDepth; i++)
      szTab.Append(L" ");


   while (nBlockSize > 0)
```

VAR_VER_TYPE의 wLength 크기만큼 블록을 순회한다.

```
   {
      PVAR_VER_TYPE pvi = (PVAR_VER_TYPE)pIter;
      pIter += sizeof(VAR_VER_TYPE);
      int nSize = sizeof(VAR_VER_TYPE);
```

VAR_VER_TYPE 구조체의 포인터를 획득하고 순회 포인터를 증가시킨다.

```
      CString szKey = (PCWSTR)pIter;
      int nLen = (szKey.GetLength() + 1) * sizeof(WCHAR);
```

버전 정보 필드 이름을 획득하며, 여기서 필드 이름은 NULL로 끝나는 유니코드 문자열이다.

```
      pIter += nLen;
      if (((DWORD_PTR)pIter) & 3)
      {
         pIter += sizeof(WORD);
         nLen += sizeof(WORD);
      }
      nSize += nLen;
```

DWORD 정렬을 체크해서 순회 포인터를 증가시킨다.

```
    int nIdx = pLv->InsertItem(nItem, szTab + szKey); nItem++;
    if (pvi->wValLen == 0)
```

wValLen이 0이면 자식 버전 정보 블록임을 의미한다.

```
    {
        CString szVal; szVal.Format(L"0x%X", pvi->wLength);
        pLv->SetItemText(nIdx, 1, szVal);

        BuildVersionInfo(pIter, pvi->wLength - nSize, pLv, nDepth + 1, nItem);
        nLen = pvi->wLength - nSize;
```

BuildVersionInfo 함수를 재귀 호출한다. 탐색 블록의 크기는 부모 VAR_VER_TYPE의 wLength 값에서 sizeof(VAR_VER_TYPE)과 szKey 문자열 배열 및 패딩의 크기를 뺀 값이 전달되어야 한다.

```
    }
    else
```

wValLen이 0이 아니면 특정 버전 정보의 실제 값을 의미한다.

```
    {
        if (pvi->wType == 0)
```

wType이 0이면 해당 버전 정보 값이 바이너리 값임을 의미한다.

```
        {
            if (*(PDWORD)pIter == VSFI_SIGNATURE)
            {
                BuildFixedVerInfo((PVS_FIXEDFILEINFO)pIter, pLv, nDepth + 1, nItem);
```

바이너리 값일 경우, 처음 DWORD 값이 VS_FIXEDFILEINFO 구조체의 시그니처면 BuildFixedVerInfo 함수를 호출하여 고정 버전 정보를 출력한다. BuildFixedVerInfo 함수의 정의는 소스를 직접 참조하기 바란다.

```
            }
            else
            {
                DWORD dwVal = *((PDWORD)pIter);
                CString szVal; szVal.Format(L"0x%08X", dwVal);
                pLv->SetItemText(nIdx, 1, szVal);
```

바이너리 데이터를 읽어들인다. 현재는 'Translation'에 해당하는 4바이트 정수값만 정의되어 있으므로, 4바이트의 바이너리 데이터로 간주하고 그 값을 출력한다.

```
        }
        nLen = pvi->wValLen;
    }
    else
```

```
    {
        pLv->SetItemText(nIdx, 1, (PCWSTR)pIter);
        nLen = pvi->wValLen * sizeof(WCHAR);
```

```
    }
}
pIter += nLen;
if (((DWORD_PTR)pIter) & 3)
{
    pIter += sizeof(WORD);
    nLen += sizeof(WORD);
}
nSize += nLen;
```

```
    nBlockSize -= nSize;
  }
}
```

윈도우는 PE 파일로부터 속성 창이 보여주는 상세 버전 정보를 획득하는 API들을 제공한다. 이 API의 사용은 만약 VS_FIXEDVERSIONINFO 구조체의 정보만을 획득하고자 할 때는 직관적이고 간단하지만, 문자열을 포함하는 가변적인 정보까지 획득하고자 할 때는 직관적이지 않을 뿐만 아니라 VS_VERSIONINFO 구조체에 대한 최소한의 지식은 있어야 사용이 가능하다. 버전 정보를 획득하기 위해 제공되는 API에는 GetFileVersionInfoSize, GetFileVersionInfo, VerQueryValue 함수가 있다. 이 함수들 자체에 대한 설명은 MSDN을 참조하기 바라며, 여기서는 이 함수들을 이용하여 PE 파일로부터 버전 정보를 획득하는 방법을 보여주고자 한다.

다음 코드는 프로젝트 〈GetVerInfo〉의 GetVerInfo.cpp에 대한 정의다. GetVerInfo.exe는 프로그램 실행 시 PE 파일의 경로를 인자로 전달받아 그 PE 파일의 버전 정보를 출력해주는 프로그램이다.

소스 10-5 GetVerInfo.cpp

```
void _tmain(int argc, TCHAR* argv[])
{
    PBYTE pVerData = NULL;
    try
    {
        DWORD dwVerSize = GetFileVersionInfoSize(argv[1], NULL);
        if (dwVerSize == 0)
            throw GetLastError();
```

버전 정보 리소스의 크기를 획득한다.

```
        pVerData = new BYTE[dwVerSize + 1];
        if (!GetFileVersionInfo(argv[1], 0, dwVerSize, pVerData))
            throw GetLastError();
```

버전 정보를 획득하기 위한 버퍼를 할당한다.

```
        UINT uInfoLen = 0;
        VS_FIXEDFILEINFO* pFvi = NULL;
        if (!VerQueryValue(pVerData, _T("\\"), (PVOID*)&pFvi, &uInfoLen))
            throw GetLastError();
        memcpy(&vfi, pFvi, sizeof(VS_FIXEDFILEINFO));
```

VerQueryValue 함수를 통해 할당한 버퍼 pVerData에 버전 정보를 담는다. PVerData 버퍼에는 VS_VERSION_INFO의 전체 정보가 설정되며, 매개변수로 전달된 pFvi 변수에는 버퍼 내부의 VS_FIXEDFILEINFO 구조체의 포인터가 설정된다.

```
        PVOID pInfo = NULL;
        if (!VerQueryValue(pVerData, _T("\\VarFileInfo\\Translation"),
            &pInfo, &uInfoLen) || uInfoLen == 0)
            throw GetLastError();
```

pVerData 버퍼에 담긴 VS_FIXEDFILEINFO 정보에서 VarFileInfo의 Translation 정보, 즉 언어 ID/코드 페이지가 담긴 버퍼의 포인터를 획득한다.

```
        WORD wDefLangID = GetUserDefaultLangID();
        UINT uLangCodeCnt = (uInfoLen >> 2);
        DWORD dwLangCode = *((LPDWORD)pInfo);
        dwLangCode = MAKELONG(HIWORD(dwLangCode), LOWORD(dwLangCode));
        DWORD dwFoundCode = 0xFFFFFFFF;
        for (UINT i = 0; i < uLangCodeCnt; i++)
        {
           DWORD dwTempCode = *(((LPDWORD)pInfo + i));
           if (LOWORD(dwTempCode) == wDefLangID)
           {
              dwFoundCode = MAKELONG(HIWORD(dwTempCode), LOWORD(dwTempCode));
              break;
           }
        }
        if (dwFoundCode == 0xFFFFFFFF)
           dwFoundCode = dwLangCode;
```

획득한 언어 ID/코드 페이지 버퍼에서 스레드 디폴트 언어 ID에 해당하는 엔트리를 획득한다.

```
        PCWSTR pszFlds[] =
        {
           L"FileDescription", L"FileVersion", L"InternalName", L"CompanyName",
           L"LegalCopyright", L"OriginalFilename", L"ProductName", L"ProductVersion"
        };
        for (int i = 0; i < sizeof(pszFlds) / sizeof(PCWSTR); i++)
        {
           CString szResInfo = GetInfoFromVersion(pVerData, dwFoundCode, pszFlds[i]);
           if (dwFoundCode != dwLangCode)
              szResInfo = GetInfoFromVersion(pVerData, dwLangCode, pszFlds[i]);
```

StringFileInfo 구조체에서 언어 ID에 해당하는 버전의 상세 정보를 획득한다.

```
           printf("%-16S: %S\n", pszFlds[i], szResInfo);
        }
     }
     catch (DWORD hr)
     {
        printf("Error occurred, code=0x08X\n", hr);
     }
```

```
    if (pVerData != NULL)
      delete[] pVerData;
}
```

다음은 버전의 각 상세 정보를 문자열로 돌려주는 GetInfoFromVersion 함수에 대한 정의다.

```
CString GetInfoFromVersion(PBYTE pVerData, DWORD dwLangCode, LPCTSTR pszWant)
{
  CString szQuery;
  szQuery.Format(_T("\\StringFileInfo\\%08lx\\%s"), dwLangCode, pszWant);
```

StringFileInfo 내부의 StringTable 엔트리에 소속된 버전의 상세 정보를 위한 쿼리 문자열을 구성한다. [덤프 10-25]에서 확인했듯이, 각각의 상세 정보는 StringFileInfo 아래의 언어 ID/코드 페이지 DWORD 값의 헥사 문자열 형식에 해당하는 StringTable의 엔트리에 있기 때문이다.

```
  LPVOID  pVerStr = NULL;
  UINT uInfoLen = 0;
  if (!VerQueryValue(pVerData, (LPTSTR)(LPCTSTR)szQuery, &pVerStr, &uInfoLen))
    return L"";
  if (uInfoLen == 0)
    return L"";
```

szQuery 문자열을 VerQueryValue 함수의 매개변수로 전달해서 상세 정보 문자열을 획득한다.

```
  TCHAR szDetails[1024];
  memcpy(szDetails, pVerStr, uInfoLen * sizeof(TCHAR));
  szDetails[uInfoLen] = 0;

  return (PCWSTR)szDetails;
}
```

다음은 GetVerInfo.exe를 통해서 ResrcApp.exe의 버전 정보를 획득한 결과다.

```
FileDescription    : Test program for analysis about resource section.
FileVersion        : 2.5.6.1
InternalName       : ResrcApp.exe
CompanyName        : YHD Works Co.
```

```
LegalCopyright      : YHD Works Co. Ltd, All rights reserved.
OriginalFilename    : ResrcApp.exe
ProductName         : Resource Sample App
ProductVersion      : 2.5.0.1
```

10.5.2 매니페스트

여러분이 만약 MFC 프로젝트 위저드를 사용해서 프로젝트를 생성하면 위저드가 만들어주는 "StdAfx.h" 헤더 파일에 다음과 같은 전처리기 코드가 생긴다.

```
#ifdef _UNICODE
#if defined _M_IX86
#pragma comment(linker,"/manifestdependency:\"type='win32'
   name='Microsoft.Windows.Common-Controls'
   version='6.0.0.0' processorArchitecture='x86'
   publicKeyToken='6595b64144ccf1df' language='*'\"")
#elif defined _M_X64
#pragma comment(linker,"/manifestdependency:\"type='win32'
   name='Microsoft.Windows.Common-Controls'
   version='6.0.0.0' processorArchitecture='amd64'
   publicKeyToken='6595b64144ccf1df' language='*'\"")
#else
#pragma comment(linker,"/manifestdependency:\"type='win32'
   name='Microsoft.Windows.Common-Controls'
   version='6.0.0.0' processorArchitecture='*'
   publicKeyToken='6595b64144ccf1df' language='*'\"")
#endif
#endif
```

위의 전처리기 코드는 해당 PE 파일의 리소스 섹션에 매니페스트(Manifest)라는 정보를 삽입하는 코드다. 매니페스트는 윈도우 XP부터 지원되기 시작했고, 프로그램 실행 시 실행 파일의 정보나 로드해야 할 DLL 정보 또는 실행 파일의 권한 등을 XML 형식으로 보관한다. 매니페스트를 통해 프로그램 로드 시에 필요한 설정을 지정할 수 있는데, 크게 두 종류의 설정이 가능하다. 그 두 가지 종류로는 '프로그램 격리와 어셈블리 종속성 지정'과 '사용자 계정 컨트롤(User Account Control,

이하 UAC) 지정'이 있다.

MFC 프로젝트 생성 시에 제공되는 "StdAfx.h" 헤더 파일의 전처리기는 어셈블리 종속성에 관련된 매니페스트 설정이다. 어셈블리 종속성은, 예를 들어 MFC나 CRT 라이브러리 관련 DLL들은 VC++ 컴파일러 버전별로 다르게 제공된다. 심지어 동일한 버전의 VC++라도 서비스 팩에 따라 이 DLL들의 세부 버전이 달라지기 때문에 문제가 발생하기도 한다. 3장에서 언급했던 대로 [C/C++ → 코드 생성: 런타임 라이브러리] 옵션을 '/MD' 버전으로 설정해서 사용하게 될 경우, 만약 VC++가 설치되지 않은 컴퓨터나 설치되었더라도 해당 버전의 VC++가 아닌 경우에는 MFC나 CRT 관련 DLL을 찾을 수 없어서 다음과 같은 에러 메시지를 출력하고 프로그램이 실행되지 않을 수 있다.

그림 10-47 Side-By-Side 에러

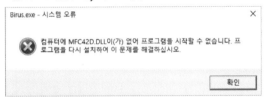

이런 경우의 에러를 'Side-By-Side'라고 하는데, 보통은 VC++ 버전별로 제공되는 재배포 패키지를 통해 해결이 가능하다. 재배포 패키지를 통해 설치되는 DLL들은 위의 매니페스트 설정처럼 해당 플랫폼, 버전 등을 기반으로 윈도우 폴더 'C:\Windows' 아래의 'WinSxS' 폴더에 위치하게 된다. 이 폴더에 위치하는 DLL 군들의 묶음을 Side-By-Side 공유 어셈블리라고 한다. Side-By-Side 어셈블리는 DLL 그룹, 윈도우 클래스, COM 서버, 형식 라이브러리 또는 인터페이스가 함께 배포되고, 런타임에 실행할 애플리케이션에서 사용할 수 있는 리소스의 컬렉션이다. 일반적으로 Side-By-Side 어셈블리는 보통 여러 DLL 중 하나가 된다. CRT 런타임 라이브러리와 같은 Side-By-Side 어셈블리는 여러 버전별로 존재하며, 이 경우 특정 버전의 공유 어셈블리를 사용하도록 의존성을 지정할 수 있다. 이를 위해 매니페스트가 사용되며, 앞서 설명한 전처리기는 이러한 목적으로 위저드를 생성하는 것이다. 어셈블리 종속성 지정과 관련된 내용은 연관해서 설명해야 할 주제들이 많기 때문에 상세한 내용은 MSDN을 직접 참조하기 바란다. 대신 우리가 매니페스트 설정을 통해서 그 결과를 직접 확인할 수 있는 내용은 UAC 관련 설정이기 때문에 여기서는 이 UAC 관련 설정만 간단히 언급하고자 한다.

매니페스트는 실행 파일에 별도의 XML 파일로 존재할 수도 있고, 리소스 섹션에 프로그램 리소스의 일부로 존재할 수도 있다. 매니페스트 관련 자체 설정은 프로젝트 설정의 [매니페스트 도구] 탭에 존재하는 다양한 옵션을 설정할 수 있지만, 해당 프로젝트의 프로그램과 관련된 매니페스트 설정은 다음 그림과 같이 **[링커 → 매니페스트 파일]** 탭을 통해 설정할 수 있다.

그림 10-48 [링커 → 매니페스트 파일] 설정

위 그림에서 ①은 매니페스트 생성 여부와 사용할 매니페스트 파일에 대한 설정을 위한 것이고 ②는 앞서 설명했던 매니페스트 종속성과 격리 허용 여부를 지정하는 옵션이다. '격리 허용'은 2장에서 설명했던, DllCharacteristics 필드의 IMAGE_DLLCHARACTERISTICS_NO_ISOLATION 플래그와 직접 관련이 있다. '격리 허용' 옵션을 "아니요"로 지정하면 이 플래그가 설정된다. 이 옵션은 프로그램 로드 시에 매니페스트 조회 동작을 지정하는데, 이 플래그가 설정된 경우 로더는 해당 PE를 로드할 때 매니페스트 검색을 수행하지 않게 된다. ③은 UAC 관련 설정 옵션이므로, 이 UAC를 매니페스트 설정에 추가하는 방법과 그 결과를 확인해보자.

| UAC – 사용자 계정 컨트롤 |

프로젝트를 생성했지만 매니페스트와 관련해서 어떠한 처리를 해주지 않았더라도 MFC의 경우 위의 전처리기 코드를 통해 매니페스트 정보를 리소스 섹션에 추가하기도 하고, MFC가 아니더라도 링커가 디폴트로 매니페스트를 추가해주기도 한다. 지금 우리가 검토 중인 ResrcApp.exe는 매니페스트와 관련해서 아무런 설정도 해주지 않았다. MFC 사용의 예처럼 전처리기를 통한 매니페스트 관련 지정도 전혀 없다. 하지만 위의 매니페스트 설정 옵션에서 UAC 관련 설정이 기본적으로 구성되어 있기 때문에 ResrcApp.exe에는 매니페스트 관련 리소스가 추가된다. PE Explorer를 통해서 ResrcApp.exe의 리소스 섹션에 매니페스트가 존재하는지 확인해보자. ResrcApp.exe의 매니페스트 리소스는 다음의 위치에 존재한다.

그림 10-49 ResrcApp.exe의 매니페스트 리소스 노드

	타입	오프셋:RVA	크기
Data	IMAGE_RESOURCE_DATA_ENTRY	000067F0:0000A3F0	0x10(16)
OffsetToData	DWORD	000067F0:0000A3F0	0x4(4)
MANIFEST	BYTE[381]	00007920:0000B520	x17D(381)
Size	DWORD	000067F4:0000A3F4	0x4(4)
CodePage	DWORD	000067F8:0000A3F8	0x4(4)
Reserved	DWORD	000067FC:0000A3FC	0x4(4)

9장에서 설명했던 리소스 타입 중 [표 9–3]을 확인해보면 윈도우에서 RT_MANIFEST라는 타입을 제공하고 있음을 알 수 있다. 그러면 파일 오프셋 0x00007920으로 가서 해당 덤프를 직접 확인해 보자.

그림 10-50 ResrcApp.exe의 매니페스트 덤프

```
--------  +0 +1 +2 +3 +4 +5 +6 +7  +8 +9 +A +B +C +D +E +F  0123456789ABCDEF
00007920  3C 3F 78 6D 6C 20 76 65  72 73 69 6F 6E 3D 27 31  <?xml version='1
00007930  2E 30 27 20 65 6E 63 6F  64 69 6E 67 3D 27 55 54  .0' encoding='UT
00007940  46 2D 38 27 20 73 74 61  6C 64 61 6C 6F 6E 65 3D  F-8' standalone=
00007950  27 79 65 73 27 3F 3E 0D  0A 3C 61 73 73 65 6D 62  'yes'?>..<assemb
00007960  6C 79 20 78 6D 6C 6E 73  3D 27 75 72 6E 3A 73 63  ly xmlns='urn:sc
```

이 바이너리 스트림은 XML 형식을 갖추고 있으며, 실제 그 내용은 다음과 같다.

```xml
<?xml version='1.0' encoding='UTF-8' standalone='yes'?>
<assembly xmlns='urn:schemas-microsoft-com:asm.v1' manifestVersion='1.0'>
   <trustInfo xmlns="urn:schemas-microsoft-com:asm.v3">
      <security>
         <requestedPrivileges>
            <requestedExecutionLevel level='asInvoker' uiAccess='false' />
         </requestedPrivileges>
      </security>
   </trustInfo>
</assembly>
```

위의 XML 코드가 바로 링커가 암시적으로 리소스 섹션에 삽입한 UAC 관련 매니페스트 정보가 된다. XML 태그 중 'requestedExecutionLevel 태그의 두 속성 'level'과 'uiAccess'가 [그림 10–48]의 설정 중 'UAC 실행 수준'과 'UAC UI 보호 건너뛰기' 옵션에 각각 해당한다는 것을 알 수 있다. UAC는 컴퓨터를 무단으로 변경하지 못하도록 방지하기 위하여 비스타부터 도입된 보안 기능이다. 또한 사용자 컴퓨터에서 컴퓨터 보안에 영향을 주거나 컴퓨터를 사용하는 다른 사용자의 설정에 영향을 줄 수 있는 변경이 시도될 경우 사용자에게 통지해주는 역할을 하며, 이런 변경은 관리자 수준 권한을 요구한다. 따라서 이런 권한을 요하는 작업을 수행하려면 애플리케이션 역시 관리자 수준 권한을 가져야 하며, 이는 애플리케이션 제작 시에 매니페스트를 통해서 권한을 부여할 수 있다.

ResrcApp.exe의 리소스에 담긴 매니페스트 정보는 바로 프로그램 실행 권한을 지정한 내용이다. 앞의 XML 코드에서 level 속성이 'asInvoker'로 지정되어 있으며, 이는 프로그램을 보통 권한 레벨로 실행시킨다. 하지만 다음과 같이 XML 코드에서 level 속성을 'requireAdministrator'로

지정하면 이 프로그램은 관리자 수준 권한에서 실행되도록 한다.

```xml
<?xml version="1.0" encoding="UTF-8" standalone="yes"?>
<assembly xmlns="urn:schemas-microsoft-com:asm.v1" manifestVersion="1.0">
<trustInfo xmlns="urn:schemas-microsoft-com:asm.v3">
    <security>
      <requestedPrivileges>
        <requestedExecutionLevel
          level="requireAdministrator"
```
해당 PE의 실행 권한을 Administrator로 상승시킨다.
```xml
          uiAccess="false"/>
      </requestedPrivileges>
    </security>
  </trustInfo>
</assembly>
```

위의 파일을 ResrcApp.exe.manifest로 저장한 후, 다음 그림의 **[링커 → 매니페스트 파일: 추가 매니페스트 종속성]** 옵션에 이 파일 이름을 입력한 후 프로젝트를 빌드하면 된다. 하지만 UAC 권한 상승의 경우라면 복잡하게 별도의 외부 매니페스트 파일을 만들 필요 없이, 다음 그림과 같이 **[링커 → 매니페스트 파일: UAC 실행 수준]** 옵션을 'requireAdministrator'로 설정하면 된다.

그림 10-51 [링커 → 매니페스트 파일: UAC 실행 수준] 옵션

UAC(사용자 계정 컨트롤) 사용	예(/MANIFESTUAC:)
UAC 실행 수준	requireAdministrator(/level='requireAdministrator')
UAC UI 보호 건너뛰기	asInvoker(/level='asInvoker')
	highestAvailable(/level='highestAvailable')
AC 실행 수준	requireAdministrator(/level='requireAdministrator')
용자 계정 컨트롤을 사용하여 실행	<부모 또는 프로젝트 기본값에서 상속>
MANIFESTUAC:level=[value])	

이처럼 매니페스트 옵션을 설정한 프로젝트가 〈ResrcApp2〉다. 이 프로젝트를 빌드하고 실행하면 다음과 같은 경고 창이 나타날 것이다.

그림 10-52 높은 실행 권한 레벨을 요구하는 ResrcApp2.exe의 실행

이는 ResrcApp2.exe가 높은 실행 권한 레벨을 요구하지만, 여러분이 로그인한 계정은 일반 관리자 계정이기 때문에 발생하는 경고 메시지다. 이렇게 실행 권한이 상승된 프로그램은 시작 메뉴 등에서 항목에 대해 팝업 메뉴를 띄웠을 때 '관리자 권한으로 실행' 항목을 선택하면 비로소 제대로 작동된다.

10.5.3 사용자 정의 리소스

마지막으로 사용자가 직접 정의해서 리소스 섹션에 위치시킬 수 있는 사용자 정의 리소스의 예를 살펴보자. 사용자 정의 리소스는 우리는 앞서 이미 여러 차례 사용한 바가 있다. 즉 PE Explorer에서 다양한 PE 구조체들에 대한 일관된 접근을 위해서 정의한 XML 스키마를 사용했고, 8장에서 사용자 정의 섹션의 예를 들기 위해 UsrSecTextView.exe 실행 파일 자체의 바이너리를 사용자 정의 리소스로 사용했다. 따라서 이 절에서는 이렇게 정의된 사용자 정의 리소스가 PE 파일 내에서 어떻게 위치하는지에 대해서만 간단히 언급하고 넘어갈 것이다. ResrcApp.exe에서는 사용자 정의 리소스의 예를 들기 위해 다음과 같은 간단한 탭 구분 CSV 파일 'MovieList.csv'를 제작했다.

그림 10-53 사용자 정의 리소스를 위한 탭 구분 CSV 파일

1	8월의 크리스마스 →한국 →1998 →허진호 한석규, 심은하
2	파이란 한국 →2001 →송해성 최민식, 장백지
3	베를린 천사의 시 →독일 →1987 →빔 벤더스 →브루노 간츠, 솔베이그 도마르틴
4	가을날의 동화 →홍콩 →1987 →장완정 주윤발, 종초홍
5	아이다호 →미국 →1991 →구스 반 산트 →리버 피닉스, 키아누 리브스
6	

이 CSV 파일은 영화 관련 정보를 위한 간단한 DB 역할을 하며, ResrcApp.exe의 [Test → Dialog Test] 메뉴를 통해 이 CSV 리소스의 정보를 출력하도록 했다. [그림 10-53]의 대화상자를 위해 프로젝트 〈ResrcApp〉에서 정의한 대화상자 프로시저인 DlgProc 함수의 정의는 다음과 같다.

```
LRESULT CALLBACK DlgProc(HWND hDlg, UINT uMsg, WPARAM wParam, LPARAM lParam)
{
   switch (uMsg)
   {
     case WM_INITDIALOG:
     {
        PWSTR pszCols[5] = { L"영화", L"나라", L"제작년도", L"감독", L"주연" };
        for (int i = 0; i < 5; i++)
        {
           LV_COLUMN lvc;
           lvc.mask |= LVCF_TEXT | LVCF_WIDTH;
           lvc.pszText = pszCols[i];
           lvc.cx = 50;
           ListView_InsertColumn(GetDlgItem(hDlg, IDC_LIST_VIEW), i, &lvc);
        }
```

리스트 뷰의 칼럼을 추가한다.

```
        HRSRC hCsvRes = FindResource
        (
           g_hInstance, MAKEINTRESOURCE(IDR_YHD_CSV), _T("CSV")
        );
        if (hCsvRes == NULL)
           return TRUE;

        HGLOBAL hCsvMem = LoadResource(g_hInstance, hCsvRes);
        if (hCsvMem != NULL)
        {
           int nSize = (int)SizeofResource(g_hInstance, hCsvRes);
           PWSTR pData = (PWSTR)LockResource(hCsvMem);
           PWSTR pCsv = new WCHAR[nSize / 2 + 1];
           memcpy(pCsv, pData, nSize);
           pCsv[nSize / 2] = 0;

           PWSTR pIter = pCsv + 1;
           nSize = (int)wcslen(pIter);
           BuildListView(hDlg, pIter, nSize);
```

```
        delete[] pCsv;
        UnlockResource(hCsvMem);
    }
  }
  return TRUE;

  case WM_COMMAND:
    if (LOWORD(wParam) == IDOK)
    {
      EndDialog(hDlg, IDOK);
      return TRUE;
    }
    break;
  }

  return FALSE;
}
```

사용자 정의 리소스를 추가하기 위해서는 8장의 [그림 8-16]처럼 비주얼 스튜디오의 리소스 편집기를 통해서 'BINARY'를 'CSV' 이름으로 지정하여 추가할 수도 있으나, 다음과 같이 리소스 정의 파일에서 직접 추가할 수도 있다.

```
//////////////////////////////////////////////////////////////////////////
// CSV
IDR_YHD_CSV      CSV      "MovieList.csv"
//////////////////////////////////////////////////////////////////////////
```

물론, 사용자 정의 리소스므로 'CSV'라는 이름 대신 다른 이름으로 지정해도 상관없다. 대신 여기서 지정한 이 'CSV' 이름은 IMAGE_RESOURCE_DIRECTORY_ENTRY의 타입 레벨에 위치하며, RC_XXXX로 정의되는, 시스템이 제공하는 리소스 타입이 아니라 사용자가 정의한 새로운 리소스 타입이기에 타입 ID가 정수가 아니라 'CSV' 자체가 문자열 정수가 된다. 그리고 사용자가 정의한 리소스이므로 어떤 포맷인지는 판단할 수 없다. 사용자 정의 리소스로 HTML 문서를 지정할 수도 있고 JPEG 이미지나 AVI 동영상도 지정할 수 있으며, 공개되지 않는 자체의 포맷으로 구성된 바이너리 데이터가 지정될 수도 있다. 따라서 PE Explorer와 같은 툴에서는 사용자 지정 리소스에 대한 포맷을 판단할 수 없기 때문에, 우리는 사용자 지정 리소스에 대해서 리소스 섹션 내에 위치한 덤프만을 확인하는 것만으로도 충분할 것이다.

그러면 PE Explorer를 통해서 ResrcApp.exe에 존재하는 'CSV'라는 사용자 정의 리소스에 대한 IMAGE_RESOURCE_DATA_ENTRY 노드를 찾아가보자.

그림 10-54 ResrcApp.exe의 사용자 정의(IDR_YHD_CSV) 리소스 노드

	타입	오프셋:RVA	크기	값
Data	IMAGE_RES(	00006710:0000A310	0x10(16)	
OffsetToData	DWORD	00006710:0000A310	0x4(4)	0x0000AD58
CSV	BYTE[340]	00007158:0000AD58	0x154(340)	FF FE 38 00
Size	DWORD	00006714:0000A314	0x4(4)	0x00000154
CodePage	DWORD	00006718:0000A318	0x4(4)	0x00000000
Reserved	DWORD	0000671C:0000A31C	0x4(4)	0x00000000

위 그림에서 'CSV'라는 사용자 지정 리소스에 대한 실제 리소스 데이터의 시작 오프셋과 크기를 알 수 있다. 직접 PE 덤프를 확인하는 대신 PE Explorer의 [덤프 보기] 메뉴를 통해서 'CSV'라는 사용자 지정 리소스의 헥사 덤프를 확인해보면, 다음과 같이 파일 오프셋 0x00007158에서부터 이 사용자 지정 리소스의 실제 데이터를 확인할 수 있다.

그림 10-55 ResrcApp.exe의 'CSV' 사용자 정의 리소스 덤프

```
--------  +0 +1 +2 +3 +4 +5 +6 +7  +8 +9 +A +B +C +D +E +F  0123456789ABCDEF
00007158  FF FE 38 00 D4 C6 58 C7  20 00 6C D0 AC B9 A4 C2  ..8...X. .l.....
00007168  C8 B9 A4 C2 09 00 5C D5  6D AD 09 00 31 00 39 00  ......\.m...1.9.
00007178  39 00 38 00 09 00 C8 D5  C4 C9 38 D6 09 00 5C D5  9.8.......8...\.
00007188  1D C1 DC AD 2C 00 EC C2  40 C7 58 D5 0D 00 0A 00  ....,...@.X.....
00007198  0C D3 74 C7 80 B7 09 00  5C D5 6D AD 09 00 32 00  ..t.....\.m...2.
000071A8  30 00 30 00 31 00 09 00  A1 C1 74 D5 31 C1 09 00  0.0.1.....t.1...
```

INDEX

INDEX

INDEX